上海市级专志

上海浦东发展银行志

上海市地方志编纂委员会 编

上海社会科学院出版社

上海浦东发展银行大楼内部大厅（上海市中山东一路12号大楼，摄于1998年6月）

上海浦东发展银行总行旧址大楼（上海市宁波路 50 号，摄于 1993 年 1 月）

上海浦东发展银行总行旧址大楼内部大厅（上海市宁波路 50 号，摄于 1993 年 1 月）

首任领导

首任领导

庄晓天

1993 年 1 月至 2000 年 10 月任浦发银行董事长

首任领导

裴静之

1993 年 1 月至 1999 年 3 月任浦发银行党组书记、副董事长、行长

首任领导

毛应樑

1993 年 1 月至 1999 年 6 月任浦发银行首席监事

首任领导

金运

1993 年 1 月至 1996 年 7 月任副董事长、副行长，1996 年 7 月至 2005 年 9 月任党组书记、党委书记、副董事长、行长，2005 年 9 月至 2007 年 4 月任党委书记、董事长

首任领导

陈伟恕

1993年1月至1995年5月任浦发银行副行长

首任领导

梁源凯

1993 年 1 月至 2002 年 2 月任浦发银行副行长

历任主要领导

历任主要领导

张广生

2000 年 10 月至 2005 年 9 月任浦发银行董事长

历任主要领导

吉晓辉

2007 年 4 月至 2017 年 4 月任浦发银行党委书记、董事长

历任主要领导

傅建华

2006 年 7 月至 2012 年 1 月任浦发银行党委副书记、副董事长、行长

刘红薇

1999 年 3 月至 2002 年 6 月任浦发银行监事会主席

历任主要领导

李关良

2002 年 6 月至 2005 年 9 月任浦发银行监事长

历任主要领导

刘海彬

2005 年 9 月至 2014 年 2 月任浦发银行监事长

历任主要领导

朱恒

1994年7月至1997年9月任浦发银行副行长，1999年12月至2002年2月任浦发银行副行长、党委副书记

陈辛

1996年7月至2003年12月任浦发银行副行长，2008年10月至2012年10月任浦发银行副董事长、党委副书记

谈逸

1997年2月至2000年2月历任浦发银行副行长、党委副书记

万晓枫

1998年10月至2006年9月任浦发银行党委副书记、纪委书记

历任主要领导

黄建平

1999年8月至2008年11月任浦发银行副行长

商洪波

2002年2月至2012年10月任浦发银行副行长

历任主要领导

张耀麟

2002年2月至2008年10月任浦发银行副行长

马力

2004年6月至2007年4月任浦发银行副行长

历任主要领导

刘信义

2005年4月至2012年10月任浦发银行副行长

冯树荣

2006年9月至2012年10月任浦发银行党委副书记、纪委书记

历任主要领导

姜明生

2007年4月至2012年10月任浦发银行副行长

冀光恒

2009年4月至2012年10月任浦发银行副行长

历任主要领导

徐海燕

2009年4月至2012年10月任浦发银行副行长

历史
场景照片

历史场景照片

1992年8月,浦发银行筹建工作全面启动,租用上海市四川中路220号511室作为筹建办公用房

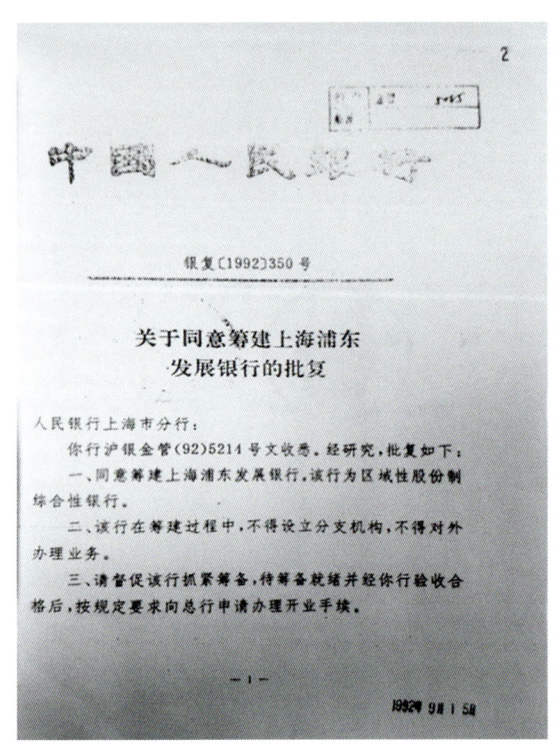
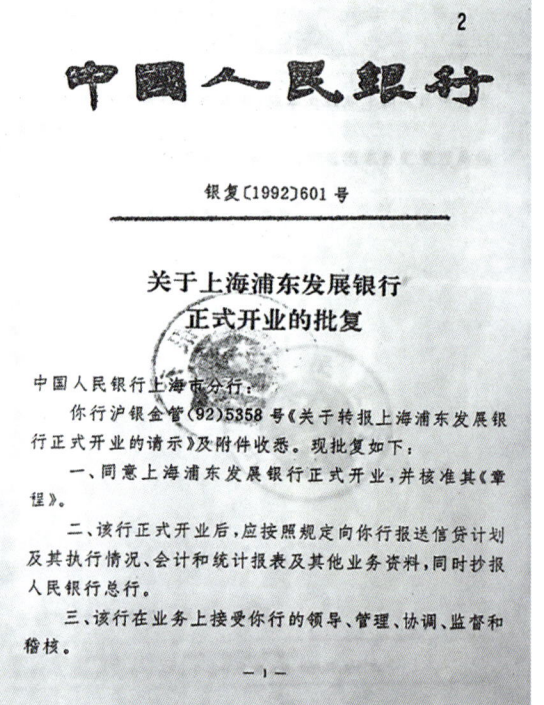

1992年8月28日,中国人民银行批准浦发银行筹建;1992年12月31日,中国人民银行批准浦发银行开业

1992年12月28日，浦发银行第一届股东大会在上海展览中心友谊会堂举行，大会选举了董事会

1992年12月28日，浦发银行召开第一届董事会

历史场景照片

1993年1月9日,浦发银行开业仪式在上海市宁波路50号隆重举行

1993年1月28日,首次牵头上海航空公司2200万美元银团贷款项目

1993年12月23日,与荷兰银行共同牵头上海外高桥电厂5000万美元国际银团贷款,上海市委常委、副市长徐匡迪,中国人民银行上海市分行行长毛应樑、副行长王华庆出席签约仪式

历史场景照片

1994年3月28日，开设第一家分行——杭州分行，浙江省委书记、省人大主任李泽民，省委副书记、省长万学远，省人大副主任许行贯，省政协副主席詹少文，浙江省、上海市老领导李丰平、陈国栋、胡立教等出席开业仪式

1994年8月31日，引进美国天腾公司大型计算机系统，开发全行第一个联机应用系统

1994年11月16日,中国人民银行副行长戴相龙视察浦发银行

1995年1月4日,向上海市教育发展基金会捐赠人民币100万元,上海市副市长、市教育发展基金会会长谢丽娟出席捐赠仪式

历史场景照片

1995 年 3 月 11 日，浦发银行召开首次思想政治工作会议

1995 年 4 月，推出国内银行业第一张 IC 智能卡，取名"东方卡"

1995年10月17日,与浦东国际机场签订财务顾问协议

1995年11月11日,浦发银行举行第一届业务技术比赛

历史场景照片

1996年4月20日，在钓鱼台国宾馆举行北京分行揭牌仪式，中央及京沪有关领导及贵宾300人出席。图为中共北京市委原第一书记段君毅、中共上海市委原第一书记陈国栋为分行揭牌

1996年11月，与香港莲花国际有限公司合资组建华一银行，为大陆台商提供金融服务

1996年12月12日，成功置换中山东一路12号大楼

1997年9月3日，举行"全市普通高校助学贷款合作协议签字暨首笔助学贷款发放仪式"，中共上海市委副书记、市长徐匡迪，副市长龚学平，市政府副秘书长殷一璀，中国人民银行上海市分行行长毛应樑，中共上海市综合经济工作委员会副书记杨定华出席

历史场景照片

1997年9月18日，在中国香港发行5000万美元大额可转让浮息存款证，浦发银行成功进入国际资金市场

1998年10月9日，上海地区总部成立

1999年11月10日,经中国人民银行、中国证监会批准,浦发银行重组上市,成为上海证券交易所的"银行第一股"。上海市政府副秘书长姜斯宪,上海证券交易所总经理、中国证监会秘书长屠光绍,原中国人民银行上海市分行行长毛应樑、副行长王华庆,上海证券监管办公室副主任张宁等出席上市仪式

2000年4月15日,首次支行建设工作会议于杭州举行

历史场景照片

2000年5月22日,举行上市银行服务社会咨询活动暨东方借记卡首发仪式,中共上海市综合经济工作委员会副书记杨定华参加首发式

2000年7月11日,担任上海市政府实事工程"交通一卡通"项目结算银行,并提供1亿元贷款

2000年10月14日，首次举行全行大型文艺汇演，13家分支行在上海电视台同台演出

2001年5月28日，举行上市后的第一次股东大会，1300余名股东以记名投票方式表决通过决议

历史场景照片

2001年9月28日，引进德国SAP公司"人力资源管理系统"，在国内金融行业中率先应用实施SAP管理系统

2002年1月21日，浦发银行香港代表处开业，上海市政府副秘书长李关良揭牌

2002年6月24日,国家级重点工程项目上海国际航运中心洋山深水港一期工程项目75亿元的银团贷款签约仪式在上海举行。浦发银行为该银团贷款的副牵头行,提供15亿元的贷款资金

2002年12月31日,与美国花旗银行签署《战略合作协议》《股权购买协议》

2004年2月4日,举行"浦发信用卡首发式",推出品牌贷记卡

2004年4月8日,成为"2010年上海世博会"首批合作银行。中共上海市委常委、副市长周禹鹏,市政府副秘书长吉晓辉、李良园参加签约仪式

历史场景照片

2004年4月15日,举行"628项目上线成功庆祝大会",实现全行数据大集中、业务大集中

2004年12月26日,总行漕河泾信息园区竣工,园区集数据中心、应急指挥中心、开发中心、呼叫中心、培训中心等多种功能

历史场景照片

2005年1月18日,成功托管"中国-比利时直接股权投资基金",中比基金是国内第一只产业投资基金

2005年3月30日,参与国家重点工程"南水北调东、中线一期主体工程银团贷款"项目,为工程提供5亿元人民币贷款

2005年4月15日,总行客户服务中心开通7×24小时人工服务,实现人工座席服务和电话银行的大集中

2005年6月28日,举行"浦发创富——公司业务品牌暨财富之旅启动仪式",确立"专注客户,专心服务"理念

历史场景照片

2005年7月7日，与马钢（集团）控股有限公司暨马鞍山钢铁股份有限公司签订企业年金账户管理协议

2005年7月8日，举行了"'轻松理财'展示会"，推出"轻松理财"个人金融服务品牌

2006年1月9日,向中国东方航空股份有限公司提供50亿元综合授信。中共上海市委常委、常务副市长冯国勤、市政府副秘书长吉晓辉出席签约仪式

2006年4月1日,与国家开发银行签订《信贷合作协议》

历史场景照片

2006年6月2日，与电子商务网站阿里巴巴战略合作，拓展电子商务资金托管业务

2006年8月31日，与中国预防性病艾滋病基金会联合，在北京人民大会堂启动"121联合行动计划捐赠仪式暨浦发银行红丝带爱心行动"

历史场景照片

2006年11月14日，与微软（中国）合作，再造"小前台、大后台"运营流程

2007年8月2日，与中国交通建设股份有限公司在总行贵宾厅签署《战略合作协议书》

历史场景照片

2007年8月28日，浦发银行发起设立的浦银安盛基金管理有限公司开业仪式在上海中山东一路12号举行。上海市常务副市长冯国勤、中国证监会上海监管局局长张宁、法国驻上海总领事馆总领事Thierry Mathou出席开业仪式

2007年11月在昆明召开全行务虚会，确定了改革转型发展战略规划

历史场景照片

2007年12月21日,召开首次全行职工代表大会

2008年1月6日,首个全行志愿者日活动拉开序幕

历史场景照片

2008年1月9日,浦发银行新标识于北京揭幕,新企业标识语"新思维·心服务"同时发布

2008年5月,浦发银行志愿者赴汶川地震灾区赈灾

历史场景照片

2008年11月26日，与莱商银行在莱芜市举行战略合作协议签约仪式，成为其第二大股东

2008年12月26日，浦发银行投资参股设立的第一家村镇银行——绵竹浦发村镇银行正式开业

历史场景照片

2009年1月19日,与中国东方航空股份有限公司在上海签署"银企战略合作协议暨商旅合作伙伴"协议。中共上海市委常委、副市长屠光绍,上海市政府副秘书长蒋卓庆,上海市政府金融办主任方星海出席签约仪式

2010年8月9日,与黑龙江北大荒农垦集团在哈尔滨举行战略合作协议签约仪式暨农业产业金融创新合作启动仪式

2010年11月17日，与中国中铁股份有限公司在北京中国中铁大厦举行战略合作协议签约仪式

2011年6月8日，浦发银行香港分行正式开业。中共上海市委常委、副市长屠光绍，香港特区政府财经及库务局副局长梁凤仪，香港金融管理局副总裁阮国恒，香港证监会主席方正出席开业庆典暨答谢晚宴

上海市地方志编纂委员会

主 任 委 员	周慧琳
副主任委员	翁铁慧　李逸平　朱咏雷　宗　明
委　　　员	（以姓氏笔画为序）

于福林　上官剑　马正文　王　平　王　华　王　岚　王旭杰
方世忠　白廷辉　朱　民　朱勤皓　邬惊雷　刘　健　严爱云
李　谦　李余涛　李国华　杨　莉　肖跃华　吴金城　吴海君
余旭峰　沈山州　沈立新　张　全　张小松　张国坤　陆方舟
陈　臻　陈宇剑　陈德荣　金鹏辉　周　强　周夕根　郑健麟
房剑森　赵永峰　胡广杰　钟晓咏　姜冬冬　洪民荣　姚　凯
姚　海　秦昕强　袁　泉　袁　鹰　桂晓燕　顾　军　徐　枫
徐　建　徐　炯　徐　彬　徐未晚　高奕奕　高融昆　唐伟斌
黄德华　曹吉珍　曹扶生　盖博华　董建华　解　冬　缪　京
薛　侃

办公室主任	洪民荣
副 主 任	生键红　姜复生

上海市地方志编纂委员会

（2007年8月—2018年6月）

主 任 委 员	殷一璀(2007年8月—2014年11月)
	徐　麟(2014年11月—2015年9月)
	董云虎(2015年9月—2018年6月)
副主任委员	(2007年8月—2011年8月)
	王仲伟　杨定华　姜　樑　李逸平　林　克
副主任委员	(2011年8月—2014年11月)
	屠光绍　杨振武　洪　浩　姚海同　蒋卓庆　林　克
办公室主任	李　丽(2008年7月—2010年10月)
	刘　建(2010年10月—2014年2月)
副 主 任	沙似鹏(1997年12月—2007年9月)
	朱敏彦(2001年1月—2012年5月)
	沈锦生(2007年7月—2009年2月)
	莫建备(2009年9月—2013年11月)
	王依群(2016年8月—2020年3月)

《上海市级专志·上海浦东发展银行志》
编纂委员会

主　任　郑　杨
副主任　潘卫东　孙建平　陈正安
委　员　徐海燕　姜方平　刘以研　王新浩　崔炳文　谢　伟　吴国元

《上海市级专志·上海浦东发展银行志》
顾问委员会

主　任　吉晓辉
委　员　庄晓天　裴静之　张广生　金　运　傅建华　高国富　刘信义

《上海市级专志·上海浦东发展银行志》
编纂办公室

总　纂　李光明
副总纂　陈连华
编　辑　苏显清　孙毓斐　叶　光　王　颖　朱晓於　林　文　刘忆庆

《上海市级专志·上海浦东发展银行志》评议专家

组　长　程静萍

成　员　（以姓氏笔画为序）

王世豪　孙程明　李安定　吴景平　何惠明　张荣芳　金礼方
孟志芳　赵　秋　商洪波

《上海市级专志·上海浦东发展银行志》审定专家

组　长　谈伟宪

成　员　（以姓氏笔画为序）

马长林　方永星　方志平　朱　宁　严　群　肖立伟　汪志星
范永进

《上海市级专志·上海浦东发展银行志》验收单位和人员

验收单位　上海市地方志办公室
验收人员　洪民荣　姜复生　过文瀚　黄晓明　黄文雷

业务编辑　肖春燕　赵明明

序 一

开发开放上海浦东,是党中央、国务院在我国改革开放进程中伟大的战略步骤。30多年来,浦东开发开放取得了举世瞩目的成就,上海也已基本建成国际金融中心。

1992年年初,在邓小平同志南方谈话和浦东开发开放的时代背景下,上海市决定筹建一家地方性股份制商业银行,上海浦东发展银行应运而生。诞生于1993年的浦发银行是浦东开发开放的历史见证者、参与者,也是上海金融领域改革发展的排头兵、先行者。1993年成立至今,浦发银行始终牢记"开发浦东、振兴上海、服务全国、面向世界"的十六字方针,秉承"笃守诚信,创造卓越"的核心价值观,不忘"为社会主义金融事业闯新路"初心,以小银行办大事的气魄,把为浦东开发开放、为上海深化改革、为长江三角洲及沿江地区经济发展提供金融服务作为主要任务。1999年,浦发银行在上海证券交易所成功上市,积极探索金融创新,资产规模持续扩大,经营实力不断增强。至2021年6月末,公司资产规模超过8万亿元,位列"2021年全球银行1000强"第18位。

多年来,浦发银行始终以服务国家战略、服务实体经济为己任,在助力上海跨越式发展和产业升级,探索金融改革开放和创新,助力上海建设"五个中心"、落实"三大任务一大平台"等方面贡献金融智慧和金融力量。也在此过程中,实现了自身的蓬勃发展。

当今世界正处于百年未有之大变局,新冠肺炎疫情全球大流行加速了国内外环境的复杂变化。上海作为我国改革开放的前沿窗口,面临着世界进入动荡变革期的新挑战,也面临着国家赋予更大使命、开展先行先试的新机遇。2021年是中国共产党建党100周年,是浦东开发开放迈入的第四个10年开始之年,值此重要时刻,编纂《上海市级专志·上海浦东发展银行志》,系统梳理浦发银行的创业历程和发展历史,对于我们总结改革开放和浦东开发开放的历史经验,推动金融领域更高水平开发开放,服务上海实现更高水平的发展,都具有积极意义。

"十四五"时期,是上海在新的起点上全面深化"五个中心"建设、加快建设具有世界影响力的社会主义现代化国际大都市的关键5年。要实现这一宏伟蓝图,就要在以习近平同志为核心的党中央坚强领导下,高举中国特色社会主义伟大旗帜,深入贯彻习近平总书记考察上海重要讲话和在浦东开发开放30周年庆祝大会上的重要讲话精神,拿出敢想、敢闯、敢试、敢为天下先的决心和勇气,聚焦重大政策落地、重大项目推进、重大改革试点,创世界和未来之新。实现这些目标离不开金融业的改革创新,上海也将全力落实国家金融发展战略,积极支持包括浦发银行在内的所有驻沪金融机构参与到深化金融改革的浪潮之中,共同构建更具国际竞争力的金融市场体系,进一步提升上海的国际金融中心能级。

知往鉴今,以启未来。在《上海市级专志·上海浦东发展银行志》出版之际,我衷心祝愿浦发银行砥砺前行、锐意进取、再创辉煌,努力实现"全面建设具有国际竞争力的一流股份制商业银行"的战略目标,立足上海,面向全国,走向世界。同时,殷切期望浦发银行继续发挥好作为上海金融旗舰企业的作用,为上海奋力创造新时代新奇迹、为我国金融事业健康发展、为实现"两个一百年"奋斗目标和中华民族伟大复兴的中国梦贡献更新、更大的力量。

政协上海市第十一届委员会主席、党组书记

二〇二一年八月十六日

序 二

在庆祝中国共产党建党100周年的重要历史时刻，经过数轮撰写和修改校对，前后历时9年的努力，《上海市级专志·上海浦东发展银行志》即将付梓，与业已出版的《浦发银行史（1993—2006）》、正在编撰的《上海浦东发展银行志资料长编》和《三十而立——浦发银行大事记（1992—2022）》共同构成资料翔实、叙述严谨的学习与研究行史的资料库。《上海市级专志·上海浦东发展银行志》的出版，得益于上海市各级领导与我行历任领导的关心和支持，得益于同业专家学者与兄弟单位的指导和帮助，得益于编纂人员与全行员工的同心协力和辛勤付出。在此，我们为《上海市级专志·上海浦东发展银行志》的顺利面世表示衷心祝贺。

1990年4月18日，党中央作出开发开放上海浦东的重大历史决策，掀开了我国全面深化改革开放的历史新篇章。1992年，党的十四大对上海作出"一个龙头，三个中心"的战略部署，据此，经过多方研究和论证，上海市决定筹建一家"地方性、股份制、综合性"商业银行。1993年1月9日，在党和国家领导人高度重视和关怀下，浦发银行正式开业，结束了上海1949年之后没有地方性银行的历史。初生的浦发银行不忘初心，秉承"为社会主义金融事业闯新路"的光荣使命，认真贯彻落实党中央、国务院和上海市委市政府的决策部署，以浦东开发开放的建设者和参与者身份，积极服务浦东开发开放、服务国家重大战略和经济社会发展。与此同时，积极探索商业银行管理体制改革，立足上海、面向全国、走向世界，1999年成功步入上市银行的发展道路，迅速从一家地方性、区域性的商业银行发展成为全国性股份制商业银行，并从单一银行逐渐成长为以银行为主体，拥有信托、基金、租赁、境外投行、村镇银行、货币经纪等多牌照的综合性金融集团。全行资产规模从1993年的87.54亿元增长至2020年年末的7.95万亿元，增长近900倍；利润从1993年的1.32亿元增长至2020年年末的583.25亿元，增长近

442倍,实现了从无到有、从小到大、从弱到强的跨越式发展。截至2021年5月,浦发银行位列"全球企业2000强"第68位,居上榜中资企业第18位、中资银行第9位。

鉴古知今,学史明智。切实留存好1992年我行筹备成立以来的历史资料,扎实做细、做深、做好浦发银行的行史研究工作,意义重大。作为总部在上海的市属骨干金融机构,浦发银行伴随着浦东开发开放而诞生,是上海深化改革开放的历史参与者,也是上海迈向国际金融中心的历史见证者。借助此次修志契机,全行认真、系统地梳理了浦发银行从艰难初创到蓬勃发展的近30年历程,总结了发展过程中的历史经验。

习近平总书记说过,"学史明理、学史增信、学史崇德、学史力行"。当前,中国特色社会主义进入了新时代,我们迎来了党的百年历史新起点,回顾历史事实、厘清历史脉络,从历史中汲取精神力量、汲取经验智慧,对于浦发银行深入推进金融改革、加快体制机制创新,推动实现"全面建设成为具有国际竞争力的一流股份制商业银行,推动全行成为新时代金融业高质量发展的排头兵和先行者"的战略目标具有十分重要的意义。

数载春秋,今逢盛世。我衷心希望全行员工能够认真学习行史,了解浦发、热爱浦发,在未来的工作中励精图治、奋发有为、阔步向前。我们要勇担历史使命,不断提升业务能级和质量水平,不断加强和完善公司治理,以高质量发展为主线,以服务为根本,以市场为导向,实施客户体验和数字科技双轮驱动,不断增强核心竞争力、行业引领力和全球影响力,更好服务于国家战略、实体经济和上海重大任务,更好满足人民对美好生活的向往。我们将牢记习近平总书记的嘱托,高举新时代改革开放大旗,以昂扬姿态奋力开启全面建设社会主义现代化国家新征程,以优异成绩庆祝建党100周年,为我国社会主义金融事业的繁荣发展,为实现中华民族伟大复兴的中国梦而不懈奋斗!

上海浦东发展银行党委书记、董事长

二〇二一年八月十六日

凡　例

一、本志以马克思列宁主义、毛泽东思想、邓小平理论、"三个代表"重要思想、科学发展观、习近平新时代中国特色社会主义思想为指导,坚持实事求是的原则,力求全面、准确记述上海浦东发展银行的发展历程和特点。

二、本志采用述、记、志、表、图、录等体裁记述,文字力求准确、朴实、严谨、简明、流畅。按照专题分为9篇69章。

三、本志断限,上限追溯至事件发端,下限至2010年年末,部分章节的叙述为保持完整性,下限时间适当延伸。

四、本志使用的计量单位,以国务院1982年2月27日颁布的《关于在我国统一实行法定计量单位的命令》为规范。

五、本志的数字用法以1996年6月国家技术监督局批准的《关于出版物上的数字用法的规定》为规范。

六、本志人物篇分为人物简介和人物表。

七、本志所述的金融机构等专有名词,第一次出现或涉及正式文件、活动名称等情况使用全称,为简练文字,其余用简称。其中,"上海浦东发展银行"与"上海浦东发展银行股份有限公司"系公司上市前后两个阶段的全称,除第一次出现外,其余皆用简称"浦发银行"。

八、本志所属机构按照成立时间排序。

九、本志所用资料采自档案、图书、报刊、文件、统计资料等,少量为当事人口述或回忆材料,一般不注明出处。

目　录

序一 ……………………………… 冯国勤	1
序二 ……………………………… 郑　杨	1
凡例 ………………………………………	1
总述 ………………………………………	1
大事记 ……………………………………	9

第一篇　机构沿革 …………………… 37
概述 ………………………………… 38
第一章　上海浦东发展银行 ……… 39
第一节　筹建开业 ……………… 39
第二节　股本构成 ……………… 40
第三节　管理体制 ……………… 41
　一、一级法人 ………………… 41
　二、资产负债比例管理 ……… 42
　三、多元化经营 ……………… 43
第二章　上海浦东发展银行股份有限
公司 ……………………… 45
第一节　重组上市 ……………… 45
　一、上市背景 ………………… 45
　二、体制转制 ………………… 45
　三、政策突破 ………………… 46
　四、股权重组 ………………… 46
　五、上市交易 ………………… 47
　六、公司治理 ………………… 47
第二节　与花旗集团战略合作 … 48
第三节　与中国移动战略合作 … 52

第二篇　组织架构 …………………… 55
概述 ………………………………… 56
第一章　股东大会 …………………… 57
第一节　主要股东 ……………… 57

　一、发起单位 ………………… 57
　二、上海国际集团 …………… 58
　三、花旗银行海外投资公司 … 58
　四、中国移动通信集团 ……… 58
第二节　议事和表决 …………… 58
　一、议事规则 ………………… 58
　二、表决方式 ………………… 59
　三、审议事项 ………………… 60
第二章　董事会 ……………………… 63
第一节　董事会组成 …………… 63
　一、第一届董事会 …………… 63
　二、第二届董事会 …………… 63
　三、第三届董事会 …………… 63
　四、第四届董事会 …………… 64
第二节　专门委员会 …………… 66
　一、执行董事会议 …………… 66
　二、战略委员会 ……………… 67
　三、提名委员会 ……………… 67
　四、资本与经营管理委员会 … 67
　五、风险管理与关联交易控制
　　　委员会 …………………… 67
　六、审计委员会 ……………… 68
　七、薪酬与考核委员会 ……… 68
第三节　董事会办公室 ………… 68
第三章　监事会 ……………………… 69

第一节 监事会组成 …………………… 69	一、办公室 ………………………… 80
一、第一届监事会 ………………… 69	二、财务部 ………………………… 80
二、第二届监事会 ………………… 69	三、人力资源部 …………………… 80
三、第三届监事会 ………………… 69	四、机构管理部 …………………… 81
四、第四届监事会 ………………… 69	五、战略发展部 …………………… 81
第二节 监事会办公室 ……………… 71	六、北京代表处 …………………… 81
第四章 高级管理层 ………………… 72	第六章 控股(参股)机构 …………… 96
第一节 历任经营班子 ……………… 72	第一节 村镇银行 …………………… 96
一、第一任经营班子 ……………… 72	一、设立和发展 …………………… 96
二、第二任经营班子 ……………… 72	二、控股村镇银行 ………………… 97
三、第三任经营班子 ……………… 72	第二节 合资机构 …………………… 98
四、第四任经营班子 ……………… 72	一、华一银行 ……………………… 98
五、第五任经营班子 ……………… 72	二、浦银安盛基金管理有限公司 …… 99
第二节 管理委员会 ………………… 74	三、莱商银行 ……………………… 99
一、资产负债管理委员会 ………… 74	四、浦银金融租赁股份公司 ……… 100
二、营销推进委员会 ……………… 74	五、浦发硅谷银行 ………………… 100
三、风险管理委员会 ……………… 75	
四、信息科技建设委员会 ………… 75	第三篇 银行服务 …………………… 101
第五章 内设机构 …………………… 77	概述 ……………………………………… 102
第一节 业务管理机构 ……………… 77	第一章 公司业务 …………………… 103
一、公司及投资银行总部 ………… 77	第一节 现金管理 …………………… 103
二、中小企业业务经营中心 ……… 77	一、企业现金管理服务方案 ……… 103
三、个人银行总部 ………………… 77	二、集团资金管理服务 …………… 104
四、移动金融部 …………………… 78	三、代理收付业务 ………………… 105
五、私人银行部 …………………… 78	四、存管服务和交易市场代理
六、资金总部 ……………………… 78	结算 ……………………………… 106
七、金融机构部 …………………… 78	五、信息服务 ……………………… 107
八、信用卡中心 …………………… 78	六、存款服务 ……………………… 107
九、客户服务中心 ………………… 79	第二节 贸易融资 …………………… 108
十、投资管理部 …………………… 79	一、国际贸易金融 ………………… 108
第二节 风险管理机构 ……………… 79	二、结算融资 ……………………… 109
一、风险管理总部 ………………… 79	三、供应链金融业务 ……………… 110
二、合规部 ………………………… 79	四、离岸金融服务 ………………… 111
三、审计部 ………………………… 79	第三节 项目融资 …………………… 112
四、新资本协议实施领导办公室 … 79	一、银团贷款 ……………………… 112
第三节 业务支撑机构 ……………… 80	二、中长期贷款 …………………… 115
一、运营管理总部 ………………… 80	三、质押贷款 ……………………… 116
二、信息科技总部 ………………… 80	四、并购贷款 ……………………… 116
第四节 行政管理机构 ……………… 80	第四节 投资银行 …………………… 117

一、债券承销	117	五、黄金产品	168
二、财务顾问	118	第四节 个人贷款产品	169
三、租赁融资	119	一、个人购房类贷款	169
四、信贷资产证券化	120	二、个人经营类贷款	171
第五节 资产托管	120	三、个人消费类贷款	173
一、全牌照托管银行	120	四、个人质押贷款	176
二、各类基金托管	121	五、个人贷款延伸服务	177
三、专项资金托管	121	第五节 支付结算产品	179
四、信托托管	122	一、个人汇款	179
五、合格境内机构投资者托管	123	二、代发业务	180
六、保险托管	123	三、代扣代缴业务	181
七、理财托管	123	四、银行卡收单	182
第六节 特色业务	123	五、收付易	182
一、绿色金融	123	第六节 外汇产品	183
二、直接股权托管	126	一、外汇宝	183
三、养老金管理	128	二、个人结售汇	184
四、公司理财	129	三、海外开户见证	184
第二章 个人业务	131	四、境外汇款	185
第一节 银行卡	131	五、旅行支票	185
一、东方借记卡	131	第三章 资金业务	186
二、轻松理财卡	139	第一节 货币市场	186
三、卓信贵宾卡	144	一、同业拆借	186
四、浦发信用卡	147	二、国债交易	187
第二节 储蓄产品	155	三、储蓄国债	188
一、电子式储蓄国债	155	四、境外发债	189
二、定活两便定额储蓄	155	第二节 投资组合	190
三、外币储蓄	156	一、债券交易	190
四、帮困助学储蓄	157	二、债券投资	190
五、教育储蓄	157	三、利率和信用衍生产品	190
六、四方钱	157	四、代客和代理业务	191
七、约定定活期互转	158	第三节 外汇交易	191
八、周周赢	158	一、代客结售汇	191
九、关联账户	159	二、代客外汇买卖	191
十、财产证明	159	三、银行间外汇交易	192
第三节 财富产品	159	第四节 贵金属交易	192
一、证券产品	159	一、现货交易	192
二、保险产品	162	二、黄金租赁	193
三、银行理财产品	163	三、国际黄金买卖	193
四、基金产品	166	第五节 衍生产品	193

一、理财产品 …… 193
　　二、衍生产品交易 …… 194
第四章　中小企业业务 …… 195
　第一节　专营体制 …… 195
　　一、中小客户部 …… 195
　　二、专业化经营体系 …… 195
　　三、业务专营体系 …… 196
　第二节　产品培育 …… 196
　　一、一行一策 …… 196
　　二、特色产品 …… 197
　第三节　平台建设 …… 199
　　一、概况 …… 199
　　二、政府合作平台 …… 199
　　三、科技合作平台 …… 200
　　四、交易市场平台 …… 201
　　五、风险缓释平台 …… 201
　　六、金融机构平台 …… 202
第五章　结算服务 …… 203
　第一节　本外币结算 …… 203
　　一、人民币支付结算 …… 203
　　二、国际结算 …… 204
　　三、代理清算 …… 205
　　四、特色业务 …… 205
　第二节　支付和清算 …… 207
　　一、人民币资金清算 …… 207
　　二、外汇资金通汇 …… 207
　　三、现代化支付系统 …… 208
　第三节　结算流程再造 …… 209
　　一、运营业务集中系统 …… 209
　　二、信用运营集中系统 …… 210
　　三、国际贸易结算系统 …… 210
第六章　电子银行 …… 211
　第一节　自助银行 …… 211
　　一、设立 …… 211
　　二、规范 …… 211
　第二节　网上银行 …… 212
　　一、业务开办 …… 212
　　二、公司网上银行 …… 213
　　三、个人网上银行 …… 215

　第三节　电话银行 …… 217
　　一、95528 …… 217
　　二、服务产品 …… 218
　第四节　手机银行 …… 220
　　一、业务开办 …… 220
　　二、移动金融 …… 220

第四篇　管理机制 …… 223
　概述 …… 224
　第一章　战略管理 …… 225
　　第一节　发展规划 …… 225
　　　一、全国性银行 …… 225
　　　二、股份制银行领头羊 …… 226
　　　三、国际上较好的商业银行 …… 227
　　　四、金融服务企业 …… 228
　　　五、金融旗舰企业 …… 230
　　第二节　战略规划模式 …… 231
　　　一、战略管理会议 …… 231
　　　二、战略发展规划 …… 231
　　　三、预算与战略衔接 …… 231
　　　四、战略执行评价 …… 232
　　第三节　战略规划项目 …… 232
　　　一、资金全额集中管理项目 …… 232
　　　二、综合经营战略项目 …… 232
　第二章　营销管理 …… 234
　　第一节　营销体系 …… 234
　　　一、综合营销 …… 234
　　　二、营销队伍 …… 235
　　第二节　品牌营销 …… 236
　　　一、品牌体系 …… 236
　　　二、浦发创富 …… 237
　　　三、轻松理财 …… 239
　　　四、浦发卓信 …… 240
　　第三节　营销策略 …… 241
　　　一、联动营销 …… 241
　　　二、区域营销 …… 243
　　　三、差异营销 …… 243
　第三章　风险管理 …… 245
　　第一节　管理体制 …… 245

一、审贷分离 …… 245	第二节 资本补充机制 …… 269
二、专业管理 …… 245	一、内部补充 …… 269
三、总行垂直管理 …… 246	二、外部补充 …… 269
四、全面风险管理体系 …… 246	第六章 财务管理 …… 271
第二节 信用风险管理 …… 249	第一节 管理体制 …… 271
一、贷款风险分类 …… 249	一、集中核算 …… 271
二、客户信用评级 …… 250	二、财务制度 …… 271
三、统一授信 …… 250	三、专业化管理 …… 272
四、集中授权 …… 251	第二节 预算管理 …… 273
五、贷款风险审查 …… 252	一、全面预算 …… 273
六、信贷检查 …… 252	二、业务预算 …… 273
七、个人银行业务风险管理 …… 254	三、财务预算 …… 274
八、信贷分析制度 …… 255	四、项目预算 …… 274
九、信贷风险化解 …… 255	第三节 基本建设 …… 275
第三节 操作风险管理 …… 256	一、总行信息中心 …… 275
一、制度管理 …… 256	二、合肥综合中心 …… 275
二、内控管理 …… 257	第七章 人力资源管理 …… 277
三、案件防范 …… 258	第一节 人员聘用 …… 277
四、政策管理 …… 260	一、劳动合同聘用制 …… 277
第四节 市场风险管理 …… 260	二、社会招聘制 …… 278
一、管理机构 …… 260	三、考核分配 …… 282
二、专业管理 …… 260	第二节 干部培养 …… 283
三、政策管理 …… 261	一、干部选拔 …… 283
第五节 新资本协议 …… 262	二、干部培训 …… 288
一、实施规划 …… 262	第三节 员工培训 …… 290
二、实施领域 …… 262	一、培训制度 …… 290
第四章 运营管理 …… 264	二、培训中心 …… 292
第一节 会计管理 …… 264	三、培训体系 …… 294
一、"AAA"达标活动 …… 264	
二、会计工作体系 …… 264	
三、统一的清算后台 …… 265	第五篇 信息系统 …… 297
四、会计核算规范 …… 265	概述 …… 298
第二节 流程管理 …… 266	第一章 早期系统 …… 299
一、小前台、大后台 …… 266	第一节 微机系统 …… 299
二、网点服务流程整合 …… 266	一、银行电子化起步 …… 299
第五章 资本管理 …… 268	二、银行电子化加快发展 …… 300
第一节 资本充足率管理 …… 268	第二节 城市行联机系统 …… 301
一、资本充足率达标 …… 268	一、联机系统处理平台 …… 301
二、资本充足率评估 …… 268	二、储蓄业务联机 …… 302
	三、东方卡系统 …… 302

四、"金卡"工程 …………… 303
　　五、SWIFT系统 …………… 303
 第三节　全国联网系统 …………… 304
　　一、主机系统 …………… 304
　　二、国际业务电子化系统 …………… 305
　　三、全国联网 …………… 306
　　四、联行汇划清算系统 …………… 306
　　五、电子联行"天地对接" …………… 307
　　六、银行卡联网联合 …………… 308
　　七、"四个亮点"产品 …………… 308

第二章　核心系统 …………… 311
 第一节　筹备开发 …………… 311
 第二节　成功上线 …………… 312
 第三节　系统特色 …………… 314
 第四节　系统优化 …………… 315
 第五节　网络通信 …………… 316
　　一、网络通信体系 …………… 316
　　二、网络运行管理 …………… 319

第三章　业务系统 …………… 321
 第一节　业务集中系统 …………… 321
 第二节　客户关系管理系统 …………… 321
　　一、对公客户关系管理系统 …………… 321
　　二、对私客户关系管理系统 …………… 322
 第三节　信用卡系统 …………… 322
　　一、系统选型 …………… 322
　　二、系统回迁 …………… 323
 第四节　风险管理信息系统 …………… 325
 第五节　网银系统 …………… 325
 第六节　客服系统 …………… 326
 第七节　单证系统 …………… 326

第四章　管理系统 …………… 327
 第一节　SAP管理信息系统 …………… 327
　　一、人力资源信息系统 …………… 327
　　二、资金后台系统 …………… 328
　　三、资财系统 …………… 328
 第二节　基础办公网络应用平台 …………… 329
　　一、传信系统 …………… 329
　　二、门户网站 www.spdb.com.cn …………… 330

　　三、视频会议 …………… 331
　　四、公文管理系统 …………… 332
　　五、高管信息服务平台 …………… 333

第五章　系统管理 …………… 334
 第一节　信息中心 …………… 334
　　一、项目竣工 …………… 334
　　二、系统搬迁 …………… 334
　　三、IT基础设施 …………… 335
 第二节　信息安全 …………… 336
　　一、组织体系 …………… 336
　　二、计算机2000年问题 …………… 338
　　三、灾备架构 …………… 339
 第三节　系统维护 …………… 341
　　一、51190-IT服务台 …………… 341
　　二、运行管理 …………… 343

第六篇　党群工作 …………… 347
概述 …………… 348
第一章　党组织 …………… 349
 第一节　组织建设 …………… 349
　　一、总行党委 …………… 349
　　二、总行纪委 …………… 350
　　三、基层党组织 …………… 350
 第二节　思想建设 …………… 351
　　一、政治核心 …………… 351
　　二、学习型组织 …………… 352
 第三节　作风建设 …………… 352
　　一、主题教育 …………… 352
　　二、党风廉政 …………… 354
　　三、创先争优 …………… 355
　　四、巡视督导 …………… 355

第二章　工会 …………… 356
 第一节　组织建制 …………… 356
　　一、属地化管理 …………… 356
　　二、总行垂直管理 …………… 356
 第二节　群众性活动 …………… 357
　　一、业务技术比赛 …………… 357
　　二、文艺汇演 …………… 358
　　三、先进评选 …………… 358

四、劳动竞赛 …………………… 358
　　五、文体活动 …………………… 359
　第三节　民主管理 ………………… 359
　　一、会员代表大会 ……………… 359
　　二、职工代表大会 ……………… 360
第三章　共青团 ……………………… 361
　第一节　组织建设 ………………… 361
　第二节　青年培养 ………………… 362
　　一、青年岗位建功 ……………… 362
　　二、团干部培训 ………………… 363
　　三、主题实践活动 ……………… 364
　　四、《浦发青年》 ……………… 365

第七篇　企业文化 …………………… 367
概述 …………………………………… 368
第一章　核心理念 …………………… 369
　第一节　企业文化建设三年规划 …… 369
　第二节　浦发理念 ………………… 370
第二章　文化内涵 …………………… 373
　第一节　品牌文化 ………………… 373
　　一、品牌形象 …………………… 373
　　二、品牌宣传 …………………… 375
　　三、品牌管理 …………………… 376
　　四、品牌价值 …………………… 378
　第二节　服务文化 ………………… 379
　　一、服务理念 …………………… 379
　　二、服务品质 …………………… 383
　第三节　创新文化 ………………… 388
　　一、创新大讨论 ………………… 388
　　二、创新机制 …………………… 389
　　三、金融学会 …………………… 390
第三章　社会责任 …………………… 395
　第一节　社会责任报告 …………… 395
　　一、1993—2005年度企业社会责任
　　　　报告 ………………………… 395
　　二、2006年度企业社会责任
　　　　报告 ………………………… 396
　　三、2007年度企业社会责任
　　　　报告 ………………………… 396

　　四、2008年度企业社会责任
　　　　报告 ………………………… 397
　　五、2009年度企业社会责任
　　　　报告 ………………………… 397
　　六、2010年度企业社会责任
　　　　报告 ………………………… 397
　第二节　慈善事业 ………………… 399
　　一、慈善募捐 …………………… 399
　　二、浦发希望学校 ……………… 401
　　三、"红丝带"爱心活动 ……… 403
　第三节　志愿者服务 ……………… 404
　　一、全行志愿者日 ……………… 404
　　二、与JA合作 ………………… 405
　　三、金融教育 …………………… 406
　第四节　援建四川 ………………… 408
　　一、抗震救灾 …………………… 408
　　二、援建部署 …………………… 409
　　三、灾后重建 …………………… 410

第八篇　一级分行 …………………… 413
概述 …………………………………… 414
第一章　上海分行 …………………… 415
　第一节　机构沿革 ………………… 415
　第二节　业务经营 ………………… 416
第二章　杭州分行 …………………… 431
　第一节　机构沿革 ………………… 431
　第二节　业务经营 ………………… 431
第三章　宁波分行 …………………… 438
　第一节　机构沿革 ………………… 438
　第二节　业务经营 ………………… 439
第四章　南京分行 …………………… 445
　第一节　机构沿革 ………………… 445
　第二节　业务经营 ………………… 446
第五章　北京分行 …………………… 453
　第一节　机构沿革 ………………… 453
　第二节　业务经营 ………………… 453
第六章　温州分行 …………………… 460
　第一节　机构沿革 ………………… 460
　第二节　业务经营 ………………… 460

第七章　苏州分行 …… 465	第二十章　武汉分行 …… 546
第一节　机构沿革 …… 465	第一节　机构沿革 …… 546
第二节　业务经营 …… 466	第二节　业务经营 …… 547
第八章　重庆分行 …… 470	第二十一章　青岛分行 …… 552
第一节　机构沿革 …… 470	第一节　机构沿革 …… 552
第二节　业务经营 …… 471	第二节　业务经营 …… 553
第九章　广州分行 …… 475	第二十二章　太原分行 …… 557
第一节　机构沿革 …… 475	第一节　机构沿革 …… 557
第二节　业务经营 …… 476	第二节　业务经营 …… 557
第十章　昆明分行 …… 481	第二十三章　长沙分行 …… 563
第一节　机构沿革 …… 481	第一节　机构沿革 …… 563
第二节　业务经营 …… 482	第二节　业务经营 …… 564
第十一章　深圳分行 …… 488	第二十四章　哈尔滨分行 …… 569
第一节　机构沿革 …… 488	第一节　机构沿革 …… 569
第二节　业务经营 …… 489	第二节　业务经营 …… 569
第十二章　芜湖分行 …… 496	第二十五章　南昌分行 …… 574
第一节　机构沿革 …… 496	第一节　机构沿革 …… 574
第二节　业务经营 …… 496	第二节　业务经营 …… 575
第十三章　天津分行 …… 501	第二十六章　南宁分行 …… 580
第一节　机构沿革 …… 501	第一节　机构沿革 …… 580
第二节　业务经营 …… 501	第二节　业务经营 …… 581
第十四章　郑州分行 …… 507	第二十七章　乌鲁木齐分行 …… 585
第一节　机构沿革 …… 507	第一节　机构沿革 …… 585
第二节　业务经营 …… 508	第二节　业务经营 …… 586
第十五章　大连分行 …… 515	第二十八章　长春分行 …… 590
第一节　机构沿革 …… 515	第一节　机构沿革 …… 590
第二节　业务经营 …… 516	第二节　业务经营 …… 591
第十六章　济南分行 …… 520	第二十九章　呼和浩特分行 …… 595
第一节　机构沿革 …… 520	第一节　机构沿革 …… 595
第二节　业务经营 …… 521	第二节　业务经营 …… 596
第十七章　成都分行 …… 528	第三十章　合肥分行 …… 602
第一节　机构沿革 …… 528	第一节　机构沿革 …… 602
第二节　业务经营 …… 528	第二节　业务经营 …… 603
第十八章　西安分行 …… 534	第三十一章　兰州分行 …… 609
第一节　机构沿革 …… 534	第一节　机构沿革 …… 609
第二节　业务经营 …… 535	第二节　业务经营 …… 610
第十九章　沈阳分行 …… 541	第三十二章　石家庄分行 …… 613
第一节　机构沿革 …… 541	第一节　机构沿革 …… 613
第二节　业务经营 …… 542	第二节　业务经营 …… 613
	第三十三章　福州分行 …… 618

第一节　机构沿革 …………… 618
　　第二节　业务经营 …………… 618
第三十四章　贵阳分行 …………… 621
　　第一节　机构沿革 …………… 621
　　第二节　业务经营 …………… 621
第三十五章　香港分行 …………… 625
　　第一节　机构沿革 …………… 625
　　第二节　业务经营 …………… 626

第九篇　人物 …………………………… 629
　概述 …………………………………… 630
　第一章　人物简介 …………………… 631
　　庄晓天 ………………………… 631
　　裴静之 ………………………… 631
　　张广生 ………………………… 631
　　金　运 ………………………… 632
　　傅建华 ………………………… 632
　　吉晓辉 ………………………… 632
　第二章　人物表 ……………………… 634
　　一、同业排名及奖项情况 ……… 634
　　二、获全国性集体奖项情况 …… 637
　　三、获省市级集体奖项情况 …… 639
　　四、获个人奖项情况 …………… 651

专记 ……………………………………… 657
　一、上海浦东发展银行开业 ………… 659
　二、与花旗银行实现战略化深度
　　　合作 ………………………………… 662
　三、上海浦东发展银行重组上市 …… 664
　四、代理上海市养老保险基金 ……… 667
　五、浦银安盛基金管理有限公司
　　　成立 ………………………………… 669
　六、浦发银行VI体系的形成与发展 … 671

附录 ……………………………………… 673
　一、重要历史文献 …………………… 675
　　关于同意筹建上海浦东发展银行的
　　　批复 ………………………………… 675
　　关于上海浦东发展银行正式开业的
　　　批复 ………………………………… 675
　　关于上海浦东发展银行上市问题的
　　　批复 ………………………………… 675
　　关于核准上海浦东发展银行股份有限
　　　公司公开发行股票的通知 ………… 676
　　中国人民银行关于上海浦东发展银行
　　　引进国外战略投资者的批复 ……… 676
　　中国银监会关于上海浦东发展银行非公开
　　　发行人民币普通股的批复 ………… 676
　二、章程 ……………………………… 678
　　上海浦东发展银行章程(1993年) … 678
　　上海浦东发展银行股份有限公司章程
　　　(1999年) …………………………… 681
　　上海浦东发展银行股份有限公司章程
　　　(2002年修订) ……………………… 699
　　上海浦东发展银行股份有限公司章程
　　　(2004年) …………………………… 722
　　上海浦东发展银行股份有限公司章程
　　　(2005年修订) ……………………… 747
　　上海浦东发展银行股份有限公司章程
　　　(2008年修订) ……………………… 775
　三、1993—2010年历年资产负债表 … 809

索引 ……………………………………… 852

编后记 …………………………………… 860

CONTENTS

Foreword 1 ·· Guoqin Feng 1
Foreword 2 ·· Yang Zheng 1
Notes ··· 1
Overview ··· 1
Chronicle of Events ··· 9

Part 1 Institution Evolution ····························· 37
   Summary ··· 38
   Chapter 1 Shanghai Pudong Development Bank ············ 39
      Section 1 Preparation for Opening ··················· 39
      Section 2 Composition of Capital Stock ·············· 40
      Section 3 Management System ························ 41
   Chapter 2 Shanghai Pudong Development Bank Co., Ltd. ··· 45
      Section 1 Recombination and Going Public ··········· 45
      Section 2 Strategic Cooperation with Citigroup ······ 48
      Section 3 Strategic Cooperation with China Mobile Communications Corporation ·················· 52

Part 2 Organizational Structure ·························· 55
   Summary ··· 56
   Chapter 1 Stockholders Meeting ······························ 57
      Section 1 Principal Shareholder ····················· 57
      Section 2 Discussion and Voting ····················· 58
   Chapter 2 Board of Directors ································ 63
      Section 1 Composition of Board ····················· 63
      Section 2 Special Committee ························ 66
      Section 3 The Board of Directors Office ············ 68
   Chapter 3 Board of Supervisors ······························ 69
      Section 1 Composition of the Board of Supervisors ·· 69
      Section 2 The Board of Supervisors Office ·········· 71
   Chapter 4 Senior Management ································ 72

Section 1	Management Team	72
Section 2	Management Committee	74

Chapter 5　Internal Institution ····· 77
　Section 1　Service Management Institution ····· 77
　Section 2　Risk Management Institution ····· 79
　Section 3　Business Support Institution ····· 80
　Section 4　Administrative Institution ····· 80
Chapter 6　Holding (Participating) Institution ····· 96
　Section 1　Rural Bank ····· 96
　Section 2　Joint Venture ····· 98

Part 3　Banking Services ····· 101

Summary ····· 102

Chapter 1　Corporate Banking ····· 103
　Section 1　Cash Management ····· 103
　Section 2　Trade Financing ····· 108
　Section 3　Project Financing ····· 112
　Section 4　Investment Bank ····· 117
　Section 5　Asset Custody ····· 120
　Section 6　Characteristic Business ····· 123

Chapter 2　Personal Banking ····· 131
　Section 1　Bank Card ····· 131
　Section 2　Savings Products ····· 155
　Section 3　Wealth Products ····· 159
　Section 4　Personal Loan Products ····· 169
　Section 5　Payment and Settlement Products ····· 179
　Section 6　Foreign-currency Products ····· 183

Chapter 3　Treasury Business ····· 186
　Section 1　Money Market ····· 186
　Section 2　Investment Portfolio ····· 190
　Section 3　Foreign Exchange Transactions ····· 191
　Section 4　Precious Metal Transactions ····· 192
　Section 5　Derivative Products ····· 193

Chapter 4　SME Business ····· 195
　Section 1　Franchise System ····· 195
　Section 2　Products Cultivation ····· 196
　Section 3　Platform Construction ····· 199

Chapter 5　Settlement Services ····· 203
　Section 1　Domestic and Foreign Currency Settlement ····· 203

Section 2	Payment and Settlement	207
Section 3	Settlement Process Reengineering	209
Chapter 6	Electronic Banking	211
Section 1	Self-service Bank	211
Section 2	Online Banking	212
Section 3	Telephone Banking	217
Section 4	Mobile Banking	220

Part 4   Management Mechanism 223

Summary		224
Chapter 1	Strategy Management	225
Section 1	Development Planning	225
Section 2	Strategic Planning Mode	231
Section 3	Strategic Planning Projects	232
Chapter 2	Marketing Management	234
Section 1	Marketing System	234
Section 2	Brand Marketing	236
Section 3	Marketing Strategy	241
Chapter 3	Risk Management	245
Section 1	Management System	245
Section 2	Credit Risk Management	249
Section 3	Operational Risk Management	256
Section 4	Market Risk Management	260
Section 5	New Capital Agreement	262
Chapter 4	Operation Management	264
Section 1	Accounting Management	264
Section 2	Process Management	266
Chapter 5	Capital Management	268
Section 1	Management of Capital Adequacy Ratio	268
Section 2	Capital Supplement System	269
Chapter 6	Financial Management	271
Section 1	Management System	271
Section 2	Budget Management	273
Section 3	Capital Construction	275
Chapter 7	Human Resource Management	277
Section 1	Recruitment	277
Section 2	Leader Training	283
Section 3	Staff Training	290

Part 5	**Information System**	297
	Summary	298
	Chapter 1　Early System	299
	Section 1　*Microcomputer System*	299
	Section 2　*City Bank Online System*	301
	Section 3　*National Networking System*	304
	Chapter 2　Core System	311
	Section 1　*Preparation and Development*	311
	Section 2　*Going Online successfully*	312
	Section 3　*System Features*	314
	Section 4　*System Optimization*	315
	Section 5　*Network Communication*	316
	Chapter 3　Business System	321
	Section 1　*Business Centralization System*	321
	Section 2　*Customer Relationship Management System*	321
	Section 3　*Credit Card System*	322
	Section 4　*Risk Management Information System*	325
	Section 5　*Online Banking System*	325
	Section 6　*Customer Service System*	326
	Section 7　*Document System*	326
	Chapter 4　Management System	327
	Section 1　*SAP Management Information System*	327
	Section 2　*Basic Office Network Application Platform*	329
	Chapter 5　System Management	334
	Section 1　*Information Center*	334
	Section 2　*Information Security*	336
	Section 3　*System Maintenance*	341
Part 6	**Party-masses Working**	347
	Summary	348
	Chapter 1　Party Organization	349
	Section 1　*Organization Construction*	349
	Section 2　*Ideological Construction*	351
	Section 3　*Development of Work Practices*	352
	Chapter 2　Labor Union	356
	Section 1　*Organizational System*	356
	Section 2　*Mass Activities*	357
	Section 3　*Democratic Management*	359
	Chapter 3　The Communist Youth League	361

    Section 1 Organization Construction 361
    Section 2 Youth Training 362

Part 7 Corporate Culture 367
  Summary 368
  Chapter 1 Core Ideology 369
    Section 1 Three-year Plan of Corporate Culture Construction 369
    Section 2 Conception of SPDB 370
  Chapter 2 Cultural Connotation 373
    Section 1 Brand Culture 373
    Section 2 Service Culture 379
    Section 3 Innovative Culture 388
  Chapter 3 Social Responsibility 395
    Section 1 Corporate Social Responsibility Report 395
    Section 2 Enterprise Charity 399
    Section 3 Volunteer Service 404
    Section 4 Sichuan-aided Project 408

Part 8 Tier One Bank 413
  Summary 414
  Chapter 1 Shanghai Branch 415
    Section 1 History of Institution 415
    Section 2 Business Operation 416
  Chapter 2 Hangzhou Branch 431
    Section 1 History of Institution 431
    Section 2 Business Operation 431
  Chapter 3 Ningbo Branch 438
    Section 1 History of Institution 438
    Section 2 Business Operation 439
  Chapter 4 Nanking Branch 445
    Section 1 History of Institution 445
    Section 2 Business Operation 446
  Chapter 5 Peking Branch 453
    Section 1 History of Institution 453
    Section 2 Business Operation 453
  Chapter 6 Wenzhou Branch 460
    Section 1 History of Institution 460
    Section 2 Business Operation 460
  Chapter 7 Suzhou Branch 465

Section 1	History of Institution	465
Section 2	Business Operation	466

Chapter 8　Chongqing Branch　470

Section 1	History of Institution	470
Section 2	Business Operation	471

Chapter 9　Guangzhou Branch　475

Section 1	History of Institution	475
Section 2	Business Operation	476

Chapter 10　Kunming Branch　481

Section 1	History of Institution	481
Section 2	Business Operation	482

Chapter 11　Shenzhen Branch　488

Section 1	History of Institution	488
Section 2	Business Operation	489

Chapter 12　Wuhu Branch　496

Section 1	History of Institution	496
Section 2	Business Operation	496

Chapter 13　Tianjin Branch　501

Section 1	History of Institution	501
Section 2	Business Operation	501

Chapter 14　Zhengzhou Branch　507

Section 1	History of Institution	507
Section 2	Business Operation	508

Chapter 15　Dalian Branch　515

Section 1	History of Institution	515
Section 2	Business Operation	516

Chapter 16　Jinan Branch　520

Section 1	History of Institution	520
Section 2	Business Operation	521

Chapter 17　Chengdu Branch　528

Section 1	History of Institution	528
Section 2	Business Operation	528

Chapter 18　Xi'an Branch　534

Section 1	History of Institution	534
Section 2	Business Operation	535

Chapter 19　Shenyang Branch　541

Section 1	History of Institution	541
Section 2	Business Operation	542

Chapter 20　Wuhan Branch　546

Section 1	History of Institution	546
Section 2	Business Operation	547
Chapter 21	Qingdao Branch	552
Section 1	History of Institution	552
Section 2	Business Operation	553
Chapter 22	Taiyuan Branch	557
Section 1	History of Institution	557
Section 2	Business Operation	557
Chapter 23	Changsha Branch	563
Section 1	History of Institution	563
Section 2	Business Operation	564
Chapter 24	Ha'erbin Branch	569
Section 1	History of Institution	569
Section 2	Business Operation	569
Chapter 25	Nanchang Branch	574
Section 1	History of Institution	574
Section 2	Business Operation	575
Chapter 26	Nanning Branch	580
Section 1	History of Institution	580
Section 2	Business Operation	581
Chapter 27	Urumchi Branch	585
Section 1	History of Institution	585
Section 2	Business Operation	586
Chapter 28	Changchun Branch	590
Section 1	History of Institution	590
Section 2	Business Operation	591
Chapter 29	Hohhot Branch	595
Section 1	History of Institution	595
Section 2	Business Operation	596
Chapter 30	Hefei Branch	602
Section 1	History of Institution	602
Section 2	Business Operation	603
Chapter 31	Lanzhou Branch	609
Section 1	History of Institution	609
Section 2	Business Operation	610
Chapter 32	Shijiazhuang Branch	613
Section 1	History of Institution	613
Section 2	Business Operation	613
Chapter 33	Fuzhou Branch	618

  Section 1 History of Institution ·· 618
  Section 2 Business Operation ··· 618
 Chapter 34 Guiyang Branch ··· 621
  Section 1 History of Institution ·· 621
  Section 2 Business Operation ··· 621
 Chapter 35 Hongkong Branch ··· 625
  Section 1 History of Institution ·· 625
  Section 2 Business Operation ··· 626

Part 9 Personage ·· 629
 Summary ··· 630
 Chapter 1 Profiles ··· 631
   Xiaotian Zhuang ··· 631
   Jingzhi Pei ··· 631
   Guangsheng Zhang ·· 631
   Yun Jin ·· 632
   Jianhua Fu ··· 632
   Xiaohui Ji ··· 632
 Chapter 2 Directories ·· 634
  1. Industry rankings and awards ··· 634
  2. National collective awards ··· 637
  3. Provincial and municipal collective awards ··· 639
  4. Personal awards ··· 651

Special Events ·· 657
 1. Establishment of SPDB ··· 659
 2. Strategic Deeply Cooperation with Citibank ·· 662
 3. SPDB Restructured and Listed ·· 664
 4. Agent of Shanghai Pension Insurance Fund ··· 667
 5. Establishment of AXA SPDB Investment Managers Co., Ltd. ···································· 669
 6. The Formation and Development of SPDB's VI System ·· 671

Appendixes ·· 673
 1. Significant Historical Documents ·· 675
  Reply to Approval of Establishment of SPDB ··· 675
  Reply to Official Opening of SPDB ··· 675
  Reply on the Listing of SPDB ·· 675
  Notice on Approving the Public Offerings by SPDB Co., Ltd. ······································ 676
  Reply of People's Bank of China on Approving the Introduction of Foreign

  Strategic Investors by SPDB ··· 676
  Reply of CBRC on Approving the Private Offering of RMB Common Stocks by SPDB ·· 676
 2. Articles of Association ··· 678
  Articles of Association of Shanghai Pudong Development Bank (1993) ··············· 678
  Articles of Association of Shanghai Pudong Development Bank Co., Ltd. (1999) ··· 681
  Articles of Association of Shanghai Pudong Development Bank Co., Ltd. (2002) ··· 699
  Articles of Association of Shanghai Pudong Development Bank Co., Ltd. (2004) ··· 722
  Articles of Association of Shanghai Pudong Development Bank Co., Ltd. (2005) ··· 747
  Articles of Association of Shanghai Pudong Development Bank Co., Ltd. (2008) ··· 775
 3. Balance Sheets of SPDB (1993–2010) ··· 809

Indexes ·· 852

Afterword ··· 860

总　述

上海浦东发展银行(以下简称浦发银行)1993年1月9日正式开业,18年来,以"为社会主义金融事业闯新路"为己任,秉承"笃守诚信,创造卓越"核心价值观,与中国金融体制改革一路前行,走出一条股份制商业银行的创业之路、创新之路、转型之路。截至2010年年末,浦发银行在职员工总数达28 081人,在全国134个城市开设34家分行,机构网点总数达655家,以2万亿元总资产进入国内大中型银行之列,位居世界银行品牌500强第76位。

一、创 业 之 路

改革开放的伟大时代,孕育、诞生了浦发银行。

1992年春,邓小平同志视察南方,发表著名的南方谈话。同年,党的第十四次全国代表大会制定"一个龙头,三个中心"部署,以上海浦东开发开放为龙头,进一步开放长江沿岸城市,尽快把上海建成国际经济中心、金融中心、贸易中心,带动长江三角洲和整个长江流域地区的新飞跃。在南方谈话大背景下,上海筹建股份制银行的要求再度提上日程,受到各方的重视和关注。1992年8月,中国人民银行批准筹建浦发银行;同年10月,上海18家大中型企事业单位发起设立浦发银行。1993年1月,浦发银行成立开业;同年12月,国务院颁布《关于金融体制改革的决定》,揭开中国金融改革的大幕。年轻的浦发银行,与中国金融改革一路同行,踏上创业之路。

党和国家领导人对浦发银行寄以期望。1992年,中共中央总书记江泽民为浦发银行开业题词:为社会主义金融事业闯新路;1994年,国务院副总理朱镕基在中南海接见浦发银行领导,对浦发银行体制性改革给予支持。

浦发银行的创业之路,就是按照现代商业银行方向,不断突破传统管理体制之路。

——探索资产负债管理。浦发银行成立之际,就积极探索资产负债管理,谋求突破传统的贷款限额管理体制,得到中国人民银行支持。1993年,中央调查组成员、中国人民银行领导周正庆、戴相龙来上海检查工作,明确将浦发银行作为探索商业银行机制试点。1993年,浦发银行正式启动资产负债管理试行方案,建立资产负债比例管理体制,向商业银行管理体制迈进一大步。

——设立北京分行。浦发银行开业之后,即谋求突破区域经营限制,酝酿筹划设立北京分行。1995年,浦发银行提出立足上海,面向全国,把浦发银行办成具有一流信誉、全国影响力的现代商业银行。在上海市委支持下,按照朱镕基总理意见,中国人民银行同意浦发银行作为唯一设立北京分行的区域性商业银行,实现中国银行机构管理体制的一大突破。1996年4月20日,浦发银行北京分行开业,标志浦发银行跨出长江流域,初步形成立足上海、辐射长江流域、服务全国的战略定位。

——成为上市银行。1997年9月,党的第十五次全国代表大会召开,明确提出股份制是现代企业的一种资本组织形式,鼓励实行跨行业、跨地区、跨所有制、跨国经营。根据党的十五大精神,浦发银行董事长庄晓天明确表示浦发银行应该而且必须走上市银行道路,通过资本市场上的融资和购并,迅速扩大浦发银行的机构规模和市场份额,促进并保证浦发银行快速发展。

1998年3月,浦发银行报送向社会公开募股并上市方案,经上海市委推荐、上海市政府同意,同年5月,国务院总理办公会议原则同意选择浦发银行进行上市试点。从1998年3月20日开始酝酿重组上市,至1999年9月20日中国证监会正式批准发行股票,在中国人民银行、中国证监会的指导和支持下,浦发银行先后进行确定重组上市方案、选择社会中介机构、完善法人治理结构、建立信息披露制度、确定募股资金用途、修改浦发银行章程、清理信托证券业务、移交社保代理业务、宣传推介发行上市等项工作,历时一年半。国务院总理朱镕基就浦发银行上市事宜先后三次作出批示,指示中国人民银行、中国证监会就商业银行股份上市进行研究,从而排除浦发银行上市的政策障碍。1999年9月23日,浦发银行在上海证券交易所网上成功发行4亿股社会公众股,每股面值1元,募集资金40亿元,顺利完成增资扩股,浦发银行股本变更为24.1亿元,新增社会公众的股权比例16.60%。1999年11月10日,浦发银行股票在上海证券交易所挂牌交易,当日开盘价为29.50元,收盘价为27.75元,总成交金额48.59亿元,占当日上海证券交易所全部交易78.6亿元的61.82%。浦发银行成为中国《证券法》颁布以后,规范上市的第一家股份制商业银行。

浦发银行的创业之路,就是以小银行办大事的气魄,为深化金融改革服务。

——为浦东开发开放提供融资。浦发银行成立后,即把为浦东开发开放筹措资金、为上海深化改革提供配套、为长江三角洲及沿江地区经济发展融资,作为主要任务。浦发银行多次牵头国际银团,为外高桥电厂、外高桥保税区提供贷款,1997年,浦发银行在香港资本市场发行5 000万美元的大额可转让浮息存款证,为浦东钢铁集团、金桥出口加工区、陆家嘴金融开发区筹措外汇资金。

——为国际机场项目提供金融服务。上海浦东国际机场是上海迈向21世纪,迎接更大发展的特大型建设项目。1995年10月,浦发银行与浦东国际机场签订财务顾问协议,成立专职团队进驻机场,先后完成融资方案设计、投资计划安排、投标办法制定、投资理财方案设计等项工作,全面完成有关资金筹措。1996年,浦东国际机场项目启动,浦发银行成立国际机场办事处,为浦东国际机场提供一揽子、全方位的金融服务,先后为浦东国际机场建设项目及其配套工程累计提供约24亿元贷款。1997年,浦发银行作为担保行、代理行,承担浦东国际机场30亿元贷款项目,这是当时国家开发银行投入上海地区的最大项目,也是上海地区最大一笔代理业务。

二、创 新 之 路

2001年11月,随着中国正式加入世界贸易组织,中国银行业登上国际竞争大舞台,面临国际接轨大转变。2003年,党的十六届三中全会制定《中共中央关于完善社会主义市场经济体制若干问题的决定》,明确提出商业银行、证券公司、保险公司、信托投资公司要成为资产重组、内控严密、运行安全、服务和效益良好的现代金融企业;同年4月,中国银行业监督管理委员会成立。中国银行业进入建立现代金融企业制度的时期。

浦发银行的创新之路,就是不断树立现代商业银行理念,建立现代商业银行经营管理机制。

——引进花旗战略投资。2002年,浦发银行制订建行以来第一个五年发展规划,确立以效益和质量为目的、以规范和稳健为保障、以创新和科技为动力等一系列商业银行经营理念,提出全面实施加快市场化转型战略、率先国际化接轨战略和增强信息化支撑三大战略。浦发银行采取一系列措施,初步构建公司治理框架。2002年年末,经国务院同意,中国人民银行批准,浦发银行与花旗集团签署战略合作协议,开创股份制银行引进国际战略投资者先河。

——建设市场营销机制。1999年,浦发银行树立客户为中心、市场为导向的经营理念,推行客户经理制的营销机制,先后实行总分行联动营销、客户差异化营销等策略,最终构建公司银行、个人银行和机构金融三位一体的营销体系,形成客户经理行销、窗口服务坐销和电子渠道E销的营销网络。

——建立风险管理机制。1999年,浦发银行以信贷五级分类为突破口,建立信贷风险管理机制,先后实施信贷资产新老划段管理、授信授权风险管理、专业审贷制度、信贷风险检查、信贷风险专项拨备等管理措施。2004年,浦发银行实行稽核体制改革,设立审计部,率先实施审计官制度。2005年,浦发银行以成立风险管理总部为标志,开始建立全面风险管理机制,涵盖信用风险、市场风险和操作风险管理领域。

——整合运营管理机制。2005年,浦发银行全面实施组织机构扁平化、矩阵式改革,整合并构造"小前台,大后台"的业务处理格局,通过大后台集中作业和工厂化的操作形式,对运营实施流程化管理。2006年,浦发银行启动运营流程再造项目,截至2009年12月份,业务集中系统已在全国33家分行全部上线,原来大量在前台柜面处理的结算业务转移到总、分作业中心,实现业务处理规范化、标准化、工厂化运作。

——确立财务管理机制。2001年,浦发银行制定加强财务管理体制与机制建设的若干意见,明确浦发银行财务管理体制以集权管理为主,实行分级分类的授权控制、全面预算控制、资金管理控制、财务会计控制、业绩评价控制、内部报告控制六项控制机制,自2002年始,浦发银行先后在全行推行财务集中核算,制定和实施浦发银行财务制度,实行全面预算管理,建立财务会计、管理会计和税务会计三账并列的核算体系,实现全行财务核算的垂直管理。

浦发银行的创新之路,就是坚持"客户为中心,市场为导向"的理念,拓宽金融服务领域,创新金融服务产品。

——开发电子银行产品。2002年6月,浦发银行启动以数据大集中为特色的综合核心业务系统建设,项目为时500天,历经需求分析、开发测试、试点上线、分批上线等阶段,2004年实现全行21家分行400多个网点上线。建立统一的会计核算体系,构建全行数据大集中的业务处理架构;实现7×24小时的全天候服务;实现网上银行、电话银行、短信通知等多渠道服务;相应开发绩效考核系统,实现客户经理业绩考核落实到人。当年,浦发银行628项目被传媒评为2004年度中国最佳IT项目。依托"628"综合业务系统,浦发银行开办网上银行业务,密集推出网上保理、网上托管、网上电子商务、及时语等创新产品。2007年,浦发银行电子商务与电子支付获得中国优秀电子支付企业、电子商务最佳银行应用奖、中国电子支付最信赖品牌和最具竞争力电子支付产品四项大奖。

——创立95528服务品牌。2005年,浦发银行引进呼叫中心模式,建立客户服务中心,以95528作为全国统一的客户服务短号码,采用全行集中模式,实行7×24小时不间断服务,向客户提供电话银行和人工座席服务,覆盖公共信息查询、储蓄、东方卡、个人外汇买卖、第三方存管、基金、理财、国债、汇款、黄金、贷款、结售汇、缴费、对公等各个业务门类,在部分交易业务领域成为全行的重要渠道。同时发挥信息收集分析和反馈功能、营销信息分配功能,先后在上海市公众服务热线热度测评中,排名银行第一,荣获2007—2008年中国最佳客户服务中心奖,2010年度中国银行业优秀客服中心评选的最佳创新奖,被誉为"空中银行"。

——创建金融服务品牌。2001年,浦发银行制定大力发展中间业务指导意见,积极发展贸易结算服务和投融资相关服务,推进全行金融产品创新,先后有2002年上海分行首创的全国第一笔黄金租赁业务；2003年，浦发银行首家推出客户短信通知服务；2004年，首家开发和开通的税费网上支付系统；2005年，托管全国第一只产业投资基金中国-比利时直接股权投资基金；2006年，推出全国首支以BT基础资产支持的证券化产品"浦建收益"，以及国内首只以城市公共设施资产收费收益权为基础资产的证券化项目"宁建收益"。2005年，浦发银行创立"浦发创富"公司银行业务品牌，推出企业现金管理、企业年金、资产托管解决方案和离岸客户特色服务方案；同年，浦发银行在北京举行个人银行服务品牌"轻松理财"展示会，推出轻松理财卡等20多个产品共100多项功能；2007年3月，浦发银行推出"浦发卓信"贵宾服务专用品牌，向贵宾客户提供各项增值服务。

三、转型之路

浦发银行的转型之路，就是学习和实践科学发展观，推进全行由单一资金中介向全面中介服务转型，打造现代金融服务企业之路。

——以战略为统领。2007年10月，党的十七大提出要"发展各类金融市场，形成多种所有制和多种经营形式、结构合理、功能完善、高效安全的现代金融体系"，为金融改革指明新的方向。2007年11月1日，浦发银行在云南昆明召开全行务虚会议，提出建设现代金融服务企业的战略目标，自2007年始，浦发银行以战略管理为统领，全面实施以客户先导、业务均衡、创新驱动和综合经营为核心的转型战略，持续达到或超过同类型银行的平均水平，成功应对国际金融危机和国内经济下行带来的挑战，在世界银行1000强和世界银行品牌500强排名中，浦发银行位于中资银行第七，评为2010年度中国最强银行。2010年，浦发银行确立2011—2015年战略发展目标，要成为与上海国际金融中心地位相适应的金融旗舰企业，进入世界500强行列。

——增强主营业务竞争力。通过战略转型，截至2010年，全行存贷款规模在九家同类股份制商业银行保持领先地位，公司业务形成现金管理、贸易融资、离岸银行、资产托管和养老金五大基础产品，直接股权托管、绿色金融、跨境人民币、公司理财、公司网银五大特色产品，获得2010年亚洲最佳公司银行业务奖、2010年度中国CFO最信赖的银行评选大奖、2010年卓越竞争力对公业务银行、最佳公司金融品牌奖等公司业务综合奖项，以及2010中国区最佳创新银行投行、2010中国区最佳银团融资投行、2010年并购财务顾问奖、2010最佳绿色银行创新奖、最佳供应链金融奖等19项业务专项奖，获得2010年度上海金融创新成果奖提名奖；个人业务涵盖储蓄、信贷、银行卡业务，计七大类2900多项产品和功能；建立700家实体网点、3000家自助网点、5000台现金类自助设备，形成包括网上银行、电话银行、手机银行、电视银行在内的全方位渠道体系。

——实施跨市场跨领域经营综合经营战略。自2007年始，浦发银行以资本为纽带，通过参股、控股、独资、合资等股权性质的投资活动，进入基金、农村金融、金融租赁、科技金融领域。浦发银行先后设立浦银安盛基金管理公司，增资华一银行，入股莱商银行，发起绵竹浦发村镇银行，引入中国移动战略投资，开办浦银租赁公司，成立浦发硅谷银行。截至2012年，浦发银行控股、持股机构达20家。

——实现全国性银行的机构布局。浦发银行上市后，加速形成立足上海、辐射全国、走向世界的机构布局，浦发银行积极贯彻中央关于中部崛起、西部开发、振兴东北的战略部署，截至2010年年底，在全国28个省、直辖市、自治区、香港特别行政区设立一级分行35家，基本形成全国性机构网络。2007年，浦发银行加大"长三角""珠三角""环渤海"地区的同城机构设置力度；2008年，浦发银行重点推进二线城市的机构布局,实施每年建设100家网点的3年连续计划,选择经济较为发达、资源较为丰富的地级市设立机构。截至2011年,全行机构网点总数达741家,形成总行、一级分行、二级分行及同城分行、二级分行下属支行的四级机构管理体制。

浦发银行的转型之路,就是围绕经营模式转型,按照管好"大银行",办好"好银行"的要求,完善公司治理制度,建设全面风险管理体系,提升运行管理水平,建设现代金融企业。

——完善公司治理制度。2009年,公司董事会制定进一步完善公司治理的实施方案,提出7个方面的任务,落实20余项具体措施,制定和修订公司治理制度,发挥董事会作用。在中国上市公司最佳董事会评选活动中,浦发银行先后获评2009中国上市公司最佳董事会、2010中国主板上市公司最佳董事会、2010中国上市公司最佳社会责任董事会、2010中国银行业最具有股东价值的银行。

——建设全面风险管理体系。2007年,公司董事会扩大风险管理委员会权限,推进风险管理体系整合,形成全面风险管理体系的决策层面;2008年,浦发银行提出风险管理创造价值的理念,推行风险战略管理,成为"最佳风险控制银行"和"最佳成长性银行",列入当年中国金融最佳排行榜;通过资本补充机制,先后发行次级债券,发行新股,引进战略投资,2010年,公司核心资本充足率达12%,资本充足率为9.37%;2011年,经过5年的努力,浦发银行先后完成信用风险零售评级、市场风险、操作风险、风险加权资产、资本管理及信息披露等七大项目群建设,向中国银监会递交新资本协议实施合规达标评估申请。

——提升运营管理水平。2006年年初,浦发银行率先引入6S管理,开展网点现场管理,31家单位获得2008年度中国银行业文明规范服务示范单位荣誉称号,6家网点获得2009年中国银行业文明规范服务金牌网点称号,浦发银行获得百佳文明示范单位组织奖。40家营业网点荣获2010年度中国银行业文明规范服务千佳示范单位称号。2009年,浦发银行成立运营管理总部,整合前端系统功能和网点服务流程,2010年,浦发银行启动"新一代网点平台及服务流程建设项目"。

浦发银行的转型之路,就是提高党建工作科学化水平,发挥党的政治优势与现代公司治理优势,为实施战略转型提供保证。

——确立党委政治核心地位。2007年,浦发银行党委加强党的组织体系建设,推行分行党组改建党委,对异地分支行的党组织实行垂直领导,实现全行党建工作统一领导、统一部署、统一指导、统一管理。2008年,浦发银行党委先后制定"三重一大"决策制度和党政领导"双向进入,交叉任职"的决策体制,党委通过参与重大决策,把关定向,努力确保银行发展符合国家政策要求,确保银行资产保值增值,确保银行科学健康发展,确保员工合法利益得到保证。2010年,浦发银行党委召开全行首次党建工作会议,确立新形势下的党建工作必须围绕中心、必须改革创新、必须务实求效,以及抓好政治核心建设、干部人才建设和企业文化建设三个重点的重要思想。2011年,中共中央授予浦发银行党委"全国先进基层党组织"的称号。

——加强企业文化建设。1999年,浦发银行启动企业文化建设,制定"笃守诚信,创造卓越"的核心价值观,致力于浦发文化的建设,先后开展青年示范群体的建设,定期举行全行技术比赛、文艺会演、先进评选,搭建员工成长舞台。2006年,浦发银行在银行系统中首家发布《企业社会责任报告》获得上海美国商会企业社会实践大奖。2009年,浦发银行确立"新思维心服务"的品牌,积极践行经济、社会、环境三重责任,先后牵头组建都江堰历史文化名城恢复重建项目51亿元银团贷款,为四川灾后重建作出贡献;提出低碳银行理念,率先推出绿色信贷综合服务方案,形成五大板块10种创新产品,支持企业节能减排,环境保护;援建浦发希望小学21所,分支机构进入金融资源贫乏的新疆、青海地区,先后获得2009年度中国最佳企业公民、2009中国国有上市企业社会责任榜百强企业、2010年中国上市公司最尽社会责任董事会。

——建设干部员工队伍。浦发银行长期坚持人才资源是第一资源的认识,完善招聘、用工、分配、培训机制。自1998年始,浦发银行实施持证上岗制,设立教育基金等制度,形成网络培训、岗位资格认证、培训课程三大体系。2000年,浦发银行启动后备人才队伍建设,2007年实施核心岗位后备人才计划,形成挂职锻炼、党校学习、海外研修、行长轮训的干部培养机制。

大事记

1992 年

2月　邓小平同志南方谈话公开发表。上海提出建立地方性银行,作为开发、开放浦东的重要措施。

3月　上海市计委主任徐匡迪受中共上海市委、市政府委托,带队专程到广东考察几家股份制银行,提出具体筹建计划和筹建方案。经中共上海市委讨论决定,在保留上海投资信托公司的前提下,另行筹建一家地方性银行,以服务浦东开发开放为主,带动长江流域经济发展,并明确地方性、股份制、综合性的性质。

是月　上海市副市长庄晓天带队赴北京,向中国人民银行汇报筹建设想,得到中国人民银行的大力支持,同意上海市政府一面筹建,一面报批。

5月　上海市政府成立筹建领导小组,由副市长庄晓天任组长,组员由上海市政府副秘书长陈祥麟、市计划委员会主任徐匡迪、中国人民银行上海市分行行长毛应樑、市计划委员会副主任裴静之、市财政局局长周有道、中国人民银行上海市分行原行长龚浩成、上海投资信托公司总经理鲍友德组成,市计划委员会经济调研处处长杨祥海亦参加筹建领导小组。筹建领导小组先后从上海市计委、工商银行上海市分行、复旦大学、农业银行上海市分行抽调裴静之、金运、陈伟恕、梁源凯担任具体筹建工作负责人。

7月22日　筹建领导小组正式向中国人民银行报送组建上海浦东发展银行可行性研究报告及银行章程等材料。

8月28日　中国人民银行批复同意筹建上海浦东发展银行。

10月19日　浦发银行在上海市浦东新区登记成立。

10月22日　浦发银行第一次发起人会议在上海市政府会议室召开。

是月　经中国人民银行批准,由上海市财政局、上海国际信托投资公司、上海久事公司等18家单位作为发起人,以定向募集的方式设立上海第一家区域性、综合性的股份制商业银行——上海浦东发展银行。

12月28日　浦发银行第一届股东大会在上海展览中心友谊会堂举行,大会选举产生浦发银行董事会。

是日　浦发银行召开第一届董事会。

12月31日　中国人民银行批复同意浦发银行开业。

1993 年

1月2日　中共上海市委下发文件,批准成立中共上海浦东发展银行党组,任命裴静之为党组书记,金运、陈伟恕为党组成员。

是日　上海市人民政府下发文件,任命庄晓天为上海浦东发展银行董事长,裴静之、鲍友德、周有道、金运为副董事长;任命裴静之为上海浦东发展银行行长,金运、陈伟恕、梁源凯为副行长。

1月9日　上海浦东发展银行开业仪式在上海市宁波路50号隆重举行,中共中央总书记江泽民、国务院总理李鹏等党和国家领导人题词祝贺,中共中央政治局委员、上海市委书记吴邦国,上海市市长黄菊,中国人民银行常务副行长郭振乾和上海市领导谢希德、徐匡迪、庄晓天,以及上海市老领导陈国栋、胡立教等嘉宾出席开业仪式,黄菊和郭振乾为浦发银行开业揭牌。

是日　下午浦发银行开业典礼在上海展览中心友谊会堂举行,中共上海市委、上海市人民政府领导以及金融同业、企事业代表300多人出席典礼,上海市常务副市长徐匡迪、浦发银行董事长庄晓天分别致辞。庄晓天表示,浦发银行将立足改革创新,旨在办成国内外享有优良声誉的新型社会主义的商业银行。

1月28日　浦发银行等金融机构在上海海仓宾馆举行"上海航空公司2 200万美元银团贷款"签约仪式。

2月21日　浦发银行向本部的直属党支部、政治工作办公室(后改名为政工部)、办公室、行政管理部、人事部、计划财务部、电脑部、信贷部、国际业务部、存汇部、投资部、网点部及第一营业部颁发公章,总行首批职能部室正式开始运作。

是月　浦发银行工会委员会、经费审查委员会成立。

3月23日　经中国人民银行上海市分行批准,浦发银行第一家网点——浦发银行上海石油交易所办事处开业,为上海石油交易所及会员单位提供资金清算及交易结算等金融服务。

3月25日　经国家外汇管理局批复同意,浦发银行开办外汇存款、外汇放款、外汇汇款、外汇借款、外币票据的承兑和贴现、外币兑换、贸易和非贸易结算、外汇担保、代客外汇买卖、代理买卖股票以外的外币有价证券以及资信调查、咨询见证等11项外汇业务。

4月10日　浦发银行上海外高桥保税区支行获中国人民银行上海市分行批准开业,成为浦发银行第一个辖属分支机构。

4月17日　浦发银行上海外高桥保税区支行开业,中共中央政治局委员、上海市委书记吴邦国,上海市副市长夏克强到行视察。

4月19日　浦发银行第一营业部获国家外汇管理局上海市分局批复,准许办理外汇业务。

5月　经中国人民银行上海市分行批准,浦发银行成为上海证券交易所会员单位,取得证券从业资质,成立信托证券部,实行内部独立核算的财务管理体制,从事信托和证券相关业务,先后争取上海三毛股份有限公司(前身为上海第三毛纺织厂)1 750万股A股股票主承销和万象、工缝两家股份公司股票发行分销业务,参与上海市1993年第一批股票认购证的发行。

7月19日　浦发银行在上海展览中心宴会厅贵宾室举行"上海公交车辆两亿元更新改造贷款项目"签约仪式,上海市副市长夏克强等出席签约仪式,该笔贷款主要用于上海公交总公司更新改造1 000辆公交营运车,以改善市内交通环境状况。

7月22日　浦发银行"上海外汇调剂中心境内居民外汇调剂代办处"在上海市宁波路50号第一营业部正式挂牌,代理业务包括买入境内居民外汇、汇入汇款、存款、手持现钞等。

8月9日　浦发银行在上海锦江小礼堂举行主承销上海三毛纺织股份有限公司1 750万股A股股票签约仪式。

是月　经上海证券管理委员会批准,浦发银行积极参与发售上海市发行的第一批股票认购证,成立领导小组,指定浦发银行本部、陆家嘴支行和许昌路办事处为门售网点,8月12日至22日共发售认购证153.9万张。

  是月 上海市人民政府根据国务院关于"对企业养老保险制度进行改革"的指示精神,决定委托浦发银行按有效、安全原则,通过投资、融资等活动对城镇职工养老保险基金,实现保值增值。

  9月2日 浦发银行以第一副牵头行身份,参加"上海外滩京城3 000万美元银团贷款"项目,并承担600万美元的份额。

  9月20日 浦发银行与日本东京银行签订1 000万美元的短期双边贷款协议,这是浦发银行首次办理对外借款业务。

  9月28日 浦发银行第一届团委经全体团员大会选举产生,董事长庄晓天、行长裴静之出席会议。

  10月12日 中共中央政治局委员、上海市委书记吴邦国视察浦发银行。

  11月5日 经中国人民银行上海市分行批准,浦发银行设立"社会保险基金部",按"单独立账、单独核算"原则,受理社会保险基金信托存款,办理信托贷款、投资、融资性租赁、自营有价证券买卖、短期资金拆出等资金运用业务,并分别获得中国人民银行颁发的经营金融业务许可证和上海工商行政管理局颁发的营业执照。当年,浦发银行先后在上海市长宁、南汇等4个区县进行试运行。至12月底,上海14个区县(包括浦东新区)的养老保险基金的汇缴、拨付结算业务先后纳入浦发银行的结算渠道。

  11月29日 浦发银行首家证券经营机构——杨浦证券营业部开业。

  12月23日 浦发银行和荷兰银行作为共同牵头行,在上海锦沧文华大酒店举行"上海外高桥电厂5 000万美元银团贷款"签字仪式。上海市常务副市长徐匡迪出席签字仪式并致辞,中国人民银行上海市分行副行长王华庆,荷兰驻华大使馆商务参赞,国家电力工业部、上海电力工业局领导出席签约仪式。

  12月25日 浦发银行与工商银行苏州分行、上海巴黎国际银行共同向苏州光明丝织厂发放520万美元贷款。这是浦发银行走出上海,支持长江流域经济发展战略而发放的首笔外汇联合贷款。

  是年 陆家嘴、松江、南汇、杨浦、普陀支行相继成立,浦发银行已拥有6家直属机构,8家机构网点。

  是年 全行人民币存款余额48.38亿元,贷款余额35.72亿元,外汇存款余额2.1亿美元,外汇贷款余额1.59亿美元,资产总额87.6亿元,税后利润1.3亿元。

1994 年

  1月 浦发银行静安证券营业部开业。杨浦、静安证券营业部成为上海证券交易所、深圳证券交易所会员,分别申请获得上海证券交易所交易席位2个、深圳证券交易所交易席位1个。

  是月 经中国人民银行上海市分行批准,浦发银行开办具有定活两便性质的个人"礼仪储蓄",存单分为100元、200元、500元3种面额。

  是月 浦发银行下发《编制1994年信贷财务计划的若干指导意见》,首次把"资本充足率、存贷款比例、贷款质量"指标纳入全行经营主要目标;同时,按照统一计划、分级核算、自负盈亏的原则,积极探索和逐步建立以效益和资产质量为重点的财务管理体制。

  2月3日 浦发银行"礼仪储蓄"在上海地区实现通存通兑。

3月4日　经中国人民银行批准,浦发银行开办"签发跨系统银行汇票通过中国人民银行代理兑付"业务。

3月28日　浦发银行正式启用辖内人民币联行系统,按照"联行对开账户,相互存放款项,办理汇划业务,同步清算资金"原则,建立系统内联行往来,浦发银行第一营业部、杭州分行成为首批系统成员。

是日　经中国人民银行批准,浦发银行杭州分行开业,这是浦发银行跨出上海开设的第一家辖属机构,分行将以"接轨浦东、服务浙江"为己任,大力支持地方经济建设。中共浙江省委副书记、省长万学远等省委、省人大、省政府、省政协主要领导以及浙江省和上海市老领导李丰平、陈国栋、胡立教,中国人民银行上海市分行行长毛应樑等参加开业仪式。

4月1日　中国外汇交易中心成立,浦发银行按照国家外汇管理规定开办结售汇业务,当年结售汇5.83亿美元,在上海39家外汇指定银行中名列第五。

5月26日　浦发银行上海杨浦支行五角场营业所开业,这是浦发银行设立的第一个营业所。

7月18日　国务院副总理朱镕基在中南海接见浦发银行领导。

7月20日　浦发银行北京代表处成立仪式在北京钓鱼台国宾馆举行,中国人民银行、国家财政部、建设部、劳动部、中共上海市委、上海市人民政府等单位领导出席成立仪式,浦发银行北京代表处主要从事与中央部委和中国人民银行的日常性联络,其中把争取设立浦发银行北京分行列为各项工作的重中之重。

7月26日　浦发银行首次向境外自然人发放住房抵押外币贷款。

是月　浦发银行南汇证券营业部开业。

8月10日　浦发银行与上海市城市建设投资开发总公司合作组建的浦发银行上海南市办事处正式开业,这是浦发银行首家银企合作经营机构,从而创立"企业出资,银行经营;服务企业,提供支持;行长负责,共同管理"的银企合办机构模式。上海市副市长夏克强、上海市政府副秘书长吴祥明、中共上海市建设委员会党委书记李春涛等参加开业仪式。

是日　浦发银行制定《银行汇票核算办法》。

8月25日　浦发银行作为牵头行,在上海锦沧文华大酒店举行"上海外高桥保税区新发展有限公司国际银团贷款"签字仪式,该笔贷款总计4 500万美元,用于"新发展自由贸易城"一期项目建设,日本、法国、德国、英国、新加坡等国的14家外资银行共同参与该银团贷款。

8月31日　浦发银行与美国天腾电脑公司正式签约,引进其HimalayaK10004型计算机系统,作为全行核心业务处理主机。随后,浦发银行在天腾公司大型主机平台上,开发投产活期储蓄联机系统。

9月2日　浦发银行发放首笔4 000万元按揭贷款,按揭楼盘位于上海市南京西路永源浜2号地块的欣安大厦(东楼)。

9月9日　陆家嘴支行储蓄业务挂入天腾主机运行,标志着第一个联机应用系统获得成功。

9月10日　浦发银行第一营业部、石油交易所办事处等10家上海地区分支机构正式开办签发跨系统银行汇票业务。

是月　浦发银行新开发的外汇会计系统正式投入使用。

10月25日　浦发银行向上海品杰海产有限公司发放首笔私营企业贷款,借款企业为当时在上海注册资本最大的私营企业,贷款采用房屋抵押方式,贷款金额为300万元,期限为4个月,用于支持企业收购海产品。

是日　浦发银行与上海民营企业——复星高科技(集团)有限公司签署授信协议。

是月　浦发银行通过远程终端方式,完成储蓄业务联机网络系统建设,在浦发银行第一营业部和杨浦、陆家嘴等17个支行范围内实现通存通兑,储蓄业务进入联机时代。

是月　经中国人民银行批复,浦发银行加入全国电子联行系统,提供100个联行行号。

11月15日　浦发银行与上海金山石化股份有限公司合作组建的浦发银行上海石化办事处正式开业。

11月16日　中国人民银行副行长戴相龙视察浦发银行。

12月28日　浦发银行宁波分行正式开业,这是长江流域开设的第二家全资分行,上海市老领导陈国栋、胡立教、顾传训,中国人民银行浙江省分行副行长胡平西,中共宁波市委副书记、常务副市长张蔚文,宁波市人大常委会主任项秉炎,宁波市政协主席叶承垣,宁波市副市长章猛进等参加开业典礼。

是年　浦发银行共设立总行辖属的杭州、宁波分行和上海青浦办事处、静安、虹口支行、闵行、徐汇、石化、南市办事处9家,机构网点总数为25家,其中总行直属机构15家。

是年　根据上海市政府"三二一"(即调整产业结构)的战略思想,浦发银行集中资金向上海地区发放195.3亿元和4.5亿美元贷款,用于促进贸易群体发展,国家重点骨干企业机制转换。其中,发放2 200万元贷款支持上海南京东路商业网点改造项目;累计发放3.04亿元贷款支持上海市"菜篮子""米袋子"工程;发放3 000万元支持上海出租汽车公司购买新车;向沪宁高速公路贷款5 000万元;还参与向东方明珠电视塔、上海八万人体育场和上海大剧院等项目的贷款。

是年　在"1994年上海证券企业优质文明服务评选活动"中,浦发银行信托证券部被评为"十佳文明证券企业"。

是年　全行本外币存款余额135亿元,贷款余额99.5亿元,总资产231.5亿元,实现利润3.21亿元,A股股票交易总额46亿元,B股股票交易总额2 300万美元,国债期货交易总额49.4亿元。

1995年

1月5日　浦发银行与香港新鸿基有限公司合资创建国内首家投资管理公司——上海东新国际投资有限公司。

1月16日　经中国人民银行上海市分行批复同意,浦发银行开办个人大额定期存款业务,起存金额为1 000元,并以500元递增,存期分别为3个月、6个月、9个月、1年四档。

1月23日　浦发银行向上海市计划委员会上报《关于1995年工作计划和新三年工作思路的报告》,提出"建成一流的、具有全国影响的商业银行"的战略目标。

2月　浦发银行为上海品杰海产有限公司发行短期融资券500万元,成为国内首家为私营企业代理发行企业融资债券的金融机构。

3月11日　浦发银行召开首次思想政治工作会议。

4月23日　浦发银行作为全国智能卡建设的试点单位之一,在上海浦东潍坊街道对部分居民试行发行2 000张银行IC卡——东方卡。当年,共发行东方卡19 177张,建立特约商户175家,投入使用商户POS机313台,卡均存款余额为380元。

6月　经中国人民银行上海市分行批准,浦发银行首创企业短期融资券社会发行业务。当年为上海的申华实业、新世界股份、一百集团、市牛奶公司、农工商粮油等31家企业代理发行短期融资券,合计金额达 4.08 亿元。

7月1日　浦发银行在全行范围内开通居民个人定活两便定额储蓄存款通存通兑,启用100元和500元面额的定活两便定额储蓄存单。当年,定活两便定额储蓄异地间兑付量达161万元,至1996年,浦发银行100个营业网点全部受理定活两便收储兑付。

7月20日　浦发银行南京分行开业,中共江苏省委书记陈焕友、江苏省省长郑斯林、省人大常委会主任沈达人、副省长俞兴德、省委秘书长梁保华、省政协副主席胡福明、上海市原市长汪道涵、中国人民银行江苏省分行行长白世春等参加开业庆典活动。

10月17日　浦发银行担任上海浦东国际机场财务顾问协议签字仪式在上海海仑宾馆举行,上海市政府副秘书长兼上海浦东国际机场建设指挥部总指挥吴祥明、上海市计委、市外经贸委、外汇管理局上海分局等领导出席签字仪式。

10月18日　浦发银行与上海市黄浦区经济贸易委员会携手合作推出国内第一张综合类消费优惠信用卡——"东方·黄浦联名卡",当年,共发行"东方·黄浦联名卡"1万张。

10月29日　浦发银行第一营业部、上海虹口、长宁、静安支行、徐汇办事处开始办理个人支票和银行本票业务。

是月　浦发银行董事会决定,将股份按1:10的比例分拆,每股面值1元,公司总股本为10亿股。

11月8日　浦发银行江阴支行开业,这是浦发银行第一家异地直属支行,江苏省副省长陈必亭、江苏省政府副秘书长陈德铭、上海市老领导胡立教、中国人民银行江苏省分行副行长黄正威、无锡市副市长吴经起、无锡市政协副主席华焕林、中国人民银行无锡市支行行长董伟、江阴市常务副市长孙福康等出席开业仪式。

是月　浦发银行资产负债管理委员会成立,常设办事机构为资金财务部。

12月　浦发银行在天腾计算机主机系统中建立并开通SWIFT(环球银行金融电讯协会)系统,用于外汇资金清算,日均收发报量达400笔。

是年　浦发银行共新设立直属的南京分行、江阴支行和上海闸北、嘉定、长宁、宝山支行6家机构,机构网点总数为78家,其中总行直属机构21家。

是年　浦发银行增设金山石化证券营业部,推出电话自动委托交易系统,向上海证券交易所追加5个A股交易席位,推出国债回购业务。当年,全行证券交易总量达到630亿元,交易量排名由1994年第63位跃居到1995年的第4位,国债回购业务全年业务量居上海证券交易所第2名。

是年　浦发银行第一营业部以拨号方式接入中国人民银行上海市分行电子联行小站,加入全国电子联行系统。

是年　浦发银行加入上海市ATM跨行通兑网络,成为上海4家跨行POS联网交易银行之一。

是年　外高桥保税区支行获评上海市新长征突击队称号。

是年　全行本外币存款余额272.4亿元,贷款余额205.7亿元,总资产489亿元,实现利润7亿元。

1996 年

1月3日　全国银行同业拆借系统在上海联网运行,浦发银行成为全国同业拆借市场一级交易网络会员,首批进入全国银行同业拆借市场。

4月20日　浦发银行北京分行开业仪式在北京钓鱼台国宾馆隆重举行,全国人大常委会副委员长雷洁琼、全国政协副主席万国权、国务院原国务委员张劲夫、北京市和上海市老领导段君毅、陈国栋、胡立教以及中国人民银行副行长殷介炎等出席揭牌仪式,上海市副市长华建敏、北京市副市长陆宇澄先后在开业仪式上讲话。浦发银行北京分行的成立,标志浦发银行跨出长江流域,向全国性的商业银行迈出关键的一步,初步形成立足上海、辐射长江流域、服务全国的战略定位。

7月16日　上海浦发银行大厦在浦东南路588号正式开工兴建。

9月28日　浦发银行下发《关于成立浦东新区管理部的通知》,明确浦东新区管理部按照二级分行的机制运作和管理,下设资金财会部、信贷管理部、稽核部、营业部和办公室5个部室,随文下发《上海浦发银行浦东新区管理部运作方案》,提出"一归口""六集中""四不变"的运作方式,即实行浦东新区管理部归口管理和考核,实行浦东新区管理部辖内人事管理、财务管理、资金调度、信贷管理、统计报表、稽核监察六集中,浦东新区管理部辖内支行建制不变、业务功能不变、自主经营不变、分级核算不变。

11月8日　经中国人民银行批复同意,浦发银行完成10亿元的增资扩股,其资本金达20亿元。

是月　浦发银行与具有台商背景的香港莲花国际有限公司签订合资组建华一银行的协议,自1994年起浦发银行参与的海峡两岸合资银行组建工作取得积极进展。

12月12日　浦发银行以17亿元成功置换上海中山东一路12号大楼。

12月18日　浦发银行温州支行开业,上海市老领导陈国栋、胡立教、汪道涵,中共温州市委书记张友余、温州市代市长钱兴中等领导出席开业庆典仪式,这是浦发银行在上海以外地区设立的第6家直属分支机构。

是年　在浦发银行各证券营业部开户股民达2 800余人,全年证券交易总量突破1 500亿元,占到上海证券交易所交易总量的3‰左右,在320家会员公司中名列第五。

是年　浦发银行以国债一级自营商身份,担任国债承销团副主干事行,参加中国首期记账式国债发行招标,参加全部八期记账式国债的发行,共承销国债33.95亿元,在国债一级发行市场获利473万元。

是年　浦发银行机构网点总数达110家,其中总行直属机构达24家。

是年　全行人民币存款余额371.49亿元,贷款余额230.99亿元,外汇存款余额5.24亿美元,外汇贷款余额6.81亿美元,资产总额754.9亿元。

1997年

1月1日　浦发银行浦东新区管理部进驻浦东新区正式运作。

是月　经中国人民银行批复同意,浦发银行与香港莲花国际有限公司合资组建华一银行。

3月　浦发银行首次以SWIFT(环球银行金融电讯协会)方式办理外汇汇款业务。

是月　浦发银行召开董事会第七次会议,提出浦发银行按照国际商业银行通行做法,以资产负债比例管理作为运行机制的核心,全面实行资产负债比例管理和风险管理。

5月21日　浦发银行下发《关于安装总行传信系统配制要求和有关事项的通知》。浦发银行传信系统是浦发银行与美国微软公司合作搭建的集电子邮件、日程安排和公共信息访问三大支柱功能为一体的电子化平台,总分行采用分布式结构,实现全行机构和员工之间的办公邮件通信。

6月26日　浦发银行与香港莲花国际有限公司合资组建的华一银行在上海陆家嘴金融贸易区内正式开业,这是国内首家海峡两岸金融界和企业界合资的华人商业银行,其业务定位是为投资大陆的中国台湾、香港及其他外资企业和个人提供金融服务。

7月　浦发银行制定下发《资产负债比例管理实施办法(本外币)》,浦发银行建立全行性指标体系,包括10项监控性指标和6项监测性指标,把外汇业务、表外项目纳入考核体系。

是月　浦发银行初步完成对公业务同城联网系统的开发,在城市行 TANDEM 机上建立交换系统,继宁波分行投入试运行后,陆续推广到南京、江阴和上海地区各支行。

8月18日　浦发银行苏州分行正式开业,全国政协常委韩培信、上海市老领导陈国栋、胡立教、中共江苏省委常委、中共苏州市委书记杨晓堂等参加开业仪式。

9月1日　经中国人民银行批准,浦发银行在国内首家试点办理普通高校助学贷款,为当年入学的上海地区40余所全日制普通高校新生提供学费和生活费贷款。

9月3日　浦发银行与上海市教委联合举行上海市普通高校学生助学贷款合作协议签字仪式,并向上海市教委助学贷款专项基金捐赠100万元,用于对优秀学生和经济困难学生的助学贷款贴息。截至1998年11月,有585名学生获得79万元助学贷款。

9月18日　经国家外汇管理局批准,浦发银行在香港成功发行5 000万美元和期限为364天的可转让浮息存款证,这是浦发银行首次在国际资本市场上筹措外汇资金。

是月　申能(集团)有限公司与浦发银行签署证券经营机构转让协议,浦发银行证券交易席位及下属的杨浦、南汇、石化、静安4个营业机构,由东方证券有限责任公司出资收购,4家证券机构协议转让价为2 926万元,86名员工转入东方证券,完成浦发银行的证券分离,浦发银行信托证券部更名浦发银行信托部。

12月12日　南京分行所属南通支行正式开业,这是浦发银行在苏北地区开设的首家分支机构。上海市老领导陈国栋、胡立教等出席开业仪式。

是年　浦发银行设立苏州分行和上海金桥、空港、金山、新虹桥、东方支行6家直属机构,机构网点总数为126家,其中总行直属机构30家。

是年　经中国人民银行批复同意,浦发银行再次向社会定向募集股份10.1亿股,发行价格为1.31元,发行后,公司总股本为20.1亿股。

是年　全行本外币存款余额604.65亿元,贷款余额398.18亿元,资产总额816.4亿元,实现利润9.89亿元,在14家股份制商业银行中名列第五位,在全国商业银行中名列第八位。

1998年

2月　浦发银行成功实施外汇业务操作系统与 SWIFT 系统、清算中心、浦发银行第一营业部的联网,全面推广应用 SWIFT 系统。据 SWIFT 中国地区年会统计,当年浦发银行报文自动处理率已与欧美银行持平,资金清算速度提高6倍。

3月20日　浦发银行慈溪支行正式开业,慈溪支行是浦发银行宁波分行通过兼并慈溪租赁业务部设立的支行,开创区域内金融机构兼并的先例。

是月　由浦发银行自行设计开发的联行汇划清算系统在江阴支行模拟运行获得成功。

4月17日　浦发银行无锡支行开业,当日与无锡小天鹅集团公司和威孚股份有限公司分别签订1 000万元贷款协议。

5月20日　联行汇划清算系统投入试运行,在为时4个月的试运行中,先后有浦发银行第一营业部、江阴支行、宁波分行、温州支行、杭州分行、南京分行等13个分支行加入联行汇划清算系统,发生联行往来业务1.4万笔,清算资金量达4.8亿元。

是月　浦发银行制定《上海地区分支机构升格或更名管理办法》,明确经考核经营机构的经营状况、内控制度、业务量、营业面积、负责人资历以及从业人员结构等方面的情况,对符合条件的支行级办事处进行更名,符合条件的分理处(营业所)、储蓄所进行升格。同时对不符合升格条件的分理处和储蓄所进行必要调整和合理布局。经中国人民银行批准,浦发银行完成上海地区的13个办事处、31个分理处、10个营业所更名和升格工作。

6月9日　浦发银行重庆分行开业新闻发布会暨1998年重庆市重点市政工程朝天门广场建设项目5 500万元贷款签约仪式在渝举行,中共沪、渝两地市委市政府领导张德邻、蒲海清、徐匡迪等出席签约仪式。浦发银行重庆分行将原用于开业庆典的20万元,全部捐赠给重庆市万州区五桥管委会,用于兴建"浦发希望小学"。浦发银行重庆分行的成立,是浦发银行实施"辐射长江流域"战略的重要步骤。

6月23日　浦发银行举行上海市中山东一路12号大楼启用仪式,成为第一家入驻外滩金融街的商业银行。中共上海市委领导与社会各界人士出席仪式。中山东一路12号大楼是上海的标志性建筑,在上海外滩诸多近现代优秀建筑中占地最广、规模最大、建筑水平最高,属于欧洲古典派风格。大楼最早为英商汇丰银行行址,新中国成立后成为上海市人民政府所在地。

是日　浦发银行签约向浦东国际机场供油工程、天津路综合改造项目提供5.5亿元贷款,利用外国政府贷款、出口信贷4 517万美元支持黄浦江人行隧道、浦东环保项目建设。

6月28日　浦发银行与长江有色金属现货市场签订银企合作协议,为其提供2.4亿元仓单质押贷款特别授信额度,客户可凭长江有色金属现货市场签字认可的仓单,向银行申请质押贷款。中共上海市委常委、副市长蒋以任,市政府副秘书长、市经委主任黄奇帆出席签约仪式。

10月8日　英国首相布莱尔一行参观浦发银行总行。

10月9日　浦发银行下发《关于成立上海地区总部的通知》。上海地区总部的职能定位,对外是浦发银行的一个综合性职能部门,对内比照分行一级的模式进行运作和管理;其主要职能是受浦发银行领导和管理,为上海地区市场需求提供金融服务,领导、管理、监督、服务各支行及开展区域企业文化建设;下设办公室、人力资源部、资金财务部、会计部、稽核部、信贷管理部、公司金融部、个人金融部、外汇业务部、营业部和浦东新区管理部11个部(室),下辖上海地区23家支行及所属网点,原浦发银行信托投资公司、存汇部清算中心、国际业务部贸易科和个人金融部清算科也相继划归上海地区总部。

10月29日　浦发银行广州分行开业及环保项目融资合资签约仪式在广州举行,广东省副省长王岐山、广州市副市长沈柏年,上海市老领导胡立教、汪道涵等出席签约仪式。广州分行是浦发银行成立的第9家直属分行,是浦发银行走出长江流域、向全国性银行转变的又一重大突破。广州分行成立伊始,即作为广州垃圾处理项目的融资安排行,为垃圾处理项目等筹措人民币配套资金4亿元,并担任英国巴克莱公司和富临(亚洲)有限公司境内的财务顾问。

是月　浦发银行完成对公异地联行系统开发,在TANDEM机的基础上又完成储蓄异地通存通兑系统开发,并先后在上海、江阴、南京、宁波、杭州、温州等地开通活期储蓄、东方卡业务系统内异地通存通兑业务,浦发银行计算机系统开始由城市行联机系统向全国联网系统转变。

12月　经中共上海市委批准,中共上海浦东发展银行党组改组为中共上海浦东发展银行委员会,同时建立中共上海浦东发展银行纪律检查委员会。

是年 浦发银行设立重庆、广州分行和上海黄浦、卢湾支行4家直属机构,机构网点总数为151家,其中总行直属机构34家。

是年 全行本外币存款余额707.32亿元,贷款余额483.36亿元,总资产873.38亿元,实现利润11.6亿元。

1999年

1月28日 浦发银行东方卡业务系统成功接入全国银行卡信息交换总中心,成为首批加入银行卡中心的商业银行,实现计算机系统由城市行联机向全国联网系统转变。

是月 浦发银行上海地区总部正式运行,实现总、分行机构分设,经营和管理职能的分离,从体制上保证浦发银行统一法人的地位和作用。促进一级法人体制下的内部分级经营管理体制的最终形成。

4月 中国人民银行批复浦发银行开办汽车消费贷款,浦发银行选定上海地区总部、北京、南京、广州、杭州及重庆分行办理上海通用汽车公司生产的"别克"轿车的汽车消费贷款业务。

5月11日 浦发银行成立综合营销推进委员会,用于指导开展日常金融营销工作,统筹全行重大营销举措,推进委员会办公室设在公司金融部。

5月17日 浦发银行与复旦大学签订银校合作意向书,双方在教育科技融资服务、学生助学贷款、财务顾问服务、人员培训、倡导高科技风险投资、开展知识银行等传统和新兴金融业务领域进行全方位合作,全力支持复旦大学建设成为世界第一流的综合性大学。

5月22日 第一届董事会第三次临时会议召开,会议决定设立公司监事会,经中共上海市综合经济工作委员会批复同意,公司第一届监事会共9人,其中股东监事6人、职工监事3名。

6月2日 第一届监事会会议召开,推选刘红薇为监事长,由职工监事万晓枫担任监事会召集人。

7月1日 浦发银行在全国率先推出留学贷款业务,上海、北京、南京、杭州、宁波5家分行的17个网点先行办理留学贷款业务。

8月9日 浦发银行与上海创业投资有限公司签订《上海创业投资资金托管协议》,成为创投资金三家托管银行之一。

8月28日 浦发银行与上海交通大学签约建立战略性银校合作关系,将在三年内担任交大上海闵行校区二期开发等项目的财务顾问,并提供折合2亿元的融资额度;改造和建设已有的高等职业技术学院,并提高教育技术手段的现代化和信息化程度,早日发展远程教育。

9月1日 浦发银行开办人民币同业借款业务。浦发银行与法国里昂信贷银行、美洲银行及日本第一劝业银行签订人民币同业借款和项目贷款合作协议,向三家外资银行提供总额1.6亿元同业借款,并与外资银行以俱乐部贷款等形式联手斥资4亿元支持在沪的雀巢公司、阿姆斯壮公司等四家跨国知名企业发展。

9月15日 浦发银行与东方汇理银行上海分行签订2亿元同业借款合同。

9月23日 经中国证监会批准,浦发银行采用网上定价方式向社会公开招股,在上海证券交易所成功增发4亿元社会公众股,当日冻结申购资金2260亿元,创中国证券业新纪录。

10月15日 浦发银行与上海通用汽车有限公司签订别克汽车消费贷款银企合作协议。

10月20日　浦发银行与法国里昂信贷银行联合发放贷款,向法国最大的石油化工集团——埃尔夫阿托集团和世界最大的食品集团——瑞士雀巢集团在沪投资的两家企业分别提供2亿元混合贷款和6 000万元俱乐部贷款。

11月3日　德国总理施罗德参观浦发银行总行。

11月10日　经上海证券交易所批准,浦发银行4亿元股票正式上市交易,股票名称为"浦发银行",代码为600000,成为上海证交所银行第一股。是中国《商业银行法》《证券法》颁布实施后,国内首家由中国人民银行、中国证监会正式批准的第一家规范上市的股份制商业银行。

是日　上海市人民政府、中国人民银行上海市分行、上海市证券交易所等单位领导出席浦发银行A股股票上市仪式,中共上海市委主要领导和浦发银行董事长庄晓天共同为浦发银行A股股票上市鸣锣。当日浦发银行股票开盘价为29.50元,收盘价为27.75元,换手率达54.4%,总成交金额48.59亿元,占当日上海证券交易所全部交易78.6亿元的61.82%。

11月15日　上海地区总部杨浦支行融资1.2亿元,支持杨浦区的上海市政府实事项目——"365"危棚简屋旧居改造工程。当年,浦发银行先后发放贷款2.4亿元,支持上海杨浦、虹口、闸北危棚简屋改造项目。

12月14日　浦发银行在上海交通大学设立并颁发首届"浦发银行奖学金",并计划在三年中每年向交大提供5万元奖学金,每年奖励20名学生。

是日　浦发银行与清华大学、上海交通大学联合举办2000年新年交响音乐会暨新闻发布会。

12月27日　上海公共交通卡系统正式运行暨公共交通卡首发仪式在上海举行。

是年　浦发银行与12家外资银行签订《人民币同业借款合同》,发放5亿元同业借款。

是年　浦发银行直属分支行调整为10家,全行机构网点共158家。

是年　全行各项存款余额达808亿元,各项贷款余额达549亿元,存贷比为67.7%,存贷款余额在全国同类型的10家股份制商业银行中分别排名第三和第四;全行总资产达1 033亿元,实现利润11.77亿元,在10家商业银行中排名上升至第二位;全行本外币不良贷款率为8.93%,在10家股份制商业银行中排名第二。

2000年

1月27日　浦发银行下发《2000—2002年三年发展指导意见》,提出未来三年总体发展思路是以"发展"为主旋律,牢记"客户办行、科技兴行、管理立行"宗旨,进一步完善业务框架、技术框架、组织框架和制度框架,进一步理顺经营运营机制、营销机制、风险防范机制、激励机制和创新机制,为把浦发银行建设成为具有全国影响的一流的现代商业银行打下坚实基础。

2月22日　浦发银行深圳分行开业庆典在深圳市五洲宾馆举行,上海市老领导胡立教、汪道涵、深圳市副市长庄心一等出席开业庆典。至此,浦发银行基本完成珠江三角洲的机构布局。

是日　浦发银行深圳分行与深圳"三九医药股份有限公司""盐田港股份有限公司"两大龙头企业签订银企合作协议,提供2亿元综合授信额度和1.5亿元三年期贷款。

2月25日　浦发银行昆明分行正式开业,当日签订支持昆明—石林公路改建项目的5亿元贷款意向书。同时,决定将原用于开业仪式的20万元捐赠给云南省的希望工程,捐建禄劝县甲甸希望小学。云南省副省长程映萱,中国人民银行成都分行副行长李宝上,上海市老领导胡立教、汪道涵等出席捐赠仪式。浦发银行昆明分行的成立,进一步增强沪、滇两地金融沟通和经济交流,使两地经济合作与帮扶工作推进到一个新阶段。

3月16日　浦发银行广州分行与中国联通广东分公司签订全面银企合作协议和3.28亿元项目贷款合同,重点支持中国联通广东数据通信网一期工程建设。

3月31日　浦发银行芜湖支行正式揭牌成立,这是浦发银行在全国设立的第12家直属分支机构,中共芜湖市委、市政府、中国人民银行芜湖中心支行领导等出席开业庆典,安徽省副省长张平发来贺信。当日,浦发银行芜湖支行与芜湖市交通局签订"芜马高速"项目合作协议。

5月19日　浦发银行与上海市高新技术服务中心和上海技术产权交易所签订银企全面合作协议,建立战略合作伙伴关系,进一步推动上海国际性技术产权交易中心形成和各类高新技术企业的发展。浦发银行为经上述两家单位认定的成果转化项目单位和会员单位提供6亿元贷款额度,提供结算、融资、管理、咨询等在内的全方位金融便利和服务。

5月27日　浦发银行与上海工业投资(集团)公司签订银企合作协议,授予其8亿元综合授信额度,签约提供1亿元流动资金贷款,主要用于奉浦工业区的开发建设,帮助推进上海工业技术改造和结构调整。上海市政府副秘书长、市经济委员会主任黄奇帆出席签约仪式。

是月　浦发银行成立计算机安全工作委员会,这是全行信息安全组织的最高领导机构。

是月　浦发银行在上海推出国内第一张具有定活期存款自动互转功能的东方借记卡。

6月5日　经中国人民银行批复,浦发银行授权上海地区总部、宁波、苏州、南京、杭州、重庆、广州、深圳分行以及江阴、温州支行发行东方借记卡。截至年末,全行共发行东方借记卡309 346张。

8月30日　浦发银行与上海复星高科技集团签订"战略合作暨5亿元人民币综合授信协议"。

10月11日　浦发银行与光大证券公司签约建立战略合作关系,同时授予其6亿元综合授信额度,为光大证券提供证券资金结算服务,双方共同开发银证通业务,这是浦发银行开展券商营销工作的新起点。

10月24日　浦发银行与中国化工进出口总公司签署35亿元综合授信协议及资金管理协议,为其提供包括进出口贸易融资、本外币结算、网上查询、委托划款、资金实时清算等一揽子服务。

11月22日　2000年度第一次临时股东大会召开,会议通过庄晓天辞去董事、张广生出任董事的决议。

是日　第一届董事会第七次会议召开,选举张广生为公司董事长。

12月28日　浦发银行出资2 000万元收购兼并昆山市城市信用合作社,设立浦发银行昆山支行。

是年　新设深圳、昆明、芜湖3家分支行,总行直属分支行计13家,共193个机构网点。

是年　全行资产总额达1 307亿元,在9家同类商业银行中排名第五位;本外币存款总额达1 061亿元,在9家同类商业银行中名列第五位;各项本外币贷款余额为699亿元,在9家同类商业银行中排名第四位,存贷款余额比例为66%;全行实现利润12.31亿元,在9家股份制银行中名列第三位。

2001年

2月5日　浦发银行正式开办上海证券交易所新股申购资金验资业务。

4月10日　浦发银行郑州分行开业暨项目贷款签约仪式在郑州中州饭店举行。上海市老领导胡立教、汪道涵,中共河南省委、省政府及郑州市有关领导,中国人民银行济南分行有关领导出席开业仪式。

4月21日　浦发银行天津分行正式开业,天津市常务副市长杨新成、副秘书长唐延芹等政府委办领导出席开业仪式。浦发银行天津分行与天津市科委、市工商联、市政府配套办等3家单位签订总额为12亿元的信贷授信协议,支持天津经济的发展。当日,天津分行存款达到4.6亿元。

5月29日　浦发银行大连分行开业庆典暨项目合作签约仪式在大连富丽华大酒店举行,这是浦发银行在东北地区开设的第一家分行。中共大连市委、市人大、市政府、市政协领导等参加仪式。浦发银行大连分行与大连市计划经济委员会、大连市建设投资有限公司、大连科技委员会、大连科技风险投资有限公司、新世纪金融租赁有限责任公司、中国北方航空公司、国家开发银行大连分行、大连大显集团分别签订项目合作协议书。

7月17日　深圳证券交易所、中央登记结算公司深圳分公司同意接纳浦发银行为A股清算银行。

7月18日　浦发银行设立风险管理委员会,对风险管理的有关重大事项进行审议、督查、监督,浦发银行风险管理部作为其常设办事机构。

8月10日　浦发银行与国家开发银行签订《全面业务合作协议》。

8月16日　浦发银行成为上海证券交易所指定的清算银行之一,为证券公司提供在沪、深两地证券市场的资金清算划拨。

9月3日　浦发银行济南分行开业仪式暨贷款签约仪式在济南中豪大酒店举行。中共山东省委副书记陈建国,山东省副省长黄可华,省人大、省政府、省政协等党政领导参加开业仪式。当日,济南分行分别与中国电信集团山东分公司、山东移动通信公司、山东鲁能控股集团、济南市建设委员会签订银企合作协议。

9月11日　浦发银行下发《关于下发"十五"信息化规划的通知》,提出用3—5年时间,构建新一代综合业务系统、管理信息系统和决策支撑系统,实现运行有序、管理高效和风险控制的有机结合,明确信息化建设坚持"统一领导、统一规划、统一标准、统一开发、统一管理"的原则,支撑银行信息化建设和优化业务流程。

是月　浦发银行召开专题会议,明确凡是涉及沪、深两地交易所的券商客户的证券资金清算交易通过系统内处理的,由上海地区总部、深圳分行分别与沪、深证券交易所清算。

10月7日　浦发银行与国家开发银行在上海签订《委托代理协议》,根据协议,浦发银行各分行作为代理结算经办行,直接代理国家开发银行贷款项目的结算业务。

11月15日　浦发银行与中国化工进出口公司签订新一轮综合授信协议,授予该公司及其各子公司综合授信额度合计35亿元,同时为其6家子公司提供资金管理服务,并将合作范围由北京、上海扩展到整个华东地区。

11月28日　浦发银行获中国人民银行批准开办黄金业务,并成为上海黄金交易所的第一批金融类会员之一,可从事代理仓储、代理黄金买卖、黄金质押贷款、黄金寄售、个人黄金投资和黄金自营业务等9项业务。

12月5日　中国证券监督管理委员会授予浦发银行主办存管银行的业务资格,同时,结算银行业务资格获得重新核准。

12月6日　浦发银行与中国石油化工股份有限公司签订15亿元综合授信额度框架协议,与中国石油化工股份(集团)签订10亿元综合授信协议,将合作范围扩大到集团下属上海石化、扬子石化、中石化浙江石油分公司和广东石油分公司等7家企业和浦发银行的5家分行。

是年　郑州、天津、大连、济南4家分行获准开业,总行直属分支行达16家,共240个机构网点。

是年　全行实现利润14.4亿元,在9家股份制商业银行中,排名第三;全行总资产达1736亿元,全行本外币存款总额达1482亿元,各项本外币贷款总额为971亿元,存贷款余额在9家股份制商业银行中,排名第五;全行不良贷款占比为7.57%。

2002 年

1月2日　浦发银行将原由上海地区总部代理总行的活期储蓄异地通存通兑、东方卡异地往来、银行卡异地跨行往来和国际信用卡组织或外资银行请款的外卡取现、收单等业务资金清算工作,改由浦发银行清算中心处理,形成本外币合一、公私业务合一的统一清算平台。

1月10日　浦发银行在上海地区发行第一张符合"银联"标准的东方卡。

1月21日　经中国人民银行和香港金融管理局批准,浦发银行在香港举行香港代表处成立仪式,上海市政府副秘书长李关良,香港金融管理局副总裁简达恒等出席仪式。香港代表处主要任务是负责浦发银行与香港金融管理局的联系和沟通,收集、分析香港当地经济、金融信息和同业动态,谋求与香港金融机构间的合作,参与一级沟通和业务协调事宜,积极发掘、培养、引荐、契合优秀潜在公司客户。

1月23日　浦发银行授权大连、天津、郑州、芜湖、深圳、广州、重庆、温州、苏州、北京、南京、宁波、杭州、上海、昆明等15家直属分支行发行带有"银联"标识的东方卡。

3月12日　中国人民银行批复同意浦发银行成都分行开业。

4月6日　浦发银行西安分行开业仪式在西安举行,陕西省政府、西安市政府领导,中国人民银行西安分行、上海市人大常委会、上海市政府有关领导出席开业仪式。浦发银行西安分行与国家开发银行西安分行、中国进出口银行西安代表处签订业务合作协议,与陕西省高速公路建设集团公司签订临潼—潼关高速公路收费权质押贷款协议。

4月8日　浦发银行引进的SAP人力资源系统成功上线,首期系统涵盖浦发银行本部、上海地区总部、宁波分行和大连分行共2800余员工的人力资源管理,覆盖面为全行员工人数的43%。

4月23日　浦发银行党委下发《关于认真学习贯彻五年发展规划的通知》。《浦发银行五年(2001—2006)发展规划》是建行以来第一个发展规划,经第一届董事会第十三次会议正式通过。

5月1日　浦发银行与中国人民保险公司签订协议,开办代销"金牛投资保障型家庭财产险"保单业务。截至年末,全行共销售"金牛"保险近6000万元,保费收入近百万元。随着代销"金牛"保险产品,浦发银行保险代理销售进入从分散代理向统一代理转变阶段。

5月13日　浦发银行与上海同盛大桥建设有限公司签署银企合作协议,为公司提供结算和施工企业账户监管服务。

5月16日　浦发银行开办买方付息票据贴现业务。

5月18日　浦发银行在成都市锦江宾馆举行答谢全川各界暨项目合作签约仪式,四川省政府、成都市政府、中国人民银行成都分行有关领导等出席庆典活动。当日,成都分行与二滩公司、四川路桥、成都烟厂等6家单位签订银企合作协议。

6月12日　浦发银行获中国人民银行批准开办离岸业务。当日,在上海中山东一路12号举行离岸业务揭牌暨银企合作签约仪式,与上海实业集团、中国石油化工股份有限公司等3家企业签订银企合作协议。

6月24日 国家级重点工程项目——上海国际航运中心洋山深水港一期工程项目75亿元的银团贷款签约仪式在上海举行,浦发银行作为该银团贷款的副牵头行,提供15亿元的贷款资金。

6月28日 2001年度股东大会召开,会议选举产生公司第二届董事会,选举产生董事15人,其中,公司管理人员董事5名,股东单位董事8名,独立董事2名。当日,第二届董事会第一次会议选举张广生为董事长,金运、祝世寅为副董事长,通过董事会各专业委员会组成人员名单;公司第二届监事会举行第一次会议,选举李关良为监事长。

是日 浦发银行成立业务数据大集中项目组,又称"628"核心系统项目。

7月2日 浦发银行印发《关于进一步推进全行票据贴现业务发展的若干意见》,明确采取加大票据业务考核、资金向票据业务倾斜、扩大受理票据业务网点等项措施,拓展本外币票据业务。截至当年末,全行累计票据贴现余额达315亿元,为年初4.28倍。

7月25日 浦发银行开始代理销售富国基金管理公司的"富国动态平衡"开放式基金,截至8月14日,销量达到5.06亿元,浦发银行早于中国银行和其他7家股份制银行办理基金代销业务,成为国内第五家代销开放式基金的商业银行。

7月27日 浦发银行沈阳分行开业暨合作协议签约仪式在沈阳皇朝万豪国际酒店举行。辽宁省政府、沈阳市政府、中国人民银行、上海市政府等有关领导参加开业仪式,浦发银行沈阳分行分别与沈阳东软软件股份有限公司、辽宁省交通厅、沈阳飞机工业(集团)有限公司、沈阳公用发展股份有限公司、沈阳南湖科技开发集团公司、辽宁人民广播电台6家单位签订项目合作和银企合作协议,提供15亿元信贷资金支持。

是月 浦发银行正式启动离岸业务,办理离岸对外担保、汇出汇入、贸易结算、同业拆放拆借、外汇买卖等项业务。截至12月31日,开立账户96户,其中非居民法人账户66户,非居民自然人账户30户,各项存款余额为6 979万美元,各项贷款余额为3 859万美元,离岸资产总额为7 706万美元。

9月4日 浦发银行与中国石油化工股份公司签订新一轮授信额度协议,由浦发银行对中石化股份公司及其下属(控股)的上海石化、扬子石化、华东销售公司等单位授信20亿元额度。

9月28日 浦发银行全行存款余额突破2 000亿元。

10月8日 浦发银行业务系统平稳接入中国现代化支付系统。截至2003年,总行及下辖16家分行,成功接入中国人民银行大额实时支付系统,日均资金支付量达5 000笔。

10月30日 浦发银行完成ATM改造,POS改造率达到90%,银联借记卡累计发行49.7万张,银联信用卡(IC)累计发行1.5万张,实现全国银行卡联网联合的工作目标。

12月3日 浦发银行为上海老凤祥珠宝首饰有限公司办理全国第一笔黄金租赁业务,该笔租赁的黄金成色为999.95、重量为18公斤,填补国内黄金租赁业务的空白。

12月31日 经国务院同意和中国人民银行批准,浦发银行与美国花旗银行正式签署《战略合作协议》《股份购买协议》《信用卡业务协议》等有关合作协议。根据协议,花旗银行海外投资公司将成为浦发银行唯一战略性参股的外国金融机构;浦发银行在花旗银行的协助下,通过设立独立的信用卡中心的方式,合作经营信用卡业务。花旗银行承诺,在个人金融、风险管理、财务管理、IT系统改造、稽核及合规性管理和人力资源管理等领域提供技术支持及协助。

是年 成都、西安、沈阳、武汉分行相继开业,总行直属分支机构达20家,共284个机构网点。

是年　全行实现利润18.67亿元,总资产达2 793亿元,各项本外币存款年末余额达2 439亿元,各项本外币贷款年末余额为1 744亿元,存贷款比例为71.5%,不良贷款占比降至4.43%。

2003年

1月8日　经中国证监会核准,浦发银行股份有限公司增发人民币普通股3亿股,每股发行价格8.45元,实际募集资金24.94亿元,充实公司资本金。

1月9日　浦发银行上海地区总部在上海浦东陆家嘴金融中心举行入驻浦发大厦仪式,并正式推出东方国际消费卡,与同济大学、陆家嘴股份有限公司、扬子江快运公司签订授信总额为18亿元的银企合作协议。

3月24日　浦发银行青岛分行开业,青岛分行将原用于举行开业仪式的20万元,捐赠给青岛市政府抗击"非典"。

4月4日　"628核心系统项目"在浦发银行广州分行率先试点上线,经连续工作近48个小时,新系统开启联机交易,整个切换日工作宣告顺利完成。

4月8日　浦发银行武汉分行开业暨银企合作签约仪式在武汉香格里拉大饭店举行,湖北省、武汉市领导等出席开业仪式。浦发银行武汉分行分别与湖北省交通厅、武汉土地整理储备供应中心、长江证券有限责任公司签署授信额为10亿元的合作协议。

4月29日　2002年度股东大会召开,选举6名独立董事,增选花旗银行龙肇辉为董事。

5月8日　浦发银行下发《关于印发2003年综合营销竞赛办法的通知》,组织全行开展"超同业、拓市场、竞发展"综合竞赛活动。

5月9日　浦发银行下发《关于开展理财专员销售模式(保险业务)试点的通知》,决定自5月下旬起,在上海徐汇支行和闸北支行开展"理财专员销售模式"(保险业务)试点工作。

5月15日　浦发银行下发《关于在全行范围内开展创新大讨论活动的通知》,为期3个月的全行性创新大讨论活动正式启动。

9月9日　浦发银行"628核心系统项目"上线,全面推广"及时语"服务,使之成为深受欢迎的浦发银行个人金融产品之一。

10月8日　浦发银行SAP-TR模块顺利上线,实现浦发银行资金业务前后台系统联网,业务数据实时传送,业务信息智能化管理与业务系统操作风险可控,提升资金核算与信息管理水平,浦发银行成为国内首家实施SAP本外币合一的资金业务后台系统的金融行业用户。

10月14日　浦发银行与上海地产(集团)有限公司"全面合作暨30亿元综合授信签约仪式"、浦发银行与上海住房置业担保有限公司"银企合作协议签约仪式"在上海中山东一路12号大楼举行。

10月24日　浦发银行启动为期1个月的"国泰金龙系列证券投资基金"代销工作,这是浦发银行获得基金托管资格后首次托管的证券投资基金。

12月12日　浦发银行、工商银行、广发银行共同向中外合资华晨宝马汽车有限公司融资的签约仪式在沈阳举行。

12月21日　浦发银行与中国广东核电集团企业年金托管协议签字仪式在深圳市圣庭苑酒店隆重举行。

是年　新设武汉、青岛分行,总行直属分支机构增至21家,共305个机构网点。

是年　全行总资产规模达 3 710 亿元,各项存款余额为 3 221 亿元,本外币贷款余额为 2 551 亿元,全行实现利润 23.44 亿元,全行不良资产占比下降至 2.53%。

2004 年

1 月 11 日　浦发银行信用卡中心正式开业。

2 月 4 日　浦发银行在上海中山东一路 12 号大楼举行"浦发银行信用卡首发式",发行浦发银行信用卡。

2 月 18 日　浦发银行个人外汇结构型理财产品"汇理财"(第一期)产品顺利发行,这是浦发银行利用市场新型结构型产品向客户提供个人理财方案。

4 月 6 日　经中国银监会批复同意,浦发银行开办网上银行业务,提供个人网银和公司网银两项服务功能。

4 月 8 日　浦发银行开通"95528"客服电话,客户通过中国电信、中国移动、中国网通、中国联通和中国铁通等五大运营商的电话系统,拨打"95528",就可使用全行 21 家分行(直属支行)、27 个城市的电话银行系统。

是日　中国上海 2010 年世界博览会首批银企合作签约仪式在市政府贵宾厅举行,上海市副市长周禹鹏,上海市世博局、市发改委、市金融办领导等出席签约仪式。

4 月 15 日　浦发银行"628 核心系统项目"圆满结束。

4 月 28 日　浦发银行太原分行开业暨项目合作签约仪式在太原市山西国贸大饭店举行,山西省委、省政府、政协和太原市的有关领导出席开业仪式。浦发银行太原分行与山西焦煤(集团)有限责任公司、省中小企业局、省信托投资有限责任公司、太原市住房公积金管理中心签订相关合作协议。

5 月 12 日　浦发银行与中国保险(控股)有限公司在香港签订全面业务合作协议,确立双方合作伙伴关系,中国保险(控股)有限公司董事长杨超出席签字仪式并致辞。按照协议,浦发银行和中保控股公司的合作范围涵盖从总部到各分支机构、附属机构各个层面,主要合作领域涉及代理保险、保险投保、资金结算与现金管理、资金融通等。

6 月 18 日　浦发银行长沙分行开业暨项目合作签约仪式在长沙华天大酒店举行。湖南省副省长徐宪平等湖南省委、省政府,中共长沙市委、市政府以及省、市各部委办局主要领导出席开业仪式。浦发银行长沙分行与湖南省高速公路建设开发总公司、中联重工科技发展股份有限公司签署项目合作协议。

8 月 10 日　浦发银行哈尔滨分行开业暨银企合作签约仪式在哈尔滨香格里拉饭店举行,黑龙江省副省长王利民出席开业仪式。浦发银行哈尔滨分行分别与哈药集团、哈尔滨航空工业集团、泰福实业公司、哈尔滨市邮政局签订项目合作协议和银企合资协议。

10 月 18 日　浦发银行开始代销 9.63 亿元嘉实浦安保本混合基金,总行确保基金实现认购总额 12.96 亿元,该基金由浦发银行担任主代销行、托管行和担保行,是国内首只由银行提供担保的保本基金。

10 月 30 日　浦发银行信息中心机房建成投入使用,浦发银行启动生产系统由宁波路数据中心向漕河泾信息中心搬迁项目,浦发银行 28 条通信线路成功完成切换。

12 月 26 日　浦发银行上海漕河泾信息园区竣工,该园区总建筑面积为 27 018 平方米,集数据中心、应急指挥中心、开发中心、呼叫中心、培训中心诸功能为一体。

  是年 全行总资产规模达4 555亿元,各项存款余额为3 953亿元,本外币贷款余额为3 109亿元,主营业务收入共计167.61亿元,实现税前利润30.49亿元,全行不良贷款占比降至2.45%,不良贷款准备金覆盖率达117%。当年,设立太原、长沙、哈尔滨分行,总行直属分支机构增至24家,机构网点总数增至328家。

  是年 上海分行空港支行辖属国际机场支行获评全国妇女联合会颁发的"2004年全国巾帼文明集体"称号。

2005年

  1月18日 "中国-比利时直接股权投资基金"《资产委托管理协议》和《资产委托托管协议》签字仪式在上海中山东一路12号举行。国家财政部、国家发改委、上海市金融服务办公室有关领导,比利时驻沪领事馆官员,中比基金管理公司、海通证券公司领导等出席。

  2月1日 经中国银监会批复同意,浦发银行开办人民币理财业务,首次推出人民币、外币双币种组合理财产品"汇理财"。当年累计发售"汇理财"系列理财产品8期共26款,实现销售金额1.6亿美元。

  2月18日 浦发银行与中煤能源集团银企战略合作协议签约仪式在北京港澳中心举行,中煤集团公司领导经天亮、杨列克等出席签约仪式。根据协议,浦发银行将向中国中煤能源集团公司提供总额为30亿元(或等值外币)综合授信额度。

  3月30日 浦发银行在北京人民大会堂签署《南水北调主体工程银团贷款合作协议》,北京分行、济南分行分别签署南水北调东线、中线工程银团贷款和质押合同,根据银团协议,浦发银行将为工程提供5亿元贷款。

  是月 浦发银行撤销原计算机安全工作委员会,成立信息安全工作委员会。

  6月9日 浦发银行南昌分行开业暨银企合作签约仪式在南昌赣江宾馆举行。江西省人民政府省长黄智权、常务副省长吴新雄、南昌市党政领导出席开业仪式。南昌分行与江西铜业、新钢、江铃汽车、南昌市政等企业签订银企合作协议,并代表浦发银行向省教育厅捐赠25万元用于支持江西教育事业。

  6月25日 上海市副市长冯国勤、上海市政府秘书长杨定华和副秘书长吉晓辉视察浦发银行漕河泾信息园区。

  6月28日 "浦发创富-公司业务品牌暨财富之旅"启动仪式在上海国际新闻中心举行。当日,浦发银行在上海、大连、青岛、哈尔滨等8个城市举行"引领财富之旅"大型推广活动。

  7月7日 浦发银行与马钢(集团)控股有限公司暨马鞍山钢铁股份有限公司企业年金账户管理协议签约仪式在上海中山东一路12号举行。这是浦发银行办理的第一笔企业年金账户管理业务。

  7月8日 浦发银行"轻松理财"展示会暨银联标准东方卡发行仪式在北京隆重举行,标志着浦发银行个人金融服务品牌建设工程正式启动。

  8月12日 经中国人民银行、中国银监会批准,浦发银行70亿元高级债券在中央国债登记结算公司成功招标发行。浦发银行成为中国人民银行颁布《全国银行间债券市场金融债券发行管理办法》以来第一家发行高级金融债券的股份制商业银行。

9月17日　浦发银行国际贸易结算操作系统(单证业务系统)在浦发银行贸易服务中心、南京分中心、太原分行、长沙分行、哈尔滨分行和南昌分行同时上线,实现国际贸易结算业务数据管理和操作应用的大集中,从而在国内同业中率先建成真正意义的国际贸易结算业务单证中心。当年,该系统在杭州、宁波派出中心及20家分行成功上线。

9月28日　2005年第二次临时股东大会召开,选举产生第三届董事会、监事会。当日,第三届董事会第一次会议和第三届监事会第一次会议,分别选举金运为董事长、祝世寅为副董事长,刘海彬为监事长。

10月27日　中共上海市委副书记、市长韩正,上海市委常委、常务副市长冯国勤视察浦发银行漕河泾信息园区。

11月10日　浦发银行白金信用卡发行庆典在上海博物馆一楼大厅举行。

11月28日　浦发天津分行作为中国人民银行首批试点城市开通小额支付系统,至2006年,浦发银行各地分行小额支付系统相继开通。

是年　浦发银行下辖24家分行、2家直属支行,机构网点总数增至350家。

是年　全行总资产规模达5 730亿元,各项存款余额为5 055亿元,本外币贷款余额为3 772亿元,全年实现利润42.31亿元,全行不良贷款占比降至1.97%,不良贷款准备金覆盖率达142.16%。

2006年

1月9日　浦发银行与中国东方航空股份有限公司银企合作协议暨50亿元人民币综合授信签约仪式在上海中山东一路12号大楼举行。上海市副市长冯国勤、中国东方航空股份有限公司董事长李丰华等出席签约仪式。

2月22日　浦发银行南宁分行开业暨银企合作签约仪式在南宁举行,中共广西壮族自治区党委副书记、区政府常务副主席郭声琨等广西壮族自治区及南宁市党政领导等出席签约仪式。

3月30日　浦发银行发行"轻松理财信用卡",这是国内第一张融合免息消费和理财功能的双账户理财信用卡。

4月1日　浦发银行与国家开发银行信贷业务合作框架协议签约仪式在上海中山东一路12号大楼举行,国家开发银行副行长刘克崮等出席签约仪式。

4月6日　浦发银行股份有限公司先后召开股权分置改革相关股东会议和2005年度股东大会,大会通过《浦发银行股权分置改革方案》,根据方案,浦发银行流通股股东每持有10股流通股获得非流通股股东支付的3股对价股份。

4月18日　浦发银行上海地区总部更名浦发银行上海分行。

5月12日　浦发银行实施股权分置改革方案,非流通股股东支付的2.7亿股对价股份开始上市交易,非流通股股东持有的原非流通股股份,在12个月内不得上市交易或转让。方案实施后,浦发银行总股本不变,原流通股股东持有的股份由改革前的9亿股增加为改革后的11.7亿股。

5月18日　浦发银行推出借记、贷记功能合一的轻松理财金卡和银卡,形成普通卡、银卡、金卡组成的系列理财卡。

6月2日　"浦发银行-阿里巴巴"战略合作协议签约仪式暨新闻发布会在上海中山东一路12号大楼举行。浦发银行首家推出B2B网上支付网关,为阿里巴巴电子商务活动营造更加安全、快捷的B2B交易环境,与阿里巴巴合作,开通针对中小客户的"资信绿色通道",定期进行相关客户资源与信息的共享,双方议定共同拓展电子商务市场。

6月12日　浦发银行完成"华安-浦发"银基通基金直销业务系统的全行上线。

6月28日　浦发银行推出全国首支以BT基础资产支持的证券化产品"浦建受益"在深圳证券交易所挂牌上市。

7月8日　浦发银行在全国26个城市发行浦发"WOW卡"。

8月4日　浦发银行乌鲁木齐分行开业庆典和银企签约仪式在乌鲁木齐市鸿福大酒店举行,中共新疆维吾尔自治区党委副书记、自治区主席司马义·铁力瓦尔地,自治区党委、政府、政协、中共乌鲁木齐市委、新疆生产建设兵团等领导出席庆典及签约仪式。乌鲁木齐分行分别与新疆维吾尔自治区交通厅、新疆维吾尔自治区伊犁河流域开发建设管理局、新疆八一钢铁(集团)公司、新疆大黄山鸿基焦化有限责任公司和乌鲁木齐市水务(集团)有限公司签订银企合作协议,与国家开发银行新疆分行签订全面合作协议,浦发银行乌鲁木齐分行向乌鲁木齐市达坂城中学捐赠人民币25万元。

8月16日　浦发银行长春分行开业庆典暨项目合作签约仪式在吉林省长春市南湖宾馆举行,吉林省政府、长春市政府有关领导参加庆典活动。浦发银行长春分行与国家开发银行吉林省分行、中国网通集团吉林省通信公司、吉林省水务投资集团有限公司和吉林省中小企业局签署全面合作协议。长春分行还向吉林省长岭县永升卫生院捐赠人民币20万元,用于改善贫困地区的医疗状况。

是日　中国人民银行、中国银行业监督管理委员会和中国证券监督管理委员会,原则确定浦发银行为银行系基金管理公司的第二批试点单位之一,浦银安盛基金管理公司作为首家试点。

是月　国家发改委批复同意浦发银行转贷法国开发署能源节约中间信贷2 000万欧元,期限为15年。

9月14日　浦发银行通过基金直销渠道参与国内首个QDII"华安国际配置基金"的发行。

11月6日　经中国证监会核准,浦发银行股份有限公司实施新股增发,实际发行439 882 697股,每股发行价格为13.64元,实际募集资金59亿元,增发后公司总股本增至43亿股。

11月22日　浦发银行发行国内第一张"一张卡、双授权、三账户"的"轻松理财智业卡"。

12月4日　浦发银行推出网上支付创新产品"协议支付交易",并与基金公司合作,应用于网上基金直销业务,形成基金产品销售的电子商务模式。

是年　开设长春、乌鲁木齐分行,温州支行升格为分行。至此,总行直属分支机构28家,机构网点总数增至370家。

是年　全行总资产达6 893亿元,本外币贷款余额达4 608亿元,各项存款余额为5 964亿元,当年主营业务收入共计298.75亿元,实现利润60.34亿元,全行不良贷款占比降至1.83%,不良贷款的准备金覆盖率达151.46%。

2007年

1月　经中国银监会、中国证监会批复同意,由浦发银行、法国安盛投资桂林公司和上海盛融投资管理公司共同出资设立浦银安盛基金管理公司,浦发银行持有51%的股权。

3月5日　浦发银行印发《上海浦东发展银行2006—2010年发展战略规划》。

3月19日　浦发银行印发《个人贵宾客户管理办法》，推出"浦发卓信"贵宾服务专用品牌，并于4月发行第一张"轻松理财白金贵宾卡"，向贵宾客户提供"一对一理财经理服务"、"全国网点免排队服务"，贵宾专属热线电话、专属网页，服务费率优惠等增值服务。

4月17日　浦发银行下发《关于设置总行数据处理中心机构的通知》，明确数据处理中心下设流水作业、专业管理、行政人事、技术保障4个团队，主要承担"运营流程再造——业务集中"项目开发，实现全行支付结算业务数据录入、票据审核、差错处理、业务授权等专业的流水作业。截至9月末，业务集中系统已推广至除上海、合肥分行外的27家分行、直属支行，覆盖支行134家，占已上线分行、直属支行网点数量的56%，集中业务全辖日均业务量在10 000笔左右。

5月22日　2006年度股东大会召开，会议选举吉晓辉、傅建华、StephenBird（鲍史汶）为董事。当日，第三届董事会第十六次会议举行，选举吉晓辉为董事长，傅建华、祝世寅为副董事长。

5月23日　浦发银行重新成立风险管理委员会，是在浦发银行行长室领导下负责全行全面风险管理的决策机构，主任由行长担任。

6月14日　浦发银行下发《"浦发卓信"品牌使用管理办法》，正式推出"浦发卓信"品牌。

8月21日　浦发银行呼和浩特分行开业庆典暨项目合作签约仪式在呼和浩特市新城国宾馆隆重举行，内蒙古自治区主要领导，中共上海市委副书记、市长韩正，市委市政府等有关领导出席仪式。当日，浦发银行呼和浩特分行分别与呼和浩特市人民政府、国家开发银行内蒙古分行、内蒙古电力集团公司和内蒙古伊泰集团公司签订全面合作协议，还将压缩开办费购买的救护车和医疗器械、流动医疗站捐赠给内蒙古兴安盟扎赉特旗巴达尔胡镇中心卫生院。

8月27日　浦发银行首个信贷资产证券化项目获中国人民银行正式批复，这是国内股份制商业银行发行的第一只信贷资产证券化产品。

8月28日　浦发银行发起设立的浦银安盛基金管理有限公司开业仪式在上海中山东一路12号举行，上海市常务副市长冯国勤、中国证监会上海监管局局长张宁、法国驻上海总领事馆总领事Thierry Mathou、法国安盛投资集团最高执行董事会成员Stephane Prunet、上海盛融投资有限公司总裁施德容等出席。

是日　浦发银行和花旗银行（中国）股份有限公司现金管理业务合作签约仪式在上海中山东一路12号隆重举行。

11月16日　浦发银行合肥分行开业暨项目合作签约仪式在合肥市稻香楼宾馆隆重举行，上海市常务副市长冯国勤、安徽省常务副省长孙志刚、上海市金融党工委书记吴明等出席仪式。浦发银行合肥分行分别与铜陵有色金属集团控股有限公司、淮北矿业（集团）有限责任公司等单位签署项目合作协议，并向安徽省青少年发展基金会捐赠25万元助学基金，成立"浦发优秀困难大学生奖学金"。

11月29日　浦发银行获得企业年金基金托管人资格，银行资产托管业务范围涵盖企业年金、社保、基金、证券、信托、保险、产业/创投、专项、QDII和QFII等十大领域20余个品种。

12月7日　历时两个月的"万达·浦发"杯股指期货仿真交易大奖赛圆满落幕，参赛人数高达13 486人，总交易金额高达38 560亿元，有效检验期货相关的交易软、硬件系统、行情系统、客服流程等，是一次银企携手合作备战股指期货的战略性活动。

12月9日　浦发银行成功将其信用卡系统，从新加坡花旗运营中心搬迁至浦发银行上海漕河泾信息中心，实现信用卡系统从IBM大型主机移植到UNIX开放平台，开创百万持卡人数据迁移的纪录。

12月17日　浦发银行下发《上海浦东发展银行与浦银安盛基金管理公司业务合作方案》,明确在"合法合规、资源共享、同等优先、阶段推进、互惠互利"为基本原则下,双方在产品研发、销售管理、考核范围、营运支持、信息共享和品牌推广方面开展合作。

12月21日　浦发银行召开首次全行职工代表大会,全行90名职工代表参加,大会审议通过《上海浦东发展银行职工代表大会暂行办法》,新修订《上海浦东发展银行员工奖惩办法》《上海浦东发展银行员工薪酬福利手册》。

是年　新开设呼和浩特、合肥2家分行,至此浦发银行已开设29家分行、1家直属支行,机构网点总数增至408家。

是年　全行总资产为9 149.80亿元,其中本外币一般贷款余额为5 509亿元;公司负债总额为8 866亿元,其中本外币一般存款余额为7 634亿元;当年实现税前利润107.58亿元,实现税后利润54.99亿元;全年实现营业收入258.76亿元;不良贷款率为1.46%,不良贷款的准备金覆盖率达191.08%。

2008年

2月15日　浦银安盛基金管理公司首只基金产品"浦银安盛价值成长基金"获准发行。

4月8日　经向中国人民银行、银行间市场交易商协会等监管部门备案,浦发银行开办人民币利率互换业务,当年推出多项利率挂钩产品。

5月11日　中国商用飞机有限责任公司在上海举行揭牌成立仪式,浦发上海分行金桥支行成为中国商用飞机有限责任公司的验资行以及基本账户行。

5月15日　浦发银行作为中国中小企业金融战略合作联盟成员,与中国中小企业协会联合主办"2008中小企业大巡诊"活动在北京京都信苑饭店拉开帷幕。

是月　中国人民银行推出美元等8个币种的境内外币支付系统,并公开招标境内外币支付结算银行,浦发银行作为唯一中标的股份制商业银行,成为四家结算银行之一,承担英镑、加元、澳元和瑞士法郎4个币种的代理结算银行职能。

是月　浦发银行与莱芜市商业银行签署战略合作谅解备忘录。

6月23日　由中国金融期货交易所的支持指导,浦发银行主办,各期货公司、机构投资者(基金管理公司、证券公司、保险资产管理公司)协助举办的"浦发创富杯"股指期货黄金联赛正式揭开帷幕。

7月14日　浦发银行第三届董事会第二十二次会议通过《公司投资入股莱商银行的议案》。

7月18日　经中国银监会批复同意,浦发银行批准芜湖支行升格为一级分行。

8月1日　芜湖分行揭牌暨项目合作签约仪式在芜湖市铁山宾馆隆重举行。安徽省副省长文海英等到场祝贺。芜湖分行与部分重点客户在仪式上签署业务合作协议,芜湖分行同时宣布捐款20万元专项用于芜湖县"浦发银行希望小学"建设。

9月12日　由上海对口支援都江堰市灾后重建指挥部、上海市人民政府合作交流办公室、都江堰市人民政府联合举办的"都江堰市灾后重建(产业发展)项目推介会"在上海召开。浦发银行与都江堰市政府签订50亿元授信贷款额度的《银政合作框架协议》,浦发银行成都分行与都江堰市兴市投资有限公司签订《银企全面合作协议》。

是月　浦发银行上海分行成为中国商用飞机有限责任公司实施资金集中管理的三家中标银行

之一。

10月7日　浦发银行承销发行同盛集团2008年度第一期短期融资券30亿募集资金全额到账。

10月21日　浦发银行黄金自营交易业务正式进场交易,年末交易量达20 721公斤,在上海黄金交易所162家会员中排名第五。

10月23日　浦发银行兰州分行开业暨项目合作签约仪式在兰州举行,甘肃省政协主席陈学亨、甘肃省常务副省长冯健身等领导出席签约仪式。兰州分行分别与甘肃省交通厅、甘肃酒泉钢铁集团、甘肃电力投资集团签订总额为76亿元的业务合作协议,并向国家级贫困地区定西市捐款20万元,向"5·12汶川大地震"严重受灾的陇南市捐款50万元。

10月24日　浦发银行都江堰支行开业暨银政银企全面合作协议签约仪式在都江堰市举行。上海市委常委、副市长屠光绍,成都市副市长王忠林等参加签约仪式。浦发银行向都江堰人民政府捐赠300万元,并与都江堰市签订《50亿重建专项授信银政合作协议》和《政府财务顾问协议》;浦发银行成都分行与成都文化旅游发展集团公司签订《银企全面合作暨都江堰项目20亿贷款意向协议》,与都江堰兴市公司签订《上海援建首批项目七通一平配套项目7亿元贷款合同》。

10月25日　浦发银行第一届职工代表大会第二次会议召开。会议审议通过《上海浦东发展银行提案工作实施办法》《上海浦东发展银行员工住房补贴办法》《上海浦东发展银行企业年金方案》等。会议选举浦发银行新一届董事会、监事会的职工董事、职工监事。其中职工董事为浦发银行副行长黄建平,职工监事为浦发银行党委副书记、工会主席冯树荣、郑州分行行长李万军、杭州分行行长杨绍红。

11月7日　浦发银行与陕西煤业化工集团有限责任公司在西安举行战略合作协议签约仪式。

11月20日　2008年度第一次临时股东大会召开,选举产生第四届董事、监事。当日,第四届董事会、监事会第一次会议召开,分别选举吉晓辉为董事长,傅建华、陈辛为副董事长,刘海彬为监事会主席。

11月26日　浦发银行与莱商银行在莱芜市举行战略合作协议签约仪式。

12月3日　中国烟草总公司江苏省公司企业年金基金管理合同签约仪式在南京举行,浦发银行与中国人寿养老保险股份有限公司签订企业年金托管合同。

12月26日　由浦发银行发起设立、四川剑南春集团有限责任公司等5家企业法人与4名自然人共同出资筹建的第一家村镇银行——绵竹浦发村镇银行正式开业。浦发银行投资2 750万元,为第一大股东。浦发银行与绵竹市政府签订《上海浦东发展银行与绵竹市人民政府银政合作协议》,并向绵竹灾区捐赠棉被和电热毯各3 000床。

是年　开设兰州、石家庄2家分行,新增包头、玉溪、九江、晋中、柳州等85家机构网点。至此,浦发银行已在全国70个城市开设32家直属分行,机构网点总数增至491家。

是年　全行总资产为13 094亿元,提前两年实现五年战略目标;新增资产3 944.45亿元,资产增量位居股份制商业银行第一;公司负债总额为12 677.24亿元,期末本外币一般存款余额为9 472亿元,存款增量排名9家股份制银行第二;期末本外币贷款余额为6 975亿元,贷款新增1 465.76亿元,高于全国金融机构增幅,贷款增量排名上升至第二位;全行利润首次突破100亿元,实现税前利润153亿元,全年实现营业收入345.61亿元;不良贷款率为1.21%,不良贷款准备金覆盖率达192.49%。

2009年

1月19日　浦发银行与东方航空股份有限公司在上海举行银企战略合作协议暨商旅合作伙伴协议签约仪式,向东航提供总额100亿元的综合授信额度,开展包括项目融资、债券发行、资产证券化、国际结算、离在岸联动授信等在内的多层次业务合作。

1月20日　浦发银行与中国建筑材料集团公司在上海举行《战略合作协议书》及《企业年金合作协议书》签约仪式。

2月17日　浦发银行与北京产权交易所、北京市国有资产经营有限责任公司在上海中山东一路12号举行"并购融资业务战略合作协议签约仪式",北京分行与上述两单位签署《开展商业银行并购融资合作框架协议》。

2月19日　浦发银行石家庄分行开业暨签约仪式在石家庄市白楼宾馆隆重举行,中共河北省委副书记、石家庄市委书记车俊,河北省副省长孙瑞彬,河北省政协副主席赵文鹤等出席仪式。河北省委副书记、省长胡春华会见董事长吉晓辉等浦发银行领导。石家庄分行分别与河北钢铁集团、河北省高速公路管理局、河北省中小企业信用担保中心签订合作协议。

3月5日　浦发银行福州分行正式开业。

3月10日　浦发银行当选为中国银行业协会保理专业委员会副主任单位。

4月29日　上海市银行同业公会第十六次会员大会暨第九届理事会第一次会议在上海东郊宾馆举行,浦发银行作为新一届会长单位,由行长傅建华担任银行同业公会会长。之后,中国银行业协会银行卡专业委员会成立大会暨第一次全体成员会议在京召开,浦发银行与工商银行、中国银行等7家银行被推选为常委单位。

是日　浦发银行印发《上海浦东发展银行2006—2011年发展战略规划(修订稿)》。

是月　浦发银行面向客户正式推出手机银行服务,从而构建网上银行、电话银行、自助银行、手机银行的电子银行服务体系。

5月6日　浦发银行在上海举行"手机爱心通道"活动仪式,截至5月12日,全行员工通过手机银行"爱心通道"向四川灾区捐款34.97万元。

5月11日　浦发银行与新疆维吾尔自治区人民政府签署银政合作及综合授信协议。

5月15日　浦发银行与陕西延长石油(集团)有限责任公司在上海中山东一路12号举行"银企战略合作协议签约仪式"。

6月2日　浦发银行第一届职工代表大会第三次会议在上海召开,大会审议通过《上海浦东发展银行薪酬风险金管理办法》,选举职工代表大会提案工作委员会成员等。

6月15日　浦发银行与湖北省人民政府签署银政战略合作协议。

6月16日　浦发银行与江西省地方铁路建设集团公司、江西省投资集团公司在南昌举行综合授信暨银企合作签约仪式。

6月28日　浦发银行投资参股设立的第二家村镇银行——溧阳浦发村镇银行开业。

7月　浦发银行西安分行为陕西某水电项目提供清洁发展机制财务顾问,并最终签署《减排量购买协议》,这是中国银行业首单清洁发展机制项目财务顾问业务。

8月22日　浦发银行及另两家商业银行与新华通讯社在上海举行战略合作协议签约仪式。

是月　浦发银行先后参加中国人民银行组织的商业汇票系统第一批上线参与者的联调测试、

模拟运行和接口验收。

9月9日　浦发银行与西部发展控股有限公司签署《合作框架协议》。

10月　浦发银行与国际金融公司签署《损失分担协议》，正式参加中国节能减排融资项目(CHUEE)。双方合作基本框架为：由浦发银行设立10亿元合格贷款组合，国际金融公司提供50%的损失分担机制，用于支持国内中小能效项目的建设，项目的实施应节约10%的能源。

是月　浦发银行信息安全工作委员会更名信息科技建设委员会。

11月13日　浦发银行正式获得开办储蓄国债(电子式)相关业务资格，11月中旬开始对外发售第七、第八期储蓄国债(电子式)债券，发行当日全行国债托管开户数量已达到640户。至12月6日，累计发售储蓄国债超1.2亿元，转自营超1亿元，实现中间业务收入150万元。当年，全行认购各类国债312亿元，在64家承销机构中名列第14位，荣获财政部颁发的"2009年记账式国债承销优秀奖"，成为唯一获得该奖项的全国性股份制商业银行。

11月20日　上海市委副书记、市长韩正，市委常委、副市长屠光绍视察浦发银行。

12月29日　浦发银行通过招标方式成为上海航空有限公司境外SPV(Special Purpose Vehicle)公司融资租赁项下唯一的融资主办行。

是年　在全国95个城市开设33家分行，机构网点总数增至565家。

是年　全行实现税前利润172.96亿元；全行资产总额16 227.18亿元；本外币一般存款余额为12 953.42亿元，本外币一般贷款余额为9 288.55亿元；按五级分类口径统计，公司年末后三类不良贷款余额为74.60亿元；不良贷款率为0.80%，不良贷款的准备金覆盖率达到245.93%。

2010年

1月15日　浦发银行与上海兰马克股权投资管理有限公司在上海举行银企全面战略合作框架协议签约仪式。

3月　浦发银行成功发放首笔国际金融公司能效贷款，向企业发放2 200万元贷款，支持其2 500吨/天的水泥生产线4.5MW的纯低温余热项目，贷款期限为2年。

4月15日　浦发银行贵阳分行开业暨签约仪式在贵阳市国际会议中心举行，贵州省委常委、常务副省长王晓东，省人大常委会副主任唐世礼，省政协副主席陈海峰等领导出席开业仪式。贵阳分行分别与贵州省国资委、贵州省经信委、贵州高速公路开发公司签订全面战略合作协议。同时，将当地政府奖励的一次性补助200万元捐赠给贵州省救灾捐赠办公室，用于支持当地抗旱救灾。

6月12日　"超越财富，寻找幸福"——浦发卓信心灵之旅全国巡讲活动启动仪式在浙江省人民大会堂举行，钱文忠教授作《玄奘与时代精神》的演讲。是年，11家分行开展浦发卓信心灵之旅全国巡讲活动。

6月21日　浦发银行公文管理系统在总行范围正式启用。

7月4日　浦发银行第三方连接网络重大生产变更顺利完成，标志着浦发银行"过渡期异地灾备建设项目"(即"119项目")取得重大进展。

7月20日　浦发银行与陕西省教育厅在西安举行"陕西省教育战略合作协议签约暨浦发励教基金启动仪式"，浦发银行与陕西10所学校签订共计15亿元金额的贷款合同书，双方共同启动"浦发励教基金"。

8月9日　浦发银行与黑龙江北大荒农垦集团战略合作协议签约仪式暨农业产业金融创新合

作启动仪式在哈尔滨举行,黑龙江省省长栗战书出席仪式。

8月13日　浦发银行成功向上海航空有限公司发放飞机融资租赁项下贷款4 300万美元,实现境外SPV融资租赁项下飞机融资业务零的突破。

8月15日　浦发银行成为首批32家上海清算所普通清算会员之一。

8月24日　浦发银行正式获批黄金期货自营会员资格,成为上海期货交易所第6家获得该资格的商业银行。是年,浦发银行在上海黄金交易所的年度自营和代理贵金属总交易量超过200吨,在25家银行类会员排名前五,在股份制商业银行市场排第2名,获得"上海黄金交易所2010年度优秀会员"称号。

9月25日　浦发银行出席《贷款转让交易主协议》签署暨全国银行间市场贷款转让交易启动仪式,浦发银行与山西晋城市商业银行通过全国银行间市场贷款转让交易系统达成全国首笔可拆分贷款转让交易。当年,浦发银行先后与华一银行、昆仑银行和华融资产管理公司签署资产转让协议,完成向华融资产管理公司的资产转让。

9月26日　浦发银行与中国化工集团公司签署战略合作协议,为中国化工提供包括存款和理财服务、银行融资服务、现金管理服务、国际业务服务、债务风险管理服务、投资银行服务、离在岸国际金融服务等多方面一揽子全面金融服务,意向签订授信金额100亿元。

10月14日　浦发银行顺利完成向中国移动通信集团广东有限公司的非公开发行,共发行股份28.7亿股,募集资金394.6亿元。发行完成后,中国移动持有浦发银行20%的股份。

11月11日　浦发银行喀什分行开业庆典暨揭牌仪式在喀什举行,中共中央政治局委员、上海市委书记俞正声,上海市人大常委会主任刘云耕,上海市政协主席冯国勤,新疆维吾尔自治区党委书记张春贤及自治区主要领导等出席开业仪式。这是国内第一家在喀什地区开设营业机构的股份制商业银行。

11月25日　浦发银行与中国移动战略合作协议签约仪式在上海举行,中共中央政治局委员、上海市委书记俞正声,中共上海市委副书记、市长韩正出席签约仪式。中国移动投资入股浦发银行,首次实现股权上的深度合作,开创中国电信企业和金融业合作的崭新模式。

12月3日　《上海浦东发展银行东北装备制造业综合金融服务方案》首发活动暨沈阳装备制造业高峰论坛在沈阳举行,辽宁省副省长陈超英出席并致辞。

12月8日　浦发银行合肥综合中心项目开工仪式在合肥市滨湖新区举行。

12月10日　浦发银行与长江养老保险股份有限公司、太平洋财产保险股份有限公司、太平洋人寿保险股份有限公司在昆明举行全面战略合作暨企业年金业务启动会。

是年　新设网点90个,在全国134个城市开设34家分行,机构网点总数增至655家。

是年　全行营业收入为498.56亿元;税前利润252.81亿元;税后归属于上市公司股东的净利润191.77亿元;公司总资产为21 914.11亿元;本外币贷款余额为11 464.89亿元;公司负债总额20 681.31亿元,其中,本外币存款余额为16 386.80亿元;按五级分类口径统计,公司后三类不良贷款余额为58.80亿元;不良贷款率为0.51%,不良贷款的准备金覆盖率达到380.56%。

第一篇
机构沿革

概　　述

　　1993年1月,上海浦东发展银行成立开业,成为中国新兴股份制商业银行一员。同年,国务院发布《关于金融体制改革的决定》,拉开金融改革的大幕。18年来,浦发银行以"为社会主义金融事业闯新路"为己任,与全国金融改革一路同行,不断推进体制机制改革,先后有1993年试行资产负债比例管理、1999年股份重组规范上市、2002年引进花旗银行战略投资、2005年实施机构扁平化改革、2007年确立现代金融服务企业的战略目标,进行公司客户经营体制、资金全额管理体制、中小企业业务专营、四级分行管理体制和党委垂直管理体制等重大改革,推进全行战略转型。截至2010年,浦发银行以总资产2万亿元的经营规模,以遍布全国的机构网络,进入全国大中型银行行列。

第一章　上海浦东发展银行

第一节　筹建开业

改革开放以后,上海市政府多次酝酿成立上海的区域性银行。1992年2月,邓小平南方谈话公开发表,在南方谈话影响下,上海建立地方性银行的要求作为开发开放浦东的重要措施,受到各方的关注和重视,取得突破性的进展。同年3月,上海市计划委员会主任的徐匡迪,受上海市委、市政府委托,带队专程到广东考察几家发展银行,提出具体筹建计划和筹建方案。经市委讨论决定,在保留上海投资信托公司的前提下,另行筹建一家地方性银行,以服务浦东开发开放为主,带动长江流域经济发展,并明确地方性、股份制、综合性的性质。同时,上海市委、市政府领导又决定由副市长庄晓天带队赴北京,向中国人民银行汇报筹建设想,得到中国人民银行的大力支持,同意上海市政府一面筹建,一面报批。5月,上海市政府成立筹建领导小组,由副市长庄晓天任组长,组员由市政府副秘书长陈祥麟、市计划委员会主任徐匡迪、中国人民银行上海市分行行长毛应樑、市计划委员会副主任裴静之、市财政局局长周有道、中国人民银行上海市分行原行长龚浩成、上海投资信托公司总经理鲍友德组成,市计划委员会经济调研处处长杨祥海亦参加筹建领导小组。筹建领导小组先后抽调上海市计划委员会副主任裴静之、中国工商银行上海分行副行长金运、复旦大学世界经济系副主任陈伟恕、中国农业银行上海分行总稽核梁源凯(原名梁沅凯)担任具体筹建工作负责人。

图1-1-1　1992年,浦发银行筹建组工作场景

1992年7月22日,筹建领导小组正式向中国人民银行报送组建浦发银行可行性研究报告及《上海浦东发展银行章程》等材料。8月28日,中国人民银行批复同意筹建浦发银行。12月31日,中国人民银行批复同意浦发银行开业。1993年1月9日,浦发银行开业揭牌仪式在上海市宁波路50号举行,江泽民总书记为浦发银行题词:"为社会主义金融事业闯新路",国务院总理李鹏题词:"办好上海浦东发展银行,为振兴上海经济做出贡献。"中共中央政治局委员、中共上海市委书记吴邦国,上海市市长黄菊,中国人民银行常务副行长郭振乾,上海市领导谢希德、徐匡迪、庄晓天以及上海市老领导陈国栋、胡立教等嘉宾出席开业仪式,上海市市长黄菊和中国人民银行副行长郭振乾为浦发银行开业揭牌。

图1-1-2　1992年10月,筹建组工作人员在筛选浦发银行行标

2004年,董事长庄晓天说起当年情景,依然历历在目:"接到任务后,我马上去北京找到当时中国人民银行主持工作的副行长郭振乾,最后终于获得央行的首肯。同意办,那么取名也就提上议事日程。我当时考虑名称越简单越好,就为新银行取两个名字,一个叫东方银行,一个叫上海银行。但央行考虑到是因为浦东开发、开放而审批开办的银行这一要点,就套用深圳发展银行的取名模式,定下'上海浦东发展银行'这个名字。"

第二节　股　本　构　成

根据中国人民银行同意筹建的批复,浦发银行定位为股份制银行,注册资本金10亿元(含外汇5 000万美元),分成1亿股,每股10元。由地方财政、大中企业出资,暂不发行个人股。1992年,经筹建领导小组研究,决定采取分次到位的办法,首期筹集9亿元资本金,采用内部定向募股方式,面向经营管理良好和资金充足的企事业单位募集,分为发起人股和非发起人股两种,按面值不溢价发行。首期募集工作自9月开始准备,截至11月6日,首期募集共有88家单位参加认购,认股金额7.94亿元。其中,发起人股18家,合计认股5 300万股,占比66.75%;非发起人股70家,合计认股2 640万股,占比33.25%。在认购总额中,上海地方财政占41.56%,地方工商企事业单位占43.20%,中央工商企事业占10.2%,金融投资企业占5.04%。此外,浦发银行还预留600万股,作为江浙地区企事业单位入股的额度。

在首期顺利募集的基础上,浦发银行选择18家认股100万股的大中型企事业作为发起人单位。1992年10月22日,浦发银行第一次发起人会议在市政府后厅会议室召开,筹建领导小组成员、筹建负责人,以及发起人单位30余人与会。裴静之代表筹建工作负责人,传达中国人民银行领导关于浦东发展银行"要走自己的道路,要办出特色"的指示,报告浦发银行筹建背景和筹建工作进展情况,提出浦发银行"一要改革,二要服务"的任务。上海市常务副市长、筹建领导小组组长徐匡迪和上海市副市长庄晓天先后讲话。至此,浦发银行的资本金首期筹集告一阶段。

遵照国家体改委制定的《股份有限公司规范意见》的规定,浦发银行在资本金到位后的40天内积极筹备股东大会。1992年12月28日,浦发银行股东大会暨董事会在上海展览中心友谊会堂举行。股东大会选举产生25位董事单位代表,组成第一届董事会;选举庄晓天为董事长,裴静之、鲍友德、周有道、金运为副董事长,徐庆熊为董事;选举毛应樑、靳曾德2名首席监事;选举裴静之为行长,金运、陈伟恕、梁源凯为副行长,并报上海市政府审批。1993年1月2日,上海市政府任命庄晓天为浦发银行董事长,裴静之、鲍友德、周有道、金运为副董事长,徐庆熊为董事;任命裴静之为浦发银行行长,金运、陈伟恕、梁源凯为副行长。同日,中共上海市委决定建立中共浦发银行党组,裴静之任中共浦发银行党组书记,金运、陈伟恕任党组成员,1994年又增补朱恒为党组成员。

1994年,随着上海区县及浙江杭州、宁波地区的企业入股加盟,浦发银行实收资本金达9.1亿元。1995年,按照中国人民银行《关于向金融机构投资入股的暂行规定》,浦发银行招募34家股东单位投资8 974万元,至此,浦发银行10亿元资本金全部到位。其中,定向募集国家股占股本总额20.9%,定向募集的法人股占79.1%,股东包括上海、江苏、浙江等地的地方财力及近100家大中型企业。1995年10月,浦发银行董事会决定,将股份按1:10的比例分拆,每股面值1元,公司总股本为10亿股。1997年,经中国人民银行批复同意,浦发银行再次向社会定向募集股份10.1亿股,发行价格为1.31元,发行后,公司总股本为20.1亿股。

第三节　管理体制

一、一级法人

浦发银行是第一家经中国人民银行批准的、由地方政府筹建的区域性、股份制商业银行,是独立的企业法人。主营各类银行传统业务,兼营国内国际金融租赁、信托投资、有价证券业务,以及中国人民银行和国家外汇管理局批准的其他金融业务。浦发银行实行董事会领导下的行长经营负责制,按照独立核算、自负盈亏、自主经营的经营原则,税后利润按公积金、公益金、奖励基金和分红基金进行分配,按规定建立呆账准备金制度。浦发银行采取总、分行制,实行总行一级法人体制,总行对分支机构的人事任免、业务政策、综合计划、规章制度、涉外事务实行统一领导,分支机构依照总行规定和授权,从事经营活动。业务上接受中国人民银行的领导、监督、管理、协调与稽核,行政和党组织关系实行属地化管理,总行和上海地区机构归口上海市计划委员会。

图 1-1-3　1994 年 1 月 10 日，浦发银行成立一周年汇报会召开

浦发银行开业以后,实行经营管理一体化的城市行管理模式,上海地区的机构作为总行直属单位,由总行直接管理,并直接处理部分柜台业务。截至 1997 年年末,浦发银行在上海、北京、杭州、宁波、南京、江阴、温州、苏州等地开设 30 家直属分支行共 126 个营业机构,全行员工总数达 3 422 人,初步形成立足上海、辐射长江流域、面向全国的机构框架。总行在对分行施以管理的同时,又必须直接面对上海各支行。1998 年,全行工作会议提出健全与完善管理体制的任务,明确通过设立上海管理部这一运作模式,改变总行管理层次不清的状况,实现浦发银行管理与经营职能分离,进一步强化总行一级法人体制。1998 年 10 月 8 日,浦发银行实行上海地区的机构分设,通过对部室设置和人员结构的大幅调整,实现管理与经营的职能分离,从体制上保证总行统一法人的地位和作用。

二、资产负债比例管理

1988 年,根据《巴塞尔协议》的核心内容,国内银行业积极探索信贷资金比例管理的途径,中国人民银行深圳分行、交通银行总行、农业银行浦东分行先后开展一系列试点和尝试。浦发银行成立之际,就面临快速发展业务和贷款限额管理体制的矛盾,浦发银行积极研究和探索资产负债管理创新之路,向中国人民银行上报要求实施资产负债管理办法的报告。此后浦发银行又多次向中国人民银行作专题汇报和沟通,终于得到准许"探索实行资产负债管理"的首肯。1993 年,中央调查组央行副行长周正庆、戴相龙来上海检查工作听取汇报时,明确"将浦发银行作为探索商业银行机制的试点",中国人民银行上海市分行行长毛应樑专程来浦发银行研究贯彻落实。在中国人民银行指导下,浦发银行三次拟订和修改资产负债管理办法,引入权重风险资产,量化资本充足率;清晰全行资产结构比例和资产负债期限对称比例;建立较为完整的监测调控资产负债管理指标体系、组织实施体系及明确调控方法等。

1993 年第四季度,经中国人民银行同意后,浦发银行正式启动分支行资产负债管理试行方案。

取消分支行信贷计划限额,改为下达资产负债管理的核心指标、自控指标及监测指标,并考核分支行执行情况;按规定提取贷款呆账准备金、坏账准备金和开办费摊销,实行以存定贷、存贷结合,为全面推行资产负债管理奠定基础;1994年1月,浦发银行下发编制1994年信贷财务计划的若干指导意见,首次把资本充足率、存贷款比例、贷款质量指标纳入全行经营主要目标;同时,按照统一计划、分级核算、自负盈亏的原则,积极探索和逐步建立以效益和资产质量为重点的财务管理体制。

1993年11月,党的十四届三中全会通过《中共中央关于建立社会主义市场经济体制若干问题的决定》。12月25日,国务院颁发《关于金融体制改革的决定》,规定"从1994年起,开始对商业银行实行资产负债比例管理和资产风险管理"。1994年2月15日,中国人民银行印发《关于对商业银行实行资产负债比例管理的通知》,决定从1994年1月1日起,对商业银行的资金使用实行比例管理。

浦发银行试行资产负债比例管理后,资产负债的各项主要指标均控制在中国人民银行规定的指标以内。1996年3月,浦发银行董事会第七次会议,提出浦发银行按照国际商业银行通行做法,以资产负债比例管理作为运行机制的核心,全面实行资产负债比例管理和风险管理。1997年7月,浦发银行制定下发资产负债比例管理实施办法(本外币),浦发银行建立全行性指标体系,包括10项监控性指标和6项监测性指标,并把外汇业务、表外项目纳入考核体系,以真实、完整地测控商业银行的经营风险。

三、多元化经营

浦发银行开业后,按照综合性的经营定位,开展多元化经营。1993年5月,经中国人民银行上海市分行批准,浦发银行成为上海证券交易所会员单位,取得证券从业资质,成立信托证券部,实行内部独立核算的财务管理体制,从事信托和证券相关业务,先后争取上海三毛股份有限公司1750万股A股股票主承销和万象、工缝两家股份公司股票发行分销业务,参与上海市发行1993年第一批股票认购证。1993—1995年,浦发银行先后成立杨浦证券营业部、静安证券营业部、南汇证券营业部、金山石化证券营业部,推出电话自动委托交易系统,在上海证券交易所占有7个A股交易席位,适时推出国债回购业务,被评为1994年度上海十佳证券文明企业。1995年,全行证券交易总量达到630亿元,在上海证券交易所的排名跃居第四位。截至1996年年末,在浦发银行各证券营业部开户股民达2800余人,全年证券交易总量突破1500亿元,占到上海证券交易所交易总量的3%左右,在320家会员公司中名列第五。

1994年1月,中国人民银行上海市分行向浦发银行信托证券部核发金融许可证,规定浦发银行信托证券部由分业管理逐步过渡到独立核算,经营办理各类信托业务。先后有1994年1月开办的保管箱租赁业务,1995年2月的为私营企业上海品杰海产有限公司代理发行企业融资债券500万元。

1995年4月,中国人民银行召开全国非银行金融机构监管会议,明确分业经营、分业管理的原则,对信托投资公司的经营范围、与银行及证券业关系提出明确意见。经中国人民银行同意,上海市政府决定,由申能(集团)有限公司、上海外滩房屋置换有限公司及上海地方财政作为主要发起人,重组成一家全国性的大型证券公司,名为东方证券。

1995年6月,经中国人民银行上海市分行批准,浦发银行在国内金融界首创企业短期融资券社会发行业务,当年先后为申华实业、新世界股份、一百集团、市牛奶公司、农工商粮油等31家企业代理发行融资券,计4.08亿元。1996年,累计代理发行融资券达8.7亿元,为上海大中型国营企业及上海市政府菜篮子工程投入大量社会资金,取得良好的社会效益。

1996年,中国人民银行清理信托业违规经营,根据中国人民银行的要求,浦发银行对信托业务进行属地化并表。1997年9月,申能(集团)有限公司和上海外滩房屋置换有限公司分别与浦发银行和上海城市合作银行签署证券经营机构转让协议,浦发银行证券交易席位及下属的杨浦、南汇、石化、静安4个营业机构,由东方证券有限责任公司出资收购,4家证券机构协议转让价为2926万元,86名员工转入东方证券,完成浦发银行的证券分离,浦发银行信托证券部更名浦发银行信托部。

1998年,浦发银行积极申办上市,中国人民银行为此要求必须移交处置信托业务。浦发银行分别就信托、委托和金融租赁制订具体的处理方案,即信托存贷款全部归入银行业务,停办金融租赁业务,进行清理消化。1999年,浦发银行信托业务部划归上海地区总部。1999年10月起,浦发银行对已有的信托、委托业务进行彻底清理,通过信托存款转存、信托贷款本金重组、停止受理新业务等多种途径;至1999年12月31日,基本完成信托资产清理的任务。

第二章 上海浦东发展银行股份有限公司

第一节 重组上市

一、上市背景

1997年9月,党的十五大明确提出股份制是现代企业的一种资本组织形式,鼓励实行跨行业、跨地区、跨所有制、跨国经营,为中国股份制商业银行战略性改组提供历史机遇。1997年9月23日,庄晓天出席在我国香港举行的世界银行和国际货币基金组织理事会会议,在接受媒体记者采访时明确表示,根据党的十五大精神,浦发银行应该而且必须走上市银行道路,通过资本市场上的融资和购并,迅速扩大浦发银行的机构规模和市场份额,促进并保证浦发银行快速发展。

1998年3月,中国证监会拟选一家股份制商业银行在上海证券交易所上市,上海市市长徐匡迪推荐浦发银行作上市试点。1998年3月底,浦发银行向上海市人民政府报送公开募股并上市的方案,经上海市人民政府审批同意后转报中国证监会。1998年5月11日,国务院总理办公会议原则同意中国证监会提交的关于搞活证券市场的八大措施,其中包括选择浦发银行进行上市试点的请示。至此,浦发银行的重组上市工作进入实质性启动阶段。

二、体制转制

鉴于浦发银行是第一家规范上市的商业银行,中国人民银行要求实行彻底的分业经营、分业管理,中国证监会提出四大方面共28条意见,按照监管部门的意见,浦发银行进行以下工作:

修订章程和更改名称。1998年9月27日,浦发银行召开第二次临时董事会议,通过章程修订稿。修改后的章程规定:"浦发银行的最高权力机构为股东大会,决策机构为董事会,监督机构为监事会,执行机构为行长室。行长执行董事会的各项决议和决策,对董事会负责;监事会依法监督董事会及行长室的决策和经营;董事会和监事会又对股东和股东大会负责。按《公司法》有关规定,进一步完善现有股东大会、董事会、监事会和经营班子运作,发挥四者相互监督和制约作用,形成权责利协调统一的运行机制。"1999年7月,中国人民银行批复同意"上海浦东发展银行"更名"上海浦东发展银行股份有限公司"。

调整完善法人治理结构。根据《公司法》等有关法律法规要求,浦发银行对董事会进行调整,调整后董事会由19人组成,其中董事长1人、副董事长2人,董事会成员持股占总股本45.27%,同时按照中国证监会《上市公司章程指引》的要求,设立9人的监事会,其中3名是职工代表监事。

制定信息披露实施意见。确立依法披露、真实披露、适度披露和专人披露的四项原则。明确由董事会秘书负责对外披露信息,规定披露的内容与要求、程序与方式。

检查和清理全行信贷资产。结合中国人民银行《贷款风险分类指导原则(试行)》的要求,浦发银行按五级分类法对信贷资产进行分类排队,并采取有效措施。按中国证监会要求,向社会进行披露。在银行同业中,浦发银行是首家按五级分类法披露信贷不良资产的银行。

清理信托业务和对外投资。1999年6月30日,浦发银行将原来的信托存款全部转化为银行存款,并按五级分类进行清分,全部并入银行账表。对所持有的上海外高桥保税区新发展有限公司和申银万国证券股份有限公司的股权投资进行转让。

整体移交社会养老保险基金业务。根据上海市人民政府安排,从1999年1月1日起,浦发银行将上海市基本养老保险基金纳入单独的社会保障基金市级财政专户,将上海市人民政府委托浦发银行运作的养老保险基金整体移交上海市财政局。

三、政策突破

中国证监会在审核浦发银行上市申请材料时,依据《股票发行与交易管理暂行条例》,指出浦发银行净资产率不足30％,与暂行条例有悖,要求浦发银行就此问题作出专门报告。浦发银行在报告中指出,各国金融监管机构在衡量银行实力或经营风险时,普遍使用《巴塞尔协议》中有关资本充足率必须达到8％的规定,浦发银行的资本充足率等主要指标均符合中国人民银行的监管规定,暂行条例有关净资产率的规定与商业银行的负债经营特性不符。

在浦发银行请求下,1998年12月21日,中国人民银行和中国证监会就商业银行上市的净资产率限制问题联合向国务院报送请示。12月30日,国务院总理朱镕基在该报告中作"请中国人民银行和证监会对是否同意商业银行股份上市再作研究"的重要批示。根据总理批示精神,经过3个多月的努力,中国人民银行会同中国证监会于1999年4月12日,联合向国务院报送《关于商业银行股份制上市的研究报告》,充分肯定商业银行股份上市对国内银行体制改革和证券市场健康发展的积极意义,取消商业银行上市有关净资产的政策限制。4月30日,朱镕基总理批示同意。浦发银行上市实践,为商业银行上市取得政策突破。

四、股权重组

1998年5月,浦发银行第一届临时股东大会通过社会公众股并上市的议案,根据中国证监会、中国人民银行的建议,浦发银行最终选择整体重组上市模式,即通过清理信托业务、移交社保基金、转让实业投资实行整体上市。1999年9月20日,证监会同意浦发银行利用上海证券交易所交易系统,采用上网定价方式向社会公开发行4亿股普通股票。1999年9月21—23日,浦发银行在《中国证券报》《上海证券报》《证券时报》《金融时报》同时刊发招股说明书,分别在上海、深圳召开股票发行推介会。1999年9月23日,浦发银行在上海证券交易所网上成功发行4亿股社会公众股,每股面值1元。当天申购资金达到2260多亿元,中签率为1.41％,募集资金40亿元,扣除发行费用后为39.55亿元。9月29日,大华会计师事务所出具验资报告,确认募集资金全部到位。同时,中国证监会上海证券监管办公室认定浦发银行为股份有限公司,并核准其股本由20.1亿元变更为24.1亿元。经过股本变更,浦发银行股本结构有调整和优化,国家股比例由原来的12.87％降低到10.74％,企业法人股比例由87.13％降低到72.66％,其中有法人股的比例从65％降低到54.21％,新增社会公众的股权比例16.60％。

五、上市交易

浦发银行从1998年3月20日开始酝酿重组上市,至1999年9月20日中国证监会正式下文批准发行股票,历经酝酿、启动、申报、整改、完善、发行等阶段,前后历时一年半。

1999年11月10日,浦发银行股票在上海证券交易所上市交易。中共上海市委主要领导和浦发银行董事长庄晓天共同为浦发银行A股股票(代码:600000)上市鸣锣。出席浦发银行A股股票上市仪式的上海市人民政府、中国人民银行上海市分行、上海证券交易所等方面的领导出席。浦发银行股票当日开盘价为29.50元,收盘价为27.75元,换手率达54.4%,总成交金额48.59亿元,占当日上海证券交易所全部交易78.6亿元的61.82%。浦发银行顺利在上海证交所挂牌上市,成为上海证交所的银行第一股。

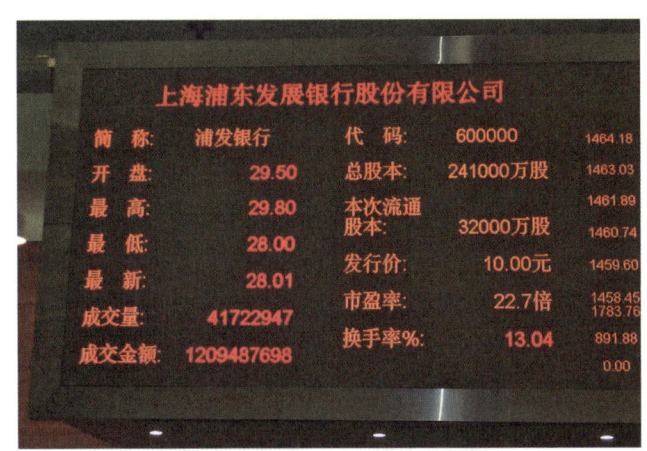

图1-2-1 1999年11月,浦发银行重组上市,股票代码为600000

浦发银行上市后,确立效益和质量的指导思想,积极建立公司治理制度,大力开展业务创新,自2000—2005年,浦发银行连续6年入选《亚洲周刊》发布的中国上市公司100强;2007—2010年,公司顺利向金融服务企业转型,先后获得2007年十佳最具投资价值上市公司、2007年亚洲银行竞争力十佳银行之最佳稳健经营奖;入选2008中国最佳金融机构排行榜,评为"最佳风险控制银行"和"最具成长性银行";入选2009年度中国公司市值管理百佳榜,排名前十名,公司董事会获2009中国上市公司最佳董事会;2010年,浦发银行名列英国《银行家》发布的世界银行品牌500强,排名国内银行第七位,获评《亚洲银行家》2010中国区最强银行、2010中国区银行领袖成就奖,以及英国《金融时报》发布的2010中国银行业最具有股东价值的银行、最具股东价值奖。

六、公司治理

2002年,中国人民银行发布《股份制商业银行公司治理指引》;同年4—6月,经公司第一届董事会第十四次会议、公司第二届董事会第一次会议通过,公司董事会实施独立董事制度、公司执行董事会议制度、公司董事会专门委员会制度、管理层专项报告制度。2002年,公司董事会引进独立董事两名,设立战略委员会、风险管理与关联交易控制委员会、提名委员会、薪酬与考核委员会。2005年,经公司第三届董事会第一次会议通过决议,增设立审计委员会。2007年,公司第三届董事会第十六次会议决定设立董事会资本管理与经营运作委员会。截至2008年,公司董事会下设6个专门委员会,公司独立董事增至7名,分别担任风险管理与关联交易控制委员会、提名委员会、薪酬与考核委员会、审计委员会的主任委员。

2009年,按照中国银行业监督管理委员会关于进一步完善中小商业银行公司治理的指导意见,公司第四届董事会制订完善公司治理的实施方案,提出7个方面任务,制定20余项具体措施,包括加强董事会战略管理、风险防范和控制、发挥专门委员会作用、提升董事履职能力和建立问责机制,获评为2009中国上市公司最佳董事会。2011年,公司董事会办公室编印公司治理手册,收录各类有关规章制度52件。

第二节　与花旗集团战略合作

2001年9月17日,中国加入世界贸易组织的所有法律文件在瑞士日内瓦获得通过,结束长达15年之久的有关中国入世的马拉松式谈判。11月20日,世界贸易组织总干事迈克尔·穆尔致函世贸组织成员,宣布中国政府已于2001年11月11日接受《中国加入世贸组织议定书》,这个议定书将于12月11日生效。同日,中国也正式成为世贸组织的第143个成员,全面参与世贸组织的各项工作,全面享受世贸组织赋予成员的各项权利。这标志着中国银行业进入新一轮发展的关键时期,作为中国金融主体商业银行将以上市为契机,逐步建立真正意义上的现代金融企业制度。

浦发银行在完成重组上市后,十分关注中国加入世贸组织给银行带来的机遇和挑战。浦发银行专门成立"WTO与浦发银行改革与发展"课题小组,从经营定位、法规政策、资源配置机制、信息技术手段、管理制度、发展战略等6个方面对中外商业银行进行研究比对,找出差距,寻找自身发展的努力方向。借助银行上市,加快浦发银行的改革进程。通过上市和融资,充实商业银行的资本并优化其结构,增强银行的产权约束,加快建立符合国际准则的现代金融企业制度;建立商业银行自主灵活的资本补充机制,通过完善商业银行法人治理结构,发挥股东会、董事会、监事会和经营班子各自的作用,切实形成权力制衡关系,确保商业银行各项决策的科学性和正确性;通过实施公开信息披露制度,接受社会对经营活动的监督。借助资本市场发展、壮大自身实力。通过收购兼并等方式,实现银行资源的重组,有选择地引进国外战略投资者,借鉴和移植国际战略合作伙伴的管理经验、先进技术和名牌产品,迅速提升公司的经营管理和整体竞争能力。借助上市优势,全面增强激励和约束机制,吸引人才。积极探索建立员工持股和股票期权制度,把职工收入福利与银行经营业绩挂起钩来,使经营者的行为服从于银行的长远发展利益,激励和留住人才。借助金融创新,逐步扩大经营活动空间。当时国内金融业实行分业经营、分业管理模式,而上市银行既具有银行性质,也有上市公司属性,在金融创新上具有更进一步的优势。如加强证券公司在银行业务上的全面合作和联动,积极探索与其他上市银行建立战略投资者关系,在监管部门的指导下,积极与境内外的证券、保险等机构进行业务合作,开发一些与证券市场相关的证券投资基金托管、代理开放式基金、代客理财等中间业务。

2001年9月27日,浦发银行向中国人民银行上报《上海浦东发展银行应对WTO的进展情况、未来举措和政策建议》的报告,分析中国加入WTO后给浦发银行带来的机遇和挑战,提出9项具体的应对措施,包括决定成立金融机构部,积极拓展同外资银行的广泛合作,进一步巩固与大通、花旗等国际跨国银行合作关系,择优选择和引进长期国际战略投资者等。

2003年,浦发银行为全面提升经营管理水平,拟引入花旗银行作为战略投资者,在国内股份制商业银行中率先寻求与国际先进的商业银行接轨的途径和方法。3月21日,浦发银行行长金运率总行管理层负责人赴美国进行考察学习,参观纽约证券交易所,考察学习花旗银行经营管理、组织结构、分支机构管理、风险管理体系、资金管理模式、财务管理体系、人力资源管理、内部信息系统、内控机制、IT架构、个人银行业务营销机制、客户营销框架、产品营销框架和财务成本管理等内容。

从2001年年初开始,浦发银行就开始探索引进长期国际战略投资者的工作,与新加坡数家商业银行就双方战略合作有过广范围、多层次的探索。随后,在中国人民银行、中国证监会、上海市人民政府的大力支持下,浦发银行与花旗银行就双方战略合作进行多轮接触和谈判。根据吸取优秀管理、求大同存小异、保障银行和银行股东利益的基本精神,浦发银行在坚持以下3项原则的前提下,与花旗银行达成互惠互利的若干具体框架。第一是非竞争性原则。作为引进战略投资者的必要前提和原则,既要积极引进外资银行先进的经营管理技术,又要有效地保护国内银行的健康发展和市场资源。第二是有限的高比例持股原则。花旗银行未来持股比例的份额,必须符合中国届时法律法规,必须以监管批准为前提,必须保证浦发银行作为中国上市公司的地位和独立性不变。第三是把握控制权原则。重视按照法律法规给予花旗银行合理充分的股东话事权和问责权,注重循序渐进、公平公允地给予,并掌握主控权。在实质性框架方面,经过反复比较和筛选,双方就入股比例、入股方式、双方战略合作的主要内容等达成初步意向。确立战略合作框架,在中国金融监管机构批准后,花旗银行对浦发银行进行战略股权投资,并与浦发银行成为在中国境内唯一的商业银行领域内的战略投资合作伙伴。双方将在信贷风险管理、市场营销、财务管理、IT技术等领域开展全面合作,由花旗银行提供上述领域管理、服务、产品及技术支持。在获中国人民银行批准后,浦发银行与花旗银行在中国境内开展信用卡业务的合资合作。明确投资入股比例和来源,第一阶段花旗银行将获得浦发银行股东转让非流通股的部分股份。第二阶段即入股5年后,再增持部分股份,股权来源拟考虑经批准向花旗银行定向募集。第三阶段在符合中国对世贸组织的承诺、符合中国法律法规以及在获中国金融监管部门批准后,同时花旗银行承诺不影响浦发银行独立上市公司地位和任何新股增发配售的前提下,浦发银行对花旗银行提出达到占总资本一定份额比例股份不持异议。但是只能由花旗银行在届时法规允许的条件下,采取多种方式,按照市场原则,通过逐次报批获得,浦发银行不负有法律上的任何义务。明确股权退出机制,双方基本认同,花旗银行对浦发银行的战略投资是长期的。在投资入股的前5年,除非受中国法律变化对花旗银行产生不利因素影响,花旗银行不得退出对浦发银行的股权投资。5年后,在中国法规允许的前提下,花旗银行将股权转售给浦发银行认可、中国人民银行批准的第三方,或是在法规允许的条件下,回售给浦发银行以及接受或以监管批准的方式在公开市场上出售等方式退出股权。明确花旗银行入股后的权利义务,首期入股后,花旗银行可以向董事会提出董事候选人,由董事会讨论并提交股东大会选举产生,董事拥有参与浦发银行日常经营管理的权利和义务。花旗银行将在信用卡业务在内的市场营销、信贷风险管理、财务成本管理、新产品开发、IT系统和技术支持等方面与浦发银行签订相应的产品、技术、管理支持协议。花旗银行同意在双方合作协议中明确浦发银行必须达到的业绩目标和考核办法等。经过近一年的谈判,就主要谈判内容达成一致,形成《战略合作谅解备忘录》的框架。

2001年12月2日至18日,浦发银行金运长与花旗集团高级管理层 Sandy Weill、Victor Menezes 一行就双方开展的战略合作进行广泛探讨。2001年12月15日,花旗银行方面提出建立花旗浦发战略联盟建议。2001年12月17日,花旗银行提出战略联盟方案。2001年12月31日,浦发银行与花旗银行草签《战略合作谅解备忘录》。

2002年3月19日,浦发银行第一届第十三次董事会会议,授权浦发银行管理层代表公司签署引进外国战略投资者有关协议和文件,正式聘请美林证券和安永国际会计师事务所为财务顾问、上海通力律师事务所为法律顾问,协助开展引进工作。

3月20日,中国人民银行行长戴相龙在京主持召开专题会议,认真听取浦发银行关于引进国际战略投资者的工作汇报。会后中国人民银行同意浦发银行引进实力强、信誉等级高的国际战略投资者,以提高浦发银行的经营管理水平、增强竞争实力。明确引进工作要遵守即将公布的《向中资金融机构投资入股规定》,鉴于相关的法律、金融法规,不同意浦发银行与花旗银行成立合资信用卡公司。但是,可以考虑浦发银行内部设立独立的信用卡经营机构,引进花旗银行相关的人力资源、管理、技术,甚至联合品牌。

3月22日,浦发银行向中国人民银行上报《关于浦发银行与花旗银行草签"战略合作谅解备忘录"的紧急请示》,报告拟在中国银行业监管机构批准后,准许花旗银行对浦发银行进行战略股权投资等事项。

此后,浦发银行与美国花旗银行在《战略合作谅解备忘录》框架下,又开展多轮战略股权投资谈判,浦发银行在谈判中坚持原则、有理有节、不卑不亢、求同存异、互谅互让、谋求双赢,取得积极成效。浦发银行坚持公司价值体现原则,作为具有网点优势的股份制商业银行和资产质量比较透明的上市公司,比照中资银行和亚洲同等规模银行在上市、并购、重组案例中体现的市净率(P/B ratio)来确定浦发银行的股权出让价格。对于花旗银行未来持有浦发银行期权价格,必须以增持届时浦发银行净资产为计价依据。符合法规监管原则,对花旗银行作为单个外资股东增持浦发银行股份达到一定份额、与浦发银行在国内设立股权各半的合资信用卡公司、向外资转让上市公司法人股等当时中国法律法规尚未明确或允许,但随中国加入世贸组织过渡期后,可能会放开的需求,浦发银行阐明遵守法律法规的原则立场。明确表决权可控原则,根据法律法规规定,任何股东不得享有超越或凌驾于其他股东的特殊权利,不得控制上市公司的日常经营、管理及决策。明确股权比例可控原则,为保障浦发银行中方股东的股权利益,浦发银行坚持股东单位、监事单位持有股权在总股份中所占比例要高于花旗银行持有的股份。明确排他性原则,在涉及股权管理联盟和信用卡业务的建立和经营方面,双方将是对方在中国内地唯一的合作伙伴。明确不竞争原则,双方约定,花旗银行首期入股后,双方的共同目标是尽量扩大彼此之间的合作和潜在的配合,尽量减少利益冲突。明确公正透明原则,坚持引进海外战略投资者的工作须由董事会认可以及执行董事和行长办公会集体讨论决策的原则,以体现引进工作程序的规范、公正、透明。经过多轮谈判,双方就入股比例和方式、战略合作、信用卡业务合作等内容基本达成一致。

2002年9月10日,浦发银行向中国人民银行上报《上海浦东发展银行关于引进美国花旗银行战略股权的请示》,报告浦发银行与花旗银行有关战略合作框架和股权安排,其中包括首期股权、战略合作、信用卡合作、股权购买选择权、股权来源和股权退出,报告并请示战略股权价格确定,其中包括首期现权价格、未来期权价格、股权价格调整因素,报告浦发银行坚持上述原则开展谈判的情况和战略合作的进程安排等。

9月20日,浦发银行向上海市人民政府上报《关于浦发银行与美国花旗银行战略合作中股权转让问题的请示》,报告浦发银行和花旗银行达成的合作意向,以及花旗银行拟持有浦发银行的股份中包含现权和期权。其中首期入股的为现权,余下的为期权,由老股东定向转让,现权和期权的转让价格都按浦发银行上一年末净资产的一定倍数确定等。

12月30日,经国务院同意,中国人民银行下发《关于上海浦东发展银行引进国外战略投资者的批复》,批准同意浦发银行引入美国花旗银行作为战略投资者。浦发银行随即召开第二届董事会第四次会议和第二届监事会,审议并批准浦发银行与花旗银行将签署的《战略合作协议》《股份购买协议》《购股权协议》《认股权协议》《信用卡业务协议》《花旗国际有限公司融资协议》《商标许可协议》《上海浦东发展银行股份有限公司商标许可协议》《监管协议》和《仲裁协议》及有关股权转让协议。

12月31日,在上海浦东香格里拉大酒店,浦发银行与花旗集团、花旗银行、花旗银行海外投资公司、花旗国际有限公司(统称花旗银行)正式签署《战略合作协议》《股份购买协议》《信用卡业务协议》等一系列合作协议,标志着浦发银行与花旗银行正式建立战略合作关系。在随后的情况通报会议上,浦发银行董事长张广生对100多名来自全国各地的机构投资者说:"公司与花旗银行的合作将是全方位的,并且以互惠互利为原则。所谓的战略的合作,简要地说不是以索取投资回报为目的,而是以实现合作双方长远发展的战略目标为目的的合作。"浦发银行副董事长、行长金运表示:"浦发银行与花旗银行进行战略合作是为推进公司国际化战略,提升公司的核心竞争力。"根据中国证监会对上市公司有关信息披露的规定要求,浦发银行于2003年1月2日在《中国证券报》《上海证券报》及《证券时报》上披露上述签约情况,并指出战略合作的3个特点:一是排他性的战略合作,双方都将对方作为商业银行领域中的唯一的战略合作伙伴,其目的就是要最大程度地利用战略合作的利益,公司独家利用花旗银行的合作技术优势。二是多层面的战略合作,公司在花旗银行的协助下,在内部独立成立信用卡中心经营信用卡业务,花旗银行承诺在个人金融、风险管理、财务管理、IT系统改造、稽核、合规性管理和人力资源管理等领域向公司提供技术支持及协助,帮助公司全面提升经营、管理和赢利水平。三是包括实质性的产品合作,公司信用卡中心将在花旗银行的技术管理帮助下,推出两行联名的贷记卡产品。花旗银行海外投资公司首期以股权受让方式入股浦发银行总股本中5%股份,并且在将来经中国监管当局批准后继续增持浦发银行股票。

图1-2-2 2002年12月31日,浦发银行与美国花旗银行达成战略合作协议

2003年1月3日,浦发银行与花旗银行共同举办双方战略合作新闻发布会,浦发银行董事长张广生、行长金运、行长助理马力、花旗银行亚太区总裁龙肇辉及中外媒体记者参加。

2月10日,浦发银行向中国人民银行上报《上海浦东发展银行关于报送与花旗银行海外投资公司签署战略合作协议、股份购买协议及其股东资格认定的请示》,报告按国际惯例接受花旗银行对浦发银行开展的尽职调查,双方就签署正式协议的谈判情况,商讨业务合作计划等前期谈判工作等情况;《战略合作协议》中排他性参股,技术支持及合作领域,信用卡业务合作等情况;《股份购买协议》中涉及的首期股份转让,首期股权转让价格,首期股权退出等事项。

3月13日,浦发银行向上海市国有资产管理办公室上报《关于浦发银行引进美国花旗银行作为战略合作伙伴的报告》。《报告》按国务院和中国人民银行同意浦发银行将5％股权转让给花旗海外投资公司的指示精神,就上海国有资产经营有限公司、上海久事公司分别与花旗海外投资公司签署股权转让协议事项,提请上海国有资产管理办公室予以审核。

4月26日,浦发银行2002年度股东大会审议并表决通过浦发银行及上海国有资产经营有限公司、上海久事公司与花旗银行签署的合作文件。同时还选举花旗银行亚太区企业与投资银行行政总裁龙肇辉担任浦发银行董事,并进入浦发银行董事会下属风险管理与关联交易控制委员会。

9月16日,国务院国有资产监督管理委员会下发《关于上海浦东发展银行股份有限公司国有股权转让有关问题的批复》,同意上海国有资产经营有限公司和上海久事公司将其持有的部分国家股转让给花旗银行海外投资公司。2003年9月23日,上海市国有资产监督管理委员会批转国资委的相关批复。上海国有资产经营公司将其持有的10 845万股非流通法人股转让给花旗银行海外投资公司,上海久事公司将其持有的7 230万股非流通法人股转让给花旗银行海外投资公司。

9月24日,上海证券交易所审核同意并确认该非流通股权协议转让办理过户。9月25日,中国证券登记结算有限责任公司上海分公司同意花旗银行开立非流通法人股专用账户。同日,花旗银行将首期股权价款汇入股东指定的银行账户。9月29日,国家外汇管理局上海市分局同意花旗银行股权受让款予以结汇。同日,股东收到花旗银行股权转让人民币款项。9月30日,中国证券登记结算有限责任公司上海分公司就该股权转让完成过户的有关法律手续。至此,花旗银行海外投资公司正式受让持有浦发银行非流通股18 075万股,占浦发银行总股本的4.62％,成为浦发银行的第四大股东,仅次于上海国际信托投资有限公司、上海上实(集团)有限公司、上海国有资产经营有限公司。至此,浦发银行正式完成引进花旗银行战略投资股权工作,率先开启国内股份制商业银行与国际大银行战略合作的先河。

浦发银行与美国花旗银行成为战略合作伙伴后,取得预期效果。资本充足率有较大幅度的提高。浦发银行上市后的资本充足率从8％跃升至19％,大大增强抵御风险能力。股权结构更加多元化,公司治理结构更加完善。花旗银行选派亚太地区公司和投资银行CEO担任浦发银行董事,美方专家的到会与议事,既给银行增加压力,也给其他董事带来挑战,特别是在涉及重大战略决策时,其意见更为其他董事所重视。通过国际战略投资者提供的技术援助,大大提高风险管理、财务管理、人力资源管理、流程银行建设等方面的管理水平,加快浦发银行业务转型、个人金融业务发展的步伐,有力地提升银行在市场上的竞争能力。推进新兴业务的快速发展。浦发银行和花旗银行在信用卡和投资银行业务方面进行紧密合作。2004年2月4日,正式发行浦发银行和花旗银行联名的贷记卡产品。进一步增强银行的风险理念。浦发银行借鉴花旗银行管理经验,新设合规部,将稽核部更名审计部。努力控制新风险、化解老风险,全行不良贷款拨备率由2001年年底的50.3％逐步提高到2006年年底的151.46％,并在2002年、2003年的税后利润中提取11.5亿元作为特别准备金,大大提高全行的抗风险能力。利用国际战略投资者在境外的网络,为客户提供更好的全球服务,有效提升浦发银行的市场形象。

第三节　与中国移动战略合作

在银行零售化、业务电子化的时代背景下,为顺应经济发展方式转变的趋势,不断加快全行战略转型步伐,浦发银行探索出一条既可深化新型业务拓展,又可利用新手段、新模式促进传统业务转型的道路——引入中国移动为战略投资者。中国移动是中国最大的移动通信运营商,拥有全球最多的移动用户和全球最大规模的移动通信网络。2009年4月27日,浦发银行就与中国移动通信有限公司签署《业务合作框架协议》。

2010年3月10日,浦发银行召开四届八次董事会,审议通过关于引进中国移动为战略投资者及实施非公开发行的相关议案。3月30日,浦发银行召开2010年第一次临时股东大会,高票审议通过对中国移动广东公司实施非公开发行的相关议案。会上,浦发银行董事长吉晓辉介绍引入中国移动为战略投资者的原因:"其一,有利于上海两个中心建设;其二,有利于金融业增强辐射和做大做强,做好移动金融概念;其三,有利于浦发银行转型发展,零售业务会有突破性发展;其四,从根本上解决浦发银行资本充足率问题。"在之后的6个月内,浦发银行相继完成向中国证监会、银监会的材料申报、反馈报告、整改落实,并获得最后的核准,于2010年10月14日顺利完成向中国移动有限公司之全资子公司——中国移动通信集团广东有限公司的非公开发行,共发行股份28.7亿股,募集资金人民币394.6亿元,接近浦发银行上市以来11年的净利润合计数,超过浦发银行上市以来前四次的融资总额。发行完成后,中国移动持有浦发银行20%的股份。中国移动投资入股浦发银行,首次实现股权上的深度合作,开创中国电信企业和金融业合作的崭新模式。11月13日,浦发银行设立移动金融部,负责推动全行与中国移动在创新金融业务、传统银行业务、传统电信业务、渠道及市场等各项业务合作,为全面推动移动金融业务奠定组织保障。

11月25日,浦发银行与中国移动战略合作协议签约仪式在上海举行,中共中央政治局委员、上海市委书记俞正声,上海市委副书记、市长韩正出席签约仪式。浦发银行董事长吉晓辉、中国移动通信集团公司董事长王建宙分别在签约仪式上致辞,浦发银行行长傅建华、中国移动通信集团公司总经理李跃代表双方签署战略合作协议。根据协议,本着"创新首选、基础优先、共同开发成果排他"的原则,双方承诺在移动金融及移动电子商务领域的有关创新业务开发项目中,选择对方为首选合作方;在基础银行和基础电信业务领域,同等条件下优先与对方开展合作;共同开发的移动金融及移动电子商务创新业务成果的运用,在战略合作期间具有排他性。此次战略合作主要涉及四大领域。一是移动金融与移动电子商务领域。主要包括移动支付业务、远程支付业务、手机金融软件和手机汇款等多个创新业务项目。二是基础银行领域。中国移动将浦发银行列为允许开户的银行并纳入其主要合作银行范围内,成为其5家主要合作银行之一。浦发银行通过银企直连等技术手段和业务平台,为中国移动提供金融产品和服务;双方共同探索在投资银行服务领域开展合作,在新的产品和服务领域内进行金融创新,为中国移动提供个性化服务。三是基础电信领域。浦发银行优先选用中国移动的语音通信、数据通信、客服中心、移动信息化等产品和服务。四是客户与渠道资源共享。双方通过网点自助设备交互布放、代缴话费、机场车站贵宾厅、VIP客户的个性化服务方案、积分互换等方面的合作,实现品牌、客户、渠道等资源的共享协同。本次战略合作有助于加快浦发银行转型发展,为个人银行业务实现跨越式发展带来重大历史机遇;有助于强化创新驱动,增强浦发银行差异化竞争能力;有利于进一步巩固并提升公司金融业务的市场地位,带动相关供应链金融、中小企业等业务的深度发展。

12月24日,浦发银行印发《关于推进与中国移动战略合作工作的指导意见》(简称《指导意见》),明确成立由行长傅建华担任主席的战略合作联席委员会,由副行长徐海燕担任主席的战略合作执行委员会;明确手机支付业务领域、远程支付领域,贵宾客户服务方面、基础银行业务和基础电信业务领域的合作项目。按照《指导意见》,当年,浦发苏州分行、南京分行与中国移动下属分公司签订合作协议,青岛分行向中国移动服务商提供融资贷款。通过引进中国移动战略投资,浦发银行核心资本充足率、资本充足率大幅提高。年末资本充足率达到12.02%,核心资本充足率达到

9.37%,分别比上年末提升1.68、2.46个百分点。存贷比70.01%,其他主要流动性指标、集中度指标等也均符合监管要求。

2011年1月6日,中国移动、浦发银行战略合作执行委员会的第一次会议在浦发银行信息中心召开。浦发银行副行长徐海燕及相关部门负责人出席。会议成立移动金融及电子商务、基础银行、基础电信、客户服务和渠道资源共享业务4个工作组。2月24日,浦发银行领导傅建华、冀光恒、徐海燕、沈思拜访中国移动通信集团公司,双方明确在传统业务、增值业务和创新业务3个方面的全方位合作,提出在发展创新业务合作的同时加快传统业务合作的要求。当年,还出台《中国移动通信集团公司与上海浦东发展银行股份有限公司战略合作执行委员会工作规程》,共召开战略执委会会议4次,双方高层就重点项目推进目标、各领域合作方式进行深入沟通和交流。

7月1日,浦发银行与中国移动合作发行的"中国移动浦发银行借贷合一联名卡"功能正式投产上线,标志着移动-浦发战略合作的实践工作正式开启。7月28日,浦发银行仅用8个月完成手机支付业务需求、开发测试、上线联通等重点环节工作,实现手机支付业务全流程贯通,成功发行首张中国移动浦发银行借贷合一联名卡。作为与中国移动在移动金融领域开展战略合作的重点产品,手机支付业务包含浦发银行多项创新:首次发行符合PBOC2.0标准的金融IC卡;首次在中国移动的营业网点开通部分业务代理;首次实现与中国移动系统对接;首次实现信用卡与借记卡合一;首次实现95528客服系统受理信用卡服务。截至2011年年底,浦发银行35家分行与当地移动省市分公司签署合作协议,实现代发、银企直连、营业厅共建、VIP贵宾客户活动、联合市场营销方案等多项业务的突破,分对分合作局面基本形成。浦发银行与中国移动在移动金融与移动电子商务、基础银行、基础电信、客户与渠道资源共享四大领域的合作效果显著。截至2011年11月30日,与移动网点共发出联名卡24 937张;第三方支付代理缴费项目成功上线,与中国移动手机支付平台实现总对总缴费对接;32家分行与当地移动开展数据专线合作;8家分行与移动分公司开展代发业务合作,新增客户6 351户,累计代发金额5 998.96万元;双方分支机构共同举办72场VIP讲堂活动,累计共享客户2 500名;发行11款专属理财产品,总计金额达到6.81亿元,首款总行模式中国移动VIP客户专属理财产品实现销售3.83亿元;上海地区首先实现双方贵宾中心对接。

第二篇
组织架构

概　　述

　　1998年,浦发银行按照现代企业制度的要求,建立股东大会、董事会、监事会和高级管理层"三会一层"的组织框架。2001—2002年,公司第二届董事会按照要求,推进公司治理制度建设,先后修订公司章程,设立独立董事、执行董事会议和董事会专门委员会制度,构建公司治理的基本框架。当年经股东大会选举产生2名独立董事;设立董事会战略委员会、风险管理与关联交易控制委员会、提名委员会、薪酬与考核委员会。2005—2007年,公司第三届董事会增设立审计委员会、资本管理与经营运作委员会。2009年,按照中国银行业监督管理委员会关于进一步完善中小商业银行公司治理的指导意见,公司第四届董事会制订完善公司治理的实施方案,提出7个方面的任务,制定20余项具体措施。在《理财周报》《亚洲银行家》发起的评选中,公司董事会先后获评"2009中国上市公司最佳董事会""2010年度中国区银行领袖成就奖""2010中国主板上市公司最佳董事会"和"2010中国上市公司最佳社会责任董事会"。

第一章 股东大会

第一节 主要股东

一、发起单位

1992年10月,浦发银行筹建进入股本募集阶段,首批认购单位88家,其中18家认购100万股以上,视为浦发银行发起人单位,作为投资单位代表,参加董事会工作。

表2-1-1 1992年浦发银行18家发起单位情况表

序号	发起人单位	序号	发起人单位
1	上海市财政局	2	上海国际投资信托公司
3	上海久事公司	4	申能电力开发公司
5	上海宝山钢铁总厂	6	上海汽车工业总公司
7	上菱冰箱总厂	8	上海航空公司
9	中国纺织机械股份有限公司	10	上海闽行联合发展有限公司
11	上海市锦江(集团)联营公司	12	上海市陆家嘴金融贸易区开发公司
13	上海外高桥保税区联合发展有限公司	14	中国石油化工总公司上海石油化工总厂
15	上海市金桥出口加工区开发公司	16	上海申实公司
17	上海市上海第一百货商店股份有限公司	18	上海铁路局

图2-1-1 1992年10月,浦发银行发起人会议在上海召开

二、上海国际集团

1999年11月10日,浦发银行股份有限公司(简称公司)4亿股社会公众股在上海证券交易所上市交易,公司总股本为24.1亿股,其中,国家股占0.74%,国有法人股占54.21%,法人股占18.45%,社会公众股占16.6%。2001年,经财政部、上海市国有资产管理办公室批准,上海市财政局将其持有的公司19 900万股国家股无偿转让给上海国有资产经营有限公司,转让后,上海国有资产经营有限公司成为公司的第一大股东。2002年,公司引进花旗银行战略投资者,上海国有资产经营公司、上海久事公司向花旗银行海外投资公司转让公司股份,公司第一大股东变更为上海国际信托投资有限公司。2003年,上海国际信托投资有限公司受让上海锦江、上海金桥、上海城建所持公司股份,2005年及2006年,经中国银监会批复同意,上海国际集团有限公司及其控股子公司上海国际信投投资有限公司,先后与公司其他26家股东签署协议受让公司股份,转让完成后公司第一大股东为上海国际集团有限公司,持有公司股份97 849万股,占公司总股本24.99%;上海国际信托投资有限公司持有公司股份34 850万股,占公司总股本8.90%,为公司第二大股东。截至2010年,公司合并持有股份,第一股东为上海国际集团公司。

三、花旗银行海外投资公司

2002年12月31日,经国务院和中国人民银行正式批准,公司于2002年12月31日与花旗银行海外投资公司、花旗国际有限公司正式签署一系列有关战略合作、信用卡合作等协议。同时,上海国有资产经营公司、上海久事公司与花旗银行海外投资公司分别签订股权转让协议,将其持有的公司股份10 845万股和7 230万股的非流通法人股转让给花旗银行海外投资公司。花旗银行海外投资公司首期受让上述股权后,持有公司股份18 075万股,占公司总股本的4.62%。2012年,花旗银行通过减持股份,退出浦发银行。

四、中国移动通信集团

2010年3月10日,公司第四届董事会第八次会议审议通过向中国移动通信集团广东有限公司非公开发行A股普通股的议案,并经公司2010年第一次临时股东大会通过。2010年10月14日,经中国证监会批复核准,公司向中国移动通信集团广东有限公司非公开发行股份28.7亿股,每股发行价格16.59元,募集资金391.99亿元,用于补充公司核心资本。发行完成后,公司总股本为143.48亿股,其中,中国移动通信集团广东有限公司持股28.69亿股,占20%。2010年11月25日,公司与中国移动签署"战略合作协议",双方在移动金融、移动电子商务领域以及客户、渠道等方面进行合作。

第二节 议事和表决

一、议事规则

2000年5月8日,公司在华东师范大学体育馆召开1999年股东大会。这是公司上市后举行的第一次股东大会,大会审议通过董事会、监事会工作报告,1999年度利润分配方案,通过公司章程和董事变更议案,参加表决的股东及股东代理人322名,持有股份占公司股份的54.53%。2000年11月22日上午,公司在兰心大戏院召开2000年第一次临时股东大会,出席大会的股东388人,持有股份超过公司股份的50%,本次会议通过庄晓天辞去公司董事和张广生出任董事的议案。2002年,公司修订公司章程,制定《股东大会议事规则》《董事会议事规则》《监事会议事规则》,并在2003年6月28日的2002年股东大会通过,《股东大会议事规则》就股东大会的召集、提案和通知、会议程序和表决作具体的规定,公司股东大会制度逐年规范完善。自2000年起到2010年,公司共召开年度股东大会10次、股东临时大会12次,先后审议公司章程修订、增资扩股、对外投资、发行债券、五年规划、董事会换届选举、利润分配等公司经营的重大事项。

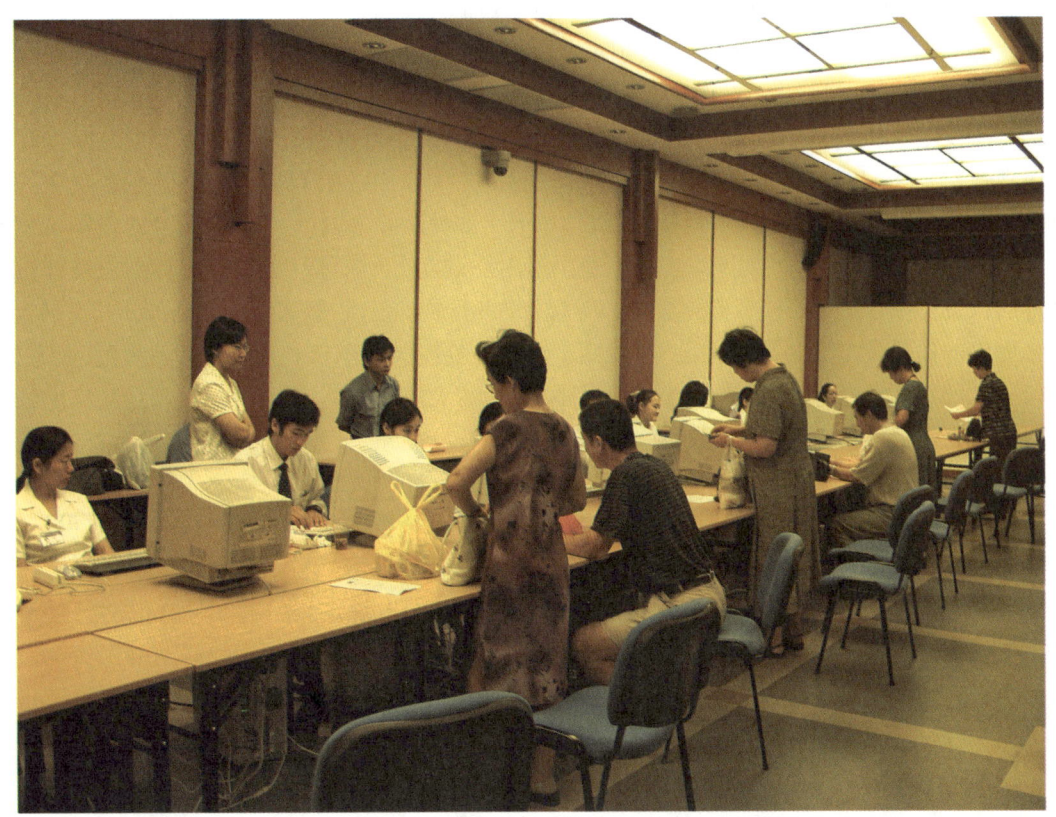

图2-1-2 2001年5月28日,股东登记参加第一次股东大会

二、表决方式

2001年5月28日,公司在上海静安体育馆召开2000年股东大会,会议以记名投票方式通过大会决议。2004年3月30日,公司召开2003年股东大会,采用书面投票并逐项表决方式通过大会决议。2005年6月28日,公司举行2005年第一次临时股东大会,本次大会就延长新股增发有效期限事项进行流通股股东分类表决,这是公司首次实施重大事项社会公众股股东表决制度。2008年3月19日公司在上海云峰剧院召开的2007年度股东大会,2009年5月5日在世博会议大酒店召开的2008年度股东大会,2010年3月30日召开的2010年第一次临时股东大会,均采用现场投票和

网络投票相结合的方式进行表决。

三、审议事项

【章程修改】

公司章程修改的原则：一是稳定性与适应性的统一。公司章程作为公司最根本的制度和公司行为指南，既要保证其一定的稳定性，同时又要保证其能适应社会形势的变化，符合最新法律法规基本要求。二是科学性与可操作性的统一。公司章程所规定的各项制度应具有其科学的内涵，以提高公司经营管理的工作效率；同时亦应具有实际执行的可操作性，从而确立完善的公司治理结构体系。三是原则性与灵活性的统一。公司章程所确立的各项制度内容广泛，因此面对广泛的调整对象，只能作出原则性的规定；同时为保障其适应性，各项原则规定亦应有其灵活性的内涵。

2002年，公司章程进行上市后的首次修改，在结构体系上增加"独立董事"和"财务总监"两节。主要内容包括：(1)增加"浦发银行"和"SPDB"的法定简称。(2)重新界定高级管理人员范围，"财务负责人"改为"财务总监"，明确"副董事长、监事长"必须具备中国人民银行规定的任职资格并经其核准，删除"行长助理"有关规定。(3)明确在国内外设立分(支)行机构的经营原则、法律地位及与总行的权责关系。(4)修改股权结构。(5)增加"本行资本充足率低于法定标准时，股东应支持董事会提出的提高资本充足率的措施"的规定。(6)规范控股股东权利义务。(7)规范"股东大会"召开程序。(8)规范董事、监事提名方式和程序。(9)新增"独立董事"一节，从独立董事的任职条件、任职期限、职权、发表独立意见及工作条件等方面就"独立董事"制度作出相应规定，同时删除原公司章程中有关独立董事的规定。(10)增加三项董事会行使的职权，包括建立股票期权与职工持股的长期激励制度、决定经营管理者奖励基金提取比例、审核重大关联交易。(11)新增设立"执行董事会议""战略、审计与关联交易控制、提名、薪酬与考核专业委员会"制度。(12)新增"财务总监"一节，从任职资格、主要职责及责任就"财务总监"制度作出规定。(13)增加行长"行使章程和董事会特别授予的权限"，包括决定"本行内部管理机构设置、基本管理制度和职工的工资、福利、奖惩事项"以及行使"单笔不超过本行最近经审计净资产值1%（含1%）的固定资产投资、资产抵押及其他担保（银行担保业务除外）事项，且当年累计投资总额不超过5%"的权限。(14)增加"行长、副行长必须在完成离任审计后方可离任"的规定。

2005年，公司章程再次修改，主要内容包括：(1)修改"股东和股东大会"有关"控股股东的诚信义务"的规定。(2)修改"股东大会的职权"条款。(3)增加"类别表决制度"和"累积投票制度"的规定。(4)修改"独立董事"制度条款，包括独立董事的任职资格，增加有关独立董事义务、任职届数、辞职和失职、罢免程序等规定。(5)修改"董事会"组成结构的规定，增加董事会行使职权的范围，包括"决定发行本行非资本性质的债券方案"和"决定本行员工福利基金和奖励基金提取的方法"。(6)修改"执行董事会"组成和职责的规定。(7)修改"董事会秘书"职责的有关规定。(8)增加规范"行长"职权行使的规定。(9)增加"外部监事"任职资格、产生、任免条件及程序、就职辞职、权利义务、工作小时及出席会议等最低限额、工作条件、评价报告的规定。(10)增加加强"监事会"发挥监督作用以及相关职能部门、机构向监事会报告制度的规定。(11)修改税后利润分配的顺序，增加"提取一般准备金"的规定。(12)修改公司解散时财产清偿顺序的相关规定。(13)增加"《公司股东大会议事规则》《公司董事会议事规则》和《公司监事会议事规则》系本章程附件，对该等规则的修订需经过股东大会批准"的规定。

2006年修改的公司章程内容包括：(1)增加公司18家发起人股东的情况。(2)修改"增减和回购"相关条款，增加"非公开发行新股""回购股份用于奖励本行职工""回购股份的方式"等内容。(3)修改"股份转让"有关条款，包括增加股东直接或间接持有浦发银行股份总额达到百分之五时报告和申请审批的义务，修改董事、监事、高级管理人员在任职期间不能转让股份的规定。(4)规范股东权利和股东大会一般规定、召集、提案与通知、召开、表决和决议的相关内容。同时增加只有"连续一百八十日以上单独或者合计持有本行百分之十以上股份的股东"才有权向董事会请求召开临时股东大会、"同一股东提名的董事(监事)人选已担任董事(监事)职务，在其任职期届满前，该股东不得再提名监事(董事)候选人"以及"持有或合并持有百分之十以上的股东最多可以提名两名董事或监事"的规定；同时确认股东通过网络也为出席参加股东大会的制度和董事、监事参加股东大会的义务；进一步规范累积投票制度的内容等。(5)明确"职工代表也可以担任董事"和"由兼任行长或者其他高级管理人员职务的董事以及由职工代表担任的董事，总计应不少于董事会成员总数的四分之一，但不应超过董事会成员总数的三分之一"的规定。突出董事会在战略管理、资本管理、风险和内控管理、关联交易管理和财务审计、重大案件、信息披露等方面的责任。(6)增加"董事会审计委员会"组成和职责的规定，修订董事会风险管理与关联交易控制委员会的主要职责。(7)将原章程"行长"一章节修改为"行长及其他高级管理人员"，涉及行长、副行长、财务总监的有关规定。(8)将"监事会"中有关"监事长"的规定修改为"监事会主席"的规定，并通过完善监事会的职责内容进一步强化监事会的监督职能。(9)取消税后利润分配中提取10%公益金的有关规定，增加资本公积金不得用于弥补亏损以及经股东大会同意后可在税后利润中提取股权激励基金的规定。(10)完善公司合并、分立、减少注册资本的法定程序的规定，修订公司解散的事由。(11)重新定义"控股股东"的内涵，涵盖持有股份占本行股本总额50%以上的股东，以及持有股份比例虽然不足50%但依其持有股份所享有的表决权已足以对股东大会的决议产生重大影响的股东。

2008年，公司章程修改和新增的主要内容包括：(1)修订注册资本金及股本情况。(2)修改公司经营范围。(3)修改"增加资本"和"回购股份"的有关条款。(4)修改原股东大会、董事会、执行董事会和行长有关"固定资产投资、资产抵押及其他担保(银行担保业务除外)"的规定，改为"对外投资和资产处置"，进一步明晰各自权限。(5)修改原公司章程中关联交易的相关规定，由原"净资产"为基数改为"资本净额"为基数，明晰股东大会、董事会和行长审批关联交易的权限。(6)修改董事、监事的提名方式，删除单独持有或合并持有浦发银行发行在外有表决权股份总数百分之十以上的股东提出董事候选人或由股东代表出任的监事候选人不应超过二人的限制，改为与其所持股份相匹配。(7)修订独立董事兼职情况、任职时间、辞职生效条件的规定。(8)进一步规范董事会下设6个专业委员会的工作职责。(9)调整内部审计机构体系的设置，由向行长负责改为向董事会负责并报告工作。(10)在"利润分配政策"中增加"本行利润分配中最近三年现金分红累计分配的利润应不少于最近三年实现的年均可分配利润的百分之三十"的规定。

【股份增发、派发】

1999年11月，公司4亿股社会公众股在上海证券交易所上市交易，公司总股本为24.1亿股。2002年，经2001年股东大会审议通过，公司按每10股转增5股实施资本公积转增股本，实施后公司总股本为36.15亿股。2003年1月，经中国证监会批准，公司增发3亿股上市交易，发行后公司总股本为39.15股。2006年11月,按股东大会决议,公司增发股份4.4亿股,发行后公司总股本为43.55亿股。2008、2009、2010、2011年连续4年,公司按股东大会决议,实施每10股送红股3股,连同2009年非公开增发新股9亿股,2010年向中国移动通信集团广东有限公司非公开发行股份28.7亿股。截至2010年,公司总股本为143.48亿股;2011年,公司总股本增至186.53亿股。

【股权分置改革】

2005年,国务院、证监会发布《上市公司股权分置改革管理办法》,浦发银行于10月25日正式启动股改工作,推出支付对价的股改初步方案;2005年年末,先后两次召开前四大股东代表会议,对方案进行讨论,向全体191家非流通股股东发出有关书面文件,截至12月14日,190家股东同意参加股权分置改革并支付对价,占全部非流通股股份总数的99.85%。公司的对价方案为:流通股股东每持有10股流通股将获付3股股票,对价安排执行后,非流通股股东持有的非流通股股份即获得上市流通权。

2006年4月6日,公司召开股权分置改革相关股东会议,通过《浦发银行股权分置改革方案》,其中投赞成票的股份共有29.12亿股,占与会股东所持股份比例为98.997%;4月29日,中国银监会批准公司实施该股权分置改革方案。2006年5月12日,由非流通股股东支付的2.7亿对价股份上市交易。根据《上市公司股权分置改革管理办法》的规定,自改革方案实施之日起,非流通股股东持有的原非流通股股份,在十二个月内不得上市交易或者转让;持有公司股份总数百分之五以上的原非流通股股东,在上述限售期届满后,通过证券交易所挂牌交易出售原非流通股股份,出售数量占公司股份总数的比例在十二个月内不得超过百分之五,在二十四个月内不得超过百分之十。

股权分置改革方案实施后,公司总股本39.15亿股不变,公司原流通股股东持有的股份由改革前的9亿股增加为改革后的11.7亿股,原非流通股股东持有的股份由改革前的30.15股减少为改革后的27.45亿股。

第二章 董事会

第一节 董事会组成

一、第一届董事会

1992年,浦发银行成立董事会,成员由各投资单位代表组成,不参与业务经营。1999年5月22日,公司召开董事会第三次临时会议,按照《上市公司章程指引》,调整董事会成员,经中共上海市综合经济工作委员会批复同意,公司第一届董事会共19人,其中,公司管理人员董事5名,股东单位董事14名。庄晓天任董事长,周有道、金运任副董事长。1999年6月2日,公司第一届董事会召开第一次会议。2000年11月22日,公司召开2000年第一次临时股东大会,会议通过庄晓天辞去董事和张广生出任董事的决议。同日,召开的第一届董事会第七次会议,选举张广生为公司董事长。

第一届董事会先后召开17次会议,该届董事会修订公司章程,建立股东大会制度,以及董事会议事、独立董事制度、董事会专门委员会制度。

二、第二届董事会

2002年6月28日,公司召开2001年度股东大会,会议选举产生公司第二届董事会,选举产生董事15人。其中,公司管理人员董事5名,股东单位董事8名,独立董事2名。同日,召开公司第二届董事会第一次会议,选举张广生为公司董事长,金运、祝世寅为公司副董事长,通过董事会各专业委员会组成人员名单。2003年4月29日,公司召开2002年股东大会,选举6名独立董事,增选花旗银行龙肇辉为董事,2004年增选独立董事1名。

第二届董事会先后召开21次董事会会议,该届董事会制定和实施浦发银行首个五年发展规划,提出市场化转型、国际化接轨、信息化支撑三大战略。

三、第三届董事会

2005年公司第二届董事会任期届满,2005年9月28日,公司召开第二次临时股东大会,选举产生第三届董事会、监事会。同日,举行第三届董事会第一次会议和第三届监事会第一次会议,分别选举金运为董事长,祝世寅为副董事长,选举刘海彬为监事长。2006年,调整后的公司董事会成员为17人,其中公司管理人员4人、股东单位代表4人、独立董事6人、外部董事3人。2007年5月22日,公司2006年度股东大会在上海影城举行,会议选举吉晓辉、傅建华、Stephen Bird(鲍史汶)为公司董事。同日下午,浦发银行第三届董事会第十六次会议在上海虹桥迎宾馆举行,会议选举吉晓辉为董事长,傅建华、祝世寅为副董事长。

第三届董事会先后召开24次会议,该届董事会先后制定和修订《2006—2011战略发展规划》,提出向现代金融企业战略转型的目标,实施客户先导、业务均衡、创新驱动和综合经营的四大战略,形成主要发展指标的领先优势、主要竞争领域的比较优势、经营管理的效率优势和全面价值创造的品牌优势的四大优势。

四、第四届董事会

2008年,公司第三届董事会、监事会任期届满,2008年11月20日,公司在上海云峰剧院召开2008年第一次临时股东大会,会议以现场记名投票的方式,选举产生第四届董事、监事。同日,浦发银行第四届董事会第一次会议在上海虹桥迎宾馆举行,吉晓辉当选第四届董事会董事长,傅建华、陈辛当选第四届董事会副董事长,刘海彬当选第四届监事会主席。按照中国证监会关于上市公司治理的整改要求,第四届董事会增补董事。2010年,第四届董事会成员为19人,其中,公司管理人员出任董事4名,其中职工董事1名;股东单位董事8名,其中海外董事2名;独立董事7名。

第四届董事会制定《2011—2015年战略发展规划》,制定建设成为与上海建设国际金融中心进程相适应的金融旗舰企业的战略目标,提出以客户为中心、以创新作为驱动,以卓越营运为支撑,以风险内控为基础内容,以队伍文化建设为保障的战略。

表2-2-1　1993—2010年浦发银行历任董事会成员情况表

职　务	上海浦东发展银行(1999年5月前)				
	姓　名	任职时间	姓　名	任职时间
董事长	庄晓天	1993年1月—1999年5月	—	—
副董事长	裴静之	1993年1月—1999年3月	鲍友德	1993年1月—1999年3月
	周有道	1993年1月—1999年5月	金　运	1993年1月—1999年5月
	邵运杰	1997年3月—1999年5月	—	—
董　事	张桂娟	1993年1月—1999年5月	梁源凯	1993年1月—1999年5月
	陈光华	1993年1月—1999年5月	陈金邦	1993年12月—1996年3月
	王佩洲	1993年1月—1999年5月	杨明炯	1994年3月—1999年5月
	王基铭	1993年1月—1995年10月	朱　恒	1994年10月—1999年5月
	陆吉安	1993年1月—1996年3月	王钟簏	1994年10月—1999年5月
	蒋世隆	1993年1月—1995年10月	吴亦新	1995年10月—1999年5月
	贺彭年	1993年1月—1999年5月	葛文宾	1995年10月—1999年5月
	黄关从	1993年1月—1995年10月	肖卫国	1995年10月—1997年8月
	鲁又鸣	1993年1月—1999年5月	张亚庄	1995年10月—1999年5月
	钱学中	1993年1月—1995年10月	汪师嘉	1995年10月—1997年2月
	王安德	1993年1月—1999年5月	邓金华	1995年10月—1998年5月
	阮延华	1993年1月—1999年5月	陈祥麟	1996年3月—1996年10月
	朱晓明	1993年1月—1995年10月	郁子冲	1996年10月—1999年5月
	张昌谋	1993年1月—1993年12月	叶廉芳	1997年2月—1999年5月

〔续表〕

职　务	姓　名	任　职　时　间	姓　名	任　职　时　间
董事	吴正林	1993年1月—1997年8月	陈和文	1997年8月—1999年5月
	张　龙	1993年1月—1995年10月	董绍诚	1997年8月—1999年5月
	徐克勤	1993年1月—1994年3月	王兆成	1998年5月—1999年5月
	徐庆熊	1993年1月—1995年4月	陈俊民	1999年5月—1999年5月
	陈伟恕	1993年1月—1999年5月	—	—

上海浦东发展银行股份有限公司第一届董事会（1999年5月—2002年6月）

职　务	姓　名	任　职　时　间	姓　名	任　职　时　间
董事长	庄晓天	1999年5月—2000年10月	张广生	2000年10月—2002年6月
副董事长	周有道	1999年5月—2002年6月	金　运	1999年5月—2002年6月
董事	马金明	1999年5月—2002年6月	费圣英	1999年5月—2002年6月
	王祖康	1999年5月—2002年6月	谈　逸	1999年5月—2000年5月
	杨祥海	1999年5月—2002年6月	康慧军	1999年5月—2002年6月
	汪奕义	1999年5月—2002年6月	梁源凯	1999年5月—2002年6月
	张亚庄	1999年5月—2002年6月	董绍诚	1999年5月—2002年6月
	张桂娟	1999年5月—2002年6月	程锡元	1999年5月—2002年6月
	陈伟恕	1999年5月—2002年6月	谢伟明	1999年5月—2002年6月
	陈　辛	1999年5月—2002年6月	朱　恒	2000年5月—2002年6月
	何大伟	1999年5月—2002年6月	—	—

上海浦东发展银行股份有限公司第二届董事会（2002年6月—2005年9月）

职　务	姓　名	任　职　时　间	姓　名	任　职　时　间
董事长	张广生	2002年6月—2005年9月	—	—
副董事长	祝世寅	2002年6月—2005年9月	金　运	2002年6月—2005年9月
董事	马金明	2002年6月—2003年4月	黄建平	2002年6月—2005年9月
	王祖康	2002年6月—2003年4月	程锡元	2002年6月—2004年5月
	陈伟恕	2002年6月—2005年9月	熊亦桦	2002年6月—2003年4月
	陈　辛	2002年6月—2004年3月	龙肇辉	2003年4月—2005年9月
	汪奕义	2002年6月—2005年9月	张建伟	2003年4月—2005年9月
	杨祥海	2002年6月—2005年9月	徐建新	2003年4月—2005年9月
	周有道	2002年6月—2005年9月	商洪波	2004年3月—2005年9月
独立董事	姜波克	2002年6月—2005年9月	胡祖六	2003年4月—2005年9月
	夏大慰	2002年6月—2005年9月	潘洪萱	2003年4月—2005年9月
	马金明	2003年4月—2005年9月	孙　铮	2004年5月—2005年9月
	乔宪志	2003年4月—2005年9月	—	—

〔续表〕

职务	姓名	任职时间	姓名	任职时间
上海浦东发展银行股份有限公司第三届董事会（2005年9月—2008年11月）				
董事长	金 运	2005年9月—2007年4月	吉晓辉	2007年4月—2008年11月
副董事长	傅建华	2006年7月—2008年11月	祝世寅	2005年9月—2008年11月
董事	牛汝涛	2005年9月—2008年11月	潘龙清	2005年9月—2008年11月
	陈伟恕	2005年9月—2008年11月	黄建平	2005年9月—2008年11月
	张建伟	2005年9月—2008年11月	商洪波	2005年9月—2008年11月
	施瑞德	2005年9月—2007年5月	鲍史汶	2007年5月—2008年11月
	徐建新	2005年9月—2008年11月	钱世政	2008年3月—2008年11月
	尉彭城	2005年9月—2008年11月	—	—
独立董事	乔宪志	2005年9月—2008年11月	胡祖六	2005年9月—2008年11月
	孙 铮	2005年9月—2008年11月	夏大慰	2005年9月—2008年11月
	李 扬	2005年9月—2008年11月	刘廷焕	2008年3月—2008年11月
	姜波克	2005年9月—2008年11月	—	—
上海浦东发展银行股份有限公司第四届董事会（2008年11月—2012年10月）				
董事长	吉晓辉	2008年11月—2012年10月	—	—
副董事长	傅建华	2008年11月—2012年1月	陈 辛	2008年11月—2012年10月
	朱玉辰	2012年8月—2012年10月	—	—
董事	杨德红	2008年11月—2012年10月	尉彭城	2008年11月—2012年10月
	潘卫东	2008年11月—2012年10月	王观锠	2008年11月—2012年10月
	卓曦文	2008年11月—2012年10月	沈 思	2008年11月—2012年10月
	邓伟利	2008年11月—2010年8月	沙跃家	2010年9月—2012年10月
	马新生	2008年11月—2012年10月	朱 敏	2010年9月—2012年10月
职工董事	黄建平	2008年11月—2010年8月	—	—
独立董事	孙 铮	2008年11月—2012年10月	李小加	2008年11月—2010年9月
	李 扬	2008年11月—2010年8月	王 君	2008年11月—2009年2月
	刘廷焕	2008年11月—2012年10月	赵久苏	2009年5月—2012年10月
	陈学彬	2008年11月—2012年10月	张维迎	2010年9月—2012年10月
	徐 强	2008年11月—2012年10月	郭 为	2010年9月—2012年10月

第二节　专门委员会

一、执行董事会议

2002年，经第二届董事会第一次会议决定，设立执行董事会议。董事长担任会议召集人，主持执行董事会议工作,会议成员为公司担任高级管理职务的董事,由董事长提名,经董事会表决通过。会议的主要职责权限是:检查、督促贯彻董事会决议情况;听取公司经营管理层专项报告;在规定的权限内行使固定资产投资、资产抵押及其他担保事项的决策审批权;提出需经董事会讨论决定的重大问题的方案;提出公司员工福利基金和奖励基金提取比例的方案及董事会特别授权的其他职责。

二、战略委员会

2002年,经第二届董事会第一次会议决定,设立战略委员会。战略委员会由3—7名董事组成,董事长担任委员会召集人,成员经董事会选举产生。委员会的主要职责权限是:对公司长期发展战略规划进行研究并提出建议;对其他影响公司发展的重大事项进行研究并提出建议;对以上事项的实施进行检查以及董事会授权的其他事宜。

三、提名委员会

2002年,经第二届董事会第一次会议决定,设立董事会提名委员会,主要负责对公司董事和行长的人选、选择标准和程序进行选择并提出建议。委员会由3—7名董事组成,委员会设1名召集人,多为独立董事,成员经董事会选举产生。委员会的主要职责权限是:根据公司经营情况、资产规模和股权结构,对董事会的规模和构成提出建议,研究董事、行长的选择标准和程序,并向董事会提出建议;广泛搜寻合格的董事和高级管理人员的人选;对董事候选人和高级管理人员的人选任职资格和条件进行初步审核并提出建议,以及董事会特别授权的其他职责。

四、资本与经营管理委员会

2007年5月,公司第三届董事会第十六次会议决定设立董事会资本管理与经营运作委员会。委员会由3—7名董事组成,董事长担任委员会召集人,成员经董事会选举产生。委员会的主要职责权限是:根据发展战略和宏观经济走势,对公司的资本管理战略和规划、资本总量及其结构、年度资本管理目标进行研究并提出建议;研究制定股权投资与股本回报考核办法、资本经营与风险政策,以及资本积累或分配政策;根据公司经营发展情况,研究权益性资本的募集方式、时间和市场并提出建议;对章程规定须经董事会批准的重大投资融资方案进行研究并提出建议;对章程规定须经董事会批准的重大资本运作、资产经营项目进行研究并提出建议;对其他影响公司资本管理的重大事项进行研究并提出建议;对以上事项的实施进行检查以及董事会授权的其他事宜。

五、风险管理与关联交易控制委员会

2002年,经第二届董事会第一次会议决定,设立风险管理与关联交易控制委员会,负责公司风险管理、关联交易控制的监督和核查。委员会由3—7名董事组成,独立董事占多数。委员会设主任委员1名,多为独立董事,成员经董事会选举产生。委员会的主要职责权限:负责监督高级管理层关于信用风险、市场风险、操作风险等风险的控制情况,对风险及管理状况及风险承受能力及水平进行定期评估,提出完善风险管理和内部控制的意见;负责关联交易的管理,及时审查和批准关联交易,控制关联交易风险;审查单笔不超过浦发银行最近经审计净资产值5%(含5%)的关联交易;审查公司损失类贷款核销以及董事会特别授权的其他职责。

六、审计委员会

2005年9月28日,经公司第三届董事会第一次会议通过决议,增设立审计委员会,主要负责公司内、外部审计的沟通、监督和核查。委员会由3—7名董事组成,独立董事占多数。委员会设主任委员1名,由独立董事担任,成员经董事会选举产生。委员会的主要职责权限是:对管理层的经营情况、内控制度制定和执行进行监督检查,检查浦发银行风险及合规状况;审议聘请会计师事务所及其报酬;监督公司的内部审计制度及实施工作;审核公司财务信息及披露,审查公司及各子公司、分公司的内控制度及执行,对违规责任人进行责任追究;以及董事会特别授权的其他职责。

七、薪酬与考核委员会

2002年,经第二届董事会第一次会议决定,设立薪酬与考核委员会,主要负责制定公司董事及高级管理人员的考核标准并进行考核,负责制定、审查公司董事及高级管理人员的薪酬政策与方案。委员会由3—7名董事组成,委员会设召集人1名,由独立董事担任,成员经董事会选举产生。委员会的主要职责权限是:研究董事与高管人员考核的标准,进行考核并提出建议;研究和审查董事、高管人员的薪酬政策与方案;监督薪酬方案的实施以及董事会特别授权的其他职责。

第三节 董事会办公室

1999年,浦发银行在上市前夕,成立董事会秘书机构。2001年公司组建董事会办公室,设立董事会秘书授权代表,明确董事会办公室作为董事会的常设机构,承担董事会相关决议,督办、协调公司对外信息披露,加强股权管理及资本营运,召开股东大会、董事会、监事会等。2006年,浦发银行董事会办公室沈思获得《上海证券报》颁发的中国上市公司最佳信息披露奖。

第三章 监事会

第一节 监事会组成

一、第一届监事会

1993年浦发银行成立,没有设立监事会,仅设立2名监事。1999年5月22日,公司召开董事会第三次临时会议,按照《公司法》《上市公司章程指引》,会议决定设立监事会,经中共上海市综合经济工作委员会批复同意,公司第一届监事会共9人,其中股东监事6名,职工监事3名。6月2日,公司召开第一届监事会会议,推选刘红薇为监事长。

二、第二届监事会

2002年6月28日,公司召开2001年度股东大会,会议选举产生公司第二届监事9人。同日,公司第二届监事会举行第一次会议,选举李关良为公司监事长。

三、第三届监事会

2005年公司第二届董事会任期届满,9月28日,公司召开第二次临时股东大会,选举产生第三届董事、监事,选举监事9人。同日,举行第三届监事会第一次会议,选举刘海彬为监事长。会议审议通过监事会提名委员会组成人员的议案,同意设立由5名监事组成的监事会提名委员会,主要负责拟定监事的选任程序和标准,对监事的任职资格和条件进行初审,负责公司董事的履职评价、监事履职评价的最终评定。

四、第四届监事会

2008年,公司第三届董事会、监事会任期届满,11月20日,公司在上海云峰剧院召开2008年第一次临时股东大会,会议以现场记名投票的方式,选举产生第四届董事、监事,选举监事9人。11月21日,浦发银行第四届监事会第一次会议在上海虹桥迎宾馆举行,刘海彬当选第四届监事会主席。会议审议通过第四届监事会提名委员会组成人员。

表2-3-1　1993—2010年浦发银行历任监事会成员情况表

上海浦东发展银行(1999年5月前)				
职　务	姓　名	任 职 时 间	姓　名	任 职 时 间
首席监事	毛应樑	1993年1月—1999年6月	—	—
副首席监事	靳曾德	1993年1月—1999年6月	—	—
监事会主席	刘红薇	1999年3月—2002年6月	—	—
上海浦东发展银行股份有限公司第一届监事会(1999年5月—2002年6月)				
职　务	姓　名	任 职 时 间	姓　名	任 职 时 间
监事会主席	刘红薇	1999年3月—2002年6月	—	—
监事	万晓枫	1999年5月—2002年6月	浦静波	1999年5月—2002年6月
监事	王安海	1999年5月—2002年6月	葛俊杰	1999年5月—2002年6月
监事	朱国桢	1999年5月—2002年6月	潘卫东	1999年5月—2002年6月
监事	何国庆	1999年5月—2002年6月	薛钟甦	1999年5月—2002年6月
上海浦东发展银行股份有限公司第二届监事会(2002年6月—2005年9月)				
职　务	姓　名	任 职 时 间	姓　名	任 职 时 间
监事长	李关良	2002年6月—2005年9月	—	—
监事	史贤俊	2002年6月—2005年9月	吴顺宝	2002年6月—2005年9月
监事	朱国桢	2002年6月—2005年9月	万晓枫	2002年6月—2005年9月
监事	吕　勇	2002年6月—2005年9月	王安海	2002年6月—2005年9月
监事	杜启发	2002年6月—2005年9月	杨绍红	2002年6月—2005年9月
上海浦东发展银行股份有限公司第三届监事会(2005年9月—2008年11月)				
职　务	姓　名	任 职 时 间	姓　名	任 职 时 间
监事长	刘海彬	2005年9月—2008年11月	—	—
监事	吕　勇	2005年9月—2008年11月	万晓枫	2005年9月—2006年11月
监事	张宝华	2005年9月—2008年11月	杨绍红	2005年9月—2008年11月
监事	吴顺宝	2005年9月—2008年11月	林福臣	2005年9月—2008年11月
监事	宋雪枫	2005年9月—2008年11月	冯树荣	2006年11月—2008年11月
监事	陈步林	2005年9月—2008年11月		
上海浦东发展银行股份有限公司第四届监事会(2008年11月—2012年10月)				
职　务	姓　名	任 职 时 间	姓　名	任 职 时 间
监事长	刘海彬	2008年11月—2012年10月	—	—
监事	陈振平	2008年11月—2010年9月	冯树荣	2008年11月—2012年1月
监事	张林德	2008年11月—2012年10月	杨绍红	2008年11月—2012年10月

〔续表〕

职　务	姓　名	任　职　时　间	姓　名	任　职　时　间
监　事	张宝华	2008年11月—2012年10月	李万军	2008年11月—2012年10月
	胡祖六	2008年11月—2012年10月	李庆丰	2010年9月—2012年10月
	夏大慰	2008年11月—2012年10月	—	—

第二节　监事会办公室

2005年,公司党委扩大会议决定,成立监事会办公室。2005年12月15日,公司第三届监事会第三次会议通过决议,同意建立监事会办公室。12月19日,公司监事会办公室召开第一次会议。

第四章 高级管理层

第一节 历任经营班子

一、第一任经营班子

1993年1月,上海市政府任命裴静之为浦发银行行长,金运、陈伟恕、梁源凯为副行长,组成浦发银行经营班子。1996年7月,上海市政府任命新一任行长和副行长。1996年10月,经上级党组任命行长助理2名。

二、第二任经营班子

2000年3月,公司董事会召开第一届董事会第三次会议,会议审议通过公司高级管理人员任免决议,任命行长1名、副行长多名、董事会秘书1名。

三、第三任经营班子

2002年6月,公司第二届董事会第一次会议审议通过聘任行长、副行长、董事会秘书、财务总监的议案。

四、第四任经营班子

2005年9月,公司第三届董事会第一次会议审议通过聘任高级管理层的决议,设行长1名、副行长5名、董事会秘书1名。2006年8月,公司第三届董事会十次会议审议通过行长聘任议案。

五、第五任经营班子

2008年11月,公司第四届董事会第一次会议审议通过高级管理人员聘任议案,聘任行长、副行长、董事会秘书、财务总监。2009年1月,公司通过行内外公开选聘浦发银行副行长。同年4月,公司第四届董事会第三次会议审议通过聘任副行长议案。

表 2-4-1　1993—2010 年浦发银行历任经营班子情况表

上海浦东发展银行(1999 年 5 月前)				
职　务	姓　名	任　职　时　间	姓　名	任　职　时　间
行　长	裴静之	1993 年 1 月—1996 年 7 月	金　运	1996 年 7 月—2002 年 6 月
副行长	金　运	1993 年 1 月—1996 年 7 月	朱　恒	1994 年 7 月—1997 年 9 月
副行长	陈伟恕	1993 年 1 月—1995 年 5 月	陈　辛	1996 年 7 月—2002 年 6 月
副行长	梁源凯	1993 年 1 月—2002 年 2 月	谈　逸	1997 年 2 月—2000 年 2 月
行长助理	谈　逸	1995 年 10 月—1997 年 2 月	朱福涛	1996 年 10 月—1998 年 5 月
行长助理	顾　亮	1996 年 10 月—2002 年 4 月	黄建平	1998 年 7 月—1999 年 8 月

上海浦东发展银行股份有限公司第一届经营班子(1999 年 5 月—2002 年 6 月)				
职　务	姓　名	任　职　时　间	姓　名	任　职　时　间
行　长	金　运	1996 年 7 月—2002 年 6 月	—	—
副行长	梁源凯	1993 年 1 月—2002 年 2 月	朱　恒	2000 年 2 月—2002 年 2 月
副行长	陈　辛	1996 年 7 月—2002 年 6 月	商洪波	2002 年 2 月—2002 年 6 月
副行长	谈　逸	1997 年 2 月—2000 年 2 月	张耀麟	2002 年 2 月—2002 年 6 月
副行长	黄建平	1999 年 8 月—2002 年 6 月		
行长助理	顾　亮	1996 年 10 月—2002 年 4 月	马　力	2002 年 4 月—2002 年 6 月
行长助理	黄建平	1998 年 7 月—1999 年 8 月	—	—

上海浦东发展银行股份有限公司第二届经营班子(2002 年 6 月—2005 年 9 月)				
职　务	姓　名	任　职　时　间	姓　名	任　职　时　间
行　长	金　运	2002 年 6 月—2005 年 9 月	—	—
副行长	陈　辛	2002 年 6 月—2003 年 12 月	张耀麟	2002 年 6 月—2005 年 9 月
副行长	黄建平	2002 年 6 月—2005 年 9 月	马　力	2004 年 6 月—2005 年 9 月
副行长	商洪波	2002 年 6 月—2005 年 9 月	刘信义	2005 年 4 月—2005 年 9 月
行长助理	马　力	2002 年 4 月—2004 年 6 月		

上海浦东发展银行股份有限公司第三届经营班子(2005 年 9 月—2008 年 11 月)				
职　务	姓　名	任　职　时　间	姓　名	任　职　时　间
行　长	傅建华	2006 年 7 月—2008 年 11 月	—	—
副行长	黄建平	2005 年 9 月—2008 年 11 月	马　力	2004 年 6 月—2007 年 4 月
副行长	商洪波	2005 年 9 月—2008 年 11 月	刘信义	2005 年 4 月—2008 年 11 月
副行长	张耀麟	2005 年 9 月—2008 年 10 月	姜明生	2007 年 4 月—2008 年 11 月

上海浦东发展银行股份有限公司第四届经营班子(2008 年 11 月—2012 年 10 月)				
职　务	姓　名	任　职　时　间	姓　名	任　职　时　间
行　长	傅建华	2008 年 11 月—2012 年 1 月	朱玉辰	2012 年 8 月—2012 年 10 月

〔续表〕

职　务	姓　名	任职时间	姓　名	任职时间
行　长	吉晓辉	2012年1月—2012年8月	—	—
副行长	商洪波	2002年6月—2012年10月	冀光恒	2009年4月—2012年10月
	刘信义	2005年4月—2012年10月	穆　矢	2009年4月—2012年10月
	姜明生	2007年4月—2012年10月	徐海燕	2009年4月—2012年10月

第二节　管理委员会

一、资产负债管理委员会

浦发银行资产负债管理委员会成立于1995年11月，是全行本外币资产负债比例管理的最高决策机构，常设办事机构为资金财务部。2009年4月，浦发银行制定资产负债管理委员会工作规程，明确资产负债管理委员会在浦发银行行长室的领导下，负责全行资产负债管理工作，其主要工作是：拟定全行资产负债管理总体目标，管理全行表内外资产负债总量与结构；管理全行资本充足率，审查全行资本充足率报告，制订全行资本补充计划；根据董事会确定的整体风险偏好，拟定资产负债表内、外流动性风险限额，制定全行流动性风险管理政策的其他内容，拟定结构性利率风险限额；审查全行年度业务计划、投资计划、融资计划等，审查银行账户项下新产品的流动性风险和利率风险。

浦发银行资产负债管理委员会主任由行长担任，成员由主管资金财务的副行长、主管公司业务的副行长、主管个人业务的副行长、主管风险管理的副行长，以及相关业务的部室和科技、财务、合规、战略发展部的主要负责人，资产负债管理委员会下设内部资金定价小组，资产负债管理委员会办公室设在资金总部。

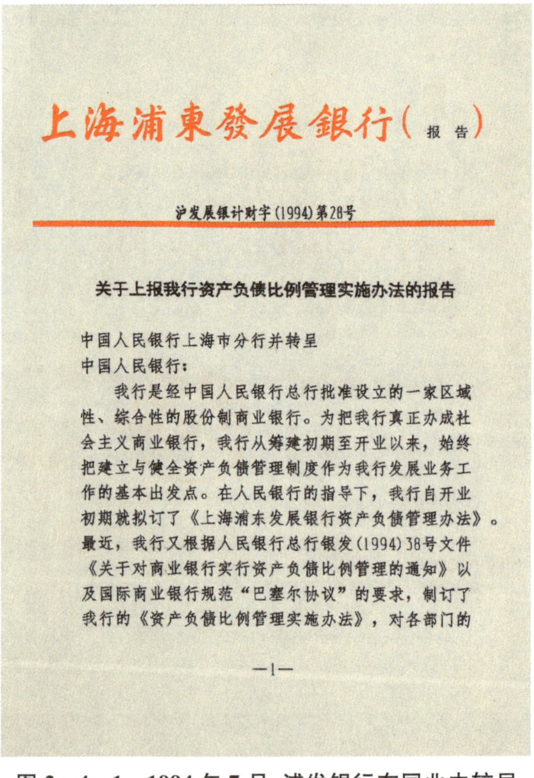
上海浦東發展銀行（报　告）

沪发展银计财字（1994）第28号

关于上报我行资产负债比例管理实施办法的报告

中国人民银行上海市分行并转呈
中国人民银行：

我行是经中国人民银行总行批准设立的一家区域性、综合性的股份制商业银行。为把我行真正办成社会主义商业银行，我行从筹建初期至开业以来，始终把建立与健全资产负债管理制度作为我行发展业务工作的基本出发点。在人民银行的指导下，我行自开业初期就拟订了《上海浦东发展银行资产负债管理办法》。最近，我行又根据人民银行总行银发（1994）38号文件《关于对商业银行实行资产负债比例管理的通知》以及国际商业银行规范“巴塞尔协议”的要求，制订了我行的《资产负债比例管理实施办法》，对各部门的

—1—

图2－4－1　1994年7月，浦发银行在同业中较早实现全行本外币资金的集中管理，图为浦发银行在试行资产负债比例管理后向人民银行就实施管理情况进行汇报的文件

二、营销推进委员会

1999年5月11日，浦发银行本着“三位一体”联动营销的思路，成立综合营销推进委员会，用于指导开展日常金融营销工作，统筹全行重大营销举措，解决整体营销工作中存在的问题。推进委员

会办公室设在公司金融部,2002年5月30日,根据中间业务的发展需要,浦发银行综合营销委员会增设中间业务推进办公室。2008年,浦发银行修订营销推进委员会工作规程,强化委员会在推动全行产品与服务创新、推进交叉销售与整合营销、促进目标客户与目标市场培育、推动营销队伍建设等领域的作用。

营销推进委员会设主任委员1名、副主任委员1—2名,成员由公司及投资银行总部、个人银行总部、资金总部、财务部、风险管理总部、运营与科技总部、产品开发部、合规部的负责人或相关人员组成,营销推进委员会办公室设在公司及投资银行总部。

三、风险管理委员会

2001年7月18日,浦发银行设立风险管理委员会,对风险管理的有关重大事项进行审议、督查、监督。浦发银行风险管理部作为风险管理委员会常设办事机构。2007年,浦发银行进行风险管理体制改革,重新制定风险管理委员会工作规程,明确风险委员会下设信贷审批委员会和特殊资产管理委员会两个专业委员会,主要负责信贷审批和不良资产管理工作。风险管理委员会下设委员会办公室,负责具体日常管理工作。

2007年5月23日,浦发银行重新成立风险管理委员会,主任由行长担任;副主任由浦发银行风险主管行长担任。成员主要为公司银行主管行长和个人银行主管行长;公司及投资银行总部、个人银行总部、运营与科技总部、资金及市场部的部门负责人;风险总监、财务总监;合规部总经理;风险管理专家等。浦发银行首席审计官作为观察员的身份参加风险委员会的会议和相关活动,并行使监督权。6月22日,成立特殊资产管理委员会。

浦发银行风险管理委员会是在浦发银行行长室领导下,负责全行全面风险管理的决策机构,主要职责是:确定年度实施全面风险管理的主要目标和任务;全面审查和监控风险管理的运行状况,包括信用风险、市场风险、操作风险、IT技术风险的管理工作,内控体系建设及案件专项治理工作等,分析研究并确定解决重点问题和控制重大风险的措施意见;督查重大风险事件应急处理机制和化解风险措施的落实情况;检查和复议信贷审批委员会和特殊资产管理委员会审批范围内的授信业务意见和资产保全方案,负责对分行(直属支行)风险管理委员会工作的指导、检查和评价,定期向浦发银行行长办公会议汇报贯彻落实国家宏观经济政策和监管要求的情况、全行风险管理运行的主要情况、加强全面风险管理的主要措施等;审查审核须提交董事会风险控制与关联交易委员会审议的重要提案,并负责向董事会专题报告。

四、信息科技建设委员会

2000年5月,浦发银行成立计算机安全工作委员会,浦发银行信息安全组织的最高领导机构就此产生。2005年3月,根据信息安全工作发展的要求,浦发银行撤销原计算机安全工作委员会,成立信息安全工作委员会。2009年10月,根据银监会《商业银行信息科技风险管理指引》的要求,更名信息科技建设委员会。

委员会设主任委员1名,由分管信息科技工作的副行长担任,副主任委员若干名。委员会成员由信息科技总部、公司及投资银行总部、个人银行总部、资金总部、风险管理总部、运营管理总部、财务部、办公室、战略发展部的负责人或相关人员组成。委员会办公室设在信息科技总部。

委员会在行长室的领导下开展工作,其主要工作是:组织审定全行信息科技管理工作总体策略,包括信息科技服务策略、信息系统开发策略、信息系统运维策略、信息安全管理策略、科技资源管理与外包服务管理策略等,推动全行信息化建设相关工作的落实;组织推动信息科技安全管理工作在全行范围内的落实,对发生的重大信息安全事件组织协调事件处置;统筹全行信息系统建设和管理决策信息服务工作,协调解决全行管理决策信息服务过程中出现的数据管理、需求整合、系统规划、组织落实等重大问题;组织审议重大信息科技项目,定期听取并审核重大信息科技项目的进度报告和项目上线后的评估报告,协调组织对信息系统进行整体评估,并向行长室报告。

第五章 内设机构

第一节 业务管理机构

一、公司及投资银行总部

1993年,浦发银行组建信贷部,1997年成立公司金融部。2005年6月1日,浦发银行设立公司及投资银行总部,原公司金融部、金融机构部、离岸业务部、资产托管部、企业年金部等市场营销部门并入公司及投资银行部。

2008年,浦发银行全面部署对公客户经营体制改革,完善大客户和金融机构客户经营体制,整合贸易金融业务营销、运营和管理体系,明确浦发银行公司及投资银行总部增设大客户部和金融机构部,大客户部主要负责总行级目标大型公司客户的牵头营销,协调和负责大型客户为核心的行业营销指导与营销推动工作。明确金融机构部作为全行与金融机构合作的统一窗口,负责全行金融机构客户的牵头营销和协调全行经营机构开展金融业务。决定将贸易金融服务和离岸运营服务纳入公司银行条线,浦发银行贸易服务中心、离岸运营中心的功能、职责和人员整体移入公司及投资银行总部。明确公司及投资银行总部下设的贸易融资部,更名贸易金融部,以推动贸易金融业务发展。

随着业务发展,公司及投资银行总部机构几经调整,截至2010年,公司及投资银行总部内设16个部室,分别为企业现金管理部、贸易金融部、投行业务部、资产托管部、养老业务部、期货结算部、大客户部、离岸业务部、直接股权基金业务部、北京大客户部、航运金融部、贸易服务中心、离岸运营中心、发展管理部、管理科技部、营销推进委员会办公室。

二、中小企业业务经营中心

根据中国银监会制定的建立小企业金融服务专营机构的指导意见,2009年5月,浦发银行组建总行一级部门中小企业业务经营中心,内设市场发展部、业务管理部和授信管理部;9月11日,浦发银行中小企业业务经营中心挂牌成立,其主要职责是负责全行中小企业金融业务的经营管理。

三、个人银行总部

个人银行总部的前身是1994年成立的个人金融部,1997年8月,浦发银行构建市场营销机制,决定将储蓄管理职能和相关人员由存汇部并入个人金融部。2004年8月9日,浦发银行设立个人银行总部,按事业部方式经营管理全行个人金融业务。个人银行总部下设市场企划部、财富管理部、银行卡部、个人信贷部、电子渠道部、管理会计部和风险管理部共7个部门,原浦发银行个人金融部即行撤销。

四、移动金融部

2010年11月13日,浦发银行设立移动金融部,下设业务管理团队、自助银行团队、手机银行团队、网上银行团队,负责推动全行与中国移动在创新金融业务、传统银行业务、传统电信业务、渠道及市场等各项业务合作。

五、私人银行部

2010年,浦发银行成立私人银行部,下设市场营销团队、产品顾问团队、管理支持团队、风险管理团队。私人银行部职责是:向高净值客户提供财富规划、资产管理、商务支持、家族财产传承等个性化、"管家式"服务,提升私人银行产品服务的市场竞争力。

六、资金总部

1993年,浦发银行组建计划财务部。1994年,该部改建为资金财务部。2004年,浦发银行撤销资金财务部,成立资金及市场部。2008年1月21日,浦发银行设立资金总部,内设资产管理部、司库管理部、投资组合业务部、货币市场部、资产管理部、交易部、综合业务管理部。原浦发银行资产负债管理委员会办公室和资金及市场部撤销,其职能并入资金总部。资金总部主要职能是制定全行资金业务发展战略,实施年度计划,负责资金业务组织体制、管理体制和政策体系建设;负责全行流动性风险管理、银行账户利率及汇率风险管理,负责全行司库业务,负责全行资产负债组合管理、债券投资业务的经营与管理、负责全行利率、汇率、贵金属、新兴资产及相关衍生产品的交易业务;履行资产负债管理委员会办公室职能。

七、金融机构部

2011年8月24日成立,浦发银行金融机构部是全行金融机构客户关系管理、业务牵头营销和管理的归口部门,发挥全行在资金、渠道、产品和客户资源的优势,积极推动金融业务创新与产品交叉销售,为金融机构客户提供综合的专业金融服务。

八、信用卡中心

2004年1月,经中国银监会上海监管局批复同意,浦发银行信用卡中心开业,租用上海市浦东南路588号上海浦发大厦第九层作为办公场所,设立市场营销、风险管理、财务控制、人事行政、运营技术5个部门。信用卡中心是隶属于浦发银行的直属分支机构,内部独立核算,财务并入总行大账,实行垂直管理和专业化经营,其业务经营范围为经营境内人民币贷记卡和外币贷记卡业务,以及以贷记卡为载体的个人消费信贷业务,以贷记卡为载体的各类代理业务,以贷记卡为载体的网上银行业务、电子商务以及经批准和授权的其他业务。

九、客户服务中心

2004年8月,浦发银行客户服务中心成立,内设业务实施部、质量与内控管理部、市场策略与客户关怀部、管理支持部、上海分中心、成都分中心(筹)。其主要职责为建立7×24小时人工服务和自助服务体系,经营和维护"95528"服务品牌;提供各类业务的远程业务指导和技术支持,协助客户完成远程交易操作,并进行风险控制;建立全行统一的95528客户服务申诉处理、监督评价和考核机制,协调处理客户申诉,协同应对危机事件。

十、投资管理部

2011年8月2日成立,下设股权投资、股权管理和村镇银行管理团队。投资管理部作为统筹全行对外股权投资工作及其事后股权项目管理工作的专业部门,主要职责是负责设立、兼并收购、投资入股其他金融企业;对子公司、参股企业实施股权管理工作,促进股权投资项目的保值增值。

第二节 风险管理机构

一、风险管理总部

1996年,浦发银行成立信贷管理部。2001年,浦发银行撤销信贷管理部,成立风险管理部。2005年,浦发银行整合风险管理部、资产保全部、审贷中心职能,成立风险管理总部,下设风险政策管理部、操作风险管理部、资产保全部、公司业务授信审查部、公司业务风险管理部、公司业务资产保全部、个人银行风险管理部、资金市场风险管理部、运营与科技风险管理科。

二、合规部

2004年8月9日,浦发银行成立合规部,进一步加强内控机制建设,完善常规职能监督机制,保障各项业务依法合规经营和持续稳健发展。

三、审计部

1994年,浦发银行组建稽核部。2004年8月9日,浦发银行稽核部更名审计部,设立首席审计官,负责全行审计工作的执行和管理,下设公司银行业务执行审计官、个人银行业务执行审计官、同业与资金业务执行审计官、信息科技与运营业务执行审计官和质量控制执行审计官。

四、新资本协议实施领导办公室

2007年11月,浦发银行根据巴塞尔新资本协议要求和中国银监会《实施新资本协议指导意见》,制订新资本协议框架性规划。12月26日,成立新资本协议实施领导小组及其办公室。2010

年年底,浦发银行对新资本协议实施组织架构进行调整,成立独立的新协议办公室,专门从事新资本协议的实施、推动和协调工作。

第三节　业务支撑机构

一、运营管理总部

1993年,浦发银行组建存汇部,1997年更名会计部。2005年,浦发银行推行组织机构扁平化、矩阵式改革,整合会计部、清算中心、国际结算单证中心职能,成立浦发银行运营与科技总部。2009年10月,浦发银行成立运营管理总部,下设资金后台服务中心、支付结算中心、运行监测中心、信用运营中心、运营支持部和集中作业中心,原浦发银行运营与科技总部撤销。运行管理总部作为全行业务操作处理的后台,承担本外币资金支付结算清算、各类业务产品后台操作控制以及全行运营流程管理。

二、信息科技总部

1993年,浦发银行成立电脑部,2002年更名信息科技部,2005年并入运营与科技总部。2009年10月,浦发银行成立信息科技总部,下设科技管理部、信息服务中心、开发中心、数据中心、测试中心和灾备中心,原信息科技部、产品开发部撤销。信息科技总部的职责是实现全行信息系统建设的归口管理。

第四节　行政管理机构

一、办公室

浦发银行办公室成立于1993年。2006年4月21日,浦发银行整合重组内部办公与行政管理功能,撤销原行政管理部,其职能并入浦发银行办公室。办公室下设网站秘书、办公应用、公共关系、行政服务中心、安全保卫、财产管理6个团队。

二、财务部

1994年,浦发银行成立资金财务部。2004年,浦发银行撤销资金财务部,成立财务部,下设财务管理部、会计管理部、会计核算部和统计、信息管理两个团队。负责全行经营计划与财务预算的编制及经营绩效评价政策及衡量体系,负责全行会计制度及财务基本制度的配套管理,进行全行账务核算,负责全行财务管理信息技术应用方案的支持和协调。

三、人力资源部

1993年,浦发银行成立人事部。2011年6月7日,浦发银行人事部更名人力资源部。

四、机构管理部

1993年,浦发银行成立网点建设部。2006年4月21日,浦发银行设立机构管理部,承担分行绩效考核与管理、市场准入与退出、网点标准化建设职能,撤销原浦发银行网点部。

五、战略发展部

1994年,浦发银行成立发展研究部。2006年2月27日,浦发银行成立战略发展部,撤销原浦发银行发展研究部。

六、北京代表处

北京代表处成立于1994年。2009年9月代表处内设信息调研部、行政管理部两个团队。

表2-5-1 1993—2010年浦发银行内设机构负责人情况表

机构及职务		姓名	任职时间
信贷部(1993年4月30日成立,1997年6月6日更名公司金融部)			
总经理		陈 辛	1993年4月30日—1996年7月23日
负责人		王木生	1993年8月31日—1994年10月17日(兼任)
副总经理		陆 洋	1994年4月8日—1997年6月6日
公司金融部(1997年6月6日成立,2005年6月1日改制为公司及投资银行总部)			
总经理		徐海燕	1997年12月17日—2005年6月1日
副总经理(总经理级)		王 兵	2001年3月30日上任
总经理助理		陈海宁	2002年4月15日—2005年6月1日
国际业务部(1993年4月30日成立,2001年7月4日撤销,设置外汇管理部)			
总经理		陈玉琴	1993年4月30日—1997年2月26日
		马 力	1997年2月26日—2001年7月4日
副总经理		郑 辉	1998年4月14日—1998年9月30日
		宗乐新	2000年2月16日—2001年5月15日
		陆美琦	2000年8月14日—2001年7月4日
外汇管理部(2001年7月4日—2006年8月7日)			
副总经理		郑 辉	2001年7月4日—2006年8月7日
信托证券部(1993年4月30日成立,1997年9月30日更名信托业务部)			
总经理		黄建强	1993年4月30日—1997年9月30日
副总经理		姚元华	1995年2月28日—1997年9月30日

〔续表〕

机构及职务	姓名	任职时间
副总经理	陈大荣	1997年8月25日—1997年9月30日
	张　令	1997年8月25日—1997年9月30日
信托业务部（1997年9月30日成立，1999年划归上海地区总部）		
总经理	黄建强	1997年9月30日—1998年7月3日
副总经理	姚元华	1997年9月30日—1999年10月9日
	陈大荣	1997年9月30日—1998年7月3日
	张　令	1997年9月30日—1998年7月3日
投资部（1993年4月30日成立）		
总经理	缪宗兴	1993年4月30日—1993年8月31日
	王木生	1993年8月31日—1994年10月17日
负责人	陈　辛	1993年8月31日上任
社会保险基金部（1993年8月31日—2007年8月17日）		
总经理	张洛敏	1993年8月31日—2007年8月16日
副总经理	王安海	1993年8月31日—1994年7月28日
	潘佩珍	1996年3月18日—2001年7月9日
	李光耀	1996年4月16日—1998年4月24日
投资监理部（1996年4月16日成立，1996年8月12日转制为上海东方投资监理公司）		
副总经理	沙炳新	1996年4月16日上任
金融机构部（2000年9月6日成立，2005年6月1日并入公司及投资银行总部）		
总经理	马　力	2000年9月6日—2003年12月3日（兼任）
	陆冠虚	2003年12月3日—2005年6月1日（2001年5月21日任副总经理）
副总经理	陆美琦	2000年9月6日—2005年6月1日（兼任）
	王景斌	2000年9月6日—2001年11月12日
总经理助理	虞和钧	2002年4月15日—2005年6月1日
离岸业务部（2002年6月26日成立，2005年6月1日并入公司及投资银行总部）		
总经理（副总经理级）	李惠林	2003年1月21日—2005年7月15日
副总经理（总经理助理级）	任　军	2002年12月18日—2005年6月1日
基金托管部（2003年2月19日成立，2005年6月1日并入公司及投资银行总部）		
总经理	陆冠虚	2003年2月19日—2003年12月3日（兼任）
总经理（副总经理级）	刘长江	2003年12月3日—2011年8月23日
企业年金部（2004年8月9日成立，2005年6月1日并入公司及投资银行总部）		
总经理	高松凡	2005年3月29日—2005年6月1日

〔续表〕

机 构 及 职 务		姓　名	任　职　时　间
公司及投资银行总部(2005年6月1日成立,2013年5月16日撤销,职责由公司业务管理部等部门承接)			
总经理		徐海燕	2005年6月1日—2009年6月10日
副总经理		杨　斌	2008年3月5日—2013年5月16日
		刘长江	2008年3月5日—2013年5月16日
		谢　伟	2008年3月5日—2008年10月8日
公司及投资银行总部企业现金管理部			
总经理		杨　斌	2005年6月1日—2017年3月12日
		曲丽萍	2010年11月13日—2013年5月16日(2008年7月28日起任总经理助理)
公司及投资银行总部贸易融资部(2008年2月29日更名贸易金融部)			
总经理		陈海宁	2005年6月1日—2007年10月11日
		杨　斌	2008年3月5日—2012年3月14日
总经理助理		杨悦蓉	2009年8月13日—2012年3月14日
公司及投资银行总部投行业务部			
总经理		王景斌	2005年6月1日—2017年3月12日
		杨　斌	2017年3月12日—2008年3月5日、2008年10月8日—2012年3月14日
总经理助理		贾红睿	2009年8月15日—2012年3月14日
公司及投资银行总部机构及大客户部(2008年1月29日撤销)			
总经理		陆美琦	2005年6月1日—2008年1月29日
公司及投资银行总部金融机构部(2008年1月29日成立)			
总经理		陆美琦	2008年1月29日—2010年8月13日
公司及投资银行总部大客户部(2008年1月29日成立)			
总经理		谢　伟	2008年1月29日—2008年10月8日
		姚　良	2008年10月14日—2009年11月10日
公司及投资银行总部中小客户部			
总经理		孙建英	2005年6月1日—2009年7月26日
公司及投资银行总部资产托管部			
总经理		刘长江	2005年6月1日—2011年8月24日
总经理助理		刘　梅	2009年8月13日—2012年3月14日
公司及投资银行总部企业年金部(2009年12月18日更名养老金业务部)			
总经理		高松凡	2005年6月1日—2007年7月10日
		刘长江	2007年7月25日—2007年12月17日、2008年3月5日—2009年8月12日

〔续表〕

机构及职务	姓名	任职时间
总经理助理(主持工作)	范忠山	2009年8月13日—2012年2月10日
总经理助理	吴琴华	2009年12月18日—2012年3月14日
公司及投资银行总部发展管理部		
总经理	谢伟	2005年6月20日—2008年7月28日
总经理助理	杨静	2008年7月28日—2013年5月16日
公司及投资银行总部离岸业务部		
总经理	任军	2005年6月1日—2010年8月13日
公司及投资银行总部管理会计部		
总经理助理(主持工作)	范忠山	2005年6月1日—2009年8月13日
公司及投资银行总部期货结算部(2007年9月20日成立)		
副总经理	张险峰	2007年12月27日—2011年4月30日
公司及投资银行总部贸易服务中心(2018年1月29日由运营与科技总部划归公司及投资银行总部)		
总经理	陆美琦	2010年8月13日—2013年5月16日
	郑辉	2010年8月13日—2013年5月16日
公司及投资银行总部离岸运营中心(2018年1月29日由运营与科技总部划归公司及投资银行总部)		
总经理	王建新	2010年11月13日—2013年5月16日、2018年1月29日任总经理助理(主持工作)
公司及投资银行总部营销推进委员会(2009年3月13日成立)		
副主任	张晓东	2009年3月13日—2012年4月17日
公司及投资银行总部航运金融部(2009年8月5日设立)		
总经理	任军	2009年8月5日—2012年4月17日
个人金融部(1994年3月14日成立,2004年8月9日撤销,设置个人银行总部)		
总经理	汤森培	1994年3月14日—2004年8月9日
副总经理	孟建蓉	1999年10月9日—2004年8月9日
总经理助理	贾晓东	2001年8月31日—2004年8月9日
个人银行总部(2004年8月9日成立,2013年5月16日撤销,职责并入零售业务管理部、移动金融部等部门)		
总经理	张耀麟	2004年8月9日—2008年3月12日(兼任)
	刘以研	2008年3月12日—2011年6月7日
副总经理	汤森培	2004年8月9日—2008年3月12日
	林积玉	2004年8月9日—2006年7月3日
	林永源	2006年7月3日—2008年3月3日
	林道峰	2008年3月12日—2013年5月16日
	丁蔚	2008年12月30日—2013年5月16日

〔续表〕

机构及职务	姓名	任职时间
个人银行总部银行卡部		
总经理	丁 蔚	2004年8月9日—2012年3月14日
总经理助理	薛建华	2004年8月9日—2008年12月30日
	崔永平	2008年12月30日—2012年3月14日
个人银行总部市场企划部		
总经理	林道峰	2008年7月28日—2008年12月30日
	李 征	2008年12月30日—2011年3月24日
个人银行总部电子渠道部		
总经理	张少锋	2004年8月9日—2007年7月12日
	薛建华	2008年12月30日—2011年5月4日（2004年8月9日起任总经理助理）
个人银行总部管理会计部（2008年9月10日撤销,职能并入个人银行总部发展管理部）		
总经理	陈 兵	2004年8月9日—2008年7月28日
个人银行总部个人信贷部		
总经理	王 嶒	2008年12月30日—2010年5月30日（2006年3月1日起任总经理助理）
	张 翔	2010年8月13日—2012年6月4日
个人银行总部财富管理部		
总经理	陈 兵	2008年7月28日—2008年9月5日
	林道峰	2008年12月30日—2012年3月14日
总经理助理	王 嶒	2004年11月9日—2006年3月1日
	汤嘉惠	2008年12月30日—2012年3月14日
	何 刚	2008年12月30日—2011年6月15日
个人银行总部发展管理部（2006年12月22日设立）		
总经理	林道峰	2008年7月28日—2010年1月19日
	李重民	2010年1月19日—2012年5月29日
计划财务部（1993年4月30日成立,1994年4月6日改组,组建资金财务部）		
总经理	黄建平	1993年4月30日—1994年10月17日
资金财务部（1994年9月21日成立,2004年11月30日撤销,设置资产负债管理委员会办公室、财务部、资金及市场部）		
总经理	王木生	1994年10月17日—1998年8月
	王红兵	1998年9月23日—2001年5月14日
	傅 能	2003年1月28日—2004年11月30日（1999年3月22日任副总经理）

〔续表〕

机构及职务	姓名	任职时间
副总经理	方之正	1994年9月21日—1998年9月30日
	孔青	1997年12月11日—2004年11月30日
总经理助理	杨伟新	2002年4月15日—2004年11月30日
	陈兵	2002年7月16日—2004年8月9日
资产负债管理委员会办公室(2004年11月30日成立,2008年1月21日撤销,职能并入资金总部)		
主任	孔青	2005年5月12日—2008年1月21日
资金及市场部(2004年11月30日成立,2008年1月21日撤销,职能并入资金总部)		
资金总监	陈润玲	2004年11月30日—2006年10月26日
资金总部(2008年1月21日—2013年5月16日)		
总经理	邓蒲斌	2008年1月21日—2009年5月14日
	严骏伟	2009年5月31日—2011年3月16日
副总经理	张斌	2008年1月21日—2011年3月2日
	陆敏慧	2008年2月5日—2013年5月16日
资金总部资产负债管理部		
总经理	孔青	2008年1月21日—2013年5月16日
总经理助理	施军	2010年6月10日—2013年5月16日
资金总部资金管理部		
总经理	张斌	2008年7月28日—2011年3月2日
资金总部货币市场及固定收益部(2010年6月10日撤销)		
总经理	汪献华	2008年9月5日—2010年5月28日
资金总部投资组合业务部(2010年6月10日设立)		
总经理助理(主持工作)	林仪桥	2010年6月10日—2013年5月16日
资金总部资产管理部(2010年6月10日设立)		
总经理助理(主持工作)	杨再斌	2010年6月10日—2013年5月16日
资金总部货币市场部(2010年6月10日设立)		
总经理助理(主持工作)	彭松	2010年6月10日—2013年5月16日
资金总部司库管理部(2010年6月10日设立)		
总经理助理(主持工作)	徐国樑	2010年6月10日—2013年5月16日
资金总部交易部(2010年6月10日设立)		
总经理助理(主持工作)	赵忠明	2010年6月10日—2013年5月16日
财务部(2004年11月30日成立,2013年9月29日撤销,职责由总行财务会计部等部门承接)		
财务总监	傅能	2004年11月30日—2013年9月29日

〔续表〕

机构及职务		姓　名	任　职　时　间
财务部财务管理部			
总经理		费良成	2005年5月12日—2008年5月9日
财务部会计管理部			
总经理		孙　涛	2005年7月8日—2008年3月18日
		费良成	2008年5月9日—2013年9月29日
财务部会计核算部			
总经理		朱宏放	2006年9月26日—2013年9月29日
信贷管理部（1996年8月23日成立，2001年7月9日撤销，设置风险管理部和资产保全部）			
总经理		金介予	1997年11月20日上任
副总经理		孙龙宝	1996年9月25日上任
		何海涛	2000年6月26日—2001年7月9日
风险管理部（2001年7月9日成立，2005年9月6日撤销，设置风险管理总部）			
总经理		金介予	2001年7月9日—2005年9月6日
风险总监		韩安度	2005年4月7日—2005年9月6日
副总经理		何海涛	2001年7月9日—2005年9月6日
资产保全部（2001年7月9日成立，2005年9月6日撤销，设置风险管理总部）			
总经理		潘佩珍	2001年7月9日—2005年9月6日
风险管理总部（2005年9月6日成立，2013年5月16日撤销，职责由风险政策部等部门承担）			
风险总监		韩安度	2005年9月6日—2006年7月31日
		穆　矢	2008年3月12日—2009年6月12日
风险总监助理		金介予	2005年9月6日—2008年3月12日
		潘佩珍	2005年9月6日—2011年11月6日
		陆　粮	2008年3月12日—2013年5月16日
		石　蕾	2008年7月17日—2013年5月16日
风险管理总部风险政策管理部			
总经理		陆　粮	2005年12月8日—2006年6月8日
		赵先信	2007年10月11日—2010年11月12日
风险管理总部操作风险管理部			
总经理		成　斌	2005年9月27日—2009年7月27日、2010年1月19日—2013年3月11日
风险管理总部资产保全部			
总经理		余　渊	2008年7月28日—2013年5月16日

〔续表〕

机构及职务	姓名	任职时间
风险管理总部公司业务授信审查部		
总经理	何海涛	2005年9月6日—2007年3月30日
	陆粮	2006年6月8日—2008年3月12日
风险管理总部公司业务风险管理部		
总经理	甘霄宁	2005年9月6日—2008年3月11日
	田会仲	2008年8月11日—2012年3月14日
风险管理总部公司业务资产保全部(2008年9月11日撤销,职能并入风险管理总部资产保全部)		
总经理助理(主持工作)	余渊	2005年9月6日—2008年7月28日
风险管理总部个人银行风险管理部		
总经理	沙颖	2005年9月6日—2012年2月21日
风险管理总部资本市场风险部		
总经理助理	杨龙元	2006年9月15日—2007年12月30日
风险管理总部中小企业风险管理部		
总经理助理(主持工作)	严红霞	2008年7月28日—2009年6月29日
风险管理总部综合管理部(2006年12月14日成立)		
总经理	孙轶卿	2008年3月20日—2010年1月19日
	成斌	2010年1月19日—2013年3月11日
风险管理总部北京审贷中心		
总经理	张宝全	2009年4月1日—2013年5月16日
存汇部(1993年4月30日成立,1997年2月27日更名会计部)		
总经理	张玉华	1993年4月30日—1997年2月27日
会计部(1997年2月27日成立,2005年7月15日设置运营与科技总部,原会计部撤销)		
总经理	张玉华	1997年2月27日—2002年4月15日
副总经理	夏建阳	1997年8月11日—1999年6月9日
	钱荣华	1998年2月6日—2000年2月21日
	柯美迁	2002年4月15日—2005年7月15日
清算中心(1996年11月29日成立,2005年7月15日设置运营与科技总部,原清算中心撤销)		
副总经理	陈玉华	1996年11月29日—2005年7月28日
国际结算单证中心(2001年7月4日成立,2005年7月15日设置运营与科技总部,原单证中心撤销)		
主任	郑辉	2001年7月4日—2005年7月15日(兼任)
电脑部(1993年4月30日成立,2002年7月18日更名信息科技部)		
总经理	孙福基	1993年4月30日—2001年1月16日

〔续表〕

机构及职务	姓名	任职时间
副总工程师（总经理级）	陈宇能	2000年3月2日—2004年4月27日
总经理	奚力铭	2001年1月16日—2004年4月27日（2000年3月13日任副总经理）
副总经理	蒋瞳	2000年2月2日—2004年4月27日
	黄炜	2000年3月13日—2004年4月27日（1998年4月9日任总经理助理）
总经理助理	铁锦程	2000年3月13日—2004年4月27日
信息科技部（2002年7月18日由电脑部更名，2004年4月27日与产品开发部机构重组，2005年7月15日并入运营与科技总部）		
总经理	奚力铭	2004年4月27日—2005年7月15日
副总经理	陈宇能	2004年4月27日—2005年7月15日
	铁锦程	2004年4月27日—2005年7月15日
运营与科技总部（2005年7月15日成立，2009年10月9日撤销，拆分为运营管理部总部、信息科技总部）		
运营总监助理	柯良川	2005年7月15日—2009年10月9日
	奚力铭	2005年7月15日—2009年10月9日
	潘培东	2008年7月28日—2009年10月9日
运营与科技总部信息科技部		
副总经理	陈宇能	2005年7月15日—2009年10月9日
	铁锦程	2005年7月15日—2009年10月9日
运营与科技总部贸易服务中心（2018年1月29日由运营与科技总部划归公司及投资银行总部）		
总经理	郑辉	2005年7月15日—2008年1月29日
运营与科技总部运营监测中心		
总经理	柯美迁	2005年7月15日—2009年10月9日
运营与科技总部运营支持部		
总经理	李连全	2005年7月15日—2009年10月9日
运营与科技总部资金后台服务中心		
总经理	王明昳	2008年7月28日—2009年10月9日（2005年7月15日起任总经理助理）
运营与科技总部支付结算中心		
总经理	潘培东	2005年11月30日—2008年7月28日
	高步楼	2008年7月28日—2009年10月9日（2005年11月30日起任总经理助理）
运营与科技总部离岸运营中心（2018年1月29日由运营与科技总部划归公司及投资银行总部）		
总经理助理	王建新	2006年6月22日—2018年1月29日

(续表)

机构及职务		姓名	任职时间
运营与科技总部信用运营中心			
总经理助理		沈伟文	2008年7月28日—2012年3月14日
产品开发部（2000年1月19日成立，2009年10月9日撤销，与信息科技部重组为信息科技总部）			
总经理		潘卫东	2000年3月2日—2004年4月27日
		蒋瞳	2004年4月27日—2009年10月9日
副总经理		王景斌	2000年3月22日—2000年9月6日
		杨斌	2000年3月22日—2005年6月1日
		黄炜	2004年4月27日—2009年10月9日
运营管理总部（2009年10月9日设立，2013年9月29日撤销，职责由运营管理部等部门承担）			
副总经理		潘培东	2009年10月9日—2013年9月29日
运营管理总部运营支持部			
总经理		李连全	2009年10月9日—2011年5月4日
运营管理总部支付结算中心			
总经理		高步楼	2009年10月9日—2011年5月4日
运营管理总部运营监测中心			
总经理		柯美迁	2009年10月9日—2011年5月4日
运营管理总部资金后台服务中心			
总经理		王明昳	2009年10月9日—2013年9月29日
运营管理总部信用运营中心			
总经理助理		沈伟文	2009年10月9日—2012年3月14日
运营管理总部资金后台服务中心			
总经理		王成国	2009年10月9日—2013年9月29日
信息科技总部（2009年10月9日设立，2013年9月29日撤销，职责由科技管理部、科技开发部承担）			
副总经理（主持工作）		蒋瞳	2009年10月9日—2012年4月19日
副总经理		奚力铭	2009年10月9日—2013年9月29日
总经理助理		黄炜	2009年10月9日—2013年9月29日
信息科技总部科技管理部			
总经理		陈宇能	2009年10月9日—2013年9月29日
总经理助理		崔兆栋	2009年10月9日—2013年9月29日
		万化	2009年10月9日—2013年9月29日
信息科技总部数据中心			
总经理		铁锦程	2009年10月9日—2013年9月29日

〔续表〕

机 构 及 职 务	姓 名	任 职 时 间
信息科技总部信息服务中心		
总经理助理(主持工作)	陆小勇	2009年10月9日—2013年9月29日
信息科技总部开发中心		
总经理	黄 炜	2009年10月9日—2013年9月29日
总经理助理	张国栋	2009年10月9日—2013年9月29日
信息科技总部测试中心		
总经理助理(主持工作)	冯文亮	2009年10月9日—2013年9月29日
信息科技总部灾备中心		
总经理助理(主持工作)	王 晖	2009年10月9日—2013年9月29日
合规部(2004年8月9日成立,2013年9月29日更名法律合规部)		
负责人	聂 明	2004年8月9日上任
总经理	王 鹏	2005年7月14日—2012年12月2日
副总经理	成 斌	2009年7月27日—2010年1月19日
	陈晓蕾	2010年1月19日—2013年9月29日
合规部法律事务室		
总经理	顾 伟	2006年10月10日—2013年9月29日
合规部个人银行业务合规部		
总经理	陈晓蕾	2006年7月28日—2010年1月19日
合规部公司及投资银行业务合规部		
总经理	侯 畅	2006年8月14日—2008年9月30日
合规部风险监测团队		
总经理	郭传河	2006年11月20日—2013年9月29日
合规部运营与科技合规部		
总经理	段雪平	2006年7月28日—2013年9月29日
稽核部(1994年7月28日成立,2004年8月9日更名审计部)		
总经理	徐银珍	1995年9月14日—1998年9月23日
	林福臣	1999年8月26日—2004年8月9日
副总经理	王安海	1994年7月28日—2004年8月9日
审计部(2004年8月9日成立)		
首席审计官	林福臣	2004年8月9日—2017年7月7日
首席审计官助理	汪素南	2008年7月28日—2011年7月20日(2004年8月9日起任信息科技与运营业务执行审计官)
个人银行业务执行审计官	喻晓梅	2004年8月9日—2013年11月20日

(续表)

机 构 及 职 务	姓 名	任 职 时 间
质量控制执行审计官	刘 燕	2008年7月28日—2013年9月29日（2004年8月9日起任质量控制执行审计官助理）
公司银行业务执行审计官	高怡萍	2006年7月17日—2008年11月11日
	何卫海	2010年4月14日—2013年5月16日
同业与资金业务执行审计官	杨伟新	2008年7月28日—2013年11月20日（2005年6月23日起任同业与资金业务执行审计官助理）
案件防控领导小组办公室（2009年8月14日设立，2013年9月29日起职责由法律合规部承接）		
主任	林福臣	2009年8月14日—2013年9月29日
副主任	程 钢	2009年8月14日—2013年9月29日
政工部（1993年4月30日成立，1999年3月11日更名党委办公室）		
总经理	孔庆华	1993年4月30日—1999年3月11日
党委办公室（1999年3月11日成立）		
主任	孔庆华	1999年3月11日—2009年10月27日
	孙轶卿	2010年1月19日—2012年6月5日
董事会办公室（2001年11月12日成立，2016年9月6日与监事会办公室合并为董监事会办公室）		
主任	沈 思	2001年11月12日上任（兼任）
	杨国平	2010年11月13日—2016年9月6日（2001年11月12日起任副主任）
副主任	王景斌	2001年11月12日—2005年6月1日
董事长秘书	王海波	2006年4月19日—2011年1月11日
监事会办公室（2005年12月8日成立，2016年9月6日与董事会办公室合并为董监事会办公室）		
主任	陆冠虚	2005年12月8日—2011年10月8日
办公室（1993年4月30日成立）		
主任	金家骝	1998年7月28日—2008年3月6日
	黄大森	2008年3月6日—2014年5月4日
副主任	王海波	1998年2月4日—2006年4月21日（总经理级）（1993年4月30日任副主任）
	王贻勋	1993年4月30日—1994年6月9日
	钱荣华	2008年3月6日—2013年9月29日
	陈耀琪	2008年3月6日—2013年9月29日
公共关系团队总经理	高 峡	2006年7月28日—2013年5月27日
财产管理团队总经理	王雁桦	2006年7月28日—2013年9月29日
行政管理部（1993年4月30日成立，2006年4月21日并入办公室）		
总经理	谢君敏	1994年3月14日—1999年1月1日（1993年4月30日任副总经理）

〔续表〕

机构及职务	姓　名	任　职　时　间
副总经理	袁碧如	1994年6月8日—2006年1月5日
	朱国强	1994年6月8日—1998年9月30日
总经理助理	王雁桦	2001年8月31日—2006年4月21日
发展研究部（1994年8月13日成立，2006年2月27日设置战略发展部，原发展研究部撤销）		
总经理	樊勇明	1994年8月13日—1996年2月29日
	郁锦桃	1996年2月29日—2002年4月10日（2002年4月10日—2004年4月13日任总经理级调研员）
	沈　思	2002年4月10日—2006年12月29日（兼任）
调研员（副总经理级）	王佩瑛	1998年8月21日—2001年3月31日
总经理助理	陈耀琪	2002年2月10日—2006年2月27日
	徐宝林	2002年4月15日—2006年12月29日
战略发展部（2006年2月27日成立）		
总经理	李　麟	2009年4月13日—2017年6月28日（2006年12月29日起任负责人、副总经理）
副总经理	高　红	2010年1月19日—2013年9月29日
战略推进团队总经理	李苇莎	2006年2月27日—2008年7月17日
战略研究团队总经理	陈耀琪	2006年2月27日—2008年3月6日
网点建设部（1993年4月30日成立，2006年4月21日设置机构管理部，原网点建设部撤销）		
总经理	郁锦桃	1994年3月14日—1996年2月29日
	刘丽君	1996年2月29日—2006年4月21日
副总经理	陆家良	1993年4月30日—1993年11月26日
	钱荣华	2000年11月6日—2008年3月6日
机构管理部［2006年4月21日成立，2013年9月29日撤销，职责并入人力资源部、行政管理部（保卫部）］		
总经理	刘丽君	2006年4月21日—2007年9月29日
	金家骝	2008年3月6日—2013年9月29日
副总经理	徐艰奋	2010年6月12日—2013年9月29日
网点标准化建设团队总经理	张晓东	2006年7月21日—2009年3月13日
分行绩效与能力管理团队总经理	孙轶卿	2006年7月13日—2008年3月20日
机构准入退出团队总经理	钱荣华	2006年7月13日—2008年3月6日
人事部（1993年4月30日成立，2011年6月7日更名人力资源部）		
总监	傅　浩	2008年3月6日—2011年6月7日
总经理	徐器生	1993年4月30日—2003年2月28日

(续表)

机构及职务	姓　名	任　职　时　间
副总经理	史家玥	1993年4月30日—1998年9月30日
	梁刚惠	1995年2月5日—2005年5月18日（1995年2月5日—2005年4月26日兼任培训中心主任）
	冷　静	2000年5月19日—2011年6月7日
	高　红	2002年4月15日—2010年1月19日（2000年3月22日任总经理助理）
	邢　蕾	2010年1月20日—2011年6月7日
监察室(1994年7月28日成立)		
主任	徐银珍	1995年9月14日—1998年8月1日
	孔庆华	1999年10月12日—2008年1月4日（兼任）
	张　立	2008年1月4日—2010年6月19日
副总经理	王安海	1994年7月28日—2005年11月28日
工会(1993年8月31日成立)		
专职副主席	缪宗兴	1993年8月31日—2005年4月30日
副主席	顾　亮	2006年4月3日—2012年12月3日
培训中心(2005年4月1日成立,2013年9月29日职责并入人力资源部)		
主任	朱福涛	2005年4月1日—2013年9月29日
教育培训团队总经理	董　静	2005年11月23日—2013年9月29日
客户服务中心[2004年8月9日成立,2018年4月2日起归属于网络金融部（移动金融部）管理]		
总经理	孟建蓉	2004年8月9日—2014年4月17日
信用卡中心(2004年1月18日成立)		
总经理	朱仁燊	2004年1月18日—2004年12月10日
	曾宽扬	2004年12月10日上任
副总经理	冯　菁	2004年1月18日—2012年5月29日
北京代表处(1994年7月16日成立,2014年9月9日更名北京管理部)		
主任	黄大森	2000年2月16日—2009年2月4日
	闻达洲	2009年2月4日—2014年9月9日
首席代表	黄莺飞	1994年7月16日—1996年2月1日
	柯用珍	1996年2月1日上任
代表	刘丽君	1994年7月16日—1996年2月29日
	王　玮	1996年6月12日—2000年2月16日
副主任	张宝全	2008年3月12日—2009年4月1日
	高静娟	2009年9月18日—2012年12月3日

〔续表〕

机 构 及 职 务	姓 名	任 职 时 间
行政管理部总经理	方光雄	2009年9月18日—2014年1月1日
信息调研部总经理	陈 红	2009年9月18日—2014年1月1日
香港代表处(2002年1月18日成立,2011年5月19日撤销)		
首席代表	陆美琦	2002年1月18日—2005年6月1日
首席代表	宗乐新	2005年8月3日—2006年5月30日
常任代表(副总经理级)	齐晓晖	2005年6月13日—2011年5月19日
浦东新区管理部(1996年9月28日成立,1998年12月归入上海地区总部)		
总经理	顾 亮	1997年2月26日—1998年5月18日
团委		
书记	刘冰岩	1993年9月—1996年6月
书记	葛伟民	1996年6月—1998年9月
书记	华 巍	1998年9月—2002年4月
书记	周光华	2002年4月—2006年5月
书记	严 涛	2006年5月—2007年8月
书记	陈 雷	2008年7月—2012年3月
移动金融部[2010年11月13日设立,2013年5月16日撤销,职责由零售业务管理部(移动金融部)承接]		
总经理	谢 红	2010年11月13日—2013年5月16日
新资本协议实施领导小组办公室(2010年11月13日成立)		
主任	赵先信	2010年11月13日—2013年5月16日
私人银行部(2010年11月13日成立)		
总经理	吕爱民	2010年11月13日—2012年3月14日

第六章 控股(参股)机构

第一节 村镇银行

一、设立和发展

2006年12月,中国银监会调整和放宽农村地区银行业金融机构准入政策,下发《关于调整放宽农村地区银行业金融机构准入政策更好支持社会主义新农村建设的若干意见》,决定在四川、青海、甘肃、内蒙古、吉林、湖北6省(区)的农村地区开展试点村镇银行、农村资金互助社、贷款公司3类新型农村金融机构,以解决中国部分农村地区"金融真空"和农村金融服务不足等问题。2007年3月1日,中国第一家村镇银行——四川仪陇惠民村镇银行开业。同年10月,经国务院同意,全国31个省级行政区纳入扩大调整放宽农村地区银行业金融机构准入政策试点范围。

浦发银行积极贯彻落实,2008年7月,公司第三届董事会第二十二次会议通过发起成立村镇银行的决议。同年12月26日,绵竹浦发村镇银行正式开业。2009年2月,浦发银行召开村镇银行工作会议。会议指出,加快推进村镇银行设立,是贯彻浦发银行昆明务虚会议精神,对新的战略发展方式的有益探索;是浦发银行由中心城市市场向县域市场渗透,逐步形成"中心城市为主、县域市场补充"的市场战略的重要标志;是浦发银行主动选择细分市场、实施差异化竞争策略的积极举措;有利于浦发银行进一步丰富控股子公司系列,形成完整的金融控股体系。为落实会议精神,3月13日,浦发银行成立村镇银行管理委员会。4月,浦发银行在四川召开村镇银行现场工作会议,就村镇银行相关管理办法、村镇银行工作推进中的情况与问题制定措施:在管理体制建设上,浦发银行制定《浦发村镇银行管理暂行办法》,初步形成财务、预算、并表、人事、薪酬、审计等6项配套制度;在法人治理架构上,浦发银行坚持持有不低于51%的股权,选派一批优秀的高管人员担任董事长、监事长和行长,并适度分散和引进当地投资者;在拓展产品领域上,浦发银行发挥牵头作用,帮助村镇银行完善产品体系;在系统建设上,实现浦发银行信息系统和业务系统与浦发村镇银行的对接与互通;在队伍建设上,建立浦发银行总分行和村镇银行高、中、低3个层次的培训体系。2010年,浦发银行制订《2011—2014年村镇银行发展计划》,提出未来3年将把浦发村镇银行建成"治理较领先、服务有特色、当地有地位、发展可持续、风险可控制、管理较规范、效益较可观"的一流新型农村金融机构,明确规划期间要继续发起设立20家以上的村镇银行,使浦发村镇银行的总数达到30家以上,资本金总额达到30亿元以上;资产规模合计超过300亿元以上。2011年8月,在原有浦发村镇银行管理委员会的基础上,浦发银行成立投资管理部,对村镇银行归口管理。

截至2011年,浦发银行在全国11个省级行政区13个地市,成立13家浦发村镇银行,13家浦发村镇银行资产达到143亿元,各项存款余额81亿元,各项贷款余额57亿元。其中,涉农贷款、中小企业贷款余额分别占贷款总额的78%和71%。实现税前利润1.49亿元。在2010年第一财经金融峰会暨第一财经金融价值榜上,浦发村镇银行被评为年度唯一的最佳村镇银行。重庆巴南浦发村镇银行2010年代表村镇银行参加国务院副总理王岐山在重庆召开的全国金融工作座谈会。

二、控股村镇银行

绵竹浦发村镇银行 2008年12月26日开业,浦发银行副董事长陈辛、副行长刘信义出席开业典礼。该行由浦发银行牵头发起,由四川剑南春集团、四川省农业生产资料集团、四川省水电投资经营集团、四川省开元集团、成都文化旅游发展集团5家企业法人与4名自然人共同出资筹建,浦发银行投资2 750万元,持股55%,对绵竹浦发村镇银行进行控股。

溧阳浦发村镇银行 2009年6月28日开业,浦发银行董事长吉晓辉、副董事长陈辛出席开业仪式。该行是浦发银行发起的第二家村镇银行,由常州晨远纺织品公司、江苏苏浙皖边界市场发展公司、溧阳市路桥工程公司、江苏天目湖生态农业公司、溧阳市扬子房地产开发公司、江苏国强镀锌实业公司、镇江佳昇置业发展公司7家企业出资,浦发银行占51%的股权。

上海奉贤浦发村镇银行 2009年8月27日开业,这是浦发银行发起的第三家村镇银行,浦发银行领导吉晓辉、陈辛、姜明生出席开业仪式,上海市金融监管机构和当地政府领导参加。该行由浦发银行出资发起,由上海奉贤建设投资公司、长江经济联合发展集团、上海新发展房地产开发公司、上海华昌企业集团4家企业投资组建,浦发银行占69%的股权。

巩义浦发村镇银行 2009年9月17日开业,河南省副省长张大卫、郑州市政府和巩义市政府主要领导,以及当地金融监管机构的领导应邀参加,浦发银行领导吉晓辉、陈辛、刘信义出席开业仪式。该行由浦发银行出资发起,由河南中孚实业股份公司、巩义市国有资产投资经营公司、河南省农业综合开发公司、河南万通控股集团、百瑞信托、河南恒星科技股份、河南五耐集团、河南新东方地产、河南天一通讯技术9家企业共同出资,浦发银行占51%的股权。

资兴浦发村镇银行 2009年11月7日开业,湖南省副省长韩永文,郴州市和资兴市委市政府主要领导,浦发银行领导吉晓辉、傅建华、陈辛、沈思出席开业仪式,湖南省金融监管机构领导应邀参加。该行由浦发银行出资发起,资兴市国有资产经营管理公司、湖南省资兴焦电股份公司、湖南创兴人造板公司、湖南发展投资集团公司、家润多商业股份有限公司、核工业长沙中南建设工程集团公司共同出资,浦发银行占51%的股权。

重庆巴南浦发村镇银行 2010年1月28日正式开业。重庆市及巴南区党政领导,浦发银行吉晓辉、陈辛出席开业仪式,重庆金融监管机构领导应邀出席仪式。该行由浦发银行出资发起,由重庆市农垦控股集团、重庆巴南公路建设、重庆万吨冷储物流、重庆市鱼道防洪堤工程建设、重庆市农业生产资料集团、重庆中远冶金集团、重庆锦晖陶瓷、重庆赛诺生物药业股份公司8家企业出资筹建,浦发银行占51%的股权。

邹平浦发村镇银行 2010年5月28日开业。山东省省长助理周齐,滨州市和邹平县党政主要领导,浦发银行领导吉晓辉、陈辛、沈思出席开业仪式。山东省金融监管单位的领导应邀参加。由山东魏桥创业集团有限公司、山东省国际信托有限公司、齐星集团有限公司、邹平县国有资产投资经营有限公司、邹平三星油脂工业有限公司、山东水利工程总公司、山东省农业生产资料有限责任公司、山东省棉麻有限公司、青岛东方铁塔股份有限公司、山东盛世海丰国际贸易有限公司10家企业出资筹建。

泽州浦发村镇银行 2010年6月25日开业。山西省、晋城市和泽州县党政主要领导,浦发银行领导陈辛、沈思出席开业仪式。山西金融监管单位领导应邀参加。由山西辰光物流、山西粟海集团、山西都宝新能源集团、晋城市清慧汽车配件制造公司、晋城市三八煤矿、平遥国际金融家俱乐部、晋城市鸿诺光电公司、山西紫风集团 8 家企业出资筹建,浦发银行占 51% 的股权。

大连甘井子浦发村镇银行 2010 年 8 月 27 日开业。辽宁省委常委、大连市委书记夏德仁,大连市和甘井子区党政主要领导,浦发银行领导吉晓辉、陈辛、沈思出席开业仪式。大连银监局领导应邀参加。该行由浦发银行出资发起,由大连甘井子区城市建设投资公司、大连亿达集团、大连锦辉实业发展集团、大连础明集团、大连曦然实业发展公司、大连壹桥海洋苗业股份公司 6 家企业出资筹建,浦发银行占 51% 的股权。

江阴浦发村镇银行 2010 年 11 月 1 日开业。江苏省原常务副省长、省慈善总会会长俞兴德,江阴市部委办局、各乡镇负责人,浦发银行副行长刘信义、沈思出席开业仪式,江苏省及南京市金融监管单位的领导应邀出席。该行由浦发银行出资发起,由江苏华西集团、江苏江南水务股份公司、江苏向阳集团、江苏法尔胜泓昇集团、江苏西城三联控股集团、江阴顺元投资发展公司、海澜集团、江苏双良集团、江阴市长江钢管公司、江阴天澄投资公司、江阴协统汽车附件公司、江阴市申港三鲜养殖公司 12 家企业出资筹建,浦发银行占 51% 的股权。

韩城浦发村镇银行 2010 年 12 月 16 日开业。渭南市和韩城市党政主要领导、浦发银行领导陈辛、沈思出席开业仪式,陕西省及西安市金融监管单位的领导应邀参加。该行由浦发银行出资发起,由韩城市旅游总公司、陕西龙门钢铁集团、陕西黄河矿业集团、陕西省国有资产经营公司、陕西海燕焦化集团、陕西黄河煤化公司、韩城市华阳选矿公司、陕西石羊集团、陕西美能燃气公司 9 家企业出资筹建,浦发银行占 51% 的股权。

浙江新昌浦发村镇银行 2011 年 2 月 28 日开业。该行由浦发银行出资发起,由万丰奥特控股集团、浙江耿基实业公司、浙江宏辉胶丸公司、浙江华佳热电集团有限公司、阳光建设工程有限公司、美盛文化创意股份公司、新和成控股集团、浙江五洲新春集团、新昌县江南诚茂砖茶公司 9 家企业出资筹建,浦发银行占 51% 的股权。

浙江平阳浦发村镇银行 2011 年 5 月 31 日开业。该行由浦发银行出资发起,由温州新纪元教育发展公司、浙江华庆集团、浙江一鸣食品股份、温州市华森房地产开发公司、浙江金达皮业公司、浙江日升卫浴洁具公司、温州三联集团、浙江欧迈特减速机械公司、温州春光五金公司、温州市鹿城新兴实业公司、深圳市中力通数码公司、浙江嘉洋服饰公司、浙江千汇财务咨询公司 13 家企业出资筹建,浦发银行占 51% 的股权。

第二节 合 资 机 构

一、华一银行

华一银行成立于 1997 年 1 月,是经国务院台湾事务办公室牵头协调以及中国人民银行特批成立的中外合资银行,也是中国第一家由海峡两岸合资的华人银行,其使命是为投资大陆的中国台湾、香港及其他外资企业和个人提供金融服务。

改革开放后,中国进一步加强海峡两岸的经贸交往,上海成为台商投资的首选之地,截至 1994 年,上海台资项目累计达 2 158 个,超过美国、日本,项目总投资 53.5 亿元美元,占全市外资投资的 17%。1994 年,浦发银行参与海峡两岸合资银行的组建工作。1996 年 11 月,浦发银行与具有台商背景的香港莲花国际有限公司签订合资组建华一银行的协议,议定由浦发银行和香港莲花国际有限公司(以下简称莲花)共同出资设立,银行取名为华一银行,寓意中华统一的美好心愿。1997 年 2

月,经中国人民银行批复同意,浦发银行与香港莲花国际有限公司合资组建华一银行。6月26日,华一银行在上海陆家嘴金融贸易区内正式开业。截至2010年,华一银行总资产405.73亿元,税后利润3.1亿元,在上海设立浦发银行营业部、虹桥支行、徐汇支行、嘉定支行、松江支行、闵行支行、青浦支行、新天地支行、静安支行9家分支机构,在深圳、天津和苏州设立分行。

华一银行成立时,注册资本为1亿美元,其中浦发银行持股比例为10%,莲花为90%。2004年,莲花向香港永亨银行转让其持有的华一银行5%的股权。2007年,银监会核准华一银行注册资本增加至11亿元,经浦发银行单方面增资后,浦发银行持股比例调整为30%。

二、浦银安盛基金管理有限公司

浦银安盛基金管理有限公司(以下简称公司)是由上海浦东发展银行、安盛投资管理公司和上海盛融投资有限公司共同发起设立的银行系合资基金管理公司,于2007年8月5日正式成立。公司注册资本为2亿元,浦发银行、法国安盛和上海盛融分别占51%、39%和10%的股权。2008年2月,公司发行首只基金产品浦银安盛价值成长基金,截至2011年12月31日,公司旗下已有7只基金,分别为浦银安盛价值成长股票基金、浦银安盛优化收益债券基金、浦银安盛精致生活混合基金、浦银安盛红利精选股票基金、浦银安盛沪深300指数基金、浦银安盛货币市场基金和浦银安盛增利分级债券基金,公司期末资产总额5 080万元,净资产总额为3 743万元。2011年,浦发银行采取有力措施,改善公司的公司治理情况,提高经营管理水平,公司取得明显进步,公司规模增长率排名第三,且发行的两只基金都远远超过行业的平均水平;整体业绩表现稳定,在全行业综合排名中等偏上。根据银河证券公布的评价结果显示,公司股票投资主动管理能力综合评价达到全行业前1/2水平。

三、莱商银行

莱商银行的前身是莱芜市城市信用社,2005年7月改制为莱芜市商业银行股份有限公司,简称莱商银行,注册地为山东省莱芜市高新技术开发区。莱商银行始终坚持"服务当地经济、服务中小企业、服务城乡居民"的市场定位,连续4年被山东省银监局评为良好银行,获准开展异地经营。截至2007年,公司资产129亿元,存贷款余额居当地首位,实现利润3.61亿元,拥有22个营业网点,员工333人。公司以一家经营效益良好的区域性品牌银行,进入浦发银行战略合作的视野。

2008年5月,浦发银行与莱商银行签署战略合作谅解备忘录,双方拟通过股权投资、金融功能互补、渠道和客户资源共享、金融产品合作设计开发等,开展全方位、多元化战略合作,经公司第三届董事会第二十二次会议批准,11月26日,浦发银行与莱商银行在莱芜市举行战略合作协议签约仪式,浦发银行以战略投资者身份进入莱商银行,投资37 800万元,认购莱商银行股份10 800万股,占莱商银行股份总数的18%,与莱商银行在公司治理、经营管理、银行业务、人员培训等领域开展全方位、多元化战略合作。2011年7月,因业务发展需要,莱商银行启动增资扩股程序,浦发银行向其增资36 000万元,占莱商银行注册资本的18%。作为战略投资者,浦发银行派员参加董事会,从发展理念、发展战略、公司治理、对外投资和形成专业化经营管理特色等诸方面给予帮助,提升莱商银行的经营管理水平。

2008年以后,莱商银行稳步发展。2009年11月,国际金融协会、亚太金融业研究中心等联合授予莱商银行"中国最佳中小企业服务品牌银行""中国十大最具竞争力商业银行";中国社科院金融研究所和《金融时报》联合授予莱商银行2009年"年度最佳效益中小银行"和2009—2010年度"最具成长性中小银行"。截至2011年12月31日,该行资产总额331.62亿元,各项存款余额201.81亿元,各项贷款余额143.22亿元,不良贷款率较年初下降0.12个百分点,实现利税8.25亿元,各项主要经营指标居全国同行业前列,先后在山东菏泽、江苏徐州、山东济南各设立1家分行;在河南方城、山东东营各发起设立1家村镇银行;在山东临沂平邑、泰安新泰分别设立1家直属支行。

四、浦银金融租赁股份公司

2011年10月10日,经中国银行业监督管理委员会批复同意,浦发银行与中国商用飞机有限责任公司、上海国际集团有限公司联合筹建金融租赁公司。2012年5月11日,浦银金融租赁股份有限公司在上海开业,公司注册资本为27亿元,其中,浦发银行投资18亿元,持股66.67%;中国商用飞机有限责任公司投资6亿元,持股22.22%,上海国际集团有限公司投资3亿元,持股11.11%。公司立足于支持国产大飞机战略,以船舶、轨道交通、工程机械设备、工业制造设备、公共基础设施行业及中小企业等实体经济产业为服务方向。开业仪式上,浦银金融租赁公司与都江堰兴市水业有限公司签署合作协议。

五、浦发硅谷银行

浦发硅谷银行全名为浦发硅谷银行有限公司,于2012年8月15日在上海正式开业,由浦发银行、美国硅谷银行合资建立共同持有控制,双方各持股50%。硅谷银行总部设在上海,是国内首家拥有独立法人地位、致力于服务科技创新型企业的银行,也是自1997年以来首家获得监管机构批准的合资银行。

美国硅谷银行是一家为创业家和科技创新企业提供全面金融服务的金融服务商。2010年,浦发银行与美国硅谷银行开展业务合作,先后有北京分行办理硅谷银行备用信用证项下的授信业务,苏州分行开办硅谷银行代付业务,西安分行通过与美国硅谷银行的积极联系,为客户办理首笔美元存款海外代付结构性理财付汇业务。

2011年3月,浦发银行与上海市金融服务办公室、上海银监局有关领导和专家组成联合考察团赴美考察美国硅谷银行,并拜访硅谷银行监管机构、合作服务机构、合作伙伴,以及3个不同类型的客户。通过考察,浦发银行拟通过设立合资银行,引进硅谷银行服务科技创新企业的成功经验和技术,建立起服务高科技创新企业的差异化金融服务模式。4月,上海市副市长屠光绍访美期间,浦发银行与硅谷银行达成战略合作备忘录,双方同意就设立合资银行、客户推荐、离岸银行业务、资金业务、国际结算和融资业务等方面展开合作。10月,中国银监会批复同意浦发银行筹建浦发硅谷银行。2012年浦发硅谷银行开业,中共中央政治局委员、上海市委书记俞正声出席仪式并为其揭牌,中共上海市委常委、副市长屠光绍,浦发银行董事长吉晓辉、美国硅谷银行董事长魏高思(Ken Wilcox)出席仪式。

此外,还有1998年浦发银行出资参股的申联国际投资(香港)有限公司,浦发银行占有公司16.5%股份;2002年出资参股的中国银联股份有限公司,浦发银行作为发起股东之一,持有4.85%的股份,2009年,持股比例为3.07%。

第三篇
银行服务

概　　述

　　浦发银行开业后,本着超常规发展的要求,推行存贷业务合一、本外币业务合一,面向市场建立公司和个人两大业务条线。1998年,浦发银行已基本建立起门类齐全的产品体系,为浦东开发、长江三角洲和沿江地区发展提供金融产品服务。以2002年五年发展规划为标志,浦发银行确立以客户为中心、以市场为导向的经营理念,形成公司、个人、机构金融三位一体的营销体制,投产应用数据大集中项目系统,进行金融产品的整合创新,推出"浦发创富""轻松理财"服务品牌,由产品服务向客户服务进行转变。2007年,浦发银行提出"现代金融服务企业"的战略目标,推进全行战略转型,先后推出一系列金融服务方案,进入航运金融、农村金融、金融租赁、科技金融等领域。公司业务形成现金管理等五大基础产品和五大特色产品,个人业务涵盖储蓄、信贷、银行卡七大类2 900项产品;大力发展网上银行、电话银行、自助银行、手机银行、电视银行,形成全方位电子渠道体系。

第一章 公司业务

第一节 现金管理

一、企业现金管理服务方案

进入 21 世纪后,一些跨国公司在华企业、大型企业集团,对银行服务提出新的需求,要求提供方便快捷的收付款服务、资金活动管理、银行票据托管。

图 3-1-1 1996 年 2 月 12 日,浦发银行与上海市第一百货公司举行业务合作签字仪式

1998 年,浦发银行在信贷管理信息系统的基础上,开发和建立企业银行服务系统,并鼓励分支机构因地制宜开发实施企业银行服务系统,使企业与银行直接沟通,实现账户查询、支票查询、账户转账、贷款申请等电子化服务。2002 年,国内银行业提出银行现金管理服务的概念,将原有分散的结算、投资、融资和风险管理产品整合为现金管理服务方案,开发集团账户、账户透支、电子银行、集团理财等新型的产品。

2004 年 1 月,浦发银行依托核心业务处理系统,推出集团账户、法人账户透支、电子对账、客户系统无缝连接等 4 项新产品,选择上海地区总部、宁波分行、南京分行、北京分行、深圳分行、沈阳分行作为新产品试点行,展开具体的试点工作。在试点成功的基础上,浦发银行在全行范围内发起企业现金管理整体解决方案有奖征名活动,从而确定"浦发创富"这一整体品牌名称和系列产品名称,同时在公司金融条线开展名为"争金夺银,谁与争锋"的现金管理产品推广擂台赛,涌现一批优秀营销团队。

2005年6月28日,"浦发创富-公司业务品牌暨财富之旅"启动仪式在上海国际新闻中心隆重举行,推出企业现金管理解决方案等特色服务,推出"中军账"账户管理服务、"集团赢"资金管理服务、"汇时达"资金汇划产品、"付轻松"批量付款产品、"利多多"理财服务、"网上银"网上银行服务和"及时语"信息服务产品等7项现金管理特色产品,在上海、大连、青岛、哈尔滨等8个城市举行"引领财富之旅"大型推广活动。

2007年始,浦发银行丰富现金管理产品体系和功能,先后于2007年推出电子银行信息平台,2008年启动多银行集团资金管理平台的建设,2009年新一代现金管理平台成功上线。2010年,浦发银行对现金管理服务进行整合,推出涵盖收付款服务、信息服务、公司电子银行服务、集团资金管理服务、公司理财服务、交易市场服务和结算性融资服务等七大系列服务,其中,集团资金管理服务形成三大平台、九大服务:三大平台即公司网银、银企直连、多银行资金管理,九大服务即人民币资金池、外币资金池、统管资金池、虚账户管理、集团授权支付、集团集中支付、财务公司集中代理收付、多银行集团资金管理、集团资金管理咨询服务,形成具有浦发银行特色的现金管理整体解决方案。

二、集团资金管理服务

【资金池服务】

资金池服务(原称为集团账户业务)于2004年1月开办,又称"集团赢",这是现金管理服务方案的核心产品。2006年,浦发银行对集团账户业务进行全面的优化和调整,推出包括人民币资金池业务、人民币单位内部结算业务、人民币母实子虚账户管理业务、外币资金池业务和集团账户信息服务等产品。集团账户业务是浦发银行运用相关业务系统和服务等资源,为客户设立资金管理规则和资金汇划,使客户统一管理相关单位的银行本、外币账户资金,实现资金归集和收支两条线管理,实现集团内部资金调拨的成本核算服务。2008年,宝钢发展有限公司集团账户业务成功上线,标志集团资金管理平台日益受到大型集团客户的认可。截至2010年年末,全行集团资金池类账户签约客户数突破3 900户,人民币存款资金沉淀量800亿元。

【多银行集团资金管理服务】

2009年6月,浦发银行推出多银行集团资金管理服务,集资金预算、内外结算、拆借、投融资、票据、控制、分析、决策、审计、理财等功能于一体,是为集团客户量身定制的资金管理解决方案。通过为集团客户实施一套专业的资金管理系统,以及提供全程咨询服务,协助集团企业实现对分散在多家银行的账户和资金的跨行集中管理,并满足其提出的与资金管理相关的各类个性化业务需求。其主要优势是系统和数据全部部署在企业,保证企业资金运作的核心商业机密安全;支持集团企业的各种结算模式,包括集团内部企业之间结算、对外部国内企业结算以及国际结算;支持不同集团企业的不同资金管理组织模式,包括资金结算中心、资金管理中心、企业内部银行以及财务公司;支持多级的资金管理中心,包括多级资金管理中心的异地设置;支持多币种多语言资金账户集中管理;支持与主流ERP产品、财务核算软件及其他企业应用系统集成;支持和国内所有全国性商业银行及区域银行银企直连;支持客户对资金管理个性化需求的定制服务。截至2010年,33家企业集团与浦发银行签订多银行集团资金管理协议。

【集团企业财资管理】
2008年,浦发银行发起创立的全国性财资管理论坛——"浦发创富-集团资金集中管理高层论坛",截至2010年年底,已经连续在桂林、呼和浩特和敦煌举办三届高层论坛,累计240家集团企业参会。2010年,浦发银行创立区域性的现金管理交流平台——"浦发创富-财资精英沙龙",在天津、郑州举办2场沙龙活动,累计100家地方集团企业参会。这两项活动推动中国财资管理领域的科学发展和行业进步,为集团企业搭建深度交流的平台,推动现金管理业务在企业内部的深入应用。

三、代理收付业务

【银关通】
银关通业务作为中国电子口岸的配套服务项目,通过中国电子口岸将企业、银行、海关等三方进行电子数据联结,是便利企业在线支付关税费、加快银行办理流程、降低海关征税风险的一项电子支付业务。浦发银行是国内首家开通银关通业务的股份制商业银行,并以此为标志,推出电子支付产品系列,包括银税通、银企通、银证通、银保通。

2000年,中国人民银行发布《支付结算代理办法》,逐步退出商业性支付结算市场,允许商业银行办理支付结算代理。当年,浦发银行与上海海关合作,共同开发上海海关税费网上支付系统(EDI)。2004年,浦发银行通过网上网下、柜台内外的结合,在同业中第一家开发EDI异地支付业务,成为上海海关"大通关"系统运行的首家银行。2005年,浦发银行与国家海关总署签署合作协议,开展网上税费支付系统的开发和建设,采用总对总模式实现业务系统与电子口岸的联网工程,提供7×24小时不间断服务,支持客户全国报关支付,支持客户异地支付,提供关税费支付透支账户。2006年,浦发银行银关通网上税费支付系统在大连上线,同时获准在全国海关的28个直属关区正式开展银关通业务,正式推出全行统一平台的银关通业务。2008年7月,经国家海关总署批准,浦发银行开办银关通网上担保业务,当年,温州分行成功营销浦发银行第一笔银关通网上担保业务,为客户提供200万元银关通担保额度,广州分行为广船国际股份有限公司开设5 000万元的银关通担保额度。2010年,浦发银行银关通获准在贵州等8个海关关区开通,至此,全行银关通业务覆盖151个口岸,客户达670户,累计交易46亿元,其中,异地通关交易额占36%。

【财政资金代理收付】
2001年,中国开始实施现代财政国库制度改革,形成以国库单一账户体系为基础、以国库集中收付为主要形式的资金缴拨通道。2003年,浦发银行获得中央财政国库集中支付代理银行资格,同年参加中央财政直接支付和授权支付代理银行项目的投标。2005年1月,浦发银行获得中央单位预算外资金收入收缴代理银行资格,参与中国人民银行牵头的国库信息处理系统(简称TIPS)联网和推广工作。在此基础上,2009年,浦发银行完成国库代理集中支付功能的开发,根据中国人民银行的安排,于2012年在山东济南全面开展集中支付服务,为地方财政支付开辟便捷的新通路。

按照浦发银行部署,各地分行积极营销地方财政资金,上海、湖南、山西、湖北、江苏、浙江等各省市分支机构获得当地各类财政及国库资金代理结算的业务资质。2004年,上海地区总部通过项目投标,成为上海市非税收入系统财政预算外资金财政专户的管理银行,并开发承建上海市非税收入收缴管理信息系统,对非税收入票据收缴实行全过程管理,实现市、区两级1 000多家执收单位1万多个执收点的在线领票、开票,以及非税票据的缴款、资金清算和对账。该项目先后入选《2008年上海市科技进步报告》和《2011年上海科技年鉴》。武汉分行立项开发代收武汉市财政非税收入项目。西安分行成为陕西省财政国库集中支付代理银行之一,并在2006年2月率先完成上线工作。

【代理资金信托的资金收付】

2003年3月,浦发银行开办代理资金信托的资金收付业务,利用自身网点、网络和各种结算、清算手段,为信托投资公司发行的资金信托产品收取信托资金及支付收益,为信托投资公司提供账户服务。当年,上海地区总部、天津分行、杭州分行先后代理5个资金信托产品的资金收付业务,代理规模达到11.8亿元,代理手续费收入215万元。2004年,全行开办该项业务,先后引入信托集合理财产品、基础建设项目信托计划,完成代理资金信托的资金收付业务总计11笔,代理规模达到7.13亿元。通过信托投资计划资金代理收付业务,浦发银行与信托业建立合作关系。

【社会公共资金结算支付】

2008年年初,浦发银行加强对财政类资金、社会公共资金、企业资金集中管理领域,以及其他各类洼地资金的营销。2008年,南京分行借助集团账户、银企直连产品,开发药品集中托管中心资金结算支付项目,成为南京市药品集中托管中心资金结算支付系统的结算银行,承担4家医院的药品采购结算支付,到当年12月18日,南京分行为医院提供药品采购结算1.3亿元,占其药品采购的92%以上,争取院方和供应经销商的结算存款3 383万元,获得国家卫生部领导的赞扬。当年,上海分行积极营销上海市药监局资金集中管理和公务卡制度改革项目,成为唯一的主办银行;西安分行争取西安铁路局近8万名职工住房公积金归集;乌鲁木齐分行获得市政府存量房交易资金监管业务,芜湖分行取得住房专项维修资金项目。2009年,浦发银行举办2009年财政及社会公共资金洼地研讨会,邀请财政部国库司、上海市人力资源与社会保障局、上海市房地局、上海住房公积金管理中心领导及有关专家,分别就国库集中支付、非税收入收缴、社保资金、住房维修资金、住房公积金等财政及公共资金领域的资金管理和运作流程进行专题研讨。当年,全行财政及社会公共资金洼地工作成效显著,全年新增逾120个项目,覆盖救灾和慈善、医疗卫生、军区资金、交通运输、旅行社质量保证金等新领域,带来新增存款超200亿元。先后有上海分行成为上海市旅行社质量保证金唯一推荐服务银行,西安分行取得市级一般财政资金支出专户代理资格,呼和浩特分行成为内蒙古自治区财政厅代理银行,广州分行取得广东省财政厅社保资金转存。2010年11月4—7日,浦发银行在福建举办第一届财政及公共资金金融服务高层论坛,批量营销财政及社会公共资金洼地客户,客户范围扩展到财政代理、社会保障资金、公积金、房地产资金监管、旅行社资金监管及公用事业费收缴等10余个领域,新增存款462亿元。当年,全行顺利接入天津热电、合肥水费、昆明水费、北京电信等10个对公代缴费项目,按照上海分行首创的"援建资金网上全封闭运作管理模式",成功营销上海、山西、吉林援疆指挥部的经常账户和资金专户。

四、存管服务和交易市场代理结算

2007年,中国证监会推行证券公司客户交易结算资金第三方存管,要求证券公司将客户交易结算资金独立于公司自有资金,存放在具有独立性和必要监管职责的存管银行,通过建立内部客户资金安全管理运作机制,加强对客户交易结算资金的管理,使客户交易结算资金安全、透明、完整、可控、可查。当年,浦发银行启动开发第三方存管业务系统,开办证券公司客户交易结算资金第三方存管业务。截至年末,与25家券商建立业务关系,存管资金97亿元。通过第三方存管业务,浦发银行与一批证券交易量市场份额相对较高、股东背景雄厚、区位优势明显的证券公司开展业务合作。2010年,浦发银行在全行范围内开通与"国信证券"的融资融券信用资金第三方存管业务。

2010年,浦发银行与天津渤海商品交易所开通现货交易资金汇划服务,为天津渤海商品交易所及其交易商提供银商转账服务。通过浦发银行与天津渤海商品交易所专线直连系统,实现现货保证金在浦发银行范围内的定向、实时划转。

五、信息服务

【及时语业务】

2003年9月,浦发银行开办及时语服务,通过发送手机短信、电子邮件,向个人客户提供银行账户资金变动信息,在当时银行同业中,浦发银行是第一家开办短信服务的银行。同年,又开通单位客户及时语电子对账服务,通过电子邮件、SWIFT、银企直连等渠道,向客户提供相关账户的详细交易信息和相关业务的登记簿信息。2004年,浦发银行开办公司网上银行业务,提供信息直通车和公司网银两项服务功能,直通车主要是为客户提供各种账户信息、票据、贷款、总资产负债等查询和及时语信息服务。2005年,及时语服务成为"浦发创富"现金管理服务方案的产品之一。2006年,浦发银行推出收付款特需信息服务,为企业客户提供往来账的交易对手信息及约定的其他信息内容等,方便客户更准确地掌握交易信息。

【银企直连和银银直连】

2004年年末,浦发银行推出银企直连系统平台,首先在东方证券上线使用,企业通过其内部的财务ERP系统,与银行的核心系统实现无缝连接。2008年,浦发银行公司网上银行进行大规模的改造,开发全新的银企直连模式——SWIFT直连,成为全球为数不多的通过SWIFT方式实现银企直连的银行。浦发银行银企直连系统涉及100多个接口,可支持八大功能,包括:账户管理和查询、转账支付、集团业务、及时语通知、电子对账、理财产品、电子汇票、备付金存管,同时还支持客户各类个性化业务需求。截至2012年6月底,全行已拥有350多家银企直连客户,实现交易总笔数累计达1.1亿笔,交易总金额累计已超10 000亿元。

2007年,浦发银行和花旗银行合作,开发银银直连业务,客户可通过花旗银行的电子银行平台,发送电子指令和接收电子信息,进行数据查询、转账支付等账户管理操作的业务。2008年浦发银行与花旗银行银银直连业务在西安分行开通。

六、存款服务

【单位协议存款】

2000年,经中国人民银行批准,浦发银行开办单位协议存款业务,先后争取中国人寿、太平洋保险协定存款11亿元。2003年,浦发银行开办养老保险个人账户基金协议存款业务。

【利多多通知存款】

该产品在人民币通知存款的基础上,通过双方签署相关协议书,向起存金额达到要求的客户,提供附加自动通知、自动转存服务,达到活期存款与通知存款自动互转等功效,从而成为中短期理财产品,适用结算资金量大、波动频繁,并希望在不影响资金流动性前提下,提高沉淀结算资金收益水平的客户需求。

第二节 贸易融资

一、国际贸易金融

1993年,浦发银行开办国际业务,向企业提供国际结算、贸易融资服务和外汇衍生产品。2001年,中国人民银行发布《商业银行中间业务暂行规定》,浦发银行相应制定大力发展中间业务指导意见,提出积极发展贸易结算类金融服务,促进资产业务和负债业务的联动发展。自2001年始,浦发银行先后开办票据业务,推出国内应收账款保理,开办买方付息票据贴现,开办出口信用保险融资,开始形成贸易融资产品系列,包括本外币票据融资,国际和国内信用证业务,保理、保函业务。2005年,浦发银行成立贸易融资部,设置票据、保理、信用证及其他业务团队,承担全行本外币及在岸贸易融资产品经营管理。

2007年,浦发银行制定《国际贸易金融业务发展纲要》,就市场、产品、渠道、品牌提出一整套业务经营策略。在市场策略上,提出实施"两江一海、兼顾中西"的区位战略,提出三大行业(即指金融相对较为成熟、国际贸易金融交叉销售带动较大的行业,进入涉及国计民生或有一定垄断性的行业,进入产业链较长、具有可持续发展前景的行业)的进入策略,以及优先支持进出口规模较大、行业地位突出、上下游企业众多的中大型企业;积极介入依托核心企业经营、资质良好的配套型中小企业和上下游供应商和经销商;鼓励拓展离在岸业务联动客户,重点支持中资企业"走出去"实现跨国经营的客户策略。

在产品策略上,提出做大传统国际贸易结算类产品,增加非利息收入,实现经营效益最大化;做强低信用风险融资类产品,要求信贷资源优先配置到经济资本系数低、风险资本回报率高、承担信用风险较低的国际贸易融资类产品和服务上,带动中间业务、结算业务和低成本结算性存款的快速发展;做深单一客户国际贸易金融组合产品服务,要将国际结算、贸易融资、现金管理、衍生品交易等产品进行组合,为客户度身定制组合贸易融资产品解决方案;做精国际贸易金融业务优势产品,大力推广国际双保理、离岸代付、离在岸信用证转让、背对背信用证、内保外贷等优势产品,推动离、在岸产品联动挂接;做宽集群式客户综合性金融服务,要求从原先注重对零散的、单个的客户营销,逐步转向某一类客户的集群式开发,提供综合性金融服务方案,要以核心企业为突破口,将资金和信用有效注入其上下游的供应商和经销商,协助核心企业与其上下游企业建立长期的战略合作关系,提升供应链的整体竞争力。

2007年的国际贸易金融发展纲要,为全行国际贸易金融业务体系建立奠定基础、制定方向。2008年2月,浦发银行整合贸易金融业务营销、运营和管理体系,将运营与科技总部下属的贸易金融服务和离岸运营服务纳入公司银行条线,职责和人员整体移入公司及投资银行总部,公司及投资银行总部下设的贸易融资部,更名贸易金融部。管理的有效整合,推动产品的创新和深化,2008—2009年,浦发银行做大做强船舶制造预付款退款保函业务、进口代收融资、汇出汇款融资,相继开办进口代付、国内信用证买方代付等业务,丰富贸易融资产品。截至2010年,全行年度国际结算量累计突破千亿美元大关,步入国内大中型商业银行之列。2011年,随着香港分行开业,浦发银行形成离岸、在岸、香港三位一体的跨境联动的服务体系。2012年,全行年度国际结算量达到两千亿美元。

二、结算融资

【票据融资】

1994年,浦发银行在上海、杭州和宁波开办银行承兑汇票业务。2001年,全行16家分支行办理银行承兑汇票业务,全年累计签发银行承兑汇票金额达343亿元。2000年,浦发银行制定推动信贷业务发展的指导意见,提出大力提倡办理承兑汇票贴现,当年,浦发银行试办系统内银行承兑汇票转贴现业务。2001年,浦发银行开发全行票据业务信息交流网,提供资金和信息的支持,先后有广州、大连、郑州、天津、济南等分行积极寻找异地票源,营销异地优质客户,上海地区总部针对石化行业客户销售特点,推出供应商票据贴现业务。2002年,浦发银行开办买方付息票据贴现业务。2003年推出商业承兑汇票保贴业务。2005年,形成买方付息票据贴现、协议付息票据贴现以及商品结构性融资、商业承兑汇票保贴业务等本外币票据业务品种,在供应链金融业务中广泛使用。2008年,上海、南京分行开办放弃追索权票据贴现业务。2009年上海分行以银行承兑汇票为融资工具的三菱汽车销售网络,济南分行开办全行第一笔电子银行承兑汇票贴现业务。

【信用证】

1997年,浦发银行形成较为完整的国际信用证产品。2001年,上海分行试办国内信用证业务,信用证作为表外业务之一,在供应链金融业务、离在岸业务和跨境人民币结算业务中得到广泛应用。2006年,上海地区总部办理全行首笔在岸假远期融资性信用证项下离岸代付业务。2009年深圳分行先后办理全行首笔人民币跨境贸易信用证开立和全国首笔人民币跨境贸易人民币信用证贸易融资。2010年杭州分行办理全行首笔跨境人民币进口信用证代付业务。在分行创新突破的基础上,2009年,浦发银行开办国内信用证买方代付业务,借助国内信用证代付业务拓宽国内信用证业务的目标客户群。2010年,浦发银行与美国硅谷银行合作,推出备用信用证项下业务,北京分行办理全行首笔硅谷银行备用信用证项下的流动贷款业务。2010年全行国内信用证开证首破100亿元,形成国内信用证福费廷、国内信用证买方付息、国内信用证打包贷款等产品系列。

【保理】

2002年,浦发银行加入国际保理商联合会,推出国内应收账款保理业务。2005年,浦发银行保理系统全面上线,17家分行上线浦发银行的保理系统,当年全行保理融资达22亿元,在国际保理商联合会的国内成员中,名列第五,在浦发银行的国际贸易金融业务的产品策略中,保理业务列为低信用风险融资产品和优势产品,成为供应链融资业务的主要创新产品,先后有2007年南昌分行的回购+买断的双保理,2008年沈阳分行的1+N供应商买断型保理,2009年南京分行的全行首单买断型回流保理业务、乌鲁木齐分行联手西安分行共同完成全行首笔国内买断双保理业务、浦发银行与中国保险合作推出的首单银行保单保理业务,2010年大连分行的船舶出口应收预付款保理业务。2009年,受中国银行业协会和保理专业委员会委托,浦发银行牵头制定全国统一规范的《中国银行业保理业务规范》,并于2010年正式发布。

2010年,全行保理业务量达448亿元,其中国际双保理突破1.3亿美元,经国际保理商保荐,浦发银行被正式批准成为国际保理商联合会高级会员,成为国内第七家正式会员银行。

【保函】

保函特别是非融资性的涉外保函,在浦发银行的国际贸易金融业务的产品策略中,是传统国际贸易结算产品和低信用风险融资产品之一。2006年,上海分行推出离在岸联动内保外贷+综合授信方案,解决振华港机境外企业的融资需求。2010年,济南分行办理全行首单跨境人民币融资性保函。

三、供应链金融业务

【供应链融资解决方案】

2005年,浦发银行推出"浦发创富"公司金融品牌,6月,"浦发创富"全国首站推介会在大连启幕,展示企业供应链融资解决方案及银关通业务。企业供应链融资解决方案是"浦发创富"旗下的系列解决方案之一,分为采购商支持方案和供应商支持方案。

采购商支持方案从密切采购商与上游供应商的角度出发,向采购商提供银行承兑汇票开立和商业承兑汇票保贴等信用增级产品,提供国内和国际信用证开立服务,为采购商规避交易对手履约风险;提供银行承兑汇票的大票换小票和对即期信用证进口押汇等融资服务,降低采购商的财务费用;提供国内和国际保理服务,同时提供应收账款管理和融资服务,帮采购商以自身商业信用,以延期付款为条件,达到现金采购的效果。

供应商支持方案从密切供应商与下游采购商的角度出发,向供应商提供协议付息票据贴现产品,提供财务费用分摊方案,提供预付型银票贴现、福费廷、信用证出口押汇、国内和国际保理等有追索或无追索的银行产品,为供应商降低财务成本,灵活安排资金。提供应收账款的催收和管理服务,提供动产质押短期资金融通服务,扩大供应商的融资渠道。还可提供法人按揭分期付款产品,使供应商在扩大销售同时,享受到快捷的货款回收效率。

2007年,浦发银行建立基于核心供应商和第三方物流监管的"经销商融资解决方案"案例模板和运作机制,与中国远洋物流有限公司正式签署《战略框架合作协议》,由中远物流及其授权的下属公司履行第三方监管责任,顺利推出北京大众汽车进口汽车销售公司的经销商融资业务。2009年,浦发银行推出以卖方为核心的"三菱汽车销售(中国)经销商网络融资业务"和"包头北奔重型汽车及经销商网保兑仓业务",浦发银行以上海分行为三菱汽车销售(中国)有限公司的主办行,以各经销商所在地的分行为协办行,以银行承兑汇票为融资手段,以车辆质押和三菱汽销阶段性保证为组合担保方式,同时引入中远物流为第三方物流公司,对质押物进行委托监管的整体融资服务方案,在网络协议整体框架下,济南分行成功夺得全行首单授信业务。大连分行积极接洽大连地区授权网络经销商,集中为大连授权经销商授信8 000万元。

【供应链电子化支持方案】

2007年7月,浦发银行整合网上银行的国际贸易结算、离岸业务、结售付汇与银关通等项业务,推出业内首家的"供应链电子化支持方案",先后与法国欧尚集团在华采购中心、东风本田汽车开展供应链融资业务合作,开发东方钢铁网在线融资业务。上海、苏州、济南、深圳、沈阳、南京分支行结合区域和客户特点,上海、苏州、济南、深圳、沈阳、南京分、支行结合区域和客户特点,推出6大类供应链服务示范方案。计有上海分行的中储货物监管项下的中小企业融资方案,苏州分行6大类供应链服务示范方案,济南分行供应链集群式融资业务方案,深圳分行厂商银业务方案,沈阳分行以票质票业务方案,南京分行与中储发展股份公司合作开发陕西重汽的厂商银三方合作汽车金融业务等方案。

【"1+N"供应链服务方案】

2007年,南京分行利用"1+N"模式,设计国内双保理方案,与沈阳分行紧密合作,为上下游客户提供融资。2008年,沈阳分行为客户设计"1+N"供应商保理业务方案,为公司8家供应商发放保理融资3 000万元。该方案围绕核心企业,从原材料采购、制造中间及终端产品乃至销售产品整个过程,将供应商、制造商、分销商、零售商直到最终用户连成完整的供应链链条,由浦发银行全方位地为链条上的多个企业提供融资服务,实现整个供应链的不断增值。2009年,福州分行通过积极联系和沟通,制订离在岸联动的"1+N"服务方案,以境外上市公司离岸存款为全额质押,对公司在境内子公司提供综合授信额度1.96亿元,向公司指定重点经销商提供买方付息的商票贴现融资。苏州分行向供应链专业管理公司"赛富科技"提出引入交易资金托管服务、实现信用增级的服务方案,由苏州分行提供后续的应收账款管理服务,苏州电视台专程到分行进行专题采访。

经总结苏州、福州分行的创新成果,2009年,浦发银行制定以买方为核心的《"1+N"供应链金融业务管理暂行规定》,正式推出1+N供应链金融业务,这是以大型优质制造企业、零售企业等为核心,向上下游延伸的一种金融服务,其中,"1"指核心客户,"N"指其上下游企业。以买方为核心的"1+N"供应链金融业务,指核心客户为供应链中的采购商,银行为其上游供应商提供延伸金融服务,将信用风险控制主要落实在核心客户上,对上游企业应主要考查其商业合同履约能力、商业信用及账款的回购能力,减轻对其的财务和规模等要求,并严格交易流程的控制。以买方为核心的"1+N"供应链金融业务以买卖双方真实交易为基础,适用的业务品种暂限于保理、商票保贴业务。2010年全面启动与延长油田股份开展以买方为核心"1+N"应收账款买断型保理业务,与柳州汽车、北奔重汽、北汽福田开展以卖方为核心的"1+N"供应链金融业务。

【商业账款融资服务方案】

2010年7月,浦发银行正式发布商业账款融资及服务方案,首次集成各类商业账款融资及服务产品,具体包括国际保理、国内保理、信用保险融资、供应链保理、租赁保理、应收账款池融资、账款电子化管理等七大板块内容,实现对企业本外币账款、应收应付账款全方位管理和服务的功能。

2007—2010年,全行深化供应链金融产品的创新,拓展供应链融资市场,形成供应商支持方案、在线账款管理方案、采购支持方案、园区企业贸易融资方案、船舶出口服务方案、工程承包信用支持方案。2010年1月,国家商务部主办"中国进出口企业第八届年会",浦发银行获"2009年贸易促进贡献奖-最佳供应链金融奖"。

四、离岸金融服务

【离岸银行】

改革开放后,随着中国加快实施"走出去"发展战略,大批优质中资企业跨出国门寻求发展,迫切希望国内银行能为其提供跟随金融服务,在境外融资、跨境资金管理、降低经营成本等方面提供支持。1997年,中国人民银行发布《离岸银行业务管理办法》,开办境内提供的海外银行服务。2002年6月,经中国人民银行批准,浦发银行开办离岸银行业务,成为4家获准开办离岸银行业务的商业银行之一。浦发银行借助离岸银行平台积极开展离在岸业务联动创新,陆续推出离岸跨境资金管理、离岸贸易结算和融资、离岸贷款和担保和离岸资金增值和风险管理等一系列跨境金融服务方案,逐渐形成以中小结算型客户为基础、以大中型集团客户为核心的客户群体。截至2010年年末,全行离岸客户数量已从2002年年末的96户发展到达1.5万户,全行离岸总资产达30.4亿美元,离岸存款为30.2亿美元,离岸贷款余额11.2亿美元,离岸国际结算业务量达454亿美元。

【离岸产品】

离岸账户服务 2007年,浦发银行制定《国际贸易金融业务发展纲要》,提出充分利用全行境内外金融服务的政策及平台优势,推动离岸、在岸产品联动挂接。当年,浦发银行开发网上银行离岸服务,包括离岸账户信息查询、离岸业务自助服务和离岸汇出汇款业务。2006年,浦发银行结合国家外汇管理局在上海浦东新区进行跨国公司总部外汇资金管理改革试点的有关政策,借助离岸账户具有汇出、汇入灵活自由、不受地域限制和外汇管制的特点,为中化国际设计进行外汇资金集中管理的服务方案。2008年,浦发银行结合天津滨海新区试点政策,再次为中海油田提供离岸账户外汇资金集中管理服务。

离岸贸易结算及融资 2005年,浦发银行获准开办离岸担保业务,离岸和在岸间可以双向担保。2006年,上海分行为企业设计通过离岸银行平台的背对背联动保函服务方案,利用母公司境内授信资源,在本地直接办理境外子公司担保。2010年,大连分行成功操作首笔离岸、在岸背对背信用证业务,长沙分行办理全行首单离岸、在岸联动保理业务。

离岸投资、融资业务 2003年深圳分行完成全行首笔离岸质押在岸授信业务。2007年,浦发银行推出境内、境外联动授信产品在岸担保离岸授信融资业务,为中资企业走向海外提供融资便利。当年,总行联合北京分行为企业提供全行首笔离岸、在岸联动的"内保外贷"金融服务,通过在岸担保、离岸授信方式,为客户提供高端增值服务。2008年,浦发银行向中国石油财务(香港)有限公司成功发放2亿美元离岸贷款。这是全行首笔占用企业对外担保额度的离岸双边循环贷款。2010年始,浦发银行进入飞机、船舶融资领域,向上海航空境外公司发放全行首笔飞机融资租赁项下项目贷款。

离岸代付业务 2006年,浦发银行率先推出在岸假远期信用证项下离岸代付业务。2008年,浦发银行推出在岸T/T汇款项下离岸代付业务。深圳分行做成全行第一笔T/T项下的进口代付业务。2009年,浦发银行进一步推出进口代收和信用证项下离岸代付业务,石家庄分行成功办理全行首笔进口代收项下离岸代付业务,长沙分行成功办理全行首笔非贸易(股息)代付业务。

第三节 项目融资

一、银团贷款

1993年1月,浦发银行就上海航空公司引进波音飞机项目,牵头组织2 200万美元的银团贷款,这是浦发银行牵头的第一笔银团贷款。1993年12月,由浦发银行、荷兰银行为牵头行,法国里昂信贷银行、德国德累斯顿银行、东京银行、日本兴业银行、第一劝业银行、三菱银行、新加坡华侨银行、中法合资上海联合财务有限公司等10家银行和非银行金融机构共同组成,向外高桥电厂项目贷款5 000万美元,这是第一次由地方银行牵头,与外资银行合作组成国际银团贷款。

图3-1-2　1993年1月28日,浦发银行与上海航空公司签署银团贷款项目

1994年8月,由浦发银行牵头,并由来自日本、法国、德国、英国、新加坡等共14家银行参加的国际银团,与上海市外高桥保税区新发展有限公司签订4 500万美元国际银团贷款协议,用以兴建"新发展自由贸易城"一期项目。这是浦发银行独立牵头的第一笔国际银团贷款,国际银团的外资银行的参加数、外资参加份额,均创外资银行在沪开设分行以来的最高纪录。

图3-1-3　1994年8月,浦发银行向上海市外高桥保税区新发展有限公司
　　　　　提供4 500万美元国际银团贷款

1995年7月,由浦发银行任牵头行,由东京银行上海分行、里昂信贷银行上海分行、日本第一劝业银行上海分行、三菱银行上海分行、三和银行上海分行等共同组成国际银团,向上海旭电玻璃有限公司提供2 800万美元银团贷款。

2002年6月,上海国际航运中心洋山深水港一期工程项目75亿元的银团贷款签约,浦发银行为银团贷款的副牵头行,提供15亿元的贷款资金。2005年3月,浦发银行作为南水北调主体工程银团成员行之一,在北京人民大会堂签署银团合作协议,为工程提供5亿元的贷款,承担南水北调东线、中线工程的部分项目,这是浦发银行积极支持国家基础设施、基础产业和支柱产业投资建设的重要战略举措。2005年,浦发银行推出"浦发创富"公司金融品牌,形成投行业务解决方案等五大产品解决方案及三大客户服务方案。其中,投行业务解决方案打造八大特色产品系列,包括债券融资、股权融资、项目融资、租赁融资、代理融资、资产证券化、兼并收购、财务顾问。其中银团贷款是项目融资的重要产品。

2006年,浦发银行作为总银团联合牵头行、子银团牵头行、代理行,成功筹组1 610亿元特大规模的上海轨道交通建设银团。2007年,中国银监会印发《银团贷款业务指引》。本着竞争大型优质客户和项目、优化信贷资产结构,浦发银行制订银团贷款与交易业务指导意见,增强全行作为牵头行和安排行组织银团贷款与交易的能力。当年,浦发银行参加雅砻江锦屏二级水电站银团贷款投标,锦屏二级水电站为四川省规模最大的水电站,设计装机容量为480万千瓦,共有14家国内银行参与投标。浦发银行与国家开发银行、中国银行、中国工商银行、中国建设银行、中国农业银行、招商银行一起,成为银团成员行。当年,全行牵头银团项目19项,签约金额137亿元,期末银团贷款余额近150亿元,在同类股份制银行中占比第一。

2008年,浦发银行整合银团贷款和交易业务方案,推出再融资银团贷款,通过各种贷款产品的组合,以银团方式全面解决借款人现有债务再融资、营运资金周转和新扩建项目融资等综合需求,从而推进牵头银团业务,2009年度全行共成功牵头、代理银团项目18笔,牵头、代理银团业务排名均位列股份制商业银行首位。其中,上海分行通过专业的财务顾问服务,设计应收账款质押担保方案,采用CDM减排应收账款收入质押的创新工具,为中国首个海上风电项目东海大桥100兆瓦海上风力发电示范项目提供18.92亿元的银团贷款,成为项目的唯一牵头行和代理行,成为项目融资独家财务顾问和主办行。中央电视台新闻联播为此进行报道。在证券时报主办的2010年中国区优秀投行评选中,上海分行的东海大桥100兆瓦海上风力发电示范项目银团融资,获得2010年中国区最佳银团融资项目。

2010年,浦发银行采取扩大部分分行银团贷款授信审批权限、统筹管理银团贷款风险资产、试行风险预审3项措施,重点支持牵头银团业务。当年由浦发银行签约的牵头行、代理行的银团贷款项目49笔,实现中间业务收入8 200万元。据中国银行业协会公布的2010年国内银团贷款经营数据统计,浦发银行银团贷款余额、牵头银团筹组笔数、代理银团笔数、银团贷款发放额均位列股份制商业银行首位。2010年5月,由证券时报社主办的2010年投行创造价值高峰论坛暨2010年中国区优秀投行评选中,浦发银行获得2010年中国区最佳创新投行和2010中国区最佳银团融资银行。

从2007年到2010年,浦发银行积极履行社会责任,积极为涉及国计民生的重大项目提供融资,牵头和参与一系列具有影响的银团贷款项目。先后有2008年的苏州分行牵头的海峡两岸银团,上海分行牵头上海外高桥造船公司4 000万美元流动资金银团,2009年上海分行牵头徐汇滨江项目公共空间开发项目49亿元的银团,深圳分行牵头的惠州—大亚湾高速48.2亿元银团,西安分行牵头的铜川—延安高速115亿元再融资银团,2010年成都分行牵头的40亿元的都江堰历史文化

图 3-1-4 浦发银行向上海八万人体育场、大剧场等文化设施贷款 4.3 亿元

名城恢复重建项目,上海分行牵头的 95 亿元上海虹桥机场扩建工程项目。

2009—2011 年,浦发银行积极进行银团产品和银团融资结构的创新,获得多个权威奖项。2009—2012 年连续 4 年获得《证券时报》评定的中国区"最佳银团融资银行",浦发银行牵头的外高桥电厂美元银团、东海风电 CDM 绿色银团、40 亿元都江堰大型灾后重建银团等分别获得各年的最佳银团融资项目奖。2009 年,经中国银行业协会银团贷款与交易委员会评选,浦发银行银团贷款业务获得"最佳发展奖""最佳管理奖",成为唯一获得两项殊荣的股份制银行。2011 年,中国银行业协会银团贷款与交易委员会授予浦发银行 2010 年度银团贷款业务"最佳业绩奖"以及"最佳发展奖"。

二、中长期贷款

【浦东国际机场项目】

浦发银行开业以后,树立小银行办大事理念,积极支持上海市等重点城市市政建设,先后有 1993 年上海公交旧车的更新改造项目,1994 年南京路商业网点改造项目,1996 年的地铁一号线延伸段建设和地铁二号线浦东段、静安、黄浦区域的车站建设,以及上海市延安东路高架工程项目,1997 年万里居住区项目融资 8 亿元,1998 年重庆市重点市政工程朝天门广场建设项目和广州市垃圾处理项目。

上海浦东国际机场是上海迈向 21 世纪、迎接更大发展的特大建设项目,浦发银行成立不久即扮演浦东国际机场建设资金的总筹措、总协调和总顾问的角色。1996 年,浦发银行与浦东国际机场公司建立主办行关系,为浦东国际机场配套项目龙东大道拓宽工程提供 4.5 亿元中长期贷款及相关的财务监理服务。1997年,经积极争取,国家开发银行确定浦发银行为浦东国际机场30亿元贷款的担保行、代理行,1998年9月,浦发银行又获得国家开发银行浦东国际机场南干线项目11亿元贷款的代理业务。浦发银行还向浦东国际机场建设项目及其配套工程累计提供约24亿元贷款。

【专项贷款】
1998年8月,浦发银行在调研基础上,加大信贷结构调整。明确控制中长期贷款,实行总行指令性集中管理,明确支持重点地区、重点企业。确立区域信贷投向,加强与政府职能部门联系沟通,争取龙头企业的优良客户,积极承办国家开发银行、外国政府贷款代理业务。自1999年起,浦发银行建立专项贷款,加大对重点客户群拓展的力度。1999年,浦发银行制定专项贷款管理办法,当年安排40亿元的专项贷款,推进总分行联动营销。同年,浦发银行专项贷款先后支持江阴支行对江苏阳光集团、华西集团、贝尔卡特(中国)等优质上市公司和跨国公司的营销,支持北京、苏州、杭州、宁波、重庆、江阴等地分支行10余个重点客户近10亿元的贷款。

2000年,浦发银行共安排55.87亿元的总行专项贷款,覆盖10家分支行,全部投向优质的集团公司、上市公司和跨国公司和国家重点项目,其中包括中国石油股份公司、白云机场、贝尔卡特等29家上市公司、跨国公司和垄断企业,没有一笔发生逾期。专项贷款的发放,有力地支持分支行与当地优质上市公司建立银企关系,支持分支行与著名的跨国公司建立业务往来,改善贷款结构,发展外汇业务。截至2000年11月底,专项贷款余额为30.58亿元。

2001年,浦发银行进一步完善专项贷款的管理办法,增加贷款规模,并积极发挥专项贷款和中长期贷款的杠杆效应,增强全行的市场竞争能力。2001年,全年浦发银行专项贷款累计发放47.83亿元,累计回收27.08亿元,年末余额已达46.52亿元,比上年增长80.57%,支持54户跨国公司、优质上市公司和国有大型集团公司。

三、质押贷款

1998年6月28日,浦发银行为长江有色金属现货市场配套企业——上海长江有色金属现货市场提供2.4亿元仓单质押贷款特别授信额度,在国内银行中第一家设计推出仓单质押贷款,供应商的商品一概进入长江有色金属现货市场指定的国家级社会公众仓库,即可凭长江有色金属现货市场签章认可同意的提货凭证,向银行办理质押贷款。银行与上海长江有色金属现货市场签订回购协议,确保贷款到期后,市场必须立即以质押金额回购全部仓单。随着期货交易结算电子化的普及,纸质标准仓单的边缘化,尤其是2008年商品期货价格的剧烈波动,2009年,南京分行成功办理全行首笔标准仓单质押贷款业务。借款人以其自有的上海期货交易所标准仓单作为质押担保,向分行申请短期人民币流动资金贷款,从而加强与期货公司的合作。上海分行率先建立"银行+评估机构+担保机构"的风险共担机制,向易保(上海)网络技术有限公司发放500万元知识产权质押贷款,开创商业银行知识产权质押贷款的新模式。

四、并购贷款

2008年,国家加大对行业整合的政策支持,中国银监会公布《商业银行并购贷款风险管理指引》,允许符合条件的商业银行开展并购贷款业务。2009年,浦发银行开办并购贷款业务,全新推出"资通四海,智融天下"并购业务金融服务方案,建立并购融资+并购财务顾问+并购贷款的一体化并购金融综合服务模式;抓住全国装备制造、能源矿产、交通、钢铁、水泥等行业产业战略性整合机会,通过发展并购顾问和并购贷款业务,打造银行支持企业资产重组、战略扩张和产业升级的高附加值金融服务,成功实现并购金融业务的突破和发展。先后分别与上海联合产权交易所、北京产权交易所、北京市国有资产经营公司签署并购融资业务战略合作协议书。北京分行成功签约北方水泥有限公司收购佳木斯北方水泥有限公司的70%股权6 240万元并购贷款,成为全行首笔并购贷款,南昌分行成功发放江西省银行业的第一笔并购贷款,向江西南方水泥有限公司发放并购贷款6.93亿元。

2010年,全行发放并购贷款23亿元,与11家客户签订并购贷款合同,涉及并购金额127亿元及1.5亿美元。2011年,浦发银行以并购财务顾问为先导,通过"并购贷款+中期票据"的组合并购融资模式,成功协助同盛集团将上海洋山深水港二、三期码头总额为225亿元港口资产整合重组注入上港集团,当年上海港口成功成为全球最大的集装箱码头。截至2012年,全行并购贷款总共报备81笔,发放并购贷款28笔,累计金额107.23亿元;已累计为全国100多家企业提供并购金融服务,涉及并购交易金额500多亿元。浦发银行作为中国并购公会的唯一银行类的常务理事单位,自2009年至2012年连续荣获"最佳并购整合服务奖""最佳并购财务顾问奖"。

第四节 投 资 银 行

一、债券承销

【短期融资券】

1995年,浦发银行首创企业短期融资券社会发行业务,短期融资券指具有法人资格的非金融企业在银行间债券市场发行的,约定在一定期限内还本付息的有价证券。当年为上海的申华实业、新世界股份、一百集团、市牛奶公司、农工商粮油等31家企业代理发行短期融资券。2005年,经中国人民银行批复同意,浦发银行开办短期融资券主承销业务,当年先后推荐和成功主承销上海港集装箱股份有限公司20亿元短期融资券、阳泉煤业(集团)有限责任公司10亿元短期融资券、广东康美药业股份有限公司2亿元短期融资券,累计发行面额为32亿元,并分别于2005年年末和2006年年初在全国银行间债券市场上市交易。其中阳泉煤业短期融资券的成功发行,填补山西省短期融资券市场的空白。2006年,浦发银行采取组建承销团、余额包销的承销方式,先后承销上海金桥、山东莱芜钢铁、山西运城制版、沈阳机床、中铁三局、承德新新钒钛、重庆九龙电力等企业短期融资券,当年累计发行101.90亿元,主承销企业12户,承销费收入3 375万元。2007年,浦发银行加大拓展短期融资券业务力度,乌鲁木齐分行成功发行新疆生产建设兵团11亿元短期融资券,首单募集资金5亿元当日入账,创下全行发行效率最高的纪录。2010年,由浦发银行主承销的莱芜钢铁集团有限公司25亿元短期融资券,19家承销团成员参与承销,创下融资券单笔发行金额最大的纪录。短期融资券业务的发展不仅为分行带来可观的中间业务收入,而且密切银企合作关系,带动授信、贷款、贸易融资以及财务顾问等业务的交叉销售。

【中期票据】

2008年4月,继短期融资券之后,中国人民银行下发《银行间债券市场非金融企业债务融资工具管理办法》,推出又一项直接债务融资工具中期票据业务。2008年12月,由总行主承销,太原分行作为主办行,山西焦煤集团公司27亿元中期票据在中国银行间市场交易商协会成功注册,第一期13亿元于2008年12月15日成功发行,第二期14亿元也于2009年1月发行,创造"国内首支煤炭行业中期票据""国内首支省属企业中期票据""山西省内银行同业首支中期票据""浦发银行首支主承销中期票据"等多个第一。2009年,浦发银行参与中国石油天然气集团公司2009年度第一期境内美元中期票据的发行,成功分销5 000万美元,本期中期票据是境内首只获准注册发行的外币中期票据,也是中国非金融企业发行的首只外币债券。北京分行成功发行京能集团2009年度第一期15亿元5年期和第二期25亿元3年期中期票据。上海分行与建行合作,为上海久事公司发行50亿元的8年期中期票据,用于上海轨道交通建设,创造8年期中期票据的全国首单发行纪录。当年,全行共承销14单短期融资券,5单中期票据,累计实现收入超1亿元,总承销金额达到335亿元,先后推出新疆国资经营公司短期融资券绿色通道,鲁西化工短期融资券财务顾问等业务创新,成功营销山西焦煤集团40亿元中期票据项目的续发工作。

【资产支持票据】

本着大力发展债务融资工具的要求,2009年,浦发银行设立固定收益中心,承担债券融资工具的创新研发、项目实施、质量控制和风险管理等项工作,先后就资产支持的票据模式、私募债券、外币债券进行研究。2012年,浦发银行作为国内资产支持票据业务创新的主力参与机构,成功主承销上海浦东路桥建设股份有限公司5亿元资产支持票据项目,成为国内首批、银行首家独立主承销资产支持票据的主承销。是年,浦发银行还主承销首单商业银行金融债券。

二、财务顾问

【业务发展】

1995年,浦发银行与浦东国际机场签订财务顾问协议,成立专职团队进驻机场,进行融资领域八大课题调研,先后完成融资方案设计、投资计划安排、投标办法制定、投资理财方案设计等项工作,全面完成有关资金筹措,浦发银行撰写的上海浦东机场融资课题报告,荣获上海市计委1996年度科技进步奖三等奖,成为全行财务顾问业务的经典案例。1999年,浦发银行下发财务顾问业务指导意见,明确财务顾问业务主要分为企业财务顾问和项目财务顾问两大类。2006年,浦发银行制订财务顾问业务发展纲要,明确以资产、负债业务,传统中间业务为依托,以并购顾问、融资顾问、常年财务顾问、项目财务顾问为重点产品。从而推进业务发展,先后有2006年郑州分行与28家企业签订常年财务顾问协议,太原、济南分行为大型企业集团提供引进境外战略投资者财务顾问服务,2007年,武汉分行担任武汉市的上市财务顾问,为30家中小企业企业在海外和国内相关市场上市融资提供顾问服务;2008年上海分行推出的私募股权基金财务顾问和CDM财务顾问方案,浦发银行推出国内同业首个PE综合财务顾问服务方案,围绕私募股权基金运作的整个生命周期,推出"智、融、投、管、退、保"六大方案,引起社会广泛关注。截至2010年,34家分行全都开展财务顾问业务,全行财务顾问业务签约客户超过3 100家。

【项目财务顾问】

1996年,浦发银行参加上海国际航运中心新港址论证课题,完成组合港机制、体制及深水港筹资方案等课题研究。1997年,受国航办委托,浦发银行成立上海国际航运中心建设融资课题组,设计并提交深水港项目一期工程融资方案。2001年3月,受上海投资咨询公司委托,浦发银行与国家开发银行共同提交深水港一期工程投融资方案框架性建议。2002年,洋山深水港项目的正式开工启动,浦发银行先后向建设单位提交银团组建方案建议书和银行服务建议书,签署银企合作协议,为公司提供结算和施工企业账户监管服务。2006年,浦发银行就洋山保税港区进行离岸业务试点提交专题报告。2008年,董事长吉晓辉在全国政协会议提交建设洋山离岸中心的提案。2009年,在中央关于推进上海加快发展现代服务业和先进制造业建设国际金融中心和国际航运中心的意见指导下,洋山港离岸业务试点大大加快。

【并购财务顾问】

2007年、2008年,浦发银行将并购财务顾问业务确定为重点创新发展的中间业务之一,在制度建设、项目推进等方面做大量工作,先后为济南、太原、广州、深圳、武汉、长沙和宁波等地客户提供并购财务顾问服务。2009年,浦发银行推出业内首个并购金融综合服务方案,提出顾问切入,全程参与的思路,形成总行牵头协调指导,各分行承办参与,全行共同发展的业务模式,鼓励分行发挥财务顾问的专业优势和服务品牌,提供有关并购目标搜寻、并购交易结构设计、并购交易估值、并购谈判推进、并购融资方案、交易对价支付安排等各类融智型财务顾问服务,参与、监控并购交易全过程,以实现稳固银企关系、保证资金安全、增加业务收入、并购资金托管服务等综合效益目标。2010年,全行为33家客户提供并购服务,涉及交易金额326亿元。

三、租赁融资

【全国首笔黄金租赁】

2001年10月,经中国人民银行批准,上海黄金交易所正式成立。浦发银行成为交易所首批金融类会员。2002年11月,浦发银行上海地区总部应客户需求,提出受理黄金租赁业务的设想。鉴于该笔黄金租赁业务属国内先例,业内尚无成熟的做法,浦发银行制定《首笔黄金租赁业务操作意见》,明确由总行购进黄金,通过拆借途径提供给上海地区总部,由上海地区总部为操作主体受理该笔黄金租赁业务。2002年12月,经中国人民银行批准,由浦发银行向上海老凤祥珠宝首饰有限公司办理全国第一笔黄金租赁业务,该笔黄金成色为999.95、重量为18公斤。浦发银行通过自身探索,填补国内黄金租赁业务的空白。

【境外SPV融资租赁项下飞机融资】

2009年,上海航空有限公司公开招标飞机融资租赁项目贷款,经总行和上海分行共同努力,在短短几个工作日内即形成整套飞机融资框架方案,通过招标方式成为上海航空有限公司境外SPV(Special Purpose Vehicle)公司融资租赁项下唯一的融资主办行。2010年8月13日,浦发银行成功向上航发放飞机融资租赁项下贷款4 300万美元,实现境外SPV融资租赁项下飞机融资业务零的突破。2011年,浦发银行与江苏远洋(香港)船务有限公司签署10年期的船舶融资协议。2012年,浦发银行为国银租赁的境外特殊目的公司承做2架波音737-800飞机经营租赁项下应收账款融资。上述飞机、船舶融资为浦发银行在航运金融领域实现进一步发展积累经验。

四、信贷资产证券化

2002年,国务院推进资本市场改革开放和稳定发展,提出探索并开发资产证券化品种。2007年,浦发银行获得中国人民银行关于资产支持证券的发行许可,经中国证监会批复同意,浦发银行作为第二批信贷资产证券化业务试点,与华宝信托合作,推出以浦发银行中长期公司贷款为基础的资产证券化产品。浦发银行选择济南、大连、太原3家分行参与试点,涉及28名借款人向发起机构借用的39笔贷款,分布于上海、浙江、江苏、山东、山西、辽宁及云南7个省、直辖市。

8月28日,各分行准确地完成相关资产入池操作,共有9个分行资产入池,全部为正常类贷款,其中69.83%为保证担保贷款,30.17%为信用贷款。贷款主要投向公共设施管理、煤炭、电力、道路运输、水务等行业。8月31日,浦发银行在北京召开首期信贷资产支持证券产品发行推介会。9月11日,浦发银行首个信贷资产证券化项目集中配售工作如期进行,实现超额认购。9月14日,资产支持证券发行资金全部到账,浦发2007年第一期信贷资产支持证券43.84亿元成功发行,这是国内股份制商业银行发行的第一只信贷资产证券化产品。2011年,浦发2007年第一期信贷资产证券化项目完成清算,圆满结束其历时3年半的运行。项目通过入池资产的真实出售释放贷款规模40多亿元,扣除总行持有次级档债券的风险资本占用,释放风险资产24亿元,全行资本充足率因此也得到提高。同时,通过对项目入池资产的规范管理,实现4002万元稳定、无风险中间业务收入。

第五节 资产托管

一、全牌照托管银行

中国资本市场的兴起和发展,催生和推进银行托管业务。1999年,浦发银行参与上海创业投资资金托管,成为创投资金3家托管银行之一。2002年年末,经中国人民银行批复同意,浦发银行开办委托资产托管业务。2003年,浦发银行成立基金管理部,获准开办证券投资基金托管业务、证券公司受托理财托管业务、集合信托产品托管业务、保险公司投资连接产品托管业务和中比产业基金专项托管业务等5项托管业务。当年,总行托管年金组合3个,证券投资基金组合2个,深圳分行托管基金组合1个,全行托管资产规模达26亿元。2004年,先后获得专项委托资金托管、全国社会保障基金托管、合格境外机构投资者境内证券投资托管业务等经营资质。2005年,浦发银行基金托管部更名资产托管部,取得监管部门批复的八大类近20种托管业务资格,正式运作证券投资基金托管、委托资产托管、信托资金托管、交易资金托管、企业年金托管及产业基金托管等托管业务,上海、北京、深圳、广州、天津、济南6家分行开办托管业务。2007年,浦发银行取得企业年金基金、保险资金托管业务资质,提供托管账户信息查询和交易服务,资产托管业务范围涵盖企业年金、社保、基金、证券、信托、保险、产业/创投、专项、QDII和QFII等十大领域20余个品种。2008年,浦发银行整合"财务顾问+托管服务",推出国内银行业首个私募股权基金(PE)的综合金融服务方案,全行成功开办18笔私募股权基金托管业务。2009年,浦发银行制定全行资产托管业务指导意见,明确扩大市场、提升质量、加强管理、锻造品牌的业务发展定位,明确证券投资基金托管、直接股权基金托管、信托托管、专项资金托管为全行重点托管业务产品,明确在部分区域推广委托资产托管、QDII托管、保险资产托管新产品,当年,全行共有32家分行开展托管业务,浦发银行受中国银行协会委托,牵头15家托管行编写托管人及托管资产法律地位问题研究,参加国家发改委牵头的股权基金管理办法实施细则编写小组,承担股权基金托管协议格式指引编写工作。2010年,浦发银行正式取得QFII托管资格,成为全牌照托管银行之一,全行托管资产托管规模突破2 000亿元,发生额突破3 000亿元,实现托管收入2亿元。

二、各类基金托管

【证券投资基金托管】

2003年,经中国证监会和中国银监会核准,浦发银行获得证券投资基金托管业务资格,成为国内第二家获得该项资格的上市银行。当年,浦发银行托管国泰金龙系列证券投资基金,按照托管销售一体化的模式,组织全行21家分行292个网点进行基金代销,代销规模达16.92亿元,圆满完成基金代销任务。2004年,浦发银行托管浦安保本混合基金,该基金由浦发银行、嘉实基金公司、法国兴业银行共同研发,也是国内首只由商业银行提供担保的基金,由浦发银行担任基金的主代销行、担保行和托管行。证券投资基金托管成为浦发银行托管费收入的主力军。2010年,浦发银行创新推出浦发-通联证券投资基金销售监管及清算业务,通过引入商业银行托管人来履行保障投资人购买基金资金在销售环节的安全,成为国内第一批试点开展基金销售资金监管清算业务的银行。

【产业投资基金托管】

托管中国-比利时直接股权投资基金(简称中比基金)。中比基金由中比两国政府及商业机构共同注资,于2004年11月成立,是中国第一只产业投资基金,主要投资具有一定规模和科技内涵、进入高速成长期的中小企业。2001年,国务院总理朱镕基与比利时首相就筹备中比基金达成共识。2002年,中、比两国政府在京签订谅解备忘录,由中国财政部、比利时电信、海通证券和比利时富通银行共同发起和设立中比基金,并委托浦发银行作为基金托管人。2004年,国家发改委正式批准中比基金成立,由托管银行浦发银行募集2亿元。同年5月,国务院总理温家宝访问欧洲期间,与比利时首相共同主持签署中国-比利时直接股权投资基金章程。2005年1月,中比基金托管协议在浦发银行签约,国家财政部、国家发改委、上海市金融服务办公室有关领导,比利时驻沪领事馆官员出席。

三、专项资金托管

【企业资产证券化产品托管】

2005年,浦东新区政府召开配套改革与金融创新研讨会议,浦发银行落实会议成果,由上海分行空港支行和南京分行无锡新区支行携手联动,支持企业采用资产证券化方式筹集市政建设资金。2006年年初,浦发银行与国泰君安就浦东建设BT项目资产支持收益专项资产管理计划、南京城建污水处理收费资产收益凭证项目签署资产托管协议。根据协议,浦发银行作为项目的财务顾问银行、担保银行和托管银行,授权上海分行担任"浦建收益"项目的账户及资金监管银行,授权南京分行担任"宁建收益"项目的账户及资金监管银行,提供综合性金融服务。2006年6月28日,全国首个以BT基础资产支持的证券化产品"浦建收益"在深圳证券交易所挂牌上市。"浦建收益"总规模4.25亿元,4年为期,设置优先级次级结构。以上海和无锡13个市政道路BT项目的回购款合同债权转让组成资产池,是国内首个以基础市政建设资产回购为支持的证券化产品,也是首家面向证券公司发售的企业资产证券化产品。

2006年7月19日,"宁建收益"在深圳交易所挂牌交易,这是国内首只以城市公共设施资产收费收益权为基础资产的资产证券化项目,这是为未来4年南京城建投资收取的8亿元污水处理收费收益权,发行对象为合格的机构投资者。浦发银行南京分行作为该项目的担保银行和托管银行。

【交易资金托管】

2005年,浦发银行成立公司与投资银行总部,专项资金托管业务有新的发展机遇。当年先后开展日本丸红股权交易资金的托管业务,花旗银行与广州长城资产管理公司不良资产收购交易资金托管业务。同年浦发银行借助其在离岸业务上的独特优势,浦发银行又推出离岸交易资金托管服务,天津、上海、杭州等分行接连办理该项业务,其中,杭州分行办理全行首笔离在岸交易资金托管业务,为跨国并购的交易双方提供离、在岸交易资金托管服务。

【电子商务交易资金托管】

2006年,浦发银行研发推出国内独创的电子商务交易资金托管服务,并与中国首家钢材现货电子交易中心——东方钢铁在线签署电子商务客户交易资金托管协议,开创商业银行对电子商务网站客户交易资金进行全额全程托管的先河。2007年,浦发银行电子化托管系统顺利投产。2008年先后发展广州塑料电子交易市场等合作伙伴。2009年国家商务部大力扶持大宗商品电子交易市场,引入商业银行开展第三方监管,浦发银行成为国内唯一获得国家电子商务协会授权、开展电子商务交易资金托管创新试点资格的商业银行。2010年,浦发银行在国内率先推出储值型消费卡交易资金托管产品。

四、信托托管

【资金信托保管】

2003年,浦发银行开办代理资金信托的资金收付业务,与信托公司开展业务合作。2005年,浦发银行加大信托资金托管,对由浦发银行提供信托资金代理支付、信托资金募集和承诺、担保等信用增级服务或信贷融资的,规定其信托资金必须引入浦发银行为托管银行。2009年,浦发银行以理财产品为抓手,拓展信托保管业务。当年,浦发银行与中诚信托合作,成功开办第一单银行信贷资产支持证券信托保管业务,上海分行签署创智天地1号集合资金信托的保管服务协议。

【委托资产托管】

委托资产托管包括证券公司客户资产托管和基金公司专户理财托管两大类。2008年,中国证监会推出证券公司定向资产管理业务,规定证券公司客户资产管理业务应全部引入托管,基金公司专户理财一对一业务必须引入托管。当年,浦发银行与国泰君安证券举行定向资产管理业务合作协议签字仪式,上海分行成为国泰君安1 000万证券定向资产管理业务的托管人。这是国内银行业第一单规范托管的个人委托业务。当年7月,浦发银行与易方达基金公司正式签署首笔基金公司专户理财托管合同,这是易方达基金公司在上海地区的第一单专户理财业务。2009年,浦发银行推出针对大小非减持的定向资产托管,上海、南京、西安、大连、成都和合肥等6家分行与国泰君安、中金公司、申银万国、海通证券、华泰证券、西部证券等共9家证券公司开展定向资产托管业务合作,累计开展定向资产托管业务近20笔,累计托管规模达30亿元。

五、合格境内机构投资者托管

2002年,中国人民银行、中国证监会、国家外汇管理局下达文件,先后开放合格境内机构投资者(QDII)市场和合格境外机构投资者(QFII)市场。2007年,浦发银行与花旗银行、招商银行合作,开展合格境内机构投资者系列产品托管业务,签约托管12个QDII组合。2008年,浦发银行托管QDII组60多单,占有25%的市场份额。2009年,浦发银行以上海、北京、深圳和广州为重点目标市场,积极营销具有QDII产品发行计划的商业银行、基金公司、信托公司、证券公司、保险公司,积极营销具有境外投资需求的境内机构客户和社会团体。2010年,浦发银行获得QFII托管资格。2012年浦发银行受托成为国内首单受托境外理财(QDII)集合资金信托计划——"大中华债券投资集合资金信托计划"的主托管行,花旗银行为次托管行,为信托计划的投资运作提供涵盖中国香港、美国、新加坡和欧洲等多个国际市场的全球托管服务。

六、保险托管

2007年,浦发银行获得保险资金托管资质,通过与保险机构的深入沟通合作,截至2012年10月全行已经托管5个保险资金投资产品,托管规模超过100亿元。

七、理财托管

2009年,根据中国银监会规范商业银行个人理财业务投资管理的要求,浦发银行全面启动银行理财产品托管业务营销工作,研发系列理财产品托管方案。当年,各地分行积极营销当地城市合作银行、农村合作银行,全行与15家银行签约,其中,哈尔滨分行托管哈尔滨银行发行的两期信托型银行理财产品,规模达3.5亿元。

第六节 特色业务

一、绿色金融

【绿色信贷综合服务方案】

面对经济增长与资源消耗的矛盾与挑战,自2006年以来,浦发银行优化信贷投向,提升节能环保领域的金融服务,先后支持一大批风电、水电、污水处理、电厂脱硫脱硝、工业和建筑领域提高能效类项目。2008年,浦发银行在全国商业银行中率先推出绿色信贷综合服务方案,方案几经整合和丰富,至2012年已形成五大板块十大创新产品。其中,五大板块包括能效融资、清洁能源融资、环保金融、碳金融和绿色装备供应链融资;十大创新产品包括国际金融公司能效贷款、法国开发署绿色中间信贷、亚开行建筑节能融资、合同能源管理未来收益权质押贷款、合同能源管理保理融资、碳交易(CDM)财务顾问、国际碳保理融资、排污权抵押贷款、绿色PE和绿色债务融资工具。

2010年，由清华大学、中国环境投资联盟、中国环境网主办，国际金融公司协办的第三届中国环境投资大会在北京举行，大会授予浦发银行"2009年绿色金融贡献大奖"。同年4月，由国际绿色投资学会、金融时报、中国能源研究会、中国经济国研经济咨询中心、国务院发展研究中心金融研究所、美联社（亚洲）、全国工商联新能源商会、北京环境交易所联合主办的中国低碳经济论坛，授予浦发银行"2010中国低碳新锐银行大奖"。5月，在第十三届中国北京国际科技产业博览会2010中国金融高峰会金牛榜评选中，浦发银行荣膺"2010最佳绿色银行创新奖"。浦发银行的绿色信贷综合服务方案获"2010年度上海金融创新成果奖提名奖"，浦发银行作为行业引领者，参加国家发改委能源所《能效及可再生能源融资指导手册》的编写工作。

图3-1-5　浦发银行支持贷款的上海外环线城绿带

【十大创新产品】

国际金融公司（IFC）能效贷款　国际金融公司能效融资作为创新型绿色信贷产品，以中小企业为重点扶持对象。通过国际金融公司提供损失分担机制和技术援助，弥补中小企业担保缺陷，帮助银行学习国际先进的能效评价和技术评估方法，有利于银行控制授信风险。

2009年10月，历经两年多的谈判和准备，浦发银行与国际金融公司签署《损失分担协议》，正式参加中国节能减排融资项目（CHUEE）。双方合作基本框架为：由浦发银行设立人民币合格贷款组合10亿元，国际金融公司提供50%的损失分担机制，用于支持国内中小能效项目的建设，项目的实施至少应节约10%的能源。2010年第一季度，浦发银行成功发放首笔国际金融公司能效贷款，向企业发放人民币贷款2 200万元，支持其2 500吨/天的水泥生产线4.5MW的纯低温余热项目，贷款期限为2年，贷款利率为中国人民银行基准利率。该项目每年可供电2 523万千瓦时，年节约标煤8 225吨，年减排二氧化碳2.17万吨，为陕西省境内实施的第一个中国节能减排融资项目。当年全行国际金融公司能效融资项目立项11笔，发放贷款9笔计6.1亿元，加入贷款组合2.4亿元，预计年减排二氧化碳 50 万吨。

法国开发署绿色中间信贷 中间信贷是财政部和国家发展和改革委员会设计的创新融资模式,基本框架为:法国开发署向中国财政部提供低息贷款用于支持中国可再生能源项目和提高能效项目融资,转贷期限 10 年,贷款可以欧元或等值人民币发放。作为财政部的委托银行,浦发银行按 1∶1 配套等值的人民币资金,负责项目贷款项目选择、贷款评估、风险审批、贷款发放、贷后管理、对外提款和对外还本付息等全过程管理,向最终借款人转贷并承担贷款风险。

2006 年,国家发展和改革委员会正式同意批复浦发银行办理 2 000 万欧元法开署绿色中间信贷。2008 年,浦发银行与法国开发署正式签订合作备忘录。2009 年,浦发银行和财政部正式签订委托代理协议。截至 2009 年年末,深圳、芜湖、济南、南京、兰州、哈尔滨 6 家分行完成法国开发署中间信贷项目一期 2 000 万欧元的提款,配套人民币贷款 5.6 亿元,支持化工、火电、水泥、热力供应、风电五大行业的能源改造项目,具体包括广东中成化工三废综合治理与节能项目、山东石横发电厂汽轮机通流部分改造项目、龙元建设安徽水泥余热发电项目、哈投股份集中供热循环流化床锅炉替代煤粉炉项目、江苏淮海中联水泥余热发电项目,以及甘肃瓜州干河口第七风电场项目。项目预计年节约标煤 31 万吨,年减排二氧化碳 87 万吨。

2010 年 3 月,国家财政部和法国开发署签署绿色中间信贷项目二期贷款协议,浦发银行和法国开发署签署二期项目备忘录,承接 4 000 万欧元项目的转贷业务,并配套等值的人民币资金,总规模达 8 亿元,转贷期限为 10 年。首批提款 1 200 万欧元。截至 2012 年上半年,浦发银行发放 19 单能效贷款,转贷金额 6 000 万欧元,配套人民币贷款 9.45 亿元,配套资金比例超过 1∶1,项目预计年节约标煤 73.81 万吨,年减排二氧化碳 203.28 万吨。

清洁发展机制(CDM)财务顾问 清洁发展机制是《京都议定书》确立的一种国际履约机制,国内清洁发展机制项目可以通过出售核证减排量,获得额外减排资金补偿,提高项目的盈利性。浦发银行清洁发展机制项目财务顾问,为国内项目业主特别是中小企业争取较好的商业条件和核证减排量价格,同时以售碳收入作为额外还款来源,用以降低银行贷款风险。本着社会责任,浦发银行对国内业主提供免费服务。

2009 年 7 月,西安分行为陕西某水电项目提供清洁发展机制财务顾问,并最终签署《减排量购买协议》。项目总装机容量为 2 万千瓦,总投资为 1.53 亿元,年均发电量为 6 600 万千瓦时,年减排 6 万多吨二氧化碳,每年为业主实现近 50 万欧元的售碳收入,约占该水电项目年营业收入的 1/4。该项目是中国银行业首单清洁发展机制项目财务顾问业务。

清洁发展机制(CDM)应收账款质押 2010 年,浦发银行推出 CDM 应收账款质押担保的融资业务。上海分行为上海东海大桥 10 万千瓦海上风电项目牵头组建 18.92 亿元银团贷款,该项目预计年节约标煤 10 万吨,年减排二氧化碳 20 万吨。上海分行设计 CDM 应收账款质押融资专项产品,以未来实现的收益质押方式向企业提供专项贷款,成功实施银团融资和 CDM 应收账款质押相结合的创新融资方式。为此,上海分行作为唯一受邀金融机构,参加上海市第一轮节能服务机构国家备案单位证书颁发仪式。

国际碳(CDM)保理融资 2011 年,昆明分行为云南某水电项目提供 3 000 万元的 CDM 保理融资,该项目是联合国注册的最大单体水电机组,预计项目年减排二氧化碳 68.3 万吨。通过 CDM 保理融资产品,企业借助境外买方信用,将核证减排量预期收入转让给银行,满足自身融资需求。

绿色股权融资 浦发银行作为财务顾问,与中国山西能源产业基金等全面合作,提供绿色信贷、绿色股权投资、托管、清洁发展机制财务顾问等方面的特色服务。通过绿色股权融资创新方案,为节能环保型企业搭建绿色股权融资平台,帮助中小型成长性企业引入股权投资,构建"直接股权融资＋间接银行融资"模式。

合同能源管理未来收益权质押贷款与合同能源管理融资保理　2010年,浦发银行推行创新型合同能源管理未来收益权质押融资和合同能源保理产品。帮助节能服务公司解决融资难和担保难的问题。

排污权抵押融资　2010年,浦发银行推出排污权抵押贷款。杭州分行向浙江华都纺织印染公司提供1300万元授信,以化学需氧量和二氧化硫排放权抵押。排污权抵押贷款将为中小企业节能环保增添融资担保新方式。

亚洲开发银行建筑节能融资　2010年4月,浦发银行推出建筑节能融资方案,成功中标亚洲开发银行(ADB)中国区能效项目唯一合作银行。2011年5月,浦发银行与亚洲开发银行就绿色建筑投融资合作事项签约,并签署《损失分担协议》,根据协议,浦发银行将发放建筑节能贷款组合人民币6亿元,亚洲开发银行提供损失分担金额3亿元,并提供一系列的建筑节能专项技术援助。

绿色固定收益融资　浦发银行重点发展节能环保企业的债务融资工具。2009年,浦发银行作为主承销商,为北京能源投资(集团)有限公司风电项目,成功发行40亿元的中期票据,用于电厂脱硫等项目,为绿色中小企业开辟新的融资途径。

二、直接股权托管

【PE综合金融服务方案】

PE(股权投资基金)是国际上仅次于银行贷款和股票市场的重要融资手段。中国已成为亚洲最为活跃的1000家PE投资市场,正在成为全球PE基金的重要中心之一。2007年,浦发银行获得创业投资基金托管业务资格,2008年,浦发银行推出"PE综合金融服务方案",包括智——PE咨询服务方案、融——PE融资支持方案、投——PE项目投资服务方案、贷——PE投贷联动服务方案、管——PE投资后管理支持方案、退——PE投资退出支持方案、保——PE托管支持服务方案七大子方案,向股权投资基金提供全流程、一站式、综合性的整合服务,为股权投资基金在募集设立、账户管理、资金托管、项目投资、配套信贷支持、投资后管理、投资退出的整合产业链各环节提供各种金融增值服务。

2008年1月,苏州分行获得规模为2.52亿元的长三角创业投资企业的托管业务,首开中外合作非法人制创投基金托管业务先河。4月,天津分行成功托管首笔私募股权基金,该基金采取有限合伙制,注册天津,总认缴规模为4.58亿元,首期募集基金8980万元。5月,上海市工业园区引导基金系列子基金揭牌,上海分行担任5家子基金的托管银行。6月,上海分行推出国内首个私募股权基金综合金融服务方案"PE综合金融服务方案",托管上海新开发联合创业投资企业基金,该基金是国家开发银行与上海浦东新区政府联合发起成立的创业投资基金,基金框架规模50亿元,首期规模15亿元,经营期限12年。

2009年10月9日,中国首支船舶产业投资基金在天津设立,基金总规模为200亿元,首期规模23.5亿元,浦发银行通过投标,成为船舶产业基金的唯一托管银行,为基金提供包括资金托管、资金汇划、资金理财、融资配套等综合金融服务。

2011年5月,浦发银行成功托管上海金融产业基金,这是国务院特批的产业基金,总规模200亿。6月,浦发银行成功托管海峡产业基金,基金总规模为200亿,该基金于2009年5月经国家发改委批准筹建,以股权投资促进两岸经济交流、发展海西经济。次年,浦发银行成功托管海峡产业基金二期。

2012年,浦发银行先后成功托管赛领国际投贷基金、内蒙古华蒙产业基金、蓝色产业基金。至此,浦发银行已累计托管共9只大型产业投资基金,在产业基金业务领域保持绝对优势。

【直接股权基金业务】

2008年,浦发银行推动全行积极开展直接股权投资基金托管业务营销。同年9月,浦发银行直接股权基金业务部在天津正式揭牌成立。浦发银行直接股权基金业务部立足天津市场,服务各类股权投资基金客户;以股权投资基金托管业务为切入口,为各类股权投资机构提供各类金融服务;开展股权投资基金业务的金融服务研发、创新和配套制度建设,包括整合全行的股权投资基金业务的客户和项目资源,创新金融服务产品。

项目对接　浦发银行先后与海通证券建立直接股权投资金融服务战略合作伙伴关系,与天津市金融办、天津市发改委联合举行PE基金座谈研讨会,与苏州市联合主办创业投资论坛。依托与股权投资基金合作关系,凭借对企业融资需求理解,为股权投资基金提供投资人群体和项目配套。2009年3月,浦发银行率先推出股权基金项目库信息服务系统,帮助基金选择合适的投资项目,帮助企业进行股权融资、协助尽职调查及推进投资进程,并配套相应的金融服务支持,缩短基金投资周期,提高企业融资效率,截至2012年10月末,信息系统(二期)已纳入企业客户信息达到50余万条。

投贷联动　浦发银行与股权投资基金结成战略同盟,在股权投资基金投资或承诺投资的前提下,浦发银行以债权形式为目标企业提供融资支持,通过股(权)债(权)结合的模式拓宽目标企业的融资渠道,共同促进被投资企业的快速成长。

外商投资股权投资试点　2011年年初,上海市正式发布《关于本市开展外商投资股权投资企业试点工作的实施办法》,实现外资利用方式和外资审批制度的重大创新,为外资股权机构在中国直接投资领域打开新的通道,浦发银行成为首家试点企业托管银行。2012年,浦发银行联动上海分行、香港分行,通过跨境母子基金具体项目,设计全套跨境股权基金托管服务方案。

股权投资基金托管系统与股权投资基金信息系统　2010年4月,浦发银行直接股权投资基金托管系统二期投产使用,系统以"账户管理+股权估值"功能,成为国内首个股权托管系统。2011年,浦发银行发布国内商业银行第一份股权基金市场研究报告——《2011中国私募股权基金市场研究报告》。2012年10月,浦发银行股权投资基金信息系统(二期)正式上线。二期系统包括六大模块:项目库、基金库、投资人库(LP库)三大信息库和信息管理、业务管理、综合报表三大平台。新系统数据量大大扩充,纳入企业客户信息达到50余万条、基金及基金管理机构信息2 000余条。

截至2012年,浦发银行直接股权基金实现代理收付、基金托管、项目对接、投贷联动的全链式业务,与金浦金融产业基金、上海航运产业基金、国盛里昂人民币基金等大型产业基金实现合作,成功托管上海金浦基金、福建海峡基金、赛领基金、蓝色产业基金、内蒙古华蒙基金、上海航运基金等大型产业基金,全行托管的股权基金数量达到300只,2012年全年新签约股权基金托管组合超过100只,累计签约托管资产规模近1 500亿元,实现托管规模连续3年100%以上的增长。根据中国银行业协会统计,浦发银行股权托管业务已连续3年在全国17家商业银行中保持第一,拥有近30%的市场份额。

【股权基金业务品牌】

2007年,经中国银监会批复同意,浦发银行获得产业/创业投资基金托管业务资格,是国内第一批获得产业基金托管业务资格的4家商业银行之一。

2011年6月,投中集团发布"CVAwards2010年度人民币私募股权投资基金托管银行排行榜",浦发银行托管股权基金数量及规模均获满分排名第一,获得最佳托管银行称号。

三、养老金管理

【企业年金管理】

2003年12月,国家劳动和社会保障部通过企业年金试行办法,于2004年5月1日正式实施。企业年金是企业及其职工在依法参加基本养老保险的基础上,自愿建立的补充养老保险制度,也是一项全新的金融服务领域。2004年7月,浦发银行成立独立的企业年金部,制定一系列的年金管理制度,在国家相关标准颁发以后,开发并上线首个企业年金账户管理信息标识系统。2005年8月,浦发银行入选国家第一批企业年金基金管理机构名单,获准开办企业年金基金账户管理业务,成为国内规范模式下首批企业年金计划的账户管理人。10月,浦发银行在北京举行首届中国企业年金制度建设与市场发展高层论坛,国家劳动和社会保障部、国务院发展研究中心领导到会。自2006年始,浦发银行每年举办企业年金研讨会,为监管部门、企业客户、管理机构搭建交流沟通平台,推动企业年金政策普及及企业年金市场发展。

2005年8月,浦发银行与安徽马鞍山钢铁集团签署企业年金账户管理合作协议,管理的个人账户数达67 000多户,这是浦发银行规范模式下首个开始运营的年金计划。在马鞍山钢铁集团之后,浦发银行陆续成为新汶矿业集团、铁法煤业集团、抚顺矿业集团、广东韶关钢铁有限公司、上海申通地铁集团等客户的年金计划的账户管理人。

2007年11月,浦发银行获得国家人力资源和社会保障部颁发的企业年金基金托管业务资格,授权分支行开展企业年金基金托管和账户管理业务。2008年,浦发银行提出"占领市场,扩大规模"的企业年金业务发展要求,投产开发企业年金综合服务平台,推出企业年金新版服务方案,制定分类营销的策略。当年,浦发银行中标上海市原有企业年金过渡计划的托管业务。随后,还获得北京建工集团、江苏烟草公司、江阴港口集团、江南水务公司、广东中烟等企业年金基金管理项目。2008年起,浦发银行先后与长江养老、太平养老、国寿养老等公司合作,推出5款集合年金计划产品。截至2008年年末,全行企业年金托管规模突破150亿元。

【养老金服务】

2009年,浦发银行制定企业年金业务营销工作指导意见,明确与上海、浙江、广东、山西、重庆等第一批职业年金试点省市建立合作机制,要与黑龙江、吉林、辽宁、上海、天津、山西、山东、河南、湖北、湖南、新疆、江苏、浙江等个人账户做实试点省市建立合作机制,营销年金产品。对尚不具有条件的企业,推出企业员工福利计划管理业务。当年,浦发银行推出年金账户管理服务平台"浦发年金通",正式推出年金查询服务产品"年金卡""企业年金信息直通车",完成跨行、跨区域的企业年金收支平台系统建设和试点推广,为近百万员工企业年金发放打通12家银行的支付通道。全行积极营销浦发银行主导型福利计划,与上海国际信托公司合作的信托型福利计划,共实现33家企业的员工福利计划销售。2009年12月18日,经浦发银行决定,公司及投资银行总部企业年金部更名公司及投资银行总部养老金业务部。

截至2010年,全行企业年金业务签约账户数累计突破38万户,已运行账户数28.55万户;企业年金基金托管规模突破175亿元,企业年金类收入突破1 600万元。当年成功营销中国建材集团、陕西有色集团、浙江电力公司、国泰君安、郑州煤电等10余家大型企业集团年金项目,全面推进浦发银行-长江养老企业年金业务整体合作,开展对养老金资金运作及养老产业投融资金融服务的相关研发工作。

四、公司理财

【信贷资产转让】

2001年,浦发银行成立金融机构部,开展保险代理和基金代销业务,提高中间业务收入,先后有2002年的金牛保险产品、富国动态平衡和嘉实成长收益开放式基金代销,2003年的嘉实基金的理财通系列基金、金鹰成份股优选基金等开放式基金产品,以及天同证券有限公司推出同赢委托理财计划。

2003年,浦发银行开办系统外信贷资产转让业务,开始与信托公司合作,先后开发和设计信托集合理财产品和信贷资产证券化产品。2004年7月,天津分行正式与天津信托投资公司推出浦发稳健理财计划,由天津分行以卖出回购的方式,向信托公司转让1亿元信贷资产,信托公司以此为标的,推出信贷资产转让项目信托产品,从而创设以信贷资产、信托产品及银行存款相结合的理财产品模式,在当地取得较好的市场反响,第一期即发行规模1 735万元,成为当时同类产品的一个主导模式。

2008年,作为理财产品的创新和完善,浦发银行试点推出信贷资产转让模式,先后发行由国家开发银行担保的天津滨海基建信贷资产转让资金信托挂钩的人民币理财产品,发行国家开发银行担保的鞍山城建信贷资产转让资金信托挂钩的人民币理财产品。

2010年9月,全国银行间市场贷款转让交易启动,当日,浦发银行与山西晋城市商业银行通过全国银行间市场贷款转让交易系统达成首笔可拆分贷款转让交易,这是全国首笔可拆分贷款转让交易。

【利多多公司理财系列】

2005年,经银监会批复同意,浦发银行开办人民币理财业务,产品定位为中间业务的一个理财产品。2007年,浦发银行下发《利多多公司理财业务管理办法》,明确公司理财业务是接受公司客户的委托和授权,按照与客户事先约定的投资计划和方式进行投资和资产管理的业务活动,"利多多"是公司理财产品的统一品牌,公司理财业务的主要形式是发行理财计划,理财计划按挂钩资产不同分为结构性存款型、信托贷款型、债券型、综合型等不同种类。

信托贷款型理财产品 2007年5月,由上海分行发起,部分分行参与,首次发售4亿元与信托计划挂钩的人民币理财产品上海市北自来水公司银信合作项目,面向个人和机构客户发行,仅仅3天时间就销售一空,创造同类产品销售纪录。以此为开始,各分行先后发行信托型贷款理财产品,包括国开行担保武汉过江隧道建设项目资金信托计划、中海信托投资的系列资金信托计划、云南盐化股份贷款资金信托计划等。截至2007年年末,全行发行对公信托理财产品9期,向公司客户发行15.52亿元。2008年,浦发银行对信托贷款型理财产品进行创新和完善,浦发银行与上海国际信托有限公司合作,在全行营业网点发行首单组合信贷资产挂钩的人民币理财计划,分别设立稳健型、进取型、激进型3个品种,首次实行收益结构分层;试点推出信贷资产转让模式,引入国家开发银行担保贷款和浦发银行与国家开发银行的联合贷款作为理财产品的投资对象,以借用外部信用,增加理财产品供给,丰富全行理财产品的种类。当年,全行发行141期信托型理财计划,累计发行金额超过401亿元,其中对公客户参与销售98期,销售金额逾174亿。全行个人理财产品实现销售390亿元。2010年,全行发行信托理财产品354期,金额达856亿元。

票据型人民币理财产品 2008年3月,浦发银行全行网点发行票据型人民币理财产品。这是浦发银行与平安信托联合推出的挂钩票据资产的理财产品,首期理财计划拟募集币5亿元。该产品的突出特点在于为客户提供收益稳健、期限较短的短期理财产品,满足客户短期资金的理财需求。4月,浦发银行推出"票据赢"理财产品,作为"票据赢"的系列产品;6月,长沙、哈尔滨、南宁、上海、广州、青岛、西安、合肥8家分行在全行网点发行9笔票据型与信托挂钩的人民币理财产品;7月中上旬,哈尔滨、上海、济南、太原、天津、长沙、合肥7家分行在分行网点发行8笔票据型与信托挂钩的人民币理财产品。2009年7月,浦发银行发行2009年第一期票据池理财产品,这是一种单一以票据作为基础资产的理财产品,以已贴现和转贴现的银行承兑汇票所对应的票据资产构成投资组合,销售规模为2.5亿元,面向个人客户和机构客户销售。

债券型理财产品 2009年1月,浦发银行在上海分行试点发行债券型理财产品。首个债券型理财产品信托计划投资标的为浦发银行持有的莱芜钢铁集团的短期融资券。投资起点金额为人民币50万元,面向上海分行辖内机构投资者发行,当年发行3期共6亿元,其中对公发行4亿元。该项理财产品的发行,实现投资银行业务与理财业务的对接,提升浦发银行短期融资券的承销能力。

新股约定申购理财产品 2008年2月,浦发银行在深圳分行试点发行公司客户新股约定申购理财产品,也称对公新股直通车。

混合型理财产品 2011年2月,浦发银行推对公混合型理财产品,该类产品投向银行间市场国场国债、政策性金融债、次级债、短期融资券、中短期票据、企业债、回购、货币市场拆借,以及同业存款、信托等资产标的,具有期限灵活、预期收益较高、分享金融市场收益等特点。从投资期限区分,包括有固定期限的封闭式产品及无固定期限的开放式产品;从资产收益状况区分,该类产品又可分为保证收益型、保本浮动收益型及非保本浮动收益型3类。该产品自推出市场以来,销量逐年攀升。2012年,浦发银行又不断丰富产品种类,先后推出各类周期型、现金管理1号等流动性较高的开放式产品;截至11月底,当年销量达到5070亿元,超过历年累计销量,实现全行对公理财业务质和量的飞跃。

结构性存款产品 2011年8月,浦发银行推出对公结构性存款产品。该类产品是银行将募集资金基础资产投资于银行间市场央票、国债、金融债、短融、中期票据、信用拆借、同业存款、债券或票据回购等并进行主动性管理,同时通过结构简单、风险较低的相关金融工具获得较高投资收益的产品。该产品具有本金安全、收益固定、兑付及时等特点,是具有存款性质的一类理财产品。截至2012年年底,该类产品当年实现销售1372亿元,全面丰富和提升浦发对公客户理财服务能力。

第二章　个人业务

第一节　银　行　卡

一、东方借记卡

【发行】

智能卡时期　党的十四届三中全会以后,中国银行卡事业迅速发展。1994年全国发卡城市达400个,受理银行卡网点达4.6万家。1995年,发卡区域不断扩大,发卡银行逐年增多,由1993年的5家增加到1995年的9家,发卡量由1993年的400万张增至1995年的1411万张,形成长城卡、牡丹卡、龙卡、金穗卡、太平洋卡等五大信用卡种;交易量成倍增长,由1993年累计2000亿元到1995年的9618亿元。银行卡新产品不断涌现,先后推出计算机芯片技术的智能卡,集本外币、储蓄、小额融资、取款消费为一体的"一卡通",由发卡银行与企业联合发行的"联名卡"。ATM和POS开始在大中城市推广应用,自1987年引进第一台ATM以来,到1995年全国共有ATM 6157台、POS 48950台。上海首先实现ATM和POS联网,郑州实现POS联网。

1993年7月,在全国电子工业电视电话会议上,国家电子工业部宣布,政府将在全国范围内组织实施"金桥""金卡""金关"工程。10月,由电子工业部、中国人民银行、国家邮政储汇局组成的国家"金卡工程"办公室成立,提出从1994年起用10年左右时间,在全国400多个城市及经济发达县的3亿人口中,普及推广使用信用卡,发卡总量达到2亿张的目标。11月,党的十四届三中全会召开,形成《关于建立社会主义市场经济体制的若干问题决定》,把积极推行信用卡、减少现金流通量写入决定,列为国家经济金融体制改革的重要举措。

作为"金卡"工程的重要配套措施,1994年年初,中国人民银行组织部分商业银行开始编写《关于大力发展我国银行卡业务的总体设想》,组织成立银行卡工作组,参加全国"金卡"工程办公室工作。1994年6月,由电子工业部牵头,11个部委共同组成的全国"金卡"工程协调领导小组正式成立,确定1994年重点抓好中心城市的综合试点的实施计划。经考察后,确定上海、江苏、广东、青岛、杭州、北京、大连、厦门、天津、辽宁、海南和山东12个省市为"金卡"工程试点省市。同年10月,召开12个试点省市会议,讨论通过《大力发展我国银行卡业务的总体设想》,确立统筹规划、分步实施,试点先行、逐步推广的原则,规定资源共享、跨行共用的试点任务。12个试点省市会议,标志着中国银行卡跨行共用工程开始启动。1997年12月,12个试点省市基本实现银行卡同城跨行互联互通。1998年,又实现银行卡跨行跨区域的互联。

银行卡的发行是一个银行的实力象征,浦发银行被国家确定为全国智能卡建设的试点单位之一。1994年年初,浦发银行确定以科技兴行,大力发展计算机联机网络和智能卡(IC卡)系统的金融电子化建设目标。之后,浦发银行对国外最新计算机技术进行大量调研,并充分吸收国内同行成功经验,打破常规,采用国际最新系统结构体系,在较短时间内完成继工商银行之后上海第二个实时联机网络系统。

1994年,浦发银行引进BULL公司开发的金融智能卡系统相关设备。浦发银行科技人员以国际水平为目标,精心设计,夜以继日,消化吸收国外先进技术,用短短4个月完成东方卡业务处理系统的需求设计、计算机系统功能设计和详细设计,并进行系统程序编码等整个业务系统的开发和调试工作,在全国率先推出能够真正投入运行的IC智能卡,实现20世纪90年代的容错计算机、90年代的Client/Server计算机网络体系结构和90年代的智能卡,从技术上全面超越国内同行,开创上海金融电子化的一条新路,使浦发银行金融电子化迈上新台阶。

1995年1月,浦发银行向中国人民银行上海市分行提交开办人民币信用卡业务的请示。4月,浦发银行在全国成功推出第一张IC智能卡,取名为东方卡,同时建立起ATM和POS联机系统,加入上海市ATM跨行通兑网络,与工行、农行、交行上海市分行一起,成为上海市4个跨行POS联网交易的银行。银行卡是一个银行的名片,浦发银行卡取名为东方卡,寄望浦发银行走出国门、走向国际,寓意浦发银行是在改革开放大潮中涌现出来的新型银行,具有蓬勃生机和创新精神。另外,当时上海已出现多家以"东方"命名的企业,在上海、全国乃至国际均享有良好声誉。综合以上因素考虑,东方卡应运而生。

图3-2-1　1995年,推出第一张东方卡

东方卡作为一张芯片、磁条复合介质的银行卡,集储蓄卡、支付卡、信用卡于一体,具有信息量大、防伪安全性高、能脱机操作等优点,兼有磁条卡的存取款、转账消费、信用透支、代发工资、代发社会保险金、代扣公用事业费等联机功能,还具有芯片的电子钱包和信用透支的脱机消费功能。在POS机上转账消费时无须出示身份证、无须核对黑名单,在当时属于先进便捷的消费模式。作为全国智能卡试点的指定单位(1994年11月,全国确定海南省和上海市两家试点省市),浦发银行在上海陆家嘴支行召开有关智能卡试点推广工作现场办公会议,明确浦东新区作为此次东方卡试点推广的工作区,试点服务对象为浦东新区各大企业、商家及居民。

1995年4月23日,浦发银行在浦东潍坊街道对部分居民试点发行2 000张东方卡。首批试点发行的东方卡作为一张技术含量高、功能全、安全性强的智能型金融卡,为持卡居民解决公用事业费缴费难的矛盾,受到广大居民欢迎。同年5月,浦发银行利用两个双休日,在上海南京路、淮海路、外滩、铁路上海站、徐家汇、东方路等全市主要闹市区和各郊县支行(办事处)所在地设立24个宣传点,提供银行业务咨询、代客复算储蓄利息、介绍人民币识假方法、代收公用事业费、东方卡介绍等大型便民宣传、咨询、服务活动。浦发银行领导裴静之、金运、梁源凯和有关部室负责人、各支行(办事处)领导以及员工共计3 500余人次参加此次宣传服务活动。同年,作为上海市政府大厦综合配套服务内容之一,浦发银行以东方卡为载体,首创银行卡食堂用餐收银系统,并率先在上海市政府食堂投入应用成功。政府工作人员可以通过网点方便地进行东方卡款项存取、大小额"圈存圈提"及食堂就餐支付功能,充分享受浦发银行的一条龙金融服务。

东方卡的清算主要分为银行间清算、商户清算以及行内清算。银行间清算利用中国人民银行的同城交换系统,商户则通过在浦发银行开立账户,并接入POS机,实现POS联网交易。1995年,浦发银行个人金融部结算科设立东方卡清算中心,明确东方卡清算中心是东方卡业务的管理行,支行及其基层网点是东方卡业务的经办行,非浦发银行代理点是东方卡业务的代理行。按照科目单立、余额集中、基层代理、集中清算的模式进行业务清算,实行当日业务次日结算,自上而下逐级清算。

1996年年初,中国人民银行正式批准浦发银行开办东方卡业务,浦发银行成为全国第九家开办银行卡业务的银行。1月17日,浦发银行在上海锦江小礼堂召开1996年东方卡工作会议,浦发银行领导裴静之、朱恒、谈逸以及浦发银行各部(室)、支行(办事处)等60多人出席会议。浦发银行个人金融部、电脑部汇报1995年东方卡推广使用和软硬件开发情况,并提出1996年的工作目标,上海地区陆家嘴、静安、徐汇、南市支行(办事处)分别介绍推行东方卡工作的经验以及做好当年东方卡工作的打算和措施。行长裴静之就全行东方卡工作的意义、作用以及目标措施等作重要讲话,提出抓住机遇、以超常规方式迅速扩大东方卡市场份额的重要战略。强调东方卡的发行只能上、不能下,只能成功、不能失败。要把东方卡的推广使用作为1996年全行工作的重要内容之一,迅速扩大东方卡的发卡量,占领智能型信用卡市场。指出东方卡是浦发银行成为国内一流商业银行的重要标志之一。浦发银行的电脑设备和东方卡技术在国内属于高起点,只有占领金融科技的制高点,才能在社会上有所影响,成为国内起点较高的商业银行。浦发银行不仅有社会对东方卡的需求与呼声,而且得到各级领导的关心与支持,加之浦发银行具备一批踏实肯干的专业人才,具有较好的专用设备。提出东方卡的开展必须明确目标,实行责任制。浦发银行个人金融部和资金财务部负责落实把50万张的指标分解到各个支行及有关部门;电脑部确保电脑设备的正常运行,并及时开发适合业务发展需要的软件程序;个人金融部及时制订并推出各种实施方案和措施。利用经济手段,尽快把东方卡推向社会。要按好处给支行,负担留总行的指导思想,处理总行与支行的利益矛盾;支行也要按照这一精神,把利益让给客户、商户,调动依靠各方面力量,迅速打开东方卡局面。

浦发银行全面拓展东方卡市场。首先大力拓展本地市场。1996年7月,浦发银行在上海地区开展东方卡POS转账消费奖励活动,分两次开奖,设置特等、一等、二等、三等、四等共五级奖项,持卡人凡账号中签并满足POS消费金额要求者即可得奖,大大激发市民的办卡热情。当年,上海地区陆家嘴支行、徐汇支行、静安支行分别以74 017张、38 093张、35 677张名列当年新增发卡的前三名,徐汇支行、杨浦支行、长宁支行分别以83家、62家、57家名列当年新增特约商户前三名,有10个部门和支行超额完成总行下达的发卡任务,有8个支行超额完成总行下达的发展特约商户的任务。石化办事处、宝山办事处、杨浦支行、嘉定办事处创造发卡、商户双项指标超额完成的好成绩。陆家嘴支行、南市支行、徐汇支行东方卡年末余额分别达到2 219万元、1 502万元和1 236万元。截至1996年年底,浦发银行在上海地区新增发卡433 347张,累计发卡452 524张。浦东地区代缴公用事业费转账24万笔,计800万元,年末东方卡存款余额1.4亿元。

其次,积极跨地区拓展市场。1996年年初,杭州分行、宁波分行积极筹备本地区发行东方卡事宜,引起较大的社会反响。1996年3月,杭州分行东方卡中心正式建立,下设经理室、结算科和市场科,成立初期共由16人组成,负责分行的东方卡发行、结算、业务推广等组织管理。同年3月28日,借分行两周年行庆之际,杭州分行在全省率先推出智能型金融卡——东方卡,发行当天,《浙江日报》《杭州日报》《浙江工人日报》《浙江经济报》等报纸纷纷报道,浙江省金属材料公司、浙江省轻纺工业供销公司、杭州中策橡胶(股份)有限公司、浙江省粮食总公司等公司在《钱江晚报》头版发表祝贺。同年7月18日,浦发银行在宁波也推出东方卡。当日,宁波分行在新芝宾馆举行首发仪式,邀请主管部门领导和当地主要媒体见证浦发银行智能卡的发行。当年,宁波分行共发行东方卡1万余张,东方卡以其安全性和脱机消费的便利性,在当时宁波区域处于领先地位。1997年6月15日至7月15日,宁波分行又与宁波美乐门商城联合举办"东方卡消费九折优惠活动",东方卡消费达5 080笔,金额1 285万元,活动期间新增发卡1 500余张,存款余额增加34.03%,产生强大的市场效应。另外,宁波分行配合校园卡的推出,举办"东方卡购书九折优惠活动",赋予东方卡新的文化内涵。1997年8月,浦发银行同意北京分行作为一级发卡行开办东方卡业务。10月17日,北京分行成立信用卡(东方卡)中心,并于10月28日正式将东方卡推向北京金融市场。1998年,北京分行推出代缴130手机话费、东方卡特惠看电影、麦当劳会员卡、中国体育信息网会员卡、"今日新概念"汽车俱乐部会员卡等促销活动,大大促进北京地区东方卡的推广。

1996年9月11日,浦发银行与万事达卡国际组织签署双方合作谅解备忘录,成为万事达卡国际组织在中国的第八家会员银行。万事达卡组织承诺从技术和业务培训等方面提供支持,帮助浦发银行成为中国首张符合EMV国际标准智能卡的发卡行和智能卡技术应用的首要合作伙伴。同年,浦发银行成为维萨信用卡国际组织成员。1997年4月,维萨国际组织授予浦发银行1996年度最佳新业务拓展奖。

截至1996年12月底,浦发银行在上海、杭州、宁波等地区新增发卡量454 329张,累计发卡量达473 506张。新发展特约商户790家,累计发展商户965家。新增POS 1 280台,累计投放POS 1 592台。代发工资33万笔,计3.1亿元;特约商户消费转账75万笔,计2 094万元;保险代缴保险费转账6.3万笔,计1.47亿元。就上海地区而言,浦发银行仅用不到两年的时间,就赶上和超过上海地区信用卡发卡量最大的同业,成为上海发卡量和商户POS设备量最大的银行。

图3-2-2 1996年9月11日,浦发银行与万事达卡国际组织签署合作谅解备忘录

经过3年多的发展,东方卡发卡量、卡内余额、特约商户数量以及消费金额、代发代缴业务转账金额均有大幅的提高,东方卡的应用也日益丰富,相继推出联名卡、出租车付费系统、食堂用餐收银系统、公交卡、理财卡等多项功能。1997年12月和1998年8月,中国人民银行推出《中国金融IC卡规范》。浦发银行相应开发遵循中国人民银行IC卡规范的新系统,并在浦发银行第一营业部和

黄浦支行的配合下进行新规范卡的试运行,从而成为国内率先推出遵循中国人民银行新颁布的《中国金融IC卡规范》的智能卡的商业银行。1998年11月27日,浦发银行举行"东方卡——符合《中国金融集成电路(IC)卡规范》的首张智能卡"新闻发布会。

借记卡时期 1999年1月,中国人民银行根据《商业银行法》《外汇管理条例》,颁布《银行卡业务管理办法》,规定银行卡分为信用卡和借记卡两个系列。4月,为实现银行卡系列化,浦发银行制定《东方借记卡章程》,当年12月,中国人民银行核准《上海浦东发展银行东方借记卡章程》,正式同意浦发银行发行东方卡(借记卡)。2000年5月,浦发银行在上海推出国内第一张具有定活期存款自动互转功能的东方借记卡,5月22日,举行上市银行服务社会咨询活动暨东方借记卡首发仪式,中共上海市金融工作委员会书记杨定华参加首发式。东方借记卡的发行对象为个人,具有储蓄、消费、代发工资、代扣款项和个人理财等功能,不提供透支,在浦发银行系统内实现异地联网,并可在全国银行卡联网城市实现跨行ATM取款和POS消费。东方借记卡具备定活期自动互转、小额质押贷款、预授权等功能,为持卡人理财提供更多的方便,让客户的"定期存款活起来,存款利息多起来"。6月5日,浦发银行授权宁波、苏州、南京、杭州、重庆、广州、深圳分行和上海地区总部,以及江阴、温州支行发行东方借记卡。截至年底,共发行东方卡(借记卡)309 346张。2002年7月,遵照中国人民银行《银行卡联网联合业务规范》,浦发银行对东方卡各类业务管理规定进行较为系统的修订,并下发新的业务管理规定,包括《东方卡业务基本规定》《东方卡柜面业务管理办法》《东方卡透支业务管理办法》《东方卡客户资料管理办法》《东方卡自动柜员机业务管理办法》《东方卡特约商户管理办法》《东方卡业务POS机具管理办法》《东方卡代发(扣)业务管理办法》等。2004年10月,为满足628业务系统上线后对东方卡业务运行及管理提出的新要求,针对628业务系统的运行架构及相关业务功能特点,浦发银行对原《东方卡业务基本规定》进行全面修订。

2005年5月,为开拓业务、活跃市场,浦发银行经过半年的系统开发,顺利完成综合积分系统的一期开发工作,实现以东方卡为索引,涵盖存款业务、卡消费业务、外汇结构性存款业务、汇款业务、银证通业务等的积分功能。当时,浦发银行全国市场的借记卡发行量为800多万张,其中活动卡(即使用东方卡进行消费、存取款、代扣款等交易)约占35%左右,约为280万张。通过积分活动吸引客户,扩大客户群,提高东方卡附加值,增强东方卡市场竞争力;同时稳定客户,提高资金存量,培养个人客户对浦发银行个人银行产品的忠诚度,提高个金产品交叉营销成功率。客户使用东方卡消费、购买结构性存款产品、留存定期和活期存款、办理汇款及银证通业务都可获得积分,并参加积分抽奖和换礼活动。

银联卡时期 2001年,中国人民银行召开全国银行卡会议,温家宝副总理作出"建立统一的业务规范和技术标准,实现各家银行完全联网通用"的指示。同年3月,浦发银行制订《银行卡联网联合项目实施计划》,包括项目目标、项目原则、项目组织、项目阶段、项目进度、有关问题等6个方面内容。4月,正式确定联网联合项目改造方案,并于年底完成测试工作;12月中旬,首先在上海地区进行系统更新。2002年1月10日,经中国人民银行批准,浦发银行在上海地区发行第一张符合"银联"标准的东方卡。

2002年,中国人民银行部署2002年银行卡联网通用工作安排,提出著名的"314"计划(300个城市银行卡联网通用、100个城市银行卡跨行通用、40个城市推行异地跨行的"银联"标识卡),由"中国银联"牵头,组成"银行卡联网通用巡回测试检查组",于5月上旬开始对第一批重点城市北京、上海、杭州、广州、深圳进行联网通用巡回测试。经中国人民银行和中国银联组织的多次巡回测试,并综合每月统计报告,浦发银行受理行和发卡行业务的交易成功率均位于行业前列,得到中国人民银行的肯定。2002年11月的《银行卡联网联合简报》的数据表明,浦发银行受理行业务交易成功率高达96.3%,居所有成员行之首,发卡行业务交易成功率达96.72%。

2003年,浦发银行就非银联卡的换卡向全行提出明确的管理要求,要求对非银联卡持卡客户群进行细致梳理,为持卡人提供多种换卡方式和渠道,包括柜面实时换卡、单位批量换卡、电话银行预约换卡等。对一线人员实施必要的换卡知识培训,充分确保持卡人换卡后各项特色业务的正常开办。当年6月,浦发银行下发《关于全面启动非银联标识东方卡换卡工作的通知》,要求各发卡机构在2003年年底前完成非银联标识银行卡的更换工作。截至2003年年底,全行完成50%以上的换卡量。

【功能】

透支 1996年,浦发银行制定《东方卡信用透支业务管理规定(试行)》和《东方卡透支业务会计核算办法》。1997年3月24日,东方卡透支业务进入试运行阶段,浦发银行第一营业部、上海宝山办事处等5个单位参加试点。同年7月1日,浦发银行在上海地区正式向社会发行可透支的东方卡。截至1997年9月末,共开办1 065张可透支卡,占全部东方卡发卡量的0.15%。1997年9月末,实际发生透支不到10万元,透支期限均在两个月以内,未发生逾期不还的现象。同年四季度,杭州、宁波、南京、北京分行及江阴支行也陆续开办东方卡透支业务。

10月,中国人民银行下发《关于加强信用卡业务透支风险管理的通知》。浦发银行按照中国人民银行要求,认真落实风险防范措施,切实降低风险比率。同时,按照中国人民银行《信用卡业务管理办法》的规定,将东方卡的透支额度设定为2 000元、5 000元和10 000元3个等级。由于东方卡为智能卡,因而无论持卡人联机消费,还是脱机消费,都不会发生超额透支的情况。

特约商户 1995年6月,浦发银行率先将与群众生活密切相关的超市作为东方卡的特约商户。1997年4月,浦发银行联合上海华联、联华、农工商、百佳等四大超市(集团)公司,举办"便宜好事在东方卡特约超市"的九折优惠消费活动,10天活动期的消费金额过百万元,消费笔数为17 813笔,分别是四大超市月消费总额的8.75倍、月消费笔数的6.86倍。6月至7月,浦发银行又在《文汇报》财经专版上连载东方卡使用知识介绍,并配合举办有奖知识征答活动。1998年,浦发银行形成由200家超市组成的银行卡超市消费网络,开创银行卡进入超市的先河,引导银行卡面向大众的消费潮流。

交通付费 1996年12月18日,浦发银行与上海市建委合作开发的"城市交通智能卡付费网络"第一个项目——东方卡大众出租车付费系统开通仪式在上海虹桥宾馆二楼宴会厅举行。当日,东方卡在1 252辆贴有"东方卡本车使用"标志的大众出租车上启动使用。此举开创银行信用卡用于出租车付费的先例,首次把信用卡引入出租车付费领域,在社会上引起很大反响。出租车付费系统开通仅10天,东方卡小额存款增加100万元。1997年1月,为庆贺东方卡大众出租车付费系统的开通,浦发银行在上海市范围内开展为期一个月的"乘大众车,用东方卡"的有奖乘车活动。乘车消费额为23万元,一个月内小额圈存余额增加300万元,东方卡小额圈存资金的使用概念在持卡人中得以确立。同年3月底,所有大众出租车上全部实现东方卡消费。东方卡在出租车上的使用,是浦发银行继实现解决缴费难、开发浦东新区转账支付水、电、煤和超市消费功能之后的又一大便民措施,也是配合上海市政府实现"城市交通智能卡付费网络"的第一步。

1997年5月26日,浦发银行与上海公交客运票务结算中心联合举行东方公交卡首发式。非接触式东方公交卡项目是浦发银行与上海市建委共同研制开发的"城市交通智能卡付费网络"

的子项目。首批"东方公交IC卡"在隧道四线和775专线车上试运行,之后逐渐在上海浦东地区的10余条公交线路上投入使用,发卡量达22 000张,截至1998年,"东方公交IC卡"已在上海浦东及跨江的20条线路上应用推广。"东方公交卡"采用先进的MTEFARE技术,具有储存量大、保密性强、抗干扰强、使用方便、使用寿命长的特点,适宜在客流量大的公交车辆上使用,乘客只需在距读卡机区域10厘米内将卡面对机器即可完成扣款,省去售后点钞、交款等烦琐环节。这是上海城市公共交通付费方式的重大改革和技术进步,使上海公交现代化管理跃上一个新台阶。

个人理财 1997年3月,为加快形成以东方卡为核心的个人理财业务框架,浦发银行成立东方卡个人理财业务项目领导小组,由副行长陈辛任组长,并确定由北京分行率先推出具有IC卡业务和个人理财业务合一功能的东方卡,进行个人理财业务试点。1997年11月,北京分行推出集本、外币,存、贷款,定、活期,通存通兑为一体的,具有北京特色的东方卡个人理财业务,同时开发并启用电话银行和多媒体触摸屏自助系统。1998年,为满足北京区域金融市场的需要,北京分行抓住发展信用卡机遇,经过需求调研、系统接口协商和确认、系统开发、系统测试、数据迁移和系统上线等步骤,与总行合作开发出东方理财卡,将存款和贷款集于一身。4月,北京分行正式推出东方理财卡,同时推出电话银行业务,在北京地区首家实现代理联通手机实时缴纳话费功能、外币储蓄通存通兑功能。东方理财卡集东方卡基本功能和客户理财功能于一身,主要具有一卡多户、自动转账、通存通兑、自动提款、定存活用(小额质押贷款)、外汇买卖、外币兑换、代发工资、实时缴纳通信费用、自助银行等功能,满足客户深层次的金融理财需要。

【系列】

联名卡 1995年8月,浦发银行与上海市黄浦区商业委员会(现上海市黄浦区经济贸易委员会)经过充分商洽后,决定联合发行"东方·黄浦联名卡"。该卡在东方卡卡面的左下方印制上海市黄浦区商业委员会的标志图案和"黄浦"字样,除具备东方卡的功能外,还能在上海市黄浦区南京路上70余家大店、名店和特色专卖店享受九五折消费优惠。10月18日,国内第一张综合类消费优惠信用卡——"东方·黄浦联名卡"首发式在上海海仑宾馆举行。"东方·黄浦联名卡"按照东方卡的管理办法进行管理。浦发银行负责发卡、资金清算等工作,并向特约商户提供专用POS。上海市黄浦区商业委员会负责受理商户、优惠商品种类的管理。"东方·黄浦联名卡"主要在上海地区发行,1995年发行1万张,1996年发行11万张。1997年,根据中国人民银行《关于加强银行卡品种管理的通知》,"东方·黄浦联名卡"停止发行。

1998年,浦发银行与上海图书馆签订合作发行"东方·上图联名卡"的协议。5月18日,浦发银行正式推出国内第一张文化类智能联名卡——"东方·上图联名卡"。洪国藩、龚惠兴、王元化、余秋雨、沙叶新、王汝刚、徐虎、王震、庄红卫等两院院士、文化名人、劳模代表成为该卡的首批持有者。"东方·上图联名卡"借助先进的智能卡技术,将银行卡、上海图书馆读者证及上海图书馆读者信息管理功能整合为一体。持卡人不仅可以持卡存取款、转账消费、信用透支、代缴费,享受东方卡独有的大众出租车消费和超市消费功能,还可以通过"东方·上图联名卡",在东方卡芯片内存中设定的专用空间,在上海图书馆中文书刊外借库和中文图书、期刊等6个阅览室、视听室办理阅览和借书手续,促进金融与文化的有机结合。

1998年11月12日,浙江图书馆新馆开馆前夕,浦发银行杭州分行与浙江图书馆合作推出"东方·浙图联名卡",银行卡再次涉足文化领域。"东方·浙图联名卡"除具有东方卡原有功能外,还可作为借书证使用,在浙江图书馆内实现借阅、消费一卡通,且保密性强,无须每年换证,可长期使用。联名卡正面图案为浙江图书馆新馆的标志性建筑,兼具一定的收藏价值。"东方·浙图联名卡"一经推出,社会反响十分强烈。《经济生活报》《杭州日报》《钱江晚报》《浙江经济日报》《浙江日报》等报刊媒体多次进行报道。

2000年起,浦发银行继续发行各种类型的联名卡,主要包括与大型超市或商户合办的购物类联名卡、休闲娱乐类联名卡、房屋置业类联名卡、教育培训类联名卡、健康类联名卡以及网络电信类联名卡等。

2002年1月,中国人民银行下发《中国人民银行关于规范联名卡管理的通知》。2005年4月,为进一步规范全行联名卡发卡业务、避免联名卡的重复、低效发放,浦发银行制定《联名卡业务管理办法(试行)》,就联名卡的申报、审批、运营等方面做明确的规定。

2006年8月至9月,根据中国银监会《关于禁止银行与商业机构发放联名储值卡的通知》,浦发银行就联名卡发行情况展开自查,通过对联名卡申办方式、服务功能、发放风险提示等多方面信息解,充分履行对联名储值卡的自查目的。

国际借记卡 2002年6月,浦发银行制定《东方国际借记卡章程》与《东方国际借记卡业务管理办法》。同年11月,新开发的国际消费卡(借记卡)开始在浦发银行上海地区总部黄浦支行试运行。东方国际借记卡是以美元结算的VISAELECTRON品牌的银行卡,能在浦发指定网点进行美元存取款和在VISA国际组织全球指定受理点取现或转账消费。2003年2月,经中国人民银行批准,浦发银行正式发行国际借记卡。3月,制定《东方国际消费(借记)卡业务管理规定(试行)》。直至2004年11月,随着浦发银行正式发行与花旗银行合作的双币种信用卡,东方国际消费卡(借记卡)功能被取代,浦发银行全面停止办理国际消费卡业务。

贺岁卡与照片卡 2005年正值农历鸡年,当年1月,浦发银行增发5种不同版面的东方卡,分别为新年透明卡、剪纸鸡卡、卡通鸡卡、如意卡以及情侣卡。11月,再次增发3种不同版面的东方卡。此后,东方贺岁卡作为浦发银行的特色产品,在每年新春成序列发放,其卡面形象丰富、喜庆色彩浓郁,迎合中国传统节日消费习俗,扩大产品社会影响力。2006年1月,为进一步丰富东方卡产品形象,浦发银行发行个性化照片卡。申请人可将本人个性化照片印刷于东方卡卡面。

图3-2-3 浦发银行发行的各式卡样

【管理】

浦发银行在推广东方卡的同时，不断完善东方卡业务规范。1995年6月，浦发银行下发《东方卡业务基本规定（试行）》与《东方卡业务会计核算办法》，就东方卡的经办行及代理行以及东方卡清算中心的各项基本操作做明确规定，同时制定东方卡业务的会计核算办法。1996年4月，制定《东方卡系统基码管理办法》。11月，制定《关于东方卡无卡取款、挂失和解挂处理的补充规定》。12月，制定《关于东方卡挂失后个人小额圈存资金的处理办法》。1996年，浦发银行先后于6月和10月组织全行性的东方卡业务知识测评和业务规章制度执行情况对口检查。第一营业部、上海闸北支行、陆家嘴支行分别获得业务测评前三名，第一营业部和嘉定支行、金山支行、松江支行分别获得制度执行情况检查前三名。

1997年，东方卡的日常操作得到进一步的规范，浦发银行相继制定《关于东方卡挂失补卡、挂失、解挂补充规定的通知》与《东方卡管理业务规定》，就客户资料库管理、打卡管理、加强机房管理等方面作明确规定，完善东方卡业务内部管理。

同时，浦发银行出台东方卡业务考核办法。1996年10月，下发《资产负债比例管理考核办法》，个人金融部制订《一九九六年东方卡业务考核办法》。该办法以新增发卡量和新增特约商户两项指标为重点，体现加强内部管理、提高发卡效益、鼓励业务创新的管理思想，方法上做到数据可靠、计算简单、全面反映、合理评价。

为提高东方卡自动化管理水平，1997年，浦发银行对东方卡业务管理及相关系统进行进一步的完善。首先，将《东方卡特约商户消费对账管理程序》下放到各发卡行，简化商户对账，增强东方卡进入商户的竞争力。其次，正式启用东方卡宕账处理系统，并在浦发银行个人金融部成功试运行，从而大大降低业务人员的劳动强度，提高宕账处理的质量。再次，安装使用东方卡余额对账单打印系统，既提高打印速度，又改善天腾主机的运行环境。最后，为提高透支业务的管理水平，建立透支业务的管理数据库，完善客户资料信息，增强统计分析手段，优化清欠催收的方法。

2004年10月，为满足628业务系统上线后对东方卡业务运行及管理提出的新要求，针对628业务系统的运行架构及相关业务功能特点，浦发银行对原《东方卡业务基本规定》进行全面修订。2010年，结合不断发展的东方卡业务，浦发银行对东方卡相关业务管理办法重新进行整合修订，下发《东方卡（借记卡）管理办法》。

二、轻松理财卡

【发行】

随着中国金卡工程建设的深入开展，国内银行卡应用环境发生翻天覆地的变化。良好的用卡环境不仅提升国内个人客户的用卡意识，也为银行卡产品的极大丰富创造条件。在这一背景下，浦发银行从差异化服务的角度出发，针对国内个人客户"量入为出"的消费特性和进一步简化贷记卡申领手续和还款手续的需求，结合传统借记卡的基础功能、理财优势与信用卡账期内免息消费的特点，在技术、理论与实践操作3个层面进行创新和突破，开发国内首张符合中国银联标准、借贷合一的"轻松理财卡"。2005年7月8日，浦发银行在北京召开"浦发银行'轻松理财'展示会暨银联标准东方卡发行仪式"。"轻松理财"品牌的诞生，标志着浦发银行个人业务服务品牌建设正式启动。

2005年，个人银行加大产品创新力度，整合账户管理、支付、咨讯、投资、融资等五大平台，向市场密集推出轻松理财卡、资产负债表、现金流量表、盈亏计算器、手机查询、手机支付、及时语、房梦圆、车梦圆、保付通、收支明、家庭电子账簿、银证通、国债轻松购、关联户、四方钱、动态密码、网上银、易汇达、天下行、天天赢等20多个产品、100多项功能,以"轻松理财"服务品牌的整体形象向市场推出。其中14类产品引领同业,两项首创"国内第一","手机动态密码"是浦发银行在全国首个独家推出的网上安全服务,"爱心捐款"是全国第一家在网上银行中实现的慈善捐款。

2006年3月,浦发银行推出国内首张融理财与免息消费功能的借贷合一卡——"轻松理财卡"。具有消费、自动还款、现金存取、结算转账、多币种多期限的存款、外汇买卖、第三方存管、基金买卖等功能。其消费透支额度根据持卡人卡内备用金存款及约定定期存款余额核定。其独特的双账户设计,使持卡人享受30—50天的免息期,通过约定理财实现资金收益最大化,真正做到一卡在手,投资理财,免息消费,一举两得。轻松理财卡推出3个多月,即受到社会的广泛好评,发卡量达到10余万张。2006年10月,在进行广泛公示和客户通知的基础上,浦发银行对轻松理财普通卡实施功能升级。至此,轻松理财系列卡包含普通卡、银卡和金卡。

"轻松理财"品牌的理念是"要发展,也要理财,要理财,更要轻松",它是浦发银行通过单一客户号集中管理,在全行系统整合的基础上,打造的全方位个人金融服务平台,包含投资、支付、理财、融资、信息五大平台,囊括个人财富管理、现金流管理、支付管理、投资管理、融资管理、资讯共享等一系列产品和服务,力求体现安全、便捷、人性化和个性化的特点。客户通过简便轻松的方式,管理财务收支、实现保值增值,享受"轻松理财、你才轻松"的金融服务体验。

轻松理财卡的设计理念是集借记卡与信用卡的优势于一身,针对国内信用卡持卡人主要采用绑定还款方式进行信用卡消费和还款的市场现状,以及信用卡申领时,授信审批手续烦琐、透支消费后还款手续不便等客户反映集中的问题,推出的一张以卡内存款为信用额度发放依据,客户即来即办、即办即用,持卡人每笔消费均能享受免息期的借贷合一卡。除此之外,持卡人还可享受取款免息、自动还款、多卡合一、活期便利、定期收益、网银支付、异地服务一体化等多重服务措施,以及第三方存管、银基通、新股直通车等投资理财服务。让客户省却信用卡授信审批的烦琐、遗忘还款的不便,在工作之余轻松理财、快乐消费。

此外,以轻松理财卡为载体,浦发银行还开展银行卡支付产品与渠道的创新和建设工作。在不断推进自助网点建设的基础上,相继开通集"支付结算平台""融资平台""投资平台""财务管理平台""信息咨询平台"于一体的网上银行、电话银行,借助形式丰富的电子渠道使轻松理财卡的持卡客户能够不受时间、空间限制,"一卡在手,走遍天下"。

轻松理财卡是国内第一张将借记卡与信用卡优势集于一身的产品,产品推出后在社会上形成良好反响。约定定期转存功能、"周周赢"通知存款功能在"第一财经"的"理财宝典"栏目被分别作专题报道,反响热烈。2007年8月19日,正式对外发行轻松理财白金卡。截至2007年年底,在发卡不到两年的时间里,浦发银行轻松理财卡累计发卡量达550万张,占全行近12年累计发卡总量的30%;轻松理财卡存款占全行全口径卡存款60%以上;2007年全年轻松理财卡累计消费金额逾百亿元,占该年全行卡消费总额的近50%。先后获得世界金融实验室、世界经理人周刊、华尔街电讯网站评选并颁发的"中国十佳银行卡""中国最具影响力品牌(TOP10)银行卡类"、2006年度中国借记卡行业评选的"消费者(用户)满意第一品牌""十大理财产品"等殊荣;2008年1月,轻松理财卡还入选《世界经理人》杂志"2007年度中国最值得信赖的十大银行卡"。

2009年,为实现个人银行子品牌的精准化定位,浦发银行与扬特品牌咨询公司合作,从市场和客户两个角度对品牌的市场效应和目标客群进行深入研究。在企业品牌"新思维、心服务"的核心内涵下,进一步确立"轻松理财"和"浦发卓信"个人银行子品牌的内涵。"轻松理财"品牌面向中青年白领的专属化特性,品牌核心为"轻松";品牌个性为"高效、智慧、快乐、时尚";品牌标语为"轻松理财,快乐生活";品牌角色定位为客户的"金融伙伴";依靠现代技术和专业服务为客户提供高效的投资、融资、支付、理财、资讯等全方位个人金融服务。同年12月28日,对外推出基于浦发卓信品牌的轻松理财钻石卡。

【种类】

智业卡 2006年11月22日,浦发银行发行国内第一张"一张卡、双授权、三账户"的"轻松理财智业卡",并制定《轻松理财智业卡管理办法(试行)》《轻松理财智业卡客户授信业务管理办法暨操作规程(试行)》等规定。"轻松理财智业卡"是集合备用金账户、消费透支账户、个人信贷账户的三账户理财信用卡,为客户提供信贷、结算、财富管理等方面的服务,使用同一凭证即可实现信用消费、自动还款、多储种现金存取、转账结算、个人贷款等多项需求。客户持智业卡可办理融资周转、消费透支、本外币储蓄和转账结算等业务。智业卡具有4种特色功能。一是消费透支功能。持卡人进行消费和预授权完成等交易时,系统默认计入消费透支账户,支用透支额度。二是融资周转功能。持卡人通过签署申明方式在申请表和合同中承诺融资周转用于合法的消费和经营,不得用于国家明令禁止的非法用途后,可根据自身的融资需求通过柜面、网上银行和电话银行等渠道支用授信额度。三是本外币储蓄功能。智业卡默认关联人民币活期储蓄账户,即备用金账户,除消费和预授权完成交易外的所有交易如未特别指明,默认为对备用金账户的操作。智业卡允许开设一个或多个理财账户,种类包含整存整取、零存整取、存本取息、教育储蓄、通知存款、记名式定活两便储蓄和活期储蓄存款等业务储种。四是约定定期功能。自功能开立之日起,在日终批结时,系统自动完成备用金账户中超过约定余额的款项部分向约定定期账户转入的资金划转动作。约定定期账户的存期分3个月、6个月、1年、2年、3年、5年6个档次,按照对应存期的人民币定期存款利率计息。

2007年,浦发银行成立由分行发展管理部、银行卡及渠道管理部、个人信贷部等相关部门负责人组成的智业卡推广领导小组,以及相关条线骨干力量组成的专项工作小组,确定分行业务营销推广方案,监控和落实营销计划,建立定期分析汇报推广情况制度,围绕"两大目标客户群,三个销售主渠道,四项支用新模式"进行营销推广。智业卡营销目标客户包括中青年白领和私营业主两类客户群体。轻松理财品牌宗旨为:让都市白领在创业发展时,能享受轻松愉快的金融服务,既发展事业,又增加财富。智业卡的三账户、双授信功能契合中青年白领的安居乐业需求。其中,理财账户既能让客户享受理财的乐趣,又能帮助实现财富的保值增值;透支账户既能帮助解决日常免息消费的问题,又能进行自动或自主还款,为都市白领减少因不能及时还款而必须承担罚息的担忧;而贷款账户则可为客户提供24小时资助,以解决短期信贷的需求。私营业主虽拥有一定资产,但没有稳定和足够的现金流,难以申请信用卡和个人贷款,且手续烦琐。智业卡一次办理、循环使用,具有最长50天的免息消费功能,能够有效地缓解私营业主的现金需求。而且,由于该卡可通过网上银行、电话银行等电子渠道实现随用随借、随借随还等功能,让客户不再需要把时间消耗在往返银行和手工办理的环节上。根据客户群体的不同特点,通过存量贷款客户挖掘、新增贷款客户开发和经营性批发市场客户营销3个渠道获取目标客户。"四项支用新模式"是轻松理财智业卡营销创利的主要方面:一是消费透支模式,轻松理财智业卡消费透支最高可达55万元,在智业卡透支还款到期日未全额归还透支欠款时,还可发放1年限的消费贷款,主要满足中青年客户群体的日常消费和中小企业主的小额经营支出需求;二是自助支用贷款模式,客户可以通过浦发银行电话银行、网上银行等渠道自助支用融资周转贷款,贷款期限分为3个月、半年和1年,最大贷款金额可达10万元,对于房贷客户提前还款后可申请将提前还款释放的部分或全部额度纳入自助支用模式的单户限额中,最高可达20万元,主要满足中青年客户的现金投资需求和中小企业主的流动现金需求;三是经营支用贷款模式,通过建立轻松智业卡客户因长期货物买卖、服务提供等经营关系的支出账户对应关系后,刷卡或汇款时支用贷款的模式,贷款期限最长可达5年,贷款额最高可达到100万元,主要满足中小企业主对长期和大额经营支出的融资需求;四是指定营业机构支用模式。智业卡客户向原个人贷款受理机构提出支用申请,在授信可用额度内,支用具体的贷款产品,满足所有目标客户的多样性融资贷款需求。

知性卡 2007年,为进一步满足客户对银行卡产品日益个性化的服务需求,通过产品专属化向女性客户提供针对性更强、更趋人性化的金融产品服务,浦发银行推出以女性客户为目标群体的"轻松理财—知性"联名卡。联名卡为浅绿色透明材质卡片,卡片正面平面印刷浦发银行行名、行徽、今日风采标识、"银联"标识,今日风采读者俱乐部会员号等。作为"轻松理财卡"系列产品之一,属银联标准人民币借贷合一卡,除具有信用消费、自动还款、现金存取、结算转账等轻松理财普卡全部功能外,还具备"今日风采读者俱乐部"提供的会员服务功能。持卡人可注册成为"今日风采读者俱乐部"会员,独享会员积分,年底凭积分换领今日风采提供的奖品、免费参与"今日风采读者俱乐部"举办的各类会员联谊活动、享受今日风采提供的服饰美容美发礼仪、订阅《今日风采》杂志优惠,持联名卡享有《今日风采》提供的特惠商户折扣优惠等。2009年,知性卡发卡范围覆盖全行33家分行,发卡量从年初的26.75万张增至12月底的45.66万张,增长70.69%,卡均存款同期增长4 381元,增幅达50.7%,消费总量比同期提高7.84亿元,增幅逾110.77%。

2010年3月8日—21日,浦发银行联合知名国际品牌碧欧泉开展"知性女人,知心礼遇"活动。各分行积极开展营销活动,太原、合肥、济南、南昌和沈阳等分行的新增卡量显著提升。太原分行策划"知性丽人开卡礼""知性丽人电子礼""知性丽人刷卡礼""丽人高尔夫""丽人开心度周末"等五大主题活动,借助短信、报刊、电台、楼宇广告、户外LED屏等渠道,并在商场、社区、医院、学校等女性分布较广的场所开展现场营销。活动期间,太原分行新开知性卡3 146张,新增卡量全行排名第一,卡均存款26 262元,比其全口径卡均存款高出近190%。合肥分行采用分行策划活动框架、支行制订个性化活动的组合营销模式,并将活动资源使用方式的自主权下放到各一线营业网点,实现资源的配置节约化和运用效率化。活动期间,合肥分行新开知性卡1 425张,新增卡量全行排名第二,卡均存款11 256元。济南分行确定活动的主协办支行,并加强分支行的密切联动。为确保活动效果,于活动前走访济南市内碧欧泉专柜,确保持卡人购买碧欧泉享受赠礼。活动期间,济南分行新开知性卡847张,新增卡量全行排名第三。南昌分行通过短信、电台、LED屏等方式渲染活动氛围,同时通过行内邮件、培训等方式让分行员工成为活动的参与者和宣传者,还针对美容院、商场、代发企业等女性较多的场所开展精准营销。活动期间,南昌分行新增知性卡749张,新增卡量全行排名第四,卡均存款9 123元。沈阳分行通过当地主流媒体加大行外宣传,同时通过行内宣传渠道调动员工积极性,并通过LED屏、海报等加强网点阵地营销,利用信用卡直销团队的外访优势扩大客户宣传范围;活动结束后,分行还对支行及客户进行活动满意度情况调查,各支行及客户对活动形式和效果十分满意。活动期间,分行新开知性卡603张,新增卡量全行排名第五,卡均存款9 143元。

香港精彩旅游卡 随着中国内地和中国香港往返人流的激增,赴港公务及旅游人群在港的消费服务需求日趋显著。为进一步满足客户日益个性化的银行卡产品服务需求,通过市场细分和产品专属化向赴港人群提供针对性更强、更趋人性化的金融产品服务,浦发银行于2007年联合中国银联共同推出以商务及休闲游客为目标群体的轻松理财香港精彩旅游卡。旅游卡为中国银联标准卡,隶属于浦发银行"轻松理财卡",是由浦发银行发行的给予持卡人一定透支消费额度、持卡人可在透支消费额度内先消费后还款、可在中国境内和境外使用的、符合中国银联发卡标准的人民币借贷合一卡。旅游卡具有消费、自动还款、现金存取、结算转账等轻松理财卡的全部功能,并可享受中国银联、香港旅游发展局和香港著名商户等有关支持机构共同提供的赴港旅游全方位用卡服务和优惠活动。

汽车卡 2010年,针对车主和准车主客户,浦发银行成功推出融爱车关怀与支付理财于一体的主题银行卡产品——轻松理财汽车卡,具有道路救援、汽车保险、汽车租赁、二手车信息咨询等多种增值服务。该汽车卡的推出,丰富和完善银行卡产品线,拓宽产品销售和优质客户的获取渠道,对浦发银行扩大个人客户规模、提升客户经营能力起到积极作用。

【市场】

为不断扩大"轻松理财"市场影响力,浦发银行开展各类品牌宣传推广活动。2005年3月,浦发银行委托上海佳韵音乐工作室打造名为《启航》的个人银行宣传片,与《理财周刊》社合作,编辑、制作《浦发个金特刊》,推出教师服务月营销活动,深入校园向教师、大学生宣传网上银行、及时语、东方卡。8月,浦发银行在北京举行2005浦发"明日精英"轻松理财夏令营活动。5天的时间里,参加夏令营的孩子们体验轻松理财、参观著名高校、登上长城、观看天安门升旗仪式、游览奥运场馆、参与各种增强团队配合的游戏。8月4日,浦发银行在中山东一路12号贵宾室举行"轻松理财"媒体恳谈会。《IT世界》《三联生活周刊》《钱经》《大众理财》《时尚先生》和《中国新闻周刊》等10多家刊物的记者,以及总行和上海地区总部有关负责人出席恳谈会。副行长张耀麟向媒体记者推介浦发银行的理财业务,并回答记者提问。2006年12月—2007年1月,浦发银行独家赞助,与证券之星网站合作,举办第一届"浦发银行杯"外汇模拟交易大赛。2007年3月20日起,浦发银行开展历时约3个半月的全行性的个人银行品牌建设内部营销活动——"我的'轻松理财'浦发选秀会"。活动由3个部分内容组成。一是"金牌形象代言人",在全行范围招募"轻松理财"品牌形象代言人,充分展现"轻松理财"亲和、温馨、轻快的风格,评选出"轻松理财最佳女主角""最佳男主角""最温馨笑容"和"最佳宝贝"。二是"金笔杆征文",以"我的轻松理财"为题,开展征文活动,从所有作品中选出"金笔杆文采奖""幽默奖""人气作品",并挑选优秀文稿汇编成《我的轻松理财》精彩文集,向全行发行。三是"金点子寻觅",邀请全行员工对个人银行"轻松理财"产品、营销创新和品牌发展提出有建设性的构想和规划,评出"金点子创意奖""创新奖""人气作品",并颁发金点子奖状。2010年,浦发银行通过航空广告、网站广告、分众传媒等多种渠道展开全方位宣传,内容涵盖贵宾服务与重点创新产品。为体现"轻松理财"高效、智慧、快乐、时尚的品牌个性,启动《轻松理财短剧》的制作,分别编撰并发行《压岁钱》《轻松变房主》《完美假期》《理财每时每刻》《未来不是梦》等五集短剧,基本实现业务全覆盖。通过持续的品牌建设,在《亚洲银行家》2010年最佳零售银行评选中,浦发银行蝉联"最佳品牌建设奖";在网易举办的"2010年度金钻奖"评选中,荣获"2010年度创新奖——银行个人金融"奖项。

在开展品牌推广活动的同时,浦发银行还适时推出多项营销主题活动。2005年12月8日至2006年2月28日,浦发银行以"新意、心意,一样的节日,别样的祝福"为题,开展"轻松理财"贺岁营销主题活动。主题活动内容包括"贺岁有礼,理财礼上礼""易汇达手续费优惠促销活动""假日巧理财""刷出精彩,东方卡消费奖励""网上特惠商户如意购"。2006年9月20日起,浦发银行围绕轻松理财金(银)卡开户、消费、理财等方面开展题为"2006金秋,轻松理财金(银)卡百日欢乐颂"活动。

在历时100天的活动期间,浦发银行先后发行《轻松8+1金(银)卡理财》《轻松理财特惠礼遇》手册,通过开卡送礼提高代发客户、零星客户、现有客户的办卡积极性,通过刷卡送礼、理财抽奖、积分回馈等提高轻松理财金(银)卡的使用率。2007年4月28日至6月16日,推出题为"放轻松,与轻松理财一起快乐出行"的夏季促销活动,通过直邮广告、电台广告、浦发自有广告宣传渠道、部分合作电子商户网站首页的宣传形式,开展轻松理财卡消费与网上支付送礼和抽奖活动,以提高轻松理财卡的活动率、消费交易量,以及个人网上银行的有效客户数。6月,与海南航空股份有限公司(以下简称海航)合作,推出为期一年的轻松理财客户订购海航机票奖励活动,轻松理财客户通过海航24小时订票热线950718预定海航国内(港、澳地区除外)自营航班六折(含)以上舱位机票累计达到4张,即可获得海航1张单程国内(港、澳地区除外)自营直达航线免票。2007年8月1日至2008年12月31日,开展为期17个月的轻松理财综合积分活动,共分为消费积分、网上银行积分、理财积分、开卡积分4项内容,旨在通过全行的集中营销,加大宣传面,加强宣传力度,形成客户营销的品牌优势,为浦发银行个人银行业务的大规模发展奠定客户基础。2008年6月,以"轻松随心,环保随行"为主题,开展为期一个月的银行卡环保促销活动,活动由两部分组成:第一部分活动主题为"环保随行"。活动期间,对成功申领轻松理财系列卡并同时办理轻松理财业务的客户,赠送折叠式环保购物袋。第二部分活动主题为"轻松随心"。活动期间,客户使用轻松理财系列卡、东方卡刷卡消费且单笔消费在人民币100元及以上的,可参加"绿色环保"大抽奖。浦发银行在全国30个城市的都市新闻类报纸投放广告;并通过及时语、网上银行、电话银行、第一财经《理财宝典》《新闻晨报》漫画栏目进行宣传。同时,各分行以网点海报布置、广告营销、客户推介等方式配合宣传。9月20日至10月31日,开展以"刷轻松理财卡,留住精彩好时光"为主题的三季度银行卡促销活动。活动期间,客户使用轻松理财系列卡、东方卡消费,单笔金额在人民币200元及以上的,即可获得抽奖机会,赢取丰厚礼品。同时,浦发银行在全国30个城市的发行量较大的新闻类报纸媒体上刊登活动广告,并通过直邮明信片形式向全国发送15万份直邮广告,配以网点展架、单页、海报,网上银行、电话银行、及时语短信广告,进一步扩大"轻松理财"品牌宣传,鼓励客户使用轻松理财系列卡消费。当年,浦发银行零售业务在《亚洲银行家》举办的2008中国零售银行卓越大奖评选中荣膺"最佳技术应用奖"。2009年,中国零售银行客户满意度调研报告由全球知名市场营销公司J. D. Power亚太公司公布。本次调查包括中国20家主要银行,约占北京、上海、广州和深圳四大城市市场份额的95%,浦发银行名列第二。满意度评估基于六大因素,即交易/业务办理、账户管理/产品选择、账户信息、设施、收费及问题解决。

三、卓信贵宾卡

为更好体现差异化服务,浦发银行使用"浦发卓信"作为贵宾服务专用品牌。"卓信"二字取自浦发银行多年沉淀的企业文化精髓"笃守诚信,创造卓越"。"笃守诚信,创造卓越",是坚持诚信为本、努力创造卓越成绩之意,寓意浦发坚持金融改革与创新,秉承诚信为上的经营理念和良好的业绩来享誉社会。卓,高明杰出;信,诚实信任。卓信,乃卓越本色、诚信至上。浦发卓信理财,象征浦发贵宾理财服务坚持诚信至上,努力创造卓越不凡的业绩。秉承"笃守诚信,创造卓越"的核心价值观,以不断开创卓越、诚信为本的信念对待客户。贵宾卡标识为"浦发卓信"的红色阴刻印章盖出图样,竖排两列,签章图样,图样下方放置"Vip"黑色英文艺术字样。"浦发卓信"贵宾理财品牌面向中国较富裕阶层的顾问化特性,品牌核心为"专注";品牌个性为"稳健、睿智、细致、品味";品牌标语为

"卓而有信,成就人生";品牌角色定位为客户的"金融顾问";结合中国实际,依靠东方智慧和顾问型服务为客户提供专家级的投资咨询、理财规划和资产配置等金融服务,实现对个人资产保值、增值的价值需求。

2006年8月,浦发银行下发《关于开展贵宾中心和理财专区试点建设的通知》,贵宾中心专为金融资产达到30万元的贵宾客户提供"一对一"的服务;理财专区重点维护金融资产5万以上的优质客户,由理财经理和大堂经理提供服务。另外,建设"集中资源、集中客户、集中管理、集中培训"的贵宾客户分层服务体系。上海、南京、北京、温州、杭州、重庆、广州、深圳、天津、郑州、大连、济南、西安、沈阳、武汉、太原、长沙、哈尔滨、昆明、苏州、青岛21家分行同时开始建设贵宾中心与理财专区。截至2008年,大连等分行贵宾中心建设成效明显。在全行理财专区和贵宾中心建设持续推进的同时,贵宾增值服务取得实质性进展,总分行贵宾服务囊括结算优惠、机场贵宾厅、健康医疗、高尔夫、商旅服务、贵宾专用车位等多个项目,差异化品牌日渐清晰。

随着贵宾客户服务场所的建设,客户沟通服务平台"浦发卓信理财智慧平台"(一期)(以下简称智慧平台)也同时开发完成并在各分行上线。2007年2月8日,大连分行和太原分行作为智慧平台的首批试点行正式上线运行,3月起在其余分行陆续上线。浦发银行相应制定《浦发卓信理财智慧平台管理办法》。智慧平台是浦发银行第一个基于个人贵宾客户的管理和服务平台,集客户筛选、工作支持、营销辅助、产品信息管理、统计分析功能于一体,旨在通过识别、挖掘贵宾(优质)客户,为贵宾(理财)经理打造一个贴身的理财服务工作平台,提高贵宾(理财)经理的服务工作效能,为贵宾(优质)客户提供一系列细致体贴的理财服务,有效实现银行产品交叉销售。智慧平台使用机构主要分为总行、分行/直属支行、区域支行、贵宾中心(理财专区)四级。智慧平台的角色按照分级方式进行管理,通过系统设置其不同权限,分为业务主管、贵宾中心(理财专区)主管、贵宾经理、理财经理、产品经理以及系统管理员。根据在智慧平台中存在的形式,将客户分为贵宾客户、优质客户、关注客户、潜在客户,并对客户进行归属、分配、转移、升降级管理。同时,围绕客户个性化需求提供解决方案,集中资源优先为优质客户及贵宾客户提供服务,形成客户服务规范化、标准化流程,为客户提供一站式服务。并有计划地开展客户关系维护,及时监控客户异动和重大影响事件,根据客户特点,采用适当的联络方式。在服务和维护过程中,注重展现浦发价值,提供实质性的金融服务,着重开展交叉销售,坚持进行客户细分,提高服务和维护效率。2008年,根据《关于下发〈上海浦东发展银行个人理财产品销售管理规定(试行)〉的通知》,浦发银行对智慧平台进行优化,开发投资风险评估和"了解你的客户"(KYC)功能和产品推荐功能,并于7月1日起全面启用。

2007年3月,浦发银行推出轻松理财白金贵宾卡,作为贵宾理财服务"浦发卓信"理财的产品载体。轻松理财白金贵宾卡是"轻松理财卡"系列产品之一,属银联标准人民币借贷合一卡。在产品金融服务功能设计方面,既可提供人民币借记卡的储蓄、理财功能,又可提供信用卡的透支消费功能。同时,浦发银行制定《个人贵宾客户管理办法》,明确贵宾客户划分标准、资格认定与审批、全行统一的贵宾客户服务规范,以及贵宾卡的管理规范。全行贵宾客户可享受统一服务和优惠。一是"一对一理财经理服务"。根据已有及潜在贵宾客户数量,配备足够理财经理,为贵宾客户提供一对一专属服务。总分行共同对理财经理的服务内容、服务规范、服务质量等进行全面管理。浦发银行制定相应贵宾客户服务规范,分行在浦发银行管理规范的框架下制订相应的实施细则。二是"全国网点免排队服务"。浦发银行对白金卡持卡客户在全国网点提供免排队服务,通过"贵宾绿色通道""优先叫号系统"等措施最大限度减少贵宾客户排队时间,努力实现贵宾客户真正的"免排队服务"。三是贵宾专属热线电话。"95528"全国服务热线特设贵宾通道,为贵宾客户提供快速、专业的热线服务。四是贵宾专属网页。为贵宾客户特别建设贵宾专属网页,包含贵宾专属咨讯和产品,让贵宾体验到不同的网络服务。五是白金贵宾卡、贵宾手册、促销礼品等。白金贵宾卡全行统一发行,《浦发卓信贵宾手册》、促销礼品等由浦发银行统一设计,确保全行贵宾服务统一、规范。六是多项产品、服务费率优惠。浦发银行制定贵宾客户享有的产品、服务费率减免标准,推出理财产品时也会实施差异化报价策略。3月9日—10日,浦发银行"贵宾中心建设项目培训"在浦发银行信息中心举行,浦发银行机构管理部、个人银行部、财务部、培训中心有关人员及第一批"贵宾中心项目建设"分行的项目负责人和设计人员60余人参加培训。培训提出标准化设计方案和项目建设要求,标志全行营业网点理财区域和贵宾中心建设的全面启动,为使网点建设与个人业务的快速发展及客户日益个性化需求相适应奠定基础。

6月14日,浦发银行下发《"浦发卓信"品牌使用管理办法》,正式推出"浦发卓信"品牌。为保证贵宾客户的服务质量,浦发银行在网点建设贵宾客户专属服务场所——"浦发卓信贵宾理财中心",为贵宾客户提供专属服务,设贵宾接待区、贵宾休息等候区、贵宾理财室、运营柜台区(包括现金服务)、办公区等功能区域,满足贵宾客户的所有金融服务需求。浦发银行在上海分行试点,选择国际品牌公司,设计推出具有全新视觉形象和功能布局的营业网点。新网点在内部功能区域的设计划分上发生变化,突出"以客户为中心"的理念、设置能满足高端客户特殊需求的理财区域和贵宾中心。

2008年8月25日—11月25日,浦发银行在全国范围内开展"卓信礼遇,中国魅力"贵宾客户招募活动。活动期间成功申领"卓信白金贵宾卡"的新贵宾客户以及成功推荐亲友的原卓信白金客户,可获赠著名陶瓷艺术家黄云鹏先生为浦发贵宾客户创作的限量"卓信青花瓷"礼盒,每个瓷瓶均配有黄云鹏亲笔签名的收藏证书。同时,浦发银行在全国30个城市都市新闻类报纸投放广告,通过及时语、网上银行、电话银行、第一财经《理财宝典》进行宣传,并统一制作宣传海报、展架、单页。

2008年12月,浦发银行上海分行创立"卓信财富论坛"高端客户沙龙活动。论坛先后邀请郎咸平、姚景源、樊纲、秦朔等知名经济学家,就政治经济等宏观环境以及行业投资、市场研判等投资者关心的话题,与贵宾客户开展深入交流。同时邀请钱文忠、程乃珊、章震宇等沪上知名学者、作家,就中国历史、海派文化等为贵宾客户进行分析和讲解。"卓信财富论坛"成为浦发卓信贵宾服务品牌中非常重要的组成部分,特邀嘉宾郎咸平、樊纲等的讲座,甚至出现一票难求的情况。

2009年9月17日,浦发银行在北京发起"超越财富,寻找幸福"浦发卓信健康公益行全国巡讲活动,并举行首场健康讲座。活动邀请北京地区近300名贵宾客户和60家新闻媒体到场,客户反响热烈,年内完成十几家分行的巡讲活动。浦发卓信健康公益行全国巡讲活动是客户服务与品牌宣传的有机结合,对提升客户满意度和品牌认知度具有积极作用。12月28日,针对金融资产100万元以上客户,浦发银行启动贵宾客户服务管理项目,推出轻松理财钻石卡。作为贵宾理财服务"浦发卓信"理财的高端产品载体,为钻石贵宾客户推出情感关怀、商旅关怀、健康关怀、驾车关怀、境外旅行关怀、高尔夫服务等多项特色服务,全面满足贵宾客户需求。2010年,针对钻石贵宾服务,浦发银行策划组织媒体见面会,158家媒体对钻石贵宾服务体系予以报道。之后又在全行范围内开展"健康之旅"钻石贵宾客户健康巡诊活动,有效提升"浦发卓信"在全国市场的知名度,进一步树立"浦发卓信"品牌的市场影响力。

2010年5月1日起,全行持续开展"高山缘、流水韵"白金贵宾客户招募活动,6个月内全行白金贵宾客户净增10 362户,其中,上海、南京、北京分行白金贵宾客户净增数位居前三位。同时,继续推广贵宾客户生日礼活动,在"卓信国粹笔"基础上,新增"卓信国粹表"和"卓信青花杯",进一步丰富卓信青花瓷系列礼品,全年共派发"卓信国粹笔"16 150支、"卓信国粹表"9 211只、"卓信青花杯"25 742个,深受高端客户喜爱,大大提高营销高端客户的有效性。6月12日,"超越财富,寻找幸福"——浦发卓信心灵之旅全国巡讲活动启动仪式,在浙江省人民大会堂隆重举行。副行长徐海燕出席仪式并致欢迎辞,钱文忠教授作了《玄奘与时代精神》的精彩演讲。浦发银行200多位杭州地区贵宾客户参加仪式,全国140余家媒体对活动进行报道。为提升品牌内涵,浦发银行还与《钱经》杂志合作,推出"钱星"栏目,先后邀请孙红雷、白岩松、李冰冰、刘烨、陈坤、张嘉译、吴小莉等社会知名人物成为理财主打星,由浦发理财师量身定制理财方案,扩大个人银行品牌的公众信任度。为积极推广"浦发卓信"贵宾理财品牌,以"卓信"为题,与《钱经》杂志合作,创办浦发自有刊物《卓信(季刊)》,刊物中的"知、行、家、趣"版块,以及深度文章,充分体现"浦发卓信"品牌个性中的"细致与品味",有效传导品牌文化,在业内受到广泛关注,也得到客户的高度评价。同时,为加强分行对钻石贵宾客户增值服务的应用,浦发银行强化增值服务体系的培训和推广,制作一整套增值服务培训教材,建立起"钻石贵宾增值服务简报"制度,每月向全行发布增值服务使用量和服务质量情况,确保钻石贵宾服务质量;在客户端,通过定向及时语等形式向钻石贵宾客户宣传增值服务内容,提高客户使用率。

随着浦发卓信钻石贵宾服务的推出,各分行持续经营客户、深化服务内涵,传递浦发卓信"专业、专注、专属"的服务理念,彰显出浦发卓信"稳健、睿智、细致、品味"的品牌个性,推动全行个人银行业务的持续、快速发展。哈尔滨分行举办"红粉佳人,玄妙之旅"易经讲座,开展增值服务和交叉销售的结合,为女性客户传达玄妙的生活资讯和温情新贵的服务理念,在提升浦发卓信贵宾品牌形象的同时,实现客户资源共享。北京分行举办国学专题讲座,将"浦发卓信"贵宾品牌与中华传统文化相结合,满足贵宾客户的内在需求,并通过客户资源共享拓展潜在目标客户,拓宽交叉销售渠道。上海分行打造浦发卓信钻石卡俱乐部,定期举办丰富精致的沙龙活动,并推进非金融领域的增值服务,如留学、移民、法务、房屋租赁、旅游、教育等方面的咨询和特惠。另外,还有杭州分行"春语茶韵"茶艺生活乐享会、西安分行"新生训练营",以及长沙分行的"阅读,让童年更美好"读书活动,都让客户切身感受到浦发卓信贵宾客户专属的尊贵礼遇与高尚品位。

四、浦发信用卡

【发行】

2003年6月,经银监会同意,浦发银行就引进技术和管理发展品牌贷记卡事项与花旗银行进行合作。7月,中国人民银行通过对浦发银行的信用卡系统进行专业认证。8月,浦发银行制定《信用卡(个人卡)章程》《信用卡(个人卡)业务管理办法》《信用卡(个人卡)风险管理办法》。

浦发银行信用卡(个人卡)是浦发银行信用卡中心向社会公开发行的信用卡,具有信用消费、取款、还款和转账结算等功能,可在中国境内或境外使用。持卡人持双币种信用卡或美元单币种信用卡,可在全球VISA/Master Card国际信用卡组织指定的商家购物消费,并可在全球贴有VISA/Master Card标识的ATM和VISA/Master Card国际信用卡组织指定的取现点提取现金。持卡人持双币种信用卡或人民币单币种信用卡,可在中国银联及信用卡中心指定的商家购物消费,并可在境内贴有中国银联标识的ATM和中国银联及信用卡中心指定的取现点提取现金。

浦发信用卡的发卡主体是浦发银行,卡面上明确标注浦发银行名称和行标。在浦发银行信用卡卡面体现花旗标识,体现引进花旗银行技术和管理、发展浦发银行品牌贷记卡的合作关系以及对花旗银行知识产权的尊重,有助于在市场上树立浦发银行信用卡国际化品牌形象。

在业务技术与运营架构方面,浦发信用卡业务开办初期暂时使用花旗银行设立在新加坡的亚太运营中心(APPC)数据库进行信用卡业务的数据批处理,信用卡业务运营均在境内由浦发银行信用卡中心或中心授权机构完成,信用卡业务的资金清算将通过浦发银行统一完成。同时,根据监管要求,对引进的花旗信用卡业务系统(ECS+)进行修改和调整。

2004年2月4日,经中国人民银行批准,浦发银行信用卡中心正式发行浦发信用卡(个人卡)。发卡当天,浦发银行在上海中山东一路12号底层大厅举办"上海浦东发展银行信用卡首发式"活动,浦发银行领导张广生、金运、张耀麟,花旗集团首席执行官Charles Prince、花旗集团中国区行长Richard Stanley及其他花旗集团要员参加首发式,美国驻沪领事馆总领事Douglas Spelman也莅临出席。

2004年11月13日,浦发银行在广州举行信用卡发卡仪式,这是浦发信用卡在沪首发后,全国第二个发卡的城市。活动当天,广州分行营业部和13家支行以及分行相关部门工作人员向市民宣传浦发银行信用卡和东方卡。广州电视台、南方电视台、《南方日报》《广州日报》《南方都市报》《新快报》等主流新闻媒体对发卡仪式给予重点报道。同年12月23日,浦发银行在深圳市五洲宾馆举行浦发信用卡新闻发布会暨浦发银行深圳分行VIP客户新年答谢会,副行长张耀麟、花旗银行个人银行中国区总裁陈邦仁共同为浦发信用卡扬起深圳之行启航的风帆,至此,浦发信用卡正式登陆深圳。继上海、广州、深圳之后,杭州成为第四个发行浦发信用卡的城市。2005年3月22日,浦发银行在杭州凯悦酒店举行主题为"扬帆杭州,启航优越生活"的"浦发信用卡发卡仪式暨VIP客户答谢会"。浙江省人民政府、浦发银行总分行、信用卡中心、花旗银行中国区、中国人民银行、银监局等机

图3-2-4 2004年2月4日,浦发银行举行信用卡首发仪式

构领导、分行辖内70位浦发信用卡首批持卡人、分行各部(室)主要负责人和支行行长以及杭城商户代表近200位嘉宾参加仪式,在杭22家主流媒体进行现场采访。

2005年6月9日,浦发银行在北京举行"浦发银行信用卡六城市发卡典礼",在北京、天津、大连、南京、宁波、苏州六地同时发行信用卡。这是浦发银行信用卡继2004年2月上海首发和广州、深圳、杭州继发之后的又一次重大战略行动。中国人民银行总行及北京分行、银监会及北京银监局、北京市政府银行卡办公室、银联和VISA以及以北京为主的六城市媒体记者应邀出席。副行长张耀麟和花旗银行亚太区信用卡业务首席执行官David Skillen分别致辞,个人银行总部副总经理和花旗集团中国区消费金融业务总经理共同启动舵轮,地图上象征10个发卡城市的红灯逐一亮起。北京现代汽车集团财务总监等六城市首批持卡人,由浦发银行北京分行行长为其颁发信用卡。至此,浦发信用卡已在全国10个城市正式发卡,在中国信用卡市场上完成一个漂亮的"三级跳"。

2005年11月10日,浦发银行白金信用卡发行庆典在上海博物馆一楼大厅内隆重举行,标志浦发银行白金信用卡在北京、上海、广州、深圳、杭州、天津、大连、南京、宁波和苏州等10个城市正式发行。浦发银行信用卡金卡持卡人代表、合作伙伴及媒体近300位人出席。浦发银行个人银行总部副总经理和花旗银行中国区个人金融银行财务总监共同为浦发银行白金信用卡揭幕。浦发银行白金信用卡定位于"市场上最好会员酬宾和最尊贵礼遇的白金信用卡",为商务人士量身定做,紧密围绕持卡人商务及旅游、服务便利、用卡安全的三大需求,推出更快的积分累积奖励计划、最尊崇的商旅礼遇、最具分量的安全保障,同时提供24小时白金秘书专人服务以及环球高尔夫、酒店、餐饮及购物礼遇。2008年10月1日,浦发银行正式在全国31家分行所在区域发行白金标准信用卡,产品定位于客户的24小时专属私人助理,目标客户主要面向跨国和外商投资企业2000强中高层管理人员、政府部门公职人员、各类大型企业中高管理层、专业人士和部分资产达到一定规模的私营企业主。白金标准信用卡除浦发信用卡的基本功能外,还为持卡人提供邮购分期、商户分期、自由分期付、网络等多种支付方式,持卡人可享受指定餐厅和休闲演出的优先订位权和贵宾特惠,以及亚太区15个高尔夫球场免果岭费畅打。持卡在境内外所购物品在30天内若意外损坏或被盗,可获得全年累计最高达人民币1万元的补偿。同时,持卡人可通过24小时白金助理热线,预订全球机票和酒店、租车、代购、鲜花递送,以及享受航班或行程延误补偿,旅行平安保障计划等。

【功能】

2004年11月13日起,浦发银行下发《信用卡还款渠道介绍及相关业务操作手册》,全行开放信用卡还款服务。从2005年11月18日起,浦发银行陆续开放信用卡网上银行购汇还款交易、信用卡ATM自助终端还款交易、柜面信用卡查询交易,同时下发《浦发信用卡新增信用卡还款渠道业务管理办法》。2006年,浦发信用卡新增ATM机购汇还款、上海付费通公司网站还款、支付易终端还款等还款渠道,并加入中国人民银行小额支付系统网络,实现他行转账还款的系统自动化处理及网点购汇还款手续简化等还款方式优化,为客户提供更多的还款方式及便捷还款渠道。

2005年12月13日,信用卡中心正式推出信用卡积分功能。持卡人在活动期间内使用浦发信用卡进行消费、取现、免息分期项目,按照相应标准逐笔计算积分,积分可用于兑换礼品、航空公司里程、信用卡年费。2006年第一季度,开展信用卡客户获取市场活动,下发《浦发银行信用卡中心积分规则和标准问答》和《2006年第一季度客户获取活动规则和标准问答》。

2006年2月,浦发银行推出信用卡分期付款业务,分期付款业务的期数可分为6个月和12个月。在浦发银行指定的合作商户或商品范围内,持卡人可以分期付款方式订购商品。5月30日,浦发银行推出信用卡分期还款信贷功能,持卡人可在卡中心的授信额度内申请信用贷款,并按与卡中心约定的期数按月等额通过信用卡偿还本金及利息。11月,浦发银行完成信用卡客户资料与核心业务系统个人客户资料的合并工作,浦发银行核心业务系统通过个人客户号统一管理客户的信用卡业务,同时制定并下发《信用卡客户号与总行个人客户号归并的业务操作规范》。

【管理】

2005年3月31日,浦发信用卡客户服务中心迁回信用卡中心办公场地,并快速建立一支素质全面、专业性强的客服团队。9月,信用卡中心建立客户投诉机制,规范客户反馈和投诉的处理,制定统一、高效的处理流程,从"有效预防客户集中反馈和投诉的产生""客户反馈和投诉的日常处理"以及"后续改进"三大角度进行有效规范。自2006年起,信用卡中心正式规范服务质量体系建设,设立专门的服务质量管理团队,通过"服务意识宣导""服务指标设立""问题专案跟踪""满意度调查"等多种方式,提升信用卡中心员工的服务意识、服务水平,定期和信用卡中心各业务部门协作,主动完善各业务流程,做到先于客户发现问题、先于客户解决问题,增加客户满意度和归属感。

2005年,浦发银行信用卡中心以先进的反欺诈系统和反欺诈人员为优势,将风险防范工作具体落到实处。全年欺诈损失有效控制在1个基本点以内,大大低于行业平均水平。2006年,浦发银行信用卡中心继续通过各项措施,加强催收和反欺诈防线,搭建全国性的催收设施,不断优化催收策略,运用多样化催收手段,采用在逾期滚动率高的逾期档次加强催收频率等策略,控制逾期滚动率。同时加强欺诈申请侦测,阻击申请端欺诈。

2006年年初,浦发银行条形码追踪系统投入使用,覆盖从直销申请到最终批核的整个过程,将原有的处理时间从2天缩短为1天。2006年5月,外部信息整合系统上线,将中国人民银行征信信息、黄页返回信息、社保返回信息以及银联不良记录汇整在系统。影像系统于2006年8月1日正式上线,减少申请表流转的时间,调整分件方式,提升核实效率。

【种类】

WOW卡 2006年7月8日,浦发银行在上海瑞安广场举行WOW卡发卡仪式。4个巨蛋分别以"看我的""听我的""按我的""爽我的"4个主题设计,反映年轻一代表达自我的方式。信用卡中心130多位党团员代表作为WOW卡的形象大使兵分4路,从东、南、西、北4个方向同时向主会场进发。随着浦发银行信用卡中心首席执行官和副首席执行官将信用卡拼图贴上背景板,4张浦发WOW卡破壳而出,宣告其正式"蛋"生。

自此,浦发银行正式在全国26家分行所在区域发行"浦发WOW(我)卡"。"浦发WOW(我)卡"是主要针对年龄在22—27岁年轻族群的信用卡。在卡样设计上,采用由一张标准卡结合4张异型卡的配套组合,申请人可以自由选择1张标准卡+N张异型卡的组合;在收费标准上,以一次性缴纳入伙费+制卡费的方式取代传统年费;以电子账单邮件提醒+电子账单的服务方式取代传统的纸质账单;在产品功能设计上,除提供基本的消费信贷外,还推出免息分期付款、各类商户礼遇等功能。另外,举办"激情任WOW行"WOW卡市场活动,推出符合年轻人动感特性的开卡礼——捷安特自行车。

2007年9月4日,浦发银行在国际奥委会全球合作伙伴Visa国际组织的支持下,于全国限量发行WOW Visa奥运卡,全力支持国家体育总局水上运动管理中心下辖的国家激流回旋皮划艇队冲击北京2008年奥运。国家体育总局水上运动管理中心副主任刘爱杰、Visa国际组织亚太区执行副总裁暨大中华区总经理张楷淳、浦发银行副行长张耀麟、花旗银行(中国)有限公司副董事长李亚文出席仪式并共同为 WOW Visa 奥运卡揭幕。WOW Visa 奥运卡以中国书法形式表现激流回旋皮划艇运动项目冒险、刺激的极限运动精神,同时体现 WOW 卡"一切由我"的个性主张。持卡人可享受 KTV 免费欢唱、生日当月送蛋糕、星级影院半价、羽毛球馆免费运动、游泳馆半价等优惠。

公务卡 为规范财政资金管理,促进非现金支付工具在中央预算单位日常公务开支中的使用,财政部联合中国人民银行于 2007 年正式启动公务卡在中央预算单位的推广工作,并提出在 2010 年前在国内建立比较完善的公务卡管理制度。这一目标的提出,为发卡机构开发和推出公务卡这一金融产品服务,创造积极的市场条件。2007 年下半年以来,全国各级预算单位的公务卡推进步伐不断加快,继国务院、中央纪委提出加快推进公务卡改革试点的要求后,2008 年 1 月 30 日,中央纪委、财政部、中国人民银行联合召开全国公务卡改革试点电视电话会议,对切实作好公务卡应用推广工作进行部署。根据部署,160 多家中央预算部门和全部省级预算单位于 2007 年起全面启动公务卡试点工作。

2008 年,浦发银行推出以中央预算单位机关工作人员为发卡对象的公务卡,并率先在上海、郑州、长沙、天津、武汉等地区进行公务卡发卡试点,同时制定《公务卡章程》《公务卡管理办法》和《公务卡风险管理办法》。2009 年起,浦发银行进一步加快公务卡业务在全国范围内的拓展进度,又先后在山东、沈阳、河南、湖南、广州、内蒙古、四川等省市发行公务卡。

主题卡 2008 年 7 月 17 日,浦发银行携手中国银联引入麦兜形象,发行首张以麦兜为形象的主题信用卡,这是浦发银行推出的首张银联标准信用卡,并启用"浦发银行 SPD BANK"全新标识。该卡以麦兜积极进取的卡通形象为主要卡面卖点,卡面设计特别采用"夜光"材质,使麦兜形象无论在白天或黑夜均可呈现。产品定位是"简单人生、乐观生活",特别为 18—25 岁初踏工作岗位、追求生活梦想的人群而设。麦兜主题信用卡推出特别双倍积分优惠,刷 1 元积 2 分,并且允许卡友之间的积分互赠,兑换专属麦兜礼品,成功申请便可终身免年费。同时,针对该年龄段人群的消费习惯,麦兜卡从上海、北京、广州、深圳、南京 5 个城市选取餐饮、影院和 KTV 商户为持卡人提供特别优惠。同时推出刷麦兜主题信用卡,赢取"麦兜家乡香港双人三天二夜探访之旅"的用卡激励活动。麦兜主题信用卡的推出,是对"你能享更多"品牌主张的进一步完善,也表明浦发信用卡以更细化和个性的方式服务不同消费群体。2010 年,由金融界网站主办的"选我最爱"年度信用卡评选结果揭晓,浦发银行麦兜主题信用卡荣获"最具时尚力信用卡"称号。

2009 年 6 月 18 日,中国银联与浦发银行、工商银行、建设银行等 15 家商业银行,共同发行"建国 60 周年银联标准主题信用卡"。该卡面向全社会发行,以歌颂祖国、体现建国 60 年建设成果为主题,具有独特的时代意义和纪念意义。浦发银行副行长冀光恒出席发行仪式,并与中国人民银行、中国银行业监督管理委员会及其他各商业银行领导共同为新卡揭幕。

上海旅游卡 为迎接 2010 年世博会,为上海旅游业的发展提供助力,2009 年 9 月,浦发银行正式发行银联单币种信用卡——上海旅游卡普卡及上海旅游卡金卡。超过 1 000 家上海知名商户为上海旅游卡提供旅游、住宿、餐饮、票务、购物等服务,以及折扣、礼品和积分,包括上海市 20 家 3A 景区、30 家特色餐饮、10 条旅游线路、10 家各星级酒店、10 家商场、10 家娱乐休闲商户在内的 100 家核心特惠商户为持卡人提供专享特惠服务。

上航·浦发联名信用卡 2007 年 2 月 28 日,浦发银行与上海航空股份有限公司合作,在北京、上海等地区正式发行上航·浦发联名信用卡,当天下午,"上航·浦发联名信用卡上市发布会"在浦发银行举行。浦发银行董事长金运、副行长张耀麟,上航董事长周赤、总经理范鸿喜,Master Card

花旗银行业务部欧洲及亚太区总经理以马利·佩迪特出席仪式。上航·浦发联名信用卡分为白金卡、金卡(金卡优享版、金卡标准版)、普卡。上航·浦发联名信用卡具有里程累积、电子客票双倍积分、机票买一赠一、专属check-in柜台、免费行李超重、优先候补机位、机场VIP贵宾休息室、上航假期自由行优惠、机上免税品折扣、花旗环球礼遇、高额旅行平安保障计划、旅行不便保障、购物保障等特点。目标客户是年龄在25—45岁之间的上航常旅客会员,其他航空公司的常旅客会员及经常飞行的商务人士,以及偶尔飞行或每年有旅游计划的人士。当年,"上航·浦发联名卡"获得万事达组织颁发的"2007年最佳联名卡"。

日航·浦发联名信用卡 2007年3月6日,浦发银行与日本最大的航空公司——日本航空公司合作,在北京、上海等地区正式发行日航·浦发联名信用卡,并于上海明天广场万豪酒店举行发卡仪式。浦发银行个人银行总部副总经理、日本航空执行董事中国总代表北京支店长、JCB国际组织首席执行官及花旗集团中国区个人金融首席财务官出席发布会,共同为日航·浦发联名信用卡揭幕,近40家中日媒体出席会议。该卡是针对经常往返于中日之间的商务人士及探亲旅行人士而度身打造的。客户持有日航·浦发联名信用卡,可成为日航里程积累俱乐部(JMB)会员,参加里程累积,并享受高额的旅行平安保障计划、JCB专属贵宾服务和机上免税品折扣,实现人民币和美元一卡双币、信用卡和JMB会员卡双卡合一、自由分期付款功能和小财大用免期付款功能,以及多渠道服务、全球紧急支援、海外紧急补换卡、多种还款方式等礼遇。目标客户是日航中国区会员、日航在中国的企业客户、日企在中国国内的员工、往来中日之间的商务人士、中日间探亲、旅游的客群。

优悦会·浦发联名信用卡 2007年7月16日,经过近一年的发行筹备,以及各项商务谈判和协议签署,浦发银行与洲际酒店集团合作发行的优悦会·浦发联名信用卡正式上市。洲际酒店集团旗下拥有洲际酒店及度假村、皇冠酒店及度假村、假日酒店及度假村、快捷假日酒店等7个国际知名酒店品牌,遍布全球100多个国家和地区。客户持优悦会·浦发联名信用卡,可成为优悦会会员,享受优悦会会员权益,通过刷卡消费累积积分,获得洲际酒店集团全球3700多家酒店的免费住宿,或可兑换国航、海航、南航、美国西北航空、美国联合航空等20多家航空公司的飞行里程。同时享受酒店餐饮折扣、花旗环球礼遇以及多类旅行保障。

百货联名信用卡 自2008年起,浦发银行先后在沈阳、哈尔滨、广州、芜湖、南通、长沙、郑州、西安等地发行新玛特、新一百、摩登百货、侨鸿、美美、大商集团、大洋、松雷等浦发联名信用卡,持有这些百货联名信用卡的客户,可在合作商户享受优惠折扣、积分累积及免费泊车等。

星尚浦发信用卡 2009年4月28日,浦发银行与上海文广新闻传媒集团(SMG)旗下的知名生活时尚频道Channel Young,推出国内首张由主流电视媒体与银行合作的联名信用卡——星尚浦发信用卡。该卡主要面向年轻时尚一族,力求打造成精致时尚生活的必备金融产品。持卡人可享受Enjoyoung会员商户特惠,并有机会参与各大时尚盛典,以及生活时尚频道的节目录制。2010年5月,浦发银行正式发行银联单币种信用卡——星尚浦发信用卡百联OK特别版,这是浦发银行与上海时尚文化传媒有限公司(星尚)以及百联电子商务有限公司在上海地区推出的全新联名信用卡。

【市场】

自2004年2月正式发卡后,浦发银行信用卡中心迅速拓展发卡城市与发卡渠道,逐步建立分行、直销、电话销售和委外销售4个销售渠道,并以上海为起点直至覆盖全行。2004年2月,上海分行发卡,分行销售渠道成立。4月,直销渠道上海团队成立并开始作业。11月、12月,直销渠道广州团队及深圳团队先后成立,广州、深圳分行开始发卡。截至2004年年底,信用卡中心约有直销人员170人。之后,浦发信用卡中心的直销团队日益壮大。2005年3月,杭州分行发卡。6月,北京、天津、南京、苏州、宁波、大连6家分行发卡。当月,北京直销团队成立。8月,南京直销团队成立。截至2005年年底,信用卡中心约有直销人员390人。同时,浦发银行规定在各分行内部指定一名信用卡进件处理专员,统一负责信用卡中心与分行信用卡进件的传递及沟通,同时为每个承担信用卡营销任务的客户经理开设个人营销代码,直接反映于申请表,跟踪销售业绩。

2006年,借助信用卡业务全面推进的契机,浦发银行完成对26家分行信用卡业务专员的招聘工作。1月,浦发信用卡中心电话销售团队在上海成立,开始销售信用卡产品。3月,哈尔滨、济南、南宁、长沙、太原、郑州、沈阳、昆明、武汉、西安、青岛、温州、南昌、芜湖、重庆、成都等16家分行发卡。6月12日,首批信用卡业务专员在被派遣到各分行,支持信用卡营销工作。7月,成都直销团队成立。8月,成立委外销售渠道,签约3家委外销售代理商。之后逐步覆盖天津、大连、宁波、青岛、济南和杭州等6个城市。截至2006年年底,信用卡中心直销人员已达420人,电话销售人员60人。2007年,浦发银行取消信用卡中心向分行派遣信用卡销售专员的方式,改为分行根据营销工作的要求自主决定人员配置。

在不断加强信用卡销售队伍建设的同时,浦发银行逐步建立起信用卡考核激励体系。2004年7月开始,浦发银行将信用卡销售纳入上海地区总部综合经营计划考核体系。10月,浦发银行对上海分行实施第四季度信用卡销售推进措施,并于2005年5月组织19名分行代表前往花旗新加坡银行亚太地区总部进行为期4天的考察学习。2006年1月24日,副行长张耀麟会见花旗银行国际卡部执行副总裁Faith Massingale一行,会后举行浦发银行信用卡中心"2005年度上海地区销售奖颁奖仪式"。陆家嘴支行、黄浦支行、金桥支行、南市支行和长宁支行获得"2005年度上海地区信用卡销售优胜支行奖",5位员工获得"2005年度上海地区销售精英奖"。同年3月,信用卡中心第一次组织10家分行信用卡业务分管行长和分行信用卡业务部门负责人集中业务培训和交流,并于8月再次组织所有发卡分行的信用卡业务联系人的信用卡业务培训。同时,浦发银行积极推进信用卡营销措施,制定《2006年度16家新发卡分行阶段性信用卡营销指南》,并据此落实对各行信用卡销售任务的考核与评定。当月,浦发银行推出分行客户经理销售奖励计划,5月至8月,在上海、广州、深圳、杭州4个分行开展信用卡销售百日竞赛活动。上海、杭州分行分别获得先锋团队奖和优秀组织奖,并于10月分别派代表参加在新西兰举行的花旗全球销售精英峰会;11月,派出优秀员工参加国内培训。同年,浦发银行个人银行业务竞赛活动第一次把信用卡纳入竞赛项目,上海、杭州、大连、天津等4家分行在已发卡的10家分行中脱颖而出,成为最终获胜者。为加大信用卡与浦发银行个金产品的捆绑销售力度,2006年6月,全行开展信用卡营销激励活动。活动分为营销达标行激励计划、营销优胜行激励计划和信用卡销售培训计划,最终上海、广州、北京、南京、杭州、武汉、大连、郑州、沈阳、青岛分行被评为2006年信用卡营销优胜行,太原、长沙分行被评为2006年信用卡营销新锐行。2006年11月,上海、武汉分行各选派一名行内信用卡优秀销售人员与优秀组织管理人员参加在迪拜举办的2006年花旗全球销售精英峰会。2007年7月,浦发银行按照100元/账户的标准支付分行人力成本,激励分行信用卡营销。2008年,开展信用卡营销竞赛活动,评选出"年度最佳超越奖"和"年度最佳新产品组合营销奖",对胜出分行给予激励奖励。2009年,浦发银行调整2007年开始执行的100元/账户的人员成本补贴标准,区分不同产品,实行差异化的单位账户营销激励标准,并对3个月内账户动卡追加奖励。同时,新增账户量最佳贡献奖、优质客户贡献奖、批复率最佳贡献奖。2010年信用卡综合营销竞赛活动由"阶段性竞赛"和"全年性竞赛"两部分构成,除原有奖励外,对完成浦发银行2010年度信用卡账户指标的分行,额外追加10元/账户奖励。

2007年年底,浦发银行在《2005年分行信用卡营销指南(暂行版)》的基础上,推出《分行信用卡营销操作导引(2008年版)》(以下简称《导引》),使营销人员充分了解浦发银行信用卡产品信息、客户进件标准、营销操作流程,快速高效地针对优质客户开展信用卡营销。《导引》一是从产品定位、目标客户、基本功能、特色功能等角度介绍浦发银行各类信用卡产品,指导营销人员根据不同客户类型和需求,有针对性地推荐不同产品。二是从进件方式、进件标准、资质认定上报操作规范等方面介绍信用卡客户进件标准,指导营销人员快速高效地寻找目标客户。三是从客户营销到客户卡片批出的整体流程,阐述不同情况下对不同客户的营销收件规范要求,分行信用卡有效进件审核、邮寄、营销代码的开设以及紧急制卡流程等,规范信用卡各环节的进件操作,有效规避各类操作风险。四是选取分行营销人员在信用卡营销过程中的常见问题,更有效地促进营销人员了解信用卡相关细节知识,提高服务质量和营销成效。

除此之外,浦发银行推出各类市场营销活动。2005年3月,浦发银行下发《关于针对国家机关工作人员推广浦发银行信用卡的通知》,要求重点做好分行所在地各级国家机关工作人员信用卡推广工作。同年6月至8月,浦发银行在全国10个发卡城市开展信用卡"刷卡送豪礼,尽享优越生活"大型市场推广活动。10月至12月,信用卡中心推出"办卡有礼"客户获取活动和"刷卡送礼"用卡激励活动。当年,信用卡中心大力发展"优越生活年赏"特惠商户,特惠商户从2004年上海、广州2个城市180个商户共2 236个分店,扩展到2005年上海、广州、深圳、北京、南京5个城市398个商户共7 843个分店,覆盖率增长250%。2006年,浦发银行大力拓展市场,开展季度客户获取活动。3月至9月,推出"金普卡春夏季Aussino活动"。9月至10月,配合WOW卡上市,推出"消费满额送捷安特时尚自行车活动"。此外,浦发银行信用卡中心还推出多项用卡激励活动,分别抓住三大黄金周及岁末销售高峰期,与太平洋百货、永乐家电及其他城市的多个大型商场开展商场促销、特卖等活动,不断提高交易额。

2006年3月,浦发银行建立浦发信用卡"客户周期管理"项目,面向具有销户倾向或销售量下降倾向的持卡人进行有效激励和管理。10月,浦发银行对信用卡信贷政策作进一步调整,推出重要客户分行行长预批、信用卡持卡人额度调整、开放军事院校及军医院批量团办渠道等政策。

浦发银行信用卡中心自成立初期起,即开始聘请专业公司对品牌健康度实行定期的监测机制,浦发信用卡品牌形象逐步提升。2005年度,浦发信用卡荣获由世界金融实验室、《世界经理人周刊》和华尔街电讯网站发起主办的"2005年世界金融实验室大奖"颁发的"2005年度中国十佳银行卡"称号。2006年,在国内知名财经网站"和讯网"进行的首届中国信用卡测评中,浦发信用卡获"综合功能"单项排名第一。2006年,浦发信用卡第一次同步参与花旗全球的"客户满意度调查",由著名调研公司盖洛普咨询公司在全国范围内进行客户满意度调研,调研显示总体满意。同年,浦发信用卡开展"春季旅游促销活动""WOW卡上市"和"积分计划"等广告宣传。

2008年7月5日,由腾讯网主办的"2008影响中国理财论坛——中国信用卡市场发展前景与展望"活动在上海举办,浦发银行信用卡凭借"便利店还款等多渠道还款功能"荣获腾讯网所颁发的"最佳功能创新奖"。同年,在"2008年花旗银行全球信用卡竞赛"中,在"重量级组"排名冠军,同时还在所有级别组共同参与的评比中脱颖而出,摘得"新账户获取""运营能效""营业额成长"3枚金牌,并在"应收账款"单项上夺得铜牌。11月12日,和讯网正式公布2008年度中国信用卡测评结果,浦发银行获得2008年度"最佳发卡银行"大奖,继2007年获奖后蝉联该奖项。同时,浦发银行标准金卡还摘得"2008年度中国信用卡测评'金卡'奖"。2009年,中国银行业协会银行卡专业委员会成立大会暨第一次全体成员会议在京召开,中国银行业监督委员会王华庆纪委书记出席大会并为银行卡专业委员会成立揭幕。浦发银行与工商银行、中国银行等7家银行被推选为常委单位。

第二节 储蓄产品

一、电子式储蓄国债

自1993年9月起,浦发银行开办国债承销业务,是最早的国债一级自营商和承销商、第一批央行公开市场一级交易商成员,同时也是全国凭证式国债和政策性金融债券承销团成员。2008年,荣获财政部颁发的"2008年度记账式国债承销进步奖"。

2009年,《储蓄国债(电子式)代销试点管理办法(试行)》颁布后,浦发银行高度重视储蓄国债(电子式)业务发展。尤其在储蓄国债(电子式)第五批试点工作会议后,立即成立储蓄国债(电子式)项目工作小组,明确并落实工作职责,由资金总部负责储蓄国债的统一承销、兑付;个人银行总部负责辖属分支机构的销售管理和跟踪分析;产品开发部负责IT系统开发。另外,浦发银行与联银通科技有限公司合作开发完成储蓄国债(电子式)系统,并根据《储蓄国债(电子式)代销试点管理办法(试行)》,建立完善浦发银行储蓄国债(电子式)业务管理办法、核算办法和操作规程。2009年10月,浦发银行储蓄国债(电子式)系统通过财政部、中国人民银行和中央国债登记结算有限责任公司组成的联合验收组验收,具备承销储蓄国债(电子式)的条件和能力。

2009年11月,浦发银行下发《储蓄国债(电子式)业务管理暂行办法》和《储蓄国债(电子式)托管服务章程》,明确储蓄国债(电子式)业务的职责分工、基本规定及定义、账户管理、额度管理、业务规则、资金清算与对账、手续费管理、纪律与责任等。当年,浦发银行成功取得储蓄国债(电子式)业务代销试点商业银行资格,正式承销2009年第七、第八期储蓄国债(电子式),仅该期储蓄国债销售即实现中间业务收入150万元。

二、定活两便定额储蓄

浦发银行开业初期,按照1993年国务院颁布的《储蓄管理条例》规定,结合自身条件,开办整存整取定期储蓄、零存整取定期储蓄、活期储蓄、定活两便定额储蓄4种储蓄。鉴于浦发银行储蓄网点不多,储蓄群体有待形成,浦发银行把大力发展定活两便定额储蓄作为主要策略。

1994年2月1日,为方便储户存取,浦发银行向各支行、办事处和第一营业部发出《关于定活两便定额储蓄实行通存通兑业务处理手续的通知》,规定自1994年2月3日起,浦发银行在上海地区实行定活两便定额储蓄通存通兑。1995年6月30日,浦发银行为适应储蓄业务发展,充分发挥网点优势,印发《关于定活两便定额储蓄实行异地通存通兑的通知》,决定从1995年7月1日起,在全行范围内实行定活两便定额储蓄通存通兑。为此,浦发银行启用新版100元和500元面额的定活两便定额储蓄存单。其中,100元存单正面为陈毅塑像和上海外滩图案,用蓝色油墨印制,500元面额定活两便定额存单正面为上海博物馆新馆图案,用绿色油墨印制。新版存单都采用防伪技术印制。1996年起,浦发银行在上海、杭州、宁波、南京、江阴、北京、温州等地100个营业网点,全部办理定活两便定额储蓄的收储及兑付业务。

1997年12月,借迁入中山东一路12号大楼营业之机,浦发银行发行磁卡式定活两便定额储蓄

图 3-2-5 1995年4月14日,浦发银行召开存款工作会议

存单,以卡片替代原有的纸质存单。磁卡正面印刷中山东一路12号大楼和营业厅顶部壁画、浦发银行行名及行徽、存单名称、面额、号码。1998年4月24日,在保证资金及兑讫存单安全前提下,浦发银行改变各分支机构异地通兑的定活两便定额储蓄兑讫存单实物交换办法,并下发变更后的《兑付异地行定活两便定额储蓄资金清算及兑讫存单交换的处理手续》。

根据国务院颁布的《个人存款账户实名制规定》以及中国人民银行上海分行《关于停止办理不记名式定活两便储蓄存单等问题的通知》的要求,从2000年4月1日起,浦发银行办理个人存款账户开户时一律实行实名制,同时停止接受以单位名义代为职工办理的任何品种的储蓄存款。按照中国人民银行的统一要求,4月1日,浦发银行各营业网点统一张贴和摆放对外公告及宣传资料。各级行领导当日亲临一线宣传解释、了解情况、听取反映,确保实名制的顺利实施。

三、外币储蓄

浦发银行开业初期,第一营业部、外高桥支行就开办外币储蓄业务,办理美元、港币、日元等8个币种的定期、活期储蓄。1994年6月和12月,存汇部两次就外币储蓄业务操作和外币活期结息操作进行规范。1996年,又增加英镑、德国马克、澳大利亚元3个币种的定期、活期储蓄。1997年,浦发银行外币储蓄余额较1996年年底增长25%,增加松江、闵行、宝山、嘉定、普陀、温州共6家外币业务受理网点。1998年1月10日起,增开荷兰盾、法国法郎2个币种的定期、活期储蓄业务。9月1日起,浦发银行试行《上海浦东发展银行外币储蓄章程(暂行)》和《外币储蓄业务规定(暂行)》。1999年1月1日,增开欧元定期、活期储蓄业务,同时制定《欧元定期、活期储蓄业务的核算办法》。12月,印发《欧元定期、活期储蓄业务核算办法的补充说明》。

截至2000年7月31日,浦发银行共开办外币储蓄网点86个,比1999年年末增加25个。当年8月,浦发银行下发《关于对全行外币储蓄网点进行调查的通知》,对全行外币储蓄网点进行大范围调查。

2001年上半年,浦发银行完成东方卡理财业务的二期开发和测试工作,并在全行上线运行,实现浦发银行储蓄业务的本外币一体化,集本外币、多功能、多种个金业务于一卡,全面促进本外币储蓄和个人信贷业务的发展。

从2002年1月1日起,欧元区国家原货币现汇退出流通,欧元现汇与现钞正式流通。当年3月1日,欧币现钞退出流通。2001年12月,浦发银行重新制订并下发《上海浦东发展银行外币储蓄存款章程》《外币储蓄业务管理办法》《外币储蓄业务会计核算办法》。

四、帮困助学储蓄

1998年5月,浦发银行与上海市浦东新区社会发展局共同商定,以自愿参加,量力而行为原则,在浦东新区中小学校开展"手拉手,心连心"帮困助学的活动,开办帮困助学储蓄,同时制定《"手拉手,心连心"帮困助学储蓄章程》与《"手拉手,心连心"帮困助学储蓄办法》。帮困助学储蓄参加对象为上海市浦东新区中小学校中的教职员工和在读学生,以自愿参加,量力而行为原则,以100元为一份,由学校将所收的款项存入银行,银行开出以学校名称为户名的整存整取定期储蓄存单,存期为一年,按中国人民银行挂牌公告的相应利率计付利息。储蓄存款利息由存款人捐出,专门用以对帮困学生的学费、生活费的资助。同时,为保证本存款的利息能正确使用,浦东新区社会发展局负责成立管理机构,制定帮困学生的标准及帮困资金发放的标准,审核各校上报的帮困学生的资料及发放帮困资金的清单,定期和不定期地对各校帮困资金的使用情况进行检查。各校则成立帮困资金使用审定小组,专门审定本校发放帮困资金的对象,对符合帮困标准的学生进行补助。

五、教育储蓄

为鼓励城乡居民为子女教育积蓄资金,支持教育事业发展,根据《关于印发〈教育储蓄管理办法〉的通知》要求,从2000年4月1日起,浦发银行开办教育储蓄存款业务。同时制定《上海浦东发展银行教育储蓄存款章程》及《教育储蓄业务处理办法》。

六、四方钱

2005年4月,浦发银行设计开发"个人隐私存款账户",名为"四方钱"。"个人隐私存款账户"是为满足客户对账户私密性的需求而设计,并借助IC卡和网上银行技术实现的产品。个人隐私存款账户是高安全性和高隐私性的储蓄工具,它定位于存款较多且对存款私密性需要高的客户,通过严格控制柜面受理流程和引导客户进行网上银行自助操作等手段保障客户存款信息安全,为客户提供一个完全专享、私有的储蓄空间。从2005年8月起,浦发银行在全行所有网点开放个人隐私存款账户的业务受理。个人隐私存款账户推出后,市场反应积极。经过半年的试运行,根据客户和分支行的反馈意见,浦发银行修订《个人隐私存款账户业务管理规定V1.0》,对业务作进一步规范。

七、约定定活期互转

作为东方卡的特色功能,约定定活期互转一直以来都是浦发银行的营销亮点。客户可以选择在人民币活期存款超过预先设定的最低留存金额时,将超过部分按照预先设定的期限,转为整存整取定期存款,获得更高收益;在活期账户余额不足时,银行按照"后进先出"的原则,将该存款按笔自动转回活期账户,保证客户正常用款,使客户同时获得"定期的收益和活期的便利"。2005年11月23日,浦发银行经征集各分行意见,新增批量开通约定定活期互转的交易。

八、周周赢

1997年10月7日,浦发银行下发《关于同意办理个人通知存款业务的批复》,同意苏州分行开办个人通知存款业务。10月28日,经中国人民银行苏州分行批复同意,苏州分行正式开办个人通知存款业务。同时,苏州分行制定《个人通知存款章程》《个人通知存款账务处理手续》,规范个人通知存款业务的开展。在苏州分行试点的基础上,1998年9月,浦发银行在上海地区开办个人通知存款业务,同时制定《上海浦东发展银行个人通知存款章程》。1999年4月,制定《上海浦东发展银行人民币通知存款章程》。同年5月,经中国人民银行批复同意,浦发银行正式开办个人通知存款业务。

2007年11月28日,浦发银行开发的"周周赢"通知存款产品在各营业网点、网上银行推广开办。"周周赢"通知存款是浦发银行根据个人客户对大额闲置资金短期理财的需求而设计的,以7天通知存款为基础,是附加自动通知、自动转存、复利计息功能特点的7天通知存款的升级型储蓄存款产品。"周周赢"存款的起存金额为人民币5万元,存期为7天,"周周赢"存款到期未办理支取的,核心业务系统将自动转存一个期限,期限为7天。

2008年7月,浦发银行通过向客户提供"周周赢"通知存款约定转存服务,将7天通知存款与银行卡约定转存功能相结合,实现客户指定银行卡下活期账户与约定通知存款账户间的灵活互转。"周周赢"通知存款是根据个人大额资金短期理财的需求,以7天通知存款为基础,附加自动通知、自动转存、约定互转功能的存款产品。按账户性质分类,分为指定账户存款和约定账户存款两种。"周周赢"指定账户存款,是客户以现金或转账方式指定存入7天通知存款。"周周赢"约定账户存款,是客户开通约定7天通知转存功能后,按设定规则由客户指定银行卡备用金活期账户自动转入约定通知存款账户的7天通知存款。"周周赢"指定账户存款实行自动转存,存满7天未支取的,银行自动转存,计结利息并扣缴利息所得税,本息金额转存为一笔新存款的本金,转存日为新存款周期的起息日。银行卡开通"周周赢"约定转存功能后,银行于每日晚间按客户设定的规则判断备用金活期账户和"周周赢"约定账户余额进行转账。备用金活期账户资金大于客户设定的留存金额,且达到"周周赢"约定存款最低起存金额条件的,银行则自动将存款转存开立"周周赢"约定存款账户。转存金额为约定账户存款本金,转存日为该笔存款的起息日。开立约定账户后,银行于每日晚间自动将备用金活期账户内大于留存余额的存款,以人民币1000元为单位转入"周周赢"约定存款账户,转存日为该笔存款的起息日。约定账户存款存满7天实行自动转存,计结利息并扣缴利息所得税后的利息转入备用金活期账户,存款本金自动转存,转存日为起息日;若转存日备用金活期账户另有约定转存存款,则活期转存存款与当日7天自动转存的存款本金合计为新存款本金,转存日为起息日。约定账户存款需转出补足备用金活期账户余额时,银行按距离起息日天数由少至多的顺序,并以人民币1000元为单位转出。若账户存款余额不足人民币5万元,则结清账户,本息金额转存活期账户,但约定转存功能仍然有效,以后可以继续约定开户存入。若当日约定账户有存满7天的存款,则银行将先进行自动转存,结转约定账户存款税后利息。

2009年4月29日,浦发银行对"周周赢"通知存款约定转存服务功能进行优化升级。"周周赢"通知存款约定转存服务功能升级是为更好满足目标客户差异化理财需求,在"周周赢"通知存款约定转存服务功能的基础上提供的一项升级服务,包括约定留存金额的零余额设置功能,该功能覆盖所有开办"周周赢"约定转存功能的客户;灵活丰富的约定通知、约定存款计结息功能,该功能覆盖个人金融资产达到规定标准的浦发银行白金卡及其以上等级的客户。

九、关联账户

2005年7月,"关联账户"是客户通过建立或加入关联组,以客户号关联,在关联组内进行授权查询和资金管理的一项业务,旨为客户提供包括动态资产负债管理、账户综合资金管理、支付管理等功能在内的多账户集约化管理的增值服务工具。

十、财产证明

2010年12月14日,为使原存款证明业务更好适应客户需求,满足客户出国签证、资信证明等方面的需要,提升在此项业务领域的服务竞争力,浦发银行对原存款证明业务功能进行优化升级,并将该业务名称调整为财产证明业务。可用于出具财产证明书的包括浦发银行发行且符合法律规定的本外币储蓄存单、存折(指活期一本通存折、定期一本通存折和通用存折)、国债收款凭证、浦发银行银行卡(信用卡除外)和四方钱个人隐私存款账户。同时,浦发银行下发《出具〈财产证明书〉业务管理办法》及《出具〈财产证明书〉业务实施细则》,用于规范业务操作。

第三节 财富产品

一、证券产品

【银证通】

1998年9月9日,浦发银行领导黄建平一行赴杭州与浙江省国际信托公司商定运用东方卡实现银证转账事宜。银证转账是指投资者可通过银行提供的电话委托方式等途径,实现银行活期账户与证券公司开设的保证金账户之间的资金划转。继工行、建行等国有银行后,浦发银行部分分行积极探索、率先试点,在股份制商业银行中较早地开展此项业务。11月,浦发银行杭州分行与浙江省国际信托投资公司证券管理总部签订银证联网合作协议,联手实现银证转账业务,首批为浙信公司下属环北、定安、清泰三个营业网点约4万股民提供资金划转服务。股民凭东方浙信证券卡、资金卡、身份证在浦发银行所属储蓄网点,均可办理东方浙信证券卡和资金卡之间的存取款业务,存取金额及时反映在浙信营业部设立的同业资金存款账户中。借助银证转账业务,通过东方卡实现银行、证券间转账服务。

2000年股市低迷,券商希望通过银行渠道的人员和网点配备,凭借银行的信用和管理资金的能力,扩大客户市场和业务量,开拓新的客户资源。银行则希望通过与券商的合作增加和稳定储蓄存款,减少保证金利息支出,开拓优质客户。对股民而言,资金存放在银行,既可享受便捷服务,又有银行信用保证。在此情况下,浦发银行的银证通业务应运而生。2001年1月,浦发银行深圳分行与国通证券(现招商证券)签署《上海浦东发展银行与国通证券有限责任公司全面合作协议》,4月签署《补充协议书》,经过为期半年的技术开发,国通证券银证通业务于当年12月10日正式上线。银证通以东方卡为载体,支持两端发起交易。2001年6月11日,总行领导主持召开专题会议,研究讨论银证通业务的推进工作。8月,浦发银证通系统的程序开发工作完成。当年,上海、广州和深圳三家分行相继开通银证通业务。2001年年底,浦发银行与光大证券签署协议,采取分对分的运作方式,由上海地区总部与光大证券张扬路营业部率先开展银证通业务合作试点。2002年,在浦发银行总对总的框架内,开通光大证券和广发证券的银证通业务。浦发银行银证通产品除资金安全、交易便捷之外,还针对目标客户精心打造四大亮点功能,即预约委托随时下单、滚动委托随心定制、盈亏计算器一目了然、通知存款提升收益。

2002年,全行推广银证通业务列入当年浦发银行工作的重要内容。9月,浦发银行下发《银证通业务管理办法(暂行)》和《银证通业务操作细则(暂行)》。至2002年年底,浦发银行已与8家证券公司开展银证通业务合作,10家分行完成银证通系统的上线,使银证通业务在全行迅速得到推广。

2003年,浦发银行628新系统上线,银证通系统实现全行集中,支持券商的一点接入、全行共享,具备"总对总"条件。2004年,为整合与浦发银行合作的券商,浦发银行就银证通合作对象进行公开招标,要求合作券商提供附加值服务,通过12家券商竞标,浦发银行最终确定5家合作公司。其中,光大证券与浦发银行于2001年年底就签署银证通合作协议,当时采取的是分对分运作方式,由光大证券张扬路营业部与浦发银行在上海地区开展银证通合作。直至2004年5月,光大证券张扬路营业部与浦发银行的银证通系统切换至光大证券电子商务总部全国集中式交易系统,并由光大电子商务总部直接经营和管理;11月,浦发银行正式开通光大证券总对总银证通业务。自此,光大与浦发银行银证通系统实现总对总的系统联网。随后,越来越多证券公司以总对总方式接入浦发银行银证通系统,银证通业务快速发展。

2005年,浦发银行根据市场业务新品种、管理要求和客户需求,增加银证通新功能,包括沪市权证交易功能、交易资金冻结明细查询、解冻交易、滚动委托、盈亏计算器、网银界面优化等。此外,依托银证通系统,浦发银行推出"国债轻松购"的理财产品,客户可使用银证通系统,进行记账式国债的交易。全年新增银证通客户数3 951户,累计达到11 388户,全年交易笔数达到40.7万笔,其中A股交易金额突破人民币100亿元。至2006年年底,银证通客户数已超过3万户。从2006年下半年起,随着第三方存管业务的推出,银证通业务逐渐退出,原有客户逐步转移成为第三方存管业务客户。

【第三方存管】

2007年,为配合中国证监会对证券公司客户交易结算资金账户加强监管的要求,稳定和扩大证券业务市场份额,浦发银行组织开发证券公司客户交易结算资金存管业务系统。证券公司客户交易结算资金第三方存管业务(以下简称第三方存管业务)是指证券公司将客户交易结算资金存放在独立的存管机构,保证客户交易结算资金的安全、完整,存管银行可接受证券公司委托与其开展该项业务,为其客户交易结算资金开办存管业务。浦发银行第三方存管业务遵循"证券公司管证券,银行管资金"的原则。证券公司担任客户交易结算资金的记账主体,将客户交易结算资金与自有资金分户后全额存放在存管银行,接受客户委托代其买卖证券并完成与结算公司和客户之间的清算交收和股份管理,向存管银行提供客户交易结算资金明细账,不再向客户提供交易结算资金存取服务。存管银行担任客户交易结算资金的出纳和保管职责,负责管理客户交易结算资金管理账户和客户交易结算资金汇总账户,向客户提供交易结算资金在结算账户和存管账户之间的转账服务,并为证券公司完成与登记结算公司和场外交收主体之间的法人资金交收提供结算支持,通过总分核对和结算备付金监管等机制,防止证券公司挪用客户交易结算资金。浦发银行第三方存管业务采用总对总的多银行模式,证券公司可选择多家存管银行开展第三方存管业务。同时采用浦发银行集中系统平台、集中清算、分行拓展和维护当地客户(包括证券公司、企事业单位和个人投资者)的模式,可实现银证实时转账、账户管理、清算等多种业务功能,支持多种开户模式及多种银证转账业务发起模式,适应证券公司及投资者不同的业务需求。其基本业务功能包括账户管理类:客户交易结算资金管理账户开销户、账户控制、客户信息修改等;实时转账类:包括客户资金转账、查询资金余额、账户冲正、取款额度控制、账户簿记等;日终对账类:包括客户资金存取核对、账户勾稽核对、客户交易结算资金管理账户余额及流水核对等;日终清算类文件:生成符合要求的日终清算文件。6月,浦发银行制定《上海浦东发展银行证券公司客户交易结算资金第三方存管业务暂行管理办法》,从组织管理、证券公司资格审核、业务受理流程、操作规程、运行保障、手续费收取等方面作出具体规定和要求。

当年,为方便办理客户证券交易结算资金银行存管业务,中国银行业监督管理委员会决定允许股份制商业银行在证券公司营业部设立临时派出柜台,并下发《中国银监会办公厅关于股份制商业银行在证券公司设立临时派出柜台有关事项的通知》。在此基础上,浦发银行制定《在证券公司设立临时派出柜台办理第三方存管业务的管理办法(试行)》,授权各分行、直属支行在所属区域内、已与浦发银行签订实施办理第三方存管业务的证券公司内设立临时派出柜台业务,办理证券公司客户保证金账户和银行结算账户的开户、保证金账户与银行结算账户转账关系的签约确认、保证金账户与银行结算账户的转账业务以及办理网上银行签约服务。

为积极推广第三方存管业务,拓展优质客户,浦发银行将第三方存管业务作为2007年度"轻松理财大比拼"竞赛活动的一项重要内容,并将竞赛结果纳入"十佳分行"评比。目标客户定位于有投资愿望、尚未进入股市的中青年白领,以及证券营业部现有股民中、重视资金安全、交易快捷的客户。通过银行渠道、公众渠道、证券公司渠道向客户开展营销工作。浦发银行第三方存管产品除资金安全之外,还从客户投资的便利性、安全性出发,结合网上银行、轻松理财卡等产品,为浦发银行第三方存管业务增添特色。为实现开户便捷,浦发银行提供3种开户模式,客户可以从证券公司端发起开户,通过网上银行、电话银行手段进行自助激活,或从银行端发起一站式开户(已有证券资金账户者),从而尽可能减少客户的来回奔波。浦发银行网上银行一目了然、各个账户灵活划转,更有电话银行、证券公司电话、网上交易,多重渠道自由划转。网上银行可为存管客户提供实时行情查询,转账前做到心中有数。网上银行专门开辟证券频道及时信息,更有证券公司提供的丰富资讯产品。截至2007年11月初,浦发银行第三方存管个人客户达到32万户。

【证券集合资产管理计划】

随着中国经济和资本市场进一步发展,社会各阶层可支配财富增多,国内资产管理市场发展潜力巨大,资产管理业务将会与自营投资、证券承销、经纪业务一并成为证券公司的核心业务,集合资产管理产品成为证券公司定期发行的常规产品。2003年上半年,市场上推出集合性理财产品的券商不少于10家公司,如国信证券与工行深圳分行的"金理财计划",大鹏证券与农业银行深圳分行的"金百合计划",天同证券公司委托浦发银行在上海、昆明两地代理的"同赢理财计划"。这些理财计划产品均在短时间内就实现预期的募集额,表明证券集合理财产品有相当大的市场适应性,而其运作的新思路也受到市场认同。自2003年9月起,浦发银行一方面积极关注监管层政策出台,另一方面与形成策略伙伴关系的证券公司就集合资产管理业务合作事宜进行广泛和积极的接触,曾先后与银河证券、东方证券、华夏证券、天同证券等一批资质信用良好、产品风险可控的证券公司进行业务探讨,在实践中逐步探索并积累代理证券公司推广集合资产管理计划的经验。为更好地开展该项业务,浦发银行在前期做了大量的内部准备工作,包括技术、业务制度、机构人员准备等。2003年12月19日,中国证监会颁布《证券公司客户资产管理业务管理试行办法》,并于2004年2月1日起实施,以保证证券公司集合性资产管理业务的规范开展。

2007年,浦发银行制定《上海浦东发展银行证券公司集合资产管理计划代理业务管理暂行办法》等制度规定,从合作对手选择、产品引入审核及业务受理流程、代销操作规程、日常管理与风险规避等方面对代理证券公司集合资产管理计划提出具体要求和规定。证券公司集合资产管理计划是证券公司经中国证监会批准而从事的、为多个客户办理的集合资产管理业务产品,银行可接受证券公司委托、为其代理集合资产管理计划。

二、保险产品

1998年,中国保险监督管理委员会成立,加强对保险代理的规范和管理,实行"保险兼业代理许可证"制度。2002年4月,浦发银行制定《保险兼业代理业务管理办法》,明确浦发银行个人金融部承担保险兼业代理业务的职责。

2002年4月,浦发银行与中国人民保险公司签署代理销售"金牛"投资保障型家庭财产保险业务的协议,浦发银行下发《"金牛"投资保障型家庭财产保险代理业务管理办法及操作说明》。自2002年5月1日起,浦发银行上海、北京、杭州、宁波、南京、苏州、重庆、广州、深圳、天津分行和温州支行等分支行的营业网点柜面开始代销"金牛"家庭财产保单并代理收取保险投资金。当年,全行共销售"金牛"保险近6000万元,保费收入近百万。以"金牛"保险销售为标志,浦发银行保险代理业务由分散代理走向统一代理的阶段。

2003年5月起,浦发银行在上海徐汇支行和闸北支行进行"理财专员销售模式"(保险业务)的试点工作。"理财专员销售模式"是由业务推荐人制度、理财专员服务制度、理财培训体系和销售考核激励体系等几个部分组成,有别于柜台简单促销模式。首先是在销售人员上,主要由经过专门培训的银行理财客户经理("理财专员")实施销售,以促进浦发银行个人理财业务的发展。其次是在代销产品上,除银保合作中常见的保险产品外,还根据理财专员的业务水平和技能,逐步代销复杂多样的保险产品(如年金类、疾病、养老等长期期缴保险产品)。

2004年,浦发银行制订发展规划,将分别选择与一家中资财险、一家中资寿险、一家合资寿险、一家中资寿险公司合作,建立全国业务合作的"2+2"模式。2005年,浦发银行7家分行开展保险代理业务,代理销售的保费规模为2706.46万元,保单件数为6088件,代理手续费收入124.95万元。截至2007年5月,浦发银行已与中国人寿、中国人保、泰康人寿和太平人寿4家知名的全国性保险公司签订《代理个人银行保险产品专项合作协议》,建立浦发银行涵盖养老类、理财类、健康类、少儿类、意外类、贷款人保障类和汽车保险等七大类保险的产品线。

2007年,浦发银行与中国人寿、中国人保、泰康人寿和太平人寿四家知名的全国性保险公司签订《代理个人银行保险产品专项合作协议》,基本搭建浦发银行涵盖养老类、理财类、健康类、少儿类、意外类、贷款人保障类和汽车保险七大类保险的产品线,并积极利用保险公司的培训资源,请保险公司培训讲师就保险基础知识、财富规划理念、理财技巧、沟通技巧、保险产品介绍、销售技能和销售管理等方面内容为银行理财业务人员开展业务培训。

2008年,为落实银监会、保监会关于完善银行代理保险业务电子化系统和账务系统,减少手工操作的要求,浦发银行优化并升级银行保险代理业务作业支持系统——银保通系统,并制定《银保通系统管理办法V1.0》与《银保通系统用户手册V1.0》。银保通系统是集代售保险、扣收保费、业务管理为一体的银行代理保险业务的电子化操作和管理支持系统。银保通系统的上线,标志着将保险产品纳入银保通系统进行业务代理操作和管理,最终使全行所有开展保险兼业代理业务的网点及其保险兼业代理业务,实现在银保通系统平台的电子化操作和管理。

三、银行理财产品

【汇理财】

2000年6月,浦发银行申请开办个人外汇账户理财业务。浦发银行牵头建立由国际业务部、个人金融部、电脑部、会计部等部门组成的筹备工作小组,制定《个人外汇账户理财业务管理暂行办法》《个人外汇账户理财业务操作规程》《个人外汇账户理财业务风险管理暂行办法》《个人外汇账户理财业务会计核算办法》和《个人外汇账户理财业务章程》,扩建初具规模的、系统化的、可容纳14名交易员的外汇交易室,提供先进的交易设备和信息系统。

从2004年起,浦发银行开办"汇理财"系列个人外汇结构型理财产品。2月18日,"汇理财"(第一期)产品顺利发行。当年,个人银行总部共推出三期"汇理财"产品,销售金额超过预期,市场反响良好。与此同时,浦发银行整合并引入各类非银行金融产品。

2005年2月1日,经中国银行业监督会批复同意,浦发银行开始开办人民币理财业务,首次推出人民币、外币双币组合理财产品。2005年,浦发银行"汇理财"产品累计发售8期26款产品,涉及美元、人民币、港币、欧元、澳元和欧元6个币种,累计金额折美元1.6亿元。2006年,浦发银行相继推出一系列市场瞩目的产品,包括一揽子与银行股挂钩的人民币理财产品,"中国先锋概念"的一揽子中资H股,获得市场和客户的认同。

2009年8月,浦发银行制定《个人结构性存款理财产品管理暂行办法》。"个人结构性存款理财产品"指浦发银行将基础资产投资于银行间市场央票、国债、金融债、企业债、银行票据、短融、中期票据、债券回购、信用拆借和中短期信贷等并进行主动性管理,同时通过结构简单、风险较低的相关金融工具获得较高投资收益的个人产品;或将产品的收益与汇率、利率、股票、商品、指数或经济实体的信用等标的挂钩,当符合约定条件时获得较高投资收益的个人产品。个人结构性存款理财产品属于结构性存款产品,其基础资产与衍生交易部分相分离,基础资产按照储蓄存款业务管理,衍生交易部分按照金融衍生产品业务管理。2010年6月18日,浦发银行成功发行当年第一期汇理财进取系列个人结构性存款理财产品,这是浦发银行自主研发自主管理的、与伦敦金挂钩的外币理财产品。

【专项理财】

2007年,浦发银行开办个人专项理财产品,同时制定《个人专项理财产品管理暂行办法》。个人专项理财产品,是指银行按照与个人客户事先约定的投资计划和方式,以个人客户交付的产品本金进行投资和资产管理,根据约定条件和实际投资收益情况向个人客户支付收益,投资风险由个人客户自行承担。投资范围是以本币或外币投资于境内指定用途或非指定用途的资产或资产组合。与贷款类信托挂钩的个人专项理财产品,其法人主体指信托公司、与信托公司发放贷款相关的借款人、担保人等。与证券投资类信托挂钩的个人专项理财产品,其法人主体指信托公司、与证券投资相关的证券公司、证券发行人等。与债券挂钩的个人专项理财产品,其法人主体指债券发行人等。按照客户获取收益方式的不同,分为保证收益理财产品和非保证收益理财产品。非保证收益理财产品分为保本浮动收益理财产品和非保本浮动收益理财产品。按照理财合约里约定银行是否承担还本付息的责任,分为保本理财产品和非保本理财产品。保本理财产品分为保本保证收益理财产品和保本浮动收益理财产品。按照挂钩标的不同,可以分为与信托挂钩的个人专项理财产品、与债券挂钩的个人专项理财产品等。

2009年7月,浦发银行制定《信托型债券投资类个人专项理财产品管理暂行办法》。"信托型债券投资类个人专项理财产品",是浦发银行发行的投资于合作信托公司设立的、按照信托型债券投资类个人专项理财产品合约约定,将主要资产投资于国债、金融债、央行票据、企业债、中期票据、公司债、短期融资券、货币基金、债券基金、回购及逆回购、同业存款及新股申购等风险较低的投资标的单一资金信托计划,并根据约定的条件和实际投资收益情况向客户支付收益,投资风险由客户自行承担的、面向个人客户(或机构客户)销售的理财产品。信托公司担任信托计划的投资管理人,同时决定是否聘请第三方金融机构(比如基金管理公司、证券公司、保险资产管理公司等)或浦发银行资金总部充当投资顾问。

2010年5月,浦发银行制定《个人理财业务突发事件应急预案》,用于浦发银行及所辖分支机构应对个人理财业务开展过程中所出现的各类突发事件。突发事件指与个人理财产品相关的各类诱发因素所导致的、影响银行业金融机构正常经营,进而影响某一地区乃至全国的经济社会秩序稳定的事件,包括因产品设计不当、业务差错、系统故障、销售不当和其他各类风险引起的影响业务正常开展的情况或投诉性事件等。突发事件处置原则包括有效性、审慎性、及时性,以及统一领导原则,同时建立预警机制和突发事件应急响应机制。浦发银行成立应急管理指挥中心,负责制订全行应急计划,指导各分支行解决突发事件,由浦发银行个人银行分管行领导任指挥中心组长,分支行成立个人理财业务专项应急小组,负责辖内突发事件处置。

2010年,浦发银行开通理财销售系统,并下发《理财销售系统管理暂行办法》。该系统是集银行理财产品销售、清算和业务管理为一体的电子化操作和管理支持系统,包含柜面端和管理端。通过柜面端交易,可实现签约、撤约、签约信息修改等账户类,理财产品的认购、撤单、反交易等交易类,及相应的客户理财委托明细、确认明细及理财产品持有查询等查询类功能。通过管理端交易,可实现信息设置、查询统计、日终日初清算功能。其中信息设置功能包括用户信息、产品管理人等信息、分支行信息、产品及额度维护信息等的设置;查询统计功能可对客户持有、申请和确认的明细和汇总统计;日终日初清算实现日初导入和日终到期清算等工作。理财账户登记与份额管理系统(简称TA),是理财销售系统的关联系统,通过指定接口连接实现账户类、交易类和产品行情数据交互。

【新股申购直通车】

从2007年3月开始,浦发银行相继推出三只以打新股为主的理财产品,均取得较好的收益并受到客户好评。2007年9月17日,浦发银行推出新一期新股投资类理财产品——个人新股约定申购理财产品,即"浦发新股申购直通车"。新股约定申购理财产品是浦发银行、中海信托组成的专家投资管理团队推出的新股申购系列升级产品。产品募集资金由浦发银行(委托人)委托中海信托(受托人)设立"中海聚发-新股约定申购资金信托"。该信托的投资范围为:上海或深圳A股市场首次公开发行股票的网上申购,不得用于申购配股和增发股份。该产品的突出特点在于客户与浦发银行签约后,浦发银行自动根据客户的签约金额进行连续的新股申购,其中未中签部分的资金可在新股中签后3个工作日内返还客户,中签的新股在上市首日抛出后3个工作日内返还客户。截至当年末,"浦发新股申购直通车"签约客户达65 000余户,签约金额达110亿元,创造中间业务收入1 700万元,获得《理财周报》"2007年中国最佳新股申购型银行理财产品"称号。

【月月稳利直通车】

2009年2月,浦发银行推出"月月稳利直通车个人理财产品",全年累计销量达到6.62亿元。银行与信托公司等金融机构合作,按照月月稳利直通车个人理财产品合约约定的投资方式,投资于货币市场基金、超短债基金(仅限嘉实超短债证券投资基金)、国债、央行票据、金融债、有担保的企业债、主体信用评级不低于AA-的短期融资券、逆回购、浦发银行提供的票据资产、同业存款等低风险且流动性良好的品种,并根据产品合约约定条件和实际投资收益情况向个人客户支付收益。产品类型为非保本浮动收益,且流动性强,如客户对投资结果不满意,可随时解约,解约后不再参与之后投资。

【优先级证券投资理财产品】

2009年6月,浦发银行印发《优先级证券投资理财产品管理暂行办法》,同时制定《结构化证券投资集合资金信托计划准入标准》。"优先级证券投资理财产品",指浦发银行发行的投资于一个或几个优先级结构化证券投资集合资金信托计划的银行理财产品。结构化证券投资集合资金信托计划是信托公司发行的投资于依法公开发行并在法律规定的交易场所公开交易的证券的信托计划,信托公司通过受益权的结构化安排,使优先受益人获得稳定的投资收益,一般受益人在承受高风险的同时有机会获得较高投资收益。在信托利益分配时,首先满足优先受益人的信托利益分配,在优先受益人的信托利益未全部分配前,一般受益人无权分配信托利益。

【开放式理财产品】

天添盈1号 2010年12月23日起,浦发银行开始发行"天添盈1号"开放式理财产品计划。"天添盈1号"开放式理财产品是浦发银行资金类和资产类理财产品的又一个突破。该产品是开放式理财产品,客户在产品成立后,每天都可以进行申购和赎回交易,极大地满足客户对资金流动性的管理需求。"天添盈1号"开放式理财产品不设投资期限,持续运作。浦发银行定期公布最高预期收益率。客户可每天进行申购和赎回操作。当全额赎回时,客户当日可获得本金,投资收益第二天入账。部分赎回时,客户当日获得赎回本金,投资收益在收益结转日获得。投资收益按天计提,按月结转。"天添盈1号"开放式理财产品在满足投资者对资金短期流动性需求的同时,还兼顾投资者对投资收益率的要求。该款理财产品募集资金投资于国债、央票、金融债及符合浦发银行债券投资标准及以上的短期融资券、中期票据、企业债以及债券回购、信用拆借,银行承兑汇票以及同业

周周享盈1号 2011年,国内同业纷纷推出开放式周期型(也称为"滚动型或者半开放型")理财产品,在完善系统、拓展投资渠道、加强投资管理的基础上,浦发银行设计开发7天投资周期的开放式周期型理财产品"周周享盈1号",并于当年5月正式推出市场。"周周享盈1号"理财产品属于开放式理财产品,投资者在开放日可对理财产品的下一投资周期进行申购,也可在上一投资周期的开放日对已经持有的产品份额进行赎回交易,以便在上一投资周期结束之后不再进入下一周期的投资。如果投资者不进行赎回,则默认自动进入理财产品下一投资周期的投资,下一投资周期起始日的前一日即上一投资周期的终止日,投资者可进行不间断滚动投资,不间断获取理财产品投资收益。无论投资者是否提出赎回申请,每个投资周期结束后都在约定的日期兑付本投资周期的投资收益。如投资者提出赎回申请,在约定的日期就可兑付投资者的赎回本金。"周周享盈1号"理财产品不仅投资于银行间债券市场工具,还投资于银行承兑汇票、同业存款等资产,还可投资于现金、银行承兑汇票以及同业存款等多元化的资产,从而分散投资,降低投资风险。

四、基金产品

【基金精品屋】

自2002年获得基金代销业务资格以来,浦发银行一直致力于拓展与基金公司的业务合作,并于2002年成功代理销售"富国动态平衡""嘉实成长收益"两只开发式基金,成为国内第五家代销开放式基金的商业银行。

2004年年末,浦发银行网上"基金精品屋"系统第一期建设完成,系统引入收益和市场表现良好的基金,可供客户选择的基金达到40只左右。2005年机构改革后,个人银行总部重新明确基金业务走精品路线的策略,大力引进优质产品,推动销售。截至2005年11月,全行新增个人基金交易账户1 724户,个人基金交易账户开户累计21 338户,个人认购、申购交易金额1.86亿元,全部手续费收入301.14万元。

2006年,浦发银行推出"基金精品屋"这一品牌,提出"买优质基金,到浦发银行"的宣传口号,并和晨星(中国)评级公司进行合作,确立"基金精品屋"主要精选晨星4星级以上的优秀基金产品,先后引入17家基金公司的45只基金产品进行销售。浦发银行的"基金精品屋"品牌,获得"2007年度中国最值得信赖的银行理财产品特别奖"。

截至2007年8月,浦发银行个人网上银行实现对25家基金管理公司的128只开放式基金的代理销售。在基金代销模式下,基金管理公司是开放式基金的管理人,浦发银行是基金销售的主体,向客户提供基金交易、开/销户、净值和余额查询等全方位的理财服务,营业网点和个人网上银行、电话银行是销售渠道。代销模式下的银行是基金销售的主体。客户可通过浦发银行个人网上银行购买代销的所有基金,并享受银行提供的一站式服务。浦发银行个人网上银行基金代销具有品种齐全、交易快捷,一站式金融服务,VIP贵宾服务,理财积分奖励,手续费优惠,业绩统计及手续费分配等优点。

2007年11月,在2006年与晨星(中国)评级公司合作基础上,浦发银行开发基金优选体系,每月向投资者发布"精选四星基金",先后与30家基金公司建立合作,持续引入189只基金产品,提升浦发"基金精品屋"的品牌形象。浦发"基金精品屋"品牌获得《世界经理人》杂志"2007年度中国最值得信赖的银行理财产品特别奖"。

2008年1月起,浦发银行在全行开展"基金精品屋"网上申购费率循环优惠季活动,采用循环优惠的方式对基金产品开展申购打折优惠活动。

2009年,为持续推进长期投资理念,浦发银行大力宣传"基金精品屋·轻松定投",针对不同客户需求,细化"快乐宝贝""财富快车"和"幸福晚年"等定投计划,变单一的产品销售为通过财富规划服务来销售产品。

2010年,为改变市场中基金销售存在的"有销售,无售后"状态,浦发银行推出"基金精品屋·基金诊断",为客户提供免费的一站式诊断规划及监控跟踪服务,科学调整基金配置。在由北京青年报、上海《理财周刊》、第一财经日报等机构联合主办的"北青2010财星榜"年度评选中,浦发银行"基金诊断"荣获年度"最佳基金诊断服务奖"。

【基金直销业务】

由于券商、上海证交所、基金公司直销等多渠道、多元化的销售模式已在一定程度开始挑战银行的传统代销模式,为顺应市场激烈竞争,2006年,浦发银行在继续推进全行基金代销业务的同时,与华安基金管理公司试点在全国范围开展基金直销业务的合作。6月12日,华安-浦发银基通基金直销业务在全行上线。9月,浦发银行通过基金直销渠道,参与发行国内首个QDII外币基金——华安国际配置基金。截至2007年8月,浦发银行与华安、嘉实、招商、博时等23家基金管理公司建立基金直销业务关系。

【特定多个客户资产管理业务】

2009年,浦发银行成功推出基金一对多专户理财产品,完成富国安心回报资产管理计划、广发稳健增长资产管理计划的发行工作,分别完成9 403万元和1.5亿元销量,吸引百万级高端客户200人。2010年,浦发银行积极推广基金一对多专户业务和证券小集合业务,联合多家基金和证券公司设计并推出七单一对多产品及两单小集合产品,总计销售超过13亿元。

【基金定期定额投资业务】

为加快基金精品屋建设,浦发银行在加快引入优秀基金公司的优质基金产品的同时,在网上银行开通基金定期定额投资功能。基金定期定额投资能平抑交易成本,克服投资选时的困难,同时与工薪族的现金流有效匹配,购买起点低,为投资者提供极大便利。该交易的推出有助于浦发银行培植基金投资的长期客户,获得稳定的基金申购交易量。为拓展交易渠道,浦发银行自2007年8月16日起全面开通网点柜面基金定期定额交易功能。

【网上基金直销业务】

2007年,为进一步加深相关从业人员对网上基金销售体系的了解与认识,提高基金销售的有效性,浦发银行制定《开放式基金网上销售体系营销指引》,对网上基金销售的各种交易渠道及其业务范围、交易时间、客户特点进行归纳、整理,并要求相关业务人员在营销时有效识别客户,诚信为本,与客户建立长期业务关系,以基金精品屋为营销抓手,创造浦发银行基金业务品牌。

在直销模式下,基金管理公司是销售主体,银行在交易过程中仅提供资金结算服务,基金账户开/销户、余额和净值查询等基金业务相关交易由基金管理公司提供。基金直销交易通过基金管理公司的网站、电话交易系统、手机交易系统完成。根据不同基金管理公司的要求,浦发银行提供"银基通""银基易"和"银联通"3种直销渠道。其中,"银基通"和"银基易"是浦发独创的直销模式。"银基通"基金直销业务是基于浦发银行开放式基金交易系统的直销渠道。其特点是客户不仅可以通过银行柜面办理直销签约,还可以通过个人网上银行和电话银行查询基金余额和净值。"银基易"基金直销业务是基于浦发银行网上支付系统的基金直销渠道,也是浦发银行基金直销业务的主渠道。作为浦发银行在同业首创的网上支付模式,其特点是客户除在签约阶段访问一次银行网站外,其余交易均可直接在基金管理公司网站完成,无须再次进入银行网站,无须输入银行卡密码。而且,"银基易"基金直销业务还能支持传统支付网关所不能提供的基金定期定额投资和电话、手机交易。"银联通"基金直销业务是浦发银行通过中国银联所属的上海银联电子支付公司的银行卡网上跨行汇款平台,为客户提供的基金直销渠道。2007年1月11日,浦发银行与上海银联支付公司(以下简称ChinaPay)合作,通过中国银联银行卡跨行转账平台,开展"银联通"网上基金直销业务(以下简称"银联通"业务)。至此,浦发银行网上基金直销业务,包含与华安基金公司的"银基通"、支付网关协议支付的"银基易"以及上海银联支付公司的"银联通"业务等3种模式。"银联通"业务是浦发银行与ChinaPay直接合作,再通过其与基金公司的合作,为客户推出的基金直销业务。在业务开展过程中,各基金公司负责基金销售及相关服务,与基金投资相关的认购、申购、赎回、分红、持仓查询及其他客户服务均由相关基金公司负责提供;ChinaPay负责提供跨行转账平台并会同中国银联负责跨行资金清算;浦发银行负责提供交易过程中与东方卡有关的网上支付服务。根据与ChinaPay的合作协议,"银联通"业务由东方卡持卡人通过网上签约、网上支付的方式办理,由基金公司负责按同一卡号进行认购、申购、赎回、分红等交易处理,并承担相应风险。

五、黄金产品

2009年,浦发银行开办代理上海黄金交易所(以下简称金交所)个人实物黄金业务(以下简称黄金业务),并使用"浦发金"作为黄金业务产品名称,预示"保值增值金选择,安心动心盈财富"。代理个人实物黄金买卖业务,是浦发银行以金交所金融类会员身份,根据个人客户委托,代理其在金交所内进行实物黄金买卖、资金清算和实物交割等交易的行为。浦发银行仅收取代理手续费,不承担因代理买卖产生的盈亏责任,金交所负责对黄金质量问题投诉的协调处理,同时遵循"个人客户自主报价、撮合成交、实盘交易、足额头寸买入、足额黄金卖出"的原则。浦发银行黄金业务结合纸黄金业务和实物黄金业务特点,客户既可方便地进行黄金买卖,又可提取标准实物金作为收藏馈赠。浦发银行为个人客户提供开销户、委托交易、出入金管理、提货、查询等五大类黄金交易功能。个人客户可在浦发银行柜面或网银开通黄金业务,并在柜面或网银进行买卖和提货申请。代理交易所黄金交易系统在历时半年的开发和测试后,于11月14日顺利上线,并于11月16日在杭州分行试点运行,12月7日在全行推广。作为黄金业务的第一大交易渠道,个人网银端黄金业务经过半年多的设计、开发与测试,也于同期全新亮相,客户可通过网银渠道进行交易委托,提高交易的便利性,在短短的23天内,开户数就达16 254户,交易量2 384万元,是同业中部分银行两年的发展水平。同时,根据金交所《个人实物黄金交易试行办法》,浦发银行制定《代理个人实物黄金业务管理办法》《黄金清算银行业务管理办法》等规章制度,并已在开户、清算、交易、系统等方面完成与金交所的各项安排,签署相关协议,明确双方的权利、义务。为确保相关人员充分了解黄金业务,为客户提供专业的业务指导,浦发银行联合金交所培训机构,于2009年9—12月期间,分别在南宁、西安、大连、天津、宁波、杭州、上海、哈尔滨、郑州、泉州等地组织开展黄金交易员资格培训班,培训人员共计超过 700 人。2010 年,通过提供专业资讯和开展巡回讲座,有效推动个人实物黄金业务的发展,截至当年 11 月末,个人实物黄金业务开户数达到 5.3 万户,交易量达到 9.1 亿元。

2010 年 12 月,浦发银行开办代理金交所个人贵金属延期交易业务(以下简称"延期交易业务"),进一步丰富"浦发金"业务范围。延期交易业务是一种类期货的交易模式,采取保证金交易方式,通过杠杆作用,放大资金效用,为客户提供最新、最及时的市场资讯和策略服务。其中,行情资讯终端集行情浏览、辅助分析、即时策略于一体,为客户提供行情研判日刊。同时,标明行情多空方向、止损参考点位等重要信息,辅助客户进行交易决策。在线交流指导是浦发银行最具特色的贵金属交易服务之一,向客户提供在线交易指导、咨询解答、学习交流平台。此外,为客户提供交易终端软件、网上银行、手机银行、电话银行及网点柜面五种交易渠道,特别是浦发金交易终端,采用独立客户端软件,专用行情通道,实现最灵活的贵金属交易。2011 年,全年延期交易业务实现交易量 421 亿元,累计客户数达 66 815 人。

第四节　个人贷款产品

一、个人购房类贷款

【个人住房贷款】

1998 年,为促进城镇住房制度改革,中国人民银行下发《关于加大住房信贷投入、支持住房建设与消费的通知》,就积极支持住房建设提出 9 个方面的要求。浦发银行积极贯彻,推出多项住房金融产品。当年 5 月,中国人民银行对《个人住房担保贷款管理试行办法》进行修改,并颁布修改后的《个人住房贷款管理办法》。根据中国人民银行要求,浦发银行制订并下发《个人住房贷款管理办法》,包括总则,贷款对象和条件,贷款程序,贷款额度、期限和利率,抵押、质押、保证,贷款的偿还,贷款合同的变更,违约及处理,附则,等等。同时,配合《上海浦东发展银行个人住房贷款管理办法》,一并制订《个人住房贷款操作细则》与《个人住房贷款会计核算办法》。

1998 年,浦发银行在上海、宁波、杭州、温州等地区推出住房按揭贷款。8 月,中国人民银行上海分行下发《上海市个人住房担保组合贷款规定》,浦发银行随即按中国人民银行有关组合贷款期限的新规定,办理个人住房担保组合贷款。同年,浦发银行根据中国人民银行上海分行关于《上海市个人住房担保组合贷款管理暂行规定》,制定《上海浦东发展银行个人住房担保组合贷款管理暂行规定》。截至 1998 年 11 月,浦发银行住房抵押贷款共计 1.89 亿元,较年初增长 266%,初步形成集储蓄存款、个人各类贷款、信用卡及代理业务于一身的个人金融业务综合体系。从 1999 年起,浦发银行各分支行全面开展个人住房贷款业务,并将开办个人住房贷款业务纳入业务考核。同时,加大住房贷款业务的宣传力度,把个人住房贷款列为个人消费信贷的重点。在此基础上进一步拓展如住房装修(饰)贷款、"二手房"抵押贷款和商品房外汇抵押贷款等个人住房贷款的业务品种。

2004 年 9 月,浦发银行制定《个人二手房贷款管理办法》及《个人二手房贷款操作流程》。从 2005 年 5 月 31 日起,全行个人贷款五级分类由核心系统每月末实施自动分类。11 月,浦发银行对《个人住房贷款管理办法》及相关合同文本进行修订。

【个人商业用房贷款】

根据中国人民银行行长戴相龙在全国银行分行长、保险公司分公司经理会议上关于"逐步将贷款由主要支持商品住宅的开发建设转变为主要支持商品住宅的消费及配套服务"的讲话精神,2002年7月,浦发银行南京分行了解到杭州客户整体购置商业用房的意向,经调查,购房人系杭州某餐饮公司法人代表,在杭州、上海、南京拥有多家餐饮酒店。南京分行营业部迅速组织协调,组成以分行营业部、个银条线、风险条线相关人员调查小组,赴杭州、宁波等地对客户经营能力进行实地评估,并制订相关贷款方案。分行各部门相互配合,在最短时间内上报总行审查、审批,取得总行批复后,及时发放2 509万元个人商业用房购房贷款,期限10年。该笔贷款是南京分行最大一笔个人贷款,是总、分、支行间快速反应成功营销案例。截至2008年6月,该客户还清全部借款,未曾发生逾期及欠息,为银行带来利息收入574万元,同时增加一户300人的代发工资单位。2005年9月,浦发银行制定《个人商业用房贷款业务管理办法(暂行)》,进一步规范个人商业用房贷款的管理。个人商业用房贷款,是指贷款人向借款人(自然人)发放的,以所购商业用房抵押或其他方式担保的,用于购买商业用房所需资金的贷款。浦发银行个人商业用房贷款仅指用于购买商铺(销售商品或提供服务的场所)和办公楼等可用于经营的房屋的贷款。2007年,浦发银行根据中国人民银行、银监会联合发布的《关于加强商业性房地产信贷管理的通知》要求,结合商业用房市场发展状况,对《个人商业用房贷款业务管理办法(暂行)》及相关操作细则进行修订,形成《个人商业用房贷款管理办法(修订1.0版)》及《个人商业用房贷款操作规程(修订1.0版)》。

2011年,为规范个人商业用房贷款管理,浦发银行修订原管理办法,发布《关于印发〈上海浦东发展银行个人商业用房贷款管理办法〉及其实施细则的通知》。

【个人接力贷】

2009年3月,浦发银行推出个人接力贷房屋按揭金融服务,借款申请人已在他行办理个人住房贷款(或商业用房贷款)(以下简称原贷款),在贷款尚未结清时向浦发银行提出贷款申请,经贷款人

图3-2-6　浦发银行积极发展住房贷款、汽车贷款等个人消费信贷

审批同意,以原贷款项下房产(原贷款项下对应抵押房产须为现房)办理抵押并发放贷款,贷款用途限于归还原贷款未结清贷款本金。4月,制定《个人接力贷房产按揭贷款管理暂行办法》和《个人接力贷房产按揭贷款操作暂行规程》,进一步规范业务的开展。

二、个人经营类贷款

【个人经营性贷款】

2000年8月,浦发银行在上海地区试行开办再就业贷款业务(当时暂定名为"促进就业基金担保贷款"),是全国首批为下岗人员提供金融支持的银行。浦发银行下发《关于开展促进就业基金担保贷款的指导意见》《促进就业基金担保贷款管理实施办法》《促进就业基金担保贷款会计核算办法》等规范性文件,基本健全再就业贷款业务管理制度框架。8月22日,浦发银行上海南市支行与上海联华便利商业有限公司签署合作协议,为"联华便利"加盟者提供就业基金担保贷款以及其他配套金融服务。2003年12月,根据中国人民银行《下岗失业人员小额担保贷款管理办法》《〈下岗失业人员小额担保贷款管理办法〉有关问题的补充通知》,浦发银行制定《下岗失业人员小额担保贷款实施细则(试行)》。

2004年,浦发银行大力发展个人经营性贷款业务。4月,结合中国人民银行、财政部、劳动和社会保障部《关于进一步推进下岗失业人员小额担保贷款工作的通知》内容,浦发银行要求各分行、直属支行对新增就业岗位或吸收下岗失业人员达到一定比例的劳动密集型小企业给予信贷支持。2005年,浦发银行制订《2005年个人信贷业务政策指引》,同时明确合作项目(中介)管理政策。从2005年起,浦发银行多家分行相继试行开办个人经营性贷款业务。8月,长沙分行以三湘南湖大市场为重点客户对象,开办个人经营性贷款业务,向借款人发放用于生产和经营活动中临时性、季节性等流动资金,以及购置、安装和修理小型设备以及装潢经营场所所需的贷款,实行"部分自筹、有效担保、专款专用、按期偿还"的原则。9月12日,经浦发银行批复同意后,太原分行正式开办个人经营性贷款业务。2006年2月,上海地区总部经浦发银行同意,试行推出个人经营性贷款业务,体现出较高的收益与成本配比度。同年,青岛分行推出个人经营性贷款业务,带动分行的商业用房抵押业务,逐渐成为拉动分行贵宾客户、代发业务、信用卡业务等发展有效途径。

2009年4月,浦发银行制定《个人经营性贷款管理暂行办法》。一是要求分行应因地制宜,明确目标客户群体和目标市场定位。深入研究区域经济发展优势和特色,锁定具有丰富经营经验、从事实体经营、有一定家庭资产积累,具有良好资信状况的客户群体;以及所经营企业有稳定的产购销渠道,能为银行带来较好综合收益的中小企业投资人、私营企业主、项目承包人、个体工商户。同时,结合区域经济特征和区域风险程度进行目标市场定位,优先选择国家产业政策支持、区域比较优势明显、受经济波动和通胀影响较小、经营模式较易掌握、经营周期相对稳定的行业。鼓励技术创新,支持中小企业主经营向"小而精""小而专""小而特"的方向发展。有针对性地选择目标市场,选择具有全国或区域较高知名度的各类商品交易市场、批发市场、批发性商业街等交易市场;城市繁华商业街区或成熟购物中心内的品牌代理商、品牌经销商;大型零售商或具有垄断性质的大中型企业提供生产配件、提供加工和营销等配套服务的私营企业集群;国家级开发区或各类省(市)级以上的工业园区(或科技园区、开发区)内的生产制造类、高新科技类等私营企业集群;采用企业对企业(B2B)、企业对消费者(B2C)、消费者对消费者(C2C)的模式,实现消费者的网上购物、商户之间的网上交易和在线电子支付以及各种商务活动、交易活动、金融活动的新型商业运营模式商户经营者。二是开展个人经营性贷款的交叉营销联动和便利性服务。以客户为核心,从两方面实现交叉营销联动。一方面,对个人客户名下的资产业务、负债业务和中间业务进行交叉营销;另一方面,因个人经营性贷款客户均直接或间接参与经营活动,可与公司业务形成交叉营销。鉴于个人经营性贷款客户对贷款办理便利性敏感度较高,鼓励个人经营性贷款采用综合授信模式。在综合授信项下的经营性支用,对于多次提供的经常性贷款用途收款账户,简化审查流程,避免重复提供资料,加快处理速度。同时,支持采用多样性还款方式,实现还款周期与借款人收入状况和经营项目现金流相匹配,确保贷款资金的有效回收,满足借款人多样性的还款需求。三是明确个人经营性贷款的开办、衔接及贷后管理要求。个人经营性贷款开办行须完成个人信贷体制改革,建立操作和管理专业团队,并通过总行验收;分行个人信贷部的人员配置应符合总行相关要求,相关审查审批人员应通过浦发银行专门的审贷岗位资格考试;通过建立客户筛选评价标准、操作流程合规控制、交易背景控制,明确营销人员、管理人员、催收人员等岗位职责,并分层次开展专项培训工作。先行试点地区暂定为个私经济比较发达的浙江、江苏和上海地区。分行建立贷后维护、分析制度,建立专门的贷后管理团队。客户经理、业务管理部门和风险管理部门将个人经营性贷款产品纳入重点关注。分行以效益考核为核心,推进产品业务发展与贷后资产管理的一体化,充分重视贷后催收工作,确保个人经营性贷款贷前贷后均衡、可持续健康发展。

【个人商户经营性贷款】

商品交易市场是中国广泛存在的一种商业模式,大体可分为两种,一种是有产业依托的商品批发交易市场,走"工贸一体化"经营发展道路;另一种是商品积聚型市场,一般不具备产业依托,以批发主导发展,采用批零兼营手段,利用其贸易中心的商业地位带动区域商品流通。商品交易市场内商户云集,风险概率化特征明显,适合银行批量开展授信业务。2010年4月,浦发银行制定《个人商户经营性贷款管理暂行办法》和《个人商户联保业务管理暂行办法》。个人商户经营性贷款指浦发银行向商品交易市场内的个体工商户和企业主(或实际控制人),发放的用于生产或投资经营活动的人民币贷款。商户个人联保(即联合担保),指由3(含)至5(含)个自然人自愿组成联合担保体,向浦发银行申请用于生产或投资经营活动的人民币贷款业务,相互提供连带责任担保的一种保证方式。同时,浦发银行下发《个人商户经营性贷款业务指引(2010版)》,要求分行针对商户经营状况和业务需求存在的差异,采取分层次营销,并充分考量分行人员配备、资产质量等整体风险把控情况,循序渐进发展业务。一是明确行业发展方向,防范市场系统性风险。选择促民生、促消费,受经济周期影响较小的行业作为业务发展重点,重点开发以消费品为主要经营对象的商品交易市场,行业上要选取国家产业政策支持、符合浦发银行信贷政策指引、区域优势明显、受经济波动影响较小、经营周期相对稳定、与大众生活密切相关、日常认知度高的行业开展业务。优先选择浦发银行有营业网点、便于日常管理,以及成交金额排名区域靠前的商品交易市场。二是加强客户分层,合理使用担保方式。保持各类担保方式的合理结构,坚持以房产抵押为个人商户经营性贷款的主要担保方式。三是合理定价,注重效益。综合考虑收益水平、市场竞争、客户信用状况以及对浦发银行业务贡献度等因素,确定利率定价水平,进一步提高个人信贷资产收益率。四是加强贷款三查,注重风险防范。加强前期市场调研,确定业务发展的重点目标,严格商户的准入标准,注重客户实际经营状况调查,加强贷后风险监控,有效化解风险。五是加强业务的交叉营销。搭建网点和结算平台,为商户提供便利的渠道服务,提高客户资金归行比例和综合贡献度。六是加强队伍建设。迅速培养营销、审核和风险管理团队,通过从业人员定期技术培训及经验交流,提高团队专业水平。

并配备专门产品经理,统筹全行业务推动并协助营销人员设计产品方案。

2010年10月,浦发银行下发《关于调整个人经营性贷款产品政策的通知》,推出"抵押+自然人组合担保""法人保证"等担保方式,进一步增强产品的市场竞争力。2011年4月,《"融资易"个人经营性贷款业务营销指导意见》出台,提出"融资易"为个人经营性贷款业务产品市场推广名,明确"三商一户"即供应商、代理商、制造商和商业商户,为个人经营性贷款目标客户,明确批量拓展业务发展模式。

【个人船舶抵押经营性贷款】

2011年9月,浦发银行下发《个人船舶抵押经营性贷款管理暂行办法》,开办个人船舶抵押经营性贷款。目标客户定位于经营定位准确、经营情况稳定、具有丰富从业经验的航运企业投资经营管理者和挂靠承包经营者;抵押船舶定位在与个人从事水路运输经营相匹配的在内河与沿海航行的船型,不包括远洋航运的大型集装箱运输船等。

个人船舶抵押经营性贷款业务作为浦发银行个人经营性贷款项下特色产品,涉及专业领域,抵押物评估和处置不同于普通房产,受国内外宏观经济形势波动影响较大。产品定位于发展优质客户、丰富产品种类、扩大品牌影响力,遵循稳健发展的策略,原则上仅限沿海、沿江、内河港口设有海事管理机构地区所在地的分行办理。

三、个人消费类贷款

【助学贷款】

1997年8月,浦发银行申请开办"浦发银行-上海市教育委员会普通高校助学专项贷款"。专项贷款是以银行贷款方式,支持部分经济困难的普通高校全日制在校学生完成学业而发放的个人消费性专项贷款。发放对象是在上海地区普通高等院校注册入学的全日制在校学生,以及在上海地区以外普通高等院校注册入学的原上海籍全日制在校学生。专项贷款的种类,分为学杂费贷款和生活费贷款两种。同时,浦发银行制定《助学专项贷款方案设想》,包括贷款的规定、借款人资格、贷款的申请、贷款的担保、贷款的审批、贴息、助学专项贷款专项资金、专项贷款管理委员会等方面。9月1日,中国人民银行批准浦发银行在国内独家试点推出普通高校助学贷款业务。该项业务是经中国人民银行批准的、全国首家银行试点的新业务。它是国内教育消费信贷业务的一次创新,也是中国个人金融领域中一项新的业务品种,它对高等教育改革、营造个人信用的新格局产生深远的影响,得到国务院副总理李岚清的重视。当年9月3日起,浦发银行在上海地区试办人民币助学贷款业务,共44所普通高校参与。开办当日,浦发银行与上海市教育委员会联合举行上海市普通高校学生助学贷款签约仪式,并向上海市教育委员会助学贷款专项基金捐赠100万元,专门用于对优秀学生和经济困难学生的助学贷款贴息。上海市市长、副市长出席签约仪式,中央电视台等主要新闻媒体作连续跟踪报道。截至1998年11月,共585名学生获得助学贷款。

浦发银行推出助学贷款,有利于高等教育体制的深化改革,有利于培养借款学生诚实守信的品德,树立信用和理财观念,有利于培养借款学生遵纪守法、刻苦学习、爱惜身体的良好风气,有利于推动中国金融业在个人助学类贷款领域不断创新。浦发银行作为国内首家试办助学贷款的商业银行,成为新闻传媒报道的热点,得到社会舆论的充分肯定。《中国教育报》报道:"在全国高校实行全面'并轨'的时刻,上海率先实行社会化贷学金制度,其意义十分巨大。""这项全新助学贷款制度的诞生,对深化高等教育改革,使不同经济收入的学生群体都能平等地拥有享受高等教育的权利,对培养大学生艰苦朴素、自立自强品德具有重要的积极意义。"上海《解放日报》则称:"这是我国第一个按照市场经济运行机制,由政府贴息,商业银行主管的学生贷款。"助学贷款的推出,也引起世界上有关教育界人士的关注。美国宾夕法尼亚大学负责学生贷款的有关专家与教授曾两度来上海了解浦发银行的助学贷款开展情况,对中国商业银行开办学生贷款给予很高评价,认为这是中国在金融和教育领域已经逐步与世界接轨的体现。同时表示愿意合作,协助进一步完善助学贷款管理工作。

从1999年秋季新学年开始,浦发银行在杭州、宁波、重庆、广州等高等院校比较集中的城市开办助学贷款。重庆分行于2000年开始办理助学贷款业务,成为重庆第一家经办助学贷款业务的银行。2000年5月,根据中国人民银行、教育部、财政部《关于助学贷款管理的若干意见》,浦发银行对原《助学贷款管理试行办法》进行修订。助学贷款的发放对象由原先的上海地区全日制普通高等院校在读的中国籍学生、在异地全日制普通高等院校在读的上海户籍学生,扩大为接受非义务教育的学生或其直系亲属,或其法定监护人。根据修订后的办法,2001年,重庆分行经与重庆大学C校区协商,对该校区11名家庭经济困难学生发放助学贷款,帮助其顺利完成学业。

【个人汽车消费贷款】

1998年,中国人民银行下发《汽车消费贷款管理办法》,允许在四大国有商业银行中开办汽车消费贷款业务。1999年,中国人民银行行长戴相龙在全国金融工作会议上表示,中国将于1999年在条件成熟的商业银行中开办汽车消费贷款业务。当年1月5日,浦发银行收到上海通用汽车公司"别克(BUICK)"汽车提供消费贷款招标文件,制定《汽车消费贷款管理实施细则》,并于1月14日申请开办该项业务。1999年4月,经中国人民银行批准,浦发银行开始办理汽车消费贷款业务,同时印发《汽车消费贷款实施细则(试行)》。选定上海、北京、南京、广州、杭州及重庆分行办理上海通用汽车有限公司生产的"别克"轿车的汽车消费贷款业务。同年10月15日,浦发银行与上海通用汽车有限公司签订《别克BUICK汽车消费贷款银企合作协议》,在别克汽车消费贷款业务领域开展全面合作。

【个人消费贷款】

1999年4月,根据中国人民银行《关于开展个人消费信贷的指导意见》的精神,浦发银行制订《个人消费贷款管理办法(试行)》,规定个人消费贷款所涉及的"合理用途的消费品或服务"的范围,包括房屋装修、旅游及适于家用的耐用消费品及其他合理用途的产品及服务,但不包括住房、汽车及求学等3类消费品及服务。2011年4月,浦发银行印发《上海浦东发展银行个人消费贷款管理办法》及其实施细则,明确个人消费贷款是指贷款人向申请购买合理用途的消费品或服务的借款人发放的人民币担保贷款,实行"限定总额、有效担保、专款专用、按期偿还"的原则。

【个人留学贷款】

1999年7月1日起,经中国人民银行批准,浦发银行首先在上海、北京、杭州、南京及宁波分行统一正式对外开办留学贷款业务。当年8月18日,北京分行举行首批留学贷款签字仪式,向首批接受留学贷款的6位借款人发放贷款,最低3万元,最高30万元。凭借便捷的手续及较高的签证通过率,北京分行的"留学贷款证明书"成为留学澳大利亚的学子的首选,分行留学贷款业务每年发放额近3亿元,贷款客户近900人。另外,南京分行自1999年7月以来,在南京地区16家营业网点和江苏地区6家异地分支行开办留学贷款业务,完善个人信贷产品体系。

【个人消费信用贷款】
2001年,为规范个人信用评定行为,浦发银行制定《个人信用评定标准及管理办法》,开办个人信用消费贷款业务。个人信用贷款业务的开展遵循在已有信用良好的客户及已选定的目标客户群体中试点,逐步推开的原则,根据"家庭资产净额衡量还款能力,家庭基本信息反映还款意愿,反映抵(质)押资产必反映对应债务"的原则,按照规定进行个人客户的信用评定,严格按评定结果发放贷款。

2006年4月到10月,浦发银行印发《个人信用贷款业务管理办法(试行)》及相关操作细则,并在宁波、杭州、南京3家分行先行试点个人信用贷款业务。个人信用贷款是浦发银行推出的根据客户的年龄、学历、职业、收入等判断客户资质,向有稳定收入且资信良好的借款人发放的用于正常消费需求及劳务等费用支付的信用贷款业务。该品种作为纯信用担保的贷款品种,改变以往贷款必须用抵押、质押或保证进行担保的惯例,丰富并完善贷款产品品种。浦发银行宁波分行于2003年起,在全辖范围内办理VIP客户信用授信业务,以信用和保证方式发放个人消费贷款。2006年5月至10月,宁波分行按浦发银行管理办法和操作要求,开展个人信用贷款试点操作,至2009年4月末,宁波分行个人信用贷款余额2 300万元,资产质量较好,无逾期情况。南京分行开办个人信用贷款业务后,先后拓展优质对公客户"扬子-巴斯夫"公司、红宝丽公司等单位,以信用贷款为过渡贷款,参与三江学院、江苏烟草、南京大学的集资建房等项目。2006年4月,杭州分行也推出个人信用贷款产品。2007年,在第一阶段三家分行的首批试点工作的基础上,开展个人信用贷款业务试点第二阶段工作,即扩大并调整业务试点行范围及顺延试点期,确定进入第二阶段试点行的新增试点行为郑州分行、大连分行、温州分行、沈阳分行、长沙分行和济南分行。首批试点行中南京分行继续作为第二阶段的试点行。试点分行每月对个人信用贷款业务的组织和营销推动措施及落实情况、市场对个人信用贷款的反应程度、一线营销人员对个人信用产品的认识情况、试点期间浦发银行个人信用贷款政策与市场的贴合程度、审批否决贷款的原因、申请人对个人信用贷款产品各项要素的敏感度等方面进行分析,并上报总行。

2007年3月,浦发银行制定《个人信贷业务贷前准入管理办法》,建立起个人信贷业务贷前准入制度,强化个人信贷业务贷前风险防范,进行条线集中管理以加强风险控制。同时,在分行个人信贷管理团队中增设"业务准入岗"一职,建立专业准入队伍,并实行相应的岗位责任考核,完善操作流程,加强操作环节的严密性,最大限度地保证银行个人信贷资产的安全。4月,《上海浦东发展银行个人信贷业务专业审贷管理办法(暂行)》出台,通过各级审贷岗位及专业审贷队伍对不同风险等级的个人信贷业务实施授权审批,同时对其进行责任考核和条线集中管理,强化审贷人员的专业技能,建立专业审贷机制防范风险,实行相关的岗位责任考核,做到授权清晰、责任明确、风险控制、效率提高,通过高效专业的审贷工作最大限度地确保银行个人信贷资产的安全。6月,在《个人信贷业务贷前准入管理办法》的基础上,浦发银行下发《关于规范开展个人信贷业务贷前准入工作的指导意见》,对贷前准入流程、后续管理及系统操作等作进一步规范。7月,浦发银行制定《个人信贷业务日常催收管理办法》,实现对催收工作的制度化、标准化建设,以期在完成催收专职人员配备的基础上,将逾期贷款金额和在全部个人贷款中的占比较为稳定地控制在适当的范围内。

2007年下半年,浦发银行对部分分行个人银行业务实施例行审计,对检查发现的主要问题进行风险提示,重点针对个人信贷业务中的政策风险、操作风险、信用风险作较为深入分析。为充分发挥银行内部控制"三道防线"的合力作用,浦发银行就审计中所揭示的风险,结合分行的共性情况,下发《关于进一步规范个人信贷业务的若干意见》,就商业用房按揭贷款受理要求、集资合作建房贷款合规风险、"一人多贷"政策、批量购房关联客户审查审批、个人贷款真实性审核、信贷资金用途及流向管理、个人信贷业务贷后监管、中介机构管理、各地抵押环境差异性风险防范等方面提出具体要求。

2010年,浦发银行制定《上海浦东发展银行个人消费信用贷款管理办法》及实施细则,个人消费信用贷款指贷款人向资信状况良好的借款人发放的、以借款人个人信用为依据、无须提供任何担保的人民币贷款。个人消费信用贷款可用于个人正常消费(包括购买商品或购买服务)、教育等用途。当年,浦发银行在全行推广个人消费信用贷款,丰富个人贷款产品线,提升拓展批量业务渠道的竞争力;截至2010年年末,上海、南京、温州、郑州、大连、长沙等14家分行开办个人消费信用贷款。

【个人消贷易贷款】

2011年,浦发银行下发《个人消贷易贷款管理办法等规章制度的通知》,正式推出"消贷易"贷款产品。"消贷易"产品特色是:"额度循环使用,随用随借随还;刷卡自动放款,简化贷款手续"。消贷易贷款是以银行卡为载体,将授信额度划拨至借款人消贷易卡上,用于刷卡消费,并每日根据设定的规则自动生成的个人消费类贷款,是轻松理财智业卡的升级换代产品。通过优化贷款支用方式和审核流程,创新采用个人信贷授信额度和银行卡刷卡功能的组合,实现给予客户消费融资以"随时随地"的支持,为客户提供消费贷款便利。

四、个人质押贷款

【个人存单/凭证式国债质押贷款】

经中国人民银行批准,从1997年3月1日起,浦发银行开办个人定期储蓄存款存单(折)小额质押贷款业务。个人定期储蓄存款存单小额质押贷款是个人因急需资金,向银行申请以未到期的定期储蓄存单(折)作质押,从银行取得一定金额贷款,到期归还贷款本息的存贷结合业务。质押品是在浦发银行开户的借款人名下记名的未到期整存整取、存本取息、大额定期存款和外币定期存款存单(折)。配合个人小额质押贷款的开办,浦发银行制定《个人定期储蓄存款存单(折)小额质押贷款章程》及《个人定期储蓄存款存单(折)小额质押贷款业务处理办法》,就质押品及贷款对象,贷款的申请,贷款的额度、期限、利率,贷款的归还及逾期、展期处理,贷款合同的解除及其他作明确的规定。1998年,为进一步促进个人储蓄业务的发展,规范个人小额质押贷款业务操作,浦发银行对《个人定期储蓄存款存单(折)小额质押贷款章程》及有关合同文本进行修订。截至1998年11月底,浦发银行个人存单质押贷款余额7 800万元,较1997年年末增加412%,取得良好经济效益。

1999年8月,根据中国人民银行、财政部联合发布的《凭证式国债质押贷款办法》及有关法律法规,浦发银行制定《个人凭证式国债质押贷款管理暂行规定》。2001年12月,浦发银行与国家邮政局邮政储汇局签订《合作开展定期储蓄存单质押贷款业务意向书》,在全行范围内开办邮政定期储蓄存单质押贷款业务。

2009年5月,为更好地贯彻《个人定期存单质押贷款办法》精神,进一步促进个人定期存款、凭证式国债质押贷款业务发展,浦发银行制定《个人定期存款、凭证式国债质押贷款管理办法》《个人定期存款、凭证式国债质押贷款操作规程》,原《关于开办个人定期储蓄存单(折)小额质押贷款业务的通知》《关于印发〈上海浦东发展银行个人定期储蓄存款存单小额质押贷款章程〉修订本等的通知》《关于印发〈上海浦东发展银行个人凭证式国债质押贷款管理暂行规定〉的通知》等有关规定同时废止。

【邮政定期储蓄存单质押贷款】

2001年,为适应市场竞争的需要,方便邮政储户合理安排资金,促进消费信贷业务的发展,浦发银行与国家邮政局邮政储汇局签订合作开展邮政定期储蓄存单质押贷款业务意向书。2002年4月27日,中国人民银行正式批准浦发银行开办邮政定期储蓄存单质押贷款业务。各分行、直属支行根据当地市场需求,先后与所在地邮政储汇局签订合作协议。邮政储户(借款人)可以本人名下的国家邮政局邮政储汇局人民币定期储蓄存单作为质押标的物,向浦发银行分支机构申请人民币定期储蓄存单质押贷款。邮政定期储蓄存单质押贷款的起点金额为5 000元,最高贷款金额应不超过所质押存单总面额的90%。

【外汇宝存款质押贷款】

随着个人贷款质押物种类进一步丰富,为适应市场需求、方便外汇宝存款客户合理安排资金,2002年5月,浦发银行制定《个人外汇宝存款质押贷款管理办法》。"外汇宝"是银行开办个人外汇买卖代理业务的俗称,个人外汇宝存款质押贷款是指借款人向贷款人申请以在贷款人处开立的本人名下外汇宝账户的存款提供质押担保,从银行获得一定金额人民币贷款的业务。个人外汇宝存款质押贷款起点金额为人民币1万元,最高限额为提供质押的外汇宝账户内外币存款总金额的80%。贷款最高限额的确定根据质押的外汇宝账户上的各币种余额(区分现钞、现汇余额),按照业务发生或业务处理当日公布的外汇(钞)买入价,及各币种质押率,折合人民币计算。

【个人结构性存款理财产品质押贷款】

2007年7月,浦发银行开办个人结构性存款理财产品质押贷款业务。个人结构性存款理财产品是指由浦发银行个人银行总部财富管理部发行并认定可质押的保本型个人外汇或人民币结构性存款理财产品。借款人以未到期的个人结构性存款理财产品合约以及个人结构性存款理财产品合同项下的权利作质押担保,从银行取得一定金额的人民币贷款,并按期偿还贷款本息。质押贷款额度起点为人民币1 000元;个人结构性存款理财产品本金为人民币的,贷款额度不超过个人结构性存款理财产品合约保本本金的90%;个人结构性存款理财产品本金为美元的,贷款额度不超过个人结构性存款理财产品合约保本本金的80%[按办理贷款业务当日公布的外汇(钞)买入价折成人民币计算];个人结构性存款理财产品本金为非美元外币的,贷款额度不超过个人结构性存款理财产品合约保本本金的70%[按办理贷款业务当日公布的外汇(钞)买入价折成人民币计算]。质押贷款期限不得超过个人结构性存款理财产品合约的到期日,且最长不超过1年。若为多个个人结构性存款理财产品质押,以距离到期日最近的时间确定贷款期限。

五、个人贷款延伸服务

【个人综合授信】

2001年,浦发银行制定《个人综合授信业务管理办法(试行)》,正式开办个人综合授信业务。

个人综合授信业务是浦发银行个人消费贷款业务操作方式的一种创新,各行在开展个人消费贷款业务时,除按现行操作规定操作外,可选择信用良好的客户群体按本办法规定以综合授信的方式进行业务操作。浦发银行个人综合授信额度包括质押额度、抵押额度和信用额度,实行"额度分类评估、支用总量控制"原则。质押额度、抵押额度和信用额度的总和作为个人综合授信的总额度,申请人可单独或合并申请质押额度、抵押额度和信用额度。

【多样性还款】

随着个人融资需求的多样化,客户对银行所能提供的融资产品要求越来越高。还款功能作为贷款产品的一个重要环节,一直备受客户关注。为积极推进个人贷款业务发展,满足客户不同财务状况下的资金分配需求,浦发银行于2006年开发"万能还款方案"。在原来等额本息、等额本金、分期付息一次还本和一次还本付息的还款方式基础上,新增本金等额递增、本金等额递减和组合还款方式。其中组合还款方式又分为不同还款方式的组合和不同还款本金的组合,具体指将贷款整个还款期间分为多个"还款段"(最多允许分8个还款段),每个还款段选择不同的还款方式或者不同的还款本金方式。"万能还款方案"适合各种个人贷款产品,最大限度配合客户不同生命周期的不同现金流特点,给予客户极大的方便和自由度,受到客户的好评。

2009年5月,浦发银行上海分行推出"无忧月供"还款方式。该还款方式是将贷款到期前按期分次偿还部分贷款本息与期末一次性偿还剩余贷款本息相组合的一种个人贷款还款方式,同时分行面向高端优质客户提供的一项个性化增值服务,客户可通过这一还款方式,较大程度上缓解前期月供压力,并在整个贷款存续期内有效降低融资成本。该业务的推出,对上海分行个贷业务在区域市场的快速发展起到积极的推动作用。

2010年,浦发银行在个人贷款多样性还款方式下新增固定组合还款方式(即"无忧月供"还款方式),适用于浦发银行个人一手房购房贷款、个人二手房购房贷款及个人商业用房贷款,公积金组合贷款不可用。固定组合还款方式指贷款到期前,按月分次偿还部分贷款本息与期末一次性偿还剩余贷款本息相组合的个人贷款还款方式。借款人可选择一个长于贷款期限的"月供计算期"计算每月还款金额。在整个贷款期限内,除最后一期采用一次性还本付息还款方式外,其余各期均按照"月供计算期"(即借贷双方约定的期数,仅作为计算贷款期限内每期还款金额的计算要素)计算出的每月还本付息金额,采用按月等额本息或按月等额本金还款方式。

【理财房贷】

2002年7月,浦发银行开办理财房贷业务,同时下发《理财房贷业务管理办法》。理财房贷是指贷款人在借款人以所购房产作抵押担保,使用购房贷款的同时,向借款人提供一定的房产抵押授信额度,供其循环使用,是一种以购房贷款为主、个人授信为辅的产品。理财房贷授信额度包括两层含义:一是指借款人在申请个人购房贷款时,如果借款人未用足可用贷款额度,未用部分可作为借款人的授信额度,循环使用。二是借款人开始偿还个人住房贷款后,其贷款余额小于银行可给予的贷款额度,其小于部分可作为借款人的授信额度,循环使用。理财房贷仅限于借款人以所购买住房为抵押申请购房贷款的范围,不包括以其他方式提供借款担保的情况。受信人在授信额度项下获得的贷款,只能用于合理用途的消费品或服务。合理用途的消费品或服务包括住房、汽车、求学、房屋、房屋装修、旅游及适于家用的耐用消费品及其他合理用途的产品及服务。理财房贷业务整合个人购房贷款、个人消费贷款、综合授信等业务品种,体现浦发银行个金业务品牌及服务特色,兼顾客户对"固定资产持有"与"流动资金周转"的需求,让客户的不动产变"不冻产"。

【存贷易】

2009年起,为提升综合服务质量,浦发银行在上海、深圳、广州等13家分行试点开展个人贷款存贷易业务,提升对个贷客户的交叉销售能力。2010年2月,浦发银行正式开办个人贷款存贷易业务,同时,浦发银行印发《个人贷款存贷易业务营销指导意见》,制定市场推进、产品定价和渠道拓展策略。个人贷款存贷易业务是贷款人基于开办存贷易业务的申请人及其家庭资产、负债等各方面财务情况,向申请人提供的可有效提高资金综合使用效率的个性化金融增值服务。客户可通过在浦发银行的存、贷款账户进行关联,有效盘活家庭资产。经贷款人审核同意,申请人可办理存贷易业务,并指定其名下浦发银行卡/折中开立的账户作为存贷易账户,可将申请人及其家庭成员在贷款人处开立的个人存款凭证、申请人在贷款人处办理的个人贷款借据与存贷易账户建立关联关系。贷款人根据每日系统日终处理时关联存款凭证各账户余额和关联贷款各借据余额,按照约定的条件和计算规则,确定存贷易收益,按照约定支付至关联的存贷易账户内。存贷易业务的核心功能是,可在提高资金收益的同时保持资金使用的灵活性和流动性。与市场同类产品相比,存贷易可关联申请人家庭成员在浦发银行的存款账户,可关联个人住房贷款外的部分其他贷款品种。存贷易业务的目标客户群为个体工商户、中小企业主、白领商务人士,尤其是其中家庭金融资产积累较高的客户。

【保付通】

为丰富个人中间业务品种,向商品或劳务的交易双方以及二手房交易双方提供公平、安全、便捷的资金结算和监管保障,2005年,浦发银行先后下发《个人保付通业务管理办法(试行)》《个人二手房保付通业务管理办法》。个人保付通业务是指付款申请人(商品或劳务买方)委托银行向收款人(商品卖方或劳务提供方)支付款项。个人二手房保付通业务是指应申请人(二手房买方)的要求,将其购房资金存入保付通专户并按照交易双方的约定将该专户关联到收款人(二手房卖方)的结算账户,待收款人按照《房屋买卖/转让合同》履行义务后,浦发银行审核与房产交易双方事先约定的单证后,将保付通款项划付到收款人结算账户。

第五节 支付结算产品

一、个人汇款

2005年,浦发银行个人网上银行相继推出跨行汇款、约定汇款等多项汇款业务。完善个人业务支付通道,对发展网上服务,吸引个人客户起到重要作用。当年,为进一步扩大网上银行影响,推出有独特竞争力的产品,浦发银行与上海市邮政储汇局合作推出邮政汇款业务,由浦发银行受理客户通过网上银行发起的汇款申请,经邮政汇款渠道投递至中国大陆境内居民地址或直接汇入绿卡、邮政存折账户。浦发银行的网上邮政汇款业务在国内金融界为首创。此项业务推出后,浦发银行汇款通道覆盖所有银行卡和公司、个人结算账户、邮政绿卡、邮政存折。

2006年,浦发银行研发并完善E-mail汇款业务,汇款人可根据收款人提供的姓名、E-mail地址或手机号码实现双方资金结算,在传统银行汇款业务的基础上,为公司和个人客户提供又一安全、方便、快捷的资金结算方式。收款人持有浦发银行东方卡、活期一本通或信用卡的,可为每个 E-mail 地址或手机号码设定一个自动入账账号。当收款人 E-mail 地址或手机号码预先设定自动入账账号时,汇款款项实时入账;当收款人 E-mail 地址或手机号码未设定自动入账账号时,汇款实时从汇款人账户扣除,汇款款项暂入浦发银行应解汇款账户,等待收款人领取。收款人可通过个人网上银行将汇款款项转入同名的东方卡、活期一本通、信用卡或到网点柜面取现。

浦发银行通过在轻松理财卡中整合"易汇达"汇款产品,持卡人可实现覆盖全国 1 500 多个城市、20 000 多家同业金融机构的汇款服务,满足日益增长的资金汇划需求,为客户提供便捷、高效的资金流动服务。不论行内汇款还是跨行汇款,不论是以传统的账户、地址为入账依据的邮政汇款,还是以手机号码、E-mail 地址为入账依据的 E-mail 汇款,都可轻松应对。2007 年,浦发银行与 PAYSTONE 公司合作推出国际汇款业务,使轻松理财卡真正做到"想得到,汇得到"。

二、代发业务

1995 年发行的东方卡具有代发工资的功能。从 1996 年 3 月起,浦发银行东方卡客户资料、东方卡代发工资和代扣公用事业费的信息管理,由原来的个人金融部集中管理转为由受理支行和个人金融部共同管理,同时下发《关于加强东方卡客户资料和代发工资等信息管理的通知》,当年代发工资达 33 万笔,金额达 3.1 亿元。1997 年,全行东方卡代发工资转账金额达 15 亿元。1998 年 11 月,浦发银行开办活期存折代发工资转存储蓄业务。同时制定并下发《关于代发工资转存活期储蓄业务的处理手续》,就代发工资转存活期储蓄的业务范围和受理申请、开户手续、办理转存等作出详细规定。

2004 年,浦发银行重点推进代发业务。一是确立以代发为主线,带动个人业务的策略。当年,个人银行总部重点推进代发和按揭贷款两项业务,确立以代发业务为主渠道,实现个人业务批发化,拓宽个人存款资金吸纳源头的基本工作思路,要求利用公司业务的优势拓展个人业务,围绕代发业务,优化东方卡等相关产品、服务和营销工作。二是建立代发业务保障体系。2004 年 8 月,浦发银行下发《关于加快代发业务发展的指导意见》。同年,浦发银行增加代发业务日报表、旬报表与结构性报表,并结合浦发银行 F3 活动,制订以代发金额增长量、代发金额增长率为统领指标的代发业务激励方案。2004 年,个人银行总部以"聚焦代发"为主题,发布代发产品功能、代发业务竞赛规则、全行代发业务信息、各行代发业务经验等讯息,在全行形成学习、了解代发产品、争先比优的代发营销高潮。三是出台代发业务产品组合方案。2004 年 9 月,浦发银行提出"随时随地、用心为您"的服务理念,针对不同行业、不同职业客户,分别设计差异化的产品组合方案。方案以资金存量和资金流量为维度,以客户的行业特点为切入点,通过剖析东方卡目标客户的个人财富、理财模式、消费模式和生活方式等特点,总结出加密文件、异地代发、外币代发、网上代发、多样化报销的解决方案等"五大亮点";以及约定转存,异地紧急补卡、紧急现金援助服务,及时语安全保障通知,VIP 保险计划的"四大创新"产品组合。四是完善代发产品功能。从客户需求出发,浦发银行代发产品实施功能扩充和优化。第一,优化网上代发和柜面代发的交叉查询功能,增加客户查询渠道,增加代发失败资金自动退回功能。第二,增加网上费用上缴功能,实现企业和员工之间的双向转账;完善网上报销的凭证打印功能,规范网上报销凭证;改进公司卡结息方式,满足企业财务对结息周期及回单的需求。第三,推出设计精美的《东方卡用卡指南》,增加 ATM 的取款次数到每天 4 次、开通东方卡跨行转账业务、异地应急取现和异地补换卡业务、东方卡及时语安全保障通知服务。五是明确代发业务服务规范。2004年,浦发银行出台《代发业务管理办法》《代发业务操作规程》《代发业务协议书》,统一明确代发业务客户准入、业务操作、合同文本,以制度规范代发业务操作,提升全行对外服务意识和服务品质。六是开展代发营销活动。2004年11月,浦发银行开展东方卡代发营销活动,同时下发《企业代发营销方案工作指引》,面向企业和员工开展代发营销。企业营销以最佳代发企业评选活动和银企联谊会为切入点,增进银企合作和交流,巩固现有代发企业,发展优质的潜在代发客户;员工营销采用促销活动与产品宣传相结合的方式,鼓励客户使用东方卡消费、存款以及办理及时语、网上银行等。通过2004年11月11日至2005年2月10日的代发营销活动,评选出十名"代发争高奖",对超额完成F3活动代发指标的分行颁发"F3代发超额奖",对代发营销业绩突出支行和客户经理分别授予"代发营销十佳支行"与"代发推广之星"。

2005年5月11日至8月31日,全行开展"扬帆——网银代发百日竞赛"活动,分为开户有奖活动、支行竞赛、分行竞赛。开户有奖活动覆盖网银签约开户、及时语开户、代发个人账户、代发目标单位客户等业务,设立开户奖、客户经理最佳表现奖、大堂经理及综合柜员最佳表现奖、"奖中奖"抽奖,每成功发展一个客户即可获得相应奖励。支行根据竞赛期间支行净增网银新开户、优质客户网银开通率、及时语新开户、代发金额净增量、代发金额增长率、代发个人账户净增量6项排名,评选"旬度十佳支行奖"与"百日大赛杰出支行奖"。分行竞赛则根据每旬积分情况,对竞赛期间综合排名前十位的分行颁发"扬帆——网银代发百日竞赛优胜奖",并根据6个单项竞赛累计总成绩排名前六位,分别评选"网银开户领航奖""网银优质客户领航奖""及时语开户领航奖""代发突出贡献奖""代发进步最快奖""代发开户领航奖"。

2005年9月至12月,浦发银行在全行实施为期4个月的代发业务联动销售东方卡和信用卡项目,暨"优越双卡,申请即送大礼"活动。通过项目活动的开展,促进东方卡与信用卡同步销售,扩大代发业务目标客户规模。当年代发成效显著,无论代发金额、代发笔数还是代发单位客户和个人客户规模,都取得前所未有的进步,代发成为扩大有效个人客户群的有效渠道。2010年1月,基于提供加密代发等系统优化,浦发银行修订并下发《代发业务管理办法》。

三、代扣代缴业务

1995年2月14日,浦发银行下发《关于做好代收公共事业月费的通知》,明确公共事业费的代收和款项划转事项。同年,在水、电、煤等收费单位和浦发银行的共同努力下,使用东方卡实现水、电、煤气费的电子转账成为现实。1997年11月,为减少现金流通,扩大东方卡的适用范围,浦发银行杭州分行向社会发行燃气专用东方卡,首期向社会发行15 000张,先在建德市区(新安江镇)进行试点。东方卡燃气专用卡由杭州分行负责发行,是杭州分行继1996年推出东方卡后的又一创新举措。截至2003年,浦发银行形成7种代发款和37种代扣款类型。

2005年,浦发银行代缴费业务平台可支持柜台、自助终端、电话银行等多渠道缴费方式,且在缴费资金清算、缴费信息更新、缴费凭证打印等方面具有较多可选模式。为进一步改善全行东方卡用卡环境,浦发银行对全行代缴费业务发展现状及各分行代缴费业务项目开发过程中面临的主要问题和功能需求进行调研,制定《代缴费业务管理办法(试行)》《代缴费业务操作规程(试行)》,明确代缴费业务的发展方向,简化申报流程,压缩项目开发周期,规范相关文本,防范业务运作风险,同时规定包括水费、电费、燃气费、固定电话费、中国移动手机话费、中国联通手机话费、有线电视费在内的一批基础类代缴费业务项目,要求各分行以重点缴费项目为突破口,快速改善东方卡用卡环境,扩大有效客户规模,加大业务亮点宣传,增强代缴费业务的项目竞争力,加强内控防范,杜绝相关业务风险。

2005年9月,经过3个多月的系统开发,浦发银行建成全行集中式的代缴费业务平台,并在全行范围内推广,同时制定《代缴费业务操作管理规程(试行)》和《中间业务缴费平台操作员管理办法(试行)》,并建立起"总、分、支三级操作员"的管理架构,以及操作员逐级生成、登录实时认证和分类赋权的相关管理原则。

四、银行卡收单

2000年1月,浦发银行与大来卡国际组织签订外卡收单及柜面取现协议,上海地区受理此类业务。3月15日,浦发银行与日本JCB国际信用卡公司签订服务协议。根据协议,浦发银行可在全国(除香港、澳门、台湾)范围内开展JCB卡的商户收单及柜面取现业务。同年,又与汇丰银行、日本国际信用卡公司(JCB)、大来信用证国际(香港)有限公司协商,达成代理协议。2001年4月,浦发银行与香港上海汇丰银行有限公司合作,代办VISA、Master Card信用卡业务,代理大来信用证及日本国际信用卡公司的外卡收单业务。为此,浦发银行个人金融部配备专门的管理人员,建立两级管理的业务体系。2001年11月,根据中国人民银行关于《商业银行中间业务暂行规定》的要求,浦发银行制定并下发《上海浦东发展银行外卡收单业务暂行操作办法》。2005年,浦发银行与中国银联开展外卡收单业务合作,全行900台ATM均可受理银联、VISA、万事达、JCB、运通卡,并获得"中国银联外卡业务最佳合作伙伴"奖。同时制定《上海浦东发展银行外卡收单业务管理办法(试行)》,明确外卡是指带有VISA、Master Card、大来、运通、JCB等标志,并可以国际通用的银行卡。外卡收单业务是指外卡商户收单业务、外卡取现业务。其中,外卡取现业务包括外卡柜台取现业务和外卡ATM(自动柜员机)取现业务。当时,浦发银行开办外卡收单业务的代理模式分为银联模式和汇丰模式两种。银联模式适用于外卡商户收单业务、外卡ATM(自动柜员机)取现业务;汇丰模式适用于外卡商户收单业务、外卡柜台取现业务。

2009年12月,为加强银行卡收单业务管理,防范业务经营风险,根据监管部门有关规定及《银联卡业务运作规章》等业务规范,浦发银行制定《银行卡收单业务管理办法(V1.0)》,《东方卡特约商户管理规定》和《外卡收单业务管理办法(试行)》同时废止。银行卡收单业务,指收单机构在受理银行卡交易过程中为客户提供的本外币资金结算服务。按照所受理卡片的不同品牌,银行卡收单业务分为银联卡收单业务和外卡收单业务。外卡收单业务的合作方主要有中国银联、香港汇丰银行和JCB日本国际信用卡公司。其中,浦发银行于2004年与中国银联签署《外卡收单业务合作协议书》,加入银联外卡统一接口开展外卡受理业务,双方合作内容包括外卡商户收单业务、外卡ATM取现及查询业务。对于通过银联外卡接口开展外卡收单业务的模式统称为银联模式。

五、收付易

2008年起,各地区监管机构和中国银联均先后加大对收付易业务的支持力度。收付易业务是指个体工商户经营者凭有效证件,向银行申请安装银行卡转账交易终端,并将本人的银行卡作为交易资金结算账户使用,实现银行卡收取个人合法收入和对外支付。浦发银行抓住这一有利时机,于2009年4月9日下发《收付易业务管理暂行办法》,大力推广收付易业务,利用收付易业务的优势特点,带动个人负债业务发展,并对已满足个人优质客户标准的收付易客户进行重点营销挖潜。同时,要求分行启动本地区收付易业务的市场拓展工作,重点关注批发市场中小私营业主,做好收付易业务潜在客户的资源储备工作,确保分行在本地区批发市场中小业主结算服务业务领域的先发优势。2009年年内,浦发银行持续完善收付易业务的各项功能,相继推出支持分行直接接入当地银联收付易交易平台的银联模式收款功能,以及在收付易业务原有银联跨行转账功能基础上开通电话银行及收付易终端渠道的中国人民银行大小额汇款业务,拓宽客户付款通路。收付易在全行的推广,丰富了浦发银行面向个人批发市场的客户结算服务手段,截至当年底,全行共有16家分行开办收付易业务,全年收付易业务累计实现交易金额87.16亿元,签约客户达到10 210户。

第六节 外汇产品

一、外汇宝

1998年11月,国家外汇管理局上海分局下发《关于上海浦东发展银行开办个人外汇买卖(实盘)业务的批复》,同意浦发银行办理个人外汇买卖业务。自1999年5月17日起,浦发银行于上海地区黄浦支行个人外汇买卖业务试营业。同年,浦发银行决定分行营业部开办个人外汇买卖柜台业务。

图3-2-7 1995年4月13日,浦发银行召开外汇工作会议

2000年2月,浦发银行下发《关于印发上海浦东发展银行个人外汇买卖业务规章制度的通知》,境内居民个人可以个人名义在浦发银行开立外汇宝账户,持有浦发银行外汇宝存款存折的储户,可在浦发银行办理个人外汇买卖业务。外汇宝账户可将多个币种的存款集于一个存折,具有外币活

期储蓄一折通的功能。业务开办初期,全行个人外汇买卖还只能于各行所在地的营业部柜台办理。从当年4月1日起,浦发银行上海、宁波分行正式启用电话银行方式办理个人外汇买卖业务。5月,浦发银行召开个人外汇买卖业务项目协调会议,并下发《关于加快发展浦发银行个人外汇买卖业务的通知》,进一步明确浦发银行各部门在推进个人外汇买卖业务的职责分工。浦发银行个人金融部负责个人外汇买卖的日常管理工作;资金财务部负责个人外汇买卖业务的报价,境外平盘业务,制订个人外汇买卖全行利润分配方案;电脑部担任个人外汇买卖电脑系统及电话交易系统等的安装维护和保障工作;国际业务部负责各分行、直属支行个人外汇买卖业务的报批,向外管局报送各项报表;会计部负责会计处理、会计报表的制定和会计监督管理;清算中心负责总行对分行的资金清算操作以及对分行、直属支行清算账户的监督管理工作;行政部及办公室负责各项后勤和宣传工作。11月,《个人外汇买卖业务验收暂行办法》出台。

2001年,浦发银行继续大力推广个人外汇买卖业务,除上海、宁波之外,当年北京、杭州和南京三家分行也开办外汇买卖业务。当年由外汇买卖业务带来的外币储蓄存款,占到外币储蓄新增存款的13%。2002年,温州支行、重庆分行、郑州分行相继开办该业务。从5月13日起,浦发银行决定改变原来个人外汇买卖业务由总行统一报价的办法,改为由总行下发个人外汇买卖基准价格,分行根据总行报价指导意见、分行资金运营情况及当地的平均水平,自行制定浦发银行个人外汇买卖报价及大额优惠的幅度,进一步调动分行的积极性。

二、个人结售汇

2002年9月,浦发银行申请办理境内居民个人购汇业务。2003年7月,经国家外汇管理局批复同意,浦发银行下发《境内居民个人购汇业务暂行管理办法》。从2004年2月1日起,浦发银行制定《境内居民个人信用卡项下补购外汇业务暂行管理办法》。

2005年1月,浦发银行对信用卡持卡人开放代购汇服务,并指定第一营业部为客户代购汇代理机构,负责客户日常购汇与还款操作,并于次日予以平盘。同年3月,浦发银行开通信用卡自动购汇还款业务,下发《信用卡自动购汇还款操作管理办法》。

2007年,浦发银行在个人网上银行开发"结汇、售汇及售付汇"业务申请功能,在个人网上银行新增"结汇、购汇"申请模块,包括结汇申请、购汇申请(购汇汇款申请)、购汇查询、结汇查询,以及申请撤销功能。7月18日,浦发银行在具有个人结售汇准入资质的分行正式开办该项业务。个人客户可通过网上银行向银行发送"结汇、售汇或售付汇"业务申请信息,经银行网点落地审核并通过国家外汇管理局"个人结售汇管理信息系统"登记后,完成相关外币兑换、汇款等记账交易并将处理结果返回个人网上银行。8月,浦发银行制定《个人结售汇业务管理办法》,进一步明确浦发银行各部门职责分工,规范个人结售汇业务操作。

三、海外开户见证

2009年,为丰富个人出国金融服务产品,浦发银行与海外合作机构联合推出海外开户见证业务,为特定个人客户(有开设海外账户的需要且拥有合法开设海外账户资格的国内居民,如出国留学人员、出国移民、赴境外工作人员等)在海外合作机构指定的国家和地区开设海外账户办理的见证服务。海外开户见证业务不具担保性质,具体服务内容包括在浦发银行网站提供海外合作机构相关业务网页链接,供特定个人客户浏览了解相关信息;在开办网点为特定个人客户开设海外账户提供咨询服务,按照海外合作机构提供的标准和要求完整和准确地向特定个人客户提供相关信息和联系方式;在开办网点为特定个人客户提供海外开户见证服务,包括银行相关工作人员当场要求申请开设海外账户的客户本人在申请文件上签署本人姓名(当面亲签),并验证各类证明文件的复印件与客户所提供原件一致。

四、境外汇款

2008年,为进一步加强跨境外汇汇款业务管理,规范和明确外汇汇款业务操作,浦发银行制定《跨境外汇汇出汇款业务管理办法》及相关业务操作规程。浦发银行跨境外汇汇出汇款业务(以下简称境外汇款业务)包括电汇和票汇两种汇款方式。电汇是指浦发银行根据汇款人的申请,使用SWIFT等专用电讯系统,通过代理行在汇款人、受益人间进行资金汇划。包括境内对境外(含港、澳、台地区和离岸)的外汇汇款;及收付款人虽均在境内,但通过境外代理行办理的汇款。票汇是指浦发银行根据汇款人的申请,向申请人签发与花旗银行合作的环球汇票。票汇业务按照《关于重新修订印发〈上海浦东发展银行环球汇票汇款业务暂行管理办法〉的通知》进行处理。

五、旅行支票

2003年,浦发银行与美国运通旅行支票有限公司签订业务合作协议,代售和贴现美国运通旅行支票发行机构的美元、欧元、日元、澳元、加拿大元、英镑和瑞士法郎币种的旅行支票,同时制定《代售和贴现旅行支票业务管理暂行办法》。旅行支票业务实行总行统一管理,分行授权办理的模式,即由总行制订旅行支票的业务管理办法,并与美国运通旅行支票发行机构签订业务合作框架协议。经总行批复同意办理该项业务的辖属分支行作为业务经营主体负责与运通旅行支票发行机构签订业务合作协议、领取空白旅行支票、办理旅行支票业务项下的资金清算,以及审批下属行申请办理和进行日常管理事项。2008年,浦发银行重新修订旅行支票业务操作规程,下发《上海浦东发展银行外币旅行支票业务操作规程》,为使旅行支票业务的专业术语更符合业务自身定义,将"旅行支票贴现业务"变更为"旅行支票兑付业务",同时明确仅代售、兑付美国运通公司(AMERICAN EXPRESS)发行的美元、欧元、日元、澳元、加拿大元和英镑6个币种的旅行支票。

第三章 资金业务

第一节 货币市场

一、同业拆借

【人民币同业拆借】

1984年,中国金融机构同业拆借起步。到1990年,中国同业拆借业务已形成规模,全国形成一批具有规模的跨系统、区域性的融资网络和资金市场。浦发银行在筹建阶段,就开始关注和研究资金交易等市场融资业务。1992年12月,浦发银行向交通银行上海分行办理首笔同业拆借业务,拆入人民币5 000万元,用于补充短期资金来源,这是浦发银行第一笔同业资金拆借业务。

1993年浦发银行开业后,积极探索资产负债管理,把同业拆借纳入资产负债比例管理,浦发银行制定《同业拆借管理暂行办法》,规定同业拆借原则和体制。1994年,按照国务院关于"三防一保"的部署,浦发银行严格禁止向经营证券、期货业务单位放贷、融资,从而坚决维护金融秩序,确保银行资产安全,避免资金拆借风险。

【内部资金市场】

1996年1月,中国人民银行成立全国统一的"银行间同业拆借市场",全国统一的"银行间同业拆借交易系统"在上海联网运行。浦发银行等14家商业银行总行通过银行间同业拆借交易系统进行同业拆借。

全国统一银行间同业拆借市场的建立,客观上要求浦发银行改革资金管理体制,浦发银行一是实施拆借业务的授权制,授权浦发银行资金财务部参与全国银行间同业拆借市场进行同业拆借交易,授权杭州分行、南京分行、北京分行、宁波分行、江阴支行、温州支行参与全国银行间同业拆借市场二级网络,办理同业拆借业务;二是组建内部资金市场,解决非授权分支行剩余资金问题。1996年11月15日,浦发银行内部资金市场正式成立,内部资金市场实行会员制,设立理事会和资金市场部,实行单独核算,共有14家上海地区支行和3家异地分行成为会员。资金市场是内部资金调控机构,属非营利性的中介服务组织。内部资金市场的组建,有利于浦发银行集聚全行资金形成规模、扩大影响,实现资金经营粗放型向集约化转变。内部资金市场成立后,资金市场部先后与广东发展银行、深圳发展银行、福建兴业银行等商业银行以及浙江、大连、广东、江苏、河南、湖南等融资中心建立良好融资关系,扩大浦发银行影响。截至1996年年末,资金市场累计拆出资金3.24亿元,平均收益率达11.67%,到期资金全部安全收回,资金市场向系统内分支行拆出资金累计57.35亿元,吸纳会员单位资金累计38.76亿元。1998年年末,鉴于全国银行间同业拆借市场开始分批向商业银行授权分行开放,浦发银行关闭内部资金市场。

【人民币同业借款】

1999年7月,中国人民银行进一步扩大上海、深圳的外资银行经营人民币业务的地域范围,同意沪、深两地商业银行可向外资银行提供人民币同业借款业务。当年,浦发银行与12家外资银行签订人民币同业借款合同,先后与法国里昂信贷银行、美洲银行及日本第一劝业银行签订人民币同业借款和项目贷款,提供总额1.6亿元同业借款,并以俱乐部贷款等形式联手斥资4亿元,支持在沪的雀巢公司、阿姆斯壮公司等4家跨国知名企业,与东方汇理银行上海分行签订2亿元的同业借款协议。与13家外资银行签订《人民币综合授信备忘录》,接受14个国家36家银行出具的备用信用证,从而使资金交易对手由中资银行扩展到外资银行。2002年8月,浦发银行制定对外资银行在华分支机构人民币同业借款业务的指导意见,提出强化总分行联动,积极推进对外资银行的同业借款业务,继续扩大上海地区外资同业借款市场份额,开辟和拓展上海以外地区外资同业借款业务。

【总行集中经营】

2000年,经中国人民银行批准,浦发银行授权上海地区总部、北京分行、南京分行、宁波分行、杭州分行、广州分行、重庆分行、苏州分行等8家分行进入全国银行间同业拆借市场,从事同业拆借、债券回购和现券买卖业务。2001年,浦发银行组织开发人民币同业拆借查询登记系统,10月起正式启用该系统。该系统主要包括"交易对手额度查询""资金交易登记""未到期交易查询"三部分,各部分相互独立并构成一个完整的管理系统,主要用于全行人民币资金拆借的管理和监测。2001年10月,浦发银行明确所有资金拆借交易必须通过该系统进行拆借查询、登记,未经授权不得突破拆借授权限额和交易对手授信额度。2001年11月,浦发银行印发人民币同业拆借管理办法,明确浦发银行资金财务部为全行同业拆借业务的执行及管理部门,浦发银行金融机构部为全行设立各交易对手人民币拆借额度的初审部门,浦发银行风险管理部为全行人民币拆借额度终审部门,浦发银行清算中心为总行同业拆借业务清算部门。浦发银行对同业拆借业务实行集中管理、统一授信、授权经营,并以总行集中经营为主,对分行、直属支行适当授权经营。

二、国债交易

【国债承销】

1991年财政部组织国债的承购包销,首次把市场机制引入国债发行的一级市场。1993年12月,财政部、中国人民银行、中国证券监督管理委员会联合推出国债一级自营商管理办法,浦发银行等19家信誉良好、资金雄厚的金融机构获准成为首批国债一级自营商,可直接向财政部承销和投标国债,并开展国债分销、零售业务。1994年4月,财政部发行1994年二年期国库券。浦发银行作为国债一级自营商,自4月15日始,对外办理发售1994年二年期国库券,及办理1991年国库券提前兑付换购1994年二年期国库券,第一营业部、信托证券部、外高桥支行为发售网点,到5月25日,浦发银行顺利完成首次国库券发售工作。1994年,财政部探索国债无纸化发行和国债发行招投标机制,在上海锦江小礼堂举行1994年三年期国债发行招投标会议,浦发银行作为国债一级自营商,参加首次国债发行招投标,这也成为浦发银行开展国债业务的起点。1996年,中国国债发行由承购包销向公开招标过渡,国家财政部首次发行记账式国债,国债发行实现实物券向无纸化的改革。1996年,浦发银行以国债承销团副主干事行的身份,首次参加1996年首期记账式国债发行的招标,继而参加当年8期记账式国债的发行,共承销国债33.95亿元。1997年9月,浦发银行首次分销凭证式国债,截至2000年,浦发银行累计承销的各类债券超过300亿元,承销量居全国前列。

2008年,浦发银行承销凭证式国债13亿元,记账式国债169亿元,承销量名列同业前茅,获得财政部颁发的2008年度记账式国债进步奖。

【国债分销】

1997年,国家财政部发行无记名(一期)国债400亿元。为充分调动分支行国债销售的积极性,浦发银行建立系统内国债发行分销渠道,推出包销和代销两种方式,包销方式是由总行与分支行签订包销合同,分支行必须根据总行规定的缴款期,按时、足额将国债发行款项划入浦发银行指定账户,浦发银行按包销的标准支付发行费。代销方式是分支行为总行代销,总行按包销标准的75%支付发行费,从而建立起系统内的国债分销渠道。在分销渠道的支撑下,1997年,浦发银行参与财政部和中国人民银行全年4期无记名国债发行招标,参与新增1997年三年期凭证式国债的分销,承销近30亿元的国债。1998年,浦发银行继续采用包销方式,由总行下达包销额度,当年共承销国债46亿元,承销国家开发银行、进出口银行发行的金融债券16亿元。至年末,浦发银行债券资产达110亿元,占总资产的12%。2003年,浦发银行结合"680"核心系统投产,下发凭证式国债业务管理暂行办法,规定凭证式国债采取包销方式发行,由浦发银行资金财务部下达分销计划,由浦发银行清算中心进行账务集中处理,各分销行通过核心系统进行账务处理。

【国债回购】

继1988年国家财政部试行国库券在全国61个城市流通和转让后,国库券现券交易市场逐步形成,1993年12月,上海证券交易所正式开办国债回购业务。1994年6月,浦发银行制定国债交易管理暂行办法,规范开展国债交易业务,1994年,全行国债回购交易量达15亿元。1997年6月,为防止银行资金流入股市,中国人民银行停办交易所证券回购及现券交易业务,浦发银行于次日立即停止在证券交易所及证券中心的国债回购业务,并对分支行持有的国债由总行统一集中,办理转托管,从而及时安全地从证券交易所国债回购市场退出,降低资金运营的风险。1997年7月,全国银行间债券市场正式启动,浦发银行是全国银行间债券市场首批入市的16个商业银行之一。1998年,中国人民银行面对25家银行间债券市场一级交易商,恢复债券回购业务,浦发银行与各家银行建立双向授信制度,扩大融资网络,初步形成一个从国有商业银行、股份制商业银行到城市商业银行、外资银行等各类银行的完整的交易网络。截至1999年年末,浦发银行在全国银行间债券市场的债券交易结算量达262亿元,在交易量前100名的排名中,浦发银行居第十一位,通过债券回购融出资金总量居第六位,在股份制商业银行的交易结算量排名中,居前四位。2000年,浦发银行制订人民币债券回购管理办法,明确浦发银行资金财务部为全行人民币债券回购业务的主管部门,明确浦发银行清算中心为总行人民币债券回购业务后台,明确资金交易贯彻中前后台分离的原则。2001年下半年,浦发银行上海地区总部、北京分行、南京分行、宁波分行、杭州分行、广州分行、重庆分行、苏州分行等8家分行进入银行间国债一级交易市场,在中央国债登记结算公司开立债券结算账户。

三、储蓄国债

2009年,中国人民银行试行电子式储蓄国债;4月下旬,财政部、中国人民银行确定浦发银行为第五批代理储蓄国债(电子式)试点银行;10月,浦发银行储蓄国债(电子式)系统通过验收。11月

13日,浦发银行正式获得开办储蓄国债(电子式)相关业务资格。11月中旬开始对外发售第七、八期储蓄国债(电子式)债券,截至12月6日,累计发售储蓄国债超1.2亿元,转自营超1亿元,实现中间业务收入150万元。当年,全行认购各类国债312亿元,在64家承销机构中名列第十四位,荣获财政部颁发的"2009年记账式国债承销优秀奖",成为唯一获得该奖项的全国性股份制商业银行。

四、境外发债

1993至1995年期间,浦发银行按照国家外汇管理局核准的短期外债余额指标,在国际市场拆入短期资金,发放外汇短期贷款,用于支持国内大中型企业出口创汇。1993年9月,浦发银行与日本东京银行签订1 000万美元的短期双边贷款协议,以支持国家重点项目建设。这是浦发银行办理的第一笔对外借款。1997年9月,浦发银行经国家外汇管理局批准,在香港资本市场成功发行5 000万美元大额可转让浮息存款证,债券期限为364天。此次债券发行由美国大通银行、日本富士银行、中国香港汇丰银行及渣打银行牵头联合承销,大通银行及汇丰银行兼任入账行,渣打银行担任清算代理行,17家来自美国、英国、德国、日本、新加坡、比利时、意大利及中国香港的国际性商业银行、投资银行及金融机构组成承销团。由于各家银行踊跃、超额认购,发行取得圆满的成功。1997年9月18日,浦发银行与各牵头行、参加行在香港举行隆重的签字仪式,董事长庄晓天、副行长谈逸及香港银行界知名人士共同出席签约仪式。这是浦发银行首次在国际资本市场上筹措外汇资金,有力地支持上海浦东钢铁集团、上海隧道股份公司、金桥出口加工区有限公司、上海海螺服装集团公司、陆家嘴金融开发区公司等产品有市场、经营效益好、还款有保障的国有大中型企业产品和外商投资企业的出口业务。

1998年,浦发银行加强外债项下转贷款的管理,严格将筹措的短期外债资金用于短期流动资金贷款和临时头寸占用,在做好资金的投向控制以外,还及时做好外汇转贷款的资金回笼。1998

图3-3-1　1997年9月18日,浦发银行与香港17家金融机构签约发行浮息存款证

年9月,浦发银行按时一次还本付息,偿还1997年发行可转让浮息存款证的美元外债,维护国家和浦发银行自身信誉。

第二节 投资组合

一、债券交易

1997年7月,全国银行间债券市场正式启动,浦发银行是首批入市的16家商业银行之一,通过在债券市场上买入或卖出已发行并流通的各类债券以获取差价收入。2001年,浦发银行制定人民币债券交易办法,明确通过债券交易提高资金收益水平,合理调节资金流动性。2002年,经中国人民银行同意,浦发银行等39家主要商业银行,开办人民币债券结算代理业务,与非金融机构法人开展债券的现券买卖和逆回购等业务,为客户在全国银行间市场上办理人民币债券买卖、回购及债券结算、债券托管、交易清算等相关业务,从而提高债券交易量。2009年,在银行间债券市场上,浦发银行债券交割量排名第十位。2010年8月,浦发银行在银行间债券市场尝试做市商业务,当年债券做市总成交量为54亿元,交易对手范围覆盖国有大型银行、股份制商业银行、城商行、基金、券商等各种类型机构,获得商业银行在上海证券交易所债券交易试点资格。

二、债券投资

1999年,浦发银行加大对进出口银行、国家开发银行等政策性金融债的投资,当年浦发银行债券投资在人民币总资产占比近20%。2001年,浦发银行制定人民币债券投资业务管理办法,明确债券投资是提高资金收益和资产组合的重要手段,也是流动性管理的重要手段,明确债券投资的主要方向是国债、金融债和其他债券。其投资途径是,在全国银行间债券市场上投标新发行的各类记账式国债,或在二级市场买入,申购财政部发行的凭证式国债,在债券发行期内,浦发银行从其他金融机构购入上述债券。2008年,浦发银行参加第一期地方债券的发行和认购。2010年8月,浦发银行成为首批32家上海清算所普通清算会员之一。截至2010年年末,全行人民币债券盈利性投资组合规模占全行资产比重12%,投资收益率达3.05%。

三、利率和信用衍生产品

2004年,浦发银行获得人民币衍生业务交易牌照。2006年,取得人民币利率互换业务试点。2007年在全国银行间市场尝试完成第一笔交易;同年,开办人民币远期利率协议业务。

2010年11月,浦发银行通过中国银行间市场交易商协会衍生产品委员会的审核,成为在银行间市场第一批获得信用风险缓释工具交易商和凭证创设机构资格的金融机构,获得银行间市场第一批获得信用风险缓释工具核心交易商资格。11月29日,浦发银行与交通银行达成全国首单信用风险缓释凭证二级市场交易。12月,浦发银行的首单信用风险缓释凭证获得交易商协会的创设登记通知书,并于12月29日成功创设,推出信用风险缓释凭证交易业务,12月28日,浦发银行与交通银行达成全国首单超短期融资券银行间交易。

四、代客和代理业务

2002年,经中国人民银行同意,浦发银行等39家主要商业银行,开办人民币债券结算代理业务,与非金融机构法人开展债券的现券买卖和逆回购等业务,为客户在全国银行间市场上办理人民币债券买卖、回购及债券结算、债券托管、交易清算等相关业务,从而提高债券交易量。

第三节 外 汇 交 易

一、代客结售汇

1993年,浦发银行依据国家外汇管理局批复,正式开办外汇业务。1994年1月1日,中国实施人民币官方汇率与市场汇率并轨,统一使用单一汇率。1994年4月1日,浦发银行按照国家外汇管理局颁布的规定,积极稳妥办理结售汇。当年全行结售汇金额达5.83亿美元,在上海市39家外汇指定银行中,名列前五名,实现人民币利润930万元。1998年,根据国家外汇管理关于防止和打击逃汇、套汇和骗汇的政策,浦发银行印发结汇、售汇及付汇操作规程,强调审售分离原则,做到售汇审核人员与售汇经办人员在人员、时间、空间的彻底分离,发挥互相监督、相互制约的内部监控作用。

浦发银行自1994年办理结售汇业务以来,积极发展业务。2003年7月,浦发银行开办境内居民个人购汇业务。2004年年初,经国家外汇管理局核准,浦发银行提高结售汇周转限额。2005年,国家外汇管理局、中国人民银行进行人民币汇率改革,浦发银行及时实行报价新规则,推出点差报价,即时询价,不同交易时段不同报价,从而规避和控制汇率风险。2006年10月,正式开办远期结售汇和人民币与外币掉期业务。2007年,推出人网上银行结售汇和付汇业务。2008年,新一代结售汇电子交易系统全面上线,实现结售汇交易全行集中,实时报价,在线交易。2009年,正式开办跨境贸易项下人民币购售交易。2010年,浦发银行年度结售汇交易总量达到461.31亿美元,全年客户结售汇规模在股份制商业银行中排名第三。

二、代客外汇买卖

浦发银行开业后,大力发展外汇资金交易业务,努力扩大代客交易业务和品种。经过9个月的筹备,浦发银行正式成立外汇交易室,1994年1月1日,浦发银行正式对外开办代客外汇买卖业务,接受客户委托,办理即期、远期(含择期)和5个币种的代客交易业务,当年共办理代客外汇买卖业务48笔,成交金额达991万美元。1995年开办代客掉期、择期外汇买卖业务,外汇交易业务品种达7种,基本满足客户的业务需求,先后为上海外高桥新发展有限公司办理2 000万美元利率互换、上海久事公司的10亿日元交叉货币利率互换、上海市城市建设投资开发公司的1.8亿美元的利率互换业务,共计折合约2.1亿美元。2010年,浦发银行对客户外汇买卖交易规模达到10.93亿美元,浦发银行由结售汇、套汇、外币兑换业务所引起的外汇买卖交易量超过100亿美元。浦发银行已经具备为客户提供即期外汇买卖、远期外汇买卖、货币掉期、利率互换、代客投资等八大类几十种金融产品的能力,与世界上逾百家银行建立交易关系,逐步形成代客外汇买卖、代客债券买卖、代客外汇资产管理三大产品的代客外汇业务系列和总行统一操作、分支行开展市场营销的管理模式。

三、银行间外汇交易

1994年,结合结售汇业务开办,浦发银行开办自营外汇买卖,用于对结售汇和外汇储蓄备付金的平盘买入卖出。2002年,面对外汇利率市场化,浦发银行制定自营外汇买卖业务管理暂行办法,规避和控制外汇买卖业务风波,推动自营外汇买卖业务的发展。2004年,浦发银行进入银行间外汇市场,引进外汇买卖交易平台,通过增加授信,与包括外资银行的交易对手建立合作关系。2006年1月,浦发银行获得银行间外汇市场做市商的资格。2007年,浦发银行与外汇交易商协会和主要交易对手签订协议,从事外汇衍生品和人民币金融衍生产品。2010年,浦发银行获批成为银行间外汇市场首批远掉期做市商,全年总成交量4 715亿美元,全市场排名第六,在股份制银行排名第二。在由国家外汇管理局和外汇交易中心举办的2010年度银行间外汇市场表彰交流会上,浦发银行荣获2010年度银行间外汇市场最佳竞价做市商、最佳会员和即期交易优秀会员等奖项。

第四节 贵金属交易

一、现货交易

【代客交易】

2001年11月,浦发银行成为上海黄金交易所首批金融类会员,并在同年获得黄金业务准入资格,业务范围包括:黄金现货买卖、黄金租赁、同业黄金拆借、黄金项目融资、黄金收购、个人黄金投资产品零售业务。2002年10月,上海黄金交易所正式开业,浦发银行即参加交易,除为办理黄金租赁业务进行过少量自营交易外,仅开办代客交易业务,为公司客户办理黄金现货交易。2003年代理黄金交易10笔,成交金额661万元;2004年代理黄金交易26笔,代理成交金额6 486万元。2009年10月,浦发银行自主开发的代客黄金交易管理系统上线,实现在全国范围内,代理个人和公司客户开展金交所黄金实物买卖交易。

【自营业务】

2008年10月20日,浦发银行正式开展自营黄金买卖业务,交易品种为金交所挂牌交易的各黄金交易品种,当年交易量达37公斤。2008年12月23日,浦发银行开发的自营黄金业务管理系统正式上线运行,实现前中后台的系统化管理。系统涵盖交易前台头寸管理、风险中台实时风险监控、资金后台清算数据查询等3个功能,并可对自营黄金业务的国内交易头寸、国际交易头寸、汇率波动因素及自营黄金买卖业务的资金成本进行综合管理。随着系统上线,交易规模逐步扩大,2010年,上海黄金交易所批准浦发宁波分行设立黄金储运指定仓库,开展实物黄金交收业务,这是上海黄金交易所首次在深圳地区以外的股份制商业银行设立指定仓库,浦发银行也成为第二家办理黄金交收业务的股份制商业银行。截至2010年年末,全行在上海黄金交易所的年度自营和代理贵金属总交易量超过200吨,在25家银行类会员排名前五名,在股份制商业银行市场排名第二,获得"上海黄金交易所2010年度优秀会员"称号。

二、黄金租赁

2002年11月,浦发银行上海地区总部应客户需求,提出受理黄金租赁业务的设想。鉴于该笔黄金租赁业务属国内先例,业内尚无成熟的做法,浦发银行制定首笔黄金租赁业务操作意见,明确由总行购进黄金,通过拆借途径提供给上海地区总部,由上海地区总部为操作主体受理该笔黄金租赁业务。2002年12月,经中国人民银行批准,由浦发银行向上海老凤祥珠宝首饰有限公司办理全国第一笔黄金租赁业务,该笔黄金成色为999.95,重量为18公斤。租赁期限为6个月,该业务到期后顺利收回。该业务的办理为企业解决实际用金的临时性短缺,同时取得很好的综合效益。

三、国际黄金买卖

国际黄金买卖业务指在国际市场上以场外询价的方式,与境外交易对手进行的黄金交易,包括以美元现金进行差额交割(不进行实物交割)的即期、远期及掉期交易。国际金业务的开办,为对冲国内黄金头寸增加新的交易渠道,在国际和国内间进行跨市场套利交易,提高自营黄金业务的投资收益,更能为开展代理纸黄金业务打下坚实基础。2010年3月,浦发银行参与国际黄金市场,在全国银行业中,第七家开办黄金境外自营业务。同年8月,浦发银行获得上海期货交易所黄金期货自营资格,实现横跨国际、国内两个市场,兼有现货、期货两项功能。

第五节 衍生产品

一、理财产品

【汇理财系列】

2002年,中国人民银行制定《商业银行中间业务暂行规定》,浦发银行申请开办金融衍生品交易业务,并开办外币结构性存款。2004年,中国银监会制定《金融衍生产品管理暂行办法》,当年,浦发银行获得衍生业务交易牌照,积极探索向个人客户提供外汇衍生产品的理财服务。2004年2月,浦发银行推出个人外汇结构型理财产品一期,并授权直属分支行代理销售。个人外汇结构型理财产品是利用市场上新型的结构型产品,向客户提供的个人理财方案,按客户确定的理财方案收取一定的外币资金,并按约定向客户提供较高产品收益机会的业务,首期产品总额为2 000万美元,每份1 000美元,3年为期,每半年支付收益,当年共销售3期。在首期成功发售的基础上,为扩大市场影响,形成系列产品,将产品命名为"汇理财"。2005年,浦发银行开发"汇理财"系列理财产品共8期,涉及美元、港币、欧元、澳元等多个货币,涵盖3个月到1年半多个期限,包括固定收益、利率步步高、双币种理财等多种产品结构类型,募集资金1.6亿美元。叙做利率掉期平盘交易4笔,名义金额共4 783万美元,有效规避利率风险,开辟新的外汇资金来源,扩大市场影响力。2009年,推出汇理财稳利产品系列,创新汇理财发行模式,全年累计发行200亿,实现收益3 000万元。2010年,浦发银行发行第一期汇理财进取系列个人结构性存款理财产品,这是浦发银行自主研发自主管理的、与伦敦金挂钩的外币理财产品。

【人民币理财产品】

2004年,浦发银行就开发人民币理财产品进行准备,先后发行2007年的周周赢通知存款、2008年票据赢理财产品、2009年的票据池理财产品。2009年,浦发银行确定全行理财业务归口管理,着手自主研发资金类的理财产品,形成债券、票据、信用、结构性、货币互换、QDII、艺术品投资等七大类产品体系,期限覆盖超短期、短期、中期、长期4个档次,风险覆盖稳健、平衡、成长型各风险等级。2010年新发行债券类理财产品和票据类理财产品,对私发行的理财产品有债券盈、汇理财和天添盈,对公发行的理财产品有利多多公司债券理财和利多多公司票据理财,同时对公对私发行的理财产品有周计划,自主开发设计浦发金品牌。在投资期限上,以7天、1个月、2个月、3个月、6个月和1年的标准期限短期理财产品为主,12月27日,浦发银行推出期限相对灵活的T+0开放式产品。2010年4月,浦发银行在中国银行理财年会颁发的2009年度银行理财十大品牌之最具市场潜力奖项;12月荣获2010第一财经金融价值榜年度银行理财品牌。

二、衍生产品交易

浦发银行较早涉及外汇衍生产品交易。1995年,先后在国际交易市场为上海外高桥新发展有限公司办理2 000万美元利率互换、上海久事公司的10亿日元交叉货币利率互换、上海市城市建设投资开发公司的1.8亿美元的利率互换业务。1997年先后代理上海电力工业局5 400万德国马克,上海城市投资开发总公司1亿德国马克的债务风险管理,通过交叉货币利率互换,为企业规避汇率风险。2004年,开展双货币存款、外汇期权等代客交易业务。2006年,引入对公人民币债务保值产品、美元远期结汇产品,与50家交易对手签订人民币外汇远期与掉期主协议。2008年,浦发银行制定衍生产品客户交易管理办法,明确衍生产品客户交易使用的金融工具主要涉及远期、期货、掉期(互换)和期权,以及其他具有远期、期货、掉期(互换)和期权中一种或多种特征的结构化金融工具。凭借衍生产品交易,2010年,浦发银行获得2010年全国银行间同业拆借市场、外汇交易中心最具影响力做市商、最大进步做市商。

第四章　中小企业业务

第一节　专营体制

一、中小客户部

浦发银行较早涉及中小企业融资服务,1994年,向上海市注册资本最大的私营企业发放房屋抵押贷款,用于企业收购海水产品,这是上海金融同业向私营企业发放的首笔贷款。随着国内民营中小企业信用环境逐步成熟以及快速成长的态势,一些地处经济发达地区的分行,纷纷给予中小企业融资以高度重视及积极探索,并积累一定经验。宁波分行采取以各类资产抵押和以出口贸易为基础的融资业务模式,在当地中小企业金融服务方面具有良好口碑,分行的信贷客户中95%以上是中小企业;苏州分行针对当地小企业为外来大企业配套服务的特点,采取以大企业商业信用为依托的保理产品作为小企业融资的切入点;广州分行以商贸企业为主,推出以存货抵押为主的融资业务模式;深圳分行和优质担保企业合作,共同控制小企业的信用风险;天津分行对100万元以下的小企业融资采取类似个金的标准化操作流程。据统计,截至2005年5月末,全行中小企业贷款户数共5 041户,贷款金额155亿元。

2005年,中国银监会印发《银行开展小企业贷款业务指导意见》,浦发银行结合扁平化矩阵式组织架构改革,在公司及投资银行总部中设立中小客户部,旨在加强对全行中小客户金融服务的整体推进、指导与管理。同时,浦发银行分管行长多次带队,对宁波、苏州、广州、深圳、温州等多家在中小企业金融服务领域较具经营特色和经验的分行进行调研,在调研基础上,浦发银行制定《中小企业金融业务发展纲要》,提出建立专业经营部门的思路。

二、专业化经营体系

从2005年起,浦发银行从经营理念、经营模式和经营手段等方面,积极探索小企业金融业务专业化经营。2006年,浦发银行举行中小企业业务发展战略研讨会,2007年,浦发银行先后制定《中小企业风险管理体制实施意见》《中小企业金融业务经营体系实施意见》,要求到2007年年底,开展中小企业金融业务的分行都应搭建起全行统一模式下的经营体系,明确上海分行、南京分行、济南分行作为中小企业金融业务经营模式的试点分行。

2007年,浦发银行陆续完善风险定价机制,开发电子化定价工具,并上挂至中小客户关系管理系统;初步构建独立核算机制;建立专营经营体系,有20家分行建立中小客户部,其余10家指定中小企业业务团队或专人;开发中小客户关系管理系统,该系统自2006年6月开始开发,2007年4月一期在上海、南京分行上线试运行,在2007年12月底前实现全行上线和应用,成为全行中小企业客户营销与业务管理的操作平台;建立贷款审批机制,根据"一行一策"的经营思路,下发各行中小企业经营和风险管理模板;建立激励约束机制,2007年第一季度,浦发银行实施新的客户经理制度和客户经理考核办法;建立专业人员培训机制,开展岗前培训;落实违约信息通报机制。

2008年,中国银监会召开推进小企业金融服务工作电视电话会议,下发《关于认真落实"有保有压"政策,进一步改进小企业金融服务的通知》,浦发银行全面贯彻落实会议精神,深入推进小企业金融业务,形成采取有力措施:一是单列规模,保证小企业融资有款可贷。在资金规模紧张的情况下,浦发银行首次把中小企业贷款增量200亿元指标列入全行经营预算指标体系,专项用于中小企业业务发展。截至2008年6月,全行小企业贷款新增36.16亿,增加授信余额35.07亿,小企业表内贷款的平均增速为61.61%,小企业贷款的增长速度明显高于全行一般公司贷款和全行贷款。二是坚持专业化经营体系建设。浦发银行下发《进一步加强中小企业金融服务的若干意见》(下称《若干意见》),明确在总行设立专职的中小客户部和风险管理部门,在分行设立专业部门或配备专职人员,以专业化经营的模式开展业务,"由散着做变为管着做","由被动做变为主动做",要求分行主动选择优质中小企业,做到既高效发展又严格防范各类风险,尽快形成差异化竞争优势。《若干意见》明确专业化的业务流程和一审一批、一审两批的高效审查审批流程,建立客户关系管理系统支持流程运作。《若干意见》规定实行"一行一策,模版化经营",允许分行按照贴近市场、贴近客户的原则,确定符合当地中小企业金融业务发展特点的市场定位、客户定位和产品定位,报总行批准后实施。当年,全行有24家分行成立中小客户部。

三、业务专营体系

2008年,中国银监会印发《建立小企业金融服务专营机构的指导意见》,按照监管部门设定的机构建设时间表和建设要求,2009年5月,浦发银行启动小企业金融业务专营体系建设,撤销现有公司及投资银行总部和风险管理总部下属的中小客户部和中小企业风险管理部,组建总行一级的中小企业专营机构"中小企业业务经营中心",下设市场发展、业务管理和授信管理等机构,负责全行中小企业金融业务的经营管理。9月11日,浦发银行中小企业业务经营中心成立仪式在上海举行。上海银监局局长阎庆民和董事长吉晓辉共同为浦发银行"中小企业业务经营中心"揭牌,行长傅建华在仪式上致辞。浦东新区区长姜樑,副行长姜明生,总行及上海分行相关负责人出席成立仪式。上海分行与上海再担保公司和张江集团签署《银保企合作框架协议》、与浦东新区两家企业签署《银企合作协议》。当年,33家分行先后成立分行中小企业业务经营中心,下设市场企划团队、客货营销团队和授信管理团队,全行统一的中小企业金融业务专营体系基本形成。

按照银监会"四单管理""六项机制"要求,浦发银行中小企业业务经营中心挂牌后,先后建立中小企业授信业务的尽职免责机制;执行违约信息通报机制,建立黑名单核查制度;执行利率风险定价机制。2010年,浦发银行深入推进分账核算机制建设,分账核算系统开始运行;优化完善中小企业授权授信管理机制;推行中小企业业务考核激励机制,实现总行对分行中小企业业务的首次专业考核激励;推进专业人员培训机制,组织中小客户金融业务从业资格上岗培训和考试,实行单列信贷计划,实行滚动预算,保证足够的信贷规模支持中小企业发展。截至2010年年末,全行小企业贷款较年初增长230亿元。

第二节 产品培育

一、一行一策

2006年6月,上海银行业举行首届小企业融资服务洽谈会,浦发银行推出成长型企业服务方案,其中,中小客户授信业务定价模型、标准化房地产抵押授信,引起市场的广泛关注。2007年,浦发银行在全行实行"一行一策"制度,在统一的中小企业金融运作体系下,允许各行制定适合当地中小企业金融业务的市场定位、客户定位、产品定位。积极实施"一行一策"和模板化经营策略。自8月起,浦发银行先后批准13家分行中小企业金融业务年度经营及风险管理模板。其中,9月1日,北京分行与中关村管委会签订中关村科技园中小企业信用贷款试点协议,开展知识产权质押业务,首笔金额为400万元的信用贷款已经发放。在成长型企业金融服务方案的基础上,2007年,按照"携手、成长、共赢"的主题,浦发银行提出中小企业金融业务的品牌"助推器",按照企业发展过程的需求,量身定制组合授信通、企业按揭宝、网上自助贷、账务安心理、循环融资易、财务智多星、动产融资速、供应链融资、票据融资流、网上贸易行等十大品牌产品。2009年,浦发银行推出中期房产抵押贷款、联贷联保、玲珑透业务三大创新产品,设计"黄金水道""共赢联盟"等13个特色产品,形成服务方案和特色产品并行的产品系列。2010年,浦发银行汇编中小企业金融业务服务产品手册。

二、特色产品

【"玲珑透"】

为优化和完善支付结算服务,提高支付结算效率,中国人民银行上海分行和上海银监局制定《关于在上海市开展支票授信业务试点工作的指导意见》,决定选择浦发银行上海分行作为"结算账户适度透支业务"试点行。该业务以约定透支额度或剩余透支额度为限,为客户提供用于弥补支票提款时的资金缺口结算垫款,这是一项确保开户单位支票正常结算的新型服务,有利于改善商业银行支付结算环境,减少客户因支付失误而产生的行政处罚。2008年9月起,上海分行襄阳、金桥、松江3家试点支行正式推出"玲珑透"产品,在上海地区试点运作,产品打破银行不垫款的传统惯例,借鉴国外支票保护性垫款的经验,确保开户单位支票正常结算,经过三个月的试运行,已有117家客户在上海分行开通该项业务,共发生透支垫款26笔,支票票面金额合计110余万元,使客户避免空头支票罚款5万余元,获得中小企业客户的欢迎。2008年12月1日,浦发银行举办"支票授信业务新闻发布暨产品推介会",正式推出"玲珑透"支票授信业务,浦发银行成为唯一提供支票授信业务的商业银行。2009年11月,浦发银行下达作业指导书,在全行推广"玲珑透"业务。

【黄金水道】

2007年,浦发银行批复同意武汉分行船舶抵押贷款融资产品方案,该方案根据长江流域航运业发达的特点,向中小船舶运输企业提供融资产品,要点是以现有船舶作抵押,用于建造新船,抵押率为50%,期限3年,分月还款;并与当地海事局配合对贷款企业进行筛选、抵押登记及船舶监管等。2008年11月,武汉分行与武汉港航管理局联合主办的"'黄金水道'中小企业船舶融资产品发布会"隆重举行,武汉分行与武汉港航管理局签署战略合作协议,分行沌口支行与3家中小航运企业签署合作协议。2010年,随着国内航运市场逐步复苏,船舶航运类企业的融资需求不断增大。上海分行首次开展的内河运输企业船舶融资业务,面向中小型船舶运输企业客户,推出以船舶作为担保物设定抵押权的融资产品。

【动产融资速】

动产融资速业务是以企业提供浦发银行认可的自有货物动产作为质押物,为成长型企业客户提供的满足其生产、销售领域资金需求的服务方案。2007年,浦发银行批复同意上海分行开办中小客户动产质押融资业务,质押物由第三方中储公司上海事业部监管。2009年6月,经浦发银行批复同意,上海分行试点开办上海期货交易所标准仓单质押贷款业务。10月,南京分行成功办理全行首笔标准仓单质押贷款业务。

【供应链融资】
供应链融资业务是商业银行将核心企业和上下游企业联系在一起,向其提供金融产品和服务的融资模式,也是浦发银行公司银行业务的发展重点。2010年,各分行根据总行要求,围绕核心企业上下游贸易融资业务,积极搭建批量业务开发平台。包头北奔重汽公司为汽车整车制造企业,其经销商、服务商、备件配送中心分布于全国各地,以中小企业居多。2010年,呼和浩特分行针对公司及经销商网络,制订以卖方为核心的1+N的供应链融资方案,推出包头北奔重型汽车及经销商网保兑仓业务。该业务开展一年多来,30多家公司经销商与呼和浩特分行建立授信及结算业务关系,截至2010年年末,经销商银行承兑汇票业务余额7.279亿元,公司本部银行承兑汇票业务余额4亿元,公司国内保理业务余额6000万元,共计核心企业合作平台48个,新增客户数250余户,不仅为2010年度全行中小企业金融业务的大发展提供强大的发展动力,同时也稳固和加深核心企业与浦发银行的合作关系。

【票据融资】
2009年,浦发银行通过发行集合类融资产品,为中小企业在资本市场直接融资,先后有天津分行与天津市金融办共同努力,于2009年2月成功发行全市首支中小企业集合信托,涉及4户中小企业,总额为5000万元。大连分行与中国中小企业协会深入合作,担任大连首笔中小企业集合债托管银行,2009年5月成功发行大连首笔中小企业集合债。"创智天地一号"是上海首个中小企业集合信托债权融资产品,主要解决科技型中小企业的融资需求,上海分行成功签署协议,成为该项产品的托管行。

2009年9月国务院印发《关于进一步促进中小企业发展的若干意见》,在前期颁布《中小企业促进法》和出台"非公经济36条"等文件的基础上,进一步明确提出"拓展中小企业融资渠道""增加中小企业直接融资"等要求。2009年下半年,中国银行业交易商协会继短期融资券和中期票据之后,推出又一种创新型直接债务融资工具——中小企业集合票据,其特点为"六统一",即统一组织、统一担保、统一信用评级、统一发行注册、统一冠名、统一产品设计,属于一种在银行间市场交易的债券类产品,这使多家中小企业集合在一起发行中期票据成为可能。2010年11月4日,内蒙古自治区首单中小企业集合票据成功发行,发行金额为1亿元,发行期限为2年,发行利率为4.5%,由浦发银行主承销。

【订单融资】
政府采购订单融资 2009年,郑州分行在市场开发和走访客户的过程中发现,政府采购市场大,市场准入标准高,政府采购供应商企业履约情况较好,其中供应商企业中的中小企业占比高,具备批量的基础条件,因此,郑州分行着手推进政府采购订单融资业务。2009年郑州分行主动与河南省政府采购中心进行联系,建立合作关系,确保从政府部门和招投标部门取得中标客户的相关信息。为控制风险,解决供应商企业融资担保问题,经浦发银行牵头协调,与中国投资担保有限公司合作,开展政府采购担保融资业务,从而形成以政府信用为依托,银行信贷资金介入,担保公司提供保证担保的融资模式。截至2010年年底,郑州分行共为37户中小企业提供政府采购贷款1.2亿元,按时收回贷款29笔,金额0.3亿元。2010年,浦发银行下发《总对总合作担保公司项下政府采购融资业务指引》,在全行推行政府采购融资业务。郑州分行通过政府采购贷批量业务模式,累计储备政府采购类客户300余户,向担保公司推荐客户200余户。

中国移动订单融资 2010年,青岛分行抓住浦发银行与中国移动的战略合作机遇,在对中移动等通讯运营商在青岛地区的市场,产品和渠道情况的初步分析基础上,尝试性与中国移动某服务商提供基于中国移动订单的订单融资贷款,取得较好的效果。

【联贷联保】

中小企业信用培养计划。2006年,深圳分行推出中小企业信用培养计划,该计划针对质押物不足或没有有效质押的中小企业,以信用培养计划方式编成若干个信用培养池,银行予以一定授信,参与计划的企业根据各自的授信额度交纳同比例的互助保证金,再加商业担保,即可获得银行的专项贷款,从而批量化拓展一批有发展潜力的优质中小企业。截至2007年9月,深圳分行共建立13个信用培养计划资金池,累计为67家中小企业发放贷款32 020万元,吸收保证金存款9 100多万元。到2009年,分行信用培养计划的企业数比2006年增长17倍,贷款发放增长27倍。2010年,经中国银行业协会评选,深圳分行的中小企业信用培养计划获得"服务三农及三农十佳特优金融产品"称号。2010年,浦发银行分别制定《联贷联保业务管理办法》《中小企业信用培养计划业务管理办法》。

第三节 平 台 建 设

一、概况

2010年是全行中小企业金融业务长足发展的一年,也是全行积极实践平台合作及批量开发的一年。2010年年初,浦发银行下发《上海浦东发展银行中小企业业务平台合作及客户批量开发指引》(以下简称《指引》),促进、指导和规范全行中小企业搭建合作平台,建立批量业务合作模式。《指引》系统性的提出平台合作及批量开发的框架思路,就平台分类、平台开发内容和平台及其项下客户关键信息采集等进行原则性说明;明确银行通过与第三方的合作,搭建信息共享、业务交流、互利互惠的合作平台,以获取具有共性特征的客户群信息,共同研究创新金融服务方式,组合业务产品,制订金融服务解决方案,批量发展中小企业金融业务,提升中小企业业务风险控制水平。截至2010年年末,全行先后与工商管理部门、园区管委会、科技主管部门、外经贸部门、财税部门、能源主管部门合作,共搭建合作平台567个,平台项下开发客户数量4 067户,平台项下客户表内贷款余额231.55亿元,表外授信余额75.83亿元。很多分行在平台渠道建设上积累丰富经验,并取得一定成效。

二、政府合作平台

【"银元宝"】

经过30年创新发展,中国各类开发园区已经成为经济发展中最具活力的热土,有效地推进产业集群形成和中小企业集聚,成为推动区域经济结构调整和企业成长发展的助推器。

2010年,上海分行以科技园区、经济技术开发区、保税区为合作平台,定位园区中小企业及高科技中小企业群,推出以商业银行、开发园区、担保公司或保险公司为参与主体的风险共担融资模式,在这一模式下,各方共同搭建中小企业融资担保服务平台,通过信息互补和资源共享,并各自承担一定比例风险,共同协助企业从银行获取资金,解决和满足开发园区内中小企业的融资需求。为此,上海分行是取主要参与方的谐音字,推出"银元宝"(银园保)品牌,寓意浦发银行、园区、担保公司多方联手,共同建立的一种合作平台。截至2010年三季度末,上海分行运用"银元宝"模式,先后和多家园区实现合作,实现新增中小企业贷款2.509亿,签约中小企业169家。同时,分行积极创新融资模式,安排信托产品融资数亿元。2010年10月11日,上海分行举办"银元宝"新闻发布暨园区合作模式推介会,上海市金融办、市银监局、市委宣传部、市经信委、市科委等相关部门领导,40家开发园区、科技园区及20家担保公司、企业代表等出席。鉴于"银元宝"品牌已在上海市开发园区及园内中小企业中形成一定的知名度,上海市政府授予上海分行2010年度上海金融创新成果奖。

【"银政保""银企政"】

在上海分行实践的基础上,2010年,浦发银行制定园区合作平台营销指导意见及金融服务方案,在全行推广。呼和浩特分行积极探索,推出"银政保"合作模式,由呼和浩特分行、赤峰市金融办、赤峰恒德中小企业担保有限责任公司3家共同构成,2010年8月成功完成第一单"银政保"业务。截至2010年年末,呼和浩特分行"银政保"业务向3家企业共授信2 500万元,扩大浦发银行在当地影响。太原分行选择运城地区,搭建"银企政"三方合作平台,经政府部门推荐,组织银企洽谈,银行实地考察,达成双方合作意向。截至2010年,太原分行向16户运城地区的中小企业授信,发放贷款6 000万元。

三、科技合作平台

【"科贷通"】

苏州市实施科技兴市的战略,投入大量的资源,引进与培养大批科技人才,经营管理苏州上千家高新技术企业,但也面临科技型企业前期风险承担的难题。2009年,中国银监会、国家科技部联合发布《关于进一步加大对科技型中小企业信贷支持的指导意见》,苏州分行积极探索科技金融结合的商业模式,从政府投入的资源入手,提出利用政府科技资金投入,改政府拨款为财政提供担保、贴息,并制订银行贷款＋财政科技风险补偿资金担保＋财政贴息的方案。分行的建议被政府部门认可,并被命名为"科贷通"模式,苏州分行也中标"科贷通"承办银行,与苏州市科技局、财政局共同搭建"科贷通"平台,从2010年5月份开始实质性操作,至2010年12月底,苏州分行实现授信总额3.3亿元,批量开发有价值高科技企业40多户,并与多家科技企业签订股权融资、上市顾问等协议。在具体实施中,"科贷通"解决科技企业前期风险承担的难题,调动更多的商业银行资源,投入高科技企业;充分利用科技职能部门的专业优势与银行贷款管理优势,创新科技贷款的调查审批的管理流程,得到苏州市政府和苏州市科技部门高度评价。

【科委集合贷款】

天津市科委多年来一直是天津分行的紧密合作伙伴,科技领域也是天津分行中小企业金融业务发展的核心领域。2009年3月,分行与天津市科委就中小企业科技金融服务达成重要的合作框架协议,共同搭建科技型中小企业集合贷款平台,天津市科委为平台建立总额1 000万元的贷款损失补偿机制,同时确定天津分行为科技补贴资金监管银行,承担每年4亿元的科技补贴资金托管,分行与市科委共同对获得科技补贴资助的中小企业进行逐户走访,形成一个总数为150户科技型中小企业、发放户均40万、总额近6 000万元贷款的科委平台。该平台自2009年以来成功运作3期,为160余户科技型中小企业提供融资支持。

四、交易市场平台

【小组联保】

浦发银行较早进入钢材交易市场,2007年,哈尔滨分行重点研究全国最大钢材市场,试点小组联保模式,在700家钢材经销企业中筛选出经销商13家,通过小组联保,同时追加其个人存单做质押的业务模式。截至2007年年末,分行先后与2家钢材市场合作,小组联保涉及47户,授信敞口发放贷款7 800万元,使用银票敞口5 000万元,吸收存款1亿元。

【批量开发】

泰山钢材大市场建于2003年,集聚335家商户,代理全国37家知名钢厂产品,2010年市场销售收入超过200亿元。2010年,济南分行确定批量开发泰山钢材市场方案,创造1户授信企业提供2至3户企业担保,同时追加授信企业控制人担保模式,从而以灵活担保模式和高效审批流程,得到市场客户的好评。当年,分行增加授信客户20户,授信总量1.69亿元,新增对公存款1.5亿元,实现中间业务收入138万元。此外,还有深圳分行以联保联贷模式,拓展深圳华南国际钢材市场,长春分行以联贷联保模式批量开发长春钢材经销市场。

五、风险缓释平台

【担保公司】

2009年,浦发银行出台《总对总担保公司业务管理暂行办法》,明确由浦发银行中小企业业务经营中心牵头,以全国性担保公司为对象,拓展"总对总"合作业务,并建立担保公司合作业务的监测和管理。当年,浦发银行先后与政策性担保公司中国投资担保公司、东北中小企业信用再担保公司建立业务合作关系,与中国投资担保公司开展政府订单融资业务合作。2010年,浦发银行拓展与商业性担保公司、保险公司合作,先后与富登担保建立合作关系,与安邦保险合作,开展中小企业履约保证保险融资业务试点。当年,济南分行和杭州分行办理首批中小企业信贷履约保证保险贷款业务。

在浦发银行推动下,分行积极与各类担保公司合作。广州分行组建起由分行、银达担保公司、省再担保公司及广东粤财信托有限公司的四方合作平台。通过分行与担保公司进行独立的审查审批,最终确定8家发展前景较好的中小企业进入银信理财的发行计划。由省再担保公司为该8家企业在浦发银行的授信提供连带担保责任,在这样的合作方案下,分行成功为8家企业向社会发行1.18亿元的银信理财计划。温州瑞安共有各类汽摩配企业3 000多家,其中有一定规模、产值在3 000万元以上的有400多家,成为名副其实的"中国汽摩配之都"。产销的持续稳定发展使行业中多数中小企业的融资需求较大,温州分行确定由担保公司提供担保风险缓释职能,批量开发集群中小企业的业务方案。通过该方案温州分行已发展客户33户,授信金额8 400万元,客户在分行各项存款余额4 000多万元。

【行业商会】

行业商会或协会是浦发银行鼓励构建的中小企业批量开发的重要合作平台之一,重庆市总商会下成立有建材商会,成员为全市从事建材生产、销售和流通的共约1 200家企业;该商会服务机制完备,成立有建商担保公司、会长基金等融资互助平台,连续5年被重庆市总商会评为先进直属分会。重庆分行将建材商会作为重要合作平台,设计总额为3.3亿元的建材商会平台授信方案。通过1年的合作,方案项下共有40户建材商会会员单位获得授信23 815万元,共使用敞口20 732万元,发放贷款32 642万元,创造175万元中间业务收入。

六、金融机构平台

【政策性银行】

2010年,面临信贷规模相对紧缺,福州分行积极接洽国家开发银行福州分行,双方合作先后开展中小企业流动资金银团贷款及融资性保函业务。当年,福州分行发放银团贷款5 000万元,开立融资性保函3 500万元,引入中小企业信贷资源5 500万元,为分行带来日均存款1 000万元以及中间业务收入。

【小额贷款公司】

2009—2010年,浦发银行先后下发小额贷款公司授信业务管理暂行办法、小额贷款公司金融服务解决方案。黑龙江省批准开办第一批小额贷款公司,其中哈尔滨市南岗区某小额贷款公司被哈尔滨分行列为首批支持对象,为其设计由政策性担保公司提供连带责任保证担保,专项扶持中小企业的短期流动资金贷款授信方案。自2010年8月起,哈尔滨分行向该小额贷款公司发放短期流动资金贷款,通过依托小额贷款公司平台,发掘和培育优质中小企业客户。截至2010年年底,通过该小额贷款公司牵线搭桥,分行引进6户优质中小企业。

第五章 结算服务

第一节 本外币结算

一、人民币支付结算

【银行汇票】

1994年3月4日,中国人民银行批准浦发银行开办"签发跨系统银行汇票通过中国人民银行代理兑付"业务。同年9月,浦发银行第一营业部、石油交易所办事处等10余家上海地区分支机构正式签发转账银行汇票。1996年,全行签发系统内银行汇票范围遍及上海、北京、杭州、南京、宁波,以及江阴、萧山、临安、余姚等地区。2000年9月,浦发银行与工商银行签订银行汇票代理业务协议,由工商银行代理浦发银行签发的全国银行汇票的兑付,从而扩大签发全国银行汇票的使用范围,同时解决部分分支机构签发银行汇票无法兑换的困难。2001年,全行签发银行汇票金额达400亿元,2002年,办理签发银行汇票业务的机构达151家。

【商业汇票】

浦发银行开业即开办商业汇票业务。1995年,国务院颁布《票据法》,浦发银行印发商业汇票会计核算手续,分别就商业承兑汇票、银行承兑汇票和商业汇票贴现的受理做出规定。1997年4月,中国人民银行改革银行结算,大力发展票据市场。浦发银行及时抓住市场和客户融资、结算方式的这一变化,大力发展票据承兑和贴现业务,1999年开始实行计算机签发银行承兑汇票,2000年将票据签发纳入低风险授信业务,2001年开办全行票据回购业务,开发全行票据业务信息交流网,提供分行签发的银行承兑汇票信息。截至2001年,全行共有16家分支行开办银行承兑汇票业务,全年累计签发银行承兑汇票343亿元,年末余额为156亿元。上海地区总部下属的金山支行,以中国石油化工股份公司上海分公司为对象,积极营销银行承兑汇票业务,通过推荐票据结算、票据代保管、增加票据业务的授信,半年内为企业签发银行承兑汇票3.6亿元。

2002年,为提高票据防伪能力,中国人民银行与国家保密委员会开发全国统一的支付密码核验系统和支付密码器,浦发银行利用现有业务系统中的部分功能,仅用15天时间就完成对公业务系统的改造。2003年,支付密码系统的上线,与新一代核心业务系统相结合,实现对公业务的跨行异地通存通兑。2004年,浦发银行先后在杭州、苏州、郑州、济南分行稳步推广应用对公业务异地通存通兑。

【本票和支票】

浦发银行开业后,就开办支票业务,1994年经中国人民银行批准,开办银行本票业务。1995年10月,根据中国人民银行上海市分行《上海市单项结算办法》的精神,浦发银行在指定网点开办个人使用支票、银行本票业务。1997年,中国人民银行进一步改革银行结算,发布《支付结算办法》。中国人民银行上海市分行结合实际情况,分别制定《上海市支票办法》《上海市商业汇票办法》《上海市贷记办法》《上海市定期借记办法》《上海市个人使用支票、银行本票暂行规定》《上海市票据挂失止付办法》和《上海市签发空头或签章不符支票处罚规定》等8种办法规定,浦发银行按照规定,规范办理银行本票、个人支票和对公支票业务。

二、国际结算

【信用证结算】

信用证结算是国际结算服务重要品种,1997年,浦发银行制定一系列制度规定,形成较为完整的信用证系列产品,包括进口信用证开证、出口信用证议付、出口信用证打包贷款。1998年,浦发银行组成信用证专家小组,通过对国际商会公布的国际结算国际统一惯例的学习研究,为全行国际结算业务健康、快速发展作出积极贡献。2000年,浦发银行推行本外币一体化管理,全行信用证业务量逐年上升,2004年达74.09亿美元,业务收入达8360万元,其占全行中间业务收入的比重上升到13.84%,成为中间业务第三收入来源。

2007年,浦发银行制定国际贸易金融业务发展纲要,提出做大、做强、做深、做精的产品策略,推进信用证产品创新。2010年,杭州分行办理总行辖内首笔跨境人民币进口信用证代付业务。

【跨境汇款】

1997年3月,浦发银行以SWIFT方式办理外汇汇款业务。1999年,浦发银行与美国花旗银行合作开发"上海浦东发展银行环球汇票",环球汇票由花旗银行代为印制,汇票分美元、加元和多币种票面,汇票票面印有浦发银行名及行标。浦发银行为出票行,指定美国花旗银行为付款行,向汇票收款人或持票人解付外汇多币种资金业务。汇票采取记名方式,可背书转让,单张出票最高限额为50万美元或其他等值外币,仅限于对境外的外币汇划。2002年,开立环球汇票379笔,累计金额147万美元。

1999年,浦发银行与美国运通旅行支票公司签订协议,代售和贴现美国运通旅行支票发行机构的美元、欧元、日元、澳元、加拿大元、英镑和瑞士法郎币种的旅行支票。这是由旅行支票发行机构印发的,以发行机构为最终付款人的一种多币种、多面额支票,是一种具有广泛用途的支付工具。2002年代售旅行支票16笔,金额16万美元。

【票据托收】

2001年,浦发银行与加拿大皇家银行(Royal Bank of Canada)及新加坡大华银行(United Overseas Bank)协商决定,受理加元及新币光票托收业务。2002年,浦发银行票据托收范围扩大,包括受理票据付款地在美国境内的美元票据,标有"INTERNATIONAL"字样的美元邮政汇票,付款地在香港的各种港元票据,付款地在欧元区国家(除爱尔兰、希腊)及英国、挪威、丹麦境内的欧元、美元票据,票据付款地在加拿大境内的加拿大元、美元票据,票据付款地在新加坡境内的新加坡元票据,票据付款地在英国境内的英镑票据。

【外币兑换】

1999年,浦发银行进驻浦东国际机场候机楼,开展外币业务,为旅客提供365天24小时的兑换服务。2004年,平均年龄只有25岁的13名女员工用辛勤劳动,创造日接待客户400位,日均兑换1000余笔,年汇兑收益达到1800万元,成为外国客人认识浦发、感受浦发金融服务的第一个窗口,被全国妇女"巾帼建功"活动领导小组授予"巾帼文明岗"称号。

三、代理清算

【代理交易清算】

1993年3月,浦发银行成立上海石油交易所办事处,进驻上海石油交易所,为交易所及会员单位提供资金清算及交易结算等金融服务。1995年,上海石油、建材、农资、化工4家交易所合并组建上海商品交易所,浦发银行进驻商品交易所,设立派出机构。

【代理证券清算】

浦发银行成立初期,与上海证券交易所、部分证券公司进行合作,提供证券资金结算等业务。1994年,证券清算业务已由上海扩展到杭州、宁波、南京等地区。1999年1月8日,浦发银行开发PROP(参与人远程操作平台)系统银行端电子转账系统正式上线,为上海证券交易所提供法人清算服务,实现证券资金结算的同城和异地实时转账。2000年先后为东方证券、中海信托、浙江国际信托投资等多家机构办理证券资金法人清算业务,日均结算量约40亿元。2001年,经上海和深圳证券交易所分别批准、中央证券登记结算公司同意,浦发银行分别成为上海证券交易所、深圳证券交易所A股资金清算银行,并成为上海、深圳证券登记结算分公司的法人结算银行会员,为证券公司提供沪深证券市场的资金清算交收。2001年11月,浦发银行建立安全、高效的PROP系统银行端电子转账系统和中央登记深圳分公司的IST(综合结算平台)系统银行端电子转账系统,独创A股法人资金结算个性化服务和B股结算资金实时到账服务的手段,在银行证券资金结算业务考评中,获得"优质服务奖"。截至2003年年末,浦发银行在中央证券登记结算公司的日均结算资金存量达8.28亿元,其中上海分公司为4.28亿元,深圳分公司为4亿元;年末结算资金余额达9.6亿元,其中上海分公司为7亿元,深圳分公司为2.6亿元;新股验资次数23次,单向累计金额57.15亿元。先后担任东方证券深市证券资金四方协议券商结算法人清算银行,东方证券、华鑫证券、上海证券、光大证券、华西证券的沪市第二清算银行。

【代理同业清算】

2009年,花旗银行香港分行与浦发银行签订跨境人民币代理清算服务协议,并在浦发银行开设人民币账户;同年,跨境人民币代理清算系统正式上线,并为境外开户银行提供代理人民币清算服务。2012年,浦发硅谷银行在浦发银行杨浦支行正式开设美元等9个币种的资金清算账户,并与浦发银行签订代理外币清算协议,成为首家享受浦发银行代理清算服务的境内商业银行;同年,外币代理清算系统正式上线,并为境内开户商业银行提供代理外币清算服务。代理同业清算业务的开办,标志着浦发银行开始从接受代理清算服务转变成提供代理清算服务银行。

四、特色业务

【银银直连和银企直连】

2000年,浦发银行与中国银行签订全面合作协议,就建立境内外汇资金汇划渠道进行合作。2001年11月,开通浦发银行境内外汇汇路,浦发银行以SWIFT报文方式,通过中国银行的渠道进行外汇资金汇划,并在南京、宁波两个分行试运行。至2002年年底,浦发银行已有14家分行利用这一渠道办理业务,从而增加外汇汇款途径,提高清算速度,减少清算费用。2008年,浦发银行与花旗银行银银直连业务在西安分行开通,这是全行首笔银银直连业务。同年6月,浦发银行开发全新的银企直连模式SWIFT直联,与韩国三星集团成功签订第一单银企间SWIFTBKE关系,6月27日,天津分行成功实现真实生产环境的报文双边对接,成为全球为数不多的通过SWIFT方式实现银企直连的银行。

【境内外币支付系统代理结算】

2008年5月,中国人民银行推出美元等8个币种的境内外币支付系统,并公开招标境内外币支付结算银行。境内外币支付系统是中国人民银行继大小额支付系统、全国支票影像交换系统后搭建的用于境内各银行间外币支付和清算业务的处理系统,它的投产构建安全、稳定、高效的境内外币支付环境。浦发银行作为唯一中标的股份制商业银行,成为四家结算银行之一,承担英镑、加元、澳元和瑞士法郎四个币种的代理结算银行职能。5月26日,"境内外币支付系统——上海浦东发展银行代理结算行业务(英镑)开通仪式"在浦发银行举行。

2009年,浦发银行先后为中信银行、温州银行、北京农村商业银行开设四币中共6个外币结算账户,共有中国银行、中国工商银行、中国建设银行、中国进出口银行、中国国家开发银行、中信银行、南京银行、温州银行和北京农村商业银行9家商业银行成为代理结算的参与行。截至2010年,共有15家商业银行在浦发银行开设48户外币结算账户,存款折合人民币共计4.47亿元。

2009年,中国人民银行与香港金融管理局签订有关建立内地与香港多种货币支付系统互通安排的谅解备忘录,决定自2009年3月16日起正式实施两地支付互通安排,正式建立覆盖多币种的全方位跨境支付清算合作机制。浦发银行作为境内外币支付结算银行,先后与花旗银行(中国香港)、花旗银行(新加坡)、渣打银行(中国香港)签订账户行协议并达成业务操作备忘录,为境内外币同业提供内港两地英镑互汇便利。

【跨境贸易人民币结算】

2009年7月,为促进中国与周边国家和地区贸易的稳健发展,中国启动跨境人民币试点,中国人民银行、财政部、商务部、海关总署、税务总局、银监会等国家六部门联合下发《跨境贸易人民币试点管理办法》,浦发银行成为全国跨境贸易人民币业务的首批试点银行。当年8月20日,浦发银行跨境贸易人民币结算业务正式启动,在上海、广州、深圳三家分行进行试点。截至2009年12月31日,浦发银行跨境贸易人民币结算和清算业务双双突破1亿元,创下多项全国首单的纪录,即上海分行创造全国首单和新加坡地区跨境人民币业务;深圳分行完成全国首单人民币购售汇交易;上海分行办理全国首单人民币和港币购售业务和船舶项下跨境人民币购售业务;以及上海分行2010年办理的全国首单NRA账户项下跨境人民币业务。中国人民银行上海总部为此发来贺信,高度肯定浦发银行跨境贸易人民币结算工作。

在首批试点的基础上,2010年5月,浦发银行启动跨境人民币收付业务第二批试点分行工作,北京、南京、杭州、宁波、天津等17家分行开办跨境人民币收付业务,业务范围扩展至服务贸易、资本项目,为企业提供低成本境外融资渠道。截至2010年,全行跨境人民币结算业务共627笔,结算金额达57.55亿元。花旗银行香港分行、花旗银行新加坡分行、渣打银行香港分行、北欧银行新加坡分行、花旗银行澳门分行、摩根大通银行香港分行、吉尔吉斯斯坦巴卡伊银行、蒙古贸易发展银行、澳新银行越南子公司等9家境外银行在浦发银行开立跨境人民币同业往来账户。

【代理国际结算】

2010年2月,浦发银行开办代理银行同业国际结算业务,温州分行办理全行首笔离岸同业代付业务,为温州银行叙做96万美元期限3个月的信用证项下的进口代付业务。开展与美国硅谷银行合作,先后有北京分行的全行首笔硅谷银行备用信用证项下的授信业务,西安分行的首笔美元存款海外代付的付汇业务。截至8月末,苏州分行与硅谷银行合作办理代付业务达29笔5 300万美元。

第二节　支付和清算

一、人民币资金清算

【本系统清算】

浦发银行筹建期间,在中国人民银行上海市分行支持下,参加同城交换结算,解决同城企业的资金收付划转。而异地的电、信汇,则委托中国人民银行及各专业银行转汇。1994年3月28日,浦发银行系统内人民币联行正式启用,采用联行对开账户、相互存放款项、办理汇划业务、同步清算资金的原则,解决系统内资金清算。1997年,浦发银行进行联行改革,实施分级开户、直接往来、集中对账、二级清算,由浦发银行清算中心、分行清算部门、经办行三级构成联行清算。1998年,浦发银行开发联行汇划清算系统,利用电子计算机网络逐级传输的方式,完成系统内结算款项、银行内部资金划拨及资金清算的过程。1998年5月20日,联行汇划清算系统投入试运行,截至1999年7月底,浦发银行全行21家联行单位中有17家联网,实现联行业务电子化。2002年又完成联行汇划清算系统升级。

【跨行清算】

1994年10月,中国人民银行批复同意浦发银行加入全国电子联行系统,1995年,浦发银行第一营业部以拨号方式接入中国人民银行上海分行联行小站,到1996年,浦发银行已有34个机构参加全国电子联行系统,进行异地跨行资金汇划,杭州分行于1997年首家正式加入杭州市中国人民银行"天地对接"系统。2002年,浦发银行参加中国人民银行上海分行的电子联行点对网工程,使上海地区各支行与全国电子联行实现无缝连接,提高异地汇划的速度,实现同城银行间证券资金实时划拨。

二、外汇资金通汇

【代理行网络】

1993年2月,浦发银行正式成立国际业务部,下设国际贸易结算、非贸易结算、外汇信贷、外汇融资和综合5个科。3月,国家外汇管理局批复同意浦发银行办理11项外汇业务。1993年3月19日,浦发银行与美国美洲银行在上海和平饭店签订两行之间代理行合作协议,这是浦发银行首次与境外银行建立互相委托业务的代理行关系。通过浦发银行高层领导多次率团访问考察国际著名商业银行,并多次接待国(境)外银行高层来访,开展互委业务探索和交流学习,海外代理行网络不断扩大,先后有美国芝加哥第一国民银行、中国香港恒生银行、日本横滨银行等。1998年,浦发银行新增65家境外代理行,建立起涵盖59个国家和地区的490家银行的代理行网络。2002年,根据中国台湾与大陆两岸最新金融业务往来规定,应台湾地区一些主要银行要求,浦发银行与上海商业储蓄银行等30家台湾本土银行、15家台湾外资银行建立代理行关系,实行海峡两岸通汇。截至2003年,浦发银行与世界34个国家和地区的1 000多家银行建立代理行关系,与国际上排名前200家且经营业绩和信用评级良好的大银行建立授信关系,并与世界最大债券清算银行CEDEL、美林证券、高盛公司、JP摩根集团、国民西敏寺银行、瑞士联合银行、汇丰银行等20多家投资银行保持着密切的业务合作关系。

【SWIFT系统】

1993年2月,浦发银行在中国银行开立美元、港币等币种的外汇现汇清算账户,在中国银行上海分行开立美元等9个币种的外汇现钞清算账户,而与境外银行的美元清算均采用委托境外账户行代划转处理,划转速度慢,经营成本高。1994年4月,浦发银行与美国花旗银行技术合作,安装使用花旗银行付款系统终端,借助该系统直接划款至世界各地美元清算银行。1995年,浦发银行加入"环球银行金融电讯协会"(SWIFT)。1995年12月,浦发银行在天腾计算机系统中建立并开通SWIFT系统用于外汇资金清算,日均收发报量达到400笔。浦发银行通过DDN专线和广域网络,将SWIFT系统改造成局域网络,实现远程连接,提升系统的业务处理能力和处理速度。1998年2月,浦发银行成功实施外汇业务操作系统与SWIFT系统的联网改造项目,实现浦发银行清算中心、浦发银行第一营业部、南京分行清算中心、南京分行营业部、南通支行、宁波分行、温州支行、外高桥支行、陆家嘴支行9个机构外汇业务电子化网络贯通,大大加快系统内外汇业务清算速度和效能。据SWIFT中国地区年会统计,当年浦发银行报文自动处理率已与欧美银行持平,资金清算速度提高6倍。2004年,浦发银行实现SWIFT系统切换,顺利转换成SWIFT Net网络,成为国内首批应用SWIFT Net网络商业银行。

三、现代化支付系统

【大额支付系统】

本着银行结算向支付结算转变的要求,1997年6月,中国人民银行牵头的中国现代化支付系统试点工程正式启动,中国现代化支付系统是银行间公共支付清算的平台,是连接各家银行的枢纽和桥梁,系统包括大额支付和小额批量支付两个应用系统。2002年,中国现代化大额支付系统开通,浦发银行顺利地通过中国人民银行的验收。2002年4月,浦发银行北京分行实行系统切换,大额支付系统率先在北京分行上线运行;11月,浦发银行决定在南京、济南、广州、西安、成都、重庆、深圳等11个分行推广大额支付系统。到2003年,有16家机构连同总行本部,成功加入大额实时支付系统,资金支付业务量每天达5 000笔左右。

【小额支付系统】

2005年,中国人民银行开发小额支付系统,用于批量处理支付业务,轧差净额清算资金。浦发银行自2005年启动小额支付系统项目建设工作,2005年11月28日,浦发银行天津分行作为中国人民银行首批试点城市行开通小额支付系统,当日,天津分行向招商银行成功发送首笔业务,下午4时,天津分行营业部柜面终端显示出"小额业务核对无不符"信息提示,标志浦发银行小额支付系统试运行成功。2006年6月26日,根据中国人民银行支付系统建设实施计划,小额支付系统在上海分行32家支行成功上线。当日,上海分行32家支行共发送普通贷记业务108笔,金额为77万余元,接收普通贷记业务98包121笔,金额为74万余元,首日运行情况良好。继上海分行后,各地分行小额支付系统相继上线,缩短客户资金到账时间,降低运营成本,也为税款入库、财政集中支付、跨行储蓄通存通兑等特色业务的推出提供技术平台和系统支撑。

【商业汇票管理系统】

2009年10月,全国电子商业汇票系统建成投入运行,浦发银行是全国首批上线的银行机构之一。当日,济南分行为客户成功开立全行第一张电子银行承兑汇票。天津分行作为转贴现业务的试点行,从上海银行成功买入一笔电子银行承兑汇票。2009年10月29日,全行首张电子银行承兑汇票由收款人在网上银行发起贴现申请,并由济南分行成功签收,标志着全行电子商业汇票系统(一期)成功上线,2010年11月,商业汇票系统二期上线,涵盖电子票据及纸质票据,包括承兑、贴现、质押、转贴现、再贴现、委托收款等业务处理功能,当年,沈阳分行通过系统为企业办理单张金额1亿元电子银行承兑汇票。

第三节　结算流程再造

一、运营业务集中系统

截至2005年年末,浦发银行在境内24个城市和地区开设直属分、支行,营业网点超过350个,一线运营人员3 386人。原有的传统作业模式已经不能满足业务扩张的需要,推动业务流程再造,实现银行运作集约化,已成刻不容缓问题。

2006年2月,浦发银行正式启动运营流程再造项目,运营流程再造项目由业务集中和运行监测两个系统组成。业务集中系统主要构建全行集中运营作业系统,按照高绩效银行设计理念,实现上收网点业务、筛分业务流程、采用并发处理、实现前后台分离的运营作业模式。经对银行业务处理流程进行归纳,该系统集中245个业务流程,分成方式一、方式二两种处理模式。其中方式一有93个,包括提回业务、汇兑业务、签票业务、提出业务、托收业务、本转业务、外汇电汇、账户管理、现金取款、全国影像等共80个,信用运营13个;方式二有152个,包括公共业务、外汇业务、信用运营等。系统历时4个多月设计开发,项目完成并正式上线。2006年11月20日,业务集中提回业务处理系统在杭州分行成功上线。2007年4月17日,浦发银行正式成立数据处理中心,2009年更名集中作业中心。截至2010年年末,业务集中系统在全国34家分行全部上线,在集中业务处理能力方面,总、分行集中作业中心的作业量占比超过70%,大量原先在前台柜面处理的结算业务转移到总、分作业中心,形成上收网点业务、筛分业务流程、采用并发处理、实现前后台分离的运营作业模式,实现业务处理的规范化、标准化、工厂化运作。

2006年年初,浦发银行启动运营内控子项目,这是以监测规则为核心、以源(业务)数据为关键要素的操作风险监测系统。运营内控子项目系统通过采集业务流程和交易数据,以"机控"代替"人控"的方式,进行风险预警、业务分析、案件跟踪和处理,实现业务监控和风险防范的自动化,有效地进行运营内部控制管理。按照全面检验、积极探索、突出重点的部署模式,2010年年末,系统在34家分行上线,部署监测规则近300个,每天生成预警信息300—400条,提高操作风险防范能力。以前后协同、流水作业、运行监测为特征的业务集中系统和运营内控系统的上线运行,标志着全行已基本建成"小前台、大后台"运营作业模式。

二、信用运营集中系统

2005年,鉴于当时银行业案件防控形势严峻,为加强授信操作风险防控,浦发银行决定借鉴国际先进银行经验,在运营条线内设立信用运营中心,进行集中放款与账务处理,实现授信业务"审、贷、放"在3个条线的分离与制衡。2006年第三季度,信用运营集中系统上线运行,实现授信业务跨机构集中入账。截至2010年年末,全国34家分行的信用运营业务上线运行,授信发放交易整体上线率已达到99%。信用运营业务的上线,以及总、分行信用运营机构的全面设置,标志着全行授信发放操作系统、业务流程、作业标准的统一。

三、国际贸易结算系统

2002年4月3日,浦发银行外汇管理部下设单证中心,从事国际贸易结算业务的集中处理。中心沿用以城市行为单位的分布式流程,即系统和数据均分散在全国各地各个分支机构,业务操作也在各地分散进行。为实现单证中心的业务系统、业务数据和业务操作的全国大集中,浦发银行在全国银行业中率先尝试开发全国集中的单证中心系统。2004年4月,项目正式启动。经过446天,新一代国际贸易结算系统(即单证中心项目)完成所有规划、设计和开发测试工作。新一代国际贸易系统是由工作流技术驱动,以影像技术为依托的单证中心系统,总、分行可以通过同一个工作流业务界面,进行业务传递、操作和查询,业务操作以"直通车"处理方式,降低操作风险,提高标准化作业水平,实现大集中处理模式下集约化经营。2005年9月17日,浦发银行国际贸易结算操作系统率先在总行、上海地区总部、太原分行、长沙分行、哈尔滨分行和南昌分行同时上线。这是浦发银行第一个业务集中处理项目,也是国内银行业第一个将业务操作系统、工作流系统、影像系统实行无缝连接的大集中平台。新系统以工作流为引擎,以影像技术为载体,为贸易结算业务操作带来突破性变革。单证中心处理系统建立后,浦发银行国际贸易结算业务处理速度大大加快,各个工作环节紧凑并符合规范。系统投产半年后,有五点优势:一是操作集中化。实现专业化、标准化、跨区域的远程作业,浦发银行贸易服务中心可实现5家分行贸易结算的无纸化远程集中操作。二是流程自动化。所有业务流程灵活可控,业务处理效率大大提高,通过该系统自动生成各种业务操作和统计报表,大大方便监督和管理。三是处理专业化。全行业务处理模式统一,标准统一,方法统一,新系统可实时与后台系统连接,并且用工作流来控制管理和操作权限,使得各类权限清晰,大大降低业务风险。四是传递电子化。总、分、支行间的所有业务信息、业务单据全部使用电子化方式传递,业务资料全行共享。五是服务人性化。新系统与通知平台、网上银行等服务渠道有效结合,为客户提供更好的服务。2006年4月,《上海金融时报》以《"小前台、大后台"的远程作业时代来临》为标题,报道浦发银行国际贸易结算操作系统建设情况。

第六章 电子银行

第一节 自助银行

一、设立

1987年,国内银行业首次引进自动取款机,到1995年,全国已有自动取款机6 000余台。1995年4月,浦发银行第一台自动取款机在总行营业大厅投入运行,当年,浦发银行加入上海市ATM跨行通兑网络。

1996年,上海银行业推出自助银行,配置包括现金存款机、自动柜员机、多媒体查询机、外币现金兑换机、夜间金库等设备。1997年,浦发银行在上海大光明支行设立自助银行,这是浦发银行第一家自助银行,10月,浦发宁波分行推出宁波地区的第一家自助银行,浦发银行早期的自助银行设备单一,功能有限,还算不上完整意义的自助银行。1998年3月,浦发银行成立自助银行领导小组,制订自助银行实施方案,同时在上海大光明营业所、昌里路营业所进行自助银行的试点工作。同年8月19日,浦发银行正式在上海市黄浦支行推出第一台现金存款机,在大光明营业所和昌里路营业所的自助银行内分别安装现金存款机,提供自助存款服务。截至1998年年底,浦发银行自助银行实现取现、查询、存款等服务功能。

1999年5月,浦发银行制定自助银行管理实施办法,明确浦发银行自助银行分为在行式和离行式两种,按照先网点外(离行式)后网点内(在行式)的原则进行布点设置。从1999年始,浦发银行在苏州、杭州、江阴、温州、深圳、重庆、南京、广州、天津分行设立自助银行,截至2003年年末,全行共有单体式、联体式、离行式的自助银行487家,各种设备834台,分布在银行网点、机场商厦、高校商务区,但也存在管理模式、设备选型、外观形象不统一等问题。

二、规范

2004年9月,浦发银行成立自助银行样板建设推进小组,确定杭州、大连、深圳3家试点分行,启动自助银行建设样板建设项目。10月,杭州分行在浙江中医学院设立离行式自助银行,实际使用面积81平方米,配置现金取款机(ATM)2台、现金存款机(CDM)1台,设有客户专用对讲系统。服务区实行24小时远程监控,并配有与公安110报警系统联网的报警按钮。同年,深圳分行新建自助银行14个、ATM机21台,根据前期自助银行样板的建设经验,浦发银行制定自助银行形象设计标准和自助银行管理办法,规范自助银行申报、审批、建设、运行管理。2005年,浦发银行加大自助设备的投入力度,对全行自助银行建设给予政策支持,截至2006年12月底,全行自助设备数达到1 947台,各种类型的自助网点达到1 175个,累计交易笔数1 564万笔,累计交易金额120亿元。

2005年6月,浦发银行启动自助跨平台软件项目开发。2006年11月,浦发银行自助设备跨平台软件项目开始试点。2007年8月,项目完成全行推广,实现全行自助设备统一操作流程,建立全行自助设备统一操作平台,浦发银行的自助银行进入发展新阶段。2008年起,全行自助设备快速增长,从2004年年底不到1 000台,到2008年9月突破3 000台,到2011年10月现金类设备存量突破5 000台。全行各类型自助网点也于2008年年底突破2 000个,于2011年11月突破3 000个。自助银行不断丰富各项功能,除存、取、转账等基本功能之外,还具有移动话费代缴、质押贷款、产品签约、年金查询等多种特色业务。

第二节　网　上　银　行

一、业务开办

1997年,浦发银行在互联网上建立起自己的网站。浦发银行网上银行初期建设于2001年1月始,在初步建成的外部网站和企业内部网技术架构的基础上,搭建网上银行系统基本框架。2001年6月,浦发银行在上海地区推出网上银行查询业务,通过互联网向上海地区客户提供本外币对公账户余额查询、东方卡账单查询,以及利率汇率等金融信息。2002年,经严格论证,浦发银行对网上银行项目正式立项开发,并确立网上银行中期建设的目标客户、业务目标以及建设方针。2003年11月,随着全行业务数据的大集中完成,浦发银行开发网上银行系统,系统由个人网上银行和公司网上银行两个部分组成,个人网上银行包括大众版和专业版两个版本,公司网上银行包括企业信息直通车和公司网银两个版本,增加网上银行的交易功能。2004年3月经银监会批复同意,浦发银行开办公司网上银行业务,2004年4月,开办个人网上银行业务,由浦发银行个人银行总部负责个人网上银行业务管理、产品开发和经营。

本着以客户为中心、建立全方位的电子化交易服务渠道体系的定位,2005年年初,浦发银行确定发挥数据大集中优势,大力发展电子渠道业务,建立以网银为主体的全方位的网上银行服务体系。2007年,浦发银行在原网上银行管理系统的基础上进行优化改造,建立新版电子银行管理系统,引入USBKEY供应商,在公司网银和个人网银中启用新型USBKEY免驱产品。在此基础上,浦发银行密集推出一批创新产品,公司网银在国内银行同业中首创网上保理、网上托管、网上电子商务托管,个人网银相继研发动态密码、E-mail汇款、邮政汇款、礼e汇款等全国首创或独家拥有的特色产品。2008年,浦发银行公司网银进行大规模的改造,推出全新的公司网银09版,不仅拥有中国金融认证中心颁发的数字证书,还成为国内首家使用网站防欺诈全球服务器证书(EVSSL证书)的网站。5月8日,浦发银行携手中国金融认证中心(CFCA),在北京启动"绿色网银迎奥运——2 008放心安全用网银联合宣传年"宣传和体验活动,全国16家股份制商业银行代表、近200家公司客户以及10多家媒体记者参会,浦发银行公司网银以中国第一家"最安全的网上银行"的形象,展现在世人面前。2010年1月,为配合上海世博会的召开,浦发银行正式推出个人网上银行英文版,涵盖账户查询、活期存款定期存款、通知存款、转账汇款、缴费支付、及时语、利率费率查询、外汇牌价、产品推介等个人金融服务功能,是国内功能较为全面的个人网上银行英文服务系统。

从2009年2月起,网上银行显示出其规模效应,其交易量占全行交易笔数30%的份额。截至2010年年末,全行公司网上银行签约客户数14万户,实现交易总笔数累计达1亿笔,交易总金额累计为49 528亿元,个人网上银行签约客户数为312万户,实现交易笔数5 175万笔,交易金额达7 496亿元。

浦发网上银行的发展,得到社会的公认。2005年,浦发银行被评为中国网站100强及最有潜力银行网站、最佳人性化体验网站,获得个人网银最佳服务奖,获得英国的《银行家》杂志颁发的最佳技术和业务整合奖。在中国电子商务协会主办的中国电子金融发展年会上先后获得2008最佳网上银行奖、电子商务最佳银行服务奖、网上银行最佳客户服务奖和网上银行最佳财务管理奖,2009年网上银行最佳客户服务奖和2009网上银行最佳财务管理奖、2010最佳企业网银奖。在中国金融认证中心(CFCA)国内商业银行网上银行测评先后获得2008中国网上银行最佳风险防范奖、2009年中国网上银行最佳客户体验奖、2010年中国网上银行最佳客户体验奖。在首届中国网上银行博览会暨2009中国网上银行调查评选中,荣获最受欢迎网上银行。

2009年,浦发银行制订2009—2011年电子业务发展规划,提出总体发展目标,即用3年时间,打造成为市场同业中"产品领先、管理领先、服务领先"的一流电子银行,实现两个目标:一是至2011年电子银行签约客户达到全行有效客户的40%;二是电子银行的交易占比达到全行交易的55%。并完成5项转变:完成电子银行由低成本交易渠道向产品销售和服务平台转变;由提供账户管理服务向提供现金管理与资产管理服务转变;由单向的标准化服务向互动的个性化服务转变;由银行信息服务向综合信息服务转变;由各自独立的服务渠道向多渠道整合服务转变。

二、公司网上银行

【网银管理】

公司网银向客户提供信息直通车、公司网银专业版两种服务类型。信息直通车为客户提供信息查询及下载功能。公司网银专业版为客户提供信息查询及业务交易功能,经过产品整合归类,公司网银专业版具有网银管理、财务管理、供应链管理、投资理财、集团管理及专业服务6项服务功能。其中,公司网银拥有灵活的交易管理机制,提供网上银行账户权限管理、交易授权模式管理、操作员权限管理等设置功能。

【财务管理】

具有信息查询、转账支付、网上外汇、网上代发、网上报销、网上预约、网上缴费、电子回单8项功能。其中,转账支付提供公司内部转账、行内转账、跨行转账、转账处理信息查询、行内约定循环转账、约定循环转账查询、批量转账文件上传、批量转账处理信息查询、多笔支付文件上传、多笔支付信息查询、爱心捐款、爱心捐款查询等功能。

在汶川抗震救灾中,浦发银行的网上银行作为捐款专用通道之一,受理爱心捐款转账支付300多万元。网上外汇是浦发银行2007年创新产品,提供结汇申请、购汇申请、付汇申请和客户申请查询4项功能,这是全国首家将结汇、购汇和各种类型下付汇业务完整移植的网上银行产品,得到国家外汇管理部门认可。

【供应链管理】

包括网上贸易服务、网上保理、电子商业汇票和票据池4项产品。网上贸易服务于2007年5月在全行启用,向公司客户提供进口信用证、进口保函、进口代收、自由格式报文申请、保证金缴存等基本国际结算服务,提供进口出口业务、客户申请回执、银行打回交易等查询服务,以及主动通知、成本分析、报表统计、信息下载等信息增值服务。网上保理服务提供发票转让、融资申请、应付账款销账申请和各类买卖方查询服务,以及收付款通知等多项增值服务,为供应链贸易中的供应商和买家提供电子化应收账款管理及国际保理、国内保理业务解决方案。电子商业汇票是中国人民银行2009年推出的业务,浦发银行是当年首批获准开办电子商业汇票的银行,提供出票申请、贴现申请、质押申请、票据签收、提示承兑、提示收票、撤票、提示付款、背书转让、保证申请、保证确认、追索通知、追索同意清偿、票据查验、票据查询、业务申请查询服务。

【投资理财】

包括网上存款、银行理财、黄金投资、投资开放式基金、证券公司第三方存管、银期银商转账6项产品。其中,网上存款服务为单位客户提供网络在线方式的定期存款、通知存款和利多多通知存款服务,提供活期存款转定期存款、活期存款转通知存款及活期存款转利多多通知存款。银行理财提供理财产品的认购、申购、赎回、撤单、查询等在线交易。黄金投资是2009年推出的产品,指接受单位客户通过公司网银发起的委托,利用浦发银行在上海黄金交易所金融类会员交易席位,通过远程竞价交易方式,提供买卖相关的交易、清算、仓储和交割等服务。投资开放式基金为单位客户提供网络在线方式的开放式基金开户、购买、赎回等服务,支持开放式基金和证券集合理财产品。证券公司第三方存管包括第三方存管和融资融券存管两个业务品种,前者为单位投资者提供网络在线银证转账服务,后者提供融资融券时的网络在线银证转账服务。银商转账是浦发银行2010年新增的产品,首先在天津渤海商品交易所应用,提供签约关系查询、银行转商品市场、商品市场转银行、银商转账明细查询、商品市场资金账户余额查询五项功能。

【集团管理】

包括集团查询、人民币资金池、外币资金池、统管资金池、虚账户管理、集中授权支付、集中代理支付7项产品。其中,资金池管理是帮助集团客户通过公司网上银行系统实现人民币资金集中管理目标的一项服务,提供集团内部调拨、资金池账户设置账户、往来信息查询、对外交易信息查询。集中授权支付是集团管理单位通过公司网上银行系统,实现对成员单位(或关联企业)对外支付集中监控。集中代理支付是集团管理单位通过公司网上银行系统,实现其下属成员单位对外支付集中代理。

【专业服务】

包括备付金存管、电子商务托管、资产托管、企业年金4项产品。其中,电子商务托管是浦发银行2006年推出的产品,当年,浦发银行与电子商务网站阿里巴巴、杭州钢铁网、东方钢铁网、北京钢铁网提供电子商务托管业务网上银行服务。通过网上年金功能模块查询和管理客户企业年金账户。

【服务方案】

随着网上银行产品的发展和完善,2007年,浦发银行对产品进行组合,推出供应链电子化支持方案,为企业提供专业化、一站式的在线业务解决方案。2009年,浦发银行制订电子银行业务发展规划,要求形成不同版本、不同产品、不同客户的纵横交错的产品体系的要求,公司网上银行陆续推出产品系列服务方案。主要有在线资金财务运营解决方案,功能包括网银管理类、各类信息查询、转账支付、报销、代发工资、网上理财、投资开放式基金、证券第三方存管、电子回单、在线财务记账等服务;在线供应链电子化支持方案,功能包括网上结售付汇、网上贸易服务、网上保理等服务;在线电子商务金融服务方案,功能包括支付网关、电子商务支付、电子商务托管服务等;集团客户在线服务方案,功能包括集团查询服务、集团资金池、虚账户服务等;离岸客户在线服务方案,功能包括离岸账户信息查询、离岸汇出汇款业务、离岸定期存款业务、离岸外汇买卖业务、离岸自助服务等。

三、个人网上银行

【基本产品】

浦发银行个人网上银行包括大众版和专业版两个版本,大众版提供个人业务的基本查询服务、客户名下账户间资金互转服务和及时语服务;专业版由客户本人申请开立,除提供个人大众版的服务外,还提供系统内汇款、跨行汇款、证券买卖、外汇买卖、开放式基金买卖、银证转账、对外支付等业务服务。到2007年,个人网上银行提供账户管理、汇款支付、贷款融资、投资理财、增值服务签约、个人信息设置等各类产品和服务。

【账户管理】

个人网上银行按客户号进行账户管理,同一客户号下的凭证和账户自动归集至该客户号下;账户管理类服务包含账户余额查询、交易明细查询、积分查询、同一客户号下各账户间互转、企业年金管理、关联账户管理等,为客户提供本人名下账户查询、资金调拨等相关服务。

【汇款支付】

主要为客户提供汇款、缴费、支付等资金划转服务,包含本行汇款、跨行汇款、E-mail汇款、礼e汇款、邮政汇款、网上缴费、保付通、网上支付等。

网上汇款 2005年1月,浦发银行开办网上汇款业务。同年2月和4月,先后推出新春汇款免费服务活动和个人网上银行跨行汇款优惠推广活动。其后,不断创新汇款产品:2005年11月,在国内首推E-mail汇款业务。2006年8月,在国内率先推出"礼e汇款"。2008年,与中国银联及上海银联电子支付公司合作,推出网上银行银联卡汇款服务。2010年,为解决个体工商户、小企业主的资金管理需要,推出个人网上银行批量汇款、约定资金归集服务,前者满足个人客户批量高效、快捷支付结算的需求,后者为客户资金管理和运用提供极大便利。12月6日,浦发银行成功上线中国人民银行牵头搭建的第二代支付系统,推出"超级网银"业务,开办个人网上银行跨行查询及收付业务,向全国95家银行发起跨行付款、跨行收款、实时查询、实时到账。

网上缴费 2004年6月,浦发银行开发的银保通系统,在上海地区上线试点。2005年8月,浦发银行完成中间业务缴费平台开发,在杭州和哈尔滨两家分行试点上线,实现全渠道受理业务。当年,共完成北京、太原、西安和温州等7家分支行、12个缴费品种的上线工作。截至2006年11月,全行个人缴费品种全部上线,共有16家分行、50余个缴费品种在缴费平台运行。通过集中式代缴费平台的搭建,填补浦发银行代缴费业务不支持第三方发起的交易空白,进一步丰富代缴费业务批量及单笔扣账模式,提供由网点、电话银行、网上银行、自助终端、短信平台等多元化缴费通路。

网上支付 2005年8月,浦发银行网上支付业务正式运营,为消费者网上购物提供电子商务网上支付,截至8月末,全行拓展20多家著名电子商户,其中仅淘宝网每天的网上支付量就达到交易笔数峰值489笔/天。2006年,浦发银行开发B2B电子商务支付,用于服务企业之间的电子商务网上支付,并成为阿里巴巴的首家B2B业务合作银行。B2B商户及其会员通过浦发银行的电子商务支付平台,主动、快速、安全地完成定单付款。针对网上购买基金、保险等特殊商品的市场需求,2006年12月,浦发银行开发推出网上银行协议支付交易,为金融、酒店预订、机票预订、公用事业服务等商户提供主动扣划个人客户资金,丰富支付方式。2007年,浦发银行电子商务与电子支付获得中国优秀电子支付企业、电子商务最佳银行应用奖、中国电子支付最信赖品牌和最具竞争力电子支付产品4项大奖。截至2010年年末,全行B2C、B2B网上支付合作商户分别为213户和26户,包括中国移动、MSN商城、携程网、泰康保险、百联集团等知名企业;B2C网上支付实现交易笔数2 087万笔,交易金额85.52亿元;B2B网上支付交易笔数2.9万笔,交易金额9.59亿元。

【投资理财类服务】
主要为客户提供外汇、证券、基金等产品的投资渠道,具体包含外汇宝、银证通、开放式基金等。

证券投资 2001年,浦发银行推出银证通业务。2003年,浦发银行628新系统上线,银证通系统实现全行集中、一点接入、全行共享,具有"总对总"条件。2004年5月,光大证券与浦发银行银证通系统实现总对总的系统联网。随后,越来越多的证券公司以总对总方式接入浦发银行银证通系统,银证通业务得以快速发展,客户可使用银证通系统,进行记账式国债的交易。从2006年下半年起,随着第三方存管业务的推出,银证通业务逐渐退出市场。

基金投资 2006年,浦发银行开通证券频道、基金频道,为客户提供网络理财咨询服务。在网上银行协议支付的基础上,推出基金直销业务,开发支付网关协议支付产品银基通。同年6月,与华安基金管理公司开展合作,华安-浦发银基通基金直销产品在全行上线,通过基金直销渠道,参与发行国内首只QDII外币基金华安国际配置基金。2007年1月,浦发银行与上海银联支付公司合作,通过中国银联银行卡跨行转账平台,开通银联通网上基金直销业务。

黄金投资 2009年,个人网上银行门户网站上推出黄金频道、外汇频道,内容涵盖实时交易行情、专业机构评论、个性化图形分析等各类投资信息,推出代理上海黄金交易所个人贵金属延期交易业务,客户通过网上银行签约开户及交易操作。

【增值服务】
主要为客户提供各项增值服务的签约管理服务。具体包含及时语签约、手机支付签约等。

及时语 2003年9月,浦发银行网上银行首次推出网上转账、及时语、账户一览等功能。及时语业务是浦发银行为个人客户提供的一项金融信息增值服务,包含"及时语通知服务"和"及时语短信查询服务"两大类服务功能。及时语服务对于客户掌握账户资金余额和变动情况,以及确保账户安全具有重要意义,成为浦发银行深受欢迎的个人产品之一。截至2010年,及时语短信服务签约客户达461万户。

网上银行商城 2009年,浦发银行首创网上银行商城,为客户提供十一大类商品及服务,包括办理手机充值和信用卡跨行还款服务。手机充值业务支持中国移动、中国联通、中国电信的全国范围内手机充值;信用卡跨行还款业务支持17家信用卡发卡行的还款和实时到账。

第三节 电 话 银 行

一、95528

2002年，各地分行就开办电话银行业务探索。2002年8月，深圳分行客户服务中心开始提供服务，服务号码为83778888。其主要业务功能包括咨询、查询、个人转账、单位转账、通知服务、客户管理、申请预约、证券保证金、决策支持和其他业务十大类。上海地区总部于2003年1月设立客户服务中心，采用电话语音与人工座席相结合的方式提供7×24小时服务，对外服务热线号码为68887000。北京分行于2004年6月决定成立浦发北京分行客户服务中心，设立专线"84085353"，提供24小时人工金融服务。

2003年11月，国家信息产业部正式将"95528"分配给浦发银行。浦发银行首先将之应用于电话银行业务，并申请和开通www.95528.com.cn域名。2003年12月5日，郑州分行率先开通95528电话银行。2004年4月，浦发银行"95528"开通项目完成验收，客户通过五大运营商的电话系统拨打95528，就可以使用全行21家分行、27个城市的电话银行系统。

【客户服务系统】

2004年9月，客户服务系统开发工作正式启动，系统采全行集中模式，统一号码、统一路由、统一分配、统一监控集中、统一菜单、统一系统管理。2004年年末，一期开发完成，建设人工座席100席、管理席24席。2004年12月30日，浦发银行客户服务中心人工服务上线，率先接入西安、苏州两家分行。2005年4月15日，客户服务中心对外实现每周7天、每天24小时人工服务。2005年9月，全国25家分行客服中心上线任务按期完成，客户通过直接拨打95528或拨打"区号＋95528"即可进入电话银行系统并接受人工服务。2005年12月，客户服务系统一期优化及二期开发完成，系统具有电话分配、自助服务、人工电话接听、交易操作、知识库维护、质量监督、申诉处理、外拨、运营管理等功能，基本满足当时客户服务工作的需要。2010年，95528实现与信用卡中心客服人工服务的互联。

2005—2010年，客户服务中心业务量迅速增长。IVR来话量从2005年的453万通增加到2010年的2 228万通，转人工来话量从2005年的62万通增加到2010年的376万通。

【客户服务中心】

2004年8月，浦发银行客户服务中心成立。随着业务发展，客户服务中心不断提升自身定位，2010年，浦发银行确定"空中银行"的定位，要求客户服务中心建成多渠道的全业务支援体系、人性化的电子交易平台、集约化的预约交易中心、个性化的客户关怀模式和专业化的电话营销网络。按照要求，客户服务中心先后建设创建和完善质量管理体系、具有浦发特色的人力资源管理模式、规范内部流程管理。

2005年，客户服务中心建立前台运营管理和业务操作的流程规范。以此为起点，客户服务中心就基本规章制度、业务运营规范、流程管理体系、绩效考核和质量监督机制等内容，形成较为规范的文本，建立起内部的管理体系。截至2010年年底，客户服务中心共制定业务操作流程120余个、应急处理流程14个、管理规范33个。2006年，客户服务中心率先建立符合ISO9000标准的质量管理体系，提出质量目标：中心责任投诉率≤0.01%、客户来电20秒内接听率≥80%。2006年9

月,客户服务中心的ISO质量管理体系顺利通过中国质量认证中心(CQC)和上海赛瑞质量认证有限公司的第三方外部审核认证。2007年和2008年,客户服务中心ISO质量管理体系分别通过上述两家认证机构合计5次监督审核。2010年12月,浦发银行印发《电话银行业务管理办法》,对电话银行服务内容和方式、各部门职责、基本流程、风险管理、客户管理、安全认证等作出明确规定。当年,浦发银行作为银行业唯一代表,参与《上海热线电话服务质量规范》制定工作。

【95528品牌】

2007年5月,在上海市质量协会和"市民信箱"联合举办的上海市公众服务热线热度测评中,浦发银行客户服务中心获得上佳成绩。在被抽查测评的7家银行中,95528排名第一;在所有被测评的企事业单位中,排名第二。

2008年5月,客户服务中心荣获"金融业最佳客户服务中心"。

2008年6月,荣获"2007—2008中国最佳客户服务中心奖"。

2009年3月,荣获"2007—2008年度上海市三八红旗集体"称号。

2009年9月,荣获"全国三八红旗集体"称号。

2010年11月,荣获"中国2010年上海世博会金融服务工作先进集体"称号(上海世博会金融服务领导小组颁)。

2011年1月,客户服务中心凭借"空对地客户需求快速响应平台",荣获2010年度中国银行业优秀客服中心评选"最佳创新奖"。

二、服务产品

【业务咨询】

2004年客户服务中心成立后,即提供各类银行产品咨询,向客户提供风险提示和远程业务指导。仅2007年一年,向客户推介开放式基金近8万次,推介各类理财产品约1.1万次,推介债券、保险、集合理财等理财产品约1.3万次,推介轻松理财卡业务约4万次,推介智业卡业务约3 000次。2009年11月,客户服务中心在国内业界率先将离岸、企业年金、资产托管等对公新兴业务纳入远程电话银行服务体系,接管公司网银邮件的处理及反馈,纳入标准化服务流程体系,使其按时回复率提高到100%,增强公司网银远程技术支持能力。

【交易处理】

2005年,客户服务中心确立电子化交易处理平台、服务支援平台和产品营销平台的定位,不断丰富交易处理功能,在部分交易业务领域成为全行的重要渠道。2007年,完成客户账户口头挂失6.9万笔,占全行55%;完成外汇买卖1.5万笔、金额1.2亿美元,占全行37%;完成第三方存管转账7.9万笔,占全行银行端总量42%和3%;完成及时语申请19.2万笔。2008年,客户服务中心新增周周赢、新股直通车、双零账户查询等29项新服务功能;2010年优化第三方存管、基金、网上/手机银行、储蓄国债、约定定期、通知存款等产品查询和交易功能;2010年12月,电话银行小额不定向汇款业务上线,为客户办理5万元以下资金快速调拨。截至2010年,客户服务中心提供的产品和服务覆盖公共信息查询、储蓄、东方卡、个人外汇买卖、第三方存管、基金、理财、国债、汇款、黄金、贷款、结售汇、缴费、对公等各个业务门类。

【申诉处理】

2005年3月,浦发银行颁布客户服务中心客户申诉处理管理办法,规定由浦发银行客户服务中心、总行各部、各分行、直属支行客户服务业务联络专员组成全行申诉处理网络,共同完成各类申诉处理并保证申诉处理的质量。2006年3月,客户服务中心建立落账类申诉处理的标准化流程,实现自动分发、自动归档,兼顾人工监督处理的3项功能。2007年,客户服务中心对申诉处理流程和处理系统作出优化,确保处理时效和兑现服务承诺。2010年3月,客户服务中心完成申诉细分系统与报表优化的开发和测试工作,新系统通过渠道、产品、服务等多维度分类统计方法,强化申诉统计与分析功能,达到科学统计与提升效率的双重效果。

2010年,95528受理申诉来电共计71 547件,其中、责任申诉共计10 116件。全行申诉的按时办结率、申诉一次办结率、客户对处理的满意度以及客户回访满意度分别为99.95%、99.49%、99.53%和95.76%。在世博金融保障期间,全行申诉的按时办结率达到99.94%,客户对处理的满意度达99.64%,回访满意度达97.18%。

【信息分析】

2005年7月起,客户服务中心定期向全行发送客户服务中心信息通报,推进全行改进服务工作。2009年始,客户服务中心开始提供分析汇总的信息产品,先后就特殊案例或群发性投诉、自助设备本行责任申诉、公司网银服务邮箱受理客户投诉及咨询、投诉处理情况统计报告编发月报或季报。同时,客户服务中心站在全行立场和市场角度,通过文件会签等方式,就创新型产品、业务管理规定,提出各种建议和意见。

【外呼营销】

客户服务中心成立之初,尝试主动营销和外呼业务。2005年5月底,客户服务中心结合"汇理财"四期产品的推广,首次尝试对42位客户开展电话外呼营销。2009年,开展大连分行"个银贵宾客户招募活动回访"和"企业年金客户第三季度季报反馈回访"项目。2010年,客户服务中心开始有计划地开展主动外呼业务项目,年内完成部分分行个人贷款逾期催收、大连分行营销活动客户满意度回访、公司银行业务银关通有奖促销、移动梦网黄金业务推广等多个外呼项目,全年共计外呼25 000余人次。

【营销信息分配管理】

2010年8月1日,浦发银行营销信息分配管理系统在全行上线。依托这一系统,客服专员在远程服务过程中,通过交叉销售或主动营销,与客户达成交易意向时,即可记录客户信息,并分配给指定的或就近的理财经理,开展针对性营销,直至交易达成。营销信息分配系统顺利上线运行,在国内银行业界首次实现远程营销、信息分配、业务受理的纵向融合,迈出"空中银行"的第一步。从2010年8月至2010年年末,客户服务中心通过营销信息分配系统记录和分配客户投资意向870次,达成销售意向3.8亿元,实际销售152笔,金额约7 000万元,成功率达到18%。

【双语服务】

2008年奥运期间,浦发银行客户服务中心设立英语专线,提供双语服务。为强化电话银行双语服务,客户服务中心于2009年11月完成电话银行英语自助语音菜单(一期)上线;2010年4月完成第三期英语服务人员培训考核,使能够运用英语为外籍客户完成操作、解答业务问题的客户服务代表达到30名;2010年4月,客户服务中心与浦发银行团委合作,在总行和上海分行招募由18名志愿者组成的小语种服务团队,提供日、德、法、韩、西班牙、阿拉伯等小语种服务。

第四节 手机银行

一、业务开办

2004年,浦发银行开办网上银行业务,借助网上银行平台,推出手机短信查询服务,客户通过编辑短信查询指令,进行账户查询。2006年3月,浦发银行整合及时语短信服务,客户无须申请,即可使用手机短信查询服务,查询服务的范围扩大到所有移动和联通用户。2005年9月,浦发银行与中国移动通信有限公司合作开发手机钱包业务,功能包括消费、业务查询、账户管理,又称为手机钱包小额支付业务。在此基础上,浦发银行以网上银行系统为依托,利用移动通信技术最新成果,研发手机银行业务,从而构建网上银行、电话银行、自助银行、手机银行的电子银行服务体系。

2009年4月,浦发银行面向客户正式推出手机银行服务,为客户提供账户查询、汇款支付、投资理财功能。5月6日,浦发银行在上海举行"手机爱心通道"活动仪式,以慈善公益事业为切入点,开展手机银行推广活动。截至5月12日,全行员工通过手机银行"爱心通道"向四川灾区捐款34.97万元。此外,浦发银行还开展话费升级、汇款优惠、快乐年终奖为主题的系列市场营销活动,手机银行的签约客户数和交易量呈现稳步增长,截至12月,手机银行用户达10.3万户,每月交易量超过15万笔,每月交易金额近5亿元。当年,浦发银行分别获第二届中国电子金融"金爵奖"评选的2009年十佳手机银行奖,《理财周报》举办的"2009年第二届最受尊敬银行"评选的2009年最佳手机银行奖。

2010年1月,浦发银行手机银行二期全面上线,手机银行适用范围从中国移动扩大至中国电信、中国联通,新设基金定投、股市激活、及时语管理、约定定期存款和卡折挂失等服务功能,推出信用卡服务和黄金交易业务,提供存贷利率、汇率查询综合信息服务。9月,手机支付功能全新上线,客户可以登录浦发银行手机银行,购买飞机票、电影票、话费、彩票,使用手机银行进行便捷支付。截至2010年年末,手机银行用户达24.9万户,全年实现交易量33.8万笔,交易金额60.3亿元。手机银行的完善功能受到社会广泛关注,在《证券时报》主办的"第十一届金融IT创新暨优秀财经网站"评选中,浦发银行荣获最佳手机银行和2010年度最佳电子银行服务两项大奖。

二、移动金融

2010年11月,浦发银行与中国移动签署战略合作协议签约仪式在上海举行,根据协议,浦发银行与中国移动双方战略合作主要在移动金融与移动电子商务、移动金融与移动电子商务、基础银行业务、基础电信业务、客户与渠道资源共享等四大领域。双方战略合作的主要创新点集中于移动金融及移动电子商务、客户与渠道资源共享两大领域,涉及基础银行和基础电信领域的合作。2010年11月13日,浦发银行设立移动金融部,并组建移动金融与移动电子商务、基础银行、基础电信、客户与渠道资源共享等四个跨条线的项目工作组;明确手机支付业务领域、远程支付领域,贵宾客户服务方面、基础银行业务和基础电信业务领域的合作项目。

2010年12月,浦发银行推出浦发信用卡享乐汇智能手机客户端服务,为持卡人提供即时查询服务。截至2012年5月,浦发银行推出8款手机银行产品,先后有2011年与中国移动合作研发的借贷合一的联名卡、手机银行iPhone和Android的客户端版、2012年的iPad、windowsphone、诺基亚塞班版等各类手机银行客户端、手机银行html版,全面支持各类智能版手机,客户可使用系统自带浏览器直接访问手机网站。截至2012年6月,全行手机银行签约客户数达74万户,年交易金额突破60亿元。客户可在方寸屏幕间进行财富管理、现金管理,随时随地享受贴身银行服务。

第四篇

管理机制

概　　述

　　1999年，随着中国加快加入世贸组织的步伐，金融体制改革逐步深入，直指商业银行经营管理机制。浦发银行作为上市银行，开始全面建设商业银行经营管理机制，先后开展信贷五级分类，构筑公司、个人和机构金融三位一体的营销模式；2002年，浦发银行制订首个五年发展规划，制定加快市场化转型，率先国际化接轨战略，增强信息化支撑三大战略；2003年确立全行统一核算、统一调度资金、分级管理、逐级考核的财务管理体制。自2007年始，浦发银行以战略管理为统领，提出金融服务企业的战略目标，建立"战略—规划—预算—考核"的战略管理模式；确立"新思维，心服务"的品牌体系，建设战略客户服务机制；树立"管理创造价值"的理念，管"大银行"、办"好银行"；实施综合经营战略，引进中国移动战略投资者，进入基金业务、农村金融市场和移动金融、金融租赁、合资银行领域；建立全面风险管理体系，推进新资本协议实施。截至2010年年末，全行资产规模达21 914亿元，进入大中型银行行列。

第一章 战略管理

第一节 发展规划

一、全国性银行

浦发银行开业后,取得较快的发展。截至1995年,全行本外币新增存款居上海银行业第二位;全行开设22家分支行,下属营业网点52个;成功推出全国第一张智能卡,首批实行跨行POS联网交易;稳步实现资产多元化,发展信托、证券和社会保险基金业务;努力提高服务质量,树立银行良好形象。

1995年1月,浦发银行上报新三年工作思路,首次提出建成一流的、具有全国性影响商业银行的3个目标:一是提出立足上海,面向全国,把浦发银行办成具有全国影响和一流信誉的规范化的商业银行;二是发挥区域性、股份制、综合性的创新优势,把浦发银行办成适应社会主义市场经济的新型商业银行;三是以银行业务为主体,证券保险为两翼,把浦发银行办成全能型银行的公司集团。本着这一工作思路,1996年国家正式实施《商业银行法》,浦发银行及时修改章程,更名"上海浦东发展银行股份有限公司",把总行任务改为"为开发浦东,振兴上海,发展长江流域及国内其他地区经济服务,从而从体制上为浦发银行由区域性银行转变为全国性银行作了准备"。截至1998年年末,浦发银行除上海外,在杭州、宁波、南京、江阴、温州、北京、苏州、重庆、广州等地,开设9家直属分支行,计151个分支机构,全行员工总数达3 935人,初步形成立足上海、辐射长江流域、面向全国的机构框架。

1997年11月,中共中央、国务院召开金融工作会议,要求力争3年左右时间,大体建立与社会主义市场经济发展相适应的金融机构体系、金融市场体系和金融调控监管体系,显著提高金融业经营管理水平,基本实现全国金融秩序的明显好转。根据中央的部署,1998年2月,浦发银行召开全行工作会议,会议总结浦发银行成立5年来取得的成就和主要经验,系统提出3—5年改革发展的目标体系,即力争在20世纪末把浦发银行建成具有全国影响力、一流的现代商业银行。

围绕这一目标,会议提出7点具体措施:一是建成并完善立足上海、辐射全国、走向世界的机构格局,按经济区域和成本效益原则,在沿江、沿海以及国内主要经济中心城市完成布点,力争在亚洲或世界主要金融中心城市开设窗口;二是力争经营规模达到国际中等银行水平,经过3—5年的不懈努力,全行总资产规模达2 000亿元;三是初步建成适合扁平式或矩阵式管理的机构体制,确保浦发银行决策中心、授权中心、管理中心和清算中心的功能和作用的发挥和强化;四是全面建立个人金融、公司金融、机构金融"三位一体"的、本外币一体化经营的、全方位的商业银行营销体系;五是基本构筑起对法人直接负责的稽核监察体系和多层次、网络化的风险预警防范系统,建立量化监测指标体系和以"三道防线"为主要内容的内控机制;六是以国际先进的计算机网络技术为核心,在20世纪末,全面建成浦发银行的综合信息管理系统,即以管理信息系统为中心,综合集成各项业务处理、办公自动化、决策支持等功能于一体的网络信息系统;七是争取获得国际著名评估机构2B级以上资信等级。会议号召全行坚持和强化开拓发展观念、改革法制观念、稳健发展观念、因地制宜观念、可持续发展观念和全面发展观念。

1998年年底,浦发银行决定研究制定引领浦发银行稳健、快速发展的指导性文件。浦发银行咨询委员会成员经过充分调研,提出浦发银行下一阶段战略发展构想。浦发银行相关部室、上海地区总部、部分分行共同参与2000—2002三年发展指导意见的起草工作,认真研究中外资中小规模银行发展历程,经过9个专题的调研、访谈,与大专院校教授、经济专家、银行同业开展富有成效的研讨。在广泛听取行内外的修改意见后,2000年1月,浦发银行下发2000—2002三年发展指导意见,就浦发银行未来3年发展思路、目标、工作重点、主要措施、关系处理等提出指导意见。

图4-1-1 2000年4月,浦发银行支行建设工作会议在杭州举行

二、股份制银行领头羊

【2001—2005五年发展规划】

进入21世纪,中国银行业迎来全面竞争新时代。2000年10月,浦发银行顺利完成新老领导班子交替,将制订2001—2005年发展规划列入议事日程,浦发银行成立起草小组,总行领导对规划的指导思想、基本思路、重要措施提出一系列指导意见,浦发银行咨询委员会老领导先后赴上海、苏州、无锡、杭州、南京、北京、宁波等地,参与为期1个多月的专题调研,与20多家分行进行座谈讨论,就规划指导方针、发展目标、发展定位和措施提出建议,建议浦发银行保持领先的发展速度,与同类商业银行拉开差距,争当股份制商业银行领头羊。

2001年11月,浦发银行第三季度工作会议讨论五年发展规划纲要。在其后4个多月,起草小组通过座谈和访谈等形式,吸收多方意见,反复斟酌,十易其稿。2002年3月,公司第一届董事会第十三次会议审议通过2001—2005五年发展规划。4月,浦发银行下发通知,要求全行干部员工广泛学习、宣传五年发展规划,统一思想,明确奋斗目标,全面实施规划,努力实现跨越式发展而奋斗。

【规划主要内容】

五年发展规划分为序言、发展战略和主要目标、发展措施、规划实施4个部分。

规划的总体思想是坚持以改革和发展为主题,以转型和再造为主线,以创新和科技为动力,以规范和稳健为保障,以效益和质量为目的,全面推进二次创业,努力实现跨越式发展,争取率先与国际通行标准接轨,力争在综合竞争力方面,成为中国股份制商业银行领头羊。规划提出未来发展三大战略,即加快市场化转型战略,率先国际化接轨战略,增强信息化支撑战略。

围绕指导思想和发展战略,规划提出一系列目标,包括立足国内发达地区,兼顾中西部地区,建设虚拟网络,提供多种业务平台;形成稳健经营、快速发展的经营特色,为成功企业和成功个人服务的市场特色,真情化、一站式的服务特色,实现个人和银行共同发展的办行特色;各项业务发展速度要保持在同类型股份制商业银行的平均水平以上,规划期末全行总资产规模力争达到4 000亿元以上,市场份额争取达到全国银行业的2.5%,各分支行要达到当地银行业市场份额的5%左右;资本充足率保持在8%以上,力争达到12%。规划期末,按照五级分类划分的后三类资产比例严格控制在5%以下;资产收益率保持在0.8%以上,净资产收益率保持在10%以上,每股盈利平均保持在0.4元左右,年人均实现利润保持在30万元以上;争取获得国际知名评级机构的评级,按核心资本排名,进入全球200家最大商业银行之列。

规划就公司治理、管理体制、市场营销、风险控制、资本运营、财务管理、技术支持、机构布局、人力资源、企业文化制定10项发展措施,提出成立董事会专门委员会,建立独立董事制度;建立集约型、扁平化的组织结构,实施以条为主的集中管理;做精银行传统业务,大力发展中间业务,积极渗透投资银行业务,大力发展个人金融特色服务,积极拓展金融机构业务,构建新型的市场营销模式;构建全面风险管理体系;通过配股、增发、发债等方式增强资本实力;强化财务集中管理,完成分行财务集中核算管理;构建整合公司核心业务新一代处理系统;加速形成立足上海、辐射全国、走向世界的机构格局;坚持以人为本理念,构筑人才高地;大力提倡和弘扬"笃守诚信、创造卓越"的公司文化,创造"浦发银行"品牌。

【规划实施效果】

根据五年发展规划,2002—2005年期间,浦发银行实施三大战略,取得快速发展。2002年,公司引进花旗集团战略投资,开始在经营理念、管理机制与国际商业银行接轨;2003年,浦发银行自行开发的核心系统在全行上线,初步构建大集中的业务处理架构;同年,浦发银行实施个人金融业务战略转型,2004年,与花旗银行合作,成立信用卡中心,发行浦发银行信用卡。截至2005年规划期末,全行总资产达到5 731亿元,超过规划制定的4 000亿元的目标,各项存款达5 056亿元,各项贷款达3 772亿元,实现净利润25亿元,在2001年的基数上实现翻番增长,一些分行在当地占有10%的市场份额。

三、国际上较好的商业银行

【2006—2010发展战略规划】

2003年,浦发银行在发展目标与各项措施的同时,开始谋划下一轮发展规划。2003年1月,行长金运在全行工作会议上,作了《深化机制体制创新,全面提升竞争能力,为把浦发银行建成国际上较好的商业银行而努力奋斗》的报告,提出浦发银行未来十年的总体发展目标是:按照国际惯例和通行准则进行全行的业务运作和经营管理,通过体制机制的不断创新,全面提升浦发银行面对金融国际化的核心竞争力,逐步把浦发银行建设成为国际上较好商业银行。2005年,浦发银行为实现未来五年建成国际上较好商业银行的目标,启动新一轮发展战略的制定工作,提出由传统的、履行中介职能的银行向现代的、为客户创造价值的银行转型。2007年3月,浦发银行下发《2006—2010年发展战略规划通知》。

【战略规划主要内容】
战略规划共7个部分,分为序言、面临的机遇和挑战、能力优势和自身不足、指导思想、主要措施、战略管理以及主要量化指标。

战略规划的指导思想是:以科学发展观总揽全局,按照与国际接轨的现代商业银行的经营理念统领各项工作,深化银行机制体制改革和经营管理创新,构建完善的法人法理结构,树立正确的价值观,加快业务结构和盈利模式转型,提高资产效益和投资回报,保持稳健良好的资产质量,塑造强大的企业品牌,全面提升浦发银行面对金融国际化的核心竞争力。规划期末,力争财务表现和公司治理机制达到或接近国际较好商业银行水平。

战略规划首次编制以规划期末的总资产、资本充足率、资产回报率(ROA)和净资产回报率(ROE)为核心指标的整套量化指标。主要定量指标是总资本达到800亿元,资本充足率达到10%—12%;资产规模达12 000亿元,规模增长率为16%。资产收益率ROA大于等于0.9%,净资产收益率ROE为20%,不良贷款率维持在1.5%—2%的较低范围,拨备覆盖率在130%—150%;公司、个人、资金三大条线的收入分别占总收入的52%、32%和16%,非利息收入占总收入比例不低于15%,总市值为1 200亿元。

制定公司治理、资本管理、公司及投资银行业务、个人银行业务、资金及市场业务、财务管理、风险管理、运行支持、科技支撑、机构布局、人力资源、企业文化和品牌12条措施。提出需要实施的四大战略:一是客户先导战略。培育目标客户市场,帮助客户发现和创造新的金融需求,提高客户忠诚度和对银行的持续贡献。二是业务均衡战略。从直接效益、综合效益和边际效益等三个层面推进产品、客户、行业和区域结构调整,重点发展价值增值型、稳定成长型、资本低耗型,以及服务收费型等业务。三是创新驱动战略。既要在同质化的市场竞争中通过创新取得比较优势,更要通过创新开辟新的服务产品和领域,创造出自己独特的价值曲线,开创新的以己为主导的市场空间。四是综合经营战略。抓住上海国际金融中心建设和浦东综合配套改革试点的战略机遇,逐步介入基金、保险、投资银行、信托、金融租赁、年金管理等非银行业务领域,为客户提供一站式服务。

四、金融服务企业

【2007年全行务虚会】
2007年10月,中共中央举行党的第十七次代表大会,提出要"发展各类金融市场,形成多种所有制和多种经营形式、结构合理、功能完善、高效安全的现代金融体系"。11月1日,浦发银行在云南昆明召开2007年度全行务虚会议,行长傅建华作了题为"认清形势,聚焦思考,共谋浦发银行的发展大计"的前导发言,董事长吉晓辉作了题为"解放思想、审时度势、振奋精神、聚焦突破,把浦发银行建成具有核心竞争优势的现代金融服务企业"的重要讲话。

讲话以党的十七大为动力,全面总结建行15年来的发展经验和面临的问题和挑战,对全行未来发展的重大问题作了6点阐述。一是提出现代金融服务企业的战略。要努力把浦发银行打造成为主要发展指标行业领先,差异化竞争优势明显,体制机制高效灵活,发展结构均衡合理,价值创造能力、组织创新能力和可持续发展能力较强,具有核心竞争优势的现代金融服务企业。二是实现战略和战术的两大突破。围绕战略目标,在战略上,必须实现跨市场经营以及经营管理体制机制上的重大突破,从战术上,实现业务结构优化强化、风险管理技术和能力上的重大突破。三是正确认识和对待发展中的关系。包括传统银行业务与现代银行业务的关系,银行主业与综合经营之间的关系,单一化市场经营和多元化市场经营的关系,质量、结构、效益和发展之间的关系。四是形成可持续的核心竞争优势。形成主要发展指标的领先优势、主要竞争领域的比较优势、经营管理的效率优势和全面价值创造的品牌优势的四大优势。五是坚持五项原则。要深入贯彻落实科学发展观,明确和坚持客户和市场导向原则,管理创造价值原则,创新驱动原则,以人为本原则和责权利相结合原则。六是增强六个能力。包括巩固银行主业发展能力、探索跨领域跨市场发展能力、提升高效组织管理能力、增强现代金融企业管理能力、提高资本管理能力、强化全面风险管理能力。此次会议标志着浦发银行开始向金融服务企业战略转变的新阶段。

【制订2006—2011规划】

2009年,鉴于2008年以来全球金融经济形势发生的深刻变化,浦发银行对2007年印发的《2006—2010年发展战略规划》进行修订,对规划的总体目标、指导思想、指标体系和路径措施4个方面内容进行重点修订:一是规划期延长至2011年,与董事会任期相一致;二是战略目标确定为建设具有核心优势的现代金融服务企业,取得主要竞争发展指标的竞争优势,主要竞争领域的比较优势,经营管理的效率优全面价值创造的品牌优势;三是指导思想修订;四是修订指标数值,设定资本、资产、盈利性、收入结构和市场5项量化指标数值。经董事会审议通过后,2009年4月,浦发银行印发《2006—2011年发展战略规划(修订稿)》。

《2006—2011年的发展战略规划》共6个部分,分为序言,面临机遇和挑战,能力优势和自身不足,指导思想,战略方针,主要目标、主要措施与战略管理。

规划的指导思想是:规划期内,要把浦发银行建设成为主要发展指标行业领先,差异化竞争优势明显,体制机制高效灵活,发展结构均衡合理,全面服务能力、价值创造能力、组织创新能力和可持续发展能力较强的商业银行,为最终建成具有核心竞争优势的现代金融服务企业,打下坚实的基础。

规划的战略方针是:规划期内,全面实施以客户先导、业务均衡、创新驱动和综合经营为核心的转型战略,力争初步实现向具有核心竞争优势的现代金融服务企业的转型。通过树立客户导向经营理念,提高交叉销售能力,关注客户服务深度,为客户提供差别化的解决方案和服务方式,为客户提供有竞争力的服务价值,获取有竞争力的服务价格。通过实施业务均衡战略,推进公司银行业务、个人银行业务和资金市场业务合理组合,重点发展价值增值型、稳定成长型、资本低耗型,以及服务收费型等业务,实现多元化效益型的业务增长方式。通过实施创新驱动战略,取得市场竞争的比较优势,开辟新的服务产品和领域,开创新的以己为主导的市场空间。通过实施综合经营战略,使浦发银行从单一资金中介为主,向既要提供资金,更要提供与融资相关的投资理财、清算托管等全面服务中介为主的现代金融服务企业转型,成为银行为主导的综合金融服务提供商,成为具有行业领导力和国际影响力的骨干金融企业。

规划的主要目标提出四项优势和十项指标。即主要发展指标的领先优势,主要竞争领域的比较优势,经营管理的效率优势,全面价值创造的品牌优势;制定资本、资产、盈利性、收入结构、市场5项定量指标,制定公司治理、内控管理、业务策略、组织能力、文化品牌五项定性指标。首次提出战略管理。提出强化发展战略规划和执行目标制定,通过各种有效方式,传导战略、协调战略和评估战略,提高战略执行力,确保既定战略能够在全行范围内以协调整合的方式得到实施,并落实到全行的日常经营管理工作中去,加快实现浦发银行转型。

规划分别就公司治理、资本管理、公司及投资银行业务、个人银行业务、资金及市场业务、财务管理、风险管理、运营支撑、科技支持、结构布局、人力资源、合规管理、企业文化和品牌等方面制订主要措施。

【规划实施效果】
截至2010年年末,浦发银行资产规模达21 914亿元,按英国《银行家》杂志的总资产排名,浦发银行已经进入前一百强,居第八十一位,标志浦发银行由一家中小型银行进入大中型银行行列,这也标志"十一五"期间,公司战略发展取得显著成绩,从2010年年末与2005年年末对比情况看,公司总资产年均增幅达到30.72%,贷款余额年均增幅为24.83%,利润总额年均增幅达到43.03%,呈现出良好的发展势头。

自2007年始,按照现代金融服务企业战略,浦发银行全面加强公司治理和战略管理,成功应对国际金融危机和国内经济下行带来的挑战,先后完成两次股票增发,成功引入中国移动作为战略投资者;增强主要业务发展领域的竞争力,公司银行业务规模保持同业领先地位,个人银行业务客户基础不断扩大,储蓄存款在同类银行中排名第二,通过股权投资,全行实施跨市场跨领域发展,成立合资基金公司,投资入股莱商银行,设立10家村镇银行;提升全行管理水平,实施信息科技体制、资金全额集中管理、中小企业专营等改革,积极推进新资本协议实施,推动网点功能转型和运营效能提升;强化干部员工队伍与文化品牌建设,建立具有活力的干部选拔任用、交流轮岗机制,统一全行品牌形象,建立积极承担社会责任的企业形象。

五、金融旗舰企业

【2011—2015发展战略规划】
2010年11月,浦发银行在上海召开2010年全行战略管理会议,会议贯彻党的十七届五中全会关于坚持科学发展,转变经济发展方式,全面建设小康社会宏伟蓝图的指导思想,提出2011—2015年的发展战略。浦发银行党委书记、董事长吉晓辉作了题为"把握形势明确思路强化执行推动现代金融服务企业建设持续较快发展"的重要讲话。党委副书记、副董事长、行长傅建华作了题为"新形势新思路新举措推动浦发银行步入可持续发展新阶段"的总结讲话。

会议提出新五年战略的指导思想。未来5年,全行要深入贯彻落实科学发展观,积极适应内外部发展形势的新变化,以建设具有核心竞争优势的现代金融服务企业愿景为引领,以科学发展为主题,以转变发展模式为主线,创新驱动,转型发展,推动全行不断优化发展结构,不断增强差异化竞争能力,不断提升服务客户能力和价值创造能力,不断稳固并提高浦发银行市场竞争地位,实现长期稳健可持续发展。

会议提出新五年战略发展目标。未来5年,全行要推动现代金融服务企业建设取得明显成效,在经营管理、市场份额和品牌价值等方面继续保持行业领先地位。要在规划期末,把浦发银行建设成为与上海建设国际金融中心进程相适应的金融旗舰企业,力争进入世界500强企业的行列。

会议提出新五年发展战略。在"十二五"期间,全行坚持实施以客户为中心的基本策略,坚持以创新作为发展主要驱动力,坚持以卓越营运作为发展的战略支撑,坚持以风险内控作为提升可持续发展能力的基础内容,坚持以队伍文化建设作为发展的战略保障。

【规划简要内容】

2011年,浦发银行制订2011—2015年战略发展规划,共分为11章,分别阐述战略的指导思想、发展目标和量化指标,提出以服务战略为导向,以客户为中心,以客户需求为导向,以创新为主要驱动,以卓越营运为支撑,健全全面风险管理体系,推动区域差异化协调发展,构建银行集团框架,强化人力资源管理,推进企业文化和品牌建设。

第二节 战略规划模式

一、战略管理会议

2006年,浦发银行对战略(S)-规划(P)-预算(B)-评估和考核(A)的战略管理模式进行研究。2007年,浦发银行在昆明召开全行务虚会,会议总结浦发银行15年发展经验,分析外部环境和自身情况,提出金融服务企业的战略目标,要求加快战略转型,从传统单一资金中介为主向全面服务中介转变。自2007年以后,浦发银行每年召开全行性战略管理会议,研究发展中的战略性问题、热点和难点问题。2008年的战略管理会议,围绕全行的战略执行力问题,提出"一个银行"和"法人银行"的理念,按照管"大银行"、办"好银行"要求,提升管理水平,促进战略转型,实现做大做强。2009年的战略管理会议,面对国际金融危机和国内经济下行的外部环境,按照中央关于保增长、扩内需、调结构的政策指引,浦发银行制定谋发展、防风险、促效益的工作指导思想,提出转变经营模式、突破效益瓶颈,以资产收益率(ROA)这一新的效益衡量标准,持续达到或超过同类型银行的平均水平。这三次战略管理会议,思路上是连贯的,指明全行发展的总体战略方向和路径,也为加强管理工作明确阶段性目标和要求,通过这三次战略管理会议,全行确立战略为统领共识,形成从战略管理会议到预算会议、年度工作会议及各监督工作会议的战略管理机制。

二、战略发展规划

2010年,浦发银行着手制订2011—2015年战略发展规划,先后召开发展战略规划制订工作动员大会,部分分行和部室座谈会,在自上而下与自下而上酝酿讨论的基础上,浦发银行召开2010年的战略管理会议,提出以客户为中心、以创先为驱动、以卓越营运为支撑的战略应对框架。2011年,按照战略为统领的共识,浦发银行制订2011—2015年战略发展规划。同年,浦发银行制订战略规划管理办法,明确公司按照"战略—规划—预算—考核"的管理机制,统筹组织战略规划的制订工作。战略规划包括发展战略、战略规划、三年行动计划和年度工作计划4部分内容,按照五年统领三年,三年指导一年的思路,先制订五年战略、后制订五年规划、再制订三年行动计划和年度工作计划,落实战略规划制订工作。

三、预算与战略衔接

自2008年始,浦发银行预算指标增设战略转型相关目标,增设网点建设、业务创新、人力资源、资本性投入、业务宣传品牌建设等,同年实施分支机构绩效考核办法实施细则。2009年,实行年度预算目标上报董事会和股东大会制度,根据战略发展重点,引入区域、客户结构、业务类型重点参数,建立指标分配模型,对于重点区域、重点客户和重点业务,在资源配置方面适度倾斜,体现对战略发展目标的推进。2010年,浦发银行预算引入经济效益指标、风险成本控制指标和社会责任指标,加强预算制定与执行情况的跟踪,对重点战略项目的资源配置、预算安排和实施进程进行跟踪评价。

四、战略执行评价

2007年,浦发银行着手开展战略执行评价工作,2008年形成战略执行年度分析评价制度,逐步形成全行战略执行季度评价机制,由浦发银行相关部室就战略环境适应性、战略规划指标完成进度、重点战略落实、战略风险暴露及防范等进行跟踪评价,就业务条线和分行的经营策略和实施进程进行跟踪评价,在分析评价基础上提出相关措施和建议,推动全行战略执行。

第三节 战略规划项目

一、资金全额集中管理项目

浦发银行成立初始,实行资金分散管理的模式,即以比例管理为核心,总分行两级平衡,资金分散管理。历经2002年缺口管理为主、比例管理为辅、总分支行三级平衡、两级管理的资金管理体制,2007年总分行两级平衡,差额集中管理的资金管理体制。2007年,浦发银行制定向全面服务中介进行转型战略。2008年,浦发银行决定推进和完善资金条线和公司条线体制改革,以资金业务、同业业务、投资银行业务和财富管理业务为突破口,形成新业务领域竞争优势。2008年2月,浦发银行启动资金条线管理体制改革,在"大资金"的概念下,对原浦发银行资产负债管理办公室和资金及市场部进行合并,成立新的总行资金总部。当年,通过资金条线组织架构改革,浦发银行做大做强资金业务,全面推行资金差额集中管理,完善内部资金转移价格机制。自2009年7月1日起,浦发银行实施资金集中管理体制,取消系统内人民币资金内部交易,改为对分行的生息资产与付息负债进行双边计价的管理模式,实现由差额集中管理模式向全额集中管理模式切换。2010年9月,浦发银行完成外币资金全额集中管理,从而在业内率先实现覆盖全行、全额集中资金管理模式,提升流动性风险和利率管理能力。

二、综合经营战略项目

【跨市场跨领域经营】

2007年1月,经中国银监会、中国证监会批复同意,由浦发银行、法国安盛投资桂林公司和上海盛融投资管理公司共同出资设立浦银安盛基金管理公司,浦发银行持有51%股份。同年8月,浦银安盛基金管理有限公司在上海开业。

2007年11月,浦发银行在昆明召开全行务虚会议,提出综合经营战略,要求实现跨市场经营的战略突破,通过各种途径,进入基金、保险、信托、金融租赁等多个领域,实现跨越式发展。

2008年,浦发银行制定股权投资项目管理暂行办法,明确通过参股其他公司、控股其他公司、独资设立公司、合资设立公司等股权性质的投资活动,推进跨市场、跨领域经营。同年,浦发银行以战略投资者身份进入莱商银行,投资37 800万元,认购莱商银行股份10 800万股,占莱商银行股份总数的18%,成为第二大股东;同年,浦发银行投资2 750万元,牵头发起成立绵竹浦发村镇银行,浦发银行持股55%,为第一大股东。到2012年,浦发银行发起设立13家村镇银行,遍布全国11省13个市。通过入股莱商银行和控股浦发村镇银行,浦发银行对农村金融市场逐步实现覆盖。

【资本为纽带】

2009年,国务院推进上海加快发展现代服务业和先进制造业,建设上海国际金融中心和国际航运中心,明确提出,要"积极推进符合条件的金融企业开展综合经营试点,培育和吸引具有综合经营能力和国际竞争力的金融控股集团"。浦发银行抓住上海国际金融中心建设的战略机遇,提出"以资本为纽带"的综合经营的战略思路,获准进行综合经营试点。在政策支持下,浦发银行通过资本纽带,逐步介入基金、保险、投资银行、信托、金融租赁、年金管理等非银行业务领域,实现以银行为核心的资源整合和协同效应,提高为客户提供一站式服务、多渠道便利和综合性理财的能力,使浦发银行逐步成为具有行业领导力和国际影响力的骨干金融企业。

移动金融领域 2010年10月,浦发银行通过非公开发行股份方式,向中国移动集团下属子公司发行股份募集资金,引入中国移动战略投资,从股权层面进行合作;同年11月,浦发银行与中国移动共同成立战略合作联席委员会、战略合作执行委员会,就手机支付业务领域、远程支付领域、贵宾客户服务领域、基础银行业务和基础电信业务领域的具体项目,进行业务层面合作。

合资银行领域 1997年,浦发银行与港商合资,创立华一银行,2007年,浦发银行对两岸合资的华一银行进行单方面增资,使浦发银行持股比例调整为30%,提升浦发银行在合资银行的话语权。2012年8月,由浦发银行、美国硅谷银行合资建立的浦发硅谷银行在上海正式开业,双方各持有50%的股份。通过跨领域的综合经营,浦发银行取得不同业务领域带来的协同效应,分享资本市场和非银行金融机构成长成果。

【并表管理制度体系】

按照银监会并表管理战略方针,浦发银行构建控股子公司管理办法、并表管理暂行办法、并表风险管理暂行办法等为支撑的并表管理制度体系;形成以董事会、高级管理层、总行并表管理职能部门以及并表附属机构为基础的并表管理组织架构。

在风险并表方面,浦发银行已建立并表管理状况定期报告机制,覆盖集团大额风险暴露、市场风险、操作风险及信息科技风险、国别风险、流动性风险、银行账户利率风险、声誉风险、法律风险、内部交易以及资本充足率等领域。在财务并表方面,浦发银行对集团母公司和全部子公司的财务状况、经营成果和现金流量形成合并财务报告。

第二章 营销管理

第一节 营销体系

一、综合营销

【两大营销主体】

浦发银行在银行同业中,率先提出"金融营销"理念。1997年,浦发银行明确以市场拓展为重点,确立和强化全行营销体系,开始建设以市场为导向、营销为手段的金融营销体制。1997年2月,浦发银行决定储蓄业务整体划入个人金融部,面向个人金融市场开展存贷、理财和东方卡业务,形成全行统一的个人金融业务管理体制。6月,浦发银行信贷部更名公司金融部,承担市场营销职能,初步构筑起公司金融和个人金融为主体的营销体系。

【三位一体格局】

1999年,随着中国加快加入世贸组织的步伐,金融体制改革逐步深入,国有商业银行加快改革,股份制商业银行积极创新,外资银行进入中国市场,金融市场竞争更为激烈,业务拓展空间增大。1999年年初,浦发银行全年工作会议提出金融营销的新思路,即构筑公司金融、个人金融和机构金融三位一体营销架构,树立全方位整体综合营销理念,完善以市场为导向、以客户需求为中心营销体系。会议明确要建立全方位整体综合营销组织结构和运行机制,建立综合营销协调组织和运行机制,实施以客户经理制为核心的综合金融营销措施。按照会议要求,2000年9月6日,浦发银行成立金融机构部,与国际金融业务部合署办公,面向银行同业、证券保险、信托租赁等金融机构开展营销,全行初步形成三位一体的营销格局。2005年,浦发银行推行机构扁平化改革,将公司金融部、金融机构部合并,组建公司与投资银行总部,同时,组建个人金融总部。

【专业营销】

2008年,浦发银行推进和完善资金条线和公司条线体制改革,在三位一体的营销格局下,深化新业务领域的专业营销。2008年1月,在"大资金"的概念下,浦发银行对原资产负债管理办公室和资金及市场部进行合并,成立浦发银行资金总部,以资金业务、同业业务、投资银行业务和财富管理业务为突破口,形成资金业务领域的竞争优势。在浦发银行公司及投资银行总部内成立大客户部和金融机构部两个部门,强化总行层面专业力量,在分行建立起大客户与金融机构客户的专业营销体系,以完善大客户、金融机构客户经营体系,做大做强大客户市场和金融机构市场;同时,将贸易服务中心和离岸运营中心归属到浦发银行公司及投资银行总部,以完善贸易金融业务经营体系,拓展贸易金融市场。2008年9月,浦发银行在天津设立直接股权基金业务部。2009年8月,浦发银行在天津设立航运金融部,对新兴业务市场进行专业化管理。2009年,浦发银行中小企业业务中心挂牌,实行专营制经营。2011年8月,浦发银行成立金融机构部,作为全行金融机构客户关系管理、业务牵头营销和管理的归口部门,为金融机构客户提供综合的专业金融服务。

【综合营销推进委员会】

1999年5月,根据综合营销的思路,浦发银行成立综合营销推进委员会,制定综合营销推进委员会工作规程,明确委员会承担制定营销工作目标,统筹重大营销举措,解决整体营销的问题等职责。委员会先后参与制定1999年开展金融营销业务若干指导意见,召开2000年全行营销工作会议,就加强营销宣传、信贷业务发展的若干政策性指导意见、拓展非银行金融客户市场等制定一系列文件,提出信贷投向政策和营销策略,明确机构金融营销的总体目标。2002年,根据中间业务的发展需要,浦发银行综合营销委员会增设中间业务推进办公室。2008年,浦发银行修定综合营销推进委员会工作规程,强化委员会在推动全行产品与服务创新、推进交叉销售与整合营销、促进目标客户与目标市场培育、推动营销队伍建设等领域的作用。

二、营销队伍

【客户经理制】

1999年3月,浦发银行结合有关分支行的探索和实践,在全行试行客户经理制,明确客户经理制是营销机制的核心,客户经理是金融营销的主体,是银行业务营销代表。提出以业务综合经营绩效为核心,通过内部价格计算模拟效益,与个人报酬和客户经理等级挂钩,充分发挥营销人员潜能。本着培养复合型金融营销人员的要求,提出推行业务技能考核,全面实施竞争上岗。4月,浦发银行加快在全行实施客户经理制,下发公司金融客户经理工作守则和规程、公司金融客户经理岗位等级资格考试办法等文件,要求各级领导把加快实施客户经理制列入工作议事日程。为推动客户经理制的实施进程,浦发银行先后举办两次客户经理培训班。1999年3月,浦发银行在宁波溪口举办客户经理培训,各分行、直属支行人事部和公司金融部负责人参加,重点讲解建立客户经理制的目的、客户经理的职责、客户经理应具备的条件以及外资银行的营销组织框架、运行机制和客户经理的评价考核体系等内容。5月,浦发银行与美国波士顿顾问公司一起举办客户经理制研讨会。这两次大型培训,使各分支行进一步加深对客户经理制运作机制的了解,在一定层面上统一思想。与

图4-2-1　1999年3月,浦发银行试行客户经理制,图为北京分行客户经理团队

此同时,在浦发银行积极推动下,宁波、杭州、重庆、广州等分行结合当地情况,开始试行客户经理制,上海地区总部挑选100家重点客户,配备专门客户经理。

2000年,浦发银行公司金融部有关人员走访南京、杭州、江阴、重庆、深圳、宁波等分支行,通过开展座谈会等各种交流方式,加大推行力度。当年,南京、北京、江阴、深圳、广州、温州、重庆分行先后实施客户经理制。2001年10月,浦发银行下发加快客户经理队伍建设,加大市场营销投入指导意见,明确客户经理(营销人员)按人员数量30%进行配置,规定客户经理配备电脑、车辆和通信工具,合理核定营销费用。2002年,浦发银行通过实地走访、研讨交流,推出深化客户经理制若干意见。随着苏州、温州、北京、重庆、南京和芜湖等分支行客户经理制全面启动,客户经理制已成为全行营销队伍基础管理制度。2003年,浦发银行启动个人金融营销机制体制改革,北京、南京分行推出个人金融客户经理制和理财经理制,浦发银行编写第一本个人金融岗位手册和个金客户经理个金产品知识手册。

2000年,浦发银行综合营销推进委员会制订全行综合营销培训计划。开发"客户经理业绩考核软件",于2000年1月1日在全行推广使用。2001年,浦发银行举办12期顾问式营销培训、3期新建行营销人员业务培训,在全行举行首次客户经理上岗资格考试,参加考试的营销人员达683人。2003年,浦发银行推出客户经理岗位手册,举行公司金融客户经理岗位资格考试,采取远程网络新形式,引进英语和计算机应用技能测评,这是历年来参考人员最多的一次考试。2005年,浦发银行大力加强个人业务的培训工作,当年组织数十期重要培训项目,直接培训人次达800人,培训覆盖面达60%,在专项培训基础上,浦发银行个人银行总部初步建立个人银行条线岗位培训体系。

【客户(产品)经理体系】

2003年,浦发银行出台高级和资深客户经理考评办法,牵头推进项目评估专家队伍建设,出台项目评估专家管理暂行办法,为全行产品经理队伍构建进行探索和实践。从2005年起,浦发银行推出公司及投资银行业务产品经理制度,开始构建统一的产品经理职务系列、认定标准和考核模式,初步建立一支多层次的公司及投资银行产品经理队伍。2006年8月,浦发银行制定个人理财顾问业务管理办法、个人银行客户经理考核管理暂行办法、个人银行理财经理考核管理暂行办法、个人银行产品经理考核管理暂行办法。浦发银行开始实施理财经理岗位任职资格考试制度,并于12月举行首次全行个人银行理财经理岗位资格考试。

第二节 品牌营销

一、品牌体系

2003年年初,浦发银行深圳分行确定涉足个人理财业务领域、打造个人理财业务品牌的工作目标,加强与国内证券、保险、基金公司的合作,于当年7月1日在深圳地区成功推出"浦发银行行家理财"个人理财业务品牌,提出"行家才能理财,规划幸福今生"的核心传播语,面向高端个人客户,提供一对一的理财业务行销和售后服务。"行家理财"产品包括自家理财、安家理财、当家理财、佳家理财和康家理财五大系列,购房、装修、购车、教育、结婚、养老、储蓄增值、财富积累、个人创业九大目标,共30款产品,就产品品牌建设进行探索。2005年,浦发银行开始从关系营销向品牌营销和关系营销并举的转变,加大品牌建设的力度,先后推出"浦发创富"公司金融品牌,"轻松理财"个人金融品牌,"助推器"中小企业业务品牌,"浦发卓信"个人贵宾服务品牌。2008年,浦发银行开始着手进行系统化品牌建设工作。2009年,浦发银行制订《2009—2014年品牌战略规划》,确立以"进步的动力"为定位的品牌内涵,确定现阶段品牌传播口号为"新思维,心服务",确立品牌架构,以浦发银行主品牌为核心,"浦发创富""轻松理财""浦发卓信"为三个子品牌。

二、浦发创富

【品牌创建】

2005年上半年,根据专注客户、专心服务的理念,以为客户创造财富为目标,经过行内征名、整体策划和充分酝酿,浦发银行正式推出"浦发创富"品牌。6月28日,浦发银行在上海国际新闻中心举行"浦发创富——公司业务品牌暨财富之旅启动仪式",同时在上海等8个城市举行"引领财富之旅"大型推广活动,策划推出企业现金管理、企业年金、资产托管解决方案和离岸客户特色服务方案,标志浦发银行公司银行业务品牌正式走进市场。"浦发创富"品牌名称由"浦发"和"创富"两部分组成,其中"浦发"是浦东发展银行的缩略,"创富"则标志着该品牌着力为客户创造财富。将"浦发创富"作为一个整体来演绎,表示这是一个主品牌与子品牌互动辉映、共同提升品牌价值的过程。根据这一创意,"浦发创富"的LOGO,是浦东发展银行的徽标与"浦发创富"自身品牌形象相结合的产物,"浦发创富"借助"浦公银"的谐音,引入蒲公英作为LOGO形象的象征原型,从蒲公英主体中飞出一个人民币的符号,直观地表现传播创富希望的寓意。整个品牌寓意"传播·分享·共同成长",表达浦发银行专注客户、专心服务的理念,期望通过每位员工的辛勤工作,把财富种子传播给客户,在创造辉煌财富前景的同时,也实现银行自身财富积累。

【品牌推广】

2005年6月16日,"浦发创富"全国首站推介会在大连启幕,展示企业供应链融资解决方案及银关通业务。8月,浦发银行在上海等8个城市举行"引领财富之旅"大型推广活动,策划推出企业现金管理、企业年金、资产托管解决方案和离岸客户特色服务方案。8月8日,"创富青岛——企业供应链解决方案论坛"在青岛隆重举行,青岛市政府以及80余家中小企业的代表参加论坛活动。9月16日,"浦发创富"财富之旅在哈尔滨启动,省市领导和160家客户单位代表参加仪式。总分行通过平面、电视、户外、楼宇等媒体以及讲座、论坛等公关活动,进行系统性的宣传推介,全年在报刊发稿200篇,Google上关于"浦发创富"的网页达61万余条,社会关注度迅速上升。

2006年,浦发银行加大品牌推行力度,发起"浦发创富天下行"竞赛活动。3月16日,浦发银行武汉分行与阳逻经济开发区举行主题为"传播财富希望,成就财富未来"的全面合作协议签约活动,并签署授信额20亿元的合作意向。阳逻经济开发区是武汉市重点扶持发展的新经济开发区,浦发武汉分行是首家向其提供全面金融支持的银行机构。3月28日,浦发银行与江苏省经济贸易委员会在南京联合组办"浦发创富江苏行"新闻发布会暨银企合作签约仪式。2006年,浦发银行以"倾听您的声音"为主题,开通"财富之路"广播专栏。当年,以"共建企业健康金融生态"为营销主题,开展20多项推广活动。6月10日,浦发银行"共建企业金融健康生态"商学院系列论坛在上海交通大学揭开帷幕。8月12日,浦发银行与长江商学院携手,在上海龙柏饭店隆重举行"共建企业健康金融生态"全国商学院巡回第二站"企业供应链管理及电子商务"主题论坛。自8月7日起,"浦发创富"公司银行服务品牌及系列产品广告开始在中央人民广播电台一套节目《中国之声》播放,"浦发创富"的广告形象已经顺利展现在北京首都、上海浦东、广州白云、上海虹桥四大机场内。浦发银行与20多家媒体建立合作关系,力求借品牌推广之翼,促公司业务快速发展。2006年,浦发创富获得2005—2006年度中国杰出营销奖。

2008年,围绕"创富三周年"主题,浦发银行重点加大中小企业金融业务"助推器"品牌的宣传力度,开展重点投行业务推介活动、PE综合金融服务、绿色信贷金融服务推广活动,以及供应链电子化支持方案产品推介活动。"浦发创富"品牌的影响力进一步提升。"浦发创富"SOHU博客近一年来访问人次超过100万。在经济观察报社主办的中国最佳银行评选中,浦发银行被评为中国最佳企业伙伴银行,"浦发创富"品牌荣获用户满意电子金融品牌。在首席财务官杂志社主办的中国CFO最信赖的银行评选中,"浦发创富"获得最佳投行业务奖、最佳贸易金融奖、最佳公司金融品牌奖3项大奖。此外,"浦发创富"还获得"第一财经"主办的年度公司金融品牌奖,以及搜狐网主办的最佳公司金融理财奖。

2009年,浦发银行以"协力共赢"为年度品牌推广主题,将公关力、促销力、企业营销力和媒体宣传力有机整合,以金融产品服务方案带动品牌,以品牌促进业务发展。全年共全新推出13项产品方案和客户服务方案。主办或协办近25项研讨会、解读会等大型客户推介活动。获得2009中国区最佳创新投行等13项专项奖以及2009年度中国CFO最信赖银行大奖等3项综合奖项。

2010年,以"创造、分享,共同成长"为年度品牌推广主题,浦发银行成功主办或协办20多项业务高层论坛、研讨会和重点客户营销活动。获得2010年亚洲最佳公司银行业务奖、2010年度中国CFO最信赖的银行评选大奖、2010年卓越竞争力对公业务银行、最佳公司金融品牌奖等7项公司业务综合奖项以及19项业务专项奖,获得市场的肯定。

【品牌产品】

现金管理方案 2005年,浦发银行推出现金管理方案,为企业提供集团资金管理、账户管理、信息服务、理财服务和批量付款服务。2010年,浦发银行进行现金管理产品整合,推出第三方存管预约开户、预约转账功能;全新开发多银行集团资金管理特色服务功能,推出外币资金池委托贷款模式下的透支功能;完成黄金交易管理系统二期优化项目的开发上线工作;优化统管资金池批量代扣、资金池转付息回单、票据预扣款等功能;完成利多多通知存款回单对账单、通知存款自动支取、定期存款转存账户等功能优化,从而形成"三大平台,九大服务":三大平台即公司网银、银企直连、多银行资金管理,九大服务即人民币资金池、外币资金池、统管资金池、虚账户管理、集团资金授权支付、财务公司进驻代理收款、多银行集团资金管理、集团资金管理。浦发银行将系列对公电子化产品组合包装,形成企业现金管理整体解决方案。在中国资金管理网举办的2010年度银行业公司金融服务颁奖典礼上,"浦发创富"企业现金管理解决方案荣获2010年度最受好评现金管理服务。

供应链融资方案 2007年7月,浦发银行整合网上银行中的国际贸易结算、离岸业务、结售付汇与银关通等项业务,推出业内首家的"供应链电子化支持方案",先后与法国欧尚集团在华采购中心、东风本田汽车开展供应链融资业务合作,上海、苏州、济南、深圳、沈阳、南京分支行结合区域和客户特点,推出六大类供应链服务示范方案,如上海分行的中储货物监管项下的中小企业融资方案、苏州分行六大类供应链服务示范方案、济南分行供应链集群式融资业务、深圳分行厂商银业务、沈阳分行以票质票业务、南京分行与中储发展股份公司合作,开发陕西重汽的厂商银三方合作汽车金融业务,贝尔阿尔卡特部分放弃追索权票据贴现业务,武钢财务公司代开银票业务,中化国际代理,中国铁通、中铁物资代理贴现业务等。其中,南京分行利用1+N模式,设计国内双保理方案,与沈阳分行紧密合作,为上下游客户提供融资。2009年,浦发银行推出以卖方为核心的"三菱汽车销售(中国)经销商网络融资业务"和"包头北奔重型汽车及经销商网保兑仓业务",出台以买方为核心的"1+N供应链金融业务管理规程"。2010年,以汽车行业为突破口,通过与柳州汽车、北奔重汽、北汽福田开展汽车经销商网络融资业务,重点推广以卖方为核心的"1+N"供应链金融业务,获得最佳供应链金融奖。

成长型企业金融服务方案 2006年6月,浦发银行参加上海银行界小企业融资服务洽谈会,推出成长型企业金融服务方案。在此基础上,2007年,浦发银行提出中小企业金融业务的品牌"助推器",确立携手、成长、共赢的品牌主题,推出组合授信通、企业按揭宝、网上自助贷、账务安心理、循环融资易、财务智多星、动产融资速、供应链融资、票据融资流、网上贸易行等十大品牌产品,先后在各地举办的小企业洽谈会进行宣传推广,其中,企业按揭宝被上海小企业博览会评为小企业金融卓越品牌。2008年12月,浦发银行推出玲珑透支票授信业务,为客户提供用于弥补支票提款时的资金缺口结算垫款,确保开户单位支票正常结算,这是上海市金融服务办、中国人民银行上海总部、上海银监局推动长三角金融基础建设的重要工作内容,2010年,浦发银行连续4年获得"支持中小企业发展十佳商业银行"奖项。

2010年,浦发银行推出一系列差异化的客户服务方案,如企业上市金融服务方案、东北装备制造业综合金融服务方案、跨境人民币业务金融服务方案、航运类客户服务方案、园区企业金融服务方案、财政及公共资金金融服务方案、商业账款融资及服务方案、中国企业跨国投资金融服务方案等10余项产品及客户服务方案,不断丰富"浦发创富"品牌内涵。

三、轻松理财

【品牌创建】

2005年7月8日,浦发银行在北京召开"轻松理财"展示会,"轻松理财"品牌的诞生,标志着浦发银行个人业务服务品牌建设正式启动。"轻松理财"品牌理念是:要发展,也要理财,要理财,更要轻松,这是浦发银行通过单一客户号集中管理,打造的全方位个人金融服务平台,包含投资、支付、理财、融资、信息五大平台,囊括个人财富管理、现金流管理、支付管理、投资管理、融资管理、资讯共享等一系列产品和服务,客户通过简便轻松的方式,管理财务收支,实现保值增值,享受"轻松理财、你才轻松"的金融服务体验。围绕"轻松理财"品牌,浦发银行开展一系列营销推广活动。先后有2005年在北京举行的2005浦发明日精英轻松理财夏令营活动,2006年年初的"轻松理财"贺岁营销主题活动,2006年的轻松理财金(银)卡百日欢乐颂活动。在《亚洲银行家》举办的2008中国零售银行卓越大奖评选中,浦发银行"轻松理财"荣膺最佳技术应用奖。

2009年,浦发银行加强品牌管理,进一步确立品牌内涵,明确"轻松理财"品牌面向中青年白领的专属,品牌核心为轻松,品牌个性为高效、智慧、快乐、时尚,品牌标语为轻松理财、快乐生活,品牌角色定位为客户的金融伙伴,依靠现代技术和专业服务为客户提供高效的投资、融资、支付、理财、资讯等全方位个人金融服务。

【品牌产品】

2005年,浦发银行加大个人金融产品创新力度,整合账户管理平台、支付平台、资讯平台、投资平台、融资平台等五大平台,向市场密集推出轻松理财卡、资产负债表、现金流量表、盈亏计算器、手机查询、手机支付、及时语、房梦圆、车梦圆、保付通、收支明、家庭电子账簿、银证通、国债轻松购、关联户、四方钱、动态密码、网上银、易汇达、天下行、天天赢等20多个产品、100多项功能,以"轻松理财"服务品牌的整体形象向市场推出。其中14类产品引领同业,"手机动态密码"是浦发银行在全国独家推出的网上安全服务,"爱心捐款"是全国第一家通过网上银行实现的慈善捐款。

2007年,浦发银行推出个人新股约定申购理财产品浦发新股申购直通车,获得理财周报社颁发的"2007年中国最佳新股申购型银行理财产品"称号。浦发"基金精品屋"品牌获得《世界经理人》杂志"2007年度中国最值得信赖的银行理财产品特别奖"。"基金精品屋"被评为"2007年最受欢迎的银行理财产品","新股直通车"被评为"2007年最具创新的银行理财产品","轻松理财金卡"被评为"2007年最具创新的银行借记卡"。

四、浦发卓信

【品牌创建】

2006年8月,浦发银行本着差别服务的策略,开始建设集中资源、集中客户、集中管理、集中培训的贵宾客户分层服务体系,明确贵宾中心专为贵宾客户提供一对一的服务;理财专区重点维护优质客户,由理财经理和大堂经理提供服务。2007年2月8日,浦发银行开发的个人贵宾客户的管理和服务平台浦发卓信理财智慧平台(一期)正式上线运行,3月19日,浦发银行推出"浦发卓信"贵宾服务专用品牌,并于4月发行第一张轻松理财白金贵宾卡,向贵宾客户提供一对一理财经理服务;全国网点免排队服务;贵宾专属热线电话、专属网页;服务费率优惠等增值服务。"卓信"乃卓越本色、诚信至上之意,取自浦发银行企业文化精髓"笃守诚信,创造卓越",表示将客户作为至高无上的服务对象,以不断开创卓越、诚信为本的信念来对待客户。品牌标识使用红色阴刻的"浦发卓信"印章图样,图样下方放置"Vip"的英文艺术字样,"Vip"字样使用黑色。品牌标识适用于所有与贵宾服务相关的内部会议、新闻稿件、广告画面、活动场合,也适用于为推广贵宾理财服务而进行的公关活动和其他场合。

2009年,浦发银行与咨询公司合作,从市场和客户两个角度对品牌的市场效应和目标客群进行深入研究。确立"浦发卓信"贵宾理财品牌面向中国较富裕阶层的顾问化特性,品牌核心为"专注";品牌个性为"稳健、睿智、细致、品味";品牌标语为"卓而有信,成就人生";品牌角色定位为客户的"金融顾问";结合中国实际,依靠东方智慧和顾问型服务为客户提供专家级的投资咨询、理财规划和资产配置等金融服务,实现他们对个人资产保值、增值的价值需求。

【品牌推广】

2008年8月,浦发银行开展"浦发卓信"白金贵宾客户招募活动,旨在通过活动迅速扩大贵宾客户规模,增加贵宾客户白金卡持卡率。本次活动主题为卓信礼遇,中国魅力,活动期间,凡申领浦发卓信白金卡的客户,即可获赠卓信青花瓷礼盒,卓信青花瓷瓶由著名陶瓷艺术家黄云鹏先生特别设计,限量定制,配有本人亲笔签名的收藏证书。凡浦发银行客户推荐他人申领浦发卓信白金卡,推荐人也获赠卓信青花瓷礼盒。同时,浦发银行在全国30个城市的都市新闻类报纸投放广告,并通过及时语、网上银行、电话银行、第一财经《理财宝典》进行宣传,从而扩大品牌影响。2009年,浦发银行启动卓信四季有礼贵宾客户招募活动,延续"青花"风格,分别以"春意、夏荷、秋实、冬梅"为主题,将贵宾客户招募活动持续化、常规化。

2009年9月,"浦发卓信"贵宾理财品牌在全国公开亮相,浦发银行在北京发起浦发卓信健康公益行的全国巡讲活动,围绕超越财富,寻找幸福的主题,举行首场健康讲座。当年,活动在全国21个城市开展,参加者超过8 000人。2010年6月,浦发银行在杭州启动"浦发卓信"心灵之旅全国巡讲活动,钱文忠教授作题为《玄奘与时代精神》的精彩演讲,先后在11家分行开展巡讲。当年,11家分行陆续开展浦发卓信心灵之旅全国巡讲活动,先后有哈尔滨分行的易经讲座,北京分行的国学专题讲座,上海分行的浦发卓信钻石卡俱乐部,杭州分行的茶艺生活乐享会。10月,健康之旅钻石贵宾客户健康巡诊活动先后在7家分行进行。通过巡讲巡诊活动,提升"浦发卓信"在全国市场的知名度。2010年,在《亚洲银行家》中国零售金融服务卓越大奖评选中,"浦发卓信"获卓越品牌与业务建设奖;在《理财周报》2010年最佳零售银行评选中,浦发银行蝉联最佳品牌建设奖;在网易举办的2010年度金钻奖评选中,荣获2010年度创新奖——银行个人金融奖项。

【品牌服务】

2009年12月,浦发银行发行卓信钻石卡,启动钻石贵宾增值服务体系,对钻石贵宾客户的增值服务进行整体规划和统筹,推出情感关怀、商旅关怀、健康关怀、驾车关怀、境外旅行关怀、高尔夫服务等多项特色服务,践行全心、专心、贴心细心、安心、用心的"六心"服务标准。上海分行在原有浦发银行贵宾服务内容的基础上,推出浦发尊驭贵宾车生活,针对贵宾客户爱车的礼遇服务内容和高端钻石贵宾客户俱乐部等服务或活动。该行从2006年开始启动贵宾中心服务工作,经过近6年发展,贵宾中由原先的4家发展到目前的41家贵宾中心;覆盖支行从原先的4家到现在的27家;管理贵宾客户已从原先的3 000余户提升到20 000余户;管理办法也从6年前的1.0版本升级到3.0版本。2008年12月,浦发银行上海分行创立"卓信财富论坛"高端客户沙龙活动,先后邀请郎咸平、姚景源、樊纲、秦朔等知名经济学家,就政治经济等宏观环境以及行业投资、市场研判等投资者关心的话题,与贵宾客户开展深入的交流。卓信财富论坛邀请钱文忠、程乃珊、章震宇等沪上知名学者、作家,就他们眼中的中国历史、海派文化等向贵宾客户作深入浅出的分析和讲解。

第三节 营销策略

一、联动营销

【总分行联动】

1999年,浦发银行制定当前开展金融营销业务的若干指导意见,提出坚持跨国公司、上市公司为重点营销对象,加大对国家重点扶持跨地区、跨所有制大型企业集团的营销力度。当年,浦发银行还制定对跨国公司营销的指导意见,规定总分行联动营销的策略,由总行统筹、协调同一跨国公司在华项目,总行对跨国公司投资企业实行风险总额控制,各分支行通过全面调查制定营销策略。2000年,浦发银行通过建立母公司担保授信,开发授信额度设置、管理的电脑系统,增强对跨国企业客户的营销力度。通过总分行联动营销,2000年,浦发银行先后对西门子中国财务公司、比利时UCB公司、日本SONY总公司、中国台湾宏碁电脑和香港新世界集团等进行直接营销,并将这些企业推荐给有关分支行。到2000年第三季度,全行新增60多户跨国公司客户,信贷余额达到42亿元。

作为总分行联动营销的措施,1999年,浦发银行实施专项贷款的管理办法,支持符合国家产业政策的大型项目、重点企业,以及具有地区优势和发展潜力的企业。浦发银行专项(营销重点)贷款由总行统筹运作,总行定期发布营销重点投向,分支机构向总行申请专项(营销重点)贷款,由总行下达联动贷款方案。1999年,浦发银行安排40亿元专项贷款,先后支持江阴支行对江苏阳光集团、华西集团、贝尔卡特(中国)等优质上市公司和跨国公司的营销,支持北京、苏州、杭州、宁波、重庆、江阴等分支行10余个重点客户近10亿元的贷款。2000年,浦发银行共安排55.87亿元专项贷款,覆盖10家分支行,全部投向优质的集团公司、上市公司和跨国公司和国家重点项目,其中包括中国石油股份公司、白云机场、贝尔卡特等29家上市公司、跨国公司和垄断企业,没有一笔发生逾期。

2001年,浦发银行完善专项贷款的管理办法,通过总分行联动营销,浦发银行向中石化股份公司授予15亿元综合授信,向中石化集团授予10亿元综合授信,涉及集团下属的上海石化、扬子石化、浙江和广东分公司等7家企业和浦发银行5家分行,为各地分支行争取与中石化系统所属分、支公司的业务合作奠定良好的基础。当年,总分行通过信息共享和联动营销,支持54户跨国公司、优质上市公司和国有大型集团公司,全行联动的项目多达数十项。2002年,总行与上海地区总部、广州分行、大连分行上下联动,开展对中海运集团的整体营销,与相关分行联动营销,将大连中化纳入与中化集团的整体合作。总行与有关分行启动与中石集团及股份公司的第二轮全面合作,签订20亿元授信合作协议,涉及集团8家企业和浦发银行5家分行。2003年,浦发银行继续以新进入地区和资源相对集中地区为推进重点,以全行性、跨行业、跨地区客户为联动重点,成功营销华晨宝马、南水北调等重大项目和中航一集团、中航二集团、航天科技、中国证券登记结算公司、实华国际租赁等重点客户,产生明显效益。

【离岸、在岸联动】

2002年6月,经中国人民银行批准,浦发银行试办离岸业务,并于7月对外营业。业务发展初期,浦发银行制定离岸业务营销策略,明确离岸业务的营销纳入全行营销范畴,建立以总行为营销主体,以各分行和香港代表处为营销窗口的总分行联动营销模式。2003年,浦发银行制定下发离岸业务发展指导意见,先后为上海实业境外平台设计离岸与在岸联动授信融资方案,为远东铝业、中化、太钢等重要客户境外贸易平台设计离岸、在岸背对背信用证贸易转单业务方案,推动在岸和离岸国际贸易结算业务的联动发展。2005年,浦发银行进一步确立离、在岸一体化经营思路,大力整合离在岸产品,积极争取政策支持,获得离岸担保业务资格,为开展内保外贷、外保内贷等离在岸联动融资业务奠定政策基础。上海分行在2006年创新推出离在岸联动背对背担保方案,利用企业母公司境内授信资源,支持振华港机境外企业经营;2007年,浦发银行推出"内保外贷"业务,总行及北京分行联动,利用境内母公司的在岸银行授信额度,通过融资性担保,为企业境外投资企业解决境外融资的难题。2007年,浦发银行推出在岸假远期信用证离岸代付,后又陆续推出在岸进口代收和TT汇款离岸代付,扩展离在岸联动领域。2008年,浦发银行进一步加强在重点客户跨境资金管理领域的离在岸联动营销,设计通过离岸账户建立境外资金池的服务方案,成功营销中海油田服务股份有限公司。2009年南京分行通过离岸在岸联动、中信保介入的模式,完成行内首单买断型回流保理业务。2010年,浦发银行正式推出离岸在岸联动保理产品。2010年推出境外机构境内外汇账户(NRA外汇账户)业务,为境外机构同时提供在岸和离岸金融服务渠道。

二、区域营销

【区域营销中心】

2001年起,浦发银行积极倡导建立区域营销中心和虚拟支行营销机制,用于克服因网点不多对拓展市场的影响。上海地区总部通过对分支行整体业务推进,发挥区域营销中心作用,天津、大连、济南、郑州4家新建分行在同城网点尚未建立之前,组建多个客户经理团队,运用管理会计核算手段对虚拟支行进行考核,具有一定网点规模的广州分行,改革小而全的传统管理模式,同时设置15个营销团队(虚拟支行),共享全辖网点、资金等资源,大大增强市场拓展能力。2003年,浦发银行加强和推进区域营销,着力构建以总行为全行营销龙头、以分行为区域营销中心、以营销团队支行为营销主体、以客户经理为营销触角、以有形和无形网点为服务支撑的公司金融营销体制机制,从而加强各地分支行营销机制建设。

【区域发展意见】

2007年,浦发银行制订2006—2010年发展战略规划,针对长三角地区、环渤海区域、中部地区和中西部区域等区域的综合经济发展情况展开调研,对区域的经济特点、产业环境和金融生态环境进行全面揭示,对区域内银行间的竞争态势进行定量分析,分别制定浙江区域、上海地区、江苏区域战略发展的指导意见。2007年4月,浦发银行向杭州、宁波、温州分行下发浙江区域战略发展几点意见;8月,向上海分行、浦发银行各部室下发加快上海地区战略发展的几点意见;10月,向南京、苏州分行下发江苏区域战略发展的几点意见。2008年8月,浦发银行分别下发天津地区战略发展的指导意见、山东区域战略发展的指导意见、广东区域战略发展的指导意见,明确浦发银行在天津、山东、广东地区的基本发展方向,提出分行市场目标、盈利目标、质量目标、转型目标。2009年3月,浦发银行印发辽宁地区战略发展的指导意见,要求大连、沈阳两家分行积极参与辽宁"五点一线"沿海经济带建设、大连"一个中心、四个基地"等加快区域发展的战略举措,立足所在城市,将业务经营区域稳步扩张至全省范围,积极抢占优质市场资源,加快区域机构战略布局和人力投入,实行区域化经营,打造鲜明的区域金融服务品牌,有力提升在当地商业银行中的市场地位。2010年9月,浦发银行面向芜湖、郑州、武汉、太原、长沙、南昌、合肥7家分行,印发中部区域战略发展的若干意见,明确中部区域分行作为浦发银行战略发展的重要增长极,全力服务于各省城市群发展、产业群发展、东部产业梯次转移,聚焦产业结构升级和基础设施建设,分别对7家分行发展的市场定位、主要发展目标、配套机制建设与政策措施,提出指导意见。

三、差异营销

【战略客户营销】

2001年,浦发银行提出客户分类、资源集中、突出重点、提高服务的分类营销,采用客户价值贡献分析,评选总分行的VIP客户,为其提供个性化的金融服务方案,包括综合授信、循环授信、融资结算、价格优惠和附加值服务等。2002年,浦发银行组织VIP公司客户申报与评定,全行共评选出总行级VIP客户69家,分行级VIP客户900多家,初步形成中型客户属地化管理,大型客户总行牵头经营的格局。2009年,浦发银行启动战略客户服务体系建设,先后制定战略客户管理办法,确定并发布首批87家战略客户名单。当年4月,浦发银行公司及投资银行总部北京大客户部正式成立,承担战略客户营销推进、日常管理和协调的具体工作。围绕战略客户营销,自2008年开始,浦发银行领导先后会见各省市领导,拜访大型企业集团,主办或协办各项研讨会、解读会等大型客户推介活动,先后有2009年的财政及社会公共资金洼地研讨会、中华创投家论坛暨创投新政解读会、中国企业跨国投资研讨会、企业国际化经营与金融服务研讨会、绿色信贷研讨会等,国家部委相关领导参加。2010年的中国进出口企业第八届年会、第十届中国企业家未来之星年会、企业年金业务研讨会、第三届集团企业资金管理高层论坛、财政及公共资金金融服务高层论坛、跨境金融服务香港研讨会、中国并购年会等20多项业务高层论坛、研讨会和重点客户营销活动,2010年,浦发银行与11家央企集团签订战略合作协议。

【方案式的产品营销】
2007年以后,浦发银行大力推行业务产品转型和优化,提高满足客户差异化需求的能力,公司业务率先推出绿色信贷综合服务方案、国内首个PE综合金融服务方案、并购金融服务方案。在贸易金融领域创新推出一系列业务方案,计有商业账款融资及服务方案、进口企业金融服务方案、出口企业金融服务方案、区内企业金融服务方案、大型机电设备出口商金融服务方案、海外工程项目承包商信用支持方案、电子供应链金融服务方案和跨境贸易金融服务方案等。2010年,浦发银行推出一系列差异化的客户服务方案,如企业上市金融服务方案、东北装备制造业综合金融服务方案、跨境人民币业务金融服务方案、航运类客户服务方案、园区企业金融服务方案、财政及公共资金金融服务方案、商业账款融资及服务方案、中国企业跨国投资金融服务方案等10余项产品及客户服务方案。截至2010年,全行公司业务产品形成五大基础产品和五大特色产品。个人业务涵盖储蓄、信贷、银行卡,拥有七个产品大类、2 900项产品和功能。

第三章 风险管理

第一节 管理体制

一、审贷分离

1993年,中共中央、国务院先后提出加强宏观调控、整顿金融秩序的要求。浦发银行开业初期,即把防范信贷资产风险工作提上议事日程,先后提出审贷分离、权限管理等多项管理措施。1995年3月,浦发银行召开全行工作会议,首次提出全面推行信贷资产风险管理的任务。1996年,浦发银行明确全行要做好以审贷分离为核心的风险防范和管理体制工作,在管理体制上,实行审贷分离;在业务操作上,实行风险度测定;在审批权限上,实行权限管理,同时要加强制度建设,逐步形成规范化的操作程序,使风险防范和风险化解落到实处。

1996年8月,浦发银行设立信贷管理部,内设综合科、管理科、审贷科和检查科等4个科。1997年6月,浦发银行决定全行成立信贷管理部门,总行、分行设立信贷管理部,直属支行(办事处)设立信贷管理科,专司信贷管理,信贷检查以及防范、化解风险职能,标志浦发银行开始建立起以审贷分离为核心的信贷管理体系。

图4-3-1 浦发银行召开1996年度工作会议

二、专业管理

为加强全行资产风险管理,2001年7月,浦发银行设置风险管理部和资产保全部,其中,风险管理部下设审贷中心、检查科和综合科,明确风险管理部以全行信用风险、市场风险管理为主,同时作为风险管理委员会办事机构,协调落实对全行操作风险和策略风险管理的职能定位。同年7月18日,浦发银行设立风险管理委员会,明确风险管理委员会受行长室委托,对风险管理的有关重大事项进行审议、督查、监督。主要工作是审议全行风险管理不同时期工作目标和发展战略和全行综合授权授信业务,制定各种业务的风险判别、控制标准,督导全行风险管理状况检查等,从而形成行长领导下的风险管理委员会、风险管理部、审贷中心的风险专业管理框架。

三、总行垂直管理

2005年,浦发银行借鉴国际主流商业银行风险管理模式和运行机制,按照全扁平化矩阵式的总体思路,构建风险管理条线。一是明晰风险管理的组织架构。董事会领导浦发银行行长室和董事会风险管理与关联交易控制委员会;浦发银行行长室下设风险总监、资产负债管理委员会、风险管理委员会;风险管理委员会下设特殊资产管理委员会、信贷审查委员会。风险总监领导全面风险管理体系的建设工作,负责风险管理、授信审批及资产保全,制定业务组合的战略决策,确保全行在风险可控的环境下开展授权经营活动;风险管理委员会监督全行所有信用风险和非信用风险相关的政策、控制和操作;资产负债管理委员会负责制定资产负债比例结构策略,负责全行流动性管理;特殊资产管理委员会审批大额资产保全方案,审核银行总体核销情况,报行长室和董事会审批;信贷审查委员会行使信贷审批和管理权,确保良好的资产质量和最小的信用损失。二是组建风险管理总部。同年9月,浦发银行成立风险管理总部,下设风险政策管理、操作风险管理、资产保全等部,并向浦发银行公司及投资银行总部、个人银行总部、资金部、营运与科技总部派驻风险管理团队,对全行风险管理条线进行垂直化管理,业务管理涵盖信用风险、市场风险和操作风险管理领域。

四、全面风险管理体系

【风险战略管理】

风险决策 2007年4月,浦发银行进行风险管理体制改革,重新成立风险管理委员会,扩大风险管理委员会权限,明确风险管理委员会在行长室领导下,负责全行全面风险管理的决策机构,全面审查和监控全行风险管理,包括信用风险、市场风险、操作风险、IT技术风险。明确浦发银行风险管理委员会下设贷款审批委员会和特殊资产管理委员会。浦发银行风险管理委员会办公室设立在风险管理总部,形成全面风险管理体系的决策层和执行层。

战略规划 2008年,浦发银行全年工作会议提出风险管理新方向和新理念,要求研究和制定全行风险战略,明确银行风险偏好,包括可承担的主要风险种类,总体可承受的风险水平,以及设定不同行业和不同地区风险限额等,为业务发展和风险管理确定方向和指引。通过风险战略管理进一步完善全行风险管理体系,包括理顺风险管理决策体系、风险政策梯次体系、风险管理授权体系、风险管理汇报线路等。通过风险计量分析、风险收益分析、授信条件等市场化的经济手段和管理工具来管理风险、开展业务,实现对潜在风险的有效控制,为银行创造价值。从而推动全行风险管理的理念转变,变控制风险为经营风险,变管住风险为价值创造。2009年,浦发银行修订2006—2011年五年发展规划,提出建立覆盖信贷风险、市场风险、操作风险、法律风险、声誉风险、国家风险、战略风险的全面风险管理体系的目标。2010年,浦发银行在广泛调研基础上,制订风险管理条线

2011—2015年战略规划,提出未来5年全行风险管理工作总体思路、主要目标、实施路径与举措。

风险政策 2007年,浦发银行制定国内银行业首部操作风险管理政策。从2009年到2010年,浦发银行先后出台一批全局性的风险管理政策,涉及各项授信、综合授权、风险偏好策略、信贷投向政策、非信贷业务经营风险政策、市场风险管理政策,从而建立与浦发银行风险管理偏好和风险容忍度为核心、与监管要求相符合、与市场定位和业务发展相适应的风险管理的政策体系,引导全行信贷资源配置和结构调整。

2000—2010年,全行不良贷款比例连续10年持续下降,取得不良贷款总量与不良贷款比率双下降的成绩,资产质量在股份制银行连续多年处于领先地位。在中国《金融时报》主办的2008年中国最佳金融机构排行榜上,浦发银行被列为最佳风险控制银行和最佳成长性银行。

【合规管理体系】

按照上海银监局银行业金融机构合规风险管理机制建设的指导意见,2004年8月,浦发银行成立合规部,上海银监局局长王华庆应邀来行做合规管理的专题报告。2006年,全行合规组织机制进行改革,总、分行设立独立合规风险管理部门,分别在公司及投资银行业务、个人银行业务、资金及市场业务三大事业部设立合规专业团队,形成双线管理、双线报告、双线考核管理模式。11月,浦发银行下发合规政策,明确合规风险是指因违反上述法律、规则和准则而可能招致法律制裁、监管处罚、重大财产损失和声誉损失的风险。

管理手册 2006年第三季度起,浦发银行公司银行条线开展合规文化建设活动,编印包含100项必须和100项禁止事项的公司银行从业人员合规手册。自2007年始,浦发银行先后制定各项业务的合规风险管理手册,计有公司及投资银行业务、个人银行业务、资金业务、中间业务、代理业务、年金业务、托管业务等,对产品适用的合规风险点进行全面揭示,评估风险点对全行经营可能产生的影响程度,并将合规风险的控制情况报告高管层。合规风险管理手册已成为全行合规管理的核心工具。

管理流程 根据合规风险识别、量化、评估、监控、测试、报告的要求,开展合规咨询、合规提示、合规审核、合规报告、合规测试等管理活动,建立合规测试标准化管理方案,制定标准化的合规测试的工作模板和测试流程,统一和规范全行合规测试工作。2009年始,浦发银行先后组织全行票据业务测试、理财业务测试、外汇业务的合规测试工作,7家分行分别对银行卡批量开卡、个人账户管理、个人住房贷款、个人经营性贷款、中小企业贷款、个人账户管理、反洗钱等进行9次合规测试。2010年,在历年基础上,浦发银行制定合规评价办法。

内部控制评价 2004年12月,中国银监会发布《商业银行内部评价试行办法》,对商业银行全面开展内部控制评价工作。上海地区总部作为浦发银行先行试点单位,通过5个月努力,取得阶段性成果,截至2005年年底,编制覆盖上海地区总部与风险和内控相关的所有机构、管理活动、业务产品的内控体系文件,含内控管理大纲、程序、作业指导书等共275份文件。2006年1月,浦发银行在全行全面实施内部控制体系建设项目。2007年,浦发银行风险管理、公司及投资银行、个人银行和运营业务条线,以及8个专业部门完成内控体系文件共307份,当年下发试运行,部分分行转入试运行并启动内控评价工作,初步完成内控体系构建。2009年,浦发银行印发内部控制管理办法,组织开展全行内部控制评估工作。

规章制度 2010年,浦发银行组织对全行制度清理,确认现行有效规章制度2 000余个,废止584个。制定规章制度规范管理办法、分行规章制度管理规程,对全行规章制度体系按产品类、管理类、操作类进行归类,提出制定、修订和合并要求,明确制度体系中各类要素。梳理完成与问责管理相关的有效制度约为1500份,列举违规行为共计1073条,初步建立以25个大项、80个子项的为基础的三层框架的问责管理体系,基本完成以《员工奖惩办法》《员工行为准则》为核心,以《中高级管理人员问责管理办法》和《员工问责管理办法》为主体,以各项规章制度为实体的问责管理体系的构建。

【风险审计体系】

建立组织体系 1994年7月,浦发银行设立稽核部和行政监察室。2001年9月13日,浦发银行在大连组织召开稽核与风险控制研讨会,会议达成以下共识:稽核工作必须以合规性稽核为主,转变到以风险性稽核为重点的轨道上来;必须探索建立一个完善的内部风险性稽核评价系统,对分支机构的内控管理、规模实力、经营业绩、经营风险进行全面评价。按照"立足当前,分步实施,逐步过渡"原则,2004年8月,浦发银行稽核部更名浦发银行审计部,作为全行审计工作的执行和管理部门。浦发银行审计部设立首席审计官,首席审计官向董事会报告工作;成立质量控制、公司银行、个人银行、信息科技与运营和资金同业等5个业务审计条线,先后聘任质量控制条线、个人银行业务条线、运营业务条线审计执行官及其助理,建立浦发银行审计本部组织体系。至2006年年底前,又陆续增聘资金业务条线和公司银行业务条线审计执行官及其助理。在分行层面,设立总行驻分行审计特派办。2004年11月15日,总行派驻分行审计特派员办事处正式成立,分别在分支行设立审计特派办或指定审计联络员,报总行审计部备案。总行对审计特派办或审计联络点实行统一领导、垂直管理。2005年9月,根据中国银监会颁布的《商业银行内部控制评价试行办法》,浦发银行第三届董事会增设审计委员会,检查全行风险及合规工作,实行全面的风险控制、全员的风险控制、全过程的风险控制。在全国内部审计先进单位和先进工作者评选中,浦发银行被授予2005—2007年度全国内部审计先进单位荣誉称号。

制订审计章程 2003年年初,浦发银行着重稽核业务规范化建设,先后编写稽核岗位工作手册,制定稽核基本准则。2003年年底至2004年年初,浦发银行稽核部先后拟定8个稽核具体准则。截至2004年年底,浦发银行研究制定总计五大类40项规章制度,包括审计具体准则、审计监督处罚、审计业务、审计管理、信息科技审计制度,还有2003年年底出台的基本准则、职业道德规范及审计纪律,形成审计规范体系。自2004年6月起,浦发银行各审计条线先后开展审计手册的编写工作,截至2006年年末,公司银行、个人银行、资金同业、信息科技与运营、财务审计条线均完成本条线审计手册,为统一审计方法、提高审计水平提供指导工具。

2010年9月,经董事会审议通过,浦发银行下发内部审计章程,对内部审计的组织机构、人员、职责、权限、质量控制、报告制度、监督与考核等方面进行规定,从而形成层次分明的内部审计规范体系。该体系分为3个层次,即以内部审计章程、审计规划为第一层次;以审计职业道德规范和审计基本准则为指导,以具体审计准则和审计检查手册为主线,兼顾村镇银行、休假审计等其他业务审计规范的第二层次;以实施方案、审计软件、标准模板等系统工具为支撑的第三层次,至此,全行审计规范体系的完整框架搭建完成。

完善持续监控体系 2006年1月,浦发银行开展审计风险评价(试行)工作,由20家审计特派办对所在分行进行审计风险评价,评价指标涉及十大类风险、51个分类指标以及246个分项指标。浦发银行审计本部以业务条线为单位每季度撰写风险提示报告,举行风险提示视频会议。同年8月,浦发银行印发审计情况反映,按公司金融、个人金融、资金、IT、运营和财务业务条线,发布各类审计报告、季度风险提示。11月,浦发银行建立审计户籍管理制度,内容包括基本情况、检查情况、重要事项和处罚记录4个部分,监控范围包括浦发银行相关主要部门和分支行。2010年,浦发银行围绕审计户籍卡、风险评级报告、业务监控计划、季度审计综合报告4个环节,开展持续监控工作,形成循环运转的审计机制,实现对基础数据的及时收集和对总体风险的分析把握,确保对全局风险的覆盖。

开展项目现场审计 2004年以后,浦发银行先后开展全面审计、专项审计、责任审计、离任审计。2010年,审计部坚持以风险为导向,在项目检查中突出管理效益、系统风险、合规风险、案件风险四大风险,锁定政府融资平台贷款、个人经营性贷款和个人购房贷款、同业存款和资金拆借、案件易发领域操作风险、集中采购管理、异地分支机构管理、外汇业务管理、主要审计发现整改情况等8个重点领域,有针对性的制订细化的审计方案,全年共完成审计项目906项,其中全面审计137项,专项审计296项,责任及休假审计348项,举报核查等其他审计项目125项。对全面审计突出过程控制,对专项审计突出结果控制,对责任审计突出时限控制,为全行的经营发展筑起坚实的"第三道防线"。

建设审计工作平台 2003年,浦发银行启动审计工作平台项目。2010年1月,审计工作平台2.0版的建设实现阶段性上线,发挥平台对审计工作的数据支撑作用,审计部成立非现场数据服务小组,把数据服务的对象扩展到公金、个金、资金、运营、财务等各个审计条线,共开展非现场数据服务60余次,为现场审计提供审计线索。

第二节 信用风险管理

一、贷款风险分类

1997年,亚洲金融危机发生后,中国银行信贷资产安全性问题引起社会高度重视。1998年4月,中国人民银行印发《贷款风险分类指导原则》,改变一逾二呆的不良贷款分类,借鉴国际银行业通用的做法,提出以风险为基础的分类方法,即把贷款分为正常、关注、次级、可疑、损失五类,后三类合称为不良贷款,同时规范提出贷款风险分类操作指导性意见。同时,中国人民银行印发《关于开展清理信贷资产、改进贷款分类工作的通知》,要求通过信贷资产的清理和分类工作,摸清各银行信贷资产的底数,分析不良资产形成原因,建立健全银行信贷资产管理制度和中央银行对银行贷款质量监管制度,从根本上提高中国银行业信贷资产质量。这是中国银行业风险管理的重大事件,业内称为信贷清(理)分(类)。

1998年6月,浦发银行成立清分领导小组,按培训、试点、全面铺开、检查、总结上报5个阶段全力推进。7月28日,浦发银行第一期贷款风险分类培训班在上海开班,从7月到9月,浦发银行举办7期培训班,参加培训人数达970人,约占全行员工的27%,是浦发银行建行以来规模最大的一次系统性业务培训。与此同时,浦发银行选择辖属上海浦东新区管理部、宁波分行作为试点单位,试点工作从1998年8月初开始,到10月末结束,经历资料补充、初分、复审、信贷讨论、总结上报5个阶段,试点单位克服补充资料难度大、耗时多、计算分析工作量大、分类标准把握有一定难度等种种困难,按时完成清分试点工作,同时,收集几十份有代表性的分析案例,为全行铺开积累经验。

1998年8月,中国人民银行结束在广东省清分试点工作,全国性的清分工作取得阶段性成果。浦发银行决定将贷款风险分类引入信贷管理制度,融入信贷管理的各个业务环节。从1998年11

月中旬起,浦发银行开始在全行推行贷款风险分类,1999年3月,全行完成1997年以前存量信贷资产的风险分类,在中国商业银行中,浦发银行最早实现全行信贷资产的五级分类。1999年,浦发银行申请上市,采用五级分类的方法向社会披露不良资产,是第一家向社会披露五级分类结果的银行。

1999年6月,完成新增贷款风险分类。1999年9月,中国人民银行全面推行贷款五级分类工作,浦发银行明确1999年内要完成对全行1999年6月底贷款的风险分类工作。2000年4月末,完成全行1999年12月底贷款的风险分类工作。从2000年起,要求贷款分类工作制度化、经常化。2002年4月22日,按照中国人民银行《贷款五级分类指导原则》,浦发银行印发贷款风险分类管理暂行办法,明确五级分类对象、标准、分类程序、管理职责等内容,建立浦发银行贷款风险分类的框架体系。

2003年至2006年,浦发银行对贷款风险分类办法进行过多次修订。2004年制定担保性表外业务风险分类管理暂行办法,把开立银行承兑汇票、信用证(含国内信用证、备用信用证等)、担保函、授信承诺列入担保行表外业务风险分类范围。2005年,浦发银行制定表内信贷资产风险分类管理办法,细化贷款分类的范围,由最初仅针对公司贷款业务,逐步扩大到个人信贷业务、表外业务、抵债资产和资金业务,从而丰富和完善风险分类的范围。先后提出及时分类原则,即在业务调查审查时进行首次分类,贷后检查时重新分类,发生突发情况及时分类;做到贷款发放时、贷后检查时、突发事件时的3个及时分类。

二、客户信用评级

2000年11月,浦发银行下发企事业单位信用等级评定办法(2000试行版),统一企事业法人客户信用风险的评价标准,为信贷决策提供量化依据。2002年,浦发银行明确信用等级分类方法和标准,设定经营管理、产品技术、市场环境、偿债能力、盈利能力等评定指标和参数,设定13个客户信用等级,从非财务因素、财务因素,全面地定性和定量分析客户信用状况,评定信用等级,同时又根据浦发银行的风险承受能力,设定9种交易等级。2006年1月25日,浦发银行下发"中小企业信用等级评定办法",界定中小企业信用等级,分为甲A+、甲A、甲A-、甲、乙、丙6个等级;分为工业、批发、零售商贸、交通运输、建筑施工及综合等六类,并分别制定不同的信用等级评定模板;按非财务因素和财务因素两部分评定信用等级。

三、统一授信

【全行统一授信】

1997年以后,浦发银行逐步规范全行的授信工作。1999年,浦发银行根据中国人民银行下发的《商业银行授权、授信管理暂行办法》,制定统一授信管理暂行办法,界定最高综合授信的含义和使用原则,明确信贷管理部是全行统一授信的归口管理部门,实行集中管理、合并控制,统一管理表内、表外、本币、外币授信业务,统一管理不同业务部门,或不同分支机构对同一客户的授信,统一管理直接取得的授信与为其他客户担保的间接授信。2002年,浦发银行就关联企业授信、多头授信等问题,印发就加强和规范统一授信管理的若干意见,规定统一授信涵盖公司金融、机构金融和个人金融业务,统一管理表内、表外、本币、外币授信业务。2003年,浦发银行根据中国人民银行、中国证监会有关规定,制定《境内证券公司统一授信管理暂行办法》,对境内证券总公司的资金拆借业务、股票质押贷款业务进行授信。2004年,根据中国银监会制定的《商业银行授信工作尽职指引》,浦发银行印发风险管理工作的指导意见,提出授信风险管理的总体原则是"科学发展、主动调控、坚持三性、优化结构"。本着这一原则,浦发银行通过授信业务的风险管理,积极调整和优化信贷结构,引导信贷投向,采取规模控制集团授信、对风险较大的20个集团客户实行全行窗口指导、清收控制多头授信和异地授信等一系列措施。2006年,浦发银行按"先授信、后贷款"的原则,实施集团公司客户统一授信,体现"统一、适度、预警"原则。

【客户授信管理】

2007年,根据中央宏观经济调控方针,浦发银行运用授信准入机制,从源头上加强信贷结构的调整控制,对五大支持板块的贷款审批开辟绿色通道,对四大有效控制类业务限定授信对象和总量,对三类严格限制类业务制定清收退出措施。2008年,浦发银行制订公司授信业务存量结构调整方案,主动退出经营状况趋于恶化、出现预警信号的企业。2009年,浦发银行制定2009年度授信政策指引,先后印发2009年度综合授权方案、公司授信贷后管理、公司授信担保管理、法人客户信用评级工作管理等项办法。与此同时,浦发银行下发集团客户统一授信管理办法、重点授信客户授信规定,下发全行首批重点客户授信名单。在加强重点领域的风险监控的同时,提高在大客户市场的竞争力。

【风险预警建设】

2007年,上海分行建立公司授信业务贷后风险预警系统,为贷后管理、授信审查、资产保全提供信息支持。2008—2009年,浦发银行在天津、济南、武汉、深圳分行进行试点,组织实施对公司授信业务贷后风险预警系统的功能升级,启动大额公司授信业务的监控预警,建立媒体信息监测机制,建立重大突发风险事件实时监测报告机制,及时对潜在风险客户提出预警信号。

【授信审批管理】

2010年,浦发银行初步制定授信业务审查、审批人管理办法,在全行推广专职审批人制度,增加专职授信审查、审批人员配置。在总行层面实行主辅审批人制度,对部分分行的组合审批业务实行直接审批。同时,遵循适度调整原则,总行对部分分行扩大授信审批权限,在风险可控的前提下进一步满足分行信贷业务发展的需要。

【开发额度管理系统】

2010年,浦发银行通过与风险管理系统、核心系统以及各大产品业务系统对接,实现一般公司、集团客户、中小企业、金融机构等四大类银行客户授信额度的统一视图管理和联机在线管控,2011年系统上线,从而结束手工台账管理的历史。

四、集中授权

1997年,根据中国人民银行印发《商业银行授权、授信管理暂行办法》,浦发银行制定信贷业务授权经营暂行规定,明确按照"统一等级标准,分级分类授权"的原则,分别授予分支行不同的业务范围和审批权限,实行一级管理一级,一级向一级负责。按照规定,浦发银行首先对上海地区各支行的信贷业务进行授权。

2002年,浦发银行开始建立实施综合业务授权机制。2003年,浦发银行制定综合业务授权管理暂行办法,按照逐级有限授权的规定,由行长向分管副行长/行长助理、各业务职能部门、业务职能部门的关键业务岗位以及各分行、直属支行授予业务经营的权限;各分行、直属支行行长向本级行的高管人员、有关业务职能部门及其所辖分支机构转授业务经营权。授权范围涵盖法定经营范围内的资产业务、负债业务、中间业务和其他业务。暂行办法还对综合业务授权原则、形式、分类、规定、管理和工作程序、综合业务授权评估、检查和监督、综合业务授权变更和终止等内容作出详尽规定。

五、贷款风险审查

【专家审贷】

2001年,浦发银行全行工作会议明确改革信贷管理模式,逐步实行专家审贷。在考察学习两家外资银行的基础上,浦发银行制定专家审贷机制初步框架,并确定在南京和杭州两家分行试点。南京分行的做法是,设立资深信贷主管、高级信贷主管、信贷主管、信贷分析师、助理信贷分析师5个专业技术职称,贷款审查人员必须通过浦发银行组织的专业培训和职称资格考试,才能行使信贷审查和审批职能。贷款审查采取"双主管""一主管一高级""双高级""一资深双高级"4种组合,对不同审批组合予以不同授权,对2 000万元以上首笔贷款,展期、借新还旧等重组贷款、中长期贷款等业务实行"一资深双高级"审批组合。调整贷审委员会人员和职能,分行贷审会由7名具有信贷主管以上专业技术职称人员组成,主持贷审会议的最终审批人不直接发表个人意见,也不参加投票,但是项目专职审批人必须发表个人的审查意见,对其业绩考评改为历年连续累计考核。明确贷款调查岗、审查岗、审批人员等各级信贷岗位责任,对出现损失的,按信贷责任追究制度进行责任追究和处罚。

【专业审贷】

2002年7月3日,浦发银行总结南京、杭州分行试点经验,印发专业审贷管理办法和专业审贷岗位职责暂行办法,设立首席信贷官、资深信贷主管、高级信贷主管、信贷主管、信贷分析师和助理信贷分析师6个等级专业审贷岗位,授权审批不同风险等级授信业务,建立起责任考核和条线集中管理的授信风险管理机制,这是浦发银行风险管理体系核心组成部分之一。在分行推行集中审贷,双人审批授信业务。2003—2004年,浦发银行推进全行专业审贷工作,先后组织专业审贷人员岗位资格考试和聘任;重新修订贷审委工作规程,改变部门总经理担任贷审委成员的模式;在部分分行,向审贷专业人员或组合进行授权,改变按行政职务审批贷款的传统模式。

六、信贷检查

【总行贷后检查】

2000年,浦发银行制定信贷检查工作暂行办法,首次划分贷后检查与信贷管理检查两类检查,分别规定贷后检查和信贷管理检查实施的时间与频率、检查的范围、内容和方法。2003年2月,浦发银行加强大额授信客户以及中长期贷款客户贷后管理的力度,着手建立浦发银行贷后检查专业队伍,明确浦发银行贷后检查专业队伍由浦发银行风险管理部召集,人员由浦发银行相关部门、分行和直属支行组成,原则上每年安排不少于20批次的检查,每一批次组成5—7人的检查队伍,历时5—8个工作日。在浦发银行贷后检查的基础上,浦发银行提出要建立总分行两级贷后管理机制,按照"查审分离"的要求落实贷后检查任务。当年,浦发银行制定的加强信贷检查工作若干意见、切实加强贷后管理的若干意见、浦发银行信贷专业检查队伍岗位职责等制度。2004年,为提高贷后检查的质量,浦发银行明确贷后检查的目的是,鉴定业务操作的合规性、确定业务的风险程度、提出控制风险的对策、提供风险资产责任认定的依据等。要求风险检查机构要及时报告发现的重大风险、提出防范和化解风险的对策和整改建议、风险控制措施、业务操作整改落实情况。客户经理承担自身经办的授信业务的贷后检查职责,有条件的分支行要试行客户经理间的交叉检查,同时落实有效的考核奖惩措施。

【分行信贷风险检查】
　　自1995年始,浦发银行信贷部联合稽核部,先后就分支行信贷、信托、社保业务进行全面和专项检查。2000年,浦发银行开始启动对分支行的信贷业务的常规检查。2001年,浦发银行首次采用总分行组成联合检查组,检查杭州分行以及下属绍兴、萧山、嘉兴支行信贷业务。2002年,浦发银行对昆明等10家分支行信贷业务进行常规检查,受检机构占机构的60%,共检查表内外信贷余额达240亿元,占被检查行信贷资产总量的51%。2003年,浦发银行多次集中各分行的信贷管理骨干,成立浦发银行信贷检查专业队伍,开展对杭州、上海、济南、重庆、天津、北京、广州、深圳、温州、苏州、宁波、昆明、南京、大连、芜湖、郑州、西安、成都、沈阳等分行20批次检查,重点检查总行审批的大额授信和中长期贷款。通过调阅档案、核验操作程序,与经办人员谈话、实地察看等方法,揭示授信企业的风险点,对有风险的个案直接提出提高风险级别、降低信用等级的意见等,合计检查5586笔贷款,出具615份单户检查报告,实现风险检查覆盖分支机构的目标。2004年,浦发银行下发《关于建立健全风险检查机制、落实风险检查工作的若干意见》,提出风险检查的要求,要求授信业务的各分行、直属支行均应设立专职的风险检查岗位,授信业务余额达到80亿元以上的分行必须设立专门的风险检查科。明确风险检查机构的主要职责是开展风险检查工作,及时报告贷后检查中发现的重大风险、提出防范和化解风险的对策和整改的建议、风险控制措施、业务操作整改落实情况。2004年6月至7月,浦发银行针对国家对部分行业进行宏观调控的经济环境和部分行业投资过热情况,组织对沈阳、大连等7家分行所办理的对钢铁、电解铝、纺织、房地产(含财政协调贷款)等宏观调控重点行业贷款的实地信贷调研和业务检查。除此之外,还检查离岸业务贷款。

【风险资产责任认定及追究】
　　2001年4月,浦发银行印发信贷风险资产责任认定及追究办法,明确规定对信贷业务中产生各类逾期或欠息、各类垫款、产生呆账贷款和坏账损失的各级相关信贷人员,以及各级行的分管信贷行长、行长进行处罚,包括扣发奖金、扣发部分工资、调离信贷工作岗位、解除劳动合同以及警告、记过、记大过、降级、降职、撤职、除名等,同时明确信贷责任认定及追究程序、信贷责任的认定方法。同年12月,浦发银行为遏制新增不良资产,对新发生不良资产做到早预警、早介入、早清收,建立不良资产"谈话"制度,总行可约见分行负责人和具体经办人员,了解不良资产的发生与清收情况,指出经办行在风险审查和监控方面存在薄弱环节,提出具体整改的意见。必要时追究相关责任人责任。

七、个人银行业务风险管理

【组织架构建设】

浦发银行开业以来,个人金融业务在整个银行业务中的比重较低。2003年,浦发银行实施大力发展个人金融业务战略调整的重大决策,促进个人银行信贷业务健康发展,全面加强个人信贷风险管理工作。2004年,浦发银行成立个人银行总部,并下设风险管理部。2005年9月,浦发银行风险管理总部成立,下设个人银行风险管理部,派驻总行个人银行总部,履行跨部门的风险管理职能。2006年7月,浦发银行下发《分行个人信贷风险管理体制改革实施意见》,要求全行建立专业化、集约化、流程化的个人信贷业务风险管理新体制。此后,上海、宁波、南京、温州、杭州、深圳、郑州、太原、重庆、广州、北京等分行陆续成立个人银行风险管理部,其他分行成立个人银行风险管理团队,配备专职和兼职风险管理人员,初步建立个贷业务风险管理专业条线,奠定全行专业化个贷风险管理基础。

【业务管理模式】

2004年,浦发银行根据"强调建设个贷中心、调整贷款结构,实施分产品、分区域风险管理"指导思想,在全行范围内构建个人信贷中心管理体系,建立审查审批、放款监督、贷后管理和催收保全"四位一体"的个人信贷业务管理模式。浦发银行先后制定下发《关于调整个人信贷业务工作管理模式的意见》《综合业务授权管理暂行办法》《信贷授权管理实施细则》等管理文件,建立个人信贷业务授权授信管理机制。

2005年1—5月,浦发银行先后下发个人信贷业务审批工作流程、个人信贷业务政策指引,在全行范围内实施个人信贷业务项下的分行授权审批和总行审贷专家一支笔相结合的贷款审批制度;首次制定全行统一的个人贷款操作政策、流程;以区域风险状况、分行资产规模和质量、分行风险管控能力和业务风险大小为依据,实施分产品、分区域的差别化授权管理模式。

【信贷风险管理】

专业审贷人员的培训考试 2005年,浦发银行先后编写《百问百答》辅导资料,以视频方式开展业务培训,组织个人信贷业务专业审贷资格考试,全行共有985位从业人员参加个人信贷业务专业审贷资格考试,有80.41%受训人员顺利通过培训考试,其中有32人获得高级岗位资格证书,760人获岗位资格证书。2008年,浦发银行拟定风险经理专业职务管理办法、风险管理条线人力资源规划,前者对风险从业人员实行专业技术资格认定、绩效考核评价等专业化管理,后者旨在建立系统化培训机制。

个人贷款的自动分类管理 2005年5月31日始,浦发银行全面实施个人贷款五级分类系统自动分类,全行个人贷款五级分类由核心系统每月末实施自动分类。实施后的当月,全行就纠正上年应分入而未分入的不良贷款近5 000万元。

加强个人贷款的风险检查 2006年4月,浦发银行组织相关分行行长、分管风险(个金)行长、风险管理部、个金部、会计部、总行审计特派办等196人,对26家分行,开展个人信贷业务全面自查自纠工作,当年,浦发银行先后对15家分行进行现场检查,建立包括检查前准备、现场检查技术和检查后评价等内容的个贷专业检查机制,形成6个标准化的数据采集工具或文档,运用综合运用抽样检查、符合性检查、压力测试、穿行测试等手段,下发个人信贷业务风险检查工作暂行办法。

建立业务预警监控机制 2005年4月,浦发银行首次设立多维度监控指标,针对大额贷款、一人多笔贷款、外地(籍)人士贷款、一手房贷款楼盘施工进度和同一楼盘借款人逾期集中度、二手房贷款同一中介公司推荐借款人逾期集中度和评估公司高估记录、汽车贷款同一经销商推荐借款人逾期集中度、消费贷款及经营性贷款抵押率、不良贷款水平、逾期贷款催收率等风险高发的业务和品种,形成个人信贷业务风险预警监控的指标体系雏形。2006年11月,根据浦发银行下发的客户风险统计制度实施细则,全行个人信贷业务违约信息资料上报机制正式建立并运行。2006年年末,全行24家分行实施贷后监控工作,实施监控率达86%。

发挥IT非现场后督作用 2006年,浦发银行积极探索运用贷款信息管理系统,对已发放的100万元以上贷款实施非现场的后督检查的全新工作机制。截至2006年11月末,浦发银行先后向20余家分行分别发出涉及685笔近12亿元贷款的后督征询,有效实施后督检查。在实践基础上,当年浦发银行完成《总行个贷后督工作流程(讨论稿)》,同时结合全行个贷风险管理体制改革,编写完成《个人信贷业务后督工作管理暂行办法(征询意见稿)》,提出涉及三大类风险近20项后督标准。

实施业务全面风险管理 2004年至2006年,浦发银行较好地实施对个人银行业务的全面风险管理。2006年年初,浦发银行根据银监会发布规定,制定下发个人理财业务风险管理办法。

八、信贷分析制度

2003年,浦发银行建立信贷分析制度,要求分行按月上报不良贷款快报、月度分析,按季上报季度报告。由风险管理部门按季向决策层提交信贷资产、全行产品结构、行业组合状况、客户资质情况,剖析风险资产的成因、预测发展趋势的全行风险资产质量分析报告,并提出相应信贷政策建议。2005年,浦发银行逐步建立不良资产的预警、计划、监测和控制机制,定期收集统计数据信息、综合内外部监管信息等各种方式,对全行贷款五级分类的准确性进行监控。面临2008年金融危机的影响,浦发银行先后组织专家调研组和行业课题组,对长三角、珠三角、环渤海、中西部及东北地区14家分行进行调研,提交房地产、钢铁、火电、公路、煤炭、建筑、民航、港口、船舶和汽车等11个行业研究报告。2009年,浦发银行形成行业研究制度,涉及教育、批发零售、酒店、纺织行业,为制定信贷投向政策提供依据。

九、信贷风险化解

【不良资产新老划段】

1999年年初,全行工作会议把风险防范和化解工作列为年内三大重要工作之一,提出强化信贷风险管理的6项措施,包括对不良资产进行新老划段、分类管理、双线考核,建立资产保全体制,加强不良资产催收。

1999年2月,浦发银行制定不良资产新老划段、分类管理、双线考核的规定,明确以1997年12月31日为界,实行新老信贷业务划段。凡是1997年年底前发生的涉及贷款逾期、呆账、呆滞的,在贷款风险分类中被分为次级以下的,担保性中间业务中发生对外垫款的,均比照贷款"一逾二呆"标准作为老的不良资产,上报总行专项管理,并按事先确定的压缩目标进行考核。对1998年1月1

日以后新发生资产业务,统一考核标准,控制新发生贷款逾期率,对新发生呆滞呆账贷款,提取特别准备金,核减当年利润,追究有关人员责任。实行新老业务划段、双线考核后,基本摸清不良资产的底数,为全面进行资产风险管理、开展不良资产清收工作提供客观基础,推进资产质量考核工作开展。

【不良贷款集中管理】

1999年5月,总行领导率领工作小组,对8个分行、直属支行开展不良资产清查和清收工作的调研和检查,先后出台不良资产的清收费用管理及考核奖励办法、待处理抵债资产的会计核算手续、以实物资产抵偿贷款本息办法。2001年7月,浦发银行设立资产保全部,下设政策管理、业务审批、资产处置、系统信息4个科,主要负责管理、指导、协调、推进全行资产保全工作。各分行、直属支行先后设立专职机构或专职岗位,计有1999年杭州分行的资产保全部,2000年上海地区总部的资产保全部,2001年南京和重庆分行的资产保全部,2002年北京分行设立资产保全部,其他分支行包括新设立分行均将资产保全管理职能落实到风险管理部或稽核部,基本建立资产保全管理的组织体系,负责管理全行几十亿元的不良资产。其中,上海地区总部推行3个"集中"的管理模式:不良资产集中、保全人员集中和保全档案集中,三者全部由总部资产保全部进行集中管理。杭州分行90%以上的老不良贷款,集中在资产保全部负责清收,收到明显效果。

【资产保全与处置】

2001年,浦发银行制定不良资产重组管理办法。2002年,浦发银行出台以资抵债、诉讼案件、已核销资产管理等项制度,构成多元化的资产保全和处置的模式。2008年,浦发银行实施不良资产打包处置项目,抓住重点分行及集团企业的不良资产清收,利用政策进行不良资产核销,实现不良资产余额、不良资产占比双双下降。2010年,浦发银行建立资产保全提前介入机制,制定年度清理目标,及时揭示风险;强化大额及系列不良贷款的动态跟踪和化解机制,对大额不良贷款建立台账,每月进行动态跟踪,对系列不良贷款指定到人,推动清收;同时加强核销贷款清收考核。

第三节　操作风险管理

一、制度管理

【整章建制】

1996年3月,国务院副总理朱镕基对《上海部分金融机构内部控制的调查报告》作出重要批示,指出要认真建立健全会计制度和存贷款内部控制制度。1997年,中国人民银行引入巴塞尔银行监管委员会发布的《有效银行监管的核心原则》,在中国银行业推行内控管理,先后印发《内部控制指导意见》《关于进一步完善和加强金融机构内部控制建设的若干意见》。1998年3月,浦发银行本着"规范经营、内控优先,制度优先"的原则,决定在全行范围内组织开展以完善金融机构内部控制建设为核心的整章建制工作,分为自查清理、对照建制两个阶段,截至1998年8月底,经过自查清理,全行共排议235条制度的修改意见和薄弱环节,并相应制定各项规章制度、操作规程计572件,涉及金融机构组织结构风险控制、资金交易风险控制、信贷资产及风险管理、会计核算管理风险控制、授权、授信管理控制、计算机系统风险、各项业务管理制度的控制、业务岗位的管理与风险控制、风险预警、预报的管理与控制、检查监督制度和机制10个方面。

【规范流程】

2003年4月,浦发银行综合系统全面上线。年初,浦发银行组织力量,对会计制度进行全面梳理和整合,经过3个月前期准备和3个月集中攻坚,通过剔除、修订、补充,10月14日,浦发银行顺利发布编制《浦发银行会计出纳操作及运行管理制度规范(1.0版)》(以下简称《规范》)。《规范》集本外币和对公对私、操作和管理于一体,涵盖会计基本管理要求、操作规程、运行规范、核算规范和服务规范,采用流程图的表现形式,细分会计核算过程各个环节,突出风险节点控制,绘制业务流程图共358个,成为全行会计条线操作和管理指南、学习和培训教材、会计检查标准。2004年,浦发银行决定从8月份起,在全行会计条线,组织开展落实《规范》的尽职尽责活动。作为对《规范》学习情况的一次检查,2005年3月,浦发银行举行全行尽职知识考试,全行772名会计人员通过网络系统参加。

二、内控管理

【制定办法】

1996年,中国人民银行要求建立风险防范为主的内控制度和工作业务规程,把所有业务环节都置于制度监督之下,浦发银行稽核部门按照专业管理特点,制定各个专业内控管理制度,包括经营决策、权限分工、岗位职责、操作规程、主要业务岗位、重点制度、检查监督7个方面,共79条,以摸清家底,揭露问题,堵塞漏洞,建制健制,强化监督。1999年10月,浦发银行制定内控管理暂行办法,规定实行行长(经理)领导下的统一领导、分级管理的工作责任制。提出设立三道监控防线,实行岗位责任分离的重要思路,即建立一线岗位双人、双职、双责为基础的自控防线,建立相关部门、相关岗位之间相互监督制约的工作程序作为互控防线,建立以内部监督部门对各机构、部门及岗位、各项业务全面实施监督反馈的监控防线。2001年7月,浦发银行第二季度工作会议,对三道防线进行规范表述,即一线业务部门为抵御外部风险的第一道防线;各职能部门是对一线以及分支机构进行检查、监控、统计、分析,对风险部位、风险环节进行识别、审查、评价监控防范和化解风险,保障资金安全的第二道防线;内部稽核监督部门是对管理部门的再管理、再监督,防范和化解由于内部原因造成风险的第三道防线。

【内控检查】

内控稽核调查 2001年5月,中国人民银行召开全国银行系统"加强内部管理、整顿金融秩序、防范和打击金融违法犯罪"工作座谈会,行长戴相龙发表重要讲话。2002年9月,中国人民银行发布《商业银行内部控制指引》。2003年度,浦发银行组织全行范围内的内控管理状况稽核调查。调查以分行自查为主,涉及授信的内部控制、资金业务的内部控制、存款及柜台业务的内部控制、中间业务的内部控制、会计业务的内部控制、计算机信息系统的内部控制、内部控制的监督与纠正共八大方面。浦发银行统一制订方案,统一布置规划,先作内控问卷调查,再按要求对分行和一家支行进行检查,进行评价打分。通过调查,推进全行内控管理。

内控大检查 2005年年初,中国金融系统发生一些重大案件。在案件高发的严峻形势下,中国银监会先后五次召开案件专项治理工作会议,提出银行业案件综合治理长效机制建设10项措施。结合浦发银行实际,总行决定从2005年3月开始,在全行范围内,开展防风险、保安全的内控大检查活动,历时5个多月,分为风险排查和问题整改两个阶段。根据内控大检查的安排,第一阶

图 4-3-2　浦发银行召开 1996 年监察稽核工作会议

段各级行集中力量进行风险排查,从制度层面、操作层面、执行层面、人员管理层面揭示内控中的风险。第二阶段针对排查发现的风险和问题逐一进行整改,其间浦发银行多次召开专题会议,进行阶段动员、案例分析。经过全面风险排查,9 个条线、5 个层面共归纳出 1 583 和 873 个风险点,在排查出的风险点中,各分支行已整改 1 717 个,占 70%。通过内控大检查,各级行对现行制度和风险控制流程进行一次彻底的梳理,总行层面共废止制度 33 项、修订制度 39 项,制定业务风险控制流程图或流程图样本。

【内控机制】

2006 年,总、分行设立独立合规风险管理部门,内控工作纳入合规风险管理。同年,浦发银行开始实施内控体系建设项目。2007—2009 年,浦发银行围绕内控体系建设项目,先后制定内控体系文件,开展内控评价工作。

三、案件防范

【专项治理】

2004 年至 2005 年年初,国内银行业金融机构相继发生重大案件。2005 年 2 月,根据国务院领导要求,中国银监会下发《关于加大防范操作风险工作力度的通知》《关于落实案件专项治理采取有效措施防范银行案件风险的通知》,自此,全国性银行业案件专项治理工作正式启动。

2006 年,中国银监会在苏州召开股份制银行案件专项治理工作会议,副主席唐双宁就当前银行业案件专项治理形势作重要讲话。2007 年,中国银监会完善案件防控长效机制,提出银行业金融机构案件总量及百万元以上大案要案数量实现双降 20% 以上的工作目标。2006 年 5 月,浦发银行制定案件专项治理工作实施意见,成立案件专项治理领导小组办公室。2007年,浦发银行制订案件专项治理整改工作总体方案,提出突出重点、立足长效、条线推动、分步推进工作原则,实施"五五工程建设",全面展开案件治理的整改。

浦发银行"五五工程建设",是全行案件风险整改和案件防控工作的纲领。即在制度建设、制度执行、科技手段、人员管理、危机管理5个重点领域里,分别突出5项重点,设置292个项目,涉及19个部门(条线)。包括加强制度的规范性建设,形成分条线的关键岗内控手册,推动内控评价工作,落实奖惩并举的激励约束机制;强化管理部门和业务操作岗位职责,制定和完善管理岗位的案件防范责任制,完善内控"三道防线"的风险防范建设,完善合规举报机制和内控纠正机制,完善内部审计的运行机制;重视各类管理信息系统建设,加快推进运营流程再造项目,加大IT审计工作力度,推动审计信息平台建设;加大高级管理和核心技术人才建设力度,加强基层支行行长和关键业务操作岗位队伍建设,开展培训活动和教育警示活动,推进合规举报、责任审计、强制休假审计等监督手段;建立危机管理组织机制和处理流程,加强声誉风险管理,执行重大突发事件报告制度和其他监管信息报告要求等。2007年,按照总行统一领导、条线推动、分行协调、开展实施、定期反馈的推进措施,全行有效落实各项整改措施,较好完成221项案件专项治理整改工作,全年没有发现案件,并成功堵截9起案件,实现案件数量和百万元以上案件较上年双降20%的案件防控工作目标。

【风险排查】

根据银行业监管部门要求,从2008年7月开始,浦发银行在全行范围内开展案件防控及风险排查工作,采取分行排查、总行验收的方式,要求各分行按不低于40%的比例对所辖机构进行排查,总行按不低于30%的比例进行验收,其中,上海、北京、天津、沈阳、青岛分行为必查单位。排查涉及运营、公司银行、个人银行、资金、产品开发、风险管理、合规、办公室、人事等9个条线、40个环节、160个容易引发案件的风险点。通过案件防控及风险排查,全行共排查出风险点2 875个,整改完成率72%。2008年,成功堵截各类案件和操作风险事件17起,涉及金额8 615万元。2009年,中国银监会先后对银行业排查案件风险工作进行紧急部署,召开案件防控和安全保卫工作会议,浦发银行落实会议精神,引入案件防控考核。8月,浦发银行组成4个案件风险检查组,对天津分行、广州分行、哈尔滨分行、南昌分行、芜湖分行、郑州分行、石家庄分行、重庆分行8家分行进行7个方面检查,推进分行落实2009年案件防控目标责任。2010年4月,结合中国银监会开展"银行业内控和案防制度执行年"活动,全行开展2010年十大重点领域案件风险检查,经分行自查发现问题1 435个,总行抽查发现操作风险及问题共128个,及时进行整改。

【长效机制】

2007年开始,浦发银行逐步形成具有自身特色的案件防控工作机制。一是组织构架。2009年,浦发银行成立案件防控工作领导小组,各分行相应成立案件防控工作领导小组和案件防控办公室,全行案件防控的组织架构初步形成。二是责任机制。2009年起,总行与各分行、各部室,分行与各支行、分行各部室层层签订案件防控目标责任书,形成一级抓一级,层层负责任的责任制网络。2011年,案件防控目标责任推进到一线关键岗位员工,建立案件防控目标责任考核卡,完善目标责任考核方案和考核的量化指标体系。三是联动机制。通过自下而上的工作报告制度和自上而下的工作督导机制,加强案件防控信息的纵向传导,建立总分支行的联动机制;通过案件防控联席会议制度,加强案件防控信息的横向传导,建立建立部门间的联动机制;通过内外部的联动机制,解决当前重点难点问题。四是预警机制。推进案防技术创新,改造重要业务操作流程,深入研究重点部位,开发新的预警规则,组织对预警信息的监控、梳理和案件风险排查,多方位收集案件隐患信息或普遍存在的典型问题,及时进行风险提示。五是检查机制。列出年度案件防控工作重点,组织开展案件风险检查,早发现、早控制。把案件风险检查重点放在基层机构、重点地域所在机构、管理宽幅较大的分行。对案件风险检查发现的问题,举一反三,解决制度不完善、执行不到位的问题。六是教育机制。自2007年起,总行累计编发《案例警示》百余期,开展案例警示教育、职业操守教育、廉洁从业教育、法规制度教育,抓好人员行为的动态管理。自2007年至2010年,全行没有发生一起案件。

四、政策管理

2004年,巴塞尔银行监管委员会发布新资本协议。2005年,中国银监会要求加大防范操作风险工作力度。2006年,浦发银行制定操作风险管理政策。2007年,浦发银行在全行试行近半年的基础上,比对中国银监会颁发的《中国银行业实施新资本协议指导意见》,制定与操作风险管理政策相配套的"操作风险识别评估程序"和"操作风险监测报告程序",向中国银监会作了操作风险管理政策专项报告,得到监管机构充分肯定。

2007年4月,经第三届第十四次董事会审议通过,全行正式实施操作风险管理政策。该政策作为全行操作风险管理的纲领性文件,明确操作风险管理责任,逐步建立对操作风险损失的计量、分类、统计、分析和考核评价制度。提供系统化操作风险管理的整体框架、运行机制和工具方法,为浦发银行各部门及分支机构制定各自操作风险管理实施细则提供重要依据。操作风险管理政策的实施,标志浦发银行操作风险管理进入新阶段。

第四节 市场风险管理

一、管理机构

市场风险是现代商业银行重要风险之一,表现为资金业务交易中产生的价格风险。鉴于浦发银行已开办债券、拆借、即期和远期外汇买卖、货币掉期、资产互换等一系列资金业务,2004年,浦发银行着手筹建资金业务市场风险管理的资金中台,并从海外引进专业管理人员。2004年11月,浦发银行资金财务部分拆,设立资产负债管理委员会办公室、财务部、资金及市场部,在财务部下设立资金中台,承担市场风险管理。2005年9月,浦发银行成立风险管理总部,下设资金与市场风险管理部,再度引进海外市场风险管理人员,与资金中台人员组成市场风险管理的专业团队,从事市场风险的信息分析,检查、监控和报告全行市场风险状况,负责向风险管理委员会和高级管理层汇报市场风险相关事宜。2008年,根据中国银监会相关要求,浦发银行公司董事会承担银行风险最终责任,下设风险管理和关联交易控制委员会,监督高级管理层关于信用风险、市场风险、操作风险的控制。

二、专业管理

【风险识别和计量】
自2004年年底开始,浦发银行研究和开发一整套盯住市场和盯住模型的估值方法,建立人民币收益率曲线模型,作为人民币产品定价、风险计量、风险控制的基础工具,运用到人民币债券业务的盯市当中;开发衍生产品估值模型,90%以上的业务都基本实现自动化估值。同时,浦发银行作为SHIBOR第一批报价团之一,研制开发SHIBOR报价模型;建立并形成市场数据、交易头寸半自动载录,辅以手工整合监控的处理流程,并利用现有的资源开发一批自动化的程序,运用到数据取值、报表生成、监控报告、限额监控等环节,起到主动监控风险的作用。2010年,浦发银行对既有的KONDOR+和AIMS系统予以完善,配置和完善包括非线性风险、各类希腊字母测度、风险价值计量等一系列手段,在使用外购系统中较为先进的固有计量平台的基础上,对奇异类产品实施逐个突破,并强化对交易规模最大的人民币系列产品的本地化计量精准度。

【风险评估和监测】

对重大市场波动实施实时或定期监测。在风险管理报告的基础上,2008年,浦发银行形成相关市场风险的定期报告制度,每月或在市场发生重大变动时及时向高管层报送。

对市场交易业务风险进行评估。在评估基础上确定各类市场风险限额,其中包括非授信方式回购交易抵押物价值限额、首次公开发售时回购交易特批限额、美元日间敞口限额、隔夜敞口限额、长假期间隔夜临时限额、结构性交易保证金比例限定、待售类债券非正常出售比例限额、黄金业务止损及敞口限额、信用债期限结构和规模限额。对大多限额实施每日监测并生成月度报告,同时制定一系列的交易账户敏感性、敞口、止损限额等监控指标,一旦发生超限等情况,要求相关部门及时报告并由有权人员核准。

对新产品进行风险识别和评估。2009年,浦发银行下发资金新产品、新业务审批管理办法等一批管理规定,在产品审批流程中,明确市场风险管理部负责识别和评估新产品、新业务中包含的市场风险。

【管理系统】

在市场风险管理部门建立初期,浦发银行已确立短期快速上线与中长期系统考察并行的市场风险管理系统建设方案。2007年,该系统上线,正逐步实现各阶段分期目标,浦发银行已可凭借各类行情、头寸控制、敏感性分析系统,以半手工化的方式监测、把控市场风险。同时,已对中长期前、中、后台整合的大型资金业务系统进行考察研究,予以规划。

三、政策管理

2010年6月,经浦发银行公司第四届董事会第九次会议审议通过,浦发银行印发市场风险管理政策。管理政策规定全行市场风险管理体制,即董事会承担对市场风险管理实施监控的最终责任。高级管理层在董事会的授权下,负责建立市场风险管理组织结构、权限结构和责任机制。市场风险管理部门负责确保市场风险政策和程序得到正确、有效的执行。

规定市场风险管理五项基本原则,明确与市场风险有关的各项业务和可以交易或投资的金融工具,规范市场风险管理采取的投资、保值和风险缓解策略和方法,要求建立全面有效的市场风险报告体系,建立完备的市场风险识别、计量、监测和控制的政策、程序和系统,建立完备的市场风险资本管理、计量及验证体系,对市场风险有重大影响的情形制订应急方案。

作为市场风险管理的再管理,管理政策要求建立完善的市场风险管理内部控制体系,建立完备的市场风险管理审计机制。

第五节 新资本协议

一、实施规划

2007年2月,中国银监会发布《中国银行业实施新资本协议指导意见》,推行风险计量和资本配置管理,通过量化风险成本,推动风险管理方式的变革,从被动的控制风险转变为经营风险,推动银行向集约化方向转变。2007年3月,经第三届董事会第十四次会议审议通过,浦发银行作为自愿实施银行,启动新资本协议实施。浦发银行成立新资本协议实施领导小组,同时,在领导小组下设办公室,挂设在风险管理总部,作为领导小组的执行机构,统筹管理全行新资本协议实施工作。

2008年12月,浦发银行制订新资协议实施规划,并正式报备中国银监会。规划以"合规达标,提升管理"为总体目标,确立新资本协议项目群实施的总体路线图、阶段目标和时间进度;规划采用项目管理方式,将新资本协议实施工程划分为规划、信用风险非零售评级、信用风险零售评级、市场风险、操作风险、风险加权资产、资本管理及信息披露等七大项目群,共计27个项目;按照实施规划,浦发银行计划于2011年内完成初级法建设,2014年年底前完成高级法建设;2013年实现初级法合规达标,2016年实现高级法合规达标。

2008年至2009年,浦发银行通过搭建数据测试平台、组织全行范围的数据补录、开展数据测试和数据清洗、启动风险管理系统改造等一系列措施,为新资本协议的有效实施奠定可靠的数据基础。2009年至2010年,浦发银行将信用风险内部评级体系建设作为骨干项目,推进全行新资本协议实施先后建立非零售、零售信用风险的量化工具、配套管理制度和相关信息系统,并陆续应用于管理实践。2010年,全面推进新资本协议实施的其他领域,包括市场风险、操作风险、风险加权资产计量、第二支柱建设等。2010年年底,浦发银行新资本协议办公室设为总行一级部门。

二、实施领域

【非零售信用风险内部评级】

信用风险内部评级体系是新资本协议的核心,浦发银行于2008年10月启动非零售信用风险内部评级,先后健全内部评级治理结构,建立新版内部评级工具系统,开发全行统一的评级主标尺,一期(对公内部评级)、二期(金融同业内部评级)工程分别于2010年2月和10月相继竣工,在授权管理、审查审批、贷后管理、评级监控、风险限额、风险定价等领域发挥重要作用。

【零售信用风险内部评级】

2009年年底,根据统一规划分步实施建设思路,浦发银行开始启动零售内部评级体系建设。零售内评体系建设分成两个阶段实施,截至2012年年末完成,从而搭建涵盖主要零售产品贷前、贷中、贷后的评分与策略管理体系和零售资产分池体系,制定配套的标准操作流程和管理制度,开发满足零售内部评级法下信贷决策和资本管理机制运转要求的零售决策管理系统,并启动零售风险数据集市和风险量化策略平台的建设。零售内评体系已在治理结构、分池体系设计、分池流程、风险参数量化、压力测试、IT系统和数据管理、验证及分池应用等各方面有较深程度的建设。

【市场风险】

历经多年的建设,浦发银行已建立较为健全的市场风险管理机制及架构体系。2010年,浦发银行启动新资本协议市场风险管理合规达标项目,该项目包括三个子项目:"外部咨询"和"独立验证"两个咨询子项目以及"计量引擎系统引进"子项目。2011年9月,与新资本协议合规相关的系统功能上线。截至2012年,完成约50项设计方案,形成市场风险内部模型整体业务方案,配套构建市场风险内部模型政策流程体系;涵盖管理办法、职能分工、流程、交易策略、估值方法论、模型和报告等方面的一大批项目成果投入实际运用。依托新资本协议实施,浦发银行在市场风险相关的治理架构、政策制度、数据与IT系统、验证等各方面得到加强和完善,培养了一支市场风险管理专业团队。

【操作风险】

浦发银行是较早成立专职操作风险管理部门的银行之一,2005年,浦发银行就设立操作风险管理二级部门,将操作风险管理纳入全面风险管理体系。2011年,浦发银行启动操作风险标准法实施咨询项目。通过该项目建设,加上之前多年的努力与积累,形成完善的操作风险管理机制,构建完备的操作风险管理架构体系,并运用操作风险管理三大工具,在全行有序推进操作风险管理工作。

【风险加权资产计量】

风险加权资产计量与管理是新资本协议实施第一支柱的重要内容,也是构建科学化资本计量和管理体系的基础。本着依托风险加权资产计量引擎的建设,建立资本管理、配置及考核体系,力求成本收益的最大化的要求,浦发银行采取各项相关工作齐头并进,边建设边完善的总体实施策略。

第四章　运营管理

第一节　会计管理

一、"AAA"达标活动

1994年9月,按照国务院关于治理、整顿金融秩序的工作要求,中国人民银行召开全国银行结算工作会议,要求严肃结算纪律,加强结算管理,实现银行结算纪律的根本好转。

1995年,浦发银行开始在全行范围内开展的存汇业务内部管理"AAA"达标升级活动。1995年7月,浦发银行印发《存汇工作内部管理达级评估办法》和《内部管理达级评估标准(试行)》,办法以支行(办事处)、营业部为考核对象,分为AAA级(一级),AA级(二级),A级(三级),达80分者为A级,达90分者为AA级,达98分者为AAA级,凡内部工作管理达到AAA等级的单位,由总行颁发奖牌,给予奖励。

1996年2月上旬,浦发银行对上海地区的直属支行、办事处进行达标验收,第一营业部、陆家嘴、杨浦支行3个单位达到1995年度存汇业务内部管理"AA"级标准。1996年,第一营业部达到"AAA"级,杨浦支行、静安支行等18家行、处达到"AA"级,达到"AA"级以上行、处占当年度总行直属支行总数的90%。

1997年,第一营业部、杨浦支行、静安支行、徐汇办事处达到"AAA"级,其余直属支行均达到"AA"级。

1998年2月,浦发银行召开1997年度"AAA"达标表彰大会,肯定该活动开展3年来,各辖属行的成绩逐年上升,内部管理水平、服务质量稳步提高,在当地赢得较好的社会声誉,为浦发银行树立良好社会形象,要求继续加大力度,深化"AAA"达标工作。同年3月,综合重新修定《存汇工作内部管理达标评估办法》,在全行推行"AAA"达标标兵单位评定活动。

二、会计工作体系

1996年8月,浦发银行决定对全行会计组织、会计管理、会计核算、会计监督进行全面调整和完善,以形成具有浦发银行特色的会计核算体系。浦发银行成立领导小组和工作小组,开展会计工作现状调研工作,提出调整、完善会计工作体系的总体方案,会计核算流程的组织方案。

1997年,浦发银行进行管理机制改革,决定储蓄业务划归个人金融部,存汇部更名会计部,专司会计核算管理职能。当年,浦发银行印发进一步健全会计、出纳、储蓄业务内控机制的10项措施,转发中国人民银行《关于进一步加强银行会计内部控制和管理的若干规定》,明确会计工作必须实行统一管理。各单位的会计核算业务,必须接受和服从同级和上级会计部门的业务管理、指导、检查和监督,各单位会计主管的变动,必须征得上一级会计部门的同意。

1998年7月1日,本着建立本外币会计一体化管理体制的要求,外汇会计管理业务正式划归浦发银行会计部。

2004年,在郑州分行试行营业部经理委派制的基础上,浦发银行制定会计负责人委派制管理办法,在分行推行会计负责人委派制,向辖属的一级支行委派会计负责人。

三、统一的清算后台

1996年,浦发银行加入全国电子联行。同年11月,浦发银行成立清算中心,承担票据清算和人民币同业资金清算。1998年,浦发银行推行本外币财务会计一体化,清算中心增加外币清算业务。2000年,浦发银行实行本外币资金一体化经营,实行本外币清算合一,推行资金业务前后台分离,清算中心从上海地区总部划归总行,同时,原辖属国际业务部的SWIFT中心移至清算中心,从而建立本外币一体化的资金结算平台,业务范围包括本外币资金清算、拆借、外资银行借款、对外投资、本外币贷款和其他资产运作业务的相关会计核算及事后监督,以及承担浦发银行SWIFT业务,并承担全行清算业务的管理指导,被总行领导形象地比喻为浦发银行资金和资产运用的气象台。

自2002年1月起,浦发银行决定原由上海地区总部代理总行的活期储蓄异地通存通兑、东方卡异地往来、银行卡异地跨行往来和由总行向国际信用卡组织或外资银行请款的外卡取现、收单等业务的资金清算工作,改由浦发银行清算中心处理。浦发银行清算中心办理总行与分行(直属支行)、总行与中国人民银行、总行与外资银行的个人金融业务的资金清算工作,成为公司业务和个人业务的资金清算后台。

随着全行风险管理工作不断深化,浦发银行清算中心的后台清算功能日益凸显,业务范围不断扩大。截至2004年,浦发银行清算中心承担14种业务的后台清算,有开放式基金业务、个金业务清算与调账业务、离岸业务、自营、代客和租赁黄金买卖业务、自营外汇买卖业务、浦发银行股票质押贷款业务、代客外汇资产管理业务、本外币配套资金业务、本外币贷款准备金等业务、个金业务、银联业务、结构性理财业务、保理业务、信用卡中心业务,全年业务量达209万笔,形成一个覆盖全行、本外币合一、公私业务合一的统一清算平台。

四、会计核算规范

2003年年初,浦发银行提出打造浦发会计标准的构想,对建行10年来的会计制度进行全面的梳理和整合,于10月14日发布《会计出纳操作及运行管理制度规范》,内容上,集本外币和对公对私于一体、操作和管理于一体,全面涵盖会计基本管理要求、操作规程,以及运行规范、核算规范和服务规范。在形式上,采用流程图的表现形式,细分会计核算过程的各个环节,突出风险节点控制,绘制的业务流程图多达358个,成为全行会计条线操作和管理指南、学习和培训教材、会计检查标准。

2004年,浦发银行决定在全行会计条线组织开展落实《会计出纳操作及运行管理制度规范》、尽职尽责活动,自2004年8月起到2006年1月止,各级领导和会计条线员工,紧紧围绕学习动员、对照分析、纠正偏差、尽职尽责的活动要求,先后进行岗位职责描述的统一化、对照规范开展尽职检查、开展合理化建议活动,以及论文撰写、知识考试等阶段,提升全行会计运行管理水平。

第二节 流程管理

一、小前台、大后台

2003年年初,浦发银行加紧推进三大战略,本着对"管理的基础在组织,组织的基础在流程"的认识,浦发银行制定会计条线管理组织框架改革纲要,提出"小前台、大后台"的流程改革思路。2004年5月,浦发银行在郑州召开会计运行管理座谈会,提出实现"小前台,大后台"的业务处理格局的思路,明确会计管理组织架构改革的主要内容是:在总行层面,打破目前本币和外币、对公和对私核算管理职能分设的组织格局,构造"小前台,大后台"的业务处理模式,建立集制度管理(事前规范)、运行管理(事中控制)、检查考核三位一体的管理体制,强化总行会计管理的统一性、集约性和权威性;明确会计流程改革的实施步骤,前提是首先进行数据大集中,由总行对原始数据进行基础管理,其次是建立流程银行,通过大后台集中作业和工厂化的操作形式,使分散的操作风险得到集中,降低操作风险。在具体实施中分3个步骤推进:一是体制改革渐进化,引进国际会计准则,把会计核算职能划至浦发银行财务部,以会计部为主组建运营部门,承担运营操作职能,涵盖所有的业务操作流程,细分为若干业务中心;二是业务运行流程化,浦发银行会计部向生产中心转化,承担起运行集中和运行监控职能;三是机制建设,建立成本效益机制,建立完善运营风险的监督机制。

根据这一思路,浦发银行通过咨询和考察,2005年4月,制订运营管理架构改革方案,7月15日,浦发银行成立运营与科技总部,下设支付结算中心、贸易服务中心、资金后台服务中心、离岸运营中心、信用运营中心、运行监测中心、运营支持部。原浦发银行信息科技部划归运营与科技总部管理,原浦发银行会计部、单证中心、清算中心即行撤销。运营与科技总部成立后,以流程为主导,整合总行层面会计、清算、单证、离岸等全部后台部门,并相应调整职能,将结算产品开发职能移交前台营销部门,将会计制度建设职能移交财务部门,将信用运营职能从中台风险部门调整到后台。从2005年11月起,原会计部管理职责中涉及会计制度、会计报表、核算办法、会计科目、年终决算5项职能移交财务部会计管理部,运营与科技总部在财务部会计管理部制定的制度框架下,制定具体的操作规程及运营规范。

自2006年始,浦发银行启动运营流程再造项目。2009年,浦发银行成立运营管理总部,下设结算中心、资金后台服务中心、集中作业中心、运营监测中心、运营支持部,负责全行运营工作的统筹管理。2010年年末,运营流程再造项目在全国34家分行全部上线,标志全行"小前台、大后台"的集约化运营作业模式基本建成。

二、网点服务流程整合

"小前台、大后台"的运营作业模式基本建成,为网点服务转型创造条件。2009年,浦发银行确立"管理创造价值"的理念,明确2009年为管理提升年。当年,浦发银行运营管理总部成立,制定推动网点功能转型,发挥网点坐销职能,使运营服务创造更大价值的工作思路。当年,浦发银行调研组兵分6路前往上海、天津、重庆等6家分行,对网点服务能力进行评估、测试工作。在此基础上,浦发银行从网点运营形态调整、前端系统与网点服务流程整合和制度配套等三方面入手,按照现金、自助机具、外围设备、凭证、档案、库房、人员、机构、客户等九大运营要素进行梳理,制订网点运营服务能力提升方案,起草前端系统及网点服务流程整合业务需求,包含前台业务系统整合、签约类业务整合、网点柜员客户管理等12个大项。2010年2月,浦发银行正式启动"新一代网点平台与服务流程建设"项目。

第五章 资本管理

第一节 资本充足率管理

一、资本充足率达标

浦发银行在1999年上市以后,主要通过资本市场募集资本。1999年11月,浦发银行在国内A股市场发行4亿股,获得资本金29.55亿元,2003年1月,再次增发3亿新股,融资24.85亿元,资本充足率一度达10.56%,但是随着2001年以来总资产持续增长,资本充足率也不断下降,2003年年末,根据银监会管理办法测算,全行资本充足率为5.05%,核心资本充足率为4.21%,资本充足率成为制约业务发展的瓶颈。

2004年,巴塞尔委员会发布新资本协议(巴塞尔Ⅱ),正式提出三大支柱,即最低资本要求、监督检查和市场约束,推动全球银行业健全资本监管体系。2004年2月,中国银监会公布《商业银行资本充足率管理办法》,对国内商业银行的资本充足提出更高的要求。要求各家商业银行必须制订资本充足率达标规划,在3年过渡期内,即2007年的1月1日以前,商业银行资本充足率逐步提高到8%以上。

2004年,经公司董事会审议通过,浦发银行制订2004年至2006年资本充足率达标规划,计划2004年年末全行资本充足率将达到8%左右,资本补充的渠道是内部积累、发行次级定期债务和增发股票。2005年年末资本充足率将继续保持在8%以上,补充资本的渠道是内部积累和发行次级债。2006年年末资本充足率保持在8%以上,始终符合管理办法的监管要求。在维持稳定的内部积累的同时,积极通过各种外部渠道补充资本,充分发挥资本补充机制的作用。规划制定具体管理措施,即引入资本考核机制,进行经济成本分摊,推动全行提高资本的使用效率;主动调整资产结构,大力发展低风险的中间业务,开发新业务品种,保持每年利润以20%的幅度增长;明确由浦发银行资产负债管理委员会,通过情况跟踪、定期分析,采取补充措施,调整经营计划,保证资本充足率达标规划的实现。

自2002年起,浦发银行采取一系列措施,控制风险资产权重。2003年,浦发银行下达风险权重资产总量考核指标,2004年下达加权风险资产指标和加权风险权重指标。到2006年,基本形成以风险资本收益率为出发点,对辖属各分支行的贷款和加权风险资产实行双额度指标分类管理,合理控制资产规模增长速度。在资产结构方面,严格控制高风险权重、低风险回报的资产业务,努力降低贷款和风险资产的增长速度。在资本考核评价方面,出台一系列与资本管理相配套的考核激励办法,以资本约束为导向,将中间业务收入作为一项指令性指标下达,大力扶持和鼓励不耗用风险资本的中间业务的增长,全行绩效评价的基础逐步从账面利润转向经济利润,逐步创造收入来源多元化的格局,促进资本投入产出效率的提高。通过内部管理和资本补充,截至2006年年末,全行资本充足率达9%以上,实现资本充足率3年达标的目标。

二、资本充足率评估

2007年2月,中国银监会发布《中国银行业实施新资本协议指导意见》,浦发银行积极响应,同年3月,公司董事会拟定进一步加强公司资本管理的若干意见,就资本管理的目标和原则、主要职责和途径、体制和机制建设、资本总量和目标管理、资本结构和来源管理、资本运用等方面提出一系列措施;提出向巴塞尔新资本协议标准靠拢,实现资本充足率达到10%以上、核心资本充足率达到6%以上。2007年5月,经股东大会审议通过,公司董事会设立资本与经营管理委员会。按照若干意见,浦发银行在资本管理方面,引进并开发风险加权资产系统,完善配套政策流程,实现资本计量现行方法和内部评级法的自动计算功能,为全行进一步细化资本监管奠定基础。

2011年5月,浦发银行制定《内部资本充足评估管理办法》,规定每年开展内部资本充足评估工作,明确董事会及执行董事会、高级管理层及其下设委员会、相关配合部门的具体职责,同时规范内部资本充足评估的工作流程及工作范围。同时,为配合中国银监会资本监管制度的改革实施,6月,浦发银行在北京承办由银监会国际部主办的"资本充足率管理暨国际金融监管改革研讨会",多次参与中国银监会组织的《商业银行资本管理办法(试行)》征求意见座谈会,建言献策。

第二节 资本补充机制

一、内部补充

通过利润留存补充核心资本。在保持稳定股利政策的前提下,浦发银行除支付20%左右的现金红利之外,始终坚持将绝大部分净利润作为利润留存补充核心资本。2006年上半年,浦发银行累计实现净利润15.99亿元,全部用于补充核心资本,充分运用内部资本补充渠道。

通过一般准备计提补充附属资本。自2002年始,浦发银行保持不良贷款总量和不良贷款率双下降的势头,对贷款损失准备金计提,浦发银行提出更为严格的计提标准,达到或超过中国人民银行规定的计提比例要求,按照《银行贷款损失准备计提指引》规定,贷款损失准备金超额部分可视同一般准备金计入附属资本。2006年上半年,浦发银行通过一般准备的计提补充附属资本10.5亿元。

通过分配形式增加资本金。公司在满足中国证券监督管理委员会最低分红要求的前提下,尽量以分配方式补充资本。2007—2009年,公司先后通过派送红股、现金分红等分配方案,增加公司注册资本。其中,仅通过2008年分配方案,公司注册资本由56亿元增至79亿元。2009年,公司注册资本增至88亿元。

二、外部补充

【增发新股】

经中国证监会批准,2003年1月,浦发银行股份公司发行新股3亿股,增发价格每股8.45元,融资24.85亿元。2003年11月,公司股东大会通过发行不超过60亿元的可转换公司债券的再融资方案。2004年,公司将发债方案变更为增发不超过7亿股新股、融资60亿元的新方案。2005年4月,中国证监会启动股权分置改革,原定的增发新股方案被延后,资本补充计划受阻。2006年年初,公司董事会稳妥推进股权分置改革;5月12日,浦发银行股票复牌交易,股改全部完成,并成为上海证券交易所第一家全部非流通股股东支付对价的上市公司,也是非流通股东支付对价家数最多的上市公司之一。在监管部门的大力支持下,2006年11月,公司完成增发新股,公开发行新股

4.399亿股,发行价格每股13.64元,募集资金60亿元,成为自2005年5月启动股改以来国内证券市场最大的再融资项目。通过新股增发,浦发银行资本充足率由增发前的8.01%上升到年底的9.27%,核心资本充足率达5.44%,长期困扰发展的资本充足率的问题得到缓解。

【发行次级定期债务】

2003年,中国银监会下发《关于将次级定期债务计入附属资本的通知》。2004年3月,公司股东大会审议通过发行定期债务议案;6月,经中国银监会批准,浦发银行发行总额为人民币60亿元的次级定期债务,发行期为5年,利率为浮动利率方式,面向非银行金融机构发行。至2004年6月9日,募集的60亿元次级定期债务资金已全部到账,全额计入附属资本补充资本金。2004年年末,按照银监会资本充足率统计口径,浦发银行资本充足率达8.03%,核心资本充足率为4.21%。

【发行次级债券】

2005年,中国人民银行、中国银行业监督管理委员会联合颁布《商业银行次级债券发行管理办法》,为银行、财务公司等金融机构提供融资新渠道。2005年12月,经中国人民银行、中国银行业监督管理委员会批复同意,浦发银行发行次级债券,本期债券为10年期、固定利率,发行总金额为20亿元。债券名称为2005年浦发银行次级债券(简称:05浦发02)。本期债券以定向私募通、承销团余额包销的方式发行,承销团共计8家,主要由保险公司、商业银行、证券公司组成。按照规定,本次募得20亿元资金计入附属资本。2005年年末,浦发银行资本充足率达8.04%。2006年6月,浦发银行发行次级债券,本期债券为10年期固定利率债券,债券发行总额为26亿元,名称为2006年浦发银行次级债券(简称:06浦发01)。

2007年3月,公司董事会提出力争在2010年达到资本充足率10%—12%、核心资本充足率不低于6%的目标。在中国银监会的支持下,2007年12月,公司在银行间债券市场公开发行60亿元次级债券,本期债券分为10年期固定利率品种和10年期浮动利率品种。2008年12月,又在银行间债券市场发行82亿元次级债券,债券期限为10年,发行对象为银行间市场成员。由工商银行、建设银行等26家金融机构组成承销团进行申购承销。2008年浦发银行资本充足率达9.06%,核心资本充足率达5.03%。

【非公开发行股份】

2009年9月,经公司股东大会审议通过,经中国证券监督管理委员会批准,公司非公开发行新股数量9亿股,每股面值人民币1元,发行价格为每股16.59元,共有9位机构投资者获配,实际募集资金148亿元,全部用于充实公司资本金。2010年10月,经2010年第一次临时股东大会审议通过,经中国证监会批准,公司采用向特定对象非公开发行的方式,于2010年10月14日向中国移动通信集团广东有限公司发行股份28.7亿股,募集资金人民币394.6亿元,全部用于补充公司核心资本。发行完成后,中国移动持有浦发银行20%的股份,实现浦发银行和中国移动的全面战略合作。通过引进中国移动战略投资,2010年年末,公司核心资本充足率达到12.02%,资本充足率为9.37%。

第六章 财务管理

第一节 管理体制

一、集中核算

浦发银行开业后,在原有国家财政体系下,按照财政部和中国人民银行要求,建立起自身的财务管理模式,即额度控制下的财务分权体制,表现为:年初总行下达各项经营指标及财务指标,对主要财务事项实行额度控制,各分行享有独立的财务处理权;分支行财务关系各不相同,有的分行实行财务集权,支行无财务处理权限,有的分行采取分权模式,支行具有一定财务权限;财务管理基础薄弱,主要以核算为主。这一管理模式具有管理灵活、自主性强的优势,但也确实存在预算约束力不强、事中控制不力、事后监督不够、控制水平不高的情况。

浦发银行1999年上市以后,经营效益激励和约束作用更为强化和明显。2001年全行工作会议,浦发银行提出努力实现效益优先、规模增长、质量进步的发展目标,把坚持效益原则、探索和完善上市银行财务管理机制作为全年工作之一。2001年4月,全行第一季度工作会议,浦发银行制定《加强财务管理体制与机制建设的若干意见》,提出财务体制改革的6项内容,包括:全面修订和实施财务管理基本制度和管理办法,强化全面预算管理,形成现代化财务管理模式,强化全面成本管理,提升财务管理水平,抓紧财务队伍建设。制定改革目标,具体是:在1—2年内,全面修订和实施财务管理基本制度和管理办法,理顺财务管理体制,通过定期报告、专项检查,加强财务管理和监督;在2—3年内,以强化全面预算管理,形成反应灵敏、监控严密、运转高效、控制规范的财务运行机制;在3—5年内,努力形成有效实施全面船舶管理和投资决策管理的现代化财务管理模式。《加强财务管理体制与机制建设的若干意见》明确浦发银行财务管理体制以集权管理为主,实行分级分类的授权控制、全面预算控制、资金管理控制、财务会计控制、业绩评价控制、内部报告控制6项控制机制。

2002年,浦发银行以集约经营为目标,在全行推行财务集中核算,重点之一就是分支行城市行的财务集中核算。为此,浦发银行出台实施财务集中核算的指导意见,对集中核算的内容、组织形式、工作规划等各个方面,区别不同情况,确定相应的工作要求。当年,全行2001年以后新设分行,均设立财务核算中心,统一承担财务收支、账务处理、费用报销、税务管理,分行下属机构不再设立财务部门,做到财务集中核算;2001年以前设立的分支行,有的基本实现同城机构集中核算,有的做到费用管理集中核算,有的已经拟订两年完成财务集中核算工作规划。2003年,随着浦发银行资金财务管理系统的上线和应用,顺利实现全行财务核算集中。

二、财务制度

浦发银行上市以后,即按照上市公司要求,着手建立财务管理制度。2001年,浦发银行着手编订财务制度。2002年11月,经过董事会的审议通过,浦发银行财务制度正式公布,自2003年1月正式实施。

财务制度共有19章123条,涉及资本金、营运资金、负债、各项资产、成本费用、收入支出、利润分配、财务报告、财务监督、清算等,突出效益优先原则,覆盖经营管理领域。财务制度确立全行统一核算、统一调度资金、分级管理、逐级考核的财务管理体制,明确浦发银行的资本金、利润分配等由总行集中管理,各级行的财务管理由行长负责,所属一切业务部门的财务收支均归口财务部门管理。

2003年,浦发银行结合财务核算和成本管理系统上线,先后出台财务核算系统工作规范、财务核算系统核算流程等一系列的具体办法和实施细则,编制系统操作手册。截至2010年年底,浦发银行形成严密的财务管理制度,涉及成本费用预算控制、营销活动费用开支、差旅费核算、财务报销、大额集中采购、大型基建项目预算管理、零星装修装饰工程预算等。

三、专业化管理

【财务核算垂直化管理】

2004年11月,浦发银行改革资金财务管理组织架构,实行财务总监制,分别设立浦发银行资金及市场部、财务部、资产负债管理委员会办公室,原资金财务部撤销。原会计部管理职责中涉及会计制度、会计报表、核算办法、会计科目、年终决算等5项职能的移交财务部会计管理部。本着专业化管理的要求,财务部进行整体架构的重组,分设财务管理部、会计管理部、会计核算部、统计科以及信息管理科,在承担原有的预算管理、财务分析、绩效考核、费率管理等职能基础上,拓展资本管理、风险定价、产品分析等财务管理新职能。

2006—2007年,浦发银行基本完成全行财务核算人员垂直化管理组织架构,先后出台垂直化管理具体方案和操作方式文档,确立财务核算的有关制度规则和管理办法的基本框架,配合垂直化管理,进行网上报销系统的全行推广上线工作;提供规范财务核算、强化费用成本预算控制的统一平台;完善现有的财务核算账务体系,形成一套关于管理会计核算的规范性操作指导文档,实施并完成所得税会计总账的上线工作,最终实现财务会计、管理会计和税务会计三账并列的财务核算账务体系。

2005年,浦发银行财务管理突出资本管理的工作重点,加强预算管理和绩效管理的分析,以中间业务产品为切入点,对全行所有中间业务产品及费率标准进行分类和清理。

【开展财务巡回检查】

2005年下半年,浦发银行组织开展全行财务巡回检查,先后抽调55人共99人次,对深圳等12家分支行以及辖属机构进行检查,重点检查财务核算的规范性、利润的真实性,以及是否存在各种形式小金库。结合财务检查的实践,浦发银行拟定财务检查工作制度。

作为财务内控措施,2006年,浦发银行先后组织13家分行财务检查,对温州、苏州、青岛、沈阳、大连、长沙、哈尔滨等7家分行进行实地检查,对总行本部及信用卡中心进行财务检查。通过连续两年的财务检查,全行25家分支行都接受了总行的检查。

【制订财务人员专业系列】

2005年,浦发银行制定财务人员专业系列管理暂行办法,以进一步调动全行财务人员的工作积极性,提高财务人员的专业能力,培育专家管理型的财务管理模式。

第二节 预算管理

一、全面预算

按照浦发银行《加强财务管理体制与机制建设的若干意见》,2002年全行工作会议提出完善预算机制,优化预算编制,强化预算执行,硬化预算约束的目标任务。当年,浦发银行实施3个方面工作。一是改革预算指标,2002年,浦发银行调整财务预算指标,下达利润费用率、一般固定资产新增指标、电子设备新增指标,对新建网点、大额固定资产采购,实行专项审批和专项管理,形成各分支行的年度预算框架。二是编制季度预算,要求各分支行在每季度末,上报下季度的季度预算,通过季度预算的落实,保证年度预算收支的实现。三是扩展预算范围,浦发银行将本部各项支出全部纳入全行预算,以总行各部室为责任单位,实行预算管理,将预算的编制、执行纳入分支行财务负责人的考核范围。至此,全行形成以分支行、总行部室为对象的预算管理框架。

2003年3月,浦发银行下发《预算管理暂行办法》(以下简称《办法》),开始由传统计划管理向财务预算管理过渡。《办法》明确预算管理以全面预算为基础,主要涵盖业务预算、财务预算和项目预算,分别就银行经营业务活动、收支损益等财务状况、重大项目投资和大型资产购置决策作出预算。全行各级单位和部门,以及控股子公司,全部纳入预算管理范围,所有预算单位划分为利润中心、成本中心和项目管理中心,明确各级预算单位的主要负责人为执行预算的第一责任人。《办法》建立分期预算制度和预算执行情况分析制度,对跨期较长的大型项目预算,要求分月度或季度编报分期预算,严格控制项目的预算进度和付款进度,突出预算的控制职能。针对以往办法规定预算调整必须经过严格规范的程序,分为预算的变更和预算的修订两大类。《办法》突出预算的落实和执行,把预算执行情况的准确性与预算单位的利益挂钩。2004年年末,浦发银行下发编制2005年度经营计划的指导意见,开始编制全行预算。经过半年的磨合渐进,实现计划与预算结合。2005年年末,浦发银行下发编制2006年度预算的通知,实现全面预算管理。

二、业务预算

【编制流程】

2004年,为配合全行组织架构扁平化、矩阵式、条线化转变,总行进行各主要业务条线年度预算的编制,各业务条线的业务预算由总行各业务条线的负责人负责,分行各业务条线负责人对分行的业务预算负责,各行预算与总行业务条线业务预算进行汇总平衡后,形成全行预算。全行预算经行长室认可后,浦发银行资财部将按照预算管理指标的要求,分解、编制各业务条线和各行的预算管理指标,并下达各业务条线和各分行。2008年,浦发银行按照分币种、分条线、风险资本约束的预算原则,编制全行年度预算目标。2010年,浦发银行对涉及贷款、风险资产、存款余额和中间业务收入等关键指标,在主要业务条线分解落实。

【指标体系】

2003年开始,浦发银行先后引进贷款五级分类预算、贷款核销预算、风险成本支出预算指标,制定资金预算管理办法,将全行资金供求纳入预算管理。2004年,引入加权风险资产指标和加权风险权重指标。2005年,浦发银行形成资产负债总量、资产负债结构、收支项目、盈利目标4个大类17项指标的预算体系。2006年,预算强调资本预算和营销宣传费用预算。2008年,按照战略转型的部署,浦发银行预算设置总量目标、结构目标、主要收支项目目标、战略转型相关目标和全行经营成果目标5个大类21项指标。2009年开始实行年度总体预算目标上报董事会和股东大会制度,根据战略发展重点,引入区域、客户结构、业务类型重点参数,建立指标分配模型,对于重点区域、重点客户和重点业务,在资源配置方面适度倾斜。2010年引入经济效益指标、风险成本控制指标和社会责任指标。

【滚动预算】

在加强全面预算差异分析基础上,2009年引入并建立滚动预算编报机制,基于上一期预算执行情况和内外部客观环境的变化,调整和具体编制下一期预算,并对未来业务经营情况进行预测。2010年,浦发银行正式下发滚动预算管理实施细则,建立滚动预算评价模型,实行对重点资源分配指标的滚动调整,提高资源投入的有效性和产出效果。通过滚动预算方式,全年累计调整18家分行贷款、风险资产和营业费用计划,提高资源投入产出。

三、财务预算

财务预算主要包括收支项目和经营成果两项指标。在扩大收入方面,2005年,浦发银行将提升中间业务收入比重列入2006年预算,将产品定价管理纳入财务管理,组织力量搜集、整理和调整各项中间业务收费标准,2006年制定全行中间业务收费目录,2010年更新和制定中间业务收费办法。在控制支出方面,2006年,浦发银行制定加强全行财务核算和管理的若干意见,提出预算在先,开支在后,就营销费用、薪资支出和职工福利、固定资产和无形资产、现金和银行存款、应收应付款、物品采购及经济合同管理提出预算控制。2008年开始,浦发银行先后就营销活动中费用开支、差旅费核算管理、财务报销管理、成本费用预算控制、职务消费费用管理等,制定补充规定和暂行办法。2010年,对浦发银行本部营业费用进行年度整体预算安排,对各部门招待宣传预算、培训中心网络课程支出预算、条线营销宣传预算、全行品牌建设预算、作业中心年度预算、香港及北京代表处费用划拨预算等予以专项核定下达,优先保证品牌推广、营销推进、项目建设,确保对各类自主性开支的有效控制。

四、项目预算

2003年,浦发银行加强项目预算,将网点筹建搬迁和改造、系统开发和新业务开发纳入项目预算。2007年,浦发银行制定大额集中采购管理办法。2009年,浦发银行推行网点建设预算标准化管理。2010年,又拟定大型基建项目预算管理规定、总行零星装修装饰工程预算管理细则。在日常项目预算管理和审批中,注重项目投入产出分析和标准化建设,对浦发银行开发机房建设、IT年度维护预算、数据仓库扩容、119异地灾备等重大IT建设项目,从财务角度提出压缩建设范围、一次规划分步实施等合理化建议,有效压缩项目预算金额,抑制超标准和超规模建设的现象。

第三节 基本建设

一、总行信息中心

浦发银行筹建期间,即本着科技领先的策略,设立电脑部。1994年,浦发银行引进天腾计算机系统,并在宁波路50号建立中心机房,成为浦发银行信息中心。鉴于宁波路信息中心受到市政建设、建筑条件等各方面的限制,择地选址、建设浦发银行新一代网络中心枢纽,成了当时浦发银行管理层关注的大事。

1999年,浦发银行漕河泾信息中心建设工程立项。2001年7月26日,举行信息中心地块土地使用权转让签字仪式。2002年11月16日,信息中心开工奠基。2003年10月8日,信息中心结构正式封顶。2004年12月24日,浦发银行信息中心项目竣工。2005年1月6日,信息中心通过竣工验收。当年,上海市市长韩正、副市长冯国勤、上海市政府秘书长杨定华和副秘书长吉晓辉,先后莅临浦发银行信息中心检查指导。

浦发银行信息中心位于上海市漕河泾开发区西区W17-2地块,莲花路1688号,占地面积计25 950平方米,采用地上框架三层建筑,总建筑面积为27 018平方米,建筑密度为34.98%,建筑容积率为0.98%,分为生活区、培训区、办公区、信息中心、人行天桥、餐厅、设备机房等多个功能区,其中信息中心建筑面积为6 927平方米,设备机房为951平方米,是一个集银行数据中心、应急指挥中心、开发中心、呼叫中心、培训中心等多种功能的现代化建筑群。

该项目由浦发银行全额投资,由美国Mr. Gensler Jr. & Associates建筑设计事务所设计,上海建筑设计研究院有限公司进行国内设计配合,上海市建通工程建设有限公司施工监理,上海市第四建筑有限公司施工总承包,上海申元工程投资咨询有限公司负责全程投资控制及合同管理。

浦发银行信息中心建筑造型丰富多变,外形独特,构造新颖。整个建筑利用双层墙的设计理念,外墙由现浇清水装饰混凝土、铝合金玻璃幕墙等材料组成,运用交通空间将功能区域与建筑外墙分隔开来,利用隔层空间以阻断屋顶吸收的热量。园区内为庭院式建筑风格,庭院中有特色木制廊架、水景、步行景桥、特色驳岸等。屋顶配备网球场及屋顶花园,采用虹吸式屋面雨水排放系统。信息中心还引入先进的电信基础设施和网络通信系统,为浦发银行的业务发展提供有力的网络支撑。

二、合肥综合中心

2003年后,浦发银行开展信息科技连续性建设,先后有2003年11月的全行数据大集中,2004年11月启用上海市莲花路生产中心,2005年11月上海市宁波路的同城灾备中心建成,初步形成包括组织、技术和流程在内的较为完备的灾难恢复体系。2009年,浦发银行经认真选址论证,决定在合肥市滨湖新区金融后援区建立异地灾备中心,以形成"两地三中心"的数据中心布局。"两地三中心"即由生产中心(上海市莲花路信息中心)、同城灾备中心(2010年7月由上海市宁波路迁至北京东路)、异地灾备中心(先租用合肥市电信IDC机房,3年后迁至浦发银行合肥灾备中心)组成。3个中心间通过高速通信线路连接。同城灾备中心与生产中心间数据实时同步,异地灾备中心与生产中心间数据异步复制,实现同城数据级灾备、异地应用级灾备的"大异地、小同城"的灾备架构。

2009年6月19日，合肥市土地交易市场举行国有建设用地使用权挂牌出让，浦发银行通过竞拍，取得建设用地，并于2010年12月8日举行项目开工典礼。

浦发银行合肥综合中心位于安徽省合肥市滨湖新区BHD-02-2地块。东至广西路红线，南至杭州路红线，西至徽州大道绿线，北至安徽省广电中心南界线，占地约60 713平方米。基地总建筑面积约139 198平方米，其中地上约102 526平方米，地下约36 672平方米，综合容积率1.69，建筑密度29.6%，绿地率约42.4%，建筑控高83.7米。整个项目共由综合中心机房、能源中心、数据处理中心、异地客户中心、配套服务用房、合肥分行6个单体组成，分设综合中心机房、集中作业区（数据中心、异地客服中心、信用卡中心、信息科技部）、餐厅会议宿舍健身配套服务区、合肥分行等4个功能区，总建筑面积139 198平方米。

第七章　人力资源管理

第一节　人　员　聘　用

一、劳动合同聘用制

1992年8月,根据国务院关于深化企业改革的要求,上海市政府开始在本市的全民所有制企业实行全员劳动合同制,从而在国有企业中开始掀起"打破铁饭碗""端走铁交椅"的用工制度改革。1993年1月19日,浦发银行实行全员劳动合同聘用制度,4月23日,在总行营业大厅召开全行员工大会,行长裴静之进行动员和布置。来自政府机关和专业银行的首批浦发银行员工,怀着改革为己任的责任感,打破用工终身制的铁饭碗,签订全员聘用合同。5月14日,在全员聘用合同制的基础上,浦发银行下发《实行管理岗位和专业技术岗位聘任制度的通知》,真正实现聘任上岗、竞争上岗。浦发银行管理岗位系列分为行长、副行长、部门经理、部门副经理、科长、副科长、主办科员、科员和办事员等9个岗位。专业技术岗位主要涉及经济、会计和工程三大系列,管理岗位和专业技术岗位的聘任依据分级管理原则进行。管理岗位中的部门经理和副经理,专业技术岗位中的高级专业技术人员均由行长聘任。科级、中级及其以下人员,则由部门经理提名,经人事部审核

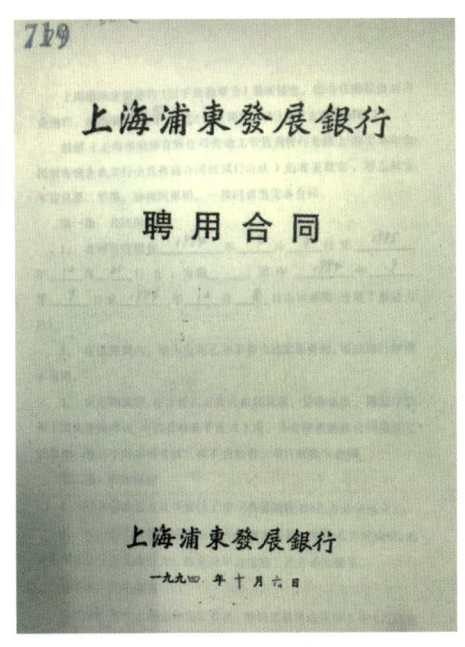

图4-7-1　1994年,浦发银行员工聘用合同

后,由行长委托分管副行长聘任。至此,浦发银行基本形成聘用合同与岗位聘约相结合的人事管理制度。

1996年,浦发银行各部室、分行围绕商业银行体制机制问题,开始制订各自的"九五"发展规划。1997年年初的全行工作会议,提出"以人事激励机制的改革与完善为抓手,加大考核与激励力度,深化与实施发展规划,积极探索新人事机制"的工作目标。1997年12月24日,浦发银行出台《人事机制规划框架》。

其指导思想是适应各项战略目标及各时期不同业务发展的需要,以人为本,全方位开发、合理配置并科学使用人力资源,最大限度地激发人的潜能,形成浦发银行在国内外金融竞争中的人才优势,最终形成一个科学、自觉的预测人才、发现人才、培养人才、使用人才、激励人才、配置人才、评价人才、保护人才、发展人才的良性机制。总体目标是:建立人尽其才、才尽其用、公平竞争、心情舒畅,既有活力又有凝聚力,与国际上现代商业银行人事机制接轨,具有浦发银行特色的人事机制。力求培养一支思想好、业务精、能力强、作风硬、格调高、后劲足、节奏快、年龄轻、适应性强、专业化程度高,适合浦发银行发展战略目标需要的员工队伍,具有现代性、市场性、激励性、规范性和竞争

性的特征,确保浦发银行持续、稳定、快速发展,在激烈竞争中保持战略优势。

浦发银行围绕人事工作建立四大机制,其规划框架的基本原则是:以激励为核心,以考核为基础,全行一盘棋的原则;激励先进与鞭策后进相结合,并以激励先进为主的原则;物质激励与精神激励相结合的原则;优胜劣汰的竞争原则。人事运行机制分为用人机制、物质分配激励机制、非物质分配激励机制、教育培训机制4个方面。第一是用人机制。以激励为核心,以考核为基础,以竞争为手段,加强合同管理,奖罚并举,内举外招,创造一个公平、有序的竞争环境,形成"能进能出、能上能下"和"能者上、平者让、庸者下"的良性循环态势。构筑浦发银行人才资源高地,最大限度地激发员工的工作热情。建立党管干部原则,德才兼备原则,五湖四海原则,量才录用原则,择优聘用、能上能下原则,管理幅度、逐级负责原则,人才流动原则,民主监督原则,合理安排原则,人才储备原则。第二是激励分配机制。通过分配上的差距,鼓励先进、鞭策后进,奖优罚劣,调动员工积极性。建立按劳分配、资历与贡献兼顾原则,包括完善工资收入分配制度,规范工资外收入管理,建立年功收入机制,对考核优秀、为银行发展做出重大贡献者,给予一次性奖励,对经营者实行年终奖励以及建立健全全行劳保福利制度。第三是非物质分配激励机制。探索与物质分配激励机制相辅相成的、多层次、多样化非物质分配激励方式,以满足不同主体的多层次需求,增强凝聚力,为浦发银行物质文明和精神文明建设创造良好氛围。在人事运作机制框架内,深化精神激励的功能开发,设计合理的精神鼓励的方法和标准以及培训资格奖励。第四是教育培训机制。以激励理念完善教育培训机制,逐步把教育培训纳入激励机制的范畴,并对整个人事机制进行全方位覆盖。重点人物重点培训,优秀人物优先培训,包括提高素质培训,晋升培训,出国深造培训,上岗培训,转岗培训,下岗培训以及学历、外语、电脑等技能培训。

浦发银行人事工作5年内工作目标包含10个方面:在2至3年内将中层干部平均年龄降至45周岁以下,逐步达到40周岁以下,提高中青年干部比重;提高中层干部学历层次,逐步实现业务部门主要干部达到本科以上学历;加大年轻女性干部的培养选拔力度;保持每年有10%以上的干部进行流动;保证每年每人两周常规培训及其他培训;员工收入逐年提高,加大职级间差距,拉开同级间差别;两年内后备干部与现职干部的比例为1∶1,逐步扩大到2∶1;1998年,解决总行部门总经理、支行行长单个干部配备的问题;会同政工、工会、行政、资财、稽核等部门每年考核一次;建立内部人才市场。

2007年,根据《中华人民共和国劳动合同法》的有关规定,浦发银行对劳动合同条款作适当修订,规范劳动合同双方的用工行为,明确合同期限、试用期、工作内容和工作地点、停工医疗期的期限、无固定期限合同的签订、签订合同的及时性、规章制度合规、单位违法赔偿等相关问题。

二、社会招聘制

【公开招聘】

浦发银行筹建之初,由于社会知名度还不高,上海银行业人员流动机制尚未充分形成,面临金融从业人员应聘数量不足的情况。为此,浦发银行确立"三个三分之一"用人观念,即三分之一银行从业人员,三分之一机关、企事业单位经济岗位工作人员,三分之一应届毕业生。行长裴静之提出"管理人员和业务骨干组成浦发银行的今天,优秀的高校毕业生则是浦发银行的明天",并公开宣布浦发银行要为人才搭建一流的舞台,制定事业心强、相容性好、思想素质和业务技术高的人员招聘标准。在招聘程序上,浦发银行改变原来专业银行的进人模式,实行公开招聘、公正录用、公平考核,全方位、多渠道、多形式吸收人才,包括招聘外地户籍大学生,吸收在外地工作几十年的上海人回沪,并为其解决户口、提供宿舍,从而吸引各路金融、电脑专业人才。浦发银行在人事招聘方面的一系列举措,为上海银行业人才招聘开了先河,改变了当时银行业人才流动不充分的状况。

图 4-7-2　1992 年,浦发银行首批招聘的应届毕业生

经过不断探索,浦发银行逐步树立起"四个坚持"用人观,即坚持五湖四海原则,拆除"围墙";坚持公平竞争原则,择优录用;坚持德才兼备原则,严格把关;坚持精简高效原则,按需录用。通过眼睛向外,主动出击,从其他金融单位引进多名中高层管理人才。通过面向社会、公开招聘,从大中型企业和金融同业中招聘大批业务骨干和管理人才。

浦发银行开业后,积极增设分支机构,人事部门根据新设机构的岗位人员需求,面向社会开展全方位的公开招聘。1993 年,浦发银行先后两次登报,向社会招聘银行会计、储蓄、出纳人员、外汇交易人员、经济民警等 40 多个岗位,吸引近 2 000 人报名。继 1992 年首批硕士应届毕业生入行后,1993 年,经学校推荐、重重甄选,浦发银行从 300 多名应聘者中选拔 14 名上海财经大学研究生入行,初步形成年纪轻、学历高、有一定专业素质的职工队伍结构。

1994 年以后,浦发银行人员招聘工作逐渐形成设摊招聘、笔试、面试的基本流程。1994 年,浦发银行共组织设摊招聘 2 次,招聘考试 7 次,参加考试 1 289 人,大型面试 5 次,参加面试 698 人。在上海市区、县共录用 547 人,其中从专业银行招聘 228 人,从机关、企事业招聘 175 人,录用大中专、研究生 144 人。

1995 年,随着业务拓展和规模扩大,浦发银行在社会上影响力不断增强,高校毕业生应聘络绎不绝。1995 年 1 月 8 日,浦发银行举办大专院校双向见面会,近 2 000 名大学生前来应聘。当年浦发银行在上海地区招聘人员 454 名,其中应届毕业生达 183 人,占比 40%。截至 1995 年,浦发银行共招收 1992 年至 1995 年 4 届毕业生 431 名,其中不乏党团员、学生干部、奖学金获得者,并组织专门面试小组,对应聘毕业生予以公正录用。据统计,建行 3 年多,浦发银行从金融系统、机关企事业单位及大中专院校招聘人员的比例为 42∶23∶35,应届毕业生占比逐年提高。

1996 年起,浦发银行每次校园招聘会都吸引众多大学生蜂拥而至。为吸收更为优秀的应届毕业生,入行门槛逐年提高。截至1996年11月底,浦发银行工作人员共2560人,当年在上海地区公开招聘引进各类人员252人,其中从银行系统引进97人,从企事业单位引进38人,录用部队转业干部6人,招聘应届研究生、本科生、专科生共111人。

1997年5月,浦发银行探索出多方吸纳、培养优秀应届毕业生机制,对实习学生的接收和管理作出明确要求,推动银行人才吸纳机制建设。实习学生一般安排在基层,分为在校生和应届毕业生。在校生来源主要面向重点院校相关专业的在读大学生,由银行主动与院校联系,由院校推荐材料,浦发银行人事部根据材料确定初步名单;对于已录用应届生,则按照教学实习和锻炼实习两类掌握安排。应届生就近分配其实习单位,在校生则以上海浦东管理部、第一营业部、南市支行、杨浦支行、徐汇支行、闵行支行、国际业务部、信贷部作为实习基地。实习单位安排辅导老师,并制订专门的培训计划。在校生毕业后有意入行工作的,经过考评组统一面试,实习表现良好的予以优先录用。随着浦发银行高校招聘工作的进一步深化,高学历、年轻化的员工队伍得以不断充实。同年,浦发银行首次实行内部招聘,制定《1997年内部招聘工作办法》,选择浦发银行会计部和上海闸北办事处,进行内部招聘工作试点,并逐步在浦发银行各部(室)、上海地区支行(办事处)推开。浦发银行成立内部招聘工作领导小组、考评小组和工作小组,建立公开、公平、合理竞争,不拘一格、择优录用,自荐与组织推荐同等对待的原则。招聘程序包括组织动员,部室、支行传达,个人填写报名表或组织撰写推荐信,应聘人实地调查、撰写调查报告,考评小组综合面试,用人部门业务测评,人事部审核应聘材料、报送有关领导审定,反馈应聘信息,内部调动、办理聘任手续等。1998年3月,浦发银行下发《关于进行1998年内部招聘的通知》和《1998年内部招聘工作办法》,面向浦发银行各部室、上海地区支行(办事处)的正式员工,招聘浦发银行个人金融服务部、发展研究部、国际业务部工作人员。此次内部招聘首次推出招聘需求,由浦发银行人事部会同招聘单位制订招聘方案,组织招聘考评,办理录用手续。

1998年,浦发银行建立人才市场,《上海浦东发展银行人才市场总体框架暨暂行管理办法(讨论稿)》也相应出台,进一步完善浦发银行内部招聘和干部交流制度。人才市场设立理事会和人才市场管理办公室,具有人才信息的集聚、辐射功能,人力资源的优化配置功能,优质高效的中介服务功能,组织管理及监督维护市场运行的功能以及经行长室授权的其他职能。人才市场运作的原则是自愿、公平、公正、公开,具有非营利性、无形性、经常性、有序性、市场性、竞争性的特点。人才市场运作根据浦发银行现状、发展形势等分阶段逐步进行,从总行及上海地区分支机构逐步过渡到全行,从内部人才交流过渡到行外人才的招聘,从短期性、临时性、间断性运作逐步过渡到长期性、经常性、持续性运作,从注重市场运作逐步过渡到人才的全过程、全方位跟踪,从人才资料的收集和整理逐步过渡到人力资源信息库的建立和运用,从人才流动调配逐步过渡到人力资源合理配置,实现浦发银行现代人事机制的有效运行。

当年,浦发银行人员录用工作实现三方面突破。一是在应届研究生的招聘录用中,引进计算机测评"成功商数"的项目,加大定量分析的成分,提高选拔人员的成功率。当年共面试学生907人,录用140人,占面试人数的15.44%。二是为适应总分行分离和总行大楼搬迁的需要,浦发银行招聘较高层次的经济民警,提高对应聘者的学历要求。三是对中高级管理人员的录用,坚持高标准、严要求的原则,从外省市引进中高级管理人员,补充主要领导岗位。截至1998年9月,浦发银行员工人数增长8.99倍,从1993年年末的389人增加到1998年9月末的3888人。在人员来源中,金融单位44%,企事业机关28%,学校28%。大专以上学历员工的比例从1993年年末的60%,提高到1998年的77%。截至1999年3月底,浦发银行全行员工总数3982人。主办及以下员工3087

人，占78%；30岁以下2 074人，占52%；30岁至35岁732人，占19%。研究生以上学历171人，占4%；本科学历1 007人，占25%；大专学历1 844人，占46%，呈现出结构合理、青年层多、文化层次较高的特点。

2001年，经过不断的实践和总结，形成统一的新进行人员招聘程序。2002年，随着新设分行不断增多，浦发银行加强对分行人力资源管理工作指导，就筹建负责人审定、中层干部引进、员工社会招聘等事项，建立一整套制度和规程，在当地打响浦发银行"先进、新型、人性化"品牌。

2003年，浦发银行尝试实行人才招聘专家评审制度。各分行普遍采用富有特色招聘面试程序，注重使用心理测评、小组案例讨论等手段，对应聘人员的心理素质、知识、能力等进行测评，为发现高素质人才创造条件。与此同时，浦发银行还修订《新建分行招聘手册》，规范新建分行前期用人管理方面工作。

2004年，浦发银行在招聘工作中引进16PF等专业心理测评软件，并加强事后分析跟踪。当年在总行、上海地区总部、大连分行、南京分行的人员招聘中均使用该项测评，增强人员选拔的全面性、完整性和科学性。

截至2010年年底，浦发银行在职员工总数为28 081人。按专业类别分类，管理人员279人，约占1%；银行业务人员27 262人，约占97%；技术人员540人，约占2%。按教育类别分类，大专、中专学历9 995人，约占36%；大学本科学历15 683人，约占56%；研究生及以上学历2 403人，约占8%。

【见习试用】

1993年1月1日起，浦发银行实行新进人员见习和试用制度，制定《关于本行新进人员实行见习期和试用期的有关规定》。明确见习期限定为1年，试用期限为3—6个月。见习期、试用期满，考核合格的人员，由部门经理提名，经人事部审核后，由行长委托分管行长与之签订聘约。同时，按照新进人员来源，采取不同培训措施。对来自大专院校的应届毕业生，从珠算、点钞等基本功练起，并在两个以上岗位见习，培养其胜任多种岗位。期满后的转正考试标准高、要求严，与合同挂钩，对表现特别优秀的可予以高聘。对企业招聘的业务骨干在试用期实行重点培养，到关键岗位轮岗培训，熟悉银行结算工作和存贷款工作，促进企业骨干尽快适应银行工作。

为落实见习、试用期的管理措施，1993年7月，浦发银行建立对新进行大、中专生实行见习期跟踪考核制度，把考核大、中专生的政治思想、业务能力、劳动态度、工作实绩贯穿于见习期的全过程，并将考核结论作为转正、聘任、晋升的主要依据。一是制订培训计划。各部门在接收新进行大中专生后，指定专人负责，制订切实可行的总体培训计划和因人而异的个人培训计划，内容有轮岗培训、业务培训和基本功训练。二是选派指导教师，做好培训记录。各部门指定思想素质好、业务技术高的员工担任指导教师，加强对跟踪考核工作的指导和关心，使见习生每到一个岗位，都有专人教、专人带，并予以考核记录。三是见习期届满的转正考核，包括撰写转正小结、群众评议、指导教师鉴定、部门领导鉴定等程序。从9月起，浦发银行对试用人员实行逐级考核制度，考核包括个人小结、群众评议、部门考核和领导审核四方面，考核合格的试用人员，经领导审核后签订岗位聘约。

在建立新进人员见习试用制的同时，出台并深化在职人员的退出机制。从1993年5月1日起，浦发银行推出待聘和下岗人员有关规定。同年11月，浦发银行制定《对聘用合同违约者实行经济赔偿的暂行办法》。1996年5月，制定《关于员工停职检查的若干规定》。

1998年10月，浦发银行在部分管理岗位开始试行见习制，出台《关于在管理岗位试行见习制的暂行办法》。见习制在试行阶段，先在直属分支行见习行长、总行部门见习总经理岗位进行试点，条件成熟后,逐步推广至其他管理岗位。

【跨地域引进】
2001年至2003年,浦发银行在引进海外银行中高级专业管理人才方面作积极谋划和探索,先后派员赴北美和欧洲招聘,拓宽选拔和引进干部员工的渠道和视野。在引进的4名海归人员中,有2名受聘浦发银行总行直管岗位。

2002年,浦发银行抓住与美国花旗银行战略合作谈判的契机,加强向国外商业银行的考察学习,先后参加浦东新区组织的赴美国和加拿大人才招聘团,以及上海市金融系统赴美国和加拿大人才招聘团。经过接触、洽谈、面试、谈判等过程,确定引进6名海外归国人选。在引智工作的同时,浦发银行组织由20名分支行行长组成的赴美专题培训团、7名审计干部组成的赴美专题考察团、7名会计管理干部组成的赴德考察团等,还引进加拿大银行家管理学院的银行财务管理(BankMod)模拟课程。

2003年,浦发银行突破户籍地域限制,开始面向全国招聘。2004年,浦发银行全面贯彻落实五湖四海、广聚人才的理念,共举行10次人才招聘会,其中面向行内外的大规模人员招聘4次,招聘个人银行总部下属部门总经理、审计部执行审计官、合规部总经理、客户服务中心总经理、法律事务室主任、客服代表等84个管理和专业岗位;举行小型招聘4次,招聘离岸业务会计主管、产品开发主管、安保管理组长、风险分析师等12个专业和操作岗位。另外,还举行深圳和广州分行副行长职位招聘会2次,均取得良好的效果。同年,作为与花旗银行战略合作的重要内容之一,浦发银行共选派99批298人次赴花旗银行考察访问,全面借鉴、学习花旗银行在银行经营、管理方面的先进理念、经验及业务模式。

2005年,浦发银行以机构重组和改革为契机,继续沿用国际猎头公司、行内推荐与海内外公开招聘并举的方法,出现应聘人数为招聘岗位76倍的火爆场面。浦发银行通过电子化招聘技术平台,公正、公平、规范、科学地评判和取舍应聘者,不仅体现了浦发银行的招聘文化与企业理念,而且在当地银行同业和公众中树立了良好的品牌形象。

通过组织出国培训、考察,浦发银行逐步形成一套较为完整的引智工作机制。在选题上,以学习西方商业银行先进管理理念和业务实务操作为主线;在选人上,以高中级经营管理人员为主,同时兼顾后备管理人员和业务专家的培养;在选点上,确定比较可靠的合作单位;在国内预培训上,精心准备提问提纲和专题论文提纲;在出国行程上,周密安排,随时跟踪,回国总结,理论联系实际,并落实到实际工作中。

三、考核分配

1992年1月,劳动部、国务院生产办、国家体改委、人事部、全国总工会联合下发《关于深化企业劳动人事、工资分配、社会保险制度改革的意见》(以下简称《意见》)。按照《意见》精神,浦发银行突破机关事业单位分配模式,制定以级别工资、岗位工资和奖金为主要内容的分配制度。行长裴静之指出,分配问题必定需要指标体系,指标体系则必定需要指标分解,由综合性指标分解成单项性指标,并由单项性指标保证综合性指标的完成,从而形成一整套"指标分解—考核—奖惩"三步走的"工效挂钩"分配体系。1993年,经上海市劳动局和上海市财政局的核准,浦发银行在工资分配上开始实行工效挂钩办法,从而率先冲破当时的工资额度管理制度,提出商业银行工资分配体系要和效益挂钩的理念,实现银行业分配制度的重大突破。从当年起,浦发银行开始实行年终考核制度,年终对全行工作人员的思想品德、业务水平、工作能力和态度以及工作成绩进行全面考察和评价,同时,也对银行劳动合同制和岗位聘用制进行全面检查。

1993年5月25日,浦发银行制定《关于本行实行奖金分配的暂行规定》,首次提出以考核为依据的分配原则。12月,根据出台的《关于本行年终奖发放的暂行办法》,将年终奖分为全勤奖和考核奖两部分,分别根据员工的到岗情况和工作实绩进行考核发放。

1996年,浦发银行下发《一九九六年上海浦东发展银行工资管理考核奖励办法》,明确工资核算公平、考核奖励与效益和存款挂钩、适当兼顾3项基本原则。当年,浦发银行开始实施工资制度改革。1997年,建立部分效益指标与人均工资基数挂钩的考核机制。9月,在充分听取多方意见和进行大量科学测算的基础上,新工资方案首先在总行、上海地区各分支行以及温州支行推开。1998年4月,正式向全行推广。新工资方案建立全行统一的责、权、利对等的工资分配体系,在效率优先、兼顾公平的原则下,区别不同效益分支行之间的工资水平,拉开岗位之间、人员之间的工资收入差距,发挥工资分配激励职能。

2009年,为完善绩效考核激励机制,浦发银行制定《等级行考核管理暂行办法》,考核管理对象分为一类行(总行直辖分行)和二类行(一类行直辖各分支行,包括同城支行、异地分支行)两类。通过建立简明的指标考核体系,合理区分等级行划分标准,准确反映各考核管理对象的业务规模整体情况,并对各等级行考核管理对象在总行直管干部配置管理、分行内设管理机构及中层干部职数配置管理、工资分配管理和授权管理等多方面按照与其等级相对应的标准,实施差异化资源配置与管理制度。

第二节　干　部　培　养

一、干部选拔

【能上能下】

1995年3月23日,首届董事会五次会议上,行长裴静之提出把人事工作重点放在量才聘任、能上能下的环节上,提出对不适应原工作岗位的人员坚决及时予以换岗;对不求上进、工作平平的人员让其下岗或劝其中止合同,从制度上保证全行竞争氛围的形成。同时,大胆启用有真才实学的青年员工,鼓励其到基层创事业、挑重担,在实践中发挥观念新、头脑活、精力足的优势。1995年上半年,浦发银行对85位表现优秀、实绩明显的干部进行高聘,其中处级干部8名、正科级干部12名,对3位不能胜任本职岗位的员工给以低聘,另有16人被短聘、2人被辞退。1996年,浦发银行积极探索商业银行新机制,下发《关于贯彻落实全市党政负责干部会议精神的报告》,指出要继续深化人事制度改革,解放思想,眼睛向下,大胆地、不拘一格地把真正能干、肯干的青年同志提上来,把思想素质高、工作能力强、办事效率高、工作作风好的干部充实到各级领导班子。同时,对一些缺乏进取精神以及工作业绩差的干部员工实行低聘、下岗直至中止合同,真正形成能上能下、能进能出的商业银行竞争氛围。

1996年10月,浦发银行正式建立处、科级后备干部队伍。后备干部队伍人选采取层次推荐、召开座谈会、个别访谈等形式,在群众推荐的基础上,经领导班子集体讨论研究后决定,并对后备干部选拔标准提出6项要求:一是具有良好的政治素质,热爱党、热爱社会主义,坚持四项基本原则,廉洁奉公；二是具有较强的事业心和工作责任心，勤奋好学、善于思考、进取性强、有一定的综合分析和创新能力，以及较强的公关交际、业务开拓能力，并在现岗位上取得一定实绩；三是具有较强的全局观念和较好的相容性。善于处理全局和局部、集体和个人之间的关系，群众基础好；四是有较系统的专业基础知识，具备大专以上文化学历，并具有一定的外语能力水平；五是后备干部的年龄一般掌握在28岁至40岁左右。六是身体健康，能胜任工作。

1998年，浦发银行进一步加强对青年员工的培养工作，致力于建设一支素质优良、结构合理、数量充足的后备干部队伍。建立明确的后备干部培养的规划，有计划、有部署地培养年轻优秀后备干部。对列入各级后备干部名单的人员实行动态滚动开放式管理，新发现的优秀年轻人才及时补充，相形见绌的及时调整，成熟的及时上岗。积极酝酿设置辅助岗位的实施办法，实现新老领导班子的平稳过渡。当年，浦发银行的后备干部培养总结材料还被上海市委组织部选中，作为全市后备干部经验交流会的交流材料。

在浦发银行关于加快干部年轻化思想指导下，上海地区总部率先试点干部年轻化措施。1999年，上海地区总部召开人事工作会议，把"建立、培养后备干部队伍，调整充实各级领导班子，做好人力资源的培养、激励、管理工作"作为会议主题，并在会后分步实施干部年轻化的4点措施。一是组织多次公开招聘，招收支行员工赴上海总部任职，或浦发银行员工担任支行行长助理、见习行长等领导岗位。二是安排支行行长到上海地区总部担任部门领导，使管理层工作更贴近支行。三是安排上海地区总部的年轻人下支行工作，促进上下沟通，使其得到更好的锻炼和培养。四是为浦发银行管理部门输送人员，为员工提供高层管理部门的工作机会。上海地区总部的干部年轻化试点工作，对浦发银行人力资源的培养、激励和管理，起到重要的作用。

2004年年初，上海分行制定《管理培训生培养办法（试行）》，并于当年开始实施人才培养项目。管理培训生项目是上海分行为未来发展开发储备管理人才的一种创新人才培养机制，每年从校园招聘中引进少量特别优秀的硕士研究生，制订个性化的培养方案，实行导师制、带教制，用5年时间有计划地进行业务和管理的培训，通过岗位轮换、单位轮换，系统培养，使被培养者成为懂经营、会管理的中高级管理人才。

【后备干部】

2000年，浦发银行根据三至五年发展战略和人力资源管理机制规划，深化干部人事制度改革。12月18日，浦发银行下发《关于加强后备人才队伍建设的暂行办法》，随文下发的还有《关于推行竞争上岗的暂行办法》《关于管理岗位交流制度的暂行办法》《关于管理岗位辅助职级制的暂行办法》《关于管理岗位任职年龄规定的试行办法》《关于管理岗位任期制的试行办法》等5个配套办法，推出有利于年轻干部脱颖而出和健康成长的6项具体措施。

第一，发现和培养后备干部。对后备干部后备人才的学历、学识、思想、作风、能力、素质作出定性和量化规定，要求具有大专以上学历、具有一定外语水平和计算机应用能力等。要求成立3年以上的分行、直属支行必须建立后备人才队伍，做到后备干部队伍年龄较轻、知识互补、专业齐全、数量充足。分行班子、总行部室后备干部一般要求在40岁以下，其中35岁以下的应占一定比例。支行班子、分行部室后备干部一般要求在35岁以下，其中30岁以下的应占一定比例。对专业技术人才后备，一般要求在40岁以下，并保持合理的年龄梯度结构。对管理人才后备干部，正职干部按1∶2比例配备，副职干部按1∶1比例配备。

第二，实行竞争上岗。明确本单位内部竞争、跨行竞争与面向社会的公开竞争相结合，将竞争上岗与内部晋升、调配交流等干部聘任方式结合使用,规定支行副行长以上(含)领导管理岗位适用竞争上岗。提出竞争上岗必须坚持公开、公正、公平,择优选拔的原则,坚持不拘一格、任人唯贤的原则,坚持德才兼备、注重实绩的原则,坚持革命化、年轻化、知识化、专业化的原则。加强竞争上岗,试行任期制,实行岗前培训、目标管理与任期考核,加强跟踪与实施动态管理,探索年薪制与期权激励等工作相结合,通过选拔、聘任、考核、激励、培训,确保竞争上岗取得成功。

第三,促进管理岗位交流。制定领导干部实行岗位交流的若干规定,提出凡符合以下条件的干部必须进行岗位交流:对拟提拔聘任为支行行级以上(含)职务,缺乏在下一级两个以上(含)职位任职经历的;拟提拔聘任为总行部门总经理级,分行行级职务,缺乏1年以上基层行工作经历的;在一个地方、部门或职位工作时间较长的领导干部,其中分行行级、总行部总经理级干部最长8年,支行行级、分行部总经理级干部最长6年;因工作需要、改善班子结构、发挥干部特长、执行回避制度规定及其他原因的。

第四,试行管理岗位辅助职级制度。对能胜任岗位工作,但因培养年轻人、优化班子结构等需要,不再聘任管理岗位的人员,保留原岗位工资待遇,纳入管理岗位辅助职级。通过建立辅助职级制,尽快形成干部队伍新老交替的良性循环机制。管理辅助职级适用范围是:任支行行级以上(含)职务,男性年满50周岁,女性年满45周岁,且任现职满3年以上的;兢兢业业、任劳任怨,严以律己、廉洁奉公,有较好的工作业绩,有较丰富的专业知识和实践经验,能够继续发挥专业特长,做好传帮带工作,身体健康,能坚持正常工作的人员。

第五,严格干部岗位任职年龄管理。为加快干部队伍的更新流动,增强团队活力,该办法加强对干部岗位任职年龄的管理。主要内容是:(1)首次任职。男性超过53周岁,女性超过48周岁,不再提拔担任分行行级、总行部室总经理级干部;男性超过50周岁,女性超过45周岁,不再提拔担任分行部室总经理级干部;男性超过45周岁,女性超过40周岁,不再提拔担任支行行级干部。(2)规定任职的最高年龄。分行行级、总行部室总经理级干部男性年满58周岁,女性年满53周岁者必须离任;分行部室总经理级干部男性年满55周岁,女性年满50周岁者必须离任;支行行级干部男性年满50周岁,女性年满45周岁者必须离任。对到龄离任人员,区别不同情况,采取辅助职级、交流等办法妥善安排。(3)年轻干部配备比例。分行行级班子中必须配备一名年龄在40岁以下(含)的中青年干部,支行行级班子中必须配备一名年龄在35岁以下(含)中青年干部,总行部门总经理级干部中,40岁以下比例必须达到30%以上,两年内达到40%以上。分行部门总经理级干部中,40岁以下比例必须达到40%以上,两年内达到50%以上。

第六,推行管理岗位任期制。将支行行级以上(含)的管理岗位纳入管理范畴,明确岗位任期不得长于聘用合同期限。一届任期最长不得超过4年,任职期满,除由上级部门进行考核合格外,还要引入竞争机制,进行民意测评。经考核不适宜继续任职的,应适时调整,需连任的,应重新履行任职手续,连续任职一般为2—3届任期。分行行级、总行部室总经理级干部任职时间最长不得超过8年,支行行级、分行部室总经理级干部任职时间最长不得超过6年。不再连任的,其原职务自然解聘。

2002年,浦发银行人事管理向现代人力资源管理转变。当年,浦发银行对8家分行(含直属支行)的领导班子进行充实调整,涉及人数达17人,是建行以来最多的一次。其中,5家分行一把手进行更换,补充2名分行副行级干部,提拔6名年轻行长助理。2003年,浦发银行围绕"建成国际上较好商业银行"的战略目标,把打造一支高素质、高品位、具有较强竞争力人才队伍列为人力资源管理工作重要主题,加大对分行班子考核力度,对2家分行班子进行调整,一批年轻干部走上分行一线领导岗位。截至2003年12月初,浦发银行共完成38个总行直管干部岗位的调整和充实,涉及15家分行和总行6个部门,占全部直管干部岗位的28%。其中引进15名,通过内部培养渠道提拔和晋升17名,交流4名,退居二线或安排辅助职级2名。2004年,浦发银行先后完成13家分行领导班子的调整和充实,解聘或降职分行行级干部3名,异地交流分行行级干部6名,通过行内公开招聘选拔分行行级干部3名。根据全行组织架构变革的进度安排,通过公开招聘、员工推荐、干部交流、社会引进等多种方式,物色并落实浦发银行个人银行总部、客户服务中心、企业年金部、资金和市场总部、审计部、运营中心(筹)等多个部门的总经理岗位人选,引进多名海外人士和海归人士担任总行高级管理岗位的工作。2005年,浦发银行组织架构调整与扁平化矩阵式全面启动,浦发银行运用竞聘、交流和双向选择方法,有21个中层干部岗位和4个见习总经理岗位,均通过内部竞聘上岗;17名中青年干部从基层管理岗位充实进总行直管干部队伍;19位总行直管干部实现岗位交流。全年共调整充实分行、直属支行班子14个,调整面达56%,4家分行(含直属支行)一把手岗位进行轮换,10位中青年干部进入分行(含直属支行)班子。

【"311计划"】

2007年,为加大核心岗位后备人才培养力度,通过交流锻炼、中长期培训等多种手段培养造就一支一定规模的职业化、现代化、国际化、专业化的中高级经营管理人才队伍和专业技术人才队伍,浦发银行制定《关于实施核心岗位后备人才培养计划的若干意见(试行稿)》,在全行范围内实施核心岗位后备人才培养计划(以下简称"311计划")。"311计划"的目标是通过在全行范围内大力实施核心岗位后备人才培养计划,重点提升核心岗位后备人才的实践能力、创新能力、全局意识和国际化视野,做到对列入高中级经营管理岗位和专业技术岗位等核心岗位后备人才库中的人才,每年有3/5比例的人在岗工作,1/5比例的人进行交流锻炼,1/5比例的人参加中长期培训项目,通过多种措施加紧培养造就一支有一定规模的职业化、现代化、国际化、专业化的中高级经营管理人才队伍和专业技术人才队伍。"311计划"的基本原则是坚持为银行发展服务、坚持以人为本、坚持人才培养优先、坚持多种培养方式相结合、坚持备用结合、坚持分级实施。

建立核心岗位后备人才库。2007年年初,浦发银行启动后备人才培养选拔和建库工作,重点建立3支后备人才队伍,即领军人才后备队伍、高管人才后备队伍、高级专才后备队伍。针对上述3支后备队伍,开发胜任能力模型,设计选拔使用程序,确保一批综合素质好、有发展潜力的优秀人才进入各类后备人才库。2月6日,浦发银行下发《关于做好2007年后备人才选拔工作的通知》(浦银党委〔2007〕5号),启动建立后备人才库工作。核心岗位后备人才库是指对总分行部门总经理、分支行行长等经营管理岗位、高级和资深类的专业技术岗位等核心岗位建立的后备人才集合。建立核心岗位后备人才库对于满足浦发银行可持续发展的战略需要、形成合理的人才梯队具有重要意义。浦发银行要求各业务条线、成立3年以上的分行建立起核心岗位后备人才库,后备人才与现职岗位人员数量达到1∶1。后备人才库的建立采取分类分层管理的方法,区分不同的专业条线、管理层面和岗位类型,总分行、条与块分工负责。浦发银行牵头负责分行行长、总行部门总经理的后备人才库,各业务条线和分行重点负责其条线和分行范围内核心管理岗位和专业技术岗位的后备人才库。后备人才的选拔采取本人自荐、民主推荐、群众举荐、单位考察发现等多种形式,并引进人才测评技术对人才的能力特长和发展潜力进行评定。后备人才的年龄、学历、数量要满足规定要求,使后备人才队伍实现年龄较轻有梯次、知识互补有层次、数量充足有活力。后备人才库建立后,要区分后备人才的类型,根据后备人才的特点进行个性化的职业生涯设计,制定培养目标、成长路线和具体的发展计划,分步实施。每年年初结合年终考核对人才库进行动态调整、滚动更新,优秀的、有潜力的新人及时补充,不适宜的予以调整,成熟的尽快上岗,对业绩突出、特别优秀的后备人才,可以破格提拔。到2008年年初,已建立高管人才后备与高级专才后备人才库,其中高管人才后备181名,高级专才后备86名。

实施交流锻炼计划。根据人才的特长和培养需要,每年从后备人才库中挑选相应的人才,通过横向纵向的交流锻炼,丰富人才的工作经历,加深总分行之间、条与块之间的互相理解和换位思考,培养干部多角度、全局性思考问题的能力和解决复杂问题的能力。交流的形式分为几种:一是分行到总行交流。每年在分行选派30名左右优秀中青年干部交流到总行工作,使分行干部开阔视野,增强全局意识和政策水平,提高宏观分析和科学决策的能力,同时便于总行了解基层情况,提高总行管理的科学合理性和可操作性。二是总行到分行交流。每年选派10名左右总行中青年干部交流到分行工作锻炼,使总行干部在实践中丰富基层经验、增长工作阅历、提高实际工作能力、全面提升综合素质,同时增进分行对总行的了解,实现相互促进。三是条线之间交流。每年选派一定数量的干部到其他条线进行工作锻炼,通过前台与后台、营销与风险、业务经营与管理之间的岗位交流,使干部在实践中拓展银行知识面、提高宏观分析的能力、统筹全局的能力。四是分行之间交流。每年在一定数量的分行之间相互进行交流,通过东西部地区之间、老行与新行之间、先进行与困难行之间的对口交流,帮助干部积累跨区域的工作经验,形成分行之间相互学习的机制,有效提高分行各级管理人员的能力素质。五是分行内部交流。根据分行后备人才培养的需要,分行每年制订支行与分行部门之间、各支行之间的交流计划。

加强中长期培训项目。以核心岗位后备人才为对象,以领导力和高层次专业知识为主要内容,以中长期培训为主要形式,进行海内外多种培训渠道的人才培训。(1)开展"中青年干部领导力管理培训项目"。每年通过个人报名与组织推荐相结合的方式,选拔后备人才参加"中青年干部领导力管理培训项目",为期半年,每期20人,包括EMBA模式的课程培训、赴总分行的短期体验、实战课题、辅导带教等内容。(2)组织优秀人才赴海外中长期培训。与境外知名金融机构、培训机构和高等院校建立长期合作关系,每年在全行选派30名以上业务骨干,赴境外进行3—6个月高级管理研修,重点培养具有国际视野、熟悉国际运行规则、了解本土情况的中高级人才。同时,根据与花旗银行签订的战略协议,浦发银行每年选派3—6名业务骨干赴花旗银行进行培训。

建立青年骨干培养计划。从全行中长期发展战略考虑,浦发银行把青年骨干培养计划纳入核心岗位后备人才培养计划,将青年骨干作为高中级经营管理岗位和专业技术岗位的中远期人才后备加强培养。启动"领航"青年主管培养计划。每年在全行范围内选拔50名素质优秀、能力突出、发展潜力大的青年进入"领航"青年主管培养计划,通过2年集中培训、轮岗、见习、辅导等多种形式的培养,使其迅速成长为基层主管中的骨干力量和年轻的管理人才后备。启动"启航"英才培育计划。每年在全国著名高校选拔50名左右具有优秀综合素质和良好管理潜能毕业生进入"启航"英才培育计划,通过2年培养培训,使其迅速成长为各条线、各分行的优秀业务骨干和后备力量。

【公开招聘】

2009年,浦发银行对包括分行行长助理、总行二级部总经理助理以上及其他总行直管干部岗位实施公开选拔,同时制定《公开选拔干部暂行办法》。公开选拔工作根据浦发银行党委要求,由人事部制订公开选拔干部工作方案,发布招聘启事等形式,公布选拔职位、任职条件及公开选拔的程序、办法等事项。公开选拔采取自荐和组织推荐相结合的方式报名。浦发银行人事部根据公布的应聘条件,对报名人员进行资格审查,根据选拔岗位特点,采取适当形式进行面试,实行差额选拔。面试评委由浦发银行领导、相关分行和部门负责人组成,也可邀请行内外相关专家参加。浦发银行人事部对拟定人选的德才表现、工作实绩和群众公认等方面进行全面考察,再由浦发银行党委会集体讨论决定人选,并进行任职公示,对公示期间无异议的,根据规定安排离任审计。同时,对列入监管机构任职资格审核范围的人员,还需报送监管机构进行任职资格审核。最后发布正式任用通知。同时,浦发银行积极推动竞争性选拔干部工作。

2009年1月14日,浦发银行党委下发《关于总行副行长选聘的通知》,面向行内外公开选聘副行长。选聘工作在浦发银行党委和董事会的领导下,按照党管干部、党管人才的原则,完善公司治理结构的原则,公开、平等、竞争、择优的原则进行。

2010年,浦发银行完成资金总部6个二级部负责人岗位的公开选拔,并照总行集中选聘、统筹安排的要求,完成南京、成都、天津等8家分行副行长选聘工作,以及厦门分行、总行私人银行部、移动金融部等新设机构和部门领导班子的配备,将一批工作成绩突出、表现优秀的干部充实进各级领导班子和干部人才队伍,进一步优化和调整中高级干部队伍结构。当年,共对22家分行、20个总行部门78个直管干部岗位进行充实调整,其中提拔36人,包括15位优秀的年轻干部从非直管岗位进入直管干部队伍;引进7人;退出现职岗位8人,干部队伍新陈代谢加快,结构进一步优化,公开选拔、竞争上岗已成为金融企业人才选拔任用的主要方式。

二、干部培训

【挂职锻炼】

1998年,浦发银行制定《高中级经营管理人员岗位轮训制度》,形成跨岗位、跨部门、跨机构、跨地区等多种交流形式的初步框架,建立定期、定量的交流制度,培养具有多种知识、能力、经验的复合型人才。通过支行与支行、总行与支行、总行与分行之间的干部交流,加强干部的全局意识,丰富干部的工作经验,走出一条在交流中发现人才,在使用中培养人才,在竞争中造就人才的新路子。

2010年开始,浦发银行开始实施干部挂职锻炼措施,同时制定《干部挂职锻炼暂行办法》,旨在形成面向基层和一线的培养链。挂职锻炼干部选派范围涵盖总行和分行两个层面,包括总行二级部总经理及助理、团队总经理、团队主管及其他职务相当人员;分行副行长及助理、部门、支行(二级分行)正副职及助理。每年年初,浦发银行人事部根据全行发展战略需要,结合干部人才培养规划,在听取总行部室和分行意见后,提出总分行双向挂职锻炼工作计划。挂职锻炼时间为1—2年,挂职锻炼干部每年分别向总、分行述职,由浦发银行人事部对其进行日常考核与随访。2010年,在征求相关部门负责人、分管行领导和有关分行意见后,经党委分管领导同意,浦发银行首批14位干部分赴9家分行的11个二级分行、2个区域支行、1个分行部门进行挂职锻炼。

【海外研修】

剑桥培训项目 2009年,浦发银行以"科学发展"为主题,以客观认识浦发银行、扩展经营管理视野、促进全行战略发展为培训目标,组织分行行长和总行高中级主要管理人员赴国外参加管理培训。针对性地制订分行行长、总行部门总经理培训项目实施的具体方案,帮助分行行长、总行部门总经理深刻理解浦发银行确定的"大银行、好银行、一个银行"的发展思路,学习国外先进商业银行应对环境变化的成功经验,虚心汲取有益教训,增强国际视野,提升应对经济周期波动能力和持续发展能力,认真思考在复杂多变的环境下加快实现战略发展目标的新举措。当年,浦发银行组织行内中高级管理人员和业务骨干分3批赴英国剑桥大学丘吉尔学院穆勒中心进行学习,就金融危机下的商业银行经营运作、变革管理、金融稳定与全球化等专题接受培训。丘吉尔学院穆勒中心是剑桥大学进行高级管理培训的专门机构,是中国银行业监督管理委员会在海外的培训基地,具有丰富的实施国际培训项目,特别是金融领域管理培训的经验,师资力量较强,课程设计合理,针对性强。浦发银行此项培训,采用"走出去"的方式,学习国际先进的商业银行经营管理理念、管理方法和管理手段,了解金融发达国家和地区应对危机的策略和金融市场的最新动态,有助于提高干部的管理素质和适应战略转型的能力。2009年7月15日至25日,党委副书记冯树荣一行专程赴剑桥丘吉尔学院穆勒中心,就浦发银行剑桥培训项目的培训目的、课程方案、考察要求等细节与剑桥方面进行沟通和洽谈,并签署培训合同。2009年8月14日,"浦发银行高中级管理人员剑桥培训项目(第一期)"在英国剑桥大学举办。副行长商洪波、23名分行领导、14名总行部门负责人参加为期14天的培训。在英期间,培训团还拜访巴克莱银行、渣打银行和汇丰银行总部。

2010年3月和8月,浦发银行先后实施两期总行直管干部海外培训项目,共有90名学员在英国剑桥大学开展为期14天的培训考察,参训学员结合浦发银行的战略转型,重点学习国外先进商业银行应对环境变化的成功经验,拓展国际视野,提升应对经济周期波动能力和持续发展能力。

新加坡青苗培训项目 2007年,浦发银行组织实施首期"分行中高层管理人员南洋理工大学管理培训项目"。来自上海、南京、大连等11家分行的28名培训团员,赴新加坡南洋理工大学进行培训,取得良好培训效果。新加坡培训项目重在全面促进后备人才的理念开拓和知识更新,提升后备人才的专业能力和管理水平。

2009年,浦发银行组织第二期分行中高层管理人员新加坡南洋理工大学高级管理培训项目。15家分行选派的20名管理骨干及后备人才9月27至11月25日在新加坡南洋理工大学参加为期2个月的培训。2010年9月,组织第3期分行中高层管理人员南洋理工大学高级管理培训班,24名学员赴新加坡参加为期2个月的培训。

【行长轮训】

2007年,根据浦发银行浙江区域发展战略,制订并实施配套的教育培训行动计划。其间,3期"浙三行支行行长综合管理高级研修班"共121名浙江区域的支行行长参加培训,深入传导浦发银行的区域发展战略意图,为浙江区域3家分行的支行行长们提供宝贵的交流和沟通平台,开拓经营视野,启发管理思路。

2008年,浦发银行举办江苏及东北区域支行行长综合管理能力高级研修班。4月23日和5月19日,支行行长培训班在南京和苏州举办,整个项目共有苏州、南京、芜湖3家分行的63名正副职支行行长参加。7月8日和22日东北区域支行行长培训班分别在沈阳和大连举行,来自哈尔滨、长春、沈阳、大连4家分行的77名正副职支行行长参加。区域性支行行长培训班在搭建区域支行间的交流和沟通平台,传导浦发银行区域发展战略,了解基层支行经营管理中的困难和问题,开拓支行行长的经营视野和管理思路等方面发挥积极作用,培训效果也得到参训学员的一致认同。同时,为配合推进网点建设工作,提升新建支行行长核心岗位能力,当年还举办2期新建支行行长培训班,共有51名新建支行行长参加培训。培训以"科学发展、强化内控、提升素质"为主题,积极宣导浦发银行发展战略,推进有形网点建设,提升新建支行行长核心岗位能力。浦发银行领导对新建支行行长培训十分重视,在前期准备、课程设计上给予指导,浦发银行党委副书记冯树荣和副行长商洪波亲自授课。

2008年11月7日至8日,2008年全行战略管理会议在西安召开。董事长吉晓辉提出拟订不同层次干部员工、不同领域经营管理技能的培训工作计划,加大培训工作的频度和深度,并通过集中培训、岗位轮换、外派学习等多种措施提高干部的业务技能以及综合管理能力。作为会议落实,浦发银行计划在3年内,对支行行长开展全员轮训。当年,浦发银行在内部网培训网页上开办"行长论坛"栏目,借此栏目对支行行长在综合管理能力高级研修班上的发言进行总结梳理,把支行行长的经验、总结和思考供全行分享,也为支行行长的日常交流和沟通提供便捷平台。

2009年5月21日,异地支行行长综合管理能力高级研修班在浦发银行信息园区开班,来自16家分行的36名学员参加培训。支行行长培训重在提高基层支行行长的综合管理能力,推进网点布局和功能转型。浦发银行副行长商洪波出席开班仪式,并以"如何做好支行行长"为主题,给学员们上第一堂课。5月27日,研修班举行结业仪式。浦发银行党委副书记冯树荣出席,与学员们就坚持科学发展观、加强个人学习和修养、抓好支行班子和支行党组织建设等方面进行沟通交流。

另外,围绕每年新增100家实体网点建设的发展规划,以"科学发展、强化内控、提升能力"为主题,浦发银行又举办新建支行行长培训项目,帮助新建支行行长了解浦发文化、熟悉业务产品、规章制度和流程,开拓经营视野和管理思路。重点围绕"战略执行力"提升,加强对浦发银行战略目标的正确理解,强化科学发展观意识,进一步开拓经营视野,提高管理能力特别是执行力和团队领导力。同时,以积极探索支行可持续发展的最佳途径等为主题,根据异地支行和同城支行的不同类别,举办异地支行(含二级分行)和同城支行行长综合管理能力高级研修班,截至2010年,共组织12期支行行长培训班,全行535名支行行长参加培训,通过"内控与风险管理、业务创新与实践、团队管理与员工激励"等专题的培训与交流,强化支行行长的科学发展意识,开拓经营视野,为支行行长提高管理能力,应对经济下行周期的挑战,探索支行可持续发展的最佳途径提供帮助。

第三节 员 工 培 训

一、培训制度

【持证上岗】

1997年11月,浦发银行出台《实行岗位资格证书制度的暂行规定》,在业务岗位推行"持证上岗"制度。岗位资格证书由浦发银行人事部统一印制,是岗位培训合格的有效证明,是经浦发银行人事部和业务部门共同认可、表明专业人员具有必须掌握的基本知识、专业知识以及实际操作能力的有效凭证,是专业人员上岗、转岗的重要依据。根据"统一计划、分工负责、通力合作、齐抓共管"的原则,浦发银行人事部与专业部门共同划分专业岗位和制定岗位知识规范,实施培训、考核和发证工作。总行及上海地区支行和各省、市直属支行专业人员经岗位资格考试合格,由浦发银行颁发加盖人事部和专业部门印章的上海浦东发展银行岗位资格证书。外省、市分行按规定的要求自行组织培训和考试,成绩合格者,由分行颁发总行统一印制的岗位资格证书。专业岗位的岗位资格证书考试,按内容分项进行,每及格一项,发给单科合格证,取得全部单科合格证,由人事部和专业部门共同颁发各专业岗位资格证书。各专业的岗位资格证书考试,由浦发银行人事部与专业部门共同组织,分专业每半年进行一次考试。岗位资格证书实行年检制度,每年第四季度根据个人技术档案中记载的业务培训、基本功测试、违章违规及差错事故记录进行验证,对不合格者重新组织考试或取消资格直至下岗。

1998年,浦发银行率先在出纳岗位进行持证上岗试点,当年,全行共核发出纳岗位资格证书37张。同年初,浦发银行人事部着手与业务主管部门共同组织编写具有浦发特色的岗位培训系列教材,岗位培训系列教材编审工作正式启动。

1999年8月,浦发银行下发《关于编写上海浦东发展银行岗位培训系列教材工作的意见》,明确由浦发银行人事部负责编写系列教材的日常事务工作,各专业部门负责各专业分册的教材编写。2000年,浦发银行首次采用自行编写的《出纳岗位资格培训教材》,对764名出纳岗位新上岗人员和在岗人员进行培训,同时为分支行培训19名出纳业务的兼职教师。截至2005年年底,浦发银行先后建立8个业务条线,14个岗位资格证书制度,并举行相应的上岗考试,当年考试人数达3 261人次。截至2006年,浦发银行共编写8种岗位培训教材,包括《稽核岗位培训教程》《资金财务岗位培训教程》《会计岗位培训教程》《清算业务岗位培训教程》《信贷管理岗位培训教程》《出纳岗位培训教程》《公司银行客户经理岗位手册》《个人金融岗位培训教程》。

2007年,浦发银行启动试题分析和试题库建设工作,对全行历次的岗位资格考试及时进行试题分析,并将分析结果反馈相关部门,为下次科学合理命题提供依据,并以此为基础对各专业岗位试题进行归类和整理,全行性的岗位资格考试试题库的建设工作开始起步。

截至2010年,全行在六大类34个专业岗位实行岗位资格认证工作,并对部分业务条线原有的岗位资格认证考试项目进行有效整合。

【教育基金】

2005年4月,浦发银行下发《关于浦发银行实施员工个人"教育培训"基金暂行规定》。6月,制定《〈关于浦发银行实行员工个人"教育培训"基金暂行规定〉实施细则》,明确"教育培训基金"按照员工职务核定到个人账户,用于支付教育培训费用,包括参加内部岗位培训、行外与业务相关知识的培训以及在职学历进修。员工教育基金制度的颁布与实施切实保证员工培训的权利。截至当年11月底,参与总、分行组织的培训和外部的个性化培训达7 494人次,占总人数的75%,使用的教育基金额度数和专项培训费用总数为829.6万元。从2006年4月1日起,浦发银行继续完善员工个人"教育培训基金"管理,包括"教育培训基金"的范围调整、标准调整、透支年限、基金使用范围调整以及核定分行教育经费额度。另外,制定《上海浦东发展银行员工因公出国(境)使用"教育培训基金"的暂行规定》与《关于对浦发银行自费出国留学员工申请出国留学教育培训经费的暂行规定》,员工培训由国内扩展至国外。2007年,《上海浦东发展银行员工"培训基金"暂行规定》出台,"培训基金"可以用于员工参加"岗位培训""个性化培训"和"出国培训",员工参加培训以行内组织为主要渠道,行外培训作为行内培训补充,围绕业务发展需要,同时兼顾个人职业发展生涯需求,寻求银行和个人共同发展。

【兼职培训师】

2005年8月,浦发银行首次公开选聘兼职培训师,69人报名或经总行部门推荐参加。在"2005年教师节主题活动暨首批兼职培训师聘任仪式"上,浦发银行26名员工被聘为首批兼职培训师。9月,《总行兼职培训师暂行管理办法》出台,正式建立起兼职培训师制度,同时明确兼职培训师为浦发银行教学队伍中核心骨干之一,纳入总行归口管理的范围。浦发银行兼职培训师的日常管理和考核,由培训中心负责,人事部负责制度的制定和安排。11月,培训中心举办浦发银行首批兼职培训师 TTT(Train the Trainer)培训班，首批聘任兼职培训师、其他兼职师资及上海地区总部的兼职师资25人参加培训。2006年，浦发银行建立兼职培训师考核评估制度，设立"最佳园丁奖"和"教育工作最佳支持奖"，奖励为员工教育培训工作做出突出贡献的培训师。2007年，为提升兼职培训师的专业能力，浦发银行配套举办初级和中级"培训师培训"(TTT)，对兼职培训师的授课技巧和方法进行专业培训。另外每年9月，举办教师节表彰活动，表彰优秀兼职培训师，新聘兼职培训师，并在全行范围启动各业务条线兼职培训师的遴选工作。截至2009年年底，全行兼职培训师达101人。

除持证上岗、教育基金、兼职培训师等培训制度外，浦发银行于2006年制定《上海浦东发展银行员工行为准则》，将自我提高和发展作为员工基本职业素养重要内容，强调员工应该参加行内外组织的上岗培训和岗位资格考核，确保知识水平、业务能力、职业素养的提高与组织发展和岗位的要求相一致。浦发银行培训中心与人事部联合下发《新员工入职培训指导意见》，制定《新员工入职培训实施细则》，规范全行新行员培训工作。同时，着手建立新行员混合式培训体系，当年，对长春、乌鲁木齐等新开行员工进行混合式培训。浦发银行初步建立起以"岗位资格执证上岗率"和"教育培训基金使用率"为指标的教育培训考核评价机制，成为分行年度考核的内容之一。同时，浦发银行还将教育培训情况纳入审计部对分行实行全面审计的必审内容。

【教育培训联动会议】

2009年，浦发银行建立由党委副书记冯树荣牵头，党委办公室、人事部、机构管理部、战略发展部和培训中心参加的教育培训工作联动会议制度，专题研究教育培训在浦发银行战略实施不同阶段的工作重点，健全和完善教育培训的工作机制。联动会议制度站在着力推动全行解放思想观念，解决影响和制约全行科学发展突出问题的高度，进一步加强对全行教育培训工作的领导。教育培训联动会议审议并通过《2009年全行培训工作指导意见》。

二、培训中心

浦发银行开业伊始，即把员工培训列入议事日程，先后举办计算机、国际业务、存汇业务等培训班，并对新进应届毕业生进行入行培训。1994年年底，浦发银行确定"全方位、多层次、多渠道"培训要求，明确培训工作重点。一是对部门经理、分、支行长的培训，其中包括政治理论、思想修养、领导管理能力、商业银行业务方面的培训。二是对员工的培训，包括提高培训、新进人员上岗培训、转岗培训等。

1995年3月23日，行长裴静之在首届董事会五次会议上，提出要具体落实对员工岗位培训和知识更新，改善员工知识结构，提高员工操作技能，培养员工一专多能，提高员工整体素质。7月31日，浦发银行培训中心正式成立。培训中心成立之初，作为浦发银行人事部所辖教育管理职能机构和培训实体，为全行干部员工提供人力资源开发与培训服务。培训中心初设于上海建国东路390号三

图4-7-3 1992—1994年，浦发银行学习资料汇编

楼,建筑面积600平方米,分为3间教室、2间讨论室、1间计算机房,可同时供200人面授培训。1995年7月,培训中心举办浦发银行第一届计算机培训班,学员覆盖全行处级以上干部。之后,培训中心有序开展电脑初、中、高级培训课程,当年共组织各类培训班6期,计460人次,并配合业务部门举办3期培训班。1997年5月,浦发银行培训中心设立教育管理科和教育培训科。

浦发银行培训中心建立后,有计划、有重点开展培训工作,先后进行高中级经营管理人员培训、新进行员工培训,外汇业务、信贷业务、总会计师、营业所主任培训,开设计算机、英语、ACCA、现代科技知识、法律知识等各类培训班,并协助党委举办邓小平理论学习和入党积极分子培训,逐步形成管理岗位、业务专业、员工素质、政治理论4项培训系列。其中信贷风险分类培训为建行以来规模最大、历时最长、参加人数最多的培训项目,也是培训中心第一次自行组建行内讲师团授课,共举办7期,970人参加。截至1998年,浦发银行共举办各类培训班82期,114个班次,培训人员6450人次,占全行总人数的85%。

1996年,浦发银行人员首次赴德国慕尼黑管理学院培训。同年5月,制定《因公出国进修、培训管理工作的暂行规定》,通过组织出国培训、考察,积累引智工作经验,逐步形成一套较为完整的出国培训、考察工作机制。

2004年4月,培训职能从浦发银行人事部分设,培训中心得以单独成立,真正成为集远程教育培训中心、远程教育考试中心、教育培训管理中心功能为一体,开放式、网络化、多功能银行培训中心,成为银行的战略实施提供有效的人力资源开发服务的教育培训和管理机构。同年,浦发银行培训中心迁入漕河泾信息园区,并制定《教育培训工作五年(2006—2010)战略规划纲要》。

2005年,浦发银行建立培训信息发布渠道和内部培训工作信息通报制度。通过"培训速递"栏目,向全行员工定期发布行内外培训信息,推荐前沿性、国际化的学历教育、国内外资格证书,为员工个性化学习提供推介和咨询服务。全年累计组织185个面授、视频等多种形式的培训项目,参加员工7252人次,占全行总人数的72.5%。

2006年10月10日,浦发银行成立以来首次全行性教育培训条线工作会议在培训中心召开。来自总行主要部门和各地分(支)行人力资源部主管教育培训工作的总经理和培训专员共80余人参加会议,董事长金运到会并作重要讲话。自2005年网络培训系统正式上线,全行员工已累计完成课时40余万学时,培训员工达到20多万人次,为推进全行学习力提升发挥积极作用。当年,浦发银行被上海市成人教育协会评为上海市"2006—2010年成人教育先进集体",并在2010年11月的"上海市第六届全民终身学习活动周"开幕式上受到表彰。

2009年,为全面、深入、持久做好教育培训工作,增强对全行培训工作的战略指导,浦发银行建立教育培训工作联动会议制度,专题研究教育培训在浦发银行战略实施不同阶段的工作重点,健全和完善教育培训的工作机制,营造良好的教育培训生态环境。当年召开3次培训联动会议,审议通过《2009年全行培训工作指导意见》。同时,围绕浦发银行"建设具有核心竞争优势的现代金融服务企业"的发展战略,《2009—2011年浦发银行教育培训规划(送审稿)》经教育培训联动会议2009年第3次会议讨论审议后修订完成。通过2009年教育培训计划的实施和未来2—3年全行教育培训规划的制定,把教育培训工作打造成全行管理能力提升的平台、人才队伍培养的平台、战略管理实施的平台以及经营难题化解的平台,进一步增强教育培训工作对全行业务发展的渗透力,增强教育培训工作对员工职业生涯发展的影响力。

三、培训体系

【网络培训体系】

2002年,浦发银行首次尝试通过视频会议系统进行全行支行行长金融业务知识培训,并首次利用浦发银行传信系统进行"2002年度审贷业务岗位资格考试"网络考试。2003年,制定《关于全行高中级经营管理人员参加网络远程教育试点培训的管理暂行办法》,在全行范围内试点并推广E-Learning远程教育,将集中面授教育与远程教育有机结合,逐渐扩大远程教育的占比。2005年4月,第一期总行直管干部计算机网络应用能力培训班举行,20多名分行行长参加培训。6月,浦发银行培训中心举行"网络课程制作项目需求信息发布会",通过评选的方式,从20多家网络公司中,确定浦发银行网络课件制作的合作单位。2006年,浦发银行实现视频培训、网络课程学习和网上考试功能为一体的网络培训管理和考试系统。浦发银行网络教育被上海市信息服务业行业协会网络教育专业委员会评为"2006年度优秀会员单位"。以网络学习平台、业务体验平台、网络考试平台三大平台为基石的网络培训,逐步从培训工作的辅助角色转变为不可或缺的重要培训形式。各条线对网络培训的接受度也不断转变和提高,主动提出需求,积极参与网络课程的设计、方案策划、审核等过程中,使网络培训在全行进入广泛应用的发展时期。2009年,浦发银行开始推广业务体验平台,主要用于新开行培训,为新开行员工提供核心业务系统的仿真操作环境,在帮助新开行熟悉核心业务系统的功能和操作上成效明显。当年,浦发银行培训中心、运营管理总部、产品开发部就业务体验平台的使用推广问题进行专题讨论,制订职责分工和推广步骤。西安、福州、合肥、乌鲁木齐等13家分行在业务体验平台上全年完成模拟交易共计93 662笔。2010年全行新增网络课程118门,有效课程达700余门;组织全行性网络培训项目14个(含导入外部网络培训项目2个),共计151 322人次参加网络培训及在线课程的学习,完成学习课时279 888小时。截至2010年,已形成合规类、管理类、业务类、产品类、职业技能类、银行概况类、党建类七大课程系列。同时,累计开发650余门具有浦发特色的网上培训课件,形成合规、管理、业务、产品、职业技能、银行概况等6类课程系列。

【岗位资格认证体系】

从1998年起建立岗位资格考试制度开始,截至2010年年底,已有六大类34个专业岗位实行岗位资格认证工作,在激发员工学习动力、提升岗位专业技能、保障全行服务水平、促进全行业务发展等方面发挥积极作用。培训中心依托网络学习平台、ATA考试平台、业务体验平台,满足不同岗位和员工的培训需求。在社会资格证书认证方面,自实施国际金融理财师系列资格培训以来,截至2010年年底,全行共有2 027名员工通过金融理财师(AFP)考试、241人通过国际金融理财师(CFP)考试、90人通过金融理财管理师(EFP)考试、68人通过私人银行家(CPB)考试。另外,全行累计有54名员工获得"国际保理专家资格";1 289人通过基金销售人员的资格考试;618人获得保险代理从业人员资格证书;23人获得"证券从业人员执业资格证书";5 762人次通过银行业协会从业人员相关科目资格考试。其中,通过"风险管理"科目668人,"公共基础"科目3 312人,"个人理财"科目1 340人,"个人贷款"科目222人,"公司信贷"科目220人。

【培训课程体系】

浦发银行课程体系由新人、一般员工、专才、中高级管理人员培训四部分组成。其中,新人培训包括新人入职教育、新人岗位培训、新开业行培训。2000年制定的《上海浦东发展银行机构设置管理办法》明确,新建机构人员到位后实行分类指导,分级培训,总行负责对直属分支行的人员培训,分行负责对辖属机构人员的培训。各主要业务部门负责人到位后,分别到总行有关部门学习2—3天;业务操作人员到位后,集中总行,分岗位培训10—15天。一般员工培训包括岗位资格培训和个性化培训。专才培训包括国内外专业证书培训和国内外考察实习。中高级管理人员培训包括分支行行长综合管理能力研修、跨部门机构轮岗、国内外考察学习。

此外,浦发银行建立起内外部培训资源相结合的体系,在学习资源和培训课程上实现共享。1999年,浦发银行开展员工培训引智工作,通过内部培训师资遴选与培养、外部培训资源收集及筛选,建立内外部培训资源库,实现全行资源共享。2000年,浦发银行首次为日本住友银行(中国境内机构)、华一银行业务人员分别进行为期3天的人民币业务培训。2005年7月,浦发银行首次发布《培训信息速递》,平均每月2期,向员工推荐优质培训学习信息,成为全体员工教育培训信息资源共享窗口。2007年,浦发银行在内部网上开通"培训与发展"和"教师园地"网站,着手外部培训资源库建设工作,加强与分行资源共享。

第五篇
信息系统

概　　述

　　浦发银行成立之初,明确提出"业务发展,科技先行",完成电子化替代手工的历史跨越。1995—1998年,浦发银行完成由单机向联机、再向全国联网的转变。信息化发展过程中,浦发银行制订《"十五"信息化规划》,推出东方理财卡、对公集中、网上查询和银证通等"四个亮点"龙头产品。2002年6月28日,综合核心业务系统建设项目正式启动。次年11月,新系统于全行成功上线,将30多个城市的计算机系统全部集中于浦发银行综合业务系统平台,实现真正意义上的数据大集中、业务处理大集中。依托综合业务系统,全行各类产品研发欣欣向荣,信用卡系统也从新加坡花旗运营中心成功回迁至上海漕河泾信息中心,实现自主管理、独立运维。在业务系统不断升级和完善的同时,浦发银行陆续引进、开发SAP、传信、视频会议、公文管理、高管信息服务平台等办公管理系统,实现"把银行建在网上"的目标。另外,建设以上海漕河泾信息中心为生产中心、上海北京东路东银大厦为同城备份中心、安徽合肥为异地灾备中心的"两地三中心"灾难恢复体系,系统容灾能力得到大幅提升。建行以来,浦发银行始终坚持"科技兴行"战略思想,逐步构建与具有核心竞争优势的现代金融服务企业相适应的信息系统。

第一章 早期系统

第一节 微机系统

一、银行电子化起步

20世纪90年代以后,国家对信息化建设进行积极规划。1993年6月1日,江泽民总书记视察位于河北沙河的中国人民银行清算中心,提出加速金融电子化建设,尽快推动电子货币工程的要求,倡导在全民中推广和使用信用卡。同年12月25日,国务院作出《关于金融体制改革的决定》,要求加快金融电子化建设,提出金融电子化要统一规划,统一标准,分别实施;加快中国人民银行卫星通讯网络建设,推广计算机运用和开发;实现联行清算、信贷储蓄、信息统计、业务处理和办公自动化等目标。

浦发银行领导在建行之初就认识到业务电子化对全行发展的重要意义,提出"科技领先"口号,要求加大对计算机投入,积极实行银行电子化。筹建期间,浦发银行设立电脑部,专职负责全行业务计算机系统的购置、建设、运行及维护工作。总行本部和各分支机构开业伊始,就应用微机系统处理业务,各网点均使用微机带终端模式,从事储蓄、出纳、会计和外汇业务,每家支行配备储蓄主机,实现储蓄业务与对公业务的电子化处理,基本实现柜面业务电子化,处于当时银行业先进行列。

按照科技领先的要求,浦发银行电脑部设立软件科,先后开发各类计算机业务数据处理系统共21项。开发人民币储蓄业务单机系统,其运行建立在Unix操作系统上,以网点为单位,实现活期储蓄、定期储蓄、零存整取、不记名定活两便等基本储蓄业务电子化。1993年,建立对公会计业务处理系统,开发"结算服务一条龙"石油交易所办事处账务结算计算机处理系统。该计算机处理系统不仅能为石油交易所对交易资金进行高速转账清算,而且能为石交所免费提供保证金收付凭证等多种重要结算票据。1993年年末,浦发银行首次成功应用微机系统进行年终结算,从而跨越银行业务先手工,后电脑的进程,一步到位实现柜台业务的电子化。1994年,为满足外币业务发展需要,浦发银行在储蓄单机系统基础上开发外币储蓄系统,并于当年6月投入使用,实现美元、港币、日元、英镑等8个外币币种的定期、活期以及币种间的兑换功能。开通后的外币储蓄业务系统与人民币储蓄系统合成一体在同一台主机上运行,与本币储蓄业务共享一台计算机,在当时上海市银行系统居领先地位。浦发银行办公自动化的使用范围逐渐扩大,浦发银行电脑部、办公室、部门文书管理等部门拥有办公计算机,办公系统主要安装Windows操作系统和Office办公软件的单台PC,经历多次升级,PC操作系统版本从Windows3.1/3.2升级到Windows95,办公软件版本从Office4.0/4.2升级到Office95。

1993年8月20日,浦发银行召开专题会议,专门研究金融电子化的方向,浦发银行电脑部提交《上海浦东发展银行金融电子化发展方向探讨》,主要内容如下:

借鉴专业银行电子化发展实践,分析浦发银行发展金融电子化的有利条件,展望各项业务的发展前景。指出浦发银行各项业务网点数(包括本外币对公、储蓄、证券、外汇结算、社会保险等)1年内约可达10个,3年内约60个,5年内约150个。业务量估计1年内3万笔/日,3年内10万笔/

日,5年内30万笔/日,其中联机处理的业务量约占20%至25%。浦发银行各项业务的快速发展,使电子化建设成为促进业务发展必不可少的因素和动力。描述计算机系统的结构体系,主要采用集中、分布式数据库结构的大型计算机网络系统。计算机系统层次为总行建立大型计算机,集中式数据库;网点建成微、小型机为节点机,分布式数据库。制定计算机系统装备的技术方针。为充分发挥设备效能,保护原有设备的软硬件投资,主机尽可能采用性价比高、上马快、具有性能可自小而大,易于扩充的计算机系列。计算机主机的操作系统(OS)尽可能向开放系统如Unix靠拢,以减少对某一厂家、牌号的依赖性。为较好解决原有通讯线路故障率高的问题,尽可能采用新型的、较为成熟的通信技术,如X.25、DDN公用数据网、光纤通讯、无线通讯或卫星通讯等技术。银行专用终端设备如ATM、POS等尽可能采用智能的类型,充分利用多媒体技术为客户提供多功能全方位服务。着重研讨国际流行的IC卡(智能卡)作为浦发银行信用卡的可能性。在联网技术上以NOVELL为基础,着重发展国际上异种机、异种网互联的工业标准TCP/IP协议。

初拟一、三、五年内的实施步骤。1993年内,浦发银行要以微机为主体实现银行一线业务的电子化,为各部、室开发和建立OA或金融信息管理系统,充分利用协作单位的技术力量,进行联机试点。1994年至1995年,浦发银行要以大机为主,联ususpended大型计算机网络系统,充分发展银行联机业务,实现各部、室的OA或信息系统用局域网(LAN)联网,由应用数据库发展到主题数据库的中级阶段,大力发展银行专用终端,如ATM、POS等,为客户提供多功能服务。1997年,建成大型计算机网络系统,将应用推广到社会,将金融信息管理系统发展成高层决策系统,并将业务管理和信息管理融为一体,形成综合性数据库。

1994年年初,浦发银行领导将"科技兴行"作为浦发银行电子化建设目标,提出科技兴行,大力发展计算机联机网络和智能卡系统的目标。当年,浦发银行打破常规,大胆采用国际最新系统结构体系,在较短时间内建成继工商银行后上海第二个实时联机网络系统,全行电子化水平迅速提高。在此基础上,又确定开发智能型金融卡的设想。

二、银行电子化加快发展

1995年,浦发银行按照全国金融工作会议关于加快电子化建设列入工作重点的精神,在上海银行业中首次实现全部储蓄网点通存通兑,而且在全国率先推出能够真正投入运行的IC智能卡——东方卡。

1996年全行工作会议,制定不断提高金融电子化水平,全面带动各项业务快速发展的工作目标。会议指出,全行要继续实施"科技兴行"战略,以拓展智能型东方卡市场为重点,全面启动信用卡业务,在上海市储蓄和东方卡通存通兑的基础上,逐步实现外省市分行的联机作业,并纳入全行统一网络。实现业务操作和办公自动化,力求做到行内网络连成一体,信息充分分享,行外与社会网络联网,为客户提供便捷、安全、快速的电子服务。当年,在前两年建成储蓄大机网络系统和东方卡系统开通运转的基础上,浦发银行将以天腾为主机的储蓄联机网络系统拓展到各省市,杭州、宁波、江阴、南京等分行,先后顺利投入运转,实现全市联网。同时,智能型东方卡业务也以超常规方式不断扩大市场份额,浦发银行业务电子化进入城市行联机建设阶段。

1997年全行工作会议,提出以计算机网络为核心,迅速提高全行运作科技含量的工作目标,要求在坚持集中开发、垂直管理的前提下,充分发挥业务部门、电脑部门和社会专业部门在浦发银行金融科技开发与管理方面的积极性,要积极利用分支行和社会力量,通过建立专项课题组或中外合资性质的电脑科技开发公司等形式,加大业务电子化的开发力度,尽快实现全行业务运作的电子化。全力推进各项业务处理的网络化,第一季度选一个分行进行对公业务联网试点,第二季度实行跨行电子汇兑试点,争取在年内全面推广,同时,开发储蓄全国通兑和东方卡全行联网系统,力争在年内实现一卡在手、全行通兑、全国消费的目标。以办公自动化为切入点,建立行长查询系统和银行内部网络——INTRANET 系统,实现全行信息共享。全行上下共同参与、协力开发,尽快完成并在全行范围内推广使用国际业务电子化运作系统。要加快业务电子化的新品种开发,探索无人银行,如 PC 银行、电话银行等的可行性,丰富和增加储蓄联机系统上各种交易的转存功能,试点非接触类卡片的应用等。1997 年,浦发银行业务电子化向网络化发展取得较大进展,对公业务联网取得实质性突破,并在上海、宁波、南京、江阴等地成功投入运行。大胆采用国际最新的 CLIENT/SERVER 体系结构的开发技术,建设全行国际业务电子化系统。对天腾主机系统进行技术改造,成为上海"金卡"工程联网成员行中故障率最低的一家银行。成功开发并建成全行内部信息管理系统 INTRANET,初步实现办公自动化及业务信息的及时传达,有效地提高办公事务处理的时间和空间效率。

1998 年 2 月 8 日,浦发银行召开全行工作会议。会议要求加快电子化进程,以高新技术促进业务快速发展,构建适应现代化、国际化经营管理要求的先进的电脑信息网络。要求以技术促业务,推动各项工作全面进步。首先是集中全行力量重新构筑储蓄和东方卡系统,实现储蓄和东方卡通存通兑。其次是全面推广对公联行和实现全国联行联网,争取成为全国第一家实现全行联网的银行。争取在 1997 年年初步完成国际业务计算机系统开发,并在浦发银行第一营业部试点的基础上,向全行推广。按银行 IC 卡标准全面改造东方卡系统,争取成为新标准的第一批试点行。研究并建立浦发银行科技工作的组织架构,按照国际大银行经验和国内银行实践,探索建立浦发银行应用软件开发中心的可行性,探索以行政、技术职务两条线设置岗位的可行性,增强科技人员的凝聚力和向心力。进一步发挥浦发银行传信系统功能。在 1997 年初步开通浦发银行传信系统 INTRANET 基础上,1998 年实现全行联通,并进一步发挥其对业务发展和内部管理的促进作用。各主要业务部门以搜集处理信息为起点,以对整个经营活动进行反映、调节和控制为目标,积极参与建设一个以网络技术为支撑、适用信息为核心、业务需求—信息反馈—现实生产力为通道的信息管理系统。

第二节 城市行联机系统

一、联机系统处理平台

1994 年年初,按照大力发展计算机联机网络和智能卡的电子化建设目标,在经过反复比较和深入论证后,浦发银行引进大型容错计算机 Tandem 喜马拉雅 K10004,作为浦发银行核心业务处理主机,用于总行和上海地区直属支行的业务处理。

1994 年 8 月 31 日,浦发银行与美国天腾电脑公司计算机系统的签约仪式在波特曼大酒店举行。这套以该公司当年推出的最新产品喜马拉雅 K10004 型电脑为主机的计算机系统,具有容错并行处理功能,保证系统的高可靠性和线性扩充能力。该系统能大幅缩短开发周期,为浦发银行实行储蓄全市联网和个人金融业务电子化工程(即智能卡工程)奠定良好基础。

天腾计算机项目的原安装地点在浦发银行陆家嘴支行,但在设备安装调试阶段,鉴于需要确保机器正常运转的基本条件(即双路供电和通信线路问题),短期内在陆家嘴支行无法得到解决。此外,上海市政府要求在春节前完成智能卡的开发任务,所以浦发银行决定把天腾计算机设备移至总行继续进行开发工作。

浦发银行采用K1000/K2000系列作为除总行和上海外其他分行的核心业务处理主机,从而形成以Tandem容错机为主体的全行业务处理平台架构。在Tandem机平台上,浦发银行经过数年努力,建成集对公、对私、卡、国际业务、辖内清算等全行联网的计算机处理系统。Tandem机以其出色的容错能力,有力保障业务系统安全稳定运行。

二、储蓄业务联机

银行柜台业务实现联机作业是显示银行业务电子化水平的重要标志,也是银行业务竞争的重要手段。在单机储蓄系统环境下,各个网点拥有独立的活期分户账和总账数据库,无法实现通存通兑,不能满足客户更高的服务需求。1994年7月,浦发银行经过大量对国外最新技术的调研和分析,并充分吸取国内同行的成功经验,大胆采用国际最新的系统结构体系,在引进的天腾公司大型主机平台上,开发投产活期储蓄联机系统,这是浦发银行第一个联机应用系统。同年9月9日,浦发银行陆家嘴支行储蓄业务挂入天腾主机运行,标志着储蓄业务联机试运行获得成功。10月,浦发银行通过远程终端方式,即储蓄主机设置在支行营业部,通过电话线路和多路复用器连接设置在下属网点的MODEM,再连接终端机,实现在支行范围内的通存通兑。随着第一营业部和杨浦、陆家嘴等17个支行活期储蓄实现通存通兑,浦发银行储蓄业务进入联机时代。

在1994年完成储蓄业务联机系统的基础上,1995年上半年,浦发银行将具备通信线路的分支行网点全部纳入网络,在上海市率先实现全行储蓄业务的通存通兑。当年5月10日起,正式开办活期储蓄通存通兑业务。截至10月,浦发银行实现上海市所有55个储蓄网点的活期储蓄业务的通存通兑。

1996年是浦发银行业务电子化全面发展的一年。在前两年建成储蓄大机网络系统和东方卡系统开通运转的基础上,浦发银行集中全力,以天腾为主机的储蓄联机系统扩展到外省市,杭州、宁波、江阴、南京等分支行先后顺利投入运转,实现储蓄全市联网。

三、东方卡系统

1994年,在上海市个人金融业务电子化试点工程中,浦发银行被指定为承担智能卡开发任务的责任单位。同年,浦发银行领导决策,浦发银行卡要开发一张具有国际水准、国内领先的智能卡。4月9日至29日,浦发银行副行长金运率团赴法国、德国、芬兰考察银行计算机系统和智能卡应用。6月,合作厂商法国BULL公司提供智能卡技术相关材料,其中包含智能卡在中国台湾银行业中的具体应用案例。8月,浦发银行电脑部与个人金融部员工集中三周,编写浦发银行第一份完整的智能卡应用需求书。11月,BULL公司抽调法国、中国台湾和上海等地技术骨干力量,与浦发银行电脑部技术骨干人员一同编写系统详细设计书,整个系统涵盖发卡、账务处理、客户信息管理、商户信息管理、密钥管理、柜台交易、ATM交易和POS交易等全部智能卡应用模块。之后,浦发银行正式进入智能卡项目开发阶段。直至1995年2月,整个系统开发基本完成。同时,东方卡卡面也设计完毕,智能卡片、ATM机、POS机、柜面读卡机、打卡机、加密机等产品从法国陆续运抵上海。

在整个东方卡的开发过程中,浦发银行科技人员以国际水平为目标,精心设计,消化吸收国外先进技术,用时4个月完成整个业务系统的开发和调试工作,在全国率先推出能够真正投入运行的IC智能卡,做到20世纪90年代的容错计算机、90年代的client/server计算机网络体系结构和90年代的智能卡,从技术上全面超越国内同行,开创上海金融电子化的一条新路,使浦发银行金融电子化迈上新台阶。

经过历时数月的开发研制,1995年4月,浦发银行第一张智能型东方卡终于诞生。东方卡在技术上采用复合卡形式,在同一标准卡体上同时嵌有IC芯片并贴有磁条,使东方卡具备明显优于普通磁条卡的安全性、多功能性,同时能够适应上海市"金卡"网络联网操作的要求。东方卡主要用于工资转存、现金存取、转账消费、代扣公用事业费、批准透支等级内的信用透支,实现集储蓄卡、支付卡、信用卡于一体,具有安全、方便、可靠等特点。同年,东方卡挂入天腾主机,实现存款业务通兑。1996年年初,浦发银行杭州分行Tandem主机和东方卡系统全面投入运行,浦发银行率先在浙江省推出第一张智能卡——东方卡,取得较大社会反响。

截至1996年年底,浦发银行销售点终端POS安装量超过1 300台,数量位居上海金融界第一;东方卡发卡量超过40万张,居上海市首位,初步达到浦发银行以东方智能卡为特色业务的发展战略目标。

四、"金卡"工程

1993年6月,江泽民总书记提出实施"金卡"工程,倡导在全民范围内推广使用信用卡。1993年起,"金卡"工程确定的12个试点城市先后完成银行卡信息交换中心的建设任务,并陆续投产经营,初步实现这些城市内各类银行卡的跨行通用。

1995年4月17日,全国"三金"工程展览会在北京举行。展览会汇集全国"金卡""金桥""金关"工程生产及应用方面的近百家龙头企业及一些国外知名厂商,集中展示全国"三金"工程在产业和应用上的成果和前景。浦发银行作为全国第一家成功建立智能型信用卡应用体系的银行参加这次展览会,并成为展览会中唯一展示智能卡体系的中资银行。展览会期间,浦发银行详尽介绍东方卡的功能,并进行演示,使参观者对东方卡的功能及应用,对浦发银行的地位及业务,乃至对上海的智能卡工程形成较为具体概念和良好印象,浦发银行携往参展的两千份资料3天便被索尽。在4月18日晚的展览专场上,国务院副总理吴邦国以浦发银行首位储户的身份,表达对浦发银行业务发展的关心。国务院副总理邹家华则提出,希望借浦发银行的东方卡应用,推动该项产业的发展。

"金卡"联网是1995年上海市政府实事工程之一,其目标是实现上海各银行卡在全市ATM和POS机上的互联互通。1995年下半年,浦发银行积极参与"金卡"工程,开发连接上海"金卡"中心的入网系统。通过与上海"金卡"中心确定交易报文接口等系统设计工作,修改后台交易分配控制模块、后台批量处理模块、ATM和POS的卡识别和冲正机制等开发和测试,于9月和11月完成ATM和POS的接入工程。浦发银行成为上海"金卡"工程的首批成员行之一。

五、SWIFT系统

1994年4月1日,浦发银行与美国花旗银行合作,安装使用花旗银行付款系统终端。该系统可以直接划款至世界各地美元清算银行,大大提高清算速度,降低经营成本。1995年5月21日,浦发银行行长裴静之参加由上海市浦东新区管委会组织的上海浦东金融与电讯考察团,赴美国考察金融与电讯业务。同年,浦发银行在天腾计算机上建立国际清算业务的SWIFT系统,并于1995年年底加入SWIFT组织(环球银行金融电讯协会),成为其会员。1995年12月4日,浦发银行正式开通运行SWIFT系统。

1996年,浦发银行完成各项技术更新工作和与国外银行的BKE密押交换工作,SWIFT国际清算系统全面开通,业务范围扩大到世界各地的50多家银行。SWIFT成为浦发银行对外的主要清算工具,从而实现业务处理的电子化和国际化。同年4月,浦发银行制定并下发《SWIFT计算机系统管理暂行办法》,就SWIFT计算机系统设备管理、操作员管理及终端操作、SWIFT系统功能管理等方面作出明确规定。截至1996年年底,浦发银行共与34个国家和地区的261家银行建立代理行关系。到1997年,浦发银行的国内代理行已达500多家,覆盖全球56个国家和地区,比1997年年底增加260多家,国际金融交流与合作进一步加强。

第三节　全国联网系统

一、主机系统

浦发银行实行上海地区计算机联网后,储蓄业务得到迅速发展,营业网点急剧增加,东方卡发卡量和交易量迅速上升。这些均对计算机通讯和各分支行储蓄主机联机实时处理能力提出更高的要求。此外,浦发银行全力开发储蓄与东方卡的全行联网系统,以实现储蓄、东方卡异地通兑业务。因此,浦发银行上海地区各支行于两三年前建立的储蓄系统主机已不能适应系统要求,必须进行升级。

为使升级顺利展开,浦发银行电脑部技术人员先期做了大量研究和技术准备工作,并在上海市普陀支行试运行获得成功。1996年11月26日,浦发银行决定,对各支行UNIX主机的软硬件进行全面升级。12月起,开始分批分期实施系统改造工作。升级后的新系统硬件配置为Pentium586/166CPU、1GB硬盘、32M内存、250MbSCSI接口磁带机和EiconPC/1M通信卡。软件配置为SCO UNIX、X.25通信协议储蓄、东方卡应用软件。

1997年3月,储蓄网点主机升级工作全部完成。实际运转证明,新系统具有运转快速可靠、轧账时间缩短和具有扩充能力等效果,能更好地适应全行业务快速发展的需要。3月19日,浦发银行印发《关于上海浦东发展银行储蓄网点主机全面升级后有关事项的通知》,就升级后部分系统问题进行原因分析,并落实系统管理要求。

1997年8月,随着浦发银行储蓄网点的急速增加,以及对公业务联网的逐步开通,天腾主机的3650通信控制器端口日益紧张,已不能满足业务发展的需要。浦发银行经过半年的调研、选型、测试、试用,最后统一选用以色列RAD数据通信公司的产品对天腾主机的3650通信控制器端口进行扩容。同年,在充分论证的基础上对原系统进行系统升级,对通信规程和终端的Unix操作系统进行技术改造,使系统更为稳定,成为上海市"金卡"联网成员行中故障率最低行,得到中国人民银行表扬,并使全系统处理效率再次提升,为业务发展和开展新业务创造条件。

为实现浦发银行对公、联行、储蓄、东方卡等系统的全国大联网,针对高难度的通信软件模块这一关键技术,在天腾公司技术专家的指导下,浦发银行技术人员钻研新技术,编码完成通信软件模块的调试,在对公联网的试点中一举成功,为实现其他业务联网奠定坚实技术基础。

1997年11月,浦发银行下发《关于开展个人金融业务计算机系统升级总体方案研讨的通知》,明确储蓄、东方卡业务计算机系统升级的目标是在储蓄、东方卡业务计算机系统基础上,完善原有功能,扩充新功能,分阶段建成一个以IC卡为核心,具有浦发银行特色的、统一的、综合的、多功能的、网络化的个人金融业务计算机处理系统。为实现这一目标,浦发银行就储蓄、东方卡业务计算机系统升级问题,动员各分支行及相关业务和技术人员组织讨论,并提出合理方案。方案内容包括完善现有系统所具有的各类交易功能,实现24小时运行,实现异地联网通存通兑,提供多账户之间的转账功能,人民币、外币储蓄系统一体化,扩充公司卡、VISA卡、MASTER卡功能,根据业务需要增加一卡通(一本通)功能,明确个人理财业务功能,提供储蓄、股票债券房地产投资、外汇买卖、个人贷款等各项理财服务,为电话银行、自助银行、网络银行等服务提供接口以及解决2000年问题等。

1998年上半年开始,浦发银行对原有个人金融业务计算机处理系统进行全面的改造和升级。1月,浦发银行电脑部和个人金融部联合召开由各分行和直属支行参加的系统升级专题研讨会,最终确定业务需求和拟订计算机系统开发计划。全面改造升级后的新处理系统是由信用卡业务处理子系统、储蓄业务处理子系统和个人信贷业务处理子系统3个子系统组成的,既相对独立,又相互关联,通过各自的基本账户可以实施相互转账,可以处理包括本外币和存贷款在内的各种个人金融业务的计算机处理系统。

1999年,浦发银行开始实施业务主机扩容升级及容错备份系统技术改造项目。浦发银行对原有业务系统处理主机为天腾K10004的计算机进行扩容,以满足覆盖包括上海地区在内的全行范围各项业务联网运行的需要。

在此基础上,为适应业务规模迅速增长的需求,浦发银行引进当时国内最大、具有世界领先Server Net技术的Compaq公司S70000系列容错大型主机,并建立与K10004计算机互为备机的容错备份系统。S70000系列容错大型主机具备可扩展性能、连续的系统可用性、简便的维护和管理、灵活的系统配置和扩充、多种网络和联接选择能力等优点,可以确保浦发银行实现储蓄、信用卡、对公、外汇等全行各项金融业务系统安全的联网运作,满足浦发银行业务因规模增长带来的支撑需要。

二、国际业务电子化系统

1994年9月,浦发银行国际业务部和电脑部联合开发的新外汇会计系统正式投入使用。外汇会计业务系统包含完整的处理流程,从柜面业务输入到会计总账的产生,直到分支行业务报表的打印,均由计算机自动完成。该系统提供强大的业务处理能力,每天业务处理大于10 000笔,开设的币种、会计科目基本不受限制,可开设分支行10 000家。1996年10月9日,为促进国际业务金融电子化的发展,浦发银行成立以金运行长为组长的国际业务金融电子化领导小组。

1997年年初,浦发银行电脑部技术人员对国内外主要国际业务计算机系统公司进行调查研究,分析国际计算机技术平台的发展趋势,采用国际上最新流行开发平台WindowsNT的Client/Server的开发技术,并组织上海C/S公司和台湾嘉腾公司共同参与开发。

浦发银行国际业务电子化系统是由总行组织开发的一套网络化、电子化外汇业务综合系统。系统以客户信息和会计系统为核心,综合贸易结算、贸易融资、非贸结算、外汇信贷、资金交易、联行清算等业务,由SWIFT系统、国际业务经营系统和国际贸易结算系统组成。其中,国际业务经营系统包括APTFORM、APTSQL、STORED PROCEDURE等系统程序;贸易结算系统体系由系统程序、系统参数、业务操作画面3个层次组成；SWIFT系统则由天腾主机、IC卡读卡机、本地终端和远程终端组成。SWIFT系统主机位于总行，国际业务经营系统和国际贸易结算系统数据库服务器位于各业务网点。作为一个联网业务系统，国际业务电子化系统由各行内部的局域网和行间广域网组成，总分支行业务系统通过TCP/IP协议连接，全行各网点的国际业务经营系统和国际贸易结算系统必须实现与上级行的实时联机。为保证业务网络系统安全，系统网络与非浦发银行业务系统网络实行严格的物理隔断，同时对电话银行、客户查询终端等外围设备采用严格的安全措施和防火墙。国际业务电子化系统的业务需求由浦发银行国际业务部和会计部统一管理，系统开发工作由浦发银行电脑部统一负责，各分行和直属支行电脑部负责实施管辖范围内硬件和网络环境的安装和维护，软件系统的安装、升级和日常维护工作。

1998年上半年，国际业务电子化系统率先在浦发银行国际业务部和第一营业部投入运行，基本达到设计要求，获得业务部门好评。在此基础上，浦发银行又先后在南京分行、苏州分行、上海东方支行、上海空港办事处实现国际业务电子化系统部分业务的试运行。在试运行的过程中，再次对系统进行大量的优化工作，包括对业务流程、运行效率、网络结构、操作界面和操作流程的优化等。据1998年SWIFT中国地区年会统计信息表明，浦发银行报文的自动处理率已经与欧美银行的处理水平持平，并且清算处理速度也较以往提高近6倍，从根本上改变外汇业务处理速度慢、效率质量差的状况。

在试点的基础上，浦发银行国际业务电子化系统逐步在全行范围内推广。为进一步规范业务操作，加强系统管理，有效控制风险，1999年8月，综合出台《上海浦东发展银行国际业务电子化系统管理办法》，就国际业务电子化系统的机房和设备管理、网络和安全控管、人员管理、开发与维护、国际业务经营系统、国际贸易结算系统、SWIFT系统等方面做出具体规定。

三、全国联网

1997年全行工作会议，从有利于加快资金周转、压缩在途资金、为社会提供快捷服务出发，提出同城业务联网和全国联行业务联网的要求。浦发银行电脑部组织精干力量组成对公联网计算机系统开发小组，经过一年设计和开发，1997年7月，浦发银行初步完成对公业务同城联网系统开发，并在宁波分行投入运行获得成功，陆续推广到南京分行、江阴支行和上海各直属支行。在对公联网中，浦发银行追踪国际上先进技术，直接采用IC卡控制的编码印鉴技术，在宁波分行先行试点，并获得初步成功。同年，异地资金实时清算网络系统连通测试完成。1998年，浦发银行对公异地联行系统开发完毕，业务发展又上了一个台阶。

1998年，浦发银行在Tandem机的基础上，开发完成储蓄异地通存通兑系统，在商业银行中较早实现全国范围内活期储蓄的通存通兑功能。储蓄异地联网系统开发成功，标志浦发银行计算机系统实现从城市行联机系统向全国联网系统转变。从当年10月起，浦发银行陆续在上海、江阴、南京、宁波、杭州、温州等地开通活期储蓄、东方卡业务系统内异地通存通兑业务。

四、联行汇划清算系统

1994年3月28日，浦发银行启用系统内人民币联行系统，上海第一营业部与杭州分行成为首批联行机构。虽然浦发银行系统内联行获得成功，但异地资金的汇划仍要通过中国人民银行的电子联行。为解决系统内资金异地汇划的问题,1996年下半年,浦发银行会计部提出联行汇划清算的业务需求。随后,浦发银行业务部门从业务管理着手,电脑部从技术突破入手,相互磋商、密切配合,开发设计联行汇划清算系统。

1998年1月,浦发银行对电脑部提交的联行汇划清算系统计算机程序进行调试。3月下旬,在江阴支行的支持下,联行汇划清算系统开始在异地模拟运行,江阴支行派出技术和业务人员,抽调计算机设备,积极配合联行汇划清算系统的模拟运行。在浦发银行电脑部、会计部、清算中心、江阴支行的共同努力下,模拟运行取得较好的效果,为试运行积累经验。

1998年5月,浦发银行联行汇划清算系统调试工作完成。浦发银行下发《关于上海浦东发展银行"联行汇划清算系统"试运行的通知》,在上海、江阴、宁波三地进行联行汇划清算系统试运行,并同时对该系统进行稽核验收。明确第一营业部、江阴支行营业部、宁波分行营业部与北仑办事处及余姚办事处5家联行机构为经办行,建立浦发银行清算中心、分行清算部门和经办行的计算机网络体系。试运行阶段分为3个步骤:第一步,第一营业部与江阴支行营业部之间联网。第二步,第一营业部、江阴支行营业部、宁波分行营业部之间联网。第三步,宁波分行北仑办事处、余姚办事处入网。

从1998年5月起,浦发银行多家网点陆续加入联行汇划清算系统。5月20日,第一营业部、江阴支行加入系统。6月1日,宁波分行营业部加入系统。6月2日,宁波分行所属慈溪、余姚、北仑支行加入系统。6月11日,温州支行营业部加入系统。7月13日,杭州分行营业部加入系统。7月15日,杭州分行所属萧山支行、余杭支行加入系统。7月16日,杭州分行所属临安支行加入系统。7月31日,南京分行营业部加入系统。截至1998年8月底,共有12个网点参加系统试运行,联行往来业务共发生14 938笔,资金量483 956万元,清算中心清算联行汇差额258 163万元。

五、电子联行"天地对接"

浦发银行开业初期,各分支机构的资金收付,同城由中国人民银行上海市分行颁给交换号,参加同城交换结算。异地资金划转由于没有行号,无法纳入中国人民银行电子联行系统,只能委托其以及各专业银行办理一般电、信汇。

1995年,中国人民银行建成电子联行并网通汇,浦发银行第一营业部通过拨号方式加入中国人民银行电子联行。为解决电子联行系统存在的"天上三秒,地上三天"问题,中国人民银行从1995年3月3日起开始实施电子联行"天地对接"工程,即电子联行系统在各城市无须人工干预,与中国人民银行会计核算系统、商业银行业务处理系统实现对接。这项工程的开展大大提高联行处理速度,使电子联行业务处理量迅速上升。电子联行系统所覆盖区域的商业银行,其系统内50万元以上的大额汇划业务和跨系统10万元以上汇划业务,全部纳入中国人民银行电子联行处理,资金在途时间由7至8天减少到2天以内。

1997年,中国人民银行在北京、杭州、广州、深圳、武汉、沈阳、西安、昆明等8个城市实现网络方式的"天地对接",内蒙古、辽宁、湖北、湖南、广东、广西、海南、福建、河南、浙江、贵州的11个中国人民银行分行在全省(市、区)范围内实现"天地对接",其他省(市、区)则完成试点城市的"天地对接",并逐步在全国推广。当年2月28日,浦发银行杭州分行首家加入中国人民银行"天地对接"系统,直接办理通过中国人民银行的电子汇划业务,加速资金周转,使资金周转更加快捷,促进浦发银行异地分行业务向银行电子化迈进的步伐。

六、银行卡联网联合

根据银行卡工程建设目标,1997年10月30日,中国人民银行在12个试点城市建成银行卡网络中心的基础上,联合各商业银行在北京成立会员制的全国银行卡信息交换总中心,承担全国总中心银行卡信息交换系统的建设、运行和管理。该项工程由中国人民银行下属专设的银行卡信息交换总中心负责规划、协调、实施,旨在促进"同业联合、业务联网"的国家级银行卡网络建设项目,其最终目的是使每一个持卡人能摆脱使用地、发卡行、业务种类等因素制约,得到便捷、安全及种类丰富的金融服务,从而推进中国信用卡事业发展。

1999年1月28日,浦发银行顺利开发投产银行卡联网系统,实现与中国人民银行银行卡总中心的接入,使浦发银行成为首批加入银行卡总中心的商业银行之一,浦发银行持卡人可在异地跨行机上使用东方卡,他行卡用户也可在浦发银行异地机上使用,实现中国人民银行提出并倡导"一卡在手,走遍神州"的设想。

随着银行卡业务规模的不断扩大和各项投入的不断增加,各商业银行自成体系的业务运营方式已难以适应银行卡业务进一步发展的要求。截至1999年年初,全国发卡银行达20家,发卡总数超过1亿张,年交易额达1.68万亿元。各银行间只有通过合作,才能改善用卡环境,减少成本,降低风险,推动银行卡业务健康、快速地发展。1999年3月9日,中国人民银行下发《关于大力促进银行卡业务联合的通知》,就推动银行卡业务联合工作的深入和顺利开展提出意见和措施。

根据中国人民银行大力促进银行卡业务联合要求,1999年,上海市政府将上海市银行IC卡互通项目列为当年12项实事工程之一。浦发银行积极参与中国人民银行上海分行牵头的IC卡互通项目,并制定上海IC卡互通的总体框架、技术细则和业务办法。1999年12月9日,上海市银行IC互通卡的首发仪式在浦发银行特约商户举行,标志着IC卡试点工作取得圆满成功,上海市政府、中国人民银行总行及其上海分行的有关领导到场祝贺。

七、"四个亮点"产品

1999年,"树立科技兴行思想,依靠科技进步促进业务发展"列入浦发银行重要议程。浦发银行成立科技工作领导小组,设立科技开发基金,调集全行的科技力量,及时推出市场需要的、富有生命力的新品种。2000年,全行工作会议围绕科技兴行、加快产品创新、促使业务与技术同步发展,提出"三个联合":联合行内外的技术力量和专业力量,联合科技开发项目和全行业务发展目标,联合新产品、新项目的试点经验和全行的推广应用。按照以上要求,浦发银行进行一系列系统开发,进入支持产品创新的科技推动阶段。在2001年年初行务会议上,浦发银行领导表达科技工作"半年必须出亮点"的决心。当年,浦发银行推出"四个亮点"龙头产品。

【东方理财卡项目】

经过浦发银行电脑部4个月日夜奋战,东方理财卡项目于2001年5月份率先在上海黄浦支行和第一营业部上线试运行。7月,电脑部项目组实施全行系统远程更新升级,迅速完成理财卡推广工作,取得良好效益。通过"约定定期""定活互转"等自动理财功能,使东方卡品牌焕发新的活力。升级后的东方卡集本外币、定活期、个人贷款于一体,并以上述存款为质押办理个人贷款。

【对公集中项目】

浦发银行联合上海地区总部、南京、杭州等11家分支行,历经5个多月,于2001年6月28日在苏州分行实现首个对公新系统上线。随后,该系统在天津、大连、济南、广州、上海等全行各分支机构陆续推广使用。系统含交易模板600多个,源代码有125万行,项目采取数据集中的方式,将各支行网点的账务数据全部集中到分行Tandem主机上,日间业务交易处理在Tandem的Pathway环境中运行,大大简化柜面操作。对公集中项目首次在全行建立独立的会计管理系统,分行职能部门通过管理系统配置,能够对各网点会计数据进行实时调阅,极大强化会计管理职能。

【网上查询项目】

整个项目分为3个阶段进行:第一阶段着手网上银行一期功能的开发,通过互联网向上海地区客户提供人民币对公和外汇对公账户的查询功能,如账户余额、存贷款明细、交易流水、账页查询等内容,并实现东方(借记卡)持卡人的账单查询功能。第二阶段推出东方卡、活期存折账户的实时查询、外汇宝交易的实时查询、对公客户各种功能的查询。第三阶段推出网上支付、转账等业务。2001年4月底,该项目一期工程在总行内部试运行。6月29日,该项目在上海地区正式推出,之后逐步推广到全国各分支机构。在开发网上银行过程中,技术人员通过不断组织技术攻关,测试解决45个安全问题,确保浦发银行持卡人资金安全。

【银证通项目】

2001年上半年,浦发银行银证通项目率先在广州开通,随后继续研发第二版系统,并及时在上海地区成功上线,先后与光大证券、东方证券合作推出银证通系统,系统拥有交易种类16个,交易画面32个。银行客户可通过电话银行、网上银行或柜面等接入手段,进行所有的证券交易及其资金、行情等有关信息的查询,更能享有银行灵活的存取款服务。

在"四个亮点"项目开发成功的鼓舞下,浦发银行电子化的其他开发项目也同步展开。如通过对金融营销与信贷管理系统的开发,有效扩展客户管理、台账管理、电子化审贷、信贷风险管理和综合统计分析等功能,成为信贷条线标准电子化工作平台;通过对电子回单箱系统开发,提供回单功能、信息(账页和当日流水)查询、电子回单催取方式扩充及客户到期定期存单、大额资金变动和特约账户余额通知等功能;通过对银证转账系统应用的开发,实现东方卡账户与多个证券公司资金账户之间的资金划转。此外,还有对SAP人力资源管理系统的引进与实施,对新外币储蓄系统、外汇对公电话银行、电信IP电话一卡通以及机构管理系统和公交卡圈存自助终端系统等的开发,都取得丰硕成果。

应客户对东方卡应用功能与储蓄功能兼备的需求,以及银行同业"一卡通""一本通"的推出,浦发银行上海地区总部提出开发东方借记卡的理财功能,得到总行支持。经过两年开发,2001年5月,理财功能一期、二期分别成功上线,推出浦发银行独创的"定活期存款约定互转"和"定期存款质押贷款"产品,使东方卡理财项目成为浦发银行的"四个亮点"龙头产品之一,同时也为上海地区带来直接效益。截至2002年6月末,东方卡活期存款已占据上海地区活期存款总数近七成。

浦发银行苏州分行结合当地经济机构外向型特点,探索通过外汇业务培育业务特色与优势,进行互补性竞争与差位发展的两条道路。一是虚拟第三地,对台直接开证业务。苏州、昆山地区是全国台资最集中的地区,浦发银行苏州分行与花旗银行台北分行合作,推出国内第一笔虚拟第三地业务。在原有外汇业务SWIFT格式上,以虚拟第三地的方式,不落地、不加费用,快速抵达受益人处,并可顺利议付。二是跨境账户服务产品。鉴于海外母公司具有监控境内子公司账户资金流动的需求，苏州分行适时推出提供境外账户管理的服务产品。外汇对账单通过SWIFT900、940格式发至境外开户银行转入母公司的对账信息系统中，人民币账户信息则由客户经理制成标准格式化文件发送母公司专用电子信箱内。此外，银行承兑汇票的批量无纸化操作、安全账户管理服务产品、应收账款系列创新产品、企业银行运用系统等，均取得良好效应。

另外，浦发银行金融机构部与科技部门从争取客户、开拓市场出发，相继开发全行共享的证券公司存管银行数据信息系统、金牛家庭财产保险业务代销系统、开放式证券基金代销系统、券商股票质押贷款业务系统等，使浦发银行获得多项新业务的经营资格和市场准入，夯实与金融同业合作的基础，拓宽浦发银行中间业务领域。

第二章 核心系统

第一节 筹备开发

浦发银行上市后,面临向全国性商业银行的转变,业务需求迅速增长与IT技术相对落后构成一对矛盾,信息系统成为最大的制约因素。1999年,作为落实"三讲"活动的具体措施,浦发银行采用与国外咨询公司合作的形式,开始着手开展综合业务系统升级项目。1999年10月中旬开始,近3个月时间,美国A.T. Kearney咨询公司通过对浦发银行深入了解和分析,提出综合业务新系统的业务框架及与其相适应的组织架构调整方案,对构建综合业务系统提出建设性的意见。

2000年5月至10月,浦发银行成立"方舟一号"项目领导小组和项目组。项目组集中全行近百位业务骨干和近十位技术专家,在田园别墅开发基地,展开先期技术架构讨论。通过努力,项目组形成账务集中业务规则整理、适应账务集中要求的C/S、Unix和星型网络技术架构及集成工作框架,对国内外5家厂商提供的核心业务系统进行分析与评估,并重点剖析国内厂商核心业务系统,为后续选型奠定基础。

2002年是银行的数据大集中年,工商银行形成南、北两大数据中心,深圳发展银行、民生银行都相继完成数据大集中。2002年全行工作会议指出,2003年6月前完成新系统第一期开发任务目标,倒排时间计划,调动一切有利资源,全面开展系统建设技术实施工作。根据会议要求,浦发银行加强项目小组领导,在较短时间完成浦发银行业务系统的全面改造和提升。

在新一代综合业务系统的硬件选型方面,浦发银行副行长张耀麟利用两个月时间,对交通银行、招商银行、民生银行、深圳发展银行4家中国大陆银行,台新银行、中国信托2家中国台湾银行,以及IBM、HP等供应商进行调研,作出向开放式机型转变的结论。使用开放式机型基于三方面考虑:第一,从应用上考虑。浦发银行早先的天腾计算机由于软件供应商数量较少,几乎所有软件均需自行开发,而Unix开放型系统的服务商遍及全球,可以在吸取软件优势的同时,降低开发费用。第二,从反垄断考虑。由于主机供应商的单一性,大大提高银行系统的开发和维护成本,而Unix开放式系统可由IBM、HP在内的多家供应商提供,且系统移植只需很小改动,对业务量的不断增长具有很好的适应性。第三,从经济考虑。相比IBM主机费用,购买开放式系统成本较低。通过IBM、HP等三家公司的竞标,浦发银行最终以250万美元的价格购买HP设备,价内还包括主机及所有附属系统。

2002年1月起,浦发银行开始历时5个月的核心系统软件包选型项目,对6家国内外知名厂商的银行业务系统软件包产品进行深入比选。董事长张广生形象提出:"无论中餐西餐,吃饱肚子即可。"老领导庄晓天则以大桥和隧道作比喻,要求选择能快速解决问题的方法。根据快速上线和控制费用目标,浦发银行通过专家评审、模拟演示、开发商实地考察,实施风险分析及成本核算,对厂商及软件包产品分别作出客观评价,最终选择业务需求相近的商业银行软件系统。

2002年6月,经上海市委、市政府批准,按照"讲重点、讲实用、讲管理、讲应用"原则,浦发银行决定选择联想作为数据大集中项目合作伙伴,以其第四代银行综合业务系统软件包为基础。浦发银行以科技部门为主体,从会计部、个人金融部、公司金融部、金融机构部、风险管理部、外汇管理部、稽核部、资财部、清算中心等部门以及上海地区总部等分行抽调人员成立项目组，启动全行业务系统数据大集中项目。6月28日，项目组正式成立，并确定经董事会追认的项目方案。为此，浦发银行数据大集中项目也称628项目。7月1日，浦发银行下发《关于成立上海浦东发展银行628项目领导小组的通知》，明确副行长张耀麟担任领导小组组长，领导小组下设628项目管理办公室，项目设业务总监和技术总监。7月8日，第一批项目组成员到位，入驻浦发银行外滩12号大楼4层临时开发基地，举行628项目组第一次例会，副行长张耀麟承诺在18个月内按时完成系统上线任务。

2002年7月10日，项目进入联想系统现状与浦发银行需求的差异分析阶段，8月18日至19日召开"628项目组专家报告会"，形成《业务差异分析报告》《差异分析结果及对策》《浦发综合业务系统业务需求（初稿）》等重要文档。2002年8月20日，进入系统开发测试阶段。从8月23日起，项目组分批搬迁至东银大厦开发基地，项目组100余位成员、联想公司近100名成员、20家产品供应商、15家第三方开发商共同参与开发测试。8月28日，完成系统测试。

第二节 成功上线

2003年3月25日，浦发银行下发《关于设置628项目上线领导小组及相关工作机构的通知》。设立上线领导小组，由行长金运担任组长，副行长张耀麟担任副组长，浦发银行信息科技部、产品开发部、个人金融部、稽核部、资财部、会计部总经理担任小组成员。上线领导小组下设一部二组，包括上线指挥部、应急小组与上线保障小组，具体负责协调628项目组、总行各部室和上线分行的资源，落实各项上线任务。同时，各上线分行设立相应的工作机构，负责落实和配合上线过程中的各项任务。

2002年12月25日，浦发银行决定广州分行先行实施628项目试点。为确保试点成功，项目组作周密安排和部署，各项准备工作有序展开。业务骨干提前4个半月参与项目组工作，培训提前1个月开始，分行主机提前4个月到位。作为第一家试点行，广州分行进行迁移数据可用性测试、系统并行测试、指挥系统的试运作。

2003年4月，广州分行率先试点上线。4月1日，浦发银行下发《关于628项目上线工作安排的通知》，部署安排系统切换期间的相关业务工作。各分行、直属支行、总行各部室于4月4日按规定准时截至各项跨行业务，浦发银行清算中心准时关闭本外币清算业务，并与广州分行共同按时完成对账和账务调整。各有关部门按个金业务应急预案要求做好各项应急准备工作，并启动应急预案。4月4日晚，广州分行正式开始切换。浦发银行领导张广生、金运亲临广州现场视察并指导工作。628项目组派出项目组零售组、公司组、外围外挂组近百人，在上线指挥部和各网点处理突发问题。切换日进程推进紧张有序。经连续工作近48个小时，至4月5日6点40分，新老系统报表勾对完毕，新系统开启联机交易，整个切换日工作宣告顺利完成。行长金运感慨道："浦发银行忍气吞声的时代从此结束了！"

2003年4月30日，为确保各分行628项目的顺利上线，浦发银行编制《628项目分行上线准备工作指引》，逐一明确628项目分行上线的各项准备工作。要求成立"一把手挂帅"的分行上线领导小组、分行628项目管理办公室，落实分行营业部、各支行上线负责人；制定数据补齐和迁移准备工作要求；制定上线业务和技术准备工作；安排上线前培训准备；编撰应急准备文件；做好后勤保障准备。

628上线期间，正值SARS从广州向全国蔓延。继广州上线成功后，浦发银行领导克服"非典"

冲击,全程跟踪上线,连夜决策。面对各地采取封闭管制的措施,禁止人员大规模聚集,浦发银行领导层采取周密措施,包括安排专车接送人员往来,封闭办公大楼,决定周边城市先行上线,需要乘坐飞机、火车等公共交通的城市延后上线,必要时考虑包机前往。2003年4月8日,浦发银行对杭州分行进行628系统的大规模培训。5月6日,下发《关于628项目杭州分行上线期间有关工作的通知》。5月9日晚,杭州分行开始628项目新系统上线工作。5月11日,杭州分行628新系统上线一举成功。同月,浦发银行下发《关于628项目后续各分行上线切换期间工作安排的通知》,对各分支行在628上线切换期间的工作作出明确安排。

2003年6月,温州、宁波分行628新系统陆续上线。6月28日,正值628项目组成立一周年之际,核心业务系统在苏州、芜湖同时成功上线。本次上线,项目管理和项目指挥、控制手段进一步完善,切换日上线控制进程达620多项,并启用视频指挥方式。浦发银行从中探索出一条628项目并行推广的创新之路,628项目在全行的推广工作也进入全新加速阶段。

2003年7月13日,南京分行628新系统上线,并且完成南京、江阴两个天腾数据的合并,解决江阴支行并入南京分行后的历史遗留问题。7月26日,大连、西安、沈阳3家分行同步上线。地理广度横跨半个中国,切换日的上线控制进程超过800项。628项目组充分利用视频会议系统、传信系统、即时消息系统(MSN)等通信工具,成功进行3家上线行之间,以及与上海东银后台间指令传输和通信联系。此次3家行同时上线,开创银行业界数据大集中项目并行上线新纪录,是628项目全行推广过程中一个重要里程碑。至此,628项目已经完成全行10家分行(直属支行)及其下辖120余家支行的上线工作,在全行的覆盖面已经达到全部分行的50%。

2003年8月和9月,浦发银行分别在郑州、昆明、济南、青岛、武汉、重庆、成都、深圳、天津等分行完成上线工作。9月,在628核心系统已上线分行,全面推广使用及时语服务。

2003年10月19日凌晨1点25分,北京分行476 783张卡、41 013个个人账户、12 227个对公账户迁入核心业务系统。4点50分,接纳北京数据的全行核心业务系统批处理顺利完成,北京分行成功上线。其间,董事长张广生亲临北京分行,听取上线工作汇报。

2003年11月,为确保浦发银行大数据量迁入后系统可靠运行,628项目组在上海地区总部117个网点2 000多名员工的全力配合下,组织全行有史以来最大规模的压力测试,手工模拟的并发交易量峰值达到每秒120笔(折合每天的交易量超过200万笔),系统运行稳定。11月16日早晨6点20分,随着核心业务系统批处理完成并开启联机交易,628项目在总行本部和上海地区总部上线取得圆满成功。浦发银行新一代综合业务系统628项目终于实现系统全行上线。

新系统全行成功上线,将30多个城市的计算机系统全部集中到浦发银行综合业务系统平台上,实现真正意义上数据大集中、业务处理大集中。628系统上线有利于浦发银行业务处理的标准化和规范化,提高资金流动效率,便于创新业务的实施和在全行快速部署;有利于加强对高价值客户群提供高品质的服务,实现向"客户为中心"服务模式转变,有利于银行稳健经营和深度效益的挖掘,有利于完善银行内控机制,共享资源,降低管理成本。628系统的成功上线也对浦发银行业务制度、电子化建设、稽核、考核、银行组织结构等方面产生积极影响,并将进一步实现全行贯通,提高金融服务水平,实现集约化经营,降低经营成本,提高经济效益,加强风险管理,全面提升浦发银行核心竞争力。

2004年4月15日,628项目圆满结束。在"628项目上海地区总部上线成功庆祝大会"上,董事长张广生代表行长室对628项目取得全行上线成功表示热烈祝贺,肯定"628项目是浦发银行集全行之力进行的重大信息化项目,它的成功,是'笃守诚信,创造卓越'浦发理念的成功,是锐意进取、开拓创新的浦发精神的成功,是浦发银行上上下下的成功。628项目表明浦发银行是有激情、有能力、有凝聚力的一个群体,628项目是浦发银行又一个新的起点"。行长金运在2004年全行工作会议上讲话中对628项目和628精神作出高度肯定和概括,指出:"628项目构建全行账户集中处理、本外币一体化、对公对私一体化的大集中业务处理架构,为浦发银行加快创新业务的开发奠定坚实的技术基础。在628项目上线的过程中,总分行携手并进,全行员工倾力投入,以顽强的意志和忘我的精神,打下一个又一个漂亮的攻坚战!'团结合作、无私奉献、奋力拼搏、精益求精'的'628精神'已经成为浦发银行最可宝贵的精神财富!"当年,浦发银行628项目被中国计算机报、赛迪传媒等评选为"2004年度中国最佳IT项目",产品研发中心(628项目组)也被上海市政府评为"上海市劳模集体"。

第三节 系统特色

628项目定位于以"数据大集中"方式对核心系统予以全面再造和升级,涵盖全行所有的业务系统和部分管理系统,整体架构分为核心部分和外围子系统以及外挂子系统,总计2 534个交易和功能点。核心部分主要覆盖传统银行业务和基于柜面的处理流程,集中存放所有客户信息、账户信息和统一会计核算、账务处理规则,共有828个交易。外挂子系统主要包括一些独立于核心系统的、复杂的、专业化较强的工作流形式或管理类子系统,具体包括外汇宝、开放式基金代销系统、银证通、营销考核系统、资财管理、信贷管理、个贷管理、国贸系统、制卡系统、海关电子报关系统(EDI)、证券法人清算系统(CCRC)等11个,累计1 165个交易和功能点。外围系统主要是一些渠道服务类的系统。网上银行、电话银行、短信通知、ATM/POS、自助终端、银证转账、代收代付、消费积分、商户系统、账单系统、透支管理等11个系统纳入外围子系统范畴,累计541个交易和功能点。

628项目总体特色主要表现在:

完成数据大集中。表现在账务集中、流程集中、业务逻辑整合和客户信息整合等多个方面。在业务层面,通过实现对公业务"一柜通",全行营业机构可向企业客户提供标准化的服务,实现全行所有机构"异地业务同城化",系统内资金汇划业务全部实时到账,资金"零在途"。至2006年年底,全行签约集团账户客户共计1 379家,共涉及账户2 256户,集团客户内部资金调拨近2万笔,资金流量200多亿。数据大集中改善资金汇划的流程。此外,数据大集中为全行每个客户分配全行唯一的客户号,以此作为客户的标识,统揽该客户项下的所有账户和业务,自始至终参与交易处理、业务流转等全过程,从而为浦发银行客户关系管理的完善和优化提供基础数据和技术平台。

建立统一会计核算体系。浦发银行核心系统依据"大会计"思想进行设计,立足于业务要求,打破传统不同部门、不同业务种类、不同币种、不同地域间的界限,实现本外币一体化、对公对私一体化账户结构,从而形成一个高效、统一的会计核算体系。就柜面具体一笔交易而言,柜员只要准确录入交易传票上的各项要素,交易程序就会完成相应的会计分录、账户文件、内部账、表外账等的更新。在会计实施记账"交易驱动"处理前提下,与此相关联的所有核算由系统通过逻辑处理自动完成。工作量和工作难度大大降低,对于保证核算质量、提升处理效率、提高服务水平和有效控制操作风险具有积极意义。

提升客户服务。628项目,无论核心业务系统,还是各项外围外挂系统,都在客户服务层面作出很大提升,充分体现浦发银行"以客户为中心"的服务宗旨,以及"笃守诚信,创造卓越"的浦发理念。最显著的改变是浦发银行实现 7×24 小时服务。由于核心业务系统的批处理采用先进的换日技术,将停止联机交易的时间控制在 30 分钟以内,从而真正向客户提供全天候 7×24 小时服务。

628 项目引进和开发多种新的服务载体。其中,定期一本通支持个人客户全币种、现钞汇的定期存款存取,覆盖浦发银行提供的定期品种的全部期限,并且在全行范围实现通存通兑,使客户"一本在手,万事无忧"。活期一本通则支持个人客户全币种、现钞汇的活期存款存取,不仅可以全国通存通兑,而且可以在网上银行、电话银行实现与卡、定期一本通的资金划转,以及向他人名下账户的资金划拨,还可以进行外汇宝交易。通用存折则主要用于支持存本取息、零存整取、教育储蓄等储种。定期一本通、活期一本通和通用存折,同传统的存单结合,完成对传统储蓄业务服务载体的覆盖。同时,东方卡也在原有基础上得以扩充,为发展"全时空""全币种""多种类""多交易"新型银行卡奠定坚实基础。

628 项目对客户服务渠道进行深入挖掘和整合,拓展网上银行、电话银行和短信通知,实现多渠道服务。个人网上银行大众版随着核心系统在分行的上线而同步上线,个人客户以客户号、卡号、活期一本通号或定期一本通号登录 http://ebank.spdb.com.cn 即可查询到自己的账户信息,并可以在个人版和专业版上实现各种理财功能。公司网上银行不仅提供系统内账户间的支付,而且还提供强大的集团账户管理功能。"企业信息直通车"大大方便普通客户查询各类业务状况和明细,并提供网上账单的打印和下载等,为公司客户提供同一客户号下账户余额和账户流水的查询。电话银行不仅实现个人客户账户余额、账户流水的查询,本人名下账户间的资金划转,向系统内其他账户的资金划拨,还实现外汇宝、银证通、开放式基金代销等业务在电话银行渠道的覆盖。短信通知可以基于客户的设定,对账户的变动原因、变动金额以及余额等信息向最多 5 部手机进行通知,是浦发银行一个崭新的客户服务手段。

建立严格而灵活的风险防范机制。核心业务系统的风险防范机制完整而严密,具体体现在柜员角色定义、交易组别设计、授权机制设定、密码管理、事中监督等多个方面,实现参数化控制,可以根据各分行的特色设定,也可以应业务发展的需要而进行灵活变更。

推动对公业务绩效考核。随着 628 系统上线,浦发银行核心系统运用客户为中心理念,相应开发绩效考核系统。628 系统中,客户是最基本的单元,绩效考核系统可对客户的贡献度进行充分考核,从而为团队或支行的考核提供基础数据,为全行客户经理建立统一考核方法,充分调动客户经理营销积极性,对对公业务起到重要激励作用。

第四节 系统优化

2005 年年底,浦发银行提出"核心系统运行效率提升"主张,形成"基础设施升级、业务处理规则改进、应用配套优化"的具体原则。同时成立专项小组,集中攻关联机交易、批处理、总行大前置三大模块。

伴随全行机制体制改革和依托 628 系统的产品创新效率的提升,全行业务快速增长,核心账务系统业务量在 2006 年达到并超过 628 项目的 5 年规划设计目标,并仍保持翻番高速增长势头,跨越式发展对核心系统整体架构、功能设计、应用程序、系统平台和设备容量等多方面提出挑战。2006 年下半年,浦发银行启动核心扩容项目工作,并于 2007 年完成核心存储、核心主机、SAN 存储网络改造、总行大前置主机的切换上线工作。核心系统全面扩容后处理能力得以大幅提升,为全行业务的持续发展提供重要技术保障。同时,开发核心应用监控分析系统,实时获取核心系统交易数据，并通过图表显示当前交易速度、平均处理时间、交易成功率等重要核心运行数据。系统可实时查询当前交易构成，并按照交易量、交易响应时间、交易渠道进行分类统计。历史查询功能可查询过去某一天的核心系统交易情况，可按日、周、月形成统计图表，以帮助分析核心交易增长和变化趋势。核心应用监控分析系统内置实时交易监控功能，可灵活设定交易监控规则和报警阈值，实时提示交易异常情况。该系统弥补OVO系统监控无法有效进行应用分析和监控的弱点，进一步完善核心系统运维体系，有力保证核心系统稳定高效运行。

截至2007年，浦发银行日间联机交易设计处理能力提升至每天400万笔以上，顺利度过2006年春节前夕每天376万笔的峰值交易量关口；自助类交易设计处理能力提升至每天150万笔以上，顺利渡过2006年春节前夕每天85万笔的峰值交易量关口；日间代发扣交易设计处理能力提升至每天50万笔以上，并可将处理50万笔代发扣业务耗时控制在4小时以内。日常晚间批处理的总耗时降至3小时以下，凌晨1:30前可全部完成。批量运行期间中断联机时间交易时间少于5分钟，实现准7×24小时对外服务。结息日和年终决算日等特殊日期的批处理时间大大缩短，可保证不影响次日开门营业。在2007年6月20日季度结息中，系统共处理2500万活期账户，凌晨4:00前完成对私结息，4:30前完成核心全部批量。

在持续优化核心系统基础上，2008年，浦发银行对核心系统持续建设进行规划，提出"大幅度提高现有核心系统处理能力和性能""建立企业级的总账以支持灵活的系统结构""增加产品的建制以支持产品管理模式""运用流程再造的成果以支持网点的转型"4个核心系统发展方向，通过数据库升级、数据库补丁升级、交易日志改造、总分行IPP2.0平台改造和启用缓清算模式等一系列工作，核心系统性能大幅提升，运行稳定；压力测试表明可满足800万笔/日，并超越600万笔/日的联机交易处理能力。同时，完成"历史数据查询"系统建设，提供有效历史数据查询途径，有利于核心系统部分明细数据库表内容分级归档，减轻核心系统查询负载和数据负载。

第五节 网 络 通 信

一、网络通信体系

【广域网】

浦发银行建行之初，受当时应用系统通信需求和技术条件限制，没有全行统一的网络通信系统，总行、分行、支行网点之间的通信基本依靠普通电话线路。20世纪90年代中期，电话线路速率较低，一般只有10 Kbps左右，只能满足单个应用系统、几台电脑设备的通信需求。因此，一套联网应用系统上线，往往需要单独建立一套电话通信系统。随着银行业务量的增加，电话线数量不断增加，浦发银行电脑部机房内最多有近千条电话线路，维护管理极为困难，异地分支行（江阴、南京、宁波、杭州等）信息系统通信费用极为高昂。从1997年下半年开始，总行开展与各分支机构DDN联网方案的研究，试图利用高速、可靠、性价比更优的DDN专线取代电话拨号线路，用于总行与异地分支行通信。经过对各种联网方案的分析与比较，1998年上半年，总行确定以TCP/IP协议作为网络主干协议，以DDN作为总行与各分支连接的主干信道，以Cisco路由器作为浦发银行广域网的主干设备的广域骨干网方案。通过精心设计联网方案，最终实现网络系统的高度集成，储蓄系统、对公系统、国际业务系统和信息系统集成在一条DDN物理信道上进行数据传输。同时，各系统又各自构成一个逻辑子网，彼此隔离，保证数据安全，在合理分配各子网带宽的基础上，信道利用率也得到提高。1998年下半年,浦发银行相继开通杭州、宁波、南京、温州等4家分支行与总行之间的64KDDN专线,实现总行与各分支行之间业务系统、信息系统广域联网的高速连接。广域网的建立,显著提高了总行与各分支行之间的通信速度,加快了跨地区的业务交易,实现了邮件的实时收发,使分行通信费用大大降低,总行与各分支行的联系更加密切,收到明显的经济效益与应用效果。

2000年至2004年,浦发银行广域网建设进入快速发展阶段。在1998年全行广域网骨干网建成基础上,为配合视频会议与IP电话系统建设,2000年,浦发银行对广域骨干网实施扩容。总行与分行之间的DDN线路带宽由64K扩容至768K,2001年,进一步扩容至1M,满足视频会议和IP电话的传输需要。同时,通过采取先进的QoS(Quality of Service)技术,保证视频会议和IP电话服务质量。当年在广州、重庆分行试点,2001年完成全行推广。2002年,实施广域骨干网备份工程。在保留原有中国电信DDN专线的同时,为各分行增加一条中国网通公司2MSDH专线,实现总行与各分行之间的双运营商(中国电信和中国网通)、双线路通信备份模式。总行与各分行之间的通信速率提高2—3倍,极大提高总分行之间广域骨干网的可靠性。2003年,总行与分行之间的DDN专线由768K/1M升级至2M,主备线路带宽均衡,实现广域网线路和设备的全面冗余备份。

2005年起,浦发银行广域网建设稳步提升。2005年,浦发银行开展以ATM(异步传输模式)通信技术为基础的广域网扩容项目。采取个性化的分行扩容模式,在保留分行原有两条2M线路的基础上,确定针对不同分行的扩容规划,极大拓展广域网发展空间。同年,将各分行连接总行的中国电信DDN线路迁移到灾备中心,中国电信ATM线路和中国网通SDH线路连接到漕河泾信息中心,实现广域骨干网"双中心、双运营商、双线路、设备双机"的全冗余架构。2006年,为配合运营流程再造项目建设,浦发银行开展广域骨干网扩容项目,满足大数据量影像扫描文件传输需要。2008年年初,随着业务量的不断发展,部分分行到总行的通信线路出现一定程度的拥塞。2008年4月,浦发银行再次启动广域骨干网扩容项目。7月11日凌晨,浦发银行信息中心广域网核心路由器完成设备升级更新,标志着历经两个多月的广域骨干网扩容工作成功完成。扩容完成后,每家分行与总行之间的两条线路带宽总利用率(峰值)降到50%以下,单条线路带宽利用率(峰值)降到75%以下,线路带宽和核心设备性能大幅增加,网络传输速度和网络系统稳定性得到明显提高。

【外联网络】

办公Internet建设。1997年,浦发银行电脑部通过对集成商、ISP和电信运营商的调研,从主页上网方式、上网费用、ISP选择、域名申请、主页开发方式等方面,全面研究浦发银行连通Internet各种可能的形式。1998年,浦发银行建成第一条中国电信Internet接入线路,开通www.spdb.com.cn域名和网站,同时为行内用户上网提供服务。当时线路带宽为128K,2000年年底扩容至2M。2001年,浦发银行实施办公Internet接入升级,实现Internet接入的网络管理、安全管理、虚拟私有网络VPN、网上银行基础建设四大功能。2002年,对办公Internet接口进行优化改造,Internet接口容量提高到12M,全行员工上网速度得到极大提高。2004年,信息中心生产机房网络建成后,中国电信办公Internet接入线路迁移至信息中心,带宽从2M扩容至10M。2005年,外滩和信息中心的办公Internet接入分别扩容至20M。

第三方连接网络建设。2003年,为配合628项目,浦发银行开展第三方连接网络建设。第三方连接网络的建成,在满足外围外挂业务系统与第三方机构网络连接要求的同时,保证网络安全性。

网银网络系统建设。2003年,浦发银行首次以托管方式建成628网银系统,对外服务带宽为4M。2004年,信息中心生产机房网络建成后,网银系统随信息中心搬迁移至信息中心,带宽扩容至

10 M。2006年,网银系统对外服务带宽进一步升级到20 M。

【局域网】

1996年,浦发银行局域网开始建设,电脑部在部门内部建立试验性办公局域网以及内部电子邮件系统,实现文件和打印机共享,使用TCP/IP协议,实现PC机与天腾主机的互连,建立天腾主机的网络开发环境。浦发银行传信系统刚建立时,除电脑部以外,用户基本使用电话线路拨入系统。1998年,实施中山东一路12号大楼局域网建设项目。大楼局域网采用以ATM技术为核心、10 M以太网为接入的网络技术架构,建立相互隔离的虚拟网络6个,连接信息点400余个,这是全行第一个覆盖整个大楼的大型局域网。此后,局域网技术的应用范围逐步扩大,还覆盖1999年建立的上海市宁波路50号一楼浦发银行中心机房局域网。随后,分、支行也陆续开展局域网项目建设。

2002年,针对无线局域网的网络通信技术,浦发银行对其应用模式进行设计,并在视频会议等项目中加以实际应用,取得良好效果。2003年,浦发银行外滩办公大楼内部分场所部署无线局域网,为用户随时随地上网提供方便,同时保证内部网安全。浦发银行无线局域网的试点成功,为无线局域网在全行推广作出有益尝试。在之后的信息中心办公局域网、东银大厦网络系统以及外滩12号大楼局域网升级改造项目中,无线局域网实现用户身份认证,提高数据传输加密强度与安全水平。

2006年,为配合东银大厦作为总行业务管理部门办公场地的规划,东银大厦网络系统(一期)建成。一期完成5个楼层的网络建设,共开通网络端口903个。之后,外滩12号大楼局域网完成全面升级改造。采用千兆作为网络核心和骨干,桌面全部采用百兆接入,网络速度得到大幅提升。

之后,浦发银行开通无线局域网,作为有线局域网的延伸,弥补综合布线的限制,满足用户在办公、培训和会议场所移动办公需要。2008年6月,浦发银行制定《无线局域网管理办法(试行)》,明确无线局域网管理的职责分工、功能定位、建设与管理、技术与安全、用户行为,并要求各分行及总行部室对无线局域网的建设和使用情况进行全面检查,实现行内移动办公,加强网络系统运行管理,保障信息系统安全。

【分行网络】

在1998年广域骨干网建设之时,浦发银行对上海地区城域网建设进行准备,初步设计浦发银行上海地区的城域网方案。同时,浦发银行电脑部协助宁波分行规划设计并参与实施宁波分行城域网建设。

1999年,浦发银行设计完成上海地区城域网建设方案,拟定"铺路、提速、延伸"三步走的城域网实施规划,着手进行上海地区城域网的建设工作。当年年底,首批14家支行DDN专线接入城域网,储蓄、对公、外汇、传信等各系统的计算机与电脑中心之间的通信全部在专线进行,通信速度大幅提高,网络通信的系统架构也得到简化,更加便于维护,通信费用也大大降低。

2000年,上海地区总部牵头、总行电脑部支持,启动上海地区全辖范围支行、网点的城域网建设。当年完成近90家支行、自助银行的结构化布线、局域网建设工作,28家支行通过DDN专线接入城域网。至2001年年初,完成全部网点DDN开通和网络建设任务,全面建成上海地区城域网系统平台。同年,北京、宁波、重庆、广州、苏州等分行也相继开展城域网或局域网建设,网络建设在全行逐步推开。

2006年,浦发银行采取"总行统一规范、分行设计方案、总行集中审核并批准预算、分行具体实施"的形式,组织各分行开展分行城域网扩容工作。2007年,全行所有分行完成城域网扩容,每家支行均开通两条2M以上带宽的上行线路,全面满足运营流程再造项目对网络带宽的要求。

【信息中心与灾备中心网络系统】

2004年,浦发银行开展信息中心机房网络系统建设项目。信息中心机房网络系统为各类信息系统核心主机、服务器提供网络支持,实现与全行网点的通信连接,是全行的网络核心。信息中心机房网络方案体现结构分布、风险分散、性能强大、安全可靠的特点。整个网络系统由局域网核心、主机及大前置接入子网、业务服务器群接入子网、管理及办公服务器群接入子网、第三方连接子网、广域骨干网核心、网上银行接入子网、开发测试机房网络系统组成。

同年,浦发银行还开展信息中心办公局域网建设。招标引入第二家网络设备制造商华为公司。信息中心办公局域网建成后,开通端口数量达到1 981个,是当时全行规模最大的办公大楼网络(园区局域网),为信息中心各入住部门日常办公以及单证中心、清算中心、呼叫中心、培训中心、会议中心等重要业务功能正常运行提供所需的办公局域网络。

2005年,浦发银行开展灾备机房网络系统的设计和建设。灾备中心网络系统首次引入DWDM(密集波分复用)技术和产品,通过裸光纤实现信息中心与灾备中心之间的核心业务数据同步和核心网络直接互连,解决灾备通信的核心问题。灾备中心网络系统的按时建成,保障各应用系统灾备工作的顺利实施,实现全行网络中心的冗余备份。

【机房局域网】

信息中心生产机房局域网自2004年建成投产后,为各类应用系统主机、服务器、存储等计算机设备提供近2 000个局域网接口,有效支持各类应用系统的投产和运行。

随着业务快速发展、管理水平迅速提高,2006年新建应用系统对局域网接入性能要求发生显著提高,主要表现为"1 000 M线速端口"需求的大量涌现。浦发银行在维持原有网络架构的基础上实施生产机房高性能局域网扩容项目,在综合机房内新增一个"高性能业务服务器群"子网,共计提供96个千兆独占光纤接口和192个千兆独占铜缆接口,为各类大数据量业务系统服务器提供网络连接,满足高性能业务接入的需求。

二、网络运行管理

2006年,浦发银行信息科技部以业界知名的Netcool网管软件为基础平台,建成网络集中监控系统。网络集中监控系统具有全面收集网络运行状态信息、高性能的事件自动分析和处理、灵活的故障分类和权限设置、网络性能管理等四大功能。至当年年底,网络集中监控系统在总行和28家分行全面推广使用,纳入网络集中监控的各类网络设备1 673台、网络通信线路1 721条。每天监控系统分析处理网络设备发出的运行状态事件达5万条以上、采集性能指标数据超过100万条次。网络集中监控系统投入使用后,网络监控范围延伸到支行网点,基本实现全行网络的全面监控,使浦发银行向网络统一建设、集中管理的方向迈进一大步。

在技术上完善网络系统的各项功能和服务以外,浦发银行开展一系列的网络建章立制工作。2000年,浦发银行制定《结构化布线工程规范(试行)》《局域网络建设规范(试行)》,对全行网络建设起到指导、规范和促进的重要作用。上述规范发布后,局域网建设在全行迅速铺开,成为办公场地、营业场所建设的必备。2003年,制定《网络建设实施指导意见》,对全行广域骨干网、分行城域网、第三方连接和 IP 地址规划等网络建设各方面内容制定技术规范,使分行网络建设工作有据可依,有力促进全行网络建设规范有序开展。

第三章 业务系统

第一节 业务集中系统

2005年,中国银监会主席刘明康在"上海银行业首届合规年会"上首次公开提出流程银行概念,正式开始流程银行建设,以客户为中心重塑组织架构,以提升效率、效益和加强风险控制能力。为推进运营条线体制机制改革,实现"风险可控、效率提升、方便服务"运营目标,浦发银行决定借鉴国际上较好银行运作经验,再造支付结算业务处理流程。

2006年,随着总、分行运营体制改革逐步到位,浦发银行运营流程再造项目全面启动。2月17日,浦发银行下发《关于启动"运营流程再造项目"及相关事项的通知》,成立"运营流程再造"项目领导小组。6月19日,浦发银行行长办公会通过"运营流程再造项目立项报告",历经4个多月的设计开发,项目正式上线。运营流程再造项目由业务集中和运行检测两个系统组成。其中,业务集中系统是一个将多个功能性系统有机结合的综合体,系统间紧密配合,各司其职,从而构建全行集中运营作业系统,按照高绩效银行设计理念,以外部差异化、内部简约化、出色执行力为重点,实现上收网点业务、筛分业务流程、采用并发处理、实现前后台分离的运营作业模式,达到有效控制运营风险,提高运营效率,提升客户服务水平的目的,促进网点向销售模式转型。

再造后的运营流程由网点、分行作业中心、总行集中作业中心共同完成。网店负责受理、初审、单据扫描上传以及现金和实物的收付操作;分行作业中心负责专业化业务、集中提入交换票据业务;总行后台数据处理中心按照工厂化的作业方式,实行标准化、流水线的操作,从而形成网点小前台+总行集中作业中心及城市处理分中心大后台的模式。业务集中系统中,工作流平台作为流程驱动系统,记录各环节处理规则,包括应该调用哪个系统,输出输入信息,任务项分配角色和机构性质等;CPC系统作为作业前端,主要负责任务加载,操作控件、调用业务参数表进行数据校验和数据存储;影像系统用以传递和保存业务影像;OCR系统实现影像切片、高亮显示、特殊定位模板,统一认证记录机构、柜员和角色信息。

集中后的业务处理模式首先对流程进行拆分,将业务作业场景分为前台、后台两部分,网点前台仅保留与客户交互信息的作业部分,作为小前台。业务处理的大部分工作交由后台完成。后台处理中心又分为分行级别处理中心和总行级别处理中心。处理中心多以并发式同步处理,用系统校验代替人工校验,用系统流转代替人为交互,大大缩短流程时间,提高处理效率。业务集中系统的上线,可逐步建成支持跨区域、标准化操作、较高直通率(STP)的"工厂化、集约化"大后台,建立具有成本竞争和风险管控优势的"小前台、大后台、专业化、工厂化"的运营作业模式。

第二节 客户关系管理系统

一、对公客户关系管理系统

为适应公司及投资银行业务发展需要,通过提高客户精细管理水平,增强客户经营能力,改善客户服务体验,2008年,浦发银行制定对公客户关系管理系统(以下简称对公CRM系统)的建设任务和未来规划,组织内部专家小组开展专题调研,收集国内外同业相关经验,同时结合业务研讨,听取来自分行营销一线的意见和建议,最终确定采用分阶段的业务推进策略,使系统能够快速适应不断发展的营销服务需求。

2009年7月,历时9个月的开发,浦发银行完成对公CRM系统第一阶段上线工作。对公CRM系统包含多维度的客户基础数据、72项前端功能和91张统计报表,全面实现对公客户的信息管理、营销支持、统计数据分析和人员管理。在武汉、南京两家分行成功试运行后,对公CRM系统开始在全行推广使用。

2010年,对公CRM系统第二阶段项目启动。在对一期系统使用情况进行总结分析后,项目组结合总分行系统用户的反馈和建议,制订对公CRM系统第二阶段的实施计划。2010年年底,对公CRM系统第二阶段项目成功上线,360度客户视图、资金流向营销活动、对公CRM系统日报等新功能得到广泛好评。当年11月,系统通过验收,完成系统平台搭建、信息管理模块建设、营销管理模块启动与综合分析模块建设等预计目标,结合客户经理日常营销管理制度建设,为客户经理提供日常工作基础平台,完善双向信息管理,实现客户信息共享,让客户经理了解客户、银行掌握客户,进一步提升对全行公司业务的服务支撑能力,满足业务管理的信息需求。

二、对私客户关系管理系统

2009年12月9日,经过近一年的开发测试,浦发银行对私客户关系管理系统(以下简称PCRM系统)正式上线运行,上线单位覆盖大连、杭州、深圳分行。2010年1月28日,PCRM系统实现全行上线,系统上线后,受到一线业务人员的欢迎。PCRM系统依托浦发银行企业数据仓库的数据支撑,前端应用借助微软Dynamic CRM产品功能,搭建集客户管理、营销管理、销售管理、业绩管理、统计分析、系统管理于一体的对私业务工作平台,提高各级机构对客户的精细化管理,增强客户营销能力,也客观准确度量营销人员的综合业绩。

PCRM系统作为重要的营销服务管理系统,在客户管理、服务管理、营销管理、业绩管理、统计分析、系统管理等原有产品功能基础上进行大量定制开发,以满足全行的零售业务要求,进一步提升全行经营客户的能力,提高全行对私客户营销、服务和管理水平,规范客户关系管理系统使用行为,不断改善客户服务体验,塑造自身服务品牌和销售能力。系统借助后端数据仓库强大的信息整合功能,以及前端CRM产品的定制功能,具有良好的业务扩展性。通过系统一期、二期等优化项目的建设工作,搭建全行零售业务的服务管理平台,满足零售业务的工作要求。2010年下半年至2011年9月,PCRM系统完成二期项目建设工作,在一期系统使用情况、分行反馈意见综合评估及配套管理办法制定的基础上,对系统各功能模块提出优化和新增功能需求,完善服务体系,优化和提升营销业绩考核模型,逐步形成功能齐全、体系科学的系统架构,为对私业务的长期发展奠定坚实的管理基础。

第三节 信 用 卡 系 统

一、系统选型

浦发银行信用卡中心于2004年年初对外发卡。自发行之日起,使用花旗国际卡中心的信用卡系统处理业务,所有客户数据存放于花旗新加坡数据处理中心。由于花旗的 IBM 主机技术路线与浦发银行开放系统技术路线存在重大差异,双方长期无法就主机信用卡系统移植一事达成共识,直到 2005 年年底双方修改战略合作协议,就数据回迁达成实施协议。

2006 年 8 月,浦发银行成立信用卡系统回迁项目组,开展信用卡系统产品选型、需求差异分析、实施计划安排、系统培训。项目组由浦发银行副行长张耀麟和花旗个人银行中国区行长李亚文任主任委员,浦发银行信用卡中心、产品开发部、花旗国际卡中心负责人牵头组成项目指导委员会,为项目重大决策和实施原则的制定提供指导意见。信用卡系统回迁项目涉及系统开发、运营维护、商务招标、合规审计等多方面,浦发银行设置相关部门负责人组成的项目管理办公室,以及包括业务、核心、外围、架构、测试、商务等在内的专职项目实施小组。同时,建立层层落实具体责任、逐级汇报和紧急情况越级报告的沟通机制,为信用卡系统回迁项目提供组织架构保障。选择 IBM 公司作为项目集成咨询实施商,共同把控项目实施风险和进度。

由于花旗信用卡系统业务功能较为完备,集合花旗全球的信用卡运作经验,经过 10 多年发展积累而成,业界的同类产品与之存在很大差距。而且,在 Unix 平台上实现花旗银行基于 IBM 主机平台实现的各种功能并达到和超过其先进水平,同时把在海外系统上运行的客户数据全部回迁到国内,实施难度大,项目推进过程几经波折,甚至经历国外合作开发商的中途退出。

此后,浦发银行重新选择合作伙伴,对银联数据、华腾、IBM 三家公司进行选型议标。由项目组业务和技术专家对参与竞标的软件集成实施商的实施能力、产品功能、技术水平进行综合评估和商务议标。最终基于银联数据在需求匹配、人员水平、开发经验等方面的突出优势,2007 年 3 月 2 日确定该公司为信用卡系统回迁项目的软件集成实施商。

新系统下的信用卡中心作为一个特殊方式接入浦发银行网络,建立/保留独立的网络环境与花旗连接。同时,新旧系统在操作平台、信用卡核心系统、核心系统硬件配置等方面都有很大的差异。银联数据的 CUP CARD2.0 作为一套运行于开放平台上的信用卡核心系统,与花旗的 ECS+系统相比,在系统架构、功能面、风险控制和参数控制等方面尚有不足,但作为一个本地化,且支持民生,兴业和华夏等 10 多家商业银行发卡的产品,其功能的丰富程度,尤其是本地化需求的满足程度比较突出。银联数据及其卡系统有 3 个特点:一是本地化功能和本地化实施。支持购汇,溢存款,分期付款等比较具有中国特色的信用卡需求,支持中国监管部门的业务规则,包括会计准则、各种监管报表。二是功能满足度相对较高。以信用卡中心 2 000 个业务功能点为基础,CARD PRO 可完全满足的为 341 个,而银联数据的 CUP CARD2.0 则达到 1 071 个,优势相对明显,且在产品定义、账户管理方面具有高契合度。三是多样化联机和批量接口。与外围系统的连接灵活,支持多样化联机交易。另外,银联数据系统的溢存款功能相对 ECS+而言,功能更强大,可支持多渠道的联机取出方式,比如柜面、ATM、网银和 IVR,并且针对溢存款的取出,支持设置不同于普通取现的利率和费用,对于已核销账户,支持溢存款的批量导出。

二、系统回迁

2007 年 3 月 12 日起,浦发银行信用卡系统回迁项目展开具体工作。为确保完成"必须实现年底前将系统回迁"的监管要求,浦发银行从整体方案设计、项目组织管理、商务和预算三方面同步推进。一是详细分析业务需求。按信用卡核心系统和外围外挂辅助业务系统,分成 2 个条线启动业务需求差异分析工作,4 月 30 日完成业务需求分析,并编写差异分析说明书。二是调整并明确项目组织结构,制订项目计划。三是完成信用卡核心及相关外挂系统的选型,以及与银联数据集成实施的商务议标工作。同时,完成欺诈监控和催收2个外挂系统的选型和商务议标。四是制订包含核心系统客户化、数据移植、系统切换三方面的详细项目实施计划。

花旗信用卡业务处理系统功能复杂,与Unix平台系统功能存在很大的差异。要在短时间内建成与花旗系统功能完全匹配的系统并将客户数据迁回,存在很大难度。2007年5月,分阶段实施的策略得以确定,第一阶段实现"金融监管所必须的需求"和"已经提供给客户的服务/功能产生的需求及必要的内控需求",第二阶段实现信用卡中心IT基础架构全部回迁,待第一阶段上线后立即安排第二阶段开发。

在花旗银行、银联数据及相关厂商的配合下,浦发银行在较短时间内完成需求分析、系统设计、开发和测试工作,建成基于开放平台的信用卡核心业务系统以及外围辅助系统。系统建设过程中,充分考虑信用卡日常业务运营的需求,基本保留花旗银行先进的运作模式和服务标准,同步建设信用卡核心业务系统,以及外围辅助系统,包括伪冒侦测系统、催收系统、信用卡审批系统、工作流系统、照片卡系统、数据分析报表系统、反洗钱信息监控系统、账单归档检索系统、信用卡网银、电话银行等,新建及改造系统28个。为保障业务的连续性,将系统切换影响降低到最小,浦发银行除对信用卡核心业务系统进行数据移植外,对数据分析报表系统、照片卡系统等外围辅助系统也进行历史数据移植并同步上线。

2007年11月初,信用卡核心业务系统与20多个外围辅助系统都准备就绪,组织全部厂商进行两次全面切换演练,信用卡系统达到上线要求,各项准备工作就绪。12月7日,信用卡系统回迁上线工作启动。数据移植需要异地多方协同,实施过程复杂,技术难度高。12月8日中午,突然出现紧急情况,指挥中心立即组织专家组分析决策,及时调整计划,启动紧急应对方案,各实施小组密切配合,准确执行每一项应急处理操作,使新系统提前一小时对外开放服务,当日联机交易量超过30万笔。自此浦发银行信用卡系统从新加坡花旗运营中心成功回迁到漕河泾信息中心,成就国内同业中的3项"第一":第一次成功地将投产中的信用卡系统从海外迁回国内、第一次成功地将信用卡系统从IBM大型主机移植到Unix开放平台、第一次完成百万持卡人数据的信用卡系统迁移。2007年年底,浦发银行投产上线的信用卡系统具备信用卡中心核心部分业务需求,符合信用卡中心日常业务运行要求、客户服务标准和合规要求。

2008年4月29日,历经6个月的需求分析、方案设计、开发部署、论证测试、回迁切换,浦发银行完成信用卡中心1045台用户电脑的系统重装和升级,迁移及新部署各类应用服务器77台、各类系统36个,实现信用卡中心IT基础架构全部成功回迁。信用卡中心新的IT基础架构在硬件性能和容量方面有较大提高,完成客户端操作系统升级,并通过专业评估降低系统风险、提高安全性。同时,制定基于国际最佳实践的运维流程和标准,组建较强专业素质的运维团队,实现IT基础架构的自主管理和独立运维,为信用卡中心安全运行提供组织和管理方面的有效保障。信用卡系统回迁项目的第二阶段开发实现四方面的业务功能优化:一是提升管理信息系统的分析处理能力,实现部分管理信息报表的自动生成,保证业务效率;二是提升系统运营效率,减少日常业务处理时间和人力资源要求,保证客户服务的响应时间要求;三是进一步加强内部风险控制和欺诈管理手段,有效平衡客户满意度和业务风险控制;四是产品功能优化,实现产品的多样化。信用卡中心IT基础架构的成功回迁,使信用卡中心无论在技术架构还是运维管理方面都不再依赖于花旗的支持,全面满足监管部门对信用卡中心本地化的要求。2008年6月4日,浦发银行信用卡回迁项目荣获国家金卡工程协调领导小组颁发的"2008国家金卡工程金蚂蚁奖"最佳金融应用奖。2009年9月,信用卡回迁项目首次成功入选权威年刊《2009年上海科技年鉴》。此外,信用卡回迁项目还获得中国人民银行2009年度银行科技发展奖二等奖。

第四节　风险管理信息系统

2004年,浦发银行与安硕公司合作,共同建设风险管理信息系统。该系统于2004年立项,2005年2月在杭州分行试点上线,8月在南京、西安、宁波、北京4家分行上线,并于当年年底实现全行上线。2008年,风险管理信息系统整改升级,成为全行范围内对公贷款业务处理的重要支撑平台。此后,各分行对系统依赖性加强,系统压力日益增大,新业务需求的线上支持,老硬件对高并发量的支持以及已有数据库对大数据量的支持,成为业务顺利开展的瓶颈。2009年5月,浦发银行启动风险管理信息系统扩容升级项目,结合对公信贷业务经营管理和风险管理的基础,通过软硬件全面升级、应用功能不断优化、完善等方式,推进信贷风险管理建设。

风险管理信息系统是浦发银行对公信贷业务的生产系统,经过历年功能优化,截至2010年年底,形成包括客户信息管理、额度管理、业务审查审批、放贷审查审批等相关业务流程在内的对公信贷管理系统。

第五节　网　银　系　统

2003年,借助628系统上线,浦发银行网上银行首次推出网上转账、及时语、账户一览等功能。2004年,浦发银行实施网银应用优化的循环推出和改版计划,探索在安全性和易用性方面的综合应用。截至当年11月30日,浦发银行个人网银专业版开户数为18 140户,企业信息直通车开户数为5 298户,公司网银开户数为2 071户。

2005年年初,浦发银行确定"发挥数据大集中优势,大力发展电子渠道业务,大力提升浦发银行的网上银行功能和知名度"的工作目标,建立以网银为主体的全方位网上银行服务体系。截至2005年,个人网银简化版、证书专业版、动态密码专业版、公司网银、信息直通车、支付网关等多个网银版本上线。据《互联网周刊》统计,浦发银行在商业网站百强公众投票中名列第三十三名,银行同业类排名第三名,交易类网站排名第六名。浦发银行网上银行逐步成为功能完善、最具竞争力的网上银行。

2006年,浦发银行以网上银行开发为主线,增强支付网关的处理能力和稳定性,搭建综合信息服务平台,引进理财信息,整合电子渠道管理平台,推进跨平台改造项目的推广应用,改善大前置平台的处理能力,落实银联技术规范的改造,提升客服系统的服务能力,探索手机支付的应用,同时关注和完善电子渠道的安全,完成公司网银授权机制改造、个人网上银行改版、网上商城的建设、动态密码版安全机制的完善、证书更新流程的改造、网银管理端改造等相关项目,为网上银行产品的丰富、业务流程的优化、业务管理的便利和市场营销提供有利的手段,丰富网银功能和承载内容,浦发银行网上银行在业界已成为工商银行和招商银行之后的第二梯队。截至2006年11月底,个人网银专业版客户突破58万户,月均交易金额超过50亿元。公司网银客户突破15 000户,信息直通车用户突破23 000户,月均交易金额超过500亿元,获"中国互联网运用创新奖""中国网上银行功能创新奖"。

第六节 客服系统

2004年,浦发银行实施客户服务中心建设项目,作为年度重点项目,客户服务中心建设项目于2004年3月经浦发银行行长办公会议通过立项申请,2004年7月开工,2005年9月底,全行客服系统上线,2005年12月试运行结束并通过最终验收。客服系统借鉴国内银行业客服中心的成功经验,采用全行集中的模式,降低分行投资规模和后续维护工作量,提高系统部署速度。同时,客服系统采用较多新技术成果,推出噪音加密、语音识别等亮点功能。系统投产伊始,可满足峰值近10万的大话务量处理,成为浦发银行重要的服务窗口和拓展业务工具。客服系统融合呼出营销、网页同步与工作流,实现"四个第一":第一个在全国范围内实现全集中(坐席集中、电话银行集中),成功解决集中情况下支持分行特色业务的难题,大大减少分行的初始投资和维护成本;第一次推出动态菜单和个性化菜单,解决电话银行菜单日益复杂的弊病;第一次解决攻克网页协同技术难关,使之具备商业运用的条件;第一次使用噪音加密、语音识别等先进科技,提高系统的便利性和安全性。

为提供更高质量的电话渠道客户服务,2010年,浦发银行对客户服务中心系统进行扩容,由原先100个人工座席工位的服务规模扩展为230个,客服中心办公地点整体搬迁至东银大厦,电话银行系统进行扩容拆分,提高系统的运行效率和处理能力。

第七节 单证系统

经过一年多的开发测试,浦发银行单证业务系统于2005年9月16日上线运行,上线单位覆盖上海总中心、南京分中心、长沙分行、太原分行、南昌分行和哈尔滨分行。单证中心系统引进国际贸易结算系统,实现国际贸易结算系统在数据和应用层面的大集中;引进专业的影像系统,实现总分行间单据电子化传递;引进专业工作流系统,实现业务管理流程自动化,从而在国内同业中率先建成真正意义上的单证处理中心;在业界率先实现贸易结算系统与第三方影像工作流系统的无缝整合,为浦发银行影像工作流平台的建设奠定应用基础,也为建立"小前台、大后台"的新型运营体系作出"先行先试"的有益探索。2006年,又完成杭州、宁波派出中心及20家分行的上线工作。单证系统上线后,较大发挥集中作业优势,业务处理速度和效率均有提高。

2007年,单证中心系统完成全行推广上线,并启动后续系统优化与改造项目,实现贸易结算业务的流程化处理、自动化运作,提高人均作业效率和标准化作业水准。当年系统处理业务逾16万笔,涉及金额约290亿美元。

第四章 管 理 系 统

第一节 SAP管理信息系统

一、人力资源信息系统

2001年,浦发银行启动人力资源信息系统开发工作,经过全面论证和对比,选择世界领先的德国SAP人力资源管理软件,在国内银行同业中第一家使用该软件。根据"稳健推进、分步实施"的要求,项目从2001年10月启动,到2002年4月初步上线。上线试行的范围包括总行本部、上海地区总部、宁波分行和大连分行,实施的功能模块包括人事管理、组织机构管理、薪资核算、招聘管理和培训管理,初步构建全行集中式数据和管理平台,除支持浦发银行人力资源部日常的工作以外,还提供员工自助服务和管理者的平台,为员工提供人力资源信息服务。从2002年4月开始,浦发银行又组织力量对系统进行功能完善和二次开发,同步引进管理咨询和国际先进的人力资源管理理念,应用于具体人力资源管理工作实践。5月,又集中精力开展薪资模块和财务过账接口的配置和测试工作。截至2002年年底,SAP人力资源系统的体系架构已初具规模,在总行本部和3个试点分行投入使用,并按应用需求进行定制和二次开发,基本完成项目一期设定的工作目标。2002年11月,浦发银行召开项目推介会和试点行的使用情况交流会,与会的人力资源工作人员普遍认为,该系统第一期在提升管理理念、优化人力资源工作流程、提高人力资源日常事务处理效率诸方面,达到既定目标和要求。

2003年,浦发银行SAP人力资源项目进入关键阶段。按照引进先进人力资源管理理念和手段,全面提升人力资源管理水平的战略目标,从2003年起,浦发银行在全行范围内部署SAP系统,搭建全行集中的信息化管理平台。2003年4月,系统在全行范围实现组织管理、人事管理、招聘管理、培训管理、员工自助服务5个功能,建立包括基层营业网点在内的1 500多个组织机构、7 000多名员工和1 000多名临时借用人员的数据库,实现人员录用、组织变动、离职的全过程动态管理。2003年年底,有19家分行通过SAP系统发放工资,其中12家顺利实现薪资模块和SAPFI/CO自动化过账,标志着SAPHR系统进入实质性运行阶段,浦发银行人力资源管理上了一个台阶。

2004年,浦发银行抓住人力资源SAP项目开发契机,加强与翰威特咨询公司合作,召开由部分分行人力资源负责人参加的研讨会,推进人力资源改革工作。同时,把项目开发工作重点逐步转向业务流程的规范和完善,把应用培训纳入分行筹建重要工作。进一步开发并推广SAP人力资源管理系统,重点完善基础数据平台,规范管理流程。2004年年底,全行24家分行和直属支行(包括当年新开行)全部实现SAP人力资源系统薪资发放及与SAP财务FI/CO的过账。浦发银行继续开展人力资源管理咨询项目,先后开发人力资源主要岗位职责描述、胜任能力模型、人力资源管理流程、绩效管理体系、职级头衔体系与岗位评估等功能。

2005年,浦发银行继续推进SAP人力资源管理项目,建设集中的信息化管理平台,开发包括员工福利、员工贷款系统、募捐系统等在内的一系列系统平台。在落实全行扁平化矩阵式组织架构改革思路的基础上,继续开展人力资源管理咨询项目。在确定职位评估方案的基础上,在总行部门实行相关职位评估工作,完成人力规划、继任计划管理、职业发展管理手册等。按照与国际接轨的要求,还完成全行人力资源体系设计方案。2005年,SAP系统的成功运用,实现总行集中管理工资奖金资金,规范分行的薪酬发放和财务列支渠道,并由SAP系统自动分摊到利润、成本中心,为利润、成本分析提供强有力数据支持,为全行薪酬决策奠定管理基础。

二、资金后台系统

2003年10月8日,浦发银行资金后台系统SAP-TR模块项目成功上线。该项目建设从前期准备到完成业务蓝图,再到完成开发,只用9个多月时间。2004年10月20日,资金后台SAP-TR系统二期项目顺利上线,并于11月8日运行。二期项目承袭一期优势,延伸到资金创新产品的系统开发,涉及各类衍生金融工具的产品创新。

SAP-TR模块通过实时接口、运用开发的影像流工作流程,实现交易、会计、报文信息传递,实现资金前后台的信息共享、业务处理、确认控制、会计核算、清算信息、统计数据等一体化功能,体现STP直通理念,提高工作效率,降低营运成本,控制操作风险的目标。同时,借助系统强大的统计和计算功能,准确及时提供资金业务相关的管理信息,为全行资金业务做大、做强和可持续发展创造技术前提,做到确保资金清算业务稳健运行。

三、资财系统

2002年,浦发银行把财务管理信息化建设视为全行财务管理工作的重头戏。选定国际领先的ERP厂商的SAP系统,作为未来财务管理信息化的基础平台。

2003年,SAP资财项目的第一阶段(FI/CO财务核算模块)在广州成功上线,同年4月开始全行的上线推广工作,实现全行财务数据的大集中。6月,SAPFICO和MM模块上线,浦发银行成为国内首家成功引入和实施国际先进ERP管理软件的金融企业。在此基础上,又开始其深化应用项目E-Accounting(主要用于网上报销)和BW系统(用于制作业务报表)开发工作。10月8日,SAP-TR模块在历经9个月之后顺利上线,实现浦发银行资金前后台业务系统联网,业务数据实时传送,业务信息智能化管理与业务系统操作风险可控性等功能,使浦发银行成为国内首家实施SAP本外币合一的资金业务后台系统的金融行业用户,标志着浦发银行自身的资金核算与信息管理水平正跨入国际先进行列。

2004年,浦发银行进口HP INTEGRITYRX4640小型机2台,HP INTEGRITYRX8620小型机2台和HP INTEGRITYRX2600小型机1台。11月起,对SAP系统中的历史数据进行清理,确保SAPPA/ALM模块顺利上线。同时,各行在核心系统中补录相关信息和手工收集部分信息,以配合SAP资财系统二期项目上线工作,确保相关信息的准确和规范。

同年,浦发银行SAP资财系统二期项目在年底成功上线。系统引入ALM(资产负债管理)模块,提供更好的资产负债管理手段,即通过现金流衡量流动性风险,并计量风险价值。通过这一模块,最终实现准确衡量流动性风险和利率风险,确定风险承受度的目标;运用MRM(市场风险管理)模块,打破中资银行在市场风险管理上的空白,为浦发银行全面的风险管理奠定基础,有效管控银行的市场风险;引入PA(盈利分析)模块,并全面转入试运行阶段,开始用于对业务条线的盈利评估和考核,有效支撑全行业务条线扁平化矩阵式管理变革,为科学决策、科学管理提供有效数据和信息支撑。E-Accounting 网上报销系统以 SAP 财务管理系统为后台核心,借鉴和引进微软、Sony 等国际一流企业的管理和应用模式,经过一年多小范围试运行,开始在全行推广,有效支撑全行财务管理扁平化、规范化的进程。

自此,SAP 项目 PA/ALM/MRM/BW 等新功能配置全部完成,进入最后测试调优阶段,先期试运行的 HR/FI/CO/MM/TR 等模块在全行运行情况良好,数据量已经超过 400 G,其中财务专业用户超过 200 人,人事专业用户超过 400 人,人事注册用户超过 9 000 人,系统整体性能表现稳定。风险管理系统完成全行推广部署,全部 26 个分行联机放贷率大部分已超 95%,月累计业务笔数峰值已超过 1 万笔,系统试运行累计发放贷款接近 1 200 亿元,日均访问超过 5 000 人次。

在 SAP 项目建设过程中,浦发银行实现"三个结合"。一是结合系统全面采集数据的特点,同步规划和搭建全行数据汇聚平台,全面整合数据接口应用,探索形成相应技术和管理规范。二是结合全行报表平台推广、SAP 和数据仓库 POC 等项目规划,拟定浦发银行报表应用策略,分析整合各类报表应用需求,探索和规范各类报表应用建设手段和流程。三是结合 SAP、风险管理系统、单证、数据仓库等重大项目建设需要,适时普及 ETL 工具平台的应用,开展报表平台工具产品的选型评估工作。

第二节　基础办公网络应用平台

一、传信系统

在 1995 年全行工作会议上,浦发银行将"开发符合行内实际需要的金融信息网络系统,把提高全行办公自动化程度提上议事日程,尽早实现全行办公自动化"作为金融电子化的工作目标。1993 年至 1996 年,浦发银行业务和规模不断发展,办公电子化也开始萌芽,先后为信息科技部、办公室、部门文书管理配备办公计算机,安装 Windows 操作系统和 Office 办公软件的单台 PC。随着浦发银行计算机办公自动化的使用范围逐渐扩大,办公计算机系统经历几次升级,PC 操作系统版本从 Windows3.1/3.2 升级到 Windows95,办公软件版本从 Office4.0/4.2 升级到 Office95。从 1996 年下半年起,浦发银行开始基础办公系统的设想和方案设计工作。1997 年 5 月 7 日,浦发银行召开加快信息网络建设和应用会议,行长金运、副行长谈逸出席会议并作重要讲话。

1997 年,浦发银行与微软公司建立全面合作关系,建成集电子邮件、日程安排和公共信息访问三大支柱功能为一体的浦发银行传信系统,大大提高全行日常办公及管理能力和效率。5 月 21 日,浦发银行下发《上海浦东发展银行关于安装"总行传信系统"配置要求和有关事项的通知》,明确浦发银行传信系统的硬件配置与网络系统要求。在 WindowsNT4.0 和 Exchange Server4.0 基础上,总分行采用分布式结构,实现全行机构和员工之间的办公邮件通信。由于浦发银行宁波路大楼还没有全部部署局域网,部门用户是通过电话分机拨号上网使用传信系统的。此外,上海地区用户、其他城市分行与总行的通信也都是通过电话拨号实现。随着每天办公类文件、通知、资料、信息通过传信系统传递到全行,越来越多机构和员工开始使用传信系统。

1997 年 7 月 23 日,浦发银行下发《关于"总行传信系统"上网有关事项的通知》,决定扩大浦发银行传信系统的覆盖面,要求各分支行为行领导、办公室配备专门电脑与浦发银行传信系统联网,实现行际网络联通。

随着 1998—1999 年总行局域网、上海地区城域网、分行和总行之间广域网的相继建成,传信系统用户更多地用局域网连接替代电话拨号连接,网络连接成功率、并发连接用户数大为增多,工作效率也随之提高。1998年,浦发银行国际业务部和会计部分别在《情况交流》中发表文章,介绍有关网络运用体会。至1999年,传信系统已成为很多员工日常工作的办公平台,成为总分行之间联系工作的重要手段。传信系统的建成和普及,加快浦发银行办公自动化发展的步伐。

浦发银行在《关于"总行传信系统"上网有关事项的通知》中,就各地分支行的人员培训要求、上网配置要求、实施步骤作出明确规定。落实人员培训,要求各分支行选派一名掌握电脑技术、熟悉网络知识的员工到总行参加为期一天的培训,浦发银行电脑部负责实施。明确上网配置要求,包括硬件配置与软件配置。制定实施步骤。明确各分支行与总行传信系统联网计划分两步走,第一步是单机联网,打通总、分行间网络传信通道,实现全行联网;第二步是网络对接,在条件具备时,由分支行自建内部网络对接口,与总行传信系统连通,降低入网成本,扩大网络覆盖范围。

2004年之前,浦发银行网络应用基础平台(传信系统和域认证)采用的是分布式架构。2004年,浦发银行与微软公司紧密合作,启动全行网络应用基础平台大集中项目,实现软件集中管理、系统集中监控,以及用户邮箱因特网访问、无线办公等多项功能。截至当年年底,总行和上海地区总部完成传信系统和域认证的集中,芜湖支行则成为第一家集中到总行的异地行。传信系统向全行办公用户提供行内外的邮件传信、日程安排、会议邀请等服务,实现全行邮件办公的集中管理。

2005年,浦发银行完成全部24家分行的传信系统大集中,把分行的用户、邮箱全部升级并迁移到总行,重新构建浦发银行网络应用核心平台和架构,实现系统和用户在浦发银行统一、集中管理。传信系统全行大集中给全行用户带来因特网接入等功能,极大提高全行传信系统的安全性和可靠性,实现7×24小时不间断服务,达到"任何人、任何时间、任何地点、任何方式"网上办公的目标。

2007—2008年,浦发银行对传信系统进行全面升级扩容,重建传信系统架构,增强传信系统的可用性和稳定性,扩展传信系统功能。升级后的传信系统,在全行办公系统的运行、管理和使用方面,提升系统性能,扩展邮箱容量,使系统更为安全可靠,增加新用户功能体验,实现全行传信用户和邮箱的统一规划和管理。

二、门户网站 www.spdb.com.cn

1997年,浦发银行在互联网上建立自己的门户网站,向行外用户提供浦发银行外部门户网站服务,发布浦发银行经营和业务营销信息,提供网银等服务入口。

1998年,浦发银行再次和微软公司技术合作,建立银行的内部和外部门户网站。外部门户网站为浦发银行建立一个重要的对外宣传窗口,使浦发银行网点、形象、业务、上市公告等信息能够家喻户晓。内部网站则为浦发银行内部信息发布提供一个平台,多个部门、分支行自行制作的主页和刊物纷纷出现,促进行内各部门、分支机构之间的信息交流和信息共享。

2003年7月,浦发银行与微软(中国)有限公司协商签署战略合作备忘录,约定由微软提供门户网站建设、网上报销支付系统建设方面的顾问咨询服务,在产品、系统、桌面支持服务方面提供技术支持服务,浦发银行配合微软公司倡导其软件的正版使用,并制订相关系统建设所需微软软件的采购计划。此外,还与微软(中国)有限公司续签为期一年的企业技术支持服务。由微软公司向浦发银行提供技术专案经理(TAM)与浦发银行接口,提供各类信息技术咨询与支持,包括月度会议、定制培训、系统优化审核、电话技术支持、问题提升管理以及微软工程师现场服务;提供合作伙伴级别的微软Premier Online网站访问权限,提供可访问微软合作伙伴级别的知识库文档;免费提供各类微软产品的最新补丁。2005年7月,浦发银行再次和微软公司续签战略合作备忘录。在IT系统建设、应用解决方案以及市场推广方面进一步合作,内容包括双方高层定期交流、"把银行建在网上"的合作建设、保护软件知识产权和正版化软件采购、技术交流和产品引进、市场品牌宣传、技术支持和咨询服务等方面。

2004年年初,浦发银行完成外部网站的重新建设和发布,同时对外部网站服务器进行更新,借助UniHub公司的千兆因特网出口向外界提供因特网网站服务。此外,浦发银行采用WebAgain软件对网站内容进行保护,在技术上保证浦发银行对外网站的安全性。同时,通过实施HP OpenView实时监控系统,加强对外部网站运行状况的监控,保证浦发银行对外网站服务的良好运行。当年,浦发银行网站从762家参选的网站中脱颖而出,入选《互联网周刊》举办的"2004中国商业网站100强",并获"最具发展潜力"单项奖。

2005年,浦发银行积极部署办公集中存储系统,对内部网站服务器架构进行重新设计和构建,与微软合作设计分行网站,与网络公司签订网站开发服务外包协议,完成全部分行网站内容的开发制作。当年上半年,着手实施分行集中式管理的内部网网站项目,并于7月初将上海地区总部确定为第一批实施该项目的6家分行之一。经过2个多月的努力,上海地区总部内部网网站在9月21日开通,成为分行内部网网站项目中第一家上线的分行级单位。在"2006—2007中国互联网INTERNET100"评选中,再次独家获得"创新50强"殊荣。

三、视频会议

2000年至2001年,浦发银行完成重庆、广州、北京等多家分行的视频会议系统试点,并向全行推广。视频会议系统成为浦发银行全行性工作会议、条线会议、开展培训的重要方式,成为继传信、网站之后办公网络应用系统的又一基础性平台。

2002年,视频会议应用发生极大的变化,频度最高时达每周4次,涉及紧急工作会议、银行业务培训、条线工作会议、季度工作会议等,初步形成一整套使用、操作管理制度。重新修订《视频会议暨IP电话系统分行系统环境基本要求》,将分行视频会议环境准备纳入网点建设工作内容,当年完成成都、西安、沈阳3个新开分行的推广工作。截至2002年年底,视频会议节点总数已达到18个。推动带宽升级,从原来384K升级到768K,年内完成浦发银行中心设备的扩容和近2/3节点的升级工作,视频会议音视频效果有明显提高。在外滩办公大楼设立视频演播室和中楼会堂视频会议室,使总行拥有3个视频会议室,总行多个视频会议点可同时开会,视频流媒体转播技术、移动摄像和静态摄像结合技术、新的会场监控技术都得到应用。通过采用先进的移动会议设备和微软公司视频会议软件平台,使移动用户加入视频会议和实现桌面端视频会议成为现实。

为实现全行实时信息交流需求,2002年,浦发银行进行"内部网即时消息服务系统"的设计和部署,建设即时通信系统。即时消息服务集成文字、共享白板、共享应用程序、语音、视频、文件传送等多项强大功能,能够迅速从网上搜寻到需要联络人员,并与其进行实时交流沟通。内部网即时消息服务投入试运行后,得到用户普遍好评,并很快运用到视频会议、628项目开发等工作中。在各分行科技部门的配合下,2002年年底,完成系统部署和全行推广工作。

2004年下半年,浦发银行推出"FVC网络视频通",在桌面电脑上实现视频和音频互动、协同工作、文档共享、远程会议管理等多种功能,还能与即时信息、网页浏览和电子邮件等实现完美融合。FVC网络视频通的桌面视频会议具有易用性好(软件可自动下载安装,会议操作界面友好易学)、支持性佳（可通过 MSN、电子邮件邀请其他人加入会议），扩展性优（可接入专业的视频会议系统，扩展原有视频会议系统范围），接入性强（任何一个办公用户均可使用，因特网用户也可连接，使海外招聘、客户会谈、外派机构工作联系、行务会议的接入更为简单）4 个优势。网上视频教学则具有强大的视频音频互动功能，是最多可容纳 50 个用户同时在线的网络培训教室。FVC 网络视频通的成功实施，填补浦发银行桌面视频、因特网视频、视频培训应用领域的多项空白。

四、公文管理系统

建行之初，浦发银行采用文档一体化管理信息系统，可实现收文登记、全文电子文件挂载、公文档案信息共享、档案自动编目及检索等功能。1997 年，浦发银行又开始使用传信系统；2005 年，该传信系统用于全行的公文流转、审批以及内部信息处理，全行网络办公初具雏形。

但是，随着网络信息技术的不断发展，原有的开放式、半线下的文档一体化管理信息系统和传信系统，已不能满足全行公文档案管理的需要。为此，2009 年 8 月，浦发银行公文管理系统（包括档案管理子系统）建设项目正式启动。2010 年 6 月 7 日，浦发银行下发《公文管理系统暂行管理办法》，明确了浦发银行总行办公室作为公文管理系统的归口管理部门，负责全行公文管理系统电子公文处理的指导和管理，设置全行业务管理员，负责公文管理系统的整体业务管理工作。浦发银行信息科技总部负责全行公文管理系统的开发、整体技术支持和运行保障，设置系统管理员，负责公文管理系统的运行维护和管理工作。6 月 21 日，经过近 10 个月的开发、测试、培训等工作，浦发银行公文管理系统正式上线，并按照"试点先行，分区推广"的原则，开始在各分行有序推广。12 月 7 日，公文管理系统在总行和 34 家直属分行正式上线运行。

公文管理系统的全面运行，不仅对规范全行线上公文处理流程，提高办文办事效率和管控水平起到积极作用，更通过对用户身份、文件表单要素等的有效控制，提高了信息数据安全性。同时，实现了公文电子信息线上归档的需求。经评审，浦发银行公文管理系统信息安全等级由传信系统的

图 5-4-1　1996 年 12 月，浦发银行召开档案工作升市二级预评会

第二级保护升至第三级保护,且系统功能多,起点高,建设和推广使用周期短,在同业处于较先进地位。

五、高管信息服务平台

2010年7月13日,浦发银行高管信息服务平台向总行领导开放使用;11月25日,第一家试点分行上线。截至12月30日,完成全部35家分行领导推广使用。共整合各部门260余项指标和报表需求,形成176个主要经营指标,累计组织发布600余份经营分析报告、行内外动态、业务经营状况等重要信息,为总分行155位行领导提供服务。2011年,浦发银行完成高管信息服务体系延伸项目,在2010年覆盖总分两级行领导基础上,完成总、分、支三级高管用户的全面覆盖,同时新增关键财务指标分解、支行客户变动、存量及到期等信息展现、经营视角改版等功能,落实高管信息服务。加快推进客户关系管理CRM项目和各监管项目及内部管理系统项目的建设,加大管理类产品系统的研发力度,提高内部管理水平和风险管理能力。通过扩展办公渠道构建灵活的移动办公应用平台,满足中高层领导移动办公需要。

第五章 系统管理

第一节 信息中心

一、项目竣工

鉴于宁波路信息中心受到市政建设、建筑条件等各方面限制，影响浦发银行网络系统建设，因此建设浦发银行新一代网络中心枢纽，是浦发银行管理层十分关注的大事。1999年，浦发银行漕河泾信息园区建设工程立项。2001年7月26日，举行信息园区地块土地使用权转让签字仪式，2002年4月12日，浦发银行与美国Gensler公司签订信息中心设计合同。11月16日，举行信息园区开工奠基仪式。2003年10月8日，信息中心结构正式封顶。2004年12月24日，浦发银行信息中心项目竣工。漕河泾信息园区共建1幢3层信息中心、1幢3层培训中心、1幢3层办公楼，4幢3层宿舍，总建筑面积为27 018平方米。2005年1月6日，信息中心通过竣工验收。10月27日，上海市市长韩正、常务副市长冯国勤等领导莅临浦发银行信息园区检查指导。

浦发银行信息中心是一个集银行数据中心、应急指挥中心、开发中心、呼叫中心、培训中心等多种功能的现代化大楼。建筑造型丰富多变，外形独特，构造复杂。整个建筑利用双层墙设计理念，运用交通空间将内部功能区域与建筑外墙分隔开来。利用隔层空间以阻止直接从屋顶吸收热量。通过可调节窗，使建筑具有可呼吸性，在建筑节能、绿色生态和电气设计等方面具有超前意识。外墙由现浇清水装饰混凝土、铝合金门窗、铝板、铝合金玻璃幕墙、金属饰件等材料组成。园区内为内庭院式建筑风格，庭院中有特色木制廊架、水景、步行景桥、特色驳岸等，屋顶配备网球场及屋顶花园。信息园区引入先进的电信基础设施和网络通信系统，为浦发银行业务发展提供有力的网络支撑。

二、系统搬迁

浦发银行生产系统搬迁项目是2004年的重要项目，共经历3次系统迁移、5次网络切换，总计搬运小型机16台、PC服务器130台、其他设备70余台、机架46个，迁移的各类应用系统58个，动用人力500多人次，制作设备、线缆、机柜等各类标签1 036枚，备份各类系统和数据磁带107盘，开通网络端口230多个，共涉及子任务项有1 460多个。项目涉及浦发银行大集中业务系统等近60个应用系统、20多家软硬件厂商。项目目标于当年11月全部完成浦发银行所有生产系统的搬迁，实现在漕河泾集中运行，年终决算的目标。

2004年11月，浦发银行下发《关于总行生产系统搬迁相关事项的通知》与《关于信息中心搬迁有关事项的报告》，明确搬迁实施计划和部分业务暂停时间安排。为尽量减少对业务运行影响，项目组以"服务于业务"为信念，为新旧中心实施"搭桥手术"，将两个中心的网络系统合为一体，使绝大多数搬迁系统无须修改网络地址即可安装投产，大大提高搬迁工作效率。而在全部搬迁结束后，新旧中心网络系统进行拆分，进一步确保信息中心网络系统可靠运行。

2004年10月30日凌晨5点，经过浦发银行信息科技部、行政管理部、中国网通公司、网络公司等单位以及各分支行网络技术值班人员的连夜奋战,浦发银行 28 条中国网通公司通信线路成功切换到漕河泾信息中心,从而为浦发银行生产系统正式搬迁拉开序幕,同时也标志着漕河泾信息中心纳入全行信息系统生产环境,实现各分行、外滩 12 号、信用卡系统(新加坡)与宁波路和漕河泾的双向连接,对外 WEB 托管的通信已全部迁移至漕河泾。在此之前,为确保网通公司通信线路在 10 月 30 日按计划切换,网络技术人员用三周时间,开通宁波路与漕河泾之间的光纤连接,完成漕河泾机房网络设备的安装调试,将新旧两个数据中心的网络系统"虚拟"成一个统一的网络通信节点,做好信息中心网络系统切换技术准备。

11 月 6 日凌晨,35 条中国电信公司的通信线路从宁波路信息中心顺利地迁移到漕河泾信息中心。本次切换是线路数量最多的一次,占线路总数量的 1/3。加上 10 月 30 日切换成功的 28 条中国网通线路,已有 70% 的通信线路迁移到漕河泾信息中心。11 月 6 日,线路切换完成后,在外滩 12 号大楼、浦发大厦、培训中心、东银大厦等地办公的总行各部门,各分行、直属支行,与宁波路生产系统之间的行内通信全部汇聚到漕河泾信息中心中转。另外,网上银行系统、"及时语"短信系统、信用卡系统、对外 WEB 主机托管的对外通信也全部迁移到漕河泾,标志着漕河泾信息中心正式成为全行网络中心。

11 月 13 日晚 11 点,全行参与搬迁的人员和合作公司的人员全部到位,副行长黄建平、张耀麟也在现场。14 日 0 点,核心系统切换工作按照预定方案稳步有序展开。凌晨 1 点,主机 IP 地址切换完毕;4 点 20 分,漕河泾和宁波路批量结束;7 点,所有搬迁设备在漕河泾机房上电就绪;8 点 20 分,报表核对完毕;9 点 30 分,各类业务测试基本完毕;9 点 50 分,全行核心业务正式开业;12 点 30 分上海地区对外开业。直至 11 月 14 日中午,经过长达 30 个小时,浦发银行核心生产系统顺利实现从宁波路信息中心到漕河泾信息中心的迁移。与核心系统同时完成迁移的还包括上海地区大前置系统、ATM 前置系统、自助终端监控系统、VISA 国际借记卡系统、办公自动化系统、SAPSNC 服务器、全国银行卡(银联)前置机系统等重要系统。这次搬迁是浦发银行生产系统搬迁项目中最为关键的一次攻坚任务,这次搬迁的顺利完成,为项目最终完成奠定坚实基础。

从 11 月 19 日下午 5 点起至 21 日凌晨 5 点止,历经 36 小时的协同攻坚,浦发银行生产系统第二批次搬迁任务按既定计划圆满完成。此次搬迁涉及网上银行、外汇宝、银证通、电话银行、短信通知、保理、验印、基金代销、现代支付、支付密码、SWIFT 等多达 25 个外围外挂应用系统和管理系统,总计 5 个车次 17 个机柜、70 余台设备及其配件,各方人力总投入 202 人。此次搬迁的成功不仅标志着全行业务开展所需全部应用系统和服务渠道的迁移完成,而且也为 11 月 27 日的项目收尾夯实基础。

11 月 27 日,实施第三次也是最后一次系统迁移。经过系统备份、设备交接、吊装搬运、接收归位、开通网络、恢复系统等各项工作,系统迁移圆满成功,标志着历时 5 个月的浦发银行生产系统搬迁项目顺利完工。此次系统迁移涉及全行内部管理和协调工作所需的各类管理支撑系统,如培训系统、内外部网站、网上报销系统、视频会议系统、信贷系统、资财系统、知识管理系统、HR 系统、网上报销系统、实时通即时消息系统、sus 补丁下载系统、防病毒代码库系统、总行及上海地区电子邮件服务系统等多达 20 个应用系统和管理系统。

三、IT 基础设施

2005 年,浦发银行引进国际先进监控管理平台 OpenView 和 CIC/Micromuse,分别对系统和网络进行实时监控和定量管理。2006 年,进一步将此平台延伸到全行 28 家分行,实现对总行和各分行机房内生产系统小型机和服务器的集中监控管理,对总行、分行、网点的网络设备和通信线路的集中监控管理,提高预警能力,缩短故障定位事件和系统恢复时间,也为系统和网络升级扩容提供定量分析依据。

2006年,浦发银行启动IT基础设施规划项目,完成现状调研报告、总体咨询报告、6份专题报告和1份实施计划报告,内容涉及IT基础设施及其运营管理、治理等三大类22个方面的内容。项目全面评估浦发银行IT基础设施现状,制定战略远景和总体框架,提出3年内包含九大类15个IT基础设施建设项目的项目群,形成实施路线图,为浦发银行IT基础设施完善和优化指明方向。项目还制订6份具体专题规划,覆盖数据中心、网络、基础软件、IT服务管理、标准化和多渠道整合等内容。

与此同时,升级扩容基础设施。2004年11月,漕河泾信息中心机房建成投入使用,整个机房按高可用性要求设计,建设达到国家A类机房标准,其中计算机设备机房实用面积约702平方米(含备用机房76平方米)。信息中心机房启用时,共有计算机设备101台,网络设备71台,占机房设计容量的30%。随着全行业务发展和规模的扩大,2006年信息中心机房各类计算机设备达到400多台,机房接近饱和,为此改建和启用备用机房,并对原生产机房网络资源和空调系统进行扩容。2006年,组织实施核心系统、网银系统、密钥系统的升级扩容。通过升级扩容网银系统可以支持未来3年的网银业务快速增长,密钥系统可以支持现有机构和业务系统数量的6倍,同时也提高网银系统、密钥系统的可靠性、扩展性。当年,根据新兴业务系统对网络通信的需求,组织实施广域骨干网、分行城域网扩容工作。通过扩容,每家分行的两条高带宽通信线路分别连接浦发银行信息中心和灾备中心,实现双运营商、双线路、双接入设备、双网络中心的高可靠广域网架构,使得每家分行与总行之间达到8M以上广域网带宽,大型分行达到20M以上广域网带宽,实现带宽满足业务需求、平衡主备份线路、简化网络结构、简化路由控制方式、灵活升级网络带宽等目标,更好为业务发展提供网络通信服务保障。

为加强操作风险控制,2006年,浦发银行通过实施统一登录门户(USO)项目建立登录门户、身份认证、权限管理,实现系统管理、网络管理、数据库管理用户的双人会同登录和双因素身份认证,并具备用户登录行为的控制和审计能力,有效地加强对系统管理操作的安全控制。此外,尝试网银系统、网络设备审计功能的开启,使重要用户操作都在系统中留有记录,满足监管部门所要求信息科技工作在系统和网络层面可追溯要求。

在大集中系统中,保障分行前置系统和分行核心网络的安全稳定运行是信息科技条线的重要工作之一。浦发银行大胆探索科技运营"大后台"模式,创新"远程接管"的运营模式,通过科技手段实现总行远程接管苏州、大连、沈阳、太原、武汉、长春6家分行机房夜间值班操作,借助技术手段全面掌控分行系统、网络和设备的运行情况和操作情况,提高分行机房电力、空调等基础环境的安全管控能力。浦发银行远程接管21家分行机房网络和系统的监控,接管大连、天津、沈阳3家分行机房的夜间操作,苏州、芜湖、长春、沈阳、昆明、武汉、南昌、呼和浩特、合肥、兰州、石家庄分行机房取消夜间值班。

第二节 信 息 安 全

一、组织体系

【组织架构】

2000年5月,根据中国人民银行《关于加强银行计算机安全防范金融计算机犯罪若干问题的决定》,浦发银行成立计算机安全工作委员会,浦发银行信息安全组织的最高领导机构就此产生。6月,各分行、直属支行相继成立计算机安全工作领导小组。同时,浦发银行电脑部设立专门职能机构,具体推进各项信息安全措施,落实全行计算机安全各项日常事务,在全行建立计算机安全检查员体系,逐步形成从总行到各分行、直属支行,直至各基层支行、主管部门与相关部门有机结合覆盖全面的管理体系。至此,浦发银行信息安全组织体系初步建立。

同年,根据上海市公安局《关于开展计算机安全员培训工作的通知》的要求,组织各部室和上海地区总部计算机安全检查员共计19人,参加公安机关组织的培训,并获取相关证书。2005年,为加强网络与信息安全管理,采取分散培训的方式,开展全行计算机安全检查员培训工作。2006年2月,制定《信息系统管理员岗位资格认证与持证上岗管理办法》,对专职的信息系统管理员实行持证上岗制度。当年,全行共有36人完成培训,并通过考核获得证书。12月,发布《员工信息安全守则》,开展全员信息安全网上培训和考试。

2005年3月,根据信息安全工作发展的要求,浦发银行下发《成立上海浦东发展银行信息安全工作委员会并加强信息安全工作的通知》,撤销原浦发银行计算机安全工作委员会,成立浦发银行信息安全工作委员会,进一步明确各分行和总行各部门要按照"谁主管,谁负责;谁运营,谁负责"原则。

2009年10月,浦发银行设立信息科技管理委员会,负责指导和监督各项信息科技管理职责的落实,并按照相关要求向董事会、行长室汇报信息科技战略规划执行、信息安全管理和信息科技的整体状况。同时下发委员会工作规程,明确其工作职责、机构设置与工作程序。

【管理机制】

2000年建立信息安全组织体系后,浦发银行开始逐步建立计算机安全工作制度,形成成熟的信息安全工作机制,建立规范信息安全日常运行工作流程。

建立病毒防范工作机制。自2003年10起,每周在浦发银行内网中发布计算机病毒信息预报。2005年10月,修订发布《防治计算机病毒及有害数据的管理规定》。2006年1月,制定《防治计算机病毒及有害数据工作流程》,为处置病毒和攻击类信息安全事件制定明确的处理流程。建立安全事件报告制度。2001年8月,建立信息安全情况报告制度。2006年,明确反动邮件处置流程,规范反动邮件的处置,确保及时屏蔽反动邮件的传播。重要日期信息安全保障。安全日志审计。从2005年起,浦发银行对每日生成入侵检测报警日志,落实专人进行审阅,及时发现可能发生的安全事件。制定应急预案。2006年3月,发布《上海浦东发展银行信息系统重大突发事件应急预案》,对应急预案各项恢复步骤进行多次演练。

【技术防护】

1998年,浦发银行在总行范围内试点部署Mcafee防病毒系统,并于1999年推广到全行。该系统在浦发银行服务器和客户端病毒防护、邮件病毒查杀等方面发挥积极有效的作用。2001年,浦发银行开始在全行统一部署Mcafee防病毒系统,建立服务器、客户端、邮件网关等病毒防护系统,同时发布一系列的计算机安全制度,共同组成计算机病毒安全防护体系。

2003年8月,浦发银行建立SUS软件更新服务系统,在所有办公计算机上安装SUS安全补丁自动更新软件。同年,发布《微软系统软件安全升级程序管理办法》。在628综合业务系统建设过程中,建立专门的数据加密平台,对包括核心业务系统、外围外挂系统、第三方连接等在内的各类业务系统提供数据安全保护。数据加密平台采用标准的三级密钥管理体系,全行所有分行及网点,汇集成一个以总行为中心的金字塔形构架密钥体系,按照"分人管理、多级授权、专人监督"的原则,制订严格密钥管理制度,建立严密的密钥管理体系。2005年,利用SMS软件分发系统实现全行用户防病毒软件的自动升级,从而保证全行计算机网络安全。浦发银行还正式推出CA数字签名和邮件加密系统。该系统采用微软Windows2003CA证书服务技术,保证个人证书的唯一性。CA邮件加密和数字签名系统的推出,实现邮件的数字签名和加密,同时也使在此基础上建立安全要求较高的网络应用成为可能,为公文流转、网上审贷等打下基础。

2005年10月,浦发银行启动网络安全连通项目,次年5月基本完成系统建设并推广使用,实现"安全保障连通、连通满足应用"的建设目标。项目借鉴花旗、微软等公司的先进做法,在网络边界上采用双层防火墙、入侵防护/检测系统、漏洞扫描等多种安全防护手段;基于微软技术采用高强度加密、数字证书、手机动态密码等安全措施,建立全新的安全VPN,建立统一登录门户,实现应用级权限的集中控制,为用户提供使用方便的门户界面。2006年,实现统一登录门户、身份认证、权限管理功能,对系统管理、网络管理、数据库管理用户实现双人会同登录和双因素身份认证以及用户登录行为的控制和审计,有效加强对系统管理操作的安全控制。当年,还实施RMS信息权限管理项目,使全行办公邮件和Office文档能通过RMS设置权限,加强办公信息的安全管理。2006年,在RMS信息权限管理项目一期的基础上,推广RMS在行内的应用,进一步实施RMS信息权限管理项目二期,实现网站内容访问权限控制、批量文件权限设置、邮件合并支持等功能,完善信息权限安全管理体制。

2010年6月,浦发银行出台《信息系统重大突发事件应急预案》,就组织体系、预防和预警机制、应急处置、后期处置、应急保障等方面,对防范和化解全行信息系统风险、保障对外服务系统安全稳定运行制定措施,明确"居安思危,预防为主;统一领导,分级负责;依法规范,加强管理;快速反应,协同应对"的工作原则。浦发银行成立信息系统重大突发事件应急处置领导小组,由分管行领导任组长,信息科技总部负责人任副组长,成员由信息科技总部系统运维、应用维护、开发测试、信息安全工作负责人和浦发银行办公室基础环境保障工作负责人组成。信息科技总部、办公室以及分行信息科技部和办公室负责建立覆盖全行生产环境信息系统的监控和预警系统,对网络通信、主机与服务器、数据库、中间件及应用系统、生产中心和灾备中心、分行机房进行状态监控,对各类信息系统突发事件进行预警。浦发银行信息科技总部根据监测预警系统监测到的信息或事发机构上报的故障信息,评估事件严重程度,发布预警信息,并根据事态发展情况进行预警信息的调整和解除。

二、计算机2000年问题

1997年6月,中国人民银行下发关于限期解决"计算机2000年问题"的通知。同年,由浦发银行行长挂帅,成立解决计算机2000年问题领导小组,制定浦发银行解决计算机2000年的策略、时间表和工作部署,调动全行资源解决计算机2000年问题。各分支行也分别成立由"一把手"负责的领导机构。此外,专门设置计算机2000年问题的监管小组,负责对解决2000年问题的实施工作进行定期监督、稽核并及时汇报给领导小组。

1998年6月,根据中国人民银行上海市分行下发的《关于对本市各金融机构进行"计算机2000年问题"检查的通知》,浦发银行对所有系统进行大规模的清查测试工作。1999年3月,浦发银行解决计算机2000年问题取得阶段性成功,完成所有软件的修改和内部测试工作,并更新存有隐患的硬件。5月底,全面完成业务计算机系统2000年兼容版本升级和上线工作。

1999年6月,中国人民银行下发《银行业计算机2000年问题停业测试的有关工作安排和要求》《关于银行业计算机2000年问题停业测试有关工作安排的补充通知》。根据中国人民银行要求,确定3次停业综合测试的时间分别为6月19日、7月17日以及9月18日12:00至9月19日12:00,并于5月29日,先举行一次主要业务系统综合测试。

6月19日,参加全国银行业第一次停业测试,上海地区总部第一营业部、青浦支行营业部、南市支行衡山路自助银行、南京分行营业部、无锡支行营业部、江阴支行营业部、北京分行营业部、北京地区总行下属一支行营业部参加测试。参加第二次测试的网点是上海地区总部、南京分行营业部、杭州分行营业部、萧山支行营业部、宁波分行营业部、余姚支行营业部和苏州分行。测试对象为2000年问题与跨行、跨地区交易。同时下发《上海浦东发展银行2000年问题停业综合测试大纲》。第三次停业测试包括Y2K就绪测试、填平补齐测试、银证联测和银行卡跨行业务测试4项内容,浦发银行下发《关于落实第三次2000年问题停业测试有关事项的通知》,明确参测机构安排、测试原则和有关工作要求。

同时,根据中国人民银行要求,浦发银行开始着手制订应急计划,并专门成立应急指挥中心、风险信息报告中心、应急执行小组等机构,全方位、多层次地落实应急计划的实施。首先是计划制订阶段。在对各类2000年问题可能引发的风险、涉及的范围分析的基础上,浦发银行制订全行预防性方案、支付风险和流动性风险应急方案、各项业务系统的应急方案、工程技术应急方案及环境保障应急方案,确定"时间、事件、措施、责任人"表。其次是演练阶段。1999年11月,浦发银行组织在全国范围内进行应急模拟演练,启动从办事处、支行、分行到总行的应急指挥系统,全面检查整个应急计划的可行性和可操作性,为2000年过渡期间应急方案的执行打下基础。三是完善阶段。针对演练中存在的问题,各业务条线逐一对问题进行分析,提出行之有效的应急措施。最后是落实阶段。浦发银行个人金融、对公、国际业务等关键业务系统制定详尽《应急手册》,在完成2000年应急方案演练的基础上,按照浦发银行2000年问题领导小组的要求,全行上下落实2000年过渡期的岗位、责任人名单,并建立A、B岗,确保浦发银行2000年各主要业务系统顺利过渡。

经过各项准备工作,浦发银行计算机系统平稳度过2000年问题的几个敏感日期,未出现任何问题。2000年7月,浦发银行下发《关于表彰解决计算机2000年问题先进集体和先进个人的情况通报》,"总行电脑部解决计算机2000年问题实施小组"及5名个人分别被中央金融工委、中国人民银行评为先进集体、优秀工作者和先进个人。浦发银行也在全行范围内设立解决计算机2000年问题工作优秀奖和鼓励奖,表彰先进集体。杭州分行电脑部、南京分行科技发展部、宁波分行电脑管理部、北京分行电脑部、江阴支行电脑部、上海地区总部共6家单位获得优秀奖;温州支行电脑科、苏州支行电脑部、重庆分行电脑部、广州分行信息技术部共4家单位获得鼓励奖。

三、灾备架构

【同城灾备中心】

2004年5月,浦发银行628项目完成推广,全行数据大集中工作全面完成。7月,浦发银行灾备中心建设项目正式立项。8月,经多轮论证,灾备建设方案确定。2005年年初,浦发银行灾备中心建设工作正式启动。5月,上海市宁波路50号同城灾备中心完成改造。8月14日凌晨,历经10小时改造,浦发银行核心业务系统灾备关键技术——MetroCluster/SRDF的实施工作顺利完成。

至此,核心业务系统的灾难恢复系统投入试运行,宁波路同城灾备中心正式启用。9月,核心业务系统、SAP资金交易系统、现代支付系统三系统的灾备系统率先完成技术实施工作。2006年,在对外汇宝、银证通、开放式基金系统的SCOUNIX平台迁移到HU-UX后,此三个系统和SWIFT系统的灾备系统建设陆续完成。

在完成同城灾备系统建设的基础上,浦发银行建立配套的组织体系和流程。2005年11月,成立总分行两级信息系统灾难恢复组织,确定领导小组和用户协调组、环境保障组、综合保障组、网络恢复组、系统恢复组、数据恢复组、应用恢复组、业务恢复组等8个灾难恢复工作组的人员。同时,建立相应的灾难恢复预案,明确从灾难预警、人员通知与集结、灾难决策会议、灾难宣告、技术恢复、业务确认直至灾难恢复宣告的灾难恢复管理流程,制订公共关系处置、环境准备、后勤保障7个系统的技术恢复和业务确认等各项具体任务的操作步骤,形成全面灾难恢复预案体系。11月19日,浦发银行对由同城灾备系统、信息系统灾难恢复组织和灾难恢复预案组成的灾难恢复体系,进行首次演练工作。演练模拟"生产中心突发电力故障"的场景,参加演练的IT系统包括核心业务系统、现代支付系统和SAP TR/Mercator系统,同时选取苏州分行连接到浦发银行灾备中心进行实战参与。演练于下午开始,次日23:30圆满结束,验证浦发银行初步建立的信息系统灾难恢复体系有效性,标志浦发银行信息系统具备初步抗灾能力。之后,浦发银行定期开展灾备演练,逐年提高灾备演练水平。2006年12月,《上海浦东发展银行信息系统灾难恢复管理办法(试行)》出台,为信息系统灾难恢复建设和运维各项工作进行明确的规范和指引。

浦发银行启动"两地三中心"(即生产中心、同城备份中心、异地灾备中心)建设项目,对东银大厦原开发测试机房进行分隔和改造,建成新同城灾备机房,开始开发测试机房及同城灾备机房的搬迁工作。2010年7月4日凌晨,历时两小时的第三方连接网络重大生产变更顺利完成。7月24日晚,随着核心业务系统的同城灾备系统重新恢复运行,浦发银行同城灾备机房搬迁工作圆满完成,34家分行连接总行的广域网线路(联通线路)成功割接到东银大厦新同城灾备机房,全部计算机设备也从宁波路50号顺利搬迁至东银大厦新同城灾备机房并正常开机运行,浦发银行"两地三中心"信息科技场地建设取得阶段性成果。

【异地灾备中心】

2009年6月19日,在合肥市土地交易市场举办的国有建设用地使用权挂牌出让活动中,浦发银行竞得综合中心建设项目用地。项目位于安徽省合肥市滨湖新区BHD-02-2地块,东至广西路红线,南至杭州路红线,西至徽州大道绿线,北至安徽省广电中心南界线,占地面积60713.54平方米。项目暂定工程规模将达13万平方米(包括地下车库3万平方米)。建筑容积率小于等于1.8,建筑密度为30%—40%,绿化率约40%。工程完工预计需要4年至5年,总投资预计约10亿元,投资建设集总行灾备机房、后台作业、客户服务和合肥分行营业办公大楼(本部)为一体的综合中心项目。同年7月,浦发银行成立合肥综合中心项目建设领导小组,全面负责合肥综合中心项目建设工作。领导小组下设项目建设指挥部,负责对项目建设实施管理。9月,副行长商洪波、董事黄建平赴合肥考察合肥综合异地灾备工作,并会见安徽省及合肥市电信部门有关领导,就浦发银行异地临时灾备中心建设工作进行研究和探讨。

2009年11月9日,行长办公会议批准启动过渡期异地灾备建设项目(以下简称119项目)。119项目是浦发银行重大信息化项目,旨在浦发银行合肥综合中心建成前,在合肥建立过渡期异地灾备中心。该项目规模庞大、工程复杂,涉及"两地三中心"的机房环境、网络通信、数据复制和应用系统等各层面的改造和建设。通过合肥电信公司租赁成熟机房场地，改建基础电力、综合布线、办公场地，形成临时异地灾备机房。经过近一年努力，浦发银行完成灾备策略与需求制定，实现核心业务、信用卡业务、资产托管、SWIFT等4个异地灾备系统（群）的建设工作，初步建成"两地三中心"的异地灾难恢复体系。通过实施临时异地灾备建设项目，完成过渡期合肥临时灾备场地的租用、建设，建成过渡期异地灾备网络，初步建立"两地三中心"的灾备架构；梳理和分析核心业务系统等与客户相关重要信息系统的灾难恢复需求，制订和完善灾难恢复策略；在完成异地灾备系统建设总体架构设计的基础上，开展核心业务系统等客户相关重要信息系统的灾备技术方案设计、灾备系统建设和部署；组建异地灾备中心运维团队，建立异地灾备中心运维流程，为异地灾备系统的持续、规范运行提供保障；完善灾难恢复组织和流程，制定异地灾备系统的灾难恢复预案，实现异地灾难恢复演练和应急切换的能力。2010年12月5日凌晨，浦发银行首次信息系统异地灾难恢复演练取得圆满成功，标志着浦发银行重要信息系统具备异地应用级灾难恢复能力。灾备架构实现数据复制与网络连接双重冗余，生产、同城、异地3个中心中的任何一个发生故障时，仍能保持数据复制的连续性，最大限度地提升容灾能力，为国内首创案例。

2010年12月8日，浦发银行合肥综合中心开工仪式在合肥市滨湖新区举行。安徽省副省长花建慧、合肥市市长吴存荣，以及安徽、上海两地政府有关部门、银行业监管机构领导到会祝贺。浦发银行领导傅建华、刘海彬、商洪波等出席仪式，浦发银行党委委员、合肥综合中心项目建设领导小组常务副组长黄建平主持开工仪式。合肥综合中心建成后，将集科技信息、数据处理、集中作业、客户服务和合肥分行办公营业用房等功能为一体，成为浦发银行重要的综合性后援服务基地。合肥综合中心定位于为浦发银行在合肥地区的系统灾备、集中作业和客户服务等生产和业务，提供综合服务、协调、保障及管理部门。合肥综合中心下设基础环境保障和行政管理两个团队。部门职责有5点：承担各类基础运行设备设施的管理，确保生产系统正常运行；承担通信网络体系的规划设计、管理维护、线路申办、通信资源、网络通信运营商管理，以及办公通信、视频会议技术管理等，确保网络通讯系统稳定运行；按照安全保卫工作运行机制及管理标准，落实安全保卫工作的检查、指导和监督，确保生产环境安全有序；为员工提供良好的办公和生活条件；为合肥综合中心内部及总行专业职能部门安排的条线人员提供各项人事管理服务。

第三节　系　统　维　护

一、51190-IT服务台

2004年7月，随着浦发银行信息科技部机构重组完成，"抓方向、促服务、保运行"成为全行科技条线的工作方针，标志着浦发银行科技工作从注重开发转向更为全面的IT服务。

2004年9月12日至14日，全行信息科技条线工作会议在北京举行。浦发银行信息科技部总经理、副总经理、各职能科室经理以及24家分行、直属支行信息科技部门总经理出席会议。会议全面总结2004年之后全行信息科技条线的工作成绩，明确大集中背景下总分行信息科技部门的职能定位，指明全行科技工作向"信息技术服务"转型的发展方向，并对下一阶段重点工作进行动员和布置。此次会议，为全面贯彻落实浦发银行科学发展观，开创全行科技工作新格局打下扎实基础。

2005年3月1日，浦发银行推出"51190-IT服务台"桌面办公系统服务，迈出信息科技工作"向IT服务转型"关键性第一步。51190-IT服务台建立远程支持、现场支持和专家支持多级服务模式，并与服务管理、资源管理相衔接来协调内外部力量，共同保障服务质量。同时制定《信息系统故障受理管理办法》，明确IT服务台作为面向全行响应、受理IT故障申报、IT服务请求的单一窗口，就服务内容、服务渠道、服务时间、服务方式、服务标准等作出承诺，并且公布服务质量监督专员联络方式。

51190-IT服务台推出获得成功。IT服务台推出后全行各级用户需求活跃，截至2005年12月上旬，处理桌面办公系统故障及事件请求近4 700起，服务解决率达到99%，首问解决率保持在90%以上，服务满意度达到98分，受到行内用户一致好评。其成功源自服务机制的精心设计，如明确的服务承诺、多渠道接入方式、单一客户触点、分层次响应支持、全过程问题解决记录、服务质量专人监控、定期出具统计分析报告、与商务维权联动等，将ITSM理念和质量管理的PDCA理念充分融入其中。为打响51190-IT服务台品牌，热线电话和网站都冠以51190，琅琅上口，便于用户记忆。自行设计统一的LOGO，通过邮件、网站、主页热点链接等进行全方位营销推广，使51190成为耳熟能详的品牌，浦发银行领导对IT服务台作出"善于把营销的理念贯彻到科技服务中去"的好评。

2005年至2006年，浦发银行通过自行设计开发51190-IT服务台，累计处理故障报修12 018起，服务解决率接近99%，首问解决率96.15%，收到用户点名表扬称好473次，服务总体满意度99分，获得总、分行员工一致认可与好评。在此基础上，浦发银行信息科技部会同运营科技总部贸易服务中心开展服务台建设项目，打造标准化、流程化IT服务平台和贸易服务平台。以ITIL国际最佳实践为蓝本，全面融合服务台、事件管理、问题管理、变更管理、配置管理、服务级别管理等多个核心管理流程，构建流程型的总分行两级的信息科技运维与服务体系，向全行信息系统用户提供科技服务的统一接入门户。实践ITIL管理经验与业务运营的结合与创新，以贸易服务台为试点，构建业务运营单元服务台样板，为业务运营的高效运作提供平台级支持。建立信息科技资产管理平台，实现IT资产生命周期管理，利用统一的系统平台，提高资产可靠性和利用率。

经过选型、招标、POC验证和SOW说明等多重环节严格筛选，服务台建设项目于2006年8月18日正式启动。在ITIL方法论指导下，借助国内外优秀咨询力量，与贸易服务中心及试点分行紧密联动，先后完成现状调研、流程设计、功能设计、系统集成、开发实施、上线培训、用户测试等工作，2006年12月20日，浦发银行IT服务台以及事件、问题管理流程全面上线，并向总行全体用户及各分行信息科技部正式发布。

IT服务台不仅为全行用户提供统一的IT服务接入渠道，也推动信息科技部门从传统职能型运作向流程型运作方向的转变。借助业界先进的IT服务管理理念，采用领先的BMC Remedy ITSM7.0作为底层平台，全面融合ITIL服务提供和服务支持的多个核心流程，有机地将人员、技术和流程三者融合在一起，创造性地构建出具有浦发特色的事件管理、问题管理、资产管理、配置管理、变更管理、服务级别管理等流程。

2007年，浦发银行在信息科技条线内部，建立贯通总行和28家分行的两级服务台体系，以服务台为汇集点统一管理来自总分行用户的各类服务请求以及总分行IT基础设施监控平台的关键告警信息，生成工单后纳入规范的事件管理流程以提供快速响应和流转处理，同时问题管理流程进一步分析故障根本原因，形成主动预防能力和知识经验的累积；变更管理方面，针对工作量繁重且风险级别最高的变更操作，已在总行层面已引入变更分类、变更窗口、前导时间、质量审批、变更委员会审核授权和实施后回顾等管理策略，构建起严格的变更管理流程，对生产环境的变更操作加以科学规划和严格管控；配置管理方面，通过CMDB配置管理数据库的建模和实施，浦发银行信息科技部进一步厘清各类IT基础设施组件对业务服务的支撑结构及其相互关系,为故障定位、问题分析、变更评估等活动提供有效依据;服务水平管理方面,尝试对事件、问题、变更等服务支持流程的运行指标监控,并通过结构化分析方法,梳理出信息科技部门对外提供服务的清单,厘清端到端服务提供的整体思路,为进一步构建IT类服务目录和试点SLA服务水平承诺打下坚实基础。

二、运行管理

建行初期,浦发银行建立宁波路网点XENIX平台上多终端储蓄业务系统和对公业务系统,当时,电脑部共8人,主要负责宁波路营业网点维护开发工作。1994年,引进TANDEM容错机,开发计算机业务处理系统,同时建造宁波路中心机房。4月,浦发银行制定并下发《关于计算机系统管理暂行办法》,就主机房管理、终端操作员上机管理、文档资料保管和保密管理、软件应用管理、设备维护管理、规定执行检查管理、计算机系统故障应急处理管理等7个方面做出明确规定,提高运行管理工作的规范性。同年,随着大型计算机的引进,开发Tandem计算机业务处理系统,同时在宁波路二楼建造中心机房。1995年,浦发银行宁波路中心机房正式启用,坐落于宁波路50号一楼,Tandem主机拥有独立区域。当时电脑部没有设置专职机房值班人员,机房值班操作由开发人员轮班操作完成。全部机房设备于晚10点关闭,次日早6点开启。机房操作仅包括TANDEM主机,POS批量,ATM批量等简单操作。

随着业务发展,浦发银行计算机机房在操作数量和复杂程度上发生巨大变化。1996年起,浦发银行陆续招聘专职机房值班人员,组成专职机房运行操作团队。4月,制订《TANDEM主机设备及机房日常维护规程》,明确值班操作人员及设备维护人员的设备及机房日常维护规范。1998年,建立7×24小时机房值班运行工作制度。1999年下半年,计算机机房从宁波路二楼迁移至三楼,新的机房拥有更大的场地,分为TANDEM主机房、服务器机房、通讯机房、操作缓冲室等多个功能区,原二楼机房作为开发测试机房。

2003年11月14日,核心批量切换至新一代Superdome主机,此时的系统运行操作已覆盖银证通、外汇宝、SWIFT等多个外围系统。从2006年8月起,浦发银行实施分行信息科技部晚间机房值班操作接管项目,第一批对大连、天津和沈阳分行的晚间机房操作实现接管,由浦发银行信息科技部ECC机房代分行执行晚间批量操作。

2004年11月,浦发银行在上海漕河泾建设新一代信息中心,建成功能全面、安全性高的生产机房,根据不同的功能划分为主机房、服务器机房、网络机房、带库机房、综合机房、电信机房等区域,并特别设立ECC企业控制中心作为人员操作场所,生产中心机房实行无人化管理。所有生产设备从宁波路机房顺利搬迁到信息中心生产机房。2005年,原宁波路机房改建为同城灾备机房。信息中心生产机房和宁波路灾备机房两地均实行7×24小时值班运行工作制度。

2004年到2005年间,浦发银行相继出台《计算机机房安全运行管理规定》《计算机机房工作联系管理细则》《总行计算机机房运行管理细则》和《总行计算机机房工作联系管理细则》,对浦发银行计算机机房各方面运行工作作了全面、翔实、合规的规定。

为规范总分行计算机机房运行管理工作,对分散在各个分行的机房运行资料进行集中管理,浦发银行开发"计算机机房运行日志系统",通过系统记录机房运行工作的各项内容,包括操作记录、事件记录、机房巡检记录等,替代早前纸张手工记录的方式。2006年9月26日,浦发银行发布《计算机机房运行日志集中管理规定》,将计算机机房运行日志系统推广至各分行,实现计算机机房运行管理日志电子化、集约化。

2008年,浦发银行对信息中心生产机房进行一期扩建,扩建机房于当年10月底建成并交付使用,保证新系统投产的基础环境资源。同年,为解决产品开发机房的饱和状况,浦发银行投资4 000万元,于东银大厦新建开发机房,建设面积近1 000平方米(含主机房及辅助用房和设备房)。项目组坚持安全性、扩充性、经济性原则,克服时间紧、要求高、配套工程多等困难,相继解决楼层电梯拆除、楼板承重加固、供配电系统改造、UPS机房选址等主要技术瓶颈,既保证机房基础设施的稳定可靠,又尽量控制工程造价。经过试运行,该机房基础环境符合设计要求,达到国家A级机房标准。

【系统性能与容量】

2003年,随着浦发银行数据大集中系统上线,全行系统管理从TANDEM平台向Unix开放平台转换,从分行集中式系统向总行大集中系统转换,从一个角色管理系统的模式向系统管理员、数据库管理员多角色更加分工化、精细化模式转换。

在核心系统方面,由于628数据大集中系统全行上线,总、分行的业务量较大幅度增长,同时自助终端系统从先前ATM/POS前置机(PC服务器)移植到分行IPP,核心业务系统中的IPP前置机(包括总行和分行)在系统运行中出现硬件资源瓶颈,2005年,对总行、各分行IPP前置机的CPU、内存配置、利用率状况进行调查与相关信息的收集分析,拟订扩容方案,并着手进行IPP前置扩容。6月5日,总行IPP扩容率先完成。6月17日至7月17日,26家分行相继完成扩容工作。2006年,实现密钥扩容,有效解决浦发银行密钥存储空间容量问题,提高核心密钥系统的处理能力,优化数据安全平台,增强稳定性。同年,启动核心系统升级扩容,完成扩容方案、设备招投标等工作。

在网银系统方面,2005年,根据管理层关于加强网银系统安全、稳定运行的指示和要求,浦发银行对网银系统架构中所存在的单点故障风险以及网银业务量和发展趋势进行梳理和分析。2006年,完成网银系统扩容,增强系统资源充裕程度,扩容后的业务处理能力提高一倍,为全面拓展业务、丰富业务产品奠定坚实基础。

2006年,实现与时钟同步,使浦发银行信息中心和灾备中心的主要业务系统、办公系统以及网络设备实现与北京时间实时精确同步。

【系统监控平台】

2004年,浦发银行选择引入业界排名第一的惠普Openview作为行内系统监控平台,并以核心系统为对象,实现对核心业务系统相关设备和操作系统、数据库、中间件等系统软件的自动化监控。核心系统IT集中监控项目一期上线后,全行IT运作水平得到极大提升。

2005年,浦发银行将网银系统、客服系统、中间业务系统、SWIFT系统、现代支付系统、花旗信用卡前置、灾备环境等系统纳入集中监控。通过延伸惠普Openview和引入SCO监控工具,实现主机(包括HPHP-UX,IBMAIX和SUNSOLARIS)、PC服务器监控广度的拓展。

2006年,通过IT集中监控平台,实现对总行和全国28家分行生产系统小型机和服务器的实时监控,同步建立起总、分行两级的IT集中监控系统,达到科技运营管理覆盖全行系统目标。

【数据库与中间件管理】

2005年年初,浦发银行成立数据库与应用控制室,主要承担总行业务系统数据库、中间件运行维护和应用运行工作,同时承担分行系统数据库、中间件运行维护和应用运行指导管理职能。2006年,浦发银行落实全行核心、大前置、网银等19个应用系统的数据库和中间件维护工作,为每类产品配备专业的DBA和中间件管理员,负责产品的技术支持和管理工作,实现"三个转变",即由被动服务转变为主动服务,由事件驱动转变为目标驱动,由主观管理转变为量化管理。数据库和中间件运行的稳定性不断提升,异常次数和异常影响时间逐年递减,有力支撑全行业务的持续高速发展。

2008年,为解决核心业务系统在应用程序更新后出现的数据库性能下降问题,落实奥运信息科技保障工作要求,浦发银行于3月正式启动核心数据库升级项目。经过3个月的紧张工作和周密准备,在完成数据库基准测试、核心应用程序测试、业务测试和压力测试等全方位测试后,项目进入最后升级实施阶段,并圆满完成相关工作。6月28日、29日,浦发银行相继完成核心数据库升级和核心主机双机切换工作,标志着核心业务系统数据库升级工程顺利完成。经历包含月末交易高峰在内的多日连续运行,数据库升级之后的核心系统全面解决系统性能问题,核心系统的平均交易处理速度较升级之前提高约25%。为充分发挥数据库省级后核心主机处理能力的问题,随后又实施数据库补丁安装和优化配置参数工作,核心系统整体处理能力再次提升,从450万笔/天提高到800万笔/天,进一步提升核心业务系统的处理能力、稳定性和可用性,为落实奥运信息科技保障工作各项要求奠定坚实基础。

第六篇
党群工作

概　　述

浦发银行成立初期,即着手建立党工团组织,实行属地化管理。1998年,浦发银行党组改建为党委制,设立专职党委副书记,党委以党建工作和员工教育为重点,组织和指导工会、团委,开展党员创先争优、青年主题实践、员工先进表彰、全行业务技术比赛、文艺汇演等全行性、制度化活动,丰富党建工作内容和形式。2007年,浦发银行党委贯彻落实党的十七大精神,提高新形势下党建工作科学化水平。截至2010年,全行党组织实行总行党委垂直领导,实现全行党建工作统一领导、党内重大活动统一部署、基层党组织统一指导、分行领导班子统一管理;发挥党组织政治优势,确立政治核心建设、干部人才建设和企业文化建设3个党建工作重点,指导工会推进民主管理,支持团员青年创先争优,建设党风廉政机制。2011年,中共中央授予浦发银行党委"全国先进基层党组织"的称号。

第一章 党组织

第一节 组织建设

一、总行党委

浦发银行筹建期间,就开始筹建党组织。1993年1月,上海市委决定成立中共浦发银行党组,实行属地化管理,任命裴静之为首届党组书记,金运、陈伟恕为党组成员。党组的第一次会议确立"两手抓、两手都要硬"的方针,明确党组要大力加强思想政治工作,落实部门政治思想岗位责任制,抓好党团组织建设、干部政治素质和业务水平等重要工作。1993年3月,浦发银行设立政工部,承担党组日常工作。1995年,按照党的十四届四中全会关于加强党的建设的部署,浦发银行党组制订党建工作三年规划(1995—1997),明确加强党员教育、基层党组织建设、后备干部队伍建设、党风廉政建设等任务。

图6-1-1　1993年6月,中共上海浦东发展银行直属党委会成立

1998年12月,根据中共中央关于完善金融系统党的领导体制,加强和改进金融系统党的工作的要求,中共浦发银行党组改组为中共浦发银行委员会,金运任首届党委书记,谈逸、万晓枫任副书记,陈辛、徐器生任委员。1999年4月,浦发银行党委印发《党委工作条例》,就党委的主要职责和任务、党委会议制度、党委自身建设、党委工作机构作出具体规定,明确浦发银行政工部更名党委办公

室,承担纪检、组织、宣传和统战职能。

2007年,根据中央《关于进一步加强和改进企业党建工作的意见》,浦发银行党委加强党的组织体系建设,推行分行党组改建党委,对异地分支行的党组织实行垂直领导,截至2010年年末,全行建有分行级党委和纪委各34个。2010年,浦发银行党委形成进一步加强和改进新形势下党建工作的若干意见、加强分行党建工作的若干意见等一系列文件,明确浦发银行党委对所属分行实行垂直管理,截至2010年年末,总行党委下辖共有基层党组织271个,其中党委19个、党总支20个、党支部232个;共有党员4 030名。2011年7月1日,中共中央召开庆祝中国共产党成立90周年大会,表彰全国500个基层党组织,浦发银行党委被授予"全国先进基层党组织"的荣誉称号。

二、总行纪委

1997年,浦发银行党组成立纪律检查组。1998年,中共浦发银行党组改组为中共浦发银行党委,同时成立中共浦发银行纪律检查委员会,万晓枫任书记,孔庆华任副书记,浦发银行纪委与浦发银行监察室合署办公,1999年,原政工部更名党委办公室,纪委职能并入党委办公室。2007年,纪检监察室机构从浦发银行党委办公室分设出来,成立纪检监察室,履行纪检、监察双重职能。同时,浦发银行加强分行纪委的力量,截至2010年年末,34家分行建立纪委。

三、基层党组织

【直属党委】

1993年1月,经中共上海市计划委员会机关党委同意,成立中共上海浦东发展银行党总支委员会。随着浦发银行业务的拓展与分支机构的建立,党员人数由开业初的30余人增加到150人,同年6月,经中共上海市计委机关党委批复同意,成立中共上海浦东发展银行直属委员会,由金运任党委书记,孔庆华任副书记,先后成立办公室、人事部等10个党支部。从1994年起,各郊县支行建立基层党组织,郊县支行党支部的日常工作归浦发银行直属党委领导,并接受浦发银行党组的工作指导。1999年,总行与上海地区总部分设,浦发银行直属党委的工作范围调整为负责总行各部室的党的工作,下属各部室党支部、东展公司党支部、华一银行党支部等12个党支部。2007年10月,浦发银行直属党委进行换届选举,冯树荣、孔庆华、顾亮、徐海燕、奚力铭当选为浦发银行直属党委委员,孔庆华、冷静、陆冠虚当选为浦发银行直属纪委委员,经浦发银行党委讨论决定,冯树荣为浦发银行直属委员会书记,孔庆华为副书记兼任浦发银行直属纪律检查委员会书记。

【分行党委】

1994年3月,浦发银行杭州分行成立,同时成立杭州分行党组。截至1998年年末,浦发银行先后在杭州、宁波、南京、江阴、温州、北京、苏州、重庆、广州等地,开设9家异地分支行,按照党组织属地化管理体制,异地分行设立党组,支行设支部、总支。1998年浦发银行党组改制为党委后,先后设立上海地区总部党委,改建杭州、宁波分行党组为党委,到2006年,全行28家直属分支行,其中有近一半仍是党组建制。2007年,浦发银行党委根据中央《关于进一步加强和改进企业党建工作的意见》,本着加强对基层党组织的管理、发挥好党组织在一级法人下的政治核心作用,先后对郑州、天津、重庆、昆明、芜湖、南昌、济南、青岛等13家分行党组改建为党委，并同步建立纪委，配备专兼职党务干部。2010年，浦发银行积极与地方党委沟通，分两批完成对杭州、北京、温州、广州、深圳、武汉、太原、乌鲁木齐、呼和浩特、兰州和福州等11家分行党组织日常工作的垂直领导，上海、杭州、南京、北京、天津等5家分行设立独立或合署的党委办公室，部分分行和总行直属党委配备专职党委副书记和专职党务工作人员，全行党建组织体系初步建立。

表6-1-1　1993—2010年浦发银行历任党委（党组）、纪委书记、副书记情况表

职　务	姓　名	任　职　时　间
党组书记	裴静之	1993年1月—1996年7月
党组书记	金　运	1996年7月—1998年10月
党委书记	金　运	1998年10月—2007年4月
党委书记	吉晓辉	2007年4月—2012年10月
党委副书记	谈　逸	1998年10月—2000年2月
党委副书记	万晓枫	1998年10月—2006年9月
党委副书记	朱　恒	1999年12月—2002年2月
党委副书记	傅建华	2006年7月—2011年12月
党委副书记	冯树荣	2006年9月—2012年10月
党委副书记	陈　辛	2008年10月—2012年10月
纪委书记	万晓枫	1998年10月—2006年9月
纪委书记	冯树荣	2006年9月—2012年10月

第二节　思想建设

一、政治核心

党的十七次代表大会以后，浦发银行党委积极履行党章赋予的职责，发挥政治核心作用。2007年，浦发银行党委经过深入调研，提出建立具有核心优势的现代金融服务企业的战略目标，将政治核心作用贯穿于决策、执行、监督全过程。2008年，根据中央要求，浦发银行党委就重大决策、重要人事任免、重大项目安排和大额资金运作事项进行规范，制定落实"三重一大"决策制度的暂行办法，在实践中形成重大决策必上董事会、干部问题必上党委会、涉及员工切身利益的重要问题必上职代会、上董事会和职代会的重要问题必先上行长办公会的工作制度，在制度执行中，党委坚持把握全局、统筹协调，参与重大决策。2010年2月，浦发银行党委召开全行首次党建工作会议，会议以提高党建科学化水平，促进银行可持续发展为主题，提出新形势下的党建工作"三个必须""三个重点"的重要思想，要求全行党建工作必须围绕中心、必须改革创新、必须务实求效；抓好政治核心建设、干部人才建设和企业文化建设"三个重点"。根据会议精神，浦发银行党委制定《进一步加强和改进新形势下党建工作的若干意见》，探索建立能有效发挥党的政治优势与现代公司治理优势的机

制;坚持"双向进入、交叉任职"的领导体制,参与银行重大问题的决策;保证监督党和国家的方针政策的贯彻执行;明确各级党委要保证监督浦发银行党委、董事会、行长室的决策贯彻落实,各级党委要领导同级工会、共青团等群众组织。

二、学习型组织

2010年,浦发银行召开党建工作会议,明确要求建立党校轮训制度,实现3年内总行直管干部党校轮训的目标,并制定《进一步加强和改进新形势下党建工作的若干意见》,提出创建学习型党组织的任务。浦发银行党委领导班子率先垂范,全年组织6次党委中心组专题学习。当年4月10日,中共上海浦东发展银行委员会党校成立。当年7月和11月,举行2期总行直管干部党校培训班,来自总分行的100名总行直管干部通过专题讲座、现场教学、跨班交流、小组研讨、行为训练、情景模拟、学员论坛等多种形式,进行党性修养、党的基本理论、宏观视野、领导艺术等方面的学习。2010年,浦发银行党委结合支行行长轮训班举办2期党建培训班,90名支行行长兼党支部书记参加培训。2010年7月,浦发银行党建及企业文化网"心家园"上线,来自17家分行的400名积极分子参加首期网络培训,当年,浦发银行开发和引进40门党建网络培训课程,向全行开放16门入党积极分子网络课程,初步建立全行党员网络教育培训平台,《金融时报》以"推学习型党组织建设,促银行科学发展"为题报道浦发银行学习型党组织建设情况。

第三节 作风建设

一、主题教育

【"三讲"教育】

2001年,党中央决定,在国有大中型企业领导班子及成员中分批开展以"讲学习、讲政治、讲正气"为主要内容的学习教育活动。根据上海市金融党委的部署和安排,浦发银行列入上海市金融系统第一批开展"三讲"学习教育的单位。同年8月17日,浦发银行"三讲"活动正式开始,活动分三个阶段进行。10月31日,"三讲"学习教育任务顺利完成,浦发银行党委制订领导班子"三讲"学习教育活动整改方案,提出6项整改工作,包括制订浦发银行战略规划,全面推进电脑新系统建设,制订干部培养计划,推进干部人事制度改革,加强和改进党委会工作,完善民主集中制,健全领导班子决策机制,下发《关于认真学习贯彻〈中共中央关于加强和改进党的作风建设的决定〉的通知》,要求全行各单位联系实际学好《决定》,在密切联系群众、提高工作效率、改进工作作风、健全决策机制上下功夫,积极落实整改措施,努力使"三讲"教育取得扎实成果。

【党员先进性教育】

按照中共中央部署,2005年7月7日,浦发银行党委举行"保持共产党员先进性教育活动"动员大会,先后进行学习、分析评议、整改提高阶段。10月15日,浦发银行党委召开保持共产党员先进性教育活动总结大会,对行内先进性教育活动进行全面总结,并对保持教育活动的成果提出具体要求。2007年,全行持续巩固和扩大党员先进性教育成果。落实"创先争优"机制。当年"七一"前夕,全行开展先进党支部和优秀党员的评选表彰活动,弘扬先进个人和集体的崇高思想和事迹,引导党员更好地履行党员的责任和义务,激发广大党员争当先锋模范、争创一流成绩。组织"永葆党员先进性,争当岗位新标兵"的主题实践活动,开展以服务群众为主要内容的主题实践活动、社会公益活动,以及帮困结对和慈善捐助工作。严格组织生活制度。各基层党支部按照党章规定和浦发银行党委《关于健全党的组织生活制度的意见》,定期召开党员组织生活会。健全支部书记培训制度。组织支部书记党务知识的定期培训,增强基层一把手"双肩挑"的意识,增强基层支部书记做好党务工作本领。落实党员发展工作。采取主动培养、结对培养方式,重点吸收优秀专业技术骨干、业务一线优秀员工特别是优秀青年员工入党,党员队伍结构不断优化。完善党建工作考核评价机制。把党建工作纳入对各级领导班子和干部的考核内容,使业务工作与党建工作并举,业绩考核与素质考评并重,并将考核结果作为评价干部绩效重要依据。

【主题教育活动】

2008年6月,浦发银行党委在上海地区党员干部中开展"讲党性、重品行、作表率"主题教育活动,活动于当年第三季度集中进行,分为学习教育思想提高、主题实践锻炼党性、对照检查民主评议、落实整改完善制度4个阶段。按照党委部署,总行直属党委和上海分行党委组织党员先后开展典型教育,进行专题讨论,组织专题组织生活,召开专题党员民主生活会,对组织党内外民主评议党员干部,并在一定范围内公布整改意见及整改情况。9月25日,"讲党性、重品行、作表率"主题教育活动圆满结束。

【学习实践科学发展观】

2009年3月,根据中共中央的统一部署,浦发银行党委开展为时半年的深入学习实践科学发展观活动,本次活动分为学习调研、分析检查、整改落实3个阶段,总行本部及全辖33家分行共6 800余名党员、1 400余名中层以上领导干部、175名特邀代表参加。浦发银行成立活动领导小组,设立9个指导检查组,对分行学习实践活动的指导和检查,在活动领导小组办公室设置综合、调研、联络、简报4个工作小组,形成分工明确的学习实践活动组织框架。

在学习调研阶段,浦发银行党委把加快建设具有核心竞争优势的现代金融服务企业,推进上海国际金融中心建设作为实践载体,先后组织动员大会、视频辅导报告会和学习交流会,总分行两级党委中心组共组织学习126次,举办各类报告会162次,领导干部登上讲台上党课193次。针对影响和制约全行科学发展的突出问题,党委确定9个调研课题,总分行领导班子共确定185个调研课题,各级领导班子共深入基层调研453人次,召开各类座谈会368次,在学习调研基础上,党委先后举办3次解放思想大讨论活动,各分行共组织236次大讨论,全行5 193人次参加,进一步提高党员干部对科学发展观的认识。

在分析检查阶段,各级领导班子成员围绕科学发展的主题,着重从发展思路、体制机制、具体措施和思想作风等方面剖析原因、寻找对策,开展批评与自我批评,形成总分行领导班子贯彻落实科学发展观情况分析检查报告。6月22日,浦发银行召开全行视频大会,对浦发银行领导班子分析检查报告开展群众评议。全行926名党员干部和特邀代表参加评议。评议结果:满意或比较满意的占99.4%,无不满意。在此期间,33家分行也组织进行评议。评议结果:满意或比较满意的占99.3%。

在整改落实阶段,浦发银行领导班子形成深入学习实践科学发展观整改落实方案,围绕增强全行战略执行力、提高全行管理水平、增强金融创新能力、加大对经济社会发展的服务力度、加强党建与企业文化工作、加强领导班子自身建设等6个方面,提出38项具体整改事项。明确落实每件事项的牵头落实人、责任部门和完成时限,各分行领导班子也在查找问题的基础上,提出647项整改事项。8月17日,浦发银行党委召开学习实践活动满意度测评大会,浦发银行领导班子成员、浦发银行直管干部、特邀代表出席会议,各分行领导班子成员、分行中层干部、分行特邀代表在当地参加视频会议参加测评共1 497人,其中满意的1 368人,占91.38%;基本达到"干部受教育、发展上水平、群众得实惠"的目的。

二、党风廉政

【廉政制度】

浦发银行党组成立伊始,把加强党风廉政建设列入议事日程,制定党风廉政建设若干意见和若干规定,按照浦发银行领导提出的按程序办、按规定办、在桌面上办的原则,浦发银行制定党风廉政建设的各项规章制度,先后有1994年礼品上缴制度,1996年的制止公款吃喝和参加高消费娱乐活动规定、干部收入申报和处级干部住房申报制度,1998年的党风廉政工作若干准则(试行),并在2000年、2004年作修订。

2008年,浦发银行下发《党风廉政建设责任制实施办法》,明确党风廉政建设的责任内容与范围,考核与监督检查,以及对违反党风廉政建设责任制的追究与处理。总、分行领导班子对本单位、本部门的党风廉政建设负全面领导责任。把执行党风廉政建设责任制的情况,列为对领导班子和干部考核、工作目标考核、年度考核的重要内容。当年,浦发银行在上海地区党员干部中开展"讲党性、重品行、作表率"主题教育活动,建立党员干部"讲党性、重品行、作表率"的长效机制,加强对规章制度落实情况的监督检查。

【纪检队伍】

2008年,浦发银行首次召开全行纪检监察工作会议,会议对全行纪检监察工作提出总体要求和工作部署,对全行纪检监察干部提出"四点要求",即具备三种能力,即学习能力、驾驭全局能力和组织协调能力;具备"三种素质",即过硬的政治素质、精湛的业务素质和高尚的道德素质;具备"三种意识",即纪律意识、责任意识和质量意识;具备"三种气质",即正气、锐气和和气。当年,浦发银行试行建立兼职监察员队伍,赋予派驻各分行的审计特派员双重职责,对派驻行执行国家金融法规、行纪行规以及廉政建设等方面的工作进行兼职监察,促进全行依法合规经营和廉政建设。

【教育活动】

2009年,浦发银行开展以"廉洁从业合规经营,促进业务健康发展"为主题的反腐倡廉集中教育活动,开展"五个一"活动,先后举办十七届四中全会决定学习辅导专题报告会,参观银行业反腐倡廉警示教育展览,观看警示片《贪欲之害(三)》《国门惩腐——李培英贪污受贿案警示录》;向直管干部及新提拔干部赠送《从政提醒》一书;组织一次廉洁从业合规经营学习讨论。同时,浦发银行对当年贯彻落实党风廉政建设责任制以及查信办案和实施责任追究的情况进行自查。

图 6-1-2　浦发银行召开 1996 年度思想政治工作会议

【机制建立】

2010 年,浦发银行建立党风廉政建设联席会议制度,加强纪检监察与审计、合规、风险、党办、人事等部门的联动与协作,发挥制度加科技在防治腐败的作用,共投入 200 多名专业技术人员,完成 150 多个与廉政合规建设有关的科技项目。先后开设"心家园"党建网,组织"廉洁尽责宣传教育月"主题教育活动;对总行直管干部制定个人有关事项报告办法,报告个人与家人的住房、投资、从业情况;建立总行直管领导干部"廉政档案"库,将反映领导干部廉洁自律的有关材料归入本人廉政档案。

三、创先争优

1995 年 4 月,浦发银行直属党委开展评选先进支部和优秀党员,评出外高桥保税区支行党支部等 5 个优秀支部和 20 名优秀党员,同年,浦发银行党组制订党建三年规划,要求通过创先争优活动,争取 3 年内 30% 的党支部跨进先进行列。1997 年,浦发银行开展双争双学活动,当年评选 4 个先进党支部和 29 名优秀党员。1999 年,浦发银行党委在全行范围内开展先进党支部和优秀党员评选表彰活动,表彰浦发银行国际业务部等 8 个先进党支部和 38 名优秀共产党员。2000 年,浦发银行党委制定每两年评选表彰制度。2010 年,浦发银行党委制订创先争优活动实施方案,把创建"四强"基层党组织、争当"三优"共产党员,作为创优争先活动的主要内容。自 2001 年至 2011 年,浦发银行党委共进行 6 次评选,共评选先进党支部 142 个(次),优秀党员 416 人(次)。

四、巡视督导

2010 年,浦发银行党委贯彻中共中央关于建立巡视工作制度的要求,制定巡视督导工作暂行办法,浦发银行党委派出巡视组,就贯彻党的路线方针政策及总行工作部署、一级分行领导班子建设和作风建设、执行"三重一大"决策制度、干部选拔任用等事项进行巡视督导。

第二章 工 会

第一节 组织建制

一、属地化管理

1993年2月,浦发银行在第一营业部大厅举行工会委员会选举,经全体工会会员无记名投票,选举缪宗兴等5人组成第一届工会委员会,选举王见梅等3人组成经费审查委员会,经上级工会批复同意,党组成员金运兼任第一届工会主席,缪宗兴任第一届工会专职副主席,王见梅任工会经费审查委员会主任委员。浦发银行工会实行属地化管理,归口上海市计划委员会机关系统工会,以后又归口上海市总工会下属的上海市金融工会工作委员会。浦发银行工会成立后,按照大经营、小政工的格局,积极健全基层组织,到1998年5月,在上海地区的机构成立36个基层工会组织,工会会员1990名。自1994年杭州分行成立后,浦发银行相继建立一批异地分行,按属地化管理体制,各分行工会受当地工会领导。2006年,浦发银行工会换届选举,选举万晓枫担任第二届工会主席。

二、总行垂直管理

2009年,总、分行工会在党委领导下,探索完善新形势下全行工会组织建制。按照全国总工会十五大关于"健全基层工会的工作制度、组织制度、民主制度"要求,提出工会组织垂直管理方案。当年,全面开展分行工会组织建设工作,部分分行先后重新办理会员登记,召开全辖工会会员代表大会,通过民主选举,产生新一届工会委员会,在同城网点和分行本部建立工会分会和工会小组,在异地分支机构成立分行领导的基层工会委员会,同时还理顺全辖工会经费解缴、使用、审核等管理关系,从而建立分行辖内工会垂直领导的组织建制。2009—2010年,有15家分行工会组织实行到期或提前换届,有6家分行新建工会组织,有1家分行由工作委员会建制改为工会委员会,通过民主选举,成立工会委员会。

在分行工会换届改选基础上,2010年5月,浦发银行工会主席会议暨第三届工会委员会第一次全体委员会议在郑州召开,35家分行工会主席作为第三届工会委员参加会议。会议按照《中国工会章程》关于"同一企业、事业、机关和其他社会组织中的会员,组织在一个基层工会组织中"的规定,以"联合制、代表制"为原则,换届组建新一届浦发银行工会委员会,选举冯树荣担任工会主席,顾亮任工会专职副主席,选举第三届工会常务委员以及经费审查委员会,建立女职工委员会,并审议通过工会工作规程。根据规程,总行工会是分行工会的上级工会,分行工会分别受分行党委和上级工会领导,上海地区以外分行工会同时接受地方上级工会和总行工会的工作指导,实行条块共同管理。分行工会经地方上级工会同意,总行工会批复,并依法到地方上级工会登记取得社团法人资格。2010年,总行工会组织分行工会参加上海市金融工会的特色工会工作和优秀工会工作者推荐评选活动,其中武汉分行等5家工会推荐的候选代表,参加工会工作思考与实践交流会。

第二节 群众性活动

一、业务技术比赛

浦发银行第一届工会委员会成立后,参与组织全行业务技术比赛。1995年11月11日,举行第一届业务技术比赛。比赛设立翻打百张大写传票、翻打百张小写传票、电脑记账、翻打活期凭条、电脑定期开户、单指单张点钞、机器点钞、票币计算等8个项目,分为成年组和青年组两个组别。杭州分行、南京分行、宁波分行以分行为单位组成代表队参赛,上海地区以支行(办事处)为单位组成代表队参赛,第一营业部、信托证券部单独组成代表队参赛。最后,第一营业部、静安支行、杨浦支行、宁波分行、杭州分行、南汇支行分获团体总分前六名。

1998年11月14日,第二届业务技术比赛在总行培训中心与上海青松城举行,比赛项目包含会计出纳、个人金融、国际业务、办公自动化、公司金融等5个专业,来自北京分行、重庆分行、南京分行、宁波分行、杭州分行、苏州分行、温州支行、江阴支行、上海地区总部等10个单位共193名选手参加比赛,南京分行获团体第一名,多项个人项目打破上届纪录。

2001年,第三届业务技术比赛举行,作为主办部门,浦发银行工会成立比赛组委会。11月3日,第三届业务技术比赛在总行培训中心和黄浦体育馆正式进行,共15个单位、138名选手参赛。比赛项目分为会计出纳、个人金融、公司金融3个专业,设置计算机输入小写传票、翻打百张大写传票、单指单张散把点钞、定期储蓄开户、储蓄利息计算以及公司金融相关业务知识等项目。上海地区总部、南京分行、宁波分行分获团体总分前三名,涌现出能手级选手16名、一级选手10名。

2004年11月13日,第四届业务技术比赛在上海举行。21家分支行近200名选手参加电脑英文打字、定期储蓄存单开户、计算机输入百张小写传票、交易码配对、外币兑换、手持式单指单张散把点钞共6个比赛项目的角逐,宁波分行、南京分行、上海地区总部、杭州分行、沈阳分行、广州分行分获团体总分前六名。根据分行要求,浦发银行工会在2005年组织技术能手,组成业务技术巡回交流队,先后赴武汉分行、西安分行、郑州分行、天津分行进行交流演示,各行临柜一线人员共400余人参加交流活动。工会还把选手的经验和操作技能进行分解,制成DVD光盘,分发到各基层营业网点。

2008年9月20日,第五届业务技术比赛在总行培训中心举办,本次比赛设置3个传统项目,1个新开发项目。全行29家分行199名选手参加计算机输入百张小写传票、交易码配对、手持式单指单张散把点钞、贸易/报文综合英文输入等4个项目的比赛。上海、南京、杭州、宁波、广州、沈阳、武汉、天津分行获得团体总分前8名,32位选手获得个人奖,6位选手打破传统项目的历史纪录。浦发银行领导观摩比赛并为选手颁奖。

2010年,为促进员工岗位技术练兵活动常态化,将全行业务技术比赛列为全行服务品质提升的重要内容,并将全行业务技术比赛由3年一届调整为2年一届。11月6日,第六届业务技术比赛在培训中心举行,全行35个参赛单位292名选手参加比赛。本次比赛项目增设柜面运营、公司网银、个人理财规划等方面的4个项目,在传统比赛项目中,采用真钞识假、全景模拟、比赛选手随机抽取产生等形式,确保比赛真实反映柜面服务的整体水平。上海、南京、宁波、杭州、北京、武汉、沈阳、广州等分行获得团体总分前八名。上海市金融党工委、工会代表应邀出席开赛仪式。

二、文艺汇演

自 2000 年起,全行每 3 年组织一次文艺汇演活动。2000 年 10 月 14 日,首次全行大型文艺汇演在上海市电视台三楼演播厅举行,13 家分支行同台演出,演出舞蹈、小品、说唱、二重唱、小组唱、器乐独奏、京剧、弹词开篇等 14 个节目,均为员工自行创作、编排。总行领导,各分、支行的领导和部分职工 600 余人观看演出。

2003 年 1 月 25 日,围绕欢庆建行 10 周年主题,浦发银行在上海艺海剧院举行第二届文艺汇演,演出独幕剧、小品、说唱、舞蹈等 19 个节目,反映浦发银行 10 年来所取得的成就,弘扬笃守诚信,创造卓越的浦发理念,表现浦发人团结拼搏、开拓创新、无私奉献的精神,全行近千名干部员工观看演出。

2007 年 1 月 27 日,以"畅想浦发,精彩你我"为主题的第三届文艺汇演,在上海艺海剧院拉开帷幕。来自全国 26 家分支行、300 多位演员演出 22 个节目。浦发银行领导以及员工代表 1 000 余人观摩演出。浦发银行领导为获得优秀演出奖、优秀创作奖、优秀组织奖、优秀主持人入围奖的分支行颁奖。

三、先进评选

2000 年,浦发银行党委改进和健全评先创优工作,决定从 2000 年起,浦发银行党委每两年组织优秀党员和先进党支部评选活动,工会每两年组织开展一次"先进工作者"评选活动,并以总行名义进行表彰。两项评选交叉进行,分别在当年的"七一"或"五一"前完成,并组织适当范围表彰活动。2000 年,浦发银行工会进行 1999—2000 年度的全行先进工作者评选工作,通过自下而上推荐和名单公示,共评选出 38 名先进工作者,召开表彰大会,印制先进工作者光荣册。自 2001 年至 2010 年,浦发银行工会共进行 5 次先进评选,评选先进工作者 360 人次,涌现出两度被评为全国三八红旗集体的浦发银行客户服务中心、全国工人先锋号的上海分行三林支行,以及全国三八红旗手徐海燕、上海市劳动模范吕爱民、上海五一劳动奖章获得者杨文萍。浦发银行工会先进评选工作逐步形成民主、差额、公开的方式,推荐、遴选、候选、初选和终选的程序,视频大会表彰、录制先进事迹光盘等宣传形式。

四、劳动竞赛

2001 年 2 月,浦发银行工会在全行开展以新世纪合理化建议竞赛,历时 4 个月,3 222 名员工提出各类建议 3 577 件,内容涉及市场营销、财务管理、科技开发应用、风险管理、内控机制、人力资源开发、培育企业文化,活动参与率达 69%,538 件建议被总行专业部室采纳。上海、北京、杭州、宁波分行获活动组织奖,110 位员工获奖。2008 年奥运会和残奥会期间,总会工会组织开展分行信息系统安全运行百日竞赛活动,北京等 17 家分行获得双零杰出奖,青岛等 11 家分行获得安全优胜奖。2010 年,结合上海世博会举办,浦发银行工会联合团委,面向上海及周边地区的员工,开展"人人当好东道主,我为世博献一策"活动,征集做好世博金融服务、提升浦发服务能力的各项建议,并先后在浦发银行客户服务中心开展用心服务、奉献世博为主题的系列活动;在浦发银行信息科技总部开展全行信息科技服务保障条线竞赛活动。

五、文体活动

2002年10月,浦发银行工会举办迎行庆10周年系列活动,举办职工摄影、书法、绘画展和演讲比赛,摄影书画展共展出员工作品200余幅,71幅获奖,观众达上千人次。总分行19个单位的选手参加演讲比赛,上海、西安、大连、南京、天津、北京的6位选手获一至三等奖。2007年,浦发银行工会再次举行行庆15周年摄影展。2010年,浦发银行工会联合团委,策划组织以"情寄世博、心系浦发"为主题的摄影成果汇报展,宣传和展示上海世博会与浦发银行的风采,捕捉浦发银行在世博服务中的感人瞬间。

2003年"非典"过后,浦发银行工会重视员工体育锻炼,当年先后组织总行机关的系列体育比赛活动,举办全行性首届"浦发银行杯"桥牌团体赛,组队参加2003上海金融体协组织的足球邀请赛并成功夺冠。2005年,组织全行性羽毛球团体赛,25支球队、120多名选手参赛。

图6-2-1 浦发银行员工的文体活动

第三节 民 主 管 理

一、会员代表大会

1999年,浦发银行上市,万晓枫等3位职工代表作为职工监事,参加第一届监事会。2002年5

月,浦发银行第一届第一次工会会员代表大会召开,总行与上海地区总部工会的58名代表参加大会,选举浦发银行第二届监事会职工监事。此后,浦发银行每年举行一次工会会员代表大会,在关心员工切身利益、努力办好实事、维护员工合法权益等方面做了一系列工作。2007年,浦发银行党委加强民主管理,分离职工代表工会与工会会员代表职能。

二、职工代表大会

在浦发银行工会的参与指导下,2005年11月8日,上海地区总部举行第一届职工代表大会第一次会议,各基层工会123名正式代表、12名列席代表、12名特邀代表参加会议。大会通过《上海地区总部职工代表大会暂行条例》《职工代表大会提案审查小组工作制度》《职工代表大会民主评议干部小组工作制度》《职工代表大会劳动争议调解小组工作制度》等4个专项制度,初步建立工会职工维权机制。

根据浦发银行党委要求,2007年12月21日,全行第一届职工代表大会召开,全行90名职工代表参会。中共上海市金融工作委员会领导到会致辞,浦发银行党委书记、董事长吉晓辉参加大会并作重要讲话,浦发银行党委副书记、工会主席冯树荣主持会议。大会通过浦发银行职工代表大会暂行办法,讨论审议浦发银行员工奖惩办法和员工薪酬福利手册,建立职工代表大会制度,赋予职工代表重大事项通报知情、讨论审议、监督评议等职权。

2008年10月25日,浦发银行第一届职工代表大会第二次会议在上海召开。会议选举浦发银行新一届董事会、监事会的职工董事、职工监事;审议员工住房补贴办法、企业年金方案、通过职工代表大会提案工作实施办法。

2009年6月2日,浦发银行第一届职工代表大会第三次会议在上海召开。作为行务公开制度安排,行长傅建华向职工代表报告经营管理情况,与职工代表交流沟通。会议审议通过薪酬风险金管理办法,建立职工代表大会提案工作委员会,并制定相应工作制度,推进行务公开民主管理,完善职代会制度建设。

2010年,浦发银行围绕开展职工民主管理,进一步加强职工代表大会建设。全行20多家分行召开员工大会或职代会,按照党委"三重一大"制度要求,落实行务公开,上下沟通渠道通畅,密切党群、干群关系,促进分行经营管理水平的提高。同时,总、分行不断推进职工民主管理实践,多家分行建立起职代会制度,调动员工参政议政和主动谋发展的积极性。西安分行对职工代表提出"四个提倡",先后提出20多条意见和建议;郑州分行组织29名员工代表讲认识、谈感受、表决心、提措施,增强分行员工敢于担当的责任意识、攻坚克难的拼搏意识、勇于超越的竞争意识。

第三章 共青团

第一节 组织建设

1993年浦发银行开业后,即在各部门成立临时团支部,并着手筹建团委。9月,经全体团员大会选举,产生第一届团委,刘冰岩任书记。1996年6月,总行团委召开第一次团员代表大会,选举产生第二届团委,葛伟民任书记。1998年9月,总行团委召开第二次团员代表大会,选举产生第三届团委,华巍任书记。2002年4月,总行团委召开第三次团员代表大会,选举产生第四届团委,周光华任书记。2006年5月,总行团委召开第四次团员代表大会,选举产生第五届团委,严涛任书记。

图6-3-1　1993年9月,浦发银行团委成立大会召开

随着浦发银行的发展,共青团组织不断壮大,团委在浦发银行上海地区的机构中,分别建立共青团基层组织,1996年,总行团委共下设3个团总支、24个团支部,基本上覆盖各部门和分支机构。1999年,总行团委设立上海地区总部团委。2008年,总行团委为落实团十六大"注重基层"的要求,对上海地区基层团组织设置再次进行调整,根据对应党口、对应部门的原则,设立总行团委直属团总支,共计4个团总支、2个联合团支部、6个团支部,包括华一银行和浦银安盛两家组织挂靠单位,也分别设立团总支与团支部,从而实现上海地区浦发银行系统团工作全覆盖。

截至2010年,全行35周岁以下青年员工超过1.5万人,占全行员工总数64%,其中28周岁以下团员青年近8000人,约占全行员工总数32%,建有分行团委的有29家,建有分行团总支或团支部的各 1 家。

第二节 青年培养

一、青年岗位建功

1994年开始,总行团委在全行上下开展"青年文明岗"评选活动。评选"青年文明岗"作为一项经常性工作,每季度评选一次,并同步建立"青年文明岗"评选工作领导小组,由总行领导金运担任组长。经全行各团支部近1个月酝酿,并征得各行政、业务管理部门及党支部同意,截至5月底,共收到11个团支部上报的28名推荐人。其中总行机关5名,第一营业部8名,国际业务部2名,普陀支行2名,杨浦支行2名,陆家嘴支行1名,外高桥支行2名,信托证券部3名,金山支行2名,松江支行1名。总行团委对28名推荐人进行审查,经"青年文明岗"评选工作领导小组批准,5名分别来自杨浦支行、陆家嘴支行、外高桥支行、第一营业部的团员、青年获得首批"青年文明岗"光荣称号。1997年2月,总行团委制定《"青年文明岗"创建活动管理办法(试行)》,明确"青年文明岗"评选对象由个人转向集体,评选方式由年末评选改为年初申报、年末评比,并实行年度复审的制度,使每名团员都能够在年初明确努力方向,在全年工作中不断注意自我改进,从而提高评比整体质量。同时,团委召开由全体团支部书记参加的"青年文明岗"创建动员大会,邀请团市委青工部的领导做创建辅导报告。截至1998年4月,共有21家集体获得创建资格。当年4月16日,总行召开现场评审会,邀请行内有关部门和支行有关领导担任评委,对参与创建的集体进行评审。经评审,团委决定授予14家单位"青年文明岗集体"的荣誉称号。1998年,总行团委召开以"浦发青春,世纪风采"为主题的1997年度先进表彰大会,对浦发银行首批获得"青年文明岗"荣誉称号的14个集体进行授牌,对4个先进团组织、7名优秀团干部、15名优秀团员和10名优秀青年进行表彰。

此外,浦发银行从1995年起在全行范围内开展年度先进党支部、优秀共产党员、先进团组织、优秀团干部、优秀团员、优秀青年评选表彰活动。当年,全行评选出5个先进党支部和20名优秀共产党员。1995年5月、1998年11月,浦发银行的优秀个人及集体分别被评为上海市新长征突击手和上海市新长征突击队。1999年7月,在黄浦区社区共青团工作先进表彰中,浦发银行黄浦支行和第一营业部总经理分别获得"支持社会共青团工作先进集体"和"支持社区共青团工作先进个人"称号。2000年至2001年,浦发银行第一营业部外汇柜与徐汇支行营业部先后获得上海市"共青团号"的光荣称号。2002年,浦发银行第一营业部外汇柜和徐汇支行营业部被团市委继续认定为上海市"共青团号",成为上海854家青年示范群体的一员。2003年,浦发银行陆家嘴支行营业部、静安北京西路支行、第一营业部外汇柜、徐汇支行营业部被评为上海市"共青团号",其中陆家嘴支行营业部、静安北京西路支行被同时授予"上海市新长征突击队"荣誉称号,浦发银行团委被团市委授予"上海青工工作先进团组织"称号。第一营业部外汇柜、徐汇支行营业部两家集体连续三年保留"共青团号"的荣誉。在团市委2001年与2003年"五四"先进表彰中,总行资财部、总部空港支行、总行行政管理部、上海地区总部陆家嘴支行员工,先后获得"上海市新长征突击手"光荣称号。2004年度,总行信息科技部团支部获"上海市新长征突击队"称号,徐汇支行团支部等2家团支部获"上海市五四红旗特色团组织",静安支行北京西路支行等4家单位被继续认定为"上海市共青团号"。2005年度,总行信息科技部团支部被团中央评定为"全国五四红旗团支部";东方支行营业部、第一营业部外汇柜、静安支行北京西路支行、陆家嘴支行营业部、徐汇支行营业部被团市委评定为"上海市共青团号"。2006年度,松江支行、上海分行公司银行大客户部、总行运营与科技总部3名员工被团市委评定为"上海市新长征突击手",金桥支行张江支行营销团队等9家单位新获和复审继续认定为"上海市共青团号"。2007年度,上海分行团委被团市委评定为"上海市五四特色团委",第一营业部外汇柜等9家单位新获和复审继续认定为"上海市共青团号"。2008年度,长宁支行团总支获"上海市五四特色团支部"称号,第一营业部个人银行部等11家单位新获和复审继续认定为"上海市共青团号"。

图6-3-2　1995年5月5日,浦发银行召开"五四"表彰大会

二、团干部培训

1996年,总行团委举办第一期团干部培训班,反映良好,为此,总行团委将举办一年一度的团干部培训班作为制度。1997年12月,团委举办第二期基层团干部培训班,共有36名团干部参加,主题是"深入学习十五大,总结经验再提高"。会上,团委下发十五大专题学习材料和基层团组织工作实例材料等,各支部书记在会上作交流发言。通过学习交流,使全行团干部对团务理论和实践认识得到提高。1998年,总行团委围绕"承前启后,继往开来"主题举办第四期基层团干部培训班,通过培训,进一步统一团干部思想、增强信心、开拓思路,增进基层团组织间的横向交流。2000年,团委举办两期团干部培训班,并于当年12月组织部分团干部赴大别山浦发希望小学捐赠教学打印机、新书,为学生授课,走访、慰问贫困学生家庭,并与当地老红军进行座谈。

2006年8月,为加强对团员青年的理论学习和实践培养,扩展团的教育阵地,浦发银行成立上海地区团校。团校的领导机构为团校理事会,由万晓枫任理事长,同时制定《上海浦东发展银行上海地区团校建设实施细则》。团校宗旨为"团聚人心,学以成才",学员范围是团干部和广大团员青年。学制为每年3个月左右,平均每2—3周集中学习一次,以业余时间为主。课程设置包括团训班、网络课程、集中学习、团队项目以及年度总结。最终考核得分由出勤率、网上考试成绩、团队成绩及其他表现评分等项目组成。对表现突出的学员,给予优秀学员、年度优秀青年、优先作为"推优入党"对象等激励措施。

三、主题实践活动

1994年,总行团委组织青年积极参与计委系统学《邓小平文选》竞赛,8个团支部获得优胜奖,总行团委获得优秀组织奖。1995年6月,为纪念中国人民抗日战争胜利和世界人民反法西斯战争胜利50周年,浦发银行组织团员通过参观、学习、演讲、答题等多种形式参加"不可忘却的历史"宣传教育及知识竞赛活动。1996年5月,开展"'五四'特别奉献日"活动,广大团员利用双休日开展义务劳动、优质服务示范、便民服务。同年9月至10月,总行团委举行以"发展银行的明天"为主题的征文活动,号召全行青年员工共同探讨浦发银行的企业形象、企业精神和员工素质。同年,总行团委开展"献爱心,送温暖"活动,各团支部陆续认领近20名全国各地失学儿童。1997年7月1日,组织"迎回归、庆七一"的"七个一"系列活动:表彰一批先进典型,进行一次入党宣誓和重温入党誓词活动,组织一次《准则》《条例》学习,举办一次"迎香港回归"百题知识竞赛,组织一次香港问题专题报告会,召开一次政治工作现场交流会,开展一次为希望工程捐款活动。9月,各级团组织开展"聚万千奉献之心、筑一条共青之路"主题活动,以"交一次特殊团费"方式筹集资金,通过认购中华人民共和国第八届运动会纪念石形式,在上海八万人体育场外筑起一条凝聚上海团员青年奉献之心的"共青之路"。10月,参加"长途电信杯"迎八运窗口服务竞赛活动,获得1名个人银奖,1名集体铜奖的好成绩。1998年2月,举办"荐书读书"活动,组织各种形式的读书报告会、交流会、征文比赛、知识竞赛、讲评会、板报等。

2002年,在中国共青团成立80周年之际,以"永远跟党走"为主题,在团员青年中广泛开展"浦发青年与时代同行"系列活动。4月30日,在上海南京路新世纪广场,组织参加纪念建团80周年"上海50所社区金融学校开学仪式暨青年金融专家广场咨询活动"。与其他金融企业共同展示上海中资金融机构服务特色和青年风采,倡导"诚信服务"。通过推出社区金融学校、青年金融专家,树立浦发银行金融青年的个人品牌,调动团员青年自我学习、自我实践的积极性。5月8日,全体支部开展"为'渔阳里'团中央机关旧址改造工程作贡献"活动,通过发动团员交纳特殊团费为渔阳里的改造作出贡献。同时,召开2001年团委表彰大会,表彰2001年中表现突出的优秀团支部和浦发年度青年人物,并通过青年文明岗创建集体誓师仪式,进一步加强浦发银行青年示范群体建设。

2005年5月26日,总行团委召开2004年度浦发银行团委表彰大会暨"今天我们怎样成长"主题演讲比赛,同时向获团市委表彰的先进集体总行信息科技部团支部、徐汇支行团支部等7家单位和获总行团委表彰的上海地区5家先进团组织以及29位个人颁发荣誉证书,来自总行和上海地区总部的10位选手作了精彩的演讲。总行党委副书记万晓枫、上海地区总部副总经理以及有关部门领导出席会议。当年10月至11月,总行团委还在浦发银行上海地区团员青年中,开展以学习实践"三个代表"重要思想为主要内容的"增强共青团员意识"主题教育活动。10月18日在总行中楼会议室召开动员大会,总行党委副书记万晓枫同志出席会议并作讲话,上海地区120多名团干部参加会议。活动从宣传动员、学习教育和总结提高3个阶段开展意识教育活动,通过学习理论,开展团内谈心和主题实践活动等形式,加强对青年团员的政治意识、组织意识、争先创优意识教育,活跃了团的工作。

2010年,总行团委以"情寄世博、心系浦发"主题活动为主线,以"献一策""小语种志愿服务"等活动为载体,积极配合上级团委"精彩世博""青春与世博同行"等活动,获得"精彩世博"活动优秀成果奖。开展"人人当好东道主,我为世博献一策"活动。活动面向上海及周边地区的员工,征集做好世博金融服务、提升浦发服务能力的各项建议。活动收到来自个人和集体的投稿共112篇。稿件主要来自柜面一线青年员工,反映了基层员工对服务世博的激情和责任心。来稿全部直接递交专业条线,对可供研究和参考的62篇来稿,总、分行相关专业条线逐篇逐条认真对待,通过基层工团组织将采纳和反馈意见回复来稿员工,并对优秀建议进行表彰。广大青年员工通过献策建言和共同参与,营造人人当好上海世博会东道主的良好氛围。组建浦发小语种服务志愿团队。总行团委组建的小语种服务志愿团队通过浦发银行95528客服热线,利用青年中具备小语种能力的志愿者资源,借助三方通话,由志愿者充当翻译,协助柜面或客服人员完成对小语种客户的服务,有效提升和完善服务能力,体现青年员工自主、自发参与到世博金融服务中的热情。在当年的五四表彰会上,总行党委副书记冯树荣为"小语种服务志愿团队"正式授牌。积极响应上级团委"精彩世博"工作。浦发银行参加"上海银行业迎世博文明服务誓师大会"暨"青春在世博中闪光"活动启动仪式,市级共青团号代表参加中央"青年文明号与世博同行"主题活动。总分行团委与中小企业业务经营中心共同推进上海银行业青年送金融服务进园区活动,先后与漕河泾新兴技术开发区以及市北高新技术服务区开展金融进园区活动,总行团委与徐汇区团区委签订合作协议。应上海银监局要求,总行团委牵头组织银监局及多家在沪银行参加的优秀网点互访活动,专程参观浦发银行国际机场支行,展现浦发的优质服务,取得良好效果和影响。推动基层活动广泛开展。2010年,总行团委联合总行工会成功举办6期"浦发摄影爱好者"系列讲座,并策划组织以"情寄世博、心系浦发"为主题的摄影成果汇报展,宣传和展示上海世博会与浦发银行的风采,捕捉浦发银行在世博服务中的感人瞬间。上海分行柜面一线青年志愿者和分行服务办专员组成检查小分队,对分行全辖网点进行暗访检查,发现存在的问题和不足,为提升世博窗口服务水平献计献策。各基层团组织自发开展围绕中心、体现特色的自发活动:总行客户服务中心组织"2010年世博服务工作誓师动员大会",8份全体成员签名的承诺书以拼图的形式合成承诺墙,寓意"团结奋斗、一诺千金";闵行、虹口、青浦支行和第一营业部等团支部等基层团组织走进社区,积极开展爱心关怀、平安世博、反假知识宣传等社区活动。

四、《浦发青年》

1996年,浦发银行团委主编的《浦发青年》由董事长庄晓天亲自题写刊名,行党组书记、行长金运专门题写贺词。发行期间,全行各级领导和全体员工对杂志给予极大关注和支持。《浦发青年》是由浦发银行青年员工自己组稿、编辑的杂志,内容力求务实求新,形式活泼多样,受到全行员工好评,成为体现浦发银行团员青年风采、展示团委工作的窗口。

1999年,总行团委运用行内传信系统,建立全行思想宣传网络。根据行内思想政治工作需要和青年人思想特点和兴趣特点,在网上开辟3个栏目。一是由团委承担编辑工作的《一日一送》,根据每个阶段的思想教育重点,确定相关专题,选登有关领导讲话、古人哲理、名人格言等;二是"每周一星"栏目,将全行系统评选出的优秀党员、优秀团员、先进工会工作者、业务比赛能手及由市级或金融系统评选出的先进个人,附上事迹和照片在网上发布;三是《浦发文化》电子刊物,成为开展企业文化建设的主要宣传阵地,内容有领导论坛、浦发纵横、员工天地、党团生活等,每两周出一期。

2000年,总行团委扩大《浦发青年》的征稿范围,并于10月推出电子版,使信息交流更为快捷,覆盖面更广。2004年,团委在《浦发青年》网刊上设立"团委热线信箱",为青年员工提供沟通渠道。

2008年,"浦发青年"网站建成。网站面向全行青年员工,成为团的宣传阵地,起到沟通青年、服务青年、引导青年的作用。网站平台更符合当代青年的交流习惯,栏目以青年人喜闻乐见的形式为主。同时,网站平台使团务培训网络化成为可能,青年论坛也使社团活动更为便利和有效。

第七篇 企业文化

概　　述

　　浦发银行建行之初,董事长庄晓天提出"银行也是企业,也要有自己的企业文化"的观点,率先在商业银行中推出建设企业文化理念,提出一系列银行建设和业务创新的重要思想,如"少说多做,把事情做好是第一位"的务实精神,凡事"按规矩办、按原则办、台面上办"的处事原则,"一个人后面站着一个人"的监督制约思想等,形象生动、意义深远,深刻影响浦发银行的经营原则和行为方式,也成为全行管理基本准则和浦发文化核心价值观。浦发银行领导班子身体力行,率先垂范,表现出高度的政治智慧和风险把控力：面临地域文化引起的管理差异,坚持起用高层次、高起点、高能力的当地干部主持分行工作,体现浦发银行五湖四海的用人理念和海纳百川的博大胸怀；明确以青年培养为重点,形成一支结构合理、素质上乘的员工队伍,建立"能进能出、能上能下"的用工机制；按照"从严治行"的要求,断然采取措施,坚决抵制银行资金违规流入股市,一次次避免经营风险和政策风险。浦发银行建立初期,企业文化虽未见诸文字,却已深刻影响每一个浦发人,为浦发文化核心理念的形成奠定基础。

第一章 核心理念

第一节 企业文化建设三年规划

历经数年经营,浦发银行营造稳健务实、开拓进取、简练和谐、独特低调的海派文化氛围,浦发文化核心理念呼之欲出。1999年年初,浦发银行召开全行工作会议,部署企业文化建设的主要工作,要求制定企业文化建设三年工作纲要。2月下旬,浦发银行组织以华东师范大学人文学院和党委办公室为主体的《上海浦东发展银行企业文化建设规划》(以下简称《规划》)起草小组。起草工作历经3个阶段:第一阶段调查研究。起草组查阅浦发银行历年来企业文化建设的文字资料;在干部、员工中开展系列访谈活动,访谈对象包括董事长、一线员工以及业务往来密切的大客户;同时开展企业文化建设问卷调查活动,全行共400多位员工接受调查。第二阶段整理材料,酝酿起草。浦发银行多次召开小型讨论会,与华东师范大学5位教授集体商讨,并在听取董事长庄晓天和行长金运意见后,形成《规划》的第一、第二稿。第三阶段征求意见、修改完善。起草组先后两次在浦发银行内部网征求各分支行意见,征集企业核心理念表述词,同时组织总行各部门负责人讨论修改《规划》草稿,前后进行4次较大修改。6月28日,浦发银行领导班子听取《规划》起草工作情况汇报。董事长庄晓天就企业文化建设作重要论述,明确要从战略高度认识企业文化建设,在竞争激烈的市场中,要想发展自我、战胜对手,就要靠企业文化;企业文化建设的核心是企业理念,企业理念是体现经营者的意志和思想,是浦发银行办行宗旨;有志向、学知识、树恒心、讲诚信,这是浦发企业理念"笃守诚信,创造卓越"的延伸和拓展,也是浦发企业文化的一部分;企业文化建设要做到坚持从上到下,全员参与,要抓好企业文化建设,首先是领导班子、领导干部要有强烈的意识,特别是一把手,对普通员工则需引导和执行,要持之以恒,抓出成效,企业文化要提倡"重于做""贵于行"。

7月21日,浦发银行召开1999年第二季度工作会议,党委副书记万晓枫就《规划》的起草作了说明。会议布置1999年7月至2000年7月企业文化建设的主要工作,要求召开企业文化建设工作会议,讨论和确定《规划》;引导员工学习、理解、认同"浦发理念"和价值观,向社会宣传"浦发理念";进一步完善干部员工的培养、使用和激励机制,包括开展岗位资格培训,落实、推广见习制,加强干部交流工作,建立经营者竞争上岗机制,完善激励机制试点工作,推行客户经理制;开展行歌、行旗征集和审定工作,设计制作全行统一网点灯箱广告和宣传、办公用品;策划组织"双庆一迎"活动,评选全行系统的优秀共产党员和先进模范;实施《上海浦东发展银行员工行为规范》,制定《上海浦东发展银行员工守则》,开展柜面、营销等人员的"职业岗位规范"的修订、完善和实施工作。

7月28日,《上海浦东发展银行企业文化建设规划(1999—2002)》正式出台。《规划》时间跨度为1999年7月至2002年年底,除引言外,由三部分组成。第一部分是企业文化建设的指导思想、基本目标、企业理念及价值观,是《规划》的核心部分。第二部分是规划期内的主要任务。提出培育和发挥人才群体优势、塑造企业形象、推行员工行为规范、营造企业文化氛围等4项任务,明确"三个结合"的工作方法,中期与近期结合,在3年半的规划期内,每个工作年度拟定近期工作要点,连接近期与中期;务虚与务实结合,通过具体工作体现企业理念、价值观和指导作用,对部分工作明确量化要求,从而使《规划》具有可操作性;总行与分支行结合,《规划》提出目标和要求,实施的途径和形式由各分支行从实际出发,创造性地开展工作。第三部分是实施规划的保障机制,明确企业文化建设组织领导体系、企业文化建设协调小组职责和职能部门的任务等。

同时,《规划》提出建立浦发企业文化建设保障机制。明确各级党政班子对企业文化建设负领导责任,由一位党组(党委)领导干部主管,成立企业文化建设工作协调小组,协调党、政、工、团和各部门之间的工作关系,组织阶段性实施工作,确保全行企业文化建设的各项任务落到实处。从2000年起,试行企业文化建设工作考评,考评工作纳入每年年终工作考核。

第二节 浦发理念

为准确概括浦发银行理念,按照"为社会主义金融事业闯新路"的思想,总行在全行上下广泛征求经营理念表述词。多数员工赞成把"诚信""卓越"四个字作为全行理念核心,几经斟酌,最后概括为"笃守诚信,创造卓越"八个字。董事长庄晓天对此作了诠释,"诚信"就是诚实守信,银行作为经营货币的特殊企业,与客户相互依赖、相互支持,有高度信誉的银行必须有诚实守信的员工支撑;同时,在银行内部要形成一种风气,事情不做则罢,要做一定要做成一流的,要做出与众不同的成果,做任何事情都要有超越别人的意识,有这种意识和欲望,就会促使员工不断学习和创新,此谓"卓越"。而"创造卓越",就是要有一种"人无我有""敢为人先"的创先意识,一种锲而不舍、脚踏实地的实干精神,不达目的,誓不罢休。

《规划》首次提出"浦发理念"和"浦发价值观"概念。根据建设"具有全国影响的、一流的现代商业银行"总体目标,浦发银行企业文化建设的目标是勇闯新路,树立独特企业理念;以人为本,培育高素质员工队伍;服务卓越,塑造一流企业形象;发展自我,争创行业最佳效益。为实现基本目标,1999年至2002年企业文化建设的具体要求是确立并大力宣传"浦发理念"和"浦发价值观",通过各种形式使"浦发理念"和"浦发价值观"逐渐深入各个经营管理领域;探索"以人为本"的"浦发"管理模式;完成并有效宣传"浦发"企业形象的视觉识别系统,扩大"浦发"的社会知名度,增加企业的无形资产;完善并积极推行"员工守则""员工行为规范"和"职业岗位规范",开展创建文明示范群体和评选先进人物活动;将一些行之有效的企业文化活动形式作为制度确定下来,制定并实施浦发银行企业文化建设的评估考核体系。

"浦发理念"的内涵是浦发的生存和发展有赖于广大客户和社会的信任,有赖于股东的合力支撑和员工的敬业拼搏;发展的浦发要以诚相待,应以自己的卓越服务报效社会、惠及客户,为股东和员工带来丰厚的利益和发展的机会。浦发以诚信立行,不断创造卓越,与客户、与股东、与员工共生共荣,共闯新路,共图发展。"浦发理念"是统帅各部门、各级机构的核心理念,是"浦发精神"的集中体现,其识别标志是"笃守诚信,创造卓越"。

"浦发价值观"是"浦发理念"的延伸和展开。"浦发价值观"可归纳为8条:"勇闯新路""稳健高效"的发展观;"以人为本""优化机制"的管理观;"求贤若渴""人尽其才"的人才观;"超越自我""以优取胜"的竞争观;"客户至上""集约经营"的经营观;"满意服务""奉献社会"的服务观;"绩效为先""公正公平"的分配观;"团结敬业""廉正守信"的道德观。"浦发理念"和"浦发价值观"的实现,要靠全体员工的努力,浦发人的座右铭是"智慧奉献社会,敬业实现理想"。

1999年9月,浦发银行企业文化建设协调小组建立季度例会制度,定期研究、实施全行企业文化的阶段性任务。浦发银行编写《浦发理念精义》,围绕学习《浦发理念精义》,全行上下开展讲座、演讲会、学唱行歌等活动。杭州分行举办浦发文化专题讲座,浦发银行工会、团委和北京分行开展演讲比赛与知识竞赛,温州支行则利用每周六的集中学习,进行企业文化知识培训。当年,浦发银行邀请专家创作行歌《金融之光》,下发到每个员工,开展全行学唱行歌的活动。同时,浦发银行传信系统开办网上刊物《浦发文化》。2000年,浦发银行编印《探索中的企业文化》和《探索中的浦发文化》,成为新员工入行培训的基本教材。

2000年8月30日,浦发银行党委向各直属分支行、总行各部室发出《关于开展企业文化宣传月活动的通知》,从当年起,每年举行"企业文化宣传月"活动,弘扬"浦发理念"及价值观,提高员工素质,改进窗口服务,塑造上市公司良好的社会形象。2001年《浦发文化》专刊编发"七一""国庆"等重要节日特刊,并对"每周一星""浦发文化"两个栏目进行重新改版。2002年,开辟领导干部政治理论学习园地——《学习与思考》网上专栏。

2001年,全行工作会议提出企业文化建设指导思想和工作重点,在"笃守诚信,创造卓越"浦发理念指导下,着力提高全行凝聚力,营造奋发图强文化氛围,增强干部员工"客户至上"经营观和"满意服务"服务观,促进价值观向行为方式转变。为此,浦发银行确立企业文化建设的"五个落实":落实浦发精神宣传,落实以人为本原则,落实团队文化培养,落实全行服务窗口建设,落实全行企业文化建设的全面推进。

2007年,全行务虚会提出"建设具有核心竞争优势的现代金融服务企业"战略目标。当年全行工作会议上,党委副书记冯树荣明确构建"尽职尽责、科学审慎、守信合规、求知创新、以人为本、服务奉献"的企业文化,用文化打造浦发品牌、传播企业形象、提升综合竞争力。为逐步培育起"求真、务实、创新、合作、责任、执行、奉献、关爱"的理念体系,并在此基础上不断丰富和整合浦发文化内涵,冯树荣副书记提出责任文化、审慎文化、合规文化、创新文化、人本文化、服务文化等6项文化建设要求。一是强化尽职尽责,推进责任文化建设。把增强全行干部员工的尽职尽责意识,作为企业文化建设的首要任务,培育爱岗敬业、恪尽职守的责任文化。要用身边先进人物的事迹、企业愿景和战略目标,激发干部员工的自豪感和责任感,强化其对国家负责、对社会负责、对银行负责、对个人和家庭负责的理念,加强职业道德教育和职业操守培养,完善银行各类岗位职责,建立健全尽职问责制度,营造"尽责为荣、失职为耻"的企业氛围。二是坚持科学发展,推进审慎文化建设。以科学发展观统领银行各项工作,健全科学的决策机制,转变经营管理方式,培育起致力于长远发展、周密谨慎、严格细致的审慎文化。要进一步完善企业法人治理结构,形成有效的权力制衡机制、协调运作机制和科学决策机制,切实树立审慎经营、稳健运营的经营管理理念,实现银行发展规模、资产质量、业务结构和整体效益的协调发展;要全面加强基础管理,从财务绩效、客户服务、内部管理、员工发展等方面,全面提升发展质量;要建立健全全行风险管理体系,实现风险控制向风险管理的根本转变。三是秉承笃守诚信,推进合规文化建设。要在全行倡导诚信正直、内控优先、主动合规的文化氛围。大力营造"诚信合规为荣、失信违规可耻"的舆论环境,自觉遵循合规法律和监管规则。正确认识和处理好发展与风险、创新与合规、速度与效益的辩证关系,坚决杜绝因短期利益驱动违规失信的行为;要将合规经营纳入银行核心管理目标,不断加强合规考核和合规问责,摒弃重经营业绩、轻内控管理的做法,在全行形成相互制约、相互监督的合规管理机制。四是不断学习求知,推进创新文化建设。积极培育锐意进取、革故鼎新、宽容挫折的创新文化,鼓励干部员工不断学习,大胆求知,不畏艰难,勇于创新。要加强学习型组织建设,开展各类业务技术比武、金融知识竞赛、创新专题讨论、创新成果展示等活动,推进广大干部员工思想观念、思维方式、行为模式的转变,加强创新团队建设,广泛开展群众性的创新活动,培养造就各种类型、各个层次的创新人才。五是理解关爱员工,推进人本文化建设。用人性化的经营管理,调动广大干部员工的积极性、主动性和创造性,把银行发展融入员工的人生目标和个人发展中去,了解员工,用其所长,帮助员工不断成长;妥善处理好员工最关心、最直接、最现实的利益问题,让员工共享银行改革发展的成果;关心员工的心理健康,引导员工塑造自尊自信、理性平和、积极向上的良好心态。六是倡导合作奉献,推进服务文化建设。牢固树立"服务无小事、服务无止境、服务出效益"的思想,积极倡导精诚奉献、创造卓越的服务文化。要秉承"满意服务、奉献社会"的理念,继续开展文明单位、文明窗口等创建活动,根据客户日益增长的金融服务需求,不断延伸服务内容,优化服务方式,提升服务水平。

2009年浦发银行在新修订的发展战略中明确:要坚持"笃守诚信,创造卓越"核心理念,培育"求真务实,守信合规,尽职尽责,求知创新,以人为本,合作共赢,卓越品牌,科学发展"特色鲜明的浦发文化。2011年,《上海浦东发展银行2011—2015年发展战略规划》提出,要坚持"以客户为中心""以创新为驱动""以卓越运营为支撑""以风险内控为基础""以队伍文化为保障",走转型发展道路。2012年,浦发银行制订《2011—2015年企业文化建设与管理规划》,进一步明确"笃守诚信,创造卓越"的核心价值观。坚持"笃守诚信、创造卓越"的核心价值观,在新形势新任务下更加突出其蕴涵的"以客户为中心、以创新为动力、以卓越为目标、以员工为根本"理念。诚信意味着诚实真诚、不隐不欺,意味着讲规则、守信用,意味着言必信、行必果,意味着严谨规范、稳健审慎。诚信是浦发银行忠实履行的道德律令,是浦发银行立行之本和经营管理的基本原则,是浦发银行对客户、员工、股东和社会的郑重承诺。卓越意味着一流品质、一流业绩,意味着精益求精、永无止境,意味着卓尔不群、锲而不舍,意味着不断创新、不断超越。卓越是浦发银行的事业标准和要求,是浦发人的远大理想和自我追求。在新形势、新任务下,浦发银行的价值观是,努力形成以客户为中心,前台服务客户、中后台服务前台、所有员工心系客户,与客户结成互惠共赢的长期价值伙伴的客户文化;积极营造以创新为驱动,鼓励创新、宽容失败、勇于创新、善于创新的创新文化;大力倡导以卓越为目标,只争朝夕,高效执行,精细管理,不断超越自我,努力创造一流的卓越文化;继续弘扬以员工为根本,尊重人、信任人、关心人、客观公正评价人、多元方式鼓励人、长期系统培养人、德才兼备使用人的人本文化。《规划》同时提炼出"同心跨越"的企业精神、"阳光、简单、包容、上进"的组织氛围、"敬业、专业、乐业"的工作作风和"正气、大气、锐气"的管理者作风,从而形成完整统一的文化理念体系。

第二章 文化内涵

第一节 品牌文化

一、品牌形象

浦发银行注重树立社会形象，较早建立起标识应用系统（又称 VI 系统）。开业前夕，浦发银行就统一行名体和基本色作了规范，规定行名牌采用紫彩麻石作底版，以亚光不锈钢材料作标准行名体，采用群青色为基本色。印刷品上的标准行名体，采用白底群青色字或群青色底白色字，并下发行名标准字体。

建行初期，浦发银行就要求全行做到"五个统一"，即统一行标、统一行名字体、统一基本色、统一网点装修格调、统一临柜人员服装，同时制订银行 VI 手册，对全行视觉形象进行规范管理。1994年5月，浦发银行根据 CI 设计指导思想，首先在总行本部营业大厅直接临柜职工中实行统一着装。10月，为加强全行基建项目装修及日常基建管理，制定《关于基建项目装修及日常基建管理的暂行规定》，统一装修设计要求及标准。董事长庄晓天曾自豪地称，全国银行网点统一装修风格，浦发银行是第一家。

浦发银行入驻外滩金融街，极大提高社会知名度。外滩中山东一路12号大楼是上海的标志性建筑，在上海外滩诸多近现代优秀建筑中占地最广、规模最大、建筑水平最高，属于欧洲古典派风格，1923年建成后即被誉为"从苏伊士运河至远东白令海峡最讲究的建筑"。大楼初为英商汇丰银行行址，中华人民共和国成立后成为上海市人民政府所在地。1995年6月，上海市政府为恢复外滩金融街功能，率先迁出此大楼。经过激烈竞争，浦发银行于1996年12月12日成功置换该大楼，获得大楼30年使用权，并耗巨资对大楼进行自建成以来首次全面保护性装修。1997年7月，完成外立面第一期（东、南面）修复、清洗工程，取得预期效果，随即进入楼内各层全面装修。根据上级领导和有关部门关于对外滩中山东一路12号大楼装修及使用的指导意见，浦发银行把大楼划分为3个使用功能区域：底层大厅、夹层及一楼为银行营业和办公用房，二楼、三楼为高标准现代金融办公出租用房，四楼至塔楼为会所俱乐部。银行营业大厅和办公区域装修注重营造与国际接轨的、一流的银行营业和办公环境，树立外滩金融街的新形象。高标准现代金融办公用房面向国内外著名企业、金融财团和跨国公司招租，吸引并汇集各方金融及其他客商。俱乐部则以中外合资形式建成具有国际标准、世界影响的高级会所，为外滩金融街区的形成创造良好配套条件。经过一年多的紧张整修，1998年6月23日，外滩中山东一路12号大楼启用仪式隆重举行，上海市委领导与社会各界人士出席仪式，浦发银行机关及第一营业部迁入大楼。浦发银行作为第一家入驻外滩金融街的总行级商业银行，大大提高浦发银行在国内外金融同业中的影响和信誉。大楼启用后，先后有挪威驻上海总领事馆、西班牙驻上海总领事馆、英国维珍航空公司上海办事处，以及部分外资银行、律师事务所、企业的上海代表处入驻二楼、三楼办公租用房。外滩中山东一路12号大楼的正式启用是一个重要转折点，它提高了浦发银行在国内乃至国际金融界的影响和声誉，推动了全行各项业务的发展，有利于上海市加快外滩中央商务区功能的开发，有利于吸引更多的国内外资金和金融资本，对

图7-2-1 浦发银行行歌《金融之光》曲谱

于尽早实现把上海建设成为国际经济、金融、贸易中心的宏伟蓝图发挥重大的推动作用。

1999年,浦发银行确定行旗,统一设计制作行标胸徽、领带,由每位员工统一佩戴。同时,规范全行视觉形象,统一编印全行业务简介,逐步统一各营业网点的灯箱广告。2000年,浦发银行首次制作《浦发银行多媒体宣传片》。2002年,为纪念开业10周年,浦发银行制作《上海浦东发展银行宣传片》,成为对外形象宣传的良好载体,并修订完善《上海浦东发展银行VI手册》。同年,《上海浦东发展银行网点形象建设管理办法(试行)》和《网点形象(装饰)功能手册(试行稿)》出台,明确网点形象建设的设计要求和监督管理,统一全行网点装修风格,进一步完善网点形象建设。2003年,网点设计审核小组成立,下发《关于加强浦发银行网点设计方案审核的若干意见》,明确网点设计审核小组主要职责。同时,明确网点设计方案审核的要求、网点设计方案报批审查工作流程和设计方案审查内容。

浦发银行的形象品牌建设和发展过程中,先后提出过以下几个概念:"笃守诚信,创造卓越",这是从建行之初至今浦发银行始终秉承的企业理念,打造浦发银行求真、务实、创新的企业形象。"成功者的银行",旨在面向具有发展潜质的公司及个人客户群。"A young bank with vision",致力于在国际银行业打造浦发年轻而富于发展潜质的银行形象。对于浦发银行英文缩写"SPDB"的延伸,S代表service,P代表people,D代表devotion,B代表brotherhood,在国际银行业打造浦发银行深耕服务、以人为本、勤勉敬业、四海一家的企业形象。

2004年9月,浦发银行发起全行性形象品牌诊断与定位调研,通过品牌诊断、品牌定位、品牌启动、品牌跟踪4个阶段,开展系统化、专业化的形象品牌策划项目,借助总、分行全行层面的调研,集思广益,共同打造富有个性和魅力的浦发形象品牌。

浦发银行于2005年启动并逐步推进优化标识视觉系统工作。2008年1月9日,浦发银行董事长吉晓辉、行长傅建华在北京为新标识揭幕。在浦发银行新标识系统中,中、英文简称"浦发银行SPD BANK",简洁上口;色彩系统采用蓝色为主色调,红色为辅色调,在保持原有品牌形象的基础上,传达专业、严谨、智慧的内涵,彰显浦发银行与时俱进、亲和客户的特质;对LOGO进行微调,整体传承以往造型,形似流动之水,代表浦发银行源起黄浦江畔,伴随现代金融改革发展的浪潮,汇聚力量,团结一致,不断向前;LOGO两端延展、开放,昭示未来无限发展的可能。浦发银行行旗分为主旗和辅旗两种款式,主旗为白底蓝字辅以蓝红色条,辅旗为蓝底白字辅以红色色条。经优化的标识系统应用于三方面:一是户外广告等广告宣传系统;二是名片、信封、信纸等办公应用系统;三是门牌、灯箱等网点标识系统。揭幕仪式上,浦发银行新的企业标识语"新思维,心服务"同时发布。4月,经行长办公会议决定,颁发《上海浦东发展银行视觉设计手册2.0版本》,涵盖浦发银行品牌定位、基础系统、应用系统和品牌架构四方面内容。

5月9日,全行品牌工作管理会议在浦发银行培训中心召开,各分行办公室负责人和品牌管理人员参加会议,进一步明确统一规范、做大做强"浦发银行"大品牌的战略思路,标志着全行的品牌建设进入新阶段。7月,浦发银行正式启动新标识推广工作,主要包括网点门头大招牌、立式灯箱招牌、自助银行招牌、营业铭牌以及部分屋顶广告。新标识推广采用边营业边施工的方式,分三阶段进行。前期准备阶段,由总、分行交叉实施,计划时间为30—45天。浦发银行组织统一招标,选择合作招牌灯箱布供应商;各分行按照统一要求进行材料采购,并编制推广实施计划和项目预算,完成地方市政等相关部门施工申报,确定合作单位,组织网点招牌的方案设计。施工实施阶段,全行推广工作分两批实施,遵循先试点、再全面推广的原则,或以新建网点作为试点,于12月底前完成全部施工工作。决算验收阶段,项目整体完成后,由分行项目管理小组根据总行和当地的相关要求组织验收,总行进行抽查验收。

8月21日,全行新标识营业网点推广会在上海召开,各分行办公室及网点建设负责人参加会议。会上,总行以《浦发银行营业网点外部识别系统标准手册》为载体,重点介绍全行营业网点外部识别系统改造的工作思路及建设要求,并与各分行就相关内容进行研讨。

浦发银行全新拍摄的品牌形象广告片在中央电视台、第一财经频道投放播出,同时在浦发银行内、外网上线。各分行采取多种形式,加大金融知识普及推广力度。北京分行举办主题为"金融服务成就奥运梦想"的媒体沟通活动,感谢新闻媒体对浦发银行的长期关注和支持,介绍浦发银行在奥运金融服务方面的准备工作,并邀请新闻媒体对浦发银行的服务工作进行监督。国内30余家新闻媒体参加活动,会议现场聘请有关媒体记者成为浦发银行奥运金融服务监督员,并颁发聘书;杭州分行积极参与"浙江省第三届理财博览会",推出"轻松理财"品牌、"新股直通车",理财师参加浙江省"十佳理财服务品牌""十佳创新理财产品"和"十佳银行理财师"的网络评选;天津、太原、芜湖、合肥、呼和浩特、长沙等分行走上街头,进入社区,走进企业,结合银行服务热点和浦发银行"新思维、心服务"服务品牌的推广,向广大客户和社会公众广泛宣传银行卡、现金理财产品、个人贷款、自助设备以及其他新产品、新业务等相关金融知识。

二、品牌宣传

2003年1月9日是浦发银行开业10周年纪念日。2002年5月,浦发银行下发《关于开展行庆十周年系列宣传活动的意见》,明确2002年5月至2003年1月为集中宣传阶段,确定行庆10周年系列宣传活动的主要内容,包括经营业绩、组织增发、领导专访、新闻、广告、产品形象宣传等总行操作项目;文明服务宣传、东方卡整体促销、互联网站宣传、新开行宣传、拜访答谢大客户等总行牵头项目以及制作宣传纪念品等。2003年1月8日起,北京、上海以及各分行所在城市《金融时报》《新民晚报》《北京青年报》《金陵晚报》《上海综合经济》等重要报刊刊登有关浦发银行十周年行庆的专文和广告。1月9日,上海地区总部在上海浦东陆家嘴金融中心隆重举行入驻浦发大厦仪式,并向社会正式推出东方国际消费卡。同时,上海地区总部与同济大学、陆家嘴股份、扬子江快运签订授信总额为18亿元的银企合作协议。上海市副市长到场祝贺,同济大学校长、陆家嘴股份有限公司总经理、扬子江快运董事长参加签约,浦发银行领导与员工参加仪式。15日,浦发银行在北京举办"和你在一起"浦发银行10周年大型客户答谢会,董事长张广生、副行长陈辛及中国人民银行银行管理司长、北京市金融工委书记及各大企业、同业、媒体来宾近200人参加活动。25日,浦发银行第二届文艺汇演隆重举办,全体行领导及老领导、参加全行工作会议的代表及上海地区员工观看演出。28日,在上海大剧院举办建行10周年新年交响音乐会。上海市人大常委会副主任、上海市副市长和浦发银行领导张广生、万晓枫、黄建平、马力及客户观看音乐会。

2005年起,浦发银行开始着手进行系统化品牌建设工作。确立以"进步的动力"为定位的品牌内涵;确定品牌传播口号为"新思维,心服务",以开放、前瞻、创新的思维方式,不断提升服务品质,为客户提供诚心、专心、用心、贴心、全心的"五心"服务;确立品牌架构,以浦发银行主品牌为核心,"浦发创富""轻松理财""浦发卓信"为子品牌;优化设计视觉识别系统,建立包括宣传应用系统、办公应用系统、网点应用系统在内的完善的视觉识别体系,同时建立配套的子品牌视觉识别系统,并规范推广使用;建立以浦发银行品牌管理领导小组为管理单位的品牌管理工作机制,逐步形成专业化、规范化、流程化的有效运行机制。随着银行业市场竞争加剧,品牌建设作为浦发银行战略发展的重要组成部分,日益成为增强核心竞争力的重要手段。

2008年1月9日,浦发银行与《财经》杂志合作,在北京成功举办主题为"中国上市银行的进阶之路"的金融论坛。国家金融监管部门、有关中央部委、各金融机构的负责人等出席论坛。与会嘉宾围绕论坛主题——"中国上市银行的进阶之路"进行讨论。浦发银行董事长吉晓辉在会上作主题演讲,全面阐述面对新形势,中国银行业尤其是上市银行必须着力在经营理念、发展方向、服务内容、制度安排和发展方式等五方面进行创新,努力实现从传统银行向现代银行的根本转变,并以此推动和促进中国银行业的加快转型和发展。此次论坛立意鲜明、深刻,受到与会嘉宾及专业媒体好评。各大专业媒体给予深入报道,社会反响良好。当年,为加大新闻宣传工作力度,增强新闻宣传工作的主动性、规范性和导向性,浦发银行制定并下发《关于进一步加强新闻宣传管理工作的暂行规定》,明确全行新闻宣传管理体制、新闻发布管理、新闻宣传管理、媒体关系管理和危机事件新闻管理等工作要求。

2009年3月中旬起,为配合以"新思维,心服务"为中心的品牌宣传工作,浦发银行上海分行与第一财经电视台开展以浦发品牌形象广告传播为主要内容的宣传合作。从当年起,浦发银行为持续扩大浦发银行的市场影响力,每年以特定的主题制作广告片,相继推出"专心、用心、全心,一切以您为中心"的"心服务篇"、"美好生活,盛开中国"的"全国篇"、"成就你我,幸福中国"的"幸福篇"。2012年5月起,浦发银行在上海东方卫视、上海新闻综合频道、上海星尚频道及数字有线电视高清开机、标清管理界面投放浦发银行电视形象广告片。广告片以"进步的力量,与您的领先同步"为主题,传达浦发银行帮助客户实现梦想、乐享生活、获取成功、创造未来的服务理念。

三、品牌管理

【品牌管理委员会】

2007年10月,浦发银行成立品牌管理委员会,同时制定《上海浦东发展银行品牌管理委员会工作规程》和《品牌传播暂行管理办法》。品牌管理委员会全面负责全行的品牌战略规划、管理及实施,有序推进品牌属性梳理、品牌标识优化及规范、主品牌与子品牌整合、品牌内部协同等相关工作,策划和实施与品牌传播相关的公关活动、广告、宣传等重点管理工作。品牌委员会主任由浦发银行主管行长担任,副主任由总行办公室主任担任。品牌委员会下设品牌委员会办公室,负责委员会日常管理工作,包括会议准备与组织、委员会决议落实与督办、日常工作协调与推进等。在品牌管理委员会的统一领导下,辖属职能部门包括浦发银行办公室、各业务条线部门、财务部、合规部(法律事务室)和机构管理部。日常工作执行机构为浦发银行办公室(公共关系团队),并通过办公室及业务条线部门对分行、直属支行的整体形象品牌及业务子品牌进行指导、规范、管理。

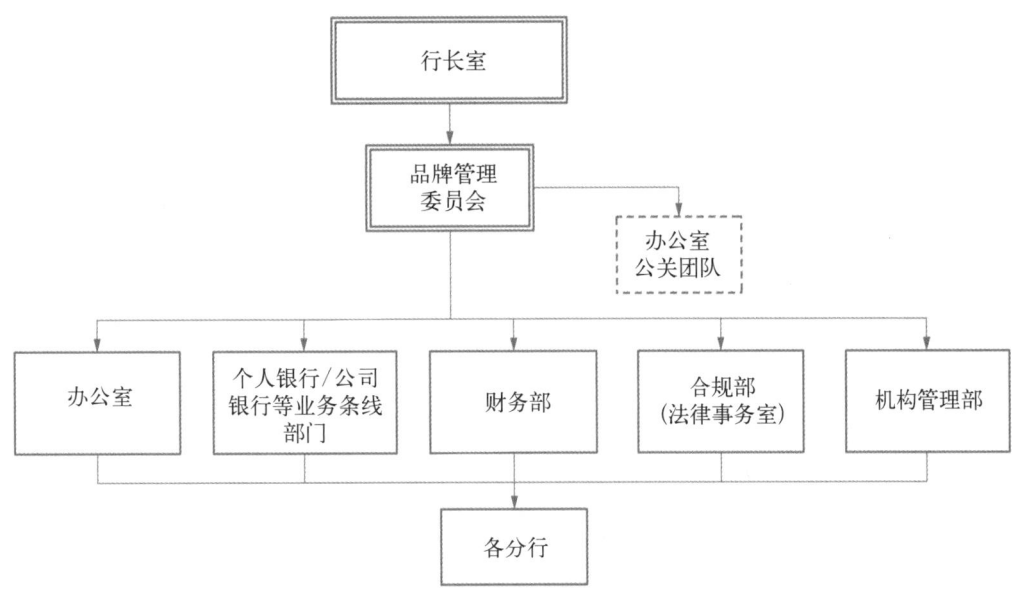

图7-2-1 浦发银行品牌传播管理架构

2008年5月9日,浦发银行品牌管理工作会议在上海召开。会议就浦发银行品牌相关工作进行培训,并对全行新标识系统推广提出要求。浦发银行将从完善机制、体制,优化资源配置上,对品牌建设给予全方位保障和战略性倾斜。视觉标识系统导入及推广是品牌建设工作的一部分,也是最重要的基础工作,继办公应用系统、宣传应用系统之后,浦发银行还将启动网点等环境应用系统改造。浦发银行实施主品牌策略,全行品牌工作围绕打造主品牌的目标进行,任何子品牌、分行品牌宣传不能凌驾于主品牌、整体品牌之上。

【品牌战略规划】

2009年2月20日,浦发银行召开品牌战略规划项目启动会,副行长刘信义出席会议。会议就项目目标、工作计划以及工作安排等事项进行讨论,要求全行从战略高度重视品牌战略规划项目,通过规划实施,进一步诠释浦发银行品牌内涵,实现品牌建设目标。

9月,浦发银行制订《2009—2014年品牌战略规划》,整合品牌资源,提升品牌管理水平,塑造成功的银行品牌形象。以"新思维,心服务"为引领,浦发银行致力于建设成为具有核心竞争优势的现代金融服务企业,积极把握上海金融中心建设的有利时机,努力打造成为具有国际竞争力和行业影响力的金融机构。2009—2014年品牌战略规划目标,一是全国性银行,网点遍布全国,产品全面丰富,服务体系健全,市场份额领先。二是行业先行者,以进步前瞻的品牌文化为支撑,以国际化的视角、技术和管理运营发展,在专业领域有能力代表行业权威声音。三是顾问式银行,提供综合化金融服务,具备差异性竞争优势,扮演引领式金融顾问。品牌建设具体表现在:把"区域性银行"的形象认知转化为"全国性银行"形象认知;把内在"稳健、知性、厚重"的企业特质逐步外化成"稳健、进取"的品牌形象;提升"精明、智慧"的品牌认知,形成"专业、卓越"的品牌形象;把"官式"形象认知转化为"权威"形象,同时增加"亲和"元素。

品牌建设配套措施有6点:第一,产品创新。成立研究团队、将行业经验转化成解决方案、推出多元金融产品、突显明星产品、支持全方位业务创新。第二,网点管理。加速重点战略区域的网点布局,提高浦发银行营业机构的客户接触度;加速营业网点升级,资源配置优化,逐步实现顾问式服务的客户体验。第三,人员培训。加强客户接触点的规范化、职业化服务培训,提升专业化能力,逐步打造品牌化、顾问式服务的统一形象。第四,客户管理。导入客户关系管理系统,整合客户服务中心与其他业务系统,加强交叉销售、主动销售服务模式。第五,系统开发。整合业务系统,优化服务流程,提高系统化保障业务的管理能力。第六,加大投入。根据银行整体发展战略、阶段性重点目标以及经营情况,参照国内其他先进银行标准,逐步加大投入,品牌建设和公关宣传的投入与营业收入占比不低于同业平均水平。同时,加强资源整合和优化,力争传播收益最大化。

四、品牌价值

2003年11月7日,《亚洲银行家》杂志公布"亚洲最强银行"和"亚洲银行300强"排名,浦发银行获"亚洲最强银行"第15位,成为入榜的内地银行同业之首。同时,根据2002年度总资产评定,浦发银行以337亿美元总资产位列"亚洲银行300强"第63位,较2001年第93位上升30位,为入榜内地银行第9名。同月,在《亚洲周刊》2003年"中国上市企业100强排行榜"中,浦发银行以总市值456.881亿元名列第6,其中营业额列第19位,净利润列第6位,资产总额列第3位,资产总额增长率列第6位,这是浦发银行连续第四年入选该排行榜。

2004年11月,浦发银行网站从762家参选的网站中脱颖而出,入选《互联网周刊》举办的"2004中国商业网站100强",并获"最具发展潜力"单项奖。《互联网周刊》是由中国科学院主管、科学出版社主办、全国发行的网络时代的主流新闻类商业周刊。此次评选是根据综合指标(第三方流量统计、网上投票统计)和分类指标(赢利能力、成长性、技术创新)的得分,对候选网站进行加权比较,评选出的综合100强和5个单项奖。

2005年11月,由世界经理人、华尔街电讯以及世界金融实验室共同主办的世界经理人年会评选出"中国25个最受尊敬上市公司"中,浦发银行排名第8位;在根据银行的资产回报率、资本足够率、营业成本、收入比率、不良贷款和客户服务等指标评选的"2005年中国十佳中资银行排行榜"中,位居第2位;在"2005年中国十佳银行卡排行榜"中,浦发银行东方卡排名第2位。

2006年6月,浦发银行获得由《证券市场周刊》主办的"投资者关系管理50强"。7月,根据银行核心资本排名,英国《银行家》杂志7月刊发布2006年"世界1000强银行"最新排名。中国共25家银行上榜,浦发银行继2004年的第261位与2005的第270位后,再次跻身"世界1000强银行",居世界银行排名251位,中国银行业排名第9位。英国《银行家》杂志是隶属于英国《金融时报》报业集团的权威性杂志,每年向全球公布该年度的"世界1000家大银行"排名,该排名一贯被视为评估世界银行业和各家银行综合实力的标尺,也是《巴赛尔协议》里衡量商业银行抗风险能力的重要指标,被公认为世界上最权威的银行排名。8月,根据利润总额排名,浦发银行获得2005年度上市公司百强第9名,同比2004年排名第12位上升3位;根据资产总额排名第2位;根据总市值排名第10位。9月,在上海举办的第三届中国金融论坛上,浦发银行获得由中国国际金融论坛授予的"2006年中国十佳金融成长机构"。该奖项是在"全面开放后的金融创新与金融服务"的主题下,通过网友投票、中国金融记者评选、金融领域专家审定的方式综合评定出的。11月8日,中国经营报企业竞争力年会于北京举行,活动由中国社会科学院工业经济研究所和中国经营报社主办,主题为"创意·创新·创造",浦发银行获评"最具竞争力上市公司金融类第一名"。11月25日,首次由中国境内媒体和学术研究机构联手进行的"2006亚洲银行竞争力排名"在京揭晓,浦发银行入选"2006亚洲银行竞争力排名"50强。该评选活动由香港中文大学工商管理学院、北京大学光华管理学院和南方报业传媒集团共同推出。此次评选中,中国共18家金融机构进入亚洲银行50强,其中,台湾地区5家、香港地区7家、内地银行6家。

2007年11月2日,浦发银行获评由第一财经主办的"2007第一财经金融品牌价值榜十佳中资银行"。

2008年,英国《金融时报》发布最新全球市值500强企业排行榜,浦发银行首次上榜,以219.855亿美元市值位列总榜单第422位,在所有入围的25家中国大陆企业中排名第22位。

英国《银行家》杂志2009年2月刊公布最新全球银行品牌排名,浦发银行名列第112位,品牌价值9.18亿美元,在国内上榜银行中位居第6位。同年,在由《21世纪经济报道》与全球最大的品牌咨询公司之一Interbrand联手发起主办的第五届"中国最佳品牌建设案例"评选中,浦发银行凭借"浦发银行的品牌进阶之路"品牌价值案例,荣获第五届"中国最佳品牌建设案例"奖。

2010年,浦发银行凭借本土市场领先优势、近3年资产负债表表现和资本收益率、中间业务收入、品牌价值、董事会的法人治理结构、管理层的执行力等方面的优异表现,被《亚洲银行家》评为"2010年度中国最强银行",董事长吉晓辉获评"2010年度中国区银行卓越领导者奖"。同年,Brand Finance公司发布最新世界银行品牌500强排名,浦发银行跻身百强行列,位居第76位,在国内银行中名列第6位。品牌价值比上年增幅113%,总价值达19.6亿美元,成为国内银行品牌价值升幅最高银行。

第二节　服　务　文　化

一、服务理念

【三心服务】

按照《上海市精神文明建设三年规划》关于"三年内建成10个达标行业窗口"的要求,上海市综合经济党委和中国人民银行上海市分行决定,从1996年3月起,上海市开展银行窗口规范服务达标活动,达标范围覆盖上海7家银行的储蓄、会计、出纳3种柜面服务岗位,涉及1 400个窗口。浦发银行积极响应,参与银行系统窗口规范服务达标活动,并提出"舒心的环境、称心的服务、放心的质量"的"三心"服务宗旨。

成立领导小组,出台实施方案。浦发银行成立全行窗口规范服务行业达标活动领导小组,由裴静之任组长,梁源凯任副组长,并建立相应的工作例会制度,先后4次召开领导小组会议,研究确定达标活动的指导思想、具体工作方针和实施方案,同时制订《上海浦东发展银行窗口规范服务达标活动实施方案》和《一九九六年上海浦东发展银行窗口规范服务达标要求》。浦发银行营业部及上海地区各支行(办事处)所属营业网点所有窗口,均参加规范服务达标竞赛,各支行(办事处)围绕"创造舒心环境、树立良好形象、开展称心服务"的达标要求,规范服务普及率达到100%,服务达标率和客户满意率达到90%以上,各支行窗口达标率在85%以上。

召开全行动员大会。1996年4月27日,浦发银行召开全体员工"银行窗口规范服务达标活动"动员大会。行长裴静之提出3项工作要求:第一,深入宣传带动,采取支委会、干部会和员工大会等形式,层层搞好思想上的再发动、工作上的再宣传,把会议精神落实到每个岗位、每个员工,全员、全程、全方位参与达标活动。第二,加强组织领导,党政工团各级组织要将其列入重要工作议程,有计划、有部署、有检查、有总结,定期掌握、通报达标活动情况,支行(办事处)每周向总行汇报活动动态。浦发银行成立领导小组,各支行(办事处)要成立相应组织机构,并由行长专管达标活动,制订活动计划进度和工作措施上报总行。第三,开展比学赶帮,把达标活动同创先争优活动结合起来。要及时宣扬活动中涌现出的好人好事,使全体员工学有方向,赶有目标。同时开展小型竞赛活动,并将达标工作列入年终考核内容。

树立达标样板单位。浦发银行推出第一营业部、杨浦、静安、南市4个单位作为样板单位。第一营业部召开全体员工动员大会,举行"窗口规范服务达标知识竞赛""专业知识讲座""第二届业务技术比武"等活动,并率先在全行范围内实现限时服务,同时在柜面一线员工中评出12位二星级服务员、10位一星级服务员;杨浦支行控江路营业所特别定制大型电子屏幕,张贴宣传口号,发起有声服务;静安支行在营业所布置"为您服务角",为客户提供饮用水及报纸杂志,营业时间延长至19:00,周六全天营业;南市支行则建立一套完善检查制度,落实专人每天填写检查记录簿、查看监控录像、巡视检查。4家样板单位为其他支行提供经验,对于推动全行达标工作开展起到积极作用。

以点带面全面开展达标活动。样板单位的先进经验在全行推广后,各窗口单位围绕"三心"服务的宗旨,先后推出一系列深受客户好评的便民服务新举措,如站立迎客、有声服务、微笑服务、限时服务、一米线服务等。其中有声服务充分体现浦发银行"客来有声,道别有情"的服务特色,被社会各界赞为温馨服务、真情服务。许多单位广泛开展"星级服务竞赛""争创青年文明岗"和"快收快付服务明星""我当一次客户"等活动,制定"文明服务公约""柜面操作规范"等具体措施,互相学习,取长补短,以示范营业所、柜、服务员为榜样,不断提高服务水平。

5月23日、30日、31日,浦发银行先后分片召开"窗口规范服务工作汇报交流会",共有21家窗口单位参加会议,浦发银行窗口规范服务领导小组成员出席会议。达标工作开展4个月,浦发银行第一营业部、杨浦支行营业部、控江所、南市支行在七大银行的窗口达标交叉检查中分别取得优异成绩。截至8月底,共收到客户书面表扬及感谢信554件,受到新闻媒体宣传报道56次,其中上海市一级报刊、电台报道46次。

1997年2月,副行长梁源凯参加上海市规范服务达标会议,浦发银行被评为市规范服务窗口基本达标单位。7月25日,上海市全行业规范服务达标的17个行业联合发出"深化规范服务达标活动"倡议书。为深入开展上海"银行窗口规范服务达标活动",市委综合经济党委决定,在全市各银行1500个窗口开展"千家网点文明窗口树新风、万名员工规范服务迎八运"的活动,掀起服务八运、奉献八运的热潮,形成上海市银行全行业窗口规范服务风景线。浦发银行加强与八运会人员驻地宾馆和比赛场馆的联系和沟通,定点定人上门为运动员、裁判员及代表团、观摩团等提供结算、转账、出纳、短期储蓄、咨询、换零等全方位优质服务。各分支机构的主要营业网点开设八运服务专柜,为八运会人员提供优先服务,并根据八运会人员的要求,及时增设各种服务项目。各营业网点门口都悬挂"迎八运"横幅标语,营业厅内设置宣传板、宣传栏和"迎八运"的统一标识,使营业网点既有迎八运气氛,又体现整体环境的和谐、整洁、规范。

【满意服务】

2002年3月19日,《上海浦东发展银行股份有限公司五年(2001—2005年)发展规划》经第一届董事会第十三次会议通过,正式提出"满意服务"理念。浦发银行党委副书记万晓枫在"培养有利于战略实现的企业文化"讲话中指出,现代企业提倡让客户满意作为企业管理的目标之一,引导各级机构和人员的视线集中到如何更快、更好满足客户需求上来。

2006年，上海现代服务业联合会和《解放日报》组织开展以"服务，让世博更精彩"为主题的上海现代服务业100强排序活动。浦发银行在活动中入围企业百强，在银行中排名第二。当年，浦发银行上海分行营业部获得中国银行业协会颁发的2006年度"文明规范服务示范单位"称号。

在2007年全行工作会议上，浦发银行党委副书记冯树荣提出"满意服务、奉献社会"理念，要求全行牢固树立"服务无小事、服务无止境、服务出效益"思想，积极倡导精诚奉献、创造卓越的服务文化。继续开展文明单位、文明窗口等创建活动，根据客户日益增长的金融服务需求，不断延伸服务内容，优化服务方式，提升服务水平。当年9月27日，在中国银行业协会举办的"中国银行业文明服务月活动先进单位表彰大会"上，浦发银行被授予"中国银行业文明服务月活动组织奖"。次年，上海市银行同业公会对申报2008年度中国银行业文明规范服务示范单位的46家机构进行自查自评，评选出35家机构上报中国银行业协会。浦发银行上海分行辖内的第一营业部、黄浦支行营业部、南汇支行营业部3家机构以高分通过测评，其中第一营业部位列全市第一名，黄浦支行营业部位列第二名。

2010年，浦发银行首次进行全面客户满意度调查，共调查33家分行公司客户近2 000户、个人客户6 000余人。通过调查，了解客户对银行渠道、产品的服务满意程度，分析不同因素的满意度驱动力，同时从客户类型、区域及分行、品牌及子品牌等不同纬度进行满意度分析，针对调查中发现的问题，及时制定针对性的改进策略。自此，客户满意度调研成为浦发银行常态工作机制，为全行服务品质提升奠定基础。10月13日—14日，浦发银行副行长徐海燕率相关部门负责人赴广州、深圳分行检查亚运金融服务保障工作，听取分行关于迎亚运金融服务推进情况汇报，并视察基层网点，研讨解决迎亚运金融服务相关问题。

2010年2月1日，中国银行业协会在北京举行2009年度中国银行业文明规范服务百佳示范单位颁奖典礼，浦发银行荣获"突出贡献奖"，浦发天津浦诚支行、太原分行营业部、上海分行第一营业部、杭州分行营业部、南昌分行营业部、长沙分行营业部等6家机构荣获"百佳示范单位"称号，呼和浩特分行营业部荣获"创建鼓励奖"。次年，在中国银行业协会"表彰2010年度中国银行业文明规范服务千佳示范单位"活动中，浦发银行共有26家分行的40个营业网点获选"2010年度中国银行业文明规范服务千佳示范单位"，占全行网点总数的6.1%，并再度荣获"突出贡献奖"。在由中国质量协会、中华全国总工会、全国妇联共同举办的"创建全国用户满意服务明星"活动中，浦发银行上海分行辖属徐家汇支行荣获"全国用户满意服务明星班组"荣誉称号。

【新思维，心服务】

2008年1月9日，董事长吉晓辉、行长傅建华在北京为浦发银行新标识揭幕，浦发银行新的企业标识语"新思维，心服务"也同时诞生。"新思维"代表开放前瞻、与时俱进的思维方式，"心服务"即以客户为中心、诚心、用心、贴心、全心的服务。

2009年11月11日，浦发银行召开全行"服务品质提升"活动动员（视频）会议，标志着浦发银行服务品质提升项目全面启动。通过开展客户满意度和神秘顾客检查、完善服务规范及服务体系建设、加强服务培训及导入等方式，了解服务现状与客户需求，整合完善全行服务标准规范，建立健全全行服务检查、评价和改进机制。浦发银行成立工作小组，统筹协调全行服务品质提升活动的实施。倡导"新思维心服务"的客户服务理念。突破传统的柜面"文明用语""微笑服务"等被动模式的经营理念束缚，围绕客户需求创新产品、设计流程、提供服务，实现客户服务的增值和保值。同时不断提升经营客户、经营服务的能力，认真研究客户需求的促因，对制约与客户关系的因素进行协调管理,增强客户的稳定性、满意度和忠诚度。强化内部服务理念,树立"大服务""内部客户"的观念,真正做到"二线为一线,全员为客户"。中后台加强对前台服务的支持,为前台做好对外服务提供有力的支撑和保障;总行加强对分支行的服务支持,为一线经营机构对客户的优质服务提供支撑和保障。建立整体服务管理体系、框架和工作机制,以此作为服务持续提升的基础和核心。围绕建立服务标准体系和完善机制保障执行两方面,从战略层面,建立全行整体服务工作体系、框架和机制,包括服务持续改进的机制和工作流程。打造服务特色。结合实际和竞争时期的策略安排,研究市场定位和客户需求,通过差异化的竞争策略,带给客户差异化的服务体验,树立差异化的竞争优势。从客户需求出发,适时开发、推出新产品、新服务,形成产品特色和服务优势。通过积极探索灵活有效的培训方式,改善管理与沟通效率,使优质服务成为每个员工的自觉行动和浦发银行企业文化的重要组成部分。

  作为会议精神的落实,浦发银行制定下发《服务管理领导小组工作规程》,明确服务管理领导小组的组织架构、工作职责和工作程序。服务管理领导小组由浦发银行副行长担任组长,牵头推进全行服务管理工作,制订服务管理领导小组年度工作计划,向行长室报送服务相关工作情况,审议全局性服务工作规划并对执行情况进行监督,审定全行服务管理相关文件、议题,推进全行服务管理的体系及机制建设,组织推进全行服务能力的提升,建设高素质的服务人员队伍,组织推动重点或专项服务工作的开展。同时,在各分行建立相应的服务组织架构,自上而下形成多层次、多维度的服务管控体系和信息沟通平台。浦发银行通过"细管理、强特色、严规范、树品牌、筑网络"5项举措,提升客户服务整体品质和水平。始终坚持建设有特色的浦发服务文化,提倡既要提高银行服务统一性方面的水平,又要百花齐放,各显特点。如浦发银行天津浦诚支行独创"五五五六"管理模式:班前"五准备",向客户展示优雅文明的良好形象;管理"五察看",要求网点负责人细心把握每位员工的思想与行为变化;"五定"日常规范,确保管理的科学有序;做好"六坚持",将优质服务融于日常点滴。同时,浦发银行成功完成客户分层体系建设,实现财富规划与高端客户产品推荐紧密结合,在全国21个城市成功举办贵宾客户健康公益行全国巡讲活动,有效提升客户满意度。通过将常规服务和延伸服务相结合,窗口服务和社会服务相结合,一般服务和特色服务相结合,不断扩大金融产品覆盖面,提升服务价值。另外,全面实施6S管理制度,将优质服务的要求和标准嵌入经营管理的各个层面,改善服务环境,完善服务设施,改进服务手段,规范服务行为,显著提升各营业网点服务水平和客户满意度。同时,建立员工的持续培训机制,深入开展职业操守教育和业务技能培训,积极鼓励员工参加外部机构组织的银行从业人员、金融理财师等资格认证考试,有效提高员工的个人修养和业务标准化、规范化水平。与专业公司合作,全面启动客户满意度调查与服务过程监督项目,借助外部资源和经验,了解浦发银行服务现状与客户需求,整合完善全行服务标准规范,建立健全全行服务检查、评价和改进机制,并通过神秘访客检查等方式,内外联动——加强对员工客户服务工作的日常指导、检查与督促,构筑严密的服务管理监督网络。

  2009年,浦发银行制订《迎世博金融服务准备工作推进计划》,提出"四个一流""四个无障碍""四个标志"的服务目标:设施一流、服务品质一流、服务水平一流、服务环境一流。语言交流无障碍、残障设施无障碍、便捷服务无障碍、刷卡消费无障碍。服务流程文明规范,标志现代金融服务企业的专业品质;服务态度彬彬有礼,标志上海世博主办城市的良好精神风貌;服务体系健全完善,标志上海国际金融中心的建设成果;服务内涵诚信和谐,标志银行金融服务在社会经济发展中的支柱作用。

  上海分行自2010年4月24日至世博会闭幕,组织分行本部管理人员在双休日、节假日深入基层一线,担任大堂经理等服务引导人员,开展"迎世博金融服务重点区域及营业网点"志愿者服务活动,支持和配合世博金融服务与安保工作。此次志愿者活动全程服务天数共计 62 天,覆盖上海所有 26 家世博重点区域网点,参与人次达 1 581 人次。为确保志愿者活动取得圆满效果,上海分行前期精心策划,为每位志愿者制作统一的世博服务"志愿者胸卡",下发《2010 年上海分行个人银行营销活动一览表及日常服务用语(中英文)》,确保每位志愿者在服务期间规范解答客户提问咨询,保证服务质量。活动首日,志愿者积极配合网点现场负责人,做好客户的服务引导、业务咨询、单据填写指导、自助设备使用介绍等工作。其中,地处浦东南路、上南路口,正对世博园区 6 号入口的上南路支行,被誉为"世博浦发馆",也是世博金融服务的核心区域,为进一步加强上南路支行的金融服务保障力度,上海分行向全辖运营人员发出倡议,开展"世博运营服务志愿者"招募活动,重点组织 35 周岁以下,精通柜面业务,具备反假等专业资质,熟悉世博园区周边情况,善于客户交流沟通的优秀运营员工,组成志愿者队伍,协助上南路支行圆满世博会期间的金融服务和安全保障工作,进一步树立浦发银行优质金融机构的形象。同时,对广大员工进行迎世博文明规范优质服务教育培训工作。对临柜人员、大堂经理、理财经理重点进行专业服务礼仪、服务规范和服务形象的教育培训。对窗口服务人员开展多种形式的外语、手语培训,进一步提高对通用外语、非通用外语、手语水平和服务能力。对新进员工开展以增强责任感、服务世博会的上岗培训。加强对网点负责人(二级支行行长)职责培训,提高做好服务工作自觉性和责任感。通过多种层次的培训教育,把迎世博窗口文明建设作为提升分行职业道德水准、提高文明规范服务能级,展示"新思维、心服务"经营理念的重要途径。

图 7-2-2　2010 年 12 月 7 日,上海分行世博金融服务总结表彰大会召开

二、服务品质

【服务管理】

网点 6S 管理　2006 年年初,浦发银行在业内率先系统引入银行业现场管理,重点推进 6S 管

理。6S管理的含义是整理、整顿、清扫、清洁、安全、素养,它作为一种系统化管理思想,经各国多家企业的实践,形成的一系列有效管理方法。2006年3月开始,浦发银行先后在南京分行营业部和天津分行所有网点开展试点。4月,浦发银行在重庆召开质量管理座谈会,并在南京、天津、北京、上海、广州、重庆和深圳等分行网点全面推行。当年,在中国银行业协会组织的全国文明规范示范窗口评比中,南京分行营业部、天津分行营业部等17家网点被评为中国银行业文明规范服务示范窗口,南京分行营业部以优异成绩被江苏省银行业协会确立为银行业文明规范服务现场教学点。

2006年起,浦发银行在全行运营条线试点、推广6S现场管理工作,在日常操作中实现流程化、系统化、规范化、标准化、制度化。明确区域、明确责任、责任到人、持续改进的操作规范融入全行网点服务品质建设中。奥运期间浦发银行通过加快推进分行网点6S标准化服务建设工作,以网点服务标准化管理提升服务效率,减少柜面客户排队等待时间,引导客户使用电子银行渠道办理业务,全面塑造清净整洁、安全舒适、文明和谐、高效快捷的窗口服务新形象。2008年,浦发银行结合奥运服务标准,提出6S工作推进要求,对10家重点推广分行和2家新开分行进行6S管理的辅导、检查和培训工作。在两年一度的中国银行业文明规范服务示范单位评比表彰活动中,全行共有31家单位获得2008年度中国银行业文明规范服务示范单位荣誉称号,6S管理成为浦发银行服务品牌的亮点、名片,银行同业纷纷上门学习。到2009年,全行537个网点中有515个实施6S管理,覆盖范围达到96%,6个分行的6家网点获得中国银行业文明规范服务金牌网点称号,浦发银行获得百佳文明示范单位组织奖。2010年,北京阜成支行等40家营业网点荣获2010年度中国银行业文明规范服务千佳示范单位称号,全行获评网点数在股份制商业银行中排名第二。

2010年上海世博会期间,上海分行以服务世博为契机,坚持全面推行6S管理,创新整合分行营业网点现场管理系统,提升窗口服务能级。首先是升级排队叫号及客户评价系统。分行将常规、理财、VIP业务等各类客户群快速分流,对残障人士开辟绿色通道,并根据统计分析客户等候时间灵活调整不同时段的网点岗位资源配置,采集每位员工单笔业务处理时间,有针对性地加强业务和技能培训考核,有效提高业务办理效率。通过多项措施并举,将全辖网点客户排队平均时长缩短至5分钟内,客户满意度得到显著提高。其次是升级电子利率屏信息发布和联网管理系统。分行开发运用电子利率屏联网管理系统,由分行统一发布利率、牌价、收费标准、各类公告和宣传信息,确保数据准确、更新及时,充分发挥电子利率屏"信息窗口"作用。最后是升级自助设备运行监测系统。通过系统实时监控,分行实时掌握每台ATM模块状态、尾箱、吞卡以及设备开机率情况,进而加强对自主设备维护的针对性和及时性。该系统的运行,有效实现分行自助设备开机完好率达99%以上,达到同业较好水平。同时,分行还建立三层联络制度和备品备件库,建立区域保障中心,对重点区域提升维护等级,提高响应速度,做到1小时内修复,较大程度提升自助服务的质量和安全性。

无障碍建设 2008年5月26日,中国银监会召开商业银行奥运金融服务查访工作动员及监管培训电视电话会议,要求银行业系统配合并支持奥运会顺利召开。对此,浦发银行高度重视,27日行长办公会议即进行专题研究,28日,浦发银行召开奥运金融服务查访工作动员会,副行长黄建平就奥运期间各项金融服务保障工作提出具体要求,要求将"更快、更高、更强"奥林匹克精神与"从高、从严、从细"浦发精神相融合,确保实现高质量、高水平的奥运金融服务。完善外币兑换相关服务,加强外币兑换业务培训,明示外汇业务办理窗口,配置相关人员进行引导疏流,为境外来访人员提供方便快捷的外币兑换服务。重点部署语言服务和无障碍服务。通过流程整合、加强培训、建立服务、投诉信访应急预案等方式,确保外币兑换等涉外业务高效办理,奥运会期间服务语言交流"无障碍",境外客户按国际通行习惯使用银行卡及相关服务"无障碍",境外客户问题处理、争端解决"无障碍"。加强营业网点标识整合,通过标注中英文汇率利率、开设英语窗口、在残币兑换、手语服务等系列窗口摆放中英文标牌、在营业厅注明中英文系列标识等工作,确保服务信息准确传达。

2010年,浦发银行在全行网点内设立残缺、污损人民币兑换专柜,办理各种货币兑换业务,同时在服务窗口配备点钞机,为客户提供便捷的服务设施;落实无障碍服务工作安排,设置残障人士便利设施或相当功能的服务设施;对上海部分网点加强服务环境的优化改善,建立世博金融服务绿色通道;在世博园区周边网点,提前统一部署排班加班,逐步建立周末值班制度,满足提供金融服务和处理紧急事件的需求。同时,努力提升涉外金融服务能力,确保上海地区重点区域的网点外币兑换业务覆盖率达100%、临街网点外币挂牌币种种类不低于国际通行的7个币种、具有办理旅行支票等外汇业务资质;合理安排外币现金库存,保证网点的外汇兑换币种和数量的供应充足;丰富客户外币兑换服务手段,在世博场馆附近的主要场所,包括机场、宾馆、酒店等区域,合理布放外币兑换机,为客户提供相应的外币现钞兑换服务。针对世博会期间外籍客户的金融服务需求,统一征订银行多语种服务手册。并在全行青年员工中募集小语种服务志愿者,选拔英语水平突出的客服人员组成世博英语服务团队,设立"世博会英语专线",并建立行内小语种志愿者服务平台,为外籍客户提供包括日、德、法、韩、西班牙、阿拉伯等多个小语种在内的多语种服务。

根据"四个无障碍"的要求,世博会开幕前,上海分行在辖内80%以上的网点配备大堂经理,重点区域网点全部配备专职大堂经理,引导客户、维护营业秩序。增配网点理财经理。同时,对辖内设置理财专区(或理财室)的营业网点全部配备理财经理,重点区域内的部分网点,配备2名以上理财经理。辖内网点全部配备具有中英文双语服务人员、设立英语服务的迎世博专柜。加快网点残疾人专用通道建设,完善网点无障碍服务设施及标识,设立手语服务岗。网点客户排队叫号系统设置具有中英双语显示和语音叫号功能。

支付环境 2010年上海世博会期间,浦发银行就支付环境建设落实一系列改善措施。可受理外卡自助机具。为满足境外持卡人的用卡需求,上海、杭州、南京等世博周边城市地区符合3DES密钥要求的自助设备开通外卡受理功能;相关ATM机具屏幕提示语具有中英文双语种显示,屏幕提示语、打印凭条、故障凭条包含双语客服电话信息,可处理4—6位的密码。世博期间,浦发银行完成包括轻松理财卡消费免息期优化、自助设备非现金业务签约、客户综合积分兑奖优化等11个银行卡功能及服务提升项目的开发上线工作,并积极推动自助设备开通外卡受理功能。截至2010年,浦发银行80%以上的自助设备开通外卡收单功能。同时,完善在多媒体自助终端上的外币兑换汇率查询功能,加大外币兑换机布点力度,以便向各国游客提供更便利的外币兑换服务。自助机具管理。在全行范围内下发自助机具管理相关文件,规范在行式和离行式自助设备管理要求,确保自助设备的正常运行,提高运行效率和服务水平。同时,开展全行自助设备相关辅助系统的专项培训活动,使各级业务人员充分了解系统的使用功能及相关辅助信息。另外,全面加强自助机具安全管理,上海分行率先完成辖内自助银行的安全实体防护装置,配备语音安全提示和键盘保护装置。并且,进一步加强自助设备巡检、商户回访检查等工作,并就银行卡、ATM等相关突发事件设置应急预案,确保用卡安全。特约商户。建立完善商户实名审核和现场调查制度,加强商户准入管理。对于开通外卡收单业务的特约商户,由分行指定专人负责外卡业务管理,并对拟发展商户的资质、信用、风险等方面采取更为严格的审查和评定措施。建立完善商户持续监测和定期现场检查制度,加强特约商户交易监控。一旦发生异常情况,第一时间组织实地调查,核实是否存在欺诈风险并采取必要的控制措施。另外,浦发银行信用卡中心每月通过电话方式开展神秘人拜访计划,对于发现有问题的特约商户,强调双方的合作内容和规范要求,后续对相关内容开展二次培训。网上银行。浦发银行完成个人网上银行新版安全控件的升级工作,进一步提高密码输入过程的安全性;将数字证书的有效期由2年延长至5年,简化数字证书客户的使用手续;在综合评估网银安全水平的前提下,提升动态密码客户的支付限额,方便客户使用网上银行;开发以动态密码、数字证书等安全措施为基础,涵盖账户管理、支付、汇款、信息服务等多功能的英文版个人网上银行。

2010年,浦发银行上海分行被中国人民银行上海分行授予上海世博支付环境建设先进集体荣誉称号。浦发银行全行累计获评世博服务相关组织类奖项4个,优秀(先进)集体奖项18个,优秀(先进)个人奖项43人,以实际行动践行"金融,让世博更好"的责任誓言。

厅堂一体化 2009年,浦发银行上海分行创新网点服务及销售流程,提出网点应该具备的全天候服务时间、全功能服务能力、全标准服务流程、全方位服务关怀、全专业的服务人员和全面化服务咨询等方面的服务水平,划分现场管理板块、大堂经理板块、理财经理板块、贵宾中心板块等四大板块内容和相应服务要求及标准化销售流程,这一积极尝试正是厅堂一体化的早期探索。

图7-2-3 上海分行第一营业部大厅

上海分行积极推进厅堂服务一体化管理,制订厅堂一体化管理推进方案,分行外聘专业机构,开展运营柜员服务坐销技巧专题培训,明确将开立借记卡和贵宾卡、个人网银、手机银行、及时语、理财产品、第三方存管、基金定投及黄金业务作为柜面个人业务坐销推荐重点,将利多多A、代发业务、支付密码器、公司网银作为柜面公司业务坐销推荐重点,进一步完善支行联动营销业绩考核综合评价机制,成功案例的记录、交流和报告,及时交流和总结工作成果和成功案例。

【系统保障】

信息系统风险自查 浦发银行结合奥运信息系统风险自查的实践与世博会自身特点,开展迎世博信息系统风险自查,从信息科技服务连续性、系统运行安全、应急管理等三大方面100多项检查要点出发,对信息中心、灾备中心和世博会所在地上海分行的机房基础设施、网络、重要信息系统等进行全面风险排查,并按照"边自查、边整改"的原则,及时实施整改措施。此外,在以往检查工作的基础上,针对管理措施、机房基础设施、网络、重要信息系统等开展全面信息安全风险评估,评估项包含管理脆弱性和技术脆弱性两个方面共40多项。

应急能力建设 修订对信息系统重大突发事件应急预案和信息系统应急技术恢复手册,提高应急预案的完备性、规范性和有效性;开展应急演练,针对电力通信基础设施、信息安全等级保护三级及以上信息系统和世博会对外服务重要信息系统开展一系列应急演练;进一步优化IT事件管理流程,印发《上海浦东发展银行信息系统事件管理办法》,构建面向全行用户的IT事件单一触点。

世博开幕前夕,上海分行在地处世博重点区域的陆家嘴支行举行实战演练,模拟外部通信网络中断,银行网点在应急状态下的保持业务连续性运行的实战能力。演练事先经过精心策划和预练准备,制订详细的演练方案和脚本,力求体现真实性、突发性和有序性,最终确定8个实战场景、15个角色,演练内容包括:在外部通信网络出现故障的情况下的应急支付与止付操作、旅行支票兑付、外币兑换业务等手工应急操作环节,以及有序引导和疏散骤增客户等内容。在近1小时的演练过程中,8项主题内容环环相扣,直观展示各种突发事件的应急处理流程和方法。总、分行运营条线相关负责人亲临现场指挥观摩,并深入点评。此次演练是针对上海分行对世博金融服务和业务平稳运行的一次大规模应急实战演练,检验营业网点落实相关应急预案、建立应急指挥体系和报告流程的反应能力,也训练各类工作人员应对突发事件的综合素质,增强确保各项业务安全、高效、连续运行的综合运行能力。

2010年夏,上海频遭连续39度以上的高温天气,部分地区停电。8月13日至15日最为炎热3天里,地处世博园周边的浦发银行上海分行上南路支行先后7次断电,累计断电时间达10小时,但支行始终坚持如常服务,未出现1分钟营业中断,未发生1起客户投诉或安全问题。该支行与世博园中国馆隔街相望,直接服务出入6号口每天约10万余人次,世博窗口服务压力繁重,3台自助设备和1台外币自助设备每天22点前始终保持连续交易状态。由于盛夏酷暑,周边小区居民用电明显增多,8月13日起,该营业网点突发多起停电,造成支行世博服务压力骤增。每次停电后,UPS重点保证柜面、自助银行、技防设施供电,空调、排风、日常照明等均停止,封闭柜台酷热难耐,但柜员依然着装整齐,微笑面对客户。第一次停电后,上南路支行按照突发事件应急处置预案,立即向区域支行、上海分行远程监控中心、个人银行发展管理部、信息科技部、客户服务中心等报告。分行和区域支行相关负责人迅速到达现场处置,加强现场安全保卫,延长自助银行值守,加强设备供电监测。同时,距离相对较近的龙阳支行也快速配合支援,将一台备用发电机在首次断电2小时后运抵上南路支行备用。8月15日下午,断电频率增多、时间加长,UPS蓄电处于低位,正常营业面临严重影响。此时,相关负责人再次到达现场参与应急保障,立即联系供应商,从江苏泰州调配工程师为支行调增UPS设备,提高应急供电能力。当夜12点,经过7小时紧急安装,两套UPS顺利并机蓄电,保障网点的正常营运。得益于浦发银行世博应急保障机制、上海分行三级分支行机构高效的应急联动机制,以及持续开展的应急演练工作,有效、及时化解了各种突发状况。

外部保障机制 与公安、电力公司、电信运营商等保持紧密联系,从安保、电力、通信等多个方面维护基础设施稳定。同时,与银联以及Visa、Mastercard、JCB等外卡组织建立密切的运行保障机制,持续监控交易运行情况。

系统处理能力分析测试 参照奥运期间的系统处理能力分析评估,开展迎世博系统处理能力分析评估工作;同时从主机、数据库、网络、应用等各层面,定期开展重要信息系统全面健康检查和性能分析,跟踪系统运行状态,确保系统健康、容量充足。

系统风险监测和安全防范 开展信息安全等级保护测评,按照上海市公安局、上海市信息化委员会等政府机构要求,根据等级保护有关标准对信息安全等级保护三级及以上的信息系统(包括核心、网上银行等重要信息系统)实施等级保护测评;增强系统防病毒、防窃密、防攻击、防篡改能力,包括定期在全行发布微软系统安全升级程序公告,开展完成外部网站安全评估和抗DDOS攻击应急演练等。

【技能培训】

2008年,为提高服务人员的服务意识,总、分行将员工的业务知识及技能培训作为一项长效机制予以推进。浦发银行培训中心编辑推出《浦发银行服务英语100句》口袋书发放各分行网点柜面人员、大堂经理及其他客户接待人员,并制作网络课件。各分行通过礼仪培训、外语能力、手语培训、技能训练、技术比武、劳动竞赛等活动,加强对员工的基础服务技能培训,推进规范服务管理的常态化、制度化。北京、沈阳、昆明等分行组织英语、手语"双语培训",提高对外国游客、残疾人群的服务能力。2006年9月,北京分行就举行"迎奥运,浦发人讲英语系列活动",共计300余位浦发员工代表参加分行"首届迎奥运英语大赛"决赛,标志着浦发银行双语服务窗口正式启动。学习活动前期,分行以《银行服务英语100句》为蓝本,聘请高水平专业老师和外籍教师,采用分散培训和员工自学相结合的方式,进行英语普及、提高和强化。其间,陆续推出"讲英语日""英语沙龙""英语征文"等活动,并在办公区域张贴"英语贴士",营造学英语、讲英语的良好氛围。学习活动后期,组织"奥运银行服务英语培训",对选拔出的部分一线柜员、大堂经理和理财经理进行强化训练及结业考试。此次系列活动使员工外语水平有不同程度提高,北京分行在北京市总工会金融工委、市银行业协会联合举办的"2006年首都金融系统职工英语大赛"中,获得团体三等奖。

第三节 创新文化

一、创新大讨论

2001年2月至5月,浦发银行开展为期近4个月的"新世纪合理化建议"活动。全行3 222名员工参与,提出各类建议3 577份,全员参与率69%;报送总行评审的建议有538份。其中,业务发展、提高综合营销水平类253份;探索和完善财务管理机制类29份;加快科技开发和运用类54份;人力资源开发、管理类108份;企业文化培育类及其他方面31份。浦发银行工会将各分支行上报的538份建议分门别类,分送18个专业部门,由各专业部门总经理进行评审,并发表采纳吸收意见,一一回复。最终,上海地区总部、北京分行、杭州分行、宁波分行等4家单位获"优秀组织奖"。

2002年4月,浦发银行印发《2001—2005五年发展规划》,提出未来5年发展的指导思想和总体目标,制定包括企业文化在内的十方面发展措施,提出建设"四个文化"的工作,要求建设以精良产品为载体的物质文化、建设以诚信卓越为重点的行为文化、建设以开拓创新为重点的精神文化、建立以统一通畅为重点的制度文化。《2001—2005五年发展规划》进一步细化企业文化建设内容。

2003年5月15日,浦发银行下发《关于在全行范围内开展"创新大讨论"活动的通知》,正式启动为期3个月的"创新大讨论"活动,6月进入全行性讨论阶段,8月为成果上报阶段。截至8月10日,专设信箱共收到个人和机构投稿152件,稿件内容涉及业务建议、理论研究、调研报告等,分批在内部网主页"创新大讨论"专栏予以刊载。

2003年全行第三次季度工作会议上,上海地区总部、杭州分行、深圳分行交流本单位创新工作进展情况。上海地区总部通过"创新讨论沙龙"、小型专题研讨会、论证会、演讲会等形式,组织引导员工广泛参与创新大讨论活动,最后共产生200个选题,形成140篇创新成果文章,上报总行129

篇,全辖23家支行无一空白点;杭州分行提出建立分行创新机制的构想,重点解决创新的落实、开展和可持续问题;深圳分行围绕"以公金业务、个金业务为主体,以机构金融、国际业务为两翼"的"一体两翼"发展战略,坚持"市场导向,全面展开,重点突破,树立品牌"的创新工作思路,大力推进产品创新、服务创新与科技创新,取得显著成果。

创新大讨论活动得到各级领导的高度重视,各分行行长、总行部室总经理亲自挂帅,策划活动方式、组织推动落实,许多分行行长亲自参与创新理论和技术的探讨。总行专门召开全体部门总经理参加的"创新大讨论"活动推进会。全行员工广泛参与,成为讨论活动的主力军。活动内容丰富,重点突出,涉及银行管理、品牌建设、业务拓展、个金转型、营销机制、风险防范、创新管理、信息科技、资财会计等方面,紧扣全行战略重点工作与市场服务产品创新。同时,活动重视实践和可操作性。许多分行针对当地市场和现实,实现业务拓展与创新的有效结合,取得先试先行的积极效果。对一些前瞻性、具有操作性的建议进行深入研究,并从可行性、风险性等方面进行充分论证。在内部网主页上特辟创新大讨论专栏,各分、支行或开辟专栏,或组织征文和创意大赛,或举行针对性的座谈会,为全行员工集思广益和献计献策提供广阔平台,做到渠道多样,畅所欲言。此次活动,共收到600多份优秀成果稿件,其中25份创新成果稿件获得总行专项奖励,并评出15名优秀组织奖。

2003年9月,在开展创新大讨论活动的基础上,浦发银行起草《全行创新管理机制建设纲要》(以下简称《纲要》),于当年10月作为第三次季度工作会议文件正式予以下发执行。《纲要》界定创新和创新管理机制含义和原则。明确创新包括制度创新、业务创新、技术创新等;创新管理机制主要包括创新管理工作体系、创新运行机制以及创新发展机制。构建创新管理机制则必须把握有效管理、全面管理、持续管理3个原则。《纲要》确立构建创新管理机制的目标,即通过建立权责分明的管理工作体系,规范高效的创新运行机制,持续稳定的创新发展机制,将创新活动与日常工作紧密结合,使创新成为全行经营管理的主流。《纲要》提出创新管理机制主要内容。建立创新管理工作体系,包括明确创新管理的主体、建立创新的决策机构、落实创新的中心管理部门。建立创新运行机制,分为产生、处理、实施、反馈4个阶段。建立创新发展机制,包括营造创新的文化氛围、培养创新人才、建立创新激励制度、搭建信息技术支持平台。

二、创新机制

2008年11月起,为配合中国银行业改革开放30年宣传活动,在总行统一部署下,上海、北京、广州、深圳分行举行"浦发银行15年金融创新成果巡回展"。展览围绕浦发银行"进步的动力"品牌定位,图文并茂地展示浦发银行15年来的发展及创新历程,宣传浦发银行以"新思维,心服务"为引领,努力打造具有核心竞争优势的现代金融服务企业的发展目标,受到广大客户和浦发银行干部员工关注。

2009年7月24日—25日,浦发银行召开2009年年中工作会议,提出高度关注全行金融创新工作。优化金融创新的机制和流程。充分发挥浦发银行营销推进委员会、资产负债管理委员会、信息化建设委员会等在金融创新方面的牵头、协调和推进作用,努力形成更加制度化的协调工作流程、决策议事机制和评价督办机制。"以客户为中心",进一步优化金融创新管理流程,促进前中后台之间紧密合作。加强产品和服务创新的规划管理。探索建立全行产品创新统筹规划、分级实施的制度,明确各级机构创新的层面、范围和标准。在产品创新策略基础上,制订年度的产品和服务创新计划,增强全行创新的有序性和协同性。加强对创新计划执行情况的跟踪,及时协调解决推进过程中的问题,保证产品创新计划的落实和有效执行。提高产品和服务创新成果的转化效率。挖掘全行目标客户群体潜在需求,确定重点交叉销售产品目录,并围绕重点产品确定交叉销售指标与责任部门,建立年度交叉销售指标体系。加强跟踪监测和考核评价,提高交叉销售实施效果,提高创新产品投放市场的进程和效率。同时,建立和完善产品投放市场后的监测和评估工作,及时收集客户与市场反应,持续推进创新产品的优化工作。营造良好的创新氛围和创新文化。在全行范围内营造鼓励创新、宽容失败的创新氛围。明确创新激励机制和激励措施。加强产品经理队伍和技术开发人员队伍建设,加大系统开发和建设力度,为业务创新和市场营销提供有力支撑和保障。

10月,为推动全行创新工作的有序开展,浦发银行制定《产品与服务创新管理规程》。产品与服务创新是在金融产品、业务流程和服务方式等方面开展的各项创新活动,主要包括全新型、扩展型、优化型创新,遵循客户导向、差异策略;权责清晰、协同有效;全员创新、快速反应;关键审核、风险控制。总行是全行产品与服务创新体系的核心,分行负责实施区域性产品与服务创新,并在总行指导下进行创新产品与服务的试运行、营销推广。营销推进委员会全面负责全行产品与服务创新工作,承担全行创新的综合管理和协调推进,负责组织全新型及跨条线产品与服务创新的审议,协调沟通创新过程中存在的争议,积极营造创新氛围,推动全行创新工作开展。营销推进委员会办公室作为其日常办事机构,是创新工作的牵头落实部门,承担全行创新工作中的协调、推动、规划和综合管理等职责。

2009年全行战略管理会议上,董事长吉晓辉提出加强创新机制建设。形成更加制度化的创新工作流程和议事决策规则,创造良好的工作沟通界面与职责分工体系,提高创新的效率。建立统筹规划、分级实施的全方位、全流程创新模式。加大交叉销售力度,并从考核激励上提供制度保障,确保创新成果尽快转化为现实经营效益。行长傅建华指出,创新能力的提升需要强有力的体制机制保障。要进一步发挥营销推进委员会办公室的作用;拓宽营销一线与后台研发队伍的直接沟通渠道;逐步建立规范化、标准化的IT服务管理体系;通过加强激励促进交叉销售,推动创新成果加快转化为现实生产力。在坚持合规的前提下,促进横向与纵向的信息交流,加快思维方式的突破;在统筹规划的基础上,促进创新活动在全行各个层面上有序开展。同时加大对创新的资源倾斜,培育创新人才,活跃创新气息,最终形成具有浦发特色的创新文化。

2010年全行工作会议上,董事长吉晓辉再次强调要增强创新意识、优化创新思维、把握创新趋势、强化创新保障。当年,第十三届中国北京国际科技产业博览会中国金融峰会在北京钓鱼台国宾馆举行,浦发银行在该峰会组织的第十三届科博会——2010中国金融高峰会金牛榜评选中荣膺"2010最佳绿色银行创新奖"。

三、金融学会

【内部刊物】

1993年9月30日,浦发银行《发展研究》创刊。《发展研究》由董事长庄晓天题写刊名,是全行历史最悠久的内部刊物,并于每年出版合订本。其编辑宗旨是为员工搭建研究问题、提出建议的平台,也是行领导了解情况的窗口、决策指挥的参谋。截至1995年年末,《发展研究》共编发45期,发表研究文章71篇。1996年,《发展研究》由不定期出版改为双周定期出版,全年出版24期,刊登调研论文45篇,共16万字。同时,浦发银行的另一本信息刊物《每周信息》也改为双周定期出版,全年出版24期,收集同业、政策、金融创新及其他信息200余篇,共20万字。两份刊物发行数量分别从原来30多份扩大至近400份，全行中层以上干部和金融研究会会员都能定期阅读，业务第一线的干部员工也将其作为必读刊物。

1997年，全年共出版发行《发展研究》24期，刊出论文78篇，合30余万字。论文内容涉及金融理论研究、金融创新研究、金融电子化研究、东方卡业务、银行风险控制、金融改革、对策思考、国外借鉴以及工作调研等领域。同年，通过对当年刊出的论文进行编辑整理，将论文分为理论研究、机制探索、金融创新、风险管理、对策研究、借鉴与参考、金融电子化和工作研究八大类，形成《发展研究》论文集。

2001年，作为同业研究成果的又一个载体，浦发银行推出全新电子刊物《同业研究参考》，全面介绍同业各行的发展情况、最新的财政金融政策以及相关的研究成果。2003年，《发展研究》成功完成改版和电子版的发行，全年共出版12期、150多篇文章。作为全行性的研究刊物，《发展研究》在内容上，密切联系行内工作重心，围绕宏观形势、个金业务、信息化建设、风险管理、市场营销、SAP系统建设、企业文化等10多个重点专题展开。在形式上，增加卷首语、特稿、双语互动等栏目，同时完善对外交流纸质版的出版和发行网络交流平台的相关工作。随着金融研究的深入，浦发银行已拥有《财经快讯》《发展研究》《每周一书》《同业研究》《领导参阅》《管理者修炼》《专题研究》《网上图书馆》《创新大讨论》《战略推进》等内部刊物。

2009年，浦发银行下发《关于加强全行研究工作的若干意见》，明确由浦发银行战略发展部牵头，组织全行各部门、各分行相关力量，通过条块结合、合理分工，推动研究水平的全面提升，打造学习型组织和创新型银行。研究主要围绕战略、同业、行业、市场、客户、产品六方面内容进行，将日常成果通过《领导参阅》《战略视角》等平台和载体组织发布，重要成果通过快速通道报送行领导。按照专业分工推行专项研究报告制度、建立研究课题汇报对接制度，最终实现全行研究信息和数据库资源平台共享。由战略发展部编辑的《财经快讯》《同业动态》《每周一书》等刊物订阅量稳步上升，《财经快讯》保持行内订阅量排名第一。同时，有针对性地开展专业培训和业务指导，完善信息共享平台、培训、研究方法、对内合作、对外合作、考核激励等研究机制，进一步发挥研究工作对银行战略管理、经营决策和业务发展的支撑和服务功能。

2010年，浦发银行推出研究新产品——《今日视点》，重点对重大经济金融形势变化、重大政策和事件提出简要的分析观点和对策建议。通过强化推进业务研究工作，深入分析全行战略执行面临的环境变化、竞争优势和存在的突出问题，提出改进和完善战略执行的各项具体措施，形成较为丰富的研究成果，强化对浦发银行决策的支撑作用，以及对分行和业务条线的经营促进作用。

【金融研究会】

1994年12月，浦发银行出台《金融研究会章程》，制定入会条件。具有大专以上学历或中级职称、本职工作完成较好、对金融研究有兴趣，并有一定研究写作能力的正式员工，可报名申请参加。根据本人自愿与所属部门领导推荐相结合的原则，经审查认可后，由发展研究部正式发给会员证书。金融研究会由浦发银行分管行领导指导，围绕全行中心工作开展调研活动，日常事务由发展研究部负责。会员的调研课题与本职工作相结合，日常调研活动在不影响会员本职工作的前提下进行。研究会每年召开1—2次会员大会，布置调研课题，交流调研经验，评选优秀论文。会员的调研活动和学术成果列入业务考核内容，会员所撰写的调研报告和论文，由发展研究部根据学术水平和内外形势的需要，分别刊载于《发展研究》和《每周信息》，同时选送部分稿件供《上海金融》等公开出版物刊登。

1995年2月25日,浦发银行金融研究会正式宣告成立,各部(室)、分支机构负责人及会员代表共110人出席成立大会暨三年规划研究会。浦发银行领导庄晓天、陈伟恕出席会议,并就浦发银行发展前景和金融研究会的性质任务作重要讲话。经自愿报名和部门推荐,全行有185人成为浦发银行金融研究会的首批会员,占全行员工总数的16.8%。行长裴静之在1995年年初全行工作会议对金融研究会的工作提出要求,金融研究会要着重对商业银行的经营环境、机制以及建立新型银企关系和新三年的发展进行规划和研究,金融研究要出成果、出思路,更要出人才、出效益。

浦发银行金融研究会是在董事会和行长室领导下开展金融研究的群众性团体。研究会的主要任务是,发动全行员工为浦发银行业务开拓和内部管理献计献策,开展群众性的业务探讨和理论学习,提高员工的素质。具体包括四方面内容:结合部门(分支行)工作,总结经验,发现问题,并提出改进工作、发展业务的对策、思路、方法以及各种建议,当好董事会、行长和各级领导的参谋。共同办好研究刊物和各类研讨会,通过集中反映会员调研成果的《发展研究》《每周信息》等刊物,对内提高行员素质水平,提高分析问题、解决问题的能力,对外扩大浦发银行的社会影响。通过研究会的渠道,向浦发银行反映情况、提供信息,加强行内范围的相互联系和密切合作,完成行领导交办的各项重大调研任务。加强同社会经济、金融学术研究团体的联系,开展各种形式的联谊活动,取长补短,互相促进,不断提高研究会会员的学术水平。

1996年4月至6月,浦发银行以新三年业务发展与管理为主题,开展"业务发展与管理"征文及优秀论文评选活动。征文分为学术论文和调研报告两类,成立优秀论文评选委员会,评委会下设征文活动办公室,浦发银行发展研究部负责办公室的日常工作。活动共征集论文71篇30余万字,连同1995年《发展研究》刊出的论文共有参评论文124篇,分别来自总行机关、上海、北京、南京、杭州、江阴各分支行,评出一等奖2名,二等奖4名,三等奖6名,优秀奖4名,鼓励奖5名,组织奖1名。此次征文活动对活跃群众性调研气氛,发掘行内金融调研人才,起了积极作用。当年,金融研究会发展62名新会员。

1996年,浦发银行举办多次各类研讨会和形势报告会,包括"第四次全行商业银行研讨会""浦发银行三年规划"修改报告研讨会、"现代企业制度建立过程中的银企合作"研讨会,以及"上海金融、经济形势""中美关系的若干问题""1996年货币金融形势及政策走势"专题报告会。同时,浦发银行加入上海市政府和市中国人民银行的金融调研网络,参与"上海创建国际金融中心"和"上海地区金融创新"课题组,完成"关于加快商业银行发展的政策建议"和"浦发银行金融创新的调查"。撰写20余篇优秀论文,分别在《上海证券报》《上海金融》《新金融》等报纸杂志上公开发表。参加"中国专业银行商业化""金融企业跨国经营"等全国性和地方性学术研究会20余个,参与编写《中国商业银行发展探索》一书,扩大浦发银行的对外影响。

1996年,浦发银行召开金融工作调研会议暨金融研究会年会。会议指出,金融调研要与全行的发展相结合,与实际工作相结合。调研论文的选题要来源于银行实际工作,研究成果要解决问题,指导工作,要有可操作性。有关部门和分支行要时刻关注金融研究成果,应用于实际工作,让研究成果尽快转化为生产力。在研究方法上,要采用联合研究的形式,调研部门要牵头组织行内各部门、分支机构的金融研究骨干力量共同研究,对于不涉及行内机密,可借用社会力量,集思广益。对于银行工作中的具体问题,干部员工,特别是金融研究会会员可单独研究,或自由结合组织研究小组,或由业务部门领导通过行政指派员工研究形式进行,也可通过调研部门组织发动,广泛开展群众性调研工作。

1997年12月,浦发银行出台《调研联络员制度》。总行各部(室)、上海地区各支行(办事处)均

图 7-2-4 1996年5月,浦发银行承办商业银行研讨会

设兼职调研联络员1名,承担所在部门金融调研工作的组织与协调,推动群众性调研工作的开展,负责与浦发银行发展研究部的日常联络工作,为《发展研究》提供稿件,并提供所在部门的调研动态。调研联络员实行聘任制,聘期两年。调研联络员由各部门推荐,发展研究部负责每年对调研联络员进行考评,作为调研联络员晋升职务、职称时的参考。通过金融调研联络员制度,浦发银行初步形成以发展研究部为龙头,各部(室)、分支行(办事处)联络员为骨干,近200名金融研究会会员为基础,全行广大干部员工共同参与的金融调研队伍,为浦发银行开展群众性的调研工作奠定基础。

【博士后工作站】

2002年,经国家人事部批准,浦发银行成为上海地区第一家被批准设立博士后科研工作站的商业银行。浦发银行博士后工作站挂靠复旦大学,2003年9月,首批博士后研究人员进站并开展研究工作。2004年2月26日,浦发银行博士后科研工作站正式揭牌,浦发银行董事长张广生、行长金运,上海市人事局副局长、金融党委副书记、上海市银监局局长、复旦大学副校长兼研究生院长、博士后流动站主任以及中国金融学会常务理事,教育部经济学科教学指导委员会委员、复旦大学金融研究院常务副院长等出席揭牌仪式。博士后工作站的设立,是浦发银行人才发展战略和企业文化战略的重要组成部分。浦发银行与国内外著名大学、科研院所合作,聘请国内外知名学者、国际著名银行业专家,将博士后工作站建设成为上海金融业高级人才的集聚和培养基地。

2004年,按照浦发银行领导关于"立意高、机制好、特色鲜明、成果优秀"的要求,浦发银行发展研究部对上海期货交易所、上海国际集团、中国工商银行、中国华融资产管理公司等4家企业博士后工作站进行较为全面的考察,完成《金融企业博士后科研工作站调研报告》《企业博士后工作站情况调研》的书面材料。同时加强博士后工作站日常人员管理、课题管理、机制建设,推动工作站管理委员会、专家委员会的成立。博士后工作站的建立,促进浦发银行发展过程中高端课题的研究工作,为筑巢引凤、识别及引进外部人才提供平台,同时也是浦发银行品牌建设的组成部分。

2010年,浦发银行完成《关于加强我行博士后科研工作站管理工作安排的建议》和《博士后工作站专家委员会管理办法》的制定,并结合浦发银行实际情况,制定《博士后科研工作站管理办法》,以及带教制度、考核制度和薪酬制度"三项制度"。当年,首次举行博士后校园招聘宣讲活动,招收6名博士后研究人员,成为浦发银行博士后工作站建站以来招聘人数最多的一年。同时,与北京大学博士后流动站合作,拓宽博士后培养平台,扩大浦发银行博士后工作站的影响度和知名度;与行内相关部门的业务人员、研究人员和同业、行外专家的沟通和交流,提高博士后研究和解决实际问题的能力和水平。

第三章 社会责任

第一节 社会责任报告

一、1993—2005年度企业社会责任报告

2006年,由国资委中国企业改革与发展研究会发起的"中国企业社会责任联盟"正式成立,同时举办中国企业社会责任论坛,讨论并制定中国第一部综合性的《中国企业社会责任标准》,发表《中国企业社会责任北京宣言》,借此推动中国企业承担起更多的人权、劳工和环保等方面的社会责任。作为国内该领域的第一个规范化组织,中国企业社会责任联盟的诞生,对于增强中国企业的社会责任感,为构建和谐社会作出应有贡献是一个重要举措,也是对在上海召开的主题为"构建可持续发展的全球经济联盟"的全球契约中国峰会的积极回应。中国部分著名企业,如宝钢、一汽、中石化、中石油、海尔、中国光彩事业促进会等51家企业和组织加入此契约。

2006年4月28日,浦发银行组织召开企业社会责任报告编委座谈会,就企业社会责任报告编制方案作介绍,并围绕企业社会责任报告提纲展开讨论。6月23日,在内部与外部网站同时发布企业社会责任报告,成为第一家发布企业社会责任报告的商业银行。企业社会责任报告对浦发银行自1993年建行初期到2005年年底所承担的企业社会责任历史沿革进行梳理整合,同时对浦发银行未来承担社会责任的工作进行有效规范和指导。

企业社会责任报告,提出社会责任观。通过对股东、客户、员工、商业伙伴、社区、自然资源、环境等利益相关者承担责任和义务,维护和增进社会利益,实现企业和社会协调发展。建立社会责任观的目标体系。"行之以礼,出之以仁,成之以信,守之以诚"是承担社会责任的文化内涵。"奉献社会,服务大众,协同发展,共建和谐"是承担社会责任的行动目标。明确对利益相关者的责任定位。浦发银行对股东承担价值最大化、可持续发展的责任;对客户承担提供优质服务、实现共同成长的责任;对商务伙伴(供应商、销售商和消费者)承担诚信交易、共赢发展的责任;对社区、政府承担推动社会公平正义、和谐有序的责任;对员工承担关注成长、提升价值的责任;对环境承担促进环保、建立节约型社会的责任。落实社会责任的行为准则。遵循"笃守诚信,创造卓越"的立行宗旨,为充分履行社会责任,奉守"依法合规,稳健经营"——这是开展一切经营活动的准则;以人为本,价值统一——这是实现社会价值、股东价值、员工价值相统一的精神内核;客户导向、尽心服务——这是以客户为中心的服务理念;提倡节约、支持环保——这是推动建设节约型社会、促进可持续发展的准则;充满爱心、融入激情——这是员工奉献社会的准则。

结合企业社会责任报告的发布,浦发银行积极传播企业社会责任理念,带动更多的企业参与到这项活动中,对于金融行业落实企业社会责任起到积极推动作用。2006年9月7日,浦发银行获评上海美国商会颁发的"企业社会责任最佳实践大奖",成为此奖项设立以来首家获得大奖的中资企业。此次评选主要采用世界著名的企业社会责任评级公司——澳大利亚RepuTex公司的评价指标体系,主要包含公司法人治理、环境保护、社区建设(公益事业)以及员工保障等4个方面。10月25日,浦发银行出席《中国日报》举办的CEO圆桌论坛,介绍在践行企业社会责任方面的探索,特

别是在环保、志愿者活动以及公益活动等方面的具体实践。11月,《金融时报》对浦发银行董事长金运作了专访,并以《创建和谐社会需要金融企业践行社会责任》为题刊登在11月6日《金融时报》上。11月8日,"中国企业社会责任调查百家优秀企业发布"暨"财富手拉手联盟"成立大会在北京梅地亚多功能厅隆重举行。浦发银行与建行、招行、民生、花旗、渣打作为银行业代表同时当选百家优秀企业。"中国企业社会责任调查"是国内首个面向全国优秀中外资企业开展的社会责任理念与实践的大型调查,由中央电视台、北京大学民营经济研究院与《环球企业家》杂志社联合主办,调查重点关注2005至2006年度中国境内经营状况良好并在履行社会责任方面表现突出的国有企业、民营企业及外资在华企业。

二、2006年度企业社会责任报告

继上年率先发布中国银行业企业社会责任报告后,2007年,浦发银行再度发布2006年度企业社会责任报告。报告分为"责任浦发""环保浦发""爱心浦发""人本浦发""价值浦发"五大版块。2006年,浦发银行创建志愿者队伍,倡导"人人担起责任,创造无限可能"。大力推广网上银行捐赠系统:内部,面向员工的自助捐赠系统;外部,面向客户,开通直接与基金会账户连接的绿色通道。广泛开展与国内、外社会公益组织合作:与中国预防性病艾滋病基金会合作开展为期3年的救助艾滋致孤儿童"红丝带"活动,与JA(国际青年成就组织)连续4年合作开展金融教育活动。

2006年12月11日,上海银监局领导在为浦发银行审计条线培训班讲话时,高度肯定和鼓励浦发银行的企业社会责任工作,并表示"浦发已经走出第一步,希望浦发继续推进下去"。同时指出企业社会责任与可持续发展、和谐社会的建设密切相关,银行勇敢地对社会进行承诺,对整体提升银行的公众形象、提升银行的社会价值是非常重要的。这些理念、意识和银行的外部环境是合拍的,和银行业的改革发展是合拍的,和银行个体的发展也是合拍的。12月21日,浦发银行作为银行业的代表之一,当选中央电视台和北京大学民营经济学院发布的中国企业社会责任调查2006年度20家"最具社会责任企业"。2007年1月,中国青年成就组织授予浦发银行"JA中国志愿者最佳组织奖",浦发银行青年理财项目上海大学志愿者团队获"2006年度最佳志愿者团队奖"。

三、2007年度企业社会责任报告

2007年,适值浦发银行成立15周年,回顾连续3年发布责任报告的历程,浦发银行从机制建设上逐步将企业社会责任纳入自身经营管理中,依托金融资源优势积极践行社会责任,不仅将社会责任观念深植于企业文化,同时传播垂范、影响带动更多有志之士。2007年度企业社会责任报告从服务责任、人本责任、绿色责任、和谐责任四方面阐述浦发银行的企业社会责任实践。探索国际准则,结合中国特色,致力于建设中国金融企业公民。在"新思维,心服务"的引领下,将社会责任工作纳入公司整体发展战略。架构起以品牌管理领导小组为统领的社会责任工作管理体系。建立全行志愿者日活动机制,每年一次,全国各分行同时、同主题开展。

2007年10月30日,浦发银行蝉联由上海美国商会主办的"2007企业社会责任最佳实践评选"活动企业社会责任奖。12月,在由《中国新闻周刊》与中国红十字基金会联合主办的第三届"中国·企业社会责任国际论坛"上,浦发银行获评"最具责任感企业"。

四、2008年度企业社会责任报告

浦发银行2008年度企业社会责任报告采用全球报告倡议组织可持续发展报告指南G3标准制定,开展第三方审验,与国际接轨,提高报告的专业性、规范性、可信性。关注经济责任、社会责任和环境责任,积极响应国内、外大环境,发挥金融资源优势,在"5·12"汶川大地震、奥运盛会、全球金融危机中积极承担企业社会责任。

2008年5月,浦发银行被国际评级研究机构RepuTex(崇德)评为"中国十佳可持续发展企业";10月,被中国扶贫基金会评为"2008中国民生行动先锋";10月30日,继2007年蝉联上海美国商会"企业社会责任实践奖"后再获殊荣,凭借2006—2008年度在企业社会责任方面的持续成就,被上海美国商会授予"企业社会责任特别表彰奖"。当年,润灵公益事业咨询根据MCT-CSR评价体系,公布在国内发布的所有上市公司企业社会责任报告的评价结果,浦发银行企业社会责任报告排名第七位,位居上市银行第二位。评价结果指出,浦发银行2008年企业社会责任报告从积极履行经济、社会、环境三重责任的角度,对2008年履行企业社会责任的情况进行披露,案例丰富,绩效指标披露详尽。

五、2009年度企业社会责任报告

2009年,浦发银行加强与利益相关方沟通,加强自省与社会监督,提升观念视野和管理手段,形成发展共识,凝聚发展合力,协调推动公司与社会可持续发展。努力打造中国银行业首家低碳银行,率先推出绿色信贷综合金融服务方案、率先成功试水碳金融、联合创建中国首家自愿减排联合组织。当年,浦发银行在A股上市公司责任报告高峰论坛中,获"2008金融保险行业最佳社会责任报告奖项"。12月9日,在"2009年第六届中国最佳企业公民评选"中,浦发银行被评为"中国最佳企业公民",继当年获评中国社工协会颁发的"中国优秀企业公民"荣誉后再次在企业社会责任领域获得殊荣。另外,还获得"2009中国品牌社会责任贡献奖""2009年绿色金融贡献大奖""榜样中国·2009年度传媒金榜之慈善企业"等奖项及称号。

六、2010年度企业社会责任报告

2010年是全面完成"十一五"规划最后一年,也是蓄势冲刺"十二五"的关键之年。长期以来,浦发银行积极践行社会责任,在新起点上,浦发银行从企业公民角度,对"十二五"的3个核心词进行重新透视和解读。一是"绿色"。"十二五"时期经济社会发展要求加快构建资源节约、环境友好的生产方式和消费模式,增强可持续发展能力,提高生态文明。浦发银行积极践行日常环保责任、绿色金融责任、环境友好责任,持续深入打造低碳银行;二是"幸福"。"十二五"在经济社会发展导向上,从更多追求经济总量的快速增长,转向进入全面改善民生的新时代。由此,浦发银行"成就你我,幸福中国"的理念应运而生;三是"责任"。立足于"十二五"新时期的新要求,浦发银行于2010年进行全面社会责任战略梳理,致力于依托金融专业优势,形成具有浦发银行特色的责任竞争力,主动承担经济、社会、环境责任,促进自身和利益相关方共同可持续发展。

经重新梳理后的公司企业社会责任理念主要分为四方面内容。一是企业社会责任观。依托金融专业优势，形成具有浦发银行特色的责任竞争力，主动承担经济、社会、环境责任，促进自身和利益相关方共同可持续发展。二是企业社会责任目标。浦发银行致力于依托金融专业优势，践行企业社会责任。将企业社会责任作为浦发银行文化、品牌以及核心竞争优势的有机组成部分，形成具有浦发银行特色的责任竞争力，积极践行对经济、社会、环境的三重责任，致力于建设成为受人尊敬的上市银行。在经济责任层面，致力于合法诚信、永续经营、为股东创造更多价值；在社会责任层面，致力于为员工、客户、社区等各利益相关方谋求福祉；在环境责任层面，致力于积极应对和规避环境风险，持续绿色金融创新，大力建设低碳银行，追求可持续协调发展。三是企业社会责任行动准则，包括：依法合规，稳健经营；笃守诚信，服务大众；以人为本，价值统一；奉献爱心，回报社会；传导政策，调配资源；倡导环保，绿色金融。四是企业社会责任领域，包括：国计民生责任、金融普惠责任、优质服务责任、金融创新责任、员工发展责任、金融教育责任、爱心公益责任、节约环保责任、绿色金融责任、环境友好责任。

同时，公司致力于建设有效的利益相关方参与机制，与利益相关方建立战略互信，形成可持续发展共识，发挥合力创造价值，最大限度增进企业对社会和环境的积极影响，最大限度减少消极影响，最大限度创造经济、社会和环境的综合价值。对待客户，承担创新金融产品、优质金融服务、金融理念引领、创新金融体验的责任。加快业务与科技创新，构建完善的现代金融服务体系；提供品种丰富的产品；提升客户满意度；为客户创造价值，与客户共同成长。对待股东，承担提升盈利水平、规范运作、严格风险管理的责任。构建完善的公司治理体系；紧密跟踪和顺应国际、国内经济形势变化，强化全面风险管理，保持各项业务平稳、健康、可持续发展，给股东带来可持续的收益回报；加强信息披露事务管理和公共关系管理，努力提高透明度，加强声誉风险管理；依法合规经营，加强合规管理。对待员工，承担权益保障、薪酬福利、教育培训、个人发展的责任。保障员工平等、公平就业的权益，培养员工队伍的多元化；建立和完善职工代表大会制度，从制度上确保员工基本权益的实现；强化员工培训，完善考核激励机制，提供良好的职业生涯发展机会；持续开展员工满意度调查并及时跟进反馈。对待政府，承担支持国家宏观调控政策、税收、扩大就业的责任。调整信贷结构，支持保增长、惠民生、调结构领域融资；积极主动纳税；为社会提供就业岗位。对待环境，承担支持低碳经济建设、支持构建节约型社会的责任。全员参与，日常节能环保，推行绿色采购，开展环保公益活动；大力发展电子银行，拓展绿色金融渠道，创新绿色产品，支持绿色信贷；全面打造低碳银行。对待合作伙伴（供应商、保险、证券、基金及同业），承担诚信交易、合同履约、合作发展的责任。以公开、公平、公正的原则开展合作；以平等、互利、互信的原则共同发展。对待社区，承担社会公平正义、和谐有序的责任。围绕助学、扶贫、教育、环保主题，组织社会公益活动；倡导和开展志愿者活动，鼓励员工参与；开展针对各类金融消费人群的金融教育。对待社会团体（包括环保组织、慈善公益组织等），承担支持、促进社会团体发展的责任。积极支持并参与相关公益活动；与国内、外先进社团组织建立密切联系，加强沟通与学习；从金融专业和经费上给予支持。对待媒体，承担信息准确、及时、透明、互动的责任。及时、主动披露公司信息；建立畅通、透明的沟通渠道；加强舆论导向，营造健康、良好的金融舆论氛围。

2010年9月6日，浦发银行召开2011—2014年企业社会责任战略规划项目启动（视频）会议。会议明确2010年企业社会责任重点工作整体思路为"提升管理，全员参与，突出低碳"，以及战略规划、机制建设、全行性重点项目、员工满意度调查、推进绿色信贷、畅通绿色渠道和共建绿色文化等重点工作。当年，在"2010第一财经·中国企业社会责任榜"中，浦发银行荣获"2010第一财经·中国企业社会责任榜优秀实践奖"。另外，浦发银行还被评为"中国上市公司竞争力公信力TOP10调查最具社会责任上市公司""2010 中国上市公司最佳社会责任董事会十强",入选恒生可持续发展企业指数系列、A 股上市公司社会责任报告评级银行业第二位,获"2010 中国低碳新锐银行大奖""2010 最佳绿色银行创新奖""2010 年全球契约中国企业社会责任典范报告——优秀创新奖",浦发志愿者日活动获"中国企业公民优秀项目奖"。

第二节 慈 善 事 业

一、慈善募捐

浦发银行积极为公益性基金提供金融服务。1994 年,上海市慈善基金会成立。7 月 21 日,浦发银行向上海市慈善基金会捐赠 100 万元。同时,受该基金会的委托,浦发银行承担慈善基金的汇集结算和增值运用工作。8 月,再次接受委托,办理上海市社会帮困基金会的汇集结算和增值运用。10 月 18 日,浦发银行向徐汇区帮困基金捐款 5 万元。1995 年 1 月 4 日,向上海市教育发展基金会捐赠 100 万元。1996 年 10 月 17 日,向上海市老年基金会捐款 50 万元。1997 年 1 月 14 日,再次向上海市社会帮困基金会捐款 50 万元。1997 年,经中国人民银行批准,浦发银行在国内独家试点推出普通高校助学贷款。9 月 3 日,与上海市教育委员会于上海市政府举行全市普通高校助学贷款合作协议签字仪式,并向上海市教育委员会助学贷款专项基金捐赠 100 万元。1998 年 8 月,长江流域洪水之际,浦发银行在全行系统开展抗洪赈灾捐款活动。

图 7-3-1 1994 年 7 月 21 日,浦发银行向上海市慈善基金会捐款 100 万元

2004 年 8 月 4 日,浦发银行向全行发出关于开展慈善捐赠倡议,号召员工"奉献爱心、关爱社会"。截至 2004 年年末,全行员工慈善捐款数额超过 100 万元。同年 12 月,《上海浦东发展银行慈善捐赠管理办法》出台,明确浦发银行慈善捐赠工作由办公室、人事部、资金财务部、审计部、工会等

部门负责,捐赠来源为员工个人捐赠及其他方面捐赠,募捐款项主要用于社会公共慈善事业,包括安老、扶幼、助学、济困,另有一定比例捐赠款项被用于支持行内处于危难时期的员工。2005年2月,浦发银行制定《慈善事业荣誉管理办法》,开展慈善事业爱心积分活动,以爱心积分金、银、铜牌的形式,表彰慈善捐赠活动中表现突出的员工。5月,《员工慈善基金管理细则(暂行)》出台。

2004年11月10日,在总行大厅举行由上海市慈善基金会主办的"蓝天下的至爱——上海市首批多媒体募捐箱启用暨捐赠仪式"。中华慈善总会荣誉会长、上海市慈善基金会理事长,上海市慈善基金会顾问,以及浦发银行领导、上海地区总部领导出席启用和捐赠仪式,并为慈善基金捐赠款项。2005年11月29日,浦发银行办公室、党委办公室、财务部、审计部在网上联合举行"慈善淘宝"拍卖活动,拍卖物品83件,拍卖款项共计22 940元。拍卖款项22 000元通过上海慈善基金会捐助10名贫困学生,其余纳入行内慈善基金账户。12月,浦发银行及上海地区总部员工开展募集衣被活动,帮助云南、四川两省受灾地区群众过冬,2 700余人参加募集,募集衣被7 200余件、380余袋。2006年,浦发银行举办"新年伸援手、慈善暖人心"慈善捐款活动,760名员工奉献爱心,捐款人员达92.68%。

2005年1月9日,适逢浦发银行12周年行庆,全行员工开展"爱心捐款,帮助贫困学生回家过年"慈善活动。上海、北京、广州、杭州、温州、苏州、深圳、芜湖、郑州、大连、济南、西安、成都、沈阳、武汉、青岛、太原、长沙18家分行积极响应,快速锁定捐款对象,为学生捐助回家路费,让贫困学生赶回家乡与家人团聚。之后,"浦发银行回馈社会慈善活动之二:走进特殊儿童"活动拉开帷幕。"六一"儿童节来临之际,浦发银行发出《为苏州博爱学校脑瘫儿童建立"浦发爱心图书室"的动员书》,号召机关员工为儿童捐献生活学习用品。食堂午间滚动播放浦发银行制作的《走近特殊儿童》DVD宣传片,各部门踊跃参加,捐赠大量物品。1月25日,浦发银行开展"给您一缕冬日阳光——新年爱心大行动"年终补助活动,补助对象为生活困难的总行员工、保洁人员、经警、保安等人员。6月1日,总行和苏州分行联手,在苏州博爱学校举行捐赠仪式,为脑瘫儿童建立"浦发爱心游艺室",总行与苏州分行捐赠大量书籍、玩具、文具、乐器等,分行还捐资为该校特制方便残疾儿童使用的专用书架。"走近特殊儿童"慈善活动再一次展示浦发员工富于爱心、乐于奉献的高尚情操,促进和谐社会建设的强烈社会责任感。

在总行号召下,2004年至2007年,先后有昆明分行召开慈善募捐暨职工住房互助基金认购大会;长沙分行首家"爱心超市"与"浦发银行爱心救助金";杭州萧山支行的"寻找贫困残疾人家庭";郑州分行的"浦发银行宏志之星"奖学金;成都分行的"心灵工程特别行动·一个也不能少",让低保家庭孩子每天吃上一个鸡蛋的活动;南京分行向江苏省慈善总会的15万元捐赠款;沈阳分行对贫困先天性心脏病患儿的救助;广州分行对华南理工大学困难学生的助学金发放;济南分行建立的"爱心图书室";武汉分行的"爱与希望同行——送寒门学子上大学";温州分行对"桑美"超强台风受灾地区的募捐以及广州分行"献出鲜血播下爱"的无偿献血活动;合肥分行在开业仪式上,向安徽省青少年发展基金会捐赠人民币25万元助学基金,成立"浦发优秀困难大学生奖学金",展示浦发银行积极践行社会责任、回馈社会、奉献爱心的崇高精神。

2008年年初,中国南方大部分地区遭受大范围雨雪冰冻灾害。浦发银行发起"你刷浦发卡、我捐一元钱"活动,即2月6日至2月16日期间,浦发银行信用卡、轻松理财卡、东方卡、智业卡客户,每刷卡消费1笔,浦发银行即捐赠1元钱,整体捐赠500万元,紧急救助灾情严重的湖南、湖北、安徽、江西四省。长沙分行成立由分行行长任组长的抗冰救灾领导小组,实行包铲冰雪、包门前道路畅通、包门前环境卫生等"三包"工作责任制,增加各营业网点头寸库存,确保现金供应,保证经营正常运行,做到"五个确保":确保全行员工人身安全;确保国家、集体和员工财产安全;确保网点(含自助银行、自助服务点)正常营业;确保各项业务正常运转,全行保持正常工作秩序;确保良好窗口服务形象。不少分行也积极向受灾地区奉献爱心,北京分行筹集爱心捐款15万余元,捐助长沙、南昌、武汉、芜湖分行;太原分行通过慈善机构向灾区捐款近16万元;天津分行通过天津市接收救灾扶贫捐赠工作站向灾区捐款10万余元;长沙分行在自保自救的同时,向市黄兴敬老院捐赠粮油物资3万余元,并通过省民政厅赈灾办公室捐赠冬衣棉被500余件。2月26日,安徽省政府举办浦发银行雪灾救助捐赠仪式,合肥分行代表浦发银行向安徽省政府捐赠100万元。2月29日和3月1日,江西省政府、南昌市政府分别举办浦发银行向江西省灾区灾后重建捐赠仪式,南昌分行代表浦发银行向江西灾区捐赠100万元。当年,由国务院扶贫办公室、中国扶贫基金会主办的"2008中国民生行动先锋榜"在北京揭晓,表彰持续关注民生、重视民生、改善民生,并付出实际行动的单位和个人,浦发银行荣获2008中国民生行动先锋奖。

2009年4月11日,"上海浦东发展银行向贵州省毕节威宁彝族回族自治县地震灾区捐款仪式"在贵阳市举行,董事长吉晓辉代表浦发银行向地震灾区捐款30万元。上海市政协主席冯国勤、贵州省政协主席黄瑶出席捐款仪式。5月6日,浦发银行在外滩12号大楼底层大会议厅举行手机银行"爱心通道"启动仪式。上海市慈善基金会副会长、中国移动通信集团公司集团客户部总经理与行长傅建华共同启动浦发手机银行"爱心通道"。活动现场,行长傅建华亲自通过手机银行向上海市慈善基金会捐出爱心善款,并号召全行员工通过手机银行"爱心通道"捐款。当年,"莫拉克"台风重创中国台湾岛,使台湾南部遭遇半个世纪以来最严重水灾。8月20日晚,浦发银行参加由多家卫星电视台联合举办的《跨越海峡的爱心——援助台湾受灾同胞赈灾晚会》,并向台湾受灾同胞捐赠人民币200万元。

2010年6月1日,浦发银行党委副书记冯树荣会见上海市儿童健康基金会理事长李忠尧一行,李忠尧对浦发银行长期以来在儿童健康事业方面提供的帮助和支持表示感谢,并向浦发银行颁发荣誉证书和奖杯。当年,颁布《浦发银行对外捐赠工作管理办法》,明确对外捐赠管理原则、审批流程和审批权限等,为进一步加强对外捐赠工作提供制度保障。2010年,浦发银行对外捐赠2 296余万元,广泛用于扶贫、助学、帮困、环保等社会公益事业。

浦发银行在开展捐赠活动的同时,充分运用现代技术手段,2005年率先在网上银行建立捐赠系统,与6家社会慈善机构合作,包括上海市慈善基金会、大连市慈善总会、江苏省希望工程办公室、甘肃省民政厅、河北省红十字会和南京市红十字会,依托网络优势建立内部员工与外部公众共同捐献平台。捐赠系统在内、外部网站开设爱心主页,内网网站中,每位员工拥有个人捐款页面,在页面中输入捐款数额,相应金额即从当月工资中扣除。截至2010年,员工累计捐款金额2 400余万元。浦发银行外部网站的爱心主页中,客户可借助浦发银行网上银行平台,轻松点击奉献爱心,客户捐助的款项自动、即时划转到慈善机构账户,由慈善机构全权支配。

二、浦发希望学校

浦发银行在金融同业中较早发起建立希望小学。1995年以后,随着经营业绩的提高,浦发银行采取以捐代庆方式,把庆典活动费用用于出资建造多所浦发希望学校。1995年,浦发银行杭州分行出资50万元,建立第一所浦发希望学校天台县泳溪中学。

2006年11月30日至12月3日,由党委副书记冯树荣及工会副主席带队,总行、上海分行团委委员及团员青年代表一行14人,远赴安徽省安庆市岳西县河图镇,为河图浦发希望小学400余名师生带去浦发银行全体员工爱心。12月1日,浦发银行与岳西县团委、岳西县团委教育局签订《上海浦东发展银行扶助河图镇浦发希望小学协议书》,并捐赠人民币24万元和数千本书籍、近千套学习用品。安徽省希望工程办公室、安庆团市委、岳西县政府等领导出席捐赠仪式并发表讲话。捐赠仪式后,浦发银行团员青年志愿者为希望小学学生讲授"我们的世界"志愿者课程。总行、上海分行的6家团支部分别与浦发希望小学中六名品学兼优但家庭困难的学生结成对子,对其进行长期经济资助。

图7-3-2　2007年,西藏自治区萨迦县吉定镇浦发银行希望小学新建的开水房

2008年4月3日,郑州分行希望小学启动仪式在驻马店罗店乡小王寺村隆重举行。河南省委常委、政法委书记李新民出席仪式。8月1日,芜湖分行揭牌暨项目合作签约仪式隆重举行。安徽省副省长文海英、浦发银行领导吉晓辉、傅建华、冯树荣、商洪波到场祝贺。芜湖分行与部分重点客户在仪式上签署业务合作协议,并宣布捐款人民币20万元,专项用于芜湖县浦发银行希望小学建设。

1995—2010年,浦发银行在杭州、昆明、重庆、深圳、南昌、南宁、天津、西藏等地共建立22所希望小学,累计捐助金额近1500万元。其中,四川省彭州市葛仙山镇九年制学校系汶川"5·12"大地震后,当地财政和浦发银行全体员工集资援建而成,建设资金总额达1800万元,全行员工专项集资800万元。学校由幼儿园、小学部、初中部等3个校区组成,拥有教学楼、多媒体教室、多功能室、图书室、阅览室、实验室和校园广播系统等现代教育教学配套设施;配备教职员工80余人,学生800余名;整体建筑质量通过相关专业机构审核和验收。浦发银行副行长刘信义赴四川省彭州市葛仙山镇出席学校落成暨移交仪式,并代表浦发银行再次向该校捐赠人民币50万元。

表 7-3-1 2010年年末浦发银行捐建希望小学一览表

单 位	希望小学名称	捐建时间	捐助金额(万元)
总行	大别山河图镇浦发银行希望小学	1997年	80
杭州分行	天台县泳溪中学	1995年	50
	泰顺县垟溪乡中心学校	1998年	25
重庆分行	重庆万州浦发希望小学	1998年	20
昆明分行	甲甸浦发银行希望小学	2000年	20
	勐立浦发银行希望小学	2006年	40
	瑞立浦发银行贺肥希望小学	2009年	50
南京分行	泗洪县太平乡浦发银行希望小学	2001年	30
乌鲁木齐分行	达阪城中学浦发银行希望学校	2006年	25
成都分行	剑阁县姚家乡小学	2003年	5
	凉山州普格县普基镇中心小学	2008年	40
南宁分行	浦发银行希望小学	2006年	20
南昌分行	井冈山古城镇浦发银行希望小学	2006年	25
	石城县大游乡高背村浦发银行希望小学	2010年	25
天津分行	宁河县造甲城镇赵温村浦发银行希望小学	2007年	25
上海分行	西藏自治区萨迦县吉定镇浦发银行希望小学	2007年	57.9
深圳分行	广东饶平县浦发银行希望小学	2007年	20
	贵州黔东南苗族侗族自治州黄平县野河洞乡浦发银行希望小学	2008年	20
郑州分行	驻马店市汝南县罗店乡小王寺村浦发银行希望小学	2008年	30
芜湖分行	红杨镇和平中心学校三胜浦发银行希望小学	2008年	20
广州分行	浦发银行郁南县希望小学	2009年	40
全行员工	四川省彭州市葛仙山镇九年制学校	2009年	800

说明：捐建金额为希望小学创建时的所捐，不含后续捐赠金额。

三、"红丝带"爱心活动

红丝带是对HIV和艾滋病认识的国际符号，由15位艺术家设计制作，1991年在美国纽约第一次出现。在此后的世界艾滋病大会上，一条红丝带被抛向会场上空，支持者们将红丝带剪成小段，用别针将折叠好的红丝带别在胸前。红丝带自此成为艾滋病防治的象征，象征对艾滋病病毒感染者和病人的关心与支持，象征对生命的热爱和对平等的渴望，象征用"心"参与艾滋病防治工作。

2006年5月至6月，浦发银行发起以"抵御艾滋病，你我齐参与"为主题的"红丝带爱心行动"，普及艾滋病预防知识，并为"121联合行动"捐款。5月29日，总行和上海分行第一营业部全体员工率先佩戴红丝带,在当日董事会上,浦发银行领导均佩戴红丝带出席。董事长金运向全体董事会、监事会成员发出倡议,奉献爱心,关注社会问题,各位董事、监事纷纷响应倡议,当场佩戴红丝带并捐款。5月30日至31日,各分行、直属支行员工均佩戴红丝带上岗。同时,浦发银行还建立网上宣传平台,开展专项捐赠及防艾公益宣传。8月31日,浦发银行和中国预防性病艾滋病基金会联合发起的"121联合行动计划捐赠仪式暨浦发银行红丝带爱心行动"启动仪式在北京人民大会堂河南厅举行。董事长金运、党委副书记万晓枫出席活动。与会嘉宾包括中国预防性病艾滋病基金会会长,国家卫生部、联合国艾滋病规划署、全球抗击艾滋病企业联盟代表官员,艾滋病宣传员奥运冠军以及中央电视台、凤凰卫视、《金融时报》、路透社、《文汇报》等40余家新闻媒体。浦发银行与中国预防性病艾滋病基金会签署3份协议,3年内投入100万元用于救助艾滋病孤儿。

2007年10月18日,浦发银行举行红丝带爱心活动系列之二——2007浦发银行"梦想启航之旅"开营仪式。副行长刘信义出席开营仪式并致辞。参加此次梦想启航之旅的20名学生,是浦发银行2006年"红丝带"爱心活动中资助的河南南阳市因艾滋病致孤的儿童。浦发银行对艾滋孤儿的救助,立足于通过开展各种实用技能培训,使其掌握一技之长。此次安排结束职业培训的孩子到上海观摩、学习,旨在进一步帮助其树立积极向上的人生态度和不断进取的精神。

第三节　志愿者服务

一、全行志愿者日

2006年9月,浦发银行董事长金运向全体员工发出《浦发银行志愿者倡议书》,号召更多浦发人加入志愿者服务事业,同时下发《志愿者管理办法(试行)》,浦发银行志愿者队伍正式成立。作为全行志愿者行动的领导机构,总行成立志愿者行动管理委员会,同时成立执行委员会负责组织推动。10月,浦发银行志愿者网站正式开通,成为浦发志愿者沟通交流、激扬青春和热情的平台。之后,浦发志愿者数量不断壮大,初步形成一支具有一定规模,素质较高的志愿者服务队伍,弘扬"人人担起责任,创造无限可能"的志愿者奉献精神。

2008年1月6日,为迎接15周年行庆,浦发银行开展首次全行志愿者日行动,以全员参与、回馈社会的公益活动形式,为行庆献礼,建立起全行志愿者日活动作为新年伊始固定活动的长效机制。在党委副书记冯树荣和副行长刘信义率领下,近300名志愿者统一由外滩12号大楼出发,赴上海21个主要地铁站点,宣传文明出行风尚、树立新上海人的文明新形象,拉开首个全行志愿者日活动序幕。活动当天,总、分行共3 000余名员工积极参与。志愿者们统一佩戴15周年纪念行徽和志愿者帽,以"我奉献,我快乐"为统一活动口号,根据属地特色及自有渠道优势进行项目策划、组织,为社会奉献爱心。

2009年1月10日,浦发银行第二年举办全行志愿者日活动,5 000余名志愿者围绕社区金融服务、环保、敬老、助孤4个主题开展不同方式活动,以优秀的企业公民形象引起社会广泛关注和好评。在上海,1 200名志愿者以世纪公园为中心,在市区22个地点开展系列倡导"乐活"观念的健步走、捡拾垃圾、派发环保袋等行动;北京分行开展"浦发银行助推中国青年创业国际计划"和倡导节能减排的"蓝手帕行动";太原、兰州、芜湖等分行面向孤老、儿童,开展"生命因你而感动,尊老爱幼献爱心,扶残助孤浦发情"活动,志愿者分赴社会福利院、儿童康复中心等慰问孤老、儿童,送去冬日御寒物资、学习用品、生活用品;苏州分行开展"伸出你我爱心之手,圆残疾人家庭一个朴素的梦"助残行动;昆明等众多分行志愿者深入社区,广泛开展金融教育服务,发挥金融优势资源为普及金融知识贡献力量。

2010年年初,浦发银行开展第三次全行志愿者日活动,6 000余名志愿者以"低碳,让生活更美好"为主题,开展各种形式低碳环保活动,为倡导低碳生活、打造节约型社会、助推低碳经济发展作出贡献。浦发银行员工参加"环保之行,始于足下"的爬楼登高活动。当年,在"第六届中国企业公民论坛暨优秀企业公民颁奖盛典"上,"浦发志愿者日活动"项目荣获"中国企业公民"优秀项目奖。

二、与 JA 合作

2006年9月24日,浦发银行与国际上最大的志愿者组织——国际青年成就组织(JA)签署合作协议,确立长期合作的伙伴关系。当天,由浦发银行与国际青年成就(中国)、上海大学共同推出的《青年理财》志愿者项目启动仪式在上海大学延长校区隆重举行。浦发银行副行长张耀麟和JA中国创始人、董事长,上海大学就业指导中心主任分别致辞,并进行捐赠签约。副行长张耀麟开讲青年理财课堂。9月至11月,浦发银行23位优秀志愿者,利用周末赴上海大学和交通大学为大学生授课。12月16日下午,《青年理财》志愿者项目第一期课程结业仪式在上海大学举行,浦发银行有关领导、志愿者和JA中国相关负责人出席。结业仪式上,两所大学的同学展示学习成果——模拟理财方案,经浦发银行领导和个人理财专家组成的评委会点评,来自上海交通大学的团队获得方案比赛的一等奖。

10月21日,浦发银行总行和上海分行志愿者前往上海松江大学城,在华东政法大学和上海对外贸易学院两所大学开展《事业启航》志愿者活动。浦发银行志愿者通过面对面指导、小组讨论和模拟面试等丰富多样形式,向在校大学生传授如何正确制作简历、书写求职信、熟悉并掌握面试技巧等经验和技能,共同分享个人职业发展的经验和经历。11月,浦发银行志愿者为上海林昌民工子弟小学提供授课服务。

此后,浦发银行青年理财项目——上海大学志愿者团队获得"2006年度最佳志愿者团队奖",两名志愿者获得"2006年度JA志愿者最佳人气奖"。

2007年11月10日,浦发银行与国际青年成就组织(JA中国)联合开展民工子弟小学授课志愿者活动,这是继2006年双方签署3年合作协议后的第二年合作项目。来自总行及上海分行的12位浦发志愿者赴上海市宝山区宝丰学校进行授课活动。

2008年11月8日,浦发银行志愿者走进上海南汇紫罗兰民工子弟希望学校,参加JA中国组织的"民工子弟学校公益活动"。浦发银行志愿者在简陋的课堂上,通过情境模拟、互动游戏的教学方式使孩子们掌握货币、贸易的概念,通过图片、故事介绍世界各地的风土人情和世界贸易的形成过程。这些有别于传统教学的活动,拓宽孩子们的视野,增强他们的社会意识,也教会他们团队合作的精神。

2009年3月28日,浦发银行上海地区志愿者走进上海财经大学和立信会计学院校园,参加JA中国组织的"事业启航工作坊"公益活动,对在校大学生进行就业前辅导。通过与JA合作开展"事业启航工作坊"活动,帮助大学生实现从"校园人"向"职业人"的转变。志愿者不仅与大学生们分享自己作为职业人的心得和感悟,更与他们就职业梦想、职业定位、人际关系处理等展开探讨。5月9日,上海地区志愿者赴上海松江张施小学开展JA"民工子弟学校项目",为来自弱势群体的学生讲授《国际市场》课程,帮助其扩大视野,了解社会,提升自信心。通过与志愿者们面对面的交流活动,让学生们第一次体验互动式课堂活动。

三、金融教育

【社区服务】

1995年5月,浦发银行利用两个双休日,在上海南京路、淮海路、外滩、铁路上海站、徐家汇、东方路等全市主要闹市区和各郊县支行(办事处)所在地设立24个宣传点,提供银行业务咨询、代客复算储蓄利息、介绍人民币识假方法、代收公用事业费、东方卡介绍等大型便民宣传、咨询、服务活动。浦发银行领导裘静之、金运、梁源凯和有关部室负责人,各支行(办事处)领导、员工3 500余人次参加此次宣传服务活动。

1997年6月,根据国务院反假货币工作联席会议办公室的通知精神,浦发银行开展"爱护人民币宣传周"活动。宣传周期间,各营业网点悬挂横幅,设置宣传版面,设摊宣传,布置宣传黑板报,分发宣传资料和播放爱护人民币录像,还设立真假人民币识别咨询台和兑换残破币专柜。9月9日,中国人民银行上海市分行、上海金融法制研究会、东方电视台等单位组织上海金融法制知识竞赛,浦发银行代表队荣获团体第一名。1998年5月,浦发银行在1997年活动基础上,再次开展"爱护人民币宣传周"活动,宣传范围进一步扩大至各类学校,播放录像带,分发宣传资料,进行重点宣传。

2008年上半年,浦发银行上海分行根据"点面结合、分清层次、多种形式、注重成效"要求,开展2008年上海市反假货币宣传工作。以坚持"日常宣传为主、重点宣传为辅""市区不放松,重点在乡镇"为反假货币宣传策略,要求各支行在辖属营业网点张贴反假货币宣传画、摆放宣传手册,并设立反假货币宣传专柜(或窗口),有条件的网点采取播放宣传录像、制作真假币对照展示板等方式,增强反假货币宣传活动效果。2009年,为落实"迎世博600天"行动计划,上海分行在宝山、嘉定、金山、闵行、南汇、浦东新区、松江、徐汇等地区,开展"迎世博,金融知识进社区"反假币社区行活动。活动中,上海分行员工为客户详细讲解第五套人民币100元的防伪特征、真假人民币的4种鉴别方法等,主动解答在场居民提出的实际问题,耐心传教识别假币方法。活动通过社区讲堂的形式,宣传普及反假知识,提高社区居民反假意识和对假币的防范、鉴别能力。

2010年11月28日,中国银监会在全国范围内集中组织银行业金融机构开展2010年银行业公众教育服务日活动。浦发银行成立由总行主要领导、相关部门主要负责人为成员的公众教育服务日活动领导小组,加强对全行公众教育服务日活动的总体指导和部署。各分行也分别成立活动领导小组,结合当地实际制订活动方案。另外,浦发银行还制订《2010年银行业公众教育日活动方案》,召开全行公众教育服务日活动视频培训会议。根据公众教育服务日活动特点,多点推进、总分协同,通过制订媒体宣传计划,召开媒体座谈会等方式,动员媒体资源进行正面报道和宣传,搭建起涵盖报纸、电视、网站、短信、网点等多渠道宣传平台,营造活动氛围。活动当天,浦发银行针对公众教育服务日活动统一发送活动宣传短信,传播金融基础知识,进行金融风险提示,提升公众识别和防范金融风险的能力。同时,全行数千名员工走上街头、走进社区,深入学校、企业、机关,进行活动现场宣传,与公众面对面沟通交流。上海分行41家支行依托网点、深入社区、走进商业中心,以路演形式向公众介绍金融知识。上海分行本着让社会公众"多一份金融了解,多一份财富保障"的宗旨,从全辖抽调骨干队伍200余人组成宣教员队伍,通过"面对面""点对点"的方式为公众提供咨询服务,全部124家网点将活动海报及各类宣传折页摆放于网点醒目位置,安装户外LED显示屏的支行滚动播放活动宣传口号和主题,在大堂滚动播放宣传片。浦发银行领导傅建华、刘信义、姜明生参加上海服务日活动启动仪式,并前往五角场支行视察,了解宣教工作开展情况,慰问支行一线员工;在苏州观前街,苏州分行员工准备海报、折页,为市民解答疑问;在杭州西湖文化广场,杭州分行员工派发金融知识教育普及等宣传资料,接受公众现场咨询;在太原,太原分行员工耐心告知客户如何"远离非法集资,切忌因贪伤财""积累良好信用记录,助您享受美好生活";在北京、成都、武汉、温州、福州、呼和浩特、石家庄、芜湖、青岛、郑州、长沙、南京、成都、济南、兰州、南宁等地,各相关分行组织精干、专业员工队伍参与到公众教育服务日活动中。

【大学生实习基地】

2005年4月,《上海浦东发展银行关于在高校大学生中试行个人银行业务实习营销人员的管理办法》出台,在高校大学生中建立临时性营销队伍,推广特定产品、组织营销活动。大学生实习营销人员适用属地化管理,由分行统一招聘、管理、考核。分行与学校正规组织建立经常性联系,通过在校园内公开招聘、自愿报名、择优选拔的方式组建大学生实习营销队伍。大学生在参加8小时以上统一培训,并通过统一考试和选拔后成为正式的实习营销人员,签署临时工作协议,最终获得分行发放的培训证明书。同年10月,浦发银行制定《在高校大学生中试行个人银行业务实习营销人员的管理办法及实施细则》,进一步规范和指导各行对大学生实习营销人员的管理,大学生实习队伍建设逐步向制度化、常规化发展。

2005年7月,浦发银行大学生实习活动正式启动。7月8日,在中央财经大学举行"中央财经大学-上海浦东发展银行联合实践基地"成立暨首批学生实习团队活动启动仪式。中央财经大学校长、党委书记、金融学院院长,浦发银行副行长张耀麟、北京分行行长,以及北京电视台、《北京青年报》《京华时报》等6家媒体记者,300余名该校教师和学生参加揭牌仪式。副行长张耀麟和中央财经大学校长分别致辞。北京分行行长与中央财经大学党委书记共同为联合实习基地揭牌,中央财经大学校长向副行长张耀麟和北京分行行长颁发中央财经大学就业指导顾问聘书,并公布50名首批实习大学生名单,浦发银行大学生实习团队工作正式启动。

另外,上海分行自2005年起启动在校大学生个人银行业务实习活动。为把大学生实习营销队伍建设制度化、长效化,上海分行制订大学生实习活动方案。各单位指定专人担任实习营销辅导员,负责整个单位大学生实习营销人员的管理考核工作,并为每位大学生实习营销人员指派一名指导老师,负责日常带教工作。同时,大学生实习营销人员按所在单位组成实习小组,选派综合能力较强的学生担任组长,协助实习辅导员做好实习小组日常管理及营销宣传活动的组织策划等工作。

2006年4月,太原分行响应浦发银行建设大学生实践队伍的号召,着手大学生实践队伍的招聘工作。来自山西大学、山西财经大学和太原理工大学的240余人踊跃报名,通过初审、面试等环节,70名大学生脱颖而出,组成太原分行第三期实习大学生实践队伍,分批参加暑期阶段的实践。太原分行提出"浦发搭台,学生唱戏"的工作思路,开展"四个一工程",即每天营销一位客户,每周参加一次户外宣传,每月提交一份市场调研报告,每个团队每月评选一名优秀学员。各网点组织大学生和一线员工共同组成社区营销小分队,每周利用休息日深入网点周边高档社区开展营销,组成专业的代发维护团队,深入优质代发企业,提供上门服务。

截至2006年12月,浦发银行共与国内多所知名院校建立大学生实习基地,28家直属分支行为大学生提供良好的社会实践平台,累计近3 000名高校大学生在各分、支行进行岗位实践。2009年,浦发银行长春分行被共青团中央确定为"青年就业创业见习基地"。

【青年创业计划】

作为践行企业社会责任的先行者,针对高校毕业生虽具备创业打算,但缺乏创业知识、资金和经验,特别是创业所需的金融知识不足的情况,2009年,浦发银行充分发挥自身优势,与中国青年创业国际计划(Youth Business China,简称 YBC)开展多种形式的合作,为高校毕业生创造就业条件。组织专业人士组成"智囊"志愿者团队,针对青年在创业道路不同阶段遇到的问题,提供财务规划、管理、理财等相应金融知识辅导。组织客户中的中小企业家、行业专家与创业者座谈,现身说法,免费提供生产管理、企业策划、市场营销、成本核算等专业咨询服务,支持和鼓励青年创业。北京分行将"扶助一个青年,成就一个未来企业家"确立为全行志愿者日活动主题,与 YBC 合作,由浦发银行的财务顾问、金融产品、会计等方面的专业人士所组成的"智囊"团队为来自各地的众多青年创业者和众多大学生上创业辅导课;与 YBC 合作,为进入积极成长期的青年创业者提供信贷支持,针对相关中小企业,浦发银行准备10亿元人民币专项授信额度,并为青年创业者提供融资绿色通道。2009年3月8日,为进一步提高全社会对青年创业问题的关注,浦发银行携手 YBC 于全国"两会"期间,在北京举办"2009中国企业承担社会责任促进青年创业论坛"。两会代表以及企业界、行业协会、青年创业者、媒体等的代表等共计200余人参加论坛。

第四节 援建四川

一、抗震救灾

2008年5月12日,四川汶川等地区发生重大地震灾害,给部分省市造成重大人员伤亡和财产损失。5月13日,中国银监会下发《中国银监会办公厅关于做好抗震救灾金融服务有关工作的紧急通知》,要求金融机构动员一切力量,迅速投入抗震救灾工作,全力抢救受灾群众和财产,尽快恢复生产生活秩序,为抗震救灾提供金融服务与支持。灾情发生后,浦发银行立即启动应急预案,迅速开展抗震救灾各项工作,灾后半个月内,全行主要落实五方面工作。

一是落实抗震救灾的组织领导。地震当天,浦发银行立即向全行下发做好抗震防震工作的紧急通知。5月13日,浦发银行党委和行长室联席会议通报全行受地震影响的有关情况,明确抗震救灾分工,研究部署抗震救灾工作具体措施。同时要求总行各部门全力支持受灾最严重成都分行的系统和业务恢复工作。5月19日,浦发银行党委会专题研究部署下一步抗震救灾措施,讨论灾区震后重建工作方案。5月27日,为进一步做好对灾区抗震自救和灾后重建的金融服务工作,副行长黄建平召集有关部门,专题研究落实中国人民银行、银监会、银行业协会关于抗震救灾的最新要求。

二是及时开展抗震自救。地震中,成都、重庆、西安3家分行均受到不同程度影响。地震发生后,各受灾分行立即启动抗震自救工作,确保员工生命和银行财产安全。成都分行在电力、通信中断,部分网点建筑受损的情况下,疏散员工、关闭业务系统,确保人员和资金安全,同时紧急动员,集中分行与支行的骨干力量成立临时指挥部,集中部署相关工作,并派出工程技术人员对系统恢复做好充分准备,为尽快恢复生产赢得宝贵时间。

三是有序组织生产恢复。成都当地供电恢复后,成都分行随即组织科技部门人员对核心业务系统的前置机进行调试。5月14日,成都分行营业部和所辖7个支行全部恢复对外营业。当天,浦发银行副行长黄建平率专门工作小组赶往成都,指导分行业务恢复和灾后补救工作。重庆、西安分行也采取各项措施保证业务平稳运行。至5月19日,浦发银行所有网点全部恢复对外营业。5月

22日—23日,副行长黄建平带队赴重庆和西安分行视察指导工作,对分行在抗震救灾工作中取得的阶段性成效给予肯定,并鼓励员工在抗震救灾的同时,尽职做好本职工作,将地震影响降到最低。

四是积极履行社会责任。地震发生次日,浦发银行在全行发起抗震募捐活动,下发倡议书,开通募捐系统,员工捐款数据不断刷新。仅半个月,全行共有14 700多人次通过内网捐赠系统进行捐款,捐款总额达800万元。抗震救灾过程中,在浦发银行综合协调和各分行通力配合下,全行各单位积极发起或参与当地政府组织的各项救灾救援活动,将浦发银行全体员工的爱心源源不断地输送给灾区人民,全行以各种方式对外捐款共计1 900多万元,其中,以全行名义捐款800万元,以全体员工名义捐款800万元。受灾严重的成都、重庆等分行在抗震自救的同时,不忘重灾区人民需求,成都分行行领导带队,奔赴地震重灾区都江堰市和绵阳市安县赠送3车赈灾物资。重庆分行员工除参加行内统一捐款外,还自发开展献血、捐物等活动。

五是迅速落实救灾捐款服务。地震次日,浦发银行即明确对救灾捐款免收手续费,对客户通过柜面办理和网上银行汇划的救灾捐款,一律免收汇款手续费;客户已通过跨行汇款救灾捐赠产生跨行汇款手续费的,予以退还。为尽快将捐赠款项划转有关部门,浦发银行与四川省红十字会、上海市慈善基金会、南京市红十字会等联合开通捐款专用通道,通过浦发银行捐款专用通道捐款笔数达9 700多笔,金额280多万元。浦发银行客户通过网上银行捐款300多万元。

二、援建部署

灾后,董事长吉晓辉前往成都、西安、重庆分行视察工作,听取分行抗震救灾工作和经营情况汇报,指导分行灾后经营工作,查看受灾网点,亲切慰问员工,并赶往浦发银行定点援助的彭州白鹿镇九年制学校查看受灾情况,给学校师生送去浦发银行捐赠的2台50英寸电视机以及1 000多册各类图书。视察结束后,浦发银行有关部门根据灾区实际情况,从建立援建领导和执行机制、实行信贷和金融服务资源倾斜、加快灾区相关支行筹建进度、做好与主管部门的沟通、积极支持灾区金融机构灾后重建和业务恢复、支持上海生产对口支援产品的企业等6个方面提出具体工作措施。

2008年6月15日,浦发银行党委书记、董事长吉晓辉,行长傅建华参加上海市委召开的关于对口支持都江堰市灾后重建的重要会议。会后,浦发银行迅速召开党委、行长室联席会议,传达会议精神,研究部署浦发银行对口援建工作计划,重点落实7条措施:

一是建立对口援建工作的领导和执行机制。浦发银行党委和行长室直接指挥对口援建工作,总行8个部门和2家分行具体落实援建工作。浦发银行办公室牵头整体计划的制订和执行,并负责督办和协调。公司及投资银行总部、个人银行总部、风险管理总部、信用卡中心、运营与科技总部、产品开发部、机构管理部、成都分行、上海分行等部门和分行,根据各自职能和任务,落实援建工作各项要求,必要时调动全行资源支持援建工作。

二是对地震灾区,尤其是都江堰地区实行信贷和金融服务资源倾斜。在严格执行中央宏观经济调控政策的前提下,2008年向成都、西安等分行增加授信额度。在此基础上,进一步对都江堰地区企业和个人给予重点支持。责成成都分行,迅速查实与浦发银行有业务合作关系的位于都江堰市的企业客户和个人客户受灾情况。在政策允许范围内,积极支持都江堰市当地企业和个人灾后重建,给予信贷倾斜,建立信贷审批绿色通道。根据实际,有针对性地给予优惠和支持政策;对还款有困难的客户,适当给予暂缓催收还款。

三是加快在都江堰市筹建新支行的工作。为将援建工作的资金、人员、措施落到实处,浦发银行积极在灾区设立新支行。针对新支行缺少业务骨干的情况,除成都分行选派骨干员工外,在全行范围内调动优秀人员支持都江堰支行开展业务。

四是在都江堰市为上海对口支援工作建立金融服务和管理平台。鉴于震后3年,上海市对都江堰市的对口援建工作有大量资金流、物资源流通,浦发银行建立先进金融服务平台,协助两地政府、企业和个人,更好地完成资金融通工作,加紧新网点的筹建工作,并责成成都分行向当地银监局汇报,商洽先行建立派出机构的可行性。

五是对都江堰市地方金融机构灾后重建和恢复业务,给予全力支持。都江堰地方金融机构在灾后遇到业务中断、客户信息丢失等困难。浦发银行无偿给予人力、技术方面的支持,帮助其进行IT系统重建及恢复,客户信息管理系统的重建与恢复等。

六是支持上海生产对口支援产品的企业,开展生产,满足灾区重建需要。浦发银行与上海市工业主管部门联系,掌握生产企业的信息和金融需求,在符合信贷政策的前提下,给予大力支持。

七是支持各地生产对口支援产品的企业,开展生产,满足灾区重建需要。除上海之外,浦发银行有25家分行分布在有对口支援灾区任务的18个省市,总行要求相关分行积极支持当地生产对口支援产品的企业开展生产,并要求公司及投资银行总部汇总相关信贷需求情况,在政策允许范围内,给予这些企业信贷倾斜,建立信贷审批绿色通道。

三、灾后重建

2008年8月6日,中国人民银行、银监会、证监会、保监会联合印发《汶川地震灾后重建金融支持和服务措施的意见》,提出5项工作要求。一要支持灾区金融机构尽快全面恢复和提高金融服务功能;二要鼓励金融机构加大对灾区的信贷投放;三要加大对灾区金融机构的资金支持力度;四要发挥资本市场、保险市场功能,引导各类资金支持灾后重建工作;五要加强灾区信用建设,保护合法权益。同月,浦发银行就支持四川、甘肃、陕西、重庆、云南等地的抗震救灾和灾区重建工作,下发《关于近期全行业务经营中有关问题的指导意见》,对灾后重建的信贷安排等问题提出区别对待、专项扶持、明确标准、配套措施的原则,明确浦发银行公司及投资银行总部、风险管理总部、资金总部、财务部职责;认定成都、重庆、西安3家分行为抗震救灾重点行,都江堰、绵阳和汉中3个区域的本地贷款为灾后重建贷款。

2008年9月12日,都江堰市灾后重建(产业发展)项目推介会在上海举行。会上,浦发银行与都江堰市签订50亿元《灾后重建银政合作框架协议》;同时,与都江堰市兴市投资有限公司签订《上海市援建首批项目七通一平配套贷款意向暨银企全面合作协议书》,标志着浦发银行对都江堰市的灾后重建金融服务全面展开。

2008年10月24日,浦发银行都江堰支行开业暨银政银企全面合作协议签约仪式在都江堰市举行。上海市委常委、副市长屠光绍,成都市副市长王忠林,浦发银行董事长吉晓辉参加签约仪式。董事长吉晓辉代表浦发银行向都江堰人民政府捐赠人民币300万元。浦发银行与都江堰市签订《50亿重建专项授信银政合作协议》和《政府财务顾问协议》;成都分行与成都文化旅游发展集团公司签订《银企全面合作暨都江堰项目20亿贷款意向协议》,与都江堰兴市公司签订《上海援建首批项目七通一平配套项目7亿元贷款合同》。

2008年12月26日,由浦发银行牵头发起、四川剑南春集团有限责任公司等5家企业法人与4名自然人共同出资筹建的绵竹浦发村镇银行正式开业。浦发银行副董事长陈辛、德阳市副市长高梅生以及四川银监局副局长程铿分别在开幕仪式上致辞。副行长刘信义代表浦发银行与绵竹市签订《上海浦东发展银行与绵竹市人民政府银政合作协议》，并代表浦发银行向绵竹灾区捐赠棉被和电热毯各3 000床。

2008年，浦发银行建立灾后重建贷款快速通道，先后认定灾后重建贷款16笔，金额24.35亿元。作为抗震救灾绿色通道项目，浦发银行成功主承销甘肃省电力投资集团2008年度第一期短期融资券8亿元。12月26日，成都分行向四川发展（控股）有限责任公司发放20亿元贷款，成为首家与其建立实质性信贷关系的银行，同时成功争取到其子公司四川高速公路建设开发总公司中期票据主承销业务。

2009年5月11日，在"5·12"大地震一周年之际，浦发银行副行长刘信义出席在四川绵阳举行的"5·12"企业社会责任论坛，表示浦发银行加强支持四川灾后重建项目。截至2009年，浦发银行重点向华电四川公司、四川水电投资集团投放贷款15亿元；向参与灾后紧急救援和灾区重建的中冶成工、中冶实久、成都建筑工程总公司、四川华西集团、中铁八局、中铁二局等建筑施工企业提供贷款10亿元；向四川高速、四川地方铁路集团、四川铁路产业投资集团发放公路、铁路重建贷款逾13亿元；向四川省灾后重建投融资平台四川发展（控股）授信100亿元，投放贷款20亿元；支持成都青城山西区、成都熊猫生态园、水井坊历史文化旅游街区、西岭雪山、天府古镇的灾后重建和保护性开发，投放贷款8亿元。

2010年，浦发成都分行牵头组团"都江堰历史文化名城恢复重建项目银团贷款"51亿元，这是全国首例采用银团贷款方式融资的灾后重建项目，也是截至当时银行提供的额度最大的一笔灾后重建项目贷款。

汶川地震后，上海分行积极参与以"资金安全""权力制衡""网上监管平台""专业金融服务"为特点的封闭式资金监管方案，紧密配合上海援建指挥部，为当地提供灾后重建金融服务。封闭式资金监管方案，确保援建资金安全、透明，支付便捷、高效，降低资金被挪用、盗用的风险，确保援建工作的顺利进行。截至2010年年末，都江堰累计通过该账户体系结算资金82亿元。

第八篇

一级分行

概　　述

浦发银行自成立以来,加速形成立足上海,辐射全国,走向世界的机构布局。总行积极贯彻中央关于中部崛起、西部开发、振兴东北的战略部署,在全国28个省、直辖市、自治区、香港特别行政区设立一级分行35家,基本形成全国性机构网络。2007年,浦发银行加大"长三角""珠三角""环渤海"地区的同城机构设置力度。2008年,浦发银行重点推进二线城市的机构布局,实施每年建设100家网点的三年连续计划,选择经济较为发达、资源较为丰富的地级市设立机构。截至2010年,全行机构网点总数达655家,形成总行、一级分行、二级分行及同城分行、二级分行下属支行的四级机构管理体制。

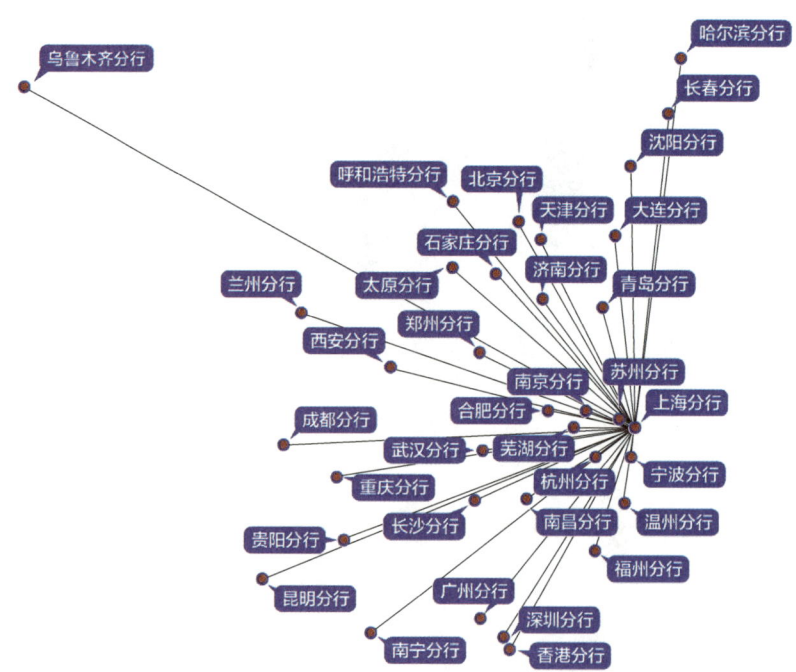

图 8-0-1　至 2010 年年末浦发银行一级分行全国分布

第一章 上海分行

1993年浦发银行成立之初,上海地区机构作为总行直属单位。1995年,浦发银行提出在上海地区组建分行或浦东新区分行的设想。1996年9月,总行启动浦东新区管理部机构改革,1997年1月正式运作。1998年5月,浦发银行制定《上海地区分支机构升格或更名管理办法》。1998年10月9日,上海地区总部挂牌成立,其主要职能是受总行领导和管理,为上海地区市场需求提供金融服务,下设11个部室和辖属上海地区23家支行及所属网点。

1999年1月,上海地区总部正式运行,实现总、分行机构分设,经营和管理职能的分离,从体制上保证总行统一法人的地位和作用。2003年1月9日,上海地区总部在浦东陆家嘴金融中心举行入驻浦发大厦仪式。2006年4月18日,上海地区总部正式更名上海浦东发展银行股份有限公司上海分行(以下简称上海分行),办公地址位于上海市浦东南路588号浦发大厦。

截至2010年年末,上海分行人民币存款余额2 430亿元,贷款余额1 342亿元;外币存款余额15亿美元,贷款余额7亿美元;账面经营利润44.5亿元人民币。

图8-1-1　1998年10月,上海地区总部挂牌成立

第一节　机构沿革

一、机构设立

1998年10月,上海浦东发展银行上海地区总部挂牌成立。

2006年4月18日,经中国银行业监督管理委员会批准,上海浦东发展银行上海地区总部正式更名上海浦东发展银行上海分行,进一步完善上市股份制商业银行的公司治理结构,满足"一级法人、授权经营"的运营管理要求。

截至2010年年末,上海分行网点数达125家,布设各类自助服务设备818台,员工人数达到3 308人。

二、内设部门

2004年,分行在完成上海地区总部和一级支行风险管理职能交接后,撤销一级支行的风险管理部。

2005年,撤销上海地区总部法律事务室,设立上海地区总部合规部。

2006年,对公司银行、个人银行、风险管理及运营科技四个条线的组织架构进行调整;同年,设立营业部和中小企业风险管理部,卢湾支行升格为一级支行,新虹桥支行及辖内二级支行归并长宁支行管理。

2007年,原资金财务部分设为财务会计核算中心、资金财务部;撤销行政管理部,原职能归并分行办公室;设立中小企业业务专营平台,原徐汇支行辖内二级支行襄阳支行归并中小客户部,2010年又归并徐汇支行管理。

2008年,先后设立分行公司银行金融机构部、公司银行贸易金融部和一级支行龙阳支行。

2009年,设立保卫部、分行案件专项治理办公室和中小企业业务经营中心暨科技企业服务中心,撤销中小客户部、中小企业风险管理部。

第二节 业务经营

上海分行依托总行所在地分行地缘优势以及多年来的发展积累,积极适应区域经济发展,努力探索战略转型,不断深化体制机制改革,全力拓展市场份额,强化干部员工队伍建设,取得良好经营业绩和社会效益。

一、公司业务

分行坚持立足上海,参与区域经济和重大项目建设,为包括大型国有企业集团、世界500强企业在华机构、中小企业、金融机构单位等的众多企业客户提供高品质的金融服务。2004年,上海分行成为市级预算外资金财政专户开户行,三个月内实现系统全面上线。2008年,上海分行完成上海市首单科技中小企业订单融资业务,"上海市非税收入资金管理信息系统"入选上海市2008年科技进步报告。2009年,完成上海市首单中小企业软件著作权质押贷款;中标世界银行长宁区建筑节能转贷款项目,率先在国内商业银行中推出合同能源管理保理融资;完成国内首单个人定向资产托管业务。2010年,实现沪上首家为境外机构开立NRA人民币账户并办理结算业务;创新推出"银元宝"服务模式,发行"创智天地一号"集合信托计划,为中小企业提供一站式多元化综合金融支持,积极支持科技企业腾飞。同时,为市级重大项目提供金融服务方案和融资支持,参与"十一五"期间上海市重大工程。

图 8-1-2　浦发银行支持陆家嘴金融贸易区建设

二、个人业务

上海分行个人银行业务各项主要业务实现跨越式发展。1998 年,发行东方上图卡,成为国内首张文化类智能卡。2004 年、2009 年分别推出个人网上银行和手机银行。2010 年,分行全面启动个人结购汇,并在上海机场、高档酒店、客运码头等外籍人士集中区域投放外币自助兑换机约 30 台。同时,围绕个人客户的需求变化和市场热点,陆续推出个人理财 POS、我爱理财卡、电视银行等渠道类新产品,无忧月供、消贷易、标准化工业厂房个人按揭贷款、个人经营性物业贷款等资产类新产品,同享盈、中移动定制理财产品、代理第三方公司实物金等财富类新产品,个人银行业务体系和产品体系不断丰富。

截至 2010 年年末,个人客户金融资产余额达到 803 亿元,个人存款余额突破 600 亿元,个人贷款余额突破 300 亿元,个人账面中间业务收入 1.8 亿元。

三、风险管理

上海分行贷款规模不断扩大,不良率趋势走低,连续多年实现"双降",业务发展进入良性循环的轨道,保障在信贷业务领域实现"收放有度,张弛有道,攻守有序"的稳健发展。分行立足于机构和岗位的完善配置,以及全流程的风险管理,构筑坚实的风险防御体系;倡导全员风险管理理念,拓展全面风险管理领域,探索并使用新型风险管理工具,实施支行扩大转授权。

四、运营科技

上海分行运营流程持续优化创新、服务管理的效能不断提升,"小前台、大后台"的集中运营作业模式基本形成,信息科技支撑业务发展的能力逐步提升,差异化的分类运营服务模式不断完善,内控案防的常态化机制基本确立。2007年启动以"整理、整顿、清扫、清洁、安全、素养"为内容的6S管理,成为分行的优质服务名片。持续推进厅堂服务一体化整合管理,网点服务销售转型不断深化,坐销联动逐步成为助力负债业务增长和提升经营业绩生产力。

五、队伍建设

上海分行积极向各大行学习先进的人才培养培训管理经验,结合自身发展实际,积极探索完善符合经营管理要求和自身企业文化特点的培训模式,提升人才培养效果。加强分行培训工作的计划管理,按照条线、支行的工作重点和岗位要求,开展相应的培训项目并落实相应的培训责任,将培训工作的主要重点放在与各级各类别岗位胜任能力不相称的补缺性岗位培训,以不断提高员工的岗位任职能力水平。完善分层次培训模式,做好直管干部和直管后备干部研修,探索中高级管理人员培训的新模式;做好新入行大学生集中入职培训,上好职前辅导第一课;协助和支持业务条线部门做好岗位任职资格和新产品、新业务的专题培训;辅导员工合理高效利用个性化培训手段提升个人知识结构、业务技能与综合素质。完善员工教育培训基金条件下岗位培训与个性化培训使用、审批等管理机制,充分利用培训基金制度,帮助员工提高培训实效。持续探索分行管理培训生的培养和考核机制,按照计划分批次进行阶段性考核与全面考核,强化培养效果,保持定期沟通辅导反馈,保证培养质量。做好全辖和全员性继续教育和岗位资格考试工作,积极利用完善线上平台,补充线下培训的局限性,丰富形式内容。

行政职务晋升与业务序列评定是上海分行员工两大重要人才发展路径。分行推行公司银行客户经理、个人银行客户经理、理财经理、风险经理、星级柜员等专业序列,对每个业务序列的准入条件、岗位职责、职级系列、考核标准,制定科学、准确、细化的规定,使员工除行政渠道发展外,实现多渠道、专业化、序列化发展,为员工职业发展提供多样发展路径和空间。

表8-1-1 2010年年末上海分行营业网点一览表

网点名称	地址	沿革
上海分行营业部	浦东新区浦东南路588号	分行营业部于2006年8月1日正式成立,同日正式对外营业,营业地址为上海市浦东南路588号
第一营业部	中山东一路12号	第一营业部于1993年3月1日正式开业,营业地址为宁波路50号;1998年6月20日迁址至中山东一路12号
宝山支行	牡丹江路1283号	宝山办事处于1995年4月27日正式成立,5月12日宝山支行正式对外营业,营业地址为宝山区牡丹江路1718号;1998年6月23日更名宝山支行;2001年4月30日迁址至宝山区牡丹江路1283号
牡丹江路支行	宝山区牡丹江路1718号	牡丹江路支行于2001年4月30日正式成立
月浦支行	月浦龙镇路95号	月浦营业所于1996年1月30日正式成立;1998年10月19日更名月浦支行
高境支行	宝山区殷高西路225号	高境分理处于1997年7月30日正式成立;2001年8月13日更名高境支行

〔续表〕

网点名称	地　　址	沿　　革
长江西路支行	宝山区长江西路1929—1939号	长江西路支行于2000年6月9日正式成立
大华支行	宝山区武威东路90号	大场支行于2001年10月23日正式成立,营业地址为宝山区环镇北路208号;2006年8月23日迁址至宝山区武威东路90好,并更名大华支行
长宁支行	长宁路855号	1995年6月20日成立
虹桥机场支行	虹桥路2550号	1996年4月4日成立
天山路支行	天山路894号	1996年4月4日成立
古北支行	古北新区黄金城道881号	1998年5月21日成立
水务大厦支行	江苏路389号水务大厦附楼一楼	2002年9月17日成立
仙霞路支行	仙霞路475号	2002年8月23日成立
万都中心大厦支行	兴义路8号	新虹桥支行成立于1997年5月15日,2006年更名万都中心大厦支行
虹桥河滨支行	长宁路1786号	捷运大厦支行成立于2000年11月24日,2005年更名虹桥河滨支行
东方国际大厦支行	娄山关路85号东方国际大厦底层	东方国际大厦支行成立于1997年5月14日
崇明支行	崇明县城桥镇北门路228—236号	崇明支行于2008年3月28日正式对外营业
长兴支行	崇明县长兴镇凤滨路328号	长兴支行于2010年8月3日正式对外营业
奉贤支行	南桥镇解放中路352号	奉贤办事处成立于1996年6月6日;1998年6月23日,更名奉贤支行
南桥支行	南桥镇运河北路258、268、272号	南桥支行成立于2001年5月9日
虹口支行	曲阳路731号	1994年8月8日批准,12月24日正式对外营业
大宁支行	广中路895号	1998年10月19日批准成立
北外滩支行	东大名路908号	1998年10月19日批准成立
四平路支行	四平路188号	1998年10月19日批准成立
凉城路支行	虹口区凉城路485号	2000年12月13日批准成立
玫瑰广场支行	上海市四川北路1373号	2008年9月28日批准成立
黄浦支行	宁波路50号	1993年1月9日浦发银行开业于此,1998年6月3日成立黄浦支行
九江路支行	九江路555号	南东所成立于1995年7月,1999年12月27日迁址并更名九江路支行
大光明支行	南京西路240号	1997年2月22日成立

〔续表〕

网点名称	地址	沿革
人民大厦支行	人民大道 200 号	市府所成立于 1995 年 4 月,2001 年 11 月 28 日更名人民大厦支行
住业大厦支行	北京西路 99 号住业大厦底层	1995 年 9 月 11 日成立
嘉定支行	嘉定区博乐路 199 号	嘉定办事处成立于 1995 年 3 月 10 日,营业地址为嘉定区清河路 8 号;2003 年 11 月 17 日更名嘉定支行;2004 年 10 月 5 日迁址至嘉定区博乐路 199 号
南翔支行	南翔镇丰翔路 3168 号	南翔营业所成立于 1996 年 2 月 13 日,营业地址为嘉定区南翔镇人民街 1 号;1999 年 8 月 19 日更名南翔分理处;2003 年 11 月 17 日更名南翔支行;2008 年 2 月 24 日迁址至嘉定区南翔镇丰翔路 3168 号
安亭支行	嘉定区安亭镇新源路 879 号	安亭分理处成立于 1997 年 4 月 10 日,营业地址为嘉定区安亭镇墨玉路 29 号;2003 年 11 月 17 日更名安亭支行;2006 年 10 月 28 日迁址至嘉定区安亭镇新源路 879 号
梅川支行	真光路 1288 号	马陆分理处成立于 2001 年 10 月 9 日,营业地址为沪宜公路 2098 弄商用 15 号街面商业用房;2003 年 11 月 17 日更名马陆支行;2005 年 11 月 18 日迁址至普陀区梅川路 1297 号,并更名梅川支行;2009 年 11 月 16 日迁址至普陀区真光路 1288 号
金桥支行	金桥出口加工区金港路 509 号	金桥支行于 1997 年 4 月 8 日正式对外营业,营业地址为浦东新区金港路 509 号
金杨支行	金杨路 692—702 号	金杨分理处成立于 1997 年 11 月 28 日;1998 年 11 月 2 日正式更名金杨支行,营业地址为浦东新区金杨路 696 号
德平支行	浦东大道 2372—2376 号	居家桥分理处于 1997 年 11 月 18 日成立;2003 年 4 月 30 日迁址浦东新区浦东大道 2372 号,更名德平支行,2004 年 3 月 1 日正式对外营业
黄金钫支行	枣庄路 398 号	黄金钫支行于 2009 年 1 月 9 日正式对外营业,营业地址为浦东新区枣庄路 398 号
金山支行	金山区象州路 158 号	金山支行的前身为石化办事处,成立于 1994 年 11 月 15 日。1997 年 8 月 28 日,石化办事处与原金山支行合并,更名金山支行
朱泾支行	朱泾镇人民路 234 号	朱泾支行前身为金山支行,成立于 1994 年 1 月 19 日,原地址金山区亭枫公路 3785 号。1997 年 8 月 28 日,金山支行与石化办事处合并,更名朱泾支行,2000 年 11 月迁址至朱泾镇人民路 234 号
上海化学工业区支行	化学工业区目华路 201 号	2003 年 9 月 22 日成立
龙茗路支行	龙茗路 2131 号	2010 年 6 月 9 日成立
静安支行	北京西路 669 号	静安支行成立于 1994 年 6 月 10 日;1999 年 1 月 18 日迁址至北京西路 669 号

〔续表〕

网点名称	地　　址	沿　　革
北京西路支行	北京西路 1508 号	北京西路支行成立于 1996 年 5 月 30 日；营业地址为北京西路 1508 号；2012 年 9 月 6 日迁址至南京西路 1788 号 103 室，且更名南京西路支行
江宁支行	江宁路 507 号	江宁支行成立于 1995 年 4 月 20 日
恒隆广场支行	南京西路 1266 号 1 座 2506—2507 室	恒隆广场支行成立于 2001 年 9 月 12 日；营业地址为南京西路 1266 号恒隆广场 4 楼；2009 年 3 月 2 日迁址至南京西路 1266 号恒隆广场 1 座 2506—2507 单元；2019 年 3 月 15 日迁址至万航渡路 790 号 1—2 层，且更名曹家渡支行
空港支行	启航路 1000 号	空港支行于 1997 年 6 月 19 日正式成立，同日空港支行营业部正式对外营业，营业地址为上海市浦东新区施湾镇施宏路 411 号；2020 年 6 月 8 日迁址至纬一路 100 号浦东国际机场内营业
深水港支行	南汇区深水港顺通路 5 号商务广场 A 座 101 室	深水港支行于 2002 年 1 月 25 日正式成立，同日正式对外营业，营业地址为上海市浦东新区南芦公路 2184 号；2006 年 9 月 16 日迁址上海市浦东新区顺通路 5 号。于 2012 年 2 月 1 日迁址至上海市金汇路 538 号，更名金汇支行
国际机场支行	迎宾大道 6000—8000 号	国际机场支行成立于 1999 年 7 月 29 日
外滩支行	黄浦区中山南路 28 号	外滩支行于 2004 年 1 月 9 日成立，2009 年 2 月 27 日营业地址由中山南路 28 号 9 楼变更为 24 楼
临港支行	浦东新区临港新城新元南路 555 号	东方支行于 2007 年 4 月 29 日迁址浦东新区临港新城新元南路 555 号，更名临港支行，2007 年 6 月 6 日正式开业
虹桥枢纽支行	上海虹桥机场西航站楼 12.15 米层出发大厅	虹桥枢纽支行成立于 2010 年 3 月 9 日
龙阳支行	上海市浦东新区龙阳路 2277 号	龙阳支行成立于 2008 年 8 月 25 日；营业地址为龙阳路 2277 号；2017 年 12 月 18 日迁址至梅花路 800—802 号
锦绣支行	上海市浦东新区锦延路 342 号	锦绣支行成立于 2008 年 9 月 15 日；营业地址为锦延路 342 号；2014 年 5 月 30 日迁址至成山路 2069 号
陆家嘴支行	东方路 710 号汤臣金融中心底层	1993 年 6 月 29 日，支行接到人民银行上海分行的文件批复：同意陆家嘴支行开业；1993 年 7 月 9 日陆家嘴支行举行开业典礼
浦东南路支行	浦东南路 1607 号	浦东南路支行成立于 1995 年 7 月 13 日
嘉兴大厦支行	东方路 877 号嘉兴大厦一层	支行成立于 1996 年 12 月 20 日，原名为浦东大道支行。2004 年 3 月 8 日搬迁至东方路 877 号嘉兴大厦一层，更名嘉兴大厦支行。2019 年 9 月 8 日，搬迁至海阳路 719、721、723、725 号 1 层，更名杨思支行
商城路支行	浦东新区商城路 618 号	商城路分理处成立于 1997 年 2 月 26 日；2001 年 11 月 15 日，经中国人民银行上海分行核准，商城路分理处升格为支行

（续表）

网点名称	地址	沿革
昌里支行	齐河路 201 号	昌里支行成立于 1999 年 5 月 5 日；2013 年 11 月 8 日，昌里支行搬迁至齐河路 211 号
科技馆支行	浦东世纪大道 2000 号	科技馆支行成立于 2002 年 7 月 8 日
期交所支行	松林路 300 号	支行成立于 1999 年 9 月 9 日；2012 年 10 月 29 日，期交所支行搬迁至浦电路 577 号 1 层
卢湾支行	斜土路 713 号	建国东路营业所于 1998 年 3 月 5 日成立；2003 年 1 月更名卢湾支行；2009 年 7 月由西藏南路 218 号迁至斜土路 713 号
淮海支行	淮海中路 188 号	金陵东路支行于 1998 年 10 月 19 日成立；2003 年 1 月迁至淮海中路 188 号，并更名淮海支行；2013 年 4 月迁至茂名南路 165 号乙室，并更名文化广场支行
打浦桥支行	肇嘉浜路 201 弄 1—2 号	1995 年 12 月 26 日成立
永银大厦支行	西藏南路 218 号	小南门支行于 1996 年 6 月 19 日成立；2003 年 9 月由中华路 629 号迁至复兴东路 1131 号，并更名老西门支行；2009 年 7 月迁至西藏南路 218 号，并更名永银大厦支行
闵行支行	闵行莘松路 159 号	闵行办事处成立于 1994 年 9 月 20 日，营业地址为闵行区莘建路 2 号；1998 年 6 月更名闵行支行；2002 年 12 月 25 日迁址至闵行区莘松路 159 号
吴中支行	莲花路 2333 号	虹桥营业所成立于 1995 年 3 月 8 日，营业地址为虹梅路 488 号；1998 年 9 月 28 日迁址至吴中路 708 号；1998 年 10 月 19 日更名吴中支行；2009 年 5 月 11 日迁址至莲花路 2333 号
吴宝支行	吴宝路 15 号	七宝营业所成立于 1995 年 6 月 18 日；1998 年 10 月 19 日更名吴宝支行
江川支行	江川路 204 号	江川路营业所成立于 1996 年 3 月 12 日；1998 年 10 月 19 日更名江川支行
春申路支行	闵行区春申路 2750 号	2002 年 12 月 13 日成立
漕河泾支行	虹漕路 461 号软件大厦底层	2003 年 12 月 25 日成立
南汇支行	惠南镇人民东路 3388 号	南汇支行于 1993 年 9 月 27 日正式成立，1993 年 10 月 7 日营业部正式对外营业，营业地址为惠南镇南门大街 129 号；2000 年 7 月 28 日迁址至惠南镇人民东路 3388 号
周浦支行	周浦镇年家浜路 362 号甲	1994 年 10 月 7 日成立
川沙支行	妙境路 648—652 号	南汇支行新川支行于 1994 年 11 月 22 日正式成立，1994 年 11 月 28 日新川支行正式对外营业，营业地址为川沙镇新川路 748—758 号；2007 年 11 月 26 日迁址至川沙镇妙境路 648—652 号，并更名川沙支行

〔续表〕

网点名称	地　　址	沿　革
港城支行	南汇区环湖西一路99号,临港展示服务中心二号楼一层A座/2-1F-A座	钻交所支行于2006年8月16日迁址至南汇区环湖西一路99号,临港展示服务中心二号楼一层A座/2-1F-A座,更名港城支行,同日正式对外营业;2019年8月29日迁址周浦镇周泰路61—63号并更名瑞建路支行,2019年9月10日正式对外营业
南市支行	陆家浜路1011号	南市支行成立于1994年9月20日,原址为上海市黄浦区中山南路617号;于2003年11月14日迁址至上海市黄浦区陆家浜路1011号
西藏南路支行	西藏南路768号	西藏南路支行成立于1998年1月26日,原址为上海市黄浦区西藏南路1424号;于2008年6月5日迁址至上海市黄浦区西藏南路768号
豫园支行	河南南路362—366号	豫园支行于1997年10月23日正式成立,原址为文昌路62号;2004年4月3日迁址至河南南路362—366号
普陀支行	长寿路746号	1997年5月14日成立
真如支行	北石路388号	1997年5月14日成立
曹杨支行	兰溪路125号	1997年5月14日成立
武宁路支行	武宁路201号	武宁路支行成立于2001年8月24日,于2017年1月3日终止营业
万里支行	新村路1511号	2002年5月9日成立
宜川支行	宜川路316号	1997年5月14日成立
国脉大厦支行	江宁路1207号	1997年5月14日成立
青浦支行	城中东路699号	1994年5月27日成立
徐泾支行	徐泾镇京华路77号铺面一、二层	1995年8月3日成立
临空支行	上海市金钟路633号	2008年11月5日成立
三林支行	上海市上南路4511—4525号	2009年12月25日成立
上南路支行	浦东南路5021—5029号	2010年4月1日成立
松江支行	松江乐都路388号	1993年8月27日正式成立,1997年11月11日迁址至松江区乐都路388号
松江新城支行	松江区南期昌路462号	1994年10月11日正式成立,同日正式对外营业;1998年10月19日更名通波支行;2003年5月9日迁址至松江区南期昌路462号并更名松江新城支行
新桥支行	上海市新桥镇新南街286、288号	松江支行佘山营业所于1995年10月6日正式成立,同日正式对外营业,营业地址为松江区佘山镇塔弄口1号;1997年11月26日迁址至松江镇人民北路12号,同时更名人民北路分理处;2002年7月9日更名人民北路支行,2010年4月26日迁址至松江区新桥镇新南街286、288号并更名新桥支行

(续表)

网点名称	地 址	沿 革
荣乐中路支行	松江荣乐中路85号	松江支行工业区分理处于1995年8月30日正式成立,同日正式对外营业,营业地址为松江区荣乐东路132号;1998年10月19日迁址至荣乐中路85号并更名荣乐中路分理处;2001年11月19日更名荣乐中路支行
九亭支行	松江九亭镇九亭大街455号	松江支行九亭营业所于1995年8月30日正式成立,同日正式对外营业,营业地址为松江区九亭镇九新路259号;1998年11月12日更名九亭分理处;2001年3月28日迁址至松江区九亭大街455号并更名九亭支行
新松江路支行	松江区新松江路1290号	2008年12月12日成立
外高桥保税区支行	加枫路18号	1993年4月10日外高桥支行正式成立。1993年4月17日,在杨高北路商务楼举行开业典礼,正式对外营业。1995年支行设立第一营业所,在五号门内原保税区商品第二交易市场开业,1999年改为支行营业部。2003年4月25日迁址至加枫路18号
杨高北路支行	外高桥保税区日京路79号	1995年原支行所在的商务楼营业大厅变更为外联发营业所,1996年10月迁址至日京路79号营业。1998年10月19日,更名杨高北路支行
民生路支行	浦东新区浦东大道1189号	1997年12月18日民生路支行正式成立,营业地址为浦东大道1525号(石化大厦),2008年7月迁址至浦东大道1189号(惠扬大厦一楼)
华高苑支行	金高路1056号	2001年4月17日华高苑支行正式成立,营业地址为老杨高路2202号(原址现更名金高路1056号)
联洋支行	浦东新区芳甸路195号	2003年12月29日联洋支行正式对外营业,营业地址为芳甸路300号,2005年12月16日迁址至芳甸路195号
徐汇支行	建国西路589号	1994年10月18日,徐汇办事处正式成立,对外营业;1998年6月23日,更名上海浦东发展银行徐汇支行
漕宝支行	漕宝路38号	1995年8月28日,漕宝路营业所正式对外营业;1998年10月19日,升格为上海浦东发展银行漕宝支行
大众大厦支行	中山西路1515号	1995年11月28日,经人行批准原宜山路派出柜升格为宜山路营业所,1997年8月19日,迁址至中山西路1515号,并更名上海浦东发展银行徐汇办事处大众大厦分理处,9月23日取得金融许可证
南丹支行	天钥桥路309号	1995年4月11日,建东所正式开业。1998年2月10日,建东所由建国东路388号迁址医学院路136号,更名上海浦东发展银行徐汇办事处医学院路分理处;2003年8月11日,医学院路支行从原医学院路136号迁址到天钥桥路319号,迁址后更名南丹支行。2003年9月8日,南丹支行正式营业
肇嘉浜路支行	肇嘉浜路1065号江山大厦底层	1995年5月,肇嘉浜路办事处已成立。2000年1月25日,同意在肇嘉浜路680号设立"上海浦东发展银行肇嘉浜路支行"。2003年8月11日,同意肇嘉浜路支行从原肇嘉浜路680号迁址到肇嘉浜路1065号,行名保留

〔续表〕

网点名称	地址	沿革
徐家汇支行	虹桥路188号	2006年6月23日,衡山支行移交给徐汇支行;2007年4月7日,衡山支行进行搬迁;2007年4月8日,徐家汇支行正式对外营业
东安支行	斜土路2109号	2009年3月28日,东安支行正式对外营业
襄阳支行	襄阳南路500号	2003年12月26日,上图支行迁址后总部直属襄阳支行。2006年4月14日,襄阳支行管辖权调整为徐汇支行。2016年1月8日,襄阳支行由襄阳南路500号迁址至柳州路523-3号,更名柳州路支行,2016年10月28日,柳州路支行正式开业
万源城支行	古龙路536—540号	2011年3月29日正式对外营业
杨浦支行	许昌路1296号	杨浦支行于1993年11月16日正式成立,11月29日杨浦支行营业部正式对外营业,营业地址杨浦区许昌路1296号,2015年9月16日迁址至杨浦区黄兴路1718号对外营业
控江支行	控江路1669-2号	1995年1月1日成立
大连路支行	四平路840号	1998年12月31日成立
五角场支行	黄兴路2001号	五角场支行于1994年5月3日成立,2015年9月16日迁址至许昌路1296号更名许昌路支行
中原支行	杨浦区国和路1075—1077号	2001年5月21日成立
创智天地支行	杨浦区淞沪路290号一层05—09单元	2009年8月21日成立
闸北支行	天目西路123号	1995年5月10日成立,原名闸北办事处,办公地址为闸北区中华新路496号;1996年5月迁至秣陵路258号;1998年5月迁至天目西路123号;1998年6月更名闸北支行
中华新路支行	中华新路496号	1995年5月,成立中华新路营业所,1998年10月更名中华新路支行;2012年4月迁至沪太路785号,同时更名延长中路支行
平型关路支行	平型关路387—389号	1997年5月设立闸北办事处天目东路分理处,办公地址为天目东路35号;1998年10月更名北站支行;2006年1月迁至平型关路387号,同时更名平型关路支行,2013年3月迁至延长路50号
彭浦支行	保德路505号	2001年5月设立彭浦支行,办公地址为保德路505号;2016年3月迁至临汾路408、410、412、414号
芷江支行	普善路139号	1997年5月设立西藏北路分理处,办公地址为西藏北路51—53号;2001年11月升格为西藏北路支行;2010年6月迁至普善路139号,同时更名芷江支行
张江支行	科苑路151号	2000年3月3日正式成立
北蔡支行	浦东新区北蔡镇莲园路79—95号	北蔡支行于1995年11月27日正式对外营业,地址为上海市浦东新区北蔡镇莲园路324号;2006年4月11日迁址至浦东新区北蔡镇莲园路79—95号

表8‑1‑2　1993—2006年浦发银行上海地区直属机构及历任负责人情况表

机构及职务		姓名	任职时间
总行第一营业部			
总经理		张玉华	1993年4月—1996年11月
		张蝶依	1996年11月—1998年9月;1998年9月—2000年2月(兼任)
副总经理		谢德煦	1993年4月30日上任
		陈玉华	1996年11月13日上任
		秦　静	1996年11月29日上任
上海外高桥保税区支行			
行长		顾　亮	1993年4月—1996年10月
副行长		夏自敏	1995年9月—2000年1月
上海陆家嘴支行			
行长		朱福涛	1994年3月2日上任(1993年4月30日任副行长)
		何信读	1999年3月—2000年10月
副行长		何信读	1993年11月—1999年3月
		黄旭初	1995年1月—1996年4月
		周存焕	1996年7月—1997年2月
上海松江支行			
行长		杨世民	1993年9月—2004年3月
副行长		傅　浩	1993年9月—1997年7月
		张连明	1994年8月—2004年3月
行长助理		张连明	1993年9月—1994年8月
上海南汇支行			
行长		吴木连	1993年10月—1994年10月
		桂龙祥	1994年10月—2002年6月
副行长		陈惠民	1994年10月—2003年5月
行长助理		唐才良	1994年10月—2003年7月
上海杨浦支行			
行长		黄建平	1993年11月—1998年9月
		胡圣安	1996年5月24日上任
副行长		胡圣安	1994年3月—1996年5月
		陆家良	1993年11月—1995年6月
		郑卫国	1995年4月—2002年2月
		殷建邦	1997年12月—2003年2月

〔续表〕

机 构 及 职 务	姓 名	任 职 时 间
上海普陀支行		
行长	陈 辛	1994年1月—1997年2月（兼任）
副行长	周淳源	1994年1月—2003年2月
行长助理	顾广宙	1997年5月—1999年8月
上海青浦办事处（1998年6月2日更名青浦支行）		
主任	陈一飞	1994年5月—2003年2月
上海静安支行		
行长	傅 浩	1997年7月—1998年9月
副行长	隋思民	1994年6月—1997年7月（主持工作）
	朱植宇	1994年6月—1997年7月
	许 飚	1996年12月—2004年5月
上海虹口办事处（1998年6月2日更名虹口支行）		
主任	胡圣安	1996年5月—1997年12月
	周浩文	1997年12月—2004年3月
副主任	胡圣安	1994年12月—1996年5月（主持工作）
	金鸿元	1994年10月—1997年8月
	周元任	1994年12月—2003年3月
	殷建邦	1997年10月—1997年12月
上海闵行办事处（1998年6月2日更名闵行支行）		
主任	傅 浩	1994年6月—1997年7月
副主任	刘明建	1995年9月6日上任（1997年7月23日主持工作）
	俞国强	1997年7月—2003年3月
上海徐汇办事处（1998年6月2日更名徐汇支行）		
主任	薛庆瑜	1994年10月17日上任
副主任	隋思民	1997年7月—2004年3月
上海金山支行		
行长	谢国顺	1994年1月—1996年6月
	李友仁	1996年6月—1997年9月（主持工作）
副行长	张大雨	1994年1月18日上任
	陈玉宽	1997年9月—2000年1月
	华允愈	1997年8月—2002年3月
	叶天同	1997年9月—2002年3月

〔续表〕

机构及职务		姓名	任职时间
上海南市办事处(1998年6月2日更名南市支行)			
主任		朱霞兰	1994年8月—1998年9月
副主任		汤德浩	1994年8月—1997年5月
		朱植宇	1997年7月—2000年3月
上海石化办事处(1997年7月30日与金山支行合并)			
主任		张显华	1994年11月—1997年5月
副主任		张顺荣	1994年11月—1997年5月
		陈玉宽	1996年3月—2003年3月
		华允愈	1996年12月—2004年3月
上海闸北办事处(1998年6月2日更名闸北支行)			
副主任		周淳源	1995年5月—1997年7月
		宋德耀	1997年7月—2001年4月
上海嘉定办事处(1998年6月2日更名嘉定支行)			
副主任		顾炳明	1995年3月22日上任(主持工作)
		张步云	1995年3月22日上任
		周　锋	1997年7月—2003年3月
上海宝山办事处(1998年6月2日更名宝山支行)			
主任		张一心	1995年5月—2003年2月
副主任		顾建敏	1995年5月—2006年10月
		钱建忠	1995年5月9日上任
		王汉斌	1997年7月—2003年3月
上海长宁办事处(1998年6月2日更名长宁支行)			
主任		陆家良	1995年6月—1998年3月
副主任		顾广宙	1995年6月—1997年5月
		李盛群	1997年6月—2001年12月
上海奉贤办事处(1998年6月2日更名奉贤支行)			
主任		傅　浩	1996年5月—1997年7月
主持工作		刘明建	1997年7月23日上任
副主任		黄兴官	1996年5月—2000年2月
		姚祖仁	1997年7月—2005年4月

〔续表〕

机 构 及 职 务	姓 名	任 职 时 间
上海金桥办事处(1998年6月2日更名金桥支行)		
副主任	周存焕	1997年2月—2003年9月(主持工作)
上海新虹桥办事处(1998年6月2日更名新虹桥支行)		
主任	马 力	1997年6月—1999年3月
副主任	陈豪刚	1997年9月—2004年5月
	宾亚华	1997年6月25日上任
主任助理	郑 辉	1997年4月30日上任
上海空港办事处(1998年6月2日更名空港支行)		
副主任	陆 洋	1997年12月—1998年9月(主持工作)
	刘信义	1997年12月—2005年10月(1998年9月—2000年1月主持工作)
	王慧娟	1997年12月—2001年7月
上海黄浦支行		
行长	傅 浩	1998年7月—1998年9月
副行长	林燕娜	1998年7月7日上任
上海东方支行		
副行长	吴毓华	1998年2月—2002年9月
上海地区总部(1998年10月—2006年4月)		
总经理	黄建平	1998年9月—2002年4月
	商洪波	2002年4月—2005年10月
	刘信义	2005年10月—2006年4月(兼任)
副总经理	傅 浩	1998年9月—2002年3月
	陆 洋	1998年9月—2006年4月
	薛庆瑜	1998年9月—2006年4月
	张蝶依	1998年9月—2000年2月
	朱霞兰	1998年9月—2006年4月
	黄建强	2000年3月—2006年4月
	徐艰奋	2003年3月—2006年4月
	李盛群	2005年8月—2006年4月
总经理助理	李盛群	2003年3月—2005年8月

表 8-1-3　2006—2010 年上海分行负责人任职情况表

行　长		副行长		行长助理	
姓　名	任 职 时 间	姓　名	任 职 时 间	姓　名	任 职 时 间
刘信义	2006年4月—2007年10月	黄建强	2006年4月—2008年3月	葛宇飞	2008年5月—2011年6月
姜明生	2007年10月—2013年3月	陆　洋	2006年4月—2008年3月	沈建忠	2008年5月—2011年6月
		徐艰奋	2006年4月—2008年3月	陈　琪	2008年5月—2011年6月
		李盛群	2006年4月—2016年4月		

第二章 杭州分行

上海浦东发展银行股份有限公司杭州分行(以下简称杭州分行)于1994年3月28日成立,是浦发银行跨出上海成立的第一家省级分行,也是股份制商业银行在浙江设立的第一家省级分行,办公地址为杭州市上城区延安路129号。

截至2010年年末,杭州分行人民币一般存款余额1361.59亿元,贷款余额1230.08亿元;外币存款余额2.21亿美元,贷款余额4.88亿美元;账面经营利润31.22亿元。

第一节 机构沿革

一、机构设立

1994年3月28日,浦发银行杭州分行挂牌开业。杭州分行成立以来,在总行战略规划指引下,秉承"笃守诚信,创造卓越"核心价值观,积极探索金融创新,资产规模持续扩大,经营实力不断增强。

2003年1月,杭州市委、市政府授予杭州分行"杭州市文明单位"荣誉称号;是年,杭州分行在工作会议上提出"创建区域品牌银行"的战略目标。

2004年,杭州分行被浙江省委、省政府授予"省级文明单位"荣誉称号。

二、内设部门

2005年12月9日,浦发银行确定杭州分行为第一批扁平化、矩阵式组织架构改革分行,同月,正式启动组织架构改革工作。2006年6月,按照总行组织架构改革要求,杭州分行正式按新的组织架构运行,并成功实现阶段性目标:风险管理、公司银行、个人银行、运营与科技四个条线框架建成,于6月始按新的组织架构模式开始运行(条线制管理);公开招聘的16个部门总经理全部上岗,涉及四个条线的员工调整到位;新老组织架构下各部门的工作交接基本完成;与新组织架构相配套的内部运转流程和考核机制开始制定或修订。

2009年12月,杭州分行中小企业业务经营中心正式成立,次年完成城区13家支行、本级12个专营服务团队及异地6家中小企业业务经营分中心架设。截至2010年年末,分行本级下设32个部门、13家同城支行、3家异地支行和6家二级分行。

第二节 业务经营

一、人民币资产

杭州分行积极倡导绿色信贷,坚持可持续发展的道路,支持地方经济发展,推进银企共赢、银政共赢为目标。贷款重点投向采矿业、制造业、公共管理、交通运输业、房地产业等区域优势行业和项目。1994年至2010年,分行不断拓展业务,调整客户结构,加大对优质客户的营销与合作,持续开展业务创新,加强风险管控,支持浙江地方大中型企业生产贷款,支持地方交通、电力、城建、抗咸工程等基础设施建设贷款。2004年,杭州分行贷款规模在浦发银行系统位列第三位。

二、人民币负债

杭州分行选择适合发挥分行特点、成长性好的区域龙头及中小型客户,加大产品加载力度,提升金融服务水平,存款规模、客户群体不断壮大。1994年至2010年,分行坚持存款立行,1997年开始实现全辖活期储蓄业务通存通兑,2000年在同业中率先推行客户经理制,形成本外币业务拓展、管理、考核一体化的经营机制,2002年把握入世后浙江出口贸易势头旺大力发展国际结算和结售汇业务,2006年年末本外币一般存款余额突破"四百亿"大关,并协助总行与阿里巴巴成功签署全面合作协议。

"十一五"期间,本外币一般存款余额增长176.37%,年均增幅22.55%;机构网点、员工人数均翻了近一番。当年在总行"星耀浦发·再越高峰"2010年负债业务专项活动中,浦发银行杭州分行荣获负债业务年度明星分行、公司银行"十佳分行"。

三、中间业务

杭州分行以客户为导向,坚持把中间业务作为战略核心,实施资源重点支持,积极开展产品创新,完善激励约束机制,带动结算业务、咨询顾问、代理业务、综合理财、担保及承诺、银行卡等业务发展。

四、国际业务

1994年,杭州分行受省外管批复同意,代理总行经营外汇业务。1996年,分行通过总行验证,取得外汇自营资格。2001年,分行注重在有进出口业务的大型企业集团、拥有进出口权的生产型企业中培育外汇业务优质客户,积极争揽有贷户的外汇业务,全年新增贸易结算户95家。2005年,分行依托离岸业务产品优势,为企业赴海外发展搭建平台。至2010年年末,完成国际结算109亿美元。

五、经营管理

【资产负债管理】
自开业起,分行全面实施资产负债管理,坚持以"安全性、流动性、效益性"为原则,建立以"自主经营、自负盈亏、自担风险、自我约束、自求平衡、自我发展"为基本内容的商业银行运行机制,对所经营的各类资产和负债实施科学化、规范化的管理;坚持分类指导,加强资金的集中统一营运,优化负债结构,提高资金使用效益;以建立适应商业银行经营管理要求的绩效考评体系为手段,创新资源配置机制,全面提高资产负债管理水平,确保各类指标均符合监管要求。

此外,杭州分行坚持对各项指标实行按月监测,按季考核,使资产负债比例在总量和结构上保持合理、优化配置,实现资金的安全性、流动性和盈利性的有机统一;2003年至2010年,分行陆续出台各项规章制度,推动负债业务发展。截至2010年年末,分行人民币存贷比达78.43%,较1994年上升16.10%;中长期贷款占比为28.89%,风险资产收益率2.13%,资产利润率为1.56%。

【资产风险管理】

1994年,分行在成立之初就内设风险管理部,由其负责风险政策指导、授信业务的审查审批、贷后检查、信贷业务统计等风险管理工作;同年,根据总行授权,实施审贷分离的信贷管理制度。1997年,分行制定下发《上海浦东发展银行杭州分行贷款审查委员会工作规程》,明确贷审委是分行行长领导下的分行各项贷款资产业务的最高审查机构,明确审查的具体工作规定和送审程序。1999年,在试行文件的基础上,进一步对贷审委的相关职责及具体操作进行完善。

图8-2-1 2008年,杭州分行专项贷款支持建设的杭州东站枢纽建成前后对比

2000年至2005年,分行陆续制定印发《上海浦东发展银行杭州分行授信管理实施办法》《上海浦东发展银行杭州分行信贷资产管理规程》《关于试行专业审贷制度的通知》《关于改进和完善专业审贷制度的通知》《上海浦东发展银行杭州分行信贷风险资产管理暂行办法》《上海浦东银行杭州分行公司业务放贷操作办法》等规章制度,逐渐明确分行信贷业务管理和运作行为,逐步建立起各项业务相互协调,工作流程清晰明了,权利职责规范统一。

2006年,分行根据不同职责划分,将风险管理部拆分成独立的风险管理部、个人风险管理部和授信审批部。至此,基本建立覆盖各主要业务条线、各关键风险领域的全面风险管理架构,将信用风险、市场风险、操作风险、流动性风险、银行账户利率风险、合规及法律风险、声誉风险、战略风险、信息科技风险、国别风险、并表风险等纳入全面风险管理体系,实施集中、统一管理。同时,根据监管要求,明确设立"三道防线"体系,业务条线、风险管理条线、审计及合规条线各司其职,在业务经营的前、中、后台发挥合力,加强风险管理。

2007年至2010年,分行根据国家有关法律法规、银监会以及总行相关规定要求,又陆续制定《上海浦东发展银行杭州分行风险管理委员会工作规程》《上海浦东发展银行杭州分行信贷审批委员会工作规程》《关于对风险管理条线〈建立重大风险事件报告及应急处理机制的暂行办法〉》《上海浦东发展银行杭州分行操作风险管理实施细则(试行)》《上海浦东发展银行杭州分行公司授信贷后管理实施细则》和《上海浦东发展银行杭州分行异地支(分)行风险主管行长派驻制实施办法(试行)》,不断确定承担风险管理责任,强化风险管理工作的独立性、公正性和专业性,确保各项风险管理制度在辖属异地支(分)行得到有效落实和制定。截至2010年年末,杭州分行不良贷款余额43 710万元,不良贷款率0.55%。

【信息化管理】

2003年,浦发银行628项目在分行成功上线,分行电子化建设实现大跨越。2005年至2007年,总行统一建设的业务集中系统、验印系统在分行成功上线。2003年1月,在杭州市庆春路、凤起路,余杭区东海花园首批设立3家离行式自助银行。截至2010年年末,ATM机达229台,离行式自助银行45家,当年交易金额达424 185.14万元。

【人员管理】

1994年,分行从业人员44人。2010年年末,从业人员增至1 570人,正式工1 284人,派遣制286人。其中,具有本科学历1 009人,占64%;具有硕士及以上学历63人,占4%;具有中、高级职称322人,占25%。分行不断加强干部队伍建设。强调党管干部,以干部队伍建设为抓手,不断强化党建工作。强化中层干部考核,落实激励、约束和淘汰机制,切实做到"能上能下"。结合干部任期考察,根据工作实绩和考察结果,深化落实中层干部淘汰机制。建立青年干部培养体系。遵从人才成长规律,建设以理论素养、专业能力、基层锻炼为主要内容的递进式培养体系,为分行发展提供可持续的人力资源支撑。加强后备干部队伍建设。拓宽选人渠道,开阔用人视野,梳理后备人才库,及时调整、补充,跟踪动态管理,不断优化干部队伍结构。此外,分行切实拓宽员工职业发展平台。进一步加强全行专业队伍建设,拓宽专业员工职业发展道路和晋升空间,打造多维度、梯度化骨干队伍。持续加大岗位交流力度,着力培养经过多岗位历练的复合型人才。

表 8-2-1　2010 年年末杭州分行所辖网点一览表

网点名称	地　　址	沿　　革
杭州分行	杭州市延安路 129 号	杭州分行成立于 1994 年 3 月 28 日,营业地址为环城北路 47 号浙江省科学会堂。2000 年 3 月 27 日搬迁至延安路 129 号
杭州西湖支行	杭州市下城区延安路 429 号	凤起路办事处成立于 1995 年 1 月,2000 年 8 月更名西湖支行
杭州清泰支行	杭州市清泰街 438 号	清泰办事处成立于 1995 年 5 月 15 日,位于杭州市清泰街 366 号;1998 年 6 月 16 日更名清泰支行;2000 年 12 月 8 日,迁址至清泰街 438 号
杭州保俶支行	杭州市环城西路 92 号	保俶办事处成立于 1995 年 9 月 20 日,位于杭州市保俶路 227 号。1998 年 6 月 16 日更名保俶支行;1996 年 6 月 2 日搬迁至杭州市环城西路 90 号;2007 年 5 月 11 日经下城区地名委员会同意,门牌变更为环城西路 92 号
杭州高新支行	杭州市文二路 328A	解放路支行成立于 1997 年 9 月,营业地址为解放路 156 号,经中国人民银行杭州中心支行批准于 2001 年 5 月迁址到杭州市文二路 328A,并更名杭州高新支行
杭州中山支行	杭州市庆春路 165 号	城东办事处成立于 1996 年 9 月 27 日,1998 年 1 月更名中山支行并搬迁至庆春路 165 号,原址变为中山支行秋涛路分理处
杭州文晖支行	浙江省杭州市西湖区文三路 112 号文锦大厦	文晖支行成立于 1998 年 7 月 24 日,位于杭州市莫干山路耀江国际大厦 A 座 22 层;2002 年 7 月迁址至西湖区文三路 112 号文锦大厦
杭州武林支行	杭州市环城北路 47 号	武林支行成立于 2000 年 3 月 28 日,营业地址为环城北路 47 号浙江省科学会堂
杭州钱江支行	杭州市江干区秋涛北路 88 号	钱江支行成立于 2001 年 8 月 1 日
杭州德胜支行	杭州市下城区绍兴路 187 号	乔司支行成立于 2001 年 12 月 19 日,位于余杭区乔莫东路;2004 年 8 月 18 日更名德胜支行,2004 年 8 月 28 日迁址至绍兴路 187 号
杭州求是支行	杭州市西溪路 127 号	求是支行成立于 2004 年 9 月 7 日
杭州建国支行	杭州市下城区建国北路 218 号	建国支行成立于 2006 年 3 月 15 日
杭州和睦支行	浙江省杭州市拱墅区莫干山路 789 号美都广场	和睦支行成立于 2009 年 4 月 29 日
杭州新城支行	杭州市江干区钱江新城四季路 78 号	新城支行成立于 2010 年 7 月 20 日
绍兴分行	浙江省绍兴市越城区人民东路 2 号	绍兴支行成立于 1997 年 12 月 17 日,营业地址为绍兴市越城区人民西路 238 号;2006 年 1 月,经浙江省银监局批准,升格为绍兴分行;同年搬迁至绍兴市越城区人民东路 2 号
绍兴城北支行	绍兴市解放北路 269 号	绍兴城北支行成立于 2003 年 4 月 7 日
绍兴城东支行	鲁迅西路 54 号	绍兴城东支行成立于 2003 年 4 月 7 日

(续表)

网点名称	地 址	沿 革
绍兴城西支行	浙江省绍兴市越城区人民西路238号	绍兴城西支行成立于2005年12月22日
绍兴诸暨支行	浙江省诸暨市暨阳街道艮塔东路129号	绍兴诸暨支行成立于2007年10月26日
绍兴上虞支行	浙江省上虞区峰山南路183号	绍兴上虞支行成立于2008年11月8日
绍兴柯桥支行	浙江省绍兴县柯桥街道湖西路228号轻纺大厦B楼	绍兴柯桥支行成立于2009年7月18日
嘉兴分行	嘉兴市南湖区环城西路225号	嘉兴分行成立于1997年12月16日,地址嘉兴市中山路安乐路口;2005年3月搬迁至环城西路225号;2006年2月,升格为嘉兴分行
嘉兴秀洲支行	嘉兴市吴越路148号	秀洲分理处成立于2002年5月12日,地址嘉兴市华新花园11号楼,2005年5月更名秀洲支行,迁址至嘉兴市吴越路148号
嘉兴南湖支行	嘉兴市城东路83号	建国分理处成立于2000年5月,地址建国北路港澳大厦,2003年2月更名禾城支行,2004年10月因成立桐乡支行,禾城支行撤销。2005年3月成立南湖支行,地址嘉兴市中山路安乐路口,2008年8月29日搬迁到嘉兴市城东路83号
嘉兴海宁支行	海宁市水月亭路121号	嘉兴海宁支行成立于2009年9月8日
嘉兴桐乡支行	桐乡市振兴东路718号	嘉兴桐乡支行成立于2004年10月8日
嘉兴平湖支行	平湖市解放西路180号	嘉兴平湖支行成立于2008年12月9日
湖州支行	湖州市体育场路120号	湖州支行成立于2008年7月8日
湖州长兴支行	浙江省长兴县雉城街道北路298至304号	湖州长兴支行成立于2010年12月8日
金华分行	浙江省金华市婺城区人民西路453号	金华分行成立于2010年9月15日
衢州支行	衢州市上街84号	衢州支行成立于2010年7月5日
义乌支行	义乌市工人北路499号	义乌支行成立于2008年6月26日
杭州萧山支行	浙江省杭州市萧山区金城路461号	萧山办事处成立于1995年9月6日,地址萧山市城厢人民路69号;1998年7月2日,升格更名萧山支行;1999年1月31日,迁址至萧山市城厢镇体育路55号;2009年1月16日,迁址至杭州市萧山区北干街道金城路461号
杭州萧山东门支行	浙江省杭州市萧山区城厢街道育才路376号	萧山东门分理处成立于1997年4月22日,2004年12月13日升格更名萧山东门支行
杭州萧山开发区支行	杭州市萧山经济技术开发区建设一路47号	萧山支行人民路分理处成立于1999年2月1日;2002年4月27日,人民路分理处移址更名萧山支行开发区分理处;2004年12月13日,升格更名支行
杭州萧山市心支行	浙江省杭州市萧山区体育路92号	萧山市心支行成立于2009年1月1日

〔续表〕

网点名称	地　　址	沿　　革
杭州临安支行	临安区钱王街417号	临安办事处成立于1995年11月1日,位于临安县锦城镇钱王大街40号;1998年9月11日更名临安支行;2000年搬迁至临安钱王街417号
余杭支行	余杭区临平北大街150号	余杭办事处成立于1996年11月4日,位于余杭区临平邱山大街136号;1998年7月6日,更名余杭支行;2003年3月11日迁址至余杭区临平北大街150号

表8-2-2　1994—2010年杭州分行负责人任职情况表

行　长		副　行　长	
姓　名	任　职　时　间	姓　名	任　职　时　间
陈颖光	1994年3月—1999年3月	华中吉	1994年3月—2001年3月
杨绍红	1999年3月—2010年8月	徐玄德	1994年3月—1998年9月
赵峥嵘	2010年8月—2016年8月	张影华	1994年3月—2001年11月
		沈　思	1998年9月—2001年11月
		陈玉斌	2002年4月—2008年5月
		刘小牛	2000年4月—2015年6月
		林道峰	2003年6月—2008年3月
		孔已明	2003年6月—2008年7月
		李夏英	2006年8月—2008年7月
		俞　军	2008年7月—2013年4月
		傅　忠	2008年7月—2014年7月
		许国明	2008年7月—2016年8月

第三章 宁波分行

上海浦东发展银行股份有限公司宁波分行(以下简称宁波分行)于1994年12月26日成立,办公地址位于宁波市海曙区和义路26号。

截至2010年年末,宁波分行人民币一般存款余额716.37亿元,贷款余额608.5亿元;外币存款余额1.98亿美元,贷款余额3.5亿美元;经营利润17.67亿元。

第一节 机构沿革

一、机构设立

1994年10月7日,经中国人民银行同意,宁波分行开始筹建,为上海浦东发展银行非独立核算的直属分行。

1994年12月26日,中国人民银行宁波分行批准同意宁波分行开业。

1994年12月28日,中国人民银行宁波分行正式批准挂牌开业。

2000年5月,根据市政府城市建设要求,分行搬迁至宁波市建设大厦解放南路216号。

2001年8月,上海浦东发展银行宁波分行办公地址由宁波市解放南路216号搬迁至宁波市江厦街21号浦发大楼。

二、内设部门

宁波分行成立初期,内设办公室、营业部、国际业务部、信贷部、信托投资部、计划资金部、发展部7个部门。

1995年,计划资金部更名资金财务部。

1997年,设立稽核监察部。

2001年,设立人力资源部、风险管理部。

2002年,设立金融机构部。

2003年,设立会计管理部。

2004年,设立营销部门业务发展二部—业务发展九部。

2005年,设立机构业务部、营销部门业务发展十部。2005年12月起,分行作为上海浦东发展银行总行组织架构体制改革的九家试点行之一,于2006年完成体制改革。

2006年,设立个人银行风险管理部、合规部。根据总行扁平化矩阵式组织架构改革对内设部门进行改革:公司银行条线3个部门:公司银行业务管理部、公司银行产品部、公司银行客户部;风险条线4个部门:授信审查部、风险管理部、资产保全部、个人银行风险管理部;运营与科技条线4个部门:运营管理部、信息科技部、贸易服务中心、营业部;个人银行条线4个部门:个人银行发展管理部、个人信贷部、银行卡及渠道部、财富管理部;以及办公室、人力资源部、资财部、合规部、分行营销管理部以及营销团队和理财中心。同时撤销公司金融部、市场发展部、金融机构部、会计管理部、国际业务部、个人金融部、电子银行部。

2007年,设立财务会计核算中心。

2008年,设立贸易金融部。

第二节 业务经营

一、公司业务

1997年,宁波分行抓住发展机遇,积极拓展大客户,先后支持杉杉集团、宁波市经济建设项目公司、长发商场、城隍庙股份公司、镇海联合发电厂等实力型、效益型大企业。1999年,重点突出对区域优秀企业、著名跨国集团、优质上市公司的本外币贷款。2004年,分行强化公司金融业务的营销,开展目标客户营销指导,扩大优质客户,选择符合宁波区域经济政策和资源保护政策及符合银行信贷原则和条件的企业,当年新增贷款的66%投向生产型优质企业,采取积极措施应对非典带来的影响,有力支持区域经济的发展。

图8-3-1　2003年,宁波分行向杭州湾大桥项目贷款

2005年,执行"区别对待、有保有压"宏观调控方针,把握金融宏观调控政策导向,防范信贷风险,优化信贷结构,进一步加大资产营销力度,大力支持区域经济建设。信贷业务的主要投向:生产型、实业型和外向型的企业;区域龙头企业;现金流量充沛、项目本身符合国家产业政策和信贷政策的中长期项目贷款,交通、运输、城市基础设施等关系国计民生的贷款等。行业主要集中分布在制造业,向当地的主要优势行业和骨干企业倾斜,如服装行业、电力行业和纺织行业等,实际授信余额接近40亿元,占授信总量的近20%。

2007年,认真贯彻落实货币信贷政策,控制贷款行业投向,严格限制高耗能、高排放和产能过剩行业的贷款,积极支持五大板块信贷需求,加大对所在地经济发展特点相适应的、有自偿现金流的贸易融资业务。

2008年,支持民生工程、重点工程、重大产业项目、基础设施、生态环境和新农村建设等;对于节能减排项目,积极响应中央政策,加大投入力量,注重绿色信贷业务的推广。

2009年,根据"保增长、防风险、保稳定"的工作要求,牢固树立金融支持区域经济平稳较快发展的责任意识,加快信贷投放,增强银行对扩大内需的支持力度,加大信贷投入,加强对区域对重点工程的支持。

2010年,分行积极做好对宁波市重点工程项目的信贷支持工作,对宁波市发展和改革委员会批准的13个重点项目进行融资,包括经济适用房、宁波市南区污水处理厂二期工程、奉化市县江下游段防洪工程(三期)工程、宁波北站搬迁工程、余慈客运枢纽中心建设工程等。

二、零售业务

1997年,东方卡业务上线,分行围绕东方卡业务的推广,加快对东方卡功能的研制开发和营销经纪人办法,以东方卡为载体,使零售业务逐步向学校、商场和机关领域推进,完成校园卡开发项目,并在宁波大学、宁波中专和宁波商校推广运用;与美乐门商场联手开展东方卡消费9折优惠活动;在市政府推广食堂就餐消费系统和考勤考核系统。

1998年,分行在区域商业银行中首家开办汽车按揭贷款。2002年起,开始在慈溪、余姚等中小企业发达地区进行中小企业金融服务试点;同年9月12日推出个人委托贷款业务,4 500万元额度当日销售一空。2003年,人金融机制体制得到健全和完善,各项优惠政策能量得到充分释放,各种业务新品种的推广,职能部门由管理向服务型转变,使个金业务进一步向纵深发展;积极创个人信贷新业务,推出机械和工程车按揭等贷款业务,个人贷款业务品种涉及消费、经营、求学等;代理首只由总行托管的"国泰金龙系列"开放式基金。

2006年,分行加大银行卡业务发展,加强用卡环境建设,大力推广轻松理财系列银联标准卡,树立良好的品牌形象,获得消费者的赞誉和监管部门的肯定。2008年,继续鼓励发展个人生产经营性贷款、个人住房贷款和消费贷款,支持提振内需、改善民生。

三、国际结算业务

1994年分行开业即开办国际业务,采取跑单上门取单特色服务发展进出口企业客户。1998年,开始办理出口押汇业务,为广大中小企业提供融资服务。2001年,推出出口保理创新服务,为客户设计出口信用保险和贸易融资业务相结合的产品方案,办理出口买断性质的保理及福费廷业务。2003年,陆续推出"福费廷"业务,出口信用保险项下的押汇业务,以及出口汇款(T/T)项下的提单押汇业务。

2005年,积极采取措施应对浮动汇率制度,调整出口押汇业务流程,满足客户需求,全年贸易融资额、国际结算的单证业务两项指标均名列总行第一。2007年,陆续推出供应链金融服务方案、远期结售汇和人民币与外币掉期业务、假远期、进口代付等创新产品,助推国际业务发展。

2009年,分行采取各种有效措施,发挥积极作用,离岸金融业务已形成一套比较完整的产品服务方案,包括账户管理、网银、贸易单证及融资以及担保和资产风险管理等,支持区域中资企业主动

"走出去"参与国际经济技术合作和竞争。当年,离岸国际结算量、离岸客户数等指标名列总行系统第一。

2010年,通过总分行联动、海内外联动、境内同业联动等方式,多渠道拓宽外汇资金来源;在产品方面,推出国际双保理海外预付安排、跨境人民币协议付款、"通""赢""兑"等系列产品、非居民福费廷、进口保付、联动保理等跨境联动金融创新产品;为规避汇率风险,推出跨境人民币境外贴现、远期结售汇、跨境兑、跨境赢、调期、期权、区间赢等新产品,积极推动产品创新。

四、经营管理

【合规管理】

2006年,分行搭建合规管理的总体框架,确定合规部的职责、职能、规章、制度,配备分行合规管理人员,逐步落实从基层到分行的反洗钱数据分析、筛选流程,并开展以风险为本的合规管理,进行合规培训与教育等;2009年,以制度建设为抓手,深化内控工作,定期组织分行各管理部门对现行文件进行清理。2010年,组织、协调和督促各业务条线和内部控制部门对各项政策、程序进行梳理和修订,确保各项制度符合法律、规则和准则的要求。

【风险管理】

1994年,分行设立信贷部,公司营销、风险管理、授信审批集中于同一部门。1997年,下发交叉贷款管理办法,对已发生的交叉贷款户头进行全面清理。1998年,分行单独设立风险部,集风险政策、授信审批于一体,但鉴于人员配备等限制,仍与信贷部合署办公,尚未真正分立;后期,随着人员的逐步到位,实现办公分离,前后台分列。

2005年,研究初设风险人员委派制度,并在辖属分支机构设立支行风险科,强化风险管理力度。2006年,进一步完善并确立风险人员委派制度,明确100%分行考核以及定期轮岗,同时建立风险委派人员与支行负责人"1/2授权、双人审批"的相互制约体制;进行风险条线的架构改革,将风险部细分职能为三部门,分别为风险管理部、授信管理部、资产保全部,并进行公开招聘选拔专业人员。

2007年,分行进行内控体系建设,实行内部管理扣分和信贷责任追究,加大风险监控与问责力度;完善转授权体系,设置分行行长一票否决权,并要求分支机构负责人营销的业务一律实行委托式管理,切实落实回避制度。2008年,落实非现场风险监控联系人制度,加强分行对分支机构的监控频率,有效提升风险管控效力。2009年,建立备用授权制度,与风险管理人员配备、资产质量紧密挂钩,通过阈值的设置有效落实授权动态管理;进一步加强集团授信管理,将公司、个人贷款实行统一授信。

【运营管理】

1999年,创试综合柜员制和星级行员制。2000年,全辖13个营业机构全部实施综合柜员制度,分行营业部试行星级行员制度,对提高服务质量、节约人力资源、提高员工素质、发挥积极的作用。2003年,实行营业科长委派制,对营业科长实行由分行直接委派、定期轮换。2004年,明确营业网点运营岗位设置和岗位细分的指导意见,配套制订营业条线柜员的考核办法;坚持"会计管理意见征询函"制度,建立网点营业人员和分行管理部门的沟通机制。

2007年,实现银企对账和同城网银跨行业务集中处理。2010年,上海黄金交易所在分行营业部设立提金指定仓库,标志着浦发银行成为区域内唯一开展金交所实物黄金交收业务的商业银行。

【信息管理】

从开业到2010年,宁波分行信息系统从无到有、从小到大地发展起来。其间经历4代核心大前置主机升级更新,第一代Compaq Himalaya K2002(1996年)、第二代Compaq Himalaya S740(2002年)、第三代HPrp5430(2003年)、第四代HPrp7440(2010年)。伴随着科技的进步,分行的信息系统也不断地发展和壮大,有力地支持分行业务。

1997年,完成天腾机操作程序的升级,为对公业务的通存通兑做好前期准备,开发自助银行系统,信贷业务信息查询系统,推广运用办公自动化服务系统。1999年,建成连接各支行的分行城域网,当时主干带宽为64KDDN线路,备份为模拟电话拨号。

2001年,分行核心网络系统建成。信息系统从最简单的网点单机系统,发展到覆盖全辖生产办公各应用系统;业务系统从成立之初的一个网点各系统单PC机带多终端的独立模式,发展到同城机构之间的联网通兑;在中国人民银行统一规划下建设宁波同城实时清算系统,且在全国率先试点使用支付密码系统。2003年,总行628项目上线,分行系统集中到总行的核心系统。

【制度创新】

1998年,分行开始在宁波区域商业银行率先试行《客户经理制考核办法》。2003年,先后推出虚拟支行、异地客户经理、客户经理业务职务、商票保贴、集团账户、"牛顿"专递服务等创新,对业务发展产生重要推进作用;强化支行的扁平化管理,突出支行的营销职能。

【人员管理】

宁波分行成立之初,即实施全员合同聘用制。1994年,从业人员42人,均实行合同聘用制。2010年年末,从业人员增至1 007人,均实行合同聘用制;其中本科学历634人,占63%;具有硕士及以上学历28人,占3%,具有中、高级职称237人,占24%。

表8-3-1　2010年年末宁波分行所辖网点一览表

名　称	地　址	沿　革
宁波分行	宁波市江厦街21号浦发大楼	宁波分行于1994年12月开业,营业地址为宁波市海曙区和义路26号;2000年5月迁址至宁波市海曙区建设大厦解放南路216号;2001年8月迁址至宁波市海曙区江厦街21号浦发大楼
鄞东支行	宁波市中山东路428号	鄞东办事处成立于1995年5月25日;1998年6月22日升格为鄞东支行
望湖支行	宁波市长春路42号	东门储蓄所成立于1995年9月7日;1998年7月28日升格为望湖分理处,2001年1月16日升格为望湖支行
西门支行	宁波市中山西路318号	西门分理处成立于1995年12月15日,营业地址为宁波市中山西路198号;1998年7月31日升格为西门支行;2009年5月8日迁址至中山西路科技创业大厦1—3层部分房产;2009年9月24日迁址至宁波市中山西路318号

(续表)

名称	地址	沿革
余姚支行	余姚市新建路318号	余姚办事处成立于1996年3月6日,1998年6月25日升格为余姚支行
北仑支行	北仑区明州路500号	北仑办事处成立于1996年5月30日,营业地址为北仑区东河路560号;1998年6月29日更名北仑支行;2009年8月12日迁址至北仑区明州路500号
镇海支行	镇海区苗圃路185号	镇海办事处成立于1996年12月27日,营业地址为镇海区车站路130号,1998年6月29日更名镇海支行;1999年10月20日迁址至镇海区苗圃路185号
兴宁支行	宁波市兴宁路39号	曙光储蓄所成立于1997年5月20日;1998年7月28日升格为曙光分理处;2001年10月12日升格为兴宁支行
台州分行	台州市市府大道500号	台州支行成立于1999年12月24日,营业地址为椒江区解放路299号;2005年3月20日迁址至新址市府大道500号;2007年2月9日升格为台州分行
高新区支行	宁波市科技广场30号	科技园区支行成立于2000年7月14日,营业地址为江南路599号;2009年8月4日更名高新区支行,迁址至宁波市科技广场30号
路桥支行	路桥区路桥街道商海北街3号	路桥分理处成立于2001年5月15日,营业地址为路桥区路桥街道富仕路245号;2003年4月24日升格为路桥支行;2005年2月28日迁址至路桥区路桥街道商海北街3号
黄岩支行	黄岩区劳动南路265号	黄岩分理处成立于2001年4月28日,营业地址为黄岩区横街东路38号;2003年4月18日升格为黄岩支行;2005年5月25日迁址至黄岩区劳动南路265号
江北支行	宁波市清河路1号	江北分理处成立于1996年11月27日,营业地址为人民路376号;1998年8月10日升格为江北支行;2005年9月20日迁址至宁波市清河路1号
开发区支行	北仑区明州西路185号	开发区支行成立于1998年2月16日,营业地址为小港开发区香港楼A座101室;2005年9月30日迁址至北仑区明州西路185号
慈溪支行	慈溪市新城大道北路23号	慈溪办事处设立于1995年6月14日,营业地址为慈溪市青少年宫路1号;1998年3月24日设立慈溪支行,2003年12月17日迁址至慈溪市慈甬路201—203号;2008年12月16日迁址至慈溪市新城大道北路23号
温岭支行	温岭市万昌中路九龙大厦	温岭支行成立于2001年7月2日,营业地址为温岭市万寿路118号;2005年5月25日迁址至温岭市三星大道28号;2008年12月10日迁址至温岭市万昌中路九龙大厦
解放路支行	宁波市解放南路216号	解放路支行成立于2001年8月3日
中兴支行	宁波市中兴路651号	中兴支行成立于2002年5月24日
鄞州支行	宁波市天童北路288号	鄞州支行成立于2003年8月22日
宁海支行	宁海县跃龙街道时代大道333号	宁海支行成立于2008年5月14日
椒江支行	椒江区解放南路79号	椒江支行成立于2008年6月30日

〔续表〕

名称	地址	沿革
玉环支行	玉环县玉城街道康育南路98号	玉环支行成立于2008年9月23日
临海支行	临海市靖江中路199号	临海支行成立于2009年8月18日

表8-3-2　1994—2010年宁波分行负责人任职情况表

行长		副行长		行长助理	
姓名	任职时间	姓名	任职时间	姓名	任职时间
商红波	1994年12月—2002年4月	徐海燕	1994年12月—1997年12月	顾惠明	2003年3月—2005年11月
楼戈飞	2002年4月—2013年1月	楼戈飞	1996年8月—2002年4月	施慧	2003年3月—2005年11月
		潘卫东	1998年1月—2000年1月		
		赵博林	1999年11月—2003年1月		
		丁天佑	2002年5月—2011年12月		
		顾惠明	2005年11月—2016年1月		
		施慧	2005年11月—2017年6月		
		林伟峰	2007年3月—2012年6月		

第四章 南京分行

上海浦东发展银行股份有限公司南京分行(以下简称南京分行)于1995年6月22日成立,是浦发银行在全国开设的第二家省级分行,也是江苏地区成立较早的股份制商业银行之一,办公地址位于中山东路90号华泰证券大厦。

截至2010年年末,南京分行存款余额1 225亿元,贷款余额909亿元;外币存款余额4.08亿美元,贷款余额3.53亿美元;经营利润11.3亿元。

第一节 机构沿革

一、机构设立

1995年6月22日,南京分行挂牌开业。

分行成立以来,在总行战略规划指引下,秉承"笃守诚信、创造卓越"的核心价值观,坚持"以客户为中心"的经营方针,与开拓奋进的江苏同步,不断加大对区域经济发展的信贷支持力度,积极探索符合自身特点的高质量可持续发展之路,规模效益同步增长,份额和排名同步提升,形象和品牌得到市场广泛认可。

二、内设部门

1995年6月成立后,南京分行内设办公室、人事部、发展部、计划资金部、信贷部、中介业务部、国际业务部、财务会计部8个部门。

1997年,办公室分设为办公室、行政管理部;发展部分设为网点部、电脑部,财务会计部分设为财务会计部、稽核部;成立个人金融部。

1998年,成立资金财务部、会计部、政工部;撤销人事部,成立人事教育部。撤销网点部、计划资金部、财务会计部。

2000年,撤销电脑部,成立科技发展部;撤销信贷部,成立信贷管理部;成立公司金融部。

2001年,撤销政工部,职能归并人事教育部和办公室。

2003年,撤销行政管理部,职能归并会计部和办公室;撤销公司金融部,分设公司金融一部、公司金融二部;成立市场部、市场一部;撤销科技发展部,成立信息科技部。

2004年,撤销稽核部,成立审计特派员办事处(简称总行审计特派办)。

2005年,按照总行"扁平化、矩阵式"改革要求,重构分行本部组织架构,基本形成由综合部室以及公司银行、个人银行、风险、运营与科技四个条线组成的经营管理体系,并明确和组建各个业务条线的牵头部门以及条线内的主要部室。

2006年,成立个人银行风险管理部。

2007年,成立中小企业风险管理部、财务会计核算中心、运营管理部、作业中心、信用运营中心。

2008年,撤销贸易服务中心,成立贸易金融部。

2009年,成立保卫部,与办公室合署办公。撤销公司银行中小企业部、中小企业风险管理部,成立中小企业业务经营中心,同时完成异地6家中小企业业务经营分中心架设,标志着分行全辖中小企业经营架构基本形成。

图8-4-1　南京分行举行沪宁高速公路南京连接线工程项目银团贷款协议签字仪式

第二节　业务经营

一、资产业务

南京分行积极探索符合江苏省情和自身特点的高质量可持续发展之路,以支持地方经济发展,推进银企共赢、银政共赢为目标。信贷重点投向制造业、公共管理、交通运输业、房地产业等区域优势行业和项目。

1995年年末各项贷款10.36亿元。1996年年末各项贷款33.00亿元。1997年年末各项贷款44.80亿元。1998年年末各项贷款55.71亿元。1999年年末各项贷款64.70亿元。2000年年末各项贷款77.70亿元。2001年年末各项贷款79.37亿元。2004年年末各项贷款250.98亿元。2005年年末各项贷款296.22亿元。2006年年末各项贷款362.84亿元。2007年年末各项贷款433.24亿元。2008年年末各项贷款525.00亿元。2009年年末各项贷款737.23亿元。2010年年末各项贷款908.71亿元。

二、负债业务

南京分行选择适合发挥分行特点、成长性好的区域龙头及中小型客户,加大产品开发力度,提升金融服务水平,存款规模、客户群体不断壮大。

1995年年末，各项存款余额17.82亿元。1996年年末，各项存款余额50.53亿元。1997年年末，各项存款余额68.12亿元。1998年年末，各项存款余额85.12亿元。1999年年末，各项存款余额104.24亿元。2000年年末，各项存款余额120.25亿元。2001年年末，各项存款余额134.30亿元。2002年年末，各项存款余额193.90亿元。2003年年末，各项存款余额250.01亿元。2004年年末，各项存款余额310.40亿元。2005年年末，各项存款余额398.30亿元。2006年年末，各项存款余额466.60亿元。2007年年末，各项存款余额577.00亿元。2008年年末，各项存款余额710.00亿元。2009年年末，各项存款余额999.60亿元。2010年年末，各项存款余额1 224.64亿元。

【外币存款】

1995年，南京分行开办外币存款业务，主要是三资企业、三来一补企业、承担劳务出口的建筑安装企业以及进出口贸易公司的存款。1995年年末，各项外币存款余额9 485万美元，其中对公存款9 462万美元，储蓄存款23万美元。包括美元、英镑、欧元、日元和港币等币种。2005年，外币存款余额6 300万美元，其中对公存款4 988万美元，储蓄存款1 312万美元。截至2010年年末，外币存款余额4.08亿美元，其中对公存款3.72亿美元，储蓄存款3 644万美元。

三、其他业务

【结算业务】

分行国内信用业务在金融同业中具备较强竞争力，模式重塑、流程再造、新技术信用等方面在股份制银行中保持优势。通过国内信用证各融资产品支持全行公司业务转型发展，借用"渠道＋平台＋产品"，加强供应链客群经营。分行从2010年起启动国内信用证业务，历来各产品在同业市场保持领先，国内信用证规模长期保持全市场排名第一；带动中收与负债均保持浦发全行系统前列。

【银行卡业务】

1997年，浦发银行南京分行开业两周年之际，在江苏省率先推出智能型金融卡——东方卡；2005年，推出国内首张融合消费延期支付和理财功能的双账户借记卡——轻松理财卡，同年推出国内首张"一张卡、双授权、三账户"的轻松理财智业卡；2007年和2009年，相继推出浦发卓信白金贵宾卡和浦发卓信钻石贵宾卡。

2007年，浦发银行南京分行与南京1912文化传播公司联合推出"轻松理财-1912联名卡"，深受市民喜爱；2007年，联合今日风采网站面向女性客群推出轻松理财知性联名卡，不断丰富卡服务内涵，积极组织开展属地女性主题营销活动；参加《东方卫报》年度银行卡评选，提升浦发借记卡社会美誉度。

四、经营管理

【资产负债管理】

1995年起，分行全面实施资产负债比例管理，建立以"自主经营、自负盈亏、自担风险、自我约束、自求平衡、自我发展"为基本内容的商业银行运行机制，对所经营的各类资产和负债实施科学化、规范化的管理；坚持分类指导，加强资金的集中统一营运，优化负债结构，提高资金使用效益；以建立适应商业银行经营管理要求的绩效考评体系为手段,创新资源配置机制,全面提高资产负债管理水平,确保各类指标符合监管要求。

此外,分行坚持对各项指标实行按月监测,按季考核,使资产负债比例在总量和结构上保持合理、优化配置,实现资金的安全性、流动性和盈利性的有机统一;2003年,根据总行《关于试行〈上海浦东发展银行资产负债流动性指标监测暂行办法〉的通知》,构建全行流动性管理体系;2007年,根据总行《关于加强资产负债管理有关工作事项的通知》要求及存贷比等监管指标,进一步优化负债结构;2010年,依据总行《关于开展2010年负债业务专项活动的通知》,推动负债业务发展。

截至2010年年末,南京分行存贷比达74.20%,较1995年上升16.04个百分点;资产利润率为1.58%,较1995年上升1.39个百分点。

【资产风险管理】

浦发银行南京分行建行伊始成立风险管理部,致力于建立"全行、全员、全过程"的全面风险管理体系架构,从风险管理、授信审查审批、资产保全等纬度,按照总行"扁平化、矩阵式"的思路,深化风险改革,强化风险管理"三道防线"建设,整合与发挥前、中、后台风险管理职能。

伴随机构网点扩张,南京分行不断提升全面风险管理体系架构内涵,根据南京分行规划和经营目标,制定风险管理基本政策、制度实施细则,建立健全分行可持续发展的风险控制体系和管理机制;负责公司客户、同业客户授信业务的审查审批;对公司业务、个人业务的贷后管理,对全行不良资产实施专业化集中清收和管理;加强操作风险、市场风险等领域风险管理,分析监测和考核评价,不断推进分行全面风险管理建设。

全辖风险管理工作紧密围绕分行向大型银行发展和成为系统重要性银行的角色转换,贯彻创新驱动、转型发展要求,实施以资本约束为基础,以实现风险管理与业务发展相适应、风险成本与风险收入相匹配为目标,以健全全面风险管理体制机制、倡导全面风险管理文化为支柱,推进风险管理的全流程、广覆盖,提升风险管理专业化、精细化水平,推动分行全面风险管理实现转型发展。

【信息化管理】

2003年,南京分行上线运行总行统一建设的核心大前置系统(IPP),并根据总行要求负责日常维护。2005年,上线运行总行统一建设的业务集中系统(主要包含:工作流处理、影像平台及OCR、提回外挂系统、验印系统、全国支票影像系统、报表系统等子系统),并根据总行要求负责日常维护。

2005年,在中国人民银行和浦发银行总行的指导和推进下,南京分行完成现代支付系统(MBFE)的大额支付系统,并于2006年完成小额支付系统上线。该系统根据中国人民银行要求由浦发银行总行统一建设,南京分行根据总行要求实施上线运行并负责日常维护。2007年,上线运行总行统一建设验印系统,并根据总行要求负责日常维护。

【人员管理】

南京分行1995年年末合同聘用制员工113人,2010年年末,合同聘用制员工增至1 541人;其中,具有本科学历1 141人,占74%;具有硕士及以上学历149人,占10%,具有中、高级职称406人,占26%。

表 8-4-1　2010 年年末南京分行所辖网点一览表

网点名称	地　址	沿　革
南京分行营业部	南京市中山东路 90 号	成立于 1995 年 6 月 22 日,原营业地址为太平南路 330 号
城中支行	南京市玄武区太平北路 41 号	成立于 1996 年 5 月 28 日,原址为太平北路 41 号
北京西路支行	南京市鼓楼区北京西路 77 号	成立于 1996 年 8 月,前身为草场门分理处,2000 年 12 月 25 日更名北京西路支行,于 2006 年 10 月 28 日由南京市鼓楼区北京西路 48 号迁至现址
龙江支行	南京市鼓楼区江东北路 220 号 105 室	龙江支行成立于 2008 年 1 月 18 日;原址为南京市鼓楼区龙江体育馆黄河大厦东侧一楼
莫愁支行	水西门大街 132 号	莫愁支行成立于 2009 年 1 月 9 日
江宁支行	南京市江宁区金箔路 678 号	2004 年 4 月成立南京江宁支行,地址为南京市江宁区东山街道大街东路 32 号
江宁开发区支行	南京市江宁区胜太路 16 号	2009 年 12 月成立南京江宁开发区支行
秦淮支行	南京市秦淮区瞻园路 19 号	成立于 2008 年 6 月 13 日
大厂支行	南京市大厂区新华路 253 号	成立于 1997 年 3 月 14 日
新街口支行	秦淮区中山南路 89 号	新街口支行于 1995 年 7 月 22 日成立,前身为新街口分理处
城西支行	汉中路 268 号	1998 年 1 月 6 日成立,2005 年 10 月从汉中路 282 号迁址到汉中路 268 号
鼓楼支行	中山北路 49 号	成立于 1995 年 8 月 1 日,营业地址为中山北路 2 号;2001 年 9 月迁址至中山北路 49 号
城南支行	南京市秦淮区太平南路 333 号	成立于 2002 年 11 月 25 日
城东支行	南京市秦淮区大光路 137 号	成立于 1997 年 3 月 25 日;营业地址为南京市秦淮区中山东路 482 号
城北支行	南京市鼓楼区新模范马路 92 号	前身为中山北路分理处
镇江支行	镇江市解放路 318 号	镇江支行成立于 2009 年 6 月 19 日
盐城分行营业部	盐城市世纪大道 5 号金融城三号楼浦发银行大楼	2010 年在盐城市解放南路钱江方洲商业街 185 号筹建,并于同年 9 月 16 日开业
江阴支行	江阴市虹桥南路 99 号	成立于 1995 年 11 月 8 日
江阴朝阳路支行	江阴市朝阳路 75 号	成立于 1997 年 1 月 30 日,前身为兴澄办事处、兴澄分理处
江阴虹桥路支行	江阴市暨阳路 16 号	成立于 1995 年 11 月 21 日,前身为虹桥办事处、虹桥分理处
江阴澄东支行	江阴市华士镇人民路 53 号	成立于 1997 年 2 月 21 日,前身为文化西路储蓄所、青果路储蓄所、青果路分理处、澄江支行
江阴澄西支行	江阴市临港新城夏港街道新长江路 325 号	成立于 1995 年 12 月 13 日,前身为青果路办事处、中山路办事处、中山路分理处、中山路支行

（续表）

网点名称	地　　址	沿　　革
江阴人民路支行	江阴市高巷路 92 号	成立于 1998 年 12 月 18 日，前身为人民路分理处、人民路支行
南京湖南路支行	南京市鼓楼区湖南路 99 号	成立于 2000 年 5 月 28 日
徐州分行营业部	徐州市淮海西路 29 号	成立于 2009 年 9 月 28 日
泰州分行营业部	泰州市海陵区青年北路 215 号	成立于 2010 年 3 月 29 日
靖江工业园区支行	靖江市江阳路 2 号	成立于 2004 年 5 月 18 日
常州支行	常州市延陵中路 666 号	2009 年 1 月 5 日成立，原地址为常州市延陵中路 29 号
南通支行	南通市桃坞路 1 号	1997 年 9 月 26 日，经人民银行江苏省分行批准，同意筹建上海浦东发展银行南通支行；1997 年 11 月 25 日，经人民银行江苏省分行批准开业；1997 年 11 月 28 日，正式对外开业。2008 年 7 月 28 日，经中国银监会批准同意上海浦东发展银行南通支行升格为分行。2008 年 12 月 8 日，正式升格分行
南通青年支行	南通市崇川区红星路天安花园 35 幢 101—102 室	1998 年 5 月 27 日，经人民银行南通分行批准设立上海浦东发展银行南通支行青年西路分理处。2003 年 8 月 25 日，经人民银行南京分行批准，上海浦东发展银行南通支行青年西路升格为上海浦东发展银行南通青年支行。2016 年 6 月 24 日，南通银监局批准上海浦东发展银行南通青年支行迁址
南通开发区支行	南通市开发区上海路富安新居 1 幢	2000 年 11 月 21 日，经人民银行南通分行批准筹建上海浦东发展银行南通支行开发区分理处。2001 年 2 月 26 日，经人民银行南通市中心支行批准开业。2003 年 8 月 25 日，经人民银行南京分行批准，上海浦东发展银行南通支行开发区分理处升格为上海浦东发展银行南通开发区支行
南通人民支行	南通市人民西路 3 号，后迁址为如皋市益寿路 2 号	2000 年 1 月 14 日，经人民银行南京分行批准筹建上海浦东发展银行南通支行人民西路分理处。2000 年 5 月 19 日，经人民银行南京分行批准开业。2003 年 8 月 25 日，经人民银行南京分行批准，上海浦东发展银行南通支行人民西路分理处升格为上海浦东发展银行南通人民支行。2013 年 9 月 18 日，南通银监局批准上海浦东发展银行南通人民支行迁址并更名上海浦东发展银行如皋支行。2014 年 2 月 28 日，经南通银监分局批准开业
南通工农支行	南通市工农路 203 号新景大厦	2000 年 7 月 17 日，经人民银行南京分行批准筹建上海浦东发展银行南通支行工农路分理处。2000 年 8 月 15 日，经人民银行南京分行批准开业。2003 年 8 月 25 日，经人民银行南京分行批准，上海浦东发展银行南通支行工农路分理处升格为上海浦东发展银行南通工农支行
南通崇川支行	南通市人民中路 12 号	2000 年 11 月 10 日，经人民银行南通市中心支行批准筹建上海浦东发展银行南通支行南大街分理处。2001 年 1 月 4 日，经人民银行南通市中心支行批准开业。2002 年 8 月 5 日，经人民银行南通市中心支行批准南大街分理处迁址更名人民中路分理处。2003 年 8 月 25 日，经人民银行南京分行批准，上海浦东发展银行南通支行人民中路分理处升格为上海浦东发展银行南通崇川支行

(续表)

网点名称	地　　址	沿　　革
南通港闸支行	南通市港闸区永怡路557号嘉御龙庭101—104室	2008年11月6日,经江苏银监局批准筹建上海浦东发展银行南通港闸支行。2008年12月22日,经南通银监分局批准开业。2008年12月28日,正式对外开业
南通海门支行	海门市长江路518号	2010年9月28日,经江苏银监局批准筹建上海浦东发展银行海门支行。2010年12月21日,经南通银监分局批准开业
南通启东支行	南通市启东市汇龙镇松花江路1303号	2009年4月15日,经江苏银监局批准筹建上海浦东发展银行启东支行。2009年6月25日,经南通银监分局批准开业。2016年10月24日,南通银监局批准上海浦东发展银行启东支行迁址
淮安分行营业部	江苏省淮安市清江浦区淮海西路83号	成立于2010年7月1日
无锡支行	无锡市梁溪区解放西路191号	无锡支行于1998年3月27日成立,同日无锡支行正式对外营业。营业地址为无锡市梁溪区解放西路191号;2008年3月27日,升格为无锡分行
无锡中山支行	无锡市梁溪区中山路103号	中山分理处成立于1999年11月25日;2003年11月28日,更名中山支行
无锡锡山支行	无锡市锡山区友谊南路2-2号	锡沪分理处成立于2000年7月1日,营业地址为锡沪路348号;2002年12月28日迁址至锡沪路358号之4至5;2003年11月28日,更名锡沪支行;2007年9月15日迁址至无锡市锡山区友谊南路2-2号,同时更名锡山支行
无锡滨湖支行	无锡市新吴区锡义路388-1号梅村综合服务大楼裙楼东侧1—3层	中桥分理处成立于2001年6月12日,营业地址为无锡市梁溪区苏锡路2号-8;2003年11月28日,更名中桥支行;2006年11月11日迁址至苏锡路8号,同时更名滨湖支行
无锡新区支行	无锡市新吴区旺庄路13号	新区支行成立于2003年11月28日
无锡惠山支行	无锡市惠山区洛社镇人民南路128号	惠山支行成立于2008年4月2日
无锡宜兴支行	宜兴市宜城街道东山西路188号	无锡宜兴支行成立于2008年8月8日
无锡宜兴阳羡支行	宜兴市阳羡东路318号	无锡宜兴阳羡支行成立于2009年12月3日
无锡梁溪支行	无锡市滨湖区梁清路316号	梁溪支行成立于2010年12月22日

表8-4-2　1995—2010年南京分行负责人任职情况表

行　　长		副行长		行长助理	
姓　名	任职时间	姓　名	任职时间	姓　名	任职时间
姚世祜	1995年6月—1999年4月	陈廉	1995年6月—2002年3月	张炳泉	1999年8月—2003年6月
丁振忠	1999年4月—2002年3月	季文章	1995年6月—2005年11月	王久高	2002年3月—2005年9月

〔续表〕

姓 名	任 职 时 间	姓 名	任 职 时 间	姓 名	任 职 时 间
傅　浩	2002年3月—2006年9月	朱宁丽	1997年2月—1998年6月	王　涛	2002年3月—2008年7月
吴国元	2007年11月—2010年12月	傅　浩	2000年8月—2002年3月	叶　林	2007年9月—2014年7月
		吴国元	2005年9月—2007年11月	季永明	2010年7月—2012年12月
		张炳泉	2003年6月—2010年12月		
		王久高	2005年9月—2010年12月		
		曹江涛	2007年11月—2010年12月		

第五章 北京分行

上海浦东发展银行股份有限公司北京分行(以下简称北京分行)于1996年4月20日成立,是浦发银行突破区域性限制、跨出长江流域设立的第一家分行,办公地址位于北京市西城区太平桥大街18号丰融国际大厦。

截至2010年年末,分行银监口径本外币存款余额为1039亿元,本外币贷款余额为586亿元,外币存款余额为2.7亿美元,外币贷款余额为1.5亿美元,账面利润为12.2亿元。

第一节 机构沿革

一、机构设立

1996年1月18日,根据中国人民银行北京分行批复,上海浦东发展银行北京分行筹备组成立。3月20日,总行营运资金到位,并通过光华会计师事务所验收;筹备组向中国人民银行北京分行报送申请开业报告。4月18日,中国人民银行批准上海浦东发展银行的决定,聘任马宝喜为北京分行行长,刘柳、李永昌为副行长。4月19日,北京市工商局向北京分行颁发营业执照。4月20日,北京分行在西城区西长安街76号正式开业。办行宗旨为"立足于为社会主义金融事业闯新路,服务于首都北京的经济建设与发展"。

二、内设部门

1996年4月9日,北京分行确定设立九部一室,分别是办公室、存汇部、资金营运部、信贷部、发展研究部、国际业务部、稽核部、电脑部、人事部、营业部。

2010年年末,北京分行共设有38个营业网点,另有两个营销部。分行本部内设机构增加到18个,分别为公司银行业务管理部、公司银行产品部、中小企业业务经营中心、个人银行发展管理部、个人信贷业务部、个贷管理部、授信审查部、风险管理部、合规部、运营管理部、信用运营中心、作业中心、信息科技部、资金财务部、人力资源部、办公室、财务会计核算中心、审计特派办,员工总数1252人。

第二节 业务经营

一、公司业务

北京分行坚持"以市场为导向、以客户为中心"的经营方针,在实践中积极探索,逐步形成"综合性一体化组合营销"模式,根据客户的不同需求量体裁衣,提供相应的金融产品与服务组合,带动各项业务发展。1996年分行开业后仅五天,对公存款就突破亿元大关,先后与电力、水利、广电、建筑、石油等行业的部分重点企业建立业务合作关系,以存款为龙头,带动其他业务逐渐开展起来。

2007年,分行中小客户占有价值客户的比例为86.08%,分行参与北京市为中小企业融资的"瞪羚计划"与"钻石计划",并成为"瞪羚计划"的四家主办行之一。2009年4月21日,分行被北京银监局授予"2008年中小企业金融服务工作先进单位"称号。2009年12月11日,分行荣获中国人民银行营业管理部"中小企业信贷创新——机制创新奖"。截至2010年12月31日,分行中小企业授信客户达到137户,较上年增长99户;中小企业表内外资产业务余额16.8亿元,较上年增加10.2亿元;中小企业贷款占分行总贷款的比例为2.31%,较上年提高1.77个百分点。

图8-5-1　2002年4月23日,北京麦当劳、浦发东方卡合作签字仪式召开

二、产品创新

2003年5月23日,分行为香河国安建设开发有限公司办理8 000万元回购型应收账款保理预付业务,该业务是分行开办的第一笔应收账款保理预付业务。2004年,分行获得总行"现金管理推广工作杰出贡献奖""CMS品牌征名活动最佳组织奖",并在新产品测试方面得到总行的表彰;与中国比利时产业投资基金发起人签署协议,成功推进国内首笔产业投资基金托管业务,使浦发银行成为国内首家托管直接股权投资基金的金融机构。2005年,分行开办系统内首笔交易资金托管业务,形成日本丸红与北京智能科创的交易资金托管案例。2007年,分行灯市口支行灵活运用产品组合,为客户提供服务,办理浦发系统内首笔买方付息国内信用证议付业务,取得很好的综合收益;中关村支行和知春路支行分别创新性地开展信托资金保管业务和合伙制创投企业托管业务,这两个案例均入选浦发总行十大创新业务案例。2009年,分行创新推出股权质押型理财产品,发行信托贷款型理财产品15.4亿元;与北京市商委合作推出"账款天天结"业务;积极探索与保险公司开展贸易信用险、履约保证险项下的合作,办理国内首单银行投保国内贸易信用险项下的保理业务;

创新推出集团票据池业务;取得北京市发改委政府引导基金第一、二批共四只子基金的托管资格,在北京私募股权市场树立良好品牌形象。

三、国际业务

1996年7月18日,国家外汇管理局批准浦发银行北京分行开办外汇业务。1998年12月31日,分行外汇存款余额2.6亿美元,外汇贷款余额1.5亿美元,国际结算量超过5.5亿美元,实现利润453万美元,各项国际业务经营指标均列系统内第一。2007年分行亚运村支行办理浦发系统内首笔内保外贷业务。2008年分行离岸存款首次突破1亿美元,当年12月,分行为中石油集团办理2亿美元内保外贷业务,向中国石油财务公司发放离岸贷款2亿美元。2009年,分行先后开展离岸浮动质押在岸贷款、汇出汇款融资业务(T/T融资)、进口代收融资业务;分行向中石化海外石油天然气公司发放3 000万美元离岸银团贷款,该笔贷款也是分行发放的首笔离岸银团贷款。2010年,分行成为北京地区首批开展跨境人民币试点业务的银行之一,办理浦发银行系统内第一笔日本地区跨境人民币业务,截至2010年年底,全行完成国际结算总额73.68亿美元,有14家经营单位国际结算量超1亿美元;离岸存款余额91 574万美元,离岸存款日均21 155万美元,两项指标分列总行系统内第一、二位,开办离岸业务的支行增加至26家,离岸存款超千万美元的客户增加到9个。

四、零售业务

北京分行积极推进战略转型,在资源配置方面尽力向零售银行业务倾斜,通过为各支行配齐零售银行业务主管行长、零售银行业务主管、大堂经理和理财经理,增加零售银行业务竞赛激励投入等措施,促进全行各项零售银行业务稳步增长,包括银行卡业务、财富管理业务、代收付业务、个人贷款业务等。1999年4月15日,分行储蓄业务实现通存通兑。2004年至2008年,分行连续五年进入总行评选的"零售业务十佳分行"行列。2009年2月26日,分行个人储蓄存款余额突破100亿元大关,达到100.06亿。截至2010年12月末,分行本外币个人金融资产达到184.45亿元,其中,本外币个人储蓄类金融资产153.32亿元;分行个人贷款余额和个人理财产品销售双双突破100亿元大关,分别达到107.17亿元和100.2亿元;实现个人中间业务收入4 267万元,系统内排名第三。

五、服务地方经济发展

北京分行成立以来,大力支持首都北京的经济建设与发展。一是集中有限的贷款资源,重点支持北京城建集团、北京电控等国有大中型企业,和北新建材、东方电子、清华紫光等优质上市公司,以及首都新经济增长点——中关村科技园区的建设,此外,分行积极支持地方政府基础设施等项目建设,如2000年与海淀区人民政府签订协议,提供6亿元人民币资金支持,用于中关村西区、道路等多个项目建设;分行支持高校及其所属高科技企业发展,1996年至2000年,累计向清华、北大等高校所属高科技企业发放贷款2.7亿元,对中关村地区企业发放贷款10.6亿元。

2001年7月4日,北京分行与北京京城控股有限责任公司签订银企合作协议,首期授予北京京城控股有限责任公司总额为3亿元人民币综合授信额度,并提供结算、融资等金融服务。分行选择北京京城控股公司作为授信服务对象,以实际行动支持该公司在国企脱困改制中的资本运作,该综合授信额度是京城控股公司经市政府授权以来获得的第一笔同时也是最大一笔银行授信。7月10日,分行与金融街控股股份有限公司签署5亿元人民币综合授信协议,向该公司提供包括投资项目融资策划、融资安排、风险管理、结算、财务和金融信息服务等一揽子金融服务。

2002年3月27日,分行与中投信用担保有限公司签署融资担保合作协议。协议规定,分行每年给中投信用担保有限公司20亿元人民币担保授信额度,在此额度范围内的融资担保项目,分行将根据企业的具体情况简化贷款审批程序,为企业提供更加方便和快捷的融资服务,同时有效控制金融风险。12月26日,分行与东城区政府签订10亿元人民币综合授信合作协议。

2003年7月8日,分行与中国航空工业第一集团公司签署10亿元人民币综合授信协议。2004年12月18日,分行与昌平区人民政府举行银政合作签约仪式。根据协议,分行向昌平区所属企业提供20亿元人民币意向性授信额度,用以支持辖区内优质企业发展和重大基础设施建设。

2007年4月26日,分行与清华科技园签署总额为20亿元的人民币银企合作协议。此次合作是北京分行结合首都特点为高科技企业提供金融支持的有益尝试,对分行探索支持科技中小企业发展的创新模式起到积极推动作用。5月29日,分行与北京京能科技投资有限公司签署银企合作协议,分行的大力支持解决北京官厅风电一期工程的资金供给问题,确保该工程能够在2007年12月1日前竣工并网发电,为奥运场馆提供绿色电力,实现银企双赢。9月1日,中关村科技园区管理委员会、中国人民银行营业管理部、中国银行业监督管理委员会北京监管局联合举行"中关村科技园区中小企业信用贷款试点工作信息发布会暨首批信用贷款合同签约仪式",浦发北京分行成为四家试点银行之一。

2010年4月19日,分行成功为中建材集团下属北方水泥公司设计并购融资方案,并为该企业发放浦发系统内首笔并购贷款,贷款总额6240万元人民币。该项目是浦发北京分行的一项创新业务。同时,分行撰写的"对公中间业务创新案例——积极开拓并购融资业务蓝海"成功入围总行对公中间业务十大创新案例之一。

六、服务北京奥运会

2008年,北京分行精心组织,周密部署,采取得力措施,确保为北京奥运会提供高效优质的金融服务。7月29日,分行召开奥运金融服务誓师大会,全面启动奥运金融服务工作。分行制定各项奥运金融服务方案,包括奥运会、残奥会期间延长营业时间工作方案,升级叫号机服务系统,规范柜台业务标识,编写小语种客户服务手册,并开展"迎奥运、促服务"竞赛,通过加强临柜服务管理,有效缓解客户排队问题。分行出台各类奥运金融服务应急预案,制定《奥运金融服务应急处理预案》《支付系统危机处置预案》《本外币兑换服务工作应急预案》《营业机构地震灾害事件应急预案》四大应急处理预案,确保应急保障制度健全,服务申诉处理规范,灾害应对有据可依。分行根据奥运金融服务工作整体部署,在制定应急预案的同时,积极演练各类应急措施,各支行纷纷组织开展各类应急演练,使广大员工在短时间内熟悉掌握各应急预案中的职责分工、运作流程,也有效检验各支行制定的奥运金融服务工作应急预案的可行性。分行积极开展各类奥运金融服务培训,通过开展外币反假培训、综合服务技能培训、"迎奥运银行服务英语培训"、业务集中系统专项培训,以及举办反假币上岗资格考试、派遣制员工转岗技能考试、人民币结算业务考试等,努力提高员工服务奥运的业务技能。分行组织开展奥运金融服务检查,成立奥运金融服务工作自查小组,随时启动奥运服务自查工作,排查问题,及时整改,堵塞漏洞,全面提高全行奥运金融服务工作质量。

表 8-5-1 2010 年年末北京分行所辖网点一览表

网点名称	地址	沿革
北京分行营业部	西城区太平桥大街 18 号丰融国际大厦	北京分行于 1996 年 4 月 20 日正式成立,同日北京分行营业部正式对外营业,营业地址为西城区西长安街 76 号;1997 年 3 月 26 日迁址至西城区车公庄大街 3 号;2003 年 8 月 30 日迁址至东城区东四十条 68 号;2010 年 6 月 28 日迁址至西城区太平桥大街 18 号
北京宣武支行	西城区广安门内大街 316 号	宣武办事处成立于 1996 年 8 月 13 日;1997 年 9 月 25 日更名宣武支行
北京黄寺支行	东城区和平里东街 11 号	黄寺办事处成立于 1996 年 8 月 13 日,营业地址为西城区黄寺大街 23 号;1997 年 9 月 25 日更名黄寺支行;1999 年 5 月 21 日迁址至东城区安德里北街 21 号
北京中关村支行	海淀区海淀南路 15 号	中关村支行成立于 1996 年 8 月 13 日;1997 年 9 月 25 日更名中关村支行
北京金融街支行	西城区金融大街 35 号国企大厦	长安街支行成立于 1997 年 9 月 24 日,营业地址为西城区西长安街 76 号;1999 年 6 月 26 日迁址至西城区金融大街 35 号国企大厦并更名金融街支行
北京朝阳支行	朝阳区朝外大街 19 号华普大厦	朝阳支行成立于 1997 年 10 月 8 日
北京建国路支行	朝阳区建外大街 99 号中服大厦	建国路支行成立于 1997 年 10 月 8 日
北京万寿路支行	海淀区万寿路西街 2 号文博大厦	翠微路支行成立于 1997 年 10 月 8 日,营业地址为海淀区西三环中路乙 19 号;2005 年 10 月迁址至海淀区万寿路西街 2 号文博大厦并更名万寿路支行
北京安外支行	东城区安外大街甲 88 号	安外支行成立于 1997 年 10 月 16 日,营业地址为东城区安外大街乙 88 号;1999 年 8 月迁址至东城区安外大街甲 88 号
北京阜成支行	西城区车公庄大街 3 号	阜成支行成立于 1999 年 7 月 16 日,营业地址为西城区南礼士路 3 号海通大厦;2004 年 1 月 8 日迁址至西城区车公庄大街 3 号
北京雅宝路支行	东城区建国门北大街 8 号华润大厦	雅宝路支行成立于 2000 年 6 月 21 日
北京海淀园支行	海淀区北四环西路 62 号中国化工大厦	海淀园支行成立于 2000 年 6 月 14 日,营业地址为海淀区中关村大街 1 号海龙大厦;2010 年 8 月 9 日迁址至海淀区北四环西路 62 号中国化工大厦
北京首体支行	海淀区中关村南大街乙 56 号方圆大厦	首体支行成立于 2000 年 5 月 29 日
北京东三环支行	朝阳区曙光西里甲 6 号院 8 号楼	东三环支行成立于 2001 年 4 月 16 日,营业地址为朝阳区霄云路 26 号鹏润大厦;2008 年 3 月 30 日迁址至朝阳区曙光西里甲 6 号院 8 号楼
北京亚运村支行	朝阳区慧忠路 5 号远大中心 B 座	亚运村支行成立于 2001 年 6 月 18 日

〔续表〕

网点名称	地　　　址	沿　　革
北京知春路支行	海淀区知春路九号坤讯大厦	知春路支行成立于2001年11月2日
北京安华桥支行	朝阳区安贞西里三区15号楼凯康海油大厦	安华桥支行成立于2002年1月25日
北京灯市口支行	东城区建国门内大街28号	灯市口支行成立于2002年12月9日,营业地址为东城区东四南大街143号;2007年11月30日迁址至东城区灯市口大街50号好润大厦
北京电子城支行	朝阳区酒仙桥路10号	电子城支行成立于2003年11月27日
北京开发区支行	经济技术开发区荣华南路10号院融化国际大厦	开发区支行成立于2004年3月10日
北京永定路支行	海淀区永定路甲51号	永定路支行成立于2004年12月7日
北京复兴路支行	海淀区北蜂窝路5号院1号写字楼	西客站支行成立于2005年1月5日,营业地址为海淀区北蜂窝中路15号;2010年11月1日迁址至海淀区北蜂窝路5号院1号写字楼并更名复兴路支行
北京花园路支行	海淀区花园东路10号高德大厦C段	花园路支行成立于2005年11月14日
北京丰盛支行	西城区金城坊街1号C106	丰盛支行成立于2006年11月29日
北京紫竹院支行	海淀区紫竹院路116号嘉豪国际中心C座	紫竹院支行成立于2007年5月22日
北京马连道支行	宣武区红莲南路55-2号	马连道支行成立于2007年10月30日
北京和平里支行	朝阳区和平西苑20号楼B座101	和平里支行成立于2008年2月28日
北京马家堡支行	丰台区马家堡西路15号时代风帆大厦	马家堡支行成立于2008年4月16日
北京世纪城支行	海淀区蓝靛厂西路晨月园甲一号	世纪城支行成立于2008年6月16日
北京清华园支行	海淀区中关村东路1号院清华科技园科技大厦D座	清华园支行成立于2008年9月23日
北京富丰路支行	丰台区西四环南路1号	富丰路支行成立于2008年12月24日
北京三里屯支行	朝阳区工体北路甲6号中宇大厦	三里屯支行成立于2009年1月9日
北京望京支行	朝阳区望京花园西区101号楼	望京支行成立于2009年4月20日
北京北沙滩支行	朝阳区德胜门外北沙滩1号院31号楼B座	北沙滩支行成立于2009年12月24日
北京德外支行	西城区德外大街甲36号德胜凯旋大厦C座	德外支行成立于2010年5月31日
北京东四支行	东城区东四十条68号平安发展大厦	东四支行成立于2010年7月2日

〔续表〕

网点名称	地址	沿革
北京富力城支行	朝阳区东三环中路61号楼商用物业	富力城支行成立于2010年10月14日
北京通州支行	通州区云景东路432号隆孚大厦	通州支行成立于2010年11月16日

表8-5-2　1996—2010年北京分行负责人任职情况表

行　长		副行长		行长助理	
姓　名	任职时间	姓　名	任职时间	姓　名	任职时间
马宝喜	1996年4月—2004年1月	刘　柳	1996年4月—2004年1月	颜东明	1999年1月—2001年7月
刘　柳	2004年1月—2009年6月	李永昌	1996年4月—2016年1月	杨式雷	2004年1月—2009年10月
冀光恒	2009年6月—2013年3月	颜东明	2001年7月—2007年11月	郑　榕	2004年1月—2010年12月
		刘显峰	2010年3月—2014年1月	公茂江	2010年3月—2012年5月
		郑　榕	2010年12月—2016年5月		

第六章 温州分行

上海浦东发展银行股份有限公司温州支行(以下简称温州分行)于1996年12月18日成立,2006年4月,经中国银行业监督管理委员会同意,温州支行升格为分行,是率先入驻温州区域的股份制商业银行之一,为总行全资附属的一级分行,办公地址位于温州市鹿城区车站大道高联大厦。

截至2010年年末,温州分行存款余额368.59亿元,贷款余额435.09亿元;外币存款余额0.78亿美元,贷款余额1.50亿美元;经营利润11.85亿元。

第一节 机构沿革

一、机构设立

1996年12月3日,中国人民银行浙江省分行批准同意温州支行成立。

1996年12月18日,温州支行正式对外营业,是温州区域首批股份制商业银行之一。

2006年4月,经中国银行业监督管理委员会同意,温州支行升格为温州分行。

二、内设部门

至2010年年末,内设办公室、人力资源部、审计特派办、合规管理部、资金财务部、财务会计核算中心、公司业务管理部、公司产品部、直营客户部、公银客户一部、公银客户二部、公银客户三部、公银客户四部、公银客户五部、公银客户八部、公银客户九部、公银工商二部、公银工商三部、公银工商五部、财富管理部、个人信贷部、银行卡及渠道管理部、个人金融业务中心、风险管理部、个银风险管理部、授信审批部、运营管理部、信息科技部、信用运营中心29个部室,员工746名。

第二节 业务经营

一、资产业务

1997年年末,温州支行各项本外币贷款余额4.9677亿元,比1996年年末增加4.3274亿元,增长675%;同年,浦发银行温州支行作为温州首个银团贷款的牵头行和代理行,向省级重点工程龙湾燃机电站贷款1.9亿元,开创温州金融业贷款新模式。

2000年,温州支行在业务发展方面采取六项联动,即支行与分理处联动、存贷款联动、本外币联动、公金业务与个金业务联动、传统业务与创新业务联动、关系营销与品牌营销联动,扩大分理处自主经营权,实现外向型企业、出口创汇企业的迅速发展和个金贷款业务的快速增长。

2001年至2003年,温州支行坚持市场导向,以"客户为中心",加快构建与完善综合营销体系,通过准确定位市场营销重点,完善"整体营销和客户经理"机制,并全面推进客户经理制,继续实现贷款的快速增加。截至2003年年末,全行各项贷款直接跳过40亿元大关,突破50亿元大关,年末各项贷款余额58.23亿元,增幅达65%。

2006年,温州支行升格为分行,并研究制订《上海浦东发展银行温州支行(2006—2008年)三年发展规划》,系统阐明温州分行的市场定位、发展愿景,并有效指引分行业务的高速发展。当年2月份,全年存、贷款余额双双超过100亿元大关,成为温州股份制银行中第一家存款、贷款双超100亿元的银行。年末各项贷款余额达到124.32亿元,在十家股份制银行中的占比达到21%,贷款规模占比排名第一。

2007年至2010年,分行根据总行"543"信贷业务发展和结构调整目标,结合温州实际,不断优化、调整信贷结构,大力推进信贷业务的发展;通过企业文化建设和人才队伍建设,有效抗击全球金融危机,继续实现信贷规模的高速增长;此外,在金融危机大背景下,分行积极转型发展,提升管理水平,信贷业务发展速度进一步加快。

二、负债业务

1996年,温州支行开业后,坚持存款立行的经营理念,开业当月各项存款余额1.45亿元,取得良好开端。1997年,随着支行学院分理处、公园路分理处相继开业,网点增至3家,存贷款业务快速增长。至当年年末,本外币各项存款余额8.79亿元,比上年末增加7.34亿元,增长率506%,增长速度居温州金融界同类银行之首。同时,支行年末储蓄专柜储蓄存款余额达1.34亿元,成为"亿元所",在温州金融界尚无先例。

2001年,随着全球经济一体化不断深入,温州地区进出口贸易活动进一步活跃,支行通过努力开拓国际金融业务,包括国际结算、出口押汇、备用信用证担保等多项国际贸易金融产品,同时大力发展国内贸易融资产品,包括银行承兑汇票承兑业务和贴现业务等表外业务,带动存款的大幅增长。同时通过以东方卡理财功能为依托,积极营销拓展代收代扣水电费、物业管理费、煤气费、工资、学费等业务,稳定部分的存款来源。至年末,全行本外币各项存款余额达到25.62亿元,较上年增长72.18%。

之后两年,全行各项存款余额分别以54%和41%的迅猛速度快速增长,截至2003年年底,各项存款余额突破50亿元大关,达到55.52亿元。

2004年,为有效遏制投资过快增长,保持经济平稳较快发展,国家加大宏观政策调控。浦发银行温州支行加大对负债业务重点对象的营销力度,通过产品组合营销和方案式营销,全行年末各项存款余额同比增长12%,达到62.17亿元。

2005年,通过充分发挥分行企业现金管理产品等特色业务优势,以及提高对结算类客户的增值服务水平,进一步促进结算性存款的增长;同时以国际结算为主的中间业务得到迅速发展。至年末,各项存款余额达到84.13亿元,同比增长35%,存款业务增长重新进入快车道。

2006年,温州支行正式升格为分行,并明确提出将温州分行建成浙南闽北地区"富有活力、受人尊重"的股份制商业银行,激发全行员工的工作热情和积极性。截至年末,各项存款余额118.75亿元,增长34.62亿元,增幅在全国浦发系统内和温州银行业中都名列前茅,存款余额在温州十家股份制银行中名列第二名。

2007年,分行各项存款余额达到177亿元。存款增量近53亿元,在全市所有银行中仅次于农行,排名第二。

2008年,分行各项存款余额突破200亿元大关,至年末,各项存款余额244.83亿元。存款增量近68亿元,在全市所有银行中排名第五,仅次于工行、农行、中行和建行,其中对公存款增量在全市金融机构中排名第一。年末存款总额占全市所有金融机构总存款的5.63%,占12家同类股份制银行的26.6%,存款余额远远领先于同类股份制银行。

2009年,在金融危机大背景下,银行业利差收窄,同业竞争异常激烈。但分行通过在人员、政策、考核等资源配置方面加大投入来做大储蓄,通过营销产品与抓储蓄存款结合起来,加大推广收付易等结算性工具,扩大结算性存款的比例。2009年年末,分行存款继续保持快速增长,较上年同比增长23%,各项存款余额突破300亿元大关,达到301.68亿元。

2010年,通过加大对结算性存款的考核力度,以及通过公私联动,借助产品拉动存款、以贷款、第三方存管、黄金、出国留学金融、收付易、代发薪资和个人非贸结算等业务多方面吸收存款,全年存款增长继续保持在22%,年末各项存款余额达到368.59亿元。

三、国际业务

1997年,温州支行外币存贷款均实现零突破,年末外币存款649万美元,外币贷款234万美元。1998年,温州支行外币存款达到1529万美元,比上年增长136%,外币贷款141万美元。外汇结算业务量达到11 575万美元,同比增长98%;其中出口结算3 280万美元,增长123%;进口结算5 804万美元,增长65%;非贸易结算2 491万美元;累计外汇结售汇达到9 938万美元,增长99%。

2000年7月,推出外汇宝业务,2003年被温州市政府确定为外贸发展基金6家存款行之一。另外,支行根据温州外向型经济发展迅速的特点,加大本外币联动,促进外币存贷款大幅增长。年末,各项外币存款余额5 563万元,较上年增长65.47%;外汇贷款余额376万美元,较上年增长70%。完成国际结算系统3.0版升级,提升国际业务的系统支撑能力,促进外汇结算大幅提升。截至年末,累计完成外汇结算量18 230万元,较上年增长51%;完成结售汇15 377万元,较上年增长46%。

2003年,支行完成国际结算42 789万美元,其中贸易结算30 159亿美元,在全市同业中名列第5位,并位于温州所有股份制商业银行首位。

2004年,进一步加大国际结算业务的拓展,并制定《促进国际结算业务发展的配套措施》。截至2014年12月15日,完成国际结算4.5亿美元,继续保持当地股份制商业银行的领先地位。

2009年,分行国际结算业务经过持续多年快速发展,离、在岸国际结算合计达到35.7亿美元,其中在岸国际结算量达到19.86亿美元,按外管口径统计的市场占比达到6.39%,达到新的历史高点。

四、经营管理

1997年年初,支行成立贷款评审委员会并制定议事规则,确保大额贷款决策的科学性和准确性。同年7月份成立直接对行长室负责的贷款审查科,标志着以审贷分离为核心的制约机制基本形成。1998年4月,设立信贷管理部,真正实行贷审分离。2000年,支行进一步完善信贷风险管理制度和办法,包括重新修订《授权授信管理办法》《审贷会工作程序》《贷后检查制度》,对加强审贷职能,建立高效、快捷、确保信贷资产安全的审贷机制作出有益的探索。

2002年,支行进一步完善风险管理职能,并在机制、体制建设上下功夫,重新修订《温州支行贷款审查委员会运行暂行规定》,适时调整贷审委成员,试行专家审贷制度,同时制定《温州支行专业审贷管理体制办法》及《操作细则》《温州支行"三查"管理体制办法》,并根据温州当地经济运作特点,制定《温州支行关联企业授信管理试行办法》,同时加强内控制度建设,制定并实施《业务联系单制度》《业务考试暂行管理办法》《综合柜员制考核管理办法》,并坚持一线岗位双人、双职、双责,前后台相互制约,对各项业务流程实施全面监控。并加大后续稽核力度。2002年,开始全面实施客户经理制,是温州同业中最早实施客户经理制的商业银行。

2008年,分行通过"总分中心"模式,完成业务集中平台信用运营项目上线,成为温州同业和浦发系统内最先全面实现集中跨机构放贷账务处理的分行。

2009年,进一步推进完善合规机制、体制建设,在重点支行和重要部门配备专兼职合规经理,加强合规队伍建设。同时,分行成立案件防控办公室,支行成立案件防控领导小组,强化合规工作。

表8-6-1 2010年年末温州分行所辖网点一览表

网点名称	地 址	沿 革
温州分行	温州市鹿城区车站大道高联大厦1—3层	1996年12月18日,总行直属温州支行在温州市鹿城区人民东路92号设立。2006年6月8日,温州支行升格更名温州分行。2007年5月28日迁至车站大道高联大厦营业
鹿城支行	温州市鹿城区飞霞南路永泰大厦一楼	1997年12月27日,学院路分理处在温州市鹿城区学院路银海大厦设立。2002年4月30日迁至飞霞南路永泰大厦。2003年5月30日升格更名鹿城支行
市中支行	温州马鞍池西路新世界庄园2A-101室	2000年6月,温州支行马鞍池分理处设立,2003年5月,马鞍池分理处升格更名市中支行
五马支行	温州市鹿城区人民东路92号	2007年5月30日设立
南城支行	温州市鹿城区南浦住宅区温迪路温迪康迪锦园A幢112号	2001年4月29日南城分理处设立。2003年5月30日升格更名南城支行
开发区支行	温州市雁荡西路125号	2009年12月设立
瓯海支行	温州市鹿城区雪山路67弄9幢1号	2000年1月18日,雪山路分理处设立。2003年5月30日升格更名西城支行,2007年4月5日更名瓯海支行
龙湾支行	龙湾区罗东大街265—275号	2003年3月12日设立
瑞安支行	瑞安市拱瑞山路6号财税大楼	2001年7月25日,经收购瑞安市瑞丰城市信用合作社,并更名设立为上海浦东发展银行瑞安支行
乐清支行	乐清市乐城镇清远路121号气象科技大楼	2001年12月29日,经收购乐清兴业金融服务社,并更名设立为上海浦东发展银行乐清支行,设立地点为温州市乐清市乐城镇清远路35—49号。2007年12月1日迁至乐清市乐城镇清远路121号气象科技大楼
苍南支行	苍南县龙港镇龙金大道龙金首府南苑	2008年12月29日设立
永嘉支行	永嘉县瓯北镇双塔路中楠国际广场一楼	2009年11月9日设立

〔续表〕

网点名称	地　　址	沿　　革
丽水支行	丽水市人民街523至531号财富大厦一、二楼	2008年12月25日设立
灵溪支行	苍南县灵溪镇玉苍路怡和城市家园2幢104—106号	2010年12月设立
丽水青田支行	丽水市青田县鹤城镇临江东路5、7、9号第一层	2010年12月设立

表8-6-2　1996—2010年温州(支)分行负责人任职情况表

行　长		副行长	
姓　名	任　职　时　间	姓　名	任　职　时　间
张玉华	1996年12月—1997年12月	余温良	1996年12月—1997年12月
余温良	1997年12月—2005年10月	蔡定胜	1996年12月—2012年7月
赵峥嵘	2005年10月—2010年8月	赵峥嵘	2004年1月—2005年10月
钟明明	2010年8月—2013年4月	李　晋	2005年9月—2013年10月
		陈海森	2005年9月—2013年10月
		林　丰	2007年7月—2017年9月

第七章 苏州分行

上海浦东发展银行股份有限公司苏州分行(以下简称苏州分行)于1997年8月18日成立,是直属于总行的一级分行,办公地址位于苏州市人民路1478号。

截至2010年年末,苏州分行本外币存款余额406.6亿元,本外币贷款余额348.3亿元;外币存款余额3.13亿美元,贷款余额2.98亿美元;税后经济利润4.64亿元。

第一节 机构沿革

一、机构设立

1995年4月19日,苏州市政府决定筹建苏州分行。

1996年11月15日,苏州市政府同意调整苏州分行筹建领导小组。

1997年3月28日,中国人民银行同意筹建苏州分行,苏州分行为上海浦东发展银行非独立核算分支机构,不具有独立法人资格。

1997年8月18日,经中国人民银行批准开业,地址设在苏州市人民路504号(后根据苏州市公安局要求,门牌号调整为苏州市人民路1478号,办公地点未变)。

图8-7-1 2010年10月29日,苏州分行营业办公大楼奠基

二、内设部门

开业初期,苏州分行设一室六部(办公室、人事部、信贷部、信贷管理部、国际业务部、财务部、稽

核部），员工47人。随着业务发展，至2010年年底，分行内设机构增加到20个，分别为办公室、工会、公司银行业务管理部、公司银行产品部、公司银行中小企业客户部、运营管理部、贸易服务中心、信息科技部、金融服务中心、营业部、资金财务部、个人银行发展管理部、个人信贷部、财富管理部、银行卡及渠道管理部、风险管理部、授信审查部、审计特派办、党团、合规部，辖属12家支行，网点13个，员工总数415人。

第二节　业务经营

一、公司业务

成立之初，分行开办公司业务。2007年，对公存款余额达到157.3亿元，占分行存款的81.74%；对公贷款余额达到149.2亿元，占分行贷款的88.7%。

2008—2009年，由美国次贷危机引起的金融危机席卷全球，分行围绕国家为克服经济危机而出台的一系列政策措施，积极推进各项公司业务又好又快发展。强化创新，完成浦发第一笔"两岸三地"银团贷款——敬鹏（常熟）电子有限公司1000万美元银团贷款的立项、资料上报和正式签约工作；加强同业业务合作，在各级应营销机构的协助下，与张家港、昆山、太仓、东吴及常熟等农商行建立业务合作关系，并签订相关业务合作协议。

2010年，分行与市科技局搭建科技型企业融资服务平台，强化对实体经济创新服务，大力推进"科贷通"业务发展，扶持高新技术企业。6月8日，苏州分行成功发行苏州首笔科技贷款，为苏州分行科技金融发展奠定良好的基础。成功牵头组建太湖科技产业园11亿元银团，这是迄今为止分行牵头组建的最大一笔人民币银团贷款。

截至2010年，分行资产托管业务规模突破55亿元，全年完成保理业务量达11.93亿元，成功发行9单信托理财，总规模12.25亿元；年末对公存款余额突破360亿元，对公贷款达到295.38亿元，均是历史最高水平。

二、零售业务

分行积极推动零售业务发展，充分发挥公司业务的市场竞争优势，加强公私联动，以公带私同步发展，努力形成公司业务和零售业务一体两翼、齐头并进的发展态势。

2007年，根据总行零售业务组织架构改革总体要求，分行逐步建立起零售银行的组织架构体系、管理体系和市场营销体系，零售业务取得快速的发展，为实现业务的战略转型打下坚实的基础。截至2007年年末，苏州分行本外币储蓄存款余额16.14亿元，比年初增加4.2亿元，增幅35.18%。全行个人贷款余额达16.64亿元，比年初增加6.63亿元，增幅65%。月日均金融资产大于等于5万元的金融资产优质客户5789户。

2008—2009年，零售银行业务持续快速发展，业务规模持续扩大，客户结构进一步优化。调动全行发展零售业务的积极性，有效推进零售业务发展。

截至2010年年末，零售条线的业务从业人员和机构设置基本配备到位，全行对零售业务支持的力度不断加大，对总行提出的全行业务战略转型加快发展零售业务的观念也在不断转变，使得更好更快发展零售业务有一个比较好的基础。通过搭建贵宾服务体系、打造网点理财专区、强化零售业务考核和队伍建设以及坚持产品创新、服务创新等措施,实现客户、规模、效益指标的大幅提升。当年年末,分行个人存款余额45.98亿元,个人贷款余额51.33亿元,个人优质以上客户12 328户,实现个人中间业务收入1 630万元。

三、经营管理

【资产负债管理】

1997年建行起,分行重视资产负债管理,加强资金的集中统一营运,优化负债结构,提高资金使用效益;全面提高资产负债管理水平,确保各类指标均符合监管要求。分行坚持按日发布各项存贷款规模指标,对各项经营指标按月监测、按季考核,使资产负债比例在总量和结构上保持合理、优化配置,实现资金的安全性、流动性和盈利性的有机统一。

2009年,分行修订下发《上海浦东发展银行苏州分行资产负债管理委员会工作规程》,通过合理调控全行资产负债比例结构、加强定价管理,来规避流动性风险和利率风险,努力实现信贷资产流动性、安全性和效益性的统一,进而提高盈利能力和风险资本回报率,促进全行业务持续稳健发展。

截至2010年年末,分行资产负债业务稳步发展,结构不断优化,总量存贷比85%,增量存贷比78%,中长期贷款占比62%。

【风险管理】

1997年8月,分行内设信贷部,负责分行信贷业务贷前调查、审查审批、贷后管理职能。1998年2月,分行加强内控建设,撤销信贷部,新设公司金融部、信贷管理科,将贷前调查职能归属于公司金融部,审查审批与贷后管理职能归属于信贷管理科,初步实现审贷分离,制定印发《苏州分行信贷工作责任制暂行规定》《苏州分行审贷分离实施细则》。同年3月,成立苏州分行贷款审批委员会,主任委员由行长担任。

1999年1月,分行设立信贷管理部,全面承接原信贷管理科授信业务审查审批、贷后管理的职能。2002年6月,分行进一步明确贷审委职责、运作机制,制定印发《上海浦东发展银行苏州分行贷款审查委员会运作暂行规定》。2006年1月,根据总行《关于在全行全面实施内部控制体系建设项目的通知》,分行成立"内控体系建设项目领导小组和工作组",负责分行内控体系建设领导、指导、协调及控制工作。

2007年1月,分行响应总行扁平化矩阵式改革方案,将信贷管理部分设为授信审查部、风险管理部。授信审查部履行信贷业务审查审批职责,风险管理部履行贷后管理与资产保全职责。至此,分行贷前、贷中、贷后管理职能彻底分离,全面风险管理水平再上新台阶。

2008年1月,为适应总行信贷审批体制改革要求,明确和规范分行信贷审批委员会工作职能,强化风险控制的集约化和专业化管理,有效发挥贷审委专业、权威和独立的风险审查、审批作用,保障分行信贷资产质量,根据相关法规和总行关于信贷风险管理及贷审委工作的有关规定,制定印发《上海浦东发展银行苏州分行信贷审批委员会工作规程》。由此,分行贷审委由原信贷审查机构转变为分行权限内信贷业务的最高审批机构。

2010年,分行继续完善风险管理体系建设,先后设立风险管理委员会、合规部,构建起全面风险管理体系。风险管理委员会根据分行行长室授权,负责分行全面风险管理工作,下设信贷审批委员会,严格按照"集体审议、独立表决、集体决策"原则行使职责。

历年来,分行在发展业务的同时,注重资产质量把控,注重基础工作建设,注重支持地方经济。在外部监管机构或总行对苏州分行的多次风险检查或考核评价中,均对分行信贷业务发展情况、总体资产质量、授权管理、基础管理、贷款三查制度执行等给予肯定,分行风险经营管理工作在系统内保持较好水平。截至2010年年末,分行不良贷款余额1.89亿元,低于总行下达不良贷款额2.05亿元的控制目标,不良率0.54%。

【运营管理】

1998年3月3日,总行会计部对苏州分行会计出纳基本制度建立健全和管理规定的贯彻落实情况进行验收。4月21日,国家外汇管理局同意分行开办外汇业务、(外汇存款、外汇贷款、外汇汇款、外币兑换、国际结算、结汇、售汇、资信调查、咨询、见证业务),有效期3年。

1999年3月12日,分行营业部储蓄专柜在中国人民银行苏州市中心支行、中国金融工会苏州市工会开展的"'99新春储蓄竞赛活动"中,获得先进集体光荣称号。6月29日,上海浦东发展银行会计部决定:苏州分行自1999年7月1日起加入联行汇划清算系统办理全国联行业务,从1999年7月1日起开始运行。

2000年6月16日,中国人民银行同意分行增开英镑、德国马克和欧元三个币种的外币储蓄。2003年2月10日,中国人民银行苏州市中心支行根据中国人民银行南京分行备案回复通知书,同意分行开办个人外汇买卖业务。2008年11月18日,分行市级财政非税项目成功上线,实现银行、执收单位和财政实时联网及数据实时传输,分行成功跻身于苏州市第一批全面代理非税收入的银行之一。

2009年4月16—17日,总行运营管理部、个人银行总部、沈阳、南昌、上海分行的各位领导和专家一行6人对分行的6S管理推进工作情况进行全面审核验收,苏州银行业协会蒋萱镛秘书长等应邀参加。

【人员管理】

分行成立之初,正式合同用工44人,临时聘用3人。2001年年底,正式合同用工138人,合同外用工8人。2010年年末,从业人员增至471人,正式员工达到412人,合同外员工59人;从业人员中,具有本科学历240人,占51%;具有硕士及以上学历26人,占6%,正式员工中,171人具有专业技术职称,占42%。

表8-7-1 2010年年末苏州分行所辖网点一览表

网点名称	地 址	沿 革
苏州分行营业部	苏州市人民路1478号	苏州分行于1997年8月18日正式成立,同日苏州分行营业部正式对外营业,营业地址为苏州市人民路504号。2006年4月3日,因门牌号重新编排,地址调整为苏州市人民路1478号
高新技术产业开发区支行	苏州新区狮山路8号	高新技术产业开发区支行成立于1997年9月21日

〔续表〕

网点名称	地　址	沿　革
工业园区支行	苏州工业园区星海街 163 号	工业园区支行成立于 1998 年 8 月 6 日
沧浪支行	苏州市竹辉路 499 号	沧浪支行成立于 2000 年 2 月 18 日,营业地址为竹辉路 477 号;2010 年 3 月 30 日迁址至竹辉路 499 号
金阊支行	苏州市阊胥路 483 号	三香支行成立于 2000 年 12 月 26 日,营业地址为三香路 120 号胥城大厦西侧;2009 年 10 月 23 日更名金阊支行,营业地址于 2009 年 8 月 25 日迁至阊胥路 483 号
昆山支行	昆山市前进东路 1228 号	昆山支行成立于 2001 年 10 月 25 日,营业地址为昆山市前进中路 18 号;2010 年 2 月 5 日迁址至昆山市前进东路 1228 号
吴中支行	苏州市吴中区东吴北路东吴产业办公楼 103、105 号	吴中支行成立于 2002 年 2 月 18 日
常熟支行	常熟市海虞北路 33 号	常熟支行成立于 2002 年 11 月 4 日,营业地址为常熟市海虞北路 21 号;2009 年 2 月 16 日迁址至海虞北路 33 号
相城支行	苏州市相城区嘉元路 5 号	相城支行成立于 2006 年 8 月 11 日
张家港支行	张家港市南环路 28 号	张家港支行成立于 2008 年 4 月 18 日
太仓支行	太仓市城厢镇东仓路 56 号	太仓支行成立于 2008 年 12 月 1 日
常熟东南经济开发区支行	常熟市东南经济开发区银环路 99-2 号	常熟东南经济开发区支行成立于 2009 年 6 月 30 日
昆山高新技术产业区支行	昆山市北门路 1316—1320 号	昆山高新技术产业区支行成立于 2010 年 3 月 9 日

表 8-7-2　1997—2010 年苏州分行负责人任职情况表

行　长		副行长		行长助理	
姓　名	任 职 时 间	姓　名	任 职 时 间	姓　名	任 职 时 间
王　政	1997 年 8 月—1998 年 10 月	孙龙宝	1997 年 8 月—1998 年 10 月	吴大珍	2003 年 4 月—2005 年 11 月
傅　浩	1998 年 10 月—2000 年 2 月	夏建阳	1998 年 12 月—2001 年 7 月	高惠民	2003 年 4 月—2007 年 1 月
严　琪	2000 年 2 月—2011 年 7 月	詹定国	2000 年 2 月—2016 年 10 月		
		吴大珍	2005 年 11 月—2017 年 8 月		
		徐天从	2007 年 1 月—2017 年 8 月		
		彭玉江	2007 年 1 月—2017 年 6 月		

第八章 重庆分行

上海浦东发展银行股份有限公司重庆分行(以下简称重庆分行)于1998年6月9日正式开业,是重庆成为直辖市后成立的第一家银行,也是第三家入渝的股份制商业银行,开业时期办公地址位于重庆渝中区上清寺正街9号。

截至2010年年末,重庆分行存款余额349.1亿元,贷款余额251.01亿元;经营利润6.6亿元。

第一节 机构沿革

一、机构设立

1998年5月19日,经中国人民银行重庆市分行批准,重庆分行成立。

2004年5月29日,重庆分行搬迁至渝中区邹容路119号。

2007年6月25日,分行更名"上海浦东发展银行股份有限公司重庆分行"。当年,分行搬迁至北部新区高新园星光大道78号天王星B座。

二、内设部门

1998年分行成立初期,设立分行办公室、人事劳资部、信贷管理部、金融部、会计结算、资金财务部、业务发展部、机关党支部、工会工作委员会、稽核部等部门。

1999年至2003年,先后成立国际业务部、科技信息部。

2005年,在组织架构调整之初,分行明确提出"五个一"的理念,即不创效益的机构一个不设、不创效益的干部一个不提、不创效益的人一个不要、不创效益的贷款一分不放、不创效益的费用一分不花。分行机关人员由原来的80人精简到58人,随后分行成立两个放款中心,人数增加到62人。

2007年,为整合条线资源,加快经营模式转型,提升核心竞争优势,分行对组织机构进行改革。公司银行板块,成立公司银行业务管理部、公司银行产品部、公司银行中小客户部;个人银行组织板块,成立个人银行发展管理部、个人银行财富管理部、个人信贷部和银行卡渠道管理部;运营与科技条线板块,成立信息科技部、运营管理部、信用运营中心、分行营业部;风险管理板块,成立分行授信审查部、风险管理部、个人银行风险管理部、合规部和资产保全部;资金财务板块,成立财务部、资金及市场部和财务会计核算中心。

截至2010年,分行共有22个内设部门,其中管理部门17个,分别为分行办公室、保卫部、公司银行业务管理部、公司产品部、中小企业业务经营中心、个人银行发展管理部、个人信贷部、授信审查部、风险管理部、资产保全部、合规部、信息科技部、运营管理部、信用运营中心、资金财务部、财务会计核算中心、总行审计特派办;营销部门5个,分别为业务发展一部、业务发展二部、业务发展三部、业务发展五部、业务发展六部,员工人数达到563人。

图 8-8-1 2010年1月9日,重庆分行举办"浦发银行杯"万人长跑活动

第二节 业务经营

一、公司业务

1998年6月9日,分行举行朝天门广场工程贷款签约暨上海浦东发展银行重庆分行正式成立仪式。2000年9月8日,举行渝黔高速公路贷款签约及东方卡首发仪式,总行副行长陈辛、个金部总经理汤森培来渝参加仪式。2001年,举行重庆主城区排水系统工程项目贷款4.13亿元的签字仪式。总行副行长陈辛、风险管理部总经理何海涛、重庆市副市长黄奇帆以及重庆市计委、市建委、市政建设委员会、市财政局、重庆水务集团、世行贷款项目管理办公室等部门的领导出席签字仪式。2002年,分行成功取得国家进出口银行为重庆力帆实业集团进出口有限公司与隆鑫集团提供的1.4亿元与6500万元的出口卖方信贷业务的代理权,成为西部地区最大代理行。

2005年,经总行批准,分行与国家开发银行开展联合贷款业务,合作业务金额总计42.7亿元,均由国家开发银行提供连带责任担保并承诺还款。国开行与分行开展联合贷款以来,对分行经营起到较大支撑。截至年底,实际发放国开行担保的联合贷款30.05亿元,占全部应发放贷款的70%,占分行新增贷款的47%,新增存款15亿元,占分行新增存款的40%,存款沉淀率达50%。与国开行开展的联合贷款合作业务,对仍处于调整阶段的分行恢复业务发展信心、尽快提高市场份额、优化信贷资产结构、降低不良资产比例、大力增加盈利能力起到非常重要的支撑作用。

2007年,是分行公司业务发展的关键之年,分行原有渝中国有、商社集团、轨道交通等一批优势企业得到稳步发展,并拓展大学城管委会、园林绿化、高新创投等一批新客户源,保证分行公司存贷款业务的持续增长,截至12月末,在重庆八家股份制商业银行中,分行公司存款规模跃居第2位,仅次于民生银行,存款增幅为第1位,贷款规模达到第1位。同时,分行也推出一系列创新业务,一是为隆鑫公司办理共计9650万美元的远期结售汇业务,带来可观的中间业务收入,实现远期结售汇业务的零突破;二是分行与重庆国际信托投资公司合作发行"重庆路桥流动资金贷款信托"挂钩的人民币理财产品4.5亿元。

2009年,分行和国家开发银行重庆分行组建的银团贷款——重庆市轨道交通总公司轻轨三号线一期项目18.7亿元银团贷款协议正式签署,标志着分行在该项业务的拓展上实现零的突破。

2010年,分行短期融资券、托管等投行业务对一般性存款增长的带动初见成效,拉动存款近7亿元;外汇存款业务取得突破性进展,年末外汇存款余额达到2亿美元,较2009年增加1.8亿美元,外汇存款增长近9倍。2010年分行将中小企业、微小企业业务作为战略转型的重点,依据中小企业的经营特点,不断优化流程,同时还将中小企业的业务发展列为全行的指令性任务加以考核,中小企业业务取得较快发展,截至12月末,全行中小企业贷款余额21亿元,较年初增加19亿元,全年中小企业贷款新增额占到分行对公贷款新增额的44%。中小企业贷款比重由1%提高到8%,年末全行中小授信客户总量达到318户,较年初增加277户。同时,分行在信托代理、理财计划、托管等新产品上加大工作力度,制定完善的产品线,成功营销重庆三峡银行购买分行信托类理财产品2亿元,实现理财产品销售的突破。

二、零售业务

2002年,分行个人金融业务全面完成计划。其中:储蓄存款期末余额达到5.48亿元,个人贷款期末余额为8.24亿元,占全部贷款的13.81%,完成全年计划的167.44%;东方卡全年累计发卡52 478张,完成全年新增计划的104.96%。同年,分行在代理销售金牛保险、开放式基金的基础上,积极与重庆新华人寿保险公司合作,代理红双喜保险等新险种,使业务种类取得突破进展,取得较好成绩。

2005年,分行加大对个金业务的广告宣传,"及时语"和网上银行用户迅速增多,此外,分行还陆续开展联合商户刷卡消费积分及多项代收水电、通信费等服务,并加大对自助银行网点的建设与投入,在塑造浦发个人银行服务品牌的同时,不断提高个人银行的中间业务收入,截至年末,分行东方卡累计发卡量超过33万张。

2006年,分行紧抓住"两卡一网"的产品组合营销策略,利用东方卡、浦发信用卡和网上银行产品功能的互补,最大限度地优化个金的产品组合,做好信用卡及东方卡的推广工作。2007年,分行以轻松理财卡业务拓展和一手房、二手房按揭贷款为业务重点,以市场营销创新、产品服务创新为支撑,迅速突破银行卡和个人资产业务的市场占有率。

2010年,分行调整个人信贷营销指引和业务品种占比,开通个人商户经营性贷款,积极推动批发市场商户贷款业务,同时,分行重点推出存贷易业务,在抢占市场份额的同时,带动存款规模增长。

三、经营管理

在内部管理方面,重庆分行通过组织结构的调整、机制体制的完善、运营科技系统的升级,推进管理效能的不断提升。2002年,分行整合优势资源,积极探索新的管理模式,组建区域营销中心,银行营销体系建设得到跨越式的发展。

2003年,以推行会计核算ISO9000质量标准为契机,全面强化内部管理,提高内控质量。各业务条线、根据现有的内控制度细化操作规程,进一步明确各岗位的任务、职责、职权,及工序监督、考核,对加强业务操作的关键控制环节和事后检查重点做出明确规定,每项业务应有一个业务主管或专门岗位对该项业务处理的整个流程进行综合把关和全过程的检查,确保各个岗位都能按职责要求正确处理同一业务,发现问题,及时纠正,防范员工操作风险。

2006年,清收工作通过对内招标、借助司法手段、聘请律师挂钩清收、寻找抵押物的购买下家、监控督促等手段,落实还款协议、加大执行力度,采取依法清收、以资抵债、核销呆坏账等措施确保分行清收计划的顺利进行,使分行年末后三类贷款余额降到29 658万元,不良率为1.86%,较上年下降2.02%,实现风险管理的突破。

2007年,分行根据总行《分行组织架构改革后主要业务条线岗位设置和人员编制》《关于2007年公金业务风险检查工作的指导意见》《上海浦东发展银行分行个人信贷风险管理体制改革实施意见》等要求,重新构建风险管理的组织架构,成立风险管理部、个人银行风险管部、授信审查部和个人信贷部四个新部门。改革后的风险管理条线分工合理,权责明晰,从体制上确保分行风险管理工作更加细致深入地开展。

2008年,分行通过多种手段在全行上下强化合规经营、规范管理的理念,提出"不合规的业务不做,不合规的利润不取,不能满足银行合规操作的客户宁可不要"的要求。开展以加速银行业务发展与强化银行内控管理为中心的体制机制改革工作、职工教育培训工作和各项规范管理行为的工作。围绕建立健全内控制度制定一系列以防风险、防案件为核心的业务操作流程和管理办法。同年,分行实现对公业务全网点上线和集中业务系统的全面上线,标志着分行运营模式向"小前台,大后台"转型迈出关键一步,提高业务处理效率,更有效控制运营风险。

2010年,分行进一步建立科学合理、公正公平绩效考核体系,把主要的规模发展指标和战略转型指标的计划完成情况,同各营销团队和分行部门的考核与分配全面挂钩,直接体现出超计划有奖未完成计划要罚的考核要求,齐心协力确保经营目标的实现。同时,在对营销团队绩效考核中,分行首次将经营计划完成率引入模拟利润中,对新团队的业务发展起到极大的促进作用。同年,中国欣逢世博会、亚运会等大型盛会,分行以此为契机,统一全行服务标准,规范分行服务管理,全力以赴保障信息系统安全运行,在总行世博会保障专项劳动竞赛中取得满分。

表8-8-1　2010年年末重庆分行所辖网点一览表

网点名称	地　　址	沿　革
分行营业部	重庆市北部新区高新园星光大道78号	重庆分行于1998年6月9日正式成立,同日重庆分行营业部正式对外营业,营业地址为渝中区上清寺正街9号;2004年5月14日迁址至渝中区邹容路119号;2007年7月2日迁址至北部新区高新园星光大道78号
江北支行	重庆市渝北区龙塔街道洋河东路37号长安丽都15、16、17(裙楼)幢一层	江北支行成立于1999年6月29日
渝中支行	重庆市渝中区民族路12号	渝中支行成立于1999年10月11日
高新支行	重庆市高新区科园一路73号	高新支行成立于2000年2月24日,营业地址为重庆市高新区科园四路199号,2009年7月2日迁址至高新区科园一路73号

〔续表〕

网点名称	地　　址	沿　　革
沙坪坝支行	重庆市沙坪坝区汉渝路16号	沙坪坝支行成立于2000年6月14日
涪陵支行	重庆市涪陵区滨江大道二段52号	涪陵支行成立于2000年8月23日
九龙坡支行	重庆市九龙坡区兴胜地路68号	九龙坡支行成立于2000年11月24日
南坪支行	重庆市南岸区海铜路"上海城"一期C区41号	南坪支行成立于2001年6月18日,营业地址为重庆市南岸区南坪西路58号附5号。2007年10月9日迁址至南岸区海铜路"上海城"一期C区41号
渝北支行	重庆市渝北区两路镇双龙大道89号	渝北支行成立于2001年10月12日
北部新区支行	重庆市渝北区福泉路11号、13号、15号、17号	北部新区支行成立于2002年10月31日
大坪支行	重庆市渝中区大坪正街110号	大坪支行成立于2002年12月23日
上清寺支行	重庆市渝中区上清寺正街9号	上清寺支行成立于2004年5月21日
解放碑支行	重庆市渝中区邹容路119号	解放碑支行成立于2007年9月12日
西永支行	重庆市西永微电子产业园软件研发楼一层	西永支行成立于2008年7月8日
大渡口支行	重庆市大渡口区春晖路街道翠柏路101号3幢	大渡口支行成立于2008年11月27日
北城天街支行	重庆市江北区洋河大道1号海怡花园平街一层	北城天街支行成立于2009年5月8日
沙南支行	重庆市沙坪坝区南园2号	沙南支行成立于2009年12月21日
朝天门支行	重庆市渝中区陕西路三巷4号	朝天门支行成立于2010年6月3日
两江新区支行	重庆市北部新区金渝大道88号	两江新区支行成立于2010年12月9日

表8-8-2　1998—2010年重庆分行负责人任职情况表

行　　长		副　行　长	
姓　名	任　职　时　间	姓　名	任　职　时　间
顾　亮	1998年5月—1999年12月	孙旭平	1998年5月—2005年1月
蔡汉初	1999年12月—2002年7月	韩　松	1998年5月—2013年9月
朱福涛	2002年7月—2004年12月	刘新华	1998年5月—2002年12月
王晓中	2004年12月—2014年7月	黄传宏	2007年3月—2017年8月
		黄　凯	2007年3月—2011年1月
		王炳慧	2007年6月—2011年9月

第九章 广州分行

上海浦东发展银行股份有限公司广州分行（以下简称广州分行）于1998年9月23日成立，是浦发银行在广东省设立的一级分行，办公地址位于广州市天河区珠江西路12号。

截至2010年年末，广州分行存款余额508.25亿元，贷款余额326.37亿元；外币存款余额2.28亿美元，贷款余额1.66亿美元。经营利润6.44亿元。

第一节 机构沿革

一、机构设立

1998年9月23日，中国人民银行广东省分行批准《关于上海浦东发展银行广州分行开业的批复》，浦发银行广州分行开业。

1998年10月28日，浦发银行广州分行正式开业。广州分行成立以来，在总行战略规划指引下，秉承"笃守诚信、创造卓越"经营理念，坚持"规模优先、质量保证、效益持续"经营方针，规模效益同步增长，份额和排名同步提升，形象和品牌广泛认可的市场定位，把自身发展和广东经济发展紧密结合起来，不断加大对广东区域经济发展的信贷支持力度，积极探索符合广东区域经济特点的发展之路。

二、内设部门

1998年，广州分行成立初期，内设办公室、人事部、稽核审计部、资金计划财务部、会计营业部、公司金融部、个人金融部、信贷管理部8个部门。

2000年，人事部与办公室合并，增设信贷业务一部、信贷业务二部、发展研究部、信息科技部、行政部（保卫科）、会计部、国际业务部。

2001年，人力资源部独立分设为一级部门，增设个金部、公司金融一部、公司金融二部，撤销信贷业务一部、信贷业务二部、发展研究部。

2002年，增设投资银行部、风险管理部、审贷中心。

2003年，增设金融机构部、业务拓展一部、业务拓展二部、业务拓展三部、业务拓展四部，撤销审贷中心。

2004年，增设资产保全部、市场研究部、货押事业部，稽核审计部更名审计特派办。

2005年，增设授信调查部，行政部并入办公室，撤销市场研究部。

2006年，增设公司金融三部，公司金融二部、业务拓展一部划归营业部。

2007年，根据总、分行机构改革方案要求，机构改革后部门设置分为综合部门、公司银行条线、个人银行条线、运营与科技条线、风险条线、客户营销部门。综合部门有办公室、人力资源部、合规部、资金财务部、财务会计核算中心、审计特派办；公司银行条线有公司银行业务管理部、交易产品业务部、投行业务部、中小客户部;个人银行条线有个人银行发展管理部、银行卡及渠道管理部、财富管理部、个人信贷部;运营与科技条线有信息科技部、运营管理部、营业部、信用运营中心;风险条线有风险管理部、公司授信审查部、合规部、资产保全部、中小企业风险管理部、个人银行风险管理部;客户营销部门有公司银行客户一部、公司银行客户二部、公司银行客户三部、公司银行客户四部。

图8-9-1　2007年4月,浦发银行广州分行举办九周年行庆

2008年,增设分行公司银行大客户部(与分行公司银行业务管理部合署办公),交易产品业务部更名分行贸易金融部。

2009年,新增广州分行中小企业业务经营中心、保卫部(与分行办公室合署办公),撤销分行中小客户部、中小企业风险管理部。

2010年,撤销个人银行客户一部、客户二部,原"公司银行客户部门"更名"客户部门"系列。

截至2010年年末,广州分行共设置23个部门,其中综合条线部门5个(含审计特派办、财会核算中心),风险条线部门4个,公银条线部门5个,个银条线部门4个,运营条线部门5个。

第二节　业务经营

一、贷款与投资

2000年,广州分行成立票据中心,集中办理全分行的再贴现、转贴现业务,将贴现业务作为分行新的利润增长点。在业务开拓中,分行将重点集中于前景广阔、效益良好的跨国集团、上市公司、市政项目上,重点客户包括中国联通广东分公司、穗恒运、广船国际、新机场等,全年累计发放贷款61.8亿元,其中贴现40.4亿元,2000年年末贷款余额23亿元,其中贴现余额9.2亿元,占比40%。

2001年年末,分行各项贷款余额62.9亿元,其中个人贷款余额1.13亿元。2004年年末,分行各项贷款余额166.3亿元,其中贴现余额15.3亿元,个人贷款余额5.07亿元。2007年年末,分行各项贷款余额173.1亿元。2010年年末,分行各项贷款余额326.4亿元,其中对公贷款余额245.3亿元,个人贷款余额58.1亿元。

二、同业资产

2001年年末,广州分行同业存款余额19亿元。2002年年末,广州分行积极推进证券公司存管银行账户的营销工作,开立存管银行账户27个,实现同业存款余额17.6亿元。2004年年末,广州分行同业存款余额10.6亿元。2007年年末,广州分行同业存款余额9.7亿元。2010年年末,广州分行同业存款余额267.2亿元。

三、人民币负债

2000年,广州分行存款规模不断跨越新台阶,一般性存款余额一季度末10亿元,二季度末20亿元,三季度末30亿元,第四季度先后突破40亿元、50亿元。截至2010年年末,各项存款余额52亿元,其中一般性存款50.4亿元。3月,分行与天河区政府正式签约,成为天河区科技风险资金的管理公司。

2001年,广州分行各项存款余额109亿元,其中一般性存款余额102.9亿元,同业存款余额6亿元。2002年,广州分行各项存款余额201亿元,其中一般性存款余额176亿元,同业存款余额25亿元。年内先后推出自动申购新股、"一指妥"指纹储蓄、"CDMA存款冻结零租机"、缴费一户通、爱心存单、165东方卡卡号上网等新品种。

2004年,广州分行各项存款余额219.2亿元,其中一般性存款余额208.6亿元。2007年,广州分行各项存款余额254.9亿元,其中一般性存款余额232亿元。同年,取得广州市公积金贷款经办行资格,成功中标广州市财政集中支付代理银行。2010年,广州分行各项存款余额797亿元,其中一般性存款余额508亿元。

四、中间业务

广州分行高度重视中间业务拓展,实施资源重点支持,积极开展产品创新,完善激励约束机制,带动结算业务、咨询顾问、代理业务、综合理财、担保及承诺、银行卡等业务发展。2000年,国际业务部脱离营业部,正式成立,全面启动国际业务,全年办理国际结算1 667笔,共计2.1亿美元。2002年,广州分行开办离岸业务。同年办理首笔福费廷业务;代销"金牛"家庭财产保险、富国动态平衡基金。截至2010年年末,广州分行同广发证券、光大证券、华泰证券、国信证券4家券商建立合作关系,第三方存管客户13 325户。

五、银行卡

2000年8月,广州分行发行第一张东方借记卡,具有现金存取、转账结算、消费支付、个人理财等功能。2004年6月,广州分行发行第一张信用卡。2010年,广州分行新增银行卡182 526张。

六、运营管理

【资产负债管理】

2000年,广州分行加强资产负债管理,本着稳健经营、高效低险的原则,制订一系列管理办法,包括《支行财务管理办法》《支行费用管理办法》《支行资金管理办法》《支行经营计划及考核管理办法》。截至2010年年末,广州分行存贷比为66.15%。

【资产风险管理】

2000年,广州分行制定下发《信贷业务授权管理和审批权限暂行办法》,简化审批程序,促进低风险业务发展;制定下发系列贷款操作细则,包括《备用信用证或保函担保人民币贷款操作细则》《外汇存款质押人民币贷款操作细则》《人民币定期存单质押贷款操作细则》《个人凭正式国债质押贷款操作细则》。

2002年,广州分行将贷前及贷后的信贷管理职能分离,在原信贷管理部的基础上,成立审贷中心和风险管理部,审贷中心履行贷款发放前及贷款发放的信贷管理职能,风险管理部履行贷款发放后的信贷管理职能,严格执行信贷经营、审批和监管三分离的制度,制定下发《广州分行贷审委运作暂行规定》《广州分行贷后管理考核奖惩暂行办法》。

2004年2月,广州分行建立资产保全工作机制,成立资产保卫部,加大清收盘活不良资产力度。制定《分行资产保全工作管理办法》,明确保全工作人员职责,规范外聘律师管理办法,档案移交等工作制度。

【信息化管理】

2002年10月,广州分行被确认为浦发银行628系统首家试点行。2003年,广州分行628系统上线。2004年,广州分行推广应用网络验印系统、外汇宝系统、银结通系统,对BEPS、EFT、ETS清算方式进行优化。2004年,广州分行加快自助银行的建设工作,在广州天河城、中华广场、购书中心、广百新翼等16处繁华地带开通使用17台离行自助设备。

2007年年末,广州分行共有自助网点90个,自助设备141台,其中离行式自助网点74个,自助设备108台。截至2010年年末,广州分行共有自助银行网点296个(含随行式自助区3个,离行式自助点250个,在行式自助银行23个,离行式自助银行20个),自动柜员机401台(含取款机278台,一体机123台)。

【电子银行】

2003年,分行开通网上银行,通过因特网向个人客户提供7×24小时全年无休的远程个人金融服务,业务涵盖除现金类业务外的账户管理、存款、汇款、理财、网上支付、资金归集、外汇、贷款融资等所有非现金个人金融服务。同年年末,广州分行个人网银专业版客户381户,公司网银客户14户。截至2010年年末,公司网银客户2 006户,个人电子银行有效客户数111 372户。

【人员管理】

广州分行成立之初,正式员工56人。2010年年末从业人员增至834人,其中,具有大专学历

175人,占比21%;本科学历560人,占67%;具有硕士及以上学历91人,占11%。其中公银条线277人,个银条线170人,运营与科技条线291人,风险条线37人,综合条线59人。

表8-9-1　2010年年末广州分行所辖网点一览表

网点名称	地　　址	沿　　革
分行营业室	广州市天河区珠江西路12号首层04、05、06房商铺,二层02房商铺,4—7层02—10房,8—11层02房	1998年10月28日成立,2007年由广州市环市东路424号迁址至广州市天河区体育西路189号,2010年12月由天河区体育西路迁址至现址
东山支行	广州市越秀区中山四路26号之一、28号、30号、30号之一101自编1号	2000年6月29日开业,原址为广州市东山区中山二路53号新兴大厦首层、三层;2008年7月30日迁址至现址
白云支行	广州市白云区机场路中意街9号中意花苑首层商铺1A号	2000年7月3日开业
越秀支行	广州市解放北路668号恒鑫御苑	2002年1月9日成立,原名"解放路支行",于2010年9月1日更名"越秀支行"
天河支行	广州市天河区天河东路18号天晖阁首、二层	2000年8月10日开业
西关支行	广州市荔湾区康王中路486号和业广场121—123单元	2000年4月20日成立,原名为"广州大都会支行",于2010年12月21日迁至现址
锦城支行	广州市越秀区东风东路858号锦城花园首、二层	2000年12月5日开业
五羊支行	广州市越秀区寺右新马路77—79号首、二层	2000年12月8日开业
东风支行	广州市越秀区东风中路481号粤财大厦首层B区	2002年1月28日开业,原址为广州市越秀区东风中路318号101、201、202房;2010年2月3日迁址至现址
东湖支行	广州市越秀区东湖路128号龙湖大厦首层	2002年1月18日开业
天誉支行	广州市天河区林和中路156号天誉花园1层首、二层西北角	2002年1月18日开业
珠江新城支行	广州市珠江新城金穗路58号	2003年3月13日成立
盘福支行	广州市越秀区解放北路863号盘福商贸大厦	2003年12月11日成立
海珠支行	广州市海珠区滨江东路899号丽景湾南座1、2层	2004年4月2日开业
番禺支行	广州市番禺区市桥镇清河东路口岸大街1号	2005年7月22日开业
东莞支行	东莞市南城区胜和路胜和广场C座104、105、106号铺,三楼B号	2008年5月29日开业
环市东支行	广州市越秀区环市东路424号	原为广州分行营业部,广州分行迁址至体育西路城建大厦后,2008年6月16日成立该支行

〔续表〕

网点名称	地　　　址	沿　　　革
轻纺城支行	广州市海珠区五凤村漱珠岗31号二楼自编之一	2008年10月28日开业
红棉支行	广州市环市西路184号红棉国际服装城	2000年7月21日成立,原名"越秀支行",于2009年8月19日迁址至现址并更名"红棉支行"
钟福支行	广州市番禺区钟村镇钟屏岔道钟村三村路段南侧钟福广场首层3—8号铺	2009年7月30日开业
惠州支行	惠州市云山西路4号德威大厦首层101、二层201号房、1706—1707号房	2009年5月22日开业
开发区支行	广州市黄埔区科学城科学大道162号B3区第1层105单元	2009年3月28日开业
佛山分行	佛山市南海区南桂东路66号桂南名都百花时代广场	2010年1月22日开业
中山分行	中山市东区中山四路盛景园三期A2幢首层4、5、6卡,二层4、5、6卡,三层1、2、3、4卡	2010年9月10日开业
体育西支行	广州市天河区体育西路189号城建大厦首层101A(自编号)单元	2007年至2010年12月原为广州分行营业部,广州分行迁址后,于2010年12月10日成立该支行

表8-9-2　1998—2010年广州分行负责人任职情况表

行　　长		副行长		行长助理	
姓　名	任　　期	姓　名	任　　期	姓　名	任　　期
陈　辛	1998年10月—2000年10月	张耀麟	1998年10月—2001年7月	黄道平	2002年4月—2007年7月
张耀麟	2001年7月—2003年6月	杨　帆	1998年10月—2000年7月	钱　莉	2002年4月—2007年3月
王成国	2003年6月—2006年12月	卓建华	1998年10月—2001年8月	林粤峰	2005年1月—2007年1月
余　辉	2006年12月—2010年12月	黄道平	2007年7月—2010年12月	徐建华	2010年11月—2013年12月
		王成国	2002年10月—2003年6月		
		孔松泉	2004年11月—2007年7月		
		汤启中	2007年5月—2010年12月		
		赵　新	2007年7月—2009年4月		
		马振地	2007年5月—2010年12月		

第十章 昆明分行

上海浦东发展银行股份有限公司昆明分行(以下简称昆明分行)于2000年2月3日成立,成为浦发银行系统内第10家成立的分行,办公地址位于昆明市东风西路环球金融大厦。

截至2010年年末,昆明分行本外币存款余额248.59亿元,贷款余额200.31亿元;外币存款余额0.16亿美元,贷款余额1.29亿美元;账面利润4.32亿元。

第一节 机构沿革

一、机构设立

2000年2月,在"沪滇对口帮扶"背景下,昆明分行开始筹建。

2000年2月3日,中国人民银行昆明中心支行核准分行开业,2月25日正式对外营业。

二、内设部门

2000年开业,分行部室组成为:办公室、人事部、公司金融部、营业部、国际业务部、资金财务部、信贷管理部、电脑部。

2001年,昆明分行部室变更为:营业部、公司金融部、个人金融部、资财部、国际业务部、会计部、风险管理部、电脑部、稽核科、人事部和办公室,共计9部1室1科。为方便工作,稽核科对内为分行直属科,对外称稽核部,原信贷管理部撤销。此外,为积极稳妥地发展票据业务,决定成立分行票据中心,该中心由相关部门人员组成,挂靠公司金融部管理。

2002年,昆明分行成立金融机构部,同年8月,分行电脑部正式更名上海浦东发展银行昆明分行信息科技部,新成立的分行信息科技部下设运行管理中心和开发维护中心。

2003年,昆明分行对组织机构进行调整,分行国际部并入分行营业部,在分行营业部增设国际业务审单中心,分行金融机构部并入分行个人金融部,在分行个人金融部下设个人理财服务中心和信用卡中心。

2004年,昆明分行设立分行风险管理部综合科,成立分行公司业务部、业务发展部、市场拓展部、市场营销部;12月,按总行要求,成立上海浦东发展银行驻昆明分行审计特派员办事处(简称总行审计特派办)。

2005年,昆明分行撤销市场营销部、业务发展部。

2006年,昆明按照总行组织架构改革要求,建成风险管理、公司银行、个人银行、运营与科技四个条线框架,实现条线制管理,新老组织架构下各部门的工作交接基本完成,与新组织架构相配套的内部运转流程和考核机制开始制定或修订。

2007年,昆明分行撤销公司业务部、市场拓展部。

2009年,昆明分行设立中小企业业务经营中心。

截至2010年年末,昆明分行共设置22个部门,1个分行直属营业网点和9个同城支行、2家异地支行和16家离行式自助银行。

图8-10-1　2010年4月12日,瑞丽市勐卯镇浦发银行贺肥希望小学落成

第二节　业务经营

一、人民币资产

2007年,个贷业务面临负增长的不利局面,以总行个金条线组织构架改革为契机,拟定《昆明分行个人信贷体制建设具体实施方案》,调整优化内部流程,最大限度地提高审贷效率,明确一线为客户服务、二线为一线服务的价值导向。重点突出产品效应及差异化策略,对云铜、云天化、昆钢、冶金集团、煤化工、昆船一机及二机、贸盛缘及锐聚源商贸有限公司等集团统一授信,配置客户资源,加强银企合作,密切银企关系,防范集团业务风险。

2008年,分行与昆明市政府、五华区政府、盘龙区政府、官渡区政府、昆明市经济技术开发区管理委员会签署战略合作协议,与市委宣传部、住房公积金中心、市教育局等就银政合作项目进行详细的商谈,为下一步银政双方的进一步业务合作打开新局面。

2009年,分行牵头成功营销并完成向邮政储蓄银行转信贷资产(卖断),为分行第一笔间接银团业务,牵头成功完成首笔创新型不良资产转让业务,确保完成总行年中风险资产控制指标;成功营销并完成昆明市农村中小学标准化建设项目贷款16.6亿元,成为市政府财务顾问,带动存款年日均5亿元以上。

2010年,分行参加国开行牵头的昆明新机场建设项目银团,承贷份额7亿元,最终实际放款4

亿元;个人贷款投放量和增量再创历史新高,超额完成总行下达的年度发展任务指标。

二、外币贷款

2001年,昆明分行开办外币存贷款业务。2008年加大贸易融资类业务开展,全面开展外币流动资金贷款业务。年末各项外币贷款余额2 050万美元。2010年,外币贷款主要是外币流动资金贷款业务、进出口押汇、代付等,年末各项贷款余额12 861万美元。

三、人民币负债

2005年,分行开展全员对公存款营销竞赛活动;全力推进网银抢滩登陆竞赛活动,以产品营销推进带动客户群体的扩大和存款的新增;积极推进"浦发创富"公司业务产品品牌宣传,并以此为契机,密切与客户的关系,在新老客户和潜在客户中树立浦发银行开拓、务实的市场形象。2006年,签署1户企业年金账户管理协议,开通1户银企直连业务。2007年,公司部职能明确、人员到位,逐步设置产品经理、管理经理等角色整合全行公司银行相关资源,强化产品驱动能力,加强营销及过程管理,并下设中小企业团队,努力落实分行推进中小企业金融业务的经营战略,推进中小企业业务发展的突破。

2008年,共与16户企业签订企业年金合作意向协议,完成总行下达的签约任务,并成功与云南省产权交易中心达成企业年金账户管理和基金托管合作意向。2009年,重点做好省级、昆明市、玉溪市财政及事业单位及社会公共资金存款、烟草业存款、风险抵押金矿产交易资金存款、招商引资落地项目专项资金存款。2010年,组织力量重点做好省级、昆明市、玉溪市、曲靖市财政及事业单位及社会公共资金存款、烟草业存款、风险抵押金矿产交易金存款、股权投资基金、保险存款、IPO募集资金等资金洼地项目营销。

四、外币存款

2001年,昆明分行开办外币存款业务,主要是国有企业、三资企业、以及进出口贸易公司的存款。2004年年末各项外币存款余额872万美元,包括美元、英镑、欧元、日元和港币等币种。2010年年末,外币存款余额1 645万美元。

五、结算业务

2001年,昆明分行启动国际结算业务的市场开发及推广工作。2006年,浦发银行总行国贸结算新系统顺利上线,此系统改由总行单证中心作为大后台集中处理,为客户提供更为专业化的服务,当年结算量4.28亿美元。2007年,离岸业务稳步提升,当年离在岸总量5.19亿美元。

2010年,注重在有进出口业务的大型企业集团、拥有进出口权的生产型企业中培育外汇业务优质客户,积极拓展外汇业务;依托离岸业务产品优势,为企业赴海外发展搭建平台;2010年,完成国际结算3.5亿美元。

六、其他业务

【咨询顾问】

2010年昆明分行开始开展财务顾问业务,与云南省水务产业投资有限公司签署并购财务顾问协议。

【代理业务】

2008年开展企业年金账户管理业务,与玉溪矿业有限公司签署年金账户管理协议。

七、运营管理

【资产负债管理】

分行自开业以来,坚持全面资产负债管理模式,推进机制体制建设、加强内部管理、以改革和发展为主线,以效益和质量为目标,以市场为导向,以客户为中心,强化营销和管理。重视流动性管理,通过多渠道补充资金缺口,努力降低资金成本,合理调整短期、中长期资金结构,确保流动性充足及不发生流动性风险。

资产端:引导业务投向利率高的产品,提高业务收益,合理控制中长期贷款投放,保持存款资金期限与贷款资金期限匹配,减少期限错配引起的流动性风险。扩展资产端投资渠道,搭建资产投资平台,提高资产的收益水平,通过多渠道资产投放,促进资产盈利能力向多元化发展。

负债端:以客户为中心,做大负债规模,夯实经营能力,以负债为主要抓手,努力吸纳低成本资金,提高低成本负债占比,通过综合业务扩展推进存款规模扩大。加强客户的分析,把金融产品与客户需求结合,促进客户结算业务的开展,提高客户结算业务的依存度,增加客户资金沉淀,努力提升负债规模。

【风险管理】

2000年2月,昆明分行成立,成立之初设立信贷管理部,负责分行审批、放款、贷后管理及资产保全等工作,并同时成立分行风险管理委员会。分行陆续下发总行信贷操作、管理的各项制度文件,自行制定《昆明分行客户经理制实施细则》《昆明分行贷款审查委员会工作规程》《上海浦东发展银行昆明分行信贷业务实行"审贷分离、权限管理"实施办法》《上海浦东发展银行昆明分行贷后检查管理实施办法》,以及信贷权限、信贷档案管理规定、信贷审查时限规定、信贷审查人员岗位职责及考核办法等一系列管理制度。同时,建立分行信贷业务对内对外的各类报表报告分析监测制度,为分行业务稳步运行奠定基础。

2001年7月,分行信贷管理部撤销,变更为风险管理部。在下发各类业务操作管理办法的同时,为防控内部风险,规范全行《审批通知》的下达,对审批用印及印章的保管进行明确规定。同年,下发《昆明分行月度综合考核试行办法》和《昆明分行风险准备金挂钩考核试行办法》,将不良贷款指标纳入全行的考核体系内,强化全员的风险意识,加强风险管控。

2002年,修订《昆明分行贷款审查委员会工作规程》,进一步明细相关的职责与操作,强化贷款审批的严肃性。下发《上海浦东发展银行昆明分行信贷业务审查、审批管理规定》,向全行明确审批的流程、权限及管理。为加强基础管理,重新修订并下发《上海浦东发展银行昆明分行信贷档案管理规定》。贷后管理中,发现办理个人贷款业务时所使用的《共同还款承诺书》中的条款有缺陷,为更好、充分地保障分行的合法权益,及时向总行反映并请示总行同意后,对《共同还款承诺书》模板进行修改并下发全行执行,规避法律条款上的重大风险隐患。

2003年,为提高审贷质量和审贷效率,下发《上海浦东发展银行昆明分行审贷中心信贷业务审查规定(暂行)》,对业务的受理、审查的内容、时限、责任和考核进行明确。

2004年,下发《昆明分行不良资产风险准备管理暂行办法》,该办法为督促清收化解风险,对出现风险资产业务的客户经理及支行行长明确计提风险准备金。该办法的出台,为昆明分行当年及未来很多年业务发展及风险控制打下坚实的基础。

2005年,下发《关于成立昆明分行检查中心的方案》,由行长室牵头,对全行业务的合规性进行滚动式检查,强化全行的合规操作;下发《上海浦东发展银行昆明分行对公授信业务受理规程》,加强和规范对公授信业务受理环节的管理,完善业务受理机制;下发《昆明分行不良资产风险准备管理的补充规定》,对个金风险资产额度起点进行明确。

2006年,为进一步加强贷前调查管理,切实提高信贷调查工作质量,规范贷前调查材料的上报,下发《上海浦东发展银行昆明分行贷前调查操作规范(试行)》;制定《昆明分行突发事件应急预案》,信贷风险管理工作纳入其中。

2007年,分行按总行要求进行机构改革后,风险管理部一分为三,分为审批管理部、风险管理部及信用运营中心,资产保全工作并入风险管理部。同年,陆续下发《上海浦东发展银行昆明分行风险管理部部门岗位职责》《2007年风险管理部岗位分工》《上海浦东发展银行昆明分行贷后检查办法(2007修订版)》《上海浦东发展银行昆明分行风险管理委员会工作规程》,对分行风险管理委员会运作进行明确规范。

2008年,下发《昆明分行风险管理信息系统数据质量管理操作细则》,促进分行风险管理信息系统数据质量管理,提高信贷基础管理工作;下发《昆明分行风险资产清收责任人处罚办法》,加强对出现风险的信贷资产加大催收力度;制定《昆明分行操作风险管理实施细则(试行)》,旨在进一步明晰操作风险管理流程,明确操作风险的识别、评估及控制策划,明确各部门和岗位在操作风险管理中的职责要求,建立操作风险监测报告机制,全面提升分行的风险管理能力。

2009年,下发《昆明分行公司授信业务贷后风险预警暂行办法》,促进贷后管理,对授信客户出现的不同风险信号,及早进行识别管理。

2010年,下发《昆明分行对辖属分支机构公司业务贷后管理风险预警工作奖惩(暂行)办法》,促使辖属经营机构不断提高贷后检查工作的质量,提升风险管理水平及风险预警能力;制定《昆明分行风险经理管理(暂行)办法》,明确风险经理的岗位职责与业绩考核,加强对风险经理的管理。

【授信管理】

2007年,根据总、分行的相关规定和分行业务发展中信贷业务操作、管理的实际需要,同时结合市场情况,适时制定和修订分行信贷方面的规章制度、办法和操作规程。2007年,授信部共拟定并下发《上海浦东发展银行昆明分行信贷审批委员会工作规程》《关于调整昆明分行信贷审批委员会成员的通知》《上海浦东发展银行公司授信业务申报资料规范版本(2007年版)》《关于重申授信业务申报材料完整性及规范性要求的通知》《上海浦东发展银行昆明分行中小企业授信业务管理暂行办法》《租赁房地产抵押风险提示及风险控制措施》等文件。

2008年年初,制定《昆明分行2008年信贷投向政策指引实施意见》。确定加大对政府积极支持、赖以投资拉动经济的基础设施行业和项目的投入,并重点在资源性矿产、能源开采加工、干线铁路机场等领域优选客户和项目的信贷投向。7月初,针对今年房地产市场情况,制定《关于加强房地产对公信贷及与房地产企业存在交易往来客户授信业务管理的通知》,加强对房地产及相关行业的授信管理,并对抵押物为房地产开发用地的授信业务管理提出具体的要求。为进一步提高授信工作效率,理顺信贷审批工作流程,修订《上海浦东发展银行昆明分行信贷审批委员会工作规程》。

2009年,制定《近期经济形势分析及对公信贷业务投向指导意见》,明确对公信贷业务投向指导意见的总体思路为:适当有选择地对相关产业加大信贷投入力度,严格遵循总行"坚决贯彻国家宏观调控政策和产业政策,遵循经济规律,坚持区别对待、有保有压"的行业投向政策,与省级重点优势企业建立更为深入和稳定的合作关系。2009年3月,制定《上海浦东发展银行昆明分行关于近期房地产授信客户准入的指导意见》,在指导营销的同时,有效地防范房地产及相关行业波动给分行资产质量带来的不良影响。为提高分行贷前调查工作质量、优化流程,规范操作行为,防范信贷风险,对原《上海浦东发展银行昆明分行贷前调查操作规范(试行)》的适用范围进行调整。制定《关于进一步规范分行票据业务操作的补充规定》,以进一步提高分行票据业务操作的规范性.

2010年,制定《昆明分行2010年信贷投向政策指引实施意见》,以促进分行信贷结构优化升级以及业务健康、快速发展,实现公司信贷业务"突出效益、调整结构"的目标。

【信息管理】
2000年,在总行的指导和推进下,上线行内储蓄通存通兑项目,实现行内储蓄业务的全国通存通兑。2001年,银行卡业务系统上线,分行首次实现东方卡发卡及相关业务。2002年,金卡交易系统上线,分行实现银行卡跨行业务办理。2002年8月,为适应业务发展需要,分行电脑部正式更名分行信息科技部。

2003年8月,总行628项目新一代核心系统在昆明分行成功上线,分行负责运行维护总行统一建设的分行核心大前置系统(IPP),并首次实现全国数据大集中。10月,上线现代支付系统(MBFE)大额支付系统,2004年上线小额支付系统。分行大小额支付系统根据中国人民银行要求由浦发银行总行统一建设,分行实施上线并负责日常维护。

2007年1月,顺利实现分行新机房的建设和搬迁,由原香宫酒店租用地址搬至环球金融大厦新址,新机房按总行的最新要求进行建设,为分行信息科技工作的进一步发展打下坚实基础。9月,上线运行总行统一建设的业务集中系统(主要包含:工作流处理、影像平台及OCR、验印系统、全国支票影像系统、报表系统等子系统),根据总行要求负责日常维护。同年上线运行总行统一建设验印系统,为开展对公通存通兑奠定基础。

2008年4月,上线昆明税局银税代缴项目,实现客户企业通过分行业务系统缴纳税款。2010年,与昆明通用水务公司合作,建设投产昆明通用水务公司水费代缴系统,实现分行首次公用事业费用代收代缴。2010年10月,投产上线玉溪财政非税代缴系统,实现玉溪地区财政非税收入的代缴纳。

【电子银行】
2003年11月17日,昆明分行开通网上银行,通过因特网向个人客户提供7×24小时全年无休的远程个人金融服务,业务涵盖除现金类业务外的网上支付、投资理财、信息查询、账户管理、费率查询、转账汇款、资金归集、外汇、贷款融资和其他增值服务等所有非现金个人金融服务。2009年5月6日，开通手机银行WAP版。2010年年末，网银客户达18 316户，当年实现交易金额23.88亿元。

【人员管理】

分行成立之初，即实施全员合同聘用制。2000年，从业人员71人，均为合同聘用制员工。2010年年末，从业人员增至343人（正式员工321人，劳务派遣员工22人）；其中，具有本科学历243人，占70.8%；具有硕士及以上学历29人，占8.5%。

表8－10－1　2010年年末昆明分行所辖网点一览表

网点名称	地　址	沿　革
昆明分行营业部	东风西路156号环球金融大厦1楼	昆明分行营业部成立于2000年2月，营业地址位于东风西路145号；2007年1月迁址至东风西路156号环球金融大厦1楼
白龙路支行	白龙路1号	白龙路支行成立于2000年12月，营业地址位于白龙路昆明理工大学后门；2007年9月迁址至白龙路1号
人民中路支行	人民中路39号	人民中路支行成立于2008年3月
严家地支行	西园南路123号	严家地支行成立于2001年1月，营业地址位于安康路195号；2007年6月迁址至西园南路123号
人民西路支行	荥菱路271号国运教育大厦1—2层	人民西路支行成立于2002年1月，营业地址位于人民西路320号；2010年7月迁址至荥菱路271号国运教育大厦1—2层
拓东支行	拓东路270号	拓东支行成立于2003年3月
北京路支行	北京路920号	北京路支行成立于2002年7月
关上支行	国贸路君悦兰庭项目3号商铺	关上支行成立于2004年10月，营业地址位于环城南路螺蛳湾商铺一楼；2007年7月迁址至国贸路君悦兰庭项目3号商铺
霖雨路支行	霖雨路156号	霖雨路支行成立于2001年1月，营业地址位于吴井路71号；2008年4月迁址至霖雨路156号
呈贡支行	呈贡区惠兰园商铺北角临街商铺	呈贡支行成立于2009年9月

表8－10－2　2000—2010年昆明分行负责人任职情况表

行　长		副　行　长	
姓　名	任　职　时　间	姓　名	任　职　时　间
杨国樑	2000年2月—2003年11月	单　健	2000年2月—2004年4月
潘卫东	2003年11月—2005年5月	李海林	2000年2月—2005年9月
李卫星	2005年8月—2016年8月	丁广燕	2004年4月—2013年12月
		徐　平	2004年4月—2012年4月
		潘　岭	2006年9月—2016年8月
		张云峰	2007年2月—2017年12月

第十一章 深圳分行

上海浦东发展银行股份有限公司深圳分行（以下简称深圳分行）于 2000 年 2 月 22 日成立，是浦发银行在深圳设立的一级分行，办公地址位于深圳市福田区深南中路 1012 号报春楼（特区报旧址）一楼、九楼，2005 年迁址深圳市福田区福华三路深圳国际商会中心。

截至 2010 年年末，深圳分行存款余额 565 亿元，贷款余额 370 亿元；外币存款余额 1.29 亿美元，贷款余额 1.24 亿美元；经营利润 11.4 亿元。

第一节 机构沿革

一、机构设立

1999 年 10 月 9 日，经中国人民银行深圳市中心支行批准，深圳分行开始筹建。

2000 年 2 月 22 日，分行正式开业，开业当日由海峡两岸关系协会会长汪道涵、上海市老领导胡立教、深圳市副市长庄心一、浦发银行董事长庄晓天为深圳分行揭牌。2002 年，深圳分行党委、工会、团委相继成立。

二、内设部门

2000 年，分行成立初期，内设办公室、人事部、资财部、信贷管理部、稽核部、电脑部、公司金融部、营业部 8 个部门。

2001 年，撤销公司金融一部、公司金融二部，设立公司金融部；撤销公司金融部，设立公司金融一部、公司金融二部、公司金融三部；设立国际业务部；设立公司金融四部；设立国际业务部、个人金融部。

2002 年，公司金融一部改为机构金融部，公司金融二部改为公司金融一部；信贷管理部改为风险管理部，国际业务部更名分行外汇业务部，设立公司金融五部，电脑部更名信息科技部。

2003 年，客户服务中心更名市场部，成立分行资产托管部。

2004 年，机构金融部改为金融机构部，撤销资产托管部；撤销市场部和个人金融部，设立个人银行部；合并公司金融一部、公司金融三部和公司金融五部，设立公司银行部；分设会计部和营业部，两部门不再合署办公；分行公司银行部更名公司金融部；分行个人银行部更名个人金融部；原分行金融机构部、公司金融部和外汇业务部合并设立公司银行部；分行个人金融部更名个人银行部；设立分行资产保全部；设立分行公司金融业务一部、公司金融业务二部、市场营销一部和市场营销二部。

2005 年，成立市场营销三部；成立电子渠道营销部；成立公司金融业务三部、四部、五部、六部和市场营销四部、五部。

2006 年，撤销电子渠道营销部。根据总行实施组织架构改革的战略部署，公司银行条线设置公司银行业务管理部、交易产品部、中小客户部和投行业务部四个部门；个人银行条线设置个人银行发展管理部、财富管理部、银行卡及渠道管理部和个人信贷部四个部门；风险管理条线设置风险管理部、授信审查部、资产保全部和个人银行风险管理部四个部门；运营与科技条线设置运营管理部、信息科技部、营业部、信用运营中心和作业中心五个部门。合并原五个公司金融业务部和五个市场营销部，设立八个公司银行业务部。将原公司金融业务一部、公司金融业务二部、公司金融业务三部、公司金融业务五部分别更名公司银行业务一部、公司银行业务二部、公司银行业务三部、公司银行业务五部。将原市场营销一部、市场营销三部、市场营销四部、市场营销五部分别更名公司银行业务四部、公司银行业务六部、公司银行业务七部、公司银行业务八部。原公司金融业务六部并入公司银行业务五部，原市场营销二部并入公司银行业务三部。成立合规部。

2007年，成立分行个人银行业务一部、业务二部、业务三部。将分行原资金财务部分设为"财务会计核算中心"和"资金财务部"两个部门。成立分行公司银行业务九部。

2008年，设立金融机构部，交易产品部更名贸易金融部。

2009年，设立保卫部，与分行办公室合署办公。设立中小企业业务经营中心，撤销中小客户部。

截至2010年年末，深圳分行共设置34个部门，其中综合部室23个，业务部10个，分行营业部1个，分行员工总数859人。

第二节　业务经营

一、存款业务

【一般性存款】

截至2000年年末，分行开业10个月来，按照《未来三年业务发展规划及基本思路》的总体要求，坚持依法合规、快速稳健、整体推进的经营理念，基础性工作扎实有序，业务发展比较顺利。各项存款余额66 362万元，其中企业存款31 230万元，其他存款33 101万元，储蓄存款2 032万元，基本实现各类存款的较低成本和存款结构的相对合理。

2001年至2004年，分行积极调整客户结构，利用本外币联动、资产负债业务的联动重点扶植一些成长性好、规模较大的优质企业，形成一批优质的客户群体；财政性存款大幅增加，总量由高速增长转为平稳发展；对公存款结构优化，单位定期和保证金存款减少，企业活期和企事业结算存款增加。

2005年，分行积极转变经营模式，加强产品营销管理和推广力度，公司存款以结构调整为主线，大力夯实业务基础，改善前述两年来低位徘徊的颓势，年末公司存款余额136.24亿元，比年初增加33.68亿元；个人银行业务继续保持快速增长的态势，储蓄余额31.48亿元，比年初增长63.97%。

2006年至2010年，分行进一步推动存款结构调整，大力发展中小企业业务、重点发展个人业务，提高存款的稳定性，负债总量持续扩张，2007年、2010年存款规模分别突破250亿元、500亿元大关。

【同业存款】

2000年，深圳分行积极发展与金融机构的合作，大力吸收同业存款，增强分行资金实力，当年便吸收分行同业存款余额达17 790万元。2001年,分行成为深交所清算银行,当年,深圳地区的九家法人券商全部在分行开户。2003年,受当年股市低迷等影响,证券市场持续萎缩,同业存款大幅下降。当年年末同业存款12.63亿元,比年初下降10.5亿元,降幅为45.4%。

2004年至2007年,分行大力拓展同业客户,同业存款不断增加,且通过同业资金开展同业拆借、国债质押回购、票据回购等业务,提高资金收益率。2008年,分行抓住社会资金大流动的市场机遇,重点做大做活同业业务,有效拓宽资金筹集和运用渠道,提高资金收益。当年实现同业存款余额142亿元,比年初新增102亿元。2009年,深圳分行同业存款突破300亿元。

二、贷款业务

2000年,分行与总行联动办理盐田港、三九医药等区域重点项目贷款14 000万元;另开始发展低风险业务,当年共计发放贴现贷款69 103万元,转贴现11 300万元;开办银行承兑汇票、全额保证金的投标保函等担保性表外业务,拓宽业务范围,增加筹措资金的途径,当年累计办理承兑汇票业务125 717万元,投标保函业务501万元。

2001年,分行信贷资源主要投向医药、环保、电子通信网络及个人消费等领域,对医药、电子通信、计算机网络、环保行业的贷款占比达到63%。

2002年,分行不断调整资产结构,把重点放在发展存单质押贷款、全额保证金开证等低风险业务和票据业务上。同时,对应收账款质押贷款、保理有限责任公司股权质押、贷款承诺、国内信用证等新业务进行积极的研究和探索,有效地保证资产流动性,实现资产多元化配置。当年年末实现一般性贷款余额68亿元,累计办理贴现、转贴现业务74.5亿元。

2003年至2006年,分行对公司贷款实行"发展一批、扶持一批、限制一批、淘汰一批"的策略,加大对公共设施项目、电子信息、生物工程等深圳地区新的支柱工业的营销力度,适量参与重大市政建设项目贷款,重点营销具有竞争优势的外商投资企业、优质上市公司和具有一定程度行业垄断性的客户,以及财政、科教文卫等行政事业单位;将楼宇按揭作为开拓个贷业务的主攻方向;对个人贷款和公司贷款采取差异策略;大力支持中小企业贷款。

2007年,分行贷款投放稳定,年末一般性贷款余额170.83亿元。在信贷规模控制的情况下,深圳分行不断压缩票据规模,确保贷款投放,同时调整贷款结构,优先投放中小客户等优质贷款以及住房按揭等稳定性资产。2009年,分行落地惠大高速公路银团贷款、地铁2号和3号线银团贷款、深业集团、市财政局银团贷款等中长期贷款,有力地支持区域经济建设,年末公金贷款余额217亿元,贷款余额277.37亿元。

2010年,分行积极支持涉及国计民生行业、重点基础产业发展,年内共向深圳地铁、深圳粮食、深圳高速、中山交通、南山开发、华侨城集团等提供信贷支持超过50亿元。

三、中间业务

2001年,分行开办外汇业务,当年国际结算量4 500万美元。2003年,分行在坚持发展资产负债业务的同时,积极转变观念,大力推进和拓展各类中间业务,国际结算、银行卡、资金交易等中间业务均取得较好业绩。离岸业务、保理业务、外汇掉期等中间业务品种不断丰富,收益水平有所提高。尤其是国际结算业务快速发展,在系统内首家推出统一授信项下的TT押汇和托收项下押汇业务,全年实现国际结算量7.4亿美元。当年实现中间业务收入1 324万元,比去年同期增长51%。

2004年,深圳分行实现中间业务收入1 474万元。其中,在国际结算业务方面,实现国际结算收入964万元(含押汇收入和结算手续费收入)实现东方卡交易、手续费净收入100万元,三方代理业务实现手续费收入66万元,同时发生网上银行交易30.2亿元,手续费收入实现零的突破。

2005年至2008年,随着存贷利差进一步收窄,分行高度重视中间业务的发展,积极调整收入结构,增加多种形式的新业务产品,大力推动中间业务发展;并不断优化收入结构,提高中间业务的收入占比,在继续做好国际结算、银行卡等传统中间业务的同时,大力开展企业短期融资券、企业财务顾问、保理业务、企业额度承诺、理财产品销售等中间业务营销和创新,资本节约型业务收入比重不断增加,促进收入结构的进一步改善。2010年,深圳分行实现中间业务收入1.8亿元。收入来源多元化趋势明显,信托理财、代理债券、财务顾问及托管等中间业务逐步成为利润增长的重要引擎。

四、公司业务

分行立足区域经济特点,以客户价值为导向,坚持公司客户分层经营,在大客户经营方面陆续破局,在科技型、成长型企业培育方面具有一定市场影响力,在跨境业务、科技金融等专业领域方面实现较好的市场口碑。

2002年,分行首家推出企业银行网上服务。2003年,在做好传统产品营销的基础上,分行大力开发公司金融业务的新品种,在系统内较早办理大中型生产企业的商业承兑汇票保贴业务;办理首笔代客黄金买卖业务;重点拓展风险程度较低、收益较高的工程及贸易项下的各类保函业务;积极开办委托贷款、银团贷款、应收账款质押贷款、出口退税质押贷款、进口汽车许可证批文质押、商品提货权融资业务、国内信用证等多项金融产品。

图8-11-1 2003年12月21日,深圳分行举行企业年金委托协议签字仪式

2004年,开办叙作系统内首笔跨分行电开国内信用证业务。2005年,开展系统首笔远期结售汇业务、首笔内保外贷业务、首笔人民币质押外汇代付业务,获批代办香港地区离岸客户项下支票票据托收业务。2006年,创新推出"中小企业信用培养计划",作为中小企业业务拳头产品,在深圳地区打响中小业务市场品牌,在深圳关外地区的中小企业中产生广泛的影响。

2007年,分行创新推出厂商银业务并报批总行获准试运行。2008年,叙作系统首笔在岸TT汇款项下离岸代付业务,办理系统首笔资产证券化业务。2009年,办理系统首笔跨境贸易人民币结算进口押汇贸易融资业务、系统首笔人民币跨境贸易人民币汇出汇款业务、系统首笔跨境贸易人民币结算进口押汇贸易融资业务、系统首笔租赁保理业务。

2010年,总行在深设立贸易创新分中心,年内创新开展订单融资和应收账款池融资业务;"中小企业信用培养计划"获评中国银行业协会"服务小企业及三农十佳特优金融产品"。

五、零售业务

分行注重零售客群开发与综合服务,一方面夯实客群基础,做大客户规模,另一方面强化资产配置能力,做优中高端客户服务体系。

2001年,储蓄业务和个人消费信贷业务并驾齐驱,初步形成以"个人理财中心"为平台的零售业务发展模式,突出储蓄业务、卡业务和住房按揭贷款三类业务。当年,深圳分行各网点推出夜市银行服务。

2002年,系统首家自主开发客户关系管理系统(直到总行实现全行数据大集中);首家推出账户信息及时通知服务(直到总行2004年推出"及时语"服务);首家建立CALLCENTER中心,推出电话银行服务(直到总行推出95528)。2003年,分行整合产品资源,在区域市场推出"行家理财"服务,打造行家理财品牌,首先建成"保险超市"和"基金超市"。

2004年,承办总行信用卡首发仪式。2006年,首家上线总行新个贷管理系统。2007年,在系统内首家推广白金贵宾卡。2009年,在系统内率先推出"存贷易"业务。2010年,系统内首家推广"浦发卓信"钻石贵宾卡发卡仪式。

六、经营管理

在内部管理方面,分行通过组织结构的调整、科技系统的升级,推进管理效能的提升,为区域影响力的发挥提供机制体制上的保障。

2000年,分行建立行长办公会行务会等会议制度,成立资产负债管理委员会、贷款审查委员会和财务审查委员会,制定相应的工作规程和议事规则,规范经营管理和决策程序。当年加入中国人民银行的电子联行系统和深圳市的实时全额支付系统,开办再贴现、国债分销、银行本票、小额批量等业务,提高结算速度和对外服务水平。2002年,分行参与中国人民银行和电子结算中心的项目开发,完成个人征信系统接口、联通批量缴费系统、中联积分系统等项目的相关开发及上线工作,安装中国人民银行现代支付系统、外币RTGS系统。

2003年6月,分行配合总行上线628系统,系系统首批上线分行之一;当年12月2日,深圳分行顺利通过ISO9000认证并成功获得BSI认证证书,标志着深圳分行的经营管理水平实现进一步提升。2005年,分行开发电信实时、批量代收付系统、移动实时代收系统、联通实时代收系统,为系统内首家实现第三方发起的代收付系统。

2006年,在总行统一部署和组织下,分行完成"扁平化、矩阵式"组织架构改革,开本地同业机构改革先河。当年12月12日,深圳分行成立特殊资产委员会,提高分行不良资产管理水平,规范不良资产清收和处置程序,全面提升分行管理、清收和处置不良资产的综合能力。2007年起,历年获评本地监管评级最高等级2级A。6月13日,分行成立风险管理委员会,为落实全面风险管理,提高风险经营决策水平。

2010年11月3日,分行成立合规、案件防控、内控、治理商业贿赂、安全保卫委员会,进一步加强合规风险管理机制建设,完善分行合规工作体系,加强内控管理,推动分行内部控制的有效实施,促进有关法律法规、外部监管要求和内部规章制度的有效执行,加强案件防控工作和安全保卫工作,提高全分行案件防控工作的管理能力和安全保卫水平,同时建立健全防治商业贿赂长效机制,防范各类风险事件的发生。12月20日,分行成立服务促进委员会,进一步加强全行服务管理工作,全面提升分行服务质量。

表8-11-1 2010年年末深圳分行所辖网点一览表

网点名称	地 址	沿 革
分行营业部	深圳市福田区福华三路深圳国际商会中心1、2、25、26层	1999年10月9日,经中国人民银行深圳市中心支行批准,上海浦东发展银行深圳分行开始筹建。2000年2月22日正式开业,地址位于深南中路1012号报春楼(特区报旧址)一楼、九楼。2005年10月迁址至福田区福华三路深圳国际商会中心
凤凰大厦支行	深圳市南山区高新技术产业园南区科园路18号北科大厦1层101室	2001年振华支行开业。2004年3月8日,振华支行迁址更名红荔路支行;2008年7月6日,红荔路支行迁址更名凤凰大厦支行
罗湖支行	深圳市罗湖区宝安北路830仓库1楼101号	2003年,罗湖支行迁址营业;2004年1月,罗湖支行迁址开业
景田支行	深圳市福田区景田路妇儿发展中心大厦附楼C区一、二层	2002年2月开业
宝安支行	深圳市宝安区八区建安路与新圳路交汇处的香槟广场裙楼一层	2002年8月开业;2007年5月8日,宝安支行迁址至宝安区八区建安路与新圳路交汇处的香槟广场裙楼一层
龙岗支行	深圳市龙岗区中心城龙翔大道中段紫薇花园会所一、二层	2002年10月18日开业
中心区支行	深圳市福田区福华一路国际商会大厦B座一、二层	2003年5月19日开业
南山支行	深圳市南山区现代城梦想家园裙楼西侧一、二层	2003年10月14日开业
泰然支行	深圳市福田区车公庙本元大厦一、二层	2004年12月23日开业
福强支行	深圳市福田区金田路水围村金港豪庭裙楼东侧一、二层	2005年3月1日开业
福华支行	深圳市福田区福华路"城市杰座"裙楼东侧一、二层	2005年4月28日开业

(续表)

网点名称	地 址	沿 革
深南中路支行	深圳市福田区红岭南路红岭大厦4栋、5栋裙楼第一层	2005年11月30日开业
龙华支行	深圳市宝安区龙华街道人民南路和润大厦首层	2006年3月15日开业
新安支行	深圳市宝安区壹方城中心L1层	2006年11月9日开业
布吉支行	深圳市龙岗区布吉街道信义荔山御园D区1栋裙楼149-6商铺	2007年5月8日开业
滨海支行	深圳市南山区文心三路9号中洲控股金融中心B座第3层	2007年12月21日开业
沙井支行	深圳市宝安区沙井街道中心路新二体育中心综合楼一路	2007年12月28日开业
横岗支行	深圳市龙岗区横岗街道信义锦绣花园4号楼S111至S132号商铺	2008年10月28日开业
科技园支行	深圳市南山区高新南一路赋安科技大厦1F02	2008年12月15日开业
文锦支行	深圳市罗湖区深南东路2002号中国物贸大厦一楼东侧和八楼东侧	2009年4月10日开业
华侨城支行	深圳市鹏瑞深圳湾壹号广场北区1栋107/207商铺	2009年11月18日开业
新洲支行	深圳市福田区滨河大道以南沙嘴路以东中央西谷大厦一层01、02、06，二层01、05商铺	2010年9月3日开业
高新支行	深圳市南山区科技中三路与深南路交汇处海王银河科技大厦第一层101E、第二层201E	2010年12月20日开业

表8-11-2　2000—2010年深圳分行负责人任职情况表

行　长		副行长		行长助理	
姓　名	任 职 时 间	姓　名	任 职 时 间	姓　名	任 职 时 间
谈　逸	2000年2月—2000年3月	许仲伟	2000年2月—2001年12月	李　华	2000年2月—2006年9月
王红兵	2001年5月—2006年5月	钟　进	2000年2月—2002年7月	贺　梅	2002年7月—2006年9月
宗乐新	2006年5月—2010年8月	钟明明	2004年9月—2010年8月	黄奕生	2010年3月—2017年10月

〔续表〕

姓　名	任　职　时　间	姓　名	任　职　时　间	姓　名	任　职　时　间
张耀麟	2010 年 8 月—2015 年 5 月	李中文	2006 年 8 月—2014 年 11 月		
		张　军	2007 年 4 月—2014 年 5 月		

第十二章 芜湖分行

上海浦东发展银行股份有限公司芜湖分行(以下简称芜湖分行)于2000年3月31日成立,是安徽省省会城市以外的唯一省级分行,营运资金1.1亿元,办公地址位于镜湖区文化路39-2号。

截至2010年年末,芜湖分行存款余额96.88亿元,贷款余额74.55亿元;外币存款余额747万美元,贷款余额542万美元;经营利润1.42亿元。

第一节 机构沿革

一、机构设立

2000年3月9日,浦发银行芜湖支行挂牌开业。
2008年7月18日,经中国银监会批复同意,浦发银行批准芜湖支行升格为一级分行。

二、内设部门

2000年3月,浦发银行芜湖支行成立初期,设立办公室、资财部、市场部、综合业务部、营业部5个部门。2009年,变更为办公室、资财部、信息科技部、公司银行业务管理部、个人银行发展管理部、运营管理部、风险管理部。截至2010年年末,员工人数达到255人。

第二节 业务经营

一、贷款与投资

2000年年末贷款余额2.45亿元,当年贷款投向主要是安徽海螺集团有限公司、鑫科新材料股份有限公司、中国石油化工股份公司芜湖公司等。各项贷款:短期贷款余额15 500万元、个人消费贷款余额573万元、小额存单质押贷款余额34万元、贴现贷款余额8 360万元。

2001年年末贷款余额3.27亿元。当年各项贷款投向符合总行经营要求,投向经济效益好风险低的大中型企业和上市公司,如:海螺集团、飞彩集团、鑫科股份公司等。

2002年年末贷款余额7.47亿元。当年贷款投向是规模较大、经济效益稳定、发展前景良好和守信用的大中型企业。主要有:海螺集团、佳通轮胎、金鼎房地产、世纪联华、市建投等。

2003年年末贷款余额12.43亿元。当年对原有的重点授信企业如海螺集团、市建投、飞彩集团、佳通轮胎等企业通过新增贷款或表外业务等用足授信额度。加大对高校领域的营销力度,主要支持合肥工业大学、安徽信息技术职业学院、芜湖机械学校、芜湖教育学院等一批客户。通过对三佳科技发放基本建设贷款、对伟星置业发放房地产开发贷款、对海螺集团和佳通轮胎发放中期流动资金贷款等,调整分行的贷款期限结构,提高信贷资金的收益水平;对开发区内的重点企业如上汽奇瑞、美的集团等企业,通过开展银行承兑汇票或商业承兑汇票贴现业务,达到稳定存款、提高收益的目的。

2004年年末贷款余额12.10亿元。2004年各项信贷资产业务发展特点：注重贷款结构的调整,积极降低存贷比例,防范资金的流动性风险;控制表外业务的扩张,努力降低风险权重比例,以经济资本的理念求发展,争取资本效益最大化。

2005年年末贷款余额13.38亿元。当年注重贷款结构的调整,加大个人贷款的营销力度;严格控制存贷款比例,防范资金的流动性风险;大力拓展低风险的票据贴现业务。其中短期贷款余额60 104万元、中长期贷款余额24 200万元、个人贷款余额24 569万元、贴现余额23 703万元。

2006年年末贷款余额20.32亿元。当年成功营销以马鞍山钢铁股份有限公司为代表的大型优质资产客户,对海螺集团的贷款结构进行调整,同时加大票据贴现业务的营销力度,年末各项贷款规模比年初大幅度增长。

2007年年末贷款余额26.41亿元。2007年各项贷款投放优先满足重点客户、中小企业和个人业务的信贷需求,适当压缩票据贴现规模,确保存贷款比例控制在总行下达的监控指标以内。

2008年年末贷款余额45.16亿元。2008年,分行一方面各项贷款保持较高的增长速度,另一方面,通过主动减少办理票据贴现、开展转贴现业务等手段,灵活运用票据业务,及时调整信贷结构,控制贷款规模。

2009年年末贷款余额60.56亿元。上半年为降低利差收窄带来的不利影响,以加大信贷投放力度,扩大贷款规模以量补价为工作重点,积极推动资产业务快速发展;三季度以后,受限于资本充足率的限制,根据总行要求,积极转变经营模式,严格控制风险资产总量,提前收回部分综合收益率较低的信用贷款,主动压缩票据贴现规模,提高利润空间较大的中长期贷款结构占比,不断优化资产结构,努力提升经营效益。

2010年年末贷款余额74.55亿元。2010年,分行在大规模压缩地方政府融资平台贷款的同时,紧抓原有重点客户、积极拓展新的信贷客户,重点支持瀛浦金龙水泥、芜湖市建投、华强旅游城投资开发公司等客户中长期项目贷款需求。

二、同业资产

2000年,主要同业资产为存放同业清算款项,年末余额950万元。2001年,存放同业余额913万元,主要是存放同业清算款项。2002年年末存放同业余额人民币319万元、外币47万美元,主要是存放同业清算款项。2003年年末,分行存放同业余额988万元。

2004年,存放同业余额6 006万元,年末存放同业时点余额较高的原因是分行企业当日开出5 000万元银行汇票未解付。2005年,存放同业余额4 704万元,当年存放同业日均增加的主要原因是分行客户中石化长江燃料有限公司缴存款频繁,分行适当增加在工行城建办的存放同业余额。

三、人民币负债

2009年年末,各项本外币存款余额达到78.94亿元,比年初增加22.51亿元,增幅39.9%。日均存款76.18亿元,比上年增加38.24亿元,增幅100.8%。其中对公存款余额为64.78亿元,比年初增加19.03亿元,增幅达41.6%。年末储蓄存款余额为14.16亿元,比年初增加3.48亿元,增幅达32.6%。外币存款增长幅度显著,年末外币存款余额2629万美元,比上月增加454万美元,比年初增加1755万美元,增幅达200.8%。

四、外币存款

2001年年末,外币存款余额123万美元。2002年年末,外币存款余额271万美元。2003年年末,各项外币存款546万美元,比年初增加270万美元,主要是江东船厂存款增加。2004年年末,各项外币存款余额510万美元,外币存款增减变动主要是受江东船厂造船进度款回笼以及归还进出口银行贷款的因素影响。2005年年末,各项外币存款357万美元,外币存款减少主要是江东船厂信用证项下保证金到期付汇。2006年,外币存款余额339万美元。2007年,各项外币存款余额291万美元。2008年年末,外币存款余额874万美元,当年对新联造船开出预付款保函共计1.3亿美元,随着10月份第一批预付款到账,外币存款大幅增长。2009年年末,外币存款余额2629万美元,2008年分行对新联造船开出预付款保函,2009年预付款按季进账,共到账2043万美元及1389万欧元,是外币存款增长的主要原因。

五、中间业务

2009年全年芜湖分行实现账面利润10356万元,较上年同期增加2770万元。对账面利润增长贡献较大的主要因素是贷款利息收入大幅度增长、中间业务收入超额完成目标、营业费用支出控制合理。全年贷款利息收入35719万元,比上年同期增加10695万元,增幅达42.74%,主要得益于当年分行贷款日均余额的同比大幅度增长,在利差收窄的不利形势下,贷款利息收入仍然保持大幅度上升。

中间业务收入在公司银行业务的拉动下稳步增长,全年实现中间业务收入1861万元,比上年同期增加403万元,增幅达27.64%,中间业务收入超额完成当年总行下达的指标。当年营业费用支出合计6769万元,比上年同期增加2101万元,比年初预算低503万元。

2004年,芜湖分行推出保函业务。主要面对区域内大型施工企业,逐步与长航集团芜湖江东船厂有限公司、中建七局第二建筑有限公司、安徽杭萧钢结构有限公司等众多优质大型客户开展深入合作,2004—2010年累计开立保函金额近亿元。

六、经营管理

【资产负债管理】

2010年年末,各项本外币资产总额130.73亿元,比年初增加48.8亿元,增幅59.57%。其中各项本外币贷款74.91亿元,比年初增加14.35亿元;存放央行款项3.5亿,比年初减少2.35亿元;买入返售金融资产增加51.97亿元;其他流动资产减少14.99亿元。各项负债总额129.3亿元,比年初增加48.4亿元,增幅59.85%。其中各项本外币存款97.37亿元,比年初增加18.44亿元;同业存放款项增加3亿元,其他流动负债增加26.88亿元。

截至2010年年末,芜湖分行存贷比达76.93%,较2007年上升2.83个百分点;中长期贷款占比为36.19%,较2007年上升18.63个百分点;资产利润率为1.28%,较2007年上升0.74个百分点。

【资产风险管理】

分行2000年开业之初,风险管理工作由综管部下设的风险管理板块承担,主要职能是授信业务审查审批、贷后检查、信贷业务统计。2004年,印发《关于明确贷前调查有关问题的通知》规范贷前调查行为。通过制定《上海浦东发展银行芜湖支行贷后检查暂行规定》,明确贷后检查的对象及频率及检查内容。2006年,制定《上海浦东发展银行芜湖支行信贷档案资料归集和管理暂行规定》《上海浦东发展银行芜湖支行风险管理信息系统操作管理办法(暂行)》等制度规章,规范风险管理基础工作。2007年,风险管理部从综管部独立分出,执行贷审分离的信贷管理体制,当年启动个贷业务后督及检查工作,同时启动全行内控体系建设的具体推进工作,内控体系建设取得阶段性成果。2008年,拟定中小企业授信模版,制定分行2008年中小企业发展规划,重新修订并上报《分行内控手册》,基本建立覆盖各主要业务条线、各关键风险领域的全面风险管理架构。2009年,完善信审会议事规则,推进一审双批制,改善信审会的工作机制等。2010年上半年,修订完善芜湖分行信贷审批委员会工作规程,强化全行信贷风险专业化管理工作。探索性开展对异地支行的管理,派驻授信审查专员;2010年度完成授信业务从线下审批向线上审批的过渡,一次性通过总行内部评级达标现场验收。

【信息化管理】

2003年,芜湖分行上线运行总行统一建设的核心大前置系统(IPP),并根据总行要求负责日常维护。2005年,在中国人民银行和浦发银行总行的指导和推进下,芜湖分行建设完成上线现代支付系统(MBFE)的大小额支付系统。2007年,上线运行总行统一建设的业务集中系统(主要包含:工作流处理、影像平台、提回外挂系统、验印系统、全国支票影像系统、报表系统等子系统),并根据总行要求负责日常维护。

2010年年末,ATM机达52台,自助机构达34家。分行网银有效户18 458户,其中活跃户10 235户,同年总行上线手机银行,手机银行508户,活跃户161户。电子银行年交易量253 035万元,交易笔数39万笔。

表8-12-1 2010年年末芜湖分行所辖网点一览表

网点名称	地　　址	沿　革
芜湖支行	镜湖区文化路39-2号	2000年3月,芜湖支行对外营业
芜湖开发区支行	银湖北路海关大楼	2003年2月16日,开发区支行设立
芜湖二街支行	镜湖区中二街74号	2005年6月7日,二街支行设立
华强支行	银湖北路华强游乐园城市广场A区103号	2007年12月26日,华强支行设立
中山南路支行	中山南路长江长门面房	2008年8月,中山南路支行设立
中江支行	九华南路兴国寺江南商厦1楼	2008年11月14日,中江支行设立
马鞍山支行	马鞍山市花山区中央花园9栋	2009年9月,马鞍山支行设立
芜湖县支行	芜湖县湾7石路和嘉中央城10幢裙楼01号	2009年12月9日,芜湖县支行设立
繁昌支行	繁昌县峨山路	2010年,繁昌县支行设立

表8–12–2　2000—2010年芜湖(支)分行负责人任职情况表

行　长		副行长		行长助理	
姓　名	任 职 时 间	姓　名	任 职 时 间	姓　名	任 职 时 间
钱荣华	2000年3月—2000年11月	张蝶依	2000年3月—2002年7月	袁宣东	2002年7月—2008年6月
郑立智	2000年11月—2011年5月	任大鹰	2008年6月—2017年8月	钱惠军	2008年6月—2013年4月
		王　涛	2008年6月—2013年11月		

第十三章 天津分行

上海浦东发展银行股份有限公司天津分行(以下简称天津分行)于 2001 年 4 月 21 日正式成立,是浦发银行在天津市设立的一级分行,办公地址位于天津市河西区宾水道增 9 号。

截至 2010 年年末,天津分行本外币各项存款余额 641.86 亿元,各项贷款余额(含票据融资) 409.72 亿元;其中,外币各项存款余额 1.34 亿美元,贷款余额 1.37 美元;账面利润 13.05 亿元。

第一节 机构沿革

一、机构设立

2001 年 3 月 19 日,天津分行正式获批成立。

4 月 21 日,天津分行正式对外营业。

自成立以来,浦发银行天津分行秉承"笃守诚信,创造卓越"的核心价值观,精心打造浦发品牌。凭借灵活的经营机制,快速的工作效率,全方位的优质服务和朝气蓬勃的金融团队,坚持改革和创新,以客户为中心,以业务和服务创新为基本途径,各项业务实现高质量快速发展,有力支持天津的经济建设和社会发展。

二、内设部门

截至 2010 年年末,分行内设机构达 32 个,分别为行长室、办公室、党办、人力资源部、资金财务部、票据部、财务核算中心、审计特派办、资产保全部、公银业务管理部、产品管理部、中小企业经营中心、直接股权基金业务部、机构大客户业务一部、机构大客户业务二部、船舶金融业务部、高新技术产业业务部、物流及地产业务部、北环业务部、滨海新区业务部、贸易金融部、授信审查部、风险管理部、信用运营中心、信息科技部、运营管理部、作业中心、发展管理部、财富管理部、个人信贷部、滨海个贷部、银行卡及渠道部,员工 653 人。

第二节 业务经营

一、公司业务

2001 年,针对分行客户市场定位,提出以"民营、科技、三资"为主的营销方针。2002 年 5 月,分行作为上海企业代表就天津地铁、天士力等项目与天津市政府签订 13 亿元合作协议,开启大客户、大项目新时代。

2002 年至 2007 年,分行参与旧城改造、滨海新区建设、土地整理、轨道交通、文化产业、科创产业、医疗行业等各类项目,支持天津支柱产业、跨国公司、中小民营企业的发展。

图 8‑13‑1　天津分行与天津市工商联等单位签订总额为 12 亿元的信贷授信协议

2008年,分行积极推动发展模式提升及客户结构转型,明确将具有高成长性的科技型实体企业作为全行的重点目标客户群体,与市科委、发改委、金融办、财政局合作,率先开展科技型中小企业金融服务创新和私募股权基金业务创新。成功地开发天津市第一单中小企业集合理财、第一单专利权质押贷款、第一单中小企业集合票据、第一单科技小额信用贷款、第一单投贷联动贷款、第一单科技人才贷款,使分行在天津市科技金融领域形成良好的品牌形象和市场口碑。

2009年,伴随国家宏观经济政策拉动,分行迎来快速发展新机遇,加大与政府融资平台合作力度,大力支持天津市基础设施建设,公司业务规模快速攀升。9月,分行与天津海关签订"银行税款总担保业务合作协议",创先开启银关合作新模式。

2010年4月,分行实现在债务融资工具承销业务方面零的突破,成为天津市首笔获批的中期票据业务——天津保税区投资控股有限公司40亿中期票据的联席主承销商。同年10月24日,分行与天津市科委签署"十二五"期间科技金融全面合作协议,继续精准定位天津市科技型企业客群,发挥分行科技金融品牌业务优势。

二、个人金融

2001年成立之初,分行零售业务秉承"笃守诚信创造卓越"发展理念,紧密围绕"以客户为中心"的经营策略,不断提升客户服务和产品研发水平。在相关限制政策出台前,财富管理部及时进军配资市场,抓住为数不多的高收益债券,推出分行模式理财,积极有效地占有市场。同时加快理财产品转型升级,推出净值型创新银行理财产品,为个人客户提供集现金管理类天添盈1号、固定期限类同享盈增利、净值型理财产品三位一体的理财产品服务和体验,以完善的银行理财+基金产品线、创新的财智机器人资产配置推定方法、人性化的客户体验三大特色。形成银行自主理财产品、第三方代理类产品以及交易平台三大类产品线,为投资者交易提供快捷、便利的交易途径,提升客户黏性。

三、财富管理

分行零售业务发展充分利用产品经理团队与财富顾问团队,尝试不同产品的分类销售工作,使三大类产品线都形成各自的特色,具备收益稳健、期限灵活、客户分层、专属销售的特色,实现"天天有产品"和"产品的无缝链接",使分行在财富管理领域成为市场上有一定营销力和业务特色的银行,赢得良好的口碑。

四、信用卡

2001年,分行开始在天津地区发行信用卡,始发卡种包括银联VISA双币种的普卡、金卡、银联单币种麦兜卡,以及彰显个性品质的WOW卡。随着业务的发展,产品服务的增多,为进一步提高效益以及市场竞争力,信用卡业务于2006年10月交由第三方公司"天津展浦投资咨询有限公司"承接,后应监管的要求,于2009年9月重新由分行银行卡及渠道部接管。

五、零售贷款

2003年,分行建立个人银行客户经理制度,开创个人金融服务的新模式,针对市场需求,开始受理汽车贷款、住房按揭贷款等品种的个人贷款,初步在市场形成浦发银行个人贷款品牌。2006年,天津分行对零售贷款板块业务进行调整,成立个人信贷部,设置市区、滨海两个个贷中心,集中专业人员实行专业操作,本着提升贷款规模、稳固同业地位、注重渠道建设的经营思路,开始批量受理一、二手房、公积金及商用房按揭贷款业务,业务推进过程中注重流程管理及专业人才培养,其间为客户及合作渠道提供"贷款预审制度""绿色审批通道"等创新服务。2009年,天津分行主动对零售贷款业务结构进行调整,在继续提升个人贷款市场份额的基础上,灌输综合经营贷款客户、提升综合收益水平的经营理念,逐步开展个人经营性贷款、个人消费贷款、个人综合授信业务等特色产品,助推个人贷款业务得到良性发展,至2010年年末,个人贷款余额47.92亿元,其中非住房按揭贷款余额约6亿元,贷款业务结构得到优化。

六、服务地方经济

2001年4月21日,分行开业伊始便与天津市科委、市工商联、市政府配套办三家单位签订总额为12亿元的信贷授信协议,为长期支持地方经济发展奠定基调。同年6月,分行仅用一周时间完成天津耀华中学改造扩建项目5 500万元贷款审批投放,用效率在天津市教育界树立良好的品牌形象。

2002年4月28日,分行与天津市教委签订天津"十五"投资规划授信协议,授信4亿元支持天津理工学院等5所大学的扩建改造项目。

2007年8月,分行首次承揽滨海新区大型拆迁代发项目,在拆迁现场为居民提供为期2个多月的金融服务。

2009年2月,分行中标天津市南水北调市内配套工程银团贷款项目,取得副牵头行的资格,支持本市水务工程建设。同年,分行成功发行天津市首只中小企业集合债,为本市中小企业实现债融市场首次发声。

七、运营管理

2006年,分行开始打造"小前台、大后台"的集约运营模式,同年,分行信用运营中心成立。2007年,分行上线集中业务系统,同年分行作业中心成立,从而正式搭建起分支两级集中作业架构。在风险防控方面,不断搭建起以运营操作风险管理和运营内控管理为核心的风险防控框架。

【服务管理】

自成立以来,分行一直秉承"笃守诚信、创造卓越"的核心价值观,以"新思维、心服务"的服务理念,在广大市民中赢得良好口碑。在日常工作中服务办制定统一的服务规范标准,每月以暗访加现场检查的方式规范各网点的服务工作的落实情况;每季度组织各网点针对不同的受众客群,开展一系列的消保公众教育活动。通过不懈的努力,分行在6S服务和消保工作中均取得优异的成绩,连续两年在天津银监局评级中取得2级A,在中国人民银行评级中取得A级,多次受到当地监管部门的好评,在总行服务暗访和消保评级中亦名列前茅。基于以上工作,分行培养了一支由柜员、大堂工作人员、理财经理、营业厅经理组成的优秀服务队伍,2009年、2011年浦诚支行连续两年获得"百佳"网点称号,也是天津市唯一一家连续两届获得该项殊荣的网点。

【合规管理】

2007年5月,分行组建合规部,开启分行合规体系建设,通过不断完善合规机制建设,致力法律合规风险的前中后全流程管理,将法律合规理念传导至行内每一名员工,夯实分行业务依法合规发展的基础。

【干部管理】

根据总行干部管理的相关规定,分行不断完善干部队伍管理,并实现干部选任、晋升、交流等重大人事管理制度的公开、公平、公正科学体制,明确干部管理职务任命的晋升条件及程序,实现人员酝酿、党委讨论、考察及民主评议、公示、任命通知等规范的干部提拔和调整程序。同时,分行不断完善干部考核及管理制度,实行部室支行班子民主测评制度、实行高级管理人员和重要岗位人员的轮岗交流与强休制度、管理岗位人员外出报备制度等。

分行实现较为合理的干部梯队,中层管理者、学科带头人队伍、中层后备队伍、基层管理者、储备人才队伍、管理培训生队伍,并制定《上海浦东发展银行天津分行中层干部后备人才库建设实施办法》《浦发银行天津分行储备人才培养及储备人才库管理办法(暂行)》等相关办法,完善干部培养体系,实行轮岗工作、岗外培训、基层挂职等多种形式的培养方式。

【人员管理】

建行之初,分行就注重对员工的培养,通过开展专业基础知识培训、通用技能培训等多种类培训提升干部员工的专业知识和业务能力;分行对员工培训的管理及要求也不断细化,先后出台《上海浦东发展银行天津分行培训管理规定》《上海浦东发展银行员工外出培训管理实施细则》《上海浦东发展银行天津分行新员工培训管理办法》等,形成完善的员工培训体系,不同专业、不同岗位的员工通过分行一级、二级、三级培训,不断充实和提高个人专业能力及综合素质。

分行开展各类培训,包括新员工入职培训、中高层管理人员能力提升培训、反假知识培训、银行从业培训、员工外出培训等针对不同人群的多种形式的培训,培训形式不断优化。分行具有较为完善的培训体系,覆盖中高层管理人员、基层管理人员、后备干部、储备人才、应届毕业生等各类人群,囊括通用基础知识及公司金融、零售金融、运营业务及风险合规等专业知识。截至2010年年底,员工平均年龄37岁,其中35岁以下青年员工占总人数的48.70%。

表8-13-1 2010年年末天津分行所辖网点一览表

网点名称	地址	沿革
天津分行营业部	天津市河西区宾水道增9号环渤海发展中心D座	天津分行营业部成立于2001年3月9日
浦诚支行	天津市河北区金纬路178号	天津浦诚支行成立于2001年8月16日,营业地址为天津市河北区金纬路188号金辰园一至二楼;2008年1月25日迁址天津市河北区金纬路178号
浦信支行	天津市滨海新区中心商务区春风路882号	天津浦信支行成立于2001年9月24日,营业地址为天津市塘沽区新港路542—546号
浦惠支行	天津开发区第三大街39号翠亨广场	天津浦惠支行成立于2001年9月24日
浦安支行	天津市和平区云南路3号	天津浦安支行成立于2002年3月18日
浦泰支行	天津市滨海高新区华苑产业区开华道20号南开科技大厦主楼101-2、201-2	天津浦泰支行成立于2002年7月22日,营业地址为天津市南开区白堤路航宇公寓256号底商1—2层
浦欣支行	天津开发区第二大街2号东方名居4—6号底商	天津浦欣支行成立于2002年10月24日,营业地址为天津港保税区国贸路18号一层;2009年1月12日迁址天津开发区第二大街2号东方名居4—6号底商
浦悦支行	天津市河东区大直沽中路7号海河大厦一层	天津浦悦支行成立于2004年3月31日,营业地点为天津市河东区津塘公路40号增1号丰盈公寓底商
浦德支行	天津市北辰区京津路与龙洲道交口西北侧长瀛商业广场1—3号楼1191、1192	天津浦德支行成立于2003年12月15日,营业地点为天津市北辰区京津公路与北医道交口国税商业用房首层
浦吉支行	天津空港经济区西三道158号3-103、203	天津浦吉支行成立于2007年7月27日
浦祥支行	天津市南开区广开四马路225号	天津浦祥支行成立于2007年9月25日
浦嘉支行	天津市红桥区芥园道与复兴路交口康华大厦底商	天津浦嘉支行成立于2008年2月20日
浦明支行	天津市河西区围堤道106号增1号	天津浦明支行成立于2008年2月3日
浦江支行	天津市塘沽区上海道碧海鸿庭E-11、12	天津浦江支行成立于2008年7月15日
浦丰支行	天津市滨海新区大港世纪大道88号	天津浦丰支行成立于2010年3月10日,营业地点为天津市大港区东环路1号中天锦绣商务酒店会展楼底商

〔续表〕

网点名称	地　址	沿　革
浦裕支行	天津市东疆保税港区欧洲路与郑州道交口金融贸易中心南区1-4，1-205	天津浦裕支行成立于2008年8月18日
浦顺支行	天津市武清区振华西道341、343、345、347、349号	天津浦顺支行成立于2008年12月26日，营业地点为天津市武清区新华路与光明道交口君利大厦B座底商1—2层
浦和支行	天津市西青区外环线与友谊路交口西南(梨双路南侧)逸境园25号楼	天津浦和支行成立于2010年12月6日
浦益支行	天津市南开区城厢中路与北城街交口西北侧尚佳新苑5号楼底商	天津浦益支行成立于2010年12月29日

表8-13-2　2001—2010年天津分行负责人任职情况表

行　长		副行长		行长助理	
姓　名	任职时间	姓　名	任职时间	姓　名	任职时间
陈宝琮	2001年4月—2004年6月	穆　矢	2001年4月—2004年6月	崔炳文	2003年4月—2005年9月
穆　矢	2004年6月—2008年3月	张宝全	2001年4月—2004年6月	王　鹏	2003年7月—2005年7月
崔炳文	2009年5月—2013年5月	崔炳文	2005年9月—2009年5月	李国光	2005年9月—2008年2月
		李国光	2008年2月—2012年12月		
		甘霄宁	2008年3月—2011年11月		
		张　湧	2009年10月—2013年3月		

第十四章 郑州分行

上海浦东发展银行股份有限公司郑州分行（以下简称郑州分行）于2001年4月10日成立，是浦发银行在河南省设立的一级分行，办公地址位于郑州市经三路30号。

截至2010年年末，郑州分行存款余额986.85亿元，贷款余额622.42亿元；外币存款余额0.63亿美元，贷款余额1.03亿美元；经营利润17.45亿元。

第一节 机构沿革

一、机构设立

2000年7月1日，经浦发银行总行批准，浦发银行郑州分行筹建小组成立。

2001年4月10日，郑州分行挂牌开业。郑州分行建行初期，在总行战略规划指引下，秉承"笃守诚信、创造卓越"核心价值观，坚持"以客户为中心"经营方针，围绕"建设河南一流股份制商业银行"发展目标，秉承"艰苦创业、团结奋进、稳健经营、提高效益"创业理念，坚定"团结、拼搏、务实、高效"的郑州浦发精神，依托"六部一室"组织架构，坚持"闹市区、大门面、柜员制、多功能、高产量"网点建设指导思想，按照"高标准、高起点、前瞻性"要求，迅速"抢滩"河南市场，树立"机制新、服务好、效益高、管理严、发展快"的品牌形象，以超常规、跨越式发展为动力，不断加大对河南地区经济发展的信贷支持力度，积极探索"根植中原、服务河南"的发展之路。

二、内设部门

2001年，郑州分行成立初期，内设办公室、资金财务预算部、信贷管理部、电脑部、市场营销部、稽核部、营业部7个部室。5月，电脑部更名科技发展部，年末，增设外汇业务部。

2002年，设立公司金融部，科技发展部更名信息科技部。

2003年，设立个人金融部。

2004年，组建个人银行部，设立授信业务部。

2005年，按照扁平化、矩阵式的组织架构管理要求，组建公司银行业务管理部、公司银行客户部、公司银行产品部、个人银行发展部、个人信贷部、财富管理部和银行卡部；分行办公室划分为办公室和行政管理部。

2006年，结合业务发展实际与市场需求，设立公司银行投行业务部，设立运营管理部、信用运营中心、授信审查部；成立合规部。

2007年，成立公司银行中小客户部；由原资金财务部重新组建为资金财务部和财务会计核算中心两个部门。

2008年，设立资产保全部、个人银行风险管理部。

第二节 业务经营

一、贷款与投资

2001年,年末存款余额26亿元,贷款余额33亿元,其中公司金融业务一般性存款25.48亿元,个人存款0.88亿元,公司贷款余额32.79亿元,个人贷款0.06亿元。

2002年,坚持创新思路,健全公司金融体系,多措并举,加强对市政工程、公用事业、医疗等行业营销与合作。年末,公司金融业务一般性存款余额74.62亿元,个人存款2.83亿元,公司贷款余额82.36亿元,个人贷款余额1.12亿元。

2003年,明确"发展公金为主、带动个金、外汇、中间业务,通过做大做强公金业务,促进其他业务发展"思路,启动"双百工程",强化整体营销机制。年末,公司金融一般性存款余额135.7亿元,个人存款余额6.27亿元,公司贷款余额128.32亿元,个人贷款余额3.28亿元。

2004年,积极贯彻"巩固、调整、创新、提高"方针,加快创新业务品种,强化"竞争、团队、风险、效益"意识,转变思路,创新营销手段。年末公司金融业务一般性存款172.42亿元,个人存款余额11.62亿元,公司贷款余额160.97亿元,个人贷款余额9.20亿元。

2005年,积极改革转型思路,坚持"发展、管理、优化、效益"指导思想。年末,公司金融业务一般性存款217.13亿元,个人存款余额23.74亿元,公司贷款余额192.66亿元,个人贷款17.6亿元。

2006年年末,公司金融业务一般性存款余额252.20亿元,个人存款余额39.99亿元,公司贷款余额222.69亿元,个人贷款余额30.55亿元。

2007年,加大改革创新力度,拓宽经营思路,推进发展模式的转型与结构的优化,由资源依赖型向创新驱动型转型。年末,一般性存款余额360.16亿元,公司金融业务一般性存款余额303.89亿元,个人存款余额56.28亿元,公司贷款余额223.03亿元,个人贷款余额48.75亿元。

2008年,专注机制改革,强化企划营销和金融创新,严格执行"六个到位"、落实"四个坚持"、深化"三项教育"。年末,一般性存款余额521.9亿元,公司金融业务一般性存款余额431.99亿元,个人存款92.89亿元,公司贷款余额316.79亿元,个人贷款余额59.11亿元。

2009年,围绕"一转五高"和"高、新、超、先、大、翻、快、优、降、全"全面快速发展,年末,存款余额817.26亿元,贷款余额525.81亿元。

二、票据融资

2001年,郑州分行开展第一笔票据融资业务。年末,贷款余额9.21亿元。2004年年末,办理第一笔集团账户服务,票据融资贷款余额27.60亿元。2007年,办理首笔跨区域、多受益人的国内信用证开证业务,年末,票据融资贷款余额31.89亿元。2010年年末,与郑州交通投资有限公司签订银企战略合作协议,票据融资贷款余额33.63亿元。

图 8-14-1 2010年9月7日,郑州分行举行庆贺超千亿报告会

三、负债业务

2001年年末,郑州分行一般性存款26.39亿元,其中人民币存款26.32亿元,外币存款0.07亿元。2002年年末,代理销售第一只开放式基金。年末,一般性存款77.44亿元,其中人民币存款77.05亿元,外币存款0.4亿元。2004年年末,推出第一期"汇理财"个人外汇结构性理财产品。年末,一般性存款184.04亿元,其中人民币存款181.52亿元,外币存款3亿元。2007年年末,正式开办保管箱业务。年末,一般性存款360.16亿元,其中人民币存款358.65亿元,外币存款2.07亿元。2010年年末,一般性存款986.85亿元,其中人民币存款982.71亿元,外币存款4.13亿元。

【同业负债】

2001年,办理第一笔同业定期存款业务。年末,同业存款1.97亿元;2004年,开始与担保公司进行首笔业务合作。年末,同业存款7.66亿元;2007年,与国开行合作首笔结构性银团贷款。同业存款11.15亿元;2010年,同业存款达43.02亿元。

四、中间业务

郑州分行坚持以客户为中心,积极实施业务转型,不断优化收入结构,提升中间业务收入占比,开展业务产品创新,带动结算业务、代理业务、综合理财、担保及承诺、银行卡等业务发展。

五、结算业务

【国内结算业务】

分行国内结算业务主要包括汇票、本票、支票及汇兑、委托收款、信用证等业务。2002年结算总量15.03亿元,2010年结算总量9 581.8亿元。

【国际结算业务】

2001年,郑州分行成立当年设立外汇业务部开展国际结算业务的市场开发及推广工作。2004年,当年国际结算量5.35亿美元。国际结算量跃居股份制商业银行第1位及全省银行同业的第5位,全省市场份额达7%,实现突破性进展。2007年,国际结算业务稳步提升,当年国际结算量7.81亿美元。2010年,利用离在岸联动优势,加大对跨境客户提供全球范围的金融服务。当年国际结算量10.62亿美元,累计国际结算量突破40亿元。

六、其他业务

【代理业务】

2005年,郑州分行基金代销业务开办。2007年,保险代销业务开办。2009年,开办代理黄金业务,涉及代理上海黄金交易所现货业务、代理上海黄金交易所延期业务和代理第三方实物金业务。截至2010年,代理36家基金公司的667只基金产品,代销基金销量5.86亿元,实现中间业务收入299万元。

【综合理财】

浦发银行金融理财产品以稳健类型为主,投资方向集中在货币市场、债券市场和优质信贷市场。郑州分行始终将理财产品的设计和创新当作理财业务的灵魂,2005年5月30日,郑州分行在总行的指导下成功发售第一期"汇理财"双币理财产品拉开分行理财业务发展序幕。2007年4月1日,郑州分行第一期专项理财——"中海聚发IPO系列资金信托计划"产品正式发售。

2007年,郑州分行专项理财产品销量可观,实现中间业务收入48万元。2008年个人专项理财产品结构发生变化,以票据类短期专项理财产品居多,产品期限一般为1个月或3个月,最长不超过6个月,故产品销量增多。2010年理财产品销量达到47.14亿元。

【担保及承诺】

2001年,郑州分行推出保函业务。主要面对河南省内大型施工建筑、医药等行业,逐步与富泰华精密电子(郑州)有限公司、河南省第二建筑工程发展有限公司、河南省高速公路实业开发有限公司、河南省河川工程监理有限公司、河南水建集团有限公司等众多优质大型客户开展深入合作。保函品种包括"履约保函""投标保函""付款保函""质保金保函""质量保函"等。2010年开立保函金额突破1亿元。

【银行卡】

2001年,郑州分行发行第一张东方借记卡,按客户等级分类分为"普卡、金卡、白金卡、钻石卡"四类,具有现金存取、转账结算、消费支付、个人理财等功能。截至2010年年末,个人客户总数已达95万,年末借记卡余卡总量945 818张。

七、经营管理

【资产负债管理】

自2001年成立起,郑州分行即全面实施资产负债管理,建立以"自主经营、自负盈亏、自担风险、自我约束、自求平衡、自我发展"为基本内容的商业银行运行机制,对所经营的各类资产和负债实施前瞻指导、科学谋划、规范管理的一体化流程。坚持分类经营,加强资金的集约化管理,优化负债结构,提高资金使用效益。以建立适应现代化商业银行经营管理要求的绩效考评体系为手段,不断调整创新资源配置机制,全面提高资产负债管理水平,确保各类指标符合监管要求。

此外,郑州分行还坚持对各项经营指标实行按月监测与考核,使资产负债比例在总量和结构上保持合理与优化的配置,实现银行资金安全性、流动性与盈利性的有机统一。

2001年,制定下发《上海浦东发展银行郑州分行资产负债比例管理实施细则》《关于成立上海浦东发展银行郑州分行资产负债管理委员会的通知》,布局推动全行资产负债工作,取得有效的监控资产与负债比例结构,达到规避和化解风险,确保全行业务健康、可持续发展;2003年,制定下发《关于调整我行信贷资产总量及风险资产额度的通知》,优化资产业务管理,确保资产负债比例保持在监管合理区间;2007年,根据总行《关于加强资产负债管理有关工作事项的通知》要求及存贷比等监管指标,进一步优化负债结构;2009年,制定下发《关于印发〈存放同业业务工作指引〉的通知》和《关于印发〈同业存款业务工作指引〉的通知》强化同业资产流动性管理;2010年,依据总行《关于开展2010年负债业务专项活动的通知》,推动负债业务发展。

截至2010年年末,郑州分行存贷比达63.07%,较2001年下降61.42%,经营稳健良好;一般性存款日均854亿元,较2001年增幅8 440%;贷款日均564亿元,较2001年增幅5 540%;资产收益率达到1.62%,较2001提升0.88个百分点。

【资产风险管理】

2001年,郑州分行设立授信审批部,主要职能是风险政策指导、授信业务的审查审批、贷后检查、信贷业务统计等。成立之初即实施审贷分离的信贷管理体制,具体为"一人审查,双人审批"的业务模式,即一笔授信业务审查人审查后,由两个有授权的人员实行背对背的组合审批,并由两者中意见严的为最终审批意见。2001年,设立信贷审查委员会,贷审会是郑州分行各项信贷业务的最高审查机构,专门从事分行各授信业务部门及支行超信贷审批权限信贷业务的审查工作。贷审会由分行行长领导,并接受分行风险管理委员会的指导与监督。

2004年开始,按照总行"扁平化、矩阵式"的思路在风险管理条线实施改革,致力于建立"全行、全员、全过程"的全面风险管理体系架构。2006年,根据不同职责划分,将风险管理部拆分成独立的风险管理部和授信审批部。由授信审批部负责授信业务的审查审批,风险管理部负责风险政策指导、贷后检查、信贷业务统计等,完善贷前、贷中、贷后风险管理体制。2008年,设立资产保全部,负责分行特殊信贷资产的诉讼、核销、转让、抵债等职能,风险管理体系进一步完善。

2009年,风险预警系统成功上线实现技防后,风险预警和风险处置能力显著提高。2010年郑州分行基本建立覆盖各主要业务条线、各关键风险领域的全面风险管理架构,将信用风险、市场风险、操作风险、流动性风险、银行账户利率风险、合规及法律风险、声誉风险、战略风险、信息科技风险、国别风险、并表风险等纳入全面风险管理体系,实施集中、统一管理。同时,根据监管要求,明确设立"三道防线"体系,业务条线、风险管理条线、审计及合规条线各司其职,在业务经营的前、中、后台发挥合力,加强风险管理。

【信息化管理】

2002年,在中国人民银行和浦发银行总行的指导和推进下,郑州分行在系统内第一批建设完成现代支付系统（MBFE）的大额支付系统，并于2003年完成小额支付系统上线。该系统根据中国人民银行要求由浦发银行总行统一建设，郑州分行根据总行要求实施上线运行并负责日常维护。

2003年，郑州分行上线运行总行统一建设的核心大前置系统（IPP），并根据总行要求负责日常维护。2004年3月，郑州分行开通网上银行，通过因特网向个人客户提供7×24小时全年无休的远程个人金融服务，业务涵盖除现金类业务外的账户管理、存款、汇款、理财、网上支付、资金归集、外汇、贷款融资等所有非现金个人金融服务。2005年，上线运行总行统一建设的业务集中系统（主要包含：工作流处理、影像平台及OCR、提回外挂系统、验印系统、全国支票影像系统、报表系统等子系统），并根据总行要求负责日常维护。2007年，上线运行总行统一建设验印系统，并根据总行要求负责日常维护。2010年年末，ATM机达239台，当年现金类交易量达546.49万笔、947 347万元；离行式自助机构达88家，交易量达301.92万笔、470 776万元。网银客户达71 398户，当年实现交易金额达1 281亿元。

【人员管理】

郑州分行成立之初，即实施全员合同聘用制。2001年，从业人员120人，均为合同聘用制员工。2010年年末，从业人员增至1 044人，全部为合同聘用制员工；其中，男性621人，占比59.48%，女性423人，占比40.52%。

表8-14-1　2010年年末郑州分行所辖网点一览表

网点名称	地　　址	沿　　革
新乡支行	河南省新乡市开发区新飞大道98号	2009年12月6日成立，营业地址为新乡市开发区26号街坊，2020年1月21日搬迁至开发区新飞大道98号
洛阳分行	河南省洛阳市洛龙区展览路211号	2010年3月30日成立，营业地址为西工区人民西路5号，2018年11月30日搬迁至洛龙区展览路211号
许昌分行	河南省许昌市许继大道1163号	2010年10月19日成立，营业地址为许继大道1163号
开封分行	河南省开封市龙亭区西门大街388号	2010年12月29日成立，营业地址为龙亭区西门大街388号
安阳分行	河南省安阳市殷都区文明大道92号	2012年1月17日成立，营业地址为文峰区中华路德隆街，2017年6月3日搬迁至殷都区文明大道92号
商丘分行	河南省商丘市睢阳区南京路219号	2014年12月19日成立，营业地址为睢阳区南京路219号
南阳分行	河南省南阳市宛城区张衡东路380号	2015年12月17日成立，营业地址为宛城区张衡东路380号
信阳分行	河南省信阳市平桥区新六大街30号	2016年12月26日成立，营业地址为平桥区新六大街30号
月湖南路支行	惠济区月湖南路32号	原大学路支行成立于2001年9月28日，营业地址在二七区大学路54号，2020年5月1日搬迁至惠济区月湖南路32号，更名月湖南路支行

〔续表〕

网点名称	地址	沿革
健康路支行	金水区健康路159号	2001年10月8日成立
紫荆山路支行	管城区紫荆山路72号	2001年11月27日成立
东明支行	金水区黄河路126号	2002年7月18日成立
金水支行	郑东新区商务内环路27号	2002年9月16日成立,营业地址为金水区金水路110号,2007年10月24日搬迁至郑东新区商务内环路27号
文化路支行	金水区文化路91号	2003年1月16日成立
建西支行	中原区建设西路219号	2003年11月8日成立
花园路支行	金水区花园路27号	2004年6月9日成立,营业地址为金水区花园路21号,2018年7月13日搬迁至金水区花园路27号
陇海路支行	管城区陇海东路328号	城东路支行成立于2004年11月18日,营业地址为陇海东路5号,2014年9月25日搬迁至陇海东路328号,更名陇海路支行
经三路支行	金水区经三路30号	原分行营业部成立于2001年4月10日,营业地址设在经三路30号,2006年6月30日搬迁至金水路299号,原址保留,更名经三路支行
百花路支行	中原区百花路46号	2006年11月16日成立
二十一世纪支行	金水区花园路68号	2007年12月18日成立
高新区支行	高新开发区瑞达路62号	2008年6月26日成立
航海路支行	中原区大学中路2号院	2009年1月16日成立
商鼎路支行	管城回族区商鼎路77号	郑汴路支行成立于2009年4月8日,营业地址为金水区郑汴路1188号,2019年10月31日搬迁至管城回族区商鼎路77号,更名商鼎路支行
郑东新区支行	郑东新区祥盛街10号	2009年8月16日成立
国基路支行	金水区国基路168号	2010年9月1日成立
东风支行	郑东新区金水东路49号	2011年9月6日成立
长江路支行	二七区长江中路128号	2012年9月10日成立
未来路支行	管城回族区航海东路33号	2012年12月31日成立
郑港六路支行	航空港区雍州路	2013年12月26日成立
大学路支行	二七区大学路54号	汝河路支行成立于2015年1月16日,营业网点设在二七区勤劳街,2020年5月1日搬迁至二七区大学路54号,更名大学路支行
期货大厦支行	郑东新区商务内环路30号	2016年11月7日成立
经开第八大街支行	经济技术开发区经北一路99号	2017年3月31日成立
分行营业部	金水区金水路299号	郑州分行于2001年4月10日成立,同日分行营业部正式对外营业,2006年6月30日搬迁至金水路299号
巩义村镇银行	河南省巩义市嵩山路113号	2009年9月17日成立

表8–14–2 2001—2010年郑州分行负责人任职情况表

行　长		副行长		行长助理	
姓　名	任 职 时 间	姓　名	任 职 时 间	姓　名	任 职 时 间
李万军	2001年4月—2012年10月	王晓中	2001年9月—2004年12月	赵春玲	2005年2月—2008年1月
		洪　力	2002年6月—2011年5月	张晓珂	2005年2月—2008年11月
		邓从国	2002年6月—2005年3月	董琢理	2008年9月—2011年5月
		赵春玲	2008年1月—2012年10月		
		张晓珂	2008年11月—2018年4月		

第十五章 大连分行

上海浦东发展银行股份有限公司大连分行(以下简称大连分行)成立于2001年5月,是浦发银行在东北地区开设的首家分行,办公地址位于大连市中山区中山广场3号。

截至2010年年末,大连分行存款余额593.59亿元,贷款余额440.52亿元;外币存款余额3.80亿美元,贷款余额5.67亿美元;经营利润9.8亿元。

第一节 机构沿革

一、机构设立

2001年5月,大连分行成立。

分行成立伊始,即根据地区经济金融环境及自身情况,提出建设"建设起点较高,特色鲜明,竞争力强,与国际接轨的客户首选银行"的战略目标,重点突出效率优势,迅速做大资产负债规模,效益水平不断提升,各项业务保持快速健康发展态势,整体经营逐步走入规模、质量、效益协调发展的良性轨道,用现代金融理念的新思维全力支持大连市各项经济建设,用贴近客户需求的心服务,为滨城市民提供全方位的银行体验。

2005年至2007年间,大连分行面对国家宏观调控持续进行、金融开放日益加深、同业竞争更趋激烈的局面,因时而变,提出"一个转变三个调整"战略,不断加大资源投入力度,稳步推进业务结构、客户结构、收入结构调整,持续巩固大连市股份制商业银行领头羊地位。

2008年,国际国内经济金融形势发生重大变化,分行以"建设具有核心竞争力的现代金融服务企业"为战略目标,迎难而上,抓住东北振兴、"辽宁沿海经济带"开发开放、大连"三个中心,一个聚集区"建设的三重机遇,主要经营指标实现爆发式增长,实现科学发展新跨越。

截至2010年年末,辖高新园区、开发区、站前、中山、西岗、学苑广场、和平广场、民主广场、甘井子、金州、五一广场、解放路、星海广场、长春路、八一路支行十五家同城支行和鞍山分行、营口分行两家二级分行,各类自助终端100余处。

二、内设部门

截至2010年年末,分行本部有运营与科技条线、风险条线、个人银行条线、公司银行四个条线以及办公室、人力资源部、资金财务部、合规部、审计特派办、财务会计核算中心等33个机构,其中运营与科技条线包括运营作业中心、信息科技部、运营管理部;风险条线包括授信审查部、风险管理部;个人银行条线包括个人银行发展管理部、财富管理部、个人信贷部、银行卡及渠道管理部、分行营业部、个人业务一部、个人业务二部、个人业务三部、贵宾理财第一中心、贵宾理财第二中心;公司银行条线包括公司业务管理部、贸易金融部、公司银行投行业务部、中小企业业务经营中心、公司金融一部、公司金融二部、公司金融三部、公司业务二部、公司业务三部、公司银行一部、公司银行二部,员工人数751人。

第二节 业务经营

一、平台建设

分行领先完成公司网银集团客户业务的整体改造,成功上线公司银行网上银行中文繁体版、英文版、网上贸服、网上离岸、网上托管等服务;公司银行开通银关通、银税通项目;灵活提供网点服务、自助银行、电话银行、网上银行以及银企直连等多种服务渠道;业内率先实现全行业务数据大集中,形成统一的电子化业务平台;成功推出"浦发卓信智慧平台"客户数据库系统,与"个人客户信贷管理系统"和"个人客户消费系统"形成完整的个人客户系统化服务平台。

分行率先开展"直客式"住房按揭贷款,流程简洁、效率快速、一站式服务;2006年,全部实现高低柜业务分流,优化财富客户的全流程服务,根据客户多元化需求,实现差异化的客户服务和管理。

二、公司业务

分行以"专注客户、专心服务"为理念,拥有丰富多样、灵活便利的公司银行产品,并在多个公司银行服务领域创新领先。较早组建的产品经理专家团队,专注于客户需求,专心于产品的优化与创新,以专业闻名于业内。分行积极响应总行,搭建公司业务服务品牌——"浦发创富",提供企业现金管理、企业供应链融资、投行业务、资产托管和企业年金五大产品解决方案,以及离岸银行、大客户、中小客户三类客户特色服务。

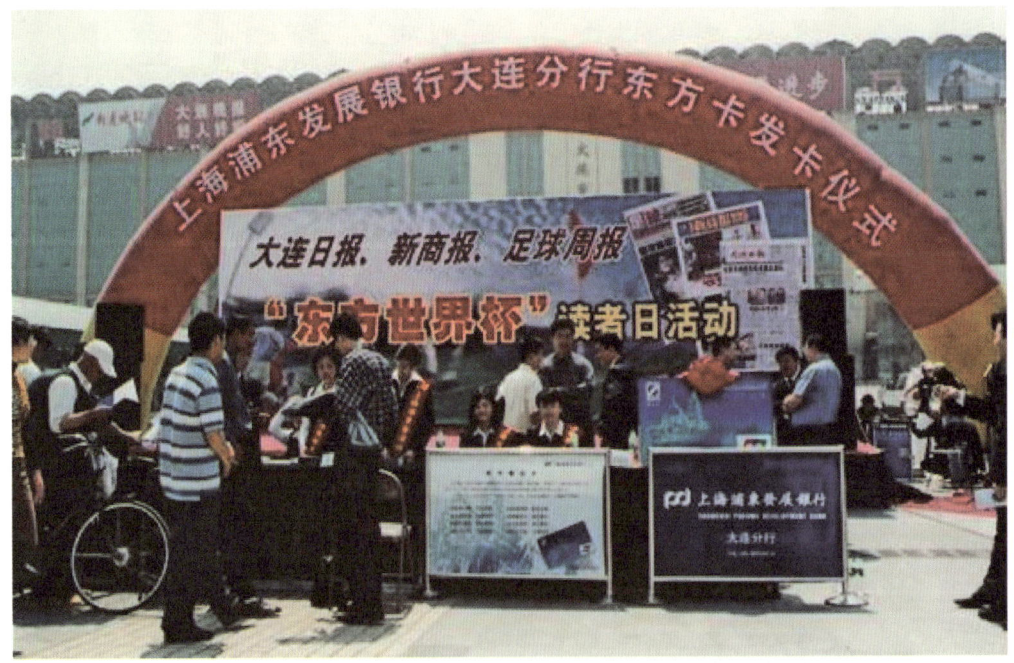

图8-15-1 2002年5月20日,大连分行冠名"东方世界杯"足球特刊暨东方卡发卡仪式在大连市奥林匹克广场举行

三、个人业务

2002年,分行开始个人信贷业务,以起点高、特色鲜明、竞争力强为特点,创新性地提出"贷款新思维,按揭心服务"的个贷业务核心价值理念,完善"轻松理财,轻松贷"个人贷款整体品牌建设——"轻松理财,轻松贷"个人信贷产品体系,涵盖个人购房贷款、个人汽车贷款、个人生产经营贷款、个人消费贷款、个人留学贷款、个人质押贷款、个人信用贷款等业务,更创新推出"轻松易贷"个人房产抵押贷款业务,满足各类客户不同的消费融资需求。

2004年,分行率先推出银行人民币理财产品和全功能个人网上银行。至2009年,形成营业网点、自助银行、电话银行、网上银行、手机银行"五位一体"的立体化银行服务渠道体系。2006年,分行率先发行第一张"借贷记合一卡"——轻松理财卡。2008年,在大连地区率先升级个人经营性贷款业务。

2009年,全功能个人信贷中心成立,为广大滨城人民提供"更多、更快、更好、更省"的个人融资贷款解决方案;推出全功能自助缴费平台"轻松缴费",全面开通煤水电联合收费、有线电视基本费、有线电视附加费、移动手机、联通手机、联通固定电话、小灵通电话、联通宽带同速率续费等九项缴费业务,成为滨城代收费功能最健全的银行卡。

此外,每个营业网点都设有贵宾理财经理、低柜理财经理、大堂助理、综合柜员、现金柜员等多层次服务体系,结合网上银行、自助银行等服务手段,方便客户办理业务,实现营业网点服务资源的高效运作;"6S"管理统一服务标准和服务质量,在任何网点均可以体验到标准、便捷、高效的流程化服务。

四、经营管理

【机制建设】

分行以统一的思想指挥统一的行动,紧紧围绕"强力转型,聚焦效益"主线,在遇到阶段性发展难题时,用"发展是第一要务"的思想振奋精神、凝聚士气,帮助干部员工坚定突破难题、突破困境、突破自我的信心,将精神力量切实转化为生产力。

分行提出科学发展的转型模式,积极推进"四个结合"。一是把经济发展方式转变与经营模式转型结合起来,加快提升效益水平。二是把业务发展与资本耗用结合起来,建设资本节约型银行,牢固树立经济资本理念,将资本耗用作为业务拓展的重要参考,不断提升资本配置的效率与效益,有效促进业务结构优化。三是把行业和客户研究与结构调整结合起来,实现精细化增长:公司银行方面,深入行业内部,加强行业深度研究,掌握行业发展趋势,从技术趋势、要素趋势、产品趋势以及替代产品的发展趋势中,辨别和培育优质客户群体,将潜在风险防范在萌芽状态,全力推进知识化、专业化市场拓展,个人银行方面,加强对个人客户金融消费行为研究,发掘后危机时代个人客户差异化的金融诉求,通过丰富服务渠道,拓展有价值客户;通过重点优质代发项目获取高质量客户;通过交叉销售提升中高端客户,推动个人业务实现精细化增长。四是把内涵发展与外延扩张结合起来,大力拓宽发展空间。

【创新机制】

创新是大连分行发展的原动力和法宝,既是大连分行应对形势挑战、加快科学发展的重要手段,也是大连分行加速向现代金融服务企业迈进的必由之路。分行不断创新经营模式,聚焦效益,抢抓创新业务,多项领域获得突破,综合企划跟进,获取竞争品牌双优势。此外,分行创新机制体制,激发活力,具体有五点:一是进一步健全完善以营销为核心的制度体系;二是创新建立健全区域经营管理机制;三是推行梯次管理体系;四是强化对客户经理、产品经理、管理人员、运营人员的培训机制;五是营销支撑和职能管理工作取得成效。

【服务管理】

分行的运营工作以高效运营保障各项业务稳健快速发展为主线,以科学作业、强化支撑为两个工作重点,促进服务质量全面提高,通过深入落实标准化、流程化、人性化服务,进一步优化业务流程、完善服务规范、重视服务细节,促进服务效率提高:一是通过管理创新提升作业效率;二是通过提升技能强化支撑能力;三是真情化服务经受检验。

【风险管理】

风险管控是应对复杂经营环境,实现可持续发展的核心能力。一是坚持"有保有控",持续强化信贷管理和信贷结构调整;二是强化贷款流程管理,严格执行"三个办法、一个指引";三是加快风险资产清收压缩工作,不良贷款继续保持双降;四是加强全面风险管理,完善"三全"风险管理文化;五是强化合规内控工作,严防各类案件发生;六是强化执行,将安全保卫工作落到实处。

【人才管理】

人才是银行经营管理的"第一资源",分行在人力资源管理中创造性地开展工作,谋求先进科学、富有活力、良性运转的工作组合,充分保障分行发展战略的有力实施,巩固并持续打造人才高地优势,秉承严格进人、公平用人、全面育人、激励服人、情感动人的人才管理模式。

表 8-15-1 2010年年末大连分行所辖网点一览表

网点名称	地址	沿革
大连分行营业部	大连市中山区中山广场3号	大连分行于2001年5月29日正式成立,同日大连分行营业部正式对外营业
大连高新园区支行	大连市沙河口区黄河路649号	高新园区支行成立于2002年1月16日,营业地址为大连市沙河口区黄河路649号
大连开发区支行	大连市经济技术开发区金马路198号	开发区支行成立于2002年1月16日,营业地址为大连市经济技术开发区金马路135号。2005年2月22日,迁址至大连市经济技术开发区金马路198号
大连站前支行	大连市中山区长江路333号	站前支行成立于2002年9月28日,营业地址为大连市中山区胜利广场28号A栋1F、2F层。2010年9月19日,迁址至大连市中山区长江路333号
大连中山支行	大连市中山区港湾街辽宁时代大厦	中山支行成立于2003年5月19日
大连西岗支行	大连市西岗区长江路695号	西岗支行成立于2004年1月9日,营业地址为大连市西岗区82号。2010年7月3日,迁址至大连市西岗区长江路695号

〔续表〕

网点名称	地　　址	沿　　革
大连学苑广场支行	大连市沙河口区数码路南端5号	学苑广场支行成立于2004年12月9日
大连和平广场支行	大连市沙河口区高尔基路709号1层9号、711号1层8号	和平广场支行成立于2006年5月29日
大连民主广场支行	大连市中山区长江路77号经典生活6-1-7号公建	民主广场支行成立于2007年7月19日
大连甘井子支行	大连市甘井子区中华西路22号一层公建	甘井子支行成立于2008年5月29日
大连金州支行	大连市金州区斯大林路703号东林世家2号楼1、2、3号公建	金州支行成立于2008年11月27日
大连五一广场支行	大连市西岗区万达华府二期39-1号公建	五一广场支行成立于2008年12月26日
大连解放路支行	大连市中山区中青街2号	解放路支行成立于2009年12月18日
大连星海广场支行	大连市沙河口区星海广场B2区21号	星海广场支行成立于2010年8月12日
大连长春路支行	大连市西岗区中山路240号	长春路支行成立于2010年9月9日
大连八一路支行	大连市西岗区八一路115号	八一路支行成立于2010年12月29日
鞍山分行	鞍山市铁东区二一九路5号	鞍山分行成立于2009年12月28日
营口分行	营口市鲅鱼圈区平安大街与日月大街交汇处	营口分行成立于2010年12月29日

表 8‑15‑2　2001—2010年大连分行负责人任职情况表

行　　长		副行长		行长助理	
姓　　名	任职时间	姓　　名	任职时间	姓　　名	任职时间
宗乐新	2001年5月—2004年6月	任大鹰	2001年5月—2007年2月	孙轶卿	2005年1月—2006年7月
王新浩	2004年6月—2013年3月	王新浩	2001年5月—2004年6月		
		吴　竞	2007年2月—2014年4月		
		夏云平	2007年2月—2014年3月		
		高　飞	2007年2月—2017年8月		
		刘富宏	2007年2月—2017年8月		

第十六章 济南分行

上海浦东发展银行股份有限公司济南分行(以下简称济南分行)于2001年8月17日成立,是浦发银行在山东省设立的一级分行,办公地址位于济南市历下区解放路165-1号,2010年1月迁至济南市历下区黑虎泉西路139号浦发大厦。

截至2010年年末,济南分行存款余额444.61亿元,贷款余额350.49亿元;外币存款余额0.48亿美元,贷款余额1.97亿美元;经营利润6.84亿元。

第一节 机构沿革

一、机构设立

2001年8月17日,经中国人民银行济南分行批准,浦发银行济南分行成立。

2001年9月3日,济南分行挂牌开业。分行成立以来,在总行战略规划指引下,秉承"笃守诚信、创造卓越"的经营理念,紧紧抓住金融改革开放和山东省经济快速发展所带来的重大机遇,不断加大对省内重点行业、优势企业、中小企业和民生工程的金融支持力度,规模效益同步增长,份额和排名同步提升,积极践行社会责任,树立良好品牌形象,得到社会各界充分肯定。

图8-16-1 2002年6月,济南分行组织党员干部到孔繁森同志纪念馆参观学习

二、内设部门

2001年,济南分行成立初期,内设办公室(含人事)、资金财务部(含会计)、信贷管理部、市场部(含外汇业务、个人金融)、电脑部、稽核部、营业部。

2002年,成立分行市场营销二部和市场营销三部。

2003年,成立分行风险管理中心,挂靠信贷管理部;增设市场营销四部。成立会计部、公司金融部、个人金融部、客户服务中心。

2004年,按照总行要求,成立总行派驻济南分行审计特派办;分行信贷管理部更名风险管理部,下设审贷中心、风险管理中心、资产管理中心。

2006年,根据总行组织架构改革的总体要求,成立运营管理部、信息科技部、信用运营中心、授信审查部、公司银行业务管理部、公司银行产品部、公司银行贸易融资部、中小客户部、个人银行发展管理部、个人银行个人信贷部、个人银行卡及渠道部、个人银行财富管理部;成立合规部;将营业部的营销职能从营业部分离出来,与市场部整合后分别成立八个公司银行业务部。

2007年,成立中小客户风险管理部、资产保全部,单设运营作业中心,票据中心,按照总行要求,成立财务会计核算中心。

2008年,成立公司银行机构及大客户部,公司银行贸易融资部更名公司银行贸易金融部。

2009年,成立人力资源部;设立分行保卫部,与分行办公室合署办公;成立分行中小企业业务经营中心,同时撤销分行中小客户部和分行中小客户风险管理部机构。

截至2010年年末,济南分行共设置专职营销部门8个,管理部门23个(含审计特派办和财务会计核算中心)。

第二节 业 务 经 营

一、资产业务

济南分行持续加大贷款投放力度,坚持可持续发展的道路,以支持地方经济发展,推进银企共赢、银政共赢为目标,贷款重点投向制造业、商贸流通、基础建设、交通运输、房地产等区域优势行业和项目。2002年年末,对公贷款余额达到34.66亿元。

2003年,在拓展业务的同时调整客户结构,加大对优质客户的营销与合作,年末对公贷款余额100.2亿元。

2004年,贯彻总行全面树立资产营销观念的要求,以改善信贷资产结构、提高资金收益率为目标,注重规模增速同时兼顾效益增长。年末公司贷款余额122.4亿元。

2005年,加大信贷投入,主要投向山东省行业龙头、电力、上市公司领域。年末公司贷款余额137.46亿元。

2006年,进一步壮大和优化客户群体,为莱钢集团顺利发行短期融资券,与新汶矿业集团签订年金委托账户管理协议。提高中长期贷款占比,加强风险收益测算,优化资产结构;对公贷款余额达到175.18亿元,比年初增长37.72亿元。

2007年,立足于为客户创造价值的角度,挖掘企业需求,鼓励营销现金管理、中间业务等相关产品,通过多层次、覆盖面广的产品组合,提高客户综合回报率。年末对公贷款余额达到190.28亿元,比年初增长15.1亿元。

2008年,办理省立医院项目贷款2亿元、国华风电项目贷款6.6亿元、山东电建境外保函业务2.8亿美元等重点项目,年末对公贷款总额为226亿元,比2007年年底增加36亿元。

2009年,淄博支行和三个异地筹建机构,立足当地、充分结合当地市场特点,深挖优质客户潜力,大力拓展中小客户。年末,全行对公授信客户700户,较年初增加230户,本外币对公贷款年末余额261.67亿元,较年初新增48.84亿元,增长23%;资产质量进一步改善,对公"一逾两呆"率由年初的1.3%下降为年末的0.5%。

2010年,坚持以"中型客户和中端市场为主体,向两端拓展延伸"的客户定位,强化以"方案式营销、供应链融资和区域客户批量开发"为核心的中小客户业务发展模式。为肥矿集团发行10亿元全行首单AA-级中期票据,发行全行唯一一单第三方平台理财产品。2010年7月,零售贷款余额首次突破10亿元。

二、负债业务

2001年,浦发银行济南分行开业,年底存款余额14.52亿元,其中对公存款14.24亿元。2002年,各项存款稳步推进,业务规模迅速增长,年末存款余额43.2亿元,其中对公存款余额39.93亿元,增长25.69亿元。2003年,各项存款较上年翻一番,达到87.51亿元,其中对公存款余额79.13亿元,增长39.2亿元。2004年,业务规模进一步夯实,年末存款94.52亿元,对公存款89.19亿元,较上年增长10.07亿元。

2005年,业务规模恢复较快增长,年末存款余额132.16亿元,较上年增长37.64亿元,增幅39.8%;其中对公存款余额122.66亿元,增长33.47亿元,增幅37.5%。2006年,加大对纯负债客户的营销、网上银行等结算产品的推广,提高纯负债存款、结算存款的占比,负债结构得到优化。年末,对公存款余额达到144亿元,较年初增长22亿元。2007年,加大利多多、公司网银等产品的营销,年末,全行对公存款余额达到177.4亿元,较年初增长33.2亿元。

2008年,充分发挥分行产品优势,积极推动重点客户、重点项目营销,对公存款快速增长。年末对公存款余额达到238.6亿元,新增61亿元,增量创造分行建行以来的最快速度。2009年,公司业务大力推进业务转型,推出"发展、创新、转型"劳动竞赛,结算存款和纯负债存款为主题的专项营销活动,本外币对公存款年末余额达301.12亿元,较年初新增62.56亿元,增长26.2%。2010年,以转变业务增长方式为契机,实施以增加客户数量、调整业务运作模式为手段,以提高纯负债、结算存款为重点的负债营销活动,年末,一般性存款余额444.61亿元,较年初增加113.87亿元,其中对公存款余额399.61亿元,存款增量居总行前列。

三、中间业务

济南分行以客户为导向,坚持把中间业务作为战略核心,实施资源重点支持,积极开展产品创新,完善激励约束机制,带动结算业务、咨询顾问、代理业务、综合理财、担保及承诺、银行卡等业务发展。

2006年4月,浦发银行济南分行中间业务代收费新平台上线。新的中间业务代收费平台,实现柜面、电话银行、网上银行和自助银行等多个交费渠道,为分行客户提供更优质的服务。

四、结算业务

分行国内结算业务主要包括汇票、本票、支票及汇兑、委托收款、信用证等业务。2001年结算总量5.206亿元,2010年结算总量2862.67亿元。

2002年,济南分行启动国际结算业务的市场开发及推广工作。2007年,成功办理泰州三福船舶工程有限公司以船舶预付款退款保函为主的贸易融资服务方案。2010年,全年完成保理业务量26亿元,国内信用证融资总量11亿元;创新开发"北汽福田"1+N供应链汽车金融融资等6个产品,完成浦发系统内首笔跨境人民币业务交易和首笔1.34亿元资本项下跨境人民币保函业务等。

五、其他业务

【咨询顾问】

2007年,浦发银行济南分行咨询顾问服务业务开始起步。当年,咨询顾问服务收入金额291.84万元。2008年,咨询顾问服务收入金额746.08万元;2009年,实现咨询顾问中间业务收入2003.61万元;2010年,咨询顾问收入1595.67万元。

【代理业务】

2006年10月,浦发银行济南分行与新汶矿业集团企业年金理事会正式签订《企业年金委托账户管理协议》,分行正式成为新汶矿业集团企业年金的账户管理人,共实际管理年金账户6万余户,合同期限为3年。

【综合理财】

浦发银行金融理财产品以稳健类型为主,投资方向集中在货币市场、债券市场和优质信贷市场。2004年2月,汇理财(第一期)开始发行。理财子品牌有"信贷盈""债券盈""同享盈""尊享盈"等。产品期限涵盖从1天到360天及开放式等全期限的产品类型;2007年,个人专项理财系列产品开始发行;2009年,开始销售公司理财产品,产品类型主要为保证收益型和非保本浮动收益型。

随着监管部门对银行理财产品规范操作及加大风险控制能力的政策导向,逐步调整产品结构,积极推出票据类产品、加大研发T+0开放式理财产品、推出净值管理类产品、关注新兴市场的投资热点等,加强产品的创新能力与风险管理能力。

2004年2月,汇理财(第一期)销售。2005年7月,轻松理财品牌上市。2007年8月,浦发卓信贵宾理财品牌上市。2008年1月,引入安邦财险的安邦双赢理财产品,同时继续开展与太平人寿及中国人寿的合作,全年累计销售保险400万元,实现中间业务收入7.3万元。2010年12月,在浦银安盛沪深300指数基金的发行中,济南分行累计销售2232万元,目标完成率186%,在总行排名第一。当年,济南分行荣登《齐鲁晚报》"山东金融业服务质量调查荣誉榜",喜获"最佳财富管理银行"等殊荣。

【银行卡】

济南分行立足于中青年白领,着力打造"轻松理财"品牌宣传,联合当地知名度较高的商户开展特惠活动、积分换礼等,在济南当地产生良好的宣传效应。2002年,济南分行发行第一张东方借记卡。按客户等级分类分为"普卡、金卡、白金卡、钻石卡"四类,具有现金存取、转账结算、消费支付、个人理财等功能。截至2010年年末,个人客户总数超过34万,年末借记卡余卡总量50万余张。

六、经营管理

【资产负债管理】

2001年,济南分行制定并下发《关于印发〈上海浦东发展银行济南分行资产负债比例管理办法(试行)〉的通知》,全面实施资产负债比例管理,明确资产负债比例管理的基本原则是:总量平衡、结构对称、风险分散、目标协调。坚持稳健、审慎的经营原则,通过运用平衡总量、优化结构、分散风险的运营手段,提高全行经营管理的水平,确保全行资金运营的安全性、流动性和效益性的统一。以建立适应商业银行经营管理要求的绩效考评体系为手段,创新资源配置机制,全面提高资产负债管理水平,确保各类指标均符合监管要求。

此外,济南分行坚持对各项指标实行按月监测,按季考核,使资产负债比例在总量和结构上保持合理、优化配置,制定流动性应急预案,实现资金的安全性、流动性和盈利性的有机统一。2001年,制定下发《关于印发〈上海浦东发展银行济南分行资产负债管理委员会工作规程(试行)〉的通知》《关于印发〈上海浦东发展银行济南分行流动性风险应急处置预案(试行)〉的通知》等通知,全面推动分行资产负债工作,取得有效监控资产和负债比例结构,达到规避和化解风险,保证全行业务持续、稳健发展的成效;2003年,根据总行《关于试行〈上海浦东发展银行资产负债流动性指标监测暂行办法〉的通知》,构建全行流动性管理体系;2007年,根据总行《关于加强资产负债管理有关工作事项的通知》要求及存贷比等监管指标,进一步优化负债结构;2008年,制定下发《关于印发〈上海浦东发展银行济南分行资金管理办法〉的通知》强化资产流动性管理。

截至2010年年末,济南分行存贷比78.37%,较2001年下降87.36%;中长期贷款占比为33.58%,较2001年提高29.43个百分点;资产利润率为1.27%,较2001年上升1.68个百分点。

【风险资产管理】

2001年分行成立后,设立信贷管理部负责信贷业务的管理。2003年10月成立风险管理中心。2005年信贷管理部更名风险管理部,负责实施风险管理和授信审查审批工作。2006年4月,济南分行按照"扁平化、矩阵式"的思路进行组织架构改革,新成立风险管理部、授信审查部、信用运营中心,后来又成立资产保全部、合规部,积极构建"全行、全员、全过程"的全面风险管理的体系架构。

2001年,分行制定下发《上海浦东发展银行济南分行贷款审查委员会工作规程》,设立贷款审查委员会,贷审会是分行行长领导下的各项信贷资产业务的最高审查机构,专门从事分行本部及下属支行、各业务经营部门超越授权权限业务、疑难业务的审查。同时,分行成立授信业务审查小组,制定《上海浦东发展银行济南分行贷款审查小组工作规程》,下发《关于进一步规范信贷审批行为的通知》,建立贷审会例会制度。

同年,制定下发《上海浦东发展银行济南分行信贷风险度管理暂行规定》,建立信贷风险量化评估体系,统一信用风险评价标准;制定下发《上海浦东发展银行济南分行信贷风险资产责任认定及追究办法》,规范分行信贷风险资产责任认定及追究的流程和标准;制定下发《上海浦东发展银行济南分行信贷检查工作暂行办法》,统一信贷检查标准、明确信贷检查要求,规范信贷检查程序;制定下发《上海浦东发展银行济南分行信贷档案管理办法(试行)》,规范信贷业务档案管理行为;制定下发《上海浦东发展银行济南分行内控管理实施细则》,加强全行内控管理。

2002年,制定下发《上海浦东发展银行济南分行信贷审查工作指导意见》《上海浦东发展银行济南分行贷款审查委员会运作暂行规定》《上海浦东发展银行济南分行授信业务审查小组工作规程》;2003年制定下发《上海浦东发展银行济南分行专家审贷审查审批操作细则》《上海浦东发展银行济南分行资产业务备案审查实施细则》,进一步规范授信业务审查审批机制。

2005年,分行制定下发《上海浦东发展银行济南分行信贷风险资产责任认定及追究办法(公司金融业务)》。

2006年,分行成立《中小客户贷款审查委员会》。同年,根据总行《关于对风险管理条线〈建立重大风险事件报告及应急处理机制的暂行办法〉》,建立济南分行重大风险报告及应急机制;根据总行《关于在全行全面实施内部控制体系建设项目的通知》,成立"济南分行内控体系建设项目领导小组",负责分行内控体系建设的领导、指导、协调及控制工作。制定下发《上海浦东发展银行济南分行公司授信业务贷后管理实施细则》《上海浦东发展银行济南分行不良资产管理办法》。

2007年,分行制定下发《上海浦东发展银行济南分行风险管理委员会工作规程》,成立分行风险管理委员会。同年分行成立《个人贷款审查委员会》;制定下发《上海浦东发展银行济南分行公司客户授信调查、审查、审批基本操作流程(试行)》《上海浦东发展银行济南分行单笔授信业务审查审批规范(试行)》《上海浦东发展银行济南分行公司授信客户风险评价管理办法》《上海浦东发展银行济南分行公司授信业务风险预警管理办法》《上海浦东发展银行济南分行信贷风险资产责任认定及追究办法》《上海浦东发展银行济南分行授信问责暂行办法》。

2008年,分行制定下发《上海浦东发展银行济南分行信贷资产风险分类作业指导书》,建立公司授信业务交接制度。

2009年,分行制定下发《上海浦东发展银行济南分行个人信贷业务调查、审查、审批基本操作流程及岗位职责》《上海浦东发展银行济南分行公司授信业务担保管理实施细则》《上海浦东发展银行济南分行授信业务贷后管理实施细则》《上海浦东发展银行济南分行客户经理资产业务风险管理考核实施细则》。

2010年,分行继续完善风险管理体系建设,对《上海浦东发展银行济南分行授信业务贷后管理实施细则》《上海浦东发展银行济南分行公司授信业务担保管理实施细则》《上海浦东发展银行济南分行信贷资产风险分类作业指导书》等制度进行补充修订。

截至2010年年末,济南分行贷款不良率为0.4%,较2001年零不良率有所增加,但是低于总行下达的贷款不良率0.53%的控制目标。

【信息化管理】

2000年11月,分行装修工作全面开始。2001年5月,先后完成分行主机房、结构化综合布线、门禁系统、配电系统、防雷系统、UPS电源、安全监控报警系统、办公电话、培训中心及视频会议设施准备等多项基础设施建设。2001年7月,完成人事招聘系统、对公系统、储蓄系统、传信系统、汇表系统、中国人民银行同城交换系统、中国人民银行信贷登记咨询系统、中国人民银行账户管理系统、浦发银行资产负债管理系统等系统的安装及上线工作。2002年,在中国人民银行和浦发银行总行的指导和推进下,完成中国现代化支付系统前期准备及系统集成工作。2003年4月,完成中国现代化支付系统测试及上线运行。2003年,上线总行统一建设的核心大前置 IPP 系统和前台 COP 系统,并根据总行要求负责日常维护。2007年,上线运行总行统一建设的业务集中系统(主要包含:工作流处理、影像平台及 OCR、提回外挂系统、验印系统、全国支票影像系统、报表系统等子系统),并根据总行要求负责日常维护。

【自助服务】

2001年,济南分行营业部开业时,投置首批2台 ATM 机;2008年11月,在英雄山路和商贸学校西校两处设立离行式自助银行;2008年11月,在东亚商城设立离行式自助银行;2009年3月,在张庄路、锦绣泉城、泺口服装城三处设立离行式自助银行;2010年,新开7处单体网点,签约缤纷五洲和银座玉函店两家离行自助银行,对5处长期低效设备进行调整,至2010年年末自助设备达149台,开机率90%以上,月台均交易量1344笔,实现本代他收入203万元。

【电子银行】

2008年,网银交易量累计约50万笔,交易金额达27.6亿元;个人网银签约户达46764户,新增签约20413户。2009年,个人网银签约户达60677户,新增签约13913户。2010年,电子银行客户达到73915户,其中个人网银客户71395户,手机银行客户2520户,当年新增电子银行有效客户20997户。

【人员管理】

济南分行成立之初,即实施全员合同聘用制。2002年,从业人员140人,均为合同聘用制员工。2010年年末,从业人员增至753人,其中正式员工706人,劳务派遣员工47人;其中,具有本科学历534人,占比71%;具有硕士及以上学历138人,占比18%,具有中、高级职称290人,占比39%。

表 8-16-1　2010 年年末济南分行所辖网点一览表

网点名称	地　址	沿　革
分行营业部	济南市历下区黑虎泉西路139号	济南分行于2001年9月3日正式成立,同日济南分行营业部正式对外营业,营业地址为济南市历下区解放路165号中豪大酒店一层。2010年1月1日迁入济南市历下区黑虎泉西路139号浦发大厦
市中支行	济南市市中区纬二路84号	济南市中支行成立于2001年12月29日
山大路支行	济南市历城区山大路126号	济南山大路支行成立于2001年12月29日
市南支行	济南市经十一路14号	济南市南支行成立于2002年4月28日
泉城路支行	济南市历下区泉城路366号	济南泉城路支行成立于2002年9月12日
舜耕支行	济南市市中区八里洼路21号	济南舜耕支行成立于2003年6月6日
和平路支行	济南市历下区和平路55号	济南和平路支行成立于2004年7月1日
花园支行	济南市历城区花园路170号	济南花园支行成立于2005年9月30日
槐荫支行	济南市槐荫区经十路454号	济南槐荫支行成立于2008年1月18日

〔续表〕

网点名称	地 址	沿 革
市北支行	济南市天桥区济洛路92号	济南市北支行成立于2008年11月26日
开发区支行	济南市高新开发区舜华路1696号	济南开发区支行成立于2009年4月21日
经十路支行	济南市历下区经十路38号	济南经十路支行成立于2009年11月2日
淄博支行	淄博市张店区柳泉路45号甲3号	淄博支行成立于2008年7月16日
潍坊分行	潍坊市奎文区胜利东街4919号	潍坊分行成立于2010年1月20日
临沂分行	临沂市银雀山路43号	临沂分行成立于2010年4月29日
济宁分行	济宁市任城区洸河路16号	济宁分行成立于2010年11月29日

表8-16-2　2001—2010年济南分行负责人任职情况表

行　长		副行长		行长助理	
姓　名	任职时间	姓　名	任职时间	姓　名	任职时间
耿光新	2001年8月—2013年7月	刘　华	2000年12月—2013年10月	孔　建	2004年2月—2007年4月
		鞠维萍	2001年8月—2005年2月	潘丽宏	2006年9月—2010年11月
		孔　建	2007年4月—2013年9月		

第十七章　成都分行

上海浦东发展银行股份有限公司成都分行(以下简称成都分行)于2002年3月28日成立,是浦发银行在四川地区设立的一级分行,办公地址位于四川省成都市成华区二环路东二段22号。

截至2010年年末,成都分行存款余额647.42亿元,贷款余额457.42亿元;外币存款余额1 053.77万美元,贷款余额494.61万美元;账面利润12.37亿元,税后净利润10.01亿元。

第一节　机构沿革

一、机构设立

2000年3月26日,根据总行指示,成都分行筹备工作小组在成都岷山饭店正式成立。
2000年4月7日,总行向中国人民银行成都分行申请筹建上海浦东发展银行成都分行。
2001年11月14日,中国人民银行成都分行批准,分行正式开始筹建工作。
2002年3月12日,中国人民银行成都分行批准分行开业,2002年3月28日,分行正式挂牌对外营业;2002年5月18日,分行在成都市锦江宾馆举行答谢全川各界暨项目合作签约仪式。

二、内设部门

分行2002年开业时,组织架构包括办公室、人事部、资金财务部、风险管理部、信息科技部、外汇业务部、个人金融部、公司金融部、营业部、营销部。

截至2010年年末,分行组织架构包括办公室、人力资源部、资金财务部、财务会计核算中心、合规部、审计特派办、风险管理部、授信审查部、贸易金融部、银行卡及渠道部、信息科技部、零售业务管理部、个人银行发展管理部、个银信贷管理部、个银财富管理部、公司银行业务管理部、公银产品管理部、公银中小客户部、公银业务管理部、运营管理部、信用运营中心、卡中心、营业部、营销部、大客户部。

第二节　业务经营

一、人民币资产

2002—2010年,成都分行在配置信贷资源时充分考虑四川省经济社会发展特点和产业特色,提出紧跟地方主流经济发展,坚持"有所为、有所不为"。在区域优势行业中选择市场发展空间巨大、前景好,行业内金融资源丰富且具备相当开发基础的优势行业作为核心发展行业,明确市场、客户、业务拓展方向。同时加大对中小企业授信介入、支持、培育的力度。既满足客户的多种金融服务需求,也达到自身资源的合理配置和协调发展,有力支持和推动四川经济跨越式发展,较好地完成总行下达的年度经营任务和分行"一年起好步,三年打基础,五年上台阶"战略规划要求的阶段性目标。

2002年,成都分行开启征程。以"高质量、高速度、低风险"为经营方针。首先是坚持投放与存款的稳定相结合,实现存、贷平衡。以增存为基础,对已授信的客户该投就投,打足到位,从而培育一批1 000万元—3 000万元存款规模的中型客户作为分行业务的流量支撑。其次是积极推出VIP客户服务方案,做好服务特色。初步形成基本类客户基础坚实、战略性客户冒尖突出的客户结构格局。最后是把外汇业务办成一个新的业务增长点。年末,人民币贷款时点余额26.39亿元。

2003年,分行以"稳存增贷,毫不松懈地抓好维护、挖潜工作"为经营方针,工作重点是:对需要增加综合授信额度的企业,结合市场发展预测,在整体把握情况、控制风险的基础上,制定综合营销方案,积极拓深内延营销;继续挖掘企业上下游客户,积极拓展外延营销。年末,人民币贷款余额46.76亿元。

2004年,分行以"稳定存量、优化增量、调整结构、夯实基础"为经营方针。该年是开业以来极为艰难的一年。在这一年里,经历国家的宏观调控经济降温;企业资金断链风险上升;总行加强流动性管理及结构调整转型工作;外部监管和总行全面业务稽核等诸多矛盾和困难叠加。8月14—15日,分行在峨眉山召开半年工作会议,会议统一了思想,确定新阶段工作重点:调整转型,综合营销,坚决贯彻总行全面树立资产营销观念的要求,以改善信贷资产结构、提高资金收益率为目标,注重规模增速同时兼顾效益增长。年末,人民币贷款余额59.76亿元。

2005年,分行以"务实调整,有效发展,推动经营管理再上台阶"为经营方针。工作重点是:调整存量结构,实现客户结构的优化,防范风险,提高效益;调整业务品种结构,改善贷款利差收入占比过重、对现有客户竭泽而渔的状况;优化增量,通过培育优质客户、调整产品结构等工作,创造有利条件,实现行业客户向综合客户的转化、信用存款向流量存款的转化、利差收益向服务收益的转化。为此目标,分行重点推动以"开按卡"封闭联动为主要形式的楼盘按揭业务;大力发展循环低险高效的国际业务;加大流量型业务产品的营销推进;积极探索个人经营性贷款业务的发展路子。年末,人民币贷款94.76亿元。

2006年,分行以"观变守安,科学发展,确保经营改革保持良好状态"为经营方针。即认真分析和主动顺应客观形势,在保持稳定、保持状态的前提下,坚持做实客户、做实市场,实现平衡发展、循环发展,做到在复杂局面下,以不变应万变。工作重点是:把有效客户开发作为首要任务来抓,当年明确有效客户标准,指符合"四实二项"("四实"即客户实、保证方式实、法律合同实、后手实;"二项"指商业转让手段具备、法律手续完备)要求的安全客户和有贡献(即增加存款、增加利润)的客户;在风险防范上坚持务实态度,努力从内在质量上控制风险,不过多地追求形式上的达标,以免企业状况恶化。年末,人民币贷款132.15亿元。

2007年,分行以"上半年抓贷款、保效益,下半年抓存款、调结构"为经营方针。年末,人民币贷款161.27亿元。

2008年,分行以"转变经营方式,夯实发展基础,扎扎实实促进业务转型"为经营方针。工作重点是:坚持在发展中调整、在调整中发展的工作思路,把工作重心放到适应形势、调整转型的布局上,以利润挖潜为中心,着力稳定状态,以四大客户群的营销突破为先导,促进有效转型。年末,人民币贷款251.34亿元。

2009年,分行以"突破放量,转型增效,稳步实现做大做强的目标"为经营方针。工作重点是:一方面积极贯彻国家启动内需、促进经济增长、有效支持地方发展的方针,另一方面防范因金融危机对市场和实体经济带来的风险;一方面坚决按总行战略布署,加快发展,做大做强,另一方面以转型增效为目标,实现又好又快发展;一方面坚持以利润为中心,加大回报,另一方面集约资源,控制人员,提升投入产出比;一方面创新突破,走向蓝海,另一方面强化合规、协调均衡、科学发展,从而实现爬坡上行、顺势而为、化危为机的目的。2月11日,由浦发银行独家承销的四川高速70亿元中期票据首期15亿元募集资金成功入账,标志着成都分行实现在西南市场债务融资工具主承销零的突破。年末,人民币贷款余额379.26亿元。

2010年,分行以"内增外控,加力转型,推动业务上档升级"为经营方针。工作重点是:坚持科学发展观,克服短期行为,实现由单一做业务向培育客户、整合市场、建立可循环、可持续发展的现代金融服务企业转变。年末,人民币贷款余额457.42亿元。

二、人民币负债

2002—2010年,面对激烈的市场竞争,成都分行突出"稳存增贷"这一中心,毫不松懈地抓负债业务。总的原则是:对资产客户存量挖潜;重点存款客户的资产业务优先;持续扩大有效客户数量。经过全行努力,分行存款规模稳居当地股份银行首位。

2002年,分行处于整体运行的实践磨合阶段。分行强调前台与后台之间要善于相互"补台",一致为客户,一体作服务。8月6日,分行发行首张东方借记卡。年末,人民币存款余额31.96亿元,创西部区域市场同类银行存款增量最高纪录、人均存款增加最好水平。

2003年,分行围绕存款"稳""升"这一重点展开工作。首先是重点稳存,通过做好做深其一揽子营销服务,加大重点客户在分行流量来主动地实现存款的稳、升。其次是新户增存,以客户数量的扩充来增加分行存款总量,同时也为客户的结构调整准备好基础。最后是深度营销,在做好大户工作的同时,特别重视对1 000万元左右存款规模的中型客户的深度营销跟进服务。7月31日,总行给分行发来贺信,祝贺存款余额突破50亿元大关。年末,人民币存款余额69.74亿元,增长速度居全行及区域银行业之首,同时分行还荣获总行2003年综合营销优胜奖、总行个金业务环行拉力赛第三名。

2004年,分行认为营销经营观念和营销作风还未完全转变,表现在营销上存在"疲、滑、飘、差"现象,因此分行通过峨眉山会议,统一思想,转变观念,摒弃表外拉动表内,靠派生存款发展的思想,切实去抓基础存款,提高自主开发的能力。年末,人民币存款余额87.85亿元。

2005年,分行通过对存款增长模式的调整,逐步改变以贷引存等高风险的运作模式,减少发展过程中风险的蓄积;坚持优化增量,通过优质客户开发机制的建立、产品结构的调整等工作,创造有利条件,实现行业客户向综合客户的调整、信用存款向有效存款的调整、利差收益向服务收益的调整。2月6日,分行隆重举行东方家乐福联名卡首发仪式。8月9日,分行与中信、光大、华夏、深发展、民生、兴业等七家银行成都分行正式签署合作协议,携手推出跨行"柜面通"业务。年末,人民币存款余额130.61亿元。

2006年,分行负债工作总的指导思想是:做多客户、做实业务、做出效益。一方面根据目前情况,坚持个公结合,另一方面注意优化个公结合,把个公结合点由单一的捆绑考核向交叉营销、后继营销资源共享专业配合的方向转化,把个公结合方式由单一的行政布置到流程控制方向转化,使个人银行的专业化过程更为平稳有效。为此,分行对"代发工资"、资产客户审查等流程进行调整,初步取得一定的效果。年末,人民币存款余额166.70亿元。

2007年，分行负债业务主要是根据存款市场的变化，切实组织好资金富集的大型国企、与国际资本市场对接的民企、农村资金市场三大板块的负债对接，继续做好新股直通车、第三方存管、个人理财等资本服务市场的拓展。年末，人民币存款余额232.99亿元。

2008年，分行上下和衷共济，共克时艰，经受起伏不定的经济金融形势和"5·12"特大地震的考验，工作重点主要是：加强统筹，拓展存款，改善存款工作的组织管理和统筹运作；正确处理好点与面、过程与结果、公金与个金、市场指标与综合指标的关系，坚持以点带面，抓好过程，兼顾结果；坚持个公结构，抓好市场开发，作好综合平衡。当年，分行在纯存款、流量型存款、理财存款方面有较大突破。年末，人民币存款余额309.81亿元。

2009年，分行针对"发展取向不明、发展规划单一、发展要素质量差、发展管理不适应"四大短板进行大讨论，明确近阶段工作重点是：坚持解放思想、坚持做大做强、坚持求真务实、坚持统筹突破四点共识，围绕区域领先、效益最高、口碑最好的三个目标定位，完成好目标科学适度、扩大有效客户、培育有用干部、管理监督同步等四项主要任务。年末，人民币存款余额471.14亿元。

2010年，分行负债业务的指导思想是：坚持存款兴行，强化平衡经营观念，实现由做存款向建立可持续、绿色真实的存款生成机制的转变；坚持集中优势，强化统筹指导，实现营销组织方式由单打独斗向协同配合、相互支撑方向转变。在负债营销过程中，分行认真开展"三摆三查三比"活动，优化统筹营销，提升竞争能力，突出重点，实现负债业务有效突破。年末，人民币存款余额646.72亿元。

三、中间业务

2007—2010年，成都分行不断提高银行卡结算、票据业务、担保及承诺等基础业务的服务水平。在金融创新方面，先后开展银团贷款业务、远期结售汇业务、银关通业务等新型业务，同时大力拓展理财及咨询、托管、代理等新兴金融业务。中间业务收入在四川区域全国性股份制银行中稳定保持前三名。

四、银行卡

2002年，成都分行开业之际，推出智能型金融卡——东方卡；2005年，与成都市家乐福联合推出"东方卡-家乐福"联名卡；2006年，发行国内首张融合消费延期支付和理财功能的借记卡——轻松理财卡；2007年，在轻松理财卡的基础上推出"卓信白金卡"，成为"浦发卓信"这一高端客户服务品牌的载体。

五、经营管理

【资产负债管理】

2002年起，浦发银行成都分行坚持"以准求进、以稳求快、以强求大、以和求顺、以变求存"的方针，凭借优良的品牌、灵活的机制、高效的运作、优质的服务、优良的团队和前瞻的定位，创造"高速、高效、低险"的经营佳绩。

分行在资产负债管理过程中,纠正三种倾向,端正态度认识。即纠正在营销经营上片面追求指标而忽视市场拓展的倾向;纠正在运行机制上只抓计划决策和结果考核而轻视中间流程的倾向;纠正在工作中只谈企业需求忽视社会责任的倾向。完善三大节点,实现有效突破。即从分行层面统筹,抓好对各部门行为能力的综合考核评定,提高工作效率;以明确管理部门指导职能入手加强基层行建设。抓好三大重点,做好转型发展,即以产品创新为重点,做好新产品的开发和推广;以大中小型客户分类为重点,突破市场开发;以基层建设为重点,提高团队的营销能力和导向能力。完善三大手段,提高内控水平。即完善对不规范操作的集中整治;完善分行季度例检工作制度;完善对常态运行管理的机制建设。

【资产风险管理】

成都分行成立后就组建风险管理部,主要职能是建立风险管理机制、制定风险政策、授信业务审查审批、贷后管理、信贷信息统计等。2006年为进一步细化职能,分行将授信业务审查审批工作从风险管理部分离出来,成立授信审查部。风险管理部、授信管理部各司其职,加强风险管理。

【信息化管理】

2002年,在中国人民银行和浦发银行总行的指导和推进下,成都分行在系统内第一批建设完成现代支付系统(MBFE)的大额支付系统,并于2003年完成小额支付系统上线。该系统根据中国人民银行要求由浦发银行总行统一建设,成都分行根据总行要求实施上线运行并负责日常维护。

2003年,成都分行上线运行总行统一建设的核心大前置系统(IPP),并根据总行要求负责日常维护。2007年,上线运行总行统一建设的业务集中系统(主要包含:工作流处理、影像平台及OCR、提回外挂系统、验印系统、全国支票影像系统、报表系统等子系统),并根据总行要求负责日常维护。

【自助服务】

2002年3月,成都分行营业部开业时,首批2台ATM机投产。2003年9月,在成都讯捷通讯城设立第一家自助机构。2010年年末,ATM机达82台,当年交易量达215 786.75万元;离行式自助机构34家,交易量达92 831.32万元。

【电子银行】

2004年3月,成都分行开通网上银行,通过因特网向个人客户提供7×24小时全年无休的远程个人金融服务,业务涵盖除现金类业务外的账户管理、存款、汇款、理财、网上支付、资金归集、外汇、贷款融资等所有非现金个人金融服务。2009年5月,开通手机银行WAP版。

【人员管理】

2002年年末有正式员工61人,非正式用工(代办员)7人。2010年年末有正式员工444人,派遣员工3人。

表 8‐17‐1　2010 年年末成都分行所辖网点一览表

网点名称	地　址	沿　革
成都分行营业部	成都市成华区双林路 288 号附 1 号	成都分行于 2002 年 3 月 22 日正式成立,同日成都分行营业部正式对外营业,营业地址为成都市双林路 98 号附 1 号;2008 年 7 月 9 日迁址至成都市成华区双林路 288 号附 1 号
科华支行	成都市科华北路 153 号宏地大厦	科华支行成立于 2003 年 10 月 31 日
石室支行	成都市文翁路 126 号	石室支行成立于 2004 年 3 月 15 日
顺城支行	成都市顺城大街 229 号附 1 号	顺城支行成立于 2004 年 7 月 2 日
双楠支行	成都市武侯区大石西路 111 号	双楠支行成立于 2005 年 11 月 29 日
锦都支行	成都市青羊区通惠门路 1 号锦都印象一期 A 幢商务大楼底层	锦都支行成立于 2006 年 8 月 18 日
蜀汉支行	成都市金牛区蜀汉路 520 号"千和馨城"商务公寓一楼	蜀汉支行成立于 2007 年 4 月 28 日
通锦支行	成都市金牛区马家花园 1 号"润和百通大厦"	通锦支行成立于 2007 年 12 月 11 日
绵阳分行	绵阳市涪城区临园路中段 86 号	绵阳分行成立于 2008 年 8 月 15 日
都江堰支行	成都市都江堰市都江堰大道 217 号"丽水商厦"一层	都江堰支行成立于 2008 年 9 月 1 日
金沙支行	成都市青羊区蜀源路 1 号"华府金沙"1 号楼	金沙支行成立于 2009 年 6 月 26 日
温江支行	成都市温江区柳城大道西段 218 号	温江支行成立于 2009 年 10 月 30 日
乐山支行	乐山市中区凤凰路中段 329 号铁人大厦 1—2 层	乐山支行成立于 2009 年 12 月 16 日
邛崃支行	成都市邛崃市文庙街"临邛世家"一层 48—54 号	邛崃支行成立于 2010 年 4 月 14 日
内江分行	内江市东兴区大千路 660 号	内江分行成立于 2010 年 9 月 20 日
龙泉支行	四川省成都市龙泉驿区北泉路 186 号	龙泉支行成立于 2010 年 12 月 31 日

表 8‐17‐2　2002—2010 年成都分行负责人任职情况表

行　长		副行长		行长助理	
姓　名	任职时间	姓　名	任职时间	姓　名	任职时间
顾　亮	2002 年 3 月—2003 年 5 月	王　兵	2002 年 3 月—2003 年 5 月	王　军	2007 年 10 月—2010 年 7 月
王　兵	2003 年 5 月—2016 年 8 月	李卫星	2002 年 3 月—2005 年 8 月	朱朝华	2007 年 10 月—2010 年 1 月
		盛宗迅	2002 年 3 月—2007 年 7 月		
		秦言辉	2002 年 3 月—2016 年 8 月		
		许承斌	2007 年 10 月—2017 年 4 月		

第十八章　西安分行

上海浦东发展银行股份有限公司西安分行(以下简称西安分行)于2002年4月6日成立,是浦发银行在陕西省设立的一级分行,营运资金1亿元,实行三级组织管理体系,办公地址位于西安市北大街29号。

截至2010年年末,西安分行存款余额477亿元,贷款余额307亿元;外币存款余额0.96亿美元,贷款余额1.13亿美元;经营利润8.25亿元。

第一节　机构沿革

一、机构设立

2001年2月,经中国人民银行西安分行批准,浦发银行西安分行开始筹建。

2002年4月6日,西安分行挂牌开业。分行成立以来,在总行战略规划指引下,秉承"笃守诚信、创造卓越"的核心价值观,坚持"以客户为中心"的经营方针,坚持"大公司""大零售"齐头并进,规模效益同步增长,份额和排名同步提升,形象和品牌广泛认可的市场定位,把自身发展和陕西经济发展紧密结合起来,不断加大对陕西区域经济发展的信贷支持力度,积极探索符合陕西区域经济特点的发展之路。

二、内设部门

2002年,分行成立初期,内设办公室、稽核、资金财务、市场营销、风险管理、电脑、营业部7个部门。半年后,把内设部门调整为三类,即管理类设办公室、资金财务、信息科技、风险管理、公司金融、个人金融、会计部7个部门;经营管理类设国际业务部、票据中心(属于资金财务部的二级部)2个部门;经营类设营销一部至六部和营业室7个部门。

2003年,在办公室下设人力资源部(二级部门),营销一部至六部更名公司业务一部至六部,增设公司业务七部。

2004年,人力资源部独立分设为一级部门,增设公司业务八部、个贷中心。

2005年,增设公司业务九部、十部,票据中心。

2006年,增设公司业务十一、十二、十三、十四部和个人理财一部。

2007年,根据总行业务条线改革要求,公司金融部更名公司银行业务管理部;国际业务部更名公司银行贸易融资部;增设中小客户部、公司银行产品部、公司业务十五部;撤销个贷中心,成立个人信贷部。

2008年,公司银行贸易融资部更名公司业务贸易金融部;个人金融部更名个人银行发展管理部;会计部更名运营管理部;增设合规部、金融机构、现金管理中心。

2009年,撤销个人理财一部;现金管理中心更名运营支持部;中小客户部更名中小企业经营中心。

2010年,增设个人住房信贷业务、个人经营信贷业务、个人消费信贷业务三个中心,成立公司业务授信审查部,并设立总行审计特派办。

截至2010年年末,分行共设置51个部门,其中结算支持部门14个(含运营支持部),专职营销部门17个,专营部门(中心)8个,管理部门12个(含审计特派办)。

第二节 业务经营

一、人民币资产

分行积极倡导绿色信贷,坚持可持续发展的道路,以支持地方经济发展,推进银企共赢、银政共赢为目标。贷款重点投向采矿业、制造业、公共管理、交通运输业、房地产业等区域优势行业和项目。

2002年,分行开业当日与陕西省高速公路建设集团公司签订临潼—潼关高速公路收费权质押贷款合作协议,协议总金额50亿元。年末,人民币各项贷款24.62亿元,其中对公贷款17.48亿元,个人贷款0.14亿元,票据贴现7亿元。

2003年至2006年,分行在拓展业务的同时调整客户结构,加大对优质客户的营销与合作;以改善信贷资产结构、提高资金收益率为目标,注重规模增速同时兼顾效益增长;加大信贷投入,主要投向城市基础设施建设、电力等行业领域;以公司客户贷款业务为突破口新增西安市基础设施建设投资总公司3亿元贷款,与延长石油开展业务合作;与延安城投公司签署框架性授信业务合作协议,

图8-18-1 2005年6月1日,西安分行开展"东方卡之春情暖四月天"聋哑学校捐助仪式

向山西鲁能河曲发电、陕西银河榆林发电、陕西岚河水电开发、陕西汉江投资开发有限公司发放贷款6.75亿元。

2007年，信贷投向基础能源、科教文卫等优质大型项目，与陕西煤业化工集团、陕西省天然气股份有限公司、陕西广电网络、陕西财经职业技术学院、曲江土地储备中心等合作，参与陕西广电网络银团贷款、项目融资贷款等。年末，各项贷款107.59亿元，其中对公贷款92.51亿元，个人贷款15.07亿元，票据贴现0.01亿元。

2008年至2009年，信贷政策向汶川地震受灾地区倾斜，向陕西省公路局发放2亿元灾后重建贷款，加大对受灾地区电力电网、公路交通、煤炭油运等重点基础设施信贷支持力度；11月，与系统内郑州分行组成银团，参与国家重点铁路项目"郑西客运"30亿元银团贷款；促成浦发银行与陕西煤业化工集团签署总对总战略合作协议，达成100亿元授信意向合作框架。

2010年，分行对经济技术开发区草滩基地、高新技术开发区基础设施、西安港务区、航天基地等西安市重点区域基础设施建设累计授信84亿元；获得西安地铁三号线项目银团贷款副牵头行资格。年末，各项贷款296.21亿元，其中对公贷款240.02亿元，个人贷款56.06亿元，票据贴现0.13亿元。

二、同业资产

2002年，分行开始办理同业资产业务，为存放当地金融机构的同业清算款项和转贴现业务，年末存放同业余额0.32亿元，转贴现5.84亿元。2006年、2007年，分行开展拆放同业业务，年末拆放同业余额分别为1.5亿元、1亿元。2008年，年末存放同业余额2.16亿元，转贴现业务6.25亿元，2008年之后再无新的拆放同业业务发生。2009年7月，总行资金管理模式由上存下借调整为集中统一管理，部分同业资产业务受到限制，年末存放同业余额0.18亿元，转贴现业务7.46亿元。

三、外币贷款

2002年，分行开办外币贷款业务，年末外币贷款余额83.45万美元。2003年至2009年，分行加大贸易融资类业务开展，主要是进出口押汇、代付、福费廷贷款业务，此外，全面开展外币流动资金贷款业务。2010年，外币贷款主要是外币流动资金贷款业务、出口商业发票融资、出口托收贷款、信用证项下信托收据贷款等，年末各项贷款余额11 283.36万美元。

四、人民币负债

分行选择适合发挥分行特点、成长性好的区域龙头及中小型客户，加大产品加载力度，提升金融服务水平，存款规模、客户群体不断壮大。形成以财政事业存款为主体，公积金、高等教育、个金代发、"四行通"（中信、华夏、民生、浦发）为标志的经营特色。

2002年，分行以客户为中心，重点积累财政事业客户、高等院校等抗风险周期公存客户，并通过代发工资业务稳定拓展个人客户。年末，各项人民币存款余额26.16亿元，其中对公存款25.24亿元，储蓄存款0.92亿元。当年，分行开办同业存款业务，主要为当地金融机构的同业存款、与中国人民银行的再贴现等业务，年末同业存款余额2.28亿元。2004年，西安分行入围陕西省、西安市两级财政国库集中支付代理银行。

2005年至2009年,分行陆续与西安市经开区、浐灞管委会签订合作协议;与西安市住房公积金中心及西铁系统、东方集团、西电集团等企业签订合作协议;促成总行与陕西省劳动保障厅战略签约;开立西安市公积金西铁分中心归集账户;与莲湖区等五个城改办签约,承办其资金监管业务,并与省内交大、西财、培华、外事等高校开展合作;中标西安市市级财政支出专户业务,年资金支出额逾10亿元。2008年,与陕西省农村信用社联社及其分支机构建立全面合作关系,年末同业存款余额78.5亿元。

2010年,分行与省域龙头企业延长石油、陕煤、有色、能源等企业集团的合作关系进一步密切,并促成总行与省教育厅战略签约。同年,与西安市城改办签订独家代理城改监管资金协议,开立监管账户存量超过50户。当年,代发个人账户24万多户,代发金额52.6亿元,在全国浦发银行系统排名前10位;日均5万元以上有价值客户公存户超过3 000户,个人有效客户突破40万户。年末各项人民币存款470.92亿元,其中对公存款380.08亿元,储蓄存款90.84亿元。

五、外币存款

2002年,分行开办外币存款业务,主要是三资企业、三来一补企业、承担劳务出口的建筑安装企业以及进出口贸易公司的存款。年末各项外币存款余额4 223万美元,包括美元、英镑、欧元、日元和港币等币种。截至2010年年末,外币存款余额0.96亿美元,其中对公存款0.87亿美元,储蓄存款900万美元。

六、中间业务

西安分行以客户为导向,坚持把中间业务作为战略核心,实施资源重点支持,积极开展产品创新,完善激励约束机制,带动结算业务、咨询顾问、代理业务、综合理财、担保及承诺、银行卡等业务发展。

七、经营管理

【资产负债管理】

2002年,分行全面实施资产负债比例管理,建立以"自主经营、自负盈亏、自担风险、自我约束、自求平衡、自我发展"为基本内容的商业银行运行机制,对所经营的各类资产和负债实施科学化、规范化的管理;坚持分类指导,加强资金的集中统一营运,优化负债结构,提高资金使用效益;以建立适应商业银行经营管理要求的绩效考评体系为手段,创新资源配置机制,全面提高资产负债管理水平,确保各类指标符合监管要求。

此外,分行坚持对各项指标实行按月监测,按季考核,使资产负债比例在总量和结构上保持合理、优化配置,实现资金的安全性、流动性和盈利性的有机统一;2002年至2010年,陆续制定下发《上海浦东发展银行西安分行资产负债管理委员会工作规程》《关于试行〈上海浦东发展银行资产负债流动性指标监测暂行办法〉的通知》《西安分行积极推进同业存款业务发展指导意见》,推动全行资产负债工作,取得有效监控资产和负债比例结构,达到规避和化解风险,保证全行业务持续、稳健发展的成效。

截至2010年年末,西安分行存贷比达63.6%,较2002年上升3.98%;中长期贷款占比为

317.10%,较2002年下降3673.16个百分点;资产流动性比率为3.34%,较2002年下降15.54个百分点;资产利润率为1.46%,较2002年上升1.45个百分点。

【资产风险管理】

2002年,分行内设风险管理部,由其负责实施风险管理工作;同年,根据总行授权,实施专业审贷制度及操作细则,并成立风险管理委员会。

2003年,设立信贷审查委员会,贷审会是浦发银行西安分行各项信贷业务的最高审查机构,专门从事分行各授信业务部门及支行超信贷审批权限信贷业务的审查工作。贷审会由分行行长领导,并接受分行风险管理委员会的指导与监督。同年制定下发《上海浦东发展银行西安分行信贷业务审查、审批、发放工作规程(试行)》,规范全行对公授信业务的审查、审批、办理和贷后检查的操作流程,明确各环节的工作职责和工作要点。

2005年至2006年,分行陆续制定下发《关于修订〈上海浦东发展银行西安分行信贷审查委员会工作规程〉的通知》《上海浦东发展银行西安分行对公授信业务审查、审批、办理和贷后检查操作流程》,逐渐理顺分行对公授信业务的审查、审批、办理和贷后检查的操作流程,明确各环节的工作职责和工作要点。2006年,分行建立重大风险报告及应急机制。2008年,分行成立"内控体系建设项目领导小组",负责分行内控体系建设的领导、指导、协调及控制工作。

2010年,继续完善风险管理体系建设,先后设立信贷审查委员会、风险管理委员会、风险管理部、授信审批部、合规部。风险管理委员会和信贷审查委员会,严格按照总行"集体审议、集体决策"以及"专业审查、集体审议、独立表决"的原则行使职责。同年,在总行优化授信流程改革试点工作中,因西安分行授信管理机制建设较完善、授信审查人员配置达标、贷审会运作规范、尽职调查和授信审查报告质量较高、外部监管评价较好等,被浦发银行总行确定为部分授信业务直接审批制度全国试点10家分行之一。

截至2010年年末,西安分行贷款不良率为0.16%,较2002年零不良率有所增加,但低于总行下达的贷款不良率1.5%的控制目标。

【信息化管理】

2002年,分行在系统内第一批建设完成现代支付系统(MBFE)的大额支付系统,并于2006年完成小额支付系统上线。2002年,分行营业部开业时,投置首批3台ATM机。2003年,上线运行总行统一建设的核心大前置系统(IPP),并根据总行要求负责日常维护。2004年,上线运行总行统一建设的业务集中系统(主要包含:工作流处理、影像平台及OCR、提回外挂系统、验印系统、全国支票影像系统、报表系统等子系统),并根据总行要求负责日常维护。2007年,上线运行总行统一建设验印系统,并根据总行要求负责日常维护。2010年年末,ATM机达140台,当年交易量达334 693.28万元;自助机构达14家,交易量达70 285.59万元。

【电子银行】

2004年3月,分行开通网上银行,通过因特网向个人客户提供7×24小时全年无休的远程个人金融服务,业务涵盖除现金类业务外的账户管理、存款、汇款、理财、网上支付、资金归集、外汇、贷款融资等所有非现金个人金融服务。2009年5月,开通手机银行WAP版。截至2010年年末,网银客户达74 527户,当年实现交易金额达71.69亿元;手机银行签约客户达5 238户。

【人员管理】

西安分行成立之初,即实施全员合同聘用制。2002年,从业人员46人,均为合同聘用制员工。2010年年末,从业人员增至470人,全部为合同聘用制员工;其中,具有本科学历320人,占68%;具有硕士及以上学历98人,占21%,具有中、高级职称41人,占9%。

表8-18-1 2010年年末西安分行所辖网点一览表

网点名称	地址	沿革
西安分行	西安市高新区锦业路6号绿地中央广场智海大厦	西安分行经人行批准,于2002年4月正式成立,原址为北大街29号,2014年11月搬迁至高新区锦业路6号
西安未央路支行	西安市未央区未央路130号	未央路支行于2004年6月30日成立
西安唐延路支行	西安市高新区唐延路45号陕西投资大厦主楼一层	唐延路支行于2010年12月29日成立
西安西稍门支行	西安市莲湖区西关正街258号御笔华章大厦A栋一层	西稍门支行前身为钟楼支行,于2003年6月16日成立
西安友谊东路支行	西安市碑林区友谊东路33号陇海路易商务酒店	友谊东路支行于2007年10月16日成立
西安长乐路支行	西安市新城区长乐西路99号双鱼商城一层	长乐路支行于2010年5月26日成立
西安高新开发区支行	西安市高新区高新路51号高新大厦1—2层	高新开发区支行于2003年9月16日成立,为分行在高新区内设立的第一家支行
太白路支行	西安市碑林区太白北路199号太白星座大厦一、二层	太白路支行前身为大庆路支行,于2007年1月19日成立
西安桃园路支行	西安市莲湖区桃园路105号	桃园路支行于2005年12月16日成立
长安南路支行	西安市雁塔区长安南路449号陕西丽融大厦一层	长安南路支行于2008年9月16日成立
东关正街支行	西安市碑林区东关正街18号西厦大厦一层	东关正街支行于2008年1月9日成立
宝鸡分行	宝鸡市高新大道69号	2009年2月26日成立,前身为宝鸡支行,于4月10日正式升格为宝鸡分行
榆林分行	榆林市高新区建业大道与桃李路西南角莱德大厦一、二楼	2010年9月29日成立

表8-18-2 2002—2010年西安分行负责人任职情况表

行长		副行长		行长助理	
姓名	任职时间	姓名	任职时间	姓名	任职时间
杨志辉	2002年3月—2010年12月	向瑜	2002年3月—2009年5月	蔡为国	2002年3月—2004年7月
		蔡为国	2004年3月—2010年12月		

〔续表〕

行　长		副行长		行长助理	
姓　名	任　职　时　间	姓　名	任　职　时　间	姓　名	任　职　时　间
		吴晓峰	2009年12月—2010年12月		
		钟玉明	2009年12月—2010年12月		

第十九章 沈 阳 分 行

上海浦东发展银行股份有限公司沈阳分行(以下简称沈阳分行)于2002年6月28日成立,是浦发银行在辽沈地区设立的一级分行,办公地址位于沈阳市沈河区一环内奉天街326号。

截至2010年年末,沈阳分行存款余额338.35亿元,贷款余额242.73亿元;外币存款余额7 888.3万美元,贷款余额2 758.48万美元;经营利润5亿元。

第一节 机 构 沿 革

一、机构设立

2002年6月28日,浦发银行沈阳分行成立。

2003年9月8日,沈阳泰山支行正式对外营业,标志着浦发银行扎根辽沈、布局发展的开始。

2004年,相继在沈河、和平、大东核心城区主要路段开业三家营业网点,浦发蓝成为沈城一道靓丽的风景线。

2005年,铁西支行、和平支行正式对外营业,完成市内五区的网点布局,基本确立"区域内最好股份制商业银行"的发展目标。

2009年,首家异地分支机构——辽阳支行开业,开启省内布局发展之路。

2010年,浦发银行沈阳分行完成新办公楼的建设并正式投放使用,品牌影响力得到全面提升。截至2010年年末,分行共有16家辖属营业网点,其中包括1家营业部,13家同城支行,2家异地分支行。

二、内设部门

建行之初,分行将总行扁平化、矩阵式组织架构要求融入分行建设中。2002年2月,分行设立风险部、营销部、公金部、个贷部、中小企业部、运营与科技部。

2005年,分行个人金融部内部增设管理中心、电子银行中心、个人理财中心、个人贷款中心四个二级机构。2006年,分行已经按照总行部署完成扁平化矩阵式组织架构的建设工作。

2007年,分行对原有公银市场营销部进行重组,在人员整合的基础上成立公司银行业务一至九部。

2008年,涵盖风险、公金、个金三个条线的内控体系文件进入试运行阶段。分行调整公司银行业务三部为分行营业部公司银行业务营销部;个人银行营销一部、二部调整为营业部个人银行营销一部、二部;撤并公司银行业务六部。

2010年,副行长陈慧、石志平共同主持召开分行个银条线与运营条线推动支行网点由传统服务型网点向销售型网点转型工作协调会议,分行组织架构进一步调整。

第二节 业务经营

一、负债业务

2002—2010年,浦发银行沈阳分行负债业务快速发展,本外币存款余额稳步增长。2002年年末存款余额近50亿元,创利300万元,其中一般性存款增量占全市13家商业银行本外币存款增量的18%,位居沈阳市股份制商业银行首位。2002年7月,沈阳公用发展股份有限公司汇入分行一笔金额为29 999 800港元的汇入汇款业务,这是分行第一笔汇入汇款业务。截至2010年12月,分行存款突破300亿元。

二、资产业务

2002—2010年,浦发银行沈阳分行紧密围绕中央、辽宁省委、总行党委战略部署,资产业务发展迅速,业务种类和数量稳步增长。开业当年,累计发放对公贷款合计折合人民币358 758万元(含贴现、押汇);累计办理银行承兑汇票合计人民币250 670万元,累计开立信用证合计折合人民币1 196万元,办理委托贷款3 000万元。2003年,分行同工商银行、广东发展银行与华晨宝马举行融资合同签字仪式。2007年,中小客户部成功办理首笔厂商银融资业务。2008年,分行作为主承销商为发行2008年第一期3亿元人民币短期融资券。

图8-19-1　2006年4月18日,沈阳分行承办辽宁省企业年金推进会

2008年,大东支行成功办理首笔低风险业务,并成功受理一笔个人存单质押开立银行承兑汇票50万元的业务。当年,大东支行成功办理代理同业开信用证业务1 643.5万美元,同时吸收人民币保证金存款1.3亿元。当年,分行票据交易3.14亿元,全年票据转贴现业务累计发生额达44亿

元,票据回购业务累计发生额达95亿元,在系统内名列前茅。2009年,铁西支行为特变电工办理500万元商业汇票代理贴现,成为分行首笔商业汇票委托代理贴现业务。

三、其他业务

【代理业务】

2002年,保监会正式批准分行保险兼业代理资格,"金牛保险"作为分行第一个中间业务代理品种正式上柜发售。2006年,分行与沈阳海关、中国电子口岸签署网上支付税费合作协议,正式启动分行银关通业务。

【托管业务】

2005年,分行与太平人寿保险公司辽宁分公司企业年金合作协议签约成功。2006年,分行与抚顺矿业集团有限责任公司正式签署企业年金账户管理服务协议,这是继铁法煤业集团之后又一大型企业与分行正式确立企业年金业务合作服务关系。2010年,分行与客运集团沈阳出租汽车总公司下属的四家分公司正式签署企业年金协议。

【银行卡业务】

2003年,分行举行以"东方卡刷新生活"为主题的东方卡首发仪式暨东方卡大型促销推广活动,标志着分行东方卡正式登陆沈城。2005年,举行"引领时尚生活,尽享购物优惠"东方新玛特联名卡首发式。2008年,举行"浦发-华府"联名卡首发仪式。2006年,分行中间业务缴费平台上线。2009年,分行信用卡直销团队正式组建成立并上岗作业。2010年,分行以年度新增账户量6242户、指标完成率156%的成绩获系统内年度目标达成奖第二名、账户量贡献奖第四名两个奖项。

【国际业务】

2008年,沈阳分行全面完成全年8亿美元国际结算计划指标。2010年,成功引入辽宁省首笔跨境人民币资本金8060万元;办理首笔电子商业汇票业务;首单代理黄金买卖清算业务,累计交易金额达5亿元。

【理财业务】

2006年,浦发"轻松理财"品牌在"沈阳首届金融文化节暨投资理财博览会"评比中,成为最具影响力和最具认知度的十佳品牌之一。2008年,启用浦发贵宾理财中心,标志着"浦发卓信"高端理财服务品牌登陆沈阳,个人理财服务进入标准化时代。

四、经营管理

【资产负债管理】

自2002年成立开始,沈阳分行科学化管理各类资产和负债,使资产负债比例在总量和结构上保持合理,保证资金的安全、流动和盈利。根据总行《关于试行〈上海浦东发展银行资产负债流动性指标监测暂行办法〉的通知》《关于加强资产负债管理有关工作事项的通知》《关于开展2010年负债业务专项活动的通知》,持续推动资产负债业务发展,提高资产负债管理水平。

【资产风险管理】

分行成立风险管理部,主要职能是风险政策指导、授信业务的审查审批、贷后检查、信贷业务统计等。之后又拆分出来授信审查部,职责划分更加明晰。2005年6月28日,沈阳分行成立三周年,专门邀请招商银行沈阳分行行长史兆斌来行作了内控管理专题报告。2007年,辽宁银监局从风险管理、营运控制、合规性和资产质量四个方面对分行2006年经营管理进行监管评级,最终获得辽宁股份制商业银行监管评级最高等级二级。2007年1月,分行合规部正式成立,持续开展系列反腐倡廉警示教育活动,包括银行业反腐倡廉警示教育展览、警示教育讲座、警示教育基地——辽宁省监狱参观等。2008年4月,根据《上海浦东发展银行沈阳分行兼职合规专员管理暂行办法》要求,全行在各管理部门和营业机构中聘任23名骨干为分行兼职合规专员,在业务经营过程中发挥合力,加强风险管理。

【信息化管理】

2003年,分行资财和物资管理SAP系统上线运行。2006年先后完成中间业务平台迁移、银联2.0版接口的试点及推广及系统内首家国库系统——棋盘山国库系统、辽宁省财政厅电子对账系统、小额支付系统的上线投产等新业务,分行网上报销系统(EA系统)正式上线,加大分行HP主机扩容、网络核心设备升级、自助设备管理等重点项目的技术支持。2008年,分行运营内控系统顺利上线运行。10月1日起,分行向省外汇管理局申请"辽宁省进口单位名录(单)系统"的查询权限,可以直接经营异地付汇业务。2009年,分行贸易服务台二期工程——"自动运行综合性服务管理平台"上线成功。截至2010年年末,沈阳分行共有8家自助银行。

【人员管理】

2002年年末,沈阳分行在册正式员工79人。2003年年末,在册正式员工142人,其中本科以上学历人员占全员的76%,平均年龄为33岁。截至2010年年末,分行共有在册正式员工506人,其中管理人员、综合柜员、营销人员占比30.8%、45.1%、24.1%。

表8-19-1　2010年年末沈阳分行所辖网点一览表

网点名称	地址	沿革
沈阳分行营业部	沈阳市沈河区青年大街158号	成立于2002年6月28日,2010年迁址沈阳市沈河区奉天街326号
泰山支行	沈阳市皇姑区黄河南大街93-5门	成立于2003年9月7日
方圆支行	辽宁省沈阳市沈河区悦宾街1号	成立于2004年1月8日
五里河支行	辽宁省沈阳市和平区三好街55号	成立于2004年5月16日,后迁址沈阳市和平区文化路4-1号
大东支行	辽宁省沈阳市大东区大北关街71号	成立于2004年10月18日,2008年迁址沈阳市大东区大北关街50号
铁西支行	辽宁省沈阳市铁西区沈辽中路5号	成立于2005年1月28日

〔续表〕

网点名称	地　　址	沿　　革
和平支行	辽宁省沈阳市和平区市府大路 166 号	成立于 2005 年 9 月 13 日
城中支行	沈阳市和平区南五马路 135 号	成立于 2007 年 12 月 18 日,2015 年批复迁址沈阳市和平区北二马路 69 号
五爱支行	沈阳市沈河区风雨坛街 52 号	成立于 2008 年 5 月 28 日,2017 年批复迁址沈阳市沈河区大西路 1 号
塔湾支行	沈阳市皇姑区昆山西路 152 号	成立于 2009 年 1 月 18 日,2018 年 9 月终止营业
兴工支行	沈阳市铁西区兴工北街 64 甲 2-1 门	成立于 2009 年 9 月 9 日
辽阳支行	辽宁省辽阳市白塔区民主路 33 号	成立于 2009 年 9 月 21 日,2015 年批复迁址辽宁省辽阳市民主路 9 号
南塔支行	沈阳市东陵区文化东路 11 号第 13 栋 4 门、5 门	成立于 2010 年 1 月 18 日
热闹路支行	沈阳市沈河区热闹路 65-2 号一、二层	成立于 2010 年 8 月 12 日,2014 年 11 月 26 日迁址辽宁省沈阳市沈河区文艺路 21-1 号,更名文艺路支行,2018 年终止营业
青年大街支行	沈阳市沈河区青年大街 158 号	成立于 2010 年 10 月 11 日
葫芦岛分行	葫芦岛市龙港区龙湾大街 55-2 号	成立于 2010 年 12 月 17 日

表 8-19-2　2002—2010 年沈阳分行负责人任职情况表

行　长		副行长		行长助理	
姓　名	任职时间	姓　名	任职时间	姓　名	任职时间
高静娟	2002 年 6 月—2006 年 7 月	陈慧	2002 年 6 月—2017 年 6 月	石志平	2002 年 6 月—2005 年 3 月
王刚	2006 年 7 月—2014 年 4 月	石志平	2005 年 3 月—2016 年 8 月	王春晖	2006 年 7 月—2010 年 1 月
		周德顺	2007 年 1 月—2016 年 8 月		
		王春晖	2010 年 1 月—2012 年 6 月		

第二十章 武汉分行

上海浦东发展银行股份有限公司武汉分行（以下简称武汉分行）于2003年4月8日成立，是浦发银行在湖北省设立的一级分行，营运资金1亿元，实行三级组织管理体系，办公地址位于武汉市江汉区新华路218号。

截至2010年年末，武汉分行本外币存款余额296.96亿元，贷款余额217.9亿元；外币存款余额6 073万美元，贷款余额1 001万美元，经营利润5.55亿元。

第一节 机构沿革

一、机构设立

2002年8月，经中国人民银行武汉分行批准，浦发银行武汉分行开始筹建。

2002年12月24日，经中国人民银行武汉分行批复，浦发银行武汉分行正式对外营业。浦发银行武汉分行是总行在长江中游设立的第一家分支机构，行址设在武汉市江汉区新华路特8号长江证券大厦。

2003年4月8日，浦发银行武汉分行在武汉香格里拉大酒店举行隆重开业典礼，湖北省委书记俞正声参加开业仪式。

2004年1月18日，分行迁往武汉市武昌区洪山路1号。

2006年4月1日，分行迁往武汉市江岸区沿江大道133号广源大厦。

2009年9月27日，分行正式搬迁至湖北省武汉市江汉区新华路218号浦发银行大厦办公。

二、内设部门

2002年，武汉分行成立初期，内设六部一室，分别为：营业部、市场营销部、风险管理部、资金财务部、稽核部、电脑部和办公室。半年后，增设风险管理部、资金财务部、信息科技部、市场营销一部至八部。

2004年，增设公司金融部、个人金融部。

2005年，个人金融部更名个人银行部，公司金融部更名公司及投资银行部，成立分行票据中心。

2006年，根据总行要求，实行专业化矩阵式管理的组织架构改革。其中：公司银行条线设立"公司银行业务管理部"和"公司银行产品部"；个人银行条线设立"个人银行发展管理部""银行卡及渠道部""财富管理部"和"个人信贷部"；运营与科技条线设立"信息科技部""运营管理部""分行营业部"和"信用运营中心"；风险管理条线设立"风险管理部"和"公司授信审查部"；资金财务条线拆分为"财务会计核算中心"和"资金财务部"两个独立部门；"总行审计特派办"为总行垂直管理部门。

2007年，成立合规部、公司银行中小客户部、金融同业部、人力资源部。

2009年,分行将内设部门规范划分为四类,其中:经营部室7个,分别是投行业务部、中小客户部、贸易金融部、金融机构部、个人信贷部、银行卡及渠道部、财富管理部;经营管理部室6个,分别是公司银行业务管理部、个人银行发展管理部、风险管理部、授信审查部、运营管理部、资金财务部;综合管理部室6个,分别是办公室、人力资源部、合规部、信息科技部、信用运营中心、集中作业中心;总行派驻部门2个,分别是总行派驻武汉分行审计特派办和武汉分行财务会计核算中心。

截至2010年年末,武汉分行共设置21个部门。

第二节 业务经营

一、对公业务

【对公存款】

开业初期,武汉分行主要通过公司客户,尤其是大型客户拓展存款,与湖北省高速公路集团、武汉土地整理储备中心等大型客户建立合作关系,2003年年末对公存款达20.8亿元。之后,采取"以贷揽存、大中小并举"的经营策略,围绕湖北优势产业,重点公关电力、交通、市政、土地储备中心等行业客户。

2004年起,陆续获得对公通存通兑业务、企业年金业务等业务开办资格。2005年,以"浦发创富"和"轻松理财"两大品牌创建为切入点,深入拓展大型客户,与长江证券、中国三江航天、凯乐股份、宜昌兴发集团、东风股份、国开行湖北分行建立业务合作。2007年,大力创新,发力中小客户,狠抓企业现金管理和贸易融资。

2010年,抢抓结算性存款,推动负债业务结构向低成本、稳定性转化,深入开展"两个工程"(洼地工程和挖潜工程),成立对公负债业务推动工作小组,开展"大战五十天、新增存款五十亿"、负债业务"百日营销"主题营销活动,2010年年末对公时点存款余额达249亿元。

【对公贷款】

2003年,武汉分行向长江证券有限责任公司提供10亿元综合授信额度。与湖北省邮政储汇局签署业务合作协议,在全省范围内全面建立战略合作关系。2004年,按照"早投放、早收益"原则加大信贷投放力度,贷款种类趋于多元化,短期流贷、中长期贷款、票据贴现业务取得长足发展。

2005年,贷款主要投向交通、汽车、钢铁、电力、造船、航空、能源、烟草等行业,成功实现对武钢、省财政、南水北调工程、邮科院等部分重点目标客户的营销突破;同年,成立分行票据中心。2007年,分行进一步加大对武钢、东风等龙头企业集团的授信力度;同时,组建中小客户部,加大中小企业市场的拓展,2007年年末中小企业信贷余额达到21.75亿元。

2010年,加强信贷资源管理,积极调整信贷结构,"压表外、保表内",引导信贷资金向高收益、批量模式下的中小企业倾斜,积极开展票据转贴现业务,与湖北移动、天风证券、葛洲坝集团等签订战略合作协议,至2010年年末对公信贷余额达165亿元。

二、创新业务

2005年3月18日,获准行开立企业年金银行存款账户,与湖北凯乐新材料科技股份有限公司开展企业年金合作,与长江证券开展银企直连业务。2007年,主承销发行武汉市水务集团10亿元的短期融资债券,创造武汉地区的中小型股份制商业银行单笔发行量第一和发行总量第一的好成绩,成功发行由国开行提供担保的武汉市城市建设投资集团信托理财产品7.8亿元,与武汉经济开发区、湖北省黄冈市政府签订《银政财务顾问协议》,完成与武汉雅兰医院、武汉体育学院和武汉开源商贸公司等客户的合作;办理首笔信托资金托管业。

2009年,分行协助总行成功发行总规模达40.3亿元的武汉市城市建设投资项目理财计划,产品营销能力达到空前水平,同时获得开办企业年金代收代付业务授权。2010年,完成葛洲坝股份5亿元中期票据的发行工作,全年新增信托理财产品26亿元,成功完成首笔利用他行外汇资金进行的进口代付业务,填补"进口代付"业务中由他行代付的空白,与天风证券有限责任公司合作开展第三方存管业务,跨境人民币收付业务双双实现零的突破;中小企业集合信托业务批量开发探索出新路子。

三、零售业务

2003年7月16日经总行批复,正式对外办理"东方国际消费(借记)卡"业务,9月1日正式对外办理居民个人购汇业务,2003年年底储蓄存款余额4143万元。2004年2月,成功发售"汇理财"第一期产品,实现个人外汇结构型理财产品零的突破,6月获准开办网上银行业务。2005年,成为浦发系统内第一家上线外汇买卖业务系统,推出个人经营性贷款,在全行范围内大力推广"浦发创富"和"轻松理财"两大产品,先后荣获2005年湖北首届理财精英大赛个人金奖、银奖和优胜团队奖等荣誉。

2007年,全面开展"刷卡促销""特惠商户""基金精品屋"等市场活动,积极打造分行零售品牌。2009年3月23日,分行个人贷款余额突破20亿元。2010年,提出"举全行之力加快推进个银业务发展",推进全员营销,实施"五个挂钩",开辟"行长论坛",大力发展代发业务、贵宾理财业务,至2010年年底个人储蓄存款33.6亿元、个人贷款达40.3亿元。

四、服务地方经济

2003年,在开业仪式上,分行即与湖北省交通厅签署战略合作协议,支持交通设施建设。2004年,加大电力、交通、市政、钢铁、汽车等领域的资源投入,支持湖北省优势产业做大做强;2006年,加大民营中小企业支持力度,中小企业客户数占全行客户的比重激增至40%。2007年,抢抓中部崛起和武汉城市圈"两型社会"综合配套改革试验区的历史机遇,为武汉水务集团发行10亿元短融,为武汉城投发行7.8亿元信托理财产品。2008年,提供约10亿元贷款支持省广电数字电视平移项目、人福科技的麻醉药生产项目、城投会展中心等重大项目建设,提供6亿元贷款支持武汉天兴洲长江大桥青化路立交项目,开创中部地区股份制银行共同合作组建银团贷款的先例,与国家生物产业基地办公室签订战略合作协议,全力支持生物医药等新兴产业发展。

2009年,分行与湖北省政府签订银政战略协议,为湖北省基础设施建设、汽车、钢铁、高新技术、交通、水利、民生、武汉城市圈"两型"社会项目、鄂西生态文化旅游圈项目、新能源项目和中小企业等提供总额600亿元人民币的信贷支持。2009年荣获武汉市人民政府颁发的"金融机构支持武汉经济发展奖"。

图 8-20-1 2008年湖北雪灾,武汉分行向灾区人民捐款100万元

2010年,分行投入11亿元支持沪蓉西高速公路、宜巴高速公路、十房高速公路等重点交通项目的建设,为打造"鄂西生态文化旅游圈"作出积极贡献;推出专利权质押贷款、中小科技企业联贷联保、"企业+园区+银行""企业+担保公司+银行"等融资模式;重点支持华工科技、华工激光工程、湖北光讯科技等光电子企业,以及武汉重工、中船重工、航宇救生装备制造、长江通信等高端制造业;为广水正源、宜昌合加资源、大冶城投等污水处理项目及汉江集团水电项目提供信贷支持,2010年被湖北省人民政府授予"2010年度支持湖北经济发展突出贡献奖"。

五、经营管理

【资产负债管理】

2002年起,分行设立资产负债管理委员会,全面实施资产负债比例管理,建立以"自主经营、自负盈亏、自担风险、自我约束、自求平衡、自我发展"为基本内容的商业银行运行机制,对所经营各类资产和负债实施科学化、规范化的管理;坚持分类指导,加强资金的集中统一营运,优化负债结构,提高资金使用效益;以建立适应商业银行经营管理要求的绩效考评体系为手段,创新资源配置机制,全面提高资产负债管理水平,确保各类指标均符合监管要求。此外,分行坚持对各项指标实行按月监测,按季考核,使资产负债比例在总量和结构上保持合理、优化配置,实现资金的安全性、流动性和盈利性的有机统一。截至2010年年末,分行存贷比达72.9%;中长期贷款占比为67%。

【资产风险管理】

2002年,分行内设风险管理部,由其负责实施风险管理工作;同年,设立贷款审查委员会,专门从事分行各授信业务部门及支行超信贷审批权限信贷业务的审查工作,并制定《上海浦东发展银行武汉分行贷款审查委员会工作规程》,规范全行对公授信业务的审查、审批、办理和贷后检查的操作流程,明确各环节的工作职责和工作要点。

2005年,分行成立信贷责任认定及追究委员会,并制定《上海浦东发展银行武汉分行信贷风险资产责任认定及追究管理实施细则》。2006年,分行成立尽职问责及责任追究委员会,建立武汉分行重大风险报告及应急机制。截至2010年年末,分行后三类贷款余额17 477万元,不良贷款率0.8%。

【合规内控管理】

2003年,分行成立反洗钱工作小组、保密委员会。2004年,大力开展《银行业监督管理法》、修改后的《商业银行法》和《人民银行法》等"三法"学习、宣传和培训工作,以及反洗钱、运营管理、信息安全大检查,出台授信调查岗资格准入办法。2005年,分行成立纪律检查委员会成立、信贷责任认定及追究委员会成立。2006年,分行成立"内控体系建设项目领导小组",负责内控体系建设的领导、指导、协调及控制工作。

2007年,分行制定《合同管理办法》《财务审查委员会工作规定》《集中采购管理办法》《财务授权管理办法》《财务开支审批、采购及报销流程》等内控制度办法。2008年,分行印制《合法合规教育手册》和《银行业从业人员职业操守解读》,建立合规员队伍;从2009年起,按年组织干部员工参观监狱、反腐倡廉教育等,大力推进"三项教育""警示教育""行为准则教育"。2010年,分行汇编《上海浦东发展银行武汉分行经营管理文件手册》《浦发银行金融产品手册》,共计印刷6 000余套;完善资产负债管理委员会、风险管理委员会、内控管理委员会、财务审查委员会、薪酬管理委员会五大委员会及业务管理委员会、信贷审查委员会等下设委员会的科学民主决策体系。

【信息化管理】

2003年,武汉分行上线运行总行统一建设的核心大前置系统(IPP),并根据总行要求负责日常维护。同年5月,分行正式加入人总行现代化支付系统。2005年4月,正式加入武汉同城支付系统。2005年,上线运行总行统一建设的业务集中系统(主要包含:工作流处理、影像平台及OCR、提回外挂系统、验印系统、全国支票影像系统、报表系统等子系统),并根据总行要求负责日常维护。2006年,正式加入中国人民银行小额支付系统。2007年,上线运行总行统一建设验印系统,并根据总行要求负责日常维护。截至2010年年末,分行人民币对公账户数已达6 211户,比上年同期增加633户,分行全年业务总量(含分行特色业务)近1 306万笔,较上年增加17万笔,全年差错率为万分之零点一三,较上年下降0.24个百分点。

【人员管理】

分行成立之初,即实施全员合同聘用制。2002年,从业人员64人,全部为大专及以上学历,其中本科及以上学历41人,占比80%,大专学历13人,占比20%。2010年年末,分行员工总数达到573人,其中正式员工528人,占比92.15%;派遣制员工45人,占比7.85%。

表8-20-1 2010年年末武汉分行所辖网点一览表

网点名称	地址	沿革
武汉营业部	武汉市江汉区新华路218号	武汉分行营业部,2003年1月3日正式开业,营业地址为新华下路特8号,2004年1月迁址至武汉市洪山区洪山路1号,2009年10月迁址到武汉市新华路218号
江汉支行	武汉市江汉区新华下路169号	2004年2月成立,营业地址为武汉市新华下路特8号

〔续表〕

网点名称	地 址	沿 革
光谷支行	武汉市东湖高新技术开发区关山大道332号保利时代K18地块A栋1层1号	2004年10月成立,营业地址为武汉市武昌区珞喻路716号华乐国际商务中心1楼
沿江支行	武汉市江岸区沿江大道133号广源大厦	2004年12月成立
江岸支行	武汉市江岸区971号新光大厦一、二层	2005年10月成立
沌口支行	武汉市经济开发区东风三路特1号	2005年3月成立,营业地址为武汉市经济开发区创业街149号
武昌支行	武汉市武昌区紫阳路268号	2005年6月成立
青山支行	武汉市洪山区友谊大道996号华城广场	2006年10月成立
硚口支行	武汉市硚口区解放大道1045号	2007年4月成立
常青支行	武汉市江汉区常青三路66号	2007年11月开业,营业地址为武汉市东西湖区长宁里台银大厦1楼
关山支行	武汉市东湖开发区龙城路8号	2008年10月开业,营业地址为武汉市东湖高新技术开发区创业街特1号,开业网点名称为武汉关山支行。2012年更名东湖高新支行
南湖支行	武汉市洪山区南湖汽校一村特一号	2009年6月开业,营业地址为武汉市武昌区武珞路442号中南国际城C座1层
洪山支行	武汉市武昌区洪山路1号	2009年12月开业
沙湖支行	武汉市徐东二路二号水岸星城	2010年1月开业
中南支行	武汉市武昌区武珞路442号中南国际城C座1层	2010年12月开业
荆州分行	湖北省荆州市沙市区江津中路249号	2010年8月开业
宜昌分行	湖北省宜昌市西陵一路18号	2009年9月开业

表8‑20‑2　2003—2010年武汉分行负责人任职情况表

行 长		副 行 长	
姓 名	任 职 时 间	姓 名	任 职 时 间
马德龙	2003年4月—2007年9月	赵博林	2003年4月—2012年6月
陈连华	2007年9月—2011年10月	李炜杰	2003年4月—2017年6月
		陈海宁	2007年10月—2011年10月
		曾少清	2008年7月—2011年4月

第二十一章 青岛分行

上海浦东发展银行股份有限公司青岛分行(以下简称青岛分行)于2003年3月27日成立,经营区域覆盖青岛、烟台、威海三地,是浦发银行在山东省成立的第二家一级分行,办公地址位于青岛市香港西路53号汇融大厦。

截至2010年年末,青岛分行存款余额186.61亿元,贷款余额171.52亿元;外币存款余额0.26亿美元,贷款余额3.79亿美元;经营利润2.53亿元。

第一节 机构沿革

一、机构设立

2003年3月27日,青岛分行成立。开业以来,浦发银行青岛分行认真贯彻总行发展战略,积极参与地方经济建设,不断探索金融创新途径,努力提升客户服务水平,各项业务持续健康发展,赢得社会各界和广大客户的良好口碑。

图8-21-1 2003年5月15日,青岛分行举行抗击"非典"献爱心捐赠仪式

二、内设部门

2004年,依托总行628项目的全面上线运行,分行重点进行"95528"电话银行、公司网上银行、

个人网上银行大众版和专业版、"及时语"短信通知服务、基金代销等新产品的开发和营销推广工作,丰富分行的服务功能和服务手段。

2007年1月,按照总行组织架构改革要求,青岛分行正式按新的组织架构运行,全面完成公司银行、个人银行、运营与科技、风险四大条线组织架构改革,对原有的业务部门进行调整,新增加授信审查部、公银产品交易部、投行业务部、个人信贷部、银行卡及电子渠道部、运营管理部、信用运营中心7个部门,组织架构改革工作结束;同时,通过行内外公开竞聘,对四个条线的中层干部调整到位。

2009年11月,青岛分行中小企业业务经营中心正式成立,中小企业专营机制建设逐步完善。

2010年结合对总行等级行、等级行员制度落实工作,进一步规范对支行的等级评定和考核,加大对支行建设正激励效应。

第二节 业 务 经 营

一、负债业务

2003年年末,各项存款余额31.56亿元,完成全年计划的146%;日均余额12.84亿元,完成全年日均计划的170%;2004年年末,各项存款余额33.25亿元,比年初增长14.85%;日均余额29.92亿元,同比增长142.46%;2007年实现稳中有进,年末,本外币各项存款余额为79.9亿元,较年初增长23.5亿元,增幅41.69%;2010年年末分行各项存款余额为191.10亿元,较年初增幅45.11%,预算完成率144.26%。

二、资产业务

2003年年末,各项贷款余额35.28亿元,其中贴现贷款余额4.99亿元,全行总存贷比为122%,剔除贴现存贷比为105%;2004年年末,各项贷款余额31.8亿元,总存贷比为96.16%,基本存贷比为153.90%;2007年年末,本外币各项贷款余额61.6亿元,较年初增长8.5亿元,增幅15.9%,中长期贷款余额为22.7亿元,较年初增长5.7亿元;短期贷款余额为38.9亿元,较年初增长2.8亿元;2010年年末,各项贷款余额为171.81亿元,较年初增幅41.37%,预算完成率144.69%。

三、收入利润情况

2003年年末,实现总收入8162万元,其中贷款利息收入7338万元,总支出9824万元,账面亏损1662万元;2004年,青岛分行经营效益大幅提升,全年实现账面利润10071万元,人均账面利润达到109万元,在总行系统和当地同业中均位居前列;2007年实现利润(拨备前)1.95亿元;2010年年末实现账面利润2.56亿元,预算完成率108.47%。

四、国际业务

2003年年末,国际结算量累计完成8271万美元,完成全年计划的276%;2004年年末,国际结算量累计完成2.25亿美元,同比增长146%;2007年年末,国际结算业务量18亿美元,其中在岸国际结算量为6.11亿美元,离岸国际结算量为11.89亿美元,同比增长89.76%,完成计划的119.9%,超额完成总行任务;2010年年末,实现国际结算量60亿美元,同比增加19亿美元,增幅46%。

五、银行卡

2003年,浦发银行青岛分行开业之际,在分行营业部发行第一张智能型金融卡——东方卡;2005年,发行行内首张融合消费延期支付和理财功能的双账户借记卡——轻松理财卡;2007年和2009年,相继推出浦发卓信白金贵宾卡和浦发卓信钻石贵宾卡,同时加载相应贵宾服务,有效提升分行贵宾客户服务体验;2009年与青岛理工大学合作推出"轻松理财-青岛理工大学"联名卡,银校合作迈上新台阶。

六、经营管理

【风险管理】

青岛分行建立伊始成立风险管理部,主要承担风险政策指导、授信业务审查审批、贷后检查管理、信贷业务统计、合规管理等。2005年下半年始,按照总行"扁平化、矩阵式"的思路在风险管理条线实施改革,致力于建立"全行、全员、全过程"的全面风险管理体系架构。通过不断深化改革,2006年,根据不同职责划分,设立授信审查部承担授信业务审查审批职能,风险管理部专业从事全面风险管理、资产保全等工作。2009年,为加强合规工作管理,确保合规经营,在风险管理部设置合规专员岗,2010年成立分行合规部,与风险管理部合署办公。

风险管理部紧密围绕分行向大型银行发展和成为系统重要性银行的角色转换,贯彻创新驱动、转型发展要求,实施以资本约束为基础,以实现风险管理与业务发展相适应、风险成本与风险收入相匹配为目标,以健全全面风险管理体制机制、倡导全面风险管理文化为支柱,推进风险管理的全流程、广覆盖,提升风险管理专业化、精细化水平,推动分行全面风险管理实现转型发展。经过全行各板块的共同努力,基本建立覆盖各主要业务条线、各关键风险领域的全面风险管理架构,将信用风险、市场风险、操作风险、流动性风险、银行账户利率风险、合规及法律风险、声誉风险、战略风险、信息科技风险、国别风险、并表风险等纳入全面风险管理体系,实施集中、统一管理。同时,根据监管要求,明确设立"三道防线"体系,业务条线、风险管理条线、审计及合规条线各司其职,在业务经营的前、中、后台发挥合力,加强风险管理。

授信审查部主要承担总行授权范围内省内对公授信业务的审查审批职能,在促进分行业务持续健康发展、优化资源配置、防控信贷风险方面发挥着重要作用。部门成立之初即实施审贷分离的信贷管理体制,其中:大中企业授信全部由分行信贷审批委员会背对背投票表决,信贷审批委员会为授信审批的最高决策机构;中小企业授信采取组合审批方式,具体为"一人审查,双人审批"模式。2009年8月,结合青岛中小企业市场经营环境和分行自身业务发展实际,青岛分行成立中小企业业务经营中心,全面负责中小企业业务经营和管理。自此,根据客户规模属性的不同,大中企业、中小企业授信分别由授信审查部、中小企业业务经营中心在授权范围内承担相应的审查审批职责。

【合规内控管理】

2004年,充分发挥资财、会计、稽核的内控监督作用。严格遵循费用支出控制办法,建立健全费用审批、集中采购和保管领用制度,加强对费用支出的监督。稽核、会计等部门联合对营业部的制度建设、重要凭证和重要物品管理、票据结算以及印押证分管情况以及有关的会计基础性工作进行多次专项检查,促进各项规章制度的落实。2010年,在建立健全分行合规体系建设的基础上,全面完成分行年度规章制度清理工作,完善各项业务操作流程和业务授权,确保各项措施的落实,保证每项业务、每个环节有章可依。同时,通过开展一系列合规培训活动,如从业人员职业操守指引、"三个办法、一个指引"、员工行为准则、案件防控知识学习、合规知识测试等学习教育活动,有效地激发分行员工的主动合规意识,逐步形成自觉执行内控要求、自觉抵制违规行为的良好合规文化氛围。

【人才管理】

分行筹建期间及开业以来,始终坚持"五湖四海"和"适人适岗"的高标准进人原则,在人员使用上体现"选贤任能"和"选准用好"双重特色,激发员工队伍生机和活力。加大员工培训力度、充分挖掘和激发现有人力资源潜力,人员规模、质量不断扩大提升。

截至2010年年末,分行总人数为407人,其中正式员工375人,劳务派遣制员工32人。从人员岗位类别来看:中高层管理人员(含支行行长助理、分行部门总助)56人,约占总人数的14%;营销人员(含客户经理助理)113人,约占总人数的28%;运营及科技条线人员(含运营管理部、作业中心、大堂经理)167人,约占总人数的41%;其他后台支撑类人员71人,约占总人数的17%。从人员学历结构和年龄结构来看:大学本科及以上学历人员278人,约占总人数的68%;全行员工平均年龄33岁。

表8-21-1 2010年年末青岛分行所辖网点一览表

网点名称	地址	沿革
青岛分行营业部	青岛市市南区香港西路53号	青岛分行于2003年3月27日正式成立,同日青岛分行营业部正式对外营业,营业地址为市南区香港西路53号
城阳支行	青岛市城阳区正阳路237号	成立于2004年12月9日
开发区支行	青岛市开发区武夷山路7号	成立于2005年6月9日
香港东路支行	青岛市市南区香港路106号	成立于2005年12月29日
南京路支行	青岛市市南区南京路100号	成立于2007年5月28日
东海中路支行	青岛市市南区东海中路8号甲	成立于2007年12月18日
福州路支行	青岛市市南区福州路22号	成立于2008年6月27日
即墨支行	即墨市鹤山路59号	成立于2008年11月18日
麦岛支行	青岛市市南区东海东路1号	成立于2009年1月9日
山东路支行	青岛市市北区山东路111号	成立于2010年1月19日
烟台分行	烟台市芝罘区南大街10号	成立于2010年9月16日

表8-21-2 2003—2010年青岛分行负责人任职情况表

行　长		副行长		行长助理	
姓　名	任　职　时　间	姓　名	任　职　时　间	姓　名	任　职　时　间
张宝全	2003年5月—2007年8月	王京杰	2003年5月—2017年6月	朱敏红	2007年8月—2012年6月
常　征	2007年8月—2012年6月	鞠维萍	2005年2月—2007年1月		
		朱相宇	2007年8月—2012年6月		

第二十二章 太原分行

上海浦东发展银行股份有限公司太原分行(以下简称太原分行)于2004年4月28日正式开业,办公地点位于太原市迎泽大街333号。

截至2010年年末,太原分行人民币存款余额404.23亿元,人民币贷款余额245.38亿元;外币存款余额2 017万美元,外币贷款余额475万美元;经济利润6.13亿元。

第一节 机构沿革

一、机构设立

2004年3月16日,中国银行业监督管理委员会山西监管局批准太原分行成立。
2004年4月28日,太原分行正式开业。

二、内设部门

"七部一室"即办公室、资金财务部、公司管理部(同时下设营销团队9个)、金融机构部、个人金融部、风险管理部(稽核部暂设在风险管理部内)、信息科技部和营业部。

同时,为充分发挥集体决策防范风险的作用,在分行内设六个委员会。即信用审贷委员会、资产负债管理委员会、综合考评委员会、财务审查委员会、综合营销推进委员会、仲裁委员会和创新委员会。

第二节 业务经营

一、资产业务

伴随各项业务的逐步发展与经济形势的不断变化,太原分行的资产规模总体上呈现先快速上升后稳步发展到稍有回落的趋势。分行的资产业务主要以贷款业务和其他投资为主,其中贷款占有更大的比重,包括短期贷款、中长期贷款以及票据融资等。2004年,分行贷款规模达到40.84亿元,资产规模达到53.05亿元。2007年,分行贷款规模突破100亿元达到113.05亿元,资产规模达到190.40亿元。2008年,分行贷款规模为143.14亿元,资产规模达到283.95亿元。2010年,贷款规模达到245.69亿元,资产规模首次突破500亿元,达到509.28亿元。

二、负债业务

太原分行成立13年来,负债业务发展呈现出规模稳步增长的趋势和资金来源逐步广泛的特征。其中,存款业务是其负债业务的主要来源,包括个人存款、对公存款和同业存款等。截至2004年年末,分行本外币各项存款余额49.57亿元,基本完成分行制定的开行首年存款任务。2006年,分行各项存款首次超过百亿元,其中对公存款95.81亿元,个人存款20.05亿元。2008年,分行各项存款达到210.32亿元,首次突破200亿元,负债规模到达280.06亿元。2009年,分行各项存款达到305.30亿元,首次突破300亿元,同时负债规模也突破400亿元,达到400.67亿元。2010年,分行各项存款达到405.56亿元,首次突破400亿元,负债规模达到502.20亿元。

三、结算业务

2007年7月,太原分行成立运营管理部,围绕"服务、创新、执行"三大主线,不断夯实全行会计管理基础,优化支付结算业务流程,突出厅堂服务价值,为全行发展保驾护航,运营支撑能力稳步提升。

随着战略转型发展,分行不断提高支付结算服务能力,支付结算业务在中国人民银行和总行的指导下得到长足发展,业务领域涉及票据、信用卡、汇兑、托收承付、委托收款等。目前开办的结算工具主要有银行汇票、商业汇票、银行本票、支票、汇兑、委托收款和异地托收承付以及信用卡等方式。浦发银行太原分行合理组织结算,准确、及时、安全办理结算,加强结算管理,全方位保障结算活动正常进行。在办理结算的过程中坚持恪守信用、履约付款,谁的钱进谁的账、由谁支配,银行不垫款的原则。支付结算实行集中统一和分级管理相结合的管理体制。

分行充分利用总行集中业务系统、新一代网点平台精简业务流程,提升客户体验,持续深化6S管理体系,在金融同业中树立品牌优势,打造金融服务品质。同时深入推进厅堂服务一体化,创新以客户导向为基础的服务体系,为客户提供支付结算、投资理财、信贷等一站式金融服务。

四、其他业务

【银行卡业务】

作为国内较早的发卡银行之一,浦发银行自建行初期起就开始全面发行借记卡,1994年作为全国智能卡的试点启动实施智能卡试点项目;2004年推出国内首张融合借记卡理财与信用卡消费免息于一体的特色卡种——轻松理财系列卡。

太原分行十分重视银行卡业务的发展,以其"方便、实惠、安全"的品牌特点深受省内广大持卡人的喜爱,并且在银行卡业务品种、交易速度、交易成功率、用卡环境等方面在山西股份制同业中处于领先地位。目前太原分行持卡用户达109万,年度银行卡存取款、转账、消费交易额突破600亿元,卡均交易额、卡均效能在浦发系统内名列前茅,且银行卡不良率始终保持山西同业最低水平。同时,浦发银行致力于搭建全省银行卡受理环境。

太原分行大力支持山西省社会保障卡工作的开展,积极推动全省卫生事业、医疗信息化建设。2004年,太原分行与山西省卫生厅签署全面合作协议,积极支持卫生事业发展,与山西省儿童医院合作推出省内首家"医疗一卡通",为省内各大医院的信息化建设工作贡献金融力量。2005年5月,分行开始面向山西地区发行信用卡,主要依托分行各营业网点开展信用卡业务,归属个金条线管理。

【进口开证业务】

分行开业当年共有 10 家企业在太原分行办理进口开证业务,当年累计开证金额合计 8 457.6 万美元;2005 年全年累计进口开证 61 笔,开证金额累计达 8 245.65 万美元;2006 年为 19 家企业办理进口开证业务 94 笔,开证金额累计 6 464.22 万美元;2007 年进口开证 92 笔,开证金额累计 15 643.92 万美元;2008 年进口开证 106 笔,开证金额累计 14 033.09 万美元;2009 年办理进口开证 145 笔,开证金额 16 334.53 万美元。

【国际保函业务】

2005 年开立 1 笔预付款国际保函,金额折合 36.62 万美元;2007 年开立 1 笔履约国际保函,金额 1.01 万美元;2009 年开立 2 笔预付款国际保函,金额累计 243.46 万美元。

【基金业务】

太原分行 2006 年起开展基金业务,一直以来严格遵守基金业务相关规章制度,规范证券投资基金销售行为,控制基金销售的相关风险,确保基金产品的销售过程符合监管机构的适用性要求,避免因产品错配而导致的基金投诉风险。太原分行先后下发《上海浦东发展银行证券投资基金个人投资者销售适用性管理办法》《上海浦东发展银行开放式代理业务操作规程》《上海浦东发展银行个人客户基金公司资产管理计划引入管理规程》等规定,有效规范基金业务健康、合规开展。2006 年,当年基金产品总认申购量达到 4 653.81 万元,实现中收入 34.58 万元;2007 年,基金产品销量直线上升,达到 83 193 万元,实现中收入 958 万元。2010 年,当年基金销量相比 2007 年有所回落,年度销量 44 246 万元,中收入相应减少 337 万元。

【债务融资】

太原分行在 2005 年中国人民银行《短期融资券管理办法》公布后,随即展开市场调研及业务营

图 8-22-1　2005 年 12 月,浦发银行太原分行发行山西省首只短期融资券

销,并于2005年12月成功承销山西省首只短期融资券——为阳泉煤业(集团)有限责任公司承销10亿元短期融资券,填补山西省在短期融资券业务领域的空白。

2006年,太原分行成功承销2笔累计10亿元短融资券期;2007年成功承销2笔累计14.9亿元短期融资券;2008年成功承销2笔累计16亿元短期融资券,成功承销山西省首单中票业务——为山西焦煤集团承销13亿元中期票据;2009年成功承销1笔累计10亿元短期融资券,成功承销1笔累计14亿元中期票据;2010年成功承销3笔累计15亿元短期融资券,成功承销3笔累计40亿元中期票据。

五、经营管理

【资产风险管理】

2004年,太原分行内设风险管理部,由其负责实施风险管理工作;同年,根据总行授权,实施专业审贷制度及操作细则,并成立风险管理委员会。设立信贷审查委员会,贷审会是太原分行各项信贷业务的最高审查机构,专门从事分行各授信业务部门及支行超信贷审批权限信贷业务的审查工作。贷审会由分行行长领导,并接受分行风险管理委员会的指导与监督。

2006年,根据总行《关于在全行全面实施内部控制体系建设项目的通知》,成立"内控体系建设项目领导小组",负责分行内控体系建设的领导、指导、协调及控制工作;根据总行《关于对风险管理条线〈建立重大风险事件报告及应急处理机制的暂行办法〉》,建立太原分行重大风险报告及应急机制。

2008年,把原风险管理部分设为风险管理部和授信审查部,把资产保全职责及岗位设置并入风险管理部,逐步构建起全面风险管理体系。

2010年,继续完善风险管理体系建设,先后设立信贷审查委员会、风险管理委员会、风险管理部、授信审批部、合规部。风险管理委员会和信贷审查委员会,严格按照总行"集体审议、集体决策"以及"专业审查、集体审议、独立表决"的原则行使职责。同年风险管理部制定下发《上海浦东发展银行太原分行信贷资产风险分类管理规程》,规范太原分行各类业务的风险分类调整流程,明确各个环节的工作职责和工作要点;授信管理部制定下发《上海浦东发展银行太原分行公司授信业务担保管理规程》,规范太原分行对公授信业务中担保管理的各项流程。

截至2010年年末,太原分行贷款不良率为0.54%,较2004年零不良率有所增加,低于总行下达的贷款不良率1.5%的控制目标。

【信息化管理】

近年来,太原分行的科技建设工作紧紧围绕总行"数字化、集约化"的战略规划,以满足业务发展战略为目标,树立科技推动创新理念,建立与业务变革相适应的高效研发体系,构建开放、柔性的企业IT架构,建成整合、互通的业务信息系统,提供智能互联、一致体验的渠道服务,增强数据分析与经营管理能力,充分发挥科技引领作用,全面推动数字化银行建设。不断优化提升科技管理体系,严控风险,确保生产运行安全平稳,提升安全可控水平,始终保持科技管理和科技创新能力在同等规模商业银行中处于较为领先的水平。

分行不断深化"SPDB+"平台建设、网上银行流程再造、手机O2O支付等创新项目建设,持续打造"浦银在线"和"移动金融"品牌建设。推进包括新型智能网点的推广和功能扩展,支撑网点向智能化、数字化、轻型化转型。太原分行始终聚焦产品体系建设,用科技创新支撑重点业务发展,尤在电子化建设方面硕果累累,在总行产品推广方面,新一代网点平台、业务集中流程改造为客户业务体验提供全新内涵,集中代收付平台、集中收单系统提供灵活多变的交易渠道,VTM自助设备、移动PAD、回单柜、排队机、网银体验机不断丰富厅堂电子化设备的品种,在分行特色业务方面,首先落地省儿童医院、省人民医院医疗一卡通,解决患者排队的问题,上线省地市非税代理收费系统,加强对财政单位的营销,开发省公积金系统、省公积金线上点贷,实现对省公积金中心的深度合作,积极推进朔州公共资源平台项目,加速托管业务的落地,完成社保卡、移动手机卡盾、校园一卡通等金融IC卡应用项目推广,完成中小金融清算平台等清算类系统上线,完成各类手机等代缴费项目开发等。

【内部管理】

分行始终坚持以生产安全为底线,不断加强科技治理,不断深入优化科技内部管理体系,保持对科技风险的零容忍态度,并通过信息科技创新来减少内部人工流程,提高全行的信息科技管理水平。在机房运维方面,太原分行持续提升运维智能化水平,开展"监控感知、汇聚挖掘、行为驱动、一体展现"四层智能化运维管控体系建设,着力提升监控预警、运维数据分析、运维操作自动化和运维管理可视化能力,到目前已经建立基础环境、系统、网络三位一体的IT集中监控系统,实现多维度、多角度、多种方式的IT预警和智能分析体系。在信息安全方面,浦发银行太原分行加强信息安全管控水平,不断加强前端应用的安全技术,同步提升后端系统的攻击防护能力,建立基于数据分析的威胁检测系统,打造主动监控预警和快速处置能力,适应数字化形势下外部攻击防范新态势,先后建设同城灾备中心、IDS入侵检测系统、全辖4G灾备网络建设等,上线办公桌面管控系统、柜面终端管控系统,加强员工桌面电脑的安全管理。

【服务管理】

分行以客户服务为中心,强调品质化和集约化服务,不断深化主动服务的理念,运用专业化的技术能力,探索服务创新工作,从而提升服务水平,提高客户的满意度。在服务支撑方面,搭建大数据服务平台,提升数据整合与分析能力,为全行大数据业务洞察分析提供支持,通过搭建IT服务平台,建立多层次的IT服务支持体系和IT服务管理量化指标体系,以事件为驱动,对一线的IT办公、业务需求快速响应和快速解决,并不断改进对机构分片包干的服务内容,加强内外部沟通联系,推进对口联系人服务机制。在创新服务方面,建立IT服务热线,推动上门服务机制,落实设备采购预算内控制,计划内支出的要求,先后建设大堂WIFI网络、办公区移动办公网络、综合利率屏发布系统等,开发运营账户管理系统、会议室登记系统、礼品商城、耗材领用系统、核保预约系统、审核预约系统、电子文件柜等,打造全新的线上服务体验。

【人员管理】

太原分行于2004年成立之初,即实施全员合同聘用制。2004年,从业人员69人,均为合同聘用制员工。2010年年末,从业人员增至492人,全部为合同聘用制员工;其中,具有本科学历332人,占67.4%;具有硕士及以上学历82人,占16.7%,具有中、高级职称26人,占5.3%。

表 8-22-1 2010年年末太原分行所辖网点一览表

网点名称	地　　址	沿　　革
太原分行营业部	太原市迎泽大街333号	2004年3月16日成立
高新支行	太原市许坦西街60号	2005年2月开业
双塔西街支行	太原市双塔西街162号	2005年9月开业
漪汾街支行	太原市漪汾街86号	2006年6月开业
建设路支行	太原市建设北路99号	2007年2月开业
兴华街支行	太原市兴华北街11号	2007年11月开业
晋中分行	晋中市榆次区迎宾路95号	2007年12月开业
亲贤街支行	太原市小店区亲贤北街31号	2008年12月开业
忻州支行	忻州市忻府区和平西街186号	2009年6月开业
羊市街支行	太原市羊市街33号	2009年11月开业
丽华苑支行	太原市丽华西路东侧A区商铺	2010年6月开业
长治分行	长治市解放西街16号	2010年9月开业

表 8-22-2 2003—2010年太原分行负责人任职情况表

行　长		副行长		行长助理	
姓　名	任职时间	姓　名	任职时间	姓　名	任职时间
李健	2003年4月—2013年7月	高自强	2003年4月—2009年5月	高进龙	2007年11月—2010年5月
		闫俊生	2003年7月—2009年1月	李光	2009年9月—2012年3月
		高进龙	2007年11月—2017年6月	岳利贵	2009年9月—2012年3月

第二十三章　长沙分行

上海浦东发展银行股份有限公司长沙分行（以下简称长沙分行）于2004年6月18日成立,是浦发银行在全国设立的第23家省级分行,办公地址位于长沙五一路大道559号联合商厦。

截至2010年年末,长沙分行存款余额252.72亿元,贷款余额181.07亿元;外币存款余额4 172.57万美元,贷款余额1 751.13万美元;经营利润4.39亿元。

第一节　机构沿革

一、机构设立

2004年6月18日,浦发银行长沙分行在长沙五一路大道559号联合商厦开业,是浦发银行在全国设立的第23家省级分行。

2005年4月12日,三湘支行开业,这是长沙分行在长沙设立的第一家同城支行。

2007年5月26日,分行机关从五一路大道559号联合商厦搬迁至运达国际广场新办公大楼。

2007年12月13日,株洲支行正式开业,这是长沙分行设立的第一家异地支行。

2009年11月7日,资兴浦发村镇银行正式开业,这是长沙分行设立的第一家村镇银行。

2010年7月20日,郴州分行正式开业,这是长沙分行设立的首家二级分行。

图8-23-1　2005年6月,长沙分行参加湖南交通频道爱心送考启动仪式

二、内设部门

截至2010年年底,分行内设部门共计24个,分别为办公室、人力资源部、资金财务部、财务会计核算中心、审计特派办、公司银行业务管理部、公司银行产品部、公司银行贸易金融部、中小企业业务经营中心、个人银行发展管理部、个人信贷部、财富管理部、银行卡及渠道部、风险管理部、授信审查部、合规部、信息科技部、运营管理部、运营作业中心、信用运营中心、公司金融二部、机构客户部、交通能源客户部、票据中心,分支行15个,分别为分行营业部、三湘支行、芙蓉支行、东塘支行、侯家塘支行、五一路支行、株洲支行、井湾子支行、曙光支行、河西支行、株洲建设路支行、左家塘支行、人民东路支行、郴州分行、韶山南路支行,正式员工共计422人。

第二节 业务经营

一、金融创新

2004年,以总行企业现金管理、及时语、银企无缝链接等特色产品为依托,开展技术性营销,从产品和服务模式上实现对优质客户潜力的深度挖掘。针对商品物流企业的业务需求,整合出《上海浦东发展银行长沙分行汽车合格证控制融资业务操作规程(试行)》和《保兑仓业务操作规程(试行)》《动产及货权质押授信业务管理办法(试行)》等一系列物流企业授信模式。借力总行区位优势,通过总行与上海海关"大通关"业务渠道,结合集团账户的优势功能,在没有启用任何授信的前提下取得全国最大的越野车生产厂家——长丰猎豹股份公司的开户行资格,并成为该客户最大的关税缴纳代理行。

2007年,围绕业务发展模式和服务模式的转型,加快开发和培育创新型业务,战略转型已初显成效。分行充分利用总行的平台和智力资源,成功发行浦发系统第一期"收益随加息调增"与信托挂钩的人民币理财业务,实现理财计划规模4.1亿元;同时,在供应链融资业务和创新发展融智型投行业务等方面进行积极有益的探索,着重开展短期融资券、企业年金、资产托管、离岸业务的市场培育工作。离岸业务初步显示比较优势,年内成功办理系统内首笔离岸存款质押在岸授信业务,国际保理、福费廷、国内信用证、国内保理、远期结售汇等业务品种开办居系统内先进行列。宏梦卡通、科力远等客户的离岸业务,带动在岸本外币结算和存款业务的发展。全行离岸客户达37户,离岸业务结算量达1.6亿美元,在系统内居第十二位,居同业第一位。国际业务量突破4亿美元,任务完成率在全系统排第二位,离岸、在岸业务联动营销效应明显。投行业务取得明显进展,年内完成项目贷款授信审批10亿元,成功开办信托理财、银团贷款业务,短期融资券项目已经上报中国人民银行审批,成功开发银关通业务,积极探索经营性物业贷款业务,为今后的业务拓展奠定一定基础。

2008年4月29日,由分行发起在总行系统内发行的票据型与信托挂钩的理财新产品正式成立。该理财产品总额为8.5亿元,期限为2个月,年化收益率为4.2%。2009年4月1日,分行首单备用授信项下信托理财产品成立。这是继票据型信托理财产品之后,分行理财业务品种的又一创新尝试。

2009年2月20日,分行获得2009年度金融机构支持地方经济发展目标管理二等奖。

二、公司业务

2004年7月19日,分行参加省政府组织的"2004年湘西地区开发银企合作洽谈会",签订项目2个,总投资6000万元。

2006年2月22日,分行成功获得其中法国开发署2500万欧元项目贷款的转贷银行资格(长沙市清洁燃料汽车推广应用工程项目),这是股份制商业银行在这批项目中的唯一所获,也是分行在省财政系统营销和中间业务拓展上的重大突破。2006年2月27日,分行公司金融四部为客户湖南长丰汽车制造股份有限公司成功办理10笔共计1 308.90万美元远期结售汇业务。该业务的办理,在分行中间业务新产品拓展上实现"开门红",同时,在系统内业务量居于首位,并一举完成当年任务的655%。2006年5月10日,分行收到总行离岸业务部开出的海基集团有限公司5 000万港元离岸存款质押的担保确认书,海基集团5 000万港元离岸存款落户分行,标志着分行离岸业务实现重大突破。2006年7月19日,华菱集团获得人总行20亿元短期融资券的批复后,芙蓉支行通过主动积极营销和长时间跟踪,终于成功争取到分销资格,并在7月19日发行的首期10亿元额度中,获得5 000万元的分销额度。该项业务的成功营销填补分行在短期融资券业务上的空白,为分行中间业务收入开辟新的渠道。2006年11月14日,分行成功获得长沙市财政局国库集中支付银行代理资格。

2007年1月9日,分行与中国人民银行长沙中心支行国库处签订代理省级财政国库集中支付资金清算业务协议,并举行签约仪式。2007年6月28日,分行首笔大额资本金3 020多万美元营销成功,这是分行开业以来金额最大的一笔汇入汇款和结汇业务。

2008年1月30日,分行营销的某高速公路企业3亿元5年期的债务管理业务在国际市场成功交易,实现中间业务收入120万元,标志着分行在资金产品的营销方面取得新的突破。2008年12月25日,分行首单年金业务完成第一次缴费,标志着长沙分行年金业务正式取得零的突破。

2009年1月9日,分行与湖南省信用社联合社正式签署《业务合作框架协议》,双方拟合作的业务范围包括资产、负债、中间业务和业务管理信息等方面,具体如:同业存款、银票贴现和转贴现、资产买卖与回购业务、代理类业务、银团贷款、中小客户融资业务等。2009年4月28日,分行成功实现对公司客户单笔4亿元理财产品的销售,创下分行成立以来单笔销售最高纪录。2009年7月27日,分行左家塘支行成功办理港元3个月非贸汇款项下离岸"代付赢"业务,该业务是分行系统首创,也是总行系统的第二笔。2009年9月3日,分行成功与某集团客户正式签署多银行集团资金管理系统使用协议,标志着长沙分行首个多银行集团资金管理业务营销成功。2009年9月17日,分行存量贷款卖断型信托理财产品发行成功。

2010年3月9日,分行成功发行长沙高新技术产业开发区20亿元企业债。2010年9月9日,在长沙市市级财政国库集中支付银行代理项目招标中,分行从参与竞标的13家商业银行中脱颖而出,再次成功获得该项业务的代理资格。

三、零售业务

2005年8月22日上午,分行与省直单位住房公积金中心签订个人住房公积金贷款委托承办协议,这标志着省直住房公积金中心与分行的友好合作将进入一个全新阶段。2005年9月23日,在湖南省首届青年学习节新闻发布会暨开幕式上,长沙分行与《大学时代》杂志社携手首次成功发行联名卡——"YESCARD青年东方卡"。2005年11月28日,长沙分行在"2005湖南理财服务总评榜"评选中荣获"最具市场潜力金融机构"和"最受欢迎理财账户卡"两项荣誉。

2007年4月20日,分行个贷体制改革通过总行个人信贷体制改革验收小组验收。

2008年3月12日,分行牵头营销湘财证券有限责任公司第三方存管业务成功上线并进行全行推广。2008年3月26日,分行电信固话代缴项目成功上线,这标志着在分行现有的移动、联通、燃气、电力等缴费业务基础上,社会公用事业缴费项目又添一新丁。2008年6月18日,分行4周年生日,由长沙分行与长沙王府井百货联名发行的"轻松理财·王府井联名卡"——"O卡",在王府井广场举行隆重发卡仪式。2008年10月29日,由分行和青竹湖国际高尔夫球会共同举办,湖南华美汽车销售服务有限公司友情赞助的第二届"浦发杯"高尔夫精英邀请赛暨"浦发银行·青竹湖"联名卡发卡仪式在青竹湖高尔夫球会举行。行长李荣军到场并陪同客户参加比赛,副行长黄旭东为开球暨发卡仪式致辞,并为获奖选手颁奖。

2009年1月13日,在中国银联湖南分公司承办的2009年湖南省银行同业年会上,评选2008年度全省银行卡业务方面做出杰出贡献的各类奖项,分行荣获湖南省银行卡跨行交易运行质量综合排名奖第一名。分行"轻松理财王府井联名卡"项目获得"2008年度银联标准卡项目营销二等奖",成为全省中小股份制银行卡项目营销中唯一的一个二等奖。2009年5月21日,美美百货长沙店开业庆典晚宴上,美美·浦发联名信用卡隆重亮相,这是美美百货与国内银行合作发行的首张联名信用卡,涵盖美美长沙会员卡的所有功能和浦发信用卡金融理财的优势功能。

2010年6月18日,分行在嘉兴茂商业广场二楼隆重举行"浦发-中影今典"联名卡发行仪式。

四、经营管理

【自律管理】

2005年11月3日,分行举行客户经理职业操守建设大会,围绕客户经理"尽职意识""尽职能力""尽职态度"三个方面的内容,对推进全行客户经理职业操守教育进行全面部署。2006年7月19日,分行召开案件专项治理工作大会,营业、审计、公金、个人、风管条线总经理分别就本条线案件专项治理工作发言并做工作安排。2006年8月7日,分行组织全体人员学习《上海浦东发展银行员工行为准则》,并签订《浦发银行员工对执行浦发银行员工行为准则的承诺书》。2009年9月2日,分行组织全体中层以上干部赴湖南银监局观看《银行业反腐倡廉警示教育展览》。2010年3月24日,针对近期全行进行的"清制度、理流程、查风险"信贷综合检查,分行召集各检查小组组长及成员进行座谈,就前一段自查工作中发现的问题和下一步整改计划等内容进行深入的交流、探讨。

【制度建设】

2005年4月5日,分行成立风险资产管理委员会,并召开第一次会议。2006年7月22日,分行成立案件专项治理小组,并进行案件专项治理学习和讨论,对全行案件专项治理学习提出要求。2006年8月1日,总行驻长审计特派办正式成立,8月10日审计特派办人员全部到位。2007年2月8—9日,总行内控体系项目建设团队及咨询公司对长沙分行进行内部控制体系建设项目现场推广培训,分行行内控体系建设迈入一个新的阶段。2007年7月23日,运营业务流程再造项目的"集中系统提回业务"项目在分行成功上线运行,成功实现票据交换提回业务的"工厂化、集约化"大后台处理方式。2008年4月14日,分行下发《上海浦东发展银行长沙分行操作风险和合规风险两项治理工作方案》,标志着"双治"工作正式拉开帷幕。2010年4月12日,分行成立营销推进委员会并召开第一次营销推进委员会会议,审议和讨论分行现有10个重点集团大客户的2010年营销方案。

【教育培训】

分行高度重视教育培训工作,不断提升员工能力,保持人力资源可持续发展。2004年12月2日,分行15位同志参加总行的专业审贷人员资格考试。2005年6月13日,分行组织公司金融客户经理考试,这是分行开业以来公司金融队伍的第一次大练兵。2006年3月22日,为加强分行员工对离岸业务的学习,促进分行离岸业务的开展,特邀总行公司及投资银行总部离岸业务部负责人亲临分行进行离岸业务培训。2006年10月22日,为不断提升服务质量,进一步树立品牌形象,分行精心组织运营条线第一届业务技能比赛。2007年12月1—2日,分行举行"银行综合服务技能"培训,特邀深圳理想咨询公司的吕革新教授进行客户服务意识、客户服务规范、客户服务流程、争议投诉处理等内容的培训。

【合规管理】

2006年4月9日,制定"案件专项治理"及"治理商业贿赂"两项实施方案。2006年8月11日,为深化案件专项治理活动,促进全行员工牢固树立依法合规意识,分行组织全行员工前往长沙监狱接受警示教育。2009年7月15日,分行组队参加"湖南省金融系统反洗钱知识竞赛"复赛。2010年4月15日晚,分行举行"运营安全操作暨反洗钱业务"专项培训。

表8-23-1 2010年年末长沙分行所辖网点一览表

网点名称	地　　址	沿　　革
长沙分行营业部	长沙市芙蓉中路一段478号运达国际广场1—2层	长沙分行于2004年6月18日正式成立,同日长沙分行营业部正式对外营业,营业地址为长沙市五一大道559号联合商厦1楼,2007年7月3日迁址至长沙市芙蓉中路一段478号运达国际广场
三湘支行	长沙市晚报大道时速风标1楼	三湘支行成立于2005年4月12日
芙蓉支行	长沙市人民路35号建苑大厦1楼	芙蓉支行成立于2005年8月2日
东塘支行	长沙市劳动中路65号亚华香舍花都1楼	东塘支行成立于2006年1月18日
侯家塘支行	长沙市芙蓉中路三段100号湘凯石化大厦1楼	侯家塘支行成立于2007年2月9日
五一路支行	长沙市五一大道559号联合商厦1楼	五一路支行成立于2007年7月3日
株洲支行	湖南省株洲市天元区天台路123号华晨金茂尚都大厦	株洲支行成立于2007年12月13日,是长沙分行设立的第一家异地支行
曙光支行	长沙市曙光南路86号	曙光支行成立于2009年1月7日
井湾子支行	长沙市中意一路158号中建大厦1—3楼	井湾子支行成立于2009年2月18日

〔续表〕

网点名称	地　址	沿　革
河西支行	长沙市岳麓区桐梓坡路485号沁园春·御院壹号楼1楼	成立于2009年6月18日
株洲建设路支行	株洲市建设南路99号九天国际广场1楼	成立于2009年8月11日
左家塘支行	长沙市曙光中路203号QQ生活馆1楼	成立于2009年9月8日
人民东路支行	湖南省长沙市人民东路46号铭诚大厦1楼	成立于2010年2月9日
郴州分行	湖南省郴州市五岭大道"林邑财富中心"第1层和第6层	成立于2010年7月20日，是长沙分行设立的首家二级分行
韶山南路支行	湖南省长沙市雨花区韶山南路123号华翼府第1—2楼	成立于2010年7月27日

表8-23-2　2004—2010年长沙分行负责人任职情况表

行　长		副行长		行长助理	
姓　名	任职时间	姓　名	任职时间	姓　名	任职时间
李荣军	2004年6月—2013年7月	黄旭东	2004年6月—2010年8月	刘凌	2009年1月—2012年4月
		曹志红	2004年6月—2017年11月		

第二十四章 哈尔滨分行

上海浦东发展银行股份有限公司哈尔滨分行(以下简称哈尔滨分行)于2004年8月10日成立,是浦发银行在全国设立的第24家分行,在东三省设立的第3家分行,办公地址位于哈尔滨市南岗区红旗大街226号。

截至2010年年末,哈尔滨分行存款余额179.89亿元,贷款余额165.31亿元;外币存款余额0.31亿美元,贷款余额1.67亿美元;经营利润3.46亿元。

第一节 机构沿革

一、机构设立

2003年年末,哈尔滨分行开始筹备。
2004年8月10日,哈尔滨分行正式对外营业。

二、内设部门

2005年,按照总行对公金条线和个金条线改革的总体部署,哈尔滨分行将公司金融条线的大部分营销职能从公司金融部剥离出来,并组建营销团队负责承接,由分行直接对营销团队进行业绩考核,达到强化团队整体营销效果的作用。同时,将个人金融部进行细分,成立卡业务中心、渠道部、理财中心、个贷中心等职能部门,使个人金融业务条线初步形成分工明确,职能清晰,营销与支撑有机结合的整体架构。

2010年,分行成立公司银行产品部、合规部,并明确合规部与风险管理部合署办公,进一步提高分行产品专业化管理和合规管理水平;设立区域市场部、信用运营分行中心(驻南城支行)提高分行区域市场影响力及业务服务半径;将综合与贸易金融团队、作业中心、信用运营中心归属分行营业部;将中小客户业务经营中心与学府支行分离等内设部门职能整合。

截至2010年年末,分行先后在哈尔滨主城区设立11家支行,在牡丹江市成立1个异地区域市场部,拥有正式员工337人。分行本部除总行直管的审计特派办、财务会计核算中心外,共有14个内设部门(其中2个合署办公),分别为办公室、人事直属科、资金财务部、信息科技部、运营管理部、个人银行发展管理部、卡渠道营销与维护中心、个人信贷部、公司银行业务管理部、公司银行产品部、中小企业经营中心、风险管理部、合规部、授信审查部。

第二节 业务经营

一、公司业务

2004年8月,分行公司业务紧紧依托客户经理队伍组建,加大市场拓展力度,一方面加强对重点目标客户过程管理,形成一套有力的督办机制;另一方面对大客户逐户分析,协助客户经理促进项目落地。截至 2004 年年末,开业不到半年时间,对公存款时点余额(含同业)达到 210 452 万元,对公存款日均余额(含同业)124 202 万元;对公贷款 75 户,余额达到 221 875 万元,实现中间业务收入 258 万元。

多年来,分行坚持以对公业务发展为突破口,向规模要市场,向结构要效益的经营思路。在条线协同管理上,坚持搭建公司银行客户和公司银行产品两轮驱动经营平台的条线定位,积极协同和服务于产品部门和中小业务经营部门满足自身专营业务发展的需要;在业务管理核心工作上,牢牢把握公司银行条线负债业务上规模、资产业务调结构、综合经营促效益的工作重心,全面提升分行公司业务在规模、效益和结构三方面的综合经营能力,努力促进分行公司银行业务稳定快速发展。负债业务方面,分行积极锁定财政及社会公共资金洼地客户、房地产开发类客户,将重点负债监测和挖潜客户作为公司负债业务企划重点;资产业务方面根据历年信贷投放计划,形成分行公司信贷结构调整和信贷投放安排的实施意见,作为公司贷款投放的纲领性文件为各经营机构明确营销方向。

截至 2010 年年末,分行本外币一般对公存款时点余额 132 亿元,公司存款日均余额 118 亿元;本外币一般性对公贷款时点余额 97.09 亿元,其中中小客户贷款余额 10 亿元。

二、国际业务

哈尔滨分行国际业务自 2004 年成立以来,从分行营业部一个外汇会计区稳步发展成贸易服务团队,进而在 2010 年发展成贸易金融部,客户从少到多,业务量从小到大,服务功能从浅到深,业务品种从单一到全面,可受理全部国际业务,在当地留下较好口碑。国际结算量从 2004 年当年的 9 000 万美元,到 2007 年 3 亿美元,再到 2010 年的 6 亿美元,6 年时间增长 567%,取得长足发展。同时,分行充分发挥毗邻俄罗斯的地缘优势,扩大和发展中俄边贸业务,为俄罗斯客户提供优质离岸账户服务,并通过离岸账户为客户提供离岸转单结算服务,重点支持黑龙江省走出去的对俄投资企业,同时分行离岸国际业务也得到较快速发展和壮大,2010 年分行离岸国际结算量达到 4 亿美元,成为从无到有的特色业务。

三、金融市场业务

分行金融市场业务自 2005 年开办以来,秉承以客户为中心的经营理念,努力为合作客户提供组合产品和综合服务方案,开展多个业务领域的深入合作。随着金融环境、区域环境的变化不断发展壮大,与银行同业、非银同业的合作范围、合作规模不断扩大。以优势互补为基本原则,持续提高合作客户综合贡献度,务实同业基础业务,不断扩大同业授信规模及授信范围,并做大票据、存放资金交易规模,保持区域内交易的领先优势。

截至 2010 年年末,分行存放规模已达 234 亿元,票据交易规模达 252 亿元,实现营业收入 3 770 万元。同时,分行快速发展创新业务,大力拓展理财产品设计发行和机构客户销售工作,相继推出"浦粤宝"系列产品;研发并运用信托公司、第三方商业银行债权转让模式;资产托管业务发展也初见成效,通过与公司客户的有效联动,托管业务种类多样发展。截至 2010 年年末,分行销售信托计划及理财产品 40.5 亿元,实现中间业务收入 2 000 万元。累计资产托管业务规模达到 54 亿元,实现资产托管业务收入717万元。

四、其他业务

【个人金融】

自分行2004年筹建以来,便确定以全员营销,大力发展负债业务为主线,以树立品牌,抢占资产业务市场份额为辅线的指导思想,积极开发"记账式国债"与"夹塞式个人委托贷款"等新产品为客户提供理财服务的同时,全力拓展业务受理渠道,与银联黑龙江分公司及银联商务公司合作实现新的POS柜面通业务模式,完成与移动、联通手机费、网通、中国电信电话费缴费签约工作。2010年,"浦发币"成功上线,实现与中央红等多家大型连锁商场的联盟营销。进一步深入推进与女王美容、医大一院、兄弟传媒等企业及阳光保险、申银万国、光大证券、江海证券等其他金融机构的战略合作,批量拓展目标客户。在内外部金融环境复杂多变的情况下,及时调整产品销售结构,扩大保险、基金等高收益代理产品销量,实现财富业务跨越式发展。

截至2010年年末,分行个人存款余额40.64亿元,个人金融资产余额65.19亿元,实现个人业务中间业务收入2 640万元,实现个人理财产品总销量31.60亿元,系统内排名第11位;第三方存管客户7 112户,新增1 248户,增幅21.28%,存管资金1.27亿元。

【财富管理】

分行开业初期,针对新建分行个人业务工作特点和实际情况,制定管理和营销双管齐下、齐头并进的发展策略。确定全员营销大力发展负债业务,到2004年年底分行储蓄存款达到26 967万元。2007年对分行托管基金进行重点营销,同时依托总行专项理财产品(T计划)大力提升分行金融资产规模。

截至2010年年末,分行个人客户达到23.24万户,客户总资产规模达到72.09亿元,其中个人财富类金融资产余额24.55亿元,在个人金融总资产中占比37.66%;财富业务全年销量达到47.09亿元,实现财富业务中收2 357万元。

【零售贷款】

2004年分行成立之初,便推出个人住房贷款业务,并由此拉开个人贷款业务序幕,为后续业务发展奠定坚实基础。几年间针对市场需求,分行陆续推出商业用房抵押贷款、消费贷款、生产经营贷款、留学贷款等业务品种。截至2010年年末,随着产品的创新和良好口碑的树立,分行个人贷款业务余额已达69.81亿元,存量客户38 816户。

【银行卡】

自分行筹建,便在黑龙江地区开始发行浦发银行东方卡。截至2004年年底,累计发行12 706张。布放POS机25台,当年累计POS交易笔数3 022笔,金额180.60万元,实现手续费收入6 723.56元。2004年,分行共与36家单位开办代发工资业务,交易金额493万元,交易7 775笔。

截至2010年年末,分行借记卡累计发放33.52万张,共有441家单位与分行签约的工资代发业务,当年实现代发金额8.35亿元;实现借记卡刷卡消费10.73亿元;当年新增特约商户POS机748台,POS刷卡量134亿元。

【电银业务】

2004年5月,分行个人金融部成立,下辖电银业务团队。多年来分行通过优化渠道合理布局集中管理统筹兼顾将分行的电银业务扎实推进。从初期仅有的分行营业部一台取款机发展到2010年年末各类现金自助设备106台,非现金设备33台。服务渠道也从单一的自助取款发展到自助存取款、电话银行、网上银行、手机银行、微信银行等多渠道全领域全天24小时不间断高效便捷的立体化电银运营和服务体系。

五、经营管理

【制度管理】

自2007年风险管理条线组织架构改革以来,分行一直将持续完善风险管理政策体系建设作为工作重点。2008年,按照总行部署,作为政策体系建设核心的内控体系建设工作全面推进,分行制订有效的推广计划,陆续完成分行电子文件柜建立、内控手册/体系文件/场所文件上挂、内控体系内部评价等工作,内控制度层面建设工作基本完成,分行内控体系正式试运行,为后续内部控制的有效执行奠定基础。后期,分行制定《上海浦东发展银行哈尔滨分行规章制度管理办法》,通过对制度体系进一步的厘清,制度管理工作实现日常化、标准化管理。截至目前,分行已发布的有效规章制度总计423个,覆盖全行各业务条线。

【风险管理】

2004年至2010年期间,分行逐步搭建起较为完整的制度结构,夯实信用风险、市场风险、操作风险防控的基础,明确岗位职责,健全机构管理,实现风险管理基本要求和业务操作的基本规范,为分行稳健经营、合规发展奠定坚实的基础。按照监管部门和上级行的政策指引,结合区域经济、资源分布、客户结构特点因地制宜制定信贷投向政策,合理安排信贷投放,不断优化信贷结构,确保资产质量保持同业较好水平,杜绝重大资产损失和案件风险。通过全面风险排查着力加强风险监测,加大对重点领域的风险防控,全力以赴化解风险,巩固风险管理防线,推进风险管理职能下沉和关口前移,努力提升精细化管理。

【运营管理】

2004年9月,分行加入支付系统。2006年,因小额支付系统上线期间测试表现优异,分行荣获"二期工程杰出贡献单位"称号。2007年,分行成立运营管理部全面引领条线管理,同年,流程再造项目上线,对公业务实现影像化自动处理;2008年,为迎奥运,分行建设无障碍金融服务环境成效显著。2010年,分行严抓内控保平安,堵截伪造、变造银行承兑汇票金额近千万元,堵截假资金证明金额达3亿元。分行营业部在2006—2010年连续5年荣获"优质文明服务窗口称号"和2010年度全国"千佳网点"称号。

【干部管理】

2004年起,分行高度重视干部队伍建设工作,注重发挥党员干部在经营管理和防范风险中堡垒和带头作用,强化对中层干部的管理,用高标准要求,绝不保护落后,对于经过考核处于存在较大问题的中层干部,及时进行警告,对不称职的,坚决调整。2006年,制定《哈尔滨分行干部交流(轮岗)等暂行规定及干部任职和员工亲属回避制度》,强化内控管理,加大干部交流轮岗力度,重点加强干部管理和监督。2010年,按照总行干部任(聘)用工作暂行办法,开始深化分行干部人事制度改革,努力打造高素质经营管理干部队伍的创新之路。

【员工培训】

哈尔滨分行在员工培训工作上注重提高教育培训质量,2007年发布《分行兼职培训师制度管理考核办法》,建立分行兼职培训师队伍,2010年对兼职培训师考核管理办法进行完善修订,同时制定《哈尔滨分行员工内部培训管理实施细则》,并依托总、分行内外部教育资源,构建长期稳定的培训机制,通过不同岗位、不同类别分层次开展专题专项培训,不断提高员工队伍的业务能力,适应银行经营管理的发展,满足客户日益多样化的要求。

表8-24-1 2010年年末哈尔滨分行所辖网点一览表

网点名称	地址	沿革
哈尔滨分行	哈尔滨市南岗区红旗大街226号	成立于2004年8月10日成立,同日对外营业,地址为汉水路200号;2007年11月28日迁至红旗大街226号浦发大厦
动力支行	哈尔滨市香坊区和平路乐福小区M栋巴黎广场2号	成立于2005年7月25日
南岗支行	哈尔滨市南岗区大成街63号	成立于2005年12月21日
道里支行	哈尔滨市道里区经纬二道街24号	成立于2006年7月14日
汇宾支行	哈尔滨市南岗区东大直街178号	成立于2007年6月10日
开发支行	哈尔滨市南岗区赣水路68号1—3层	成立于2007年11月26日,同日对外营业,地址为汉水路200号;2009年1月19日迁至赣水路68号
中央大街支行	哈尔滨市道里区西八道街12号	成立于2008年9月26日
爱建支行	哈尔滨市道里区上海街108号	成立于2008年12月28日
学府支行	哈尔滨市南岗区学府东四道街392号-1-7	成立于2009年4月28日
友谊支行	哈尔滨市道里区丽江路4095号	成立于2009年9月15日
道外支行	哈尔滨市道外区南极街副171-3号	成立于2010年2月9日
南城支行	哈尔滨市平房区友协大街59号	成立于2010年12月10日

表8-24-2 2004—2010年哈尔滨分行负责人任职情况表

行长		副行长	
姓名	任职时间	姓名	任职时间
姜涛	2004年8月—2013年7月	刘丹平	2004年8月—2016年9月
		王刚	2004年8月—2006年7月
		李健友	2007年6月—2017年6月

第二十五章 南 昌 分 行

上海浦东发展银行股份有限公司南昌分行(以下简称南昌分行)于2005年3月21日获江西银监局批准成立,4月8日对外试营业,是浦发银行在全国设立的第25家一级分行,办公地址位于南昌市永叔路15号。

截至2010年年末,南昌分行存款余额166.49亿元,贷款余额161.85亿元;外币存款余额262.4万美元,贷款余额223.9万美元;经营利润2.79亿元。

第一节 机 构 沿 革

一、机构设立

2004年9月初,成立筹备组,开展前期工作;11月17日,中国银监会正式批准上海浦东发展银行在江西省筹建南昌分行;12月2日,获江西银监局批复同意筹建《关于同意上海浦东发展银行筹建南昌分行的批复》。

2005年3月21日,南昌分行获江西银监局批准成立。

2005年4月8日,分行对外试营业;6月9日,在赣江宾馆举行开业暨银企签约仪式。

2010年5月30日,"浦发银行大厦"在红谷滩中央商务区B-24-2地块奠基,上海浦东发展银行南昌分行启动营业办公大楼建设。

二、内设部门

2005年,分行成立之初内设"六部一室",即办公室、资金财务部、公司金融部、个人金融部、风险管理部、信息科技部、营业部。

根据经营管理需要,2005年先后设立贷款审查委员会、财务管理委员会、资产负债管理委员会、综合考评委员会、信贷风险资产责任认定及追究委员会、风险管理委员会。

2006年12月,根据扁平化矩阵式管理组织架构改革要求和业务发展需要,分行对组织架构进行调整,撤销公司金融部、个人金融部,成立合规部、公司银行业务管理部、公司银行产品部、公司银行中小客户部、个人银行发展管理部、个人信贷部,其中合规部与风险管理部、公司银行业务管理部与公司银行产品部合署办公。

2007年12月,分行将人事管理职责从办公室分离,增设人力资源部;将营业部的营销职责分离,成立直属业务一部;将个人信贷部的营销职责分离,成立直属业务二部。

2008年6月,分行设立贸易金融部;8月增设授信审查部、信用运营中心,将原科技及电子银行部调整为信息科技部。

2009年1月,分行设立大客户部、直属业务三部、直属业务四部、直属业务五部、直属理财团队等直属业务团队,撤销原直属业务一部;6月,恢复设立直属业务一部。

2009年4月,分行设立保卫部,与办公室合署办公;6月,撤销原公司银行中小客户部,设立中小企业业务经营中心,负责辖内中小企业金融业务的经营和管理。

2010年1月,分行设立直属业务七部;4月成立票据经营中心,专营票据转贴及其他资金业务;5月设立直属业务八部;6月,分行成立运营管理部;8月撤销原直属理财团队,设立个银直销团队,与总行信用卡直销团队合署办公。分行员工人数达到319人。

第二节 业务经营

一、存款业务

2005年到2010年,企业存款有较快发展。2005年余额8.72亿元,2010年77.32亿元,增长7.87倍。其中:2005年活期存款、定期存款分别为4.66亿元、4.06亿元,到2010年分别达到38.85亿元、38.46亿元。活期存款增长8.33倍,定期存款增长9.47倍。机关团体存款较快发展。2005年余额9.29亿元,2010年达到38.3亿元。

2005年,储蓄存款余额1.61亿元,2010年年末19.24亿元。其中:活期存款占比偏小,2005年仅0.59亿元,2010年年末增长到7.84亿元;定期存款2005年年末共1.02亿元,2010年年末余额11.39亿元。按中国人民银行统计口径,2005年其他存款余额3.52亿元,2010年余额为31.45亿元。

二、贷款业务

2005年4月8日试营业当天,分行发放首笔短期流动资金贷款,为南昌供水有限责任公司中融资6 000万元,当天还为江西铜业发放短期流动资金贷款2 000万元。2005年到2010年期间,短期贷款总量逐年增长,但在全部贷款中的占比呈下降趋势。2005年短期贷款余额24.66亿元,占比达75.1%,2010年余额增加至78.63亿元,但占比下降至48.63%。

2005年5月20日,第一次向总行购入1亿元次级债资金,作为发放中长期贷款的资金来源。贷款期限结构呈中长期化趋势,特别是2009年、2010年增长迅猛,在全部贷款中的占比快速提升。2005年中长期贷款余额1.63亿元,占比4.96%,到2010年达到79.07亿元,占比48.9%。其中,2009年余额42.9亿元,比上年增长255%,2010年增幅达到184%。

三、其他业务

【票据融资】

2005年5月23日,分行办理第一笔贴现业务,为景德镇开门子陶瓷化工集团有限公司贴现100万元。2005年共办理贴现票据323张、金额7.34亿元,年底票据贴现余额6.55亿元,占各项贷款的比重近20%。到2010年年末,票据融资余额为3.75亿元,占比2.32%。

【支付结算】

2005年8月15日,成功加入现代化支付系统,成为省内第一家上线银行机构;到2010年,辖属分支机构均开办现代化支付系统业务并正常运行。2005年至2010年,分行累计办理支付结算

16 744 307 笔，累计金额 65 159 283 万元，累计实现结算收入近 600 万元。

【银行卡】

分行于 2005 年 4 月 8 日首次试推东方卡（借记卡），当日发卡 171 张；当年累计发卡 22 579 张；2005 年 7 月，东方卡加入江西银联综合支付平台，自此在江西银联商务 POS 上消费不再需要其他银行代理。2006 年年末，在省内推广总行发行的国内第一张"一张卡、双授权、三账户"的"轻松理财智业卡"。2008 年 10 月 11 日，经总行同意并向监管部门报备，分行与信息日报社联合推出"轻松理财-信息日报"联名卡，这是省内第一张银行与新闻媒体合作的联名卡。根据总行统一部署，不断完善产品体系，陆续发行普卡、金卡、白金卡系列、WOW 系列卡、麦兜卡等产品。到 2010 年年底，分行共在省内发行各种信用卡 6 786 张。

【代理业务】

分行依托总行"中间业务缴费平台"，开发设计具有本地特色的代缴费业务。2006 年 3 月 14 日，分行成功上线银证通业务。2006 年下半年起，随着第三方存管业务的推出，银证通业务逐渐退出，原有客户逐步转移成为第三方存管业务客户。到 2010 年年底，第三方存管业务客户达到 2 352 户，存管资金余额 3 821 万元。2007 年 10 月，分行及辖属物华支行、天宝支行、长天支行获得中国保险监督管理委员颁发的保险兼业代理许可证，正式开展代理保险销售业务。当年共代理销售 5 单，保费 50 万元。2007 年 12 月，开通首个代收业务——代收联通话费业务。2008 年，增加代收南昌有线电视费项目。2010 年，立项开发代收江西移动话费业务系统，开通柜面、网上银行、电话银行等渠道，代理收取中国移动江西公司南昌分公司用户话费。2010 年，分行辖属分支机构均开展保险代理业务，代理销售的保费规模为 1 111 万元，保单件数 387 件。2005 年到 2010 年，分行理财销售迅猛增长，2005 年共销售理财产品 7 161 万元；2006 年突破 1 亿元，达到 11 936 万元；2010 年突破 10 亿元。

【托管业务】

2009 年 8 月，与南昌经济技术开发区电力有限公司签署协议；12 月 2 日，与国寿养老保险股份有限公司在南昌共同召开企业年金研讨会，会后，分行、国寿养老和江西九木堂实业有限公司签署企业年金三方协议，并与近 30 家中小企业签订企业年金合作协议。2010 年，又与 10 家企业达成企业年金业务合作意向。

【金融市场业务】

2005 年 4 月，分行首次对外代理销售国债，圆满完成第一批三年期、五年期国债代售计划，当年共销售 844.2 万元。2005 年 7 月，经中国人民银行南昌中心支行批准，分行加入全国银行间同业拆借市场场外拆借业务。开业以来，尚未开展过此项业务。2005 年 11 月，分行办理第一笔系统内票据回购业务，共 1.67 亿元，当年余额 1.67 亿元。2010 年，分行成立票据中心，票据业务取得明显进展，当年买入票据量达 13.88 亿元。

【外汇业务】

开业以来，分行积极发展外汇业务，虽存款、贷款规模增长较慢，但国际结算业务快速增长。

2005年,分行开业即开展外汇存款业务,主要以储蓄存款为主,当年外币存款余额51万美元,全部为储蓄存款。2006年,首次吸收单位外汇存款,年底外币存款余额238万美元。2008年外币存款余额748万美元,主要以单位活期存款为主,此后呈逐年下降趋势,到2010年年末为262万美元。2008年,分行首次办理外币贷款,当年发放进出口贸易融资10万美元。截至2010年,外币贷款余额224万美元。

【国际结算业务】

2005年,分行叙做国际结算827万美元,其中出口贸易结算421万美元,进口贸易结算335万美元,非贸易经常项下外汇结算71万美元。此后,国际结算业务得到快速发展。2006年开始办理外商直接投资外汇结算,当年叙做596万美元。2009年,国际结算首次突破1亿美元,达到15 326万美元。2010年突破2亿美元,达到28 851万美元,较上年增长88.2%,规模是2005年的近35倍。

四、经营管理

2006—2008年,根据总行统一部署,分阶段推进扁平化矩阵式管理组织架构改革,使分行经营模式从以块为主转向条块结合,减少中间管理层次,优化客户服务流程,强化风险和成本控制,提高工作效率和效益。整合完善业务经营管理模式。2006年12月,撤销公司金融部,设立公司银行业务管理部、公司银行产品部,合署办公,承担总行设定的公司银行业务管理部和公司银行产品部职责;设立公司银行中小客户部,专司中小企业公司金融业务营销与推进。撤销个人金融部,设立个人银行发展管理部,重点加强对全行个金业务的营销策划和推进;设立个人信贷部,着重强化个人信贷业务营销与管理。同时,重点推进产品、营销等机制建设,推进产品、销售与支持三支专业队伍建设,不断完善产品经理、客户经理制,配套出台系列制度办法。强化风险管理系统建设。2006年设立合规部,进一步加强内控机制建设,完善常规职能监督机制,隶属分行行长和总行合规部双重领导;2008年6月,增设授信审查部、信用运营中心。同时,在操作风险管理上逐步建立相关的机制和落实相关职能,配套制订相应的机制、流程。整合保障支撑系统。2006年,根据总行部署,全面加强运营质量管理,在网点导入应用6S管理工具(整理、整顿、清扫、清洁、安全、素养)提升营业现场形象及服务质量。2007年12月,将人事管理职责从办公室分离,增设人力资源部,进一步强化人力资源部对经营发展的支撑。明晰运行体制。在分行经营管理层设置公司银行主管行长、个人银行主管行长、运营与科技主管行长、风险主管行长,强化专业管理。南昌分行在总行授权范围内行使经营管理权,集中信贷审批、财务管理、成本核算、后勤采购等管理职能,为分支机构、营销团队提供中后台支撑;辖属分支机构的功能定位于市场营销和会计结算,所有网点为客户提供服务。

五、服务中小企业经营体制改革

2006年,分行在公司金融部内设立中小企业服务中心,并在奉新县首次尝试"银行主导、政府搭台、三方参与"的中小企业服务模式,紧接着又在共青城经济开发区和上高县分别创立"共青模式""上高模式"。2月,首次推出"急融通"产品,满足符合条件的中小企业对融资"短、频、快"的要求。2007年年初,在全省商业银行中率先成立中小企业专业营销服务部门——中小客户部,匹配专职管理人员和专职客户经理,组建中小企业业务专营团队,并率先在省内开办动产质押业务、联贷联保业务,推出应收账款保理等业务。2008年1月,首创"银园保"模式,该模式通过银行、园区、担保公司的密切合作,解决银企间信息不对称的问题,开辟中小企业服务新渠道,在江西省内反响良好。2009年,调整设立中小企业经营中心,负责分行辖内中小企业金融业务的经营和管理,建立中小企业专职授信审批团队,实现中小企业业务的专业审批,并设立专职企划岗位,有效提高中小企业业务审批效率和产品模式创新能力。

图8-25-1 2010年11月18日,南昌分行与萍乡市湘东区政府共同举办政银企合作推进会

表8-25-1 2010年年末南昌分行所辖网点一览表

网点名称	地　　址	沿　　革
分行营业部	南昌市西湖区永叔路15号	南昌分行于2005年4月8日正式成立,同日南昌分行营业部正式对外营业
物华支行	南昌市西湖区孺子路479号	成立于2006年7月28日
天宝支行	南昌市西湖区二七南路495号	成立于2007年3月8日
长天支行	南昌市东湖区福州路28号	成立于2007年6月25日
湖影支行	南昌市高新大道1588号	成立于2008年3月27日
江帆支行	南昌市西湖区洪城路558号七号楼	成立于2009年9月18日
秋水支行	南昌市东湖区阳明路45号	成立于2010年4月23日
九江支行	九江市庐山南路3号	成立于2008年9月29日
赣州分行	赣州市红旗大道70号	成立于2010年10月29日

表 8–25–2　2005—2010 年南昌分行负责人任职情况表

行　　长		副　行　长	
姓　名	任　职　时　间	姓　名	任　职　时　间
邓从国	2005 年 3 月—2014 年 5 月	李　枫	2005 年 8 月—2016 年 10 月
		谢　红	2005 年 5 月—2010 年 11 月

第二十六章 南宁分行

上海浦东发展银行股份有限公司南宁分行(以下简称南宁分行)于 2005 年 10 月 20 日成立,是浦发银行在全国设立的第 26 家省级分行,也是在少数民族地区设立的第一家省级分行,办公地址位于南宁市金浦路 22 号。

截至 2010 年年末,南宁分行本外币存款余额 200.19 亿元,贷款余额 150.73 亿元;其中,人民币存款余额 199.08 亿元,贷款余额 150.73 亿元;外币存款余额 1 692.99 万美元,贷款余额 0 万美元;利润总额 2.19 亿元。

第一节 机构沿革

一、机构设立

2005 年 1 月 31 日,经中国银行业监督管理委员会批准,浦发银行南宁分行开始筹建。

2005 年 10 月 20 日,南宁分行正式挂牌开业,办公地址位于南宁市民族大道 98 号。

2008 年 7 月,南宁分行办公地址迁至南宁市金浦路 22 号名都苑 1 号楼。

图 8-26-1 2008 年 12 月 15 日,南宁分行乔迁新址

南宁分行成立以来,坚决贯彻执行总行各项工作部署,秉承"笃守诚信、创造卓越"的经营理念,以打造区域内最具核心竞争力的股份制商业银行为战略目标,主动融入广西地方经济建设的热潮之中,深入落实客户中心战略,大力支持实体经济发展,不断推进改革创新和转型发展,稳健推进各项工作,经营规模持续扩大,盈利能力不断增强,品牌影响力持续提升。

二、内设部门

2005年7月,根据总行设置要求并结合分行实际,南宁分行内部职能机构暂按六部一室设立:办公室、资金财务部、风险管理部、公司金融部、个人金融部、信息科技部、营业部。另外,设立十个营销团队。同时,为发挥集体决策防范风险的作用,在行长室下设考评委员会、财务审查委员会、资产负债管理委员会、信贷审查委员会及综合营销推进委员会五个委员会。

2007年6月,将个人银行条线管理组织架构中"个人银行发展管理部"和"个人信贷部",调整为"个人银行发展管理部""个人信贷部"及"银行卡及渠道部"。

2008年9月,成立上海浦东发展银行驻南宁分行审计特派员办事处(特派办)。

2008年11月,设立运营管理部,分行营业部定位为支行建制营销部门。

2009年8月,设立南宁分行中小企业业务经营中心(中小企业中心)。

2010年5月,将原风险管理部的授信审查职能独立出来、成立分行授信审查部。

2010年5月,成立南宁分行票据中心。

2010年12月,将分行运营管理部的信用运营职能独立出来,成立分行信用运营中心。

第二节 业务经营

截至2010年年末,全行总资产300.62亿元。期末各项贷款余额150.73亿元,其中对公贷款余额94.77亿元,对私贷款余额36.19亿元,票据贴现余额19.77亿元。全行负债总额298.43亿元,所有者权益2.19亿元。期末各项存款余额239.93亿元,其中对公存款余额171.58亿元,储蓄存款余额28.61亿元,同业存款余额39.74亿元。

一、公司业务

2005年10月24日正式开业以来,南宁分行紧紧围绕广西经济工作中心,不断创新金融业务和产品,积极申报优质项目、用足用活信贷政策,不断加大对重点行业和重点企业的支持力度,把资金和规模向地方支柱产业、拳头产业和基础产业倾斜。

开行以来,南宁分行成功介入广西投资集团等当地优质客户,支持防城港市防城南至企沙铁路项目等重点工程。2007年分行成立中小客户部,成为区内第一家成立一级部门专向为中小企业提供服务的银行机构。2009年,南宁分行把财政及社会公共资金业务作为全行拓展负债来源的战略业务,积极对自治区旅游局开展营销,成为广西区内三家指定存储银行之一。2009年,经总行批准开始办理票据转贴现业务,按照总行配置策略重点开展转贴现及买入返售业务。2010年,分行以桂林支行原票据从业人员为基础,在桂林成立专业机构——票据中心,实现南宁分行票据业务从无到有、从有到强的飞速发展局面。2010年,抓住广西-东盟经济区大开放、大开发带来的发展机遇,高度重视国际结算特别是离岸业务的营销和拓展,充分发挥离在岸联动营销优势,重点跟踪广西"走出去"客户。在积极支持区域经济发展的同时,分行各项业务也取得长足、健康发展。2010年年末,南宁分行对公贷款余额114.54亿元,在相同性质股份制银行中位居第二。

二、零售业务

2005—2010年期间,南宁分行零售业务抓好业务发展规划、优化内部管理结构、打造增值服务体系,加强品牌产品宣传,各项业务取得较好的发展。截至2010年年末,分行个人金融资产36.29亿元,储蓄存款余额为28.61亿元,个人金融资产和储蓄存款规模持续增长,存量和增量在同类股份制银行中市场占排名保持第1位;个人贷款余额36.19亿元,存量在同类股份制银行市场占比保持第2位、增量第1位的地位,资产质量良好,不良率为零。

分行推动以个人经营贷款、消费性、留学贷款、住房按揭贷款为主,基金、保险、银行理财、黄金业务为补充的盈利模式,通过持续开展刷卡促销联动营销活动,有效提高银行卡消费交易量和回佣水平。分行全力打造特色增值服务体系,大力发展钻石客户服务体系,延伸开发白金客户服务体系及优质客户服务体系,将青山高尔夫贵宾中心、中石化加油优惠、名医预约陪同就诊等作为有分行特色的亮点服务融入三大服务体系中,使分行的客户服务体系在市场上具有极大的竞争力。

三、经营管理

【资产风险管理】
分行建行伊始就树立"发展与管理并重,营销与风险互进"的风险管理理念,并将"决不以牺牲资产质量为代价换取业务的快速发展,决不以放松风险管理为手段赢得经营上的虚假繁荣"作为基本经营思想,经过5年的发展,分行形成以总分行风险管理偏好和风险容忍度为核心,以风险管理委员会、信贷审批委员会为主要风险管理架构,与监管要求相符、与业务发展相适应的风险管理体系。自建行以来不断建立完善风险管理体制机制,全面风险管理架构逐步搭建,风险管理队伍持续壮大,风险管理水平不断增强,为分行的可持续发展提供坚实的保障。2005—2010年,南宁分行连续6年保持零不良,资产质量在区域同业和系统内分行保持先进行列。

2007年3月,南宁分行成立合规部,负责牵头统筹全行合规风险管理工作。2007年至2010年间,分行从无到有、由粗到细,不断构建并完善合规管理制度体系,相继制定《合规审核咨询工作流程》《合规管理报告制度》等一系列规范性文件,分行合规管理模式和体系不断完善,基本形成分工明确、条块结合、逐级负责、关口前移的合规风险管理模式。分行制定并实施《南宁分行员工合规行为积分管理办法》,这是系统内较早建立并实施的员工违规问责管理制度,通过丰富合规管理方式和手段,加大合规问责力度,在各级机构和人员中广泛倡导合规理念,合规风险管理工作取得较好成效。

【信息化管理】
分行在信息系统建设方面投入大量的人力物力,取得较快发展,建成以分行核心业务系统为中心,覆盖全辖网点的业务系统,为分行业务发展奠定信息化基础。分行大力推进个性化应用系统的开发,具备快速部署总行信息系统、根据分行业务发展需求开发各类个性化应用系统的能力。

2008年12月,南宁分行成功完成分行机房的搬迁,并以此为契机,构建以总行数据中心、总行同城和异地灾备中心为核心,以南宁分行信息中心为主干,网络辐射到柳州、桂林分中心的星形信息系统架构。其中,南宁分行信息中心是广西区内全辖信息汇聚点,为辖内各分支机构提供公众服务、生产作业、管理控制和内部办公四类信息服务。

按业务类型划分,分行信息系统主要有以下四种:公众服务类,包括核心业务系统、现代支付系统、基金系统、验印系统、资财系统等8种;生产作业类,包括分行核心网络、第三方连接网络2种;管理控制类,包括业务集中系统、信用运营系统、个贷系统、资产负债管理系统、风险管理系统5种;内部办公类,包括内外部网站、传信系统2种。

分行建立包括信息安全领导小组、信息安全管理员和兼职信息安全检查员队伍组成的信息安全管理体制;形成包括科技、风险和审计部门组成的信息科技风险防范的三道防线。具备较为规范的运行管理机制,对重要设备和关键环节实行24小时检查和监控,保证生产系统的安全稳定运行以及安全生产事件的及时发现和处理。开业以来,信息系统始终保持良好的安全运行状态,未发生信息系统的重大运行事故和信息安全重大事件,核心系统的运行正常率保持在100%。

【运营内控管理】

分行实体网点与自助设备数量不断增加,运营管理幅度继续扩大,运营管理能力持续提升。截至2010年12月31日,南宁分行营业网点8个,自助网点72个,自助设备93台。运营条线人员104人,其中委派制负责人主管8人、会计主管2人。2008年年初,分行成立信用运营中心,主管分行公司信用运营业务,隶属于分行运营条线。2009年和2010年,南宁分行连续两年荣获中国人民银行南宁分行"广西支付清算系统运营管理银行金融机构优秀单位"考评第一名。

南宁分行始终坚守底线,严控业务风险。一方面,积极开展运营内控制度体系建设工作,提升管理水平。从实际出发,对新业务、重点风险业务和相对薄弱的环节,不断完善相关制度,明确业务风险点和具体防范措施,统一全辖业务操作行为。另一方面,严格开展各项运营检查工作,及时纠正问题,确保运营业务合规运行。此外,有效运营内控系统预警提示信息,通过机控手段能及时防范风险。

浦发银行的6S营业厅堂管理理念和体系,一直被银行业奉为服务标杆。通过培养员工的职业形象塑造和服务礼仪,员工增强"三声两站一双手"的服务意识,提升服务品质。为确保奥运会、世博会、亚运会等提供优质金融服务,不断完善相应服务设施,确保其间金融机构正常、安全、平稳运行。

【人员管理】

截至2010年年末,南宁分行共有员工323人,本科及以上学历237人;全行平均年龄32岁,是一支朝气蓬勃、富有战斗力的员工队伍。南宁分行自2005年至2010年,累计发展新党员21名,截至2010年年末,分行共有党员140人,占全行员工的48%。经过5年发展,分行党建活动步入制度化、规范化轨道,进一步增强基层组织的核心竞争力和经营活力。

表8-26-1 2010年年末南宁分行所辖网点一览表

网点名称	地 址	沿 革
南宁分行营业部	金浦路22号名都苑1号楼	2005年10月24日,浦发银行南宁分行挂牌开业,同日南宁分行营业部正式对外营业,地址位于南宁市民族大道98号;2008年7月,址迁至南宁市金浦路22号名都苑1号楼
桃源支行	南宁市桃源路86号	成立于2006年3月

〔续表〕

网点名称	地址	沿革
东葛支行	南宁市东葛路86号	成立于2007年9月
柳州分行	柳州市友谊路4号	成立于2008年2月;2010年5月,升格为柳州分行
民主支行	南宁市民主路8号	成立于2008年12月
桂林支行	桂林市辅星路13号	成立于2009年4月
江南支行	南宁市星光大道34号	成立于2009年12月
柳州河西支行	柳州市潭中西路19号	成立于2010年11月

表8-26-2　2005—2010年南宁分行负责人任职情况表

行长		副行长		行长助理	
姓名	任职时间	姓名	任职时间	姓名	任职时间
覃国耀	2005年12月—2011年9月	谢金明	2005年12月—2008年9月	刘展鹏	2008年12月—2013年4月
		黄献山	2006年7月—2012年6月	刘春林	2008年12月—2014年7月

第二十七章 乌鲁木齐分行

上海浦东发展银行股份有限公司乌鲁木齐分行(以下简称乌鲁木齐分行)成立于2006年6月1日,是上海浦东发展银行股份有限公司在新疆维吾尔自治区设立的一级分行,是浦发银行在全行设立的第27家省级分行,办公地址位于乌鲁木齐市天山区民主路87号。

截至2010年年末,乌鲁木齐分行存款余额115.47亿元,贷款余额93.52亿元;外币存款余额397.47万美元,贷款余额0万美元;经营利润2.13亿元。

第一节 机 构 沿 革

一、机构设立

2005年12月初,乌鲁木齐分行开始筹建。

2006年5月12日,中国银行业监督管理委员会新疆监管局批准成立浦东发展银行乌鲁木齐分行。

2006年6月1日,分行挂牌营业;8月4日,分行举办隆重的开业庆典仪式,新疆维吾尔自治区、兵团、乌鲁木齐市党政领导、浦发银行董事长金运出席庆典活动。

五年来,在总行战略规划指引下,秉承"笃守诚信、创造卓越"核心价值观,坚持"以客户为中心"经营方针,紧紧围绕建设"区域内好银行"愿景目标,上下一心、艰苦创业,实现发展规模的较快增长、发展效益的大幅提升,在确保资产质量的前提下综合实力不断增强。

二、内设部门

2006年5月,乌鲁木齐分行成立之初,根据业务发展与内部管理需要,内部设立办公室、资金财务部、人力资源部、风险管理部、公司银行业务管理部、个人银行发展管理部、信息科技部及营业部八大部室,并按照总行扁平化矩阵式管理模式和业务发展成立七个营销团队。

2006年8月,分行设立兵团业务部。

2006年9月,分行设立合规管理部。

2006年10月,分行成立乌鲁木齐分行工会委员会。

2007年1月,分行设立党委办公室、安全保卫部,撤销个人银行业务一部、二部、三部营销团队。

2007年5月,分行设立授信审查部、营业部、信息科技部、办公室、银行卡及渠道管理部和公司银行产品部。

2007年7月,分行设立中小企业中心。

2010年7月,分行设立个人信贷部、公司银行产品部。

截至2010年年末,乌鲁木齐分行共有8家营业机构,2家二级分行,6家一级支行,员工258人。

第二节 业务经营

一、资产业务

乌鲁木齐分行切实把资产业务作为有效推动负债和其他相关业务发展的主要手段之一,通过制定科学合理的市场营销策略,科学细分市场,确定市场开发重点行业、重点客户、重点产品、重点区域,优先支持交通、矿产开发、电力、钢铁、汽车、电信、城市基础设施、石油石化、装备制造、教育、新闻、医疗、房地产等行业,实现负债业务逐年稳步攀升。

2006年,坚持"有所为、有所不为",深入客户、企业梳理、确定重点客户,实行重点区域重点客户重点投放战略,年末各项贷款余额23.08亿元。开创新疆股份制银行介入兵团业务先河。2007年,在国家实施宏观调控的形势下,对客户进行全面梳理,加大客户结构调整,加大新疆维吾尔自治区重点行业中重点企业市场营销,加大交通、水利、能源、制造业等支柱行业和优质企业投放,年末各项贷款余额28.83亿元,区域内同业贷款增量第一。

2008年,坚持抢先抓早,确立"早动手、早介入、早投放、早受益",抓住新疆大开发大好机遇,加大交通运输、水利、环境、教育、公共设施和兵团优质客户、优质项目投放,年末贷款总额50.23亿元,再次实现区域内同业贷款增量第一。2009年,密切跟踪宏观经济走势和产业结构调整趋势,落实国家各项宏观调控和区域产业政策,支持国家经济政策的重点领域,合理安排信贷投向,做好与国民经济、区域经济发展要求相吻合的行业和优质企业的信贷投放。同时,做好政策性住房按揭贷款服务。年末一般性贷款余额68.26亿元,市场占比达4.2%。

2010年,确立"早投放、早受益"工作思路,开展"虎年贷款开门红"等专项营销活动,通过向政府重点支持行业、重点项目和兵团倾斜投放,年末一般性贷款余额93.5亿元,其中对公贷款85亿元、个人贷款余额8.5亿元。

二、负债业务

乌鲁木齐分行牢固树立"筹资立行、筹资兴行"的思想,努力探索筹资市场规律,不断扩大筹资业务领域,加大存款工作力度,提高市场份额。在企业存款方面,制定业务发展目标,分层次细分客户,充分发挥客户经理作用,密切与重要客户关系,建立企业销售款结算网络、协作网络、提供金融理财、咨询等高层次的金融服务,满足企业多方面的服务需求。在个人存款方面,认真细分客户群体,实行亲情营销、关系营销,动员全行力量团结协作存款。同时,做好发卡业务,实施东方卡"一卡多能"产业化经营管理,促进个人银行卡业务持续快速发展。

2006年,在乌鲁木齐分行成立的第一年,秉持"筹资立行、筹资兴行"理念,全面加大营销,不断寻找和抓住新的筹资业务增长点,大力提高市场份额,年末人民币存款余额20.62亿元。2007年,开展对新进入新疆投资的大型中字号企业、地方优质企业的营销,年末人民币存款余额44.87亿元。2008年,坚持以客户为中心,通过新产品大力拓展优质客户,紧紧抓住总行对同来存款的优惠政策,采取主动负债吸收低息存款,年末各项存款余额62.45亿元。

2009年,面对国际金融危机和"7·5"事件的影响,积极采取应对措施,开展"迎行庆、增存款"

和"为祖国60周年华诞献礼"主题营销竞赛活动,全面调动各部门、各经营机构和全行员的积极性,大力争揽存款,年末一般性存款余额80.84亿元,其中对公存款70.12亿元、个人存款10.72亿元,全行各项存款余额市场占比2.7%,较上年上升0.12个百分点。

2010年加大财政资金、公共洼地资金、重点专项资金营销力度,深度挖掘资产类客户潜力,通过对基础设施、资源开发、兵团系统、交通建设等大客户的信贷投入,开展交叉销售,使客户结算资金、派生性存款更多集聚分行,年末一般性存款余额111.45亿元。

三、中间业务

乌鲁木齐分行认真贯彻总行战略转型要求,积极寻求新的业务增长点,在资源配置上向中间业务进行倾斜,实施专项业务奖励政策,不断提高中间业务收入占比。在公司业务方面,勇于实践和创新,开展短期融资债、非融资性保函、财务顾问、贸易融资业务、旅购业务和国际业务,为客户提供全方位金融服务,不断密切银企关系。在个人业务方面,紧紧抓住居民理财意识不断觉醒的时机,搭建三个专业化营销团队,不断加强财富管理能力,将营销重点放在基金、新股直通车等理财产品上,实现中间收入大幅增长。

2007年,在对公业务方面,代理发展兵团国资委11亿元短期融资融券业务。实现对公中间业务收入477万元。在个人业务方面,实现中间业务收入260万元,累计销售基金1.6亿元,销售银行理财产品8 800万元。

2008年,进一步加大中间业务拓展力度,先后成功发行兵国资和农六师国资公司短融、利多多票据型理财产品,成功举办股指期货黄金大赛推进会、年金业务推介会,成功开展与宏源证券第三方存管业务,获得首府二手房交易资金监管资格,年末实现中间业务收入1 303万元,其中对公中间业务收入1 017万元、个人中间业务收入247万元。

2009年,继续为客户提供新产品和新服务,大力开展企业产品宣传推介,拓展供应链保理业务,实现兵国资、农六师国资公司18亿元短券发行。开办国内信用证议会业务,完成第一笔代会赢业务,累计实现中间业务收入1 848万元。

2010年,拓展投资银行、资产托管、现金管理、贸易金融、离岸、跨境人民币等新兴业务,成功争揽18亿元短券滚动发行,实现国际结算量1.78亿美元、保理业务1.5亿元,全年实现中间业务收入3 000万元。当年协助新疆维吾尔自治区人民政府在新疆和上海两地分别举办"2010新疆跨越式发展与股权投资峰会",彰显乌鲁木齐分行在直接股权业务领域的领先优势。

四、援疆工作

2010年,中央援疆工作会议和中央新疆工作座谈会召开后,乌鲁木齐分行积极行动、抢抓机遇,迅速与新疆喀什地区签订全面金融合作协议,成为在喀什地区设立分支机构的第一家股份制银行。中共上海市委书记俞正声、新疆维吾尔自治区党委书记张春贤出席喀什分行开业庆典。浦发银行积极响应党中央在困难地区设立分支机构号召,服务当地经济的信心和诚意,得到新疆维吾尔自治区党委、人民政府和喀什地委、行署及当地社会的高度认可、赞誉。2010年,浦发银行乌鲁木齐分行获得"2010年度最具援疆贡献银行"荣誉。

图8-27-1 2010年8月5日,乌鲁木齐分行举行援疆资金营销工作座谈会

五、经营管理

【风险管理】

分行重视内部管理,不断完善各项机制和流程,大力提高风险管控能力,确保各项业务健康发展。分行以信贷风险控制为重点,把握资本市场、经济金融政策和国民经济运行的脉搏,深入研究区域经济动态,密切关注产业、行业和客户发展,加强信贷预警机制,全面研判授信业务操作风险、信用风险,及时采取有效应对举措。分行认真开展案件专项治理,明确各层级领导干部和员工责任义务,积极开展案例警示教育,及时学习总行、监管部门通报案件,增强合规意识、强化合规操作,有效杜绝风险、发生案件。分行推进会计基础规范管理工作,对各营业机构批量代发业务、资金业务、内部账户管理、重要印章保管、自助设备管理情况进行定期业务检查、督导,及时发现问题,有效弥补短板,确保运营安全有序。2006年至2010年间,乌鲁木齐分行没有发生重大风险案件。

【人员管理】

分行成立之初,即实施全员合同聘用制,2006年,从业人员94人,其中合同聘用制员工84人。2010年年末,从业人员258人,其中合同聘用制员工226人;合同聘用制员工中具有本科学历172人,占56%;具有硕士及以上学历34人,占15%,具有中、高级职称13人,占6%。

表8-27-1 2010年年末乌鲁木齐分行所辖网点一览表

网点名称	地址	沿革
乌鲁木齐分行营业部	乌鲁木齐市新华南路379号	乌鲁木齐分行于2006年5月12日批准成立,2006年6月1日正式对外营业
黄河路支行	乌鲁木齐市黄河路313号	2007年5月26日正式对外营业

〔续表〕

网点名称	地址	沿革
北京南路支行	乌鲁木齐市高新区北京南路557号	2007年9月18日被批准成立,2007年9月20日正式对外营业
新民路支行	乌鲁木齐市天山区新民路5号	2008年1月30日被批准成立,2008年2月21日正式对外营业,2018年5月16日被撤并
南湖路支行	乌鲁木齐市水磨沟区南湖南路111号	2008年12月17日被批准成立,2008年12月18日正式对外营业
克拉玛依东路支行	乌鲁木齐市沙依巴克区克拉玛依东路183号	2009年11月6日被批准成立,2009年11月1日正式对外营业

表8-27-2　2006—2010年乌鲁木齐分行负责人任职情况表

行长		副行长		行长助理	
姓名	任职时间	姓名	任职时间	姓名	任职时间
钱理丹	2006年8月—2016年12月	李伟	2006年8月—2017年9月	姜东杰	2006年8月—2010年5月
		姜东杰	2010年5月—2013年4月	何康	2006年8月—2010年8月
		丁怡	2010年5月—2017年6月	丁怡	2006年8月—2010年5月

第二十八章　长春分行

上海浦东发展银行股份有限公司长春分行(以下简称长春分行)于2006年6月30日正式开业,是浦发银行在全国设立的第28家省级分支机构,办公地点为长春市人民大街3518号。

截至2010年年末,长春分行人民币存款余额162.26亿元,人民币贷款余额105.51亿元,外币存款余额838.84万美元,外币贷款余额2 485万美元;经营利润2.98亿元。

第一节　机构沿革

一、机构设立

2005年12月,经中国银行业监督管理委员会批准,浦发银行长春分行开始筹建。
2006年6月30日,长春分行正式开业运营。

二、内设部门

筹建初期,长春分行共设6部1室,分别为办公室、资金财务部、信息科技部、风险管理部、公司银行业务管理部、个人银行发展管理部、营业部,同时设有7个营销部门,共有员工65人。

随着发展,2007年增设公司银行产品部、财务会计核算中心、合规部。2008年增设人力资源

图8-28-1　吉林大学研究生院在长春分行设立社会实践基地

部、个人银行信贷部;同年,设立同城第一家营业网点一汽支行以及繁荣路支行。2009年增设运营管理部、审计特派办、中小企业业务经营中心、贵宾理财中心、个人银行业务一部和二部、公司银行营销八部,新设红旗街支行;同年9月筹建成立长春分行第一家异地支行吉林支行(后更名吉林分行)。2010年增设授信审查部、作业中心,新设西安大路支行、临河街支行,员工人数达到236人。

第二节 业务经营

一、公司业务

2006年开业当年,分行大力营销重点项目、优质客户,积极推动业务快速发展。截至2006年12月末,完成一般对公存款时点余额188 683万元,日均余额86 706万元;一般对公贷款时点余额200 237万元,日均余额93 985万元;对公中间业务收入48.86万元;国际结算业务量526万美元;对公有价值客户数147户;对公网银有效客户数25户。一般对公存款长春市同业占比1.6%,一般对公贷款长春市同业占比0.96%,公司银行仅用半年时间即超过或接近总行对新开行开业一年的要求,即新开行开业一年,存、贷款当地同业占比达到1%以上。

2006年7月4日,分行成功营销并办理第一笔流动资金贷款业务,同时也是信用贷款,贷款对象中国网通集团吉林省通信公司,贷款金额10 000万元,贷款期限6个月。7月4日,分行办理第一笔银行承兑汇票贴现业务,贴现对象长春一汽四环汽车制品有限公司,贴现金额140万元。8月4日,分行办理第一笔银行承兑汇票开票业务,开票申请人吉林国美电器有限公司,开票金额103.69万元。8月14日,分行办理第一笔非融资类保函业务,保函申请人长春汽车检测中心,保函金额50万元。8月15日,分行与开行合作办理第一笔联合贷款业务,贷款对象长春市土地收购储备交易中心,贷款金额40 000万元,贷款期限2年。

2006年9月14日,分行办理第一笔委托贷款业务,委托人吉林省信用担保投资有限公司,贷款对象吉林省三星金银珠宝有限公司,贷款金额800万元,贷款期限3个月。9月21日,分行办理第一笔进口信用证开证业务,开证申请人吉林省国际经贸有限公司,开证金额76.5万美元。11月2日,分行办理第一笔抵押贷款,长春益成包装有限公司700万元,期限一年。11月28日,成功营销长客-庞巴迪轨道车辆有限公司,并开出履约保函和预付款保函,截至2007年6月末,存款余额达2.1亿元,累计实现中间业务收入30多万元。12月15日,分行与沈阳分行合作办理第一笔行内联合贷款业务,贷款对象吉林省交通厅,贷款金额10 000万元,贷款期限1年。12月30日,分行办理第一笔由吉林省信用担保公司提供担保的贷款,长春信息技术职业学院1 500万元,期限10个月,标志着与省信用担保公司正式展开合作。

2007年是长春分行正式营业后的第一个完整经营年度,分行公司业务积极融入主流经济,紧贴金融市场,确定重点行业,锁定目标客户,采取强有力措施,对资产、负债、中间业务的离、在岸客户进行全方位营销。3月18日,分行成立以来首笔项目贷款长春市城开集团贷款1亿元,收取分行成立以来首笔财务融资顾问费100万元。5月24日,长春分行与吉林省社会保险事业管理局签订合作协议,获得2亿元二年期定期存款。6月15日,长春分行参加在长春会展中心举办的国际光电子产业信息博览会,作为唯一一家在此次博览会参展的金融机构,浦发银行的宣传展台受到众多参观者和展商的青睐,业务宣传效果显著。截至2007年12月末,分行对公存款余额61.49亿元,较年初增加42.62亿元,对公存款余额长春市同业占比4.53%,较年初提高2.93个百分点,对公存款当年增量更是达到长春市同业整体增量的23.80%。对公贷款总量37.2亿元,较年初增加17.18亿元,对公贷款余额长春市同业占比1.63%,较年初提高0.67个百分点,对公贷款当年增量占长春市同业整体增量的8.51%。

2010年,分行公司业务融入主流经济,谋求同步发展,做大做强公司及投资银行业务。截至2010年12月末,对公存款余额133.34亿元,较年初增长16.23亿元,增幅13.86%;对公存款日均余额124.86亿元,较上年增长30.30亿元,增幅32.04%;对公贷款余额92.94亿元,较年初增长21.31亿元,增幅29.75%;贷款不良率0,贷款收息率100%。对公存款长春市同业占比4.10%,吉林省同业占比2.96%;对公贷款长春市同业占比2.33%;吉林省同业占比1.62%。对公存、贷款规模在辖内股份制银行中排名第一。

二、零售业务

【财富管理业务】

从2006年6月30日成立之初,长春分行牢固树立"精品银行"策略,以"轻松理财"和"卓信浦发"品牌建设为契机,打造专家理财队伍,从建行之初以自营理财产品为主发展到自营、代理多渠道的理财产品体系。在只有一家网点的情况下,2007年年末,分行基金及证券集合理财2.24亿元、银行理财产品1.43亿元、三方存管客户881户、三方存管存款668万元,"要理财、到浦发"的品牌得到市场的广泛认可。2010年,分行培养出一支业务精湛、业绩突出的产品经理、理财经理队伍,财富管理业务基本上以代销基金、代销保险和行内理财产品为主,产品销售以总行产品为主,到2010年年末,销售财富类产品17.22亿元,其中基金及证券理财产品销售1.4亿元,银行理财产品销售15.16亿元,保险产品销售0.37亿元,黄金累计交易量0.51亿元,信托0.63亿元,三方存管资金余额0.45亿元。

【银行卡及收单业务】

建行之初,分行即在个人银行发展管理部设置银行卡及渠道产品经理,主要负责银行卡发卡和渠道拓展工作,到2007年年末自助网点达到3家、自助设备8台。2010年,分行将调整自助设备结构、增加自助设备交易量作为全年渠道建设的工作重点,对交易量差、无发展前景的自助设备单体进行调整,自助设备月均交易笔数明显提高。个人银行发展管理部与运营条线员工通力协作,仅用半年的时间就完成总行下达的4 300户电子银行指标,为个金条线和运营条线的进一步深度合作打下良好的基础。在自助银行建设方面,欧亚卖场、卫星广场和安华商城3家离行式24小时自助银行成功获批并进入建设阶段,在离行式自助单体方面,撤销部分交易量小、无发展潜力的亚泰饭店、东北电器城、亚泰超市3个单点自助设备。截至2010年年末,自助银行19家(离行式12家,随行式7家),单体自助设备达到66台,自助渠道布局更加合理。2010年,分行以收付易产品为切入点正式涉足收单市场,依托银联小额支付系统开展的POS收单业务运行成功,至年末累计发展收付易商户94户,累计发生交易527笔,交易额421.29万元,收付易产品成为分行发展优质客户、增加中间业务收入、拓宽银行卡受理渠道的有力武器。

【个人信贷业务】

分行个人信贷部与分行相伴而生,成立之初,主要以建章建制、强化队伍建设、储备优质楼盘和项目为主。开业当年,个人贷款余额1 458万元。到2007年年末,个人贷款余额27 572万元,完成总行目标的173.3%。2010年,针对总行对贷款投放进度的要求,个人条线通过与资金财务部和公司银行业务发展管理部的沟通,在严格遵照总行文件精神的基础上,通过内部调剂,由公司银行条线调剂5 000万元的贷款规模,促进个人贷款业务的顺利投放,个人贷款提前8个月完成全年新增目标,按揭客户主要集中在和记黄埔、中海等大盘名盘。积极做好存贷易产品的推广,充分挖掘个人贷款客户潜力,抓住总行新推存贷易产品的契机,制定《长春分行存贷易产品管理办法》,加大存贷易产品宣传力度,充分挖掘个人贷款客户潜力,以个人贷款利率为杠杆,带动存款业务快速增长,通过存贷易产品,实现个人存款新的增长点。以收付易产品和代发业务为契机,加大个体私营业主营销力度,细分目标客户群体,充分调动全行营销人员的积极性,实现收付易业务从"零售开发"到"批量开发"的转变,快速聚集一批目标客户。成立个人贷款操作团队,梳理个人贷款业务流程,最大限度释放营销人员的工作积极性,形成前后台分离、运行高效的管理与营销机制。

截至2010年年末,个人贷款余额14.41亿元,较年初新增6.44亿元,增幅80.80%,新增计划完成率317.01%,个人贷款分行占比13.44%,比上年末提高3.43个百分点。

三、经营管理

长春分行成立以来,设有风险管理部,主要负责分行资产业务的风险管理工作,职责范围包括风险政策指导、授信业务的审查审批、存量贷款的贷后检查及管理、信贷业务统计等工作。根据总行授权及分行转授权,成立风险管理委员会及贷款审批委员会,拟定风险条线相关制度文件,明确各环节的工作职责和工作要点,使公司授信业务从审查、审批环节至贷后检查等环节的业务有据可查,有章可依。为顺应分行业务发展,2010年12月,原风险管理部拆分为风险管理部及授信管理部,实现授信审批和风险管理的分离,提升信贷审批、风险管理的专业性,促进条线内授信审贷人员及风险管理人员的专业水平提升,从而加强风险管理。

2007年1月,分行成立合规部,全面加强各项业务合规风险、法律风险、案件风险控制,发挥反洗钱工作管理职能,规范反洗钱操作管理。对分行各项业务进行事前合规风险控制、流程合规风险控制与事后合规风险检查监督,发挥合规防线作用;对员工开展合规、法律与反洗钱知识培训与案例警示教育,初步建立合规文化宣传机制;对分行内部规章制度实施统一管理,建立制度管理规范,构建起分行业务依法合规操作的基石。

至2010年年底,分行合规部构建合规审核、法律审查、合同管理、规章制度管理、内控管理与整改监督、反洗钱管理、案件防控与员工问责等一系列管理制度,进一步完善合规管理架构;合规文化宣传手段不断丰富,员工合法合规意识不断增强;合规管理工作取得显著成效,历年来无案件风险事件与重大合规风险发生。分行监管评级、中国人民银行综合评价在股份制银行中名列前茅,并取得反洗钱先进个人等荣誉称号。合规管理工作中强调"以合规促发展"的宗旨,为分行业务拓展积极献计献策,提供法律合规服务支撑,推进分行的平衡健康与快速发展。

表8-28-1 2010年年末长春分行所辖网点一览表

网点名称	地址	沿革
长春分行营业部	长春市西安大路1299号	2006年6月成立,于2010年12月迁址长春市人民大街3518号
一汽支行	长春市飞跃路899号	2008年3月成立

〔续表〕

网点名称	地　　址	沿　　革
繁荣路支行	长春市繁荣路5号	2008年9月成立
吉林支行	吉林市松江中路77号	2009年9月成立，于2015年8月升格为二级分行，现吉林分行
红旗街支行	长春市朝阳区红旗街5号	2009年11月成立，于2014年8月更名自由大路支行，迁址长春市朝阳区自由大路1000号
临河街支行	长春市临河街5062号	2010年5月成立
西安大路支行	长春市西安大路1299号	2010年12月成立

表8-28-2　2006—2010年长春分行负责人任职情况表

行　　长		副　行　长	
姓　名	任　职　时　间	姓　名	任　职　时　间
刘以研	2006年6月—2008年3月	王殿生	2006年6月—2008年3月
王殿生	2008年3月—2011年11月	王勤飞	2006年6月—2007年11月
		王起	2006年6月—2017年9月
		吴长路	2008年8月—2013年6月

第二十九章 呼和浩特分行

上海浦东发展银行股份有限公司呼和浩特分行(以下简称呼和浩特分行)于2007年6月22日成立,是浦发银行在内蒙古自治区设立的一级分行,营运资金1亿元,实行三级组织管理体系,办公地址位于内蒙古自治区呼和浩特市赛罕区大学西街28号学府康都B座。2014年11月,搬迁至呼和浩特市赛罕区敕勒川大街18号东方君座B座。

截至2010年年末,呼和浩特分行存款余额148.23亿元,贷款余额134.97亿元;外币存款余额1 667万美元,贷款余额1 785万美元;经营利润3.36亿元。

第一节 机 构 沿 革

一、机构设立

2007年3月22日,经中国银行业监督管理委员会批准,呼和浩特分行开始筹建。

2007年6月22日,呼和浩特分行取得营业执照,6月28日挂牌开业。呼和浩特分行成立以来,在总行战略规划指引下,立足首府,面向全区,充分利用总部设在上海的优势,通过搭建"内蒙古-上海"两地金融平台,促进两地经贸交流与合作,秉承"笃守诚信、创造卓越"的经营理念,本着服务社会,振兴地方经济的宗旨,根据内蒙古自治区政府五年规划,依托"浦发创富""轻松理财"两大

图8-29-1 2007年8月,呼和浩特分行向兴安盟扎赉特旗巴达尔湖镇中心医院捐赠流动医疗站

品牌,立足"服务"之根本,积极参与内蒙古经济建设,为自治区经济社会发展、各族人民群众安居乐业做出贡献。

二、内设部门

2007年6月,分行成立初期内设办公室、资金财务部、人力资源部、风险管理部、公司银行业务管理部、公司银行产品部、贸易金融部、个人银行发展管理部、个人信贷部、信息科技部10个管理部门,设立公司业务营销一部、二部、三部及四部,同时成立分行营业部。

2007年12月在呼和浩特分行公司银行板块下新增公司银行业务营销五部、六部;在分行个人银行板块下新增财富管理部、银行卡业务部。

2009年7月增设中小企业业务经营中心(简称"中小企业中心"),2009年11月,总行在分行设立呼和浩特分行审计特派办。

2010年1月增设运营管理部。

截至2010年年末,呼和浩特分行共设置21个部门,其中管理部门15个(含审计特派办),公司营销团队6个。

第二节 业 务 经 营

一、贷款与投资

浦发银行呼和浩特分行紧跟自治区经济快速发展步伐,紧密围绕总行授信政策,结合内蒙古区域经济特色、行业特点和地区经济社会发展需要,实施重点资产投放。贷款重点投向公共管理、交通运输业、煤炭开采运销、房地产业等区域优势行业和项目。

2007年8月21日,浦发银行呼和浩特分行开业当日,与内蒙古电力(集团)有限责任公司、内蒙古伊泰集团公司签订战略合作协议;与国家开发银行内蒙古自治区分行签订业务合作框架协议,与呼和浩特市人民政府签订银政合作协议,全面开启银企、银银、银政合作征程。年末人民币各项贷款18.57亿元,其中对公贷款14.75亿元,个人贷款1.03亿元,票据贴现2.78亿元。

2008年,在拓展业务的同时调整客户结构,加大对优质客户的营销与合作,年末各项贷款余额44.22亿元,其中对公贷款41.58亿元,个人贷款2.35亿元,票据贴现0.29亿元。2009年,贯彻浦发银行总行信贷投向政策要求,按照分行党委确定的工作目标,加快产品和服务创新,注重规模增速同时兼顾效益增长。年末各项贷款95.68亿元,其中对公贷款89.22亿元,个人贷款6.15亿元,票据贴现0.31亿元。

2010年,对呼和浩特、包头、鄂尔多斯等自治区重点区域的制造业、水利环境和公共设施管理业、采矿业、批发零售业、交通运输仓储邮政业、电力燃气及水的生产供应等行业授信余额达到108.39亿元。年末各项贷款136.14亿元,其中对公贷款122.22亿元,个人贷款11.05亿元,票据贴现2.88亿元。

二、同业资产

2007年,分行开业之初,同业资产业务规模较小,年末存放同业382万元。2008年,抓住市场机遇,开展各项同业业务,年末存放同业23.69亿元,买入返售资产32.82亿元。2009年,存放同业余额30.14亿元,年末买入返售票据余额为零。2010年,存放同业余额0.77亿元。

三、人民币负债

2007年,分行人民币对公存款余额22.58亿元,其中,公司存款余额17.03亿元,占比75.42%,同业存款余额5.55亿元,占比24.58%。累计开立企、事业单位账户263个,其中存款余额500万—1 000万元的客户有12户,存款余额8 192万元,客户数量和存款余额分别占比4.56%和4.81%;存款余额1 000万元(含1 000万元)以上的客户有27户,存款余额140 615万元,客户数量和存款余额分别占比10.27%和82.56%。公司存款、同业存款增量在当地当年成立的3家股份制商业银行中均排名第1位。全年储蓄存款达到1.85亿元,完成全年计划1.3亿元的142.69%。

2008年,分行全口径对公存款余额102.44亿元,比年初增加79.86亿元。其中:公司存款余额48.40亿元,新增额31.37亿元,完成总行37.44亿元余额计划的129.27%;同业存款余额54.04亿元,新增额48.49亿元,完成总行5亿元余额计划的1 081%。在分行行长室的牵头营销下,分行与内蒙古和呼和浩特市两级财政、社保、住房公积金等资金存量大、潜力大的机构客户的合作关系得到巩固和加强。2008年,储蓄存款5.94亿元,比年初增加4.08亿元,增长219.99%。

2009年,全口径对公存款余额115.63亿元。其中:公司存款余额88.26亿元,较年初新增41.86亿元,完成分行88亿元计划的100.29%,完成总行74.74亿元(不含协议存款)计划的118.09%。公司存款日均余额59.27亿元,完成分行62.25亿元目标的95.20%,完成总行59.65亿元计划的99.36%。当年,分行加强对负债业务的营销指导,针对对公存款增长乏力的情况,适时出台公司存款营销指导意见,提出存款营销的目标客户、营销策略、工作措施等内容,并多渠道收集存款目标客户信息,及时制定目标客户名录,为支行和营销团队的营销工作提供支撑服务;全年组织多次竞赛活动,采取多种激励措施,推动全行公司存款业务持续快速增长。2009年,储蓄存款余额13.67亿元,较年初增加7.74亿元,增长130.34%。

2010年,分行通过深挖公共资金洼地、吸揽结算性存款、争取注册验资资金等方式争揽存款,并高度重视日均存款余额,全年存款基本保持稳定增长态势,避免大起大落,提高存款效益,为资产业务的快速发展奠定良好基础。公司存款余额125.51亿元,较年初新增35.25亿元,完成分行125亿元余额计划的100.41%;其中:人民币公司存款时点余额124.54亿元,完成总行109.25亿元余额计划的113.50%,人民币公司存款日均余额97.57亿元,完成总行98亿元计划的99.56%。2010年,储蓄存款余额24.91亿元,当年新增11.24亿元,增幅82.22%。

四、中间业务

分行以客户为导向,坚持把中间业务作为战略核心,实施资源重点支持,积极开展产品创新,完善激励约束机制,带动结算业务、咨询顾问、代理业务、综合理财、担保及承诺、银行卡等业务发展。2010年成功办理首笔股权并购贷款;托管业务增加银行理财产品、专项资金、私募股权基金托管等业务品种;成功运作电力、烟草、信托等多家大型客户的企业年金业务或福利计划;在多银行集团业务和银企直连业务拓展方面取得突破,成功办理分行第一笔国内信用证和海外代付业务;重点建设项目银团贷款和重点客户债务融资工具发行工作取得成效。

五、其他业务

【结算业务】

2007年,呼和浩特分行经国家外汇管理局内蒙古分局批准,获得即期结、售汇业务资格,可经营外汇业务。2008年,实现国际结算业务的全面开展,包括汇款、信用证、托收业务,当年完成国际结算业务量4 800万美元。2009年,实现首个离岸客户账户开立,离岸业务稳步开展;开始叙作国际双保理业务,当年实现国际结算业务量10 800万美元。2010年,国际结算业务量稳中有升,办理全行第一笔国际信用证项下进口代付业务,当年实现国际结算业务量19 260万美元。

【咨询顾问】

2007年,办理财务顾问业务6笔,实现顾问费用收入195万元。2008年,分行对公中间业务收入中,绝大部分为财务顾问业务收入。2009年,公司中间业务收入1 760万元,完成全年1 000万元计划的176%,其中:财务顾问费收入836万元。2010年,确立改变中间业务收入主要依靠财务顾问的发展方向,大力发展各类中间业务产品,扩大中间业务合作客户群体,从深度和广度上挖掘各类产品的收入潜力,下大力开拓包头、鄂尔多斯地区中间业务市场。

【代理业务】

2007年,利用资本市场快速发展的时机,销售开放式基金320万元;积极营销证券资金第三方存管业务,与内蒙古恒泰证券签订第三方存管业务合作协议。2008年,本着拓宽业务领域、创造发展机会的原则,制定对内蒙古农村信用联合社的服务方案,与内蒙古农信社开展存款、理财、拆借、票据、信贷、国际结算、代理业务等全方位、多领域的业务合作,并建立信息交流和业务培训制度。2009年,在取得内蒙古和呼和浩特市两级财政代理业务资格的基础上,加大对各类预算单位和执收单位的营销,结合配套产品,制定营销方案,做好资金洼地营销工作。2010年,确立实现对鄂尔多斯、呼伦贝尔地方财政代理业务的突破,抢占先机,消灭空白,实现"只要有机构,财政有份额"的工作目标。

【担保及承诺】

从开业到2010年,分行共为中国二冶、包钢中铁轨道、内蒙古送变电、包头中兴物资、北方重型汽车等多个客户办理保函业务合计金额近5 000万元,业务种类涵盖投标保函、履约保函、质量保函、预付款保函等多个品种。

【银行卡】

2007年,共办理东方卡5 777张。2008年7月MIS收单系统上线,成为总行系统内首家上线投产的收单系统的分行。2008年4月,分行开始正式受理信用卡申请。2009年,信用卡新增账户量1 453个。2010年,呼和浩特市公务卡管理系统投产运行,当年发卡量达到2 463张。其中,呼和浩特市级公务卡976户。2009年,"轻松理财-鸿雁卡"智能芯片卡发行,该卡集银行账户服务和自治区党政机关餐厅刷卡就餐于一身,不仅丰富东方卡种类,迅速抢占当地智能卡市场,更加凸显分行技术产品优势,扩大在当地同业竞争中的影响力。年末,分行银行卡余卡量已达到31 153张,比上年新增发卡18 443张。

2010年,分行开发具有本地区特色的"轻松理财-新时代"信托(证券)联名卡产品,通过将分行基础金融服务与联名方差异化增值服务的有效叠加,使分行获取一批具有旺盛金融需求的个人优质客户。同时分行通过公私联动营销战略,成功实现对呼和浩特市本级预算单位公务卡和内蒙古卷烟厂年金卡项目的营销目标,进一步完善分行银行卡产品序列,并使分行社会形象及公众美誉度得到更高的提升。

【资产托管】
2008年,分行正式开展资产托管业务,为上海信托有限公司之北方电力项目单一信托计划以及票据资产投资单一信托计划分别提供信托保管服务,合计金额4.5亿元。2009年,分行与新时代信托股份有限公司、中海信托股份有限公司以及中融国际信托有限公司等建立合作关系,当年累计托管规模达13亿元。2010年,分行资产托管业务规模累计达21.8亿元。

六、经营管理

【资产负债管理】
呼和浩特分行2007年成立之初就设立分行资产负债管理委员会,从提高资产负债管理水平,有效防范、控制和化解经营风险水平出发,推动全行资产负债业务迅速发展。2007年年末,全行资产总额24.43亿元,负债总额24.56亿元;2010年年末,全行资产总额206.22亿元,比年增加71.72亿元,负债总额202.86亿元,比年初增加70.31亿元。

【资产风险管理】
呼和浩特分行2007年成立之初就设立分行风险管理部,全面负责授信业务的审查审批、风险政策和流程的制定、贷后管理、资产保全等工作,将信用风险、市场风险、操作风险、流动性风险、合规及法律风险、信息科技风险等纳入全面风险管理体系,实施集中统一管理。当年,分行成立信贷审批委员会、风险管理委员会,印发《上海浦东发展银行呼和浩特分行风险信息管理办法(试行)》《上海浦东发展银行呼和浩特分行授信业务调查工作实施细则(试行)》《上海浦东发展银行呼和浩特分行授信业务转授权管理暂行办法》《上海浦东发展银行呼和浩特分行贷款担保管理办法(试行)》《表内信贷资产风险分类实施细则(试行)》《上海浦东发展银行呼和浩特分行担保性表外业务风险分类管理实施细则(试行)》等风险管理类制度文件。

2008年,分行制定印发《上海浦东发展银行呼和浩特分行授信业务投向指引》,为分行在开业初期更好地开展授信业务提供指导。同时,随着个人业务的迅速发展,制定《上海浦东发展银行呼和浩特分行个人信贷业务后督工作实施细则(试行)》《上海浦东发展银行呼和浩特分行个人信贷业务风险检查工作实施细则(试行)》,进一步提升和促进个人信贷业务的风险管理水平。印发《浦发银行呼和浩特分行操作风险管理实施细则(试行)》,按照银监会和总行的要求,将操作风险的全面防范,提到经营管理的重要位置,进一步明确各机构和部门操作风险的管理职责,逐步建立起对操作风险损失的测度、分类、统计、分析、考核评价制度,有效缓释和转嫁操作风险,降低操作风险带来的损失。

2009年,按照自治区银监局的要求,分行制定《浦发银行呼和浩特分行客户风险监测预警系统查询使用管理办法》,全面实施客户风险统计工作;印发《上海浦东发展银行呼和浩特分行公司授信业务贷后风险预警管理实施细则(试行)》,为进一步提高公司授信业务贷后管理水平,强化风险预警,推动资产业务快速、健康发展起到促进作用,在贷后管理中发挥核心作用。

2010年,分行制定印发《上海浦东发展银行呼和浩特分行公司授信贷后管理实施细则》,为加强分行公司授信业务的风险管理,提供统一的贷后管理的概念、框架和标准。截至2010年年末,分行不良贷款额和不良贷款率均为零。

【信息化管理】

2007年,呼和浩特分行用时100天,完成分行核心系统、核心网络、验印系统等生产系统的测试投产,于2017年6月28日正式投产运营。分行现代化支付系统项目于8月13日正式投产运行当年先后共制定科技相关制度20个,科技管理也逐步完善。2009年,代理财政国库集中支付系统投产运行,此项目也是浦发银行代理财政业务首例。年末,投产分行POS收单系统集成项目,拥有分行自有的网控器,实现全国极个别分行POS接入当地自有网控器POS业务的渠道,为分行POS收单业务发展奠定基础。

2010年,代理财政非税收入收缴临柜系统投产运行。年末,自助银行和服务点的数量达到28家,ATM机达46台,交易笔数达到508 944笔。网银有效客户数为9 457户,手机银行有效客户数418户,累计交易金额909 765万元。

【人员管理】

呼和浩特分行成立之初,即实施全员合同聘用制。截至2007年年末,共有员工78人,均为合同聘用制员工。2010年年末,员工总数为256人(含派遣制员工12人)。其中,具有本科学历196人,占76.56%;具有硕士及以上学历42人,占16.41%,具有中、高级职称100人,占39.06%。

表8-29-1 2010年年末呼和浩特分行所辖网点一览表

网点名称	地址	沿革
呼和浩特分行营业部	呼和浩特市赛罕区敕勒川大街18号东方君座B座	2007年6月28日正式成立,同日呼和浩特分行营业部正式对外营业;2014年11月28日迁址至赛罕区敕勒川大街18号
新华大街支行	呼和浩特市新华大街69号	成立于2008年8月13日
包头分行营业部	包头市青山区钢铁大街7号正翔国际B2	成立于2008年9月12日;2010年9月包头支行升格为包头分行;2016年1月24日迁址至青山区钢铁大街7号
兴安北路支行	呼和浩特市新城区海拉尔东路满世尚都办公商业综合楼104号	成立于2009年6月1日;2017年12月28日迁址至新城区海拉尔东路满世尚都办公商业综合楼104号
金桥支行	呼和浩特市金桥经济技术开发区新欣世纪城A座	成立于2009年11月17日
鄂尔多斯分行营业部	鄂尔多斯市东胜区铁西迎宾路9号汇能大厦D座	成立于2009年12月23日;2016年4月15日迁址至东胜区铁西迎宾路9号汇能大厦D座
呼和浩特大学东街支行	呼和浩特市赛罕区大学东街巨海城一区A座5号	成立于2010年5月18日;2018年10月23日迁址至赛罕区大学东街巨海城一区A座5号
呼伦贝尔分行营业部	呼伦贝尔市海拉尔区阿里河路10号	成立于2010年12月17日

表 8‑29‑2　2007—2010 年呼和浩特分行负责人任职情况表

行　长		副　行　长	
姓　名	任　职　时　间	姓　名	任　职　时　间
李光明	2007 年 6 月—2014 年 5 月	谢振平	2007 年 6 月—2017 年 6 月
		金　紫	2007 年 8 月—2017 年 6 月
		顾晓明	2007 年 6 月—2014 年 12 月

第三十章 合 肥 分 行

上海浦东发展银行股份有限公司合肥分行(以下简称合肥分行)于2007年11月16日成立,是浦发银行在安徽省设立的第二家一级分行,营运资金1亿元,办公地址位于合肥市长江西路3号。

截至2010年年末,合肥分行存款余额147.59亿元,贷款余额139.34亿元;外币存款余额168万美元,贷款余额6644万美元;经营利润2.85亿元。

第一节 机 构 沿 革

一、机构设立

2007年5月16日,经中国银行业监督管理委员会批准,浦发银行合肥分行开始筹建。

2007年8月30日,合肥分行开始对外营业。2007年11月16日,合肥分行在合肥稻香楼宾馆举行"上海浦东发展银行合肥分行开业庆典暨项目合作签约仪式",上海市常务副市长冯国勤、安徽省常务副省长孙志刚、总行董事长吉晓辉、行长傅建华等领导出席。合肥分行自成立以来,在总行战略规划指引下,秉承"笃守诚信、创造卓越"的经营理念,坚持"以客户为中心"的经营方针,坚持"大公司""大零售"齐头并进,规模效益同步增长,份额和排名同步提升,形象和品牌广泛认可的市场定位,把自身发展和安徽经济发展紧密结合起来,不断加大对安徽区域经济发展的信贷支持力度,积极探索符合安徽区域经济特点的发展之路。

二、内设部门

2007年8月,浦发银行合肥分行成立初期,设立办公室部、人力资源部、资金财务部、合规部、公司银行业务管理部、公司银行产品部、个人银行发展管理部、个人信贷部、银行卡及渠道管理部、信息科技部和营业部等12个部室和若干营销团队。

2008年5月,根据总行关于新建分行组织架构相关要求,经总行批复,合肥分行正式设立公司银行业务管理部、公司银行产品部、个人银行发展管理部、个人信贷部、银行卡及渠道管理部、信息科技部、办公室、人力资源部、资金财务部、风险管理部、合规部(审计特派办)、营业部12个部室和4个公司银行营销部。

2008年9月,为进一步做好营销部门组织架构规划,全面调整分行营销部门,设立公司银行大客户营销一部、二部、三部、中小客户营销部、金融机构营销部等部门。

2009年2月,根据业务发展需要,将公司银行大客户营销一部、二部、三部、中小客户营销部、金融机构营销部分别更名为公司银行营销一部、二部、三部、四部、五部,并增设公司银行营销六部、七部。

2009年5月,根据总行相关要求,为进一步加强安全保卫工作,设立保卫部,与办公室合署办公。

2009年7月,设立运营管理部、中小企业经营中心、票据中心。

截至2010年年末,分行有公司银行业务管理部、公司银行产品部、中小企业经营中心、票据中心、个人银行发展管理部、个人信贷部、银行卡及渠道管理部、信息科技部、运营管理部、办公室(保卫部)、人力资源部、资金财务部、风险管理部、合规部(审计特派办)、营业部15个部室中心和7个公司银行营销部。

第二节　业　务　经　营

一、人民币资产

合肥分行在保证质量和效益的前提下,严格执行目标任务进度管理,提高条线执行力,建立科学的客户管理机制和多层次的客户营销机制,提升重点客户贡献度。审时度势,根据宏观经济形势变化和地方经济发展特点,积极争取信贷规模与政策支持,贷款重点投向城市基建、电力、能源等区域优势行业和项目。

二、贷款与投资

2007年,初步形成具有一定规模和层次结构的客户群体,其中既有铜陵有色、淮北矿业、淮南矿业、安徽高速、中铁四局这样的省内重点大型企业,也包括康源电力、辉隆农资、锦邦化工、科大创新等一批健康成长的中小型企业。累计实现本外币贷款投放56笔,金额合计为19.61亿元,其中,中长期贷款2笔,金额合计为1亿元。同年,合肥分行开办外币贷款业务,年末外币短期贷款余额550万美元,进出口押汇余额280万美元。

图8-30-1　2007年11月16日,合肥分行举行开业暨项目合作签约仪式

2008年,强化市场营销,优化信贷结构。积极支持高速公路、煤炭、电力、能源等重点项目,有效拓展省高速、淮南矿业、皖能电力、当涂电厂、中铁建设等重点客户;积极响应合肥市建设现代化

滨湖大城市的号召,倾力支持城市基础设施建设,衔接滨湖新区学校建设、合肥土地储备中心、肥西基础设施建设等一批城市基础建设贷款。与当地两家法人券商国元和华安签署第三方存管协议;建立集团账户4户;发行信托理财产品7只,规模达12.46亿元;叙做进口代付3笔,金额合计2 006万美元。通过发行单一信托计划,先后为安联高速、省高速总公司、宣广高速等三家企业直接募集资金6.5亿元。

2008年全年资产业务持续快速发展,年末本外币各项贷款余额47.71亿元,其中对公贷款新增24.9亿元,个人贷款新增3.61亿元。2009年,在保证质量和效益的前提下,持续加快优质资产业务发展。积极做好基础设施、房地产等政策受惠行业的项目落实,先后投合肥建投、安徽大学、铜陵国电等重点客户和项目。年末本外币贷款余额106.45亿元,其中公司贷款余额96.42亿元,个人贷款余额10.04亿元。先后签约安徽省和合肥市两级政府财政非税收入收缴代理以及省市两级旅行社质量保证金存储,为明年拓展财政及公共资金铺垫良好平台。2009年,外汇融资类业务发生额2 515万美元。

2010年,资产业务结构优化。成功实现一只引导基金子基金、国家安全生产基金、三只商业基金共计12.8亿元规模的创投基金落户分行。获得合肥市中小企业集合票据承销商资格。发行高速控股、中煤特凿等4只规模为3.5亿元信贷型信托理财产品,成功发放分行首笔牵头银团贷款。年末全辖本外币各项贷款余额139.34亿元,公司贷款余额120.3亿元,个人贷款余额19.04亿元,新增贷款主要投向核心客户和优质项目,贷款结构进一步改善。截至2010年,外币贷款主要是外币流动资金贷款业务、进出口押汇、出口商业发票融资、出口托收贷款等,外汇融资类业务发生额11 399万美元。

三、人民币负债

合肥分行以财政资金和非税收入为突破口,利用理财产品和资金管理产品优势,大力开展财政以及公共资金洼地负债营销,制订营销指引、划分营销责任,不断增加公共资金在分行的资金沉淀,拓宽资金来源渠道。

2007年,合肥分行本外币全科目各项存款余额19.45亿元,其中储蓄存款余额2.11亿元,对公存款余额16.04亿元,同业存款余额1.3亿元。2008年,将存款作为全行首要工作,以理财和资金管理产品为突破口,加大财政性资金、预算外企事业单位及同业存款的营销力度。相继与省财政、省民政、发行集团、交投集团、中国移动、省立医院等开展合作;成功上线国元、华安两大券商第三方存管,农行、农信社等同业存款异军突起,负债业务实现较大提升。年末本外币各项存款(含同业)余额75.11亿元,较2007年年末新增55.65亿元。其中,人民币一般对公存款新增30.52亿元,人民币储蓄存款新增1.84亿元,同业存款新增25.13亿元。

2009年,全行上下大力拓展存款市场,负债业务不断摸高、连连攀升、屡创佳绩。成功归集省财政厅援建松潘专户、合肥市投融资管理中心、土地储备中心以及包河区财政局土地补偿专户资金;成功获得省、市2级非税收入代理资格和旅游质保金存管银行资格。同时,稳定证券公司、农信社等非银金融机构存款,合理安排和调度同业资金。截至年末,本外币各项存款(含同业)余额133.79亿元,其中人民币一般对公存款余额99.11亿元,人民币储蓄存款余额7.79亿元,同业存款余额26.66亿元。

2010年,以扩充基础客户为重点,多渠道拓展负债业务。抓招商引资源头,成功获得赛维等新项目银团贷款牵头行和主要结算行资格,实现全程客户培育及产品交叉销售。当年年末同业存余额达到67.07亿元。

四、其他业务

【中间业务】

合肥分行以客户为导向,深挖客户综合服务需求,坚持把中间业务作为战略核心,积极发挥组合产品营销功能,通过信托理财、集团现金管理、专项资金托管等产品推动中间业务收入的快速增长。充分利用渠道产品,强化客户密切合作。以市场空白为突破口,寻求贸易融资发展路径;树立"大托管"经营理念,实现负债业务增长和中间业务收入双向贡献。

【国内结算业务】

2007年,合肥分行国内结算业务主要包括银行承兑汇票、本票、支票及汇兑、委托收款、委托贷款、信用证等业务。2008年,开立银行承兑汇票发生额19.06亿元,实现委托贷款1.98亿元。2009年,分行大力发展票据业务,成立票据中心,配备专业力量,在做大规模的基础上,提高资本节约型资产在分行总资产中的占比。全年票据交易量达301.8亿元(含贴现、转贴现),实现模拟利润2790万元。2010年,全面做大资金业务,形成分行票据中心、同城支行及异地机构多层次客户营销平台。

【国际结算业务】

2007年,合肥分行成立后,取得外汇业务办理资格;2008年,基本形成全行办外汇的格局,国际结算业务量累计完成3.51亿美元,实现国际结算业务手续费收入及汇兑收益共603万元;2009年,依托离岸业务产品优势,培育进出口业务的大型企业集团、拥有进出口权的生产型企业外汇业务优质客户,实现离在岸贸易结算户87家;2010年,外汇业务发展形成一定优势,为客户提供离在岸综合服务方案,搭建海外发展平台。

【代理业务】

2008年,合肥分行基金代销业务开办。2009年,开通人寿保险代理产品、代理黄金业务、"华安1号"、浦银安盛生活精致基金、代缴移动话费业务、代缴电费业务系统、代缴电费业务系统、代缴水费或煤气费等代收费业务。

【综合理财】

分行金融理财产品以稳健类型为主,投资方向集中在货币市场、债券市场和优质信贷市场。2009年,个人汇理财系列产品开始发行,种类包括保证收益类型的汇理财稳利系列;以及非保本浮动收益的专项理财系列,其中理财子品牌有"信贷盈""债券盈""同享盈""尊享盈"等。产品期限涵盖从1天到360天及开放式等全期限的产品类型。

2007年个人销售基金109万元,全行实现个人中间业务收益10.69万元。2008年公司理财类业务也取得较大突破,成功发行多只信贷型及票据型信托理财产品,规模累计达12.5亿元,实现相关中间业务收入270万元。2009年全年共销售理财产品3.5亿元,实现理财业务收益65.24万元,

2010年年末累计理财销售总量48 567万元。

【担保及承诺】

2008年,合肥分行推出保函业务。主要面对安徽省内大型企业施工企业,逐步与中铁四局、合肥水泥研究设计院、安徽省外经建设集团有限公司等众多优质大型客户开展深入合作,2008年开立保函金额9 574万元。

【银行卡】

2007年,合肥分行发行第一张东方借记卡,按客户等级分类分为"普卡、金卡、白金卡、钻石卡"四类,具有现金存取、转账结算、消费支付、个人理财等功能。截至2010年年末,个人客户总数已超过6万,年末借记卡余卡总量78 784张。

【外汇业务】

2008年,分行各项外币存款余额2 870万美元,各项外币贷款余额(含进出口押汇)850万美元,全年国际业务结算量突破亿元大关,达1.53亿美元。2009年,叙作全行第一笔离岸业务福费廷,第一笔进口托收国外代付,国际结算业务量累计完成3.53亿美元,实现国际结算业务手续费收入及汇兑收益共343.56万元。

【基金托管】

浦发银行在国内同业中较早介入股权投资基金的研究和实践,2010年,合肥分行首次开展基金托管业务,为直接股权投资基金提供综合金融服务。2010年,成功营销分行首单"安徽国安创业投资有限公司直接股权投资基金",基金规模2.5亿元,该基金是安徽省首批创业投资基金,为国家财政下设投资基金之一,由安徽创投公司、高新建设投资集团、盈富泰克创投公司、安徽省及国家财政共同设立。

五、经营管理

【资产负债管理】

2007年起,合肥分行全面实施资产负债比例管理,根据总行相关规定,制定《上海浦东发展银行合肥分行资产负债比例管理暂行办法》,建立以"自主经营、自负盈亏、自担风险、自我约束、自求平衡、自我发展"为基本内容的商业银行运行机制,对所经营的各类资产和负债实施科学化、规范化的管理;坚持分类指导,加强资金的集中统一营运,优化负债结构,提高资金使用效益;以建立适应商业银行经营管理要求的绩效考评体系为手段,创新资源配置机制,全面提高资产负债管理水平,确保各类指标均符合监管要求。

此外,合肥分行坚持对各项指标实行按月监测,按季考核,使资产负债比例在总量和结构上保持合理、优化配置,实现资金的安全性、流动性和盈利性的有机统一。2007年,根据总行《关于加强资产负债管理有关工作事项的通知》要求及存贷比等监管指标,进一步优化负债结构;2009年,制定下发《上海浦东发展银行合肥分行资产负债管理委员会工作规程(修订)》推动全行资产负债工作,取得有效监控资产和负债比例结构,达到规避和化解风险,保证全行业务持续、稳健发展的成效。2010年,依据总行《关于开展2010年负债业务专项活动的通知》,推动负债业务发展。

截至2010年年末,合肥分行存贷比达94.41%,较2007年下降9.72个百分点;中长期贷款占比为59.63%,较2007年上升48.97个百分点;资产利润率为0.89%,较2007年上升2.62个百分点。

【资产风险管理】

2007年,合肥分行内设风险管理部,由其负责实施风险管理工作;同年,根据总行授权,实施专业审贷制度及操作细则,并制定下发《关于成立风险管理委员会的通知》,成立风险管理委员会。

2007年,合肥分行制定下发《关于成立信贷审批委员会的通知》,设立信贷审查委员会,贷审会是浦发银行合肥分行各项信贷业务的最高审查机构,专门从事分行各授信业务部门及二级分行超信贷审批权限信贷业务的审查工作。贷审会由分行风险主管行长担任主任委员,风险管理部负责人为副主任委员,相关授信审查专家为委员,并接受分行风险管理委员会的指导与监督。2009年制定下发《关于发送〈上海浦东发展银行合肥分行公司授信业务审查审批管理办法(试行)〉的通知》,规范全行对公授信业务的审查、审批、办理和贷后检查的操作流程,明确各环节的工作职责和工作要点。

2009年,分行制定下发《关于发送〈上海浦东发展银行合肥分行客户经理及经营机构公司授信项目质量考核评价办法(试行)〉的通知》,对授信项目的质量进一步明确要求,并出台相关考核办法。同年,制定印发《关于发送〈上海浦东发展银行合肥分行公司授信业务贷后管理实施细则〉的通知》,进一步理顺分行对公授信业务的审查、审批、办理和贷后检查的操作流程,明确各环节的工作职责和工作要点。

2010年,分行继续完善风险管理体系建设,持续推进风险管理委员会和信贷审查委员会良好运行,严格按照总行"集体审议、集体决策"以及"专业审查、集体审议、独立表决"的原则行使职责。同年,制定印发《关于印发〈上海浦东发展银行合肥分行信贷审批委员会工作规程〉的通知》,逐步构建起全面风险管理体系。截至2010年年末,合肥分行贷款不良率为0%,总体资产质量良好。

【信息化管理】

2007年,在中国人民银行和浦发银行总行的指导和推进下,合肥分行在系统内建设完成现代支付系统(MBFE)的大额支付系统、小额支付系统、合肥同城清算系统上线。现代支付系统根据中国人民银行要求由浦发银行总行统一建设,合肥同城清算系统根据中国人民银行合肥中心支行要求由合肥分行负责建设,合肥分行根据总行和中国人民银行的要求实施上线运行并负责日常维护。

2007年,分行上线运行总行统一建设的核心大前置系统(IPP),并根据总行要求负责日常维护。从2008年始至2010年,陆续上线运行总行统一建设的业务集中系统(主要包含:工作流处理、影像平台、验印系统、报表系统、流媒体服务系统、理财双录系统、远程授权系统、发票管理系统等子系统),并根据总行的要求负责日常维护。

从2007年至2010年,在当地政府和监管部门指导和推进下,合肥分行陆续建设和上线运行地方特色系统(主要包含:公用事业费缴费及支付系统、商品房预售监管系统、法院司法查控系统、公积金点贷系统、中移动美好安徽和资金归集系统、非税支付系统、银企直联系统、政采互联系统等),并根据总行和当地政府及监管部门的要求负责日常维护。

【人员管理】

分行成立之初,即实施全员合同聘用制。2007年,从业人员82人,均为合同聘用制员工。2010年年末,从业人员增至311人,全部为合同聘用制员工;其中,具有本科学历239人,占77%;具有硕士及以上学历24人,占8%,具有专科学历47人,占15%。

表8-30-1 2010年年末合肥分行所辖网点一览表

网点名称	地址	沿革
合肥分行	合肥市长江西路3号	2006年12月,合肥分行筹建;2007年8月30日,对外营业;2007年11月16日分行开业
黄山路支行	合肥市黄山路230号	2008年7月18日,黄山路支行开业
新站区支行	合肥市新站区胜利路与凤阳路交汇处东南	2008年9月8日,新站区支行开业
桐城路支行	合肥市桐城路200号	2008年12月28日,桐城路支行开业
高新区支行	合肥市长江西路689号	2009年4月1日,高新区支行开业
庐江路支行	合肥市庐江路17号	2009年12月29日,庐江路支行开业
铜陵支行	铜陵市义安大道北段789号中天大厦	2009年9月15日,铜陵支行开业
淮南支行	淮南市广场路绿城花园6号	2009年12月18日,淮南支行开业
安庆分行	安庆市开发区湖心北路9号	2010年7月23日,安庆分行开业
蚌埠分行	蚌埠市兴业街1220号	2010年12月3日,蚌埠分行开业

表8-30-2 2007—2010年合肥分行负责人任职情况表

行长		副行长	
姓名	任职时间	姓名	任职时间
张勇	2007年8月—2014年7月	王庆	2007年8月—2016年11月
		刘仁权	2007年8月—2017年8月
		余文治	2008年6月—2015年2月

第三十一章 兰 州 分 行

上海浦东发展银行股份有限公司兰州分行（以下简称兰州分行）于2008年9月8日成立，是浦发银行在甘肃省设立的一级分行，办公地址位于兰州市城关区广场南路101号。

截至2010年年末，兰州分行全口径存款余额145.50亿元（一般性存款余额109.72亿元），贷款余额89.47亿元；外币存款余额515.67万美元，贷款余额0万美元；经营利润1.41亿元。

第一节 机 构 沿 革

一、机构设立

2008年5月30日，经中国银监会批准，兰州分行开始筹建。

2008年9月8日，兰州分行挂牌开业。成立以来，兰州分行"坚持以效益为出发点、落脚点不动摇，坚持负债立行不动摇，坚持目标责任管理不动摇，坚持创新驱动、转型发展不动摇，坚持以客户为中心不动摇，坚持依法合规经营不动摇"，大力倡导"细实严新快"工作作风，提出"早快谋联精"和"六盯原则"工作要求和"健康工作、快乐生活、分享幸福"工作理念，形成独具特色的"16561"企业文化。兰州分行始终坚持党建引领，围绕业务抓党建、抓好党建促业务，紧紧抓住甘肃经济发展的机遇，实现"规模、速度、效益、质量"均衡发展，成为甘肃省金融业生力军、股份制银行的领头羊。

图8-31-1 2009年9月8日，兰州分行举行"浦发周年情"志愿者活动

二、内设部门

2008年，兰州分行成立初期，内设办公室、资金财务部、公司银行业务管理部、公司银行产品

部、个人银行发展管理部、个人信贷部、风险管理部、信息科技部,设五个公司银行客户营销部。

2009年,浦发银行兰州分行成立中小企业业务经营中心。

2010年,浦发银行兰州分行进一步理顺管理组织架构,共设置15个部门。将运营管理部和营业部分设,单独设立中小企业中心,设立案件防控专员,成立总行直管的审计特派办和信用卡团队。成立工会组织,由工会会员大会选举产生工会各委员会,使分行党委工作有强力支撑,为维护广大员工合法权益提供组织保障。

截至2010年年末,兰州分行其中结算支持部门1个(含运营支持部),专职营销部门6个,管理部门8个(含审计特派办)。

第二节 业务经营

一、人民币资产

兰州分行坚持扎根陇原大地,积极支持地方经济建设。贷款重点投向省属重点企业、重大项目、基础设施持和教育培训、健康医疗、文化旅游等行业。2008年年末,全行各项贷款余额34.94亿元,其中,对公非贴贷款余额29.03亿元,个人贷款余额0.16亿元,票据贴现余额5.75亿元。

2009年,兰州分行根据行业信贷政策和甘肃省经济特点,重点支持甘肃省支柱行业和产业、重点建设项目、重点优质企业,贷款主要投向电力、钢铁、有色、煤炭、交通、城市基础设施建设,同时加大对个人住房按揭贷款和个人经营性贷款的投放力度。年末,兰州分行各项贷款余额达到64.67亿元,较年初增长29.73亿元。其中,对公非贴贷款余额61.15亿元,本年新增32.12亿元;个人贷款余额3.05亿元,本年新增2.89亿元;当年新增外币贷款余额1 000万美元。

2010年,兰州分行合理把握贷款投放节奏,充分用好贷款规模,在继续加大对重点企业、重点项目的支持力度的同时,大力发展中小企业业务。截至年末,全行各项贷款余额89.47亿元,全年新增24.8亿元,增幅38.35%。其中,对公非贴贷款余额81.17亿元,全年新增20.03亿元;票据融资余额为0.76亿元,较年初增加0.29亿元;个人类贷款余额7.54亿元,全年新增4.49亿元。

二、外币贷款

2009年,兰州分行开办外币贷款业务,年末余额1 000万美元。与AFD签订300万欧元绿色信贷业务。

三、人民币负债

兰州分行坚持存款立行,提高服务质量,丰富服务内涵,通过产品组合促进存款增长。2008年年末,兰州分行各项存款45.35亿元。其中,一般性存款余额26.31亿元,完成总行计划112.93%。2009年年末,全行各项存款余额达到84.7亿元,全年新增40亿元,其中一般性存款余额74.5亿,全年新增48.2亿元。2010年年末,全行各项存款余额145.50亿元,较年初增长60.79亿元。其中,一般性存款突破百亿元大关,年末时点余额109.72亿元,全年新增35.21亿元。

四、其他业务

【中间业务】

兰州分行充分发挥总行在上海世界金融中心的优势,坚持"股债贷一体化、表内外齐步"的思路,在传统信贷投放的同时,通过拓宽创新渠道,在同业创造多个"率先",引领甘肃金融市场的创新潮流。

【结算业务】

兰州分行国内结算业务主要包括汇票、本票、支票及汇兑、委托收款、信用证等业务。2008年结算总量2.4亿元,2009年结算总量31.2亿元,2010年结算总量37.4亿元。2008年,兰州分行启动国际结算业务的市场开发及推广工作,开立19.2万美元信用证。2009年,兰州分行国际结算业务办理1 010万美元。2010年,兰州分行办理国际结算业务7 041万美元,增幅达到624%。

【代理业务】

2008年,兰州分行开办基金代销业务,代理丙种账户投资、代开承兑汇票等业务,全年代销基金75万元。成功代理甘肃省电力投资集团公司16亿元短期融资券业务。2009年,兰州分行成功发行甘肃省电投8亿元短期融资债,取得承销费收入387万元;在浦发银行系统首家推开企业网银"批量转账"业务和代理城市商行、信用社代签银行承兑汇票业务;累计销售基金1 783万元;推出"浦发金"业务。2010年,兰州分行续发甘电投短期融资券8亿元,取得手续费收入395万元。成功营销两户企业短融业务。共代销基金及证券集合理财产品3 871.3万元,销售保险1 635万元。

【银行卡】

2008年,兰州分行累计发行个人东方卡3 670张,其中金卡884张,白金卡294张;累计发行信用卡784张。2009年,兰州分行银行卡达到18 619张,本年新增15 000张;信用卡达到2 880张,本年新增2 096张。2010年,兰州分行银行卡达到38 002张,全年新增19 383张,增幅达到104.1%;信用卡发卡达到8 165张,全年新增5 322张,增幅达到154.03%。

五、经营管理

【资产风险管理】

2008年,兰州分行成立风险管理委员会,加强对内控风险工作的统一管理。建立授信客户准入制度,从源头上把握和控制风险。严格执行总行关于贷前调查、信贷审批的有关制度规定,严格落实贷款发放条件,加强贷后检查和信贷档案管理,保证信贷资产的质量。不良贷款和不良贷款率保持双"零"。

2009年,兰州分行加强重点领域风险监控工作,加强贷后管理,组织开展专题检查20余次,发现问题25个,100%进行整改,全行资产质量经受住经济周期波动的初步考验;推进风险预警机制建设,积极推广贷后风险预警系统。不良贷款和不良贷款率保持双"零"的管理要求。2010年,兰州分行切实加强贷前、贷中、贷后管理工作。主动前移风险关口,开展周密详细的贷前尽职调查;充实信用运营人员,严格把握贷款条件;加大贷后管理力度,客户经理坚持每周不少于半天的贷后检查工作。不良贷款和不良贷款率保持双"零"。

【信息化管理】

2008年,兰州分行完成系统和网络搭建,各类业务系统和大小额支付系统顺利上线。2009年,兰州分行依托不断完善的管理信息系统,加强客户分层,促进客户成长,推进由经营业务向经营客户的转型。2010年,兰州分行完成集中监控系统上线工作,加强安全保卫培训和演练。年末,兰州分行ATM机达21台,当年交易量达24.51万笔;自助网点4家,交易量达5.25万笔。

【人员管理】

2008年,兰州分行员工77人,均为合同制员工。2009年,从业人员124人,115人为合同制员工,9人为劳务派遣制员工;2010年年末,从业人员增至173人,160人为合同制员工;其中,具有本科学历124人,占77.5%;具有硕士及以上学历7人,占17%,具有中、高级职称65人,占41%。

表8-31-1 2010年年末兰州分行所辖网点一览表

网点名称	地 址	沿 革
分行营业部	兰州市城关区广场南路101号	2008年9月8日开业
城关支行	兰州市城关区酒泉路215号	2009年6月23日开业
东岗支行	兰州市城关区瑞德大道8号	2009年12月15日开业
西固支行	兰州市西固区西固北街5号	2010年9月1日开业
雁滩支行	兰州市城关区雁北路1754号	2010年12月6日开业

表8-31-2 2008—2010年兰州分行负责人任职情况表

行 长		副 行 长	
姓 名	任 职 时 间	姓 名	任 职 时 间
张宜临	2008年9月—2016年3月	刘永平	2008年9月—2013年10月
		景红卫	2008年9月—2016年10月

第三十二章 石家庄分行

上海浦东发展银行股份有限公司石家庄分行(以下简称石家庄分行)于2008年10月30日正式成立,成为浦发银行跨出上海成立的第32家省级分行,办公地址位于石家庄市桥西区自强路35-1号。

截至2010年年末,石家庄分行存款余额104.76亿元,贷款余额127.2亿元;外币存款余额80.22万美元,贷款余额0万美元;经营利润2.65亿元。

第一节 机构沿革

一、机构设立

2008年4月14日,中国银行业监督管理委员会正式批准筹建浦发银行石家庄分行。经过筹建初期的人员准备、营业场所硬件设施准备、业务培训准备、制度建设准备,分行筹备工作组正式向中国银行业监督管理委员会河北监管局递交开业材料。

2008年10月13日,石家庄分行取得正式批复,10月30日,正式对外开业。

2009年2月19日,石家庄分行在河北白楼宾馆举办"上海浦东发展银行石家庄分行开业暨签约仪式",并举行新闻发布会,河北省委副书记车俊、董事长吉晓辉、行长傅建华出席仪式。

2009年6月10日—12日,总行对石家庄分行进行正式验收,行长傅建华从目标定位清晰、发展速度快、基础管理比较扎实、企业文化建设得到高度重视、品牌形象初步确立五个方面对分行工作给予肯定。

二、内设部门

2008年,分行成立初期,内设办公室、信息科技部、资金财务部、营业部、风险管理部、综合业务一部、综合业务二部、综合业务三部、综合业务五部、综合业务六部、综合业务七部、公司银行业务管理部(筹)、个人银行发展管理部(筹)共13个部门。

2009年,正式成立公司银行业务管理部、个人银行发展管理部,增设综合业务八部、票据业务部,内设部门增至15个。

2010年,增设公司银行产品部、个人信贷部、财务会计核算中心、审计特派办,内设部门增至19个。

第二节 业务经营

一、人民币资产

2008年10月,作为一家新开行,石家庄分行以全面启动市场营销为主题,研究制定从开业到年底两个月的总体工作目标,迅速推进分行工作重心、工作思路由筹建到发展的转变。在此基础上,组织参与各层次营销推广活动,力争在较短时间内树立浦发银行企业品牌、产品品牌在河北省社会各界中的认知度和美誉度。先后参加全省银企项目对接洽谈会,共接触洽谈项目80多个,并积极参加石家庄、唐山、秦皇岛、廊坊、邯郸、衡水等省内各设区市的银企洽谈会,为今后发展打下坚实基础。2008年年末,各项贷款39.27亿元,其中对公贷款35.8亿元,个人贷款0.03亿元,票据贴现3.43亿元。

2009年,公司业务基本实现以石家庄、唐山、邯郸为龙头,涵盖全省所有地市的格局,涉及河北省钢铁、装备制造、石化、食品、医药、纺织服装、能源和交通等重点行业。开业半年,总资产突破100亿元,成为总行系统内唯一一家开业半年就资产超百亿的分行。2009年年末,各项贷款106.69亿元,其中对公贷款88.36亿元,个人贷款2.2亿元,票据贴现16.13亿元。

2010年,分行坚持以"抓机遇,调结构,防风险,增效益"为主线,继续加大对国民经济重点领域的投入,保持良好的发展势头。年末各项贷款127.2亿元,其中对公贷款112.11亿元,个人贷款11.64亿元,票据贴现3.45亿元。辖属机构中,邯郸分行开业仅半年,贷款余额即荣登当地新建几家银行首位、当年贷款新增额进入当地全部银行的前3名;唐山分行开业仅两个月时间对唐山地区批准授信额度已超过40亿元;富强、中山两家同城支行也不断提升市场辐射能力,改善客户体验,逐渐成为服务省会的亮点。这一年,分行个人贷款增速达447%,高于各项贷款增速430%,个人贷款余额达12.17亿元,是上年的5.5倍,在信贷结构优化方面发生积极变化。

二、同业资产

石家庄分行积极推进同业资产业务发展。2008年年末存放同业余额0.13亿元,转贴现业务2.99亿元。2009年年末,存放同业余额4.88亿元,转贴现业务16.02亿元。2010年,突出效益核心,资金、票据和表外业务快速发展。累计办理存放同业款项100亿元,年末存放同业余额1.02亿元,转贴现业务余额0.14亿元。

三、人民币存款

2008年,积极开展"开业步步高,月月双双赢"业务营销活动,组织个人金融业务产品推介会、与争取公司合作开展营销推介,进一步加大对中高端客户群的渗透力度,促进开业开门红。2008年年末,人民币各项存款17.66亿元。2009年,抓住双节旺季、开业验收、周年献礼等重点时段,积极组织劳动竞赛,瞄准商会、协会、俱乐部、物流等目标客户聚集地,加强对客户的针对性营销。2009年年末,人民币各项存款76.89亿元。2010年年末,人民币各项存款104.71亿元。其中对公存款84.74亿元,个人存款19.97亿元。

四、同业负债

石家庄分行开业以来,着力推进同业存款市场营销。2008年年末,同业存款余额28.3亿元。2009年年末,同业存款余额22万元。2010年年末,同业存款余额79.2亿元。

五、外币存款

2008年,石家庄分行开办外币存款业务,主要是短期储蓄存款。年末各项外币存款余额39万美元,全部是储蓄存款。包括美元、英镑、欧元、加拿大元和港币等币种。2009年年末,外币存款余额96.92万美元,其中对公存款1.28万美元,储蓄存款95.64万美元。2010年年末,外币存款余额80.22万美元,其中对公存款4万美元,储蓄存款76.22万美元。

图8-32-1　2010年10月,石家庄分行举办庆祝开业两周年存贷款突破200亿元文艺晚会

六、中间业务

分行着眼于提高中间业务收入水平,不断深化服务,拓展收入渠道。强化客户关系管理,通过强化产品创新,进一步优化客户经理、产品经理和分支机构在营销中的职责,增强业务营销的协同效应。加大对资产业务客户的交叉销售力度,从单纯营销资产业务向整合营销价值增值服务转变,提高客户的各类中间业务收入,着力提升综合收益水平。通过制定有效的考核激励机制,大力推进结算业务、银行卡业务和各项代理业务的快速发展,为全行中间业务收入总量增长奠定基础。同时加大对资产支持票据承销、年金托管、高端理财、私人银行等业务的营销与探索,努力开创中间业务新的增长点。2009年实现中间业务收入929万元,其中财务顾问收入403万元,占比43%,银承手续费收入253万元,占比27%。2010年中间业务大幅度增长,其中通过发行公司信托理财17亿元,承销短期融资券6亿元,销售对公理财产品36.28亿元,销售对私理财产品17.7亿元,共创造中间业务收入达2134万元,全年实现中间业务收入3873万元,相当于上年的4.2倍。加快推进信用卡业务发展,2010年年末个人客户总数2.58万户,借记卡余卡总量2.81万张。加快推进电子银行业务发展,2009年网银客户达1912户,当年实现交易金额达7.58亿元;2010年年末网银客户

达5 546户,手机银行签约客户达1 112户,当年实现交易金额达45.19亿元。分行于2009年开办资产托管业务,涉及客户资金托管、信托资金托管、交易资金托管等产品,截至2010年年末实现托管业务收入126.46万元,特色的托管服务能力的提升,推动托管业务的持续稳健发展。

七、经营管理

【资产负债管理】

2008年,石家庄分行即全面实施资产负债比例管理,建立以"自主经营、自负盈亏、自担风险、自我约束、自求平衡、自我发展"为基本内容的商业银行运行机制,对所经营的各类资产和负债实施科学化、规范化的管理;坚持分类指导,加强资金的集中统一营运,优化负债结构,提高资金使用效益;以建立适应商业银行经营管理要求的绩效考评体系为手段,创新资源配置机制,全面提高资产负债管理水平,确保各类指标均符合监管要求。

此外,分行坚持对各项指标实行按月监测,按季考核,使资产负债比例在总量和结构上保持合理、优化配置,实现资金的安全性、流动性和盈利性的有机统一。2008年,制定下发《上海浦东发展银行石家庄分行资产负债管理委员会工作规程》推动分行资产负债工作,取得有效监控资产和负债比例结构,达到规避和化解风险,保证业务持续、稳健发展的成效;2009年,根据总行《关于加强资产负债管理有关工作事项的通知》要求及存贷比等监管指标,制定下发《上海浦东发展银行石家庄分行资产负债比例管理暂行办法》,进一步优化负债结构;2010年,依据总行《关于开展2010年负债业务专项活动的通知》,推动负债业务发展。截至2010年年末,石家庄分行存贷比达121.42%,较2008年下降100.61个百分点;中长期贷款占比74.45%,较2008年提高74.4个百分点;资产流动性比率43.23%,较2008年下降42.94个百分点;资产利润率1.41%,较2008年提高2.42个百分点。

【资产风险管理】

2008年,分行成立伊始即成立风险管理部,主要职能是风险政策指导、授信业务的审查审批、贷后检查、信贷业务统计等。制定《上海浦东发展银行石家庄分行风险管理及授信人员尽职规定》《上海浦东发展银行石家庄分行授信风险检查办法(试行)》《上海浦东发展银行石家庄分行担保性表外业务风险分类管理实施细则(试行)》《上海浦东发展银行石家庄分行风险管理部工作守则》等19个规章制度。

2009年,制定《上海浦东发展银行石家庄分行个人银行风险管理架构及岗位配置》《上海浦东发展银行石家庄分行案件防控工作领导小组工作规程》和《上海浦东发展银行石家庄分行公司授信贷后管理实施细则》。2010年,制定《上海浦东发展银行石家庄分行异地分支机构公司授信及风险管理工作要求》《上海浦东发展银行石家庄分行授信业务实地见证操作规程(试行)》《上海浦东发展银行石家庄分行抵(质)押物(权)价值评估合作中介机构内部管理办法(试行)》,修订《上海浦东发展银行石家庄分行贷款审查委员会工作规程》。

从初创阶段进入发展阶段,分行认真执行国家宏观调控政策,及时调整信贷政策和信贷投向,将信贷资源投入河北省重点工程项目和重要企业,不断加大对中小企业和涉农企业的信贷支持力度。加强风险管理,坚持审慎经营,强化政府融资平台贷款管理,高度重视房地产政策风险,及时对产能过剩行业贷款和贷后管理进行自查和全面梳理,严格落实监管政策要求,对淘汰落后产能企业、高耗能、高污染企业从严控制,并注重加强行业与区域性的授信管理。在信贷审批方面,严格落实审贷分离,分级审批,实行授权与转授权管理,权责分明。授信项目实行集体审议,强化行长对授信项目的知情权和一票否决权。截至2010年年末,石家庄分行不良率为零。

【内部管理】

石家庄分行在发展业务的同时,始终坚持把管理放在首位,持续强化基础管理,贯彻稳健经营,夯实基础,打牢发展根基,促进可持续健康发展的指导思想,完善制度建设,优化流程管理,狠抓制度落实。2009年,以迎接总行验收为契机,积极贯彻总行"战略管理年"工作要求,从整章建制入手,分条线、分专业完善各项制度和办法,梳理、整合业务流程,健全各项规章制度,累计完善各类业务、管理规章制度16大类、404个。

2010年,结合部门设置、网点建设、业务开展研究确定管理工作的特点和侧重点,提出管理要在"围绕中心、服务大局,突出重点、强化执行"和"延伸触角、普及到线、落实到点"上下功夫,着力抓住和解决好一家次新行经营中的管理短板,着重在构建完善有效的内控体系建设、加强对重点业务和关键环节的风险监控、加强执行力建设、加强内控文化建设等四个方面做好工作,积极营造良好的合规风险管理环境,全行合规风险管理工作稳步推进。

【人员管理】

2008年,石家庄分行成立之初从业人员有78人,其中包含派遣员工3人。2010年年末,从业人员增至249人,其中正式员工199人,派遣员工50人;其中,具有本科学历188人,占75.5%;具有硕士及以上学历29人,占11.65%,具有中、高级职称88人,占35.34%。

表8-32-1 2010年年末石家庄分行所辖网点一览表

网点名称	地 址	沿 革
石家庄分行营业部	石家庄市桥西区自强路庄家金融大厦35-1号	经中国银行业监督管理委员会河北监管局批准,石家庄分行于2008年10月30日正式开业,同日石家庄分行营业部正式对外营业,营业地址为石家庄市桥西区自强路庄家金融大厦35-1号
富强大街支行	石家庄市裕华区槐中路184号	富强大街支行成立于2009年10月18日
中山东路支行	石家庄市长安区中山东路368号	中山东路支行成立于2010年8月18日
邯郸分行	邯郸市人民东路159号	邯郸分行成立于2010年3月26日,营业地址为邯郸市人民东路159号;2016年12月19日迁址至邯郸市人民路408号
唐山分行	唐山市路北区建设北路108号	唐山分行成立于2010年10月26日,营业地址为唐山市路北区建设北路108号

表8-32-2 2008—2010年石家庄分行负责人任职情况表

行 长		副 行 长	
姓 名	任 职 时 间	姓 名	任 职 时 间
田德明	2008年10月—2017年9月	范志贵	2008年10月—2011年6月
		李广明	2008年10月—2014年3月

第三十三章　福州分行

上海浦东发展银行股份有限公司福州分行(以下简称福州分行)于2009年3月5日成立,是浦发银行在福建省设立的一级分行,营运资金1亿元,办公地址位于福州市鼓楼区湖东路222号紫荆花园。

截至2010年年末,福州分行存款余额207亿元,贷款余额91亿元;外币存款余额0.66亿美元,贷款余额9.07亿美元;经营利润2.26亿元。

第一节　机构沿革

一、机构设立

2008年,经监管部门批准,浦发银行福州分行开始筹建。

2009年3月5日,浦发银行福州分行挂牌开业。福州分行开业以来,深入贯彻落实总行各项决策部署,紧密结合海峡西岸经济区建设的深入推进,遵循"坚持创新驱动,加快转型发展,严守合规经营,再跃发展高峰"的总体思路,不断夯实客户基础,提升专业经营能力,促进主营业务跨越式发展,持续提高盈利能力,强化风险内控管理,加强党建和企业文化建设,打造高素质人才队伍,努力推动福州分行事业可持续发展。

从2009年开业至2010年年末,福州分行坚持以"抓机遇,调结构,促转型,增效益"为主线,主动应对市场变化,在发展中创新,在创新中求效益提升,实现跨越式发展,各项主要经营工作取得可喜成绩。

二、内设部门

2009年,福州分行成立初期,内设办公室、资金财务、公司业务管理、零售业务管理、运营管理、风险管理、信息科技7个部门。

2010年,根据业务发展需要,增设同业暨票据中心、中小企业经营中心和会计核算中心3个分行部门,同时,广泛吸引人才,在分行本部设立7个营销团队,员工人数达到192人。

第二节　业务经营

一、资产规模

2010年年末资产总额突破200亿元,达207亿元,同比增长137亿元,增幅196%,增幅是系统平均水平的近6倍。各项存款余额207亿元,同比增加122亿元,增幅144%,增幅是系统平均水平的近7倍;其中,一般性存款余额突破百亿元大关,达到117亿元,同比增加61亿元,增幅达到109%。各项贷款余额91亿元,同比增加38亿元,增幅72%。从同业看,2010年各项存款和各项贷款当年新增量均位居9家同类股份制银行第5位,超过4家同业。从系统内看,一般性存款和一般性贷款当年新增量分别位居8家近年系统新开行第一和第二位。存款和贷款在同业及系统内的占比均有明显提高。

福州分行盈利能力大幅提升,经营效益实现新突破。2010年风险资产收益率全年提高2.48个百分点,增幅系统内排名第一;非息收入占比达到8.36%,比上年提高3个百分点,占比水平全行排名第一;税前拨备前利润2.26亿元,完成总行下达年度计划的142.9%;税后净利润1.37亿元;税前拨备前风险资产收益率达到3.47%,超过总行下达计划1.15个百分点。存贷利差率由上年的3.60%上升到4.25%,在系统内排名第六。2010年,福州分行是全行系统内风险资产收益率水平提高速度最快、幅度最大的分行之一。除此之外,作为新开分行,根据总行通报,福州分行多项效率指标、业务结构指标等均名列全行平均水平之上。

图8-33-1　福州分行积极支持地方重点项目建设,2009年为福州地铁项目贷款4亿元

二、业务结构

2010年中间业务收入来源渠道多元化,共实现中间业务收入6 591万元,收入对平均资产比为0.42%,该指标全行排名第二;同业暨票据业务成为收入的重要增长点,同业存款当年新增74亿元,增幅560%,同业票据业务实现利差收入3 855万元。此外,中小企业业务快速发展,表内外授信余额25亿元,当年新增18亿元,计划完成率3 195%;其中,中小企业表内贷款余额8.49亿元,计划完成率6 966%。个人存、贷款达到16.8亿元和6亿元,大幅度超额完成总行下达计划,同时占一般性存、贷款的比重有所提高。

三、经营管理

福州分行不断加强机构网络、机制体制、制度系统的建设,不断强化风险内控管理,不断夯实管理和支撑基础,各项工作逐步走上正轨,企业文化深入人心,经营管理稳步提升,队伍、品牌展现新形象。

全年顺利完成第一家同城支行——闽都支行和第一家异地分行——泉州分行的筹建和开业，迈出立足福州、面向全省网络布局的关键步伐，上述两家新开机构自开业以来，迅速站稳脚跟，业务快速发展。

【体制建设】

福州分行坚持制度先行，陆续完善制订各类规章制度，基本建立覆盖各个部门、各种岗位、各类业务的全行规章制度管理体系。开展规章制度清理工作，全年梳理有效规章制度245份，废止8份，为经营管理提供更准确的依据。初步建立以"模拟利润考核"为核心的绩效考核体系，促进分行盈利水平大幅提升。

【风险内控管理】

福州分行围绕监管部门和总行的政策导向、内控管理要求，不折不扣执行，持续完善内控管理机制建设，强化重点业务领域风险管理、加强合规教育及规范引导，受到内外部有关机构的广泛好评。在2010年总行的合规评价检查中，福州分行预评价评级为A级。此外，中国人民银行等对分行开展的诸如贷款新规、政府融资平台、反洗钱、账户管理、征信管理等系列现场检查，对分行相关管理工作均给予较好的评价。

【精神文明建设】

福州分行探索、丰富、实践"简单、公平、专业、团结"的企业文化理念，先后举办"携手迎接新挑战，并肩共创新辉煌"新春晚会和"勇攀高峰"周年庆登山活动，提升凝聚力；开展"感恩伴我同行，我随浦发成长"户外集体活动、"我奉献，我快乐"志愿者活动、三八妇女节送温暖活动、首届羽毛球比赛，增强向心力；组织参观谷文昌纪念馆、开展以"同业争位次，当地创品牌"为主题的创优争先活动，此外，以总行第六届业务技能比赛为契机，开展岗位练兵、业务技能比武等活动，提升队伍素质。

表8-33-1 2009—2010年福州分行所辖网点一览表

网点名称	地 址	沿 革
福州分行营业部	福州市鼓楼区湖东路222号紫荆花园	成立于2009年3月5日，同日，福州分行营业部正式对外营业
闽都支行	福州市台江区新港街道群众东路65号富城小区1、2座1层16店面	成立于2010年6月22日
泉州分行营业部	泉州市丰泽街东段南侧泉州公交发展有限公司营运调度综合楼	成立于2010年12月8日，同日，泉州分行营业部正式对外营业

表8-33-2 2010年年末福州分行负责人任职情况表

行 长		副 行 长	
姓 名	任 职 时 间	姓 名	任 职 时 间
谢 伟	2009年3月—2010年12月	黄光泽	2009年3月—2011年3月
		翁火兴	2009年12月—2017年12月

第三十四章 贵阳分行

上海浦东发展银行股份有限公司贵阳分行(以下简称贵阳分行)于2010年1月29日成立,是浦发银行在全国范围内设立的第34家省级分行,办公地址位于贵阳市观山湖区中天会展城B区东四塔。

截至2010年年末,贵阳分行存款余额38.4亿元,贷款余额36.9亿元;未发展外币存贷款业务。经营利润118万元。

第一节 机构沿革

一、机构设立

为积极响应贵州省委、省政府"引银入黔"号召,2009年6月5日,经中国银监会批准,贵阳分行在贵州成立。2010年1月29日,浦发银行贵阳分行开业,这是贵州省委、省政府"引银入黔"的第二家股份制商业银行。

二、内设部门

2010年,贵阳分行领导班子共有3人,设行长1名、副行长1名、行长助理1名;内部基本组织架构是6部1室,分别是公司银行业务管理部(下辖4个公司业务部)、个人银行发展管理部、风险管理部、资金财务部、信息科技部、营业部和办公室,员工人数达到99人。

第二节 业务经营

一、存、贷款业务

2010年,贵阳分行负债业务快速发展,本外币存款余额稳步增长。2010年年末全行各项存款216.2亿元,其中,一般性存款38.4亿元,同业存款177.8亿元。2010年,浦发银行贵阳分行各项贷款(含票据贴现)余额达37亿元,其中:公司贷款33.87亿元;个人贷款3.13亿元。

分行在立足做大做强传统业务的同时,针对一般性存款同业竞争激烈的市场状况,认真贯彻落实总行做大做活资金业务,建立更加多元资金业务盈利模式的工作要求,高度重视大力开发本地同业客户群体,全力推进资金业务拓展,扩大价差收益对全行收益的贡献。一方面坚持"一手抓基本存款、一手抓同业存款"两手不放松,充分发动全行力量,多方寻找资源,积极开拓同业存款业务市场,多渠道拓展低成本同业存款;另一方面利用预期不确定的波动性特点,加强对系统内外资金价格的研究和预测,加强短期波段操作,积极联系同业机构搭建资金市场渠道,全面开展资金业务,有效提高资金业务创利水平。

二、公司业务

2010年,贵阳分行与贵州高速公路开发总公司、贵州省公路局、盘江煤电集团、开磷集团、瓮福公司、贵州中烟公司、中电投贵州金元集团等省内重点企业建立业务合作关系;实现贵州省公路局、省移民办、贵州黔中水利枢纽管理局等三个省级行政事业账户的申报、合规审批及使用;成功开立茅台酒销售有限公司和贵州茅台酒进出口有限公司结算账户,成为首家开立茅台集团相关企业账户的股份制商业银行;与贵州省国资委、贵州省经信委、华融资产管理公司贵阳办事处签订战略合作协议,积极营销贵州省湖北商会、浙江商会、福建商会、温州商会等实力雄厚的地区商会,丰富分行信息资源与拓宽合作渠道。

三、零售业务

2010年,贵阳分行努力探索新开行个人业务发展的基本规律,逐步夯实客户基础,市场竞争力凸显,浦发品牌形象初步树立;通过专业化的理财服务加强重点产品的营销力度,有效带动资产规模的增长,搭建客户沟通的良好平台;建立客户分层次分类型模板式服务标准,制定营业大厅客户服务和贵宾服务厅堂一体化工作制度,明确大堂经理、柜面员工、理财经理、客户经理的服务职能和服务流程,努力打造具有分行特色的服务品牌,促进客户拓展和客户维护。2010年,贵阳分行新开发客户近万名,个人存贷款业务在区域内同类股份制银行中保持领先优势;当年实现理财产品销售5.01亿元,两款重点基金销售取得全行第三和第十二位的好成绩。

图8-34-1 2010年4月23日,贵阳分行组织参加"放心刷卡 畅享人生"银行卡主题活动

四、同业业务

贵阳分行在立足做大做强传统业务的同时,针对一般性存款同业竞争激烈的市场状况,认真贯彻落实总行做大做活资金业务,建立更加多元资金业务盈利模式的工作要求,高度重视大力开发本地同业客户群体,全力推进资金业务拓展,扩大价差收益对全行收益的贡献。2010年9月,贵阳分行成功营销某银行总行100亿元同业存款,开创本地跨省同业营销的先河。截至2010年12月31日,分行同业存款余额177.8亿元,在全省金融机构中占比第一,成为同业存款业务领头羊。

五、经营管理

【人员管理】

自开行以来,分行围绕业务发展的根本需要和业务发展中的基本问题、主要矛盾,研究制定覆盖分行全部门、全岗位的员工综合考评办法,根据员工岗位职责和性质的不同,分类设置考核指标和权重,明确工作职责和奖惩标准,传导总、分行经营管理思路,使考核更具针对性和有效性,较好体现"规模扩张、加快发展"的工作导向,集中全行之力推进业务迅速发展。分行充分发挥激励考核导向作用,围绕"以岗定责、分类考核、岗位为主、兼顾团队、业绩至上、全员考核"的员工考核激励思路,研究制定员工月度奖金管理办法,进一步明确负债业务在全行业务发展中的基础性地位,有效调动全行员工营销的积极性,使"全员齐动"的机制得到贯彻落实,促进业务发展。分行认真贯彻落实总行"星耀浦发再越高峰"负债专项营销活动的精神,分别制定对公负债和个人负债专项营销考核激励政策,进一步调动全行负债业务拓展的积极性和主动性,促进分行负债业务的增长。多名员工和部门在活动中表现突出获总行表彰,其中,公司营销一部荣获对公负债业务明星机构三等奖,分行营业部荣获个人负债业务明星机构三等奖,何珊荣获总行个人负债业务明星个人,杨彦、万鹏荣获对公负债业务明星个人,胡兴明荣获同业存款业务明星个人。

【风险管理】

分行始终坚持发展是第一要务、安全经营是第一责任,严格把控各类风险。分行制定完善规章制度,加强风险控制体系建设。分行在筹建期间,即成立分行风险管理委员会和信贷审批委员会,并制定风险管理委员会和信贷审批委员会的工作规程。开业至今,共制定下发或转发风险条线81项规章制度,为分行授信业务提供制度基础和保障,并逐步建立起以营销讨论会、审贷会为中心的"两会运行机制",和"贷前调查、授信审查、用信核查、贷后检查、档案管理"等主要操作环节的季度检查"问责机制"。分行结合源头控制与过程控制,建立系统的授信工作体系。按照"立足省情、紧跟主流,依据行情、符合政策"的原则,根据国家和地方产业政策和监管要求,以及围绕总行信贷政策,分行在认真分析本区域经济特点、资源分布和客户储备情况的基础上,制定下发分行2010年度信贷投向指引,明确市场准入、客户准入标准,信贷支持的重点行业、区域和产品策略,为选准目标客户和防范信贷业务风险提供有力保证。分行以检查为抓手,抓好重点部位的防控工作,促升内控合规水平。建立季度综合检查与月度专项检查相结合的工作机制,每月均开展个贷业务风险检查和客户风险信息录入质量检查。对检查发现的问题逐户进行通报,落实责任人,提出限期整改要求,并按照规定进行处罚,有效促进全行内控合规水平的提高。分行认真落实案防责任制,成立分行安全工作领导小组、案防工作领导小组,并与每位中层干部签订案件防范责任书,确保案防任务分解到位。还以遵守员工与客户交往行为和运营条线员工操作底线为重点,制定员工与客户业务往来行为的"五个严禁"和营业部员工"五十个严禁"等条例,有效防范道德风险和操作风险引发的案件发生。

【运营管理】

贵阳分行加强系统内外沟通协调力度,积极主动对接联系中国人民银行、外管局,确保核心系统、大(小)额支付系统、集中业务处理系统、商票系统等各类业务系统顺利上线、安全运营,为客户的支付结算提供安全、快捷的支付通道,打破制约业务发展的渠道瓶颈,拓宽支付渠道,提升分行竞争力和影响力,为分行发展壮大夯实基础。此外,加强内控合规工作力度。依托运营内控系统监测规则及运营内控系统工作平台,不断完善运营内控机制,强化日常业务处理的监督与管理,及时查处违规处理业务,通报业务处理情况。认真落实案件风险防控机制,加强对运营人员的行为排查,建立运营人员信息档案,加强人员管理。加强现场和非现场检查、监督和监测工作力度,落实各项检查规定等制度,不断提高规章制度的执行力。并且做好事后监督工作,按照要求对各类凭证的完整性、合规性、逻辑性进行事后监督审查,严防操作风险发生。

表8-34-1 2010年年末贵阳分行所辖网点一览表

网点名称	地　址	沿　革
贵阳分行营业部	贵阳市云岩区延安中路20号	贵阳分行于2010年1月25日成立,营业地址为贵阳市云岩区延安中路20号

表8-34-2 2010年贵阳分行负责人任职情况表

行　长		副行长		行长助理	
姓　名	任职时间	姓　名	任职时间	姓　名	任职时间
王兴	2010年1月—2017年8月	朱朝华	2010年1月—2018年1月	李燕	2010年1月—2012年1月

第三十五章　香港分行

上海浦东发展银行股份有限公司香港分行（以下简称香港分行）于2011年5月16日成立,是浦发银行在境外设立的第一家一级分行,营运资金2亿港元,办公地址位于香港中环夏悫道12号美国银行中心15楼和24楼。

截至2011年年末,香港分行存款余额35亿元,贷款余额18亿元;经营利润0.12亿元。

第一节　机构沿革

一、机构设立

2001年,浦发银行第一届董事会第九次会议,通过在香港设立代表处,并于同年9月和11月,正式获得中国人民银行及香港金管局批准,于2002年1月成立。

2002年2月,经香港金融管理局批准,香港分行代表办事处于2002年1月正式在港成立。代表处成立以来,作为总行在香港的信息收集和联络协调窗口,收集、分析香港当地经济、金融信息和同业动态,供总行领导和相关业务部门决策参考;负责全行与香港金融机构间信息沟通和联络协调事宜;积极引荐香港银行同业先进的管理理念、服务手段和成熟适用产品;负责总行与香港金融管理局之间的联系和沟通;推动香港分行筹建香港分支机构的有关准备工作;与同业联系,寻求参与一级市场银团贷款业务的机会,积极寻找当地优秀潜在公司客户,了解所需,为全行分支机构寻求可能发展的业务机会。

2011年5月16日,香港金管局正式发出银行牌照,浦发银行香港分行成为本港第149家持牌银行,也是第8家可在香港从事所有银行业务的中资银行。作为香港地区继2002年招行获批后九年间首个获批的中资商业银行,分行的成立掀起新一轮中资银行如民生、光大、兴业、平安等赴港设立分行的高潮。

2011年6月8日,浦发银行香港分行挂牌开业。香港分行成立以来,紧紧围绕总行战略发展会议和年度工作会议精神,立足新开分行"本地新品牌、行内新机构"的实际,以"开好头、起好步"为工作目标,以"融入浦发、创造浦发"为总体工作要求,做到"目标明确、思路清晰、重点突出",抓好"业务发展起步、机制体制构建、管理基础夯实"等工作,实现"规模迅速扩张、管理井然有序、机制逐步完善、风险严格可控",树立良好的浦发形象,为分行健康、持续发展奠定良好基础。

二、内设部门

2002年,香港代表处设首席代表、常任代表、副代表及秘书(或代表助理)等岗位。

2011年,香港分行成立初期,内设办公室、稽核、资金财务、市场营销、风险管理、电脑、营业部7个部门。半年后,把内设部门调整为三类,即管理类设办公室、资金财务、信息科技、风险管理、公司金融、个人金融、会计部7个部门;经营管理类设国际业务部、票据中心(属于资金财务部的二级部)

2个部门;经营类设营销一部至六部和营业室7个部门。

第二节 业务经营

一、资产业务

2011年,香港分行开业初期,资产业务以初建市场影响并打好基础为指导,主要拓展低风险业务。首先,着力拓展诸如贸易融资、海外代付等高流动性低风险业务。由于市场预期人民币在未来较长的时间里仍将处于升值通道,由此而产生的海外代付需求亦将持续。香港分行成立后,境内分行的海外代付业务可逐步由他行转至香港分行进行,这样不仅节省成本,且不占用金融机构额度。其次,香港分行致力于拓展一批优质大型中港资集团客户成为分行的期限居中的双边贷款客户,此类客户议价能力强和要求的借款期也较长。作为市场的后来者,初始时期香港分行以较大的授信额度,高效的审批速度,积极与内地分行联动逐渐培养较稳定的客户群,并带动其他中间业务和负债业务的发展。最后,香港分行着力拓展期限较长但属于长期优质客户的银团贷款业务。香港分行开办初期,积极参与银团贷款市场,可以较快地增加优质资产业务并能借以开拓客源供日后发展所需。

二、贷款与投资

2011年5月,香港分行参加中国海外集团有限公司5年期62亿港元银团贷款,并以MLA的名义参贷5亿港元。2011年10月成功参与香港市场首次银团贷款的提款。2011年12月,中国首钢国际贸易工程公司成功向香港分行申请3年期3000万美元定期贷款。2011年年末,贷款余额为等值31.75亿元人民币,其中贷款类余额14.33亿元人民币,贸易融资类产品17.42亿元人民币。贸易融资类业务主要涵盖出口押汇、代付等。

三、同业资产

2011年7月15日,香港HKEB的债券交易账户通过,并开始全面资产负债管理活动。2011年10月,香港分行成功参与香港市场首笔债券的购买。2011年,香港分行与德国商业银行成功叙做第一笔贸易双边贷款。

四、负债业务

负债业务对于分行信贷业务的开展起着至关重要的作用,也是分行做大规模的前提条件。受2011年境内宏观调控和人民币升值预期的影响,外币负债十分紧张。而分行又是市场初入者,没有历史纪录,相关评级低于市场上其他较成熟的中资同业,因此负债经营面临巨大压力。香港分行积极拓展多渠道资金来源,如吸收客户存款、发行存款证、同业拆借等和对总行资金的依赖(其他中资同业,开业初期总行资金通常占境外分行资金的40%—90%)。

2011年开业首7个月,客户存款方面表现非常突出,较开业前的规划翻了一番,超过131%达

34.7亿等值港元,其中港元存款16亿,美元存款等值10亿港元,人民币存款等值8亿港元。存款客户业务分布范围较广,涉及不同领域,如证券、航运、地产、基金等。

在分行同仁全力走访香港地区同业下,成功得到不少银行支持新批拆借额度达2亿美元。同时,分行积极从同业拆入资金,2011年年终结余21.6亿港元以支持资产增长。分行由从总行资金总部给予的15亿港元长期额度中拆入7.8亿港元以舒缓分行长期资金压力。2011年年末同业存款32.56亿元人民币。

五、中间业务

基于资金高度紧张的现实,香港分行全力拓展中间业务。除银团安排、汇款业务、信用证通知、支票托收等外,资金业务也将定位于2011年中间业务方面的最快增长点,如与人民币相关的NDF、利率互换(IRS)、货币掉期及结构性存款等资产管理服务。从2010年7月开始,香港离岸人民币(CNH)市场迅速发展,香港分行与内地分行积极联动,提供市场信息、策略、产品和培训给客户,充分发掘离岸人民币这一新市场所带来的新机遇。

六、经营管理

【资产负债管理】

开业首年,香港分行基本工作定位清晰,初始宏观定位——国际化、综合化经营的开拓者与实践者;必须健康发展,走好第一步,初步形成管理和经营模式。香港分行最大限度地配合全行业务发展,与境内分行展开充分联动,从而实现全行效益的最大化,提升全行的国际化和竞争力。2011年,香港分行在前期准备的基础上,经过初步实践,快速完善能够促进跨境金融服务平台搭建、满足客户走向国际需求、有利于长远健康发展和与全行呼应的各类政策制度和业务模式。

截至2011年年末,分行资产规模迅速扩张,信贷资产在年终结余为42.2亿港元(约占总资产63%),其中银团贷款及双边贷款为9.8亿港元,联动资产结余32.4亿港元(包括海外代付18.9亿港元、出口托收押汇贷款6.6亿港元等)。随着各种资金业务展开,分行不断补充优质但息率只有数基点的负收益流动资产以支持流动比率,以符合金管局的法定要求,流动性资产结余为23.8亿港元,占总资产36%。

【资产风险管理】

2011年,香港分行内设风险管理部,由其负责实施风险管理工作;同年,根据总行授权,实施专业审贷制度及操作细则,并成立风险管理委员会。把握机遇,同时亦必须把控风险。"稳就是快,慢就是好",在业务发展、资产规模扩大的同时,分行坚持稳健合规经营,保持高质量发展。基于市场充满诸多不确定因素,牢控风险,把握合规的基石是第一道防线,不可逾越。

香港分行将风险管理方面概括为"稳",稳字当头、稳中求进,推动分行稳定发展。立足管理职责,强化工作规范性,提升中后台运行效率,主动配合业务发展。分行充分注意加强总分行之间、分行部门之间的交流沟通,主动传导全行国际化转型发展要求,讨论探索"总分行""境内外"联动合作的新思路、新方案,达成合作发展的新共识。响应四大基本原则:回归本源、优化结构、强化监管、市场导向,基于最低限度的风险承受力现实,严格控制各类风险,建立和完善全面风险管理机制。

开业初期,香港分行的资产质量立足于基本不具备承受风险的能力,而着力于风险可控并与全行有长期联动效应的优质企业和中间业务。截至2011年年末,香港分行贷款保持"零"不良率,成功完成总行下达的"零"贷款不良率的目标。

【信息化管理】

2010年,为推进香港分行的筹备工作,各类信息系统搭建陆续有序开展,具体包括SWIFT系统、核心网络、办公域基础平台、报表中心系统等。2011年,在总行指导推进和帮助下,香港分行于2011年6月前完成建置第一代核心系统TAIBS(业务信息类系统),为正式开业打好基础。该核心系统主要涉及领域和关键功能涵盖总账、客户信息、客户存贷款、汇款、国际结算、资金市场和风险管理等。

【人员管理】

2002年,香港代表处第一代成员分别是首席代表陆美琦、代表纪冰,卞菁负责财务工作、黄翠娟负责秘书工作。香港代表处第二任首席代表是当时深圳分行行长宗乐新,常任代表齐晓晖于2005年8月到任。2003年8月至2007年8月,代表丁建平接替纪冰的工作。2011年,香港分行成立之初,即实施全员合同聘用制。开业当天,从业人员46人,均为合同聘用制员工。2011年年末,从业人员增至55人,全部为合同聘用制员工;其中,具有本科学历320人,占68%;具有硕士及以上学历98人,占21%,具有中、高级职称41人,占9%。

表8-35-1 2002—2011年香港分行及代表处负责人任职情况表

香港代表处(2002—2011年)					
首席代表		代 表			
姓 名	任职时间	姓 名	任职时间		
陆美琦	2001年12月—2009年4月	纪 冰	2002年1月—2003年4月		
宗乐新	2009年4月—2010年6月	丁建平	2003年4月—2007年8月		
齐晓晖	2010年6月—2011年6月	樊 荣	2007年8月—2011年6月		
香港分行(2011年)					
行 长		副行长		行长助理	
姓 名	任职时间	姓 名	任职时间	姓 名	任职时间
张 丽	2011年6月至今	陈美娟	2011年6月—2017年9月	齐晓晖	2011年6月—2013年10月

第九篇

人物

概　　述

  本篇人物志分为人物简介和人物表。根据"生不立传"原则，未设立人物传记部分。简介记述健在人物，主要是1992年上海浦东发展银行成立以来主要的六位正行级领导，按照出生年月排序。人物表部分记录历年来主要获奖集体和个人名单。人物直书其名，必要时在人名前加职务。

第一章 人物简介

庄晓天

1932年9月生,中共党员。1950年6月参加工作,曾任上海市禽蛋公司副经理、党委副书记,上海市第二商业局副局长、党委书记,上海市第一商业局党委书记,中共上海市委财贸工作委员会副书记、书记,上海市副市长。1993年1月至2000年10月担任浦发银行首任董事长。在市政府工作期间分管财贸金融等工作,兼任上海市证改委主任,参与设计中国证券市场,后于1992年开始负责浦发银行的筹建,落实中央指示,组织有关方面开展工作,浦发银行于1993年1月正式开业。作为浦发银行首任董事长,在该行成立之初就注重企业文化建设,提出并确立"笃守诚信,创造卓越"的企业核心价值观;响应党的十五大精神,提出"浦发银行应该而且必须走上市银行道路,通过资本市场上的融资和并购,迅速扩大浦发银行的机构规模和市场份额,促进、保证浦发银行快速发展",并积极主导推动浦发银行上市。1999年11月10日,浦发银行在上海证券交易所挂牌交易,成为自《商业银行法》和《证券法》颁布实施后,由中国人民银行、证监会正式批准的第一家规范上市的股份制商业银行。

裴静之

1932年11月生,中共党员。1956年3月参加工作,曾任上海市经委副主任,上海市计划委员会副主任。1993年1月至1999年3月历任浦发银行党组书记、副董事长、行长。在浦发银行工作期间,谋求突破区域经营的限制,1995年提出"立足上海,面向全国,把浦发银行办成一流信誉、全国影响的现代商业银行",并积极推动机构布局全国发展;1996年4月,浦发银行北京分行开业,是当时唯一在北京设立分行的区域性商业银行,也初步形成"立足上海,辐射长江流域,服务全国"的战略定位;深化金融服务,牵头上海航空公司2 200万美元银团贷款项目、与荷兰银行共同牵头上海外高桥电厂5 000万美元国际银团贷款、与浦东国际机场签订财务顾问协议等,夯实浦发银行发展基础;重视科技运用和业务创新,1994年8月引入美国天腾公司大型计算机系统,开发全行第一个联机应用系统,1995年4月,推出国内银行业第一张IC智能银行卡"东方卡"。作为浦发银行筹建负责人之一和首任行长,初步确立浦发银行的全国影响力,为后续经营发展奠定坚实基础。

张广生

1943年2月生,中共党员。1964年8月参加工作,曾任上海市商业一局副局长,上海市财贸办公室副主任、主任、党委副书记,上海市商业委员会主任、党委副书记。2000年10月至2005年9月任浦发银行董事长。在浦发银行工作期间:成功引入花旗银行战略性参股,开创股份制商业银行引进国际战略投资者的先河;主导制定浦发银行第一个《五年发展规划》,确立"以效益和质量为目标、以规范和稳健为保障、以创新和科技为动力"等一系列商业银行经营理念,提出"全面实施加快市场化转型战略""率先国际化接轨战略"和"增强信息科技支撑"三大战略;致力于建立法人治理架构,实现市场化转型、国际化接轨;加大结构调整和业务创新步伐,致力于为客户提供更趋多元化、更具差异性、更富竞争力的产品与服务,推动公司实现全面、协调、可持续发展,为把浦发银行建设成为国际上较好的商业银行奠定基础。

金 运

1946年11月生,中共党员。1963年9月参加工作,曾任中国人民银行闸北区办事处党委书记,中国工商银行上海市分行副行长。1993年1月至2007年4月历任浦发银行党委副书记、副行长、副董事长、党委书记、行长、董事长。具有丰富的金融从业经验,掌握现代商业银行的运作和管理,参与浦发银行筹建工作,并推动浦发银行稳健快速发展。建立公司银行、个人银行和机构金融三位一体的营销体系,形成客户经理、窗口服务、电子渠道的营销网络;建立风险管理机制,创设风险管理总部;推动全面实施组织机构扁平化、矩阵式改革;建立财务管理机制,实现全行财务核算垂直管理;构建以数据大集中为特色的综合核心业务系统;提升运营管理水平,业内率先引入6S管理;主导建立企业社会责任体系,2006年,浦发银行在中国银行系统中首家发布《企业社会责任报告》。在其带领下,浦发银行业务规模、市场份额、经营业绩、资金实力得到大幅提升。

傅建华

1951年7月生,中共党员。1968年8月参加工作,曾任中国建设银行江西省分行副行长、上海市分行副行长,总行信贷管理部总经理等职务。1997年7月调任上海银行,先后担任行长、副董事长、董事长。2006年7月至2012年1月历任浦发银行党委副书记、副董事长、行长。在浦发银行工作期间,以将浦发银行建设成为现代金融企业为己任,带领全行积极探索,明确改革发展思路,增强主营业务竞争力,任内全行存贷款规模提升到九家同类股份制商业银行领先地位;积极贯彻中央关于中部崛起、西部开发、振兴东北的战略部署,在全国28个省、直辖市、自治区、香港特别行政区设立的一级分行达到37家,初步构建全国性机构网络;提升运营管理水平,2009年推动成立运营管理总部,整合前端系统功能和网点服务流程,2010年启动"新一代网点平台及服务流程建设项目";大力推动网点服务品质提升,2010年浦发银行40家营业网点荣获中国银行业文明规范服务千佳示范单位称号。

吉晓辉

1955年10月生,中共党员。1973年12月参加工作,1979年12月进入中国人民银行上海分行,1984年6月至2002年8月先后任中国工商银行上海黄浦区办事处党委副书记兼纪委书记,上海静安办事处主任,上海浦东分行行长、党委副书记,上海市分行副行长兼浦东分行行长,上海市分行副行长、党委副书记(主持工作),上海分行行长、党委书记。2002年8月任上海市政府副秘书长、金融工作党委副书记、金融服务办公室主任。2007年4月至2017年4月任浦发银行党委书记、董事长(2007年6月至2013年5月,同时任上海国际集团有限公司党委书记、董事长)。在浦发银行工作期间,提出"建设具有核心竞争优势的现代金融服务企业"的战略目标,全面实施以客户先导、业务均衡、创新驱动和综合经营为核心的战略转型;确立"成为与上海国际金融中心地位相适应的金融旗舰企业"的2011—2015年战略发展目标;实施跨市场跨领域经营的综合经营战略,通过参股、控股、独资、合资等进入基金、农村金融、金融租赁、科技金融领域;完善公司治理制度,强化公司董事会风险管理委员会工作,推进风险管理体系整合,形成全面风险管理的决策机制。确立党委政治核心地位,加强党的组织体系建设,推行分行党组改设党委,2010年召开全行首次党建工作会议,在浦发银行转型发展中,发挥党的政治优势与现代公司治理优势,保证战略转型的实施,推动浦发银行业务更上台阶。在其任期内,主要经营指标提升到同类股份制商业银行前茅。

第二章 人物表

一、同业排名及奖项情况

表 9-2-1　1994—2010 年浦发银行同业排名及奖项情况表

获奖年份	颁奖单位	排名及奖项
1994	国务院研究室 中国 500 家最大服务企业评价委员会	中国 500 家最大服务企业金融保险类第 20 位
	金融之窗上海'94 证券企业优质文明服务活动	总行信托证券部获"十佳文明证券企业"
1996	维萨国际组织	最佳新业务拓展奖
1997	维萨国际组织	东方卡业务获"最佳新业务拓展奖"
1999	《人民日报》 上海证券交易所	上市公司 50 强
2000	英国《银行家》杂志	亚洲银行 100 强第 54 位
	《欧洲货币》	世界新兴市场银行第 79 位
	《亚洲周刊》	中国大陆"100 大"上市企业第 5 位
2001	英国《银行家》杂志	世界银行 1 000 强第 321 位
	《上市公司》	上市公司 50 强第 3 位
	《经济时刊》	上市公司 100 强第 4 位
	中央电视台《证券之夜》 普华永道会计师事务所	最令人尊敬的上市公司
	上海重组办 上海证券交易所 上海市上市公司董事会秘书协会	上海本地上市公司盈利 15 强第 2 位
2002	英国《银行家》杂志	世界银行 1 000 强第 308 位
	《亚洲周刊》	中国上市企业 100 强第 6 位
	《亚洲银行家》杂志	亚洲银行 300 强第 15 位,名列国内股份制商业银行之首
	《上市公司》杂志	上市公司 50 强第 7 位
	中国新闻社评价中心	中国上市公司竞争力 100 强
2003	英国《银行家》杂志	全球银行 1 000 家第 261 位
	《福布斯》	全球 2 000 家大企业第 941 位
	《亚洲周刊》	中国上市企业 100 强第 7 位,亚洲银行 300 强第 49 位
	《亚洲银行家》杂志	亚洲最强银行第 15 位,名列内地银行同业之首 亚洲银行 300 强第 63 位

(续表)

获奖年份	颁奖单位	排名及奖项
2004	英国《银行家》杂志	世界银行1 000强第270位
	英国《银行家》杂志 中国社科院中国商业银行竞争力研究中心	2003—2004年度中国商业银行综合竞争力第3位
	《亚洲周刊》	中国上市公司100强,名列百强企业第7位,金融企业第2位
	《经济时刊》	中国上市企业100强第12位
	《财富》杂志	中国上市公司100强第46位
	《互联网周刊》	中国商业网络100强,最佳发展单位奖,中国企业信息化500强
	《中国经营报》	金融地产竞争力10强
	《中国计算机报》 赛迪传媒	中国最佳IT项目——"628"
2005	英国《银行家》杂志	全球银行1 000家第270位 亚太地区年度科技与业务整合奖
	《亚洲周刊》	中国上市公司100强,总市值第7位
	《经济时刊》	中国上市企业100强第12位
	世界经理人年会	中国25个最受尊敬的上市公司第8位 中国十佳中资银行第2位 中国十佳银行卡第2位
	世界金融实验室 世界经理人 华尔街电讯网	中国十佳银行
	中国电子商务协会组织	中国电子商务诚信建设贡献奖
	《证券市场周刊》	投资者关系管理50强
	《中国质量与品牌》 中国营销学会 中国技术监督情报协会	中国呼叫中心客户满意优质服务品牌——"95528"
2006	英国《银行家》杂志	世界1 000强银行第251位,在中国银行业排名第9位
	香港中文大学工商管理学院 北京大学光华管理学院 南方报业传媒集团	"2006亚洲银行竞争力排名"50强,其中资产质量亚洲排名第12位,较高的效率亚洲排名第1位
	大智慧杯2006年度中国证券投资者年度评选	中国最具投资性的上市公司50强
	中国社会科学院工业经济研究所 中国经营报社	最具竞争力的中国上市公司金融类第1名
	《中国证券报》	中证上市公司市值百强第4位
	上海现代服务业联合会 《解放日报》	上海现代服务业100强

〔续表〕

获奖年份	颁奖单位	排名及奖项
2006	《大众证券报》 新浪财经	十佳最具投资价值上市公司 十佳股改沟通上市公司
	上海美国商会	上海美国商会企业社会实践大奖，系唯一获奖的中资企业
	中央电视台 北京大学民营经济研究院 《环球企业家》杂志	中国企业社会责任调查百家优秀企业 最具社会责任企业20强
	中国青年成就组织	Junjor Achievement China Corporate Volunteer Resource Outstanding Award(JA中国志愿者最佳组织奖) 2006年度最佳志愿者团队奖
	中国市场品牌用户满意度调查组织委员会	中国借记卡行业消费者（用户）满意第一品牌——东方卡
	《经济观察报》 香港管理专业协会	中国杰出营销奖三等奖——"浦发创富"公司银行品牌，系银行业中唯一获奖的公司银行品牌
	中国金融认证中心（CFCA）	中国互联网运用创新奖
	中国国际金融论坛（CIFF）	中国十佳金融成长机构
	中国金融认证中心（CFCA） 金融时报社	中国网上银行功能创新奖
	中国电子商务协会组织	中国电子商务优秀企业奖 中国最具成长性的电子商务企业 中国电子商务应用成功示范企业 中国电子商务诚信先进单位
	德雷斯登银行	中国区最佳贸易融资合作伙伴奖
	搜狐理财	百姓最满意网上银行
2007	国务院信息化工作办公室、国家发展和改革委员会、科技部、信息产业部、商务部等部委 中国电子商务协会	最具竞争力电子支付产品 中国优秀电子支付企业 电子商务最佳银行应用奖 中国电子支付最信赖品牌
	中国互联网协会	创新50强
	美国哥伦比亚大学 上海交通大学	杰出品牌竞争力奖
	英国《银行家》杂志	浦发银行位列第191位，首次跻身世界前200强
	国内知名财经网站和讯网	卓越级发卡银行 最佳用户体验奖
2008	国际评级研究机构 RepuTex（崇德）	中国十佳可持续发展企业
	英国《金融时报》	第十届全球500强
	《经济观察报》	2007最佳企业伙伴银行
	《二十一世纪经济报道》	2008年亚洲银行竞争力排名综合竞争力第14名

〔续表〕

获奖年份	颁奖单位	排名及奖项
2008	中国《金融时报》	"2008中国最佳金融机构排行榜"最佳风险控制银行和最具成长性银行
2009	英国《银行家》杂志	2009年金融品牌500强排名第110位
	《国际金融报》 人民网	最佳企业伙伴奖
	《证券时报》	2009中国区最佳创新投行 2009中国区最佳银团融资银行 2009中国区最佳银团融资项目
	《二十一世纪经济报道》	金融理财金贝奖——2008年度金融理财评选银行奖项年度金贝荣誉奖
	英国《金融时报》	全球市值500强第269位
	《理财周报》 CCTV证券资讯频道	2009中国上市公司最佳董事会
	《南方周末》 中国银联	十大最具价值银行信用卡品牌
	上海证券交易所	2009年度信息披露奖
2010	英国《银行家》杂志	世界银行品牌500强排第76位
	《福布斯》中文版 Interbrand	《福布斯》中国品牌价值榜50强榜单第15位
	《二十一世纪经济报道》	亚洲银行综合竞争力10强，名列第七
	《亚洲银行家》杂志	2010中国区最强银行、银行最佳风险分析奖
	第十三届中国北京国际科技产业博览会中国金融高峰会	2010最佳绿色银行创新奖
	《大众证券报》	最具社会责任上市公司
	《创业家》杂志	最佳金融支持奖
	中国中小企业家年会	2010年度"支持中小企业发展十佳商业银行（全国）"奖
	中国低碳经济论坛	2010中国低碳新锐银行大奖

二、获全国性集体奖项情况

表9-2-2　2000—2010年浦发银行获全国性集体奖项情况表

获奖年份	颁奖单位	奖项名称	获奖单位
2000	中共中央金融工作委员会 中国人民银行	解决计算机2000年问题先进集体	总行电脑部
2001	中国外汇交易中心 全国银行间同业拆借中心	全国银行间同业拆借中心交易系统优秀交易成员	总行

〔续表〕

获奖年份	颁奖单位	奖项名称	获奖单位
2002	中国人民银行	银行卡联网通用"成就实施奖"	总行
2003	中国人民银行	银行卡联网通用先进集体	总行信息科技部
	中国人民银行	银行信贷登记咨询系统建设先进集体	上海地区总部 杭州分行
2004	全国妇联	全国巾帼文明岗	国际机场支行
	中国人民银行	银行卡联网通用先进集体	南京分行
	国务院反假币工作联席会议办公室	全国反假货币工作先进集体	上海分行
2005	中国银联	中国银联外卡ATM杰出成就	总行
2006	共青团中央	"五四"特色团组织	总行信息科技部团支部
	中国银行业协会	文明规范服务示范单位	南宁分行、上海分行营业部
2008	国家金卡工程协调领导小组	"2008国家金卡工程金蚂蚁奖"最佳金融应用奖	总行
	中国银行业协会	中国银行业迎奥运文明规范服务系列活动组织奖	总行
	中国扶贫基金会	"2008中国民生行动先锋"奖	总行
	国家审计署	2005年至2007年全国内部审计先进单位	总行
	中国银行业协会	中国银行业文明规范服务示范单位	上海分行黄浦支行、第一营业部、沈阳分行泰山支行、昆明分行营业部、昆明分行营业部、杭州分行营业部、绍兴分行营业部、郑州分行、南宁分行
2009	中国电子商会呼叫中心与客户关系管理专业委员会	2009中国（亚太）最佳呼叫中心	信用卡客服中心
	中国银行业协会	中国银行业文明规范百佳示范单位	浦发银行第一营业部、太原分行营业部
	全国妇联	2007—2008年度全国三八红旗集体	95528客户服务中心
2010	商务部	中国进出口企业第八届年会2009贸易促进贡献奖——最佳供应链金融奖	总行
	中国人民银行	2009年度银行科技发展奖二等奖	上海浦东发展银行信用卡系统回迁项目
	中国银行业协会	中国银行业"三个办法一个指引"百佳培训推广机构	天津分行
	中国银行业协会	中国银行业文明规范服务千佳示范单位	郑州分行、南宁分行、上海分行营业部、昆明分行营业部

〔续表〕

获奖年份	颁奖单位	奖项名称	获奖单位
2010	中国银行业协会	中国绿色银行奖（第七届中国国际金融论坛）	总行
	中华全国总工会	工人先锋号	上海分行三林支行

三、获省市级集体奖项情况

表9－2－3　1995—2010年浦发银行获省市级集体奖项情况表

获奖年份	颁奖单位	奖项名称	获奖单位
1995	浙江省人民政府	黄龙体育中心建设贡献单位	杭州分行
	共青团上海市委	上海市新长征突击队	外高桥保税区支行
1996	人民银行浙江省分行 中国金融工会浙江省工作委员会	浙江省金融系统1996年度"百佳"储蓄所	杭州萧山支行
	上海市妇联	上海市"三八"红旗集体	总行第一营业部
	上海市档案局	上海市机关档案工作二级先进单位	总行
	共青团浙江省委 中国人民银行浙江省分行	青年文明号（市级）	杭州清泰支行
1997	人民银行浙江省分行 中国金融工会浙江省工作委员会	浙江省金融系统开展"四讲一服务"活动先进单位	杭州萧山支行
	共青团北京市委	"青年文明号"	北京分行黄寺支行
1998	上海市档案局	上海市机关档案工作二级先进单位	总行
	人民银行江苏省分行	金融统计工作三等奖	苏州分行
1999	首都精神文明建设委员会	首都文明单位	北京分行金融街支行
2000	共青团上海市委	上海青工工作先进团组织	总行团委
	共青团上海市委	上海市"五四"特色团组织	总行国际业务部团支部
	共青团上海市委	上海市"共青团号"	上海徐汇支行营业部
	上海市人事局 上海市档案局	上海市档案系统先进集体	总行
2001	苏州市总工会	工会财务先进集体	苏州分行工会
	共青团江苏省委	江苏省五四红旗团委	南京分行
	人民银行苏州市中心支行	苏州市金融统计工作三等奖	苏州分行
	浙江省抗癌协会 浙江省抗癌协会癌症康复会	奉献抗癌爱心单位	杭州萧山支行

（续表）

获奖年份	颁奖单位	奖项名称	获奖单位
2001	杭州市委、杭州市人民政府	文明单位	杭州清泰支行
	杭州市社会治安综合治理委员会 杭州市公安局 中国人民保险公司杭州市分公司	治安安全示范单位	杭州清泰支行
2002	中共重庆市直属机关工作委员会	党内统计工作优秀报表单位	重庆分行
	重庆市住房公积金管理中心	住房公积金工作先进单位	重庆分行
	中共天津市委金融（综合经济）工委	2001—2002年度金融和综合经济系统文明单位	天津分行
	云南上海对口协作领导小组办公室 上海市人民政府驻昆办事处	上海在滇十佳企业	昆明分行
	北京市委宣传部	北京市思想政治工作优秀单位	北京分行
	中共杭州市委 杭州市人民政府	杭州市文明单位	杭州临安支行
	苏州市总工会	市区工会工作优秀奖	苏州分行工会
	苏州市总工会	工会财务先进集体	苏州分行工会
	首都精神文明建设委员会	首都文明单位	北京分行建国路支行
	共青团北京市委	"青年文明号"	北京分行营业部、建国路支行
	中国人民银行上海分行	反假货币先进单位	上海分行南市支行
2003	中共重庆市直属机关工作委员会	先进基层党组织	重庆分行
	中共重庆市直属机关工作委员会	党内统计工作优秀报表单位	重庆分行
	重庆市国家税务局 重庆市地方税务局	诚信纳税先进企业	重庆分行
	人民银行苏州市中心支行办公室	苏州市金融统计工作三等奖	苏州分行
	苏州市总工会 苏州市人事局	先进职工之家	苏州分行工会
	苏州市总工会	苏州市工会财务先进集体	苏州分行工会
	辽宁省银行同业协会	辽宁省银行业最佳经营管理单位	大连分行
	中共浙江省委 浙江省人民政府	"百乡扶贫攻坚"挂钩扶贫先进单位	杭州分行

〔续表〕

获奖年份	颁奖单位	奖项名称	获奖单位
2003	杭州精神文明建设委员会	创建文明行业工作先进单位	杭州分行、杭州临安支行、杭州余杭支行、杭州萧山支行
	杭州市档案局	杭州市档案工作目标管理市级单位	杭州萧山支行
	杭州市社会治安综合治理委员会	市级治安安全示范单位	杭州萧山支行
	首都精神文明建设委员会	首都文明单位	北京分行亚运村支行
	共青团上海市委	上海青工工作先进团组织	总行团委
	共青团北京市委	"青年文明号"	北京分行海淀园支行
	共青团安徽省委 安徽省总工会	"青年文明号"	芜湖支行营业部
2004	郑州市经济委员会	工业企业信贷工作先进单位	郑州分行
	中国人民银行南京分行	金融统计工作先进单位（一等奖）	南京分行
	江苏省银监局	江苏省银行业监管统计工作（优秀奖）	南京分行
	上海市总工会	上海市劳模集体	总行产品研发中心628项目组
	杭州市社会治安综合治理委员会办公室	市级治安安全示范单位	钱江支行
	中国人民银行大连市中心支行	2001—2003年度系统运行优质单位	大连分行
	大连市金融工会 大连银监局 中国人民银行大连市中心支行 大连市劳动和社会保障局	首届"银联杯"银行系统银行卡知识竞赛中获优秀组织奖	大连分行
	中国人民银行大连市中心支行	2001—2003年度系统运行优质单位	大连分行
	苏州市委 苏州市政府	创建国家园林城市工作中获先进集体	苏州分行
	中国人民银行苏州市中心支行	苏州市金融统计工作竞赛中获商业银行先进单位	苏州分行
	苏州市总工会	苏州市工会财务工作先进集体、苏州市职工体育活动先进单位、工会工作达标奖	苏州分行工会
	上海市人民政府	上海市劳动模范集体	总行"628"项目组
	首都精神文明建设委员会	首都文明单位标兵	北京分行亚运村支行
	首都精神文明建设委员会	首都文明单位	北京分行黄寺支行
	共青团上海市委	上海青工工作先进团组织	总行团委

〔续表〕

获奖年份	颁奖单位	奖项名称	获奖单位
2004	共青团安徽省委 安徽省总工会	"青年文明号"	芜湖支行营业部
	共青团山东省直工委	"青年文明号"	济南分行营业部
	中共上海市委会 上海市人民政府	人才工作先进单位	总行
	中国人民银行票据清算中心	票据交换工作优质奖	北京分行海淀园支行
	苏州市创建金融安全区工作协调小组	市级安全金融机构	苏州分行
2005	人民银行长沙中心支行 保监会湖南监管局、银联长沙分公司 潇湘晨报社	最具市场潜力金融机构	长沙分行
		上海浦东发展银行"东方卡"荣膺最受欢迎银行理财账户卡	长沙分行
	河南省国家税务局	河南纳税百强	郑州分行
	共青团河南省委	河南省希望工程突出贡献奖	郑州分行
	河南省总工会 河南省教育厅	河南省爱心助学先进单位	郑州分行
	中国人民银行南京分行	金融统计工作先进单位（一等奖）	南京分行
	江苏省银监局	江苏省银行业监管统计工作（优秀奖）	南京分行
	南京市公安局	单位保卫组织集体三等功	南京分行
	武汉市国家税务局 武汉市地方税务局	2004—2005年度A级纳税人	武汉分行
	共青团温州市委	青年文明号	温州分行
	人民银行苏州市中心支行	金融统计工作二等奖	苏州分行
		银行信贷登记咨询系统工作二等奖	苏州分行
	共青团上海市委	上海市五四特色团组织、上海市新长征突击队	总行信息科技部团支部
	山西省财贸系统	山西省财贸系统创建服务品牌模范单位	太原分行
	大连市人民政府	2004年度大连市50家纳税大户	大连分行
	中共浙江省委 浙江省人民政府	省级文明单位	杭州分行
	共青团浙江省委	省级青年文明号	杭州分行、温州分行
	江苏省金融学会 《金融纵横》杂志社	江苏省商业银行支行50佳	南京分行

〔续表〕

获奖年份	颁奖单位	奖项名称	获奖单位
2005	首都精神文明建设委员会	首都文明单位标兵	北京分行亚运村支行
		首都文明单位	北京分行安外支行
	共青团安徽省委 安徽省总工会	"青年文明号"	芜湖支行营业部
	共青团上海市委	上海市五四特色团支部	上海徐汇支行团支部
2006	西安市人民政府	工业提速增效工作先进单位	西安分行
	陕西省人民政府	外省区市在陕投资优秀企业	西安分行
	郑州市经济委员会	工业信贷工作先进单位	郑州分行
	河南省人民政府	完成责任目标先进单位	郑州分行
		文明单位	郑州分行
	青岛市经贸委 青岛市精神文明办 青岛市银行业协会	青岛市银行业业务技能三项联赛优秀团体奖	青岛分行
	中国人民银行深圳市中心支行	深圳同城支付结算系统建设集体优秀奖	深圳分行
		深圳票据影像处理系统建设集体优秀奖	深圳分行
	江苏省银监局	江苏省银行业监管统计工作(优秀奖)	南京分行
	中共重庆市直属机关工作委员会	先进基层党组织(2004—2006年度)	重庆分行
	温州市人民政府	纳税百强	温州分行
	浙江省银行业协会	浙江省银行业文明规范服务示范单位	温州分行、杭州清泰支行
	苏州市档案局	档案法制宣传工作先进单位	苏州分行
	山西省劳动竞赛委员会	山西省劳动竞赛委员会集体一等功	太原分行
	辽宁省国家税务局 辽宁省地方税务局	2005年度辽宁省纳税百强	大连分行
	中国银联	2005年度全国银行卡"跨行交易质量月活动"境内交易质量奖	大连分行
	中共浙江省委 浙江省人民政府	欠发达乡镇奔小康工程结对帮扶先进单位	杭州分行
		社会治安综合治理先进集体	温州分行
	杭州市公安局	杭州市经济文化保卫工作先进集体	萧山支行

〔续表〕

获奖年份	颁奖单位	奖项名称	获奖单位
2006	温州市银行业协会	温州市银行业文明优质服务竞赛优胜单位	温州分行
	江苏省银行业协会	江苏省银行业文明服务示范单位	苏州分行昆山支行
	陕西省银行业协会	陕西省银行业文明规范服务示范单位	西安分行
	安徽省银行业协会	安徽省创建银行业文明服务示范单位	芜湖支行营业部、芜湖开发区支行
	共青团陕西省委	五四红旗团支部	西安分行团总支
	共青团上海市委	"共青团号"	第一营业部外汇柜、上海分行营业部运营部、上海静安支行北京西路支行、上海陆家嘴支行营业部、上海徐汇支行营业部
2007	重庆市人民政府金融工作办公室 中国人民银行重庆营业管理部	重庆市银联标准信用卡发卡进步一等奖	重庆分行
	天津市工商行政管理局 天津市地方税务局 今晚传媒集团	最具市场影响力诚信品牌	天津分行
	河南省文明办	河南省文明服务示范窗口	郑州分行
	河南省地税分局	纳税信誉A级企业	郑州分行
	河南慈善总会	慈善功勋企业	郑州分行
	中国人民银行郑州中心支行	郑州同城票据清算工作一等奖	郑州分行
	南京住房公积金管理委员会	住房公积金管理先进单位	南京分行
	中国人民银行南京分行	金融统计工作先进单位	南京分行
	共青团江苏省委	省级青年文明号	南京湖南路支行、南京城西支行
	国家外汇管理局云南省分局	云南省外汇统计工作三等奖	昆明分行
	武汉市地方税务局	突出贡献纳税人	武汉分行
	中共上海金融工作委员会	上海金融系统创建"四好"领导班子先进集体	宁波分行
	苏州市总工会	工会工作达标奖	苏州分行工会
	合肥市人民政府	支持地方经济建设和企业发展三等奖	浦发银行合肥分行
	安徽省人民政府	全省金融工作优质服务奖	浦发银行合肥分行
	大连市人民政府	2004—2006年度金融工作先进集体	大连分行
	辽宁省国家税务局 辽宁省地方税务局	2006年度辽宁省纳税百强企业	大连分行

〔续表〕

获奖年份	颁奖单位	奖项名称	获奖单位
2007	大连市银行业协会	大连市银行业优质文明服务单位	大连分行营业部、站前支行
2008	西安市政府	支持地方经济建设先进单位	西安分行
	天津银监局 天津银行业协会	天津银行业合规建设先进单位	天津分行
	中共湖南省直机关工作委员会	湖南省直机关二〇〇八届文明单位	长沙分行
	中国人民银行郑州中心支行	2007年度河南省银行卡业务最佳进步奖	郑州分行
	郑州市人民政府	先进集体	郑州分行
	青岛市公安局	2007年度青岛市企事业单位保卫组织经市公安局批准荣获集体嘉奖单位	青岛分行办公室
	青岛市金融协调办、中国人民银行青岛中心支行、青岛银监局	青岛市奥运支付环境建设暨金融服务先进集体	青岛东海中路支行
	青岛市银行业协会	青岛市银行业文明规范服务示范单位	青岛南京路支行
	南京住房公积金管理委员会	住房公积金管理先进单位	南京分行
	中国人民银行南京分行	金融统计工作考核评比（一等奖）	南京分行
	昆明新机场建设指挥部	昆明新机场建设先进集体	上海浦东发展银行昆明分行
	云南省地方税务局直属征收分局	优秀纳税企业	上海浦东发展银行昆明分行
	中共武汉市委	支持工会工作获先进单位奖	武汉分行
	武汉市反假货币工作联席会议	武汉市反假货币工作先进集体奖	武汉分行
	中国人民银行武汉分行	湖北省金融系统反洗钱知识竞赛组织奖	武汉分行
	武汉市总工会	武汉市"模范职工小家"	武汉分行营业部
	苏州市总工会	工会工作达标奖	苏州分行
	江苏省总工会	模范职工之家	苏州分行昆山支行营业部
	苏州市总工会 市精神文明办	苏州市第四届"五一文明岗"（班组）	苏州分行营业部
	合肥市人民政府	银行业支持地方经济发展一等奖	合肥分行
	共青团安徽省直属机关工作委员会	青年文明号	合肥分行
	安徽省人民政府	全省金融工作突出贡献奖	合肥分行

〔续表〕

获奖年份	颁奖单位	奖项名称	获奖单位
2008	山西省劳动竞赛委员会	山西省劳动竞赛委员会五一劳动奖状	太原分行
	大连市银行业协会	大连市银行业文明规范服务示范单位	大连分行开发区支行、高新园区支行
	人民银行大连市中心支行	奥运支付环境建设"优秀组织奖"	大连分行营业部
	云南省银行业协会	云南省银行业文明规范服务示范单位	昆明分行营业部
	浙江省银行业协会	浙江省银行业文明规范服务示范单位	杭州高新支行
	浙江省社会治安综合治理委员会办公室	省级治安安全示范单位	杭州钱江支行
	中共浙江省委 浙江省人民政府	文明单位	杭州萧山支行
	杭州市总工会	杭州市先进职工小家	杭州临安支行
2009	上海市审计学会	群众性审计科研活动优秀组织奖	总行审计部
	西安市政府	"支持西安经济发展合作银行"荣誉称号	西安分行
	天津市红十字会 天津市慈善协会 天津市妇女儿童发展基金会 天津市残疾人福利基金会 天津市青少年发展基金会 《渤海早报》	天津市慈善之星单位奖	天津分行
	人民银行长沙中心支行 湖南省公安厅	联合整治银行卡违法犯罪专项活动风险防范奖	长沙分行
	湖南省地方税务局 湖南省国家税务局	A级纳税信用单位	长沙分行
	河南省人民政府	优秀单位	郑州分行
	青岛市经贸委 金融协调办 中国人民银行青岛中心支行 青岛银监局 青岛财政局	2008年度青岛市中小企业融资服务突出贡献单位	青岛分行
		2008年度青岛市中小企业融资服务先进单位	青岛经济技术开发区支行
	中国人民银行南京分行	金融统计工作考核评比(一等奖)	南京分行
	江苏省银监局	江苏省银行业监管统计工作(三等奖)	南京分行
	云南省公安厅	2009年全省企业事业单位治安保卫工作先进集体	昆明分行

〔续表〕

获奖年份	颁奖单位	奖项名称	获奖单位
2009	武汉市总工会	第二届武汉金融职工职业技能大赛大堂服务技能比赛三等奖、团体第三名	武汉分行
		2008年全市工会重点工作考核先进单位	武汉分行工会
		第二届武汉市金融职工职业技能大赛团体铜奖	武汉分行
	中国人民银行宁波市中心支行	2008年度宁波市银行卡银联标准信用卡推广优胜奖	宁波分行
	中国银行业监督管理委员会宁波监管局	2008年宁波市银行业监管统计工作一等奖	宁波分行
	宁波市总工会 宁波市劳动和社会保障局 宁波市银行业协会	宁波市银行业第二届综合业务技能大赛团体第一名	宁波分行
	中国人民银行杭州中心支行	浙江省银行机构支付结算知识竞赛二等奖	宁波分行
	中国人民银行宁波市中心支行	宁波市银行业金融机构支付结算知识竞赛第二名	宁波分行
	中国人民银行九江市中心支行	2009年度"外汇业务工作考评优秀单位奖"	九江分行
	温州市总工会 温州市劳动竞赛委员会办公室	温州市2008年度财贸系统市级品牌服务示范岗	温州分行
	广西壮族自治区人民政府	2009年金融机构支持广西经济发展"突出贡献奖"	南宁分行
	中共安徽省委宣传部 共青团安徽省委 安徽省文明办 安徽省青少年发展基金会	安徽希望工程2010"爱心圆梦大学"活动"爱心支持单位"称号	合肥分行
	安徽省人民政府	全省金融工作突出贡献奖	合肥分行
	安徽省地方税务局 安徽省国家税务局	2006—2007年度省、市两级"A级纳税信用单位"（资财部）	芜湖分行
	中国人民银行芜湖市中心支行	芜湖市银行业金融机构2009年上半年支付清算工作优秀单位	芜湖分行
	芜湖市劳动和社会保障局	芜湖市2009年度劳动保障诚信等级评价A级单位（办公室人事）	芜湖分行
	芜湖市总工会	芜湖市2008年度工人先锋号	芜湖分行营业部
	山西省总工会	山西省职业道德教育先进单位	太原分行
	大连市慈善总会	大连慈善事业突出贡献奖	大连分行

（续表）

获奖年份	颁奖单位	奖项名称	获奖单位
2009	中共大连市中山区委员会 大连市中山区人民政府	中山区人口和计划生育先进集体	大连分行
	浙江省人民政府	2008年度银行业金融机构支行浙江经济发展二等奖	杭州分行
	中共浙江省委 浙江省人民政府	2008年度低收入农民奔小康工程结对帮扶工作先进单位	杭州分行
	杭州市社会治安综合治理委员会	社会治安综合治理工作平安示范金融单位	杭州临安支行
	上海市企业联合会 上海市企业家协会	2009年上海服务业企业50强第9名、2009年上海企业100强第19名	总行
	上海市妇联	上海市"三八"红旗集体	总行客户服务中心
2010	重庆市国家税务局 重庆市地方税务局	2009年度重庆市企业集团纳税五十强	重庆分行
	陕西省人民政府办公厅	"优秀金融机构"荣誉称号	西安分行
	西安市人民政府	"支持西安经济发展最佳银行"二等奖	西安分行
	天津银监局银行业协会	2010创建客户最满意银行活动产品创新奖	天津分行
	湖南省人民政府	2009年度金融机构支持地方经济发展目标管理二等奖	长沙分行
	湖南银监局	2009年度监管统计工作考评三等奖	长沙分行
	河南省银行业协会	河南省银行业文明规范服务示范单位（东明支行）	郑州分行
		河南省银行业文明规范服务示范单位（百花路支行）	郑州分行
		示范单位	郑州分行
	郑州市人民政府	郑州市2009年度金融工作先进集体	郑州分行
	河南省人民政府	金融支持经济发展贡献奖	郑州分行
	共青团河南省委	河南省服务青年就业创业工作先进单位	郑州分行
	青岛银监局	青岛市银行机构小企业融资服务先进单位	青岛即墨支行
	青岛市银行业协会	自助终端网点最佳服务单位、自助终端网点服务功能优秀单位、ATM服务质量优秀分行级单位、自助终端设备"银联杯"创新竞赛活动营销创新突出贡献奖	青岛分行

〔续表〕

获奖年份	颁奖单位	奖项名称	获奖单位
2010	江苏省人力资源和社会保障厅	基本养老保险业务管理先进单位	南京分行
	江苏省银监局	江苏省银行业监管统计工作（二等奖）	南京分行
	中国人民银行南京分行	金融统计工作考核评比（一等奖）	南京分行
	江苏省银行业协会	江苏省银行业文明规范服务示范单位	江阴支行
	昆明市人民政府	金融创新与发展成果奖	昆明分行
	昆明市人民政府	经济文化保卫工作先进集体	昆明分行
	湖北省银监局 湖北省银行业协会	湖北省银行业"三个办法一个指引"知识竞赛"优秀组织奖"	武汉分行
	湖北省银监局	"建设防风险信息体系，促进银行业稳健发展"竞赛活动"银行业金融机构突出贡献集体"	武汉分行
	武汉市总工会	工人先锋号	武汉分行营业部
	武汉市文明城市创建办公室 武汉市总工会 中国人民银行武汉分行营管部	银行业十佳文明诚信示范窗口	武汉分行营业部、武汉分行洪山支行
	湖北省银行业协会	湖北银行业文明规范服务十佳网点	武汉分行营业部
	武汉市总工会、中国人民银行营管部	武汉市"工人先锋号"	武汉分行营业部
	湖北银监局	银行业金融机构突出贡献集体	武汉分行
	武汉市文明办 武汉市总工会	银行业十佳文明诚信示范窗口	武汉分行洪山支行
	武汉市总工会 中国人民银行武汉分行营管部	武汉市"工人先锋号"	武汉分行营业部
	中国人民银行南昌中心支行	金融统计工作竞赛优胜单位	南昌分行
	重庆市公安局 重庆银监局	金融机构安全评估先进单位	重庆分行
	广西壮族自治区人民政府	金融机构支持广西经济发展"贡献奖"	南宁分行
	苏州市平安金融创建活动领导小组	2009年度市级建平安金融先进集体	苏州太仓支行、常熟支行

〔续表〕

获奖年份	颁奖单位	奖项名称	获奖单位
2010	甘肃省人民政府	省长金融奖	兰州分行
	甘肃日报社 甘肃省人民政府金融工作办公室 中国人民银行兰州中心支行 甘肃省银行业协会	首届"甘肃好银行"最佳产品创新奖	兰州分行
	中共石家庄市委 石家庄市人民政府	石家庄市2008—2009年度文明单位	石家庄分行
	石家庄市职工经济技术创新工程领导小组	石家庄市金融系统职工职业技能竞赛优胜奖	石家庄分行
	河北银监局 河北省银行业协会	河北省银行业"新规杯"三个办法一个指引知识竞赛三等奖	石家庄分行
	中共安徽省委宣传部 共青团安徽省委 安徽省文明办 安徽省青少年发展基金会	安徽希望工程2010"爱心圆梦大学"活动"爱心支持单位"称号	合肥分行
	中共合肥市委宣传部 合肥市发展和改革委员会	"十一五"经济发展成就贡献奖	合肥分行
	安徽省人民政府	全省银企对接活动先进单位	合肥分行
		全省金融工作突出贡献奖	合肥分行
	安徽省公安厅 安徽银监局	全省银行业金融机构安全评估工作先进集体	合肥分行
	芜湖市总工会	星级职代会	芜湖分行
	芜湖市劳动竞赛委员会 芜湖市总工会	芜湖市五一劳动奖状获得单位	芜湖分行
	山西省人民政府	山西省金融系统支持地方经济发展贡献奖	太原分行
	中华环保基金会山西代表处	2009年度山西省环保公益事业先进单位	太原分行
	大连市金融发展局	信贷投放突出贡献单位	大连分行
	中共上海在滇单位委员会	中共上海在滇单位委员会先进党组织	昆明分行玉溪支行支部委员会
	云南省银行业协会	2010年度云南省银行业文明规范服务示范单位	昆明分行营业部、昆明分行玉溪支行
	大连市金融发展局	信贷投放突出贡献单位	大连分行
	浙江省人民政府	2009年度银行业金融机构支行浙江经济发展一等奖、金融机构支持浙江经济社会发展二等奖、金融机构支持浙江经济转型升级优秀奖	杭州分行

〔续表〕

获奖年份	颁奖单位	奖项名称	获奖单位
2010	浙江省银行业协会	浙江省银行业文明规范服务示范单位	杭州萧山支行、杭州临安支行
	杭州市社会治安综合治理委员会	平安示范金融单位	杭州萧山支行
	温州市总工会 温州市劳动竞赛委员会办公室	温州市财贸系统窗口服务行业2009年度品牌示范岗	温州分行
	浙江省总工会	工人先锋号	温州分行
	上海企业联合会、上海企业家协会	2010上海企业100强第17位	总行

四、获个人奖项情况

表9-2-4　2000—2010年浦发银行获个人奖项情况表

获奖年份	颁奖单位	奖项名称	获奖个人
全国性奖项			
2000	中共中央金融工作委员会 中国人民银行	银行业解决计算机2000年问题优秀工作者	总行电脑部铁锦程
	中共中央金融工作委员会 中国人民银行	银行业解决计算机2000年问题先进个人	上海地区总部张蝶依 北京分行朱俊霞 宁波分行汪素南 南京分行杨杰
2001	中国外汇交易中心 全国银行间同业拆借中心	全国银行间同业拆借中心交易系统优秀交易员	总行资金财务部陆樱
2003	中国人民银行	银行卡联网通用先进个人	总行信息科技部张国栋、郁志华 总行个人金融部刘玲娅 上海地区总部薛春林 杭州分行翁明明
	中国人民银行	银行信贷登记咨询系统建设先进个人	上海地区总部王萍、臧彦 北京分行阎志君 广州分行洪嫚 南京分行田音 杭州分行麻天强 宁波分行许飞云 重庆分行陈卓梅
2004	全国妇联	全国三八红旗手	芜湖分行郑立智
	国务院反假币工作联席会议办公室	全国反假货币工作先进个人	上海分行陈燕华
2005	全国城镇妇女"巾帼建功"活动领导小组	全国城镇妇女"巾帼建功"标兵	芜湖分行郑立智

(续表)

获奖年份	颁奖单位	奖项名称	获奖个人
2006	《上海证券报》	中国上市公司最佳董秘"最佳信息披露奖"	总行董事会办公室沈思
	中国女企业家协会	杰出创业女性 中国百名杰出女企业家	芜湖分行郑立智
2008	中国妇联	全国三八红旗手	太原分行李健 总行徐海燕
	中华全国总工会	全国优秀工会积极分子	贾俊英
2010	《亚洲银行家》杂志	2010中国区银行领袖成就奖	总行吉晓辉
省市级奖项			
1995	共青团上海市委	上海市新长征突击手	总行信托证券部王佑常
1996	上海市妇联	上海市三八红旗手	上海南市支行朱霞兰
1997	共青团上海市委	上海市新长征突击手	总行社保部顾星 上海分行徐汇支行赵征涛
1999	共青团上海市委	上海市新长征突击手	总行信息科技部崔兆栋
2000	北京市人民政府	北京市劳动模范	北京分行赵世明
2001	共青团上海市委	上海市新长征突击手	总行资金财务部夏海林 总部空港支行袁蕊
	苏州市市级机关党委 苏州市人事局	1999—2000年度市级机关优秀共产党员	苏州分行朱绍磊
	苏州市总工会	工会财务先进工作者	苏州分行沈月琴
2002	人民银行苏州市中心支行	苏州市POS联合工作先进个人	苏州分行胡旭
	苏州市总工会	工会财务先进工作者	苏州分行沈月琴
	北京市	北京市优秀思想政治工作者	马宝喜
2003	共青团上海市委	上海市新长征突击手	总行行政管理部严涛 总部陆家嘴支行蔡哲敏
	苏州市总工会	工会财务先进工作者	苏州分行沈月琴
	苏州市市级机关委员会 苏州市人事局	优秀共产党员	苏州分行戴美云
2004	共青团山东省直工委	青年岗位能手	济南分行杨宁
	苏州市总工会	2003年度工会财务先进工作者	苏州分行沈月琴
	杭州市公安局经文保大队	全市经济文化保卫工作先进个人	钱江支行谭彪
	共青团浙江省直属机关工作委员会	优秀团员	建国支行陈明

〔续表〕

获奖年份	颁奖单位	奖项名称	获奖个人
2005	共青团山东省委	山东省优秀共青团员	济南分行市中支行隋晓妹
	共青团上海市委 上海市总工会	上海市青年岗位能手	总行办公室蔡志刚 总行资金及市场部彭松
	青岛外汇管理局	2004年度国际收支统计申报和结售汇统计分析工作先进个人	青岛分行孙继红
2006	上海市妇联	上海市三八红旗手	总行公司及投资银行总部徐海燕
	上海市金融青年联合会 第一财经传媒有限公司 青年报社 《上海证券报》	上海金融杰出青年	总行个人银行总部丁蔚
	陕西省银行业协会	陕西省银行业文明规范服务标兵	西安分行刘海萍、季芳
	杭州市公安局经文保大队	全市经济文化保卫工作先进个人	钱江支行谭彪
2007	武汉市人民政府	武汉市劳动模范	武汉分行陆慧、杨柳
	河南省公安厅 河南省银监局	全省金融安全保卫工作先进个人	郑州分行王德晓
	武汉市总工会	模范职工之家	武汉分行工会
		武汉市工会工作创新奖	武汉分行工会
		第二届创建学习型组织争做知识型员工先进单位	武汉分行营业部
	湖北省总工会	湖北省巾帼建功立业标兵	武汉分行夏彦
	武汉市政府	武汉市第十五届职业技术能手	武汉分行张琼
	苏州市总工会 苏州市人事局	优秀工会工作者	苏州分行陈汉中
	苏州市委宣传部、市精神文明办、市总工会、市教育局、市科技局、市人事局、市社保局、市工商联	苏州市知识型职工	苏州分行相城支行王红卫
	共青团上海市委	上海市新长征突击手	总行信息科技部徐捷
2008	青岛市金融协调办 中国人民银行青岛中心支行 青岛银监局	青岛市奥运支付环境建设暨金融服务先进个人	青岛分行刘明、卜鲁滨
	大连市银行业协会	大连市银行业文明规范服务标兵	大连分行曹晶
	武汉市总工会	武汉市总工会直属工会信息工作先进个人	武汉分行李红媛

〔续表〕

获奖年份	颁奖单位	奖项名称	获奖个人
2008	武汉市总工会	武汉市五一劳动奖章	武汉分行胡立国
		武汉市优秀工会干部	武汉分行赵博林
2009	青岛外汇管理局	2008年度国际收支统计申报及结售汇统计工作先进个人	青岛分行高文超
	青岛市经贸委 青岛市金融协调办 中国人民银行青岛中心支行 青岛银监局 青岛财政局	2008年度青岛市中小企业融资服务先进个人	青岛分行薛环军、陈栋
	武汉市总工会	武汉五一劳动奖章	武汉分行赵博林
		第二届武汉市金融职工职业技能大赛（个人单项第一）	武汉分行李媛
	武汉市人民政府	武汉市劳动模范	武汉分行陈连华
	中国人民银行深圳市中心支行	深圳市反假货币先进个人	深圳分行廖瑞霞
	国家外汇管理局上海市分局	2008年度上海市国际收支统计工作银行优秀申报员	总行交易银行部王雯
	上海市金融服务办公室	上海市金融系统五星级"优质服务明星"	上海分行静安支行胡玉璐
	上海市总工会	上海市劳动模范	总行吕爱民
		上海五一劳动奖章	上海分行杨文萍
	大连市新领军者经济人物工作领导小组	大连市第二届新领军者经济新闻人物	大连分行行长王新浩
	中国人民银行杭州中心支行	浙江省银行机构支付结算知识竞赛三等奖	宁波分行王小玲
	中国人民银行杭州中心支行	浙江省银行机构支付结算知识竞赛二等奖	宁波分行张玲燕
	中国人民银行宁波市中心支行	宁波市银行业金融机构支付结算知识竞赛三等奖	宁波分行王小玲
		宁波市银行业金融机构支付结算知识竞赛一等奖	宁波分行吴璐
		宁波市银行业金融机构支付结算知识竞赛三等奖	宁波分行吴迪娜
		宁波市银行业金融机构支付结算知识竞赛三等奖	宁波分行林红霞
2010	中共上海市委 上海市人民政府	上海世博工作优秀个人	总行信息科技部彭克坚
	青岛银监局	2009年度青岛市银行机构小企业融资服务先进个人	青岛分行孙刚、纪寿传

(续表)

获奖年份	颁奖单位	奖项名称	获奖个人
2010	武汉市文明城市创建办公室 武汉市总工会	银行业文明诚信示范明星	武汉分行冷红霞
	湖北省银行业协会	湖北银行业文明规范服务明星	武汉分行魏莹
	全国商贸金融烟草工会	全国优秀经营者	武汉分行陈连华
	中国人民银行苏州市中心支行 苏州市经信委	2009年度苏州市特色民营企业金融顾问	苏州常熟支行王罗保
	苏州市平安金融创建活动领导小组	2009年度市级创建平安金融先进个人	苏州分行朱爱平 昆山支行李示云 太仓支行许兵
	中国人民银行合肥中心支行	合肥市金融机构会计核算知识竞赛个人奖(第四名)	浦发银行合肥分行韩敏
	国家外汇管理局上海市分局	2009年度上海市国际收支统计工作银行优秀申报员	总行交易银行部王雯
	山西省总工会	山西省劳动模范	太原分行李健
	杭州市文明委	2010年度杭州市精神文明建设研究会工作积极分子	萧山支行徐建中
	中共上海在滇单位委员会	优秀共产党员	昆明分行李晓琳

专 记

一、上海浦东发展银行开业

1991年年初,邓小平同志视察上海时说:"开发浦东,这个影响就大了,不只是浦东的问题,是关系上海发展的问题,是利用上海这个基地发展长江三角洲和长江流域的问题。抓紧浦东开发,不要动摇,一直到建成。"又说:"金融很重要,是现代经济的核心。金融搞活了,一着棋活,全盘皆活。上海过去是金融中心,是货币自由兑换的地方,今后也要这样搞。中国在金融方面取得国际地位,首先要靠上海。那要好多年以后,但现在就要做起。"

邓小平同志的讲话,强调了开发浦东的重要性和金融的重要性,这对上海乃至全国经济发展和改革开放,对于把上海建成国际经济、金融、贸易中心之一远景目标具有重大现实意义和深远历史意义,也为孕育和组建上海浦东发展银行提供良好机遇与环境。

1992年,根据邓小平同志战略构想,江泽民同志在党的十四大报告中指出:"以上海浦东开发开放为龙头,进一步开放长江沿岸城市,尽快把上海建成国际经济、金融、贸易中心之一,带动长江流域地区经济的新飞跃。"这一决策既为上海在全国经济发展中的战略地位定下基调,也进一步加快了上海浦东发展银行的组建步伐。

1992年10月,经批准,由上海市财政局、上海国际信托投资公司、上海久事公司等18家单位作为发起人,以定向募集的方式设立上海第一家区域性、综合性的股份制商业银行——上海浦东发展银行,并于1992年10月19日在浦东新区登记成立,1993年1月9日正式开业,注册资本金为10亿元人民币,股东包括地方财力及影响较大、实力雄厚、管理良好的一百多家大型企业和单位。

1993年1月9日,浦发银行装饰一新,营业大厅10多个营业窗口一字排列,大厅中央,江泽民总书记"为社会主义金融事业闯新路"的题词格外醒目。上午9时,浦发银行开业揭牌仪式在上海市宁波路50号举行。中共中央政治局委员、中共上海市委书记吴邦国,上海市市长黄菊,中国人民银行总行常务副行长郭振乾和上海市领导谢希德、徐匡迪、庄晓天以及上海市老领导陈国栋、胡立教等嘉宾出席开业仪式,黄菊和郭振乾为浦发银行开业揭牌。当日,在上海展览中心友谊会堂宴会厅举行浦发银行开业庆典,上海市委、市政府领导以及金融同业、企事业代表300多人参加开业典礼。上海市常务副市长徐匡迪代表市委、市政府,对浦发银行开业表示祝贺。董事长庄晓天在致辞中表示,浦发银行将立足改革创新,努力成为国内外享有优良声誉的新型社会主义的商业银行。

浦发银行成立是中国金融改革开放的一件大事。当日,上海市集邮总公司发行浦发银行正式开业纪念封一枚。中央和上海市主要新闻媒体《人民日报》《光明日报》《经济日报》《金融时报》《中国日报》《解放日报》《文汇报》《新民晚报》《新闻报》以及中央电视台、上海电视台、东方电视台、上海广播电台、新华社上海分社都作了宣传报道,香港《文汇报》《大公报》《联合报》《华侨日报》《商报》也刊登相关消息,大大扩大了浦发银行的影响。沪上金融同业对浦发银行的成立,表示欢迎和支持,把上海浦东发展银行称为浦发银行,与先期成立的交通银行、广发银行相提并论,随着业务发展,浦发银行的名声迅速传扬开来。

党和国家领导人对浦发银行寄予期望,党中央、国务院领导先后为浦发银行开业题词。除中共中央总书记江泽民为浦发银行开业题词之外,国务院总理李鹏题词:"办好上海浦东发展银行,为振兴上海经济做出贡献。"国务委员、中国人民银行行长李贵鲜题词:"深化金融改革,办好浦东发展银行。"中央政治局委员、上海市委书记吴邦国题词:"办好浦东发展银行,提供一流金融服务。"上海市老领导陈国栋、胡立教、汪道涵深为多年的设想实现而高兴,也先后挥毫为浦发银行开业题词。浦发银行开业后,先后接待国家电子工业部部长胡启立,国家开发银行副行长刘明康,美国摩根财团考察团一行,美国驻沪总领事等贵宾以及全国金融同业的参观考察。上海市委、市政府领导吴邦国、黄菊、陈至立、徐匡迪、孟建柱、蒋以任、赵启正等曾先后到浦发银行进行视察和指导工作。

作为中国新一轮改革开放产物,上海浦东发展银行的成立和发展具有特殊使命,因而,无论在银行性质还是日常业务运作上,浦发银行都有其自身的特点。而这种使命与特点,保证并推动浦发银行健康、快速发展。

根据《中国人民银行关于上海浦东发展银行正式开业的批复》精神,中国人民银行上海市分行正式批准浦发银行开业,并明确浦发银行的性质和任务:"上海浦东发展银行是在国务院、中国人民银行、上海市人民政府关心、支持下,为配合浦东的开放、开发而成立的一家区域性股份制商业银行。你行应按中国人民银行核准的章程开展各项业务,在金融体制改革中勇于探索,不断总结经验,努力把你行办成规范的新型的社会主义商业银行。"

经中国人民银行核准的浦发银行章程明确规定:"本行的任务是根据国家的金融方针、政策,国家有关金融法律、法规,运用灵活多样的信用形式,筹集和融通国内外资金,经营本外币金融业务,为开发浦东和发展长江三角洲及沿江地区经济服务。"

从经营范围看,除经营传统的存、放、汇及其派生业务,以及中国人民银行和国家外汇管理局批准经营的其他金融业务外,浦发银行章程还明确兼营的业务:一是国内及国际金融租赁业务;二是国内及国际信托、投资业务;三是有价证券业务。在中国人民银行的指导帮助下,浦发银行分别于1993年6月、1993年10月成立信托证券部和社会保险基金部,并相应开办证券交易、证券承销、产权转让、信托委托、投资及监理,以及养老保险基金营运等业务。

作为开发浦东、振兴上海的一大举措,浦发银行相对于国有专业银行而言,具有六点特征:

一是产权关系明晰。作为一家股份制的商业银行,浦发银行实行董事会领导下的行长经营负责制,股东、董事、监事、行长职能关系明确,权力上相互制衡,责权利三者统一,内部治理结构比较合理有效。

二是实行"四自"经营。即按照稳健经营的原则,自主经营、自担盈亏、自我约束、自我发展。参照巴塞尔协议的精神,建立起资产负债管理制度,授权、授信经营制度,审贷分离、集中审贷制度,以及资产质量全过程跟踪监控制度。

三是分支机构区域化。即打破以往按行政区划设置分支机构的传统做法,按照市场和成本效益原则,在改革开放度大、资金流量多、货币化程度高、经济发展快的沿江沿海地区和经济中心城市设置分支机构;同时,简化分支机构层次,强化机构营销服务。

四是实行综合经营。业务范围不受传统行业分工限制,对客户从传统的单项服务转为综合服务、全过程服务;既经营货币信用业务,也经营投资银行业务。通过银行企业的双向选择和市场竞争,逐步形成以重大建设项目、市政基础设施、有效益的大中型企业、上市公司、跨国公司境内投资企业等为重点服务对象的客户群体。

五是经营调控灵活。在资金运用上,以短期贷款、流动资金贷款为主,资金周转快、经济效益高;在内部管理上,实行集中调控、分级经营,规模效益明显、资金运作高效;在资产经营上,以流动性、安全性和盈利性协调一致为目标,按市场方式配置金融资产,及时调整资产负债结构,使资产在结构中得到最佳配置,发挥最佳效益。

六是激励约束刚化。实行全员劳动合同制和干部聘任制,员工能进能出、干部能上能下;按照工作实绩和贡献拉开分配差距,强化业绩和责任考核,并将业绩与收入分配挂钩;同时,坚持以人为本,坚持干部交流,坚持物质激励与精神激励相结合。

如上所述,浦发银行的宗旨和任务是,为开发浦东、振兴上海、发展长江流域及沿海经济,把上海尽早建成国际经济、金融、贸易中心之一服务。要实现这一宗旨和完成这一任务,没有一定的规模、实力和影响是不行的。因此,浦发银行根据总的发展目标是,在不同发展阶段采取不同发展策略,确保银行的持续、快速、健康发展。18年来,浦发银行走过起步、发展、调整等历程,如今足迹遍布全国大多数省、自治区、直辖市,并开始勾画拓展、涉足海外市场。

二、与花旗银行实现战略化深度合作

2001年年初,浦发银行开始探索引进长期国际战略投资者工作。12月2日至18日,浦发银行金运行长与花旗集团高级管理层Sandy Weill与Victor Menezes一行就双方开展的战略合作进行广泛探讨。12月15日,花旗银行方面提出建立花旗浦发战略联盟建议。12月17日,花旗银行提出战略联盟方案。12月31日,浦发银行与花旗银行草签《战略合作谅解备忘录》。

2002年3月19日,浦发银行召开第一届第十三次董事会会议,授权浦发银行管理层代表公司签署引进外国战略投资者有关协议和文件,正式聘请美林证券和安永国际会计师事务所为财务顾问,上海通力律师事务所为法律顾问,协助开展引进工作。此后,浦发银行与美国花旗银行在《战略合作谅解备忘录》框架下,又开展多轮战略股权投资谈判。浦发银行在谈判中坚持原则、谋求双赢,取得积极成效。浦发银行坚持公司价值体系原则,作为具有网点优势的股份制商业银行和资产质量比较透明的上市公司,应比照目前中资银行和亚洲同等规模银行在上市、并购、重组案例中体现的市净率(P/Bratio)来确定浦发银行的股权出让价格。对于花旗银行未来持有浦发银行期权价格,必须以增持届时浦发银行净资产为计价依据,符合法规监管原则。对花旗银行作为单个外资股东增持浦发银行股份达到一定份额、与浦发银行在国内设立股权各半的合资信用卡公司、向外资转让上市公司法人股等当时中国法律法规尚未明确或允许,但随中国加入世贸组织过渡期后,可能会放开需求,浦发银行阐明遵守法律法规的原则立场。

明确表决权可控原则。根据现行的法律法规规定,任何股东不得享有超越或凌驾于其他股东的特殊权利,不得控制上市公司的日常经营、管理及决策;明确股权比例可控原则。为保障浦发银行中方股东现在以及未来的股权利益,浦发银行坚持股东单位、监事单位持有股权在总股份中所占比例要高于花旗银行持有的股份;明确排他性原则。在涉及股权管理联盟和信用卡业务的建立和经营方面,双方将是对方在中国内地唯一的合作伙伴;明确不竞争原则。双方约定,花旗银行首期入股后,双方的共同目标是尽量扩大彼此之间的合作和潜在的配合,尽量减少利益冲突;明确公正透明原则。坚持引进海外战略投资者的工作须由董事会认可以及执行董事和行长办公会集体讨论决策的原则,以体现引进工作程序的规范、公正、透明。

经过多轮谈判,双方就入股比例和方式、战略合作、信用卡业务合作等内容基本达成一致。2002年12月30日,经国务院同意,中国人民银行下发《关于上海浦东发展银行引进国外战略投资者的批复》,批准同意浦发银行引入美国花旗银行作为战略投资者。12月31日上午,在上海浦东香格里拉大酒店,浦发银行与花旗集团、花旗银行、花旗银行海外投资公司、花旗国际有限公司(统称花旗银行)正式签署《战略合作协议》《股份购买协议》《信用卡业务协议》等一系列合作协议,标志着浦发银行与花旗银行正式建立战略合作关系。2003年2月10日,浦发银行向中国人民银行上报《上海浦东发展银行关于报送与花旗银行海外投资公司签署战略合作协议、股份购买协议及其股东资格认定的请示》,报告按国际惯例接受花旗银行对浦发银行开展的尽职调查、双方就签署正式协议的谈判进展、商讨业务合作计划等前期谈判工作等情况,《战略合作协议》中排他性参股、技术支持及合作领域、信用卡业务合作等情况,《股份购买协议》中涉及的首期股份转让、首期股权转让价格、首期股权退出等事项。

2003年3月13日,浦发银行向上海市国有资产管理办公室上报《关于浦发银行引进美国花旗银行作为战略合作伙伴的报告》。该报告按国务院和中国人民银行同意浦发银行将5%股权转让给花旗海外投资公司的指示精神,就上海国有资产经营有限公司、上海久事公司分别与花旗海外投资公司签署股权转让协议事项,提请上海国有资产管理办公室予以审核。

2003年4月26日,浦发银行2002年度股东大会审议并表决通过浦发银行及上海国有资产经营有限公司、上海久事公司与花旗银行签署的合作文件。同时还选举花旗银行亚太区企业与投资银行行政总裁Stephen Long(龙肇辉)担任浦发银行董事,并进入浦发银行董事会下属风险管理与关联交易控制委员会。

9月30日,中国证券登记结算有限责任公司上海分公司就该股权转让完成过户的有关法律手续。至此,花旗银行海外投资公司正式受让持有浦发银行非流通股18 075万股,占浦发银行总股本的4.62%,成为浦发银行的第四大股东,仅次于上海国际信托投资有限公司、上海上实(集团)有限公司、上海国有资产经营有限公司。至此,浦发银行正式完成引进花旗银行战略投资股权工作,率先开启国内股份制商业银行与国际大银行战略合作的先河。

浦发银行与美国花旗银行成为战略合作伙伴后,浦发银行取得预期效果。资本充足率有较大幅度的提高,从8%跃升至19%,大大增强抵御风险能力。股权结构更加多元化,公司治理结构更加完善。花旗银行选派亚太地区公司和投资银行CEO担任浦发银行董事,美方专家的到会与议事,既给银行增加压力,也给其他董事带来挑战,特别是在涉及重大战略决策时,其意见更为其他董事所重视。通过国际战略投资者提供的技术援助,大大提高风险管理、财务管理、人力资源管理、流程银行建设等方面的管理水平,加快浦发银行业务转型、个人金融业务发展的步伐,推进新兴业务的快速发展,有力地提升银行在市场上的竞争能力。浦发银行借鉴花旗银行管理经验,新设合规部,将稽核部更名审计部,努力控制新风险、化解老风险,全行不良贷款拨备率由2001年年底的50.3%逐步提高到2006年年底的151.46%,并在2002年、2003年的税后利润中提取11.5亿元作为特别准备,大大提高全行的抗风险能力,利用国际战略投资者在境外的网络,为客户提供更好的全球服务,有效提升浦发银行的市场形象。

三、上海浦东发展银行重组上市

1997年9月,江泽民总书记在党的十五大上作了题为《高举邓小平理论伟大旗帜,把建设有中国特色社会主义事业全面推向21世纪》的报告,明确提出股份制是现代企业的一种资本组织形式,鼓励实行跨行业、跨地区、跨所有制、跨国经营,为中国股份制商业银行战略性改组提供历史机遇。党的十五大以后,中国加快投融资体制改革的步伐,把发展和完善证券市场摆上重要的议事日程。1997年12月,中国证监会制定《上市公司章程指引》,力图把一些重点行业中的优秀企业推向市场,为浦发银行重组上市带来契机和希望。

围绕"开发浦东、振兴上海"的宗旨,浦发银行全力以赴扩大存款规模,到1996年年底浦发银行总资产已达650亿元。虽然浦发银行总资本扩大,但注册资本仍为建行时的10亿元,影响银行的进一步发展。为此,总行一方面积极向中国人民银行申请增资扩股,拟将注册资本扩大到20亿元,另一方面开始探索通过市场方式进行增资扩股的可行性。经过缜密研究和充分论证,总行高级管理层逐渐形成"重组上市是将浦发银行建设成为现代意义上的商业银行"最佳选择的共识,有利于实行超常规发展,有利于加快建立和完善现代商业银行运行机制,有利于建立良性的资本补充机制。近三年浦发银行累计向上海地区投放贷款662亿元,其中近百亿元贷款用于浦东国际机场配套项目、上海地铁2号线、延安东路隧道复线、陆家嘴金融贸易区、张江高科技园区、"三林苑"安居工程等重点项目。然而受资本充足率限制,对一些项目的支持也受影响。实现重组上市有利于实现全国性银行的战略布局,进一步支持上海和浦东以及长江流域乃至全国经济的建设和发展。

研究表明,重组上市是银行实现跨世纪发展目标的有效途径:一是改组上市后能获取几十亿元的低成本资金,迅速壮大银行有形资产和抗风险能力;通过改组上市所产生的市场效应,能极大提高银行在国内外同业和社会各阶层中的声誉和形象,以及无形资产和市场竞争能力;二是能够通过资本市场建立起自主的资本扩张机制,即能够根据银行自身业务和机构网点发展需要,自主、适时通过配股等形式扩大资本规模,有效改变增资扩股中的种种不便和政策限制;三是在限制银行改组上市阶段,谁能争取到早改组、早上市,谁就能取得由此而带来的种种优势和利益,包括经济和政策方面,谁就能在市场竞争中取得制胜之机;四是通过改组上市,银行能够进一步健全与完善法人治理结构,真正建立起符合现代商业银行运行要求的决策、控制和反馈机制,有利于从体制上建立制约机构和风险防范体系,向真正的商业银行目标迈进;五是通过收购兼并等市场行为来实现银行超常规发展的目标;六是能够进一步强化银行的激励机制和凝聚力,即通过经营者及职工持股或内部持股会等形式,有效地把职工物质利益和银行发展有机结合起来,促使职工为银行、为自身利益而努力工作。

基于以上认识,当香港媒体记者就浦发银行的今后发展,问及出席1997年世界银行年会的董事长庄晓天时,他表示:根据党的十五大精神,浦发银行应该而且必须走上市银行道路,通过资本市场上的融资和购并活动,迅速扩大浦发银行的机构规模和市场份额,促进并保证浦发银行快速、健康发展。随后,浦发银行正式将重组上市列为新三年发展的重大战略之一,并进一步提出相应措施:调整和完善业务定位,逐步使股份制、股份合作制、混合制以及民营、私营企业成为浦发银行基本客户队伍中最具活力的新生力量;继续探索新型的股份资本结构,力争形成"跨行业、跨地区、跨所有制、跨国经营"的股份结构和经营框架,逐步改变单一国有股的股本结构,努力吸收私营、民营、国外资本参股,积极研究上市、兼并、收购等措施的可行性,以在"四跨"上有所突破;进一步拓展新的业务领域,配合国有企业的战略性改组,探索银行在企业兼并、分立、破产、改制等方面的中介作用,大力开展扩股融资、售股变现、收购兼并、债务重组、破产清算等投资银行业务,为国企改革和抓大放小创造必要的金融环境。

以上这些探索和思考,既为浦发银行重组上市打下思想上、观念上的基础,也为正式启动重组上市工作储备了理论和人才。

1998年3月底,浦发银行向上海市人民政府报送《向社会公开募股并上市的方案》。该方案包括浦发银行基本情况、股本及股东情况、经营情况、经营范围、上市目的、股票发行、新的股本结构、募股资金用途八个方面的内容,拟向社会公开募集资金,募集股本总额为28亿元人民币,其中20.1亿股由原浦发银行股东持有,新增7.9亿股采取溢价发行方式,每股面值为1元,考虑到银行前三年盈利水平及今后的发展前景,以社会平均18倍的市盈率计算,初步确定发行价为10元人民币。此次向社会公众募集7.9亿股,占总股份的28.22%,其中向原浦发银行内部职工募集0.79亿股。

该方案通过后由上海市人民政府转报中国证监会。5月11日,国务院总理办公会议原则同意中国证监会提交的关于浦发银行进行上市试点的请示。5月29日,上海浦东发展银行第一届董事会临时会议通过关于浦发银行股本重组及公募上市、选择中介机构等决议。

鉴于商业银行的特殊性,担任银行上市审计工作的会计师事务所不仅要有从事证券业务的资格,同时也要取得中国人民银行的认可。而上海地区同时符合上述条件的会计师事务所并不是很多。在综合上海市证管办、部分董事等单位意见后,浦发银行最后选择聘请大华会计师事务所为上市审计单位。

为能聘请到最为合适的上市法律顾问,浦发银行分别向证券主管部门、上市公司、司法局、市仲裁委等部门征求意见。在综合权衡利弊得失的基础上,最后聘请联合律师事务所担任上市法律顾问。

基于浦发银行1997年年底20.1亿元的股本状况,考虑到证券市场的承受能力和银行的可持续发展,因此,根据有关规定,浦发银行对股本进行结构重组,即以1:0.7的比例对现有的20.1亿元股本实行同比例缩股,缩股后银行股本为14.07亿元;在此基础上,拟增发社会流通股6.93亿股,使股本总规模扩大到21亿股。其中14.07亿股由原股东持有,新增6.93亿股,采取溢价发行方式,每股面值为1元。按1998年预计摊薄每股税后盈利0.59元和社会平均15倍市盈率计算,初步确定发行价为8.85元人民币,向社会募集资金约60亿元人民币。该方案于5月底正式报中国人民银行上海市分行,并请其转报中国人民银行。

浦发银行从1998年3月20日酝酿重组上市,至1999年9月20日中国证监会正式下文批准发行股票,到同年11月10日正式鸣锣上市,前后20个月,其间遇到一系列新情况和新问题。有些问题通过国家主管部门和浦发银行的共同努力而顺利解决,并成为监管部门日后的准则或办法;而有些问题由于多方面的原因而未能取得突破,但也成监管部门的依据或例证。因此,这些实践和结果,无论是对监管部门,还是准备上市的商业银行,无疑都具有参考和借鉴价值,这也是浦发银行重组上市所带来的共同财富。从整个重组上市过程看,确定重组上市方案、选择社会中介机构、完善法人治理结构、建立信息披露制度、确定募股资金用途、选择战略投资伙伴、探索内部职工持股、修改完善银行章程、清理社保信托投资、宣传推介发行上市十个方面,构成整个浦发银行重组上市的实践和经验。

浦发银行重组上市推进中国金融体制创新。1998年12月29日,中国颁布《中华人民共和国证券法》。浦发银行是继《证券法》颁布以后,规范成功上市的第一家股份制商业银行。此举在国内外引起很大反响,成为中国深化银行体制改革的一次重大创新,刷新银行业和证券市场业的多项纪录:浦发银行的重组上市是中国人民银行和证监会正式批准的第一家规范上市的股份制商业银行,是上海证券交易所上市的第一只银行类股票;是第一家突破发行股票公司净资产必须达到30%规定的公司,是证监会批准一次发行4亿元规模最大的公司;募集资金达40亿元,是一次所募集资金数量最多的公司;股票申购资金高达2 260亿元,是一级市场上锁定申购资金数量最大的公司,而且是在前三家发行公司申购资金尚未解冻的情况下创下的纪录;10家全国知名的大券商全部参加招标方式的竞争,主承销商组织的承销团涉及40多家券商;各级领导十分关心浦发银行重组上市,朱镕基总理为此先后作过三次批示,其中要求证监会修改《股票发行和交易管理暂行条例》的相关条款等,这在1 000多家上市公司中是罕见的。

四、代理上海市养老保险基金

1991年,国务院决定对企业养老保险制度进行改革,上海市政府开始酝酿成立城镇职工养老基金,浦发银行立即积极争取开办养老保险基金代理业务。1993年8月,上海市政府举行专题会议,决定将养老保险基金在实现征集和保证支付基础上的积存资金委托专业金融机构进行运营增值。1994年4月,上海市政府发布城镇职工养老保险办法,确认养老保险基金的增值运营委托浦发银行进行,要求对养老保险基金的征集、支付、增值运营的账目应与其他商业经营账目分开设立、独立核算。

1993年11月5日,经中国人民银行上海分行批准,浦发银行设立社会保险基金部,中国人民银行上海分行和上海市工商行政管理局分别颁发金融业务许可证和营业执照,经营范围为受托吸收社会保险基金信托存款,办理社会保险基金信托存款项下的资金运用业务,包括信托贷、投资、融资性租赁、自营有价证券买卖、短期资金拆出。社会保险基金部严格按照当时批准的经营范围,办理受托资金运用业务,其主要业务是信托贷款。

按照养老保险基金实行单独列账、单独核算的要求,从1993年10月起,浦发银行设立社会保险基金户,进行社会养老基金业务的专门管理,在黄浦区、杨浦区、南汇县、嘉定县4个区县进行试运转。到12月底,有14个区县(包含浦东新区)的养老保险基金的汇缴、拨付结算业务先后纳入浦发银行的结算渠道。1994年1月至1998年12月,上海市社会保险管理局逐年向浦发银行社保部基金专户转入委托资金。截至1998年12月31日,期末余额达到105.2亿元。社会保险基金部注重内部管理,加强制度建设,先后拟订《社会保险业务联系工作暂行办法》《业务联系人员工作守则》《养老保险基金汇缴、拨付会计核算手续及账务处理》《接受市社会保险管理局养老基金项下贷款业务暂行办法》《养老保险基金投资管理实施办法(草案)》等各项制度办法。在资金的运用中,坚持安全、高效的方针,严格审核程序,每笔业务都进行企业经营财务分析和上门审核,坚持三级审批和集体讨论的原则,实行双担保和票据抵押的方法,先后通过贷款、定期投资、证券(国债)投资等渠道,为养老保险基金增值保值。据上海市审计局1999年8月审计,截至1998年12月31日,五年运营期间的基金收益,合计为40.91亿元,养老基金资产总额达到146.11亿元,基金收益超过同期一年期存款利率高两个百分点和通货膨胀率的水平,顺利实现在中国经济高通胀的年份,养老基金保值增值的目标,超额完成上海市政府的增值要求。

1994年至1998年,浦发银行社保部曾先后接受上海市慈善基金会、帮困基金会、职工互助基金会、老年基金会等十余家公益性机构的委托进行资金增值运营,按照协议回报率返回的净收益总额为1.94亿元,并先后向上海市教育基金会、帮困基金会、老年基金会、慈善基金会四家机构捐赠金额达216万元。在基金运营投资项目中,明天广场项目曾于2004年获上海市建设工程"白玉兰"奖、2004年度"国家优质工程银质奖",于2006年获第六届"詹天佑"大奖;东银大厦项目曾于2005年获"全国物业管理示范大厦"称号、"上海市物业管理优秀大厦"称号。

1998年,根据中国《商业银行法》和国家对于养老保险基金管理的规定,中国人民银行下发批复,明确要求浦发银行在上市前必须移交上海市政府委托办理的社会保险基金业务。1998年12月,市政府《市长办公会议纪要》明确,"从1999年1月1日起,将市政府目前委托浦发银行运作的养老保险基金整体移交市财政,由市财政开立专户,接收管理本市养老保险基金"。浦发银行和上海市财政局于2000年9月签订养老保险基金管理移交协议和移交实施协议,协议要求在1999年至2006年的8年内,浦发银行以现金或有价证券,每年移交总额不低于18亿元,对暂未回收的基金,市财政局委托浦东发展银行按原贷款合同、契约关系予以收回。自1999年1月1日起,留存的养老保险基金余额,每年以银行一年期存款利率计息,相应计入基金移交总额。自1999年起,浦发银行社保部保留管理班子和部分业务人员,按照原贷款合同进行贷款资金逐年回收工作,把回收资金划转财政专户,并按照批准的经营范围,将投资性资产逐步划转到上海安联投资发展公司,截至2005年12月,浦发银行社保部将变现资金划转财政专户,划转现金总额合计为123.2亿元,尚未划转财政的余额为54.94亿元。

2005年,经上海市政府决定,浦发银行将受托管理的养老保险基金资产和负债,于12月31日与上海安联投资发展公司实施并账处理,并整体划转上海盛融投资有限公司。2006年4月,浦发银行和盛融公司签订整体划转协议,12月,浦发银行和上海市财政局、上海盛融投资有限公司签订养老保险基金移交协议。养老保险基金整体划转资产总额为54.94亿元,包括银行存款等流动资产22.73亿元,上海明天广场JW万豪酒店等长期投资资产28.62亿元,收储土地7 473亩等其他资产3.59亿元。上海安联投资发展公司于2007年以现金划转财政38.26亿元,于2008年以现金划转财政16.68亿元,最终顺利完成上海市政府对于上海市城镇职工基本养老保险基金运营增值的任务。

五、浦银安盛基金管理有限公司成立

浦银安盛基金管理有限公司(以下简称"浦银安盛")是由浦发银行、安盛投资管理公司和上海盛融投资有限公司共同发起设立的银行系合资基金管理公司,是2007年浦发银行战略转型后,从单一商业银行业务向"综合化"经营迈出的第一步。

2007年1月,中国银监会、中国证监会批复同意,由浦发银行、法国安盛投资管理公司和上海盛融投资管理公司共同出资设立浦银安盛基金管理公司,公司注册资本为2亿元人民币,浦发银行持有51%的股权,法国安盛和上海盛融分别占39%和10%的股权。

8月28日,浦银安盛基金管理有限公司开业仪式在上海中山东一路12号举行,上海市常务副市长冯国勤、中国证监会上海监管局局长张宁、法国驻上海总领事馆总领事Thierry Mathou、法国安盛投资集团最高执行董事会成员Stephane Prunet、上海盛融投资有限公司总裁施德容等出席。

12月17日,浦发银行下发《上海浦东发展银行与浦银安盛基金管理公司业务合作方案》,明确在"合法合规、资源共享、同等优先、阶段推进、互惠互利"为基本原则下,双方在产品研发、销售管理、考核范围、营运支持、信息共享和品牌推广方面开展合作。

浦银安盛在成立初年便面临巨大困境和挑战,由美国次贷危机引发的金融危机席卷全球,并使全球主要股市的平均跌幅达到40%,中国宏观经济在2008年也出现大幅下滑的趋势,当年A股市场跌幅达到70%,居全球股市跌幅首位。由此,国内基金行业也面临着前所未有的挑战,2008年基金市场整体资产规模从年初的3.2万多亿元缩减到1.9万亿元,其中基金赎回金额仅为1 000多亿元,投资的巨大亏损是造成基金资产大幅缩水的主要因素,2008年偏股型基金的平均亏损幅度接近50%,基金行业陷入严冬。

恶劣的市场环境,对于刚成立不久,资源、经验都还有限的浦银安盛而言,无疑是严峻的考验。为应对上述影响,浦银安盛在各方股东的大力支持、在董事会的领导下,始终本着"打好基础,提升效益"的指导思想务实经营,围绕年初制定的经营目标,综合考虑内外部环境,尽最大努力拓展资产规模、改善投资业绩和控制经营亏损。

2008年2月15日,发行首只基金产品"浦银安盛价值成长基金",共募集资金约17.3亿元,其中,浦发银行代销总额占销售总额的70%。10月,在首只基金发行并顺利运作开始后,公司积极上报和模拟运作近五个月的第二个产品——首只债券基金获得证监会的批复,截至发行结束,首只债券基金共募集7.71亿元。这两只新产品的发行为浦银安盛产品建设迈出可喜的第一步。此外,为配合公司的品牌建设和持续营销工作,公司也立足于以投资者教育的形式展开各项活动,2008年共举办近250场培训活动,10多场投资策略报告会,实际受众总共达到2万多人;并在客户服务平台、服务方式和内容方面基本构架一个标准化框架,即利用公司网站、短信、Email群发平台和邮寄形式为客户提供各类资讯信息和理财知识服务;与此同时,公司还有计划、分阶段地构架电子直销平台,以实现多渠道销售基金的目的。

2009年,浦银安盛如期完成两只新产品的申报和发行,产品数量增加到4只,基础产品线布局初步完成,产品种类已基本满足投资者对高、中、低不同风险收益特征产品的需求。2009年公司资产管理规模合计为18.39亿元,较2008年增长10%,但市场占有率仅为0.07%。销售渠道进一步拓宽,在2008年以浦发银行和工商银行为主渠道的基础上,2009年新增建设银行为公司的主要合作渠道,各主渠道维护工作和基层网点覆盖也逐步深化。以投资者教育为基础的客户培育和开发取得一定进展,客户数量从年初的3.5万发展到近6万。2009年5月,经营亏损有所控制,经营业绩下滑的速度也略有放缓。

2010年,外部环境发生明显变化,伴随着积极的财政政策和适度宽松的货币政策得以稳定、连续实施,中国经济向着好的一面逐渐演绎,资本市场迎来结构性投资机会。浦银安盛提出"以投资业绩创品牌、争规模;以规模业绩创效益、求生存;以效益品牌引人才、聚团队"的经营思路,实施对投资、销售、产品等前台业务和人才管理的倾斜。

截至2011年12月31日,公司旗下已有7只基金,分别为浦银安盛价值成长股票基金、浦银安盛优化收益债券基金、浦银安盛精致生活混合基金、浦银安盛红利精选股票基金、浦银安盛沪深300指数基金、浦银安盛货币市场基金和浦银安盛增利分级债券基金,公司期末资产总额5 080万元,净资产总额为3 743万元。2011年,浦发银行采取有力措施,改善公司的公司治理情况,提高经营管理水平,公司取得明显进步,公司规模增长率排名第三,且发行的两只基金都远远超过行业的平均水平;整体业绩表现稳定,在全行业的综合排名中等偏上。根据银河证券公布的评价结果显示,公司股票投资主动管理能力综合评价达到全行业前二分之一的水平。

六、浦发银行 VI 体系的形成与发展

浦发银行是中国银行业中较早建立标识应用系统的银行。从浦发银行建行起即着手建立较为完整的 VI 系统。1992 年 10 月,浦发银行筹建组在《解放日报》正式刊登"行标征集启事",向全社会公开征集优秀设计。经过层层筛选,最后,编号为 975 的作品从来自全国的 2 000 余件投稿中脱颖而出,正式成为浦发银行的行标,也随之诞生浦发银行第一版的品牌标识。

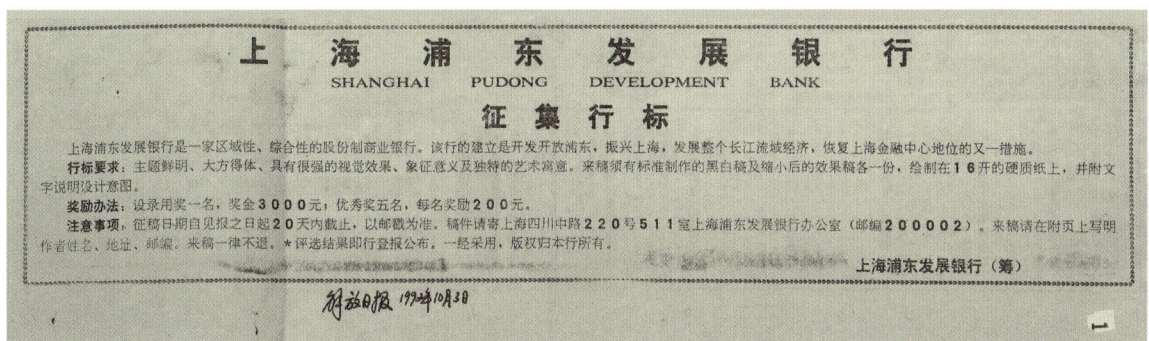

随着浦发银行全国性战略布局的深化,新成立的分行遍布全国,第一版的行标的局限性就显现出来,颜色过于庄重、手写繁体不好识别,名称含"上海""浦东"易被误解为地方性银行等。同时,随着中国银行业国际化步伐的加快,品牌意识的逐步增强以及社会大众审美情趣的提升,2005 年,浦发银行启动优化视觉标识系统的工作。

2008 年 1 月,在浦发银行 15 周年行庆之际,为树立良好的市场形象,创造并积累品牌价值,也为进一步顺应市场竞争的需要,规范品牌标识应用,提高宣传效应,浦发银行推出酝酿已久的经优化的标识视觉系统,第二版标识也应运而生,并在广告、媒体等宣传系统层面向社会进行发布,反响良好。

此次推出全新 VI 体系,优化标识系统坚持以下几点原则:一是保持行名不变,鉴于浦发银行的诞生、发展、壮大均与浦东新区的改革开放密切相关,且经过多年的历史积累,"上海浦东发展银行"已具有较高的市场知名度和品牌价值,故继续沿用这一法定名称;二是传承原有特性,坚持传承原有视觉系统的基本特性,即传承原有标识的基本形状,传承原有标识系统的基本色调,以蓝色为

主色调;三是合乎管理规定,符合上级监管部门关于商标规范使用的管理规定,并参照国际银行业的惯例做法,规范标识应用范围,同时符合浦发银行公司章程及其他内部管理规定;四是保持形象规范统一,根据《中国银行业监督管理委员会关于核准上海浦东发展银行股份有限公司章程的批复》中第一章《总则》第四条规定,使用"浦发银行"作为中文简称,使用"SPD BANK"作为英文简称;五是符合时代潮流,在传承原有标识、采用蓝色为主色调的同时,将引入红色作为辅色,以保持原有品牌形象,传达专业、严谨、智慧的内涵,并彰显与时进取、亲和客户的特质,延展开放的两端,形似数学符号"∞",昭示着未来的无限可能性,整体效果简洁、现代,令人印象深刻,更符合浦发银行作为全国性商业银行的身份。

附 录

一、重要历史文献

关于同意筹建上海浦东发展银行的批复

银复〔1992〕350号

人民银行上海市分行：

你行沪银金管(92)5214号文收悉。经研究，批复如下：

一、同意筹建上海浦东发展银行。该行为区域性股份制综合性银行。

二、该行在筹建过程中，不得设立分支机构，不得对外办理业务。

三、请督促该行抓紧筹备，待筹备就绪并经你行验收合格后，按规定要求向总行申请办理开业手续。

中国人民银行
一九九二年八月二十八日

关于上海浦东发展银行正式开业的批复

银复〔1992〕601号

中国人民银行上海市分行：

你行沪银金管(92)5358号《关于转报上海浦东发展银行正式开业的请示》及附件收悉。现批复如下：

一、同意上海浦东发展银行正式开业，并核准其《章程》。

二、该行正式开业后，应按照规定向你行报送信贷计划及其执行情况、会计和统计报表及其他业务资料，同时抄报人民银行总行。

三、该行在业务上接受你行的领导、管理、协调、监督和稽核。

四、该行正副行长的任免，应事先报经中国人民银行审查同意。

五、该行开办外汇业务，应按规定报国家外汇管理局批准。

附件：上海浦东发展银行章程

中国人民银行
一九九二年十二月三十一日

关于上海浦东发展银行上市问题的批复

银复〔1998〕336号

中国人民银行上海市分行：

你分行《关于上海浦东发展银行落实银复〔1998〕202号文件的情况报告》（沪银银管〔1998〕5183号）收悉。现批复如下：

根据你分行对上海浦东发展银行按银复〔1998〕202号文的要求进行整改的措施与进展情况的

审查意见,同意上海浦东发展银行以向社会公众发行股票的方式增资扩股。请你分行通知该行按规定的程序和要求向中国证券监督管理委员会申报公开发行股票并上市。

中国人民银行
一九九八年十月十一日

关于核准上海浦东发展银行股份有限公司公开发行股票的通知

证监发行字〔1999〕127号

上海市人民政府:

你市报送的上海浦东发展银行股份有限公司申请公开发行股票的申报材料收悉。根据《中华人民共和国公司法》《中华人民共和国证券法》等法律、法规和有关的政策规定,我会予以核准,现通知如下:

同意上海浦东发展银行股份有限公司利用上海证券交易所交易系统,采用"上网定价"方式向社会公开发行人民币普通股40 000万股,每股面值一元。该公司的国家股、国有法人股和法人股暂不上市流通。

中国证券监督管理委员会
一九九九年九月十八日

中国人民银行关于上海浦东发展银行引进国外战略投资者的批复

银复〔2002〕366号

上海浦东发展银行:

你行《关于引进美国花旗银行战略股权的请示》(浦银发〔2002〕第397号)收悉。经国务院同意,现批复如下:

一、同意你行转让5%非流通股引进花旗银行作为战略投资者。

二、你行在进行股权转让时,应严格遵守《中华人民共和国公司法》《中华人民共和国商业银行法》等法规的有关规定。

三、你行应通知花旗银行按照《上市公司收购管理办法》的要求,履行收购人信息披露义务。

中国人民银行
二〇〇二年十二月三十日

中国银监会关于上海浦东发展银行非公开发行人民币普通股的批复

银监复〔2009〕175号

上海浦东发展银行:

《上海浦东发展银行股份有限公司关于2009年非公开发行A股普通股的请示》(浦银发〔2009〕

261号)收悉。现批复如下:

一、原则同意你行非公开发行不超过本次发行前总股本20%的境内上市人民币普通股股份的方案。

二、你行应按规定的程序和要求向中国证券监督管理委员会申请增发普通股。

中国银行业监督管理委员会
二〇〇九年六月八日

二、章　　程

上海浦东发展银行章程(1993年)

第一章　总　　则

第一条　上海浦东发展银行(Shanghai Pudong Development Bank,以下简称本行)是区域性股份制商业银行。

第二条　本行的任务是根据国家的金融方针、政策,国家有关金融法律、法规,运用灵活多样的信用形式,筹集和融通国内外资金,经营本外币金融业务,为开发浦东和发展长江三角洲及沿江地区经济服务。

第三条　本行依照有限责任公司制组织设立,实行独立核算、自负盈亏、自主经营,是独立的企业法人,在业务上接受中国人民银行的领导、监督、管理、协调与稽核。

第四条　总行设于上海市。

第二章　资 本 金

第五条　本行注册资本金为十亿元(含外汇五千万美元),由地方财政和企、事业法人认购。

第六条　股东以其所认购股份对本行承担责任,本行以全部资产对本行债务承担责任。

第七条　本行注册资本金不得减少。根据业务发展需要,经董事会表决通过,并报中国人民银行批准,可以增加注册资本金。

第三章　业　　务

第八条　本行经营下列各项业务:

一、本外币企业存款、个人储蓄业务;

二、本外币贷款、透支、票据承兑、贴现业务;

三、国内及国际结算、汇兑业务;

四、外币兑换,外币买卖业务;

五、国内及国际银行间存款、借款业务,资金拆借业务;

六、代理收付、代保管业务;

七、信用担保和见证业务;

八、资信调查、经济咨询业务。

第九条　本行兼营下列各项业务:

一、国内及国际金融租赁业务;

二、国内及国际信托、投资业务;

三、有价证券业务。

第十条　中国人民银行和国家外汇管理局批准经营的其他金融业务。

第四章 组 织

第十一条 本行设董事会、董事会成员由股东推选或委派产生。董事会推举董事长一人,副董事长若干人。

第十二条 董事会每届任期四年。董事长、副董事长、董事任期均为四年,连选或连续委派可以连任。

第十三条 董事会职责:

一、审定本行的业务方针、计划和重要事项;

二、审查行长的工作报告;

三、审查通过本行年度决算和盈亏处理方案;

四、经中国人民银行总行进行资格审查后,聘任本行行长和行长提名的副行长;

五、审议机构的设置与撤销;

六、审议本行增资方案;

七、审议有关本行的其他重大事项。

第十四条 董事会会议每年至少举行两次,必要时可以召开临时会议。

董事会会议的召开应遵照有限责任公司的有关规定进行。

第十五条 本行设正副首席监事、监事。

第十六条 监事每届任期四年,连续委派或连选可连任。

第十七条 监事职责:

一、监察本行执行国家政策、法令及贯彻董事会会议决议执行情况;

二、检查本行年度决算和盈亏处理方案;

三、检查本行账目、证券和库存现金。

第十八条 监事会议每年举行一次,由首席监事召集。

第十九条 本行实行董事会领导下的行长负责制。设行长一人,副行长若干人。

第二十条 行长为本行的法定代表人。行长空缺期间,经人民银行资格审查同意,董事会得指定一名副行长为本行法定代表人。

第二十一条 行长职责:

一、组织贯彻董事会会议决议;

二、负责制定本行各项规章制度,领导行内各职能部门的工作;

三、负责本行的日常业务经营和管理;

四、聘任本行各部门负责人和分支机构负责人,决定一般员工的聘用和奖惩。

第二十二条 副行长协助行长工作。

第二十三条 本行内部设若干部、室等职能部门,在行长领导下进行工作。

第五章 股东权利和义务

第二十四条 股东在国家政策、法律、法规允许的范围内有以下权利:

一、股东享有选举权和被选举权;

二、对本行的经营方针、经营目标等重大问题有建议权和监督权;

三、有听取和审定本行行长向董事会作的工作报告和财务报告权;

四、根据董事会会议决定的分配方案,按其认购的股份领取股息、红利。

第二十五条　股东应履行的义务:

一、遵守国家政策、法律、法规,执行董事会的各项决议,遵守本章程;

二、按所认购的股份缴纳股金;

三、维护本行的利益和信誉;

四、积极支持本行的合法经营;

五、按认股数额承担经营亏损和意外损伤。

第六章　分支机构

第二十六条　本行根据业务拓展需要,经中国人民银行批准,在国内外设立分支机构。

第二十七条　本行对各分支机构就主要人事任免、业务政策、综合计划、基本规章制度和涉外事务等方面实行统一领导。

第二十八条　本行分支机构依照本行规定和授权从事经营活动,其经济责任由本行统一承担。

第七章　经营管理

第二十九条　本行的会计年度为公历一月一日至十二月三十一日。

第三十条　本行依照国家有关法律、法规、方针、政策的规定及中国人民银行制定的业务规章制度,开展业务活动。

第三十一条　本行按国家有关规定建立独立的财务管理、会计核算制度。

第三十二条　本行经营实现利润按国家税收政策依法纳税,税后利润按公积金、公益金、奖励基金和分红基金四部分进行分配。

第三十三条　本行按规定缴存存款准备金,并按规定建立呆账准备金制度。

第三十四条　本行按规定应定期向中国人民银行报送信贷计划及其执行情况,业务统计和财务会计报表,以及总结报告,并及时报告重大业务活动情况和中国人民银行要求的其他材料。

第八章　终止和清算

第三十五条　本行有下列情形之一的,应予终止并进行清算:

一、董事会决定解散本行;

二、严重违反国家法律、法规、危害社会公共利益被依法撤销;

三、宣告破产。

第三十六条　本行终止时的清算程序,按照国家有关法律、法规办理。

第九章　附　则

第三十七条　本章程未尽事宜,依照国家有关法律、法规办理,有关各项施行细则另行订立。

第三十八条　本章程经中国人民银行批准后生效,修改时同。本章程的解释权和修改权属上海浦东发展银行董事会。

上海浦东发展银行股份有限公司章程(1999年)

第一章 总 则

第一条 为维护上海浦东发展银行股份有限公司(以下简称"本行")、股东和债权人的合法权益,规范本行的组织和行为,根据《中华人民共和国公司法》(以下简称《公司法》)、《中华人民共和国商业银行法》(以下简称《商业银行法》)和其他有关规定,制定本章程。

第二条 本行系依照《股份有限公司规范意见》《上海市股份有限公司暂行规定》和其他有关规定于一九九二年十月十九日成立的股份公司。

本行经中国人民银行银复〔1992〕601号文批准,以定向募集方式设立;在上海市工商行政管理局注册登记,取得营业执照。

第三条 本行于一九九九年九月二十日经中国证券监督管理委员会批准,首次向社会公众发行人民币普通股4亿股,并于一九九九年十一月十日在上海证券交易所上市。

第四条 本行注册名称:上海浦东发展银行股份有限公司(简称"上海浦东发展银行",Shanghai Pudong Development Bank CO.,LTD.)。

第五条 本行住所:上海市中山东一路12号,邮编200002。

第六条 本行注册资本人民币24.1亿元。

第七条 本行为永久存续的股份有限公司。

第八条 董事长为本行的法定代表人。

第九条 本行全部资产分为等额股份,股东以其所持股份为限对本行承担责任,本行以全部资产对本行的债务承担责任。

第十条 本行章程自生效之日起,即成为规范本行的组织与行为,规范本行与股东、股东与股东之间权利义务关系的具有法律约束力的文件。股东可以依据本行章程起诉本行;本行可以依据本行章程起诉股东、董事、监事、行长和其他高级管理人员;股东可以依据本行章程起诉股东;股东可以依据本行章程起诉本行的董事、监事、行长和其他高级管理人员。

第十一条 本章程所称其他高级管理人员是指本行的董事会秘书和财务负责人。

本行的董事长、行长、副行长以及分支行的行长、副行长必须具备中国人民银行规定的任职资格。

第二章 经营宗旨和范围

第十二条 本行的经营宗旨为:根据平等、自愿、公平和诚实信用原则,依法开展各项商业银行业务;在审慎经营、稳健发展的前提下,为股东谋取最大经济利益,并以此促进和支持国民经济发展和社会全面进步。

本行以效益性、安全性、流动性为经营原则,实行自主经营,自担风险,自负盈亏,自我约束。

第十三条 经中国人民银行批准,并经本行登记机关核准,本行的经营范围是:

(一)吸收公众存款;

(二)发放短期、中期和长期贷款;

(三)办理国内外结算;

（四）办理票据贴现；

（五）发行金融债券；

（六）代理发行、代理兑付、承销政府债券；

（七）买卖政府债券；

（八）从事同业拆借；

（九）买卖、代理买卖外汇；

（十）提供信用证服务及担保；

（十一）代理收付款项及代理保险业务；

（十二）提供保管箱服务；

（十三）经中国人民银行批准的其他业务。

第三章　股　　份

第一节　股份发行

第十四条　本行的股份采取股票的形式。

第十五条　本行发行的所有股份均为普通股。

第十六条　本行股份的发行，实行公开、公平、公正的原则，同股同权、同股同利。

第十七条　本行发行的股票，以人民币标明面值，每股一元。

第十八条　本行的股份，在上海证券中央登记结算中心集中托管。

第十九条　本行经批准发行的普通股总数为24.1亿股，其中向发起人发行9.88亿股，占本行可发行普通股总数的41%。

第二十条　本行的股本结构为：普通股24.1亿股，其中发起人持有9.88亿股，其他内资股股东持有14.22亿股。

第二十一条　本行或本行的分支机构不以赠予、垫资、担保、补偿或贷款等形式，对购买或者拟购买本行股份的人提供任何资助。

第二节　股份增减和回购

第二十二条　本行根据经营和发展的需要，依照法律、法规的规定，经股东大会分别作出决议，并报经有关主管部门批准，可以采用下列方式增加资本：

（一）向社会公众发行股份；

（二）向现有股东配售股份；

（三）向现有股东派送红股；

（四）以公积金转增股本；

（五）法律、行政法规规定以及国务院证券主管部门批准的其他方式。

第二十三条　根据本行章程的规定，本行可以减少注册资本。本行减少注册资本，按照《公司法》和《商业银行法》以及其他有关规定和本行章程规定的程序办理。

第二十四条　本行在下列情况下，经本行章程规定的程序通过，并报国家有关主管机构批准后，可以购回本行的股票：

（一）为减少本行资本而注销股份；

（二）与持有本行股票的其他公司合并。

除上述情形外，本行不进行买卖本行股票的活动。

第二十五条 本行购回股份,可以下列方式之一进行:
(一) 向全体股东按照相同比例发出购回要约;
(二) 通过公开交易方式购回;
(三) 法律、行政法规规定和国务院证券主管部门批准的其他情形。

第二十六条 本行购回本行股票后,自完成回购之日起十日内注销该部分股份,并向工商行政管理部门申请办理注册资本的变更登记。

第三节 股份转让

第二十七条 本行的股份可以依法转让。法人股的转让需符合中国人民银行的有关规定。每一位个人股东持有的本行普通股票,不得超过本行普通股票总额的0.5%。每一法人直接或间接持有本行股份达到9%并拟继续增持时,需向本行和中国人民银行报告,经中国人民银行批准后方可超过10%。

第二十八条 本行不接受本行的股票作为质押权的标的。

第二十九条 发起人持有的本行股票,自本行成立之日起三年以内不得转让。

董事、监事、行长以及其他高级管理人员应当在其任职期间内,定期向本行申报其所持有的本行股份;在其任职期间以及离职后六个月内不得转让其所持有的本行股份。

第三十条 持有本行百分之五以上有表决权股份的股东,将其所持有的本行股票在买入之日起六个月以内卖出,或者在卖出之日起六个月以内又买入的,由此获得的利润归本行所有。

前款规定适用于持有本行百分之五以上有表决权股份的法人股东的董事、监事、行长和其他高级管理人员。

第四章 股东和股东大会

第一节 股 东

第三十一条 本行股东为依法持有本行股份的人。

股东按其所持有股份的种类享有权利,承担义务;持有同一种类股份的股东,享有同等权利,承担同种义务。

第三十二条 股东名册是证明股东持有本行股份的充分证据。

第三十三条 本行依据证券登记机构提供的凭证建立股东名册。

第三十四条 本行召开股东大会、分配股利、清算及从事其他需要确认股权的行为时,由董事会决定某一日为股权登记日,股权登记日结束时的在册股东为本行股东。

第三十五条 本行股东享有下列权利:
(一) 依照其所持有的股份份额获得股利和其他形式的利益分配。
(二) 参加或者委派代理人参加股东会议。
(三) 依照其所持有的股份份额行使表决权。
(四) 对本行的经营行为进行监督,提出建议或者质询。
(五) 依照法律、行政法规及本行章程的规定转让、赠予或质押其所持有的股份。
(六) 依照法律、本行章程的规定获得有关信息,包括:
1. 缴付成本费用后得到本行章程;
2. 缴付合理费用后有权查阅和复印:
(1) 本人持股资料;

（2）股东大会会议记录；

（3）年度报告和中期报告；

（4）本行股本总额、股本结构。

（七）本行终止或者清算时，按其所持有的股份份额参加本行剩余财产的分配。

（八）法律、行政法规及本行章程所赋予的其他权利。

第三十六条 股东提出查阅前条所述有关信息或者索取资料的，应当向本行提供证明其持有本行股份的种类以及持股数量的书面文件，本行经核实股东身份后按照股东的要求予以提供。

第三十七条 股东大会、董事会的决议违反法律、行政法规的规定，侵犯股东合法权益的，股东有权向人民法院提起要求停止该违法行为和侵害行为的诉讼。

第三十八条 本行股东承担下列义务：

（一）遵守本行章程；

（二）依其所认购的股份和入股方式缴纳股金；

（三）除法律、法规规定的情形外，不得退股；

（四）法律、行政法规及本行章程规定应当承担的其他义务。

第三十九条 持有本行百分之一以上有表决权股份的股东，将其持有的股份进行质押的，应当自该事实发生之日起三个工作日内，向本行作出书面报告。

第四十条 本行的控股股东在行使表决权时，不得作出有损于本行和其他股东合法权益的决定。

第四十一条 本章程所称"控股股东"是指具备下列条件之一的股东：

（一）此人单独或者与他人一致行动时，可以选出半数以上的董事；

（二）此人单独或者与他人一致行动时，可以行使本行百分之三十以上的表决权或者可以控制本行百分之三十以上表决权的行使；

（三）此人单独或者与他人一致行动时，持有本行百分之三十以上的股份；

（四）此人单独或者与他人一致行动时，可以以其他方式在事实上控制本行。

本条所称"一致行动"是指两个或者两个以上的人以协议的方式（不论口头或者书面）达成一致，通过其中任何一人取得对本行的投票权，以达到或者巩固控制本行的目的的行为。

第二节 股 东 大 会

第四十二条 股东大会是本行的权力机构，依法行使下列职权：

（一）决定公司经营方针和投资计划；

（二）选举和更换董事，决定有关董事的报酬事项；

（三）选举和更换由股东代表出任的监事，决定有关监事的报酬事项；

（四）审议批准董事会的报告；

（五）审议批准监事会的报告；

（六）审议批准本行的年度财务预算方案、决算方案；

（七）审议批准本行的利润分配方案和弥补亏损方案；

（八）对本行增加或者减少注册资本作出决议；

（九）对发行本行债券作出决议；

（十）对本行合并、分立、解散和清算等事项作出决议；

（十一）修改本行章程；

（十二）对本行聘用、解聘会计师事务所作出决议；

（十三）审议代表本行发行在外有表决权股份总数的百分之五以上的股东的提案；

（十四）审议法律、法规和本行章程规定应当由股东大会决定的其他事项。

第四十三条 股东大会分为股东年会和临时股东大会。股东年会每年至少召开一次，并应于上一个会计年度完结之后的六个月之内举行。

第四十四条 有下列情形之一的，本行在事实发生之日起两个月以内召开临时股东大会：

（一）董事人数不足《公司法》规定的法定最低人数，或者少于章程所定人数的三分之二时；

（二）本行未弥补的亏损达股本总额的三分之一时；

（三）单独或者合并持有本行有表决权股份总数百分之十（不含投票代理权）以上的股东书面请求时；

（四）董事会认为必要时；

（五）监事会提议召开时；

（六）本行章程规定的其他情形。

前述第（三）项持股股数按股东提出书面要求日计算。

第四十五条 临时股东大会只对通知中列明的事项作出决议。

第四十六条 股东大会会议由董事会依法召集，由董事长主持。董事长因故不能履行职务时，由董事长指定的副董事长或其他董事主持；董事长和副董事长均不能出席会议，董事长也未指定人选的，由董事会指定一名董事主持会议；董事会未指定会议主持人的，由出席会议的股东共同推举一名股东主持会议；如果因任何理由，股东无法主持会议，应当由出席会议的持有最多表决权股份的股东（或股东代理人）主持。

第四十七条 本行召开股东大会，董事会应当在会议召开三十日以前通知登记公司股东。拟出席股东大会的股东，应当于会议召开二十日前，将出席会议的书面回复送达本行。本行根据股东大会召开前二十日时收到的书面回复，计算拟出席会议的股东所代表的有表决权的股份数。拟出席会议的股东所代表的有表决权的股份数达到本行有表决权的股份总数二分之一以上的，本行可以召开股东大会；达不到的，本行在五日内将会议拟审议的事项，开会日期和地点以公告形式再次通知股东，经公告通知，本行可以召开股东大会。

第四十八条 股东会议的通知包括以下内容：

（一）会议的日期、地点和会议期限；

（二）提交会议审议的事项；

（三）以明显的文字说明：全体股东均有权出席股东大会，并可以委托代理人出席会议和参加表决，该股东代理人不必是本行的股东；

（四）有权出席股东大会股东的股权登记日；

（五）投票代理委托书的送达时间和地点；

（六）会务常设联系人姓名、电话号码。

第四十九条 股东可以出席股东大会，也可以委托代理人代为出席和表决。

股东应当以书面形式委托代理人，由委托人签署或者由其以书面形式委托的代理人签署；委托人为法人的，应当加盖法人印章或者由其正式委任的代理人签署。

第五十条 个人股东出席会议的，应出示本人身份证和持股凭证；委托代理他人出席会议的，应出示本人身份证、代理委托书和持股凭证。

法人股东应由法定代表人或法定代表人委托的代理人出席会议。法定代表人出席会议的,应出示本人身份证、能证明其具有法定代表人资格的有效证明和持股凭证;委托代理人出席会议的,代理人应出示本人身份证、法人股东单位的法定代表人资格证明及该法定代表人依法出具的书面委托书和持股凭证。

第五十一条 股东出具的委托他人出席股东大会的授权委托书应当载明下列内容:

(一)代理人的姓名;

(二)是否具有表决权;

(三)分别对列入股东大会议程的每一审议事项投赞成、反对或弃权票的指示;

(四)对可能纳入股东大会议程的临时提案是否有表决权,如果有表决权应行使何种表决权的具体指示;

(五)委托书签发日期和有效期限;

(六)委托人签名(或盖章)。委托人为法人股东的,应加盖法人单位印章。

委托书应当注明如果股东不作具体指示,股东代理人是否可以按自己的意思表决。

第五十二条 投票代理委托书至少应当在有关会议召开前二十四小时备置于本行住所,或者召集会议的通知中指定的其他地方。委托书由委托人授权他人签署的,授权签署的授权书或者其他授权文件应当经过公证。经公证的授权书或者其他授权文件,和投票代理委托书均需备置于本行住所或者召集会议的通知中指定的其他地方。委托人为法人的,由其法定代表人或者董事会、其他决策机构决议授权的人作为代表出席本行的股东会议。

第五十三条 出席会议人员的签名册由本行负责制作。签名册载明参加会议人员姓名(或单位名称)、身份证号码、住所地址、持有或者代表有表决权的股份数额、被代理人姓名(或单位名称)等事项。

第五十四条 监事会或者股东要求召集临时股东大会的,应当按照下列程序办理:

(一)签署一份或者数份同样格式内容的书面要求,提请董事会召集临时股东大会,并阐明会议议题。董事会在收到前述书面要求后,应当尽快发出召集临时股东大会的通知。

(二)如果董事会在收到前述书面要求后三十日内没有发出召集会议的通告,提出召集会议的监事会或者股东在报经上海证券主管机关同意后,可以在董事会收到该要求后三个月内自行召集临时股东大会。召集的程序应当尽可能与董事会召集股东会议的程序相同。

监事会或者股东因董事会未应前述要求举行会议而自行召集并举行会议的,由本行给予股东或者监事会必要协助,并承担会议费用。

第五十五条 股东大会召开的会议通知发出后,除有不可抗力或者其他意外事件等原因,董事会不得变更股东大会召开的时间;因不可抗力确需变更股东大会召开时间的,不应因此而变更股权登记日。

第五十六条 董事会人数不足《公司法》规定的法定最低人数,或者少于章程规定人数的三分之二,或者本行未弥补亏损额达到股本总额的三分之一,董事会未在规定期限内召集临时股东大会的,监事会或者股东可以按照本章第五十四条规定的程序自行召集临时股东大会。

第三节　股东大会提案

第五十七条 本行召开股东大会,持有或者合并持有本行发行在外有表决权股份总数百分之五以上的股东,有权向本行提出新提案。

第五十八条 股东大会提案应当符合下列条件:

（一）内容与法律、法规和章程的规定不相抵触,并且属于本行经营范围和股东大会职责范围;
（二）有明确议题和具体决议事项;
（三）以书面形式提交或送达董事会。

第五十九条 本行董事会应当以本行和股东的最大利益为行为准则,按照本节第五十八条的规定对股东大会提案进行审查。

第六十条 董事会决定不将股东大会提案列入会议议程的,应当在该次股东大会上进行解释和说明,并将提案内容和董事会的说明在股东大会结束后与股东大会决议一并公告。

第六十一条 提出提案的股东对董事会不将其提案列入股东大会会议议程的决定持有异议的,可以按照本章程第五十四条的规定程序要求召集临时股东大会。

第四节　股东大会决议

第六十二条 股东（包括股东代理人）以其所代表的有表决权股份数额行使表决权,每一股份享有一票表决权。

第六十三条 股东大会决议分为普通决议和特别决议。股东大会作出普通决议,应当由出席股东大会的股东（包括股东代理人）所持表决权的二分之一以上通过。股东大会作出特别决议,应当由出席股东大会的股东（包括股东代理人）所持表决权的三分之二以上通过。

第六十四条 下列事项由股东大会以普通决议通过:
（一）董事会和监事会的工作报告;
（二）董事会拟定的利润分配方案和弥补亏损方案;
（三）董事会和监事会成员的任免及其报酬和支付方法;
（四）本行年度预算方案、决算方案;
（五）本行年度报告;
（六）除法律、行政法规规定或者本行章程规定应当以特别决议通过以外的其他事项。

第六十五条 下列事项由股东大会以特别决议通过:
（一）本行增加或者减少注册资本;
（二）发行本行债券;
（三）本行的分立、合并、解散和清算;
（四）本行章程的修改;
（五）回购本行股票;
（六）本行章程规定和股东大会以普通决议认定会对本行产生重大影响的、需要以特别决议通过的其他事项。

第六十六条 非经股东大会以特别决议批准,本行不得与董事、行长和其他高级管理人员以外的人订立将本行全部或者重要业务的管理交予该人负责的合同。

第六十七条 董事候选人和由股东代表担任的监事候选人由上一届董事会或监事会提名或者由持有或者合并持有本行发行在外有表决权股份总数百分之十以上的股东提名。

由本行职工代表担任的监事候选人由本行工会提名。

董事、监事候选人名单以提案的方式提请股东大会决议。

董事会应当向股东提供候选董事、监事的简历和基本情况。

第六十八条 股东大会采取记名方式投票表决。

第六十九条 每一审议事项的表决投票,应当至少有两名股东代表和一名监事参加清点,并由清点人代表当场公布表决结果。

第七十条 会议主持人根据表决结果决定股东大会的决议是否通过,并应当在会上宣布表决结果。决议的表决结果载入会议记录。

第七十一条 会议主持人如果对提交表决的决议结果有任何怀疑,可以对所投票数进行点算;如果会议主持人未进行点票,出席会议的股东或者股东代理人对会议主持人宣布结果有异议的,有权在宣布表决结果后立即要求点票,会议主持人应当即时点票。

第七十二条 股东大会审议有关关联交易事项时,关联股东不应当参与投票表决,其所代表的有表决权的股份数不计入有效表决总数;股东大会决议的公告应当充分披露非关联股东的表决情况。如有特殊情况关联股东无法回避时,本行在征得有权部门的同意后,可以按照正常程序进行表决,并在股东大会决议公告中作出详细说明。

第七十三条 除涉及本行商业秘密不能在股东大会上公开外,董事会和监事会应当对股东的质询和建议作出答复或说明。

第七十四条 股东大会应有会议记录。会议记录记载以下内容:

(一)出席股东大会的有表决权的股份数,占本行总股份的比例;

(二)召开会议的日期、地点;

(三)会议主持人姓名、会议议程;

(四)各发言人对每个审议事项的发言要点;

(五)每一表决事项的表决结果;

(六)股东的质询意见、建议及董事会、监事会的答复或说明等内容;

(七)股东大会认为和本行章程规定应当载入会议记录的其他内容。

第七十五条 股东大会记录由出席会议的董事和记录员签名,并作为本行档案由董事会秘书保存,保存期为永久保存。

第七十六条 对股东大会到会人数、参会股东持有的股份数额、授权委托书、每一表决事项的表决结果、会议记录、会议程序的合法性等事项,可以进行公证。

第五章 董 事 会

第一节 董 事

第七十七条 本行董事为自然人。董事无需持有本行股份。

第七十八条 《公司法》第57条、第58条规定的情形以及被中国证监会确定为市场禁入者,并且禁入尚未解除的人员,不得担任本行的董事。

第七十九条 董事由股东大会选举或更换,任期三年。董事任期届满,可连选连任。董事在任期届满以前,股东大会不得无故解除其职务。

董事任期从股东大会决议通过之日起计算,至本届董事会任期届满时为止。

第八十条 董事应当遵守法律、法规和本行章程的规定,忠实履行职责,维护本行利益。当其自身的利益与本行和股东的利益相冲突时,应当以本行和股东的最大利益为行为准则,并保证:

(一)在其职责范围内行使权利,不得越权;

(二)除经本行章程规定或者股东大会在知情的情况下批准,不得同本行订立合同或者进行交易;

(三)不得利用内幕信息为自己或他人谋取利益;

（四）不得自营或者为他人经营与本行同类的营业或者从事损害本行利益的活动；

（五）不得利用职权收受贿赂或者其他非法收入，不得侵占本行的财产；

（六）不得挪用资金或者将本行资金借贷给他人；

（七）不得利用职务便利为自己或他人侵占或者接受本应属于本行的商业机会；

（八）未经股东大会在知情的情况下批准，不得接受与本行交易有关的佣金；

（九）不得将本行资产以其个人名义或者以其他个人名义开立账户储存；

（十）不得以本行资产为本行的股东或者其他个人债务提供担保；

（十一）未经股东大会在知情的情况下同意，不得泄露在任职期间所获得的涉及本行的机密信息；但在下列情形下，可以向法院或者其他政府主管机关披露该信息：

1. 法律有规定；

2. 公众利益有要求；

3. 该董事本身的合法利益有要求。

第八十一条　董事应当谨慎、认真、勤勉地行使本行所赋予的权利，以保证：

（一）本行的商业行为符合国家的法律、行政法规以及国家各项经济政策的要求，商业活动不超越营业执照规定的业务范围；

（二）公平对待所有股东；

（三）认真阅读本行的各项商务、财务报告，及时了解本行业务经营管理状况；

（四）行使被合法赋予的本行管理处置权，不得受他人操纵；非经法律、行政法规允许或者得到股东大会在知情的情况下批准，不得将其处置权转授他人行使；

（五）授受监事会对其履行职责的合法监督和合理建议。

第八十二条　未经本行章程规定或者董事会的合法授权，任何董事不得以个人名义代表本行或董事会行事，董事以其个人名义行事时，在第三方会合理地认为董事在代表本行或者董事会行事的情况下，该董事应事先声明其立场和身份。

第八十三条　董事个人或者其所任职的其他企业直接或者间接与本行已有的或者计划中的合同、交易、安排有关联关系时（聘任合同除外），不论有关事项在一般情况下是否需要董事会批准同意，均应当尽快向董事会披露其关联关系的性质和程度。

除非有关联关系的董事按照本条前款的要求向董事会作了披露，并且董事会在不将其计入法定人数，该董事亦未参加表决的会议上批准了该事项，本行有权撤销该合同、交易或者安排，但在对方是善意第三人的情况下除外。

第八十四条　如果本行董事在本行首次考虑订立有关合同、交易、安排前以书面形式通知董事会，声明由于通知所列的内容，本行日后达成的合同、交易、安排与其有利益关系，则在通知阐明的范围内，有关董事视为做了本章前款所规定的披露。

第八十五条　董事连续二次未能出席，也不委托其他董事出席董事会会议，视为不能履行职责，董事会应当建议股东大会予以撤换。

第八十六条　董事可以在任期届满以前提出辞职。董事辞职应当向董事会提交书面辞职报告。

第八十七条　如因董事的辞职导致本行董事会低于法定最低人数时，该董事的辞职报告应当在下任董事填补因其辞职产生的缺额后方能生效。余任董事会应当尽快召集临时股东大会，选举董事填补因董事辞职产生的空缺。在股东大会未就董事选举作出决议以前，该提出辞职的董事以及余任董事会的职权应当受到合理的限制。

第八十八条 董事提出辞职或者任期届满,其对本行和股东负有的义务在其辞职报告尚未生效或者生效后的合理期间内,以及任期结束后的合理期间内并不当然解除,其对公司商业秘密保密的义务在其任职结束后仍然有效,直至该秘密成为公开信息。其他义务的持续期间应当根据公平的原则决定,视事件发生与离任之间时间的长短,以及与公司的关系在何种情况和条件下结束而定。

第八十九条 任职尚未结束的董事,对因其擅自离职使本行造成的损失,应当承担赔偿责任。

第九十条 本行不以任何形式为董事纳税。

第九十一条 本节有关董事义务的规定,适用于本行监事、行长和其他高级管理人员。

第二节　董事会

第九十二条 本行设董事会,对股东大会负责。

第九十三条 董事会由十九名董事组成,设董事长一人,副董事长两人。

第九十四条 董事会行使下列职权:

(一) 负责召集股东大会,并向大会报告工作;

(二) 执行股东大会的决议;

(三) 决定本行的经营计划和投资方案;

(四) 制订本行的年度财务预算方案、决算方案;

(五) 制订本行的利润分配方案和弥补亏损方案;

(六) 制订本行增加或者减少注册资本、发行债券或其他证券及上市方案;

(七) 拟订本行重大收购、回购本行股票或者合并、分立和解散方案;

(八) 在股东大会授权范围内,决定本行的风险投资、资产抵押及其他担保事项;

(九) 决定本行内部管理机构的设置;

(十) 聘任或者解聘本行行长、董事会秘书;根据行长的提名,聘任或者解聘本行副行长、行长助理、财务负责人等高级管理人员,并决定其报酬事项和奖惩事项;

(十一) 制订本行的基本管理制度;

(十二) 制订本行章程的修改方案;

(十三) 管理本行信息披露事项;

(十四) 向股东大会提请聘请或更换为本行审计的会计师事务所;

(十五) 听取本行行长的工作汇报并检查行长的工作;

(十六) 法律、法规或本行章程规定以及股东大会授予的其他职权。

第九十五条 本行董事会应当就注册会计师对本行财务报告出具的有保留意见的审计报告向股东大会作出说明。

第九十六条 董事会制定董事会议事规则,以确保董事会的工作效率和科学决策。

第九十七条 董事会应当确定其运用本行资产作出的风险投资权限,建立严格的审查和决策程序,重大投资项目应当组织有关专家、专业人员进行评审,并报股东大会批准。

股东大会授权董事会行使不超过本行净资产20%的单笔股权投资权(以最近一次审计后的净资产为准)。超过以上规模的投资活动由股东大会批准。

第九十八条 董事长和副董事长由本行董事担任,以全体董事的过半数选举产生和罢免。

第九十九条 董事长行使下列职权:

（一）主持股东大会和召集、主持董事会会议；

（二）督促、检查董事会决议的执行；

（三）签署本行股票、本行债券及其他有价证券；

（四）签署董事会重要文件和其他应由本行法定代表人签署的其他文件；

（五）行使法定代表人的职权；

（六）在发生特大自然灾害等不可抗力的紧急情况下，对本行事务行使符合法律规定和本行利益的特别处置权，并在事后向本行董事会和股东大会报告；

（七）董事会授予的其他职权。

第一百条 董事长不能履行职权时，董事长应当指定副董事长代行其职权。

第一百零一条 董事会每年至少召开两次会议，由董事长召集，于会议召开十日以前书面通知全体董事。

第一百零二条 有下列情形之一的，董事长应在三十个工作日内召集临时董事会会议：

（一）董事长认为必要时；

（二）三分之一以上董事联名提议时；

（三）监事会提议时；

（四）行长提议时。

第一百零三条 董事会召开临时董事会会议的通知方式为：书面通知；通知时限为十天。

如有本章第一百零二条第（二）、（三）、（四）规定的情形，董事长不能履行职责时，应当指定一名副董事长或者一名董事代其召集临时董事会会议；董事长无故不履行职责，亦未指定具体人员代其行使职责的，可由副董事长或者二分之一以上的董事共同推举一名董事负责召集会议。

第一百零四条 董事会会议通知包括以下内容：

（一）会议日期和地点；

（二）会议期限；

（三）事由及议题；

（四）发出通知的日期。

第一百零五条 董事会会议应当由二分之一以上的董事出席方可举行。每一董事享有一票表决权。董事会作出决议，必须经全体董事的过半数通过。

第一百零六条 董事会临时会议在保障董事充分表达意见的前提下，可以用传真方式进行并作出决议，并由参会董事签字。

第一百零七条 董事会会议应当由董事本人出席，董事因故不能出席的，可以书面委托其他董事代为出席。

委托书应当载明代理人的姓名，代理事项、权限和有效期限，并由委托人签名或盖章。

代为出席会议的董事应当在授权范围内行使董事的权利。董事未出席董事会会议，亦未委托代表出席的，视为放弃在该次会议上的投票权。

第一百零八条 董事会决议表决方式为：举手表决。每名董事有一票表决权。

第一百零九条 董事会会议应当有记录，出席会议的董事和记录人，应当在会议记录上签名。出席会议的董事有权要求在记录上对其在会议上的发言作出说明性记载。董事会会议记录作为本行档案由董事会秘书保存，保存期限为永久保存。

第一百一十条 董事会会议记录包括以下内容：

（一）会议召开的日期、地点和召集人姓名；
（二）出席董事的姓名以及受他人委托出席董事会的董事（代理人）姓名；
（三）会议议程；
（四）董事发言要点；
（五）每一决议事项的表决方式和结果（表决结果应载明赞成、反对或弃权的票数）。

第一百一十一条 董事应当在董事会决议上签字并对董事会的决议承担责任。董事会决议违反法律、法规或者章程，致使本行遭受损失的，参与决议的董事对本行负赔偿责任。但经证明在表决时曾表明异议并记载于会议记录的，该董事可以免除责任。

第一百一十二条 本行根据需要可设独立董事，独立董事不得由下列人员担任：
（一）本行股东或股东单位人员；
（二）本行的内部人员；
（三）与本行关联人或本行管理层有利益关系的人员。

第三节　董事会秘书

第一百一十三条 董事会设董事会秘书。董事会秘书是本行高级管理人员，对董事会负责。

第一百一十四条 董事会秘书应具备以下条件：
（一）秘书应由具有大学专科以上学历，从事秘书、管理、股权事务等工作三年以上的自然人担任；
（二）秘书应掌握有关财务、税收、法律、金融、企业管理等方面专业知识，具有良好的个人品质，严格遵守有关法律、法规及职业操守，能够忠诚地履行职责，并具有良好的沟通技巧和灵活的处事能力。

董事会秘书由董事会委任，董事会委任另一授权人，他（她）在秘书不能履行职责时代为其行使职责。

本章程第七十八条规定不得担任本行董事的情形适用于董事会秘书。

第一百一十五条 董事会秘书的主要职责是：
（一）准备和递交国家有关部门要求的董事会和股东大会出具的报告和文件；
（二）筹备董事会会议和股东大会，并负责会议的记录和会议文件、记录的保管；
（三）负责本行信息披露事务，保证本行信息披露的及时、准确、合法、真实和完整；
（四）保证有权得到本行有关记录和文件的人及时得到有关文件和记录；
（五）本行章程和本行股票上市的证券交易所上市规则所规定的其他职责。

第一百一十六条 本行董事或者其他高级管理人员可以兼任本行董事会秘书。本行聘请的会计师事务所的注册会计师和律师事务所的律师不得兼任本行董事会秘书。

第一百一十七条 董事会秘书由董事长提名，经董事会聘任或者解聘。董事兼任董事会秘书的，如某一行为需由董事、董事会秘书分别作出时，则该兼任董事及本行董事会秘书的人不得以双重身份作出。

第六章　行　长

第一百一十八条 本行设行长一名，由董事会聘任或解聘。董事可受聘兼任行长、副行长、行长助理或者其他高级管理人员，但兼任行长、副行长、行长助理或者其他高级管理人员职务的董事不得超过本行董事总数的二分之一。

第一百一十九条 《公司法》第57条、第58条规定的情形以及被中国证监会确定为市场禁入者,并且禁入尚未解除的人员,不得担任本行的行长、副行长和行长助理。

第一百二十条 行长每届任期三年,行长连聘可以连任。

第一百二十一条 行长对董事会负责,行使下列职权:

(一)主持本行的经营管理工作,并向董事会报告工作;

(二)组织实施董事会决议、本行年度计划和投资方案;

(三)拟定本行内部管理机构设置方案;

(四)拟定本行的基本管理制度;

(五)制订本行的具体规章;

(六)提请董事会聘任或者解聘本行副行长、财务负责人;

(七)聘任或者解聘除应由董事会聘任或者解聘以外的管理人员;

(八)拟定本行职工的工资、福利、奖惩,决定本行职工的聘用和解聘;

(九)提议召开董事会临时会议;

(十)本行章程或董事会授予的其他职权。

第一百二十二条 行长列席董事会会议,非董事行长在董事会上没有表决权。

第一百二十三条 行长应当根据董事会或者监事会的要求,向董事会或者监事会报告本行重大合同的签订、执行情况、资金运用情况和盈亏情况。行长必须保证该报告的真实性。

第一百二十四条 行长拟定有关职工工资、福利、安全工作以及劳动保护、劳动保险、解聘(或开除)本行职工等涉及职工切身利益的问题时,应当事先听取工会和职代会的意见。

第一百二十五条 行长应制订行长工作细则,报董事会批准后实施。

第一百二十六条 行长工作细则包括下列内容:

(一)行长会议召开的条件、程序和参加的人员;

(二)行长、副行长及其他高级管理人员各自具体的职责及其分工;

(三)本行资金、资产运用,签订重大合同的权限,以及向董事会、监事会的报告制度;

(四)董事会认为必要的其他事项。

第一百二十七条 本行行长应当遵守法律、行政法规和本行章程的规定,履行诚信和勤勉的义务。

第一百二十八条 行长可以在任期届满以前提出辞职。有关行长辞职的具体程序和办法由行长与本行之间的劳务合同规定。

第七章 监事会

第一节 监事

第一百二十九条 监事由股东代表和本行职工代表担任。本行职工代表担任的监事不得少于监事人数的三分之一。

第一百三十条 《公司法》第57条、第58条规定的情形以及被中国证监会确定为市场禁入者,并且禁入尚未解除的,不得担任本行的监事。

董事、行长和其他高级管理人员不得兼任监事。

第一百三十一条 监事每届任期三年。股东担任的监事由股东大会选举或更换,本行职工代表担任的监事由本行职工民主选举产生或更换,监事连选可以连任。

第一百三十二条 监事连续二次不能出席监事会会议的,视为不能履行职责,股东大会或工会会员大会应当予以撤换。

第一百三十三条 监事可以在任期届满以前提出辞职,章程第五章有关董事辞职的规定,适用于监事。

第一百三十四条 监事应当遵守法律、行政法规和本行章程的规定,履行诚信和勤勉的义务。

第二节 监事会

第一百三十五条 本行设监事会。监事会由九名监事组成,监事会设监事长一人,监事长不能履行职权时,由其指定一名监事代行其职权。

监事长由监事会全体监事过半数选举产生和罢免。

第一百三十六条 监事会行使下列职权:

(一)检查本行的财务;

(二)对董事、行长和其他高级管理人员执行本行职务时违反法律、法规或者章程的行为进行监督;

(三)当董事、行长和其他高级管理人员的行为损害本行的利益时,要求其予以纠正,必要时向股东大会或国家有关主管机关报告;

(四)提议召开临时股东大会;

(五)列席董事会会议;

(六)本行章程规定或股东大会授予的其他职权。

第一百三十七条 监事会行使职权时,必要时可以聘请律师事务所、会计师事务所等专业性机构给予帮助,由此发生的费用由本行承担。

第一百三十八条 监事会每年至少召开一次会议。会议通知应当在会议召开十日以前书面送达全体监事。

第一百三十九条 监事会会议通知包括以下内容:举行会议的日期、地点和会议期限,事由及议题,发出通知的日期。

第三节 监事会决议

第一百四十条 监事会会议应由二分之一以上的监事出席方可举行。每一位监事享有一票表决权。

第一百四十一条 每一位监事所提议案,监事会均应予以审议。监事会作出的决议必须经全体监事三分之二以上通过才能生效。

第一百四十二条 监事会会议应有记录,出席会议的监事和记录人,应当在会议记录上签名。监事有权要求在记录上对其会议上的发言作出某种说明性记载。监事会会议记录作为本行档案由董事会秘书保存,保存期限为永久保存。

第八章 财务会计制度、利润分配和审计

第一节 财务会计制度

第一百四十三条 本行依照法律、行政法规和国家有关部门的规定,制定本行的财务会计制度。

第一百四十四条 本行在每一会计年度前六个月结束后六十日以内编制本行的中期财务报告;在每一会计年度结束后一百二十日以内编制本行年度财务报告。

第一百四十五条 本行年度财务报告以及进行中期利润分配的中期财务报告,包括下列内容:

(一) 资产负债表;

(二) 利润表;

(三) 利润分配表;

(四) 现金流量表;

(五) 会计报表附注。

本行不进行中期利润分配时,中期财务报告包括上款除第(3)项以外的会计报表及附注。

第一百四十六条 中期财务报告和年度财务报告按照有关法律、法规的规定进行编制。

第一百四十七条 本行除法定的会计账册外,不另立会计账册。本行的资产,不以任何个人名义开立账户存储。

第一百四十八条 本行交纳所得税后的利润,按下列顺序分配:

(一) 弥补上一年度的亏损;

(二) 提取法定公积金百分之十;

(三) 提取法定公益金百分之五至百分之十;

(四) 提取任意公积金;

(五) 支付股东股利。

本行法定公积金累计额为本行注册资本的百分之五十以上时,可以不再提取。提取法定公积金、公益金后,是否提取任意公积金由股东大会决定。本行不在弥补本行亏损和提取法定公积金、公益金之前向股东分配利润。

第一百四十九条 股东大会决议将公积金转为股本时,按股东原有股份比例派送新股。但法定公积金转为股本时,所留存的该项公积金不得少于注册资本的百分之二十五。

第一百五十条 本行股东大会对利润分配方案作出决议后,本行董事会须在股东大会召开后两个月内完成股利(或股份)的派发事项。

第一百五十一条 本行可以采取现金或者股票方式分配股利。

第一百五十二条 本行员工福利基金和奖励基金与经营业绩挂钩,即按利润总额的一定比例在成本中列支并调整纳税。具体比例由董事会在8%—15%之间决定。

第二节 内部审计

第一百五十三条 本行实行内部审计制度,配备专职审计人员,对本行财务收支和经济活动进行内部审计监督。

第一百五十四条 本行内部审计制度和审计人员的职责,应当经董事会批准后实施。审计负责人向董事会负责并报告工作。

第三节 会计师事务所的聘任

第一百五十五条 本行聘用取得"从事证券相关业务资格"的会计师事务所进行会计报表审计、净资产验证及其他相关的咨询服务等业务,聘期一年,可以续聘。

第一百五十六条 本行聘用会计师事务所由股东大会决定。

第一百五十七条 经本行聘用的会计师事务所享有下列权利:

(一) 查阅本行财务报表、记录和凭证,并有权要求本行的董事、行长或者其他高级管理人员提供有关的资料和说明;

(二) 要求本行提供为会计师事务所履行职务所必需的子公司的资料和说明;

（三）列席股东大会，获得股东大会的通知或者与股东大会有关的其他信息，在股东大会上就涉及其作为本行聘用的会计师事务所的事宜发言。

第一百五十八条 如果会计师事务所职位出现空缺，董事会在股东大会召开前，可以委任会计师事务所填补该空缺。

第一百五十九条 会计师事务所的报酬由股东大会决定。董事会委任填补空缺的会计师事务所的报酬，由董事会确定，报股东大会批准。

第一百六十条 本行解聘或者续聘会计师事务所由股东大会作出决定，并在有关的报刊上予以披露，必要时说明更换原因，并报中国证监会和中国注册会计师协会备案。

第一百六十一条 本行解聘或者不再续聘会计师事务所时，提前三十天事先通知会计师事务所，会计师事务所有权向股东大会陈述意见。会计师事务所认为本行对其解聘或者不再续聘理由不当的，可以向中国证监会和中国注册会计师协会提出申诉。会计师事务所提出辞聘的，应当向股东大会说明本行有无不当情事。

第九章 通知和公告

第一节 通 知

第一百六十二条 本行的通知以下列形式发出：

（一）以专人送出；
（二）以传真方式进行；
（三）以邮件方式送出；
（四）以公告方式进行；
（五）本行章程规定的其他形式。

第一百六十三条 本行发出的通知，以公告方式进行的，一经公告，视为所有相关人员收到通知。

第一百六十四条 本行召开股东大会的会议通知，以公告的方式进行。

第一百六十五条 本行召开董事会的会议通知，以邮件或传真方式进行。

第一百六十六条 本行召开监事会的会议通知，以邮件或传真方式进行。

第一百六十七条 本行通知以传真方式进行的，传真当日为送达日期；本行通知以邮件送出的，自交付邮局之日起第五个工作日为送达日期；本行通知以公告方式送出的，第一次公告刊登日为送达日期。

第一百六十八条 因意外遗漏未向某有权得到通知的人送出会议通知或者该人没有收到会议通知，会议及会议作出的决议并不因此无效。

第二节 公 告

第一百六十九条 本行指定《上海证券报》《中国证券报》《证券时报》和《金融时报》为刊登本行公告和其他需要披露信息的报刊。

第十章 合并、分立、解散和清算

第一节 合并或分立

第一百七十条 本行可以依法进行合并或者分立。
本行合并可以采取吸收合并和新设合并两种形式。

第一百七十一条 本行合并或者分立,按照下列程序办理:
(一) 董事会拟订合并或者分立方案;
(二) 股东大会依照章程的规定作出决议;
(三) 各方当事人签订合并或者分立合同;
(四) 依法办理有关审批手续;
(五) 处理债权、债务等各项合并或者分立事宜;
(六) 办理解散登记或者变更登记。

第一百七十二条 本行合并或者分立,合并或者分立各方应当编制资产负债表和财产清单。本行自股东大会作出合并或者分立决议之日起十日内通知债权人,并于三十日内在《上海证券报》《中国证券报》《证券时报》或《金融时报》上公告三次。

第一百七十三条 债权人自接到通知书之日起三十日内,未接到通知书的自第一次公告之日起九十日内,有权要求本行清偿债务或者提供相应的担保。本行不能清偿债务或者提供相应担保的,不进行合并或者分立。

第一百七十四条 本行合并或者分立时,本行董事会应当采取必要的措施保护反对本行合并或者分立的股东的合法权益。

第一百七十五条 本行合并或者分立各方的资产、债权、债务的处理,通过签订合同加以明确规定。

本行合并后,合并各方的债权、债务,由合并后存续的公司或者新设的公司承继。

本行分立前的债务按所达成的协议由分立后的公司承担。

第一百七十六条 本行合并或者分立,登记事项发生变更的,依法向公司登记机关办理变更登记;本行解散的,依法办理注销登记;设立新公司的,依法办理公司设立登记。

第二节 解散和清算

第一百七十七条 有下列情形之一的,本行应当依法解散并进行清算:
(一) 股东大会决议解散;
(二) 因合并或者分立而解散;
(三) 不能清偿到期债务依法宣告破产;
(四) 违反法律、法规被依法责令关闭。

第一百七十八条 本行因有本节前条第(一)项情形而解散的,应当在十五日内成立清算组。清算组人员由股东大会以普通决议的方式选定。

本行因有本节前条(二)项情形而解散的,清算工作由合并或者分立各方当事人依照合并或者分立时签订的合同办理。

本行因有本节前条(三)项情形而解散的,由人民法院依照有关法律的规定,组织股东、有关机关及专业人员成立清算组进行清算。

本行因有本节前条(四)项情形而解散的,由有关主管机关组织股东,有关机关及专业人员成立清算组进行清算。

第一百七十九条 清算组成立后,董事会、行长的职权立即停止。清算期间,本行不得开展新的经营活动。

第一百八十条 清算组在清算期间行使下列职权:
(一) 通知或者公告债权人;

（二）清理本行财产、编制资产负债表和财产清单；

（三）处理本行未了结的业务；

（四）清缴所欠税款；

（五）清理债权、债务；

（六）处理本行清偿债务后的剩余财产；

（七）代表本行参与民事诉讼活动。

第一百八十一条 清算组应当自成立之日起十日内通知债权人，并于六十日内在至少一种中国证监会指定的报刊上公告三次。

第一百八十二条 债权人应当在章程规定的期限内向清算组申报其债权。债权人申报债权时，应当说明债权的有关事项，并提供证明材料。清算组应当对债权进行登记。

第一百八十三条 清算组在清理本行财产、编制资产负债表和财产清单后，应当制定清算方案，并报股东大会或者有关主管机关确认。

第一百八十四条 本行财产按下列顺序清偿：

（一）支付清算费用；

（二）支付本行职工工资和劳动保险费用；

（三）交纳所欠税款；

（四）清偿本行债务；

（五）按股东持有的股份比例进行分配。

本行财产未按前款第（一）至（四）项规定清偿前，不分配给股东。

第一百八十五条 清算组在清理本行资产、编制资产负债表和财产清单后，认为本行财产不足清偿债务的，应当向人民法院申请宣告破产。本行经人民法院宣告破产后，清算组应当将清算事务移交给人民法院。

第一百八十六条 清算结束后，清算组应当制作清算报告，以及清算期间收支报表和财务账册，报股东大会或者有关主管机关确认。

清算组应当自股东大会或者有关主管机关对清算报告确认之日起三十日内，依法向公司登记机关办理注销本行登记，并公告本行终止。

第一百八十七条 清算组人员应当忠于职守，依法履行清算义务，不得利用职权收受贿赂或者其他非法收入，不得侵占本行财产。

清算组人员因故意或者重大过失给本行或者债权人造成损失的，应当承担赔偿责任。

第十一章 修改章程

第一百八十八条 有下列情形之一的，本行应当修改章程：

（一）《公司法》或有关法律、行政法规修改后，章程规定的事项与修改后的法律、行政法规的规定相抵触；

（二）本行的情况发生变化，与章程记载的事项不一致；

（三）股东大会决定修改章程。

第一百八十九条 股东大会决议通过的章程修改事项应经主管机关审批的，须报原审批的主管机关批准；涉及本行登记事项的，依法办理变更登记。

第一百九十条 董事会依照股东大会修改章程的决议和有关主管机关的审批意见修改本行章程。

第一百九十一条　章程修改事项属于法律、法规要求披露的信息，按规定予以公告。

第十二章　附　则

第一百九十二条　董事会可依照章程的规定，制定章程细则。章程细则不得与章程的规定相抵触。

第一百九十三条　本章程以中文书写，其他任何语种或不同版本的章程与本章程有歧义时，以在上海市工商行政管理局最近一次核准登记后的中文版章程为准。

第一百九十四条　本章程所称"以上""以内""以下"，都含本数；"不满""以外"不含本数。

第一百九十五条　章程由本行董事会负责解释。

上海浦东发展银行股份有限公司章程(2002年修订)

第一章　总　则

第一条　为维护上海浦东发展银行股份有限公司(以下简称"本行")、股东和相关利益者的合法权益，规范本行的组织和行为，根据《中华人民共和国公司法》(以下简称《公司法》)、《中华人民共和国商业银行法》(以下简称《商业银行法》)和其他有关规定，制定本章程。

第二条　本行系依照《股份有限公司规范意见》《上海市股份有限公司暂行规定》和其他有关规定于一九九二年十月十九日成立的股份公司。

本行经中国人民银行银复〔1992〕601号文批准，以定向募集方式设立；在上海市工商行政管理局注册登记，取得营业执照。

第三条　本行于一九九九年九月二十日经中国证券监督管理委员会批准，首次向社会公众发行人民币普通股四亿股，并于一九九九年十一月十日在上海证券交易所上市。

第四条　本行注册名称：中文全称上海浦东发展银行股份有限公司，简称"上海浦东发展银行"或"浦发银行"。英文全称 Shanghai Pudong Development Bank CO.,LTD.,缩写为 SPDB。

第五条　本行总行设在上海市，本行住所：上海市中山东一路12号，邮编200002。

第六条　本行注册资本为人民币24.1亿元。

第七条　本行为永久存续的股份有限公司。

第八条　董事长为本行的法定代表人。

第九条　本行全部资产分为等额股份，股东以其所持股份为限对本行承担责任，本行以全部资产对本行的债务承担责任。

第十条　本行章程自生效之日起，即成为规范本行的组织与行为，规范本行与股东、股东与股东之间权利义务关系的，具有法律约束力的文件。股东可以依据本行章程起诉本行；本行可以依据本行章程起诉股东、董事、监事、行长和其他高级管理人员；股东可以依据本行章程起诉股东；股东可以依据本行章程起诉本行的董事、监事、行长和其他高级管理人员。

第十一条　本章程所称其他高级管理人员是指本行的副行长、董事会秘书、财务总监。

本行的董事长、副董事长、监事长、行长、副行长以及分支行的行长、副行长，必须具备中国人民银行规定的任职资格并经其核准。

第十二条　根据业务发展需要，经中国人民银行审查批准，本行可在国内外设立分支机构。本行设在国外的分支机构可依所在地法令经营许可的业务。

本行实行一级法人、分级经营的管理体制,分支机构不具有法人资格,在总行的授权范围内依法开展业务,其民事责任由总行承担。总行对各分行的主要人事任免、业务政策、综合计划、基本规章制度和涉外事务等实行统一领导和管理,对分支机构实行统一管理、统一调度资金、分级核算的财务制度。

第二章 经营宗旨和范围

第十三条 本行的经营宗旨为:根据平等、自愿、公平和诚实信用原则,依法开展各项商业银行业务;在审慎经营、稳健发展的前提下,为股东及相关利益者谋取最大经济利益,并以此促进和支持国民经济发展和社会全面进步。

本行以效益性、安全性、流动性为经营原则,实行自主经营,自担风险,自负盈亏,自我约束。

第十四条 经中国人民银行批准,并经本行登记机关核准,本行经营范围是:

(一) 吸收公众存款;
(二) 发放短期、中期和长期贷款;
(三) 办理国内外结算;
(四) 办理票据贴现;
(五) 发行金融债券;
(六) 代理发行、代理兑付、承销政府债券;
(七) 买卖政府债券;
(八) 从事同业拆借;
(九) 买卖、代理买卖外汇;
(十) 提供信用证服务及担保;
(十一) 代理收付款项及代理保险业务;
(十二) 提供保管箱服务;
(十三) 提供资信调查、咨询见证业务;
(十四) 经中国人民银行批准的其他业务。

第三章 股 份

第一节 股 份 发 行

第十五条 本行的股份采取股票的形式。

第十六条 本行发行的所有股份均为普通股。

第十七条 本行股份的发行,实行公开、公平、公正的原则,同股同权、同股同利。

第十八条 本行发行的股票,以人民币标明面值,每股一元。

第十九条 本行的股份,在中国证券登记结算有限责任公司上海分公司集中托管。

第二十条 本行经批准发行的普通股总数为24.1亿股,其中向发起人发行7.89亿股,占本行可发行普通股总数的32.7%。

第二十一条 本行的股本结构为:普通股24.1亿股,其中发起人持有7.89亿股,其他内资股股东持有16.21亿股。

第二十二条 本行或本行的分支机构不以赠予、垫资、担保、补偿或贷款等形式,对购买或者拟购买本行股份的人提供任何资助。

第二节 股份增减和回购

第二十三条 本行根据经营和发展的需要,依照法律、法规的规定,经股东大会分别作出决议,并报经有关主管部门批准,可以采用下列方式增加资本:

(一)向社会公众发行股份;

(二)向现有股东配售股份;

(三)向现有股东派送红股;

(四)以公积金转增股本;

(五)法律、行政法规规定以及国务院证券主管部门批准的其他方式。

第二十四条 根据本行章程的规定,本行可以减少注册资本。本行减少注册资本,按照《公司法》和《商业银行法》以及其他有关规定和本行章程规定的程序办理。

第二十五条 本行在下列情况下,经本行章程规定的程序通过,并报国家有关主管机构批准后,可以购回本行的股票:

(一)为减少本行资本而注销股份;

(二)与持有本行股票的其他公司合并。

除上述情形外,本行不进行买卖本行股票的活动。

第二十六条 本行购回股份,可以下列方式之一进行:

(一)向全体股东按照相同比例发出购回要约;

(二)通过公开交易方式购回;

(三)法律、行政法规规定和国务院证券主管部门批准的其他情形。

第二十七条 本行购回本行股票后,自完成回购之日起十日内注销该部分股份,并向工商行政管理部门申请办理注册资本的变更登记并公告。

第三节 股份转让

第二十八条 本行的股份可以依法转让。

法人股的转让需符合中国人民银行的有关规定。每一位个人股东持有的本行普通股票,不得超过本行普通股票总额的0.5%。每一法人直接或间接持有本行股份达到9%并拟继续增持时,需向本行和中国人民银行报告,经中国人民银行批准后方可超过10%。

第二十九条 本行不接受本行的股票作为质押权的标的。

第三十条 发起人持有的本行股票,自本行成立之日起三年以内不得转让。董事、监事、行长以及其他高级管理人员应当在其任职期间内,定期向本行申报其所持有的本行股份;在其任职期间以及离职后六个月内不得转让其所持有的本行股份。

第三十一条 持有本行百分之五以上有表决权股份的股东,将其所持有的本行股票在买入之日起六个月以内卖出,或者在卖出之日起六个月以内又买入的,由此获得的利润归本行所有。

前款规定适用于持有本行百分之五以上有表决权股份的法人股东的董事、监事、行长和其他高级管理人员。

第四章 股东和股东大会

第一节 股 东

第三十二条 本行股东为依法持有本行股份的人。

股东按其所持有股份的种类享有权利,承担义务;持有同一种类股份的股东,享有同等权利,承担同种义务。

第三十三条 股东名册是证明股东持有本行股份的充分证据。

第三十四条 本行依据中国证券登记结算有限责任公司上海分公司提供的凭证建立股东名册,并定期查询主要股东资料及主要股东的持股变更(包括股权的出质)情况,及时掌握公司的股权结构。

第三十五条 本行召开股东大会、分配股利、清算及从事其他需要确认股权的行为时,由董事会决定某一日为股权登记日,股权登记日结束时的在册股东为本行股东。

第三十六条 本行股东享有下列权利:

(一) 依照其所持有的股份份额获得股利和其他形式的利益分配;

(二) 参加或者委派代理人参加股东会议;

(三) 依照其所持有的股份份额行使表决权;

(四) 对本行的经营行为进行监督,提出建议或者质询;

(五) 依照法律、行政法规及本行章程的规定转让、赠予或质押其所持有的股份;

(六) 依照法律、本行章程的规定获得有关信息,包括:

1. 缴付成本费用后得到本行章程;

2. 缴付合理费用后有权查阅和复印:

(1) 本人持股资料;

(2) 股东大会会议记录;

(3) 年度报告、中期报告和季度报告;

(4) 本行股本总额、股本结构。

(七) 本行终止或者清算时,按其所持有的股份份额参加本行剩余财产的分配;

(八) 法律、行政法规及本行章程所赋予的其他权利。

第三十七条 股东提出查阅前条所述有关信息或者索取资料的,应当向本行提供证明其持有本行股份的种类以及持股数量的书面文件,本行经核实股东身份后按照股东的要求予以提供。

第三十八条 股东大会、董事会的决议违反法律、行政法规的规定,侵犯股东合法权益,股东有权依法提起要求停止上述违法行为或侵害行为的诉讼。

第三十九条 本行股东承担下列义务:

(一) 遵守本行章程;

(二) 依其所认购的股份和入股方式缴纳股金;

(三) 除法律、法规规定的情形外,不得退股;

(四) 法律、行政法规及本行章程规定应当承担的其他义务。

第四十条 本行资本充足率低于法定标准时,股东应支持董事会提出的提高资本充足率的措施。

第四十一条 本行股东中,如发生法定代表人、公司名称、注册地址、业务范围等重大事项的变更时,应及时报告本行的股权登记部门,同时由本行报中国人民银行备案。

第四十二条 持有本行百分之一以上有表决权股份的股东,将其持有的股份进行质押的,应当自该事实发生之日起三个工作日内,向本行作出书面报告。

第四十三条 本行的控股股东对本行和其他股东负有诚信义务,应当严格按照法律、法规、规章及本章程的规定行使股东权利和承担相应的义务。

（一）控股股东对本行的董事、监事候选人的提名，应严格遵循法律、法规和本章程规定的条件和程序；不得对股东大会人事选举决议和董事会人事聘任决议履行任何批准手续；不得越过股东大会、董事会任免本行的高级管理人员；

（二）控股股东不得直接或间接干预本行的决策及依法开展的经营活动，损害银行及其他股东的权益；

（三）控股股东应尊重本行财务的独立性，不得干预本行的财务、会计活动；

（四）控股股东及其下述机构不得向本行下达任何经营计划和指令，也不得以其他任何形式影响本行经营管理的独立性；

第四十四条 本章程所称"控股股东"是指具备下列条件之一的股东：

（一）此人单独或者与他人一致行动时，可以选出半数以上的董事；

（二）此人单独或者与他人一致行动时，可以行使本行百分之三十以上的表决权或者可以控制本行百分之三十以上表决权的行使；

（三）此人单独或者与他人一致行动时，持有本行百分之三十以上的股份；

（四）此人单独或者与他人一致行动时，可以以其他方式在事实上控制本行。

本条所称"一致行动"是指两个或者两个以上的人以协议的方式（不论口头或者书面）达成一致，通过其中任何一人取得对本行的投票权，以达到或者巩固控制本行的目的的行为。

第二节 股东大会

第四十五条 股东大会是本行的权力机构，依法行使下列职权：

（一）决定公司经营方针和投资计划；

（二）选举和更换董事，决定有关董事的报酬事项；

（三）选举和更换由股东代表出任的监事，决定有关监事的报酬事项；

（四）审议批准董事会的报告；

（五）审议批准监事会的报告；

（六）审议批准本行的年度财务预算方案、决算方案；

（七）审议批准本行的利润分配方案和弥补亏损方案；

（八）审议变更募集资金投向；

（九）审议批准单笔超过本行最近经审计净资产值20%的关联交易；

（十）审议批准单笔超过本行最近经审计净资产值20%的收购或出售资产事项；

（十一）对本行增加或者减少注册资本作出决议；

（十二）对发行本行债券作出决议；

（十三）对本行合并、分立、解散和清算等事项作出决议；

（十四）修改公司章程；

（十五）对公司聘用、解聘会计师事务所作出决议；

（十六）审议代表公司发行在外有表决权股份总数的百分之五以上的股东的提案；

（十七）审议法律、法规和公司章程规定应当由股东大会决定的其他事项。

第四十六条 股东大会分为股东年会和临时股东大会。股东年会每年至少召开一次，并应于上一个会计年度完结之后的六个月之内举行。因特殊情况需延期召开的，应当及时报告监管部门，说明延期召开的事由。

第四十七条 有下列情形之一的,本行在事实发生之日起两个月以内召开临时股东大会:

(一) 董事人数不足《公司法》规定的法定最低人数,或者少于章程所定人数的三分之二时;

(二) 本行未弥补的亏损达股本总额的三分之一时;

(三) 单独或者合并持有本行有表决权股份总数百分之十(不含投票代理权)以上的股东书面请求时;

(四) 董事会认为必要时;

(五) 监事会提议召开时;

(六) 本行章程规定的其他情形。

前述第(三)项持股股数按股东提出书面要求日计算。

第四十八条 临时股东大会只对通知中列明的事项作出决议。

第四十九条 股东大会会议由董事会依法召集,由董事长主持。董事长因故不能履行职务时,由董事长指定的副董事长或其他董事主持;董事长和副董事长均不能出席会议,董事长也未指定人选的,由董事会指定一名董事主持会议;董事会未指定会议主持人的,由出席会议的股东共同推举一名股东主持会议;如果因任何理由,股东无法主持会议,应当由出席会议的持有最多表决权股份的股东(或股东代理人)主持。

第五十条 本行召开股东大会,董事会应当在会议召开三十日以前以公告方式通知各股东。会议通知发出后,董事会不得再提出会议通知中未列出事项的新提案,对原有提案的修改应当在股东大会召开的前十五日内公告。否则,会议召开日期应当顺延,保证至少有十五天的时间间隔。

拟出席股东大会的股东,应当于会议召开二十日前,将出席会议的书面回复送达本行。本行根据股东大会召开前二十日时收到的书面回复,计算拟出席会议的股东所代表的有表决权的股份数。拟出席会议的股东所代表的有表决权的股份数达到本行有表决权的股份总数二分之一以上的,本行可以召开股东大会;达不到的,本行在五日内将会议拟审议的事项,开会日期和地点以公告形式再次通知股东,经公告通知,本行可以召开股东大会。

第五十一条 股东会议的通知包括以下内容:

(一) 会议的日期、地点和会议期限;

(二) 提交会议审议的事项;

(三) 以明显的文字说明:全体股东均有权出席股东大会,并可以委托代理人出席会议和参加表决,该股东代理人不必是本行的股东;

(四) 有权出席股东大会股东的股权登记日;

(五) 投票代理委托书的送达时间和地点;

(六) 会务常设联系人姓名,电话号码。

第五十二条 股东可以出席股东大会,也可以委托代理人代为出席和表决。股东应当以书面形式委托代理人,由委托人签署或者由其以书面形式委托的代理人签署;委托人为法人的,应当加盖法人印章或者由其正式委任的代理人签署。

第五十三条 个人股东出席会议的,应出示本人身份证和持股凭证;委托代理他人出席会议的,应出示本人身份证、代理委托书和持股凭证。

法人股东应由法定代表人或法定代表人委托的代理人出席会议。法定代表人出席会议的,应出示本人身份证、能证明其具有法定代表人资格的有效证明和持股凭证;委托代理人出席会议的,代理人应出示本人身份证、法人股东单位的法定代表人资格证明及该法定代表人依法出具的书面委托书和持股凭证。

第五十四条 股东出具的委托他人出席股东大会的授权委托书应当载明下列内容：

（一）代理人的姓名；

（二）是否具有表决权；

（三）分别对列入股东大会议程的每一审议事项投赞成、反对或弃权票的指示；

（四）对可能纳入股东大会议程的临时提案是否有表决权，如果有表决权应行使何种表决权的具体指示；

（五）委托书签发日期和有效期限；

（六）委托人签名（或盖章）。委托人为法人股东的，应加盖法人单位印章。

委托书应当注明如果股东不作具体指示，股东代理人是否可以按自己的意思表决。

第五十五条 投票代理委托书至少应当在有关会议召开前二十四小时备置于本行住所，或者召集会议的通知中指定的其他地方。委托书由委托人授权他人签署的，授权签署的授权书或者其他授权文件应当经过公证。经公证的授权书或者其他授权文件，和投票代理委托书均需备置于本行住所或者召集会议的通知中指定的其他地方。委托人为法人的，由其法定代表人或者董事会、其他决策机构决议授权的人作为代表出席本行的股东会议。

第五十六条 出席会议人员的登记册由本行负责制作。登记册载明参加会议人员姓名（或单位名称）、持有或者代表有表决权的股份数额等事项。

第五十七条 单独或合并持有本行有表决权总数百分之十以上的股东（下称"提议股东"）、独立董事或者监事会提议董事会召开临时股东大会时，应符合法律、法规和《公司章程》和股东大会议事规则的规定。

第五十八条 提议股东决定自行召开临时股东大会的，应当书面通知董事会，报本行所在地中国证监会派出机构和证券交易所备案后，发出召开临时股东大会的通知，其内容应符合以下规定：

（一）提案内容不得增加新的内容，否则提议股东应按上述程序重新向董事会提出召开临时股东大会的请求；

（二）会议地点应当为本行所在地。

第五十九条 对于提议股东决定自行召开的临时股东大会，董事会及董事会秘书应切实履行职责。董事会应当保证会议的正常秩序，会议费用的合理开支应由本行承担。会议召开程序应当符合以下规定：

（一）会议由董事会负责召集，董事会秘书必须出席会议，董事、监事应当出席会议；董事长负责主持会议，董事长因特殊原因不能履行职责时，由副董事长或者其他董事主持；

（二）董事会应当聘请有证券从业资格的律师，按照本章程第八十二条的规定，出具法律意见；

（三）召开程序应当符合本章程的规定，董事会未能指定董事主持股东大会的，提议股东在报所在地中国证监会派出机构备案后，会议由提议股东主持；提议股东应当聘请有证券从业资格的律师，按照本章程第八十二条的规定出具法律意见，律师费用由提议股东自行承担；董事会秘书应切实履行职责，其余召开程序应当符合本章程相关条款的规定。

第六十条 股东大会召开的会议通知发出后，除有不可抗力或者其他意外事件等原因，董事会不得变更股东大会召开的时间；因不可抗力确需变更股东大会召开时间的，不应因此而变更股权登记日。

第六十一条 董事会人数不足《公司法》规定的法定最低人数，或者少于章程规定人数的三分之二,或者本行未弥补亏损额达到股本总额的三分之一,董事会未在规定期限内召集临时股东大会的,监事会或者股东可以按照本章第五十八条规定的程序自行召集临时股东大会。

第三节 股东大会提案

第六十二条 本行召开股东大会,持有或者合并持有本行发行在外有表决权股份总数百分之五以上的股东,有权向本行提出新提案。

第六十三条 股东大会提案应当符合下列条件:

(一)内容与法律、法规和章程的规定不相抵触,并且属于本行经营范围和股东大会职责范围;

(二)有明确议题和具体决议事项;

(三)以书面形式提交或送达董事会。

第六十四条 本行董事会应当以本行和股东的最大利益为行为准则,按照本节第六十三条的规定对股东大会提案进行审查。

第六十五条 董事会决定不将股东大会提案列入会议议程的,应当在该次股东大会上进行解释和说明,并将提案内容和董事会的说明在股东大会结束后与股东大会决议一并公告。

第六十六条 提出提案的股东对董事会不将其提案列入股东大会会议议程的决定持有异议的,可以按照本章程第五十八条的规定程序要求召集临时股东大会。

第四节 股东大会决议

第六十七条 股东(包括股东代理人)以其所代表的有表决权股份数额行使表决权,每一股份享有一票表决权。

第六十八条 股东大会可以采取通信表决方式进行,但年度股东大会和应股东或监事会的要求提议召开的股东大会不得采取通信表决方式;临时股东大会审议第四十五条第(七)、(八)、(九)、(十)、(十一)、(十二)、(十三)、(十四)、(十五)款事项时,不得采取通信表决方式。

第六十九条 股东大会决议分为普通决议和特别决议。股东大会作出普通决议,应当由出席股东大会的股东(包括股东代理人)所持表决权的二分之一以上通过。股东大会作出特别决议,应当由出席股东大会的股东(包括股东代理人)所持表决权的三分之二以上通过。

第七十条 下列事项由股东大会以普通决议通过:

(一)董事会和监事会的工作报告;

(二)董事会拟定的利润分配方案和弥补亏损方案;

(三)董事会和监事会成员的任免及其报酬和支付方法;

(四)本行年度预算方案、决算方案;

(五)本行年度报告;

(六)除法律、行政法规规定或者本行章程规定应当以特别决议通过以外的其他事项。

第七十一条 下列事项由股东大会以特别决议通过:

(一)本行增加或者减少注册资本;

(二)发行本行债券;

(三)本行的分立、合并、解散和清算;

(四)本行章程的修改;

(五)回购本行股票;

(六)本行章程规定和股东大会以普通决议认定会对本行产生重大影响的、需要以特别决议通过的其他事项。

第七十二条 非经股东大会以特别决议批准,本行不得与董事、行长和其他高级管理人员以外的人订立将本行全部或者重要业务的管理交予该人负责的合同。

第七十三条 董事候选人和由股东代表担任的监事候选人,可以分别由上一届董事会、监事会、单独持有或合并持有本行发行在外有表决权股份总数百分之十以上的股东提名。

同一股东不得向股东大会同时提名董事和监事的人选;同一股东提名的董事(监事)人选已担任董事(监事)事务,在其任职期届满前,该股东不得再提名监事(董事)候选人。

由本行职工代表担任的监事候选人由本行工会会员代表大会推荐。

董事、监事候选人名单以提案的方式提请股东大会决议。

董事会、监事会或提名股东应当向股东大会提供候选董事、监事的简历和基本情况。

第七十四条 董事、监事提名的方式和程序为:

(一)在章程规定的人数范围内,按照拟选任的人数,由前任董事会提出选任董事的建议名单,经董事会决议通过后,由董事会向股东大会提出董事候选人提交股东大会选举;由前任监事会提出拟由股东代表出任的监事的建议名单,经监事会决议通过后,由监事会向股东大会提出由股东代表出任的监事候选人提交股东大会选举。

(二)持有或者合并持有公司发行在外有表决权股份总数的百分之十以上的股东可以向公司董事会提出董事候选人或由股东代表出任的监事候选人,但提名的人数必须符合本章程的规定,并且不得多于拟选人数。

(三)公司董事会、监事会、持有或者合并持有公司已发行股份百分之一以上的股东可以提出独立董事候选人,但提名的人数必须符合本章程的规定,并且不得多于拟选人数。独立董事的提名人在提名前应当征得被提名人的同意。提名人应当充分了解被提名人职业、学历、职称、工作经历、兼职等情况,并对其担任独立董事的资格和独立性发表意见,被提名人应当就其本人与公司之间不存在任何影响其独立客观判断的关系发表公开声明。在选举独立董事的股东大会召开前,公司董事会应当按照规定公布上述内容。

股东大会审议董事、监事选举的议案,应当对每一个董事、监事候选人逐个进行表决。

第七十五条 股东大会采取记名方式投票表决。

每一审议事项的表决投票,应当至少有两名股东代表和一名监事参加清点,并由清点人代表当场公布表决结果。

第七十六条 会议主持人根据表决结果决定股东大会的决议是否通过,并应当在会上宣布表决结果。决议的表决结果载入会议记录。

第七十七条 会议主持人如果对提交表决的决议结果有任何怀疑,可以对所投票数进行点算;如果会议主持人未进行点票,出席会议的股东或者股东代理人对会议主持人宣布结果有异议的,有权在宣布表决结果后立即要求点票,会议主持人应当即时点票。

第七十八条 股东大会审议有关关联交易事项时,关联股东不应当参与投票表决,其所代表的有表决权的股份数不计入有效表决总数;股东大会决议的公告应当充分披露非关联股东的表决情况。如有特殊情况关联股东无法回避时,本行在征得有权部门的同意后,可以按照正常程序进行表决,并在股东大会决议公告中作出详细说明。

第七十九条 除涉及本行商业秘密不能在股东大会上公开外,董事会和监事会应当对股东的质询和建议作出答复或说明。

第八十条 股东大会应有会议记录。会议记录记载以下内容:

（一）出席股东大会的有表决权的股份数，占本行总股份的比例；
（二）召开会议的日期、地点；
（三）会议主持人姓名、会议议程；
（四）各发言人对每个审议事项的发言要点；
（五）每一表决事项的表决结果；
（六）股东的质询意见、建议及董事会、监事会的答复或说明等内容；
（七）股东大会认为和本行章程规定应当载入会议记录的其他内容。

第八十一条　股东大会记录由出席会议的董事和记录员签名，并作为本行档案由董事会秘书保存，保存期为永久保存。

第八十二条　本行董事会应聘请有证券从业资格的律师出席股东大会，对以下问题出具意见并公告：
（一）股东大会的召集、召开程序是否符合法律法规的规定，是否符合《公司章程》；
（二）验证出席会议人员资格的合法有效性；
（三）验证年度股东大会提出新提案的股东的资格；
（四）股东大会的表决程序是否合法有效；
（五）应本行要求对其他问题出具法律意见。

第五章　董　事　会

第一节　董　　事

第八十三条　本行董事为自然人。董事无需持有本行股份。

第八十四条　《公司法》第五十七条、第五十八条规定的情形以及被中国证监会确定为市场禁入者，并且禁入尚未解除的人员，不得担任本行的董事。

第八十五条　董事由股东大会选举或更换，任期三年，可连选连任。董事在任期届满以前，股东大会不得无故解除其职务。

董事任期从股东大会决议确定之日起计算，至本届董事会任期届满时为止。

第八十六条　董事候选人应在公司股东大会召开之前作出书面承诺，同意接受提名，承诺公开披露的董事候选人的资料真实、完整并保证当选后切实履行董事职责。

第八十七条　董事应当遵守法律、法规和本行章程的规定，忠实履行职责，维护本行利益。当其自身的利益与本行和股东的利益相冲突时，应当以本行和股东的最大利益为行为准则，并保证：
（一）在其职责范围内行使权利，不得越权；
（二）除经本行章程规定或者股东大会在知情的情况下批准，不得同本行订立合同或者进行交易；
（三）不得利用内幕信息为自己或他人谋取利益；
（四）不得自营或者为他人经营与本行同类的营业或者从事损害本行利益的活动；
（五）不得利用职权收受贿赂或者其他非法收入，不得侵占本行的财产；
（六）不得挪用资金或者将本行资金借贷给他人；
（七）不得利用职务便利为自己或他人侵占或者接受本应属于本行的商业机会；
（八）未经股东大会在知情的情况下批准，不得接受与本行交易有关的佣金；
（九）不得将本行资产以其个人名义或者以其他个人名义开立账户储存；

（十）不得以本行资产为本行的股东或者其他个人债务提供担保；

（十一）未经股东大会在知情的情况下同意，不得泄露在任职期间所获得的涉及本行的机密信息；但在下列情形下，可以向法院或者其他政府主管机关披露该信息：

1. 法律有规定；
2. 公众利益有要求；
3. 该董事本身的合法利益有要求。

第八十八条 董事应保证有足够的时间和精力履行其应尽的职责，并应当谨慎、认真、勤勉地行使本行所赋予的权利，以保证：

（一）本行的商业行为符合国家的法律、行政法规以及国家各项经济政策的要求，商业活动不超越营业执照规定的业务范围；

（二）公平对待所有股东；

（三）认真阅读本行的各项商务、财务报告，及时了解本行业务经营管理状况；

（四）行使被合法赋予的本行管理处置权，不得受他人操纵；非经法律、行政法规允许或者得到股东大会在知情的情况下批准，不得将其处置权转授他人行使；

（五）授受监事会对其履行职责的合法监督和合理建议。

第八十九条 未经本行章程规定或者董事会的合法授权，任何董事不得以个人名义代表本行或者董事会行事，董事以其个人名义行事时，在第三方会合理地认为董事在代表本行或者董事会行事的情况下，该董事应事先声明其立场和身份。

第九十条 董事个人或者其所任职的其他企业直接或者间接与本行已有的或者计划中的合同、交易、安排有关联关系时（聘任合同除外），不论有关事项在一般情况下是否需要董事会批准同意，均应当尽快向董事会披露其关联关系的性质和程度。除非有关联关系的董事按照本条前款的要求向董事会作了披露，并且董事会在不将其计入法定人数、该董事亦未参加表决的会议上批准了该事项，本行有权撤销该合同、交易或者安排，但在对方是善意第三人的情况下除外。

第九十一条 董事在履行本节第九十条规定的义务时，应将有关情况向董事会作出书面陈述，由董事会依据上海证券交易所《股票上市规则》的规定，确定董事在有关交易中是否构成关联人士。

董事会会议在不将有关联关系的董事计入法定人数的情况下，进行审议表决，作出决议。

董事会会议记录及董事会决议应写明有关联关系的董事未计入法定人数、未参加表决的情况。

第九十二条 如果本行董事在本行首次考虑订立有关合同、交易、安排前以书面形式通知董事会，声明由于通知所列的内容，本行日后达成的合同、交易、安排与其有利益关系，则在通知阐明的范围内，有关董事视为做了本章前款所规定的披露。

第九十三条 董事应以认真负责的态度出席董事会，对所议事项表达明确的意见。董事确实无法出席董事会的，可以书面形式委托其他董事按委托人的意愿代为投票，委托人应独立承担法律责任。

董事连续次未能出席，也不委托其他董事出席董事会会议，视为不能履行职责，董事会应当建议股东大会予以撤换。

第九十四条 董事可以在任期届满以前提出辞职，董事辞职应当向董事会提交书面辞职报告。

第九十五条 如因董事的辞职导致本行董事会低于法定最低人数时，该董事的辞职报告应当在下任董事填补因其辞职产生的缺额后方能生效。余任董事会应当尽快召集临时股东大会，选举董事填补因董事辞职产生的空缺。在股东大会未就董事选举作出决议以前，该提出辞职的董事以及余任董事会的职权应当受到合理的限制。

第九十六条 董事提出辞职或者任期届满,其对本行和股东负有的义务在其辞职报告尚未生效或者生效后的合理期间内,以及任期结束后的合理期间内并不当然解除,其对本行商业秘密保密的义务在其任职结束后仍然有效,直至该秘密成为公开信息。其他义务的持续期间应当根据公平的原则决定,视事件发生与离任之间时间的长短,以及与公司的关系在何种情况和条件下结束而定。

第九十七条 任职尚未结束的董事,对因其擅自离职使本行造成的损失,应当承担赔偿责任。

第九十八条 本行不以任何形式为董事纳税。

第九十九条 本节有关董事义务的规定,适用于本行监事、行长和其他高级管理人员。

第二节 独 立 董 事

第一百条 本行董事包括独立董事,独立董事中至少包括一名会计专业人士(会计专业人士是指具有高级职称或注册会计师资格的人士)。

独立董事应当符合下列条件:

(一) 根据法律、行政法规及其他有关规定,具备担任上市公司董事的资格;

(二) 不在本行担任除董事以外的其他职务,并与本行及其主要股东不存在可能妨碍其进行独立客观判断的关系;

(三) 具备上市公司运作的基本知识,熟悉相关法律、法规、规章及规则;

(四) 具有五年以上法律、经济或者其他履行独立董事职责所必需的工作经验;

(五) 公司章程规定的其他条件。

第一百零一条 独立董事对本行及全体股东负有诚信与勤勉义务。独立董事应按照相关法律、法规、公司章程的要求,认真履行职责,维护本行整体利益,尤其要关注中小股东的合法权益不受损害。独立董事应独立履行职责,不受本行主要股东、实际控制人以及其他与本行存在利害关系的单位或个人的影响。

第一百零二条 下列人员不得担任本行独立董事:

(一) 在本行任职的人员及其直系亲属、主要社会关系(直系亲属是指配偶、父母、子女等;主要社会关系是指兄弟姐妹、岳父母、儿媳女婿、兄弟姐妹的配偶、配偶的兄弟姐妹等);

(二) 直接或间接持有本行已发行股份1%以上或者是本行前十名股东中的自然人股东及其直系亲属;

(三) 在直接或间接持有本行已发行股5%以上的股东单位或者在本行前五名股东单位任职的人员及其直系亲属;

(四) 最近一年内曾经具有前三项所列举情形的人员;

(五) 为本行提供财务、法律、咨询等服务的人员;

(六) 公司章程规定的其他人员;

(七) 中国证监会认定的其他人员。

第一百零三条 国家机关工作人员不得兼任本行独立董事,且独立董事不得同时兼任两家或两家以上商业银行的独立董事或董事。

第一百零四条 独立董事在本行当选次数不超过有关监管部门的规定,如超过,仍可继续当选董事,但不作为独立董事。

独立董事连续三次未能出席董事会会议的,董事会应当提请股东大会予以撤换。

第一百零五条 独立董事除应当具有公司法和其他相关法律、法规赋予董事的职权外,还具有以下特别职权:

(一)重大关联交易(指本行拟与关联人达成的总额高于本行最近经审计净资产值的5%的关联交易)应由独立董事认可后,提交董事会或执行董事会议讨论;独立董事作出判断前,可以聘请中介机构出具独立财务顾问报告,作为其判断的依据。

(二)向董事会提议聘用或解聘会计师事务所;

(三)向董事会提请召开临时股东大会;

(四)提议召开董事会;

(五)独立聘请外部审计机构和咨询机构;

(六)可以在股东大会召开前公开向股东征集投票权。

独立董事行使上述职权应当取得全体独立董事法定比例以上的同意。如上述提议未被采纳或上述职权不能正常行使,本行应将有关情况予以披露。

独立董事在董事会下设薪酬、提名、审计与关联控制等委员会中,应占有一定比例。

第一百零六条 独立董事应当对以下事项向董事会或股东大会发表独立意见:

(一)提名、任免董事;

(二)聘任或解聘高级管理人员;

(三)本行董事、高级管理人员的薪酬;

(四)本行的股东、实际控制人及其关联企业对本行现有或新发生的总额高于本行最近经审计净资产值的5%(含5%)的借款或其他资金往来,以及本行是否采取有效措施回收欠款;

(五)独立董事认为可能损害中小股东权益的事项;

(六)公司章程规定的其他事项。

独立董事应当就上述事项发表以下几类意见之一:同意;保留意见及其理由;反对意见及其理由;无法发表意见及其障碍。

如有关事项属于需要披露的事项,本行应当将独立董事的意见予以公告,独立董事出现意见分歧无法达成一致时,董事会应将各独立董事的意见分别披露。

第一百零七条 为了保证独立董事有效行使职权,本行应当为独立董事提供必要的条件:

(一)本行应当保证独立董事享有与其他董事同等的知情权。

(二)本行应提供独立董事履行职责所必需的工作条件。

(三)独立董事行使职权时,本行有关人员应当积极配合,不得拒绝、阻碍或隐瞒,不得干预其独立行使职权。

(四)独立董事聘请中介机构的费用及其他行使职权时所需的费用由公司承担。

(五)本行应当给予独立董事适当的津贴。除津贴外,独立董事不应从本行及主要股东或有利害关系的机构和人员取得额外的、未予披露的其他利益。

第一百零八条 独立董事辞职时应在其书面辞职报告中对任何与其辞职有关或其认为有必要引起公司股东和债权人注意的情况进行说明。

第三节 董 事 会

第一百零九条 本行设董事会,对股东大会负责。

第一百一十条 董事会由十九名董事组成,设董事长一人,副董事长两人。

董事长不得由控股股东的法定代表人或主要领导人兼任。

第一百一十一条 董事会行使下列职权：

（一）负责召集股东大会，并向大会报告工作；

（二）执行股东大会的决议；

（三）决定本行的经营计划和投资方案；

（四）制订本行的年度财务预算方案、决算方案；

（五）制订本行的利润分配方案和弥补亏损方案；

（六）制订本行增加或者减少注册资本、发行债券或其他证券及上市方案；

（七）拟订本行重大收购、回购本行股票或者合并、分立和解散方案；

（八）在股东大会授权范围内，决定本行的风险投资、资产抵押及其他担保事项；

（九）决定本行内部管理机构的设置；

（十）聘任或者解聘本行行长、董事会秘书；根据行长的提名，聘任或者解聘本行副行长、财务总监等高级管理人员，并决定其报酬事项和奖惩事项；

（十一）制订本行的基本管理制度；

（十二）建立本行经营管理者股票期权和员工持股等长期激励制度；

（十三）制订本行章程的修改方案；

（十四）管理本行信息披露事项；

（十五）向股东大会提请聘请或更换为本行审计的会计师事务所；

（十六）听取本行长的工作汇报并检查行长的工作；

（十七）决定本行经营管理者奖励基金按利润总额提取的比例；

（十八）审批单笔不超过本行最近经审计净资产值20%（含20%）的关联交易；

（十九）法律、法规或本行章程规定，以及股东大会授予的其他职权。

第一百一十二条 为加强董事会对本行日常经营中的重大事项的管理和决策，董事会建立执行董事会议制度。执行董事会议对董事会负责，依据董事会的授权和决议，在董事会闭会期间履行职责。

执行董事会议成员为在本行担任管理职务的董事，成员由董事长提名，经董事会过半数同意表决通过。

第一百一十三条 执行董事会议根据董事会授权行使下列职责：

（一）检查、督促贯彻董事会决议情况；

（二）定期听取本行经营管理层工作报告；

（三）研究本行重大事项，包括高级管理人员变动、分行级以上机构变动事项等；

（四）行使单笔不超过本行最近经审计净资产值5%（含5%）的固定资产投资、资产抵押及其他担保（银行担保业务除外）事项，且当年累计投资总额不超过本行净资产20%的权限（净资产以最近一次审计后的为准）；

（五）审批单笔不超过本行最近经审计净资产值10%（含10%）的关联交易；

（六）提出需经董事会讨论决定的重大问题的建议和方案；

（七）决定本行员工福利基金和奖励基金按利润总额提取的比例；

（八）董事会特别授权的其他职责。

第一百一十四条 本行董事会可以按照股东大会的有关决议，设立战略、审计与关联交易控制、提名、薪酬与考核等专门委员会。专门委员会成员全部由董事组成，其中审计与关联交易控制委员会、提名委员会、薪酬与考核委员会中可由独立董事担任召集人,审计与关联交易控制委员会中至少应有一名独立董事是会计专业人士。

控股股东提名的董事不得担任审计与关联交易控制委员会和提名委员会的成员。

第一百一十五条 战略委员会的主要职责是对本行长期发展战略和重大投资决策进行研究并提出建议。

第一百一十六条 审计与关联交易控制委员会的主要职责是:

(一) 提议聘请或更换外部审计机构;

(二) 监督本行的内部审计制度及其实施;

(三) 负责内部审计与外部审计之间的沟通;

(四) 审核本行的财务信息及其披露;

(五) 审核需董事会审议的重大关联交易;

(六) 审查本行的内控制度。

第一百一十七条 提名委员会的主要职责是:

(一) 研究董事、高级管理人员的选择标准和程序并提出建议;

(二) 广泛搜寻合格的董事和高级管理人员的人选;

(三) 对董事候选人和高级管理人员的人选进行审查并提出建议。

第一百一十八条 薪酬与考核委员会的主要职责是:

(一) 研究董事与高级管理人员考核的标准,进行考核并提出建议;

(二) 研究和审查董事、高级管理人员的薪酬政策与方案。

第一百一十九条 各专门委员会可以聘请中介机构提供专业意见,有关费用由本行承担。

各专门委员会对董事会负责,各专门委员会的提案应提交董事会审查决定。

第一百二十条 本行董事会应当就注册会计师对本行财务报告出具的有保留意见的审计报告向股东大会作出说明。

第一百二十一条 董事会制定董事会议事规则,以确保董事会的工作效率和科学决策。

第一百二十二条 董事会应当确定其运用本行资产作出的风险投资权限,建立严格的审查和决策程序,重大投资项目应当组织有关专家、专业人员进行评审,并报股东大会批准。

股东大会授权董事会行使单笔不超过本行最近经审计净资产值20%(含20%)的固定资产投资、资产抵押及其他担保(银行担保业务除外)。

第一百二十三条 董事长和副董事长由本行董事担任,以全体董事的过半数选举产生和罢免。

第一百二十四条 董事长行使下列职权:

(一) 主持股东大会和召集、主持董事会会议;

(二) 督促、检查董事会决议的执行;

(三) 签署本行股票、本行债券及其他有价证券;

(四) 签署董事会重要文件和其他应由本行法定代表人签署的其他文件;

(五) 行使法定代表人的职权;

(六) 在发生特大自然灾害等不可抗力的紧急情况下,对本行事务行使符合法律规定和本行利益的特别处置权,并在事后向本行董事会和股东大会报告;

(七) 董事会授予的其他职权。

第一百二十五条 董事长不能履行职权时,董事长应当指定副董事长代行其职权。

第一百二十六条 董事会每年至少召开四次会议,由董事长召集,于会议召开十日以前书面通知全体董事。

第一百二十七条 有下列情形之一的,董事长应在三十个工作日内召集临时董事会会议:

(一)董事长认为必要时;

(二)三分之一以上董事联名提议时;

(三)监事会提议时;

(四)行长提议时。

第一百二十八条 董事会召开临时董事会会议的通知方式为:书面通知;通知时限为:十天。如有本章第一百二十七条第(二)、(三)、(四)规定的情形,董事长不能履行职责时,应当指定一名副董事长或者一名董事代其召集临时董事会会议;董事长无故不履行职责,亦未指定具体人员代其行使职责的,可由副董事长或者二分之一以上的董事共同推举一名董事负责召集会议。

第一百二十九条 董事会会议通知包括以下内容:

(一)会议日期和地点;

(二)会议期限;

(三)事由及议题;

(四)发出通知的日期。

第一百三十条 董事会会议应当由二分之一以上的董事出席方可举行。每一董事享有一票表决权。董事会作出决议,必须经全体董事的过半数通过。

第一百三十一条 董事会临时会议在保障董事充分表达意见的前提下,可以用传真方式进行并作出决议,并由参会董事签字。

第一百三十二条 董事会会议应当由董事本人出席,董事因故不能出席的,可以书面委托其他董事代为出席。

委托书应当载明代理人的姓名,代理事项、权限和有效期限,并由委托人签名或盖章。

代为出席会议的董事应当在授权范围内行使董事的权利。董事未出席董事会会议,亦未委托代表出席的,视为放弃在该次会议上的投票权。

第一百三十三条 董事会决议表决方式为:举手表决。每名董事有一票表决权。

第一百三十四条 董事会会议应当有记录,出席会议的董事和记录人,应当在会议记录上签名。出席会议的董事有权要求在记录上对其在会议上的发言作出说明性记载。董事会会议记录作为本行档案由董事会秘书保存,保存期限为永久保存。

第一百三十五条 董事会会议记录包括以下内容:

(一)会议召开的日期、地点和召集人姓名;

(二)出席董事的姓名以及受他人委托出席董事会的董事(代理人)姓名;

(三)会议议程;

(四)董事发言要点;

(五)每一决议事项的表决方式和结果(表决结果应载明赞成、反对或弃权的票数)。

第一百三十六条 董事应当在董事会决议上签字并对董事会的决议承担责任。董事会决议违反法律、法规或者章程,致使本行遭受损失的,参与决议的董事对本行负赔偿责任。但经证明在表决时曾表明异议并记载于会议记录的,该董事可以免除责任。

第一百三十七条 董事会设办公室,负责股东大会、董事会、董事会各专门委员会会议的筹备、信息披露,以及董事会、董事会各专门委员会的其他日常事务。

第四节 董事会秘书

第一百三十八条 董事会设董事会秘书,经董事长提名,由董事会聘任或解聘,董事会秘书是本行高级管理人员,对董事会负责并报告工作。任期与董事任期相同,任满可以续聘。董事会如发现董事会秘书有失职或不称职行为,经考核属实的,可以将其解聘。

董事会委任证券事务代表,在董事会秘书不能履行职责时代为其行使职责。

第一百三十九条 董事会秘书应具备以下条件:

(一)秘书应由具有大学专科以上学历,从事秘书、管理、股权事务等工作三年以上的自然人担任;

(二)秘书应掌握有关财务、税收、法律、金融、企业管理等方面专业知识,具有良好的个人品质,严格遵守有关法律、法规及职业操守,能够忠诚地履行职责,并具有良好的沟通技巧和灵活的处事能力。

本章程第八十四条规定不得担任本行董事的情形适用于董事会秘书。

第一百四十条 董事会秘书的主要职责是:

(一)准备和递交国家有关部门要求的董事会和股东大会出具的报告和文件;

(二)筹备董事会会议和股东大会,并负责会议的记录和会议文件、记录的保管;

(三)负责本行信息披露事务,保证本行信息披露的及时、准确、合法、真实和完整;

(四)保证有权得到本行有关记录和文件的人及时得到有关文件和记录;

(五)本行章程和本行股票上市的证券交易所上市规则所规定的其他职责。

第一百四十一条 本行董事或者其他高级管理人员可以兼任本行董事会秘书。本行聘请的会计师事务所的注册会计师和律师事务所的律师不得兼任本行董事会秘书。

第一百四十二条 董事会秘书由董事长提名,经董事会聘任或者解聘。董事兼任董事会秘书的,如某一行为需由董事、董事会秘书分别作出时,则该兼任董事及本行董事会秘书的人不得以双重身份作出。

第五节 财务总监

第一百四十三条 本行设财务总监,经行长提名,由董事会聘任或解聘,财务总监是本行高级管理人员,财务总监对董事会负责并报告工作。任期与董事任期相同,任满可以续聘。董事会如发现财务总监有失职或不称职行为,经考核属实的,可以将其解聘。

第一百四十四条 财务总监应具有银行和公司财会专业知识,熟悉财务、金融等方面的法律、法规,具有较强的业务能力和丰富的经验。本章程中规定不得担任本行董事的情形适用于财务总监。

第一百四十五条 财务总监不得由本行董事会正、副董事长、行长兼任。

第一百四十六条 财务总监的主要职责是:

(一)监督本行的财务会计活动;

(二)审核本行的财务报表、报告,保证其真实性、准确性、合法性;

(三)对董事会批准的本行重大经营计划、方案的决议执行情况进行监督;

(四)列席董事会会议,并向其报告工作;

(五)董事会授予的其他职权。

第一百四十七条 财务总监对未能发现和制止本行违反法律、法规的行为,造成本行重大经济损失的应承担相应责任。

第六章 行　　长

第一百四十八条　本行设行长一名,由董事长提名,经中国人民银行资格审查合格后由董事会聘任或解聘。

第一百四十九条　《公司法》第五十八条、第五十九条规定的情形以及被中国证监会确定为市场禁入者,并且禁入尚未解除的人员,不得担任本行的行长、副行长。

第一百五十条　行长每届任期三年,行长连聘可以连任。

第一百五十一条　行长对董事会负责,行使下列职权:

(一) 主持本行的经营管理工作,并向董事会报告工作;

(二) 组织实施董事会决议、本行年度计划和投资方案;

(三) 制订本行的具体规章;

(四) 提请董事会聘任或者解聘本行副行长、财务总监;

(五) 聘任或者解聘除应由董事会聘任或者解聘以外的管理人员;

(六) 决定本行职工的聘用和解聘;

(七) 提议召开董事会临时会议;

(八) 本行章程或董事会授予的其他职权,包括(但不限于):

1. 决定本行内部管理机构设置方案;

2. 决定本行的基本管理制度;

3. 决定本行职工的工资、福利、奖惩事项;

4. 行使单笔不超过本行最近经审计净资产值1％(含1％)的固定资产投资、资产抵押及其他担保(银行担保业务除外)事项且当年累计投资总额不超过本行净资产5％(含5％)的权限。

第一百五十二条　非董事行长可列席董事会会议,但没有表决权。

第一百五十三条　行长应当根据董事会或者监事会的要求,向董事会或者监事会报告本行重大合同的签订、执行情况、资金运用情况和盈亏情况。行长必须保证该报告的真实性。

第一百五十四条　行长拟定有关职工工资、福利、安全工作以及劳动保护、劳动保险、解聘(或开除)本行职工等涉及职工切身利益的问题时,应当事先听取工会和职代会的意见。

第一百五十五条　行长应制订行长工作细则,报董事会批准后实施。

第一百五十六条　行长工作细则包括下列内容:

(一) 行长会议召开的条件、程序和参加的人员;

(二) 行长、副行长及其他高级管理人员各自具体的职责及其分工;

(三) 本行资金、资产运用,签订重大合同的权限,以及向董事会、监事会的报告制度;

(四) 董事会认为必要的其他事项。

第一百五十七条　本行行长应当遵守法律、行政法规和本行章程的规定,履行诚信和勤勉的义务。

第一百五十八条　行长可以在任期届满以前提出辞职。有关行长辞职的具体程序和办法由行长与本行之间的劳务合同规定。行长、副行长必须在完成离任审计后方可离任。

第七章　监　事　会

第一节　监　　事

第一百五十九条　监事由股东代表和本行职工代表担任。本行职工代表担任的监事不得少于监事人数的三分之一。

第一百六十条 《公司法》第五十七条、第五十八条规定的情形以及被中国证监会确定为市场禁入者，并且禁入尚未解除的，不得担任本行的监事。

董事、行长和其他高级管理人员不得兼任监事。

第一百六十一条 监事每届任期三年。股东担任的监事由股东大会选举或更换，本行职工代表担任的监事由本行职工民主选举产生或更换，监事连选可以连任。

第一百六十二条 监事连续二次不能出席监事会会议的，视为不能履行职责，股东大会或工会会员大会应当予以撤换。

第一百六十三条 监事可以在任期届满以前提出辞职，章程第五章有关董事辞职的规定，适用于监事。

第一百六十四条 监事应当遵守法律、行政法规和本行章程的规定，履行诚信和勤勉的义务。

第二节 监 事 会

第一百六十五条 本行设监事会。监事会由九名监事组成，监事会设监事长一人，监事长不能履行职权时，由其指定一名监事代行其职权。

监事长由监事会全体监事过半数选举产生和罢免。

第一百六十六条 监事会行使下列职权：

（一）检查本行的财务；

（二）对董事、行长和其他高级管理人员执行本行职务时违反法律、法规或者章程的行为进行监督；

（三）当董事、行长和其他高级管理人员的行为损害本行的利益时，要求其予以纠正，必要时向股东大会或国家有关主管机关报告；

（四）提议召开临时股东大会；

（五）列席董事会会议；

（六）本行章程规定或股东大会授予的其他职权。

第一百六十七条 监事会行使职权时，必要时可以聘请律师事务所、会计师事务所等专业性机构给予帮助，由此发生的费用由本行承担。

第一百六十八条 监事会每年至少召开四次会议。会议通知应当在会议召开十日以前书面送达全体监事。

第一百六十九条 监事会会议通知包括以下内容：举行会议的日期、地点和会议期限、事由及议题、发出通知的日期。

第三节 监 事 会 决 议

第一百七十条 监事会会议应由二分之一以上的监事出席方可举行。每一位监事享有一票表决权。

第一百七十一条 每一位监事所提议案，监事会均应予以审议。监事会作出的决议必须经全体监事三分之二以上通过才能生效。

第一百七十二条 监事会会议应有记录，出席会议的监事和记录人，应当在会议记录上签名。监事有权要求在记录上对其在会议上的发言作出某种说明性记载。监事会会议记录作为本行档案由公司保存，保存期限为永久保存。

第八章　财务会计制度、利润分配和审计

第一节　财务会计制度

第一百七十三条　本行依照法律、行政法规和国家有关部门的规定，制定本行的财务会计制度。

第一百七十四条　本行在每一会计年度前六个月结束后六十日以内编制本行的中期财务报告；在每一会计年度结束后一百二十日以内编制本行年度财务报告。

第一百七十五条　本行年度财务报告以及进行中期利润分配的中期财务报告，包括下列内容：

（一）资产负债表；

（二）利润表；

（三）利润分配表；

（四）现金流量表；

（五）会计报表附注。

不进行中期利润分配时，中期财务报告包括上款除第（三）项以外的会计报表及附注。

第一百七十六条　季度财务报告、中期财务报告和年度财务报告按照有关法律、法规的规定进行编制。

第一百七十七条　本行除法定的会计账册外，不另立会计账册。本行的资产，不以任何个人名义开立账户存储。

第一百七十八条　本行交纳所得税后的利润，按下列顺序分配：

（一）弥补上一年度的亏损；

（二）提取法定公积金百分之十；

（三）提取法定公益金百分之五至百分之十；

（四）提取任意公积金；

（五）支付股东股利。

本行法定公积金累计额为本行注册资本的百分之五十以上时，可以不再提取。提取法定公积金、公益金后，是否提取任意公积金由股东大会决定。本行不在弥补本行亏损和提取法定公积金、公益金之前向股东分配利润。

第一百七十九条　股东大会决议将公积金转为股本时，按股东原有股份比例派送新股。但法定公积金转为股本时，所留存的该项公积金不得少于注册资本的百分之二十五。

第一百八十条　本行股东大会对利润分配方案作出决议后，本行董事会须在股东大会召开后两个月内完成股利（或股份）的派发事项。

第一百八十一条　本行可以采取现金或者股票方式分配股利。

第一百八十二条　本行经营管理者和员工福利、奖励基金，按利润总额的一定比例在成本中列支并调整纳税。

第二节　内部审计

第一百八十三条　本行实行内部审计制度，配备专职审计人员，对本行财务收支和经济活动进行内部审计监督。

第一百八十四条　本行内部审计制度和审计人员的职责，应当经董事会批准后实施。审计负责人向董事会负责并报告工作。

第三节 会计师事务所的聘任

第一百八十五条 本行聘用取得"从事证券相关业务资格"的会计师事务所进行会计报表审计、净资产验证及其他相关的咨询服务等业务,聘期一年,可以续聘。

第一百八十六条 本行聘用会计师事务所由股东大会决定。

第一百八十七条 经本行聘用的会计师事务所享有下列权利:

(一) 查阅本行财务报表、记录和凭证,并有权要求本行的董事、行长或者其他高级管理人员提供有关的资料和说明;

(二) 要求本行提供为会计师事务所履行职务所必需的子公司的资料和说明;

(三) 列席股东大会,获得股东大会的通知或者与股东大会有关的其他信息,在股东大会上就涉及其作为本行聘用的会计师事务所的事宜发言。

第一百八十八条 如果会计师事务所职位出现空缺,董事会在股东大会召开前,可以委任会计师事务所填补该空缺。

第一百八十九条 会计师事务所的报酬由股东大会决定。董事会委任填补空缺的会计师事务所的报酬,由董事会确定,报股东大会批准。

第一百九十条 本行解聘或者续聘会计师事务所由股东大会作出决定,并在有关的报刊上予以披露,必要时说明更换原因,并报中国证监会和中国注册会计师协会备案。

第一百九十一条 本行解聘或者不再续聘会计师事务所时,提前三十天事先通知会计师事务所,会计师事务所有权向股东大会陈述意见。会计师事务所认为本行对其解聘或者不再续聘理由不当的,可以向中国证监会和中国注册会计师协会提出申诉。会计师事务所提出辞聘的,应当向股东大会说明本行有无不当情事。

第九章 通知和公告

第一节 通 知

第一百九十二条 本行的通知以下列形式发出:

(一) 以专人送出;

(二) 以传真方式进行;

(三) 以邮件方式送出;

(四) 以公告方式进行;

(五) 本行章程规定的其他形式。

第一百九十三条 本行发出的通知,以公告方式进行的,一经公告,视为所有相关人员收到通知。

第一百九十四条 本行召开股东大会的会议通知,以公告的方式进行。

第一百九十五条 本行召开董事会的会议通知,以邮件或传真方式进行。

第一百九十六条 本行召开监事会的会议通知,以邮件或传真方式进行。

第一百九十七条 本行通知以传真方式进行的,传真当日为送达日期;本行通知以邮件送出的,自交付邮局之日起第五个工作日为送达日期;本行通知以公告方式送出的,第一次公告刊登日为送达日期。

第一百九十八条 因意外遗漏未向某有权得到通知的人送出会议通知或者该人没有收到会议通知,会议及会议作出的决议并不因此无效。

第二节 公　告

第一百九十九条 本行将在中国证监会指定披露信息的报刊、网站上刊登本行公告和其他需要披露信息。

第十章　合并、分立、解散和清算

第一节　合并或分立

第二百条 本行可以依法进行合并或者分立。

本行合并可以采取吸收合并和新设合并两种形式。

第二百零一条 本行合并或者分立，按照下列程序办理：

（一）董事会拟订合并或者分立方案；

（二）股东大会依照章程的规定作出决议；

（三）各方当事人签订合并或者分立合同；

（四）依法办理有关审批手续；

（五）处理债权、债务等各项合并或者分立事宜；

（六）办理解散登记或者变更登记。

第二百零二条 本行合并或者分立，合并或者分立各方应当编制资产负债表和财产清单。本行自股东大会作出合并或者分立决议之日起十日内通知债权人，并于三十日内在依本公司章程第一百六十九条选定的信息披露报刊上公告三次。

第二百零三条 债权人自接到通知书之日起三十日内，未接到通知书的自第一次公告之日起九十日内，有权要求本行清偿债务或者提供相应的担保。本行不能清偿债务或者提供相应担保的，不进行合并或者分立。

第二百零四条 本行合并或者分立时，本行董事会应当采取必要的措施保护反对本行合并或者分立的股东的合法权益。

第二百零五条 本行合并或者分立各方的资产、债权、债务的处理，通过签订合同加以明确规定。

本行合并后，合并各方的债权、债务，由合并后存续的公司或者新设的公司承继。

本行分立前的债务按所达成的协议由分立后的公司承担。

第二百零六条 本行合并或者分立，登记事项发生变更的，依法向公司登记机关办理变更登记；本行解散的，依法办理注销登记；设立新公司的，依法办理公司设立登记。

第二节　解散和清算

第二百零七条 有下列情形之一的，本行应当依法解散并进行清算：

（一）股东大会决议解散；

（二）因合并或者分立而解散；

（三）不能清偿到期债务依法宣告破产；

（四）违反法律、法规被依法责令关闭。

第二百零八条 本行因有本节前条第（一）项情形而解散的，应当在十五日内成立清算组。清算组人员由股东大会以普通决议的方式选定。

本行因有本节前条（二）项情形而解散的，清算工作由合并或者分立各方当事人依照合并或者分立时签订的合同办理。

本行因有本节前条(三)项情形而解散的,由人民法院依照有关法律的规定,组织股东、有关机关及专业人员成立清算组进行清算。

本行因有本节前条(四)项情形而解散的,由有关主管机关组织股东,有关机关及专业人员成立清算组进行清算。

第二百零九条 清算组成立后,董事会、行长的职权立即停止。清算期间,本行不得开展新的经营活动。

第二百一十条 清算组在清算期间行使下列职权:

(一) 通知或者公告债权人;

(二) 清理本行财产、编制资产负债表和财产清单;

(三) 处理本行未了结的业务;

(四) 清缴所欠税款;

(五) 清理债权、债务;

(六) 处理本行清偿债务后的剩余财产;

(七) 代表本行参与民事诉讼活动。

第二百一十一条 清算组应当自成立之日起十日内通知债权人,并于六十日内在至少一种中国证监会指定的报刊上公告三次。

第二百一十二条 债权人应当在章程规定的期限内向清算组申报其债权。债权人申报债权时,应当说明债权的有关事项,并提供证明材料。清算组应当对债权进行登记。

第二百一十三条 清算组在清理本行财产、编制资产负债表和财产清单后,应当制定清算方案,并报股东大会或者有关主管机关确认。

第二百一十四条 本行财产按下列顺序清偿:

(一) 支付清算费用;

(二) 支付本行职工工资和劳动保险费用;

(三) 交纳所欠税款;

(四) 清偿本行债务;

(五) 按股东持有的股份比例进行分配。

本行财产未按前款第(一)至(四)项规定清偿前,不分配给股东。

第二百一十五条 清算组在清理本行资产、编制资产负债表和财产清单后,认为本行财产不足清偿债务的,应当向人民法院申请宣告破产。本行经人民法院宣告破产后,清算组应当将清算事务移交给人民法院。

第二百一十六条 清算结束后,清算组应当制作清算报告,以及清算期间收支报表和财务账册,报股东大会或者有关主管机关确认。

清算组应当自股东大会或者有关主管机关对清算报告确认之日起三十日内,依法向公司登记机关办理注销本行登记,并公告本行终止。

第二百一十七条 清算组人员应当忠于职守,依法履行清算义务,不得利用职权收受贿赂或者其他非法收入,不得侵占本行财产。

清算组人员因故意或者重大过失给本行或者债权人造成损失的,应当承担赔偿责任。

第十一章　修改章程

第二百一十八条　有下列情形之一的，本行应当修改章程：

（一）《公司法》或有关法律、行政法规修改后，章程规定的事项与修改后的法律、行政法规的规定相抵触；

（二）本行的情况发生变化，与章程记载的事项不一致；

（三）股东大会决定修改章程。

第二百一十九条　股东大会决议通过的章程修改事项应经主管机关审批的，须报原审批的主管机关批准；涉及本行登记事项的，依法办理变更登记。

第二百二十条　董事会依照股东大会修改章程的决议和有关主管机关的审批意见修改本行章程。

第二百二十一条　章程修改事项属于法律、法规要求披露的信息，按规定予以公告。

第十二章　附　则

第二百二十二条　董事会可依照章程的规定，制定章程细则。章程细则不得与章程的规定相抵触。

第二百二十三条　本章程以中文书写，其他任何语种或不同版本的章程与本章程有歧义时，以在上海市工商行政管理局最近一次核准登记后的中文版章程为准。

第二百二十四条　本章程所称"以上""以内""以下"，都含本数；"不满""以外"不含本数。

第二百二十五条　章程由本行董事会负责解释。

上海浦东发展银行股份有限公司章程（2004年）

第一章　总　则

第一条　为维护上海浦东发展银行股份有限公司（以下简称"本行"）、股东和相关利益者的合法权益，规范本行的组织和行为，根据《中华人民共和国公司法》（以下简称《公司法》）、《中华人民共和国商业银行法》（以下简称《商业银行法》）和其他有关规定，制定本章程。

第二条　本行系依照《股份有限公司规范意见》《上海市股份有限公司暂行规定》和其他有关规定于一九九二年十月十九日成立的股份公司。

本行经中国人民银行银复〔1992〕601号文批准，以定向募集方式设立；在上海市工商行政管理局注册登记，取得营业执照。

公司已按照有关规定，对照《公司法》进行规范并依法履行了重新登记。

第三条　本行于一九九九年九月二十日经中国证券监督管理委员会批准，首次向社会公众发行人民币普通股四亿股，并于一九九九年十一月十日在上海证券交易所上市。

第四条　本行注册名称：中文全称上海浦东发展银行股份有限公司，简称"上海浦东发展银行"或"浦发银行"。英文全称Shanghai Pudong Development Bank CO., LTD., 简称SPDB。

第五条　本行总行设在上海市，本行住所：上海市中山东一路12号，邮编200002。

第六条　本行注册资本为人民币39.15亿元。

第七条 本行为永久存续的股份有限公司。

第八条 董事长为本行的法定代表人。

第九条 本行全部资产分为等额股份,股东以其所持股份为限对本行承担责任,本行以全部资产对本行的债务承担责任。

第十条 本行章程自生效之日起,即成为规范本行的组织与行为,规范本行与股东、股东与股东之间权利义务关系的,具有法律约束力的文件。股东可以依据本行章程起诉本行;本行可以依据本行章程起诉股东、董事、监事、行长和其他高级管理人员;股东可以依据本行章程起诉股东;股东可以依据本行章程起诉本行的董事、监事、行长和其他高级管理人员。

第十一条 本章程所称其他高级管理人员是指本行的副行长、董事会秘书、财务总监。

本行的董事长、副董事长、监事长、行长、副行长以及独立董事、外部监事等其他须由监管部门审核任职资格的人员应具备监管部门规定的任职资格并经其审核。

第十二条 根据业务发展需要,经中国人民银行审查批准,本行可在国内外设立分支机构。本行设在国外的分支机构可依所在地法令经营许可的业务。

本行实行一级法人、分级经营的管理体制,分支机构不具有法人资格,在总行的授权范围内依法开展业务,其民事责任由总行承担。总行对各分行的主要人事任免、业务政策、综合计划、基本规章制度和涉外事务等实行统一领导和管理,对分支机构实行统一管理、统一调度资金、分级核算的财务制度。

第二章 经营宗旨和范围

第十三条 本行的经营宗旨为:根据平等、自愿、公平和诚实信用原则,依法开展各项商业银行业务;在审慎经营、稳健发展的前提下,为股东及相关利益者谋取最大经济利益,并以此促进和支持国民经济发展和社会全面进步。

本行以效益性、安全性、流动性为经营原则,实行自主经营、自担风险、自负盈亏、自我约束。

第十四条 经中国人民银行批准,并经本行登记机关核准,本行经营范围是:

(一) 吸收公众存款;

(二) 发放短期、中期和长期贷款;

(三) 办理国内外结算;

(四) 办理票据贴现;

(五) 发行金融债券;

(六) 代理发行、代理兑付、承销政府债券;

(七) 买卖政府债券;

(八) 从事同业拆借;

(九) 买卖、代理买卖外汇;

(十) 提供信用证服务及担保;

(十一) 代理收付款项及代理保险业务;

(十二) 提供保管箱服务;

(十三) 提供资信调查、咨询见证业务;

(十四) 经中国人民银行批准的其他业务。

第三章 股　份

第一节　股份发行

第十五条　本行的股份采取股票的形式。

第十六条　本行发行的所有股份均为普通股。

第十七条　本行股份的发行,实行公开、公平、公正的原则,同股同权、同股同利。

第十八条　本行发行的股票,以人民币标明面值,每股一元。

第十九条　本行的股份,在中国证券登记结算有限责任公司上海分公司集中托管。

第二十条　本行经批准发行的普通股总数为24.1亿股,其中向发起人发行7.89亿股,占本行可发行普通股总数的32.7%。

第二十一条　本行的股本结构为:普通股24.1亿股,其中发起人持有7.89亿股,其他内资股股东持有16.21亿股。

第二十二条　本行或本行的分支机构不以赠予、垫资、担保、补偿或贷款等形式,对购买或者拟购买本行股份的人提供任何资助。

第二节　股份增减和回购

第二十三条　本行根据经营和发展的需要,依照法律、法规的规定,经股东大会分别作出决议,并报经有关主管部门批准,可以采用下列方式增加资本:

（一）向社会公众发行股份;

（二）向现有股东配售股份;

（三）向现有股东派送红股;

（四）以公积金转增股本;

（五）法律、行政法规规定以及国务院证券主管部门批准的其他方式。

第二十四条　根据本行章程的规定,本行可以减少注册资本。本行减少注册资本,按照《公司法》和《商业银行法》以及其他有关规定和本行章程规定的程序办理。

第二十五条　本行在下列情况下,经本行章程规定的程序通过,并报国家有关主管机构批准后,可以购回本行的股票:

（一）为减少本行资本而注销股份;

（二）与持有本行股票的其他公司合并;

（三）法律、行政法规规定和国务院证券主管部门批准的其他情形。

除上述情形外,本行不进行买卖本行股票的活动。

第二十六条　本行购回股份,可以下列方式之一进行:

（一）向全体股东按照相同比例发出购回要约;

（二）通过公开交易方式购回;

（三）法律、行政法规规定和国务院证券主管部门批准的其他情形。

第二十七条　本行购回本行股票后,自完成回购之日起十日内注销该部分股份,并向工商行政管理部门申请办理注册资本的变更登记并公告。

第三节　股份转让

第二十八条　本行的股份可以依法转让。

法人股的转让需符合中国人民银行的有关规定。每一位个人股东持有的本行普通股票,不得超过本行普通股票总额的0.5%。每一法人直接或间接持有本行股份达到9%并拟继续增持时,需向本行和中国人民银行报告,经中国人民银行批准后方可超过10%。

第二十九条 本行不接受本行的股票作为质押权的标的。

第三十条 发起人持有的本行股票,自本行成立之日起三年以内不得转让。董事、监事、行长以及其他高级管理人员应当在其任职期间内,定期向本行申报其所持有的本行股份;在其任职期间以及离职后六个月内不得转让其所持有的本行股份。

第三十一条 持有本行百分之五以上有表决权股份的股东,将其所持有的本行股票在买入之日起六个月以内卖出,或者在卖出之日起六个月以内又买入的,由此获得的利润归本行所有。

前款规定适用于持有本行百分之五以上有表决权股份的法人股东的董事、监事、行长和其他高级管理人员。

第四章 股东和股东大会

第一节 股 东

第三十二条 本行股东为依法持有本行股份的人。

股东按其所持有股份的种类享有权利,承担义务;持有同一种类股份的股东,享有同等权利,承担同种义务。

第三十三条 股东名册是证明股东持有本行股份的充分证据。

第三十四条 本行依据中国证券登记结算有限责任公司上海分公司提供的凭证建立股东名册,并定期查询主要股东资料及主要股东的持股变更(包括股权的出质)情况,及时掌握公司的股权结构。

第三十五条 本行召开股东大会、分配股利、清算及从事其他需要确认股权的行为时,由董事会决定某一日为股权登记日,股权登记日结束时的在册股东为本行股东。

第三十六条 本行股东享有下列权利:

(一)依照其所持有的股份份额获得股利和其他形式的利益分配;
(二)参加或者委派代理人参加股东会议;
(三)依照其所持有的股份份额行使表决权;
(四)对本行的经营行为进行监督,提出建议或者质询;
(五)依照法律、行政法规及本行章程的规定转让、赠予或质押其所持有的股份;
(六)依照法律、本行章程的规定获得有关信息,包括:

1. 缴付成本费用后得到本行章程;
2. 缴付合理费用后有权查阅和复印:

(1)本人持股资料;
(2)股东大会会议记录;
(3)年度报告、中期报告和季度报告;
(4)本行股本总额、股本结构。

(七)本行终止或者清算时,按其所持有的股份份额参加本行剩余财产的分配;
(八)法律、行政法规及本行章程所赋予的其他权利。

第三十七条 股东提出查阅前条所述有关信息或者索取资料的,应当向本行提供证明其持有本行股份的种类以及持股数量的书面文件,本行经核实股东身份后按照股东的要求予以提供。

第三十八条 股东大会、董事会的决议违反法律、行政法规的规定,侵犯股东合法权益,股东有权依法提起要求停止上述违法行为或侵害行为的诉讼。

第三十九条 本行股东承担下列义务:

(一) 遵守本行章程;

(二) 依其所认购的股份和入股方式缴纳股金;

(三) 除法律、法规规定的情形外,不得退股;

(四) 法律、行政法规及本行章程规定应当承担的其他义务。

第四十条 本行资本充足率低于法定标准时,股东应支持董事会提出的提高资本充足率的措施。

第四十一条 本行可能出现流动性困难时,有借款的股东要根据有关法律法规立即归还到期借款,未到期的借款应积极提前偿还。

本行流动性困难是指出现下列监管指标不符中国人民银行监管指标且出现持续、大额资金划出而引发或可能引发挤兑现象等情形:

(一) 流动性资产期末余额与流动性负债期末余额之比;

(二) 存款准备金、备付金之和与各项存款期末余额(不含委托存款)之比;

(三) 不良贷款期末余额与各项贷款期末余额之比;

(四) 同业拆入、同业存放之和减去拆放同业、存放同业之和与各项存款期末余额(不含委托存款)之比。

第四十二条 同一股东在本行的借款余额不得超过本行资本净额的百分之十。股东的关联企业的借款在计算比率时应与该股东在本行的借款合并计算。

股东在本行的关联借款逾期未还的期间内,其表决权应当受到限制。

第四十三条 本行股东中,如发生法定代表人、公司名称、注册地址、业务范围等重大事项的变更时,应及时报告本行的股权管理部门,同时由本行报中国人民银行备案。

第四十四条 持有本行百分之一以上有表决权股份的股东,将其持有的股份进行质押的,应当自该事实发生之日起三个工作日内,向本行作出书面报告。

第四十五条 本行的控股股东对本行和其他股东负有诚信义务,应当严格按照法律、法规、规章及本章程的规定行使股东权利和承担相应的义务。

(一) 控股股东对本行的董事、监事候选人的提名,应严格遵循法律、法规和本章程规定的条件和程序;不得对股东大会人事选举决议和董事会人事聘任决议履行任何批准手续;不得越过股东大会、董事会任免本行的高级管理人员;

(二) 控股股东不得直接或间接干预本行的决策及依法开展的经营活动,损害本行及其他股东的权益;

(三) 控股股东应尊重本行财务的独立性,不得干预本行的财务、会计活动;

(四) 控股股东及其下述机构不得向本行下达任何经营计划和指令,也不得以其他任何形式影响本行经营管理的独立性;

第四十六条 本章程所称"控股股东"是指具备下列条件之一的股东:

(一) 此人单独或者与他人一致行动时,可以选出半数以上的董事;

(二) 此人单独或者与他人一致行动时,可以行使本行百分之三十以上的表决权或者可以控制本行百分之三十以上表决权的行使;

（三）此人单独或者与他人一致行动时，持有本行百分之三十以上的股份；

（四）此人单独或者与他人一致行动时，可以以其他方式在事实上控制本行。

本条所称"一致行动"是指两个或者两个以上的人以协议的方式（不论口头或者书面）达成一致，通过其中任何一人取得对本行的投票权，以达到或者巩固控制本行的目的的行为。

第二节 股 东 大 会

第四十七条 股东大会是本行的权力机构，依法行使下列职权：

（一）决定公司经营方针和投资计划；

（二）选举和更换董事，决定有关董事的报酬事项；

（三）选举和更换由股东代表出任的监事，决定有关监事的报酬事项；

（四）审议批准董事会的报告；

（五）审议批准监事会的报告；

（六）审议批准本行的年度财务预算方案、决算方案；

（七）审议批准本行的利润分配方案和弥补亏损方案；

（八）审议变更募集资金投向；

（九）审议批准单笔超过本行最近经审计净资产值20%的特别重大的关联交易；

（十）审议批准单笔超过本行最近经审计净资产值20%的收购或出售资产事项；

（十一）对本行增加或者减少注册资本作出决议；

（十二）对发行本行债券作出决议；

（十三）对本行合并、分立、解散和清算等事项作出决议；

（十四）修改公司章程；

（十五）对公司聘用、解聘会计师事务所作出决议；

（十六）审议代表公司发行在外有表决权股份总数的百分之五以上的股东的提案；

（十七）审议法律、法规和公司章程规定应当由股东大会决定的其他事项。

第四十八条 股东大会分为股东年会和临时股东大会。股东年会每年至少召开一次，并应于上一个会计年度完结之后的六个月之内举行。因特殊情况需延期召开的，应当及时报告监管部门，说明延期召开的事由。

第四十九条 有下列情形之一的，本行在事实发生之日起两个月以内召开临时股东大会：

（一）董事人数不足《公司法》规定的法定最低人数，或者少于章程所定人数的三分之二时；

（二）本行未弥补的亏损达股本总额的三分之一时；

（三）单独或者合并持有本行有表决权股份总数百分之十（不含投票代理权）以上的股东书面请求时；

（四）董事会认为必要时；

（五）监事会提议召开时；

（六）二分之一以上独立董事或外部监事提议时；

（七）本行章程规定的其他情形。

前述第（三）项持股股数按股东提出书面要求日计算。第（六）项所指独立董事、外部监事人数如仅为两人时，其提请召开临时股东大会须一致同意。

第五十条 临时股东大会只对通知中列明的事项作出决议。

第五十一条 股东大会会议由董事会依法召集，由董事长主持。董事长因故不能履行职务时，由董事长指定的副董事长或其他董事主持；董事长和副董事长均不能出席会议，董事长也未指定人选的，由董事会指定一名董事主持会议；董事会未指定会议主持人的，由出席会议的股东共同推举一名股东主持会议；如果因任何理由，股东无法主持会议，应当由出席会议的持有最多表决权股份的股东（或股东代理人）主持。

第五十二条 本行召开股东大会，董事会应当在会议召开三十日以前以公告方式通知各股东。会议通知发出后，董事会不得再提出会议通知中未列出事项的新提案，对原有提案的修改应当在股东大会召开的前十五日内公告。否则，会议召开日期应当顺延，保证至少有十五天的时间间隔。

拟出席股东大会的股东，应当于会议召开二十日前，将出席会议的书面回复送达本行。本行根据股东大会召开前二十日时收到的书面回复，计算拟出席会议的股东所代表的有表决权的股份数。拟出席会议的股东所代表的有表决权的股份数达到本行有表决权的股份总数二分之一以上的，本行可以召开股东大会；达不到的，本行在五日内将会议拟审议的事项，开会日期和地点以公告形式再次通知股东，经公告通知，本行可以召开股东大会。

第五十三条 股东会议的通知包括以下内容：

（一）会议的日期、地点和会议期限；

（二）提交会议审议的事项；

（三）以明显的文字说明：全体股东均有权出席股东大会，并可以委托代理人出席会议和参加表决，该股东代理人不必是本行的股东；

（四）有权出席股东大会股东的股权登记日；

（五）投票代理委托书的送达时间和地点；

（六）会务常设联系人姓名、电话号码。

第五十四条 股东可以出席股东大会，也可以委托代理人代为出席和表决。股东应当以书面形式委托代理人，由委托人签署或者由其以书面形式委托的代理人签署；委托人为法人的，应当加盖法人印章或者由其正式委任的代理人签署。

第五十五条 个人股东出席会议的，应出示本人身份证和持股凭证；委托代理他人出席会议的，应出示本人身份证、代理委托书和持股凭证。

法人股东应由法定代表人或法定代表人委托的代理人出席会议。法定代表人出席会议的，应出示本人身份证、能证明其具有法定代表人资格的有效证明和持股凭证；委托代理人出席会议的，代理人应出示本人身份证、法人股东单位的法定代表人资格证明及该法定代表人依法出具的书面委托书和持股凭证。

第五十六条 股东出具的委托他人出席股东大会的授权委托书应当载明下列内容：

（一）代理人的姓名；

（二）是否具有表决权；

（三）分别对列入股东大会议程的每一审议事项投赞成、反对或弃权票的指示；

（四）如果有表决权应行使何种表决权的具体指示；

（五）委托书签发日期和有效期限；

（六）委托人签名（或盖章）。委托人为法人股东的，应加盖法人单位印章。

委托书应当注明如果股东不作具体指示，股东代理人是否可以按自己的意思表决。

第五十七条 投票代理委托书至少应当在有关会议召开前二十四小时备置于本行住所，或者召集会议的通知中指定的其他地方。委托书由委托人授权他人签署的，授权签署的授权书或者其他授权文件应当经过公证。经公证的授权书或者其他授权文件,和投票代理委托书均需备置于本行住所或者召集会议的通知中指定的其他地方。委托人为法人的,由其法定代表人或者董事会、其他决策机构决议授权的人作为代表出席本行的股东会议。

第五十八条 出席会议人员的登记册由本行负责制作。登记册载明参加会议人员姓名(或单位名称)、身份证号码、住所地址、持有或者代表有表决权的股份数额、被代理人姓名(或单位名称)等事项。

第五十九条 单独或者合并持有商业银行有表决权股份总数百分之五以上的股东,有权向股东大会提出质询案,董事会、监事会应当按照股东的要求指派董事会、监事会或者高级管理层相关成员出席股东大会接受质询。

第六十条 单独或合并持有本行有表决权总数百分之十以上的股东(下称"提议股东")、二分之一以上独立董事或外部监事、监事会提议董事会召开临时股东大会时,应符合法律、法规和《公司章程》和股东大会议事规则的规定。

第六十一条 提议股东决定自行召开临时股东大会的,应当书面通知董事会,报本行所在地中国证监会派出机构、中国人民银行和证券交易所备案后,发出召开临时股东大会的通知,其内容应符合以下规定:

(一)提案内容不得增加新的内容,否则提议股东应按上述程序重新向董事会提出召开临时股东大会的请求;

(二)会议地点应当为本行所在地。

第六十二条 对于提议股东决定自行召开的临时股东大会,董事会及董事会秘书应切实履行职责。董事会应当保证会议的正常秩序,会议费用的合理开支应由本行承担。会议召开程序应当符合以下规定:

(一)会议由董事会负责召集,董事会秘书必须出席会议,董事、监事应当出席会议;董事长负责主持会议,董事长因特殊原因不能履行职责时,由副董事长或者其他董事主持;

(二)公司应当聘请有证券从业资格的律师,按照本章程第八十五条的规定,出具法律意见;

(三)召开程序应当符合本章程的规定,董事会未能指定董事主持股东大会的,提议股东在报所在地中国证监会派出机构备案后,会议由提议股东主持;提议股东应当为公司聘请有证券从业资格的律师,按照本章程第八十五条的规定出具法律意见,律师费用由提议股东自行承担;董事会秘书应切实履行职责,其余召开程序应当符合本章程相关条款的规定。

第六十三条 股东大会召开的会议通知发出后,除有不可抗力或者其他意外事件等原因,董事会不得变更股东大会召开的时间;因不可抗力确需变更股东大会召开时间的,不应因此而变更股权登记日。

第六十四条 董事会人数不足《公司法》规定的法定最低人数,或者少于章程规定人数的三分之二,或者本行未弥补亏损额达到股本总额的三分之一,董事会未在规定期限内召集临时股东大会的,监事会或者股东可以按照本章第六十一条规定的程序自行召集临时股东大会。

第三节 股东大会提案

第六十五条 本行召开股东大会,持有或者合并持有本行发行在外有表决权股份总数百分之五以上的股东,有权向本行提出新提案。

第六十六条 股东大会提案应当符合下列条件:

(一)内容与法律、法规和章程的规定不相抵触,并且属于本行经营范围和股东大会职责范围;

（二）有明确议题和具体决议事项；

（三）以书面形式提交或送达董事会。

第六十七条 本行董事会应当以本行和股东的最大利益为行为准则,按照本节第六十六条的规定对股东大会提案进行审查。

第六十八条 董事会决定不将股东大会提案列入会议议程的,应当在该次股东大会上进行解释和说明,并将提案内容和董事会的说明在股东大会结束后与股东大会决议一并公告。

第六十九条 提出提案的股东对董事会不将其提案列入股东大会会议议程的决定持有异议的,可以按照本章程第六十一条的规定程序要求召集临时股东大会。

第四节 股东大会决议

第七十条 股东(包括股东代理人)以其所代表的有表决权股份数额行使表决权,每一股份享有一票表决权。

第七十一条 股东大会可以采取通信表决方式进行,但年度股东大会和应股东或监事会的要求提议召开的股东大会不得采取通信表决方式;临时股东大会审议第四十七条第(二)、(七)、(八)、(九)、(十)、(十一)、(十二)、(十三)、(十四)、(十五)款等事项时,不得采取通信表决方式。

第七十二条 股东大会决议分为普通决议和特别决议。股东大会作出普通决议,应当由出席股东大会的股东(包括股东代理人)所持表决权的二分之一以上通过。股东大会作出特别决议,应当由出席股东大会的股东(包括股东代理人)所持表决权的三分之二以上通过。

第七十三条 下列事项由股东大会以普通决议通过：

（一）董事会和监事会的工作报告；

（二）董事会拟定的利润分配方案和弥补亏损方案；

（三）董事会和监事会成员的任免及其报酬和支付方法；

（四）本行年度预算方案、决算方案；

（五）本行年度报告；

（六）除法律、行政法规规定或者本行章程规定应当以特别决议通过以外的其他事项。

第七十四条 下列事项由股东大会以特别决议通过：

（一）本行增加或者减少注册资本；

（二）发行本行债券；

（三）本行的分立、合并、解散和清算；

（四）本行章程的修改；

（五）回购本行股票；

（六）本行章程规定和股东大会以普通决议认定会对本行产生重大影响的、需要以特别决议通过的其他事项。

第七十五条 非经股东大会以特别决议批准,本行不得与董事、行长和其他高级管理人员以外的人订立将本行全部或者重要业务的管理交予该人负责的合同。

第七十六条 董事候选人和由股东代表担任的监事候选人,可以分别由上一届董事会、监事会、单独持有或合并持有本行发行在外有表决权股份总数百分之十以上的股东提名。

同一股东不得向股东大会同时提名董事和监事的人选;同一股东提名的董事(监事)人选已担任董事(监事)事务,在其任职期届满前,该股东不得再提名监事(董事)候选人。

由本行职工代表担任的监事候选人由本行工会会员代表大会推选。

董事、监事候选人名单以提案的方式提请股东大会决议。

董事会、监事会或提名股东应当向股东大会提供候选董事、监事的简历和基本情况。

第七十七条 董事、监事提名的方式和程序为：

（一）在章程规定的人数范围内，按照拟选任的人数，由前任董事会提出选任董事的建议名单，经董事会决议通过后，由董事会向股东大会提出董事候选人提交股东大会选举；由前任监事会提出拟由股东代表出任的监事的建议名单，经监事会决议通过后，由监事会向股东大会提出由股东代表出任的监事候选人提交股东大会选举。

（二）持有或者合并持有公司发行在外有表决权股份总数的百分之十以上的股东可以向公司董事会提出董事候选人或由股东代表出任的监事候选人，但提名的人数必须符合本章程的规定，并且不得多于拟选人数。

（三）公司董事会、监事会、持有或者合并持有公司已发行股份百分之一以上的股东可以提出独立董事候选人，但提名的人数必须符合本章程的规定，并且不得多于拟选人数。独立董事的提名人在提名前应当征得被提名人的同意。提名人应当充分了解被提名人职业、学历、职称、工作经历、兼职等情况，并对其担任独立董事的资格和独立性发表意见，被提名人应当就其本人与公司之间不存在任何影响其独立客观判断的关系发表公开声明。在选举独立董事的股东大会召开前，公司董事会应当按照规定公布上述内容。

股东大会审议董事、监事选举的议案，应当对每一个董事、监事候选人逐个进行表决。

第七十八条 股东大会采取记名方式投票表决。

每一审议事项的表决投票，应当至少有两名股东代表和一名监事参加清点，并由清点人代表当场公布表决结果。

第七十九条 会议主持人根据表决结果决定股东大会的决议是否通过，并应当在会上宣布表决结果。决议的表决结果载入会议记录。

第八十条 会议主持人如果对提交表决的决议结果有任何怀疑，可以对所投票数进行点算；如果会议主持人未进行点票，出席会议的股东或者股东代理人对会议主持人宣布结果有异议的，有权在宣布表决结果后立即要求点票，会议主持人应当即时点票。

第八十一条 股东大会审议有关关联交易事项时，关联股东不应当参与投票表决，其所代表的有表决权的股份数不计入有效表决总数；股东大会决议的公告应当充分披露非关联股东的表决情况。如有特殊情况关联股东无法回避时，本行在征得监管部门的同意后，可以按照正常程序进行表决，并在股东大会决议公告中作出详细说明。

第八十二条 除涉及本行商业秘密不能在股东大会上公开外，董事会和监事会应当对股东的质询和建议作出答复或说明。

第八十三条 股东大会应有会议记录。会议记录记载以下内容：

（一）出席股东大会的有表决权的股份数，占本行总股份的比例；

（二）召开会议的日期、地点；

（三）会议主持人姓名、会议议程；

（四）各发言人对每个审议事项的发言要点；

（五）每一表决事项的表决结果；

（六）股东的质询意见、建议及董事会、监事会的答复或说明等内容；

（七）股东大会认为和本行章程规定应当载入会议记录的其他内容。

第八十四条 股东大会记录由出席会议的董事和记录员签名,并作为本行档案由董事会秘书保存,保存期为永久保存。

第八十五条 本行董事会应聘请有证券从业资格的律师出席股东大会,对以下问题出具意见并公告:

(一)股东大会的召集、召开程序是否符合法律法规的规定,是否符合《公司章程》;

(二)验证出席会议人员资格的合法有效性;

(三)验证年度股东大会提出新提案的股东的资格;

(四)股东大会的表决程序是否合法有效;

(五)应本行要求对其他问题出具法律意见。

第五章 董事会

第一节 董 事

第八十六条 本行董事为自然人。董事无需持有本行股份。

第八十七条 《公司法》《商业银行法》规定的情形以及被监管部门确定为市场禁入者,并且禁入尚未解除的人员,不得担任本行的董事。

第八十八条 董事由股东大会选举或更换,任期三年,可连选连任。董事在任期届满以前,股东大会不得无故解除其职务。

董事任期从股东大会决议确定之日起计算,至本届董事会任期届满时为止。

第八十九条 董事候选人应在公司股东大会召开之前作出书面承诺,同意接受提名,承诺公开披露的董事候选人的资料真实、完整并保证当选后切实履行董事职责。

第九十条 董事应当遵守法律、法规和本行章程的规定,忠实履行职责,维护本行利益。当其自身的利益与本行和股东的利益相冲突时,应当以本行和股东的最大利益为行为准则,并保证:

(一)在其职责范围内行使权利,不得越权;

(二)除经本行章程规定或者股东大会在知情的情况下批准,不得同本行订立合同或者进行交易;

(三)不得利用内幕信息为自己或他人谋取利益;

(四)不得自营或者为他人经营与本行同类的营业或者从事损害本行利益的活动;

(五)不得利用职权收受贿赂或者其他非法收入,不得侵占本行的财产;

(六)不得挪用资金或者将本行资金借贷给他人;

(七)不得利用职务便利为自己或他人侵占或者接受本应属于本行的商业机会;

(八)未经股东大会在知情的情况下批准,不得接受与本行交易有关的佣金;

(九)不得将本行资产以其个人名义或者以其他个人名义开立账户储存;

(十)不得以本行资产为本行的股东或者其他个人债务提供担保;

(十一)未经股东大会在知情的情况下同意,不得泄露在任职期间所获得的涉及本行的机密信息;但在下列情形下,可以向法院或者其他政府主管机关披露该信息:

1. 法律有规定;

2. 公众利益有要求;

3. 该董事本身的合法利益有要求。

第九十一条 董事应保证有足够的时间和精力履行其应尽的职责,并应当谨慎、认真、勤勉地

行使本行所赋予的权利,以保证:

(一)本行的商业行为符合国家的法律、行政法规以及国家各项经济政策的要求,商业活动不超越营业执照规定的业务范围;

(二)公平对待所有股东;

(三)认真阅读本行的各项商务、财务报告,及时了解本行业务经营管理状况;

(四)行使被合法赋予的本行管理处置权,不得受他人操纵;非经法律、行政法规允许或者得到股东大会在知情的情况下批准,不得将其处置权转授他人行使;

(五)授受监事会对其履行职责的合法监督和合理建议。

第九十二条 未经本行章程规定或者董事会的合法授权,任何董事不得以个人名义代表本行或者董事会行事,董事以其个人名义行事时,在第三方会合理地认为董事在代表本行或者董事会行事的情况下,该董事应事先声明其立场和身份。

第九十三条 董事个人或者其所任职的其他企业直接或者间接与本行已有的或者计划中的合同、交易、安排有关联关系时(聘任合同除外),不论有关事项在一般情况下是否需要董事会批准同意,均应当尽快向董事会披露其关联关系的性质和程度。除非有关联关系的董事按照本条前款的要求向董事会作了披露,并且董事会在不将其计入法定人数,该董事亦未参加表决的会议上批准了该事项,本行有权撤销该合同、交易或者安排,但在对方是善意第三人的情况下除外。

第九十四条 董事在履行本节第九十条规定的义务时,应将有关情况向董事会作出书面陈述,由董事会依据上海证券交易所《股票上市规则》的规定,确定董事在有关交易中是否构成关联人士。

董事会会议在不将有关联关系的董事计入法定人数的情况下,进行审议表决,作出决议。

董事会会议记录及董事会决议应写明有关联关系的董事未计入法定人数、未参加表决的情况。

第九十五条 如果本行董事在本行首次考虑订立有关合同、交易、安排前以书面形式通知董事会,声明由于通知所列的内容,本行日后达成的合同、交易、安排与其有利益关系,则在通知阐明的范围内,有关董事视为做了本章前款所规定的披露。

第九十六条 董事应以认真负责的态度出席董事会,对所议事项表达明确的意见。董事确实无法出席董事会的,可以书面形式委托其他董事按委托人的意愿代为投票,委托人应独立承担法律责任。

董事连续两次未能出席,也不委托其他董事出席董事会会议,视为不能履行职责,董事会应当建议股东大会予以撤换。

第九十七条 董事可以在任期届满以前提出辞职,董事辞职应当向董事会提交书面辞职报告。

第九十八条 如因董事的辞职导致本行董事会低于法定最低人数时,该董事的辞职报告应当在下任董事填补因其辞职产生的缺额后方能生效。余任董事会应当尽快召集临时股东大会,选举董事填补因董事辞职产生的空缺。在股东大会未就董事选举作出决议以前,该提出辞职的董事以及余任董事会的职权应当受到合理的限制。

第九十九条 董事提出辞职或者任期届满,其对本行和股东负有的义务在其辞职报告尚未生效或者生效后的合理期间内,以及任期结束后的合理期间内并不当然解除,其对本行商业秘密保密的义务在其任职结束后仍然有效,直至该秘密成为公开信息。其他义务的持续期间应当根据公平的原则决定,视事件发生与离任之间时间的长短,以及与公司的关系在何种情况和条件下结束而定。

第一百条 任职尚未结束的董事,对因其擅自离职使本行造成的损失,应当承担赔偿责任。

第一百零一条 本行不以任何形式为董事纳税。

第一百零二条 本节有关董事义务的规定，适用于本行监事、行长和其他高级管理人员。

第二节 独 立 董 事

第一百零三条 本行董事会中至少应当有两名独立董事，且至少包括一名会计专业人士。

独立董事应当符合下列条件：

（一）具有本科（含本科）以上学历或相关专业中级以上职称；

（二）根据法律、行政法规及其他有关规定，具备担任商业银行董事的资格；

（三）不在本行担任除董事以外的其他职务，并与本行及其主要股东不存在可能妨碍其进行独立客观判断的关系；

（四）具备商业银行运作的基本知识，熟悉商业银行经营管理相关的法律法规；

（五）具有五年以上法律、经济、金融、财务或者其他有利于履行独立董事职责所必需的工作经历；

（六）能够阅读、理解核分析商业银行的信贷统计报表和财务报表；

（七）监管部门规定的其他条件。

第一百零四条 独立董事对本行及全体股东负有诚信与勤勉义务。独立董事应按照相关法律、法规、公司章程的要求，认真履行职责，维护本行整体利益，尤其要关注中小股东的合法权益不受损害。独立董事应独立履行职责，不受本行主要股东、实际控制人、以及其他与本行存在利害关系的单位或个人的影响。

第一百零五条 下列人员不得担任本行独立董事：

（一）在本行任职的人员及其直系亲属、主要社会关系（直系亲属是指配偶、父母、子女等；主要社会关系是指兄弟姐妹、岳父母、儿媳女婿、兄弟姐妹的配偶、配偶的兄弟姐妹等）；

（二）持有本行已发行股份1%以上的股东或在股东单位任职的人员及其直系亲属；

（三）最近一年内曾经具有前两项所列举情形的人员；

（四）在与本行存在法律、会计、审计、管理咨询等业务联系或利益关系的机构任职的人员；

（五）本行可控制或通过各种方式可施加重大影响的其他任何人员；

（六）监管部门认定的其他人员。

第一百零六条 国家机关工作人员不得兼任本行独立董事，且独立董事不得同时兼任两家或两家以上商业银行的独立董事或董事。

独立董事在本行当选次数不超过有关监管部门的规定，如超过，仍可继续当选董事，但不作为独立董事。

第一百零七条 独立董事每年为本行的工作时间不得少于十五个工作日。独立董事可以委托其他独立董事出席董事会会议，但每年至少应当出席董事会会议总数的三分之二；独立董事连续三次未能出席董事会会议的，董事会应当提请股东大会予以撤换。

第一百零八条 独立董事除应当具有公司法和其他相关法律、法规赋予董事的职权外，还具有以下特别职权：

（一）重大关联交易（指本行拟与关联人达成的总额高于本行最近经审计净资产值的5%的关联交易）应由独立董事认可后，提交董事会或执行董事会议讨论；独立董事作出判断前，可以聘请中介机构出具独立财务顾问报告，作为其判断的依据；

（二）向董事会提议聘用或解聘会计师事务所；

（三）向董事会提请召开临时股东大会；

（四）提议召开董事会；

（五）独立聘请外部审计机构和咨询机构；

（六）可以在股东大会召开前公开向股东征集投票权。

独立董事行使上述职权应当取得全体独立董事二分之一以上的同意。如上述提议未被采纳或上述职权不能正常行使，本行应将有关情况予以披露。

独立董事在董事会下设薪酬、提名、审计与关联控制等委员会中，应占有二分之一以上的比例。

第一百零九条 独立董事应当对以下事项向董事会或股东大会发表独立意见：

（一）提名、任免董事；

（二）聘任或解聘高级管理人员；

（三）本行董事、高级管理人员的薪酬；

（四）本行的股东、实际控制人及其关联企业对本行现有或新发生的总额高于本行最近经审计净资产值的5%（含5%）的重大关联交易借款或其他资金往来，以及本行是否采取有效措施回收欠款；

（五）利润分配方案；

（六）独立董事认为可能造成本行重大损失的事项或损害存款人及中小股东权益的事项；

（七）公司章程规定的其他事项。

独立董事应当就上述事项发表以下几类意见之一：同意；保留意见及其理由；反对意见及其理由；无法发表意见及其障碍。

如有关事项属于需要披露的事项，本行应当将独立董事的意见予以公告，独立董事出现意见分歧无法达成一致时，董事会应将各独立董事的意见分别披露。

第一百一十条 为了保证独立董事有效行使职权，本行应当为独立董事提供必要的条件：

（一）本行应当保证独立董事享有与其他董事同等的知情权。

（二）本行应提供独立董事履行职责所必需的工作条件。

（三）独立董事行使职权时，本行有关人员应当积极配合，不得拒绝、阻碍或隐瞒，不得干预其独立行使职权。

（四）独立董事聘请中介机构的费用及其他行使职权时所需的合理费用由公司承担。

（五）本行应当给予独立董事适当的津贴。除津贴外，独立董事不应从本行及主要股东或有利害关系的机构和人员取得额外的、未予披露的其他利益。

第一百一十一条 独立董事在任期届满前可以提出辞职，并由董事会根据股东大会的授权审批。独立董事辞职时应在其书面辞职报告中对任何与其辞职有关或其认为有必要引起公司股东和债权人注意的情况进行说明。

独立董事辞职后，董事会中独立董事人数少于2名的，独立董事的辞职报告应在下任独立董事填补其缺额后方可生效。

第三节 董事会

第一百一十二条 本行设董事会，对股东大会负责。

第一百一十三条 董事会由十九名董事组成，设董事长一人，副董事长两人。

董事长不得由控股股东的法定代表人或主要领导人兼任。

第一百一十四条 董事会行使下列职权：

（一）负责召集股东大会，并向大会报告工作；

（二）执行股东大会的决议；

（三）决定本行的经营计划和投资方案；

（四）制订本行的年度财务预算方案、决算方案；

（五）制订本行的利润分配方案和弥补亏损方案；

（六）制订本行增加或者减少注册资本、发行债券或其他证券及上市方案；

（七）拟订本行重大收购、回购本行股票或者合并、分立和解散方案；

（八）在股东大会授权范围内，决定本行的风险投资、资产抵押及其他担保事项；

（九）决定本行内部管理机构的设置；

（十）聘任或者解聘本行行长、董事会秘书；根据行长的提名，聘任或者解聘本行副行长、财务总监等高级管理人员，并决定其报酬事项和奖惩事项；

（十一）制定本行的基本管理制度；

（十二）建立本行经营管理者股票期权和员工持股等长期激励制度；

（十三）制订本行章程的修改方案；

（十四）管理本行信息披露事项；

（十五）向股东大会提请聘请或更换为本行审计的会计师事务所；

（十六）听取本行行长的工作汇报并检查行长的工作；

（十七）决定本行经营管理者奖励基金按利润总额提取的比例；

（十八）审批单笔不超过本行最近经审计净资产值20%（含20%）的关联交易；

（十九）依股东大会授权审批独立董事辞职事项；

（二十）法律、法规或本行章程规定，以及股东大会授予的其他职权。

第一百一十五条 为加强董事会对本行日常经营中的重大事项的管理和决策，董事会设立执行董事会议制度。执行董事会议对董事会负责，依据董事会的授权和决议，在董事会闭会期间履行职责。

执行董事会议成员为在本行担任管理职务的董事，成员由董事长提名，经董事会过半数同意表决通过。

第一百一十六条 执行董事会议根据董事会授权行使下列职责：

（一）检查、督促贯彻董事会决议情况；

（二）定期听取本行经营管理层工作报告；

（三）研究本行重大事项，包括高级管理人员变动、分行级以上机构变动事项等；

（四）行使单笔不超过本行最近经审计净资产值5%（含5%）的固定资产投资、资产抵押及其他担保（银行担保业务除外）事项，且当年累计投资总额不超过本行净资产20%的权限（净资产以最近一次审计后的为准）；

（五）审批单笔不超过本行最近经审计净资产值10%（含10%）的关联交易；

（六）提出需经董事会讨论决定的重大问题的建议和方案；

（七）决定本行员工福利基金和奖励基金按利润总额提取的比例；

（八）董事会特别授权的其他职责。

第一百一十七条 本行董事会按照股东大会的有关决议，设立战略、风险管理与关联交易控制、提名、薪酬与考核等专门委员会。专门委员会成员全部由董事组成，其中风险管理与关联交易控制委员会、提名委员会、薪酬与考核委员会中可由独立董事担任召集人,且至少应有一名独立董事是会计专业人士。

控股股东提名的董事不得担任风险管理与关联交易控制委员会和提名委员会的成员。

第一百一十八条 战略委员会的主要职责是对本行长期发展战略和重大投资决策进行研究并提出建议。

第一百一十九条 风险管理与关联交易控制委员会的主要职责是:

(一) 对高级管理层在信贷、市场、操作等方面的风险控制情况进行监督;

(二) 对本行风险状况进行定期评估;

(三) 审查本行的内控制度,提出完善本行风险管理和内部控制的意见,对内部稽核部门的工作程序和工作效果进行评价;

(四) 审核本行的财务信息及其披露;

(五) 审核需董事会审议的重大关联交易。

第一百二十条 提名委员会的主要职责是:

(一) 研究董事、高级管理人员的选择标准和程序并提出建议;

(二) 广泛搜寻合格的董事和高级管理人员的人选;

(三) 对董事候选人和高级管理人员的人选的任职资格和条件进行初步审核并向董事会提出建议。

第一百二十一条 薪酬与考核委员会的主要职责是:

(一) 研究董事与高级管理人员考核的标准,进行考核并提出建议;

(二) 研究和审查董事与高级管理人员的薪酬政策与方案;

(三) 监督薪酬方案的实施。

第一百二十二条 各专门委员会可以聘请中介机构提供专业意见,有关费用由本行承担。

各专门委员会对董事会负责,各专门委员会的提案应提交董事会审查决定。

第一百二十三条 本行董事会应当就注册会计师对本行财务报告出具的有保留意见的审计报告向股东大会作出说明。

第一百二十四条 董事会制定董事会议事规则,以确保董事会的工作效率和科学决策。

第一百二十五条 董事会应当确定其运用本行资产作出的风险投资权限,建立严格的审查和决策程序,重大投资项目应当组织有关专家、专业人员进行评审,并报股东大会批准。

股东大会授权董事会行使单笔不超过本行最近经审计净资产值20%(含20%)的固定资产投资、资产抵押及其他担保(银行担保业务除外)。

第一百二十六条 董事长和副董事长由本行董事担任,以全体董事的过半数选举产生和罢免。

第一百二十七条 董事长行使下列职权:

(一) 主持股东大会和召集、主持董事会会议;

(二) 督促、检查董事会决议的执行;

(三) 签署本行股票、本行债券及其他有价证券;

(四) 签署董事会重要文件和其他应由本行法定代表人签署的其他文件;

(五) 行使法定代表人的职权;

(六) 在发生特大自然灾害等不可抗力的紧急情况下,对本行事务行使符合法律规定和本行利益的特别处置权,并在事后向本行董事会和股东大会报告;

（七）董事会授予的其他职权。

第一百二十八条 董事长不能履行职权时,董事长应当指定副董事长代行其职权。

第一百二十九条 董事会每年至少召开四次会议,由董事长召集,于会议召开十日以前书面通知全体董事。

第一百三十条 有下列情形之一的,董事长应在三十个工作日内召集临时董事会会议：

（一）董事长认为必要时；
（二）三分之一以上董事或二分之一以上独立董事联名提议时；
（三）监事会提议时；
（四）行长提议时。

第一百三十一条 董事会召开临时董事会会议的通知方式为：书面通知；通知时限为：十天。如有本章第一百二十七条第(二)、(三)、(四)规定的情形,董事长不能履行职责时,应当指定一名副董事长或者一名董事代其召集临时董事会会议；董事长无故不履行职责,亦未指定具体人员代其行使职责的,可由副董事长或者二分之一以上的董事共同推举一名董事负责召集会议。

第一百三十二条 董事会会议通知包括以下内容：

（一）会议日期和地点；
（二）会议期限；
（三）事由及议题；
（四）发出通知的日期。

第一百三十三条 董事会会议应当由二分之一以上的董事出席方可举行。每一董事享有一票表决权。董事会作出决议,必须经全体董事的过半数通过。

第一百三十四条 董事会临时会议在保障董事充分表达意见的前提下,可以用传真等通信方式进行并作出决议,并由参会董事签字。

利润分配方案、重大投资、重大资产处置方案、聘任或解聘高级管理人员等重大事项不应采取通讯表决的方式,且应当由董事会三分之二以上董事通过。

第一百三十五条 董事会会议应当由董事本人出席,董事因故不能出席的,可以书面委托其他董事代为出席。

委托书应当载明代理人的姓名,代理事项、权限和有效期限,并由委托人签名或盖章。

代为出席会议的董事应当在授权范围内行使董事的权利。董事未出席董事会会议,亦未委托代表出席的,视为放弃在该次会议上的投票权。

第一百三十六条 董事会决议表决方式为：举手表决。每名董事有一票表决权。

第一百三十七条 董事会会议应当有记录,出席会议的董事和记录人,应当在会议记录上签名。出席会议的董事有权要求在记录上对其在会议上的发言作出说明性记载。董事会会议记录作为本行档案由董事会秘书保存,保存期限为永久保存。

第一百三十八条 董事会会议记录包括以下内容：

（一）会议召开的日期、地点和召集人姓名；
（二）出席董事的姓名以及受他人委托出席董事会的董事(代理人)姓名；
（三）会议议程；
（四）董事发言要点；
（五）每一决议事项的表决方式和结果(表决结果应载明赞成、反对或弃权的票数)。

第一百三十九条 董事应当在董事会决议上签字并对董事会的决议承担责任。董事会决议违反法律、法规或者章程,致使本行遭受损失的,参与决议的董事对本行负赔偿责任。但经证明在表决时曾表明异议并记载于会议记录的,该董事可以免除责任。

第一百四十条 董事会设办公室,负责股东大会、董事会、董事会各专门委员会会议的筹备、信息披露,以及董事会、董事会各专门委员会的其他日常事务。

第四节 董事会秘书

第一百四十一条 董事会设董事会秘书,其应当经中国人民银行任职资格审查。

董事会秘书经董事长提名,由董事会聘任或解聘;董事会秘书是本行高级管理人员,对董事会负责并报告工作。任期与董事任期相同,任满可以续聘。董事会如发现董事会秘书有失职或不称职行为,经考核属实的,可以将其解聘。

董事会委任证券事务代表,在董事会秘书不能履行职责时代为其行使职责。

第一百四十二条 董事会秘书应具备以下条件:

(一)秘书应由具有大学专科以上学历,从事秘书、管理、股权事务等工作三年以上的自然人担任;

(二)秘书应掌握有关财务、税收、法律、金融、企业管理等方面专业知识,具有良好的个人品质,严格遵守有关法律、法规及职业操守,能够忠诚地履行职责,并具有良好的沟通技巧和灵活的处事能力。

本章程第八十七条规定不得担任本行董事的情形适用于董事会秘书。

第一百四十三条 董事会秘书的主要职责是:

(一)准备和递交国家有关部门要求的董事会和股东大会出具的报告和文件;

(二)筹备执行董事会议、董事会会议和股东大会,并负责会议的记录和会议文件、记录的保管;

(三)负责本行信息披露事务,保证本行信息披露的及时、准确、合法、真实和完整;

(四)保证有权得到本行有关记录和文件的人及时得到有关文件和记录;

(五)本行章程和本行股票上市的证券交易所上市规则所规定的其他职责。

第一百四十四条 本行董事或者其他高级管理人员可以兼任本行董事会秘书。本行聘请的会计师事务所的注册会计师和律师事务所的律师不得兼任本行董事会秘书。

第一百四十五条 董事兼任董事会秘书的,如某一行为需由董事、董事会秘书分别作出时,则该兼任董事及本行董事会秘书的人不得以双重身份作出。

第六章 行　　长

第一百四十六条 本行设行长一名,由董事长提名,由董事会聘任或解聘。

第一百四十七条 《公司法》第五十八条、第五十九条规定的情形以及被中国证监会确定为市场禁入者,并且禁入尚未解除的人员,不得担任本行的行长、副行长。

第一百四十八条 行长每届任期三年,行长连聘可以连任。

第一百四十九条 行长对董事会负责,行使下列职权:

(一)主持本行的经营管理工作,并向董事会报告工作;

(二)组织实施董事会决议、本行年度计划和投资方案;

(三)制订本行的具体规章;

（四）提请董事会聘任或者解聘本行副行长、财务总监；

（五）聘任或者解聘除应由董事会聘任或者解聘以外的管理人员；

（六）决定本行职工的聘用和解聘；

（七）提议召开董事会临时会议；

（八）代表高级管理层向董事会提交经营计划和投资方案，经董事会批准后组织实施；

（九）授权高级管理层成员、内部各职能部门及分支机构负责人从事经营活动；

（十）在商业银行发生挤兑等重大突发事件时，采取紧急措施，并立即向中国人民银行和董事会、监事会报告；

（十一）本行章程或董事会授予的其他职权，包括（但不限于）：

1. 决定本行内部管理机构设置方案；

2. 决定本行的基本管理制度；

3. 决定本行职工的工资、福利、奖惩事项；

4. 行使单笔不超过本行最近经审计净资产值1％（含1％）的固定资产投资、资产抵押及其他担保（银行担保业务除外）事项且当年累计投资总额不超过本行净资产5％（含5％）的权限。

第一百五十条　非董事行长可列席董事会会议，但没有表决权。

第一百五十一条　行长应当根据董事会或者监事会的要求，向董事会或者监事会报告本行重大合同的签订、执行情况、资金运用情况和盈亏情况。行长必须保证该报告的真实性。

第一百五十二条　行长拟定有关职工工资、福利、安全工作以及劳动保护、劳动保险、解聘（或开除）本行职工等涉及职工切身利益的问题时，应当事先听取工会和职代会的意见。

第一百五十三条　行长应制订行长工作细则，报董事会批准后实施。

第一百五十四条　行长工作细则包括下列内容：

（一）行长会议召开的条件、程序和参加的人员；

（二）行长、副行长及其他高级管理人员各自具体的职责及其分工；

（三）本行资金、资产运用，签订重大合同的权限，以及向董事会、监事会的报告制度；

（四）董事会认为必要的其他事项。

第一百五十五条　本行行长应当遵守法律、行政法规和本行章程的规定，履行诚信和勤勉的义务。

第一百五十六条　行长可以在任期届满以前提出辞职。有关行长辞职的具体程序和办法由行长与本行之间的劳务合同规定。行长、副行长必须在完成离任审计后方可离任。

第一百五十七条　本行设财务总监，经行长提名，由董事会聘任或解聘，财务总监是本行高级管理人员，任期与董事任期相同，任满可以续聘。董事会如发现财务总监有失职或不称职行为，经考核属实的，可以将其解聘。

第一百五十八条　财务总监应具有银行和公司财会专业知识，熟悉财务、金融等方面的法律、法规，具有较强的业务能力和丰富的经验。本章程中规定不得担任本行董事的情形适用于财务总监。

第一百五十九条　财务总监不得由本行董事会正、副董事长、行长兼任。

第一百六十条　财务总监的主要职责是：

（一）监督本行的财务会计活动；

（二）审核本行的财务报表、报告，保证其真实性、准确性、合法性；

（三）对董事会批准的本行重大经营计划、方案的决议执行情况进行监督；

（四）列席董事会会议，并向其报告工作；

（五）董事会授予的其他职权。

第一百六十一条 财务总监对未能发现和制止本行违反法律、法规的行为，造成本行重大经济损失的应承担相应责任。

第七章 监事会

第一节 监事

第一百六十二条 监事由股东代表和本行职工代表担任。本行职工代表担任的监事不得少于监事人数的三分之一，外部监事的人数不少于两名。

第一百六十三条 《公司法》《商业银行法》规定的情形以及被监管部门确定为市场禁入者，并且禁入尚未解除的，不得担任本行的监事。

董事、行长和其他高级管理人员不得兼任监事。

第一百六十四条 外部监事与本行及主要股东之间不应存在影响其独立判断的关系。外部监事在履行职责时尤其要关注存款人和本行整体利益。

外部监事的任职资格、产生程序、权利义务以及工作条件应当符合监管部门的规定。外部监事报酬比照独立董事执行。

第一百六十五条 监事每届任期三年。股东担任的监事由股东大会选举或更换，本行职工代表担任的监事由本行职工民主选举产生或更换，监事连选可以连任。

第一百六十六条 监事连续两次不能出席监事会会议的，视为不能履行职责，股东大会或职工代表大会应当予以撤换。

第一百六十七条 监事可以在任期届满以前提出辞职，章程第五章有关董事辞职的规定，适用于监事。

第一百六十八条 监事应当遵守法律、行政法规和本行章程的规定，履行诚信和勤勉的义务。

第二节 监事会

第一百六十九条 本行设监事会。监事会由九名监事组成，监事会设监事长一人，并可视情况设副监事长一人，监事长应当由专职人员担任。监事长不能履行职权时，应当指定副监事长代行其职权。

监事长、副监事长由监事会全体监事过半数选举产生和罢免，其应具备财务、审计、金融、法律等某一方面的专业知识和工作经验。

第一百七十条 监事会行使下列职权：

（一）检查本行的财务；

（二）对董事、行长和其他高级管理人员执行本行职务时违反法律、法规或者章程的行为进行监督、质询；

（三）当董事、行长和其他高级管理人员的行为损害本行的利益时，要求其予以纠正，必要时向股东大会或国家有关主管机关报告；

（四）提议召开临时股东大会；

（五）列席董事会会议；

（六）对董事和高级管理层成员进行离任审计；

（七）对本行的经营决策、风险管理和内部控制等进行审计并指导稽核部门的工作；

（八）其他法律、法规、规章及本行章程规定或股东大会授予的其他职权。

第一百七十一条 监事会设立提名委员会，其主要职责是拟定监事的选任程序和标准，对监事的任职资格和条件进行初步审核，并向监事会提出建议。

提名委员会由外部监事担任负责人。

第一百七十二条 监事会设立审计委员会，其主要职责是拟定下列事项审计的方案：

（一）监督董事会、高级管理层履行职责的情况；

（二）监督董事、董事长及高级管理层成员的尽职情况；

（三）监督检查对董事和高级管理层成员进行的离任审计；

（四）检查、监督本行的财务活动；

（五）对本行的经营决策、风险管理和内部控制等进行审计并指导本行内部稽核部门的工作。

审计委员会应当由外部监事担任负责人。

第一百七十三条 监事会下设监事会办公室，作为监事会的办事机构。

第一百七十四条 监事会行使职权时，必要时可以聘请律师事务所、会计师事务所等专业性机构给予帮助，由此发生的合理费用由本行承担。

第一百七十五条 监事会每年至少召开四次会议。会议通知应当在会议召开十日以前书面送达全体监事。

第一百七十六条 监事会会议通知包括以下内容：举行会议的日期、地点和会议期限，事由及议题，发出通知的日期。

第三节 监事会决议

第一百七十七条 监事会会议应由二分之一以上的监事出席方可举行。每一位监事享有一票表决权。

第一百七十八条 每一位监事所提议案，监事会均应予以审议。监事会作出的决议必须经全体监事三分之二以上通过才能生效。

第一百七十九条 监事会会议应有记录，出席会议的监事和记录人，应当在会议记录上签名。监事有权要求在记录上对其在会议上的发言作某种说明性记载。监事会会议记录作为本行档案由公司保存，保存期限为永久保存。

第八章 财务会计制度、利润分配和审计

第一节 财务会计制度

第一百八十条 本行依照法律、行政法规和国家有关部门的规定，制定本行的财务会计制度。

第一百八十一条 本行在每一季度结束后三十日以内编制本行的季度财务报告；在每一会计年度前六个月结束后六十日以内编制本行的中期财务报告；在每一会计年度结束后一百二十日以内编制本行年度财务报告。

第一百八十二条 本行年度财务报告以及进行中期利润分配的中期财务报告，包括下列内容：

（一）资产负债表；

（二）利润表；

（三）利润分配表；

（四）现金流量表；

（五）会计报表附注。

不进行中期利润分配时,中期财务报告包括上款除第(三)项以外的会计报表及附注。

第一百八十三条 季度财务报告、中期财务报告和年度财务报告按照有关法律、法规的规定进行编制。

第一百八十四条 本行除法定的会计账册外,不另立会计账册。本行的资产,不以任何个人名义开立账户存储。

第一百八十五条 本行交纳所得税后的利润,按下列顺序分配:

(一)弥补上一年度的亏损;
(二)提取法定公积金百分之十;
(三)提取法定公益金百分之五至百分之十;
(四)提取任意公积金;
(五)支付股东股利。

本行法定公积金累计额为本行注册资本的百分之五十以上时,可以不再提取。提取法定公积金、公益金后,是否提取任意公积金由股东大会决定。本行不在弥补本行亏损和提取法定公积金、公益金之前向股东分配利润。

第一百八十六条 股东大会决议将公积金转为股本时,按股东原有股份比例派送新股。但法定公积金转为股本时,所留存的该项公积金不得少于注册资本的百分之二十五。

第一百八十七条 本行股东大会对利润分配方案作出决议后,本行董事会须在股东大会召开后两个月内完成股利(或股份)的派发事项。

第一百八十八条 本行可以采取现金或者股票方式分配股利。

第一百八十九条 本行经营管理者和员工福利、奖励基金,按照《金融企业会计制度》规定按利润总额的一定比例在成本中列支并调整纳税。

第二节 内部审计

第一百九十条 本行实行内部审计制度,配备专职审计人员,对本行财务收支和经济活动进行内部审计监督。

第一百九十一条 本行内部审计制度和审计人员的职责,应当经董事会批准后实施。审计负责人向董事会负责并报告工作。

第三节 会计师事务所的聘任

第一百九十二条 本行聘用取得"从事证券相关业务资格"的会计师事务所进行会计报表审计、净资产验证及其他相关的咨询服务等业务,聘期一年,可以续聘。

第一百九十三条 本行聘用会计师事务所由股东大会决定。

第一百九十四条 经本行聘用的会计师事务所享有下列权利:

(一)查阅本行财务报表、记录和凭证,并有权要求本行的董事、行长或者其他高级管理人员提供有关的资料和说明;
(二)要求本行提供为会计师事务所履行职务所必需的子公司的资料和说明;
(三)列席股东大会,获得股东大会的通知或者与股东大会有关的其他信息,在股东大会上就涉及其作为本行聘用的会计师事务所的事宜发言。

第一百九十五条 如果会计师事务所职位出现空缺,董事会在股东大会召开前,可以委任会计师事务所填补该空缺。

第一百九十六条 会计师事务所的报酬由股东大会决定。董事会委任填补空缺的会计师事务所的报酬,由董事会确定,报股东大会批准。

第一百九十七条　本行解聘或者续聘会计师事务所由股东大会作出决定,并在有关的报刊上予以披露,必要时说明更换原因,并报中国证监会和中国注册会计师协会备案。

第一百九十八条　本行解聘或者不再续聘会计师事务所时,提前三十天事先通知会计师事务所,会计师事务所有权向股东大会陈述意见。会计师事务所认为本行对其解聘或者不再续聘理由不当的,可以向中国证监会和中国注册会计师协会提出申诉。会计师事务所提出辞聘的,应当向股东大会说明本行有无不当情事。

第九章　通知和公告

第一节　通　知

第一百九十九条　本行的通知以下列形式发出:

(一) 以专人送出;
(二) 以传真方式进行;
(三) 以邮件方式送出;
(四) 以公告方式进行;
(五) 本行章程规定的其他形式。

第二百条　本行发出的通知,以公告方式进行的,一经公告,视为所有相关人员收到通知。

第二百零一条　本行召开股东大会的会议通知,以公告的方式进行。

第二百零二条　本行召开董事会的会议通知,以邮件或传真方式进行。

第二百零三条　本行召开监事会的会议通知,以邮件或传真方式进行。

第二百零四条　本行通知以传真方式进行的,传真当日为送达日期;本行通知以邮件送出的,自交付邮局之日起第五个工作日为送达日期;本行通知以公告方式送出的,第一次公告刊登日为送达日期。

第二百零五条　因意外遗漏未向某有权得到通知的人送出会议通知或者该等人没有收到会议通知,会议及会议作出的决议并不因此无效。

第二节　公　告

第二百零六条　本行将在中国证监会指定披露信息的报刊《中国证券报》《上海证券报》《证券时报》为刊登本行公告和其他需要披露信息的报刊。

第十章　合并、分立、解散和清算

第一节　合并或分立

第二百零七条　本行可以依法进行合并或者分立。

本行合并可以采取吸收合并和新设合并两种形式。

第二百零八条　本行合并或者分立,按照下列程序办理:

(一) 董事会拟订合并或者分立方案;
(二) 股东大会依照章程的规定作出决议;
(三) 各方当事人签订合并或者分立合同;
(四) 依法办理有关审批手续;
(五) 处理债权、债务等各项合并或者分立事宜;

（六）办理解散登记或者变更登记。

第二百零九条 本行合并或者分立，合并或者分立各方应当编制资产负债表和财产清单。本行自股东大会作出合并或者分立决议之日起十日内通知债权人，并于三十日内在依本公司章程第一百六十九条选定的信息披露报刊上公告三次。

第二百一十条 债权人自接到通知书之日起三十日内，未接到通知书的自第一次公告之日起九十日内，有权要求本行清偿债务或者提供相应的担保。本行不能清偿债务或者提供相应担保的，不进行合并或者分立。

第二百一十一条 本行合并或者分立时，本行董事会应当采取必要的措施保护反对本行合并或者分立的股东的合法权益。

第二百一十二条 本行合并或者分立各方的资产、债权、债务的处理，通过签订合同加以明确规定。

本行合并后，合并各方的债权、债务，由合并后存续的公司或者新设的公司承继。

本行分立前的债务按所达成的协议由分立后的公司承担。

第二百一十三条 本行合并或者分立，登记事项发生变更的，依法向公司登记机关办理变更登记；本行解散的，依法办理注销登记；设立新公司的，依法办理公司设立登记。

第二节 解散和清算

第二百一十四条 有下列情形之一的，本行应当依法解散并进行清算：

（一）股东大会决议解散；
（二）因合并或者分立而解散；
（三）不能清偿到期债务依法宣告破产；
（四）根据《金融机构撤销条例》被中国人民银行依法撤销。

第二百一十五条 本行因有本节前条第（一）项情形而解散的，应当在十五日内成立清算组。清算组人员由股东大会以普通决议的方式选定。

本行因有本节前条（二）项情形而解散的，清算工作由合并或者分立各方当事人依照合并或者分立时签订的合同办理。

本行因有本节前条（三）项情形而解散的，由人民法院依照有关法律的规定，组织股东、有关机关及专业人员成立清算组进行清算。

本行因有本节前条（四）项情形而解散的，清算组的组成、职权以及债务清偿等事项依据《金融机构撤销条例》的规定进行。

第二百一十六条 清算组成立后，董事会、行长的职权立即停止。清算期间，本行不得开展新的经营活动。

第二百一十七条 清算组在清算期间行使下列职权：

（一）通知或者公告债权人；
（二）清理本行财产、编制资产负债表和财产清单；
（三）处理本行未了结的业务；
（四）清缴所欠税款；
（五）清理债权、债务；
（六）处理本行清偿债务后的剩余财产；
（七）代表本行参与民事诉讼活动。

第二百一十八条 清算组应当自成立之日起十日内通知债权人,并于六十日内在至少一种中国证监会指定的报刊上公告三次。

第二百一十九条 债权人应当在章程规定的期限内向清算组申报其债权。债权人申报债权时,应当说明债权的有关事项,并提供证明材料。清算组应当对债权进行登记。

第二百二十条 清算组在清理本行财产、编制资产负债表和财产清单后,应当制定清算方案,并报股东大会或者有关主管机关确认。

第二百二十一条 本行财产按下列顺序清偿:

（一）支付清算费用；
（二）支付本行职工工资和劳动保险费用；
（三）支付个人储蓄存款的本金和利息；
（四）交纳所欠税款；
（五）清偿本行债务；
（六）按股东持有的股份比例进行分配。

本行财产未按前款第（一）至（五）项规定清偿前,不分配给股东。

第二百二十二条 清算组在清理本行资产、编制资产负债表和财产清单后,认为本行财产不足清偿债务的,应当向人民法院申请宣告破产。本行经人民法院宣告破产后,清算组应当将清算事务移交给人民法院。

第二百二十三条 清算结束后,清算组应当制作清算报告,以及清算期间收支报表和财务账册,报股东大会或者有关主管机关确认。

清算组应当自股东大会或者有关主管机关对清算报告确认之日起三十日内,依法向公司登记机关办理注销本行登记,并公告本行终止。

第二百二十四条 清算组人员应当忠于职守,依法履行清算义务,不得利用职权收受贿赂或者其他非法收入,不得侵占本行财产。

清算组人员因故意或者重大过失给本行或者债权人造成损失的,应当承担赔偿责任。

第十一章 修 改 章 程

第二百二十五条 有下列情形之一的,本行应当修改章程:

（一）《公司法》或有关法律、行政法规修改后,章程规定的事项与修改后的法律、行政法规的规定相抵触；
（二）本行的情况发生变化,与章程记载的事项不一致；
（三）股东大会决定修改章程。

第二百二十六条 股东大会决议通过的章程修改事项应经主管机关审批的,须报原审批的主管机关批准;涉及本行登记事项的,依法办理变更登记。

第二百二十七条 董事会依照股东大会修改章程的决议和有关主管机关的审批意见修改本行章程。

第二百二十八条 章程修改事项属于法律、法规要求披露的信息,按规定予以公告。

第十二章 附 则

第二百二十九条 董事会可依照章程的规定,制定章程细则。章程细则不得与章程的规定相抵触。

第二百三十条 本章程以中文书写,其他任何语种或不同版本的章程与本章程有歧义时,以在上海市工商行政管理局最近一次核准登记后的中文版章程为准。

第二百三十一条 本章程所称"以上""以内""以下",都含本数;"不满""以外"不含本数。

第二百三十二条 本次章程的修改时间为2002年4月,以股东大会通过并经中国人民银行批准之日生效。章程由本行董事会负责解释。

上海浦东发展银行股份有限公司章程(2005年修订)

第一章 总 则

第一条 为维护上海浦东发展银行股份有限公司(以下简称"本行")、股东和相关利益者的合法权益,规范本行的组织和行为,根据《中华人民共和国公司法》(以下简称《公司法》)、《中华人民共和国商业银行法》(以下简称《商业银行法》)、《中华人民共和国银行业监督管理法》(以下简称《银行业监督管理法》)和其他有关规定,制定本章程。

第二条 本行系依照《股份有限公司规范意见》《上海市股份有限公司暂行规定》和其他有关规定于一九九二年十月十九日成立的股份公司。

本行经中国人民银行银复〔1992〕601号文批准,以定向募集方式设立;在上海市工商行政管理局注册登记,取得营业执照。

本行已按照有关规定,对照《公司法》进行规范并依法履行了重新登记。

第三条 本行于一九九九年九月二十日经中国证券监督管理委员会批准,首次向社会公众发行人民币普通股四亿股,并于一九九九年十一月十日在上海证券交易所上市。

第四条 本行注册名称:中文全称上海浦东发展银行股份有限公司,简称"上海浦东发展银行"或"浦发银行"。英文全称Shanghai Pudong Development Bank CO.,LTD.,简称SPDB。

第五条 本行总行设在上海市,本行住所:上海市中山东一路12号,邮编200002。

第六条 本行注册资本为人民币叁拾玖亿壹仟伍佰万元(￥3 915 000 000)。

第七条 本行为永久存续的股份有限公司。

第八条 董事长为本行的法定代表人。

第九条 本行股份总数为叁拾玖亿壹仟伍佰万股,每股面值为人民币壹元。

本行全部资产分为等额股份,股东以其所持股份为限对本行承担责任,本行以全部资产对本行的债务承担责任。

第十条 本行章程自生效之日起,即成为规范本行的组织与行为,规范本行与股东、股东与股东之间权利义务关系的,具有法律约束力的文件。股东可以依据本行章程起诉本行;本行可以依据本行章程起诉股东、董事、监事、行长和其他高级管理人员;股东可以依据本行章程起诉股东;股东可以依据本行章程起诉本行的董事、监事、行长和其他高级管理人员。

第十一条 本章程所称其他高级管理人员是指本行的副行长、董事会秘书、财务总监。

本行的董事长、监事长、副董事长、行长、副行长、董事会秘书以及独立董事、外部监事等其他须由中国银行业监督管理委员会等监管部门审核任职资格的人员应具备监管部门规定的任职资格并经其审核。

第十二条 根据业务发展需要,经中国银行业监督管理委员会等监管部门的审查批准,本行可在国内外设立分支机构。本行设在国外的分支机构可依所在地法令经营许可的业务。

本行实行一级法人、分级经营的管理体制,分支机构不具有法人资格,在总行的授权范围内依法开展业务,其民事责任由总行承担。总行对各分行的主要人事任免、业务政策、综合计划、基本规章制度和涉外事务等实行统一领导和管理,对分支机构实行统一管理、统一调度资金、分级核算的财务制度。

第二章 经营宗旨和范围

第十三条 本行的经营宗旨为:根据平等、自愿、公平和诚实信用原则,依法开展各项商业银行业务;在审慎经营、稳健发展的前提下,为股东及相关利益者谋取最大经济利益,并以此促进和支持国民经济发展和社会全面进步。

本行以效益性、安全性、流动性为经营原则,实行自主经营,自担风险,自负盈亏,自我约束。

第十四条 经中国银行业监督管理委员会批准,并经公司登记机关核准,本行经营范围是:

(一) 吸收公众存款;
(二) 发放短期、中期和长期贷款;
(三) 办理国内外结算;
(四) 办理票据承兑与贴现;
(五) 发行金融债券;
(六) 代理发行、代理兑付、承销政府债券;
(七) 买卖政府债券、金融债券;
(八) 从事同业拆借;
(九) 买卖、代理买卖外汇;
(十) 从事银行卡业务;
(十一) 提供信用证服务及担保;
(十二) 代理收付款项及代理保险业务;
(十三) 提供保管箱服务;
(十四) 提供资信调查、咨询见证业务;
(十五) 经批准的其他业务。

第三章 股 份

第一节 股 份 发 行

第十五条 本行的股份采取股票的形式。

第十六条 本行发行的所有股份均为普通股。

第十七条 本行股份的发行,实行公开、公平、公正的原则,同股同权、同股同利。

第十八条 本行发行的股票,以人民币标明面值。

第十九条 本行的内资股份,在中国证券登记结算有限责任公司上海分公司集中托管。

第二十条 本行经批准发行的普通股总数为39.15亿股,其中向发起人发行10.812亿股,占本行可发行普通股总数的27.62%。

第二十一条 本行的股本结构为:普通股39.15亿股,其中发起人持有10.812亿股,其他内资股股东持有 28.338 亿股。

第二十二条 本行或本行的分支机构不以赠予、垫资、担保、补偿或贷款等形式,对购买或者拟购买本行股份的人提供任何资助。

第二节 股份增减和回购

第二十三条 本行根据经营和发展的需要,依照法律、法规的规定,经股东大会分别作出决议,并报经有关主管部门批准,可以采用下列方式增加资本:

(一) 向社会公众发行股份;

(二) 向现有股东配售股份;

(三) 向现有股东派送红股;

(四) 以公积金转增股本;

(五) 法律、行政法规规定以及国务院证券主管部门批准的其他方式。

第二十四条 根据本行章程的规定,并经中国银行业监督管理委员会批准,本行可以减少注册资本。本行减少注册资本,按照《公司法》和《商业银行法》以及其他有关规定和本行章程规定的程序办理。

第二十五条 本行在下列情况下,经本行章程规定的程序通过,并报国家有关主管机构批准后,可以回购本行的股票:

(一) 为减少本行资本而注销股份;

(二) 与持有本行股票的其他公司合并;

(三) 法律、行政法规规定和国务院证券主管部门批准的其他情形。

除上述情形外,本行不进行买卖本行股票的活动。

第二十六条 本行回购股份,可以下列方式之一进行:

(一) 向全体股东按照相同比例发出回购要约;

(二) 通过公开交易方式回购;

(三) 法律、行政法规规定和国务院证券主管部门批准的其他情形。

第二十七条 本行回购本行股票后,自完成回购之日起十日内注销该部分股份,并向工商行政管理部门申请办理注册资本的变更登记并公告。

第三节 股份转让

第二十八条 本行的股份可以依法转让。

法人股的转让需符合中国银行业监督管理委员会的有关规定,受让人应具备监督管理部门规定的向商业银行投资入股的主体资格。

有下列变更事项之一的,应向本行和中国银行业监督管理委员会报告,经中国银行业监督管理委员会批准后方可:

(一) 股东直接或间接持有本行股份总额达到5%;

(二) 变更持有本行股份总额5%以上的股东。

第二十九条 本行不接受本行的股票作为质押权的标的。

第三十条 发起人持有的本行股票,自本行成立之日起三年以内不得转让。董事、监事、行长以及其他高级管理人员应当在其任职期间内,定期向本行申报其所持有的本行股份;在其任职期间以及离职后六个月内不得转让其所持有的本行股份。

第三十一条 持有本行百分之五以上有表决权股份的股东,将其所持有的本行股票在买入之日起六个月以内卖出,或者在卖出之日起六个月以内又买入的,由此获得的利润归本行所有。

前款规定适用于持有本行百分之五以上有表决权股份的法人股东的董事、监事、行长和其他高级管理人员。

第四章　股东和股东大会

第一节　股　东

第三十二条　本行股东为依法持有本行股份的人。

股东按其所持有股份的种类享有权利,承担义务;持有同一种类股份的股东,享有同等权利,承担同种义务。

第三十三条　股东名册是证明股东持有本行股份的充分证据。

第三十四条　本行依据中国证券登记结算有限责任公司上海分公司提供的数据信息建立股东名册,并及时查询主要股东资料及主要股东的持股变更(包括股权的出质)情况,及时掌握本行的股权结构。

第三十五条　本行召开股东大会、分配股利、清算及从事其他需要确认股权的行为时,由董事会授权董事会办事机构决定某一日为股权登记日,股权登记日结束时的在册股东为本行股东。

第三十六条　本行股东享有下列权利:

(一) 依照其所持有的股份份额获得股利和其他形式的利益分配;

(二) 参加或者委派代理人参加股东会议;

(三) 依照其所持有的股份份额行使表决权;

(四) 对本行的经营行为进行监督,提出建议或者质询;

(五) 依照法律、行政法规及本行章程的规定转让、赠予或质押其所持有的股份;

(六) 依照法律、本行章程的规定获得有关信息,包括:

1. 缴付成本费用后得到本行章程;

2. 缴付合理费用后有权查阅和复印:

(1) 本人持股资料;

(2) 股东大会会议记录;

(3) 年度报告、中期报告和季度报告;

(4) 本行股本总额、股本结构。

(七) 本行终止或者清算时,按其所持有的股份份额参加本行剩余财产的分配;

(八) 法律、行政法规及本行章程所赋予的其他权利。

第三十七条　股东提出查阅前条所述有关信息或者索取资料的,应当向本行提供证明其持有本行股份的种类以及持股数量的书面文件,本行经核实股东身份后按照股东的要求予以提供。

第三十八条　股东大会、董事会的决议违反法律、行政法规的规定,侵犯股东合法权益,股东有权依法提起要求停止上述违法行为或侵害行为的诉讼。

第三十九条　本行股东承担下列义务:

(一) 遵守本行章程;

(二) 依其所认购的股份和入股方式缴纳股金;

(三) 除法律、法规规定的情形外,不得退股;

(四) 法律、行政法规及本行章程规定应当承担的其他义务。

第四十条　本行资本充足率低于法定标准时,股东应支持董事会提出的提高资本充足率的措施。

第四十一条　本行可能出现流动性困难时,有借款的股东要根据有关法律法规立即归还到期借款,未到期的借款应积极提前偿还。

本行流动性困难是指出现下列监管指标不符商业银行监管指标且出现持续、大额资金划出而引发或可能引发挤兑现象等情形:

（一）流动性资产期末余额与流动性负债期末余额之比≤15%；

（二）存款准备金、备付金之和与各项存款期末余额（不含委托存款）之比≤13%；

（三）不良贷款期末余额与各项贷款期末余额之比≥30%；

（四）同业拆入、同业存放之和减去拆放同业、存放同业之和与各项存款期末余额（不含委托存款）之比≥5%。

第四十二条　同一股东在本行的借款余额不得超过本行资本净额的百分之十。股东的关联企业的借款在计算比率时应与该股东在本行的借款合并计算。

股东在本行的关联借款逾期未还的期间内,其表决权应当受到限制。

第四十三条　本行股东中,如发生法定代表人、公司名称、注册地址、业务范围等重大事项的变更时,应及时报告本行的股权管理部门。

第四十四条　持有本行百分之一以上有表决权股份的股东,将其持有的股份进行质押的,应当自该事实发生之日起五个工作日内,向本行作出书面报告。

第四十五条　本行控股股东对本行和社会公众股股东负有诚信义务。控股股东应严格依法行使出资人的权利,控股股东不得利用关联交易、利润分配、资产重组、对外投资、资金占用、借款担保等方式损害本行和社会公众股股东的合法权益,不得利用其控制地位损害本行和社会公众股股东的利益。

（一）控股股东对本行的董事、监事候选人的提名,应严格遵循法律、法规和本章程规定的条件和程序;不得对股东大会人事选举决议和董事会人事聘任决议履行任何批准手续;不得越过股东大会、董事会任免本行的高级管理人员;

（二）控股股东不得直接或间接干预本行的决策及依法开展的经营活动,损害本行及其他股东的权益;

（三）控股股东应尊重本行财务的独立性,不得干预本行的财务、会计活动;

（四）控股股东及其下述机构不得向本行下达任何经营计划和指令,也不得以其他任何形式影响本行经营管理的独立性;

第四十六条　本章程所称"控股股东"是指具备下列条件之一的股东:

（一）此人单独或者与他人一致行动时,可以选出半数以上的董事;

（二）此人单独或者与他人一致行动时,可以行使本行百分之三十以上的表决权或者可以控制本行百分之三十以上表决权的行使;

（三）此人单独或者与他人一致行动时,持有本行百分之三十以上的股份;

（四）此人单独或者与他人一致行动时,可以以其他方式在事实上控制本行。

本条所称"一致行动"是指两个或者两个以上的人以协议的方式（不论口头或者书面）达成一致,通过其中任何一人取得对本行的投票权,以达到或者巩固控制本行的目的的行为。

第二节　股东大会

第四十七条　股东大会是本行的权力机构,依法行使下列职权:

(一) 决定本行经营方针和投资计划;

(二) 选举和更换董事,决定有关董事的报酬事项;

(三) 选举和更换由股东代表出任的监事,决定有关监事的报酬事项;

(四) 审议批准董事会的报告;

(五) 审议批准监事会的报告;

(六) 审议批准本行的年度财务预算方案、决算方案;

(七) 审议批准本行的利润分配方案和弥补亏损方案;

(八) 审议变更募集资金投向;

(九) 审议批准单笔超过本行最近经审计净资产值20%的重大的关联交易;

(十) 审议批准单笔超过本行最近经审计净资产值20%的收购或出售资产事项;

(十一) 对本行增加或者减少注册资本作出决议;

(十二) 对本行发行具有资本性质的债券作出决议;

(十三) 对本行合并、分立、解散和清算等事项作出决议;

(十四) 修改公司章程;

(十五) 对本行聘用、解聘会计师事务所作出决议;

(十六) 审议代表本行发行在外有表决权股份总数的百分之五以上的股东的提案;

(十七) 通报中国银行业监督管理委员会对本行的监管意见,并审议董事会关于本行执行整改情况的报告;

(十八) 审议董事会关于对董事的评价及独立董事的相互评价结果的报告;

(十九) 审议监事会关于对监事的评价及外部监事的相互评价结果的报告;

(二十) 审议法律、法规和公司章程规定应当由股东大会决定的其他事项。

第四十八条 股东大会分为股东年会和临时股东大会。股东年会每年至少召开一次,并应于上一个会计年度完结之后的六个月之内举行。因特殊情况需延期召开的,应当及时报告监管部门,说明延期召开的事由。

第四十九条 有下列情形之一的,本行在事实发生之日起两个月以内召开临时股东大会:

(一) 董事人数不足《公司法》规定的法定最低人数,或者少于章程所定人数的三分之二时;

(二) 本行未弥补的亏损达股本总额的三分之一时;

(三) 单独或者合并持有本行有表决权股份总数百分之十(不含投票代理权)以上的股东书面请求时;

(四) 董事会认为必要时;

(五) 监事会提议召开时;

(六) 二分之一以上独立董事提议时;

(七) 本行章程规定的其他情形。

前述第(三)项持股股数按股东提出书面要求日计算。第(六)项所指独立董事、外部监事人数如仅为两人时,其提请召开临时股东大会须一致同意。

第五十条 临时股东大会只对通知中列明的事项作出决议。

第五十一条 股东大会会议由董事会依法召集,由董事长主持。董事长因故不能履行职务时,由董事长指定的副董事长或其他董事主持;董事长和副董事长均不能出席会议,董事长也未指定人选的,由董事会指定一名董事主持会议;董事会未指定会议主持人的,由出席会议的股东共同推举一名股东主持会议；如果被推举出的股东无法主持会议，应当由出席会议的持有最多表决权股份的股东（或股东代理人）主持。

第五十二条 本行召开股东大会，董事会应当在会议召开三十日以前以公告方式通知各股东。会议通知发出后，董事会不得再提出会议通知中未列出事项的新提案，对原有提案的修改应当在股东大会召开的十五日前公告。否则，会议召开日期应当顺延，保证至少有十五天的时间间隔。

拟出席股东大会的股东，应当于本行确定的会议登记日办理与会登记手续。本行根据会议登记日的与会登记情况，计算拟出席会议的股东所代表的有表决权的股份数。拟出席会议的股东所代表的有表决权的股份数达到本行有表决权的股份总数二分之一以上的，本行可以召开股东大会；达不到的，本行在五日内将会议拟审议的事项，开会日期和地点以公告形式再次通知股东，经公告通知，本行可以召开股东大会。

第五十三条 股东会议的通知包括以下内容：

（一）会议的日期、地点和会议期限；

（二）提交会议审议的事项；

（三）以明显的文字说明：全体股东均有权出席股东大会，并可以委托代理人出席会议和参加表决，该股东代理人不必是本行的股东；

（四）有权出席股东大会股东的股权登记日；

（五）投票代理委托书的送达时间和地点；

（六）会务常设联系人姓名、电话号码。

第五十四条 股东可以出席股东大会，也可以委托代理人代为出席和表决。股东应当以书面形式委托代理人，由委托人签署或者由其以书面形式委托的代理人签署；委托人为法人的，应当加盖法人印章或者由其正式委任的代理人签署。

第五十五条 个人股东出席会议的，应出示本人身份证、持股凭证或本行签发的股东大会入场券；委托代理他人出席会议的，应出示本人身份证、代理委托书、持股凭证或本行签发的股东大会入场券。

法人股东应由法定代表人或法定代表人委托的代理人出席会议。法定代表人出席会议的，应出示本人身份证、能证明其具有法定代表人资格的有效证明、持股凭证或本行签发的股东大会入场券；委托代理人出席会议的，代理人应出示本人身份证、法人股东单位的法定代表人资格证明及该法定代表人依法出具的书面委托书、持股凭证或本行签发的股东大会入场券。

第五十六条 股东出具的委托他人出席股东大会的授权委托书应当载明下列内容：

（一）代理人的姓名；

（二）是否具有表决权；

（三）分别对列入股东大会议程的每一审议事项投赞成、反对或弃权票的指示；

（四）如果有表决权应行使何种表决权的具体指示；

（五）委托书签发日期和有效期限；

（六）委托人签名（或盖章）。委托人为法人股东的，应加盖法人单位印章。

委托书应当注明如果股东不作具体指示，股东代理人是否可以按自己的意思表决。

第五十七条 投票授权委托书至少应当在有关会议召开前二十四小时备置于本行住所，或者召集会议的通知中指定的其他地方。委托书由委托人授权他人签署的，授权签署的授权书或者其他授权文件应当经过公证。经公证的授权书或者其他授权文件，和投票代理委托书均需备置于本行住所或者召集会议的通知中指定的其他地方。委托人为法人的,由其法定代表人或者董事会、其他决策机构决议授权的人作为代表出席本行的股东会议。

第五十八条 出席会议人员的登记册由本行负责制作。登记册载明参加会议人员姓名(或单位名称)、住所地址、持有或者代表有表决权的股份数额、被代理人姓名(或单位名称)等事项。

第五十九条 单独或者合并持有商业银行有表决权股份总数百分之五以上的股东,有权向股东大会提出质询案,董事会、监事会应当按照股东的要求指派董事会、监事会或者高级管理层相关成员出席股东大会接受质询。

第六十条 单独或合并持有本行有表决权总数百分之十以上的股东(下称"提议股东")、二分之一以上独立董事或外部监事、监事会提议董事会召开临时股东大会时,应符合法律、法规和《公司章程》和股东大会议事规则的规定。

第六十一条 提议股东决定自行召开临时股东大会的,应当书面通知董事会,报本行所在地中国银行业监督管理委员会派出机构、中国证券监督管理委员会派出机构和证券交易所备案后,发出召开临时股东大会的通知,其内容应符合以下规定:

(一)提案内容不得增加新的内容,否则提议股东应按上述程序重新向董事会提出召开临时股东大会的请求;

(二)会议地点应当为本行所在地。

第六十二条 对于提议股东决定自行召开的临时股东大会,董事会及董事会秘书应切实履行职责。董事会应当保证会议的正常秩序,会议费用的合理开支应由本行承担。会议召开程序应当符合以下规定:

(一)会议由董事会负责召集,董事会秘书必须出席会议,董事、监事应当出席会议;董事长负责主持会议,董事长因特殊原因不能履行职责时,由副董事长或者其他董事主持;

(二)本行应当聘请有从业资格的律师,按照本章程第九十四条的规定,出具法律意见;

(三)召开程序应当符合本章程的规定,董事会未能指定董事主持股东大会的,提议股东在报所在地中国证监会派出机构备案后,会议由提议股东主持;提议股东应当为本行聘请有从业资格的律师,按照本章程第九十四条的规定出具法律意见,律师费用由本行承担;其余召开程序应当符合本章程相关条款的规定。

第六十三条 股东大会召开的会议通知发出后,除有不可抗力或者其他意外事件等原因,董事会不得变更股东大会召开的时间;因不可抗力确需变更股东大会召开时间的,不应因此而变更股权登记日。

第六十四条 董事会人数不足《公司法》规定的法定最低人数,或者少于章程规定人数的三分之二,或者本行未弥补亏损额达到股本总额的三分之一,董事会未在规定期限内召集临时股东大会的,监事会或者股东可以按照本章第六十一条规定的程序自行召集临时股东大会。

第三节 股东大会提案

第六十五条 本行召开股东大会,持有或者合并持有本行发行在外有表决权股份总数百分之五以上的股东,有权向本行提出新提案。

第六十六条 股东大会提案应当符合下列条件:

(一)内容与法律、法规和章程的规定不相抵触,并且属于本行经营范围和股东大会职责范围;

(二)有明确议题和具体决议事项;

(三)以书面形式提交或送达董事会。

第六十七条 本行董事会应当以本行和股东的最大利益为行为准则,按照本节第六十六条的规定对股东大会提案进行审查。

第六十八条 董事会决定不将股东大会提案列入会议议程的,应当在该次股东大会上进行解释和说明,并将提案内容和董事会的说明在股东大会结束后与股东大会决议一并公告。

第六十九条 提出提案的股东对董事会不将其提案列入股东大会会议议程的决定持有异议的,可以按照本章程第六十一条的规定程序要求召集临时股东大会。

第四节 股东大会决议

第七十条 股东(包括股东代理人)以其所代表的有表决权股份数额行使表决权,每一股份享有一票表决权。

第七十一条 股东大会可以采取通信表决方式进行,但年度股东大会和应股东或监事会的要求提议召开的股东大会不得采取通信表决方式;临时股东大会审议第四十七条第(二)、(三)、(七)至(十五)款等事项时,不得采取通信表决方式。

第七十二条 股东大会决议分为普通决议和特别决议。股东大会作出普通决议,应当由出席股东大会的股东(包括股东代理人)所持表决权的二分之一以上通过。股东大会作出特别决议,应当由出席股东大会的股东(包括股东代理人)所持表决权的三分之二以上通过。

第七十三条 下列事项由股东大会以普通决议通过:

(一) 董事会和监事会的工作报告;

(二) 董事会拟定的利润分配方案和弥补亏损方案;

(三) 董事会和监事会成员的任免及其报酬和支付方法;

(四) 本行年度预算方案、决算方案;

(五) 聘用或解聘会计师事务所;

(六) 除法律、行政法规规定或者本行章程规定应当以特别决议通过以外的其他事项。

第七十四条 下列事项由股东大会以特别决议通过:

(一) 本行增加或者减少注册资本;

(二) 发行本行具有资本性质的债券;

(三) 本行的分立、合并、解散和清算;

(四) 本行章程的修改;

(五) 回购本行股票;

(六) 本行章程规定和股东大会以普通决议认定会对本行产生重大影响的、需要以特别决议通过的其他事项。

第七十五条 下列事项须经本行股东大会表决通过,并经参加表决的社会公众股股东所持表决权的半数以上通过,方可实施或提出申请:

(一) 本行向社会公众增发新股(含发行境外上市外资股或其他股份性质的权证)、发行可转换公司债券、向原有股东配售股份(但控股股东在会议召开前承诺全额现金认购的除外);

(二) 本行重大资产重组,购买的资产总价较所购买资产经审计的账面净值溢价达到或超过20%的;

(三) 本行股东以其持有的本行股权偿还其所欠本行的债务;

(四) 对本行有重大影响的本行附属机构到境外上市;

(五) 在本行发展中对社会公众股股东利益有重大影响的相关事项。

本行召开股东大会审议上述所列事项的,应当向股东提供网络形式的投票平台。

第七十六条 具有前条规定的情形时,本行发布股东大会通知后,应当在股权登记日后三日内再次公告股东大会通知。

第七十七条 本行应在保证股东大会合法、有效的前提下,通过各种方式和途径,包括提供网络形式的投票平台等现代信息技术手段,扩大社会公众股股东参与股东大会的比例。

第七十八条 董事会、独立董事和符合相关规定条件的股东可以向本行股东征集其在股东大会上的投票权。投票权征集应采取无偿的方式进行,并应向被征集人充分披露信息。

第七十九条 非经股东大会以特别决议批准,本行不得与董事、行长和其他高级管理人员以外的人订立将本行全部或者重要业务的管理交予该人负责的合同。

第八十条 董事候选人和由股东代表担任的监事候选人,可以分别由上一届董事会、监事会、单独持有或合并持有本行发行在外有表决权股份总数百分之五以上的股东提名。

同一股东不得向股东大会同时提名董事和监事的人选;同一股东提名的董事(监事)人选已担任董事(监事)事务,在其任职期届满前,该股东不得再提名监事(董事)候选人。

由本行职工代表担任的监事候选人由本行工会会员代表大会推选。

董事、监事候选人名单以提案的方式提请股东大会决议。

董事会、监事会或提名股东应当向股东大会提供候选董事、监事的简历和基本情况。

第八十一条 董事、监事提名的方式和程序为:

(一)在章程规定的人数范围内,按照拟选任的人数,由前任董事会提名委员会提出选任董事的建议名单,经董事会决议通过后,由董事会向股东大会提出董事候选人提交股东大会选举;由前任监事会提名委员会提出拟由股东代表出任的监事的建议名单,经监事会决议通过后,由监事会向股东大会提出由股东代表出任的监事候选人提交股东大会选举。

(二)持有或者合并持有本行发行在外有表决权股份总数的百分之五以上的股东可以向本行董事会提出董事候选人或由股东代表出任的监事候选人,但提名的人数必须符合本章程的规定,并且不得多于拟选人数。

(三)本行董事会、监事会、持有或者合并持有本行已发行股份百分之一以上的股东可以提出独立董事候选人,但提名的人数必须符合本章程的规定,并且不得多于拟选人数。独立董事的提名人在提名前应当征得被提名人的同意。提名人应当充分了解被提名人职业、学历、职称、工作经历、兼职等情况,并对其担任独立董事的资格和独立性发表意见,被提名人应当就其本人与本行之间不存在任何影响其独立客观判断的关系发表公开声明。在选举独立董事的股东大会召开前,董事会应当按照规定公布上述内容。

股东大会审议董事、监事选举的议案,应当对每一个董事、监事候选人逐个进行表决。

第八十二条 如有本行的股东持股比例在30%以上时,本行董事(含独立董事)、监事(指非由职工代表担任的监事)的选举应当实行累积投票制。

每一有表决权的股份享有与拟选出的董事、监事人数相同的表决权,股东可以自由地在董事、监事候选人之间分配其表决权,既可分散投于多人,也可集中投于一人,按照董事、监事候选人得票多少的顺序,从前往后根据拟选出的董事、监事人数,由得票较多者当选。

第八十三条 通过累积投票制选举董事、监事时实行差额选举,董事、监事候选人的人数应当多于拟选出的董事、监事人数。

第八十四条 在确定董事、监事候选人之前,董事会、监事会可以书面形式征求本行前十大流通股股东的意见。

第八十五条 在发出关于选举董事、监事的股东大会会议通知后,持有或者合计持有本行有表决权股份5%以上的股东可以在股东大会召开15日前提出董事、监事候选人,由董事会按照修改股东大会提案的程序审核后提交股东大会审议。

第八十六条 在累积投票制下,独立董事应当与董事会其他成员分别选举。

第八十七条 股东大会采取记名方式投票表决。

每一审议事项的表决投票,应当至少有两名股东代表和一名监事参加清点,并由清点人代表当场公布表决结果。

第八十八条 会议主持人根据表决结果决定股东大会的决议是否通过,并应当在会上宣布表决结果。决议的表决结果载入会议记录并报送银行业监督管理机构备案。

第八十九条 会议主持人如果对提交表决的决议结果有任何怀疑,可以对所投票数进行点算;如果会议主持人未进行点票,出席会议的股东或者股东代理人对会议主持人宣布结果有异议的,有权在宣布表决结果后立即要求点票,会议主持人应当即时点票。

第九十条 股东大会审议有关关联交易事项时,关联股东不应当参与投票表决,其所代表的有表决权的股份数不计入有效表决总数;股东大会决议的公告应当充分披露非关联股东的表决情况。如有特殊情况关联股东无法回避时,本行在征得监管部门的同意后,可以按照正常程序进行表决,并在股东大会决议公告中作出详细说明。

第九十一条 除涉及本行商业秘密不能在股东大会上公开外,董事会和监事会应当对股东的质询和建议作出答复或说明。

第九十二条 股东大会应有会议记录。会议记录记载以下内容:

(一)出席股东大会的有表决权的股份数,占本行总股份的比例;

(二)召开会议的日期、地点;

(三)会议主持人姓名、会议议程;

(四)各发言人对每个审议事项的发言要点;

(五)每一表决事项的表决结果;

(六)股东的质询意见、建议及董事会、监事会的答复或说明等内容;

(七)股东大会认为和本行章程规定应当载入会议记录的其他内容。

第九十三条 股东大会记录由出席会议的董事和记录员签名,并作为本行档案由董事会秘书保存,保存期为永久保存。

第九十四条 本行董事会应聘请有从业资格的律师出席股东大会,对以下问题出具意见并公告:

(一)股东大会的召集、召开程序是否符合法律法规的规定,是否符合本章程;

(二)验证出席会议人员资格的合法有效性;

(三)验证年度股东大会提出新提案的股东的资格;

(四)股东大会的表决程序是否合法有效;

(五)应本行要求对其他问题出具法律意见。

第五章 董事会

第一节 董事

第九十五条 本行董事为自然人,董事无需持有本行股份。

第九十六条 《公司法》《商业银行法》规定的情形以及被监管部门确定为市场禁入者,并且禁入尚未解除的人员,不得担任本行的董事。董事的任职资格须经中国银行业监督管理委员会审核。

第九十七条 董事由股东大会选举或更换,任期三年,可连选连任。董事在任期届满以前,股东大会不得无故解除其职务。

董事任期从股东大会决议确定之日起计算,至本届董事会任期届满时为止。

第九十八条 董事候选人应在股东大会召开之前作出书面承诺,同意接受提名,承诺公开披露的董事候选人的资料真实、完整并保证当选后切实履行董事职责。

第九十九条 董事应当遵守法律、法规和本行章程的规定,忠实履行职责,维护本行利益。当其自身的利益与本行和股东的利益相冲突时,应当以本行和股东的最大利益为行为准则,并保证:

(一) 在其职责范围内行使权利,不得越权;

(二) 除经本行章程规定或者股东大会在知情的情况下批准,不得同本行订立合同或者进行交易;

(三) 不得利用内幕信息为自己或他人谋取利益;

(四) 不得在境内自营或者为他人经营与本行同类的营业或者从事损害本行利益的活动;

(五) 不得利用职权收受贿赂或者其他非法收入,不得侵占本行的财产;

(六) 不得挪用资金或者将本行资金借贷给他人;

(七) 不得利用职务便利为自己或他人侵占或者接受本应属于本行的商业机会;

(八) 未经股东大会在知情的情况下批准,不得接受与本行交易有关的佣金;

(九) 不得将本行资产以其个人名义或者以其他个人名义开立账户储存;

(十) 不得以本行资产为本行的股东或者其他个人债务提供担保;

(十一) 未经股东大会在知情的情况下同意,不得泄露在任职期间所获得的涉及本行的机密信息;但在下列情形下,可以向法院或者其他政府主管机关披露该信息:

1. 法律有规定;

2. 公众利益有要求;

3. 该董事本身的合法利益有要求。

第一百条 董事应保证有足够的时间和精力履行其应尽的职责,并应当谨慎、认真、勤勉地行使本行所赋予的权利,以保证:

(一) 本行的商业行为符合国家的法律、行政法规以及国家各项经济政策的要求,商业活动不超越营业执照规定的业务范围;

(二) 公平对待所有股东;

(三) 认真阅读本行的各项商务、财务报告,及时了解本行业务经营管理状况;

(四) 行使被合法赋予的本行管理处置权,不得受他人操纵;非经法律、行政法规允许或者得到股东大会在知情的情况下批准,不得将其处置权转授他人行使;

(五) 授受监事会对其履行职责的合法监督和合理建议。

第一百零一条 未经本行章程规定或者董事会的合法授权,任何董事不得以个人名义代表本行或者董事会行事,董事以其个人名义行事时,在第三方会合理地认为董事在代表本行或者董事会行事的情况下,该董事应事先声明其立场和身份。

第一百零二条 董事个人或者其所任职的其他企业直接或者间接与本行已有的或者计划中的合同、交易、安排有关联关系时(聘任合同除外),不论有关事项在一般情况下是否需要董事会批准同意,均应当尽快向董事会披露其关联关系的性质和程度。除非有关联关系的董事按照本条前款的要求向董事会作了披露,并且董事会在不将其计入法定人数,该董事亦未参加表决的会议上批准了该事项,本行有权撤销该合同、交易或者安排,但在对方是善意第三人的情况下除外。

第一百零三条　董事在履行本节第九十九条规定的义务时,应将有关情况向董事会作出书面陈述,由董事会依据上海证券交易所《股票上市规则》的规定,确定董事在有关交易中是否构成关联人士。

董事会会议在不将有关联关系的董事计入法定人数的情况下,进行审议表决,作出决议。

董事会会议记录及董事会决议应写明有关联关系的董事未计入法定人数、未参加表决的情况。

第一百零四条　如果本行董事在本行首次考虑订立有关合同、交易、安排前以书面形式通知董事会,声明由于通知所列的内容,本行日后达成的合同、交易、安排与其有利益关系,则在通知阐明的范围内,有关董事视为做了本章前款所规定的披露。

第一百零五条　董事应以认真负责的态度出席董事会,对所议事项表达明确的意见。董事确实无法出席董事会的,可以书面形式委托其他董事按委托人的意愿代为投票,委托人应独立承担法律责任。

董事连续两次未能出席,也不委托其他董事出席董事会会议,视为不能履行职责,董事会应当建议股东大会予以撤换。

第一百零六条　董事可以在任期届满以前提出辞职,董事辞职应当向董事会提交书面辞职报告。

第一百零七条　如因董事的辞职导致本行董事会低于法定最低人数时,该董事的辞职报告应当在下任董事填补因其辞职产生的缺额后方能生效。余任董事会应当尽快召集临时股东大会,选举董事填补因董事辞职产生的空缺。在股东大会未就董事选举作出决议以前,该提出辞职的董事以及余任董事会的职权应当受到合理的限制。

第一百零八条　董事提出辞职或者任期届满,其对本行和股东负有的义务在其辞职报告尚未生效或者生效后的合理期间内,以及任期结束后的合理期间内并不当然解除,其对本行商业秘密保密的义务在其任职结束后仍然有效,直至该秘密成为公开信息。其他义务的持续期间应当根据公平的原则决定,视事件发生与离任之间时间的长短,以及与本行的关系在何种情况和条件下结束而定。

第一百零九条　任职尚未结束的董事,对因其擅自离职使本行造成的损失,应当承担赔偿责任。

第一百一十条　本行不以任何形式为董事纳税。

第一百一十一条　本节有关董事义务的规定,适用于监事、行长和其他高级管理人员。

第二节　独立董事

第一百一十二条　本行独立董事人数应不少于监管部门规定的最低要求,且至少包括一名会计专业人士。

独立董事应当符合下列条件:

(一) 具有本科(含本科)以上学历或相关专业中级以上职称;

(二) 根据法律、行政法规及其他有关规定,具备担任商业银行董事的资格;

(三) 不在本行担任除董事以外的其他职务,并与本行及其主要股东不存在可能妨碍其进行独立客观判断的关系;

(四) 具备商业银行运作的基本知识,熟悉商业银行经营管理相关的法律法规;

（五）具有五年以上法律、经济、金融、财务、管理或者其他有利于履行独立董事职责所必需的工作经历；

（六）能够阅读、理解和分析商业银行的信贷统计报表和财务报表；

（七）监管部门规定的其他条件。

第一百一十三条 独立董事对本行及全体股东负有诚信与勤勉义务。独立董事应按照相关法律、法规、本行章程的要求，认真履行职责，维护本行整体利益，尤其要关注社会公众股东的合法权益不受损害。独立董事应独立履行职责，不受本行主要股东、实际控制人或者与本行及主要股东、实际控制人存在利害关系的单位或个人的影响。

第一百一十四条 下列人员不得担任本行独立董事：

（一）持有本行1%以上股份的股东或在股东单位任职的人员；

（二）在本行或控股股东单位任职的人员；

（三）就任前3年内曾经在本行或控股股东单位任职的人员；

（四）在本行借款逾期未归还的企业的任职人员；

（五）在与本行存在法律、会计、审计、管理咨询等业务联系或利益关系的机构任职的人员；

（六）本行可控制或通过各种方式可施加重大影响的其他任何人员；

（七）上述（一）至（六）人员的近亲属。近亲属是指夫妻、父母、子女、祖父母、外祖父母、兄弟姐妹；

（八）因犯有贪污、贿赂、侵占财产、挪用财产罪或者破坏市场经济秩序罪，被判处刑罚，或者因犯罪被剥夺政治权利的；

（九）担任因经营不善破产清算的公司、企业的董事或者厂长、经理，并对该公司、企业的破产负有个人责任的；

（十）担任因违法被吊销营业执照的公司、企业的法定代表人，并负有个人责任的；

（十一）个人所负数额较大的债务到期未清偿的；

（十二）因未能勤勉尽职被原任职单位罢免职务的；

（十三）曾经担任高风险金融机构主要负责人且不能证明其对金融机构撤销或资产损失不负有责任的；

（十四）监管部门认定的其他人员。

第一百一十五条 国家机关工作人员不得兼任本行独立董事，且独立董事不得同时兼任两家或两家以上商业银行的独立董事或董事。

独立董事在本行当选次数不超过有关监管部门的规定，如超过，仍可继续当选董事，但不作为独立董事。

第一百一十六条 独立董事每年为本行的工作时间不得少于十五个工作日。独立董事可以委托其他独立董事出席董事会会议，但每年至少应当出席董事会会议总数的三分之二；独立董事连续三次未能出席董事会会议的，董事会应当提请股东大会予以撤换。

第一百一十七条 独立董事除应当具有公司法和其他相关法律、法规赋予董事的职权外，还具有以下特别职权：

（一）重大关联交易（指本行拟与关联人达成的总额高于本行最近经审计净资产值的5%的关联交易）应由独立董事同意后，提交董事会或执行董事会议讨论；独立董事作出判断前，可以聘请中介机构出具独立财务顾问报告，作为其判断的依据。

（二）向董事会提议聘用或解聘会计师事务所；
（三）向董事会提请召开临时股东大会；
（四）提议召开董事会；
（五）独立聘请外部审计机构和咨询机构；
（六）可以在股东大会召开前公开向股东征集投票权。

独立董事行使上述职权应当取得全体独立董事二分之一以上的同意。如上述提议未被采纳或上述职权不能正常行使，本行应将有关情况予以披露。

独立董事在董事会下设薪酬、提名、风险管理与关联控制等委员会中，应占有二分之一以上的比例。

第一百一十八条　独立董事应当对以下事项向董事会或股东大会发表独立意见：
（一）提名、任免董事；
（二）聘任或解聘高级管理人员；
（三）本行董事、高级管理人员的薪酬；
（四）本行的股东、实际控制人及其关联企业对本行现有或新发生的总额高于本行最近经审计净资产值的5%（含5%）的重大关联交易借款或其他资金往来，以及本行是否采取有效措施回收欠款；
（五）利润分配方案；
（六）独立董事认为可能造成本行重大损失的事项或损害存款人及中小股东权益的事项；
（七）章程规定的其他事项。

独立董事应当就上述事项发表以下几类意见之一：同意；保留意见及其理由；反对意见及其理由；无法发表意见及其障碍。

如有关事项属于需要披露的事项，本行应当将独立董事的意见予以公告，独立董事出现意见分歧无法达成一致时，董事会应将各独立董事的意见分别披露。

第一百一十九条　独立董事应当按时出席董事会会议，了解本行的经营和运作情况，主动调查、获取做出决策所需要的情况和资料。独立董事应当向本行年度股东大会提交全体独立董事年度报告书，对其履行职责的情况进行说明。

股东大会审议的独立董事年度报告书应当至少包括各位独立董事参加董事会会议次数、历次参加董事会会议的主要情况，独立董事提出的反对意见及董事会所做的处理情况等内容。

第一百二十条　为了保证独立董事有效行使职权，本行应当为独立董事提供必要条件：
（一）本行应当保证独立董事享有与其他董事同等的知情权，及时向独立董事提供相关材料和信息，定期通报本行运营情况，必要时可组织独立董事实地考察。
（二）本行应提供独立董事履行职责所必需的工作条件。
（三）独立董事行使职权时，本行有关人员应当积极配合，不得拒绝、阻碍或隐瞒，不得干预其独立行使职权。
（四）独立董事聘请中介机构的费用及其他行使职权时所需的合理费用由本行承担。
（五）本行应当给予独立董事适当的津贴。除津贴外，独立董事不应从本行及主要股东或有利害关系的机构和人员取得额外的、未予披露的其他利益。

第一百二十一条　独立董事每届任期与本行其他董事相同，独立董事任职届数应符合监管部门规定。独立董事任期届满前，无正当理由不得被免职。提前免职的，本行应将其作为特别披露事项予以披露。

第一百二十二条 独立董事在任期届满前可以提出辞职。独立董事辞职应向董事会提交书面辞职报告,对任何与其辞职有关或其认为有必要引起本行股东和债权人注意的情况进行说明。

独立董事辞职导致独立董事成员或董事会成员低于法定或章程规定最低人数的,在改选的独立董事就任前,独立董事仍应当按照法律、行政法规及本章程的规定,履行职务。董事会应当在两个月内召开股东大会改选独立董事,逾期不召开股东大会的,独立董事可以不再履行职务。

第一百二十三条 独立董事有下列情形之一的,由监事会提请股东大会予以罢免:

(一) 因职务变动不符合独立董事任职资格条件且本人未提出辞职的;

(二) 一年内出席董事会会议的次数少于总数的三分之二的;

(三) 法律、法规规定不适合继续担任独立董事的其他情形。

第一百二十四条 监事会提请罢免独立董事的提案应当由全体监事的三分之二以上表决通过方可提请股东大会审议。独立董事在监事会提出罢免提案前可以向监事会解释有关情况,进行陈述和辩解。

监事会提请股东大会罢免的独立董事应当在股东大会会议召开前1个月内向中国银行业监督管理委员会报告并向独立董事本人发出书面通知,独立董事有权在表决前以口头或书面形式陈述意见,并有权将该意见在股东大会会议召开5日前报送中国银行业监督管理委员会。股东大会应当依法审议独立董事陈述的意见后进行表决。

第一百二十五条 因严重失职被中国银行业监督管理委员会取消任职资格的独立董事,不得担任本行独立董事、外部监事。其职务自任职资格取消之日起当然解除。

如因此导致本行董事会中独立董事比例不符合监管部门规定的要求时,本行股东大会应当及时补选新的独立董事、外部监事。

第一百二十六条 独立董事有下列情形之一为严重失职:

(一) 泄露本行商业秘密,损害本行合法利益;

(二) 在履行职责过程中接受不正当利益,或者利用独立董事地位谋取私利;

(三) 明知董事会决议违反法律、法规或章程,而未提出反对意见;

(四) 关联交易导致本行重大损失,独立董事未行使否决权的;

(五) 中国银行业监督管理委员会认定的其他严重失职行为。

第三节 董事会

第一百二十七条 本行设董事会,对股东大会负责。

第一百二十八条 董事会由十九名董事组成,设董事长一人,副董事长一至两人。董事会中由高级管理层成员担任董事的比例应符合有关监管部门规定。

董事长不得由控股股东的法定代表人或主要领导人兼任。

第一百二十九条 董事会行使下列职权:

(一) 负责召集股东大会,并向大会报告工作;

(二) 执行股东大会的决议;

(三) 决定本行的经营计划和投资方案;

(四) 决定本行发行非资本性质的债券方案;

(五) 制订本行的年度财务预算方案、决算方案;

(六) 制订本行的利润分配方案和弥补亏损方案;

（七）制订本行增加或减少注册资本、发行本行资本性质的债券或其他证券及上市方案；

（八）拟订本行重大收购、回购本行股票或者合并、分立和解散方案；

（九）在股东大会授权范围内，决定本行的风险投资、资产抵押及其他担保事项；

（十）决定本行内部管理机构的设置；

（十一）聘任或者解聘本行行长、董事会秘书；根据行长的提名，聘任或者解聘本行副行长、财务总监等高级管理人员，并决定其报酬事项和奖惩事项；

（十二）制订本行的基本管理制度；

（十三）建立本行经营管理者股票期权和员工持股等长期激励制度；

（十四）制订本行章程的修改方案；

（十五）管理本行信息披露事项；

（十六）向股东大会提请聘请或更换为本行审计的会计师事务所；

（十七）听取本行行长的工作汇报并检查行长的工作；

（十八）决定本行经营管理者奖励基金按利润总额提取的比例；

（十九）决定本行员工福利基金和奖励基金提取的方法；

（二十）审批单笔不超过本行最近经审计净资产值20%（含20%）的关联交易；

（二十一）依股东大会授权审批独立董事辞职事项；

（二十二）法律、法规或本行章程规定，以及股东大会授予的其他职权。

第一百三十条 为加强董事会对本行日常经营中的重大事项的管理和决策，董事会设立执行董事会议制度。执行董事会议对董事会负责，依据董事会的授权和决议，在董事会闭会期间履行职责。

执行董事会议成员由董事会提名委员会提名，经董事会过半数同意表决通过。

第一百三十一条 执行董事会议根据董事会授权行使下列职责：

（一）检查、督促贯彻董事会决议情况；

（二）定期听取本行经营管理层专项报告；

（三）行使单笔不超过本行最近经审计净资产值5%（含5%）的固定资产投资、资产抵押及其他担保（银行担保业务除外）事项，且当年累计总额不超过本行净资产20%的权限（净资产以最近一次审计后的为准）；

（四）提出需经董事会讨论决定的重大问题的方案；

（五）提出本行员工福利基金和奖励基金提取比例的方案；

（六）董事会特别授权的其他职责。

第一百三十二条 本行董事会按照股东大会的有关决议，设立战略、风险管理与关联交易控制、提名、薪酬与考核等专门委员会。专门委员会成员全部由董事组成，其中风险管理与关联交易控制委员会、提名委员会、薪酬与考核委员会中可由独立董事担任召集人，且至少应有一名独立董事是会计专业人士。

控股股东提名的董事不得担任风险管理与关联交易控制委员会和提名委员会的成员。

第一百三十三条 战略委员会的主要职责是对本行长期发展战略和重大投资决策进行研究并提出建议。

第一百三十四条 风险管理与关联交易控制委员会的主要职责是：

（一）对高级管理层在信贷、市场、操作等方面的风险控制情况进行监督；

（二）对本行风险状况进行定期评估；

（三）审查本行的内控制度，提出完善本行风险管理和内部控制的意见，对内部稽核部门的工作程序和工作效果进行评价；

（四）审核本行的财务信息及其披露；

（五）审查单笔不超过本行最近经审计净资产值5%（含5%）的关联交易。

第一百三十五条 提名委员会的主要职责是：

（一）研究董事、高级管理人员的选择标准和程序并提出建议；

（二）广泛搜寻合格的董事和高级管理人员的人选；

（三）对董事候选人和高级管理人员的人选的任职资格和条件进行初步审核并向董事会提出建议。

第一百三十六条 薪酬与考核委员会的主要职责是：

（一）研究董事与高级管理人员考核的标准，进行考核并提出建议；

（二）研究和审查董事与高级管理人员的薪酬政策与方案；

（三）监督薪酬方案的实施。

第一百三十七条 各专门委员会可以聘请中介机构提供专业意见，有关费用由本行承担。

各专门委员会对董事会负责，各专门委员会的提案应提交董事会审查决定。

第一百三十八条 本行董事会应当就注册会计师对本行财务报告出具的有保留意见的审计报告向股东大会作出说明。

第一百三十九条 董事会制定董事会议事规则，以确保董事会的工作效率和科学决策。

第一百四十条 董事会应当确定其运用本行资产作出的风险投资权限，建立严格的审查和决策程序，重大投资项目应当组织有关专家、专业人员进行评审，并报股东大会批准。

股东大会授权董事会行使单笔不超过本行最近经审计净资产值20%（含20%）的固定资产投资、资产抵押及其他担保（银行担保业务除外）。

第一百四十一条 董事长和副董事长以全体董事的过半数选举产生和罢免。

第一百四十二条 董事长行使下列职权：

（一）主持股东大会和召集、主持董事会会议；

（二）督促、检查董事会决议的执行；

（三）签署本行股票、本行债券及其他有价证券；

（四）签署董事会重要文件和其他应由本行法定代表人签署的其他文件；

（五）行使法定代表人的职权；

（六）在发生特大自然灾害等不可抗力的紧急情况下，对本行事务行使符合法律规定和本行利益的特别处置权，并在事后向本行董事会和股东大会报告；

（七）董事会授予的其他职权。

第一百四十三条 董事长不能履行职权时，董事长应当指定副董事长代行其职权。

第一百四十四条 董事会每年至少召开四次会议，由董事长召集，于会议召开十日以前书面通知全体董事。

第一百四十五条 有下列情形之一的，董事长应在三十个工作日内召集临时董事会会议：

（一）董事长认为必要时；

（二）三分之一以上董事或二分之一以上独立董事联名提议时；

（三）监事会提议时；

（四）行长提议时。

第一百四十六条 董事会召开临时董事会会议应于会议召开五日以前书面通知全体董事。如有本章第一百四十二第（二）、（三）、（四）规定的情形，董事长不能履行职责时，应当指定一名副董事长或者一名董事代其召集临时董事会会议；董事长无故不履行职责，亦未指定具体人员代其行使职责的，可由副董事长或者二分之一以上的董事共同推举一名董事负责召集会议。

第一百四十七条 董事会会议通知包括以下内容：

（一）会议日期和地点；

（二）会议期限；

（三）事由及议题；

（四）发出通知的日期。

第一百四十八条 董事会会议应当由二分之一以上的董事出席方可举行。每一董事享有一票表决权。董事会作出决议，必须经全体董事的过半数通过。

第一百四十九条 董事会会议在保障董事充分表达意见的前提下，可以用传真等通信方式进行并作出决议，并由参会董事签字。

利润分配方案、重大投资、重大资产处置方案、聘任或解聘高级管理人员等重大事项不应采取通讯表决的方式，且应当由董事会三分之二以上董事通过。

第一百五十条 董事会会议应当由董事本人出席，董事因故不能出席的，可以书面委托其他董事代为出席。

委托书应当载明代理人的姓名，代理事项、权限和有效期限，并由委托人签名或盖章。

代为出席会议的董事应当在授权范围内行使董事的权利。董事未出席董事会会议，亦未委托代表出席的，视为放弃在该次会议上的投票权。

第一百五十一条 董事会决议表决方式为举手表决或通信表决。每名董事有一票表决权。

第一百五十二条 董事会会议应当有记录，出席会议的董事和记录人，应当在会议记录上签名。出席会议的董事有权要求在记录上对其在会议上的发言作出说明性记载。董事会会议记录作为本行档案由董事会秘书保存，保存期限为永久保存。

第一百五十三条 董事会会议记录包括以下内容：

（一）会议召开的日期、地点和召集人姓名；

（二）出席董事的姓名以及受他人委托出席董事会的董事（代理人）姓名；

（三）会议议程；

（四）董事发言要点；

（五）每一决议事项的表决方式和结果（表决结果应载明赞成、反对或弃权的票数）。

第一百五十四条 董事应当在董事会决议上签字并对董事会的决议承担责任。董事会决议违反法律、法规或者章程，致使本行遭受损失的，参与决议的董事对本行负赔偿责任。但经证明在表决时曾表明异议并记载于会议记录的，该董事可以免除责任。

第一百五十五条 董事会设办公室，负责股东大会、董事会、董事会各专门委员会会议的筹备、信息披露，以及董事会、董事会各专门委员会的其他日常事务。

第四节　董事会秘书

第一百五十六条 董事会设董事会秘书，其任职资格应当经监管部门审查。

董事会秘书经董事长提名,由董事会聘任或解聘;董事会秘书是本行高级管理人员,对董事会负责并报告工作。任期与董事任期相同,任满可以续聘。董事会如发现董事会秘书有失职或不称职行为,经考核属实的,可以将其解聘。

董事会委任证券事务代表,在董事会秘书不能履行职责时代为其行使职责。

第一百五十七条 董事会秘书应具备以下条件:

(一)应由具有大学专科以上学历,从事秘书、管理、股权事务等工作三年以上的自然人担任;

(二)应掌握有关财务、税收、法律、金融、企业管理等方面专业知识,具有良好的个人品质,严格遵守有关法律、法规及职业操守,能够忠诚地履行职责,并具有良好的沟通技巧和灵活的处事能力。

本章程第九十六条规定不得担任本行董事的情形适用于董事会秘书。

第一百五十八条 董事会秘书的主要职责是:

(一)准备和递交国家有关部门要求的董事会和股东大会出具的报告和文件;

(二)筹备执行董事会会议、董事会会议和股东大会,并负责会议记录和会议文件、会议决议的保管及向中国银行业监督管理委员会的报备工作;

(三)负责本行信息披露事务,组织制定和执行信息披露管理制度和重大信息的内部报告制度,督促本行和相关当事人依法履行信息披露义务,保证本行信息披露的及时、准确、合法、真实和完整;

(四)负责本行与投资者关系管理工作,建立健全投资者管理工作制度,通过多种形式加强各类股东的沟通和交流;

(五)本行章程和监管部门所规定的其他职责。

本行应为董事会秘书履行上述职责提供条件。

第一百五十九条 本行董事或者其他高级管理人员可以兼任本行董事会秘书。本行聘请的会计师事务所的注册会计师和律师事务所的律师不得兼任本行董事会秘书。

第一百六十条 董事兼任董事会秘书的,如某一行为需由董事、董事会秘书分别作出时,则该兼任董事及本行董事会秘书的人不得以双重身份作出。

第六章 行　　长

第一百六十一条 本行设行长一名,由董事长提名,由董事会聘任或解聘。

第一百六十二条 《公司法》第五十八条、第五十九条规定的情形以及被监管部门确定为市场禁入者,并且禁入尚未解除的人员,不得担任本行的行长、副行长。

第一百六十三条 行长每届任期三年,行长连聘可以连任。

第一百六十四条 行长对董事会负责,行使下列职权:

(一)主持本行的经营管理工作,并向董事会报告工作;

(二)组织实施董事会决议、本行年度计划和投资方案;

(三)制订本行的具体规章;

(四)提请董事会聘任或者解聘本行副行长、财务总监;

(五)聘任或者解聘除应由董事会聘任或者解聘以外的管理人员;

(六)决定本行职工的聘用和解聘;

(七)提议召开董事会临时会议;

（八）代表高级管理层向董事会提交经营计划和投资方案，经董事会批准后组织实施；

（九）授权高级管理层成员、内部各职能部门及分支机构负责人从事经营活动；

（十）在商业银行发生挤兑等重大突发事件时，采取紧急措施，并立即向中国银行业监督管理委员会和董事会、监事会报告；

（十一）本行章程或董事会授予的其他职权，包括（但不限于）：

1. 决定本行内部管理机构设置方案；

2. 决定本行的基本管理制度；

3. 决定本行职工的工资、福利、奖惩事项；

4. 行使单笔不超过本行最近经审计净资产值1%（含1%）的固定资产投资、资产抵押及其他担保（银行担保业务除外）事项且当年累计投资总额不超过本行净资产5%（含5%）的权限。

第一百六十五条 非董事行长、副行长可列席董事会会议，但没有表决权。

第一百六十六条 行长可根据本行经营活动需要，建立健全以内部规章制度、经营风险控制系统、信贷审批系统等为主要内容的内部控制机制。

本行的内部审计部门应当实行垂直管理并由行长直接领导。

本行行长不得担任审贷委员会成员，但对审贷委员会通过的授信决定拥有否决权。

第一百六十七条 行长应当根据董事会或者监事会的要求，向董事会或者监事会报告本行重大合同的签订、执行情况、资金运用情况和盈亏情况。行长必须保证该报告的真实性。

第一百六十八条 行长拟定有关职工工资、福利、安全工作以及劳动保护、劳动保险、解聘（或开除）本行职工等涉及职工切身利益的问题时，应当事先听取工会和职代会的意见。

第一百六十九条 行长应制订行长工作细则，报董事会批准后实施。

第一百七十条 行长工作细则包括下列内容：

（一）行长会议召开的条件、程序和参加的人员；

（二）行长、副行长及其他高级管理人员各自具体的职责及其分工；

（三）本行资金、资产运用，签订重大合同的权限，以及向董事会、监事会的报告制度；

（四）董事会认为必要的其他事项。

第一百七十一条 本行行长应当遵守法律、行政法规和本行章程的规定，履行诚信和勤勉的义务。

第一百七十二条 行长可以在任期届满以前提出辞职。有关行长辞职的具体程序和办法由行长与本行之间的劳务合同规定。行长、副行长必须在完成离任审计后方可离任。

第一百七十三条 行长依法在职权范围内的经营管理活动不受干预。

行长对董事、董事长越权干预其经营管理的，有权请求监事会予以制止，并向中国银行业监督管理委员会报告。

第一百七十四条 行长提交的需由董事会批准的事项，董事会应当依法及时讨论并做出决定。

第一百七十五条 高级管理层成员应当保持相对稳定，在任期内不应随意调整。确需调整的，应报中国银行业监督管理委员会备案，并按有关规定报请中国银行业监督管理委员会对新任高级管理层成员的任职资格进行审查。

高级管理层成员对董事会违反任免规定的行为，有权请求监事会提出异议，并向中国银行业监督管理委员会报告。

第一百七十六条 本行设财务总监,经行长提名,由董事会聘任或解聘,财务总监是本行高级管理人员,任期与董事任期相同,任满可以续聘。董事会如发现财务总监有失职或不称职行为,经考核属实的,可以将其解聘。

第一百七十七条 财务总监应具有银行和公司财会专业知识,熟悉财务、金融等方面的法律、法规,具有较强的业务能力和丰富的经验。本章程中规定不得担任本行董事的情形适用于财务总监。

第一百七十八条 财务总监不得由本行董事会董事长、副董事长、行长兼任。

第一百七十九条 财务总监的主要职责是:

(一) 监督本行的财务会计活动;

(二) 审核本行的财务报表、报告,保证其真实性、准确性、合法性;

(三) 对董事会批准的本行重大经营计划、方案的决议执行情况进行监督;

(四) 列席董事会会议,并向其报告工作;

(五) 董事会授予的其他职权。

第一百八十条 财务总监对未能发现和制止本行违反法律、法规的行为,造成本行重大经济损失的应承担相应责任。

第七章 监 事 会

第一节 监 事

第一百八十一条 监事由股东代表和本行职工代表担任。本行职工代表担任的监事不少于监事人数的三分之一,外部监事的人数应不少于监管部门的最低要求。

第一百八十二条 《公司法》《商业银行法》规定的情形以及被监管部门确定为市场禁入者,并且禁入尚未解除的,不得担任本行的监事。

董事、行长和其他高级管理人员不得兼任监事。

第一百八十三条 外部监事与本行及主要股东之间不应存在影响其独立判断的关系。外部监事在履行职责时尤其要关注存款人和本行整体利益。

外部监事的任职资格、产生、任免条件及程序、就职辞职、权利义务、工作小时及出席会议等最低限额、工作条件、评价报告的规定适用本章程中有关独立董事的规定。

外部监事津贴比照独立董事执行。

第一百八十四条 监事每届任期三年。股东担任的监事由股东大会选举或更换,本行职工代表担任的监事由本行职工民主选举产生或更换,监事连选可以连任。

第一百八十五条 监事连续两次不能出席监事会会议的,视为不能履行职责,股东大会或职工代表大会应当予以撤换。

第一百八十六条 监事可以在任期届满以前提出辞职,章程第五章有关董事辞职的规定,适用于监事。

第一百八十七条 监事应当遵守法律、行政法规和本行章程的规定,履行诚信和勤勉的义务。

第二节 监 事 会

第一百八十八条 本行设监事会。监事会由九名监事组成,监事会设监事长一人,并可视情况设副监事长一人。监事长不能履行职权时,应当指定副监事长或指定一名监事代行其职权。

监事长、副监事长由监事会全体监事过半数选举产生和罢免,其应具备财务、审计、金融、法律、管理等某一方面的专业知识和工作经验。

第一百八十九条 监事会行使下列职权：

（一）检查本行的财务；

（二）对董事、行长和其他高级管理人员执行本行职务时违反法律、法规或者章程的行为进行监督、质询；

（三）当董事、行长和其他高级管理人员的行为损害本行的利益时，要求其予以纠正，必要时向股东大会或国家有关主管机关报告；

（四）提议召开临时股东大会；

（五）列席董事会会议；

（六）对董事和高级管理层成员进行离任审计；

（七）对本行的经营决策、风险管理和内部控制等进行审计并指导内部审计部门的工作；

（八）其他法律、法规、规章及本行章程规定或股东大会授予的其他职权。

第一百九十条 监事会设立提名委员会，其主要职责是拟定监事的选任程序和标准，对监事的任职资格和条件进行初步审核，并向监事会提出建议。

提名委员会由外部监事担任负责人。

第一百九十一条 监事会设立审计委员会，其主要职责是拟定下列事项审计的方案：

（一）监督董事会、高级管理层履行职责的情况；

（二）监督董事、董事长及高级管理层成员的尽职情况；

（三）监督检查对董事和高级管理层成员进行的离任审计；

（四）检查、监督本行的财务活动；

（五）对本行经营决策、风险管理和内部控制等进行审计并指导本行内部审计部门的工作。

审计委员会应当由外部监事担任负责人。

第一百九十二条 监事会下可设监事会办公室，作为监事会的办事机构。

第一百九十三条 监事会行使职权时，必要时可以聘请律师事务所、会计师事务所等专业性机构给予帮助，由此发生的合理费用由本行承担。

第一百九十四条 监事会每年至少召开四次会议。会议通知应当在会议召开十日以前书面送达全体监事。

第一百九十五条 监事会会议通知包括以下内容：举行会议的日期、地点和会议期限，事由及议题，发出通知的日期。

第一百九十六条 监事会发现董事会和高级管理层未执行审慎会计原则，存在未严格核算应收利息、未提足呆账准备金等情形的，应当责令予以纠正。

监事会发现本行业务出现异常波动的，应当向董事会或高级管理层提出质疑。

第一百九十七条 本行内部审计部门对内设职能部门及分支机构审计的结果应当及时、全面报送监事会。

监事会对内部审计部门报送的审计结果有疑问时，有权要求行长或审计部门做出解释。

第一百九十八条 监事会在履行职责时，有权向本行相关人员和机构了解情况，相关人员和机构应给予配合。

第一百九十九条 董事会拟订的分红方案应事先报送监事会，监事会应当对此发表意见。

第二百条 监事有权列席董事会会议，列席会议的监事有权发表意见，但不享有表决权。

列席董事会会议的监事应当将会议情况报告监事会。

监事会认为必要时,可以指派监事列席高级管理层会议。

第二百零一条 监事会发现董事会、高级管理层及其成员有违反法律、法规、规章及本行章程规定等情形时,应当建议对有关责任人员进行处分,并及时发出限期整改通知;董事会或者高级管理层应当及时进行处分或整改并将结果书面报告监事会。

董事会和高级管理层拒绝或者拖延采取处分、整改措施的,监事会应当向中国银行业监督管理委员会报告,并报告股东大会。

第三节 监事会决议

第二百零二条 监事会会议应由二分之一以上的监事出席方可举行。每一位监事享有一票表决权。

第二百零三条 每一位监事所提议案,监事会均应予以审议。监事会作出的决议必须经全体监事三分之二以上通过才能生效。

第二百零四条 监事会会议应有记录,出席会议的监事和记录人,应当在会议记录上签名。监事有权要求在记录上对其在会议上的发言作出某种说明性记载。监事会会议记录作为本行档案由本行保存,保存期限为永久保存,并报监管部门备案。

第八章 财务会计制度、利润分配和审计

第一节 财务会计制度

第二百零五条 本行依照法律、行政法规和国家有关部门的规定,制定本行的财务会计制度。

第二百零六条 本行在每一季度结束后三十日以内编制本行的季度财务报告;在每一会计年度前六个月结束后六十日以内编制本行的中期财务报告;在每一会计年度结束后一百二十日以内编制本行年度财务报告。

第二百零七条 本行年度财务报告以及进行中期利润分配的中期财务报告,包括下列内容:

(一)资产负债表;

(二)利润表;

(三)利润分配表;

(四)现金流量表;

(五)会计报表附注。

不进行中期利润分配时,中期财务报告包括上款除第(三)项以外的会计报表及附注。

第二百零八条 季度财务报告、中期财务报告和年度财务报告按照有关法律、法规的规定进行编制。

第二百零九条 本行除法定的会计账册外,不另立会计账册。本行的资产,不以任何个人名义开立账户存储。

第二百一十条 本行交纳所得税后的利润,按下列顺序分配:

(一)弥补上一年度的亏损;

(二)提取法定公积金百分之十;

(三)提取法定公益金百分之五至百分之十;

(四)提取任意公积金;

(五)提取一般准备金;

(六)支付股东股利。

本行法定公积金累计额为本行注册资本的百分之五十以上时,可以不再提取。提取法定公积金、公益金后,是否提取任意公积金由股东大会决定。本行不在弥补本行亏损和提取法定公积金、公益金之前向股东分配利润。

第二百一十一条　股东大会决议将公积金转为股本时,按股东原有股份比例派送新股。但法定公积金转为股本时,所留存的该项公积金不得少于注册资本的百分之二十五。

第二百一十二条　本行股东大会对利润分配方案作出决议后,本行董事会须在股东大会召开后两个月内完成股利(或股份)的派发事项。

第二百一十三条　本行可以采取现金或者股票方式分配股利。

第二百一十四条　本行经营管理者和员工福利、奖励基金,按利润总额的一定比例在成本中列支并调整纳税。

第二节　内部审计

第二百一十五条　本行实行内部审计制度,配备专职审计人员,对本行财务收支和经济活动进行内部审计监督。

第二百一十六条　本行内部审计制度和审计人员的职责,应当经董事会批准后实施。审计负责人向董事会负责并报告工作。

第三节　会计师事务所的聘任

第二百一十七条　本行聘用取得"从事证券相关业务资格"的会计师事务所进行会计报表审计、净资产验证及其他相关的咨询服务等业务,聘期一年,可以续聘。

第二百一十八条　本行聘用会计师事务所由股东大会决定。

第二百一十九条　经本行聘用的会计师事务所享有下列权利:

(一) 查阅本行财务报表、记录和凭证,并有权要求本行的董事、行长或者其他高级管理人员提供有关的资料和说明;

(二) 要求本行提供为会计师事务所履行职务所必需的资料和说明;

(三) 列席股东大会,获得股东大会的通知或者与股东大会有关的其他信息,在股东大会上就涉及其作为本行聘用的会计师事务所的事宜发言。

第二百二十条　如果会计师事务所职位出现空缺,董事会在股东大会召开前,可以委任会计师事务所填补该空缺。

第二百二十一条　会计师事务所的报酬由股东大会决定。董事会委任填补空缺的会计师事务所的报酬,由董事会确定,报股东大会批准。

第二百二十二条　本行解聘或者续聘会计师事务所由股东大会作出决定,并在有关的报刊上予以披露,必要时说明更换原因,并报中国证监会和中国注册会计师协会备案。

第二百二十三条　本行解聘或者不再续聘会计师事务所时,提前三十天事先通知会计师事务所,会计师事务所有权向股东大会陈述意见。会计师事务所认为本行对其解聘或者不再续聘理由不当的,可以向中国证监会和中国注册会计师协会提出申诉。会计师事务所提出辞聘的,应当向股东大会说明本行有无不当情事。

第九章　通知和公告

第一节　通　知

第二百二十四条　本行的通知以下列形式发出:

（一）以专人送出；

（二）以传真方式进行；

（三）以邮件方式送出；

（四）以公告方式进行；

（五）本行章程规定的其他形式。

第二百二十五条　本行发出的通知，以公告方式进行的，一经公告，视为所有相关人员收到通知。

第二百二十六条　本行召开股东大会的会议通知，以公告的方式进行。

第二百二十七条　本行召开董事会的会议通知，以邮件或传真方式进行。

第二百二十八条　本行召开监事会的会议通知，以邮件或传真方式进行。

第二百二十九条　本行通知以传真方式进行的，传真当日为送达日期；本行通知以邮件送出的，自交付邮局之日起第五个工作日为送达日期；本行通知以公告方式送出的，第一次公告刊登日为送达日期。

第二百三十条　因意外遗漏未向某有权得到通知的人送出会议通知或者该等人没有收到会议通知，会议及会议作出的决议并不因此无效。

第二节　公　告

第二百三十一条　本行将在中国证监会指定披露信息的报刊《中国证券报》《上海证券报》《证券时报》为刊登本行公告和其他需要披露信息的报刊。

第十章　合并、分立、解散和清算

第一节　合并或分立

第二百三十二条　本行可以依法进行合并或者分立。

本行合并可以采取吸收合并和新设合并两种形式。

第二百三十三条　本行合并或者分立，按照下列程序办理：

（一）董事会拟订合并或者分立方案；

（二）股东大会依照章程的规定作出决议；

（三）各方当事人签订合并或者分立合同；

（四）依法办理有关审批手续；

（五）处理债权、债务等各项合并或者分立事宜；

（六）办理解散登记或者变更登记。

第二百三十四条　本行合并或者分立，合并或者分立各方应当编制资产负债表和财产清单。本行自股东大会作出合并或者分立决议之日起十日内通知债权人，并于三十日内在依本章程第二百三十一条选定的信息披露报刊上公告三次。

第二百三十五条　债权人自接到通知书之日起三十日内，未接到通知书的自第一次公告之日起九十日内，有权要求本行清偿债务或者提供相应的担保。本行不能清偿债务或者提供相应担保的，不进行合并或者分立。

第二百三十六条　本行合并或者分立时，本行董事会应当采取必要的措施保护反对本行合并或者分立的股东的合法权益。

第二百三十七条　本行合并或者分立各方的资产、债权、债务的处理，通过签订合同加以明确规定。

本行合并后，合并各方的债权、债务，由合并后存续的公司或者新设的公司承继。

本行分立前的债务按所达成的协议由分立后的公司承担。

第二百三十八条 本行合并或者分立，登记事项发生变更的，依法向公司登记机关办理变更登记；本行解散的，依法办理注销登记；设立新公司的，依法办理公司设立登记。

第二节 解散和清算

第二百三十九条 有下列情形之一的，本行应当依法解散并进行清算：

（一）股东大会决议解散；

（二）因合并或者分立而解散；

（三）不能清偿到期债务依法宣告破产；

（四）根据《金融机构撤销条例》被中国人民银行依法撤销。

第二百四十条 本行因有本节前条第（一）项情形而解散的，应当在十五日内成立清算组。清算组人员由股东大会以普通决议的方式选定。

本行因有本节前条（二）项情形而解散的，清算工作由合并或者分立各方当事人依照合并或者分立时签订的合同办理。

本行因有本节前条（三）项情形而解散的，由人民法院依照有关法律的规定，组织股东、有关机关及专业人员成立清算组进行清算。

本行因有本节前条（四）项情形而解散的，清算组的组成、职权以及债务清偿等事项依据《金融机构撤销条例》的规定进行。

第二百四十一条 清算组成立后，董事会、行长的职权立即停止。清算期间，本行不得开展新的经营活动。

第二百四十二条 清算组在清算期间行使下列职权：

（一）通知或者公告债权人；

（二）清理本行财产、编制资产负债表和财产清单；

（三）处理本行未了结的业务；

（四）清缴所欠税款；

（五）清理债权、债务；

（六）处理本行清偿债务后的剩余财产；

（七）代表本行参与民事诉讼活动。

第二百四十三条 清算组应当自成立之日起十日内通知债权人，并于六十日内在至少一种中国证监会指定的报刊上公告三次。

第二百四十四条 债权人应当在章程规定的期限内向清算组申报其债权。债权人申报债权时，应当说明债权的有关事项，并提供证明材料。清算组应当对债权进行登记。

第二百四十五条 清算组在清理本行财产、编制资产负债表和财产清单后，应当制定清算方案，并报股东大会或者有关主管机关确认。

第二百四十六条 本行因出现第二百三十九条（一）、（二）、（三）情形之一而解散的，本行财产按下列顺序清偿：

（一）支付清算费用；

（二）支付本行职工工资和劳动保险费用；

（三）交纳所欠税款；

（四）清偿本行债务；

（五）清偿本行次级债务；

（六）按股东持有的股份比例进行分配。

本行财产未按前款第（一）至（五）项规定清偿前，不分配给股东。

第二百四十七条 本行因出现第二百三十九条（四）情形而解散的，本行财产按下列顺序清偿：

（一）支付清算费用；

（二）支付本行职工工资和劳动保险费用；

（三）支付个人储蓄存款的本金和利息；

（四）交纳所欠税款；

（五）清偿本行债务；

（六）清偿本行次级债务；

（七）按股东持有的股份比例进行分配。

本行财产未按前款第（一）至（六）项规定清偿前，不分配给股东。

第二百四十八条 清算组在清理本行资产、编制资产负债表和财产清单后，认为本行财产不足清偿债务的，应当向人民法院申请宣告破产。本行经人民法院宣告破产后，清算组应当将清算事务移交给人民法院。

第二百四十九条 清算结束后，清算组应当制作清算报告，以及清算期间收支报表和财务账册，报股东大会或者有关主管机关确认。

清算组应当自股东大会或者有关主管机关对清算报告确认之日起三十日内，依法向公司登记机关办理注销本行登记，并公告本行终止。

第二百五十条 清算组人员应当忠于职守，依法履行清算义务，不得利用职权收受贿赂或者其他非法收入，不得侵占本行财产。

清算组人员因故意或者重大过失给本行或者债权人造成损失的，应当承担赔偿责任。

第十一章 修改章程

第二百五十一条 有下列情形之一的，本行应当修改章程：

（一）《公司法》《商业银行法》《银行业监督管理法》或有关法律、行政法规修改后，章程规定的事项与修改后的法律、行政法规的规定相抵触；

（二）本行的情况发生变化，与章程记载的事项不一致；

（三）股东大会决定修改章程。

经股东大会决议且经有关监管部门批准的因利润转增股本、公积金转增股本、增发新股、配售股份、可转换公司债券转股等导致本行的注册资本金数、股本总数或结构发生变化而需修改章程时，本行依此对章程中上述条款进行修订并报工商登记等监管部门进行变更登记。

第二百五十二条 股东大会决议通过的章程修改事项应经主管机关审批的，须报原审批的主管机关批准；涉及本行登记事项的，依法办理变更登记。

第二百五十三条 董事会依照股东大会修改章程的决议和有关主管机关的审批意见修改本行章程。

第二百五十四条 章程修改事项属于法律、法规要求披露的信息，按规定予以公告。

第十二章 附 则

第二百五十五条 《公司股东大会议事规则》《公司董事会议事规则》和《公司监事会议事规则》系本章程附件,对该等规则的修订需经过股东大会批准。

第二百五十六条 董事会可依照章程的规定,制定章程细则。章程细则不得与章程的规定相抵触。

第二百五十七条 本章程以中文书写,其他任何语种或不同版本的章程与本章程有歧义时,以在工商行政管理局最近一次核准登记后的中文版章程为准。

第二百五十八条 本章程所称"以上""以内""以下""以前",都含本数;"不满""以外"不含本数。

第二百五十九条 本次章程的修改经 2005 年度第一次临时股东大会审议通过,并经中国银行业监督管理委员会批准之日生效。

第二百六十条 章程由本行董事会负责解释。

上海浦东发展银行股份有限公司章程(2008 年修订)

第一章 总 则

第一条 为维护上海浦东发展银行股份有限公司(以下简称"本行")、股东和相关利益者的合法权益,规范本行的组织和行为,根据《中华人民共和国公司法》(以下简称《公司法》)、《中华人民共和国商业银行法》(以下简称《商业银行法》)、《中华人民共和国银行业监督管理法》(以下简称《银行业监督管理法》)和其他有关规定,制定本章程。

第二条 本行系依照《股份有限公司规范意见》《上海市股份有限公司暂行规定》和其他有关规定于一九九二年十月十九日成立的股份公司。

本行经中国人民银行银复〔1992〕601 号文批准,以定向募集方式设立;在上海市工商行政管理局注册登记,取得营业执照,营业执照注册号:3100001001236。

本行已按照有关规定,对照《公司法》进行规范并依法履行了重新登记。

第三条 本行于一九九九年九月二十日经中国证券监督管理委员会(以下简称"证监会")批准,首次向社会公众发行人民币普通股四亿股,并于一九九九年十一月十日在上海证券交易所上市。

第四条 本行注册名称:中文全称上海浦东发展银行股份有限公司,简称"上海浦东发展银行"或"浦发银行",英文全称 Shanghai Pudong Development Bank Co., Ltd.,缩写 SPDB,简称 SPDBANK。

第五条 本行总行设在上海市,本行住所:上海市中山东一路 12 号,邮编 200002。

第六条 本行注册资本为人民币捌拾捌亿叁仟零肆万伍仟陆佰肆拾元。

第七条 本行为永久存续的股份有限公司。

第八条 董事长为本行的法定代表人。

第九条 本行股份总数为捌拾捌亿叁仟零肆万伍仟陆佰肆拾股,每股面值为人民币壹元。

本行全部资产分为等额股份,股东以其所持股份为限对本行承担责任,本行以全部资产对本行的债务承担责任。

第十条 本章程自生效之日起,即成为规范本行的组织与行为、本行与股东、股东与股东之间权利义务关系的具有法律约束力的文件,对本行、股东、董事、监事、高级管理人员具有法律约束力的文件。依据本章程,股东可以起诉股东,股东可以起诉本行董事、监事、行长和其他高级管理人员,股东可以起诉本行,本行可以起诉股东、董事、监事、行长和其他高级管理人员。

第十一条 本章程所称其他高级管理人员是指本行的副行长、董事会秘书、财务总监。

本行的董事、监事会主席、行长、副行长、董事会秘书等其他需由国务院银行业监督管理机构等监管部门审核任职资格的人员应具备监管部门规定的任职资格并经其审核。

第十二条 根据业务发展需要,经国务院银行业监督管理机构等监管部门的审查批准,本行可在国内外设立分支机构。本行设在国外的分支机构可依所在地法令经营许可的业务。

本行实行一级法人、分级经营的管理体制,分支机构不具有法人资格,在总行的授权范围内依法开展业务,其民事责任由总行承担。总行对各分行的主要人事任免、业务政策、综合计划、基本规章制度和涉外事务等实行统一领导和管理,对分支机构实行统一管理、统一调度资金、分级核算的财务制度。

第二章 经营宗旨和范围

第十三条 本行的经营宗旨为:根据平等、自愿、公平和诚实信用原则,依法开展各项金融服务业务;在审慎经营、稳健发展的前提下,为股东及相关利益者谋取最大经济利益,并以此促进和支持国民经济发展和社会全面进步。

本行以效益性、安全性、流动性为经营原则,实行自主经营,自担风险,自负盈亏,自我约束。

第十四条 经国务院银行业监督管理机构批准,并经公司登记机关核准,本行经营范围是:

(一)吸收公众存款;

(二)发放短期、中期和长期贷款;

(三)办理结算;

(四)办理票据贴现;

(五)发行金融债券;

(六)代理发行、代理兑付、承销政府、买卖政府债券债券;

(七)同业拆借;

(八)提供信用证服务及担保;

(九)代理收付款项及代理保险业务;

(十)提供保管箱服务;

(十一)外汇存款、外汇贷款、外汇汇款、外币兑换;

(十二)国际结算;

(十三)同业外汇拆借;

(十四)外汇票据的承兑和贴现;

(十五)外汇借款、外汇担保;

(十六)结汇、售汇;

(十七)买卖和代理买卖股票以外的外币有价证券;

(十八)自营和代客外汇买卖;

（十九）从事银行卡业务；

（二十）资信调查、咨询、见证业务；

（二十一）离岸银行业务；

（二十二）经批准的其他业务。

第三章 股　　份

第一节　股份发行

第十五条　本行的股份采取股票的形式。

第十六条　本行现发行的股份为普通股，根据法律法规的规定，经监管部门批准亦可发行其他种类股份。

第十七条　本行股份的发行，实行公开、公平、公正的原则，同种类的每一股份具有同等权利。

第十八条　本行境内发行的股票，以人民币标明面值。

第十九条　本行境内发行股份，在中国证券登记结算有限责任公司上海分公司集中存管。

第二十条　本行发起股东情况：

股 东 名 称	认购股份数	出资方式	出资时间
上海市财政局	15 000 000	现金	1992 年 10 月
上海国际信托投资公司	8 000 000	现金	1992 年 10 月
上海久事公司	5 000 000	现金	1992 年 10 月
申能股份有限公司	5 000 000	现金	1992 年 10 月
宝山钢铁总厂	1 000 000	现金	1992 年 10 月
上海汽车工业总公司	1 000 000	现金	1992 年 10 月
上菱冰箱总厂	1 000 000	现金	1992 年 10 月
上海航空公司	1 000 000	现金	1992 年 10 月
中国纺织机械股份有限公司	1 000 000	现金	1992 年 10 月
闵行联合发展有限公司	1 000 000	现金	1992 年 10 月
锦江(集团)联营公司	1 000 000	现金	1992 年 10 月
陆家嘴金融贸易区开发公司	2 000 000	现金	1992 年 10 月
外高桥保税区联合发展有限公司	2 000 000	现金	1992 年 10 月
上海石油化工总厂	1 000 000	现金	1992 年 10 月
金桥出口加工区开发公司	2 000 000	现金	1992 年 10 月
上海申实进出口公司	4 000 000	现金	1992 年 10 月
上海市第一百货商店股份有限公司	1 000 000	现金	1992 年 10 月
上海铁路局	1 000 000	现金	1992 年 10 月

本行发起设立时每股面值拾元，现为每股面值壹元。

第二十一条　本行经批准发行的普通股总数为捌拾捌亿叁仟零肆万伍仟陆佰肆拾股。

第二十二条　本行或本行的分支机构不以赠予、垫资、担保、补偿或贷款等形式，对购买或者拟购买本行股份的人提供任何资助。

第二节　股份增减和回购

第二十三条　本行根据经营和发展的需要，依照法律、法规的规定，经股东大会分别作出决议，并报经有关主管部门批准，可以采用下列方式增加资本：

（一）公开发行股份；

（二）非公开发行股份；

（三）向现有股东派送红股；

（四）以公积金转增股本；

（五）法律、行政法规规定以及国家监管部门批准的其他方式。

第二十四条　根据本章程的规定，并经国务院银行业监督管理机构批准，本行可以减少注册资本。本行减少注册资本，按照《公司法》和《商业银行法》以及其他有关法规和本章程规定的程序办理。

第二十五条　本行在下列情况下，可以依照法律、行政法规、部门规章和本章程的规定，收购本行的股份：

（一）减少本行注册资本；

（二）与持有本行股票的其他公司合并；

（三）将股份奖励给本行员工；

（四）股东因对股东大会作出的公司合并、分立决议持异议，要求本行收购其股份的；

（五）法律、行政法规规定所允许的其他情况。

第二十六条　本行收购本行的股份，可以选择下列方式之一进行：

（一）证券交易所集中竞价交易方式；

（二）要约方式；

（三）证监会认可的其他方式。

第二十七条　本行因本章程第二十五条第（一）项至第（三）项的原因收购本行股份的，应当经股东大会决议。本行依照第二十五条规定收购本行股份后，属于第（一）项情形的，应当自收购之日起十日内注销；属于第（二）项、第（四）项情形的，应当在六个月内转让或者注销。

本行依照第二十五条第（三）项规定收购的本行股份，将不超过本行已发行股份总额的百分之五；用于收购的资金应当从本行的税后利润中支出；所收购的股份应当一年内转让给员工。

第三节　股份转让

第二十八条　本行的股份可以依法转让。

第二十九条　依《商业银行法》规定有下列变更事项之一的，应向本行和国务院银行业监督管理机构报告，经国务院银行业监督管理机构批准后方可：

（一）股东持有或合并持有本行股份总额达到百分之五；

（二）变更持有本行股份总额百分之五以上的股东。

第三十条　股东持有或合并持有本行股份总额达到百分之五，在其向本行董事会报告并获得国务院银行业监督管理机构批准前，股东所持本行股份总额超过百分之五以上的股份不享有表决权且不计入出席股东大会有表决权的股份总数。

第三十一条 本行不接受本行的股票作为质押权的标的。

第三十二条 发起人持有的本行股份,自本行成立之日起一年内不得转让。本行公开发行股份前已发行的股份,自本行股票在证券上海证券交易所上市交易之日起一年内不得转让。

本行董事、监事、高级管理人员应当向本行申报所持有的本行的股份及其变动情况,在任职期间每年转让的股份不得超过其所持有本行股份总数的百分之二十五;上述人员离职后半年内,不得转让其所持有的本行股份。

第三十三条 本行董事、监事、高级管理人员、持有本行股份百分之五以上的股东,将其持有的本行股票在买入后六个月内卖出,或者在卖出后六个月内又买入,由此所得收益归本行所有,本行董事会将收回其所得收益。但是,证券公司因包销购入售后剩余股票而持有百分之五以上股份的,卖出该股票不受六个月时间限制。

本行董事会不按照前款规定执行的,股东有权要求董事会在三十日内执行。董事会未在上述期限内执行的,股东有权为了本行的利益以自己的名义直接向人民法院提起诉讼。

本行董事会不按照第一款的规定执行的,负有责任的董事依法承担连带责任。

第四章 股东和股东大会

第一节 股 东

第三十四条 本行股东为依法持有本行股份的自然人、法人或其他组织。

股东按其所持有股份的种类享有权利,承担义务;持有同一种类股份的股东,享有同等权利,承担同种义务。

第三十五条 证券登记结算机构及其授权的机构所提供的凭证或数据信息是证明股东持有本行股份的充分证据。

第三十六条 本行根据需要向证券登记机构查询主要股东资料及主要股东的持股变更(包括股权的出质)情况,及时掌握本行的股权结构。

第三十七条 本行召开股东大会、分配股利、清算及从事其他需要确认股权的行为时,由董事会、董事会授权董事会办事机构或股东大会召集人确定某一日为股权登记日,股权登记日收市后登记在册的股东为享有相关权益的股东。

第三十八条 本行股东享有下列权利:

(一)依照其所持有的股份份额获得股利和其他形式的利益分配;

(二)依法请求、召集、主持、参加或者委派股东代理人参加股东大会,并行使相应的表决权;

(三)对本行的经营进行监督,提出建议或者质询;

(四)依照法律、行政法规及本章程的规定转让、赠予或质押其所持有的股份;

(五)查阅本章程、股东名册、股东大会会议记录、董事会会议决议、监事会会议决议、财务会计报告;

(六)本行终止或者清算时,按其所持有的股份份额参加本行剩余财产的分配;

(七)对股东大会作出的本行合并、分立决议持异议的股东,要求本行收购其股份;

(八)法律、行政法规、部门规章或本章程规定的其他权利。

第三十九条 股东提出查阅前条所述有关信息或者索取资料的,应当向本行提供证明其持有本行股份的种类以及持股数量的书面文件,本行经核实股东身份后按照股东的要求予以提供。

第四十条 本行股东大会、董事会决议内容违反法律、行政法规的,股东有权请求人民法院认定无效。

股东大会、董事会的会议召集程序、表决方式违反法律、行政法规或者本章程,或者决议内容违反本章程的,股东有权自决议作出之日起六十日内,请求人民法院撤销。

第四十一条 董事、高级管理人员执行本行职务时违反法律、行政法规或者本章程的规定,给本行造成损失的,连续一百八十日以上单独或合并持有本行百分之一以上股份的股东有权书面请求监事会向人民法院提起诉讼;监事会执行本行职务时违反法律、行政法规或者本章程的规定,给本行造成损失的,股东可以书面请求董事会向人民法院提起诉讼。

监事会、董事会收到前款规定的股东书面请求后拒绝提起诉讼,或者自收到请求之日起三十日内未提起诉讼,或者情况紧急、不立即提起诉讼将会使本行利益受到难以弥补的损害的,前款规定的股东有权为了本行的利益以自己的名义直接向人民法院提起诉讼。

他人侵犯本行合法权益,给本行造成损失的,本条第一款规定的股东可以依照前两款的规定向人民法院提起诉讼。

第四十二条 董事、高级管理人员违反法律、行政法规或者本章程的规定,损害股东利益的,股东可以向人民法院提起诉讼。

第四十三条 本行股东承担下列义务:

(一) 遵守法律、行政法规和本章程;

(二) 依其所认购的股份和入股方式缴纳股金;

(三) 除法律、法规规定的情形外,不得退股;

(四) 不得滥用股东权利损害本行或者其他股东的利益;不得滥用公司法人独立地位和股东有限责任损害本行债权人的利益;

股东滥用股东权利给本行或者其他股东造成损失的,应当依法承担赔偿责任。

股东滥用公司法人独立地位和股东有限责任,逃避债务,严重损害本行债权人利益的,应当对本行债务承担连带责任。

(五) 法律、行政法规及本章程规定应当承担的其他义务。

第四十四条 本行资本充足率低于法定标准时,股东应支持董事会提出的提高资本充足率的措施。

第四十五条 本行可能出现流动性困难时,有借款的股东要根据有关法律法规立即归还到期借款,未到期的借款应积极提前偿还。

本行流动性困难是指出现下列监管指标不符商业银行监管指标且出现持续、大额资金划出而引发或可能引发挤兑现象等情形:

(一) 流动性资产期末余额与流动性负债期末余额之比≤15%;

(二) 存款准备金、备付金之和与各项存款期末余额(不含委托存款)之比≤13%;

(三) 不良贷款期末余额与各项贷款期末余额之比≥30%;

(四) 同业拆入、同业存放之和减去拆放同业、存放同业之和与各项存款期末余额(不含委托存款)之比≥5%。

第四十六条 同一股东在本行的借款余额不得超过本行资本净额的百分之十。股东的关联企业的借款在计算比率时应与该股东在本行的借款合并计算。

本行不得为股东及其关联企业的债务提供融资性担保,但股东以银行存单或国债提供反担保的除外。

股东在本行的关联借款逾期未还的期间内,其表决权应当受到限制。

第四十七条 持有本行百分之一以上股份的股东,如发生法定代表人、公司名称、注册地址、业务范围等重大事项的变更时,应及时报告本行的股权管理部门。

第四十八条 持有本行百分之一以上有表决权股份的股东,将其持有的股份进行质押的,应当自该事实发生当日向本行作出书面报告。

第四十九条 本行的控股股东、实际控制人不得利用其关联关系损害本行利益。违反规定的,给本行造成损失的,应当承担赔偿责任。

本行控股股东、实际控制人对本行和股东负有诚信义务。控股股东应严格依法行使出资人的权利,控股股东不得利用关联交易、利润分配、资产重组、对外投资、资金占用、借款担保等方式损害本行和股东的合法权益,不得利用其控制地位损害本行和股东的利益。

(一)控股股东对本行的董事、监事候选人的提名,应严格遵循法律、法规和本章程规定的条件和程序;不得对股东大会人事选举决议和董事会人事聘任决议履行任何批准手续;不得越过股东大会、董事会任免本行的高级管理人员;

(二)控股股东不得直接或间接干预本行的决策及依法开展的经营活动,损害本行及其他股东的权益;

(三)控股股东应尊重本行财务的独立性,不得干预本行的财务、会计活动;

(四)控股股东及其下述机构不得向本行下达任何经营计划和指令,也不得以其他任何形式影响本行经营管理的独立性。

第二节 股东大会的一般规定

第五十条 股东大会是本行的权力机构,依法行使下列职权:

(一)决定本行经营方针和投资计划;

(二)选举和更换非由职工代表担任的董事、监事,决定有关董事、监事的报酬事项;

(三)审议批准董事会的报告;

(四)审议批准监事会的报告;

(五)审议批准本行的年度财务预算方案、决算方案;

(六)审议批准本行的利润分配方案和弥补亏损方案;

(七)审议批准变更募集资金用途事项;

(八)审议批准第五十一条规定的担保事项;

(九)审议批准本行与一个关联方之间单笔交易金额占本行资本净额百分之五以上或与一个关联方发生交易后本行与该关联方的交易余额占本行资本净额百分之十以上的关联交易;

(十)审议单笔超过本行最近一期经审计净资产值百分之二十的投资、资产处置事项;

(十一)对本行增加或者减少注册资本作出决议;

(十二)对本行发行具有资本性质的债券作出决议;

(十三)对本行合并、分立、解散和清算或变更公司形式作出决议;

(十四)修改公司章程;

(十五)对本行聘用、解聘会计师事务所作出决议;

(十六)审议股权激励计划;

(十七)听取国务院银行业监督管理机构对本行的监管意见,并审议董事会关于本行执行整改情况的报告;

（十八）审议董事会关于对董事的评价及独立董事的相互评价结果的报告；

（十九）审议监事会关于对监事的评价及外部监事的相互评价结果的报告；

（二十）审议法律、法规和公司章程规定应当由股东大会决定的其他事项。

上述股东大会的职权不得通过授权的形式由董事会或其他机构和个人代为行使。

第五十一条 除本行经批准的正常经营性担保外，下列担保行为须经股东大会审议通过：

（一）本行对外担保总额达到或超过最近一期经审计总资产的百分之三十以后提供的任何担保；

（二）本行的对外担保总额达到或超过最近一期经审计净资产的百分之五十以后提供的任何担保；

（三）为资产负债率超过百分之七十的担保对象提供的担保；

（四）单笔担保额超过最近一期经审计净资产百分之十的担保；

（五）对股东、实际控制人及其关联方提供的担保。

第五十二条 股东大会分为股东年会和临时股东大会。股东年会每年召开一次，并应于上一个会计年度完结之后的六个月之内举行。

第五十三条 有下列情形之一的，本行在事实发生之日起两个月以内召开临时股东大会：

（一）董事人数不足本章程所定人数的三分之二时；

（二）本行未弥补的亏损达股本总额的三分之一时；

（三）单独或者合并持有本行有表决权股份总数百分之十（不含投票代理权）以上的股东书面请求时；

（四）董事会认为必要时；

（五）监事会提议召开时；

（六）本章程规定的其他情形。

前述第(三)项持股股数按股东提出书面要求日计算。

第五十四条 本行召开股东大会的地点为：中华人民共和国上海市。

股东大会将设置会场，以现场会议形式召开。本行还可根据法律法规的要求以及实际需要利用网络平台或以其他方式为股东参加股东大会提供便利。股东通过上述方式参加股东大会的，视为出席。

股东参加网络会议应符合监管部门认可的网络平台或其他方式对其合法有效的股东身份的确认。

第五十五条 本行召开股东大会时将聘请律师对以下问题出具法律意见并公告：

（一）会议的召集、召开程序是否符合法律、行政法规、本章程；

（二）出席会议人员的资格、召集人资格是否合法有效；

（三）会议的表决程序、表决结果是否合法有效；

（四）应本行要求对其他有关问题出具的法律意见。

第三节 股东大会的召集

第五十六条 独立董事有权向董事会提议召开临时股东大会。对独立董事要求召开临时股东大会的提议，董事会应当根据法律、行政法规和本章程的规定，在收到提议后十日内提出同意或不同意召开临时股东大会的书面反馈意见。

董事会同意召开临时股东大会的，将在作出董事会决议后的五日内发出召开股东大会的通知；

董事会不同意召开临时股东大会的,将说明理由并公告。

第五十七条　监事会有权向董事会提议召开临时股东大会,并应当以书面形式向董事会提出。董事会应当根据法律、行政法规和本章程的规定,在收到提案后十日内提出同意或不同意召开临时股东大会的书面反馈意见。

董事会同意召开临时股东大会的,将在作出董事会决议后的五日内发出召开股东大会的通知,通知中对原提议的变更,应征得监事会的同意。

董事会不同意召开临时股东大会,或者在收到提案后十日内未作出反馈的,视为董事会不能履行或者不履行召集股东大会会议职责,监事会可以自行召集和主持。

第五十八条　单独或者合计持有本行百分之十以上股份的股东有权向董事会请求召开临时股东大会,并应当以书面形式向董事会提出。董事会应当根据法律、行政法规和本章程规定,在收到请求后十日内提出同意或不同意召开临时股东大会的书面反馈意见。

董事会同意召开临时股东大会的,应当在作出董事会决议后的五日内发出召开股东大会的通知,通知中对原请求的变更,应当征得相关股东的同意。

董事会不同意召开临时股东大会,或者在收到请求后十日内未作出反馈的,单独或者合计持有公司百分之十以上股份的股东有权向监事会提议召开临时股东大会,并应当以书面形式向监事会提出请求。

监事会同意召开临时股东大会的,应在收到请求五日内发出召开股东大会的通知,通知中对原提案的变更,应当征得相关股东的同意。

监事会未在规定期限内发出股东大会通知的,视为监事会不召集和主持股东大会,连续九十日以上单独或者合计持有公司百分之十以上股份的股东可以自行召集和主持。

第五十九条　监事会或股东决定自行召集股东大会的,须书面通知董事会,同时向本行所在地证监会派出机构和本行股票交易的证券交易所备案。

在股东大会决议公告前,召集股东持股比例不得低于百分之十。

召集股东应在发出股东大会通知及股东大会决议公告时,向本行所在地证监会派出机构和本行股票交易的证券交易所提交有关证明材料。

第六十条　对于监事会或股东自行召集的股东大会,董事会和董事会秘书应予配合。董事会应当提供股权登记日的股东名册。

第六十一条　监事会或股东自行召集的股东大会,会议所必需的费用由本行承担。

第四节　股东大会的提案与通知

第六十二条　提案的内容应当属于股东大会职权范围,有明确议题和具体决议事项,并且符合法律、行政法规和本章程的有关规定。

第六十三条　本行召开股东大会,董事会、监事会以及单独或者合并持有本行百分之三以上股份的股东,有权向公司提出提案。

单独或者合计持有公司百分之三以上股份的股东,可以在股东大会召开十日前提出临时提案并书面提交召集人。召集人应当在收到提案后二日内发出股东大会补充通知,公告临时提案的内容。

除前款规定的情形外,召集人在发出股东大会通知公告后,不得修改股东大会通知中已列明的提案或增加新的提案。

股东大会通知中未列明或不符合本章程第六十二条规定的提案,股东大会不得进行表决并作出决议。

第六十四条 召集人将在年度股东大会召开二十日前以公告方式通知各股东,临时股东大会将于会议召开十五日前以公告方式通知各股东。

第六十五条 股东会议的通知包括以下内容:

（一）会议的时间、地点和会议期限；

（二）提交会议审议的事项；

（三）以明显的文字说明：全体股东均有权出席股东大会,并可以委托代理人出席会议和参加表决,该股东代理人不必是本行的股东；

（四）有权出席股东大会股东的股权登记日；

（五）代理投票授权委托书的送达截止时间和送达地点；

（六）会务常设联系人姓名,电话号码。

股东大会通知和补充通知中应当充分、完整披露所有提案的全部具体内容。拟讨论的事项需要独立董事发表意见的,发布股东大会通知或补充通知时将同时披露独立董事的意见及理由。

当股东大会采用网络或其他方式的,应当在股东大会通知中明确载明网络或其他方式的表决时间及表决程序。股东大会网络或其他方式投票的开始时间,不得早于现场股东大会召开前一日下午3:00,并不得迟于现场股东大会召开当日上午9:30,其结束时间不得早于现场股东大会结束当日下午3:00。

股权登记日与会议日期的间隔应当不多于七个工作日。股权登记日一旦确认,不得变更。

第六十六条 股东大会拟讨论董事、监事选举事项的,股东大会通知中将充分披露董事、监事候选人的详细资料,至少包括以下内容:

（一）教育背景、工作经历、兼职等个人情况；

（二）与本行或本行的控股股东及实际控制人是否存在关联关系；

（三）披露持有本行股份数量；

（四）是否受过证监会、国务院银行业监督管理机构及其他有关部门的处罚和上海证券交易所惩戒。

除采取累积投票制选举董事、监事外,每位董事、监事候选人应当以单项提案提出。

第六十七条 发出股东大会通知后,无正当理由,股东大会不应延期或取消,股东大会通知中列明的提案不应取消。一旦出现延期或取消的情形,召集人应当在原定召开日前至少两个工作日公告并说明原因。

第五节 股东大会的召开

第六十八条 本行董事会和其他召集人将采取必要措施,保证股东大会的正常秩序。对于干扰股东大会、寻衅滋事和侵犯股东合法权益的行为,将采取措施加以制止并及时报告有关部门查处。

第六十九条 股权登记日登记在册的所有股东或其代理人,均有权出席股东大会。并依照有关法律、法规及本章程行使表决权。

股东可以出席股东大会,也可以委托代理人代为出席和表决。

第七十条 个人股东出席会议的,应出示本人身份证或其他能够表明其身份的有效证件或证明、股票账户卡或本行签发的股东大会入场券；委托代理他人出席会议的,应出示本人有效身份证件、股东授权委托书或本行签发的股东大会入场券。

法人股东应由法定代表人或法定代表人委托的代理人出席会议。法定代表人出席会议的,应出示本人身份证、能证明其具有法定代表人资格的有效证明或本行签发的股东大会入场券;委托代理人出席会议的,代理人应出示本人身份证及该法定代表人依法出具的书面委托书或本行签发的股东大会入场券。

第七十一条 股东出具的委托他人出席股东大会的授权委托书应当载明下列内容:
(一) 代理人的姓名;
(二) 是否具有表决权;
(三) 分别对列入股东大会议程的每一审议事项投赞成、反对或弃权票的指示;
(四) 委托书签发日期和有效期限;
(五) 委托人签名(或盖章)。委托人为法人股东的,应加盖法人单位印章。

委托书应当注明如果股东不作具体指示,视为股东代理人可以按自己的意思表决,由委托人承担由此造成的法律后果。

第七十二条 代理投票授权委托书由委托人授权他人签署的,授权签署的授权书或者其他授权文件应当经过公证。经公证的授权书或者其他授权文件,和投票代理委托书均需备置于本行住所或者召集会议的通知中指定的其他地方。

委托人为法人的,由其法定代表人或者董事会、其他决策机构决议授权的人作为代表出席公司的股东大会。

第七十三条 出席会议人员的登记册由本行负责制作。登记册载明参加会议人员姓名(或单位名称)、股东证券账户号、住所地址、持有或者代表有表决权的股份数额、被代理人姓名(或单位名称)等事项。

第七十四条 召集人和本行聘请的律师将依据证券登记结算机构提供的股东名册共同对股东资格的合法性进行验证,并登记股东姓名(或名称)及其所持有表决权的股份数。在会议主持人宣布现场出席会议的股东和代理人人数及所持有表决权的股份总数之前,会议登记应当终止。

第七十五条 股东大会召开时,本行全体董事、监事和董事会秘书应出席会议,行长和其他高级管理人员应列席会议。

第七十六条 股东大会由董事长主持。董事长不能履行职务或不履行职务时,由副董事长主持(有两位或两位以上副董事长时,由半数以上董事共同推举的副董事长主持),副董事长不能履行职务或者不履行职务时,由半数以上董事共同推举的一名董事主持。

监事会自行召集的股东大会,由监事会主席主持。监事会主席不能履行职务或不履行职务时,由监事会副主席主持,监事会副主席不能履行职务或者不履行职务时,由半数以上监事共同推举的一名监事主持。

股东自行召集的股东大会,由召集人推举代表主持。

召开股东大会时,会议主持人违反议事规则使股东大会无法继续进行的,经现场出席股东大会有表决权过半数的股东同意,股东大会可推举一人担任会议主持人,继续开会。

第七十七条 本行制定股东大会议事规则,详细规定股东大会的召开和表决程序,包括通知、登记、提案的审议、投票、计票、表决结果的宣布、会议决议的形成、会议记录及其签署、公告等内容,以及股东大会对董事会的授权原则,授权内容应明确具体。股东大会议事规则应作为章程的附件,由董事会拟定,股东大会批准。

第七十八条 在年度股东大会上,董事会、监事会应当就其过去一年的工作向股东大会作出报告。每名独立董事也应作出述职报告。

第七十九条 董事、监事、高级管理人员在股东大会上就股东质询和建议应作出解释和说明。

第八十条 会议主持人应当在表决前宣布现场出席会议的股东和代理人人数及所持有表决权的股份总数,现场出席会议的股东和代理人人数及所持有表决权的股份总数以会议登记为准。

第八十一条 股东大会应有会议记录,由董事会秘书负责。会议记录记载以下内容:

（一）会议时间、地点、议程和召集人姓名或名称;

（二）会议主持人以及出席或列席会议的董事、监事、经理和其他高级管理人员姓名;

（三）出席会议的股东和代理人人数、所持有表决权的股份总数及占本行股份总数的比例;

（四）对每一提案的审议经过、发言要点和表决结果;

（五）股东的质询意见或建议以及相应的答复或说明;

（六）律师及计票人、监票人姓名;

（七）法律、法规和本章程规定应当载入会议记录的其他内容。

第八十二条 召集人应当保证会议记录内容真实、准确和完整。出席会议的董事、监事、董事会秘书、召集人或其代表、会议主持人应当在会议记录上签名。会议记录应当与代理出席的委托书、网络或其他方式表决情况的有效资料一并保存,保存期限不少于十年。

本行董事会应当将股东大会会议记录、股东大会决议等文件报送国务院银行业监督管理机构备案。

第八十三条 召集人应当保证股东大会连续举行,直至形成最终决议。因不可抗力等特殊原因导致股东大会中止或不能作出决议的,应采取必要措施尽快恢复召开股东大会或直接终止本次股东大会,并及时公告。同时,召集人应向公司所在地证监会、国务院银行业监督管理机构派出机构及股票交易的证券交易所报告。

第六节 股东大会的表决和决议

第八十四条 股东(包括股东代理人)以其所代表的有表决权股份数额行使表决权,每一股份享有一票表决权。

本行持有的本行股份没有表决权,且该部分股份不计入出席股东大会有表决权的股份总数。

董事会、独立董事和符合相关规定条件的股东可以征集股东投票权。

第八十五条 股东大会决议分为普通决议和特别决议。

股东大会作出普通决议,应当由出席股东大会的股东(包括股东代理人)所持表决权的二分之一以上通过。

股东大会作出特别决议,应当由出席股东大会的股东(包括股东代理人)所持表决权的三分之二以上通过。

第八十六条 下列事项由股东大会以普通决议通过:

（一）董事会和监事会的工作报告;

（二）董事会拟定的利润分配方案和弥补亏损方案;

（三）董事会和监事会成员的任免及其报酬和支付方法;

（四）本行年度预算方案、决算方案;

（五）本行年度报告;

（六）聘用或解聘会计师事务所;

（七）除法律、行政法规规定或者本章程规定应当以特别决议通过以外的其他事项。

第八十七条 下列事项由股东大会以特别决议通过：

（一）本行增加或者减少注册资本；

（二）发行本行具有资本性质的债券；

（三）本行的分立、合并、解散和清算；

（四）本章程的修改；

（五）审议单笔超过本行最近一期经审计净资产值百分之三十的投资、资产处置事项；

（六）股权激励计划；

（七）法律、行政法规或本章程规定的，以及股东大会以普通决议认定会对本行产生重大影响的、需要以特别决议通过的其他事项。

第八十八条 股东大会审议有关关联交易事项时，关联股东不应当参与投票表决，其所代表的有表决权的股份数不计入有效表决总数；股东大会决议的公告应当充分披露非关联股东的表决情况。

如有法律法规规定关联股东无法回避的特殊情况时，本行在征得监管部门的同意后，可以按照正常程序进行表决，并在股东大会决议公告中作出详细说明。

第八十九条 本行应在保证股东大会合法、有效的前提下，通过各种方式和途径，包括提供网络的投票平台等现代信息技术手段，为股东参加股东大会提供便利。

第九十条 除公司处于危机等特殊情况外非经股东大会以特别决议批准，本行不得与董事、行长和其他高级管理人员以外的人订立将本行全部或者重要业务的管理交予该人负责的合同。

第九十一条 董事、监事提名的方式和程序为：

（一）在章程规定的人数范围内，按照拟选任的人数，由董事会提名委员会提出下一届非职工代表出任董事的建议名单，经董事会决议通过后，由董事会以提案的方式向股东大会提出非职工代表出任董事候选人并提请股东大会表决；由监事会提名委员会提出拟由非职工代表出任的下一届监事的建议名单，经监事会决议通过后，由监事会以提案的方式向股东大会提出由非职工代表出任的监事候选人并提请股东大会表决。

（二）单独持有或者合并持有本行有表决权股份总数百分之一以上的股东可以提出董事或监事候选人；同一股东不得向股东大会同时提名董事和监事的人选；同一股东提名的董事（监事）人选已担任董事（监事）职务，在其任职期届满前，该股东不得再提名监事（董事）候选人。

（三）单独持有或合并持有本行有表决权股份总数百分之十以上的股东提出董事候选人或由股东代表出任的监事候选人名额可与其所持股份相匹配。

（四）提名人应当充分了解被提名人职业、学历、职称、工作经历、兼职等情况，并对其担任董事或监事的资格向董事会或监事会提名委员会发表意见，被提名人应当就其本人与本行之间不存在任何影响其独立客观判断的关系发表公开声明。

股东大会审议董事、监事选举的议案，应当对每一个董事、监事候选人逐个进行表决。

第九十二条 股东大会就选举董事、监事进行表决时，根据本章程的规定或者股东大会的决议，可以实行累积投票制。

前款所称累积投票制是指股东大会选举董事或者监事时，每一有表决权的股份享有与拟选出的董事或者监事人数相同的表决权，股东可以自行在董事或者监事候选人之间分配其表决权，既可分散投于多人，也可集中投于一人，按照董事或者监事候选人得票多少的顺序，从前往后根据拟选出的董事、监事人数，由得票较多者当选。

第九十三条 通过累积投票制选举董事、监事时实行差额选举，董事、监事候选人的人数应当多于拟选出的董事、监事人数。

第九十四条 除累积投票制外,股东大会将对所有提案进行逐项表决,对同一事项有不同提案的,将按提案提出的时间顺序进行表决。除因不可抗力等特殊原因导致股东大会中止或不能作出决议外,股东大会将不会对提案进行搁置或不予表决。

第九十五条 股东大会审议提案时,不会对提案进行修改,否则,有关变更应当被视为一个新的提案,不能在本次股东大会上进行表决。

第九十六条 同一表决权只能选择现场、网络或其他方式中的一种。同一表决权出现重复表决的以第一次投票结果为准。

第九十七条 股东大会采取记名方式投票表决。

第九十八条 股东大会对提案进行表决前,应当确定两名股东代表参加计票和监票。审议事项与股东有利害关系的,相关股东及代理人不得参加计票、监票。

股东大会对提案进行表决时,应当由律师、股东代表与监事代表共同负责计票、监票,并当场公布表决结果,决议的表决结果载入会议记录。

通过网络或其他方式投票的股东或其代理人,有权通过相应的投票系统查验自己的投票结果。

第九十九条 股东大会现场会议主持人应当宣布每一提案的表决情况和结果,并根据表决结果宣布提案是否通过。

在正式公布表决结果前,股东大会现场、网络或其他表决方式中所涉及的本行、计票人、监票人、主要股东、网络或其他服务方等相关各方对表决情况均负有保密义务。

第一百条 出席股东大会的股东,应当对提交表决的提案发表以下意见之一:同意、反对或弃权。

未填、错填、字迹无法辨认的表决票、未投的表决票均视为投票人放弃表决权利,其所持股份数的表决结果应计为"弃权"。

第一百零一条 会议主持人如果对提交表决的决议结果有任何怀疑,可以对所投票数进行点算;如果会议主持人未进行点票,出席会议的且持有表决权股份总数百分之一以上的股东或者股东代理人对会议主持人宣布结果有异议的,有权在宣布表决结果后立即要求点票,会议主持人应当即时点票。

第一百零二条 股东大会决议应当及时公告,公告中应列明出席会议的股东和代理人人数、所持有表决权的股份总数及占公司有表决权股份总数的比例、表决方式、每项提案的表决结果和通过的各项决议的详细内容。

第一百零三条 提案未获通过,或者本次股东大会变更前次股东大会决议的,应当在股东大会决议公告中作特别提示。

第一百零四条 股东大会通过有关董事、监事选举提案的,新任董事、监事就任时间为股东大会宣布当选时。

第一百零五条 股东大会通过有关派现、送股或资本公积转增股本提案的,公司将在股东大会结束后两个月内实施具体方案。

第五章 董 事 会

第一节 董 事

第一百零六条 本行董事为自然人。

第一百零七条 《公司法》《商业银行法》规定不得担任本行董事的人员以及被监管部门确定为市场禁入者并且禁入尚未解除的人员,不得担任本行的董事。

董事的任职资格须经国务院银行业监督管理机构审核。

违反本条规定选举、委派董事的,该选举、委派或者聘任无效。董事在任职期间出现本条情形的,本行董事会可以提请股东大会解除其职务。

第一百零八条 董事由股东大会选举或更换,任期三年,可连选连任。董事在任期届满以前,股东大会不得无故解除其职务。

董事任期从就任之日起计算,至本届董事会任期届满时为止。董事任期届满未及时改选,在改选出的董事就任前,原董事仍应当依照法律、行政法规、部门规章和本章程的规定,履行董事职务。

第一百零九条 董事可以由高级管理人员担任,也可以由职工代表担任董事(职工代表担任董事的名额不超过一人),但高级管理人员担任的董事以及由职工代表担任的董事,总计应不少于董事会成员总数的四分之一,但不应超过董事会成员总数的三分之一。

董事会中的职工代表由本行职工代表大会选举产生或更换,直接进入董事会。

第一百一十条 董事候选人应在股东大会召开之前作出书面承诺,同意接受提名,承诺公开披露的董事候选人的资料真实、完整并保证当选后切实履行董事职责。

第一百一十一条 董事应当遵守法律、行政法规和本章程的规定,在其职责范围内行使权利,并对本行负有下列忠实义务:

(一)不得利用职权收受贿赂或者其他非法收入,不得侵占本行的财产;

(二)不得挪用本行资金或者将本行资金借贷给他人;

(三)不得将本行资产或者资金以其个人名义或者其他个人名义开立账户存储;

(四)不得违反本章程的规定,未经股东大会或董事会同意,将本行资金借贷给他人或者以本行财产为他人提供担保;

(五)不得违反本章程的规定或未经股东大会同意,与本行订立合同或者进行交易;

(六)不得在境内自营或者为他人经营与本行同类的营业或者从事损害本行利益的活动;

(七)不得接受与公司交易的佣金归为己有;

(八)不得擅自披露公司秘密;

(九)不得利用内幕信息为自己或他人谋取利益;

(十)不得利用其关联关系损害公司利益;

(十一)法律、行政法规、部门规章及本章程规定的其他忠实义务。

董事违反本条规定所得的收入,应当归公司所有;给公司造成损失的,应当承担赔偿责任。

第一百一十二条 董事应当遵守法律、行政法规和本章程,对本行负有下列勤勉义务:

(一)应谨慎、认真、勤勉地行使本行赋予的权利,以保证本行的商业行为符合国家法律、行政法规以及国家各项经济政策的要求,商业活动不超过营业执照规定的业务范围;

(二)应公平对待所有股东;

(三)及时了解本行业务经营管理状况;

(四)应当对本行定期报告签署书面确认意见。保证公司所披露的信息真实、准确、完整;

(五)应当如实向监事会提供有关情况和资料,不得妨碍监事会或者监事行使职权;

(六)行使被合法赋予的本行管理处置权,不得受他人操纵;非经法律、行政法规允许或者得到股东大会在知情的情况下批准,不得将其处置权转授他人行使;

（七）法律、行政法规、部门规章及本章程规定的其他勤勉义务。

第一百一十三条 董事在履行本节规定的义务时,应将有关情况向董事会作出书面陈述,由董事会依据本行股票交易的证券交易所的《股票上市规则》或其他相关规则的规定,确定董事在有关交易中是否构成关联人士。

董事会会议在不将有关联关系的董事计入法定人数的情况下,进行审议表决,作出决议。

董事会会议记录及董事会决议应写明有关联关系的董事未计入法定人数、未参加表决的情况。

第一百一十四条 董事应以认真负责的态度出席董事会,对所议事项表达明确的意见。董事确实无法出席董事会的,可以书面形式委托其他董事按委托人的意愿代为投票,委托人应独立承担法律责任。

董事应当投入足够的时间履行职责。董事应当每年出席至少三分之二以上的董事会会议。

董事连续两次未能出席,也不委托其他董事出席董事会会议,视为不能履行职责,董事会应当建议股东大会予以撤换。

第一百一十五条 董事可以在任期届满以前提出辞职,董事辞职应当向董事会提交书面辞职报告。董事会将在二日内披露有关情况。

如因董事的辞职导致公司董事会低于法定最低人数时,在改选出的董事就任前,原董事仍应当依照法律、行政法规、部门规章和本章程规定,履行董事职务。

除前款所列情形外,董事辞职自辞职报告送达董事会时生效。

第一百一十六条 董事提出辞职或者任期届满,应向董事会办妥所有移交手续,其对本行和股东负有的义务在其辞职报告尚未生效或者生效后的合理期间内,以及任期结束后的合理期间内并不当然解除,其对本行商业秘密保密的义务在其任职结束后仍然有效,直至该秘密成为公开信息。其他义务的持续期间应当根据公平的原则决定,视事件发生与离任之间时间的长短,以及与本行的关系在何种情况和条件下结束而定。

第一百一十七条 未经本章程规定或者董事会的合法授权,任何董事不得以个人名义代表本行或者董事会行事。董事以其个人名义行事时,在第三方会合理地认为董事在代表本行或者董事会行事的情况下,该董事应事先声明其立场和身份。

第一百一十八条 董事执行本行职务时违反法律、行政法规、部门规章或本章程的规定,给本行造成损失的,应当承担赔偿责任。

第一百一十九条 本行不以任何形式为董事纳税。

第二节 独立董事

第一百二十条 本行独立董事人数应不少于监管部门规定的最低要求,且至少包括一名会计专业人士。

独立董事应当符合下列条件:

（一）具有本科（含本科）以上学历或相关专业中级以上职称;

（二）根据法律、行政法规及其他有关规定,具备担任商业银行董事的资格;

（三）不在本行担任除董事以外的其他职务,并与本行及其主要股东不存在可能妨碍其进行独立客观判断的关系;

（四）具备商业银行运作的基本知识,熟悉商业银行经营管理相关的法律法规;

（五）具有五年以上法律、经济、金融、财务、管理或者其他有利于履行独立董事职责所必需的工作经历;

（六）能够阅读、理解和分析商业银行的信贷统计报表和财务报表；

（七）监管部门规定的其他条件。

第一百二十一条 独立董事对本行及全体股东负有诚信与勤勉义务。独立董事应按照相关法律、法规、本章程的要求，认真履行职责，维护本行整体利益，尤其要关注社会公众股东的合法权益不受损害。独立董事应独立履行职责，不受本行主要股东、实际控制人或者与本行及主要股东、实际控制人存在利害关系的单位或个人的影响。

第一百二十二条 下列人员不得担任本行独立董事：

（一）持有本行百分之一以上股份的股东或在股东单位任职的人员；

（二）在本行或控股股东单位任职的人员；

（三）就任前三年内曾经在本行或控股股东单位任职的人员；

（四）在本行借款逾期未归还的企业的任职人员；

（五）在与本行存在法律、会计、审计、管理咨询等业务联系或利益关系的机构任职的人员；

（六）本行可控制或通过各种方式可施加重大影响的其他任何人员；

（七）上述（一）至（六）人员的近亲属。近亲属是指夫妻、父母、子女、祖父母、外祖父母、兄弟姐妹；

（八）因犯有贪污、贿赂、侵占财产、挪用财产罪或者破坏市场经济秩序罪，被判处刑罚，或者因犯罪被剥夺政治权利的；

（九）担任因经营不善破产清算的公司、企业的董事或者厂长、经理，并对该公司、企业的破产负有个人责任的；

（十）担任因违法被吊销营业执照的公司、企业的法定代表人，并负有个人责任的；

（十一）个人所负数额较大的债务到期未清偿的；

（十二）因未能勤勉尽职被原任职单位罢免职务的；

（十三）曾经担任高风险金融机构主要负责人且不能证明其对金融机构撤销或资产损失不负有责任的；

（十四）监管部门认定的其他人员。

第一百二十三条 国家机关工作人员不得兼任本行独立董事，且独立董事不得在其他商业银行兼职。

独立董事在本行任职时间应不超过有关监管部门的规定，如超过，仍可继续当选董事，但不作为独立董事。

第一百二十四条 独立董事每年为本行的工作时间不得少于十五个工作日。独立董事可以委托其他独立董事出席董事会会议，但每年至少应当出席董事会会议总数的三分之二；独立董事连续三次未能出席董事会会议的，董事会应当提请股东大会予以撤换。

第一百二十五条 独立董事除应当具有公司法和其他相关法律、法规赋予董事的职权外，还具有以下特别职权：

（一）重大关联交易（指本行拟与关联人达成的总额高于本行最近经审计资本净额的5%的关联交易）应由独立董事同意后，提交董事会或执行董事会议讨论；独立董事作出判断前，可以聘请中介机构出具独立财务顾问报告，作为其判断的依据；

（二）向董事会提议聘用或解聘会计师事务所；

（三）向董事会提请召开临时股东大会；

（四）提议召开董事会；

（五）独立聘请外部审计机构和咨询机构；

（六）可以在股东大会召开前公开向股东征集投票权。

独立董事行使上述职权应当取得全体独立董事二分之一以上的同意。如上述提议未被采纳或上述职权不能正常行使，本行应将有关情况予以披露。

独立董事在董事会下设薪酬、提名、审计、风险管理与关联控制等委员会中，应占有二分之一以上的比例。

第一百二十六条 独立董事应当对以下事项向董事会或股东大会发表独立意见：

（一）提名、任免董事；

（二）聘任或解聘高级管理人员；

（三）本行董事、高级管理人员的薪酬；

（四）本行的股东、实际控制人及其关联企业对本行现有或新发生的总额高于本行最近经审计资本净额的百分之五的重大关联交易；

（五）利润分配方案；

（六）独立董事认为可能造成本行重大损失的事项或损害存款人及中小股东权益的事项；

（七）章程规定的其他事项。

独立董事应当就上述事项发表以下几类意见之一：同意；保留意见及其理由；反对意见及其理由；无法发表意见及其障碍。

如有关事项属于需要披露的事项，本行应当将独立董事的意见予以公告，独立董事出现意见分歧无法达成一致时，董事会应将各独立董事的意见分别披露。

第一百二十七条 独立董事应当按时出席董事会会议，了解本行的经营和运作情况，主动调查、获取做出决策所需要的情况和资料。独立董事应当向本行年度股东大会提交全体独立董事年度报告书，对其履行职责的情况进行说明。

股东大会审议的独立董事年度报告书应当至少包括各位独立董事参加董事会会议次数、历次参加董事会会议的主要情况，独立董事提出的反对意见及董事会所做的处理情况等内容。

第一百二十八条 为了保证独立董事有效行使职权，本行应当为独立董事提供必要条件：

（一）本行应当保证独立董事享有与其他董事同等的知情权，及时向独立董事提供相关材料和信息，定期通报本行运营情况，必要时可组织独立董事实地考察。

（二）本行应提供独立董事履行职责所必需的工作条件。

（三）独立董事行使职权时，本行有关人员应当积极配合，不得拒绝、阻碍或隐瞒，不得干预其独立行使职权。

（四）独立董事聘请中介机构的费用及其他行使职权时所需的合理费用由本行承担。

（五）本行应当给予独立董事适当的津贴。除津贴外，独立董事不应从本行及主要股东或有利害关系的机构和人员取得额外的、未予披露的其他利益。

第一百二十九条 独立董事每届任期与本行其他董事相同，独立董事任职时间应符合监管部门规定。独立董事任期届满前，无正当理由不得被免职。提前免职的，本行应将其作为特别披露事项予以披露。

第一百三十条 独立董事在任期届满前可以提出辞职。董事会根据股东大会的授权做出是否批准独立董事辞职的决定。在董事会批准独立董事辞职前，独立董事应当继续履行职责。

独立董事辞职应向董事会提交书面辞职报告,并应当向最近一次召开的股东大会提交书面声明,对任何与其辞职有关或其认为有必要引起本行股东和债权人注意的情况进行说明。

独立董事辞职导致独立董事成员或董事会成员低于法定或章程规定最低人数的,在改选的独立董事就任前,独立董事仍应当按照法律、行政法规及本章程的规定,履行职务。董事会应当在两个月内召开股东大会改选独立董事,逾期不召开股东大会的,独立董事可不再履行职务。

第一百三十一条 独立董事有下列情形之一的,由监事会提请股东大会予以罢免:

(一)因职务变动不符合独立董事任职资格条件且本人未提出辞职的;

(二)一年内出席董事会会议的次数少于总数的三分之二的;

(三)法律、法规规定不适合继续担任独立董事的其他情形。

第一百三十二条 监事会提请罢免独立董事的提案应当由全体监事的三分之二以上表决通过方可提请股东大会审议。独立董事在监事会提出罢免提案前可以向监事会解释有关情况,进行陈述和辩解。

监事会提请股东大会罢免的独立董事应当在股东大会会议召开前一个月内向国务院银行业监督管理机构报告并向独立董事本人发出书面通知,独立董事有权在表决前以口头或书面形式陈述意见,并有权将该意见在股东大会会议召开五日前报送国务院银行业监督管理机构。股东大会应当依法审议独立董事陈述的意见后进行表决。

第一百三十三条 因严重失职被国务院银行业监督管理机构取消任职资格的独立董事,不得担任本行独立董事。其职务自任职资格取消之日起当然解除。

如因此导致本行董事会中独立董事比例不符合监管部门规定的要求时,本行股东大会应当及时补选新的独立董事。

第一百三十四条 独立董事有下列情形之一为严重失职:

(一)泄露本行商业秘密,损害本行合法利益;

(二)在履行职责过程中接受不正当利益,或者利用独立董事地位谋取私利;

(三)明知董事会决议违反法律、法规或章程,而未提出反对意见;

(四)关联交易导致本行重大损失,独立董事未行使否决权的;

(五)国务院银行业监督管理机构认定的其他严重失职行为。

第三节 董 事 会

第一百三十五条 本行设董事会,对股东大会负责。

第一百三十六条 董事会由十九名董事组成,设董事长一人,副董事长一至两人。董事会中由高级管理层成员、职工代表担任董事的比例应符合有关监管部门规定。

董事长不得由控股股东的法定代表人或主要领导人兼任,不得在可能发生利益冲突的金融机构兼任董事。

董事长和行长应当分设。

第一百三十七条 董事会行使下列职权:

(一)负责召集股东大会,并向大会报告工作;

(二)执行股东大会的决议;

(三)确定本行的经营发展战略;

(四)决定本行的经营计划和投资方案;

(五)决定本行发行非资本性质的债券方案;

（六）制订本行的年度财务预算方案、决算方案、风险资本分配方案、利润分配方案和弥补亏损方案；

（七）制订本行增加或减少注册资本、发行本行资本性质的债券或其他证券及上市方案；

（八）拟订本行重大收购、回购本行股票或者合并、分立和解散方案；

（九）在股东大会授权范围内，决定本行的风险投资、资产抵押及其他担保事项；

（十）决定本行内部管理机构和分支机构的设置；

（十一）聘任或者解聘本行行长及其他高级管理人员，并决定其报酬事项和奖惩事项；

（十二）审定本行的基本管理制度；

（十三）拟定本行经营管理者股票期权和员工持股等长期激励制度；

（十四）制订本章程的修改方案；

（十五）决定本行的风险管理和内部控制政策；

（十六）监督高级管理层的履职情况，确保高级管理层有效履行管理职责；

（十七）负责本行的信息披露，并对商业银行的会计和财务报告体系的完整性、准确性承担最终责任；

（十八）定期评估并完善本行的公司治理状况；

（十九）向股东大会提请聘请或更换为本行审计的会计师事务所；

（二十）听取本行行长的工作汇报并检查行长的工作；

（二十一）决定本行经营管理者奖励基金按利润总额提取的比例；

（二十二）决定本行员工福利基金和奖励基金提取的方法；

（二十三）审批本行与一个关联方之间单笔交易金额占本行资本净额百分之一以上或与一个关联方发生交易后本行与该关联方的交易余额占本行资本净额百分之五以上的关联交易；

（二十四）依股东大会授权审批独立董事辞职事项；

（二十五）法律、法规或本章程规定，以及股东大会授予的其他职权。

第一百三十八条 本行董事会应当就注册会计师对本行财务报告出具的有保留意见的审计报告向股东大会作出说明。

第一百三十九条 董事会制定董事会议事规则，以确保董事会落实股东大会决议，提高工作效率，保证科学决策。

该规则应规定董事会的召开和表决程序，董事会议事规则为章程的附件，由董事会拟定，股东大会批准。

第一百四十条 董事会可以确定其运用本行资产作出的风险投资权限，建立严格的审查和决策程序，重大投资项目应当组织有关专家、专业人员进行评审，并报股东大会批准。

股东大会授权董事会行使单笔不超过本行最近经审计净资产值百分之二十的投资和资产处置事项。

第一百四十一条 董事会负责审定本行发展战略，并据此指导本行的经营活动。本行发展战略应当充分考虑本行的发展目标、经营与风险现状、风险承受能力、市场状况和宏观经济状况，满足本行的发展需要，并对本行可能面临的风险作出合理的估计。

第一百四十二条 在审定本行发展战略时，董事会应当与高级管理层密切配合。发展战略确定后，董事会应当督促高级管理层传达至全行范围。

第一百四十三条 董事会负责监督本行发展战略的贯彻实施，定期对本行发展战略进行重新审议,确保本行发展战略与经营情况和市场环境的变化相一致。

第一百四十四条 董事会负责本行资本充足率管理,确保本行在测算、衡量资本与业务发展匹配状况的基础上,制订合理的业务发展计划,并制定资本补充计划并监督执行。

第一百四十五条 董事会应督促高级管理层建立适当的风险管理与内部控制框架,以有效地识别、衡量、监测、控制并及时处置本行面临的各种风险。

第一百四十六条 董事会定期听取高级管理层关于本行风险状况的专题评价报告,评价报告应当对本行当期的主要风险及风险管理情况进行分析。

第一百四十七条 董事会定期对本行风险状况进行评估,以确定本行面临的主要风险,确定适当的风险限额,并根据风险评估情况,确定并调整本行可以接受的风险水平。

第一百四十八条 董事会对本行发生的重大案件、受到行政处罚或面临重大诉讼的情况,可要求高级管理层报告并责成其妥善处理。

第一百四十九条 董事会应监督高级管理层制定内部控制的相关政策和程序以及整改措施,以实施有效的内部控制。

第一百五十条 董事会应持续关注商业银行内部人和关联股东的交易状况,对于违反或可能违反诚信及公允原则的关联交易,董事会有权责令相关人员停止交易或对交易条件作出重新安排。

第一百五十一条 董事会可通过下设的关联交易控制委员会对关联交易进行管理,重大关联交易应当由关联交易委员会审查后提交董事会审批。

独立董事应当对重大关联交易的公允性以及内部审批程序的执行情况发表书面意见。

第一百五十二条 董事会负责本行的信息披露工作,制定规范的信息披露程序,依法确定信息披露的范围和内容,制定合规的披露方式,保证所披露信息的真实、准确、完整。

第一百五十三条 董事会应当确保本行制定书面的行为规范准则,对各层级的管理人员和业务人员的行为规范作出规定,同时应明确要求各层级员工及时报告可能存在的利益冲突,且应规定具体的问责条款,并建立相应的处理机制。

第一百五十四条 董事会定期开展对本行财务状况的审计,及时发现可能导致财务报告不准确的因素,并向高级管理层提出纠正意见。

第一百五十五条 董事会定期评估本行的经营状况,评估包括财务指标和非财务指标,并以此全面评价高级管理层成员的履职情况。

第一百五十六条 董事会应当建立信息报告制度,要求高级管理层定期向董事会、董事报告本行经营事项。信息报告制度至少应当包括以下内容:

(一)向董事会、董事报告信息的内容及其最低报告标准;

(二)信息报告的频率;

(三)信息报告的方式;

(四)信息报告的责任主体及报告不及时、不完整应当承担的责任;

(五)信息保密要求。

第一百五十七条 为加强董事会对本行日常经营中的重大事项的管理和决策,董事会设立执行董事会议制度。执行董事会议对董事会负责,依据董事会的授权和决议,在董事会闭会期间履行职责。

执行董事会议成员由董事会提名委员会提名,经董事会过半数同意表决通过。

第一百五十八条 执行董事会议根据董事会授权行使下列职责:

(一)检查、督促贯彻董事会决议情况;

(二)定期听取本行高级管理层专项报告;

(三)行使单笔不超过本行最近经审计净资产值百分之五的投资、资产处置事项,且当年累计总额不超过本行净资产百分之二十的权限;

(四)提出本行员工福利基金和奖励基金提取比例的方案;

(五)提出需经董事会讨论决定的重大问题的方案;

(六)董事会特别授权的其他职责。

第一百五十九条 本行董事会按照股东大会的有关决议,设立战略、资本与经营管理、审计、风险管理与关联交易控制、提名、薪酬与考核等专门委员会。专门委员会成员全部由董事组成,其中审计、风险管理与关联交易控制委员会、提名委员会、薪酬与考核委员会中由独立董事担任召集人,且至少应有一名独立董事是会计专业人士。控股股东提名的董事不得担任风险管理与关联交易控制委员会和提名委员会的成员。

董事会的相关拟决议事项应先提交相应的专门委员会进行审议,由该专门委员会提出审议意见,并向董事会报告。除董事会依法授权外,专门委员会的审议意见不能代替董事会的表决意见。

第一百六十条 战略委员会的主要职责是:

(一)对公司长期发展战略规划进行研究并提出建议;

(二)对其他影响公司发展的重大事项进行研究并提出建议;

(三)对以上事项的实施进行检查;

(四)董事会授权的其他职责。

第一百六十一条 资本与经营管理委员会的主要职责是:

(一)根据发展战略和宏观经济走势,对公司的资本管理战略和规划、资本总量及其结构、年度资本管理目标进行研究并提出建议;

(二)根据公司经营发展情况,研究权益性资本的募集方式、时间和市场并提出建议;

(三)对须经董事会批准的重大资本运作、资产经营项目进行研究并提出建议;

(四)对其他影响公司资本管理的重大事项进行研究并提出建议;

(五)董事会授权的其他职责。

第一百六十二条 审计委员会的主要职责是:

(一)提议聘请或更换外部审计机构;

(二)监督公司的内部审计制度及其实施;

(三)监督和促进内部审计与外部审计之间的沟通;

(四)审核公司的财务信息及其披露;

(五)审查公司及各分支机构的内控制度的科学性、合理性、有效性以及执行情况,并对违规责任人进行责任追究提出建议;

(六)对内部审计人员尽责情况及工作考核提出意见等;

(七)董事会授权的其他职责。

第一百六十三条 风险管理与关联交易控制委员会的主要职责是:

(一)负责监督高级管理层关于信用风险、市场风险、操作风险等风险的控制情况,对本行风险及管理状况及风险承受能力及水平进行定期评估,提出完善本行风险管理和内部控制的意见。

(二）负责关联交易的管理,及时审查和批准关联交易,控制关联交易风险。

(三）审查本行与一个关联方之间单笔交易金额占本行资本净额百分之一以上或与一个关联方发生交易后本行与该关联方的交易余额占本行资本净额百分之五以上的关联交易。

(四）董事会授权的其他职责。

第一百六十四条 提名委员会的主要职责是：

(一）根据公司经营活动情况、资产规模和股权结构对董事会的规模和构成向董事会提出建议；

(二）研究董事、行长及其他高级管理人员的选择标准和程序,并向董事会提出建议；

(三）广泛搜寻合格的董事和行长及其他高级管理人员的人选；

(四）对董事候选人和行长及其他高级管理人员人选进行审查并提出建议；

(五）董事会授权的其他事宜。

第一百六十五条 薪酬与考核委员会的主要职责是：

(一）研究董事与高级管理人员考核的标准,进行考核并提出建议；

(二）研究和审查董事与高级管理人员的薪酬政策与方案；

(三）监督薪酬方案的实施；

(四）董事会授权的其他事宜。

第一百六十六条 各专门委员会可以聘请中介机构提供专业意见,有关费用由本行承担。

各专门委员会对董事会负责,各专门委员会的提案应提交董事会审查决定。

第一百六十七条 董事长和副董事长以全体董事的过半数选举产生和罢免。

第一百六十八条 董事长行使下列职权：

(一）主持股东大会和召集、主持董事会会议；

(二）督促、检查董事会决议的执行；

(三）签署本行股票、本行债券及其他有价证券；

(四）签署董事会重要文件和其他应由本行法定代表人签署的其他文件；

(五）行使法定代表人的职权；

(六）在发生特大自然灾害等不可抗力的紧急情况下,对本行事务行使符合法律规定和本行利益的特别处置权,并在事后向本行董事会和股东大会报告；

(七）董事会授予的其他职权。

第一百六十九条 本行副董事长协助董事长工作,董事长不能履行职务或者不履行职务的,由副董事长履行职务(有两位或两位以上副董事长时,由董事长指定或半数以上董事共同推举的副董事长履行职务)；副董事长不能履行职务或者不履行职务的,由半数以上董事共同推举一名董事履行职务。

第一百七十条 董事会每年至少召开四次定期会议,由董事长召集。于会议召开十日以前书面通知全体董事。

第一百七十一条 有下列情形之一的,董事长应在十个工作日内召集临时董事会会议：

(一）董事长认为必要时；

(二）三分之一以上董事或二分之一以上独立董事联名提议时；

(三）代表十分之一以上表决权股份的股东可以提议召开董事会临时会议；

(四）监事会提议时；

（五）行长提议时。

第一百七十二条 董事会召开临时董事会会议应于会议召开五日前书面或电话通知全体董事。情况紧急，需要尽快召开董事会临时会议的，可以随时通过电话或者其他口头方式发出会议通知，但召集人应当在会议上做出说明。

第一百七十三条 董事会会议通知包括以下内容：

（一）会议日期和地点；

（二）会议期限；

（三）事由及议题；

（四）发出通知的日期。

第一百七十四条 董事会会议应当由二分之一以上的董事出席方可举行。每一董事享有一票表决权。董事会作出决议，必须经全体董事的过半数通过。

第一百七十五条 董事与董事会会议决议事项所涉及的企业有关联关系的，不得对该项决议行使表决权，也不得代理其他董事行使表决权。该董事会会议由过半数的无关联关系董事出席即可举行，董事会会议所作决议须经无关联关系董事过半数通过。出席董事会的无关联董事人数不足3人的，应将该事项提交股东大会审议。

第一百七十六条 董事会决议表决方式为举手表决、书面表决或通信表决。每名董事有一票表决权。

董事会会议在保障董事充分表达意见的前提下，可以用传真等通信方式进行并作出决议，并由参会董事签字。

利润分配方案、重大投资、重大资产处置方案、聘任或解聘高级管理人员等重大事项不应采取通信表决的方式，且应当由董事会三分之二以上董事通过。

第一百七十七条 董事会会议应当由董事本人出席，董事因故不能出席的，可以书面委托其他董事代为出席。

委托书应当载明代理人的姓名、代理事项、授权范围和有效期限，并由委托人签名或盖章。

代为出席会议的董事应当在授权范围内行使董事的权利。董事未出席董事会会议，亦未委托代表出席的，视为放弃在该次会议上的投票权。

第一百七十八条 董事会应当对会议所议事项的决定做成会议记录，出席会议的董事应当在会议记录上签名。出席会议的董事有权要求在记录上对其在会议上的发言作出说明性记载。董事会会议记录作为本行档案由董事会秘书保存，保存期限为不少于十年。

第一百七十九条 董事会会议记录包括以下内容：

（一）会议召开的日期、地点和召集人姓名；

（二）出席董事的姓名以及受他人委托出席董事会的董事（代理人）姓名；

（三）会议议程；

（四）董事发言要点；

（五）每一决议事项的表决方式和结果（表决结果应载明赞成、反对或弃权的票数）。

第一百八十条 董事应当对董事会的决议承担责任。董事会决议违反法律、法规或者章程，致使本行遭受损失的，参与决议的董事对本行负赔偿责任。但经证明在表决时曾表明异议并记载于会议记录的，该董事可以免除责任。

第一百八十一条 董事会设办公室，负责股东大会、董事会、董事会各专门委员会会议的筹备、信息披露,以及董事会、董事会各专门委员会及投资者关系管理等其他日常事务。

第四节 董事会秘书

第一百八十二条 董事会设董事会秘书,其任职资格应当经监管部门审查。

董事会秘书经董事长提名,由董事会聘任或解聘;董事会秘书是本行高级管理人员,对董事会负责并报告工作。任期与董事任期相同,任满可以续聘。董事会如发现董事会秘书有失职或不称职行为,经考核属实的,可以将其解聘。

董事会委任证券事务代表,在董事会秘书不能履行职责时代为其行使职责。

第一百八十三条 董事会秘书应具备以下条件:

(一)应由具有大学专科以上学历,从事秘书、管理、股权事务等工作三年以上的自然人担任;

(二)应掌握有关财务、税收、法律、金融、企业管理等方面专业知识,具有良好的个人品质,严格遵守有关法律、法规及职业操守,能够忠诚地履行职责,并具有良好的沟通技巧和灵活的处事能力。

本章程规定不得担任本行董事的情形适用于董事会秘书。

第一百八十四条 董事会秘书的主要职责是:

(一)准备和递交国家有关部门要求的董事会和股东大会出具的报告和文件;

(二)筹备执行董事会会议、董事会会议和股东大会,并负责会议记录和会议文件、会议决议的保管及向国务院银行业监督管理机构、证监会和本行股票交易的证券交易所的报备工作;

(三)负责本行信息披露事务,组织制定和执行信息披露管理制度和重大信息的内部报告制度,督促本行和相关当事人依法履行信息披露义务,保证本行信息披露的及时、准确、合法、真实和完整;

(四)负责本行与投资者关系管理工作,建立健全投资者管理工作制度,通过多种形式加强各类股东的沟通和交流;

(五)本章程和监管部门所规定的其他职责。

本行应为董事会秘书履行上述职责提供条件。

第一百八十五条 本行董事或者其他高级管理人员可以兼任本行董事会秘书。本行聘请的会计师事务所的注册会计师和律师事务所的律师不得兼任本行董事会秘书。

第一百八十六条 董事兼任董事会秘书的,如某一行为需由董事、董事会秘书分别作出时,则该兼任董事及本行董事会秘书的人不得以双重身份作出。

第六章 行长及其他高级管理人员

第一百八十七条 本行设行长一名,由董事会聘任或解聘。

第一百八十八条 本章程关于不得担任董事的情形,同时适用于高级管理人员。

本章程关于董事的忠实义务和勤勉义务的规定,同时适用于高级管理人员。

第一百八十九条 在本行控股股东担任除董事以外其他职务的人员,不得担任本行的高级管理人员。

第一百九十条 行长每届任期三年,行长连聘可以连任。

第一百九十一条 行长对董事会负责,行使下列职权:

(一)主持本行的经营管理工作,并向董事会报告工作;

(二)组织实施董事会决议、本行年度计划和投资方案;

（三）制定本行的基本管理制度；

（四）提请董事会聘任或者解聘本行副行长、财务总监；

（五）聘任或者解聘除应由董事会聘任或者解聘以外的管理人员；

（六）决定本行员工的聘用和解聘；

（七）提议召开董事会临时会议；

（八）代表高级管理层向董事会提交经营计划和投资方案，经董事会批准后组织实施；

（九）授权高级管理层成员、内部各职能部门及分支机构负责人从事经营活动；

（十）在商业银行发生挤兑等重大突发事件时，采取紧急措施，并立即向中国银行业监督管理委员会和董事会、监事会报告；

（十一）制订本行内部管理机构和分支机构的设置方案；

（十二）决定本行员工的工资、福利、奖惩事项；

（十三）行使单笔不超过本行最近经审计净资产值百分之一的投资、资产处置事项且当年累计总额不超过本行净资产百分之五的权限；

（十四）审批本行与一个关联方之间单笔交易金额占本行资本净额百分之一以下或与一个关联方发生交易后本行与该关联方的交易余额占本行资本净额百分之五以下的关联交易；该等关联交易情况需向董事会备案；

（十五）董事会授予的其他职权。

第一百九十二条 非董事行长、副行长可列席董事会会议，但没有表决权。

第一百九十三条 行长可根据本行经营活动需要，建立健全以内部规章制度、经营风险控制系统、信贷审批系统等为主要内容的内部控制机制。

本行行长不得担任审贷委员会成员，但对审贷委员会通过的授信决定拥有否决权。

第一百九十四条 行长应当根据董事会或者监事会的要求，向董事会或者监事会报告本行重大合同的签订、执行情况、资金运用情况和盈亏情况。行长必须保证该报告的真实性。

第一百九十五条 行长拟定有关涉及员工切身利益的规章制度或重大事项时，应当提交职工代表大会讨论。

第一百九十六条 行长应制订行长工作细则，报董事会批准后实施。

第一百九十七条 行长工作细则包括下列内容：

（一）行长会议召开的条件、程序和参加的人员；

（二）行长、副行长及其他高级管理人员各自具体的职责及其分工；

（三）本行资金、资产运用，签订重大合同的权限，以及向董事会、监事会的报告制度；

（四）董事会认为必要的其他事项。

第一百九十八条 行长应当遵守法律、行政法规和本章程的规定，履行诚信和勤勉的义务。

第一百九十九条 行长可以在任期届满以前提出辞职。有关行长辞职的具体程序和办法由行长与本行之间的劳务合同规定。行长、副行长必须在完成离任审计后方可离任。

第二百条 行长依法在职权范围内的经营管理活动不受干预。

行长对董事、董事长越权干预其经营管理的，有权请求监事会予以制止，并向国务院银行业监督管理机构报告。

第二百零一条 行长提交需由董事会批准的事项，董事会应当依法及时讨论并做出决定。

第二百零二条 高级管理层成员应当保持相对稳定，在任期内不应随意调整。确需调整的，应报国务院银行业监督管理机构备案,并按有关规定报请国务院银行业监督管理机构对新任高级管理层成员的任职资格进行审查。

高级管理层成员对董事会违反任免规定的行为,有权请求监事会提出异议,并向国务院银行业监督管理机构报告。

第二百零三条 本行设财务总监,经行长提名,由董事会聘任或解聘,财务总监是本行高级管理人员,任期与董事任期相同,任满可以续聘。董事会如发现财务总监有失职或不称职行为,经考核属实的,可以将其解聘。

第二百零四条 财务总监应具有银行和公司财会专业知识,熟悉财务、金融等方面的法律、法规,具有较强的业务能力和丰富的经验。本章程中规定不得担任本行董事的情形适用于财务总监。

第二百零五条 财务总监不得由本行董事会董事长、副董事长、行长兼任。

第二百零六条 财务总监的主要职责是:

(一) 监督本行的财务会计活动;

(二) 审核本行的财务报表、报告,保证其真实性、准确性、合法性;

(三) 对董事会批准的本行重大经营计划、方案的决议执行情况进行监督;

(四) 列席董事会会议,并向其报告工作;

(五) 董事会授予的其他职权。

第二百零七条 财务总监对未能发现和制止本行违反法律、法规的行为,造成本行重大经济损失的应承担相应责任。

第七章 监 事 会

第一节 监 事

第二百零八条 本行监事为自然人。

第二百零九条 《公司法》《商业银行法》规定的情形以及被监管部门确定为市场禁入者,并且禁入尚未解除的,不得担任本行的监事。本章程关于不得担任董事的情形,同时适用于监事。

董事、行长和其他高级管理人员不得兼任监事。

第二百一十条 本行设外部监事制度,且外部监事的人数应不少于监管部门的最低要求。

外部监事与本行及主要股东之间不应存在影响其独立判断的关系。外部监事在履行职责时尤其要关注存款人和本行整体利益。

外部监事的任职资格、产生、任免条件及程序、就职辞职、权利义务、工作小时及出席会议等最低限额、工作条件、评价报告的规定适用本章程中有关独立董事的规定。

外部监事津贴比照独立董事执行。

第二百一十一条 本行设职工监事制度,且职工代表担任的监事不少于监事会人数的三分之一。

第二百一十二条 监事应当遵守法律、行政法规和本章程,对本行负有忠实义务和勤勉义务,不得利用职权收受贿赂或者其他非法收入,不得侵占公司的财产。本章程关于董事的忠实义务和关于勤勉义务的规定,同时适用于监事。

第二百一十三条 因严重失职被国务院银行业监督管理机构取消任职资格的外部监事,不得担任本行外部监事。其职务自任职资格取消之日起当然解除。

如因此导致本行监事会中外部监事比例不符合监管部门规定的要求时,本行股东大会应当及时补选新的外部监事。

第二百一十四条 外部监事有以下情形之一的应当认定为严重失职：

（一）泄露银行商业秘密，损害银行合法利益；

（二）在履行职责过程中接受不正当利益；

（三）利用外部监事地位谋取私利；

（四）在监督检查中应当发现问题而未能发现或发现问题隐瞒不报，导致银行重大损失的；

（五）国务院银行业监督管理机构认定的其他严重失职行为。

第二百一十五条 二分之一以上外部监事可以向董事会提请召开临时股东大会。本行只有2名外部监事时，提请召开临时股东大会应经其一致同意。

第二百一十六条 监事每届任期三年。股东担任的监事由股东大会选举或更换，本行职工代表担任的监事由本行职工代表大会选举产生或更换，监事连选可以连任。

第二百一十七条 监事任期届满未及时改选，或者监事在任期内辞职导致监事会成员低于法定人数的，在改选出的监事就任前，原监事仍应当依照法律、行政法规和本章程的规定，履行监事职务。

第二百一十八条 监事连续两次不能出席也不委托其他监事出席监事会会议的，视为不能履行职责，股东大会或职工代表大会应当予以撤换。

第二百一十九条 监事可以在任期届满以前提出辞职，章程第五章有关董事辞职的规定，适用于监事。

第二百二十条 监事应当保证公司披露的信息真实、准确、完整。

第二百二十一条 监事可以列席董事会会议，并对董事会决议事项提出质询或者建议。

第二百二十二条 监事不得利用其关联关系损害公司利益，若给公司造成损失的，应当承担赔偿责任。

第二百二十三条 监事执行公司职务时违反法律、行政法规、部门规章或本章程的规定，给公司造成损失的，应当承担赔偿责任。

第二节 监事会

第二百二十四条 本行设监事会。监事会由九名监事组成，监事会设主席一人，并可视情况设副主席一人。监事会主席不能履行职务或不履行职务时，由监事会副主席主持，监事会副主席不能履行职务或者不履行职务时，由半数以上监事共同推举的一名监事主持。

监事会主席、监事会副主席由监事会全体监事过半数选举产生和罢免，其应具备财务、审计、金融、法律、管理等某一方面的专业知识和工作经验。

第二百二十五条 监事会行使下列职权：

（一）应当对董事会编制的本行定期报告进行审核并提出书面审核意见；

（二）检查本行的财务；

（三）对董事、高级管理人员执行本行职务的行为进行监督，对违反法律、行政法规、本章程或者股东大会决议的董事、高级管理人员提出罢免的建议；

（四）当董事、行长和其他高级管理人员的行为损害本行的利益时，要求其予以纠正，必要时向股东大会或国家有关主管机关报告；

（五）提议召开临时股东大会，在董事会不履行《公司法》规定的召集和主持股东大会职责时召集和主持股东大会；

（六）向股东大会提出提案；

（七）对董事和高级管理层成员进行离任审计；

（八）对本行的经营决策、风险管理和内部控制等进行审计并指导内部审计部门的工作；

（九）依照《公司法》第一百五十二条的规定，对董事、高级管理人员提起诉讼；

（十）发现本行经营情况异常，可以进行调查；必要时，可以聘请会计师事务所、律师事务所等专业机构协助其工作，费用由本行承担；

（十一）其他法律、法规、规章及本章程规定或股东大会授予的其他职权。

第二百二十六条　监事会设立提名委员会，其主要职责是拟定监事的选任程序和标准，对监事的任职资格和条件进行初步审核，并向监事会提出建议。

提名委员会可由外部监事担任负责人。

第二百二十七条　监事会每年至少召开四次定期会议。会议通知应当在会议召开十日以前书面送达全体监事。监事可以提议召开临时监事会会议。

第二百二十八条　监事会会议通知包括以下内容：举行会议的日期、地点和会议期限，事由及议题，发出通知的日期。

第二百二十九条　监事会发现董事会和高级管理层未执行审慎会计原则，存在未严格核算应收利息、未提足呆账准备金等情形的，应当责令予以纠正。

监事会发现本行业务出现异常波动的，应当向董事会或高级管理层提出疑问。

第二百三十条　本行内部审计部门对内设职能部门及分支机构审计的结果应当及时、全面报送监事会。

监事会对内部审计部门报送的审计结果有疑问时，有权要求行长或审计部门做出解释。

第二百三十一条　监事会在履行职责时，有权向本行相关人员和机构了解情况，相关人员和机构应给予配合。

第二百三十二条　董事会拟订的分红方案应事先报送监事会，监事会应当对此发表意见。

本行按规定定期向监管部门报送的有关信贷资产质量、资产负债比例、风险控制等报告，监事会应对此逐项发表的意见。

第二百三十三条　监事有权列席董事会会议，列席会议的监事有权发表意见，但不享有表决权。

列席董事会会议的监事应当将会议情况报告监事会。

监事会认为必要时，可以指派监事列席高级管理层会议。

第二百三十四条　监事会发现董事会、高级管理层及其成员有违反法律、法规、规章及本章程规定等情形时，应当建议对有关责任人员进行处分，并及时发出限期整改通知；董事会或者高级管理层应当及时进行处分或整改并将结果书面报告监事会。

董事会和高级管理层拒绝或者拖延采取处分、整改措施的，监事会应当向国务院银行业监督管理机构报告，并报告股东大会。

第二百三十五条　监事会会议应由二分之一以上的监事出席方可举行。每一位监事享有一票表决权。

第二百三十六条　每一位监事所提议案，监事会均应予以审议。监事会作出的决议必须经半数以上监事通过才能生效。

第二百三十七条　监事会会议应有记录，出席会议的监事和记录人，应当在会议记录上签名。

监事有权要求在记录上对其在会议上的发言作出某种说明性记载。监事会会议记录作为本行档案由本行保存,保存期限为不少于十年,并报监管部门备案。

第二百三十八条 监事会下设监事会办公室,作为监事会的办事机构。

第八章 财务会计制度、利润分配和审计

第一节 财务会计制度

第二百三十九条 本行依照法律、行政法规和国家有关部门的规定,制定本行的财务会计制度。

第二百四十条 本行在每一会计年度结束之日起四个月内向证监会和上海证券交易所报送年度财务会计报告,在每一会计年度前六个月结束之日起两个月内向证监会派出机构和上海证券交易所报送半年度财务会计报告,在每一会计年度前三个月和前九个月结束之日起的一个月内向证监会派出机构和上海证券交易所报送季度财务会计报告。

上述财务会计报告按照有关法律、行政法规及部门规章的规定进行编制。

第二百四十一条 本行除法定的会计账册外,不另立会计账册。本行的资产,不以任何个人名义开立账户存储。

第二百四十二条 本行根据法律法规规定分配当年税后利润时,应当提取法定公积金,经股东大会决议后,可提取任意公积金、一般准备金和股权激励基金。

本行法定公积金累计额为本行注册资本的50%以上时,可以不再提取。

本行的法定公积金不足以弥补以前年度亏损的,在依照前款规定提取法定公积金之前,应当先用当年利润弥补亏损。

本行弥补亏损和提取公积金、任意公积金和一般准备金、股权激励基金后所余税后利润,按照股东持有的股份比例分配。

股东大会违反前款规定,在本行弥补亏损和提取法定公积金之前向股东分配利润的,股东必须将违反规定分配的利润退还本行。

本行持有的本行股份不参与分配利润。

第二百四十三条 本行的公积金用于弥补本行的亏损、扩大本行经营或者转为增加本行资本。但是,资本公积金将不用于弥补公司的亏损。

法定公积金转为资本时,所留存的该项公积金不得少于注册资本的百分之二十五。

第二百四十四条 本行股东大会对利润分配方案作出决议后,本行董事会须在股东大会召开后两个月内完成股利(或股份)的派发事项。

第二百四十五条 本行可以采取现金或者股票方式分配股利。

本行利润分配政策应保持一定地连续性和稳定性。

本行利润分配中最近三年现金分红累计分配的利润应不少于最近三年实现的年均可分配利润的百分之三十。

第二百四十六条 本行经营管理者和员工福利、奖励基金,按利润总额的一定比例在成本中列支。

第二节 内部审计

第二百四十七条 本行实行内部审计制度,配备专职审计人员,对本行财务收支、内部控制和经营管理等方面进行内部审计、评价和监督。

第二百四十八条 本行内部审计制度和内部审计部门的职责应当经董事会批准后实施。

本行的内部审计部门应当实行垂直管理,向董事会负责并报告工作。

根据监事会或高级管理层的内部控制工作需要,内部审计部门可按要求提供相关工作情况和材料。

第三节 会计师事务所的聘任

第二百四十九条 本行聘用取得"从事证券相关业务资格"的会计师事务所进行会计报表审计、净资产验证及其他相关的咨询服务等业务,聘期一年,可以续聘。

第二百五十条 本行聘用会计师事务所由股东大会决定,董事会不得在股东大会决定前委任会计师事务所。

第二百五十一条 经本行聘用的会计师事务所享有下列权利:

(一) 查阅本行财务报表、记录和凭证,并有权要求本行的董事、行长或者其他高级管理人员提供有关的资料和说明;

(二) 要求本行提供为会计师事务所履行职务所必需的资料和说明;

(三) 列席股东大会,获得股东大会的通知或者与股东大会有关的其他信息,在股东大会上就涉及其作为本行聘用的会计师事务所的事宜发言。

本行保证向聘用的会计师事务所提供真实、完整的会计凭证、会计账簿、财务会计报告及其他会计资料,不得拒绝、隐匿、谎报。

第二百五十二条 会计师事务所的报酬由股东大会决定。

第二百五十三条 本行解聘或者不再续聘会计师事务所时,提前三十天事先通知会计师事务所,会计师事务所有权向股东大会陈述意见。会计师事务所提出辞聘的,应当向股东大会说明本行有无不当情事。

第九章 通知和公告

第一节 通 知

第二百五十四条 本行的通知以下列形式发出:

(一) 以专人送出;

(二) 以传真方式进行;

(三) 以邮件方式送出;

(四) 以公告方式进行;

(五) 本章程规定的其他形式。

第二百五十五条 本行发出的通知,以公告方式进行的,一经公告,视为所有相关人员收到通知。

第二百五十六条 本行召开股东大会的会议通知,以公告的方式进行。

第二百五十七条 本行召开董事会、监事会的会议通知,以邮件或传真方式进行。

第二百五十八条 本行通知以传真方式进行的,传真当日为送达日期;本行通知以邮件送出的,自交付邮局之日起第五个工作日为送达日期;本行通知以公告方式送出的,第一次公告刊登日为送达日期。

第二百五十九条 因意外遗漏未向某有权得到通知的人送出会议通知或者该等人没有收到会议通知,会议及会议作出的决议并不因此无效。

第二节 公 告

第二百六十条 本行将在证监会指定披露信息的报刊《中国证券报》《上海证券报》《证券时报》和本行股票交易的证券交易所的网站为刊登本行公告和其他需要披露信息的媒体。

第十章 合并、分立、解散和清算

第一节 合并或分立

第二百六十一条 本行可以依法进行合并或者分立。

本行合并可以采取吸收合并和新设合并两种形式。

第二百六十二条 本行合并或者分立,按照下列程序办理:

(一)董事会拟订合并或者分立方案;

(二)股东大会依照章程的规定作出决议;

(三)各方当事人签订合并或者分立合同;

(四)依法办理有关审批手续;

(五)处理债权、债务等各项合并或者分立事宜;

(六)办理解散登记或者变更登记。

第二百六十三条 本行合并,应当由合并各方签订合并协议,并编制资产负债表及财产清单。本行应当自作出合并决议之日起十日内通知债权人,并于三十日内在《中国证券报》《上海证券报》《证券时报》和本行股票交易的证券交易所网站上公告。债权人自接到通知书之日起三十日内,未接到通知书的自公告之日起四十五日内,可以要求本行清偿债务或者提供相应的担保。

第二百六十四条 本行合并时,合并各方的债权、债务,由合并后存续的公司或者新设的公司承继。

第二百六十五条 本行分立,其财产作相应的分割。

本行分立,应当编制资产负债表及财产清单。本行应当自作出分立决议之日起十日内通知债权人,并于三十日内在《中国证券报》《上海证券报》《证券时报》和本行股票交易的证券交易所网站上公告。

第二百六十六条 本行分立前的债务由分立后的公司承担连带责任。但是,本行在分立前与债权人就债务清偿达成的书面协议另有约定的除外。

第二百六十七条 本行需要减少注册资本时,必须编制资产负债表及财产清单。

本行应当自作出减少注册资本决议之日起十日内通知债权人,并于三十日内在《中国证券报》《上海证券报》《证券时报》和本行股票交易的证券交易所网站上公告。债权人自接到通知书之日起三十日内,未接到通知书的自公告之日起四十五日内,有权要求本行清偿债务或者提供相应的担保。

本行减资后的注册资本将不低于法定的最低限额。

第二百六十八条 本行合并或者分立,登记事项发生变更的,应当依法向登记机关办理变更登记;本行解散的,应当依法办理注销登记;设立新公司的,应当依法办理设立登记。

本行增加或者减少注册资本,应当依法向登记机关办理变更登记。

第二节 解散和清算

第二百六十九条 本行因下列原因解散:

(一)股东大会决议解散;

(二)因本行合并或者分立需要解散;

（三）依法被吊销营业执照、责令关闭或者被撤销；

（四）本行经营管理发生严重困难，继续存续会使股东利益受到重大损失，通过其他途径不能解决的，持有本行全部股东表决权10％以上的股东，可以请求人民法院解散本行。

第二百七十条 本行因上条第（一）项、第（三）项、第（四）项规定而解散的，应当在解散事由出现之日起十五日内成立清算组，开始清算。清算组由董事或者股东大会确定的人员组成。逾期不成立清算组进行清算的，债权人可申请人民法院指定有关人员组成清算组进行清算。

第二百七十一条 清算组在清算期间行使下列职权：

（一）通知或者公告债权人；

（二）清理本行财产、编制资产负债表和财产清单；

（三）处理与清算有关的本行未了结的业务；

（四）清缴所欠税款以及清算过程中产生的税款；

（五）清理债权、债务；

（六）处理本行清偿债务后的剩余财产；

（七）代表本行参与民事诉讼活动。

第二百七十二条 清算组应当自成立之日起十日内通知债权人，并于六十日内在至少一种证监会指定的报刊上公告三次。债权人应当自接到通知书之日起 三十日内，未接到通知书的自公告之日起四十五日内，向清算组申报其债权。

债权人申报债权，应当说明债权的有关事项，并提供证明材料。清算组应对债权进行登记。

在申报债权期间，清算组不得对债权人进行清偿。

第二百七十三条 清算组在清理本行财产、编制资产负债表和财产清单后，应当制定清算方案，并报股东大会、有关主管机关或人民法院确认。

第二百七十四条 本行财产按下列顺序清偿：

（一）支付清算费用；

（二）支付本行员工工资和社会保险费用和法定补偿金；

（三）缴纳所欠税款；

（四）清偿本行债务；

（五）清偿本行次级债务；

（六）按股东持有的股份比例进行分配。

清算期间，本行存续，但不能开展与清算无关的经营活动。本行财产未按前款第（一）至（五）项规定清偿前，不分配给股东。

第二百七十五条 清算组在清理本行资产、编制资产负债表和财产清单后，认为本行财产不足清偿债务的，应当向人民法院申请宣告破产。本行经人民法院宣告破产后，清算组应当将清算事务移交给人民法院。

第二百七十六条 清算结束后，清算组应当制作清算报告，以及清算期间收支报表和财务账册，报股东大会、有关主管机关或者人民法院确认。

清算组应当自股东大会、有关主管机关或者人民法院对清算报告确认之日起三十日内，依法向公司登记机关办理注销本行登记，并公告本行终止。

第二百七十七条 清算组人员应当忠于职守，依法履行清算义务，不得利用职权收受贿赂或者其他非法收入，不得侵占本行财产。

清算组人员因故意或者重大过失给本行或者债权人造成损失的,应当承担赔偿责任。

第二百七十八条　本行被依法宣告破产的,依照有关企业破产的法律实施破产清算。

第十一章　修改章程

第二百七十九条　有下列情形之一的,本行应当修改章程:

(一)《公司法》《商业银行法》《银行业监督管理法》或有关法律、行政法规修改后,章程规定的事项与修改后的法律、行政法规的规定相抵触;

(二)本行的情况发生变化,与章程记载的事项不一致;

(三)股东大会决定修改章程。

经股东大会决议且经有关监管部门批准的因利润转增股本、公积金转增股本、增发新股、配售股份、可转换公司债券转股等导致本行的注册资本金数、股本总数或结构发生变化而需修改章程时,本行依此对章程中上述条款进行修订并报工商登记等监管部门进行变更登记。

第二百八十条　股东大会决议通过的章程修改事项应经主管机关审批的,须报原审批的主管机关批准;涉及本行登记事项的,依法办理变更登记。

第二百八十一条　董事会依照股东大会修改章程的决议和有关主管机关的审批意见修改本章程。

第二百八十二条　章程修改事项属于法律、法规要求披露的信息,按规定予以公告。

第十二章　附　则

第二百八十三条　释义。

(一)控股股东,是指其持有的股份占本行股本总额50％以上的股东;持有股份的比例虽然不足50％,但依其持有的股份所享有的表决权已足以对股东大会的决议产生重大影响的股东。

(二)实际控制人,是指虽不是本行的股东,但通过投资关系、协议或者其他安排,能够实际支配本行行为的人。

(三)关联关系,是指本行控股股东、实际控制人、董事、监事、高级管理人员与其直接或者间接控制的企业之间的关系,以及可能导致本行利益转移的其他关系。但是,国家控股的企业之间不仅因为同受国家控股而具有关联关系。

(四)高级管理层,是由本行行长及其他高级管理人员组成。

第二百八十四条　本行《股东大会议事规则》《董事会议事规则》和《监事会议事规则》系本章程附件,对该等规则的修订需经过股东大会批准。

第二百八十五条　董事会可依照章程的规定,制定章程细则。章程细则不得与章程的规定相抵触。

第二百八十六条　本章程以中文书写,其他任何语种或不同版本的章程与本章程有歧义时,以在工商行政管理局最近一次核准登记后的中文版章程为准。

第二百八十七条　本章程所称"以上""不超过""以内""以下""以前",都含本数;"不满""超过""以外""低于""多于"不含本数。

第二百八十八条　本次章程的修改已经2008年第一次临时股东大会审议通过,并经国务院银行业监督管理机构核准之日生效。

第二百八十九条　章程由本行董事会负责解释。

三、1993—2010年历年资产负债表

表附-3-1　1993年上海浦东发展银行资产负债表　　　　货币单位：千元

资产	行次	金额
流动资产：	1	7 847 502
现金	2	23 921
存放中央银行存款	3	1 668 193
存放同业	4	1 217 599
短期贷款	5	4 696 642
应收及预付款	6	135 863
短期投资	7	104 667
其他流动资产	8	617
中长期资产：	9	906 403
中长期贷款	10	300 800
中长期投资	11	165 500
固定资产原值	12	12 385
减：累计折旧	13	562
递延资产	14	103 389
其他资产	15	324 891
资产合计		8 753 905
负债及所有者权益	行次	金额
流动负债：	1	6 913 117
短期存款	2	5 538 296
拆入资金	3	603 332
信托存款	4	15 660
应付及预收款	5	192 502
其他应付款	6	563 327
中长期负债：	7	903 330
中长期存款	8	842 330
其他负债	9	61 000
净值：	10	937 458
实收资本	11	804 000

〔续表〕

负债及所有者权益	行次	金额
未分配利润	12	111 738
各项准备	13	21 720
负债及所有者权益合计		8 753 905

表附-3-2　1994年上海浦东发展银行资产负债表　　　　货币单位：千元

资产	行次	金额
流动资产：	1	16 020 361
现金	2	63 471
存放中央银行存款	3	3 622 421
存放同业	4	1 679 540
短期贷款	5	9 653 583
应收及预付款	6	12 933
减：坏账准备	7	14
短期投资	8	664 694
其他应收款	9	323 733
中长期资产：	10	1 736 075
中长期贷款	11	290 033
减：贷款呆账准备	12	36 019
长期投资	13	398 370
减：投资风险准备	14	422
固定资产原值	15	82 186
减：累计折旧	16	5 462
固定资产净值	17	76 724
递延资产	18	142 513
其他资产	19	864 876
资产合计	20	17 756 436
负债及所有者权益	行次	金额
流动负债：	21	12 634 952
短期存款	22	10 386 042
同业存放	23	2 063 914

〔续表〕

负债及所有者权益	行 次	金 额
应付及预收款	24	45 315
其他应付款	25	125 928
应交税金	26	13 753
中长期负债：	27	3 856 247
中长期存款	28	2 914 796
其他负债	29	941 451
所有者权益：	30	1 265 273
实收资本	31	910 260
资本公积	32	12 500
盈余公积	33	42 969
未分配利润	34	299 508
负债及所有者权益合计	35	17 756 436

表附-3-3　1995年上海浦东发展银行资产负债表　　　　　　　　　　　　　　货币单位：千元

资 产	金 额
流动资产：	33 083 555
现金	121 547
存放中央银行存款	6 969 346
存放同业	4 156 657
短期贷款	19 427 640
应收及预付款	276 221
减：坏账准备	116
短期投资	1 779 590
其他应收款	352 670
长期资产：	1 807 286
长期贷款	901 106
减：贷款呆账准备	160 139
长期投资	897 255
减：投资风险准借	745
固定资产原值	150 096
减：累计折旧	26 513

〔续表〕

资　产	金　额
固定资产净值	123 583
在建工程	46 226
无形递延及其他资产：	348 662
无形递延资产	161 747
其他资产	186 915
合计	35 239 503

负债及所有者权益	金　额
流动负债：	25 790 727
短期存款	18 779 370
短期借款	2 058 810
同业存款	2 851 346
汇出汇款	510 331
应介汇款	910 080
应付及预收款	225 448
其他应付款	411 256
应交税金	33 134
应付利润	802
预提费用	150
长期负债：	7 315 719
长期存款	7 315 719
其他负债：	530 169
所有者权益：	1 602 898
实收资本	1 000 000
资本公积	12 918
盈余公积	80 118
未分配利润	509 862
合计	35 239 503

表附-3-4　1996年上海浦东发展银行资产负债表　　　　　货币单位：千元

资　产	行　次	附　注	金　额
流动资产：	1		
现金及银行存款	2	1	149 811

〔续表〕

资　产	行　次	附　注	金　额
贵金属	3		
存放中央银行款项	4	2	7 628 226
存放同业款项	5	3	3 794 130
存放联行款项	6		29 040
拆放同业	7	4	2 200 415
拆放金融性公司	8		342 373
短期贷款	9	5	23 019 342
进出口押汇	10	6	334 131
应收账款	11	7	243 187
减：坏账准备	12		730
其他应收款	13	8	903 773
贴现	14	9	622 424
短期投资	15	10	7 817 800
委托贷款及委托投资	16	11	7 605 974
自营证券	17		78 348
代理证券	18		62 879
买入返售证券	19	12	3 095 979
待处理流动资产净损失	20		—
一年内到期的长期投资	21	13	—
其他流动资产	22	14	237
流动资产合计	23		57 927 339
长期资产：	24		
中长期贷款	25	15	4 088 471
逾期贷款	26	16	751 484
减：贷款呆账准备	27		287 969
应收租赁款	28		10 014
减：未收租赁收益	29		—
应收转租贷款	30		—
租赁资产	31		20 844
减：待转租赁资产	32		20 844
经营租赁资产	33		
减：经营租赁资产折旧	34		—
长期投资	35	17	1 783 665

〔续表〕

资　产	行　次	附　注	金　额
减：投资风险准备	36		2 179
固定资产原值	37	18	268 348
减：累计折旧	38	18	69 237
固定资产净值	39		199 111
固定资产清理	40		—
在建工程	41	19	355 930
待处理固定资产净损失	42		—
长期资产合计	43		6 898 527
无形、递延及其他资产：	44		
无形资产	45	20	47 831
递延资产	46	21	165 254
其他资产	47	22	—
其他资产合计	48		213 085
递延税款	49		28 219
资产合计	50		65 067 170

负债及所有者权益	行　次	附　注	金　额
流动负债：	51		
短期存款	52	23	26 509 741
短期储蓄存款	53	24	515 011
财政性存款	54	30	846
向中央银行借款	55		56 983
同业存放款项	56	25	5 938 392
联行存放款项	57		—
同业拆入	58	26	282 129
金融性公司拆入	59		10 000
应解汇款	60		753 473
汇出汇款	61		530 502
委托存款	62	27	8 616 194
应收代理证券款项	63		1 400 901
卖出回购证券款	64		2 993 977
应付账款	65	28	499 878
其他应付款	66	29	1 165 208
应付工资	67		985

〔续表〕

负债及所有者权益	行次	附注	金额
应付福利费	68		1 794
应交税金	69	30	115 178
应付股利	70	31	327 400
预提费用	71		—
发行短期债券	72		—
一年内到期的长期负债	73		—
其他流动负债	74	32	37 683
流动负债合计	75		49 756 275
长期负债：	77		
长期存款	78	33	10 666 783
长期储蓄存款	79	34	2 206 021
保证金	80	35	858 183
应付转租赁租金	81		—
发行长期债券	82		—
长期借款	83		—
长期应付款	84		—
长期负债合计	85		13 730 987
其他负债	86	37	—
递延税款	87		—
所有者权益：	88		
股本	89	36	1 000 000
资本公积	90	37	21 726
盈余公积	91	38	322 984
未分配利润	92	39	235 198
所有者权益合计	93		1 579 908
负债及所有者权益合计	100		65 067 170

表附-3-5　1997年上海浦东发展银行资产负债表　　　　　货币单位：千元

资产	行次	附注	金额
流动资产：	1		
现金及银行存款	2	1	223 331

〔续表〕

资　产	行　次	附　注	金　额
贵金属	3		—
存放中央银行款项	4	2	18 513 893
存放同业款项	5	3	1 966 415
存放联行款项	6		339 040
拆放同业	7	4	7 410 003
拆放金融性公司	8		427 613
短期贷款	9	5	32 214 236
进出口押汇	10	6	116 084
应收账款	11	7	295 512
减：坏账准备	12		887
其他应收款	13	8	1 291 338
贴现	14	9	806 617
短期投资	15	10	3 365 013
委托贷款及委托投资	16	11	3 800 831
自营证券	17		—
代理证券	18		—
买入返售证券	19	12	—
待处理流动资产净损失	20		—
一年内到期的长期投资	21	13	356 990
其他流动资产	22	14	6 751
流动资产合计	23		71 132 780
长期资产：	24		—
中长期贷款	25	15	4 168 740
逾期贷款	26	16	2 512 819
减：贷款呆账准备	27		366 057
应收租赁款	28		6 947
减：未收租赁收益	29		—
应收转租贷款	30		—
租赁资产	31		24 844
减：待转租赁资产	32		24 844
经营租赁资产	33		—
减：经营租赁资产折旧	34		—
长期投资	35	17	3 209 688

〔续表〕

资　　产	行次	附注	金　额
减：投资风险准备	36		3 007
固定资产原值	37	18	459 006
减：累计折旧	38	18	146 255
固定资产净值	39		312 751
固定资产清理	40		13
在建工程	41	19	344 165
待处理固定资产净损失	42		—
长期资产合计	43		10 186 059
无形、递延及其他资产：	44		
无形资产	45	20	82 950
递延资产	46	21	161 734
其他资产	47	22	41 880
其他资产合计	48		286 564
递延税款	49		34 929
资产总计	50		81 640 332

负债及所有者权益	行次	附注	金　额
流动负债：	51		
短期存款	52	23	40 013 654
短期储蓄存款	53	24	1 026 291
财政性存款	54	30	3 691
向中央银行借款	55		14 870
同业存放款项	56	25	10 394 431
联行存放款项	57		—
同业拆入	58	26	93 273
金融性公司拆入	59		—
应解汇款	60		272 896
汇出汇款	61		809 477
委托存款	62	27	3 807 401
应收代理证券款项	63		—
卖出回购证券款	64		—
应付账款	65	28	596 092
其他应付款	66	29	872 143
应付工资	67		465

(续表)

负债及所有者权益	行次	附注	金额
应付福利费	68		3 880
应交税金	69	30	42 977
应付股利	70	31	377 602
预提费用	71		—
发行短期债券	72		413 965
一年内到期的长期负债	73		—
其他流动负债	74	32	535 347
流动负债合计	75		59 278 455
长期负债：	77		
长期存款	78	33	14 767 457
长期储蓄存款	79	34	3 056 404
保证金	80	35	1 324 418
应付转租赁租金	81		—
发行长期债券	82		—
长期借款	83		—
长期应付款	84		—
长期负债合计	85		19 148 279
其他负债	86	37	41 880
递延税款	87		—
所有者权益：	88		
股本	89	36	2 010 000
资本公积	90	37	334 671
盈余公积	91	38	483 969
未分配利润	92	39	343 078
所有者权益合计	93		3 171 718
负债及股东权益总计	100		81 640 332

表附-3-6　1998年上海浦东发展银行资产负债表　　　　　　　　货币单位：千元

资产	行次	附注	金额
流动资产：	1		
现金及银行存款	2	1	289 062

〔续表〕

资　产	行次	附注	金　额
贵金属	3		—
存放中央银行款项	4	2	14 587 518
存放同业款项	5	3	1 281 909
存放联行款项	6		—
拆放同业	7	4	4 822 082
拆放金融性公司	8		96 069
短期贷款	9	5	37 603 532
进出口押汇	10	6	148 530
应收账款	11	7	306 007
减：坏账准备	12		918
其他应收款	13	8	1 092 058
贴现	14	9	665 404
短期投资	15	10	4 511 097
委托贷款及委托投资	16	11	3 321 357
自营证券	17		—
代理证券	18		
买入返售证券	19	12	
待处理流动资产净损失	20		—
一年内到期的长期投资	21	13	537 866
其他流动资产	22	14	336 023
流动资产合计	23		69 597 596
长期资产：	24		
中长期贷款	25	15	5 565 663
逾期贷款	26	16	4 352 976
减：贷款呆账准备	27		483 361
应收租赁款	28		4 794
减：未收租赁收益	29		—
应收转租贷款	30		—
租赁资产	31		24 844
减：待转租赁资产	32		24 844
经营租赁资产	33		—
减：经营租赁资产折旧	34		—
长期投资	35	17	7 197 863

〔续表〕

资　　产	行　次	附　注	金　　额
减：投资风险准备	36		5 839
固定资产原值	37	18	622 243
减：累计折旧	38	18	234 971
固定资产净值	39		387 272
固定资产清理	40		83
在建工程	41	19	444 214
待处理固定资产净损失	42		4
长期资产合计	43		17 463 669
无形、递延及其他资产：	44		
无形资产	45	20	99 040
递延资产	46	21	176 833
其他资产	47	22	1 079
其他资产合计	48		276 952
递延税款	49		
资产总计	50		87 338 217
负债及所有者权益	行　次	附　注	金　　额
流动负债：	51		
短期存款	52	23	41 690 026
短期储蓄存款	53	24	1 505 083
财政性存款	54	30	134 727
向中央银行借款	55		104 494
同业存放款项	56	25	6 301 371
联行存放款项	57		—
同业拆入	58	26	355 201
金融性公司拆入	59		—
应解汇款	60		404 366
汇出汇款	61		772 120
委托存款	62	27	3 324 506
应收代理证券款项	63		—
卖出回购证券款	64		—
应付账款	65	28	752 573
其他应付款	66	29	858 348
应付工资	67		3 428

〔续表〕

负债及所有者权益	行次	附注	金额
应付福利费	68		7 210
应交税金	69	30	48 755
应付股利	70	31	697 639
预提费用	71		—
发行短期债券	72		—
一年内到期的长期负债	73		—
其他流动负债	74	32	143 970
流动负债合计	75		57 006 307
长期负债：	77		
长期存款	78	33	21 390 547
长期储蓄存款	79	34	4 369 628
保证金	80	35	1 238 229
应付转租赁租金	81		—
发行长期债券	82		—
长期借款	83		—
长期应付款	84		—
长期负债合计	85		26 998 404
其他负债	86	37	—
递延税款	87		—
所有者权益：	88		
股本	89	36	2 010 000
资本公积	90	37	334 671
盈余公积	91	38	988 835
未分配利润	92	39	—
所有者权益合计	93		3 333 506
负债及股东权益总计	100		87 338 217

表附-3-7　1999年上海浦东发展银行股份有限公司资产负债表　　　货币单位：元

资产	行次	附注	金额
流动资产：	1		
现金及银行存款	2	1	1 003 153 805.05

〔续表〕

资　产	行　次	附　注	金　额
贵金属	3		—
存放中央银行款项	4	2	15 840 642 715.59
存放同业款项	5	3	1 662 233 736.87
存放联行款项	6		—
拆放同业	7	4	5 854 908 504.87
拆放金融性公司	8	5	60 216 941.70
短期贷款	9	6	42 550 306 944.97
进出口押汇	10	7	165 009 089.24
应收账款	11	8	370 328 416.32
减：坏账准备	12	8	31 274 255.15
其他应收款	13	9	986 845 485.99
贴现	14	10	1 013 315 498.02
短期投资	15	11	5 926 451 117.67
委托贷款及委托投资	16		—
自营证券	17		—
代理证券	18		—
买入返售证券	19		
待处理流动资产净损失	20		—
一年内到期的长期投资	21	12	1 821 804 839.28
其他流动资产	22	13	270 701 524.98
流动资产合计	23		77 494 644 365.40
长期资产：	24		
中长期贷款	25	14	6 144 330 665.58
逾期贷款	26	15	4 846 110 017.79
减：贷款呆账准备	27		1 001 911 343.43
应收租赁款	28		2 680 000.00
减：未收租赁收益	29		—
应收转租赁款	30		—
租赁资产	31		24 843 674.00
减：待转租赁资产	32		24 843 674.00
经营租赁资产	33		—
减：经营租赁资产折旧	34		—

〔续表〕

资　　产	行　次	附　注	金　　额
长期投资	35	16	11 434 871 967.01
减：投资风险准备	36		5 838 553.53
固定资产原值	37	17	2 593 051 126.82
减：累计折旧	38	17	367 777 069.50
固定资产净值	39		2 225 274 057.32
固定资产清理	40		—
在建工程	41	18	646 407 326.80
待处理固定资产净损失	42		—
长期资产合计	43		24 291 924 137.54
无形、递延及其他资产：	44		
无形资产	45	19	131 453 987.61
递延资产	46	20	384 280 222.50
其他资产	47	21	635 115 310.54
其他资产合计	48		1 150 849 520.65
递延税款	49	22	272 259 988.29
资产总计	50		103 209 678 011.88

负债及所有者权益	行　次	附　注	金　　额
流动负债：	51		
短期存款	52	23	44 784 877 035.09
短期储蓄存款	53	24	1 964 416 754.19
财政性存款	54		10 380 687.87
向中央银行借款	55	25	1 182 184 189.14
同业存放款项	56	26	7 603 415 624.99
联行存放款项	57		—
同业拆入	58	27	424 755 040.00
金融性公司拆入	59		—
存入短期保证金	60	28	3 067 820 311.13
应解汇款	61		184 616 383.14
汇出汇款	62		1 560 835 892.27
委托存款	63	29	2 148 960.00
应收代理证券款项	64		—

〔续表〕

负债及所有者权益	行次	附注	金额
卖出回购证券款	65		—
应付账款	66	30	699 803 813.14
其他应付款	67	31	1 877 105 171.46
应付工资	68		2 235 875.65
应付福利费	69		15 924 396.15
应交税金	70	32	(105 044 552.06)
应付股利	71	33	533 853 929.04
预提费用	72		—
发行短期债券	73		—
一年内到期的长期负债	74		
其他流动负债	75	34	346 506 208.18
流动负债合计	76		64 155 835 719.38
长期负债：	77		
长期存款	78	35	24 873 555 501.05
长期储蓄存款	79	36	5 987 488 840.04
存入长期保证金	80		—
应付转租赁租金	81		—
发行长期债券	82		—
长期借款	83		—
长期应付款	84		—
长期负债合计	85		30 861 044 341.09
其他负债	86	37	416 744 899.56
递延税款	87		—
所有者权益：	88		
股本	89	38	2 410 000 000.00
资本公积	90	39	3 890 037 296.31
盈余公积	91	40	1 438 413 757.28
未分配利润	92	41	37 601 998.26
所有者权益合计	93		7 776 053 051.85
负债及股东权益总计	100		103 209 678 011.88

表附-3-8 2000年上海浦东发展银行股份有限公司资产负债表　　　　货币单位：元

资　　产	行　次	附　注	金　　额
流动资产：			
现金及银行存款	1	1	637 014 895.27
贵金属	2		—
存放中央银行款项	3	2	19 758 895 271.72
存放同业款项	4	3	1 033 780 145.28
存放联行款项	5		—
存放系统内款项	6		
拆放同业	7	4	10 344 959 185.01
拆放金融性公司	8	5	309 539 142.88
短期贷款	9	6	51 769 080 746.41
进出口押汇	10	7	149 047 901.40
议付信用证款项	11		
应收利息	12	8	19 084 135.15
其他应收款	13	9	961 513 107.41
减：坏账准备	14		25 085 995.14
应收款项净额	15		955 511 247.42
贴现	16	10	3 097 684 493.73
短期投资	17	11	4 711 451 950.16
委托贷款及委托投资	18		—
买入返售证券	19	12	3 140 000 000.00
待摊费用	20		—
一年内到期的长期债券投资	21	13	1 217 156 092.13
一年内到期的其他长期投资	22		—
其他流动资产	23	14	297 195 281.03
流动资产合计	24		97 421 316 352.44
长期资产：			
中长期贷款	25	15	7 405 244 551.89
逾期贷款	26	16	3 324 549 719.29
呆滞贷款	27	17	3 570 626 653.53
呆账贷款	28	18	581 054 188.89
减：贷款呆账准备	29	19	3 177 190 400.91
长期债券投资	30	20	14 614 306 463.09

〔续表〕

资　产	行　次	附　注	金　额
长期股权投资	31	21	557 333 599.70
减：长期投资减值准备	32		5 538 663.53
长期投资净额	33		15 166 101 399.26
固定资产原价	34	22	3 242 516 478.55
减：累计折旧	35	22	543 750 028.13
固定资产净值	36	22	2 698 766 450.42
在建工程	37	23	666 907 010.58
固定资产清理	38		960 132.52
长期资产合计	39		30 237 019 705.47
无形、递延及其他资产：			
无形资产	40	24	175 903 588.91
长期待摊费用	41	25	509 023 561.34
待处理抵债资产	42		86 847 402.58
其他长期资产	43	26	1 378 410 055.71
无形资产及其他资产合计	44		2 150 184 608.54
递延税项：			
递延税款借项	45	27	913 911 052.99
资产总计	60		130 722 431 719.44
负债及所有者权益	行　次	附　注	金　额
流动负债：			
短期存款	61	28	55 688 745 241.21
短期储蓄存款	62	29	2 714 056 344.11
财政性存款	63		2 204 627.06
向中央银行借款	64	30	167 760 000.00
同业存放款项	65	31	8 593 203 628.42
联行存放款项	66		—
系统内存款	67		—
同业拆入	68	32	658 235 000.00
卖出回购证券款	69		2 630 000 000.00
汇出汇款	70		1 413 791 953.70

〔续表〕

负债及所有者权益	行次	附注	金额
应解汇款及临时存款	71		709 341 528.68
委托资金	72	34	1 748 960.00
存入短期保证金	73	33	6 607 078 378.16
应付利息	74	35	684 139 549.65
应付工资	75		486 806.30
应付福利费	76		22 999 031.91
应交税金	77	37	－125 140 115.94
应付利润	78	38	570 028.96
其他应付款	79	36	1 779 951 818.78
预提费用	80		—
递延收益	81		
发行短期债券	82		
一年内到期的长期负债	83		
其他流动负债	89	39	87 937 871.31
流动负债合计	90		81 637 110 652.31
长期负债：			—
长期存款	91	40	32 553 957 484.41
长期储蓄存款	92	41	7 445 990 374.63
存入长期保证金	93		408 317 338.48
转贷款资金	94		—
发行长期债券	95		—
长期应付款	96		—
其他长期负债	99	42	1 232 286 384.34
长期负债合计	100		41 640 551 581.86
递延税项：			
递延税款贷项	101		—
负债合计	105		123 277 662 234.17
所有者权益：			
股本	107	43	2 410 000 000.00
资本公积	108	44	3 890 037 296.31

〔续表〕

负债及所有者权益	行次	附注	金额
盈余公积	109	45	648 192 487.31
其中：公益金	110	45	180 495 858.49
未分配利润	111	46	496 539 701.65
股东权益合计	112		7 444 769 485.27
减：待处理财产净损失	113		—
股东权益净额	115		7 444 769 485.27
负债及股东权益总计	121		130 722 431 719.44

表附-3-9　2001年上海浦东发展银行股份有限公司资产负债表　　　　货币单位：千元

资产	行次	附注	金额
流动资产：			
现金及银行存款	1	1	862 009
贵金属	2		—
存放中央银行款项	3	2	20 586 065
存放同业款项	4	3	1 878 606
存放联行款项	5		—
存放系统内款项	6		—
拆放同业	7	4	11 997 837
拆放金融性公司	8	5	46 400
短期贷款	9	6	68 372 185
进出口押汇	10	7	216 560
议付信用证款项	11		—
应收利息	12	8	4 902
其他应收款	13	9	961 411
贴现	14	10	7 369 147
短期投资	15	11	6 476 754
委托贷款及委托投资	16		—
买入返售证券	17	12	4 410 000
待摊费用	18		—
一年内到期的长期债券投资	19	13	4 430 208
一年内到期的其他长期投资	20		—
其他流动资产	21	14	239 166

〔续表〕

资　　产	行　次	附　注	金　　额
流动资产合计	22		127 851 250
长期资产：			
中长期贷款	23	15	13 866 865
逾期贷款	24	16	1 222 051
呆滞贷款	25	17	5 760 079
呆账贷款	26	18	107 696
减：贷款呆账准备	27	19	4 223 661
长期债券投资	28	20	22 705 649
长期股权投资	29	21	553 097
长期投资净额	30	21	23 258 746
固定资产原价	31	22	3 820 290
减：累计折旧	32	22	781 056
固定资产净值	33		3 039 234
减：长期投资减值准备	34		—
固定资产净额	35	22	3 039 234
在建工程	36	23	624 226
固定资产清理	37		673
长期资产合计	38		43 655 909
无形、递延及其他资产：			
无形资产	39	24	199 078
长期待摊费用	40	25	464 826
待处理抵债资产	41	26	100 158
其他长期资产	42	27	92 941
无形资产及其他资产合计	43		857 003
递延税项：			
递延税款借项	44	28	1 326 521
资产总计	60		173 690 683
负债及所有者权益	行　次	附　注	金　　额
流动负债：			
短期存款	61	29	71 835 470

〔续表〕

负债及所有者权益	行次	附注	金额
短期储蓄存款	62	30	4 922 804
财政性存款	63		24 179
向中央银行借款	64	31	459 799
同业存放款项	65	32	10 455 585
联行存放款项	66		—
系统内存款	67		—
同业拆入	68	33	1 174 403
卖出回购证券款	69		419 000
汇出汇款	70		1 293 000
应解汇款及临时存款	71		937 849
委托资金	72	35	2 267
存入短期保证金	73	34	12 141 169
应付利息	74	36	878 011
应付工资	75		11 954
应付福利费	76		34 563
应交税金	77	38	254 611
应付股利	78	39	482 510
其他应付款	79	37	2 475 718
预提费用	80		—
递延收益	81		—
发行短期债券	82		—
一年内到期的长期负债	83		—
其他流动负债	89	40	67 028
流动负债合计	90		107 869 920
长期负债：			
长期存款	91	41	48 236 719
长期储蓄存款	92	42	9 817 795
存入长期保证金	93	43	353 036
转贷款资金	94		—
发行长期债券	95		—
长期应付款	96		—
其他长期负债	99	44	346 546

〔续表〕

负债及所有者权益	行次	附注	金额
长期负债合计	100		58 754 096
递延税项：			
递延税款贷项	101		—
负债合计	105		166 624 016
所有者权益：			
股本	107	45	2 410 000
资本公积	108	46	3 890 037
盈余公积	109	47	737 182
其中：公益金	110	47	188 458
未分配利润	111	48	29 448
股东权益合计	112		7 066 667
减：待处理财产净损失	113		—
股东权益净额	115		7 066 667
负债及股东权益总计	121		173 690 683

表附-3-10　2002年上海浦东发展银行股份有限公司资产负债表　　　　货币单位：元

资产	行次	附注	金额
流动资产：			
库存现金	1	1	1 062 871 111.70
贵金属	2		1 632 660.82
存放中央银行款项	3	2	33 128 727 135.82
存放同业款项	4	3	2 968 051 363.22
拆放同业	5	4	22 402 530 562.90
贴现	6	5	31 715 814 117.54
应收利息	7	6	5 749 493.69
应收股利	8		—
其他应收款	9	7	1 899 604 268.43
买入返售证券	10	8	1 690 000 000.00
短期投资	11	9	9 299 759 695.93
短期贷款	12	10	107 986 036 373.13
进出口押汇	13	11	756 391 654.24

〔续表〕

资　　产	行　次	附　注	金　　额
一年内到期的长期债券投资	14	12	3 961 066 436.65
一年内到期的其他长期投资	15		—
其他流动资产	16	13	173 445 670.65
流动资产合计	17		217 051 680 544.72
长期资产：			
中期贷款	18	14	14 268 057 078.47
长期贷款	19	15	13 592 053 964.32
逾期贷款	20	16	170 245 516.01
非应计贷款	21	17	5 715 432 698.13
减：贷款损失准备	22	18	4 945 005 373.88
长期债券投资	23	19	27 021 336 654.30
长期股权投资	24	20	451 311 261.42
固定资产原价	25	21	5 266 225 954.67
减：累计折旧	26	21	1 363 011 045.29
固定资产净值	27		3 903 214 909.38
减：固定资产减值准备	28		—
固定资产净额	29		3 903 214 909.38
在建工程	30	22	255 265 579.22
固定资产清理	31		—77 519.43
长期资产合计	32		60 431 834 767.94
无形、递延及其他资产：			
无形资产	33	23	210 357 882.21
长期待摊费用	34	24	10 002 685.60
待处理抵债资产	35	25	167 080 421.57
其他长期资产	36	26	165 078 041.98
无形资产及其他资产合计	37		552 519 031.36
递延税项：			
递延税款借项	38	27	1 264 684 988.40
资产总计	50		279 300 719 332.42
负债及所有者权益	行　次	附　注	金　　额
流动负债：			
短期存款	51		116 128 007 360.98

(续表)

负债及所有者权益	行次	附注	金额
短期储蓄存款	52		8 345 426 743.10
向中央银行借款	53		—
票据融资	54	28	4 324 739 472.04
同业存款	55	29	15 241 409 074.52
同业拆入	56	30	545 524 600.00
应付利息	57		1 002 181 506.25
存入短期保证金	58	31	32 648 269 166.02
卖出回购证券款	59	32	100 000 000.00
汇出汇款	60		1 635 395 484.82
应解汇款及临时存款	61		1 650 979 115.64
委托资金	62	33	74 983 093.33
应付工资	63		8 654 629.77
应付福利费	64		56 419 645.98
应交税金	65	34	648 426 241.48
应付股利	66	35	407 270 028.96
其他应付款	67	36	3 031 912 250.24
预提费用	68		—
发行短期债券	69		—
一年内到期的长期负债	70		—
其他流动负债	71	37	287 408 845.45
流动负债合计	72		186 137 007 258.58
长期负债:			
长期存款	73		68 683 135 340.71
长期储蓄存款	74		14 688 166 796.46
存入长期保证金	75	38	1 694 269 612.04
转贷款资金	76		—
发行长期债券	77		
长期应付款	78		
其他长期负债	79	39	137 663 861.22
长期负债合计	80		85 203 235 610.43
递延税项:			
递延税款贷项	82		—
负债合计	83		271 340 242 869.01

(续表)

负债及所有者权益	行次	附注	金额
所有者权益：			
股本	90	40	3 615 000 000.00
资本公积	91	41	2 685 037 296.31
盈余公积	92	42	1 122 774 797.72
其中：公益金	92-1	42	316 989 558.72
一般准备	93	43	500 000 000.00
未分配利润	94	44	37 664 369.38
股东权益合计	95		7 960 476 463.41
负债及股东权益总计	100		279 300 719 332.42

表附-3-11　2003年上海浦东发展银行股份有限公司资产负债表　　　　货币单位：元

资产	行次	附注	金额
流动资产：			
库存现金	1	1	1 081 830 488.70
贵金属	2		—
存放中央银行款项	3	2	37 861 661 172.89
存放同业款项	4	3	5 627 937 839.92
拆放同业	5	4	7 863 320 229.79
贴现	6	5	27 835 302 431.37
应收利息	7	6	168 136 961.94
应收股利	8		—
其他应收款	9	7	2 654 192 634.18
买入返售资产	10	8	14 061 143 799.13
短期投资	11	9	7 922 966 196.55
短期贷款	12	10	164 873 840 965.27
进出口押汇	13	11	1 887 661 186.66
待摊利息费用	14	12	157 711 704.08
一年内到期的长期债券投资	15	13	6 553 433 967.02
一年内到期的其他长期投资	16		—
其他流动资产	17	14	287 942 463.62
流动资产合计	18		278 837 082 041.12
长期资产：			
中期贷款	19	15	26 346 186 594.11

〔续表〕

资　　产	行　次	附　注	金　　额
长期贷款	20	16	29 222 167 845.83
逾期贷款	21	17	244 359 374.42
非应计贷款	22	18	4 413 877 814.87
减：贷款损失准备	23	19	6 268 205 020.93
长期债券投资	24	20	30 590 617 583.91
长期股权投资	25	21	448 062 972.67
固定资产原价	26	22	5 758 352 354.65
减：累计折旧	27	22	1 605 740 455.01
固定资产净值	28		4 152 611 899.64
减：固定资产减值准备	29		—
固定资产净额	30		4 152 611 899.64
在建工程	31	23	265 996 525.47
固定资产清理	32		833.82
长期资产合计	33		89 415 676 423.81
无形、递延及其他资产：			
无形资产	34	24	203 044 986.56
长期待摊费用	35	25	12 245 301.64
待处理抵债资产	36	26	486 134 942.63
减：抵债资产减值准备	37		230 494 653.17
待处理抵债资产净值	38		255 640 289.46
其他长期资产	39	27	588 814 780.80
无形资产及其他资产合计	40		1 059 745 358.46
递延税项：			
递延税款借项	41	28	1 744 194 237.02
资产总计	50		371 056 698 060.41

负债及所有者权益	行　次	附　注	金　　额
流动负债：			
短期存款	51		136 937 039 996.54
短期储蓄存款	52		11 688 115 963.68
向中央银行借款	53		—
票据融资	54		—
同业存款	55	29	16 280 254 563.17

〔续表〕

负债及所有者权益	行次	附注	金额
同业拆入	56	30	3 055 379 000.00
应付利息	57		1 072 102 913.41
存入短期保证金	58	31	55 763 550 121.31
卖出回购资产款	59	32	9 271 121 618.21
汇出汇款	60		1 122 671 429.12
应解汇款及临时存款	61		1 048 631 423.72
委托资金	62	33	113 806 577.02
应付工资	63		64 148 967.33
应付福利费	64		87 857 878.36
应交税金	65	34	1 326 802 254.48
应付股利	66	35	14 985 028.96
其他应付款	67	36	3 480 836 031.38
预提费用	68		—
递延收益	69	37	364 487 979.16
发行短期债券	70		—
一年内到期的长期负债	71		—
其他流动负债	72	38	132 983 351.39
流动负债合计	73		241 824 775 097.24
长期负债:			
长期存款	74		94 507 416 294.01
长期储蓄存款	75		21 047 631 069.32
存入长期保证金	76	39	1 007 902 527.39
转贷款资金	77		—
发行长期债券	78		—
长期应付款	79		—
其他长期负债	80	40	658 050 169.19
长期负债合计	81		117 221 000 059.91
递延税项:			
递延税款贷项	82		—
负债合计	83		359 045 775 157.15
所有者权益:			
股本	90	41	3 915 000 000.00
资本公积	91	42	4 869 395 544.72

〔续表〕

负债及所有者权益	行次	附注	金额
盈余公积	92	43	1 592 601 255.20
其中：公益金	92－1	43	473 598 377.88
一般准备	93	44	1 150 000 000.00
未分配利润	94	45	483 926 103.34
股东权益合计	95		12 010 922 903.26
负债及股东权益总计	100		371 056 698 060.41

表附-3-12　2004年上海浦东发展银行股份有限公司资产负债表　　　　　货币单位：元

资产	行次	附注	金额
流动资产：			
库存现金	1	1	1 466 556 104.81
贵金属	2		—
存放中央银行款项	3	2	70 125 105 916.88
存放同业款项净额	4	3	4 640 353 970.93
拆放同业净额	5	4	8 648 585 067.52
贴现	6	5	24 702 278 277.92
应收利息	7	6	783 727 052.82
应收股利	8		—
其他应收款	9	7	2 635 736 962.43
买入返售资产	10	8	10 760 444 300.00
短期投资	11	9	8 170 907 800.00
短期贷款	12	10	189 429 550 449.52
进出口押汇	13	11	1 769 991 939.58
待摊利息	14	12	235 717 961.15
一年内到期的长期债券投资	15	13	7 876 245 578.04
一年内到期的其他长期投资	16		—
其他流动资产	17		533.91
流动资产合计	18		331 245 201 915.51
长期资产：			
中期贷款	19	14	37 665 918 473.29
长期贷款	20	15	50 454 227 358.50
逾期贷款	21	16	1 924 286 751.49

〔续表〕

资　　产	行　次	附　注	金　　额
非应计贷款	22	17	4 958 886 921.96
减：贷款损失准备	23	18	8 919 498 968.98
长期债券投资	24	19	30 151 078 223.51
长期股权投资	25	20	448 060 972.67
固定资产原价	26	21	6 653 375 471.05
减：累计折旧	27	21	2 019 461 735.45
固定资产净值	28	21	4 633 913 735.60
减：固定资产减值准备	29		
固定资产净额	30		4 633 913 735.60
在建工程	31	22	307 175 574.90
固定资产清理	32		6 799.50
长期资产合计	33		121 624 055 842.44
无形、递延及其他资产：			
无形资产	34	23	210 966 512.40
长期待摊费用	35	24	6 514 167.57
待处理抵债资产	36	25	458 293 359.72
减：抵债资产减值准备	37	25	235 973 346.87
待处理抵债资产净值	38	25	222 320 012.85
其他长期资产	39	26	56 640.01
无形资产及其他资产合计	40		439 857 332.83
递延税项：			
递延税款借项	41	27	2 223 171 264.04
资产总计	50		455 532 286 354.82

负债及所有者权益	行　次	附　注	金　　额
流动负债：			
短期存款	51		167 135 728 057.69
短期储蓄存款	52		16 099 176 115.86
向中央银行借款	53		—
票据融资	54		—
同业存款	55	28	17 456 979 109.13
同业拆入	56	29	2 006 516 440.00
应付利息	57		1 610 272 819.77
存入短期保证金	58	30	60 734 588 937.24

(续表)

负债及所有者权益	行次	附注	金额
卖出回购资产款	59	31	8 297 847 964.95
汇出汇款	60		1 687 144 395.13
应解汇款及临时存款	61		1 212 355 357.82
委托资金	62	32	23 388 954.23
应付工资	63		87 419 758.52
应付福利费	64		143 398 798.26
应交税金	65	33	1 740 113 355.48
应付股利	66	34	14 833 536.84
其他应付款	67	35	6 306 904 063.05
预提费用	68		—
递延收益	69	36	479 944 132.84
发行短期债券	70		—
一年内到期的长期负债	71		—
其他流动负债	72	37	54 010 353.56
流动负债合计	73		285 090 622 150.37
长期负债:			
长期存款	74		117 470 737 967.97
长期储蓄存款	75		30 504 933 855.69
存入长期保证金	76	38	2 200 860 896.95
转贷款资金	77		—
发行长期债券	78		—
长期应付款	79	39	6 000 000 000.00
其他长期负债	80	40	754 827 829.69
长期负债合计	81		156 931 360 550.30
递延税项:			
递延税款贷项	82		
负债合计	83		442 021 982 700.67
所有者权益:			—
股本	90	41	3 915 000 000.00
资本公积	91	42	4 869 395 544.72
盈余公积	92	43	2 171 610 480.27
其中:公益金	92-1	43	666 601 452.97
一般准备	93	44	2 000 000 000.00

〔续表〕

负债及所有者权益	行次	附注	金额
未分配利润	94	45	554 297 628.96
股东权益合计	95		13 510 303 654.15
负债及股东权益总计	100		455 532 286 354.82

表附-3-13　2005年上海浦东发展银行股份有限公司资产负债表　　　货币单位：元

资产	行次	附注	金额
流动资产：			
库存现金	1	1	1 885 092 895.68
贵金属	2		—
存放中央银行款项	3	2	70 577 006 876.35
存放同业款项净额	4	3	5 103 236 645.02
拆放同业净额	5	4	9 197 099 398.45
贴现	6	5	39 993 989 021.23
应收利息	7	6	822 439 073.19
应收股利	8		—
其他应收款	9	7	2 198 164 073.64
买入返售资产	10	8	20 331 876 451.42
短期投资	11	9	48 929 031 281.97
短期贷款	12	10	214 809 285 145.21
进出口押汇	13	11	2 336 878 356.73
待摊利息	14	12	7 744 141.27
一年内到期的长期债券投资	15	13	8 053 020 733.47
一年内到期的其他长期投资	16		
其他流动资产	17		7 808.17
流动资产合计	18		424 244 871 901.80
长期资产：			
中期贷款	19	14	50 778 739 886.72
长期贷款	20	15	61 319 917 926.85
逾期贷款	21	16	2 450 907 901.35
非应计贷款	22	17	5 533 218 601.48
减：贷款损失准备	23	18	10 576 561 180.11
长期债券投资	24	19	29 691 531 124.37
长期股权投资	25	20	445 995 972.67

〔续表〕

资　产	行次	附注	金　额
固定资产原价	26	21	7 962 555 729.40
减：累计折旧	27	21	2 374 220 981.58
固定资产净值	28	21	5 588 334 747.82
减：固定资产减值准备	29		—
固定资产净额	30		5 588 334 747.82
在建工程	31	22	52 201 177.14
固定资产清理	32		4 061.94
长期资产合计	33		145 284 290 220.23
无形、递延及其他资产：			
无形资产	34	23	230 707 891.29
长期待摊费用	35	24	16 202 313.12
待处理抵债资产	36	25	1 143 428 539.35
减：抵债资产减值准备	37	25	743 840 865
待处理抵债资产净值	38	25	399 587 674.66
其他长期资产	39	26	—
无形资产及其他资产合计	40		646 497 879.07
递延税项：			
递延税款借项	41	27	2 890 963 033.12
资产总计	50		573 066 623 034.22

负债及所有者权益	行次	附注	金　额
流动负债：			
短期存款	51		202 916 580 328.75
短期储蓄存款	52		23 359 430 756.86
向中央银行借款	53		—
票据融资	54		—
同业存款	55	28	20 577 880 546.40
同业拆入	56	29	420 924 300.00
应付利息	57		2 245 994 119.85
存入短期保证金	58	30	87 324 919 459.27
卖出回购资产款	59	31	1 640 120 000.00
汇出汇款	60		1 862 249 360.05
应解汇款及临时存款	61		1 070 049 579.96

〔续表〕

负债及所有者权益	行 次	附 注	金 额
委托资金	62	32	23 569 129.73
应付工资	63		5 451 830.08
应付福利费	64		208 053 399.49
应交税金	65	33	2 115 133 457.79
应付股利	66	34	10 762 029.53
其他应付款	67	35	7 330 628 822.32
预提费用	68		—
递延收益	69	36	330 531 323.44
发行短期债券	70		—
一年内到期的长期负债	71		—
其他流动负债	72	37	55 943 608.07
流动负债合计	73		351 498 222 051.59
长期负债：			
长期存款	74		142 043 657 183.25
长期储蓄存款	75		47 154 344 415.55
存入长期保证金	76	38	1 683 078 524.00
转贷款资金	77		—
发行长期债券	78	39	9 000 000 000.00
长期应付款	79	40	6 000 000 000.00
其他长期负债	80	41	161 400 000.00
长期负债合计	81		206 042 480 122.80
递延税项：			
递延税款贷项	82		—
负债合计	83		557 540 702 174.39
所有者权益：			
股本	90	42	3 915 000 000.00
资本公积	91	43	4 869 395 544.72
盈余公积	92	44	2 917 235 642.18
其中：公益金	92－1	44	915 143 173.54
一般准备	93	45	3 300 000 000.00
未分配利润	94	46	524 289 672.93
股东权益合计	95		15 525 920 859.83
负债及股东权益总计	100		573 066 623 034.22

表附-3-14　2006年上海浦东发展银行股份有限公司资产负债表　　　货币单位：元

资　　产	附　注	金　　额
库存现金	1	2 259 752 906.72
存放中央银行款	2	104 476 510 658.17
存放同业	3	5 011 940 798.97
拆放同业	4	16 497 441 722.45
贷款及垫款	5	460 893 002 146.66
减：贷款损失准备	6	12 782 454 562.81
应收利息	7	1 390 247 287.83
其他应收款	8	2 677 542 965.31
买入返售资产	9	13 786 123 798.02
交易式证券	10	49 018 174 167.95
证券投资	11	35 656 104 350.58
股权投资	12	443 298 972.67
待摊利息	13	18 756 975.64
衍生金融工具资产	42	41 654 872.47
固定资产原价	14	8 619 261 242.93
减：累计折旧	14	2 914 449 568.87
在建工程	15	11 691 429.58
固定资产清理		387.00
无形资产	16	226 932 678.15
长期待摊费用	17	21 363 593.46
待处理抵债资产	18	1 392 402 562.68
减：抵债资产减值准备	18	809 262 772.31
其他资产		—
递延税款借项	19	3 408 118 058.51
资产总计		689 344 154 671.76
负债及所有者权益	附　注	金　　额
客户存款	20	595 704 937 611.68
同业存款	21	30 855 036 869.98
同业拆入	22	1 192 360 360.00
应付利息		2 682 368 685.92
卖出回购资产款	23	3 385 708 270.14
应解汇款及临时存款		783 560 586.85

(续表)

负债及所有者权益	附注	金额
汇出汇款		1 583 024 302.28
衍生金融工具负债	42	32 714 077.03
应付工资		7 435 637.21
应付福利费		333 074 067.26
应交税金	24	2 870 763 814.75
应付股利	25	12 059 258.45
其他应付款	26	6 915 560 466.87
递延收益	27	502 287 932.24
发行长期债券	28	11 600 000 000.00
长期应付款	29	6 000 000 000.00
其他负债	30	177 134 688.39
负债合计		664 638 026 629.05
股东权益		
股本	31	4 354 882 697.00
资本公积	32	10 563 442 436.41
其中：可供出售类投资未实现损益		225 929 601.41
盈余公积	33	3 959 672 664.47
一般准备	34	4 790 000 000.00
未分配利润	35	1 038 130 244.83
股东权益合计		24 706 128 042.71
负债及股东权益总计		689 344 154 671.76

表附-3-15 2007年上海浦东发展银行股份有限公司资产负债表 货币单位：元

资产	附注	金额
现金及存放中央银行款项	1	141 423 925 576.30
存放同业款项	2	3 810 842 469.00
拆出资金	3	17 662 822 658.45
交易性金融资产	4	3 816 223 715.65
衍生金融资产	5	347 574 500.13
买入返售金融资产	6	80 992 091 129.62
应收利息	7	2 195 426 809.71
待摊利息		15 208 638.35

(续表)

资　　产	附　注	金　　额
发放贷款及垫款	8	535 657 645 607.26
可供出售金融资产	9	88 784 133 139.72
分为贷款和应收款类的投资	10	22 384 546 191.70
长期股权投资	11	853 855 671.65
固定资产	12	5 507 016 363.97
在建工程	13	29 018 753.90
无形资产	14	239 584 687.75
长期待摊费用	15	524 031 866.32
待处理抵债资产	16	588 553 210.98
递延所得税资产	17	2 894 604 577.98
其他资产	18	7 253 240 449.77
资产总计		914 980 346 018.21
负债及所有者权益	**附　注**	**金　　额**
向中央银行借款	20	10 000 000.00
同业及其他金融机构存放款项	21	61 081 313 852.51
拆入资金	22	5 065 529 700.00
衍生金融负债	5	532 647 822.79
卖出回购金融资产款	23	2 806 110 213.43
吸收存款	24	763 472 893 438.82
汇出汇款		4 414 311 691.16
应付职工薪酬		6 291 059 359.59
应交税费	25	3 739 172 338.00
应付利息		4 293 982 991.32
应付股利	26	38 484 969.28
其他应付款	27	8 685 235 046.39
递延收益	28	553 197 675.71
应付债券	29	17 600 000 000.00
长期应付款	30	6 000 000 000.00
其他负债	31	2 098 538 931.33
负债合计		886 682 478 030.33
股东权益		
股本	32	4 354 882 697.00

(续表)

负债及所有者权益	附 注	金 额
资本公积	33	9 300 990 012.99
其中：可供出售金融资产未实现损益		（1 032 406 961.57）
盈余公积	34	3 962 267 475.52
一般风险准备	35	4 790 000 000.00
未分配利润	36	5 889 727 802.37
股东权益合计		**28 297 867 987.88**
负债及股东权益总计		**914 980 346 018.21**

表附-3-16　2008年上海浦东发展银行股份有限公司资产负债表　　　　货币单位：元

资　　产	附　注	金　　额
现金及存放中央银行款项	1	162 601 258 153.27
存放同业款项	2	54 129 304 996.14
拆出资金	3	23 643 909 463.45
交易性金融资产	4	—
衍生金融资产	5	2 287 773 566.47
买入返售金融资产	6	171 471 733 373.43
应收款项	7	1 008 690 008.32
应收利息	8	5 055 230 404.64
待摊利息		84 846 272.61
发放贷款及垫款	9	681 266 567 999.23
可供出售金融资产	10	57 365 149 284.68
持有至到期投资	11	110 600 016 531.13
分为贷款和应收款类的投资	12	23 261 376 826.30
长期股权投资	13	928 005 575.97
固定资产	14	6 259 846 773.15
在建工程	15	—
无形资产	16	207 220 104.86
长期待摊费用	17	765 694 748.29
待处理抵债资产	18	584 349 882.89
递延所得税资产	19	2 788 606 779.31
其他资产	20	5 115 861 217.41
资产总计		**1 309 425 441 961.55**

〔续表〕

负债及所有者权益	附 注	金 额
向中央银行借款		—
同业及其他金融机构存放款项	22	222 440 812 651.40
拆入资金		10 532 859 000.00
衍生金融负债	5	2 378 204 976.31
卖出回购金融资产款	23	19 682 400 735.48
吸收存款	24	947 293 581 525.12
汇出汇款		4 459 058 295.11
应付职工薪酬	25	6 923 803 293.26
应交税费	26	3 418 692 385.50
应付利息		8 359 986 340.64
应付股利	27	11 934 907.84
其他应付款	28	7 421 286 163.35
递延收益	29	889 288 974.86
应付债券	30	18 800 000 000.00
长期应付款	31	6 000 000 000.00
其他负债	32	9 111 733 457.04
负债合计		1 267 723 642 705.91
股东权益		
股本	33	5 661 347 506.00
资本公积	34	10 863 371 051.99
其中：可供出售金融资产未实现损益		675 327 084.93
持有至到期投资未结转损益		145 360 889.21
盈余公积	35	6 863 513 603.08
一般风险准备	36	6 400 000 000.00
未分配利润	37	11 891 203 717.41
归属于母公司股东权益合计		41 679 435 878.48
少数股东权益	38	22 363 377.16
股东权益合计		41 701 799 255.64
负债及股东权益总计		1 309 425 441 961.55

表附-3-17　2009年上海浦东发展银行股份有限公司资产负债表　　　货币单位：元

资　　产	附　注	金　　额
现金及存放中央银行款项	1	205 118 946 908.00
存放同业款项	2	143 554 115 969.37
贵金属	3	213 211 960.00
拆出资金	4	24 122 346 650.00
衍生金融资产	5	607 339 761.62
买入返售金融资产	6	53 057 496 677.71
应收款项	7	3 460 720 234.29
应收利息	8	5 435 920 156.98
待摊利息		1 716 914.49
发放贷款及垫款	9	910 508 025 355.17
可供出售金融资产	10	89 214 803 404.52
持有至到期投资	11	136 745 989 474.67
分为贷款和应收款类的投资	12	33 657 198 072.62
长期股权投资	13	1 370 872 075.31
固定资产	14	7 074 941 832.02
在建工程		—
无形资产	15	205 362 952.84
长期待摊费用	16	1 069 173 606.83
待处理抵债资产	17	504 736 125.52
递延所得税资产	18	3 108 660 323.16
其他资产	19	3 686 381 974.26
资产总计		1 622 717 960 429.38
负债及所有者权益	附　注	金　　额
向中央银行借款		48 000 000.00
同业及其他金融机构存放款项	21	205 935 412 404.92
拆入资金		3 774 449 625.00
以公允价值计量且其变动计入当期损益的金融负债	22	237 326 155.32
衍生金融负债	5	605 504 451.47
卖出回购金融资产款	23	1 264 882 200.00
吸收存款	24	1 295 342 341 947.12

〔续表〕

负债及所有者权益	附 注	金 额
汇出汇款		1 910 100 569.18
应付职工薪酬	25	6 905 170 274.57
应交税费	26	3 012 867 653.13
应付利息	27	8 302 292 993.36
应付股利	28	17 920 391.92
其他应付款	29	6 551 870 056.43
递延收益	30	506 123 072.57
应付债券	31	18 800 000 000.00
长期应付款	32	—
其他负债	33	1 416 252 731.21
负债合计		1 554 630 514 526.20
股东权益		
股本	34	8 830 045 640.00
资本公积	35	24 318 331 257.96
其中：可供出售金融资产未实现损益		104 088 838.05
持有至到期投资未结转损益		36 269 261.46
盈余公积	36	10 688 575 687.26
一般风险准备	37	6 900 000 000.00
未分配利润	38	17 216 073 827.20
归属于母公司股东权益合计		67 953 026 412.42
少数股东权益	39	134 419 490.76
股东权益合计		68 087 445 903.18
负债及股东权益总计		1 622 717 960 429.38

表附-3-18　2010年上海浦东发展银行股份有限公司资产负债表　　　　货币单位：元

资　产	附　注	金　额
现金及存放中央银行款项	1	293 248 759 729.06
存放同业款项	2	69 539 713 328.40
贵金属	3	2 090 435.97
拆出资金	4	31 253 464 600.64

〔续表〕

资　产	附　注	金　额
衍生金融资产	5	1 033 348 694.64
买入返售金融资产	6	391 932 144 049.13
应收款项	7	1 945 775 178.57
应收利息	8	6 537 016 488.97
待摊利息		16 050 933.07
发放贷款及垫款	9	1 124 112 990 245.97
可供出售金融资产	10	104 142 631 561.43
持有至到期投资	11	143 556 635 609.56
分为贷款和应收款类的投资	12	3 707 122 210.12
长期股权投资	13	1 436 473 888.52
固定资产	14	7 433 139 285.57
在建工程	15	85 525 062.35
无形资产	16	405 283 231.80
长期待摊费用	17	1 185 705 449.71
待处理抵债资产	18	328 507 227.09
递延所得税资产	19	3 772 722 786.04
其他资产	20	5 735 673 625.63
资产总计		2 191 410 773 622.24
负债及所有者权益	附　注	金　额
向中央银行借款		50 000 000.00
同业及其他金融机构存放款项	22	337 818 818 623.24
拆入资金		14 415 145 200.00
以公允价值计量且其变动计入当期损益的金融负债	23	—
衍生金融负债	5	1 172 082 836.55
卖出回购金融资产款	24	16 963 470 641.23
吸收存款	25	1 638 679 590 363.00
汇出汇款		1 779 941 803.89
应付职工薪酬	26	6 856 610 395.82
应交税费	27	4 178 532 860.55
应付利息	28	11 753 812 349.59
应付股利	29	12 139 075.06

〔续表〕

负　　债	附　注	金　　额
其他应付款	30	5 875 426 901.83
递延收益	31	3 720 807 720.97
应付债券	32	16 800 000 000.00
其他负债	33	8 054 544 341.77
负债合计		2 068 130 923 113.50
股东权益		
股本	34	14 348 824 165.00
资本公积	35	58 639 172 650.58
其中：可供出售金融资产未实现损益		1 931 850 603.08
持有至到期投资未结转损益		2 241 867.29
盈余公积	36	15 249 813 446.38
一般风险准备	37	9 500 000 000.00
未分配利润	38	25 258 526 422.69
归属于母公司股东权益合计		122 996 336 684.65
少数股东权益	39	283 513 824.09
股东权益合计		123 279 850 508.74
负债及股东权益总计		2 191 410 773 622.24

索　引

说明：

一、本索引采用主题词分析索引法，按主题词首字的汉语拼音字母顺序排列（同音字按声调）；首字相同，按第二字音序排列。以此类推。

二、索引主题词后面的数字表示词条所在页码。

三、表格索引按在正文出现顺序排列并置于本索引末尾。

人 名 索 引

B

白世春　16
鲍友德　11,12,39,41,64
布莱尔　19

C

Charles Prince　148
车俊　34,613
陈必亭　16
陈超英　36
陈德铭　16
陈国栋　12,14,15,17,18,40,659,660
陈海峰　35
陈焕友　16
陈建国　23
陈伟恕　11,12,39,41,65,66,72,73,349,392
陈祥麟　11,39,64
陈辛　33,64－66,73,81,82,97,98,137,349,351,
　375,410,427,471,480
陈学亨　33
程映萱　21

D

Douglas Spelman　148
戴相龙　3,15,42,49,169,174,257
董伟　16
段君毅　17

F

冯国勤　28,29,31,36,275,334,401,602,669
冯健身　33

冯树荣　33,70,289,290,292,350,351,356,360,
　365,371,381,401,402,404
傅建华　31,33,34,53,54,63,64,66,73,97,196,
　228,230,341,351,360,374,381,390,401,402,406,
　409,602,613,632

G

龚浩成　11,39
顾传训　15
郭声琨　29
郭振乾　12,40,659

H

韩培信　18
韩正　29,31,35,36,53,275,334
胡春华　34
胡福明　16
胡立教　12,14－19,21,22,40,488,659,660
胡平西　15
华焕林　16
华建敏　17
黄建平　33,65,66,73,85,159,335,340,341,375,
　384,408,409,426,429
黄菊　12,40,659,660
黄可华　23
黄奇帆　19,22,471
黄正威　16
黄智权　28

J

吉晓辉　28,31,33,34,53,63,64,66,74,97,98,100,

119,196,228,230,275,290,351,360,374,376,379,
381,390,401,402,409,410,602,613,632,652

冀光恒　　54,74,151,459
简达恒　　24
江泽民　　3,12,40,299,303,659,664
姜明生　　73,74,97,196,406,430
金运　　11—13,25,29,39,41,48,49,51,63—66,72,
73,104,118,129,132,148,151,184,188,227,293,
302,305,312,314,329,349—351,356,362,365,369,
393,396,404,406,524,585,632,660,662,667,668,
693,716,740,767,800

L

雷洁琼　　17
李宝上　　21
李丰平　　14
李关良　　24,25,69,70
李鹏　　12,40,659
李万军　　33,71,514
栗战书　　36
梁保华　　16
梁源凯　　11,12,39,41,64,65,72,73,132,379,380,
406
刘海彬　　29,33,63,64,69,70,341
刘红薇　　20,69,70
刘克崮　　29
刘信义　　73,74,97,98,377,402,404,406,411,429,
430
刘云耕　　36
陆宇澄　　17

M

马力　　51,73,81,82,375,429
毛应樑　　11,14,39,41,42,70

P

裴静之　　11—13,39,41,64,72,73,132,133,277,
278,282,283,292,304,349,351,379,392,406,631
蒲海清　　19

Q

钱兴中　　17

R

Richard Stanley　　148

S

Stephane Prunet　　31,669

StephenBird(鲍史汶)　　31
商洪波　　65,66,73,74,289,290,340,341,402,429
沈柏年　　19
沈达人　　16
施罗德　　21
司马义·铁力瓦尔地　　30
孙福康　　16
孙瑞彬　　34
孙志刚　　31,602

T

Thierry Mathou　　31,669
谈逸　　65,73,133,189,329,349,351,494
唐世礼　　35
唐延芹　　23
屠光绍　　33,35,100,410

W

万国权　　17
万晓枫　　20,70,349—351,356,359,363,364,369,
375,380,404
万学远　　14
汪道涵　　16,17,19,21,23,488,660
王华庆　　13,155,247
王利民　　27
王岐山　　19,96
王晓东　　35
王忠林　　33,410
吴邦国　　12,13,40,303,659,660
吴经起　　16
吴明　　31
吴祥明　　14,16

X

夏克强　　12,14
项秉炎　　15
谢希德　　12,40,659
徐海燕　　53,54,74,81,83,147,350,358,381,444,
652,653
徐匡迪　　11—13,19,39—41,45,659,660
徐宪平　　27

Y

杨定华　　28,135,275
杨绍红　　33,70,437
杨祥海　　11,39,65

杨晓堂	18
杨新成	23
叶承垣	15
殷介炎	17
俞兴德	16,98
俞正声	36,53,100,546,587

Z

张春贤　36,587
张德邻　19
张广生　22,25,51,59,63,65,148,311—313,375,393,631
张劲夫　17
张宁　31,669
张平　22
张耀麟　73,84,143,148,149,151,153,311,312,323,335,405,407,480,495
张友余　17
赵文鹤　34
周有道　11,12,39,41,63—65
周禹鹏　27
朱恒　41,64,65,73,133,351
朱镕基　3,4,14,46,121,256,666
祝世寅　25,29,31,63,65,66
庄晓天　3,11—13,21,22,39—41,45,47,59,63—65,189,311,365,368—370,373,390,392,488,631,659,664
庄心一　21,488
邹家华　303

主题词索引

311计划　286
600000　21,47
6S管理　7,382—384,418,468,558,577,632
95528　5,27,54,79,145,217—219,365,492,552,635,638

A

AAA　264

B

北京代表处　14,81,94,274
北京分行　3,14,17,28,34,100,103,109,112,117,118,134,136,137,146,147,149,174,186—188,197,207,208,217,236,241,242,256,313,339,357,370,375,388,401,404,407,408,453,455—457,459,631,639—643,651,652
博士后工作站　393,394

C

财务顾问　4,6,16,19,20,33,34,49,114,117—121,123,125,408,410,482,484,491,548,587,598,615,631,662,711,734,760,791
漕河泾信息中心　27,31,275,298,317,324,335,336
长春分行　30,201,407,590—594
长沙分行　27,29,112,147,153,171,175,210,326,381,400,401,563—568,642,645,646,648
成都分行　21,24,32,33,114,400,403,408—411,528—533

创造卓越　3,7,144,227,240,313,314,358,369—372,374,381,395,431,445,475,501,502,504,507,520,534,580,585,595,602,631

D

大后台　5,210,266,321,326,336,417,473,483,504,566
大连分行　23,24,109,110,112,145,175,198,219,242,281,327,515,517—519,640—648,650,653,654
代发业务　54,171,180,181,386,548,571,588,593
代扣代缴业务　181
代理收付　104—106,127,678,682,700,723,748,776
第一营业部　12,14—16,18,19,134,136,139,155,156,184,187,203,207,208,264,280,301,302,306—308,339,356,357,362,363,365,373,380,381,386,403,418,426,638,639,644
东方公交卡　136,137
东方卡　5,15,19,20,24,28,132—139,143,144,148,157—160,168,180—182,212,218,234,265,300—306,308,309,315,375,378,391,400,406,440,447,454,461,471,472,477,486,491,517,531,536,543,554,566,571,576,586,598,611,631,634,636,642
笃守诚信　3,7,144,227,240,313,314,358,369—372,374,395,398,431,445,475,501,502,504,507,

520,534,580,585,595,602,631

F

《发展研究》　390—393
风险战略管理　7,246
福州分行　34,111,202,618—620

G

高校助学贷款　18,173,399
公文管理系统　35,332,333
供应链金融　6,53,109—111,239,244,440,638
股份制银行领头羊　226
股权分置　29,62,269
广州分行　19,20,22,26,105,106,148,187,188,195,201,242,243,259,282,312,339,357,400,403,475—480,651
贵阳分行　35,621—624
国际上较好的商业银行　227,632

H

行歌　369—371,374
哈尔滨分行　27—29,123,147,201,202,210,241,259,326,569,570,572,573
海外研修　8,288
杭州分行　14,19,33,106,109,122,126,133,137,147,153,159,168,175,181,186—188,201,204,207,209,211,241,252,253,256,303,306,307,313,325,339,350,356,357,370,375,381,388,389,401,403,407,431—435,437,638—643,648,650,651
合肥分行　31,142,276,340,341,400,401,602—608,644,645,647,650,655
合肥综合中心　36,275,276,340,341
核心系统　25—27,107,169,188,227,251,254,311,313—316,323,324,328,335,336,344,345,442,486,583,600,624,628
"红丝带"　396,403,404
呼和浩特分行　31,106,198,200,381,595,596,598—601
花旗银行　25,26,31,38,48—52,58,63,107,122,123,138,147—149,151,153,154,185,204—206,208,227,282,287,303,309,323,324,631,662,663,676
华一银行　6,17,18,36,98,99,233,295,350,361
汇理财　27,28,163,193,194,219,509,510,523,548,605

J

基金托管　26,31,48,82,120,121,126—129,454,483,597,606
济南分行　23,28,109—111,118,142,175,195,201,203,209,238,400,520—527,642,652,653
江阴支行　16,18,19,116,136,186,242,306,307,313,339,357,449,649
教育储蓄　141,157,315
"金卡"工程　131,301,303
金融服务企业　6,38,47,102,224,228—231,293,298,351,353,371,377,382,389,515,518,530,632
金融旗舰企业　6,64,230,632
金融研究会　391—393

K

客户经理制　5,195,234—236,310,369,432,442,460,463,484,503,577
昆明分行　21,125,400,403,481—487,638,640,644—646,649,650,655

L

莱商银行　6,32,33,99,100,230,233
兰州分行　33,609—612,650
离岸金融　111,242,440
礼仪储蓄　13
绿色金融　6,123,124,397,398

M

绵竹浦发村镇银行　6,33,96,97,233,410

N

南昌分行　28,29,109,117,142,210,259,326,381,401,403,574,577—579,649
南京分行　16,18,19,53,103,106,109,111,116,121,122,170,174,175,186—188,195,198,208,236,238,242,252,281,306,307,313,339,357,384,400,403,445—451,468,638,639,641—646,649,651
南宁分行　29,403,580—584,638,647,649
宁波分行　15,18,19,24,103,133,134,174,175,184,186—188,192,195,208,211,249,306,307,313,318,327,339,350,357,358,388,438,439,442,444,644,647,651,654
宁波路50号　12,40,275,318,339,340,343,418,419,659

P

品牌管理　239,374,376,377,396

浦东新区管理部　17,19,95,249,415
浦发创富　6,28,32,102-105,107,110,114,236-239,376,483,516,547,548,595,636
浦发硅谷银行　6,100,205,233
《浦发青年》　365,366
浦发银行大厦　17,546,574
浦发卓信　6,31,35,140,141,144-147,237,240,241,376,447,492,516,523,531,543,554
浦银安盛　6,30-32,99,232,361,523,605,669,670
浦银金融租赁股份公司　100

Q

企业现金管理　6,77,83,103,104,237,238,461,516,547,564
青岛分行　26,53,153,171,199,259,552-556,643,645,646,648,653,654
轻松理财　6,28-31,102,139-146,161,176,180,218,236,237,239,240,375,376,385,400,440,447,472,517,523,531,543,547,548,554,558,566,576,592,595,598,599
全国性银行　6,19,225,258,377,664
全行志愿者日　396,404,405,408

S

SAP　24,26,298,309,327-329,335,340,391,544
三毛股份　12,43
三心服务　379
上海地区总部　19-24,26,29,44,82,95,103,105,106,109,119,135,138,143,153,160,171,187,188,193,203,210,217,226,236,242,243,247,256,265,281,284,292,309,312,313,318,327,330,331,337,339,350,357,360-362,364,375,388,400,415,416,429,638,651
上海分行　5,20,28,29,32,39,106,109-112,114-116,118,119,121,122,125-127,129,130,146,147,152,153,156,169,178,186,187,195-198,200,206-209,220,238,241-243,251,284,308,353,358,363,365,376,381-387,401-403,405-407,409,411,415-418,421,430,468,632,638-640,644,651,652,654,667
上海国际集团　58,100,393,632
上海石油交易所办事处　12,205
上海市养老保险基金　667
上海外高桥保税区支行　12,426

社会责任报告　7,395-397,399,632
社会招聘制　278
深圳分行　21-23,42,103,109,111,112,114,120,130,135,148,153,160,162,195,199,201,206,211,217,236,238,251,322,381,388,389,403,488-494,628,643,654
沈阳分行　25,103,109,111,142,175,209,238,343,357,400,541-545,591,638
石家庄分行　34,112,259,336,613-617,650
收付易　182,183,462,592,593
手机银行　6,34,78,102,169,218,220,221,386,401,417,487,499,517,526,532,538,572,600,616
四方钱　140,157,159,240
苏州分行　13,18,53,100,111,114,126,158,187,188,195,200,207,238,243,306,309,310,339,340,357,400,404,407,465-469,639-645,652,653,655

T

太原分行　27,29,118,142,145,171,200,210,326,381,401,407,557-562,638,642,643,646,647,650,652,655
天津分行　23,29,106,126,129,162,195,198,200,201,206,208,209,211,259,357,384,401,403,501-506,638,640,644-646,648
天天赢　140,240
同业拆借　16,186,187,194,490,576,626,637,651,682,700,723,748,776

V

VI系统　373,671

W

外汇宝　177,183,216,309,314,315,335,340,343,462,478
网上银行　5,6,27,34,78,102,104,107,110,112,140,141,143,144,146,149,157,158,161,166-169,179-181,184,191,209,210,212-216,220,238,240,309,314,315,317,319,325,335,386,387,396,401,409,417,472,478,486,491,512,516,517,522,523,532,538,548,552,553,560,572,576,636
温州分行　105,175,202,207,243,400,460,461,463,464,642-644,647,651
乌鲁木齐分行　30,106,109,117,403,585-589
芜湖分行　32,106,259,401-403,496,498-500,647,650-652

武汉分行　　25,26,106,118,153,197,237,356,357,400,546—551,642,644,645,647,649,653—655

X

西安分行　　24,34,100,106,107,109,114,125,147,206,207,357,360,408,409,534,536—539,643—646,648,653

希望小学　　7,19,21,32,363,401—403,482

香港分行　　109,127,205,206,625—628

小前台　　5,210,266,321,326,417,473,504

心服务　　7,140,224,237,241,358,374—377,379,381,383,389,395,396,504,515—517

新思维　　7,140,224,237,374—377,381,383,389,390,396,504,515,517

新资本协议　　7,79,80,95,224,230,260,262,263,268,269

信用运营集中系统　　210

Y

杨浦证券营业部　　13,43

养老金管理　　128

一行一策　　195—197

银企政　　200

银团贷款　　7,12—14,25,28,112—115,125,202,411,446,455,460,466,472,490,491,503,509,531,536,548,564,565,597,604,605,625—627,631

银行电子化　　122,299,300,307,309

银元宝　　199,200,416

银证通项目　　309

银政保　　200

运营业务集中系统　　209

Z

郑州分行　　22,33,118,175,184,198,199,217,259,265,357,360,400,402,403,507—514,536,638,641—646,648,653

直接股权托管　　6,126

中国移动　　6,27,36,52—54,58,62,78,181,199,216,220,221,224,230,233,270,401,576,604

中山东一路12号大楼　　17,19,26,27,29,155,156,318,373

重庆分行　　19,20,174,184,187,188,202,236,256,259,317,339,357,403,409,470—474,640,643,644,648,649,651

重组上市　　4,45—48,664—666

周周赢　　140,158,159,194,218

资产托管　　6,31,77,83,120—123,214,218,237,341,416,466,488,516,564,570,571,587,599,616

综合营销推进委员会　　20,74,235,236,557,581

表 格 索 引

表2-1-1　1992年浦发银行18家发起单位情况表　　57

表2-2-1　1993—2010年浦发银行历任董事会成员情况表　　64

表2-3-1　1993—2010年浦发银行历任监事会成员情况表　　70

表2-4-1　1993—2010年浦发银行历任经营班子情况表　　73

表2-5-1　1993—2010年浦发银行内设机构负责人情况表　　81

表6-1-1　1993—2010年浦发银行历任党委(党组)、纪委书记、副书记情况表　　351

表7-3-1　2010年年末浦发银行捐建希望小学一览表　　403

表8-1-1　2010年年末上海分行营业网点一览表　　418

表8-1-2　1993—2006年浦发银行上海地区直属机构及历任负责人情况表　　426

表8-1-3　2006—2010年上海分行负责人任职情况表　　430

表8-2-1　2010年年末杭州分行所辖网点一览表　　435

表8-2-2　1994—2010年杭州分行负责人任职情况表　　437

表8-3-1　2010年年末宁波分行所辖网点一览表　　442

表8-3-2　1994—2010年宁波分行负责人任职情况表　　444

表8-4-1　2010年年末南京分行所辖网点一览表　　449

表8-4-2　1995—2010年南京分行负责人任职情况表　　451

表 8-5-1	2010年年末北京分行所辖网点一览表	457
表 8-5-2	1996—2010年北京分行负责人任职情况表	459
表 8-6-1	2010年年末温州分行所辖网点一览表	463
表 8-6-2	1996—2010年温州(支)分行负责人任职情况表	464
表 8-7-1	2010年年末苏州分行所辖网点一览表	468
表 8-7-2	1997—2010年苏州分行负责人任职情况表	469
表 8-8-1	2010年年末重庆分行所辖网点一览表	473
表 8-8-2	1998—2010年重庆分行负责人任职情况表	474
表 8-9-1	2010年年末广州分行所辖网点一览表	479
表 8-9-2	1998—2010年广州分行负责人任职情况表	480
表 8-10-1	2010年年末昆明分行所辖网点一览表	487
表 8-10-2	2000—2010年昆明分行负责人任职情况表	487
表 8-11-1	2010年年末深圳分行所辖网点一览表	493
表 8-11-2	2000—2010年深圳分行负责人任职情况表	494
表 8-12-1	2010年年末芜湖分行所辖网点一览表	499
表 8-12-2	2000—2010年芜湖(支)分行负责人任职情况表	500
表 8-13-1	2010年年末天津分行所辖网点一览表	505
表 8-13-2	2001—2010年天津分行负责人任职情况表	506
表 8-14-1	2010年年末郑州分行所辖网点一览表	512
表 8-14-2	2001—2010年郑州分行负责人任职情况表	514
表 8-15-1	2010年年末大连分行所辖网点一览表	518
表 8-15-2	2001—2010年大连分行负责人任职情况表	519
表 8-16-1	2010年年末济南分行所辖网点一览表	526
表 8-16-2	2001—2010年济南分行负责人任职情况表	527
表 8-17-1	2010年年末成都分行所辖网点一览表	533
表 8-17-2	2002—2010年成都分行负责人任职情况表	533
表 8-18-1	2010年年末西安分行所辖网点一览表	539
表 8-18-2	2002—2010年西安分行负责人任职情况表	539
表 8-19-1	2010年年末沈阳分行所辖网点一览表	544
表 8-19-2	2002—2010年沈阳分行负责人任职情况表	545
表 8-20-1	2010年年末武汉分行所辖网点一览表	550
表 8-20-2	2003—2010年武汉分行负责人任职情况表	551
表 8-21-1	2010年年末青岛分行所辖网点一览表	555
表 8-21-2	2003—2010年青岛分行负责人任职情况表	556
表 8-22-1	2010年年末太原分行所辖网点一览表	562
表 8-22-2	2003—2010年太原分行负责人任职情况表	562
表 8-23-1	2010年年末长沙分行所辖网点一览表	567
表 8-23-2	2004—2010年长沙分行负责人任职情况表	568
表 8-24-1	2010年年末哈尔滨分行所辖网点一览表	573
表 8-24-2	2004—2010年哈尔滨分行负责人任职情况表	573
表 8-25-1	2010年年末南昌分行所辖网点一览表	578
表 8-25-2	2005—2010年南昌分行负责人任职情况表	579

表8-26-1	2010年年末南宁分行所辖网点一览表	583
表8-26-2	2005—2010年南宁分行负责人任职情况表	584
表8-27-1	2010年年末乌鲁木齐分行所辖网点一览表	588
表8-27-2	2006—2010年乌鲁木齐分行负责人任职情况表	589
表8-28-1	2010年年末长春分行所辖网点一览表	593
表8-28-2	2006—2010年长春分行负责人任职情况表	594
表8-29-1	2010年年末呼和浩特分行所辖网点一览表	600
表8-29-2	2007—2010年呼和浩特分行负责人任职情况表	601
表8-30-1	2010年年末合肥分行所辖网点一览表	608
表8-30-2	2007—2010年合肥分行负责人任职情况表	608
表8-31-1	2010年年末兰州分行所辖网点一览表	612
表8-31-2	2008—2010年兰州分行负责人任职情况表	612
表8-32-1	2010年年末石家庄分行所辖网点一览表	617
表8-32-2	2008—2010年石家庄分行负责人任职情况表	617
表8-33-1	2009—2010年福州分行所辖网点一览表	620
表8-33-2	2010年年末福州分行负责人任职情况表	620
表8-34-1	2010年年末贵阳分行所辖网点一览表	624
表8-34-2	2010年贵阳分行负责人任职情况表	624
表8-35-1	2002—2011年香港分行及代表处负责人任职情况表	628
表9-2-1	1994—2010年浦发银行同业排名及奖项情况表	634
表9-2-2	2000—2010年浦发银行获全国性集体奖项情况表	637
表9-2-3	1995—2010年浦发银行获省市级集体奖项情况表	639
表9-2-4	2000—2010年浦发银行获个人奖项情况表	651
表附-3-1	1993年上海浦东发展银行资产负债表	809
表附-3-2	1994年上海浦东发展银行资产负债表	810
表附-3-3	1995年上海浦东发展银行资产负债表	811
表附-3-4	1996年上海浦东发展银行资产负债表	812
表附-3-5	1997年上海浦东发展银行资产负债表	815
表附-3-6	1998年上海浦东发展银行资产负债表	818
表附-3-7	1999年上海浦东发展银行股份有限公司资产负债表	821
表附-3-8	2000年上海浦东发展银行股份有限公司资产负债表	825
表附-3-9	2001年上海浦东发展银行股份有限公司资产负债表	828
表附-3-10	2002年上海浦东发展银行股份有限公司资产负债表	831
表附-3-11	2003年上海浦东发展银行股份有限公司资产负债表	834
表附-3-12	2004年上海浦东发展银行股份有限公司资产负债表	837
表附-3-13	2005年上海浦东发展银行股份有限公司资产负债表	840
表附-3-14	2006年上海浦东发展银行股份有限公司资产负债表	843
表附-3-15	2007年上海浦东发展银行股份有限公司资产负债表	844
表附-3-16	2008年上海浦东发展银行股份有限公司资产负债表	846
表附-3-17	2009年上海浦东发展银行股份有限公司资产负债表	848
表附-3-18	2010年上海浦东发展银行股份有限公司资产负债表	849

编 后 记

2010年，上海市人民政府和上海市地方志编纂委员会将《上海市级专志·上海浦东发展银行志》（以下简称《上海浦东发展银行志》）列入上海市级专志编纂规划，浦发银行三任领导对此都高度重视。本着对建行以来这段历史高度负责的态度，编纂小组成员严格按照市志办统一部署，明确纂志任务，遵守时间节点，保质保量按时完成，以期为后人留下一部经得起时间检验和历史考据、可资借鉴、客观公正的银行志书。

经过编纂委员会及工作小组同志齐心努力，前后花费8年时间，于2020年7月完成评议稿、2020年9月完成审定稿、2020年12月完成交付稿，最终得以顺利付梓。8年编纂时间，经历资料收集、初稿撰写、数轮修改、全篇校对、内部审议、卡片整理、长编撰写等环节，使之日臻准确，不断完善，直接或间接参与编纂人员达百人之多，堪称浦发银行近年来的一部重大史诗，较完整地记录了浦发银行18年一路走来的风雨历程。

《上海浦东发展银行志》由总述、大事记、机构沿革、组织架构、银行服务、管理机制、信息系统、党群工作、企业文化、一级分行、人物、专记这些部分组成，150余万字，100余幅照片，可谓图文并茂，丰富翔实。全志贯穿一条主线，即"为社会主义金融事业闯新路"。从1993年创立到2010年，18年间，尤其上市之后，浦发银行从初创到在全国28个省、自治区、直辖市及香港特别行政区设立35家一级分行，基本形成全国性机构网络，可谓筚路蓝缕、砥砺前行。18年发展大致可分为创业、创新、转型三个阶段。1993年至2000年，为发展起步阶段；2001年至2007年为创新阶段，也是实现快速发展的重要阶段；2008年至2010年，为新的发展转型阶段。18年发展，我们在志书总述中作这样表述：上海浦东发展银行成立18年来，以"为社会主义金融事业闯新路"为己任，秉承"笃守诚信，创造卓越"核心价值观，与中国金融体制改革一路前行，走出一条股份制商业银行的创业之路、创新之路、转型之路。2010年浦发银行以2万亿总资产进入国内大中银行之列，位居世界银行品牌500强第76位。

《上海浦东发展银行志》的成功出版，与市方志办、市国资委编志办领导给予关心和指导分不开，得益于各位专家学者和兄弟单位的帮助以及浦发银行编纂小组成员的辛勤付出，是浦发银行相关分行、部门相互协作、共同努力的结果。"众人拾柴火焰高"，编纂《上海浦东发展银行志》的实践，为这句话作出了最好诠释。在此我们一并致以谢忱。

整个志书编纂过程中，我们力求真实、客观、公开、全面地反映浦发银行18年发展的基本情况和运行轨迹，这是我们纂志的愿望和出发点，今天能否在志书中体现出来并使之成为浦发银行发展至今所形成的名片，尚需实践检验。

纂志工作涉及面广、内容繁多、跨越时间长、基础工作量大、文字语法要求高，是一项系统工程。尽管我们在工作中一直强调高标准、严要求，力求完善完美，但挂一漏万，瑕疵还是难以避免，敬请广大热心读者不吝赐教，批评指正。

《上海市级专志·上海浦东发展银行志》编纂委员会、工作小组
2021年6月

图书在版编目(CIP)数据

上海市级专志.上海浦东发展银行志 / 上海市地方志编纂委员会编.—上海:上海社会科学院出版社,2021

ISBN 978-7-5520-3557-5

Ⅰ.①上… Ⅱ.①上… Ⅲ.①上海—地方志②商业银行—概况—上海 Ⅳ.①K295.1②F832.33

中国版本图书馆CIP数据核字(2021)第072865号

上海市级专志·上海浦东发展银行志

编　　者:上海市地方志编纂委员会
责任编辑:袁钰超
封面设计:严克勤
美术设计:黄婧昉
出版发行:上海社会科学院出版社
　　　　　上海顺昌路622号　邮编200025
　　　　　电话总机021-63315947　销售热线021-53063735
　　　　　http://www.sassp.cn　E-mail:sassp@sassp.cn
排　　版:南京展望文化发展有限公司
印　　刷:上海中华商务联合印刷有限公司
开　　本:889毫米×1194毫米　1/16
印　　张:55.75
插　　页:29
字　　数:1586千
版　　次:2021年9月第1版　2021年9月第1次印刷

ISBN 978-7-5520-3557-5/K·604　　　定价:580.00元

版权所有　翻印必究